學思樓
国家图书馆出版社

荀子序
昔周公稽古三五之道損益夏殷之典制
禮作樂以仁義理天下其德化刑政存乎
詩至于幽厲失道始變風變雅作矣平王
東遷諸侯力政逮五霸之後則王道不絕
如綫故仲尼定禮樂作春秋然後三代遺
風弛而復張而無時無位功烈不得被于
天下但門人傳述而已陵夷至于戰國於
皇明祖訓

詩集傳
廿卷
三册

中華再造善本
唐宋編
經部

中华再造善本

中华传统文化百部经典
袁行霈 主编
史记
司马迁 著
张大可 解读
管子
老子

中华传统文化百部经典

原国立北平图书馆甲库善本丛书

原國立北平圖書館甲庫善本叢書
791
789
790
676
681
675
680
788
787
786
683
684
682
685

永樂大典卷之二千二百六十二
六模
湖
東湖
喻政
如農
去草之農
農祥
農忌
民丁口

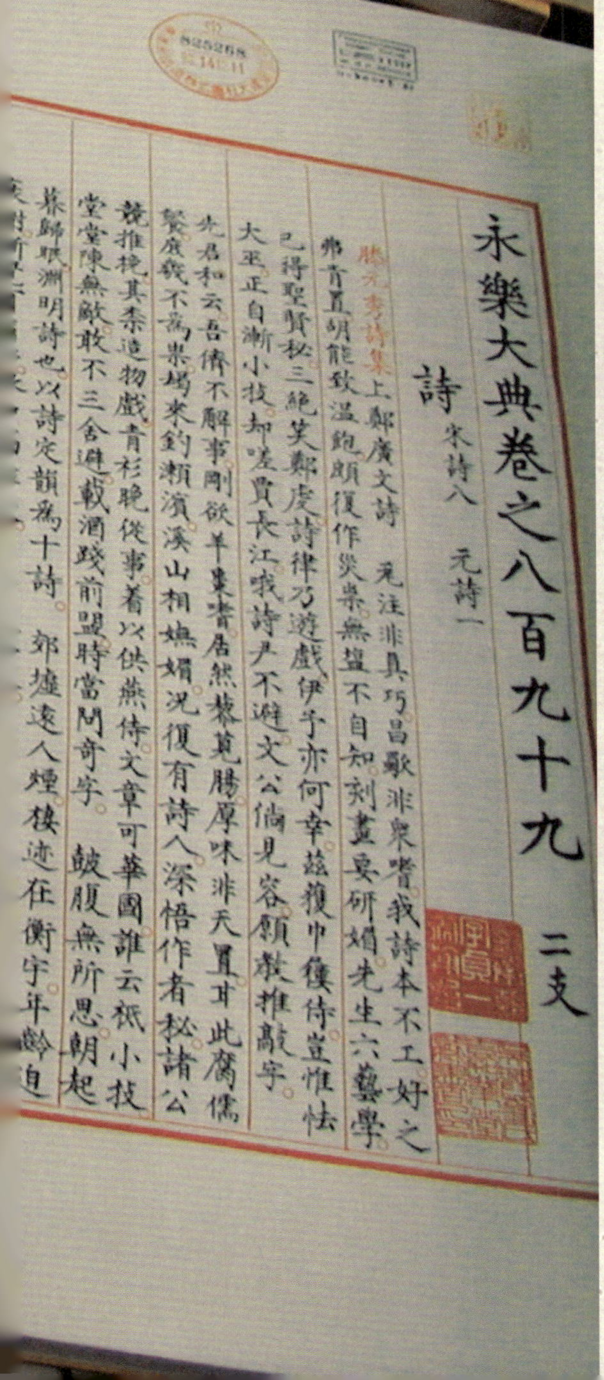

永乐大典

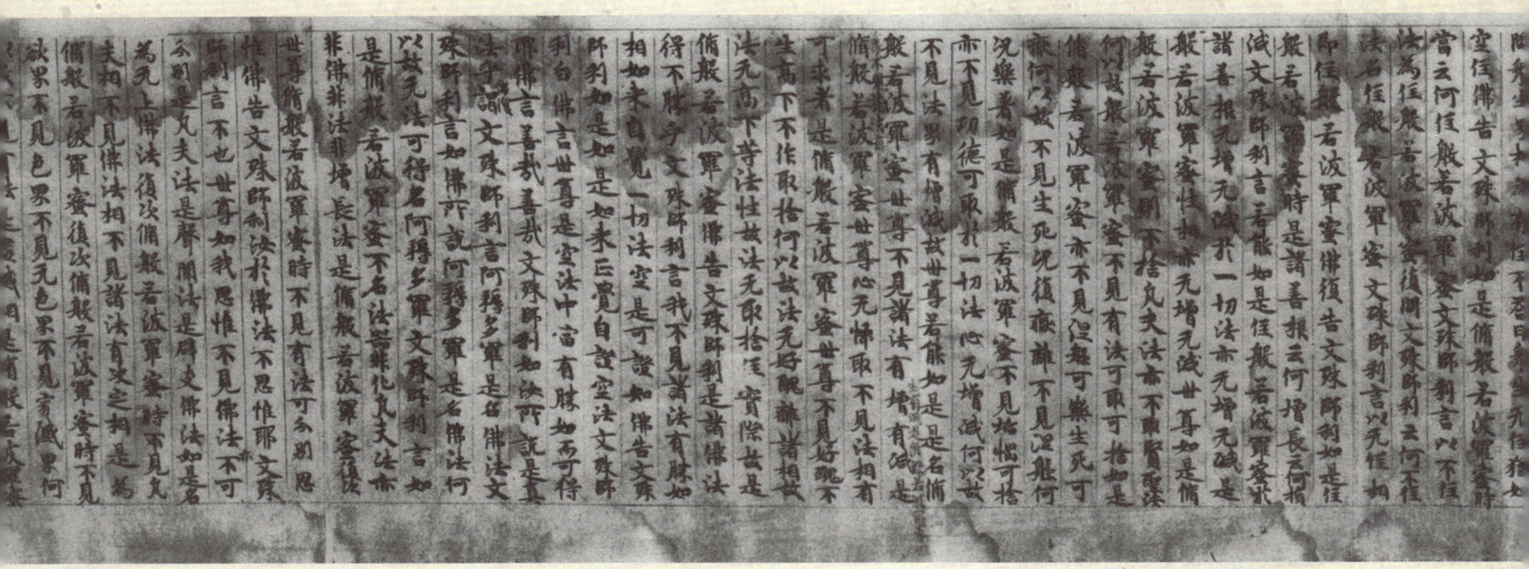

國家圖書館藏
敦煌遺書

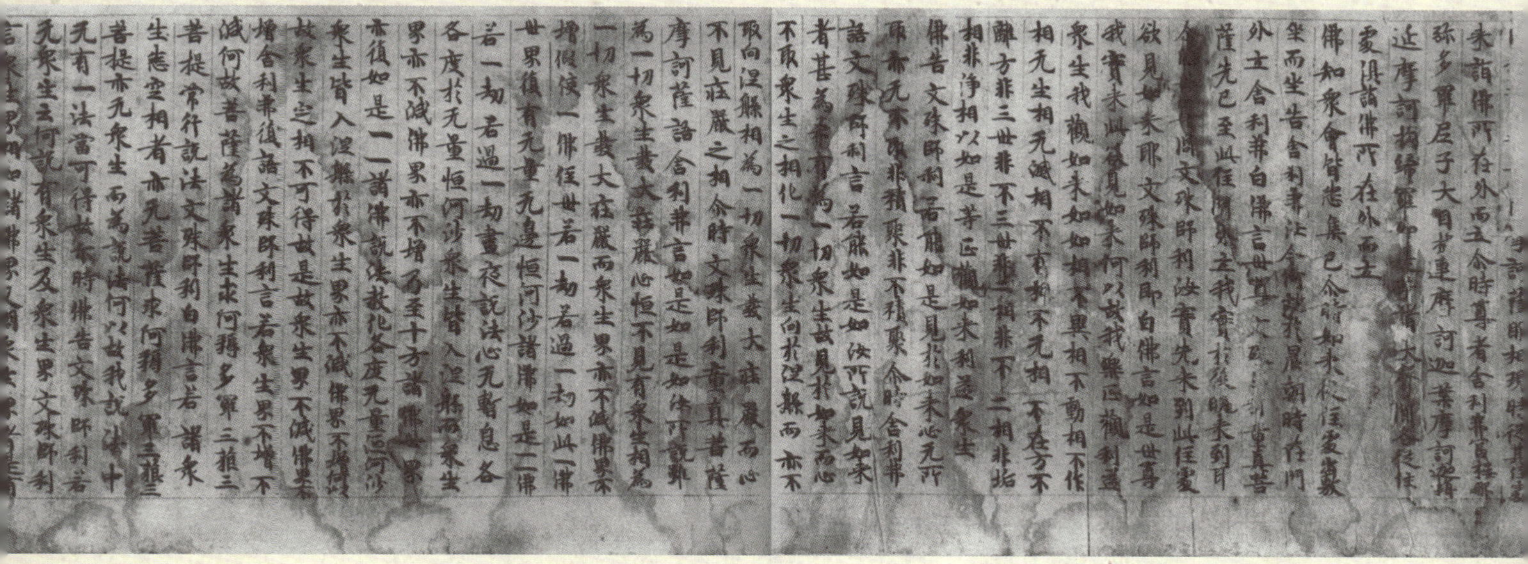

国家图书馆藏敦煌遗书

国家图书馆藏敦煌遗书

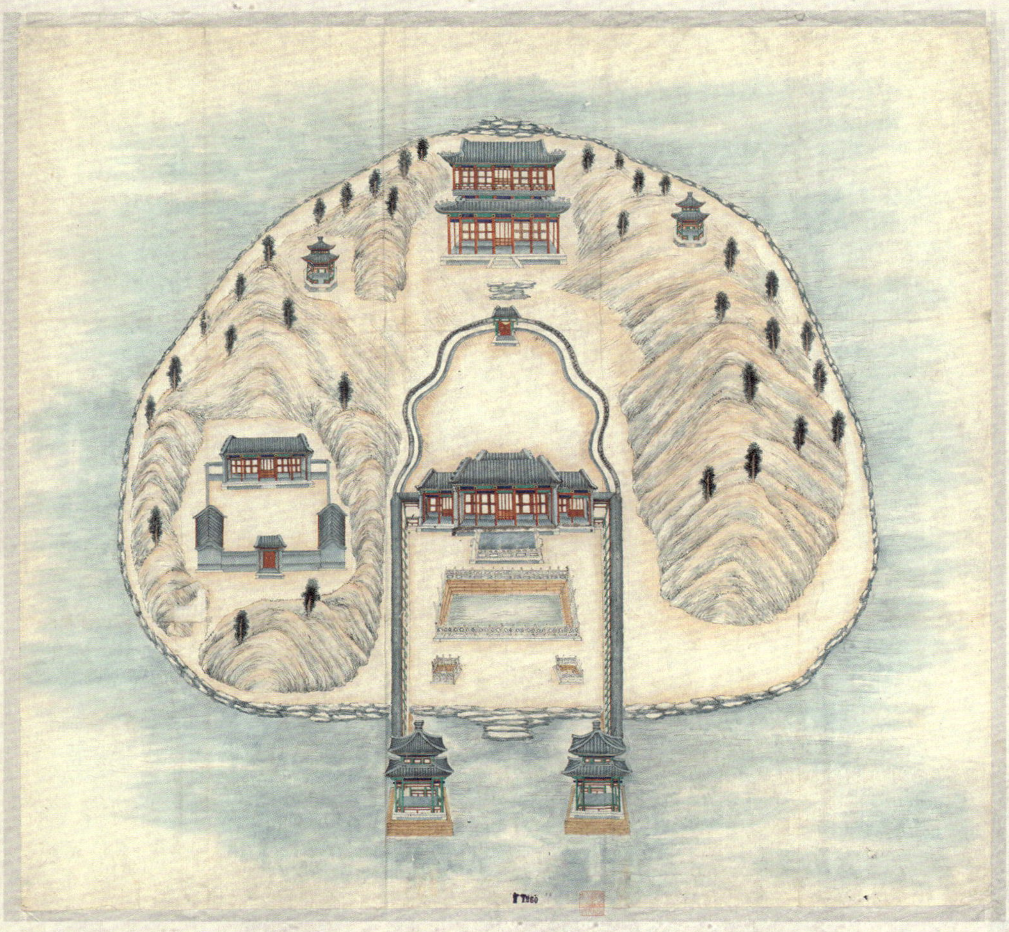

国家图书馆藏样式雷图档

古本戏曲丛刊

中國國家圖書館
碑帖精華
北京圖書館出版社

中国国家图书馆碑帖精华

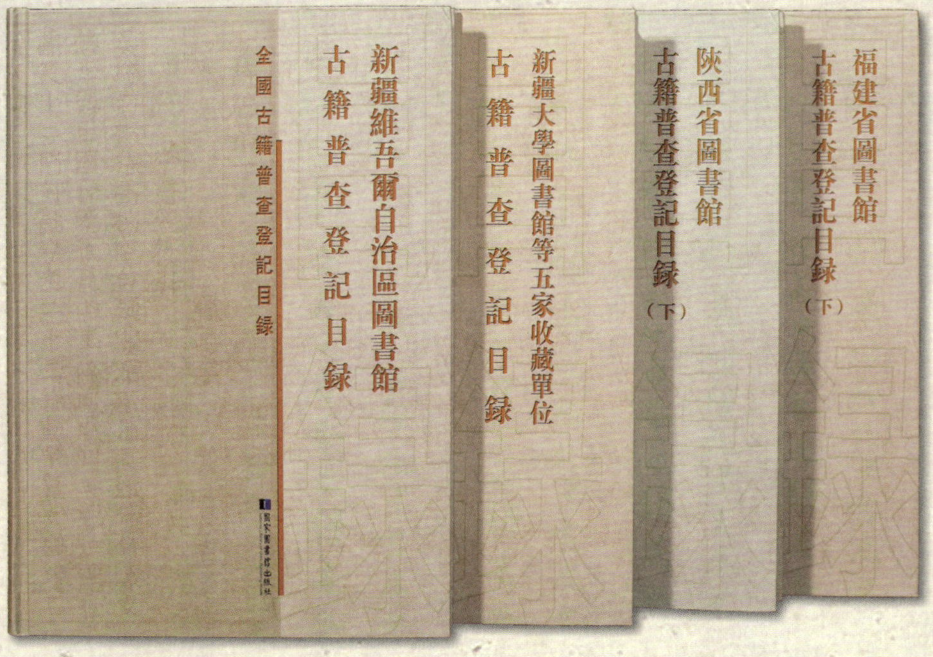
全國古籍普查登記目録
新疆維吾爾自治區圖書館
古籍普查登記目録
新疆大學圖書館等五家收藏單位
古籍普查登記目録
陝西省圖書館
古籍普查登記目録
（下）
福建省圖書館
古籍普查登記目録
（下）

全国古籍普查登记目录

第一至五批国家珍贵古籍名录图录

紅樓夢圖詠
宋本大學章句　宋本中庸章句
宋思溪藏本大唐西域記　一
宋本老子道德經
宋本孟子集注　一
宋本周易
宋本揚子法言
宋本方言
宋尤袤刻本文選　一
宋本周易
金刻本莊子全解　一
宋本論語集注　一

国学基本典籍丛刊

孔子博物馆藏孔府档案汇编

天一閣藏
歷代方志彙刊
第一册

天一阁藏历代方志汇刊

哈佛燕京圖書館藏
稀見方志叢刊
1
劉波 主編
國家圖書館出版社
吉林省圖書館
JILIN PROVINCE LIBRARY
吉林省圖書館藏
稀見方志叢刊
吉林省圖書館 編
國家圖書館出版社
廣東省立中山圖書館藏
稀見方志叢刊
倪俊明 主編
國家圖書館出版社
湖南圖書館
HUNAN LIBRARY
湖南圖書館藏
稀見方志叢刊
國家圖書館出版社
華東師範大學圖書館藏
稀見方志叢刊
國家圖書館出版社
北京師範大學圖書館藏
稀見方志叢刊
國家圖書館出版社
清華大學圖書館藏
稀見方志叢刊
國家圖書館出版社
中國人民大學圖書館藏
稀見方志叢刊
國家圖書館出版社

首都圖書館藏 稀見方志叢刊
南京圖書館藏 稀見方志叢刊
上海圖書館藏 稀見方志叢刊
北京大學圖書館藏 稀見方志叢刊
中國科學院文獻情報中心藏 稀見方志叢刊
吉林大學圖書館藏 稀見方志叢刊
安慶市圖書館藏 稀見方志叢刊
武漢大學圖書館藏 稀見方志叢刊
中國國家博物館藏 稀見方志叢刊
南京大學圖書館藏 稀見方志叢刊
重慶圖書館藏 稀見方志叢刊

清代诗文集珍本丛刊

浙学未刊稿丛编

民国时期总书目
世界文学 中国文学 下
历史·传记 考古·地理 下
综合性图书
宗教
农业科学 工业技术 交通运输
中小学教材
哲学·心理学
外国文学
军事
政治 上
历史·传记 考古·地理 下
民国时期总书目
胡愈之题

民国时期总书目

民国时期总书目
胡愈之题

民国时期图书总目

民国文献类编

民国文献资料丛编

珍稀日记手札文献资料丛刊

远东国际军事法庭庭审记录

中国图书馆图书分类法
农业专业分类表
医学专业分类表
劳动科学专业分类表
中国图书馆图书分类法
第二版与第三版修订
中国图书馆分类法简本
第四版
中国图书馆图书分类法（第二版）索引
中国图书馆分类法
（第四版）
索引
《中国图书馆分类法》
（第四版）
使用手册
ZHONG TU FA
SHI YONG SHOUCE
中国图书馆
图书分类法
使用说明

中国图书馆图书分类法系列

中央广播电视大学
图书馆学专业用书
图书馆学概论
UGUANXUE
21世纪高等学校核心课程教材
TuShu
GaiLun
图书馆学
概论
（修订本）
吴慰慈 董焱/编著
普通高等教育"十一五"国家级规划教材
图书馆学概论
【修订二版】
吴慰慈 董焱/编著
图书馆学经典教材
图书馆学概论
第4版
吴慰慈 董焱◎编著
国家图书馆出版社

图书馆学概论

中国图书馆史

中国图书馆年鉴

中国分类主题词表

中国文化年鉴

任继愈文集

序言

“日与月与，荏苒代谢”。伴随着改革开放和中国特色社会主义的伟大实践，国家图书馆出版社迎来建社 40 周年。40 年来，国家图书馆出版社积跬步以至千里，汇小流以成江海，从最初只有几间编辑室的小社，发展成为一级出版社、“全国百佳图书出版单位”“国家社科基金后期资助项目推荐申报出版机构”；40 年来，国家图书馆出版社始终以“传承文明、服务学术”为宗旨，形成了古籍、民国时期文献等各种稀见历史文献整理影印，图书馆学情报学译著作编辑出版、书目索引等中文工具书出版，以及中华传统文化普及推广读物和各种文史著作编辑出版等三大出版特色；40 年来，国家图书馆出版社依托图书馆馆藏文献，整理出版了大量文献典籍和学术精品力作，逐步成长为特色鲜明、具有广泛社会影响力和学术影响力的出版机构，为传承中华文明、服务图书馆学情报学学科研究、促进图书馆事业发展做出了积极贡献。

1978 年全国科学大会召开。为更好地服务于科学研究，促进标准化编目数据的共享，并为全国图书馆事业开辟学术阵地，北京图书馆（现国家图书馆）经报请国家出版行政管理部门批准，在馆内统一编目部的基础上，于1979年2月成立书目文献出版社，服务对象以图书馆界和情报界为主，兼及文史各界，主要出版图书馆学、情报学著述和译著、重要书目索引，以及各种珍贵文献。1996年更名为北京图书馆出版社，2008年更名为国家图书馆出版社。历史文献影印出版作为国家图书馆出版社的核心特色之一，旨在尽可能让影印文献真实反映古籍原貌，为学术界提供真实可靠的原始资料。40年来，依托国家图书馆及全国图书馆界的丰富馆藏，国家图书馆出版社共整理出版历史文献专题丛书1300余种，涉及历史文献5万余种，其中古籍3万余种，民国时期文献近2万种，包括国家重点文化出版工程“中华再造善本”，“敦煌遗书”、“赵城金藏”、《永乐大典》、文津阁《四库全书》等国家图书馆“四大专藏”，“中国古籍珍本丛刊”“著名图书馆藏稀见方志丛刊”等大型丛书，《千家诗》等被作为“国礼”的仿古特精装图书，惠及普通读者、底本精善的“国学基本典籍丛刊”等。这些图书编选审当、制作精良，受到文史学界和图书馆界的欢迎与好评。国家图书馆出版社也由此成为我国历史文献影印出版的重镇。

40年来，国家图书馆出版社编辑出版了大量图书馆学、情报学和信息资源管理方面的学术专著、教学用书、工具书、译著，以及面向图书情报工作者和信息资源管理相关领域工作者的工作用书与普及读物。特别是出版了《中国图书馆分类法》《图书馆学概论》《中国图书馆史》等一系列在图书馆界有重要和长远影响的著作，成为国内图书馆学、情报学权威学术研究成果的首选发布平台。

40年来，国家图书馆出版社倾心培育了书目索引等工具书整理出版这一特色。20世纪八九十年代，相继出版了《北京图书馆普通古籍总目》《民国时期总书目》等重要目录工具书，广惠学林。近年来，随着“中华古籍保护计划”“革命文献与民国时期文献保护计划”先后实施，《国家珍贵古籍名录图录》、《全国古籍普查登记目录》、《国家珍贵古籍题跋丛刊》、“海外中文古籍善本书目”等重要项目成果也陆续整理出版，为学术研究提供了范围更广泛、内容更丰富、编制更精良的书目工具，在传统文献典籍的保护、传承、研究等领域发挥着越来越重要的作用。

近年来，中华优秀传统文化的传承发展越来越得到党和国家的高度重视，国家图书馆出版社也在经典传统著作的整理出版方面不断开拓。其中，由中宣部等部门支持指导、文化和旅游部委托国家图书馆组织实施的《中华传统文化百部经典》项目成果交由国家图书馆出版社出版，旨在"激活经典，熔古铸今"，通过邀请知名专家学者解读经典，努力为广大读者提供一套立足学术、面向大众的古代典籍普及读本，目前已累计出版20部，获得社会各界广泛认可。

此外，国家图书馆出版社紧跟信息化时代数字出版发展新趋势，结合自身特色积极拓展，开发"中国历史文献总库""中华再造善本数据库"等数字产品，为学术研究提供内容丰富、方便检索利用的数字化文献典籍，并逐步在业界赢得广泛认可，成为国家图书馆出版社新的业务支柱之一。

党的十八大以来，国家图书馆进一步加强了对国家图书馆出版社的监督与管理，推动出版社牢牢把握好意识形态属性和产业属性，努力为人民奉献优质的精神食粮，做中华优秀传统文化的传承者和弘扬者，做中国先进文化的推广者和践行者，始终坚持社会主义先进文化前进方向，始终把社会效益放在首位，实现了社会效益和经济效益的同步增长。

值此建社40周年之际，整理出版《国家图书馆出版社四十年图书总目（1979—2019）》，既是对国家图书馆出版社40年工作成果的一次集中梳理和展示，也是对出版社卌载出版历程的一种回顾和记录，更是为各界读者征文考献提供便利。

40年前，国家图书馆出版社扬帆起航、开拓进取，为出版行业注入了新鲜力量；40年来，国家图书馆出版社砥砺前行、成果丰硕，在国家文化事业、出版事业发展中发挥了重要作用，成为深得文史学界、图书馆界以及广大研究人员、社会公众信赖的益友，可喜可贺！

站在新时代、新起点，希望国家图书馆出版社全体同仁认真贯彻落实习近平总书记给国家图书馆八位老专家回信精神，适应新形势，抢抓新机遇，在坚持社会效益优先、实现社会效益和经济效益相统一中走在全国出版社前列，为传承弘扬中华文明、提高国民素质、推动经济社会发展再立新功！

国家图书馆馆长 

2019 年冬于北京

编例

1 本书收录本社1979—2019年（截至2019年6月）正式出版的图书5800余种。

2 根据本社出书具体情况，结合《中国图书馆分类法》，将所收图书分为图书馆学信息管理科学、古籍影印、民国文献、人文社会科学及数字出版等五大类，大类下再细分若干小类，个别系列图书作为大类的附录部分单独列出。

3 同一小类中，大致按出版时间先后排列。丛书及重要系列图书集中排列，个别相关图书因分属不同类别，按照前述标准排列。

4 每本书著录书名、编（著）者、装帧、开本、定价、出版时间、ISBN（出版时间较早图书不含此项）、内容简介（“中华再造善本”除外）等信息。

5 本书末附书名笔画索引。

6 限于篇幅，本书收录图书不著录子目，相关信息可登录国家图书馆出版社网站（http://www.nlcpress.com）查询。

目录

图书馆学信息管理科学

古籍文献整理

革命文献与民国时期文献整理

人文社会科学

数字出版

书名笔画索引

政策法规
图书馆学基础
图书馆史
图书馆事业
图书馆业务工作
书目、索引、文摘
学术研究
公共文化服务
传播学、出版学及其他

图书馆学信息管理科学

政策法规

日本图书馆法律体系研究

李国新著　平装 32 开　22.00 元

2000 年 6 月出版　7-5013-1051-3

本书是国内第一部全面系统地评介、研究发达国家的图书馆相关法律、法规体系的专著,内容包括日本图书馆法律体系概况、日本的《图书馆法》、《学校图书馆法》、大学图书馆标准、《国立国会图书馆法》、图书馆相关法规及"图书馆自由"问题等。对于建立健全我国的图书馆相关法律体系有很好的借鉴意义。书后附录日本与图书馆相关的主要法律法规目录。

图书馆规章制度选编

刘小琴主编　平装 32 开　22.00 元

2001 年 8 月出版　7-5013-1733-X

本书共选入了 180 余项规章制度,分为 14 编,分别为:文献采访工作规章制度;文献标引、编目工作规章制度;连续出版物工作规章制度;藏书管理与保护工作规章制度;读者服务工作规章制度;文献信息开发与参考咨询工作规章制度;自动化网络化建设规章制度;缩微、视听工作规章制度;业务研究与辅导工作规章制度;缩微、视听工作规章制度;业务研究与辅导工作规章制度;行政管理工作规章制度;少年儿童图书馆工作规章制度。

中国图书馆员职业道德准则(试行)

中国图书馆学会编　平装 32 开　5.00 元

2003 年 4 月出版　7-5013-2093-6

为加强全国各系统图书馆的行业自律和职业道德建设,中国图书馆学会组织各系统图书馆界代表以及有关专家、学者制定了"中国图书馆员职业道德准则"。本书内容包括中国图书馆员职业道德准则(试行)、中国图书馆员职业道德准则解说,后附英国、美国和日本图书馆协会颁行的关于图书馆员职业伦理方面的规定。

国外公共图书馆建设标准与规范概览

张广钦主编　平装 32 开　30.00 元

2009 年 4 月出版　978-7-5013-4047-7

我国《公共图书馆建设用地指标》及《公共图书馆建设标准》的出台,标志着我国公共图书馆事业向着规范化、法制化迈出了可喜的一步。然而,中国的公共图书馆事业落后于欧美等国是不争的事实,这些欧美国家制订的图书馆建设标准经过了长期的实践及多次的修订,在实用性、科学性方面都具有很大的优势,而这可以补国内标准之不足。吸收国外图书馆建设标准中的精华,可以促进我国在这方面的进步发展。

公共图书馆建设主体研究——全覆盖目标下的选择

于良芝、邱冠华等著　平装 16 开　48.00 元

2011 年 12 月出版　978-7-5013-4608-0

本书简单回顾了我国现有公共图书馆建设主体选择的历史、现状和问题;介绍了世界主要国家公共图书馆建设主体的选择及公共图书馆服务体系的形成,考察了经济高效、可持续、全覆盖的公共图书馆服务体系对其建设主体的要求,对满足要求的图书馆建设主体进行了初步选择;从各级政府的财政能力及辖区所需图书馆数量、地方政府改革趋势的角度进一步考察了上述选择的现实性和可行性;专门讨论了社会力量参与图书馆建设的问题;最后在总结主要发现的基础上,对变革我国公共图书馆建设主体和建设体制提出了建议。

《公共图书馆法》立法支撑研究丛书(3 种)

公共图书馆文献资源建设法律保障研究

肖希明、张勇、许建业著　平装 16 开　58.00 元

2011 年 12 月出版　978-7-5013-4657-8

本书主要为公共图书馆立法提供有关的资料、思想、理论乃至方案。主要从以下几方面展开论证：从国内外的图书馆法中析出有关文献资源建设的内容进行分析，了解国外图书馆法中有关文献资源建设的规定，从中找出我国在图书馆立法方面可以借鉴的内容，以及国内的法律法规的实施效果以及存在问题和薄弱环节；利用现有的统计资料，对近十年来我国公共图书馆文献资源建设的状况进行分析；通过问卷调查和统计分析，掌握乡镇图书馆文献资源建设情况和存在的问题；通过对公共图书馆文献资源建设所涉及的各种问题的分析，拟出目前亟待解决的问题以及哪些问题是需要法律来规范的，在此基础上设计调查问卷，选取若干样本进行调查；从目前关于公共图书馆研究中提炼出若干与文献资源建设法律保障有关的理论与实践问题，一方面概述和分析近年来对这些问题进行理论研究的观点和实践领域的探索，同时也提出我们对这些问题的思考。

读者权益与图书馆服务研究

李东来等著　平装 16 开　58.00 元

2012 年 11 月出版　978-7-5013-4835-0

本书主要内容包括国内外读者权益和公共图书馆服务历史与现状、国内外有关读者权益与图书馆服务法律法规研究、读者权益若干问题研究、公共图书馆服务若干问题研究。

国外公共图书馆法研究

李国新著　平装 16 开　60.00 元

2013 年 8 月出版　978-7-5013-5136-7

本书主要介绍了美国联邦公共图书馆法、美国州公共图书馆法以及英国、加拿大、澳大利亚、日本、韩国等的公共图书馆法的特点、发展演变情况及主要内容，包括图书馆的建设标准、服务标准、人员标准、职业伦理等，为我国公共图书馆立法提供了理论和实践方面的依据和借鉴，也丰富了我国图书馆学研究的内容。

公共借阅权制度研究

傅文奇著　平装 16 开　60.00 元

2014 年 2 月出版　978-7-5013-5323-1

本书论述了公共借阅权的概念、特征、理论基础，对公共借阅权制度的内容、历史演进、评估等进行了详细阐释，将国外公共借阅权制度分为文化政策模式、准版权模式、版权模式三种类型进行了系统考察，分析了我国公共借阅权立法的必要性和可行性、立法的障碍分析、立法框架等。

我国图书馆事业发展政策文件选编（1949—2012）

国家图书馆研究院编　精装 16 开　280.00 元

2014 年 10 月出版　978-7-5013-5460-3

本书为国家社会科学基金项目“公共图书馆服务体系政策保障研究”前期研究成果之一，共收录 1949 年以来我国中央和地方各系统、各部门出台的与图书馆事业发展密切相关的政策文件共计 500 余篇，包括直接用于规范各类型图书馆事业发展的法律法规和规范性文件以及图书馆以外其他相关领域政策文件中对图书馆事业发展有较大影响的内容。各类文件均按发布时间排序，收录文件的时间截止到 2012 年年底，特别增收文化部于 2013 年 1 月发布的《全国文化信息资源共享工程“十二五”规划纲要》和《全国公共图书馆发展“十二五”规划》。

公共文化服务制度建设研究

冯佳著　平装 32 开　48.00 元

2015 年 12 月出版　978-7-5013-5760-4

本书为国家社会科学基金重大项目“加快公共文化立法，提高文化建设法制化水平研究”的子课题成果之一，希望通过对示范区（项目）制度设计成果的系统梳理、归纳总结与深入分析，通过对制度设计相关要素的分别探讨，试图找到解决公共文化服务体系中关键问题的制度化长效机制，为在现代公共文化服务体系构建过程中相关问题的解决提供思路和借鉴。

“公共文化服务保障法”立法支撑研究

陆晓曦著　平装 16 开　60.00 元

2016 年 1 月出版　978-7-5013-5769-7

本书是“加快公共文化立法，提高文化建设法制化水平研究”的项目子课题之一。首先阐述了公共文化服务体系立法的可行性和必要性，介绍了国内外的公共文化服务管理体制与政策法规保障体系研究；其次从公共文化服务的设施保障、供给保障、经费保障、人才保障、组织支撑与绩效评估保障几个方面分别加以研究。该书对公共文化服务体系立法以及加强我国的法制建设具有重大意义。

图书馆工作相关法律法规选编

韩新月、马达主编　平装 32 开　48.00 元

2016 年 2 月出版　978-7-5013-5771-0

本书在梳理我国现行有效法律法规的基础上，选择其中与图书馆各项工作最为密切相关的法律法规内容汇编成册，收录我国现行法律 20 件、行政法规 13 件、部门规章 16 件、司法解释 9 件、规范性文件 19 件，共计 77

件。按照文件内容划分为图书馆馆藏资源建设、出版物缴送、知识产权管理、公共文化服务、特殊群体服务、环境与设施以及其他与图书馆工作相关法律法规,在同一分类下按照文件的法律效力等级进行排列。

《公共图书馆法》专家解读

柯平等解读　平装 16 开　48.00 元

2018 年 5 月出版　978-7-5013-6366-7

《公共图书馆法》的颁布是我国图书馆界的一件大事。本书由吴建中、柯平、陈坚、褚树青、程焕文、李东来、金武刚等专家解读《公共图书馆法》,主要内容包括什么是公共图书馆、政府的责任、《公共图书馆法》将给图书馆事业带来什么、图书馆人应该怎么做、《公共图书馆法》与全民阅读、《公共图书馆法》与公民的文化权益等内容,书后附《公共图书馆法》全文。本书内容丰富实用,适合作为图书馆员学习材料。

中华人民共和国公共图书馆法:导读·阐释·践行

《图书馆》编辑部编　平装 16 开　58.00 元

2018 年 11 月出版　978-7-5013-6636-1

《公共图书馆法》的正式出台与实施,标志着我国公共图书馆事业发展迈进全新时代。本书是李国新、金武刚等人为阐释、研读《公共图书馆法》所作,分导言、概说、专题、参阅四个部分,共收录论文 20 篇,既有宏观理论指导,又从总分馆制、社会力量参与公共图书馆建设、捐赠者冠名制度、未成年人服务条款、志愿服务条款、古籍保护与利用、呈缴本制度、私人图书馆治理模式等专题角度,对《公共图书馆法》作具体而微观的解读。在参阅部分,还介绍了美国和日本的图书馆立法情况。本书内容丰富,指导性强,可作为图书馆界学习《公共图书馆法》的读本。

图书馆学基础

图书馆工作概论

马先阵主编　平装 32 开　1.75 元
1980 年 1 月出版

图书馆学研究方法

吴彭鹏译　平装 32 开　3.85 元
1980 年 1 月出版

比较图书馆学概论

(美)珀利阿姆·丹顿著,龚厚泽译,陈鸿舜校
平装 32 开　0.48 元
1980 年 12 月出版

本书是根据美国珀利阿姆·丹顿(Periam Danton)著的《比较图书馆学概论》(*The Dimensions of Comparative Librarianship*)1973 年版翻译、校订的,出版时删去了与主题关系不大的内容和人名、书名索引等部分。内容分 6 章:1. 引论;2. 术语、定义与范围;3. 目的与意义;4. 出版、研究与教育;5. 方法论;6. 结束语。书后有比较图书馆学课程大纲或研究大纲。

中国书史简编

刘国钧著,郑如斯订补　平装 32 开　0.80 元
1982 年 10 月出版

本书是"中国书史"课程的教材,是刘国钧著《中国书史简编》的修订版。原书共 8 章:1. 图书的社会意义;2. 从文字发生到公元 1 世纪末的中国书;3. 从公元 2 世纪到 8 世纪的中国书;4. 从公元 9 世纪到 13 世纪末叶的中国书(自唐朝后期到宋末);5. 从 13 世纪末叶到 19 世纪中叶的中国书(自元至鸦片战争);6. 从公元 19 世纪中叶到"五四运动"前夕的中国书;7. 从"五四运动"到中华人民共和国成立期间的中国书;8. 中华人民共和国的图书和出版事业。此次出版,由郑如斯进行校订和补充,在第八章原三节的基础上增加了"1958 年以后我国图书出版事业的发展变化"一节。

普通图书馆学

(苏)丘巴梁著,徐克敏等译　平装 32 开　1.35 元
1983 年 4 月出版

本书根据苏联教育学博士丘巴梁(Чубаръян)著的第三版修订本译成。原书经苏联文化部教育司批准作为苏联文化学院、师范学院和综合性大学图书馆系通用教科书。分 6 章:1. 图书馆学—社会科学;2. 图书馆与社会;3. 苏联的图书馆事业;4. 苏联图书馆事业的组织原理;5. 图书馆为居民服务;6. 苏联图书馆事业的管理。

图书馆学概论系列(7 种)

图书馆学概论

吴慰慈编著　平装 32 开
1.40 元　6.80 元　7.80 元　8.80 元
1985 年 11 月出版　1995、1996、1997 年再版
7-5013-0337-1

本书是图书馆学专业的基础理论教材。共 8 章:1. 图书馆学的学科体系;2. 图书馆的社会职能;3. 图书馆的类型;4. 图书馆事业;5. 图书馆网;6. 图书馆工作;7. 图书馆科学管理;8. 图书馆现代化。

图书馆学概论教学参考文选

吴慰慈、邵巍编　平装 32 开　2.20 元
1985 年 11 月出版

为学员学习"图书馆学概论"课程而编。选收公开发表的论文 29 篇,大体上按《图书馆学概论》的内容体系排序。

图书馆学概论学习指导书

吴慰慈、邵巍编　平装32开　0.55元　0.65元

1985年11月出版　1988年6月再版

本书按《图书馆学概论》同样分为8章，每章主要讲述内容要点、教学要求等。书前有关于学习图书馆学概论的总说明。书后附图书馆学基础理论论文索引。

图书馆学概论指导书

吴慰慈编著　平装32开　0.65元

1990年1月出版　7-5013-0338-X

图书馆学概论（修订本）

吴慰慈、董焱编著　平装32开　20.00元

2002年5月出版　7-5013-1911-1

本书是“21世纪高等学校核心课程”教材，是本社1985年版《图书馆学概论》的修订版。此次修订既注意对原教材的继承，也广泛吸收了国内外图书馆工作实践与理论研究的最新成果，以较好地适应信息社会与网络环境下图书馆事业不断发展变化的形势。内容包括图书馆学研究对象、体系与内容，性质、方法与趋势；图书馆及其社会职能；图书馆类型；图书馆事业；图书馆微观工作体系；图书馆管理原理与实务；信息高速公路与数字图书馆建设；文献数字化工作与电子版权问题；网络环境下图书馆的发展方向等。

图书馆学概论（修订二版）

吴慰慈、董焱编著　平装32开　35.00元

2008年7月出版　978-7-5013-3642-5

随着信息技术的飞速发展，图书馆事业的环境和任务持续不断地变化，图书馆学研究也有了新进步。为了适应图书馆工作实践和图书馆学理论的发展以及图书馆学教育的需要，作者对《图书馆学概论》（修订版）再次进行了修订。此次修订既注意了对原教材的继承，也广泛反映了作者长期以来对图书馆学理论与实践问题的独立思考，同时广泛吸收了国内外图书馆工作实践与理论研究的最新成果，使其能较好地适应信息社会和网络环境下图书馆事业不断发展变化的形势。本次修订的总字数超过10万字，对关于新形态图书馆的部分进行了重写，增加了复合图书馆等内容。

图书馆学概论（第4版）

吴慰慈、董焱编著　平装16开　72.00元

2019年3月出版　978-7-5013-6645-3

本书是图书馆学基础理论专著和图书馆学专业必修课教材。全面讲解图书馆学的基本理论和基本知识，介绍国内外图书馆学在理论和应用方面的研究进展以及图书馆事业宏观发展状况。旨在开拓学生视野，树立专业意识，为学习图书馆学专业其他课程奠定基础，培养研究能力。这一版本是在2008年修订二版基础上的再次修订与发展，吸收了国内外图书馆工作实践与理论研究的最新成果，对各章节内容进行修订乃至重写，反映了大数据、人工智能、云计算、物联网、移动互联、虚拟现实、边缘计算、区块链的先进信息技术对图书馆转型的影响，使本书从宏观上准确把握图书馆发展趋势，为各类型图书馆建设和发展提供参考。本书除用作高校图书馆学专业教材外，还适合作为图书馆员的图书馆学基础入门学习读物。

中国书史

郑如斯、肖东发编　平装32开

1.50元　3.95元　8.80元　10.00元

1987年6月出版　1991、1996、1998年再版

7-5013-0829-2

本书分8章：1. 绪论；2. 图书事业的萌芽和奠基时期（公元前21世纪到公元2世纪）；3. 图书事业的初兴和发展时期（公元2世纪到公元9世纪）；4. 图书事业的壮大和兴盛时期（上）（公元9世纪到公元10世纪）；5. 图书事业的壮大和兴盛时期（下）（公元11世纪到公元19世纪中叶）；6. 图书事业的应时和改革时期（1840年到1919年）；7. 图书事业的转变和斗争时期（1919年到1949年）；8. 图书事业的繁荣和创新时期（1949年至今）。

中国书史教学参考文选

郑如斯、肖东发编　平装32开　1.40元

1987年6月出版

为配合学员学习《中国书史》课程而选编的参考资料。选入有关中国文字起源、甲骨金石刻辞、简帛、纸卷及印刷术发明后图书出版事业发展情况的著述或资料22篇。大体按《中国书史》课程的内容体系为序组织编排。

中国书史教学指导书

郑如斯、肖东发编　平装32开　0.35元　0.75元

1987年6月出版　1991年4月再版　7-5013-0830-6

本书按《中国书史》同样分为8章，每章均分为内容要点、教学要求、阅读范围、复习思考题4部分。

图书馆学研究的科学基础

（苏）克列伊坚科著，何士彬译，钮菊生校

平装32开　0.95元

1987 年 9 月出版

根据苏联莫斯科书籍出版社 1983 年出版的“Библиотечные исследования: научные основы”第一版译出，是苏联文科院校和教育院校图书馆学系的教学参考书，也是苏联 1983 年前唯一的一本较系统地介绍图书馆学研究方法论和方法的专著。分 10 章，搜集和总结了科学研究方法方面的材料，分析了图书馆学研究的目的、意义、对象和基本概念，介绍了图书馆学研究的方法论和方法、过程和阶段以及科研成果在图书馆实践中的应用。书后附录：1. 青年研究工作者参考书目；2. 全科学与社会学推荐书目；3. 图书馆学、目录学、情报学、图书学推荐书目。

图书馆学研究方法——技术与阐述

（美）查尔斯·布沙等著，吴彭鹏译，王津生校
平装 32 开　3.85 元
1987 年 6 月出版

根据 *Research Methods in Librarianship* 一书译出，介绍图书馆学和情报学研究工作的基本理论和方法。共分 5 部分：1. 科学与图书馆学；2. 研究方法；3. 描述统计；4. 推理统计；5. 研究工具。重点放在图书馆学的调查方法上，包括设计、测度和分析。

图书馆学基础

（英）哈里森著，佟富译　平装 32 开　1.30 元
1987 年 7 月出版

根据曾任英国图书馆协会主席的哈里森的 *First Steps in Librarianship*1980 年第五修订版译出，共分 10 章。作者以英国图书馆学为背景，阐述了国家图书馆、大学图书馆、专业图书馆和公共图书馆的情况，对图书馆的行政、财政、人员管理、方法学、分类编目、目录和参考资料等用专门章节进行论述。

图书馆学五定律

（印度）阮冈纳赞著，夏云等译，侯汉清校
平装 32 开　4.90 元
1988 年 11 月出版　7-5013-0466-1

1931 年印度著名的图书馆学家阮冈纳赞出版了《图书馆学五定律》（*The Five Laws of Library Science*），书中提出的图书馆学五个定律被誉为“我们职业最简明的表述”，即“书是为了用的；每个读者有其书；每本书有其读者；节省读者的时间；图书馆是一个生长着的有机体”。此次属我国首次翻译并出版，也是著者在中国出版的第一部图书馆学著作。全书共 9 章：1. 缘起；2. 第一定律；3. 第二定律及其经历的斗争；4. 第二定律及其对世界的征服；5. 第二定律及其含义；6. 第三定律；7. 第四定律；8. 第五定律；9. 科学方法、图书馆学以及征服世界的进军。

文献信息学引论

朱建亮著　平装 32 开　6.90 元
1992 年 7 月出版　7-5013-0910-8

作者对图书馆学、情报学、档案学、文献学及其他相关学科中共有的本质内容加以提取和概括，并搜集他人的研究成果，创立了这些学科的上位学科——文献信息学。本书即是对该门学科的对象、内容、学科地位、研究方法等问题及有关文献、文献信息的具体内容所做的阐述和探讨。共 10 章：1. 绪论；2. 文献信息的本质与价值；3. 文献信息的结构；4. 文献信息的载体和类型；5. 文献信息的增长与量度；6. 文献信息的生产；7. 文献信息的流通；8. 文献信息的控制；9. 文献信息的摄取；10. 文献信息的研究与利用。书前有周文骏的序。

书目情报系统理论研究

柯平著　平装 32 开　13.50 元
1996 年 7 月出版　7-5013-1288-5

本书是作者在其博士论文基础上完成的一部书目情报系统方面的理论专著。共 8 章：1. 文献信息交流系统中的书目情报系统；2. 书目情报系统的类型、结构与功能；3. 书目情报系统环境分析；4. 书目情报系统的文献信息控制机制；5. 书目情报系统的市场特征；6. 书目情报系统的社会经济效益评价；7. 国家书目情报系统建设；8. 书目情报系统的发展趋势。书前有彭斐章的序。

现代图书馆学理论

徐引篪著　平装 32 开　22.00 元
1999 年 2 月出版　7-5013-1614-7

本书应用信息资源管理理论，融合社会学等相关学科知识，将图书馆学理论构筑在以因特网为核心的现代信息技术的平台上。全书共 8 章：1. 图书馆学研究对象及学科体系；2. 图书馆学流派与学说论评：西方；3. 图书馆学流派与学说论评：东方；4. 图书馆透析；5. 图书馆类型的理论重组；6. 人类需求的图书馆；7. 信息市场中的图书馆；8. 网络时代的图书馆。书前有黄宗忠、孟广均、顾敏的序。

常用社科文献信息源

王锦贵著　平装 32 开　13.00 元
2000 年 9 月出版　7-5013-1712-7

本书为北京大学信息管理系教材，比较全面系统地介绍了社会科学研究及学习过程中所必需的信息源的类型、特点、重要典籍及检索方法。其内容包括著述信息源(丛书、总集、别集、全集、选集、论文集、传记、史志、政书等)、史料信息源(方志、档案)、资料信息源(参考资料、报刊资料)、咨询工具信息源(书目、索引、文摘、类书、年鉴等)。

图书馆工作概论

程亚男主编　平装32开　9.50元

2000年10月出版　7-5013-1730-5

本书是阐述图书馆基本知识和图书馆工作入门的基础教材。全书共6章:1.图书馆基本知识;2.图书馆工作概述;3.图书馆工作评估;4.图书馆事业;5.图书馆工作研究;6.图书馆工作发展。在广泛总结过去教材基本观点的基础上,本书尽量采用规范化的基本概念,同时注重介绍当前研究的最新资料和成果,展示了图书馆事业和工作的发展前景。

当代图书馆学情报学前沿探寻

吴慰慈、张久珍编著　平装32开　15.00元

2002年5月出版　7-5013-1899-9

本书对当前图书馆学、情报学的一系列前沿问题进行了深入探讨。主要涉及新技术革命对传统学科研究领域的影响,对学科教育体系的影响,学科生长点的形成与发展、分支学科的建构,信息技术与图书馆工作、电子图书馆发展,图书馆学由传统向现代的过渡等问题。本书为"九五"国家教委博士点人文社会科学研究基金项目"信息技术革命对我国图书馆学情报学学科体系的影响"的研究成果。是图书情报专业人士及高校相关专业师生研究、学习的重要参考资料。

20世纪西方与中国的图书馆学——基于德尔斐法测评的理论史纲

范并思等编著　平装32开　25.00元

2004年6月出版　7-5013-2441-7

本书是一本系统探讨20世纪中国与西方的图书馆学史的专著。采用德尔斐法,通过专家测评的方法,对20世纪以来图书馆学史的重要人物、事件、方法及其影响做出了评价。系统回顾了图书馆学在20世纪的发展,重新对这一世纪的图书馆学史进行梳理,对被中国图书馆学界以往所忽视的甚至是误解的部分加以澄清,从而保证了其客观、公允。同时本书极力对其影响加以分析,使其具有史评的作用,这对"以史为鉴",从图书馆学史中继承先辈的图书馆学精神而言,具有积极的推动作用。

图书馆学理论与方法

吴慰慈著　平装32开　35.00元

2004年10月出版　7-5013-2462-X

本书是吴慰慈先生的论文汇编集,收录了他自进入图书馆学研究领域以来至今公开发表过的图书馆学基础理论文章,使读者对20世纪70年代以来我国图书馆学研究的发展过程有一个清晰的了解。

图书馆学书目举要

吴慰慈主编　平装32开　20.00元

2004年10月出版　7-5013-2416-6

本书列举介绍了图书馆学最基本、最具代表性的242部学术著作,内容涵盖了图书馆学的基本领域。本书可作为高等院校图书馆学、情报学专业学生的导读书目,其构架的基础知识体系可为图书馆学、情报学以及其他相关专业人士的研究提供基本参考,还可以作为专业外人士涉猎图书馆学学科知识的一个窗口。

图书馆事业与图书馆学教育

吴慰慈著　平装32开　32.00元

2006年3月出版　7-5013-3011-5

本书为吴慰慈教授历年来有关图书馆事业发展与图书馆学教育的论文结集,对图书馆事业的发展趋势、存在问题及解决方案,图书馆学教育现状,对教育改革的看法,课程体系教育建设,学位教育问题等进行了详细分析与阐述。

常用社科文献信息源(修订本)

王锦贵主编　平装32开　25.00元

2006年8月出版　7-5013-3153-6

本书保留了原版对著述信息源、史料信息源、资料信息源、查询工具信息源的特点及检索方法的系统论述,并应广大读者和高校师生的要求,增加了"第六编　电子信息源"的类型和检索方法。此外,还在各章正文之后,增加了提供读者进一步研究的思考题以及课外参考文献。

图书馆知识管理研究

柯平等著　平装32开　35.00元

2006年11月出版　7-5013-3167-7

本书为国家社会科学基金项目成果。作者将知识管理引入图书馆,研究了知识管理在图书馆的应用。主要内容包括知识管理理论与研究现状、图书馆知识管理研究综述、知识管理应用于图书馆的分析、图书馆知识管理的理论基础、图书馆知识管理对图书馆管理的创新、图书馆知识管理的模式与应用等。

图书馆学新探

吴慰慈主编　平装 32 开　35.00 元

2007 年 9 月出版　978-7-5013-3487-2

本书为北京大学"创建世界一流大学计划"项目。书中探讨了数字时代图书馆学基础理论研究，数字图书馆技术、开发、管理研究，网络信息资源开发与利用研究，信息资源共享研究，读者需求与服务方式研究，文献计量学研究，文献类型研究，图书馆学专业教育研究等。

社会公共服务体系中图书馆的发展趋势、定位与服务研究

柯平等著　平装 16 开　70.00 元

2011 年 5 月出版　978-7-5013-4460-4

本书是国家图书馆重大科研项目研究成果之一。本书引入理论新视角对图书馆的现状及相关影响因素做深入系统的分析，从提供公共服务的角度重新梳理图书馆的职能、定位，进而构建起图书馆可持续发展的整体发展模式，这将极大地丰富或补充已有的研究成果。采用个案研究法和访谈法等，对图书馆及其相关的公共服务机构进行数据调研，通过分析及对比研究，总结图书馆在公共服务体系中的个体作用及与其他服务机构的衔接、协调关系，为国家、同行业或其他行业的可持续发展提供实践经验借鉴。

图书馆战略规划流程研究

赵益民著　平装 16 开　49.00 元

2011 年 5 月出版　978-7-5013-4580-9

本书采用以实证分析为主的技术方法进行国内外图书馆战略规划文本的深入考察，以此确立符合我国国情的战略发展纲领性文件的结构框架；调查全球主要国家的图书馆网站，全面考察战略规划实践现状；收集全国范围内的相关专家的观点，探寻体现我国国情的战略规划流程构建的权威意见；进行图书馆的社会投入、服务产出与环境变量的相关分析，构建回归方程和时间序列模型，以此作为图书馆战略发展的决策参考依据。本书将战略管理的原理、方法和图书馆的实践工作结合起来，旨在针对个体图书馆的战略分析与制定，为我国图书馆的长期发展构建具有实用性的战略规划流程，以此促进图书馆决策管理过程的科学化和高效性。

图书馆资源公平利用

范并思著　平装 16 开　48.00 元

2011 年 10 月出版　978-7-5013-4674-5

本书是作者 2005 年以来围绕图书馆资源公平利用进行研究而陆续形成的成果。全书分七个部分，分别就图书馆资源与服务、图书馆的核心价值与公平、信息公平论、图书馆的权利与公平、图书馆人追求公平的努力、图书馆公平的基本问题以及图书馆公平与社会等进行介绍、探讨与研究。

构建面向图书馆职业的理论体系——第五次全国图书馆学基础理论研讨会论文集

刘兹恒、张久珍主编　平装 16 开　55.00 元

2007 年 11 月出版　978-7-5013-2420-0

本书为第五次全国图书馆学基础理论研讨会论文集。论文既有全面总结图书馆学基础理论当代发展的，也有系统论述图书馆职业核心能力的；既有对公共图书馆理念的思想价值进行深入讨论的，也有对中国语境下的图书馆学新术语进行科学辨析的；既有分析现代图书馆发展中技术、人文或制度关系的，也有探讨图书馆人文精神的起源与发展的。所涉及的内容基本反映了我国图书馆学基础理论研究的现状。

图书馆学理论的使命与担当：第六次全国图书馆学基础理论研讨会论文集

刘兹恒、张久珍主编　平装 16 开　64.00 元

2011 年 12 月出版　978-7-5013-4699-8

本论文集收录了 30 篇论文，从多个方面对图书馆学基础理论进行研究和探讨。

公共图书馆概论

汪东波主编　平装 16 开　96.00 元

2012 年 5 月出版　978-7-5013-4786-5

本书以公共图书馆核心业务工作的实际需求为导向，在对公共图书馆的职能定位、类型特点等问题进行充分阐释的基础上，分别对图书馆的制度体系建设、馆藏发展与资源组织、公众服务与用户研究、组织管理与战略规划等主要工作中涉及的相关理论成果和技术方法进行详细介绍和说明，并对公共文化服务体系建设框架下的公共图书馆未来发展趋势和前景进行了科学的预测和展望。

构建与渐变：智库意识与行动策略

边晓利主编　平装 16 开　80.00 元

2012 年 7 月出版　978-7-5013-4787-2

智库，也称思想库，是适应现代社会高度发展和满足现代国家决策需要而产生的。而图书馆作为政府的信息咨询服务提供者之一，需要利用丰富的馆藏，参考智库的成果经验，将图书馆中的决策服务功能进一步强化，发展出适应图书馆的智库模式。

图书馆战略规划:理论、模型与实证

柯平等著 精装 16 开 160.00 元

2013 年 2 月出版 978-7-5013-4914-2

本书为国家社会科学基金重点项目"公共文化服务体系中的图书馆战略规划模型与实证研究"的研究成果,为国内首部重点、全面研究图书馆战略规划的著作。图书馆战略规划问题既是我国图书馆事业发展的要求,也是其实践发展的要求,更是图书馆事业社会环境发展变化的要求。本书围绕这一涉及图书馆事业发展的核心问题,首次从战略规划的理论、模型与实践等方面进行了全方位的和系统的研究,在此基础上构建了适用于我国各级各类图书馆的战略规划模型、指南和相关辅助等。

图书馆情报学概论

于良芝著 平装 16 开 75.00 元

2016 年 8 月出版 978-7-5013-5883-0

本书是一部为融贯的图书馆情报学(Library and Information Science,LIS)而做的概论性著作。目前,国内概论性教材多数只针对图书馆学,或只针对情报学,本书为国内首部针对 LIS 的基础理论教材。本书所阐释的概念和理论,可以用来观察与分析人类社会涉及信息需求、查询、获取、利用的现象和问题;它阐释的技术原理,可以为初学者进一步学习信息组织整理及传递传播的操作性技术提供洞见与铺垫。本书的面世将为国内业界研究带来新鲜的血液,使我国图书馆情报学研究水平在国际上提升一个新的台阶。

20 世纪西方与中国的图书馆学——基于德尔斐法测评的理论史纲

范并思等编著 32 开 60.00 元(精) 38.00 元(平)

2016 年 9 月出版 978-7-5013-5930-1

本书是一部理论史著作,具有资料性与工具性的特点,有助于理解 20 世纪图书馆学的理论精神。主要特点:1. 尊重图书馆学的技术情结,注重从应用图书馆学领域发掘对图书馆学产生了重大影响的文献、人物与事件,将其纳入图书馆学基础理论史的范畴;2. 采用信息反洗的方法,力求通过系统的、公正客观的方法,全方位地考察 20 世纪图书馆学的主要理论创新之处;3. 不拘泥于信息分析结果,在基本尊重信息分析结果的前提下,坚持对理论史上的文献、人物与事件做出自己独立的判断。本书在 2004 年版的基础上修订而成。

知识学研究

柯平著 平装 16 开 80.00 元

2017 年 5 月出版 978-7-5013-6070-3

为全面系统地研究知识及知识活动的相关问题,本书整合各学科已有的知识研究成果,构建新的知识学理论体系,对知识环境、知识技术、知识组织等问题进行创新性研究,提出知识控制论等新的理论问题,并围绕知识学的应用,讨论知识传播与知识管理、知识服务和知识创新等领域的理论与实践问题。

想象图书馆的未来:图书馆与信息机构情境规划

欧书亭、苏德毅著,李丹译 平装 32 开 48.00 元

2017 年 12 月出版 978-7-5013-6141-0

本书介绍了何谓情境以及情境对组织机构、投资者和员工的影响,为读者提供了规划未来可能的新方法,并具体探讨如何进行情境规划,最后通过具体案例阐述情境规划的过程,从而为图情从业者提供了重新审视未来的工具。

图书馆史

杜定友图书馆学论文选集

杜定友著，钱亚新、白国应编　精装 32 开　3.80 元
1980 年 1 月出版

为纪念我国著名的图书馆学家杜定友先生诞辰 90 周年和逝世 20 周年而选辑出版。收集杜定友关于图书馆学、图书分类法、汉字排检法、地方文献、图书馆建筑和设备等方面的论文 32 篇。书后附有张世泰编的《杜定友有关图书馆学著述系年》。

图书馆网络（1976—1977）

（美）玛丁著，邓琼芳、蔡非译，廖子高校
平装 32 开　0.53 元
1983 年 4 月出版

本书共 9 章：1. 图书馆网络：理想的资源；2. 网络化的范围；3. 网络的基础：机读数据；4. 俄亥俄学院图书馆中心；5. 其他网络；6. 商业部门的作用；7. 全国性网络化计划；8. 网络的管理：争论与问题；9. 网络及其未来。主要介绍 20 世纪 70 年代美国图书馆网络的状况，也概括介绍了其他国家的图书馆网络，并对网络存在的问题和今后的发展进行探讨，是一本研究图书馆网络化和自动化的基础读物。书后附有网络简表、缩写词表。

中国省市图书馆概况（1919—1949）

杨宝华、韩德昌编　精装 32 开　2.05 元
1985 年 10 月出版

本书收编了"五四"以来至新中国建立之前一段时期全国 49 所省市公共图书馆的情况资料。对 1919 年以前已成立的某些图书馆的资料，也酌情予以收录。内容包括各图书馆的建馆经过及其历史情况、各馆机构设置及规章制度情况，以及各馆藏书情况、藏书管理情况和借阅工作情况等。书后附全国省立图书馆情况调查表、全国各省市立图书馆情况调查表。

北京图书馆纪念书画集

北京图书馆编　精装 8 开
1987 年 9 月出版

本书收集国内著名书画艺术家为纪念北京图书馆开馆 75 周年暨新馆落成而创作的书画作品共 187 幅。

国家图书馆（原北京图书馆）同人文选（4 种）

北京图书馆同人文选（第一辑）

《北京图书馆同人文选》编委会编
精装 16 开　9.50 元
1987 年 10 月出版

为庆祝北京图书馆新馆落成与纪念开馆 75 周年而出版。收集 74 位同人在馆工作期间发表的学术论文 72 篇，按作者到馆工作时间先后排列。周谷城封面题字。

北京图书馆同人文选（第二辑）

《北京图书馆同人文选》编委会编，唐绍明主编
精装 16 开　43.00 元
1992 年 9 月出版　7-5013-0946-9

为庆祝北京图书馆开馆 80 周年和新馆开馆 5 周年而编辑出版。收录了 1987 年以来在北京图书馆工作的同人发表的部分作品，共 66 篇。按照图书馆学与图书馆工作、图书馆自动化研究与实践、文献开发与研究、文史哲研究等分类。各类之下，依文章发表的时间先后为序。周谷城封面题字。

北京图书馆同人文选（第三辑）

《北京图书馆同人文选》编委会编，任继愈主编

精装 16 开　66.00 元
1997 年 8 月出版　7-5013-1418-7

为纪念北京图书馆开馆 85 周年、新馆建成 10 周年而出版。本书所选文章是编委会从馆内员工 1992 年至 1996 年在北京图书馆工作期间发表的学术性、理论性、专业性及其总结工作经验的文章中遴选出的,共 80 篇。内容大体分为图书馆管理、图书馆基础业务、图书馆现代技术以及有关政治、文学、哲学、历史等学科的学术探讨、文献研究。以《中国图书馆图书分类法》为根据分类、编排,相同类别的文章以发表时间先后为序。周谷城封面题字。

国家图书馆同人文选

《国家图书馆同人文选》编委会编,詹福瑞主编
精装 16 开　168.00 元
2009 年 8 月出版　978-7-5013-4074-3

本书收录了 1997 年至 2008 年国家图书馆员工在馆工作期间正式发表的具有一定学术价值的文章,所选文章按照"图书馆管理""图书馆基础业务""数字图书馆研究""文献学研究"四部分进行分类,相同类别的文章以时间先后为序。周谷城封面题字。

西方图书馆史

(美)哈里斯著,吴晞、靳萍译,潘永祥校
平装 32 开　1.80 元
1989 年 8 月出版　7-5013-0673-7

原书是根据美国约翰逊所著《西方图书馆史》补充、改写的一本简明课本。中译本选择了其中的第一、二两编,介绍了西方图书馆从上古到中世纪发展的历史,阐述了图书馆在文明发展史上所起的作用。每章后都有补充阅读资料。

纪念刘季平文集

江苏省如东县政协文史资料委员会编　刘昌年主编
平装 32 开　6.00 元
1990 年 9 月出版

本书为纪念、学习和研究全国政协委员、著名教育家刘季平同志而编辑出版,书中汇集了一些报刊上的零散纪念文章和回忆录以及刘季平生前未发表的大部分著述、家书和晚年日记。

北京图书馆新馆建设资料选编

李家荣等编　16 开　80.00 元(精)　41.00 元(平)
1992 年 1 月出版　7-5013-0944-2

北京图书馆新馆工程是国家"六五""七五"计划期间的重点建设项目。新馆于 1987 年 7 月 1 日建成,被评为"北京 80 年代十大建筑"榜首。本书所辑资料包括中央领导有关北京图书馆新馆建设的指示、批示和题词,各级主管机关的有关文件、报告,设计方案、任务书、会议纪要、报刊文章和内部工作动态等多种类型的文献。时间断限起于 1973 年,止于 1989 年。依据资料内容分为十二部分,同一部分的资料依时间顺序排列。编者在每一部分前对该部分的内容作了概括介绍。所辑资料一般是全文收录。书前有邓小平为北京图书馆新馆题书的馆名及有关新馆的图像资料 42 幅,书后附"北京图书馆新馆工程大事记",李锡铭封面题字。

北京图书馆馆史资料汇编(一)(1909—1949)(全二册)

北京图书馆业务研究委员会编　精装 32 开　88.00 元
1992 年 10 月出版　7-5013-0942-6

资料的收集范围是自 1909 年筹建京师图书馆(北京图书馆前身)开始,至 1949 年中华人民共和国成立 40 年期间的馆史有关资料。内容粗分五部分,各部分按编年顺序编排。第一部分历年馆务活动资料,分四个时期:京师图书馆时期(1909—1928 年)、国立北平图书馆抗战前时期(1928—1937 年)、抗日战争时期(1937—1945 年)、抗日战争胜利后时期(1945—1949 年)。收入了有关上级机关的训令和指令,馆务活动中的请示、报告,会议决议和纪要,部门间和有关人员往来信函等。第二部分重要章则及规定,收入了不同时期施行的重要章程、规则、契约、条例、办法等。第三部分统计资料,收入了档案中保存的不同时期的某一方面的统计资料和从档案中汇编出的某一方面的统计资料。第四部分参考资料,收入了与北京图书馆馆史有关的背景资料,不同时期编写的图书馆简介资料和对北京图书馆馆史的某一时期或某一事件的回忆或综述资料。第五部分工作人员名录(按姓氏笔画排列),收录了 1909—1949 年在京师图书馆、国立北平图书馆和北平北海图书馆工作过的全体工作人员的姓名、字号、到馆和离馆日期及曾任过组长以上职务人员的情况等。书末附有以机构名称、人名和每件资料内容主题混合编排的主题索引。任继愈封面题字。

北京图书馆馆史资料汇编(二)(1949—1966)(全二册)

本书编委会编,周和平主编　精装 32 开　170.00 元
1997 年 8 月出版　7-5013-0942-6

本书是《北京图书馆馆史资料汇编(一)(1909—1949)》的续编。选收 1949 年 2 月北平解放至 1966 年"文化大革命"开始这一时期有关北京图书馆馆务活动的文书档案,包括中国人民解放军北平市军事管制委员会、华北高等教育委员会、中华人民共和国成立后文化

部、文物局、社会文化事业管理局、北京市文化局等领导机关的指示、批复，以及有关行政管理、人事任免、规章制度、业务建设、事业规划、年度和专项工作总结、年度财务预算决算、藏书与借阅统计等方面的资料。其他如党务、政治运动、工会工作、职工生活等方面的资料，未予收录。任继愈封面题字。

国立北平图书馆馆刊（全十册）

国立北平图书馆编　精装16开　950.00元

1992年10月出版　7-5013-0924-8

该刊是抗战前国立北平图书馆（现中国国家图书馆）所编的学术杂志。从1928年5月至1937年2月，共出版11卷61号，反映了当时的学术成就和研究水平，内容包括文史论著、目录校勘、书目题跋、图书评介、书林史话等，罗振玉、王国维、梁启超、胡适等著名学者都是它的作者。书后附《国立北平图书馆影印本总目分类索引》。任继愈封面题字。

北京图书馆与俄美等国家图书馆

邵文杰等编　平装32开　7.50元

1994年12月出版　7-5013-1161-7

本书汇集了我国图书馆界的几位专家出访考察的报告及文章。全面系统地介绍了北京图书馆的历史、地位与现状，并将其与俄、美、英、法、德等国的国家图书馆进行了比较研究。书前有任继愈的序。

中国图书与图书馆

（日）松见弘道著，黄宗忠等译，杨志清校

平装32开　9.60元

1995年9月出版　7-5013-1221-4

根据日本明星大学出版社1989年出版的《图书馆与汉籍——图书、图书馆的研究》翻译，是日本《明星图书馆学讲座》第二卷。共7章：1.汉字文化的黎明；2.上古时期的图书；3.中国图书的材料及其状况；4.中国图书的书写用具——文房四宝；5.各时期的中国图书与图书馆；6.中国图书与图书馆的发展过程；7.美国图书馆与中国图书。译本还选择了原著所附81幅插图中的一部分。书前有松见弘道的中文版序言等。

中国图书馆学会综览

《中国图书馆学会综览》编写组编　平装16开　30.00元

1996年8月出版　7-5013-1274-5

为迎接第62届国际图联大会在北京召开，中国图书馆学会编写了本书，旨在向全世界图书馆界的同行、专家学者介绍中国图书馆学会成立16年来的发展情况。共7部分：1.历史沿革；2.组织概况；3.学术活动；4.编译出版工作；5.科普和继续教育工作；6.国际交往与学术交流；7.中国筹备第62届国际图联大会的情况。书后附《中国图书馆学会章程》，各省、市、自治区及各专业系统图书馆学会简况表。用英、汉两种文字印刷。

从藏书楼到图书馆

吴晞著　平装32开　6.80元

1996年11月出版　7-5013-1309-1

本书是一部论述我国近代图书馆的专业著作，讲述我国近代图书馆的产生和发展，主要着眼于从萌芽到成熟的过程，以及在这个过程中起过关键作用的人和事。共十部分：1.绪论——中国图书馆的产生；2.藏书·藏书楼·图书馆——中国图书馆的渊源；3.天下万世共读之——早期的藏书开放思想；4.炮舰·福音书·图书馆——西方传教士与中国图书馆；5.千年惊梦后的呼唤——新式图书馆思想的形成；6.冲破藏书楼的藏书楼——早期图书馆的出现；7.新型的官学藏书——京师大学堂藏书楼；8.近代公共图书馆的先河——古越藏书楼；9.策府弦歌唱神州——各省图书馆及京师图书馆的建立；10.附录。

北京图书馆的收藏与服务

段佩珠、程真著　平装24开　7.50元

1998年10月出版　7-5013-1492-6

本书共五部分：1.概况；2.基础收藏；3.特藏与专藏；4.目录检索体系；5.服务从传统走向市场化。对北京图书馆藏书的分类情况、目录检索方法、阅览室的分布、借阅方法，以及有关咨询、复制等服务做了详细系统的介绍，为广大读者更好地使用北京图书馆藏书提供了极大方便。

陈誉先生八秩华诞图书馆学情报学论文集

黄秀文、范并思、余海宪主编　平装32开　30.00元

2000年8月出版

本论文集分两部分：1.陈誉先生图书馆学情报学论著；2.其他学者对于陈誉先生及图书馆学情报学的相关研究。资料翔实，内容丰富，有较高的参考价值。

世代相传的智慧与服务精神——文华图专八十周年纪念文集

马费成主编　平装32开　30.00元

2001年6月出版　7-5013-1797-6

本书是为纪念武汉文华图专成立80周年而出的一本论文集，重点介绍了从文华图专到武汉大学信息管理学院等不同时期的发展状况、所取得的成就以及各个时期代表人物对图书馆学教育和图书馆事业发展所做出的贡献,并对当前图书馆事业及图书馆学情报学教育的现状进行了介绍与讨论。

时代的链接——深圳图书馆十五年

吴晞主编　平装 32 开　38.00 元

2001 年 12 月出版

本书为深圳图书馆馆庆 15 周年论文集。分昨天·今天·明天、数字图书馆、采编业务、特藏文献建设、信息开发与服务、读者工作、人力资源管理、后勤保障和现代化管理、附录等九部分,系统反映了深圳图书馆在资源、技术、服务、管理和人才建设诸方面所取得的成就。书前有周和平、王京生的序。书后有"深圳图书馆大事纪要"等 5 个附录。

杜定友和中国图书馆学

王子舟著　平装 32 开　25.00 元

2002 年 2 月出版　7-5013-1889-1

杜定友是我国近现代卓越的图书馆学家、图书馆事业活动家,是我国近代图书馆学奠基人之一,在图书馆学基本理论图书分类学、图书目录学、汉字排检法、图书馆管理、图书馆建筑、地方文献等方面皆有突出的理论建树。本书系统而详细地评述了杜定友的图书馆学思想及其在各方面的贡献,对读者了解杜定友的生平及近现代中国图书馆学的发展很有帮助。

中国图书馆百年纪事(1840—2000)

陈源蒸、张树华、毕世栋编著　平装 16 开　65.00 元

2004 年 6 月出版　7-5013-2440-9

本书分两部分。第一部分为序,总论了 19 世纪末至 2000 年间图书馆事业发展的经历、经验、成就和问题以及借鉴意义。第二部分按编年体记述自清末以来,中国近现代图书馆事业的重要史事和历史沿革,以反映中国百年来图书馆事业的发展。记事上溯 1840 年,下至 2000 年。辑录史事,以"存真""求实"为原则,力求做到征引有据,史料翔实,按照事物的原貌记述,客观地反映中国图书馆事业曲折的发展过程和正反两方面的历史经验。

闪光的足迹——辽宁省图书馆新馆开馆十年记

王荣国主编　平装 16 开　18.00 元

2004 年 10 月出版　7-5013-2606-1

本书图文并茂,从 12 个方面全面系统地对辽宁省图书馆新馆开馆十年来在读者服务、业务建设、队伍建设、科学管理和学术研究等领域所取得的业绩进行了总结和回顾,全方位、多角度地再现了辽宁省图书馆的发展轨迹。

办馆理念的创新与实践——辽宁省图书馆新馆开馆十年记

王荣国等编　平装 32 开　30.00 元

2004 年 12 月出版

本书结合辽宁省图书馆开馆十年的实践,从 12 个方面总结和探索了在新形势下,省级公共图书馆的办馆理念和发展方向。

湖北省图书馆百年馆庆系列丛书(全四册)

湖北省图书馆编　精装 16 开　595.00 元

2004 年 12 月出版　7-5013-1030-0

本书分为《湖北省图书馆藏古籍善本目录》《湖北省图书馆百年记事》《湖北省图书馆同人文集》和《我与湖北省图书馆》四册。编辑了馆藏善本、馆史记事、研究成果与社会反响等方面的图片和文稿,反映百年来该馆的发展历史。

湖南图书馆百年纪念文丛(全二册)

湖南图书馆编　精装 16 开　128.00 元

2004 年 12 月出版　7-5013-2619-3

本书收录了湖南图书馆馆员所作纪念文章,分为两册:《湖南图书馆百年史志》《湖南图书馆百年纪念文集》。

晚清图书馆学术思想史

程焕文著　平装 32 开　25.00 元

2005 年 4 月出版　7-5013-2409-5

本书是中国第一部有关晚清图书馆学术思想史专著。对于现代图书馆在中国的发端、发展以及在晚清之际的彻底变革进行了详细的论述,对当代图书馆发展具有极大的借鉴作用。

北京大学信息管理系继续教育 50 周年纪念文集

北京大学信息管理系编　平装 16 开　50.00 元

2006 年 10 月出版　7-5013-3175-8

本书包括北大信息管理系自 1956 年开展函授教育以来的历史回顾、继续教育研究、继续教育学员的成才之路、学员的论文选粹、函授站的总结等。此外,还收录了 50 年来继续教育的珍贵镜头——师生情谊、学期考试、会议交流、教授授课、毕业典礼等。

重庆图书馆馆史(1947—2007)

重庆图书馆编　精装 16 开　98.00 元

2007 年 6 月出版 978-7-5013-3481-0

本书运用文字、图表相结合的方法，并辅以有代表性的照片，对重庆图书馆 60 年的历史进行了全面回顾与总结，其中“重庆图书馆史”“专题一”“专题二”三部分以时间为序，记载了重庆图书馆发展的历史；“征文”部分刊载了 30 余篇回忆、纪念文章；“附录”部分揭示了重庆图书馆历届馆领导、机构设置的变迁，展示了重庆图书馆大事记以及重庆图书馆工作人员论著、科研项目的获奖情况。

传薪集——祝贺吴慰慈教授七十华诞文集

沈乃文主编　精装 16 开　98.00 元

2007 年 12 月出版　978-7-5013-3601-2

本书收录了业界为庆贺吴慰慈教授七十华诞而写的贺信、贺词与反映吴慰慈教授成长历程的资料性照片，同时收录了业界一些知名专家学者的学术论文，其中绝大部分是首次发表。

名人与图书馆

徐铁猊著　平装 32 开　25.00 元

2008 年 11 月出版　978-7-5013-3660-9

讲述名人与图书馆的故事，有做过图书馆管理员的名人，如毛泽东、冼星海等；有创办过图书馆的名人，如熊希龄、梁启超、马廉、卢木斋、张元济等；更多的是与图书馆有过不解情缘的社会各界名人，如吴晗、沈从文、曹禺、胡适、荣毅仁等。作者以流畅的语言，将众多名人与图书馆鲜为人知的情缘鲜活地展现在读者面前。

名人与图书馆(续篇)

徐铁猊著　平装 32 开　30.00 元

2012 年 7 月出版　978-7-5013-4811-4

本书是《名人与图书馆》的续篇，共 40 篇，记述了名人与图书馆之间发生的故事，通过这些名人与图书馆之间的故事，让读者走近图书馆，进而喜欢图书馆。

近代中国教会大学图书馆研究

孟雪梅著　平装 16 开　48.00 元

2009 年 4 月出版　978-7-5013-4046-0

本书梳理了教会大学图书馆的形成条件、主要特点、发展历程，剖析了教会大学图书馆的藏书结构、馆藏特色，评述了教会大学图书馆的对外服务、内部管理、组织机构、规章制度等，阐明了教会大学图书馆社会存在价值和文化交流意义以及在图书馆事业发展过程中的历史作用。全书研究时间范围从 19 世纪末到 20 世纪 50 年代初，其内容丰富了有关中国教会大学史、近代图书馆事业史等的研究成果。

中国国家图书馆百年纪事(1909—2009)

李致忠主编　平装 16 开　50.00 元

2009 年 8 月出版　978-7-5013-4071-2

本书为中国国家图书馆一百年来的大事记。采取依时记事的编辑体例，按照年份前后排列。记录了一百年来国图的重要事件。

中国国家图书馆馆史(1909—2009)

李致忠主编　16 开　168.00 元(精)　98.00 元(平)

2009 年 8 月出版　978-7-5013-4070-5

本书是分时段记述中国国家图书馆一百年发展轨迹的章节体馆史。全书分为 13 章，前 12 章从 1909 年京师图书馆初创，叙述到 2009 年 2 月的国家图书馆状况。第十三章是总结百年历史的总章。

中国国家图书馆馆史资料长编(1909—2008)(全三册)

李致忠主编　平装 16 开　260.00 元

2009 年 8 月出版　978-7-5013-4072-9

以国家图书馆历史为主线，按照编年分段的章节体例编辑，章下分类，收录 1909 年至 2008 年发表及未发表过的有关国家图书馆的资料。内容包括馆务运行、书刊访购、编目加工、藏书建设、读者服务、学术研究、对外交流等。

文华图书馆学专科学校季刊(全八册)

武昌文华图书馆学专科学校编　精装 16 开　3800.00 元

2009 年 11 月出版　978-7-5013-3810-8

《文华图书馆学专科学校季刊》是民国三大图书馆学期刊之一，为中国第一个图书馆学专业——文华图书科所创办。从 1929 年到 1937 年，共发行 9 卷 36 期，刊载了许多重要的图书馆学、文献目录学论文。本刊为首次全部影印，是图书馆学硕博士点应备的基本文献。附新编总索引，包括篇名索引和作者索引。

图书馆学季刊(全十一册)

中华图书馆协会编　精装 16 开　4900.00 元

2009 年 11 月出版　978-7-5013-3812-2

本刊为民国时期中华图书馆协会会刊，创办于 1926 年，1937 年因七七事变而被迫停刊，共出版 11 卷 42 期，刊登 580 余位中外作家的近 1300 篇文章，其中大量名家名作，代表了当时图书馆学研究领域的最高水平，有些研究成果至今仍难以企及，具有重要的参考价值。本刊不仅内容丰富，学术价值巨大，而且编辑体例精善。每期有要目、详目、作者略历，卷后有索引。并于1937年编辑了《总索引》，分分类、人名、题名三种检索方式，著录一至十卷所刊登的全部文章和资料，方便检索和阅览。20世纪60年代台北学生书局影印过本刊，但没有收录《总索引》，第十一卷也模糊不清。此次影印出版，作为图书馆学的重要资料提供给读者阅览。

宁夏图书馆志

张欣毅主编　平装16开　90.00元

2009年11月出版　978-7-5013-4202-0

本书记述了宁夏图书馆几十年来的发展历程，反映了改革开放以来宁夏图书馆的变化，体现了党对图书馆事业的关怀，展示了宁夏图书馆员工的风采。

图书馆名言集

塔季扬娜·埃斯克特兰编　平装32开　24.00元

2013年1月出版　978-7-5013-4672-1

本书收集了有关图书馆的名人名言几百则，从各方面说明了图书馆在人类发展史中起到的突出作用。其中既有文豪、帝王将相等，也有商人、工人等，来自不同时期、不同阶层的人对于图书馆的感受，体现了图书馆作为人类知识财富的宝库，对于人类进步与文明起到的积极推进作用。

中国图书馆学的起源与转型——从校雠学说到近现代图书馆学的演变

龚蛟腾著　平装16开　60.00元

2013年12月出版　978-7-5013-5227-2

本书主要通过考察我国古代源远流长的图书馆事业，总结了古代图书馆文献整理与文献管理的学术思想；通过分析版本、校勘与目录等方面的理论成果，揭示了古代图书馆学（校雠学说）的起源与发展；通过研究晚清以来我国图书馆学的演变情况，概括了民国时期“中国的图书馆学”的理论体系；通过分析我国近现代学术体系的建立过程，探讨了校雠学说迈向西式图书馆学的艰难转型。

20世纪中国图书馆学文库（94册 叙录1册）

陈源蒸、李万健等主编　精装32开　9800.00元

2014年1月出版　978-7-5013-4297-6

本书收录1909年至1999年中国出版的图书馆学专著103种，加一册序录，共装为95册。1909年是中国图书馆学著作发端之年，在图书馆学百年发展中，涌现了很多创造性的著作，而随着时间的流逝，很多经典著作由于难以见到而失去了其应有的影响。为了进一步发掘中国图书馆学的优秀遗产，丰富图书馆学研究，特别甄选了图书馆学百年中的优秀著作，汇集为文库，以资学人利用。

山西省高校图书馆事业发展纪略

李嘉琳编著　平装16开　98.00元

2014年7月出版　978-7-5013-5380-4

山西省高校图工委成立已有30多年，为山西高校图书馆事业的发展做出了极大的努力，为推动山西高校图书馆事业的整体发展做出了应有的贡献。本书力求把能收集到的材料尽量纳入，以期能够较为全面地反映山西高校图书馆事业发展的全貌。本书以图工委发展年代为线索共分四大部分，每一部分正文先按照不同专题，后依年代顺序编排有关事件。

记忆国图——国家图书馆105周年馆庆纪念

本书编委会编　精装16开　98.00元

2014年9月出版　978-7-5013-5451-1

本书是为纪念国家图书馆建馆105周年而做。收入曾在和现在国家图书馆工作的人员所写文章99篇，主要内容为怀念与回顾。分为4个栏目。作者有著名专家学者如冀淑英等，更多的则是普通工作人员，他们以饱含真情的笔触，从不同侧面回顾了在国图的经历，字里行间透露出对国图的真挚感情，折射出国图人所具有的自强不息、团结奋进的精神。

民国时期图书馆学报刊资料分类汇编·儿童图书馆卷（全三册）

黄洁编　精装16开　1800.00元

2014年9月出版　978-7-5013-5353-8

本书以发表在期刊、报纸上的学术文章为主，收录了1909—1949年期间我国儿童图书馆，包括独立儿童图书馆、中小学图书馆以及公共图书馆附设儿童图书馆（室）相关文章261篇，内容涉及儿童图书馆相关的法令法规、决议提案、实践活动的计划、章程、实施情况、总结、报告、国外译作等，全面反映当时儿童图书馆事业发展的整体情况。

民国时期图书馆学报刊资料分类汇编·法律法规卷（全三册）

滕静静、张珊珊编　精装16开　1800.00元

2016年7月出版　978-7-5013-5906-6

本卷汇集清末至民国时期有关图书馆学的法律法令文章共七百余篇。上起1898年下至1949年，共收录这一时期报刊、杂志一百余种，分门别类，涵盖国立、省立、市、县、区、机关团体、学校等图书馆的法规条例。对研究清末至民国图书馆在中国的兴起与发展、图书馆的法制化进程、图书馆的运作提供了丰富材料，为当今图书馆的建设提供有益借鉴。

清末民国图书馆史料续编（全二十册）

王余光编　精装 16 开　12000.00 元

2016 年 7 月出版　978-7-5013-5867-0

本书主要收录清末民国时期各种图书馆学专著，包括图书馆学通论、图书馆管理法、分类编目、目录学、图书馆事业史等五类。凡正编未收的各类图书馆馆史资料附列于后。共收录相关文献一百余种。对于图书馆学研究者来说，它不仅是一部史料集，其中的很多探索具有现实参考价值，是图书馆学专业必备的基本文献。

戴志骞文集（全两册）

韦庆媛、邓景康编　精装 16 开　300.00 元

2016 年 12 月出版　978-7-5013-5951-6

戴志骞曾任清华学校图书馆主任、馆长，是中华图书馆协会首任执行部部长，还是我国最早的地方性图书馆联合团体——北京图书馆协会会长，是“新图书馆运动”的极为活跃的人物，对我国图书馆事业的发展做出了杰出贡献。本文集分为上下两卷。上卷是论文汇总，分中英文两部分，第一部分中文论文按内容将戴先生发表的论文、演讲报告等分为图书馆事业篇（24 篇）、教育事业篇（23 篇）以及银行事业篇（15 篇）三大类进行汇总；第二部分英文论文部分，在英文原文后，附有本编委会委员的译文，以便理解。本书下卷为著作汇总，同样分中英文两部分，第一部分为戴先生的图书馆学术讲稿；第二部分收录两部英文著作，第一部为 *Professional Education for Librarianship*，随后附有本编委委员的译文，以便理解，第二部为 *Bibliography on China* 1900—1918（《1900—1918 关于中国的书目》），因是书目信息，原文著录即能方便查找，故没有进行翻译。

中国图书馆史（全四册）

韩永进主编　精装 16 开　980.00 元

2017 年 10 年出版　978-7-5013-6143-4

本书为目前中国图书馆界的一部大型史书类著作，主编为国家图书馆馆长韩永进，内容涵盖范围全面、广泛。本书分为四卷，即古代卷、近代卷、现当代卷以及附录卷。第一卷主编为北京大学信息管理系王余光教授；第二卷主编为中山大学资讯管理系程焕文教授；第三卷主编为武汉大学信息管理学院肖希明教授；第四卷主编为国家图书馆研究院院长汪东波研究馆员。

民国时期基层图书馆研究

吴澍时著　平装 32 开　48.00 元

2017 年 11 月出版　978-7-5013-6207-3

民国时期是中国图书馆事业发展的重要时期，图书馆在传播科学、增进知识、开化思想、开启民智方面发挥了重要作用。本书从民国时期对基层图书馆的认识、民国时期基层图书馆发展概况、民国时期基层图书馆的业务及管理、民国时期基层图书馆藏书及整理、民国时期基层图书馆政策法规等方面对民国时期图书馆事业概况做了梳理与总结。

民国时期地方志所见基层图书馆史料汇考

吴澍时著　平装 16 开　60.00 元

2017 年 12 月出版　978-7-5013-6137-3

本书内容包括民国时期北京、天津、河北、山西、内蒙古、辽宁、吉林、黑龙江、上海、山东、江苏、浙江、福建、安徽、河南、湖北、湖南、江西、广东（含海南）、广西、四川（含重庆）、云南、贵州、陕西、甘肃、宁夏、青海等省市地方志中基层图书馆史料汇考，另附民国时期基层图书馆政策法规，通过本书读者可以纵览民国时期基层图书馆的发展兴衰，对于民国时期图书馆事业的研究具有重要的史料参考价值。

民国时期图书馆学教育研究

任家乐著　平装 16 开　95.00 元

2018 年 6 月出版　978-7-5013-6525-8

本书是国家社科基金项目成果，既从纵向的角度研究了民国时期图书馆学教育的历程，也从专题的角度研究了民国时期教育领域各个层面和机构，包括高等教育、中等职业教育、短期教育及图书馆学教育的课程设置、教学和招生、就业与深造，并研究了民间组织、政府对图书馆学教育的影响以及日本在华图书馆学教育。本书参考大量档案等一手资料，数据翔实、可靠，是研究这一时期图书馆事业的重要参考。

科尔沁区图书馆史（1929—2016）

王黎、刘锦山编著　精装 16 开　100.00 元

2018 年 7 月出版　978-7-5013-6424-4

本书翔实地记叙了内蒙古自治区通辽市科尔沁区图书馆自 1929 年建馆以来 80 余年的发展历程，包含大量第一手资料和数十幅彩插，以编年发展史和专题发展史两种不同方式记录科图队伍建设、读者服务工作、数字图书馆建设、阅读推广和文化共享工程以及公共文化服务体系建设的实践经验。这是一部难得的基层图书馆一线工作的历史资料汇编，生动而翔实地展现了我国基层图书馆几十年来的发展变化。对图书馆史和基层图书馆研究者具有一定资料价值。

国家图书馆同人著述研究(1909—1949)

苏健著　平装16开　58.00元

2018年11月出版　978-7-5013-6554-8

本书是国家图书馆文津基金资助项目,对1909—1949年间国家图书馆同人的著述情况进行研究,对其学术理论和方法、学术特征、学术成就等做出系统的考察。全书包括同人著述概况、学术研究的分期、学术特征、同人译作研究、编纂出版的联合目录、馆办学术刊物等章节。书后附有著述的同人名录、同人译作一览表。本书重点关注清末、民国时期活跃在国家图书馆场域中的"同人"这个学人群体,其研究丰富了近代图书馆史的内容,值得相关研究者参考。

中华图书馆协会史稿

李彭元著　平装16开　138.00元

2018年12月出版　978-7-5013-6489-3

本书是国家社科基金西部项目研究成果。全面系统地研究了中华图书馆协会(1925—1948年)的历史,包括中华图书馆协会的成立及背景,中华图书馆协会的宗旨、会员和组织机构,发展时期的中华图书馆协会,非常时期的中华图书馆协会,学术年会、国际交流与编辑出版等内容,书后附有中华图书馆协会大事记、组织大纲、组织机构及执行部细则等。本书体现了作者对中华图书馆协会的历史作用、历史地位和历史影响的独到见解,对于系统地构建民国时期中国图书馆事业的历史体系具有较为重要的参考价值。

中华图书馆协会研究

霍瑞娟著　平装16开　120.00元

2018年12月出版　978-7-5013-6057-4

本书的研究分为3个部分:第一篇为中华图书馆协会发展研究,对其从孕育、成立、发展,再到衰落进行系统研究;第二篇为中华图书馆协会管理研究,包括组织结构、规章制度、资源调动、项目管理等方面的史料性研究;第三篇为附录,涵盖了丰富史料,笔者系统整理了中华图书馆协会的大事记、重要人物、年会报告、周年报告、重要文章及中华图书馆协会出版物等资料,以供研究者参考。

图书馆事业

美国及世界其他地区图书馆事业

华东师范大学图书馆学系编译,宓浩校订
平装 32 开 0.95 元
1983 年 3 月出版

本书根据 1977 年版《美国大百科全书》的“图书馆”条目编译而成。分 5 章:1. 图书馆历史;2. 世界图书馆系统;3. 美国和加拿大的图书馆;4. 图书馆的作用与人事;5. 当代的争论和趋向。

列宁论图书馆事业

文化部图书馆事业管理局编 平装 32 开 1.20 元
1985 年 5 月出版

为迎接建国 35 周年及第二次全国图书馆工作会议的召开,为纪念列宁逝世 60 周年而出版,根据苏联 1977 年出版的《列宁与图书馆事业》一书编辑。书中收入了列宁关于图书馆事业的文章、书信、电报、便函和签署的文件等 194 篇,共分七部分:1. 列宁论图书馆(十月革命前);2. 列宁论图书馆事业(十月革命后);3. 图书馆与经济建设;4. 图书馆事业的集中管理;5. 列宁与目录学;6. 列宁对图书馆与书目的利用;7. 列宁签署的关于图书馆事业的法令和决议。

美国国会图书馆展望

(美)约翰·科尔编,姜炳炘等译 平装 32 开 2.30 元
1987 年 4 月出版

根据美国鲍克公司 1978 年出版的 *The Library of Congress in Perspective* 一书翻译。原书是根据 1976 年美国国会图书馆馆长《关于特别工作组和顾问小组的报告》编写而成的。分两章,第一章概述了该馆自 1800 年创建至 1975 年 170 余年的历史进程,以及六任馆长在职期间所做的贡献;第二章是 1976 年美国国会图书馆馆长特别工作组关于“目标、组织和规则”的报告。书后附录:1. 补充文件;2. 小组委员会报告选登;3. 顾问小组报告;4. 特别工作组成员、小组委员会和顾问小组。

中国图书馆事业纪事(1949—1986)

《当代中国的图书馆事业》编辑部编
平装 16 开 3.50 元
1988 年 1 月出版 7-5013-0448-3

为配合《当代中国的图书馆事业》的编纂工作而出版。内容包括:中央、各部门和地方政府有关图书馆事业的方针、政策、法令、法规、条例等文件的颁布情况;领导同志有关报告、讲话的内容;各类型图书馆的建立和沿革;图书馆组织(包括学会、协会、中心图书馆委员会等)的创立、沿革和活动;图书馆的会议和活动;图书馆学教育、干部培养;图书馆界知名人物的活动、逝世年月及其纪念活动;重要图书馆学书刊的出版、创刊,重要书目索引的编印情况;中外图书馆界交流与合作等。

世界图书馆事业——比较研究

(美)理查德·克尔齐斯、加斯顿·利顿著,周俊译,江康校 平装 32 开 3.65 元
1990 年 10 月出版 7-5013-0798-9

本书介绍了图书馆事业世界研究的概念,并把这一概念运用到图书馆事业的国际研究和比较研究之中。全书共 8 章:1. 图书馆事业的世界研究;2. 研究方法论、总论;3. 本研究基础的研究方法论;4. 世界图书馆事业的历史基础;5. 分析:世界范围内图书馆专业的前景;6. 并列:对图书馆专业变化的思考;7. 比较:超图书馆事业——世界图书馆事业的基本原理和理论;8. 我们专业的未来:全球性图书馆事业。

世界图书馆事业资料汇编

文化部图书馆事业管理局科教处编
平装 16 开 8.95 元
1990 年 10 月出版 7-5013-0692-3

本书收入资料近50篇，分六部分：1. 图书馆国际组织；2. 图书馆宣言、图书馆法、条例；3. 图书馆标准；4. 国立图书馆；5. 国际交换、互借；6. 图书馆学、情报学教育。书前有鲍振西的前言。书后附录世界图书馆统计、世界图书馆大事年表。

蓬勃发展的中国图书馆事业

吴慰慈等编　平装16开　28.00元

1996年8月出版　7-5013-1275-3

本书旨在借'96国际图联大会在北京召开之际，向各国图书馆界同行、专家、学者介绍中国图书馆事业的发展状况。共10章：1. 各类型图书馆稳步发展；2. 办馆条件得到明显改善；3. 加强基础业务建设；4. 开展图书馆评估和文献资源调查；5. 开拓新的服务领域；6. 现代技术在图书馆的应用；7. 管理体制的完善；8. 逐步形成不同的教育层次；9. 图书馆学研究有了新进展；10. 国际交往与学术交流增多。用英、汉两种文字印刷。

第62届国际图书馆协会联合会大会会议录

《第62届国际图联大会会议录》编辑组编，杜克主编

平装16开　30.00元

1998年3月出版　7-5013-1477-2

第62届国际图联大会于1996年8月25日—31日在中国首都北京举行，有来自世界93个国家和地区的近2500名代表和陪同人员出席。大会的主题是“变革的挑战——图书馆与经济发展”。这次大会是中国首次承办的国际图联大会。本书包括大会文献、大会纪实、大事记和论文（摘要）四部分，反映了大会主要活动和进程。书前有国际图联主席韦奇沃斯的祝词等。

中国图书馆事业二十年（全二册）

中国图书馆学会编译出版委员会、北京图书馆出版社主编

精装16开　300.00元

1999年10月出版　7-5013-1680-5

本书收入了我国图书馆学专家及专业技术人员1978年以来发表的最能反映事业发展成就的论文327篇。这些论文大部分选自全国公开出版发行的图书馆学、情报学专业期刊和专题文集，另有一些文章特邀专家撰写。内容包括：图书馆学基础理论、图书馆改革与发展、图书馆管理、文献资源建设、文献整理、数据库建设、图书馆自动化与网络、文献信息服务、专业教育、地方文献工作、大事记，全面而系统地反映了改革开放20年来我国图书馆事业的发展历程、现状、趋势和前景。

现代大学图书馆使用指南

李健、张德书主编　平装32开　10.80元

2000年9月出版　7-5013-1255-9

本书主要向大专院校入学新生全面而细致地介绍图书馆及文献知识、图书馆的使用、文献检索、数据库与计算机网络等内容，具有实用性和指导性，尤其适用于医学院校学生了解图书馆、掌握图书馆使用知识。

现代大学图书馆使用指南（修订本）

李健、张敦仲主编　平装32开　13.00元

2003年9月出版　7-5013-2169-8

本书在上一版的基础上，根据实际需要，增加了不少新的内容，具体内容包括：图书馆的藏书类型、主要工具书及其使用方法、经典医学文献介绍；馆藏文献的组织与目录分类；大学图书馆的服务内容；馆藏文献的借阅方法；图书馆自动化管理系统和济宁医学院图书馆网站介绍。为了方便没有计算机基础的读者使用图书馆，还介绍了计算机的基本知识及其简单应用。

21世纪中国图书馆建设与发展（全四册）

中国图书馆学会、中国图书馆学报编

精装16开　680.00元

2002年12月出版　7-5013-2069-1

本书是中国图书馆学会组织编写的论文集。全书围绕18个专题：图书馆的生存价值与社会地位、图书馆的范型转变、图书馆与地域文化建设、加入WTO后图书馆立法与知识产权保护、数字化图书馆建设、图书馆信息资源建设与共享、图书馆学科发展与创新、图书馆管理、图书馆用户与服务研究、各类图书馆建设等，系统论述了21世纪图书馆建设与发展问题。

21世纪国会图书馆数字战略

（美国）国会图书馆编　平装32开　25.00元

2004年2月出版　7-5013-2148-5

1999年，美国国会图书馆邀请（美国）全国研究理事会等机构组成了国会图书馆战略评论委员会，对国会图书馆的主要部门与工作进行考察与评估，本书即最终的评估报告。本书的内容涉及图书馆主要部门、主要工作以及诸多前沿问题，尤其对数字化建设与管理问题提出了重要建议，并在此基础上对国会图书馆未来的数字化战略作了详尽描述。

世界图书馆学教育进展

潘燕桃、程焕文主编　平装16开　95.00元

2004年4月出版　7-5013-2423-9

本书全面反映了世界各国和地区图书馆学教育的基本情况，而且重点介绍了国内外图书馆学专业设置与课程体系，是一部富有创意、颇具特点的图书馆学著作。

信息·知识时代的图书情报事业

《图书情报工作》杂志社编　平装 32 开　45.00 元

2004 年 11 月出版　7-5013-2617-7

本书主要从图书馆事业与管理、信息服务、信息技术与网络化建设、图书馆人力资源建设等几个方面论述了图书馆事业在信息时代的发展情况，对于图书馆在新形式下面临的机遇做了分析，对图书馆如何抓住机遇，加速图书馆事业的发展进行了规划。

国家可持续发展的图书情报事业战略

胡昌平等编　平装 32 开　30.00 元

2006 年 8 月出版　7-5013-3012-3

本书是国家社会科学基金重点项目研究成果，从国家可持续发展中的图书情报事业战略地位分析出发，研究保证国家可持续发展的图书情报事业战略理论，总结战略实践，建立战略模型和探索科学的战略方法，在此基础上进行图书情报事业战略目标的选择与定位，研究图书情报事业的社会化组织定位，研究图书情报事业的社会化组织战略，解决可持续发展中的图书情报战略实施与管理问题。

流动的风景——图书馆之旅

程亚男编著　平装 16 开　35.00 元

2006 年 12 月出版　7-5013-3353-X

本书为作者的游记式散文作品集，记录了作者参观游览世界各地知名图书馆，包括美国国会图书馆、英国大英图书馆、法国国家图书馆以及富有特色的国外城乡公共图书馆的所见、所闻、所思、所感。

21 世纪美国大学图书馆运作的理论与实践

（美）金旭东、（美）李国庆等主编

平装 16 开　52.00 元

2007 年 6 月出版　978-7-5013-3478-0

本书由美国华人图书馆员协会组织撰写，是 2007 年 7 月中美图书馆实务培训教材。作者大多在美国大学图书馆各岗位工作多年，他们在书中对美国大学图书馆运作的各个方面做了全面而系统的介绍，主要内容涉及美国大学图书馆的管理、参考咨询、学科馆员、资料采购、图书馆信息技术系统、社会服务等，语言通俗，操作性强，包括许多先进的理念和启示，对我国大学图书馆在内的整个图书馆界都有参考价值。

专业图书情报机构的知识服务创新

中国图书馆学会专业图书馆分会编

平装 16 开　100.00 元

2010 年 8 月出版　978-7-5013-4403-1

本书探讨了专业图书馆的知识服务创新，对于专业图书馆如何在新的环境下改变图书馆的服务方式，提供更多更高级的知识服务，给予了充分的关注，进行了深度的探讨。

沉思与对话：高校图书馆新馆建设

刘锦山、崔凤雷、高新编　平装 16 开　50.00 元

2010 年 8 月出版　978-7-5013-4398-0

本书全面反映我国 2000 年以来的高校图书馆新馆建设情况，对于高校图书馆新馆建设过程中需要注意的问题详加讨论，并将图书馆新馆建设过程中所取得的宝贵经验辅以生动的案例，以生动的方式展示出来。全书分为“高校图书馆新馆建设概述”、“高校图书馆建设对话”、“部分高校图书馆新馆介绍”与“部分图书馆家具集萃”四部分。

平凡的岗位 美丽的职业——中国图书馆学会“会员论坛”文选（2007—2010）

中国图书馆学会编　平装 32 开　30.00 元

2010 年 11 月出版　978-7-5013-3457-5

本书选取中国图书馆学会“会员论坛”2007—2010 年的部分文章，从工作、生活各个方面，反映了图书馆员真实的生活，反映了图书馆员对于图书馆职业的自豪。

平凡的岗位 美丽的职业——中国图书馆学会“会员论坛”文选（2011—2012）

中国图书馆学会编　平装 32 开　60.00 元

2013 年 6 月出版　978-7-5013-5070-4

本书由中国图书馆学会专门从 2011—2012 年的“会员论坛”中选出的百余篇文章结集而成。全书从“我与读者”、“我与图书馆”、“我与同事”、“我爱我家”、“我与学会”、“我与社会”、“读书有感”、“我看世界”及“散文与杂谈”等 9 个方面展示了图书馆馆员职业的美丽、生活的多彩以及他们亲历的感人故事。

图书馆行业中长期战略规划选编

国家图书馆研究院编　平装 16 开　120.00 元

2013 年 7 月出版　978-7-5013-5069-8

本书包含国家图书馆研究院于 2012 年年初面向全国各相关单位征集的数十篇事业发展规划文本和同时期国外同行编制的十余篇有代表性的图书馆发展中长期规划，分为国内篇和国外篇两部分，包括各类型图书馆发展规划、图书馆行业组织发展规划、国家重大文化工程发展规划及数字图书馆发展规划。

韩国图书馆发展研究

李吉子、宋萍编著　平装 32 开　48.00 元
2018 年 1 月出版　978-7-5013-6330-8

本书共分 6 个章节对韩国图书馆的概况、相关法律体系、政策机构、发展规划、主要国家图书馆及图书馆发展保障体系进行介绍,最后以附录的形式收录现行韩国图书馆相关法律,帮助读者较为系统地了解韩国图书馆发展体系。

刘季平与中国图书馆事业改革发展论文集

国家图书馆编　平装 16 开　80.00 元
2018 年 9 月出版　978-7-5013-6559-3

2018 年是我国改革开放 40 周年,也是国家图书馆原馆长刘季平同志 110 周年诞辰。刘季平同志于 1973 年 11 月至 1981 年 2 月任北京图书馆(今国家图书馆)馆长。在此期间,刘季平同志为改变国家图书馆和全国图书馆事业发展的落后面貌,做了许多有益的工作,尤其是在文化部图书馆事业管理局筹组、北京图书馆新馆建设工程、《中国古籍善本书目》编纂、中国图书馆学会成立、中国图书馆界的国际交流合作等方面,做出了重要贡献。特别是 1980 年 5 月 26 日,刘季平同志受国家文物局党委委托,在中央书记处第二十三次会议上做《图书馆工作汇报提纲》,这是中央书记处第一次直接听取图书馆工作汇报,对中国图书馆事业的改革发展意义重大。本书为刘季平先生 110 周年诞辰纪念文集,主题主要包括:1. 刘季平对国家图书馆及中国图书馆事业发展的贡献;2. 改革开放前后图书馆管理体制变革;3. 改革开放前后图书馆发展政策变迁;4. 改革开放前后图书馆现代化发展;5. 改革开放前后图书馆事业发展变化。

中国图书馆年鉴

中国图书馆年鉴 1996

周文骏主编　精装 16 开　198.00 元
1997 年 10 月出版　7-5013-1431-4

本书是我国第一部图书馆专业年鉴。收录的内容以 1990 年 1 月至 1995 年 12 月的文献信息为主。由中国图书馆学会编译出版委员会年鉴编辑研究组组织编写,全国各省、市、自治区、各系统图书馆学会或专业刊物的负责同志担任特约撰稿人,条目和资料大都由专业研究人员与工作人员撰写和提供。由特载、专文、图书馆事业、图书馆工作与研究、图书馆学教育、国际交流、海峡两岸学术交流、人物、法规文献、统计资料、大事记、名录、附录及索引等十四部分组成。书前有编辑工作委员会名单、编辑说明、周文骏和肖东发的前言。

中国图书馆年鉴 1999

肖东发主编　精装 16 开　198.00 元
1999 年 12 月出版　7-5013-4678-3

本卷包括专文特载、图书馆事业、图书馆工作与图书馆学研究、图书馆学教育、国际交流、人物、机构名录、法规文献、统计资料、大事记以及附录等内容,全面系统地反映 1996—1998 年中国图书馆事业和图书馆学研究的最新发展概况。江泽民、李岚清同志视察国家图书馆等作为“特载”列于卷首。

中国图书馆年鉴 2001

肖东发主编　精装 16 开　198.00 元
2001 年 9 月出版　7-5013-1828-X

本卷全面系统地提供了 1999 年与 2000 年中国图书馆事业的基本文献、基本数据、科研成果、最新动态及工作经验。全书内容包括:特载、专文、图书馆事业、图书馆工作与研究、图书馆学教育、优秀与特色图书馆选介、优秀专业期刊选介、国际交流、海峡两岸学术交流、专业文献、统计资料、大事记、名录、附录等。

中国图书馆年鉴 2007

中国图书馆学会、国家图书馆编　精装 16 开　280.00 元
2009 年 2 月出版　978-7-5013-3988-4

本年鉴反映中国图书馆行业 2006 年概况,是年度资料性工具书,分特载、纪事、专文、图书馆事业、学术研究与活动、法律法规与政策性文件、专业文献、统计资料等版块,重点突出 2006 年图书馆行业的大事、热点,全面反映行业 2006 年发展状况。

中国图书馆年鉴 2008

中国图书馆学会、国家图书馆编　精装 16 开　280.00 元
2009 年 8 月出版　978-7-5013-4004-0

《中国图书馆年鉴》是集知识性、资料性和学术性于一体的权威工具书,也是一种密度高、容量大、功能全的专业信息源。本卷全面系统地反映 2007 年中国图书馆事业和图书馆学研究的最新发展概况,为各级有关领导提供中国图书馆事业发展的决策参考。本卷分专文、特藏、图书馆事业、国际交流、大事记以及附录等内容。

中国图书馆年鉴 2009

中国图书馆学会、国家图书馆编　精装 16 开　290.00 元
2009 年 12 月出版　978-7-5013-4227-3

《中国图书馆年鉴》由中国图书馆学会组织编写,全国各省、市、自治区、各系统图书馆分会、委员会以及专业刊物的负责同志担任特约撰稿人,条目和资料大都由专业研究人员和工作人员撰写和提供。全面系统地反映中国图书馆事业的基本情况和图书馆学研究的最新发展概况，是一本大型资料性、专业性工具书，其宗旨是为各级领导对中国图书馆事业宏观管理和科学决策提供参考，为图书馆工作人员和教学科研工作者提供中国图书馆事业的基本文献、基本数据、科研成果和最新工作经验，为广大社会用户提供有关图书馆的各种信息资源。《中国图书馆年鉴》（2009年卷）主要包括以下几部分：专文，法律、法规与规范性文件，图书馆工作，专业文献，统计资料，大事记，索引。

中国图书馆年鉴 2010

中国图书馆学会、国家图书馆编　精装 16 开　320.00 元
2010 年 12 月出版　978-7-5013-4462-8

《中国图书馆年鉴》是由中国图书馆学会、国家图书馆联合主办的集中反映全国图书馆事业年度发展状况的重要载体，也是展示各系统、各地区图书馆工作成就的重要平台。本书正文采用分类编辑法。全文由纪事、专文、图书馆事业、学术研究与活动、图书馆活动图辑、法律法规与规范性文件、专业文献、统计资料等几大部分构成。

中国图书馆年鉴 2011

中国图书馆学会、国家图书馆编　精装 16 开　320.00 元
2011 年 12 月出版　978-7-5013-4701-8

《中国图书馆年鉴》2011年卷反映2010年中国图书馆事业的发展状况。动态性信息由全国各省、自治区、直辖市图书馆学会、中国图书馆学会各分支机构及所属各专业委员会、相关专业机构或教学研究机构提供。年鉴的统计资料来自文化部、地方文化行政部门、专业协作组织、中国图书馆学会高校图书馆分会以及有关专业机构。年鉴的参考性、指南性资料，由年鉴编辑部组织力量整理编辑，并得到中国图书馆学会编辑出版委员会年鉴专业委员会的指导。专文由年鉴编纂工作委员会确定选题、特邀作者撰写。正文采用分类编辑法。全文由纪事、专文、图书馆工作、学术研究与活动、法律法规与规范性文件、专业文献、统计资料等几大部分构成。

中国图书馆年鉴 2012

中国图书馆学会、国家图书馆编　精装 16 开　340.00 元
2013 年 3 月出版　978-7-5013-4851-0

本年鉴反映中国图书馆行业2011年概况，是年度资料性工具书，分特载、纪事、专文、图书馆事业、学术研究与活动、法律法规与政策性文件、专业文献、统计资料等版块，重点突出2011年图书馆行业的大事、热点，全面反映行业2011年发展状况。

中国图书馆年鉴 2013

中国图书馆学会、国家图书馆编　精装 16 开　340.00 元
2013 年 12 月出版　978-7-5013-5228-9

本书全面反映了中国图书馆事业2012年度发展状况，是一本大型资料性工具书，年鉴正文采用分类编辑法，由特载、专文、图书馆事业、学术交流、法律法规与规范性文件、专业文献、统计资料、大事记、图书馆活动图辑、索引等几大部分构成。由于其对图书馆事业的广泛包容性，是公共图书馆的必备藏书。

中国图书馆年鉴 2014

中国图书馆学会、国家图书馆编　精装 16 开　340.00 元
2015 年 2 月出版　978-7-5013-5528-0

本书是反映中国图书馆事业2013年度发展状况的大型资料工具书。由中国图书馆学会、国家图书馆联合编纂，由国家图书馆研究院《中国图书馆年鉴》编辑部主持编纂。本书由特载、纪事、专文、图书馆事业、学术研究与活动、法律法规与规范性文件、专业文献、统计资料、年度大事记、索引和图书馆活动图辑等部分构成。

中国图书馆年鉴 2015

中国图书馆学会、国家图书馆编　精装 16 开　340.00 元
2016 年 3 月出版　978-7-5013-5782-6

本书是反映中国图书馆事业2014年度发展状况的大型资料工具书。由中国图书馆学会、国家图书馆联合编纂，由国家图书馆研究院《中国图书馆年鉴》编辑部主持编纂。本书由特载、纪事、专文、图书馆事业、学术研究与活动、法律法规与规范性文件、专业文献、统计资料、年度大事记、索引和图书馆活动图辑等部分构成。

中国图书馆年鉴 2016

中国图书馆学会、国家图书馆编　精装 16 开　340.00 元
2017 年 3 月出版　978-7-5013-6036-9

本书是反映中国图书馆事业2015年度发展状况的大型资料工具书。由中国图书馆学会、国家图书馆联合编纂，由国家图书馆研究院《中国图书馆年鉴》编辑部主持编纂，由特载、纪事、专文、图书馆事业、学术研究与活动、法律法规与政策性文件、专业文献、统计资料、年度大事记、索引等部分构成。

中国图书馆年鉴 2017

中国图书馆学会、国家图书馆编　精装 16 开　380.00 元

2018 年 5 月出版　978-7-5013-6409-1

本书是反映中国图书馆事业 2016 年度发展状况的大型资料工具书。本书由中国图书馆学会、国家图书馆联合编纂，由国家图书馆研究院《中国图书馆年鉴》编辑部主持编纂，由特载、纪事、专文、图书馆事业、学术研究与活动、法律法规与政策性文件、专业文献、统计资料、年度大事记、索引等部分构成。其中，图书馆界的重要动态、丰富多彩的阅读推广活动、国内外图书馆学研究热点综述、图书馆学情报学硕博士学位论文名录、图书馆学情报学著作目录、全国图书馆数据统计等内容，尤其具有价值。本书体例完备、取材得当、可读性强，可供各类年鉴参考借鉴。

国家图书馆年鉴

国家图书馆年鉴 2011

国家图书馆编　精装 16 开　660.00 元

2011 年 10 月出版　978-7-5013-4612-7

本书反映国家图书馆 2010 年各项工作情况，包括特载、工作综述、领导关怀、服务工作、基础业务工作、学术与科研、编辑与出版、对外交流与合作、机构与人员、设施建设与安全保卫、党建与员工文体活动、统计资料、重要文件选编、媒体报道目录、年度大事记等栏目。

国家图书馆年鉴 2012

国家图书馆编　精装 16 开　660.00 元

2012 年 10 月出版　978-7-5013-4831-2

2011 年是国家图书馆的“创新年”，全馆上下开展了“解放思想、开拓创新”讨论活动，并形成了 22 个推动事业发展的新项目。本卷年鉴全面系统地反映了国家图书馆 2011 年各方面工作的概况和成就，并适应实际工作变化的需要，对编纂大纲进行了调整和充实，将“数字图书馆推广工程”纳入“重点文化工程”部分，增加了 2011 年筹划推动的“民国时期文献保护计划”的内容，“学术与科研”部分增加了“政策研究”的内容，此外还编制了主题索引。

国家图书馆年鉴 2013

国家图书馆编　精装 16 开　660.00 元

2013 年 11 月出版　978-7-5013-5188-6

本书反映国家图书馆 2012 年各方面工作开展概况，为公众了解国家图书馆提供桥梁。本卷年鉴突出体现国家图书馆“强化基础、苦练内功、开拓创新、稳步发展”的特点，对部分内容进行了充实和局部调整，增加了“文献开发”的内容，同时在“基础业务工作”部分增加了“文献保存与保护”方面的内容。

国家图书馆年鉴 2014

国家图书馆编　精装 16 开　450.00 元

2014 年 10 月出版　978-7-5013-5470-2

2013 年是国家图书馆的“发展年”，国家图书馆以十八大精神为指导，按照“强化基础、苦练内功、开拓创新、稳步发展”的总要求，各项事业扎实推进、成效显著。本卷详尽叙述国家图书馆 2013 年工作全貌，旨在系统、准确地反映国家图书馆各项事业的发展情况，为读者了解和研究国家图书馆提供基础数据和资料。

国家图书馆年鉴 2015

国家图书馆编　精装 16 开　450.00 元

2015 年 8 月出版　978-7-5013-5643-0

本书是国家图书馆 2014 年情况概述，包括综述、特别记载、基础业务工作、服务工作、国家数字图书馆建设、重点文化工程、文献开发、学术与科研、编辑与出版、对外交流与合作、机构与人员、设施建设与安全保卫、党建与员工活动、统计资料、重要文件选编、媒体报道、年度大事记、综合索引等几部分内容。

国家图书馆年鉴 2016

国家图书馆编　精装 16 开　450.00 元

2016 年 9 月出版　978-7-5013-5846-5

2015 年是国家图书馆的“规划发展年”，一年来，国家图书馆深入开展“三严三实”专题教育，科学谋划“十三五”事业发展，圆满完成全年各项工作任务。全书包括综述、特别记载、基础业务工作、服务工作、国家数字图书馆建设、重点文化工程、文献整理与开发、学术与科研、编辑与出版、对外交流与合作、机构与人员、设施建设与安全保卫、党建与群团活动、统计资料、重要文件选编等几部分内容。

国家图书馆年鉴 2017

国家图书馆编　精装 16 开　450.00 元

2017 年 10 月出版　978-7-5013-6190-8

2016 年是国家图书馆的“创新发展年”。一年来，国家图书馆进一步强化全面从严治党主体责任，深入开展“两学一做”学习教育，圆满完成全年各项工作任务，获“中央国家机关先进基层党组织”“文化部直属机关先进基层党组织”“青少年中华传统文化教育基地”“公共文化设施学雷锋志愿服务示范单位”等荣誉称号，为促进现代公共文化服务体系建设、传承弘扬中华优秀传统文化做出新贡献。全书包括综述、特别记载、基础业务工作、服务工作、国家数字图书馆建设、重点文化工程、文献整理与开发、学术与科研、编辑与出版、对外交流与合作、机构与人员、设施建设与安全保卫、党建与群团活动、统计资料、重要文件选编等几部分内容。

国家图书馆年鉴2018

国家图书馆编　精装16开　580.00元
2018年12月出版　978-7-5013-6638-5

2017年,国家图书馆进一步强化全面从严治党主体责任,深入开展"两学一做"学习教育,多项重点工作被纳入国家和文化部"十三五"发展规划,纳入中华优秀传统文化传承发展工程,《公共图书馆法》首次以法律形式确认国家图书馆职能,国家图书馆圆满完成全年各项工作任务,为促进现代公共文化服务体系建设、传承弘扬中华优秀传统文化做出了新贡献。

中国图书馆事业发展报告

中国图书馆事业发展报告2007

中国图书馆学会、国家图书馆编　平装32开　30.00元
2008年5月出版　978-7-5013-3638-8

本书是中国图书馆发展的行业白皮书,由一个综合报告和国家图书馆、高校图书馆、公共图书馆、其他图书馆系统、图书馆学教育、图书馆学研究、中国图书馆学会等8个分报告组成,由行业著名专家执笔,既有基本统计数据,又有发展特点、问题与展望,是了解2006年行业发展的权威工具。

中国图书馆事业发展报告2008

中国图书馆学会、国家图书馆编　平装16开　20.00元
2009年10月出版　978-7-5013-4005-7

本书反映2007年度中国图书馆事业发展基本情况。其中不仅包括对各类图书馆整体发展状况与存在问题分析并展望未来图书馆事业发展的综合报告,而且还包括对国家图书馆、公共图书馆、高校图书馆、专业图书馆、党校图书馆、团校图书馆、军队院校图书馆、医院图书馆、中小学图书馆、工会图书馆各类型图书馆以及图书馆学教育、研究和中国图书馆学会的发展情况进行分别详细论述的报告。

中国图书馆事业发展报告2009

中国图书馆学会、国家图书馆编　平装32开　25.00元
2010年7月出版　978-7-5013-3456-8

本书全面反映2008年度中国图书馆事业发展基本情况。主要内容包括:综合报告,分报告一:国家图书馆,分报告二:公共图书馆,分报告三:高校图书馆,分报告四:专业图书馆,分报告五:其他系统图书馆(党校图书馆、团校图书馆、军队院校图书馆、医院图书馆、中小学图书馆和工会图书馆),分报告六:图书馆学教育,分报告七:图书馆学研究,分报告八:中国图书馆学会。

中国图书馆事业发展报告2010

中国图书馆学会、国家图书馆编　平装32开　36.00元
2011年10月出版　978-7-5013-4675-2

本书全面反映2009年度中国图书馆事业发展基本情况。主要内容包括:综合报告,分报告一:国家图书馆,分报告二:公共图书馆,分报告三:高校图书馆,分报告四:专业图书馆,分报告五:其他系统图书馆(党校图书馆、团校图书馆、军队院校图书馆、医院图书馆、中小学图书馆和工会图书馆),分报告六:图书馆学教育,分报告七:图书馆学研究,分报告八:中国图书馆学会。

中国图书馆事业发展报告2011

中国图书馆学会、国家图书馆编　平装32开　38.00元
2012年11月出版　978-7-5013-4883-1

本报告反映2010年度中国图书馆事业发展基本情况,分综合报告、国家图书馆、公共图书馆、高校图书馆、专业图书馆、其他图书馆、图书馆学教育、图书馆学研究、中国图书馆学会等几个部分,主要介绍了中国图书馆事业2010年发展情况、主要成就与经验,2011年发展趋势与事业展望。

中国图书馆事业发展报告2012(蓝皮书)

中国图书馆学会、国家图书馆编,周和平主编
平装16开　160.00元
2013年3月出版　978-7-5013-4892-3

本书由国家图书馆研究院组织编写,采用蓝皮书形式发表,旨在全面反映我国2011年度图书馆事业发展基本情况,分国家图书馆,公共图书馆,高校图书馆,专业图书馆,党校、团校、军队院校、医院、中小学、工会等图书馆以及图书馆学教育等几个方面。

中国图书馆事业发展报告·农村图书馆卷

韩永进主编　平装16开　98.00元
2016年3月出版　978-7-5013-5712-3

本书通过梳理我国农村图书馆发展历程,全面总结农村图书馆相关理论研究和实践经验,以期发现建设中的问题并提出解决方案,帮助广大农村图书馆事业建设者深刻认识农村图书馆发展现状,为各级文化主管部门推动农村图书馆建设提供理论支撑。

中国图书馆事业发展报告·数字图书馆卷

韩永进主编 平装 16 开 120.00 元

2017 年 1 月出版 978-7-5013-5945-5

本书是由国家图书馆研究院组织编撰的完整反映我国数字图书馆事业发展状况的专题报告。本书系统总结了我国数字图书馆建设 20 余年来的成果、经验和特点,并就其当前和未来发展的重点、热点和前沿问题进行前瞻性思考和研究。全书分为总报告、行业报告、专题报告、国外借鉴、附录五部分,各部分内容相互补充、相互衔接、从不同角度、不同层面探究我国数字图书馆的发展,详细全面的资料能为专家学者的研究工作提供更进一步的资料线索。

中国图书馆事业发展报告·少年儿童图书馆卷

韩永进主编 平装 16 开 120.00 元

2017 年 7 月出版 978-7-5013-6053-6

国家图书馆研究院联合业界专家学者,精心组织编撰了《中国图书馆事业发展报告·少年儿童图书馆卷》(蓝皮书),系统梳理我国少年儿童图书馆事业的发展历程,全面总结有关理论研究成果和实践经验,研究存在的问题并探讨解决方案和发展路径,以帮助广大图书馆从业者深刻了解少年儿童图书馆的发展现状,为各级文化主管部门推动少年儿童图书馆建设提供参考借鉴。全书分为资源建设、服务、阅读推广、设施建设、人力资源和民办少儿图书馆 6 个部分,文末还提供了中华人民共和国成立以来少年儿童图书馆建设相关政策及标准规范目录,为进一步研究提供线索。

中国图书馆事业发展报告:“十二五”时期图书馆事业发展卷

韩永进主编 平装 16 开 280.00 元

2018 年 8 月出版 978-7-5013-6456-5

为系统总结我国“十二五”时期图书馆事业发展的成就、经验和特点,并对“十三五”时期图书馆事业发展的热点和重点进行展望与前瞻性思考,国家图书馆组织各系统、各地区图书馆界实践者和专家学者,联合编纂了《中国图书馆事业发展报告·“十二五”时期图书馆事业发展卷》。全书分为综述、行业发展报告、地区实践报告、教育与研究报告、附录五部分,各部分内容相互补充、相互衔接,从不同角度、不同层面探究我国“十二五”时期图书馆事业的发展脉络。文末提供的 3 个资料性附录,分别汇总了“十二五”期间中国图书馆事业发展大事记、“十二五”时期发布图书馆事业相关政策文件目录、“十二五”时期图书馆领域重要研究项目概况,为学者研究提供资料线索。

中国专业图书馆发展报告 2012

张晓林主编 平装 16 开 50.00 元

2012 年 12 月出版 978-7-5013-4917-3

专业图书馆是我国图书馆事业发展中的中坚力量,在科学研究、经济建设和行业发展等方面发挥着核心作用。纵观 2011 年,专业图书馆在数字资源建设、数字服务系统发展、专业情报研究、联合信息服务、学术研究与人才培养等方面都呈现出许多亮点和热点,取得了良好的业绩。本书就是对我国专业图书馆年度发展状况的一次集中展示,体现了专业图书馆区别于其他类型图书馆的鲜明特征,包括特色资源、特色服务、改革创新思路、年度成果项目和年度研究热点等,在一定程度上反映了 2011 年度我国专业图书馆的发展状况,也预示了其未来发展的趋势,对研究专业图书馆事业中长期发展规划具有一定的借鉴意义。

中国专业图书馆发展报告 2014

中国图书馆学会专业图书馆分会编

平装 16 开 50.00 元

2015 年 1 月出版 978-7-5013-5531-0

专业图书馆在图书馆事业发展中占有非常重要的一席之地,专业图书馆系统是与公共图书馆系统、高校图书馆系统相并列的一个重要类型。在我国,专业图书馆主要指科研系统图书馆,广泛分布于各行业、各领域的图书信息中心以及部委所属科研机构的文献情报中心,也是数量最多、种类最杂的一大类型图书馆。本报告中所选取的专业图书馆具有较强的代表性和典型性,有些图书馆在所属行业、系统中发挥着引领、牵头和示范作用,有些图书馆来自于基层一线,发挥着对母体科研机构的文献资源保障和服务作用。本报告概括反映 2013 年我国专业图书馆发展基本情况,在内容上侧重突出专业图书馆的特色资源、特色服务、年度成果和研究热点,可在一定程度上体现出我国专业图书馆的发展状况及未来趋势,对研究专业图书馆中长期发展具有借鉴意义。

专业图书馆“十二五”期间事业发展报告

中国图书馆学会专业图书馆分会编

平装 16 开 120.00 元

2017 年 2 月出版 978-7-5013-5997-4

本报告中所选取的专业图书馆具有较强的代表性和典型性,有的图书馆属于行业、系统图书情报协作中心,发挥着行业、系统引领、牵头和协调作用,有的图书馆来自于科研基层一线,发挥着为母体科研机构文献资源保障与服务作用,有的图书馆来自于地方省市,发挥着支撑区域科技、经济发展决策咨询的作用。本报告概括反映“十二五”期间我国专业图书馆发展基本情况,在内容上侧重突出专业图书馆的特色资源、特色服务、年度成果和研究热点，可在一定程度上体现出我国专业图书馆的发展状况及未来趋势，对研究专业图书馆中长期发展具有借鉴意义。

公共图书馆

中小型公共图书馆建筑设计方案图集

南京工学院建筑系编　平装16开　4.90元
1985年6月出版

特色图书馆论

文化部图书馆司等编
平装32开　8.60元
1998年10月出版　7-5013-1538-8

本书通过北京、上海、湖北三地公共图书馆特色服务纪实，对特色图书馆这一新生事物进行了研究与探讨，从理论上回答了特色图书馆在中国改革开放新形势下产生和发展的必然性，进而展现了特色图书馆的发展前景。

城市图书馆集群化管理研究与实践

李东来等编　平装16开　40.00元
2005年12月出版　7-5013-2820-X

本书在充分利用现有技术成果、工作资料、实践经验的基础上，论述了我国城市图书馆事业发展历程以及城市图书馆现状及其发展，并且通过案例，探讨了网络环境下城市图书馆集群化发展趋势。

城市图书馆新馆建设

李东来、刘锦山主编　平装16开　60.00元
2006年12月出版　7-5013-3182-0

图书馆新馆建设涉及立项、招投标、馆舍施工、质量控制、装修、业务准备等许多方面。本书以东莞图书馆新馆为案例，详细探讨了城市图书馆新馆建设各个阶段的工作，最后还选取首都图书馆、安徽省图书馆、泰达图书馆等9个典型城市图书馆新馆，分别介绍了各馆建设概况、得失及楼层分布平面图，对于面临图书馆新馆建设的业内人士来说，本书的经验可以使我们少走许多弯路。这是一本图书馆新馆建设的完全手册。

城市图书馆建设的实践与思考

李东来主编　平装16开　60.00元
2007年8月出版　978-7-5013-3496-4

这是一部以城市图书馆为主题的论文集，分为事业发展、业务建设、读者服务和活动案例4个部分，主要内容偏重实践和业务，但也对城市图书馆的内涵等一些基本问题以及如何更好地开展图书馆服务进行了思考。

四川省公共图书馆现状分析与发展战略

李忠昊、王嘉陵主编　平装32开　20.00元
2007年12月出版　978-7-5013-3600-5

本书对四川省图书馆的历史、现状进行了调查，尤其对当前四川省图书馆中的古籍、少儿服务、少数民族地区图书馆服务等进行了调查，并对其统计数字进行了系统的分析，提出了四川省公共图书馆今后发展的战略。

公共图书馆规划与建设标准解析

李国新、冯守仁等编　平装32开　20.00元
2009年3月出版　978-7-5013-2817-8

本书是对《公共图书馆建设用地指标》与《公共图书馆建设标准》有关规定的缘由、背景、依据、方法较为详细的阐释，对标准有关指标实际应用的示范与诠释。主要解决公共图书馆的网点规划问题以及公共图书馆建筑规模和投资水平问题。

图书馆之城建设指标体系研究

图书馆之城建设指标体系研究课题组编
平装16开　54.00元
2010年11月出版　978-7-5013-4434-5

本书介绍了深圳图书馆之城建设指标体系的具体情况，并对国内外部分城市和国家公共图书馆体系建设进行了分析，书末附有美国佛罗里达、加拿大安大略和澳大利亚新南威尔士公共图书馆的标准和指南。

公共图书馆面积规划研究

张广钦著　平装32开　38.00元
2011年6月出版　978-7-5013-4568-7

本书从图书馆业务功能角度研究公共图书馆面积规划问题，从图书馆业务工作的需要出发，分析公共图书馆核心业务要素。本书对公共图书馆面积规划的原则与方法、社会因素、业务因素、实证研究、发展趋势进行了深入研究。

谋求新跨越——湖北省公共图书馆事业建设与发展研究

李耀华编著　平装16开　50.00元
2012年12月出版　978-7-5013-4875-6

本书对湖北省公共图书馆事业建设与发展进行了详细的讨论，既对湖北省公共图书馆事业的建设与发展进行了总结，同时也对其他公共图书馆的建设与发展起到了一定的借鉴作用。

公共图书馆服务体系的探索与实践(4 种)

公共图书馆服务体系的探索与实践——东莞调研报告

国家图书馆研究院主编　平装 16 开　80.00 元
2012 年 11 月出版　978-7-5013-4902-9

为了研究我国公共图书馆服务体系建设的基本规律，剖析各地实践，总结成功经验，专门策划了本次调研。本书对于东莞地区在创建新型公共图书馆方面的经验进行了总结，归纳出目前我国进行公共图书馆服务体系建设方面的成功因素，对于进一步推进我国公共图书馆服务体系建设具有积极意义。

公共图书馆服务体系的探索与实践——天津调研报告

国家图书馆研究院主编　平装 16 开　80.00 元
2013 年 2 月出版　978-7-5013-4903-6

本书首先对公共文化服务中的城市公共图书馆之天津调查进行系统的介绍，然后对天津图书馆实践、天津图书馆行业分馆、天津图书馆社区分馆、和平区图书馆、天津少儿图书馆、泰达图书馆的经验进行探讨，最后提出城市公共图书馆发展的对策与思考。

公共图书馆服务体系的探索与实践——山西调研报告

国家图书馆研究院主编　平装 16 开　80.00 元
2013 年 3 月出版　978-7-5013-4913-5

本书主要调研经济发展中地区公共图书馆事业的发展情况，调查地区选定为山西省，主要内容包括：山西公共图书馆事业的发展现状，山西省公共图书馆服务体系新模式，山西省图书馆及长治市图书馆等优秀案例，以及对山西省公共图书馆大发展大繁荣的对策及发展思考。

公共图书馆服务体系的探索与实践——杭州调研报告

国家图书馆研究院主编　平装 16 开　80.00 元
2014 年 2 月出版　978-7-5013-5280-7

杭州市委、市政府不断完善以“中心馆—总分馆”为主干框架的公共图书馆服务体系，在实现服务网络全覆盖的基础上，进一步做好延伸服务、提升服务、创新服务的文章，更好地满足全市人民的精神文化需求，更好地助力学习型城市和文化名城、文化强市建设。本书由国家图书馆策划、国家图书馆研究院指导、南开大学和杭州图书馆联合编写，系统总结了杭州建设公共图书馆理念及体系建设的做法和经验，提出来许多有价值的意见和建议，为下一步工作提供了重要启示。

城市图书馆研究(5 种)

城市图书馆研究·第一卷第一辑

褚树青主编　平装 16 开　54.00 元
2012 年 12 月出版　978-7-5013-4728-5

本书探讨了城市图书馆发展思路、发展路向、公共图书馆社会和谐与包容使命，城市图书馆未成年人服务理论的基础和资源，公共图书馆在城市知识化进程中的价值，欧洲数字图书馆的早年发展及对当地和区域所做的贡献，城市图书馆服务方式方法与工作技巧等。

城市图书馆研究·第一卷第二辑

褚树青主编　平装 16 开　54.00 元
2013 年 7 月出版　978-7-5013-5132-9

本书包含十余篇论文，主题为“公共图书馆服务体系与公共文化服务体系建设”。其中既有对公共图书馆总分馆体系概念的探讨，也有对大城市公共图书馆总分馆建设模式的研究，还包括公共图书馆总分馆体系中的信息工程建设及公共文化服务体系政策法规与实践探索。

城市图书馆研究·第二卷第一辑

褚树青主编　平装 16 开　54.00 元
2014 年 4 月出版　978-7-5013-5344-6

本书分上下篇，上篇包含 12 篇论文，从理论构建、理念指导视角切入，探讨了城市公共图书馆作为“第三文化空间”所应有的职能、建设方向以及馆员在此背景下如何作为；下篇为全球各地公共图书馆“第三文化空间”实践案例。

城市图书馆研究·第三卷第一辑

褚树青主编　平装 16 开　54.00 元
2015 年 4 月出版　978-7-5013-5568-6

本书探讨 SoLoMo 信息服务架构、数字图书馆建设、移动技术、微博等新社交媒体以及新技术等因素对城市图书馆发展的影响，列举了一些典型的案例，代表篇目有：《从阅读素养到多元素养》《略论 SoLoMo 信息服务架构与基础技术对城市图书馆发展的影响》《智慧图书馆离我们还有多远?》《新技术条件下深圳公共图书馆服务的转变》《清华大学移动图书馆的建设与发展》《数据驱动的电子资源运维框架设计》。

城市图书馆研究·第四卷第一辑

褚树青主编　平装 16 开　54.00 元
2016 年 6 月出版　978-7-5013-5605-8

本书收入论文以广东广州图书馆、辽宁省图书馆、吉林省图书馆、山东济南市图书馆、河北沧州图书馆、山西省图书馆、广东佛山市图书馆、江苏金陵图书馆、北京通州区图书馆、江苏南通市图书馆为例,研究图书馆建筑设计思想、服务理念与管理方式创新等。

"襟江书舍"系列丛书(3 种)

迁徙的人生——杭州知青往事

杭州图书馆编　平装 32 开　36.00 元
2014 年 1 月出版　978-7-5013-5222-7

本书是杭州图书馆口述历史民间记忆资源库建设计划中的一本回忆录,收录了 82 篇杭州知青对于 20 世纪 70 年代的知识青年上山下乡运动中自身经历的回忆与思考。他们用平实、朴素的叙述为我们还原了被遗忘的历史,搭建了读者与历史交流的桥梁。本书分为两部分:第一部分是曾当过知青的周祖德先生所写的杭州知青回望,第二部分是 82 篇杭州知青的回忆。

天堂的模样——杭州图书馆读者访谈录

褚树青、粟慧主编　平装 32 开　48.00 元
2015 年 7 月出版　978-7-5013-5585-3

"天堂应该是图书馆的模样",原阿根廷国家图书馆馆长博尔赫斯如是说,而杭州图书馆就是对这句话最好的写照。《天堂的模样——杭州图书馆读者访谈录》收录了 27 篇读者访谈稿,他们来自各行各业,有着不同的社会经历,怀揣不同的追求与梦想,他们讲述了与杭州图书馆相识相知的故事,图书馆已经是他们割舍不掉的梦想与回忆的温暖港湾,他们也为图书馆注入了朝气和活力。这里是梦开始的地方,是人间的天堂。

杭州图书馆 ISO 9000 质量管理体系建设实践

褚树青主编　平装 32 开　48.00 元
2015 年 7 月出版　978-7-5013-5589-1

杭州图书馆从搬迁至钱江新城起,业务量、读者数量和员工数量均呈指数增长,内设机构的调整和后勤管理制度的变化,这些都对杭州图书馆提出了更高的要求,基于此,杭州图书馆将目光聚焦于 ISO 9000 质量管理体系的建设。本书详细介绍了杭州图书馆探索 ISO 9000质量管理体系建设的道路,包括认证机构的确定、组织机构的搭建、制度的梳理、外审和初审的过程、后续的持续改进以及对此的收获和感悟等,以期为其他图书馆质量管理体系的建设提供参考。

沉思与对话:城市图书馆运营创新

刘淑华、刘锦山编著　平装 16 开　90.00 元
2014 年 3 月出版　978-7-5013-5346-0

本书采取文献研究与案例研究相结合的方式,对"城市图书馆运营创新"这一主题展开了全方位的研究。全书共分为"绪论"、"沉思:城市图书馆运营创新"、"专访:城市图书馆运营创新"、"案例:城市图书馆运营创新案例研究"和"附录"5 个部分。

公共图书馆绩效与价值评价研究

褚树青著　平装 16 开　60.00 元
2016 年 7 月出版　978-7-5013-5829-8

本书分为面向决策的公共图书馆绩效评估指南和公共图书馆经济价值的评估两部分。评估指南部分包括面向决策的公共图书馆绩效评估指标体系编制说明、指标详解和实测报告,并附指标确定及用户满意度调查相关介绍。公共图书馆经济价值评估部分回顾了图书馆评估的 3 个发展阶段,介绍了公共图书馆经济价值评估的理论基础及方法体系,对评估的实际操作提出建议,并以美国纽约萨福克北港东北港社区公共图书馆和杭州图书馆为例,详解评估报告的构成与撰写。

走进图书馆——辽宁公共图书馆概览

王筱雯编著　平装 32 开　80.00 元
2016 年 7 月出版　978-7-5013-5837-3

本书以辽宁省各级公共图书馆为单元,包括省图书馆、各市图书馆、县区图书馆以及各级少年儿童图书馆,每个图书馆独立成篇,以图文并茂的形式,力求透过全省每个公共图书馆的概况、建筑特色、历史沿革、办馆理念、馆藏积淀等内容的简单描述,揭示每个图书馆的个性特征与服务特色,从一定层面反映辽宁省公共图书馆事业的发展成果,进而有效预测和准确把握全省公共图书馆事业未来的发展趋势。

城市图书馆发展模式研究——以铜陵市图书馆为例

徐常宁、刘锦山编著　平装 16 开　38.00 元
2016 年 10 月出版　978-7-5013-5916-5

最近二十余年,我国图书馆迎来了历史上发展的黄金时期，而城市图书馆作为公共图书馆的重要组成部分，在构建现代公共文化服务体系过程中发挥了重要的引领和支撑作用，全国各地的城市图书馆在探索标准化、均等化的体系化发展道路上，做出了卓越的成绩，形成了各具特色的体系化发展模式。对此进行及时总结是非常必要的。本书既包括城市图书馆发展模式案例，又包括对铜陵地区图书馆发展经验的总结。力图全方位、多角度、多层次地呈现当今背景下我国城市图书馆发展的样式和图景，以此纪念 2016 年中国图书馆年会在铜陵的召开。

公共图书馆转型与内涵发展

张伟、刘锦山编著　精装 32 开　65.00 元

2017 年 5 月出版　978-7-5013-6056-7

本书是以上海浦东图书馆为平台，对公共图书馆进行探索创新和学术思考的结晶。适应时代的需要，以开阔的视野和格局，采用比较、逻辑与历史相统一、案例等研究方法，分别从历史、现实、文化、实践的维度对公共图书馆的转型与发展问题进行比较全面与深入的研究。

创新公共服务空间：湖北省图书馆“智能型图书馆”模式研究

李耀华编著　精装 16 开　180.00 元

2017 年 5 月出版　978-7-5013-6043-7

湖北省图书馆按照打造“知识航母”的构想，在着力做好“十三五”建设与发展规划的基础上，努力培育更多的服务品牌，创新更为高效的管理方式。为了实现这一长远目标，2016 年初，面向全馆职工和广大读者，组织开展了“创新公共文化服务空间、营造智能型图书馆”的征文，试图通过探索不同的服务方式和途径，以期提升图书馆的服务功能，挖掘和发展个人和集体的智慧。本书编委会在本次征文活动中遴选了其中 97 篇汇编成册，为的是表达图书馆人一切为了人民、全力满足人民群众文化信息需求的初心。

公共图书馆讲座实务

曹海英主编，牛淑娟、张毕晓副主编

平装 16 开　38.00 元

2017 年 8 月出版　978-7-5013-6073-4

本书是以公共图书馆讲座为主要内容的实务类图书。作者首先就公共图书馆讲座进行概述，从讲座历史、类型、特点和作用几方面论述。其次，从实际工作中的讲座策划、组织、管理进行深入阐述，着力探讨公共图书馆讲座的工作流程和工作内容。最后还阐述了公共图书馆讲座的发展策略，从工作定位、机遇挑战等角度进行了宏观把握和解读。文后还附有相关讲座的案例展示。本书为图书馆相关工作人员以及相关专业爱好者提供了全面丰富、细致可靠的参考内容，是不可多得的工作实务手册。

面向“十三五”的省馆服务功能定位研究

王兵著　平装 32 开　38.00 元

2017 年 8 月出版　978-7-5013-6167-0

本书从论述省级公共图书馆服务功能定位研究的价值和意义入手，阐述先进理念对省级公共图书馆“十三五”规划的指导意义，进而论证面向“十三五”的省级公共图书馆的 5 个服务功能。从省级公共图书馆的使命、队伍建设、信息资源建设、数字化发展、服务体系构建与服务工作创新、未来发展趋势等方面进行深入研究和探讨，提出了具体的步骤和措施，还集中展示了本书编著者们近年来对省级公共图书馆服务功能研究相关的论述和译文，对各级各类图书馆研究制定“十三五”规划具有较强的应用和参考价值。

公共图书馆评估与城市图书馆发展研究——第二十九届全国十五城市公共图书馆工作研讨会论文集

李冬梅著　平装 16 开　100.00 元

2017 年 11 月出版　978-7-5013-6289-9

本书为第二十九届全国十五城市公共图书馆工作研讨会论文集，为了更好地迎接文化部第六次全国公共图书馆评估定级工作，进一步推动城市图书馆发展和图书馆创新管理的研究探索，面向十五城市图书馆工作者征集学术论文。这些论文均围绕以下主题：我国公共图书馆评估（历史评价与未来展望）；我国公共图书馆评估个别问题研究；中外公共图书馆评估比较研究；公共图书馆服务体系建设及其政府责任研究等。

传统图书馆向现代图书馆转型跨越之路：山西省图书馆探索与实践

魏存庆编著　平装 16 开　180.00 元

2018 年 12 月出版　978-7-5013-6173-1

山西省图书馆长风新馆的建成开放是山西省图书馆发展的新起点。新馆以打造市民的“终身学校”“城市书房”为目标，以现代、开放、人本、合作、共享等最新理念指导新馆布局、改造和建设，“有空间必有座席、有座席必有图书”，成为新馆最大的亮点。本书以山西省图书馆新馆开馆以来工作实践与建设成效为例，详细阐述了公共图书馆建设与发展的七大实践模式。

少儿图书馆

国外儿童图书馆工作

文化部图书馆事业管理局科教处选编
平装 32 开　0.25 元
1981 年 4 月出版

本书选译了丹麦、日本、英国、美国和苏联等国儿童图书馆工作的文章五篇,内容涉及儿童图书馆的作用、任务、组织、图书补充与加工、图书流通、阅读辅导、干部培训、馆舍和设备等方面的问题。书后附有国外儿童图书馆年表(1797—1974 年)。

少年儿童图书馆(室)工作

熊钟琪主编　平装 32 开　11.00 元
2003 年 12 月出版　7-5013-1710-0

本书综合了改革开放 20 年来我国少儿图书馆(室)工作的主要内容与方法,并对 21 世纪少儿图书馆事业进行展望。

儿童图书馆的空间设计

Ingrid Bon 等编,石鑫、李恺译　平装 32 开　38.00 元
2014 年 7 月出版　978-7-5013-5422-1

本书整合了 2009 年国际图联大会上部分有关儿童图书馆空间设计的论文,梳理了 20 世纪儿童图书馆的发展历程,提炼了数字化背景下儿童图书馆的新型服务理念,并在此基础上展现了世界各地的儿童图书馆新媒体的运用情况、创新性设计项目实施情况等,内容丰富,图文并茂,是一本不可多得的参考资料。

我国少儿图书馆研究

黄洁著　平装 32 开　48.00 元
2015 年 7 月出版　978-7-5013-5610-2

本书对我国少年儿童图书馆的基本概念和分类、性质和职能、服务对象及特征进行了概括介绍,回顾了少儿图书馆的发展历程,分析了少儿图书馆文献资源建设情况,论述了少儿图书馆服务工作的原则、服务手段、服务内容以及少儿图书馆的活动策划与组织、少儿图书馆的阅读推广与社会合作,从建筑及家具管理、人员管理、经费管理等方面分析了少儿图书馆的行政管理工作。最后附婴幼儿图书馆服务指南、国际图联儿童图书馆服务发展指南、青少年图书馆服务指南、美国公共图书馆儿童服务馆员资格。

基层图书馆

基层图书馆工作方法

丁宏宣、葛家瑾编著　平装 32 开　0.25 元
1980 年 3 月出版

本书是为举办基层图书馆训练班编写的教材,共分 10 节:1. 图书馆的性质和任务;2. 图书采购;3. 图书分类;4. 图书编目;5. 编制、使用目录时应注意的几个问题;6. 图书的加工工作;7. 图书排架和保管;8. 报刊和科技情报资料的预订和管理;9. 读者工作;10. 图书馆的基本设备。

农村图书室工作

卢子博、吴正芳编著　平装 32 开　0.85 元
1986 年 2 月出版

本书共分 12 章:1. 农村图书室的重要作用;2. 农村图书室的发展规律;3. 农村办图书室的形式;4. 农村建设图书室的重点;5. 农村图书室的经费来源;6. 农村图书室图书管理员问题;7. 农村图书室的组织领导与管理制度;8. 农村图书室的设施、设备及用品;9. 图书管理的业务知识;10. 读者工作;11. 农村图书室协作网;12. 县图书馆对农村图书室的辅导。

乡镇图书馆工作

卢子博编著　平装 32 开　10.00 元
2000 年 10 月出版　7-5013-1702-X

本书根据当前我国乡镇图书馆的发展现状,并吸取国内外有关乡镇图书馆的研究成果,系统论述了乡镇图书馆工作的基本理论和基本知识,对乡镇图书馆工作所需要的技能也做了较为详细的介绍。

学校图书馆指南(中文版)

孙利平、郑步芸译　平装 32 开　5.00 元
2003 年 8 月出版　7-5013-2143-4

本书是国际图联、联合国教科文组织出版的关于学校图书馆发展的新指导方针。该指南内容包括:学校图书馆的使命与方针、学校图书馆资源、学校图书馆职员;学校图书馆项目与活动;学校图书馆与学习推广等。该指南既给世界范围内的国家决策者和地方决策者提供明确的信息,也是对整个图书馆事业发展的支持和指导。同时,它还能为各个学校落实宣言中所述的原则提供帮助。

县级图书馆生存发展启示录

中国图书馆学会编　平装 16 开　60.00 元
2006 年 7 月出版　2007 年 12 月再版
978-7-5013-3006-5

本书为中国图书馆学会组织的“首届百县图书馆论坛”论文精选，共选优秀论文百余篇，内容涉及县级图书馆生存现状与发展前景，文献资源建设，服务对象与服务模式，自动化、数字化、网络化等，是县级图书馆理论、实践、经验、成果的全面展示。

农家书屋实用手册

方允璋编著　平装 32 开　32.00 元
2010 年 4 月出版　978-7-5013-4009-5

本书是由具有多年工作经验的基层图书馆辅导人员编写，具有较强针对性和一定的理论性，具有很强可操作性，既照顾了当前基层图书馆的现实，又针对基层图书馆未来的发展趋势，提出了有针对性的未来发展方向。

基层图书馆实务丛书(5 种)

基层图书馆的农村服务工作

王效良著　平装 32 开　35.00 元
2010 年 11 月出版　978-7-5013-4433-8

本书首先对农村的图书馆服务发展历程进行简要回顾，然后对市地级和县市级公共图书馆的农村服务进行介绍，对乡镇图书馆、村级图书馆和流动图书馆的建设和服务进行探讨，并对农村的图书馆服务需求进行分析，对农村读者人群进行初探，最后对基层图书馆农村服务工作的发展趋势进行讨论。

基层图书馆自动化网络化建设

甘琳编著　平装 32 开　35.00 元
2010 年 11 月出版　978-7-5013-4432-1

本书首先对图书馆自动化网络化建设进行概述，然后从基层图书馆自动化网络化的构成、规划与引进、实施与管理，基层图书馆自动化网络化系统的日常管理展开讨论，最后对基层图书馆自动化网络化的未来发展进行展望。

基层图书馆公益讲座

王惠君主编　平装 32 开　35.00 元
2011 年 4 月出版　978-7-5013-4013-2

本书首先对图书馆公益讲座进行概述，介绍了图书馆公益讲座的策划概述、策划的原则、整体策划和具体策划。然后论述了图书馆公益讲座组织中的主讲人聘请、信息的发布、组织工作和后续工作，探讨了打造图书馆公益讲座团队中的团队构成、成员素质要求及选择、主持人的培养与塑造、团队的管理、团队的学习，讨论了图书馆公益讲座可持续发展，包括宣传与推广、延伸服务等。

基层图书馆信息资源建设与服务

屈义华主编　平装 32 开　35.00 元
2011 年 4 月出版　978-7-5013-4014-9

本书首先介绍基层图书馆信息资源建设基本要点，包括信息资源建设、基层图书馆资源建设理念、信息资源建设特征与要素、基层图书馆信息资源组成。然后介绍了传统文献资源建设实务、数字图书馆与数据库建设实务、特色馆藏信息资源建设实务、其他类型图书馆信息资源建设实务。之后对我国公共图书馆信息资源建设与服务模式进行概述。

基层图书馆参考服务概论

卓连营编著　平装 32 开　36.00 元
2012 年 7 月出版　978-7-5013-4818-3

本书界定了基层图书馆的概念和范围，分析了基层图书馆参考服务的现状与模式重构，对其重点内容——阅读引导、公共信息服务、咨询服务、业务辅导等进行了详细讨论并给出了业务开展的解决方案。针对这些服务内容的展开，还讨论列出了具体的展开服务的基本储备。

民间力量建设图书馆的政策与模式

王子舟编著　平装 32 开　30.00 元
2011 年 5 月出版　978-7-5013-4349-2

本书认为民间力量是近现代图书馆事业发展的原动力，首先论述了民间力量建设图书馆的国内外主要经验、理论与现实依据、现有国情下的主要效益、基本鼓励政策，然后探讨了民间力量建设图书馆的可行模式、公益性私人图书馆的现状与前景。

农村公共文化信息服务研究

陈瑛著　平装 32 开　48.00 元
2013 年 5 月出版　978-7-5013-4928-9

本书分析了农村公共文化信息的类型与特征，全面综述了国内农村公共文化信息建设与农村公共文化信息服务体系构建的现状,从公共文化信息资源不同类型的角度论述了包括公共图书馆在内的主要农村公共文化信息的供给体系,较为全面地比较了各地区、各层级公共图书馆的文献信息服务能力,提出了农村公共文化信息服务管理体系的组成与各项保障机制、运行机制的建立与完善。

创新与超越——城市街区自助图书馆网建设与实践

甘琳等著 平装16开 80.00元

2013年6月出版 978-7-5013-5064-3

本书是城市街区自助图书馆网建设的理论概括与实践总结,分理念篇、技术篇、建设篇、保障篇、效益篇阐述了城市街区资助图书馆网建设的问题与解决方案。城市街区自助图书馆网建设是图书馆发展的趋势,是图书馆拓展服务的有效方式,深圳图书馆在这方面走在了全国前面,其经验总结对全国图书馆建设自助图书馆网有示范效应,这是本书出版的价值所在。

基层图书馆特色建设与创新服务

郑君平著 平装32开 48.00元

2016年6月出版 978-7-5013-5843-4

本书从一名基层图书馆管理工作人员的角度出发,以晋江市图书馆的实际情况为例,结合工作实践中遇到的问题,对基层图书馆的特色资源建设以及创新读者服务提供了在新形势、新环境下的工作思路与方法,不仅在工作实践上更在理论上为基层图书馆的工作提供了引导。本书第一部分从资源整合、人力资源管理、特色文献资源建设、数字资源建设、馆藏开发利用以及智能化数字图书馆建设六方面详细探讨了图书馆特色资源建设的问题,通过深入分析,能有助于图书馆建立多元立体的信息资源保障体系,更好地服务读者的个性化需求。第二部分主要从服务形象、服务方向、服务理念、服务价值、服务目标等全方位发掘基层图书馆创新服务内容。特色化的信息资源建设和创新性的读者服务模式相辅相成,相互促进,基层图书馆事业才能蓬勃发展,才能在社会中体现图书馆的真正价值。

基层图书馆建设与服务创新

霍瑞娟、刘锦山编著 平装16开 80.00元

2016年8月出版 978-7-5013-5879-3

为总结中国图书馆学会第五届“百县馆长论坛”成果,更好地展示基层图书馆发展所取得的成就,使各基层图书馆能够更方便地相互学习和借鉴而编辑出版本书。全书分为“关于基层图书馆建设与服务创新的思考”“专访:基层图书馆建设与服务创新”“案例:基层图书馆建设与服务创新案例研究”“附录”4个部分。

中国农家书屋的建设与管理实务

杨效军著 平装32开 48.00元

2017年5月出版 978-7-5013-6107-6

本书作者结合多年来自己从事图书馆工作的实践,从农家书屋管理的最基础的知识谈起,立足于农家书屋管理的实际,对农家书屋建设必备的条件、管理员必备的常识、农家书屋的业务工作、农家书屋的现状与未来发展进行了比较深入的研究。

乡村民间图书馆田野调查笔记

王子舟、邱璐、戴靖等编著 平装16开 78.00元

2019年6月出版 978-7-5013-6725-2

北京大学王子舟教授团队对我国18个乡村民间图书馆进行田野调查,通过访问创办人和乡村读者,讲述了农民自办图书馆的故事,包括各自的办馆理念与艰难历程。这些故事真实感人,引人入胜,可读性强。乡村民间图书馆创办者多为乡村文化精英,他们创办的图书馆有着自发性、本土性、多样性等特点,弥补了乡村公共文化的不足,提供了多样化的文化生活管理与服务方式,契合了新时代乡村公共文化发展的需求。本书可以供图书馆学、人类学、文化学、社会学、公共管理等学科的学生与研究人员以及相关职业从业者阅读、参考。

图书馆业务工作

图书馆管理与建设

图书馆自动化系统

(美)斯蒂芬·萨蒙著,胡世炎等译,司徒毅校
平装 32 开　1.05 元
1984 年 5 月出版

本书综述了 20 世纪 30 年代中期到 70 年代后期这 40 年间美国图书馆界在书刊采购、编目、流通等方面进行自动化的种种试验、方案、设计与实施成果。分 10 章:1. 背景与缘起;2. 采购系统;3. 机读目录以前的编目系统;4. 机读目录及其研制成功后的脱机系统;5. 联机编目系统;6. 自动化对编目工作的影响;7. 连续出版物系统;8. 流通系统;9. 图书馆自动化系统的问题;10. 图书馆自动化系统的发展前景。书后附有补篇:《美国图书馆工作自动化的十年(1969—1979)》。

图书馆管理

(美)罗伯特·斯图亚特等著,石渤译
平装 32 开　1.00 元
1984 年 8 月出版

本书是 1977 年美国图书馆公司出版的第一版的译本。是美国第一本比较系统地论述图书馆管理的专著,被列为美国图书馆学教科书丛书之一。主要包括三部分内容:1. 管理与管理科学的发展简史,管理科学各个学派的理论与代表人物;2. 图书馆管理的基本内容,论述了计划、组织、人事、指挥、控制 5 个方面;3. 美国图书馆管理与图书馆管理学 90 多年来的发展情况。

图书馆的组织与管理

(苏)福鲁明著,赵连生等译,徐文绪等校
平装 32 开　1.30 元
1985 年 9 月出版

根据苏联 1980 年修订的第二版译出,原书是经苏联文化部学校与科学机关管理局批准的教科书。分 9 章:1. 图书馆操作规程;2. 图书馆的劳动组织与劳动定额、社会主义竞赛;3. 图书馆的机构管理;4—5. 图书馆工作计划;6. 图书馆的经费和经济;7. 区(市)级图书馆为居民服务的组织、图书馆网集中化的组织原则;8. 苏联图书馆事业的管理、工作方法;9. 图书馆的监督。

现代图书馆管理

(美)希克斯等著,李新乐等译　平装 32 开　3.95 元
1989 年 11 月出版　7-5013-0650-8

根据美国图书馆学家希克斯和蒂林合著的 *Managing Multimedia Libraries* 翻译,原书被指定为美国图书馆学院(系)学生的一部必读书。本书旨在通过对现代图书馆管理的实际方法的讨论和说明来为此类型的管理提供一个入门。全书共九章,分三编:基础理论、组织结构、管理的原则与程序。书后附录工作说明书。

图书馆自动化系统设计

宛福成著　平装 32 开　4.60 元
1991 年 1 月出版　7-5013-0878-0

本书重点讨论了图书馆自动化系统的设计、开发与维护以及自动化网络的应用,并对如何确定图书馆自动化系统目标,如何进行系统综合分析,如何优化软件程序,如何把握程序设计技巧,如何设置系统内的子功能模块,如何建立自动化网络等具体问题做了较为详尽的论述。书后附录:1. 文献书目信息交换用软盘格式;2. 国内主流微型机一览表;3. 国内部分高校、科研机构自动化系统简介。

图书馆管理综论

谭祥金著　平装 32 开　9.80 元
1997 年 3 月出版　7-5013-1357-1

本书共 10 章，内容包括：管理论；图书馆管理论；目标论；计划论；人员论等等。

图书馆管理工作

潘寅生主编　平装 32 开　18.00 元
2001 年 8 月出版　7-5013-1729-1

本书简明而系统地介绍了图书馆管理基本理论、图书馆管理体系、图书馆组织机构、图书馆规章制度、图书馆管理方式方法、图书馆人事管理、图书馆业务管理、图书馆行政管理、图书馆管理效益评价、图书馆管理的发展趋势等内容。

图书馆管理：协调图书馆人行为的艺术

刘喜申著　平装 32 开　18.00 元
2002 年 10 月出版　7-5013-1958-8

本书所称“图书馆管理”是指图书馆的主管者通过实施、决策、组织、领导、控制和创新等职能来协调工作人员的行为，以达到图书馆预期目标的活动过程。本书系统论述了图书馆管理的决策过程、图书馆的组织工作、图书馆的领导工作以及图书馆的控制工作等。

图书馆管理与信息服务

王运堂主编　精装 16 开　80.00 元
2004 年 6 月出版　7-5013-2442-5

本书为山东省图书馆学会第十一次科学讨论会会议论文集，收集山东省内各图书馆专业人员所撰图书馆学论文 200 多篇。内容涉及图书馆队伍建设、图书馆管理、图书馆资源建设、图书馆信息服务等。

网络环境下图书馆人力资源的开发研究

贺子岳著　平装 32 开　18.00 元
2004 年 9 月出版　7-5013-2469-7

本书根据图书馆人力资源和人事管理现状，论述了网络环境下图书馆组织的变革与创新、图书馆员的继续教育、图书馆员的职业开发、图书馆的绩效管理、图书馆组织文化的塑造等。

图书馆品牌建设

中国图书馆学会专业图书馆分会编
精装 16 开　50.00 元
2004 年 11 月出版　7-5013-2618-5

本书是“图书馆的品牌建设”研讨会论文集。全书分为总论、文献服务建设、文献资源建设、人力资源建设与专业教育、文化品牌建设、数字图书馆建设等，从不同角度论述了在市场经济条件下图书馆的品牌建设问题。

复合型图书馆的建设

刘传标著　平装 32 开　20.00 元
2005 年 4 月出版　7-5013-2760-2

目前图书馆界对文献信息资源建设存在一种倾向，就是强调文献信息数字化的效能，忽视传统的图书情报工作效能，认为只有数字图书馆才是唯一的发展方向。而作者指出，根据我国图书馆的现实情况，建立复合型图书馆才能更好地将传统图书馆与数字图书馆的优势融为一体，充分发挥现有资源优势，更好地为读者提供高质量的服务。

图书馆岗位设计

沈飒等编　平装 16 开　22.00 元
2006 年 3 月出版　7-5013-2822-6

图书馆岗位设计是目前图书馆人力资源管理方面的一项重要工作。本书全面介绍了岗位设计的理念、技术、方法，并以国家图书馆岗位设计为实例，对岗位管理方法、各类岗位设置、岗位名目、岗位级次、岗位职数以及同类岗位分析等各方面进行了详细介绍，并附有大量统计图表。对其他各类型图书馆岗位设置和岗位管理具有现实的参考价值。

高校图书馆评估与管理

柴晓娟、代根兴主编　平装 32 开　25.00 元
2006 年 4 月出版　7-5013-3131-6

本书为全国通信电子类高校图书馆情报工作委员会在南京召开的“以评促建，迎接高校图书馆评估”学术年会论文集，内容涉及评估准备、评估指标的解读、评估与读者服务、评估与文献资源采购、文献数据库评价等。

现代图书馆管理概论

李松妹著　平装 32 开　22.00 元
2007 年 6 月出版　978-7-5013-3488-9

本书以提高图书馆管理水平为着眼点，介绍了图书馆管理的一般适用原理和一些新的管理理论在图书馆的应用问题，分析了图书馆管理中存在的一般性问题，并提出了相应对策。

图书馆质量评估体系与国际标准

张红霞编著　平装16开　50.00元

2008年7月出版　978-7-5013-3641-8

图书馆评估兴起于欧美发达国家图书馆，随着我国图书馆的发展，越来越多的人意识到图书馆评估的重要性。图书馆评估不仅仅只是一种管理手段，而是从根本上为图书馆界带来了一种根本性的变革。本书对于图书馆评估进行了深入研究，尤其对成效评估进行了介绍，成效评估与图书馆熟知的绩效评估有很大区别，它与绩效评估相辅相成，共同构成图书馆评估体系，使得对图书馆的评估更加客观科学。同时本书附有三大评估ISO标准，对于国内评估而言，具有重大的参考价值。

图书馆馆藏组织与管理研究

贺燕著　平装16开　38.00元

2009年8月出版　978-7-5013-4076-7

本书对图书馆馆藏与国内外主要图书情报机构馆藏文献的现有几种排架与描述方法进行了介绍分析，对当今国内外主要馆藏说明标准与馆藏MARC格式进行了介绍研究，并在此基础上，对文献馆藏信息提示方法进行了探讨与研究。

图书馆危机管理手册

刘兹恒主编　平装16开　60.00元

2010年6月出版　978-7-5013-4350-8

本书论述了图书馆危机管理的内容、原则与策略，对图书馆危机预防、控制与处理，危机恢复，图书馆各类型危机及其管理、危机管理制度等进行了分析，并以案例具体解析了中外图书馆的危机管理。

图书馆现代人力资源开发与管理

马文筠、张莉、冯京桉编　平装32开　38.00元

2013年6月出版　978-7-5013-5045-2

本书介绍了现代图书馆人力资源管理方面的理论与实践，汇编学界图书馆领域人力资源管理的文献及理论。全书分七章，从组织结构、职位分析、招聘、培训、绩效管理、员工心理分析和管理信息系统等侧面描述了图书馆人力资源管理的现状与发展方向。作者通过归纳分析国内外学者对于图书馆人力资源管理的不同理论成果，为我国图书馆人力资源管理的发展提出了前瞻性的建议，并且以亲身经历为从事图书馆职业的同行介绍人力资源管理方面的经验。

图书馆制度研究与案例分析

湖南图书馆编著　平装32开　48.00元

2014年11月出版　978-7-5013-5469-6

图书馆制度作为指导和规范图书馆事业发展的纲领性成果，引导和制约着图书馆事业的发展方向，规范着图书馆业务工作的形式和范围，因此，图书馆制度建设研究对于整个图书馆事业的发展具有重要意义。本书分为图书馆制度的变迁，行政管理制度与案例分析，馆际合作、资源共享制度与案例分析，文献采编、典藏制度与案例分析，数字资源管理制度与案例分析，学术研究制度与案例分析，读者服务制度与案例分析几部分，对图书馆规章分类进行详细描述与说明。对图书馆管理有重大参考价值和实用意义。

图书馆规范管理工作手册

东莞图书馆编著　精装16开　120.00元

2016年4月出版　978-7-5013-5783-3

本书突破了传统的“图书馆规章制度汇编”的思路，全面厘清管理脉络，创建了符合东莞图书馆发展特色的制度框架体系，为东莞图书馆开展各项业务工作提供了依据和指南，进一步促进了业务管理的规范化、标准化。原则上，延续以人为本、突出特色的思路，并重点将卓越绩效管理的理念融入制度体系中，以理论指导实践，以制度规范行为；结构上全面、完整，从组织文化到行政管理再到业务规范全方位涉及，并自成体系；时效性上，反映了东莞图书馆最新管理规范的研究成果，紧贴实际，并与国际上通行的卓越绩效管理与评估接轨，具有前瞻性。

图书馆创客空间建设

王蒙、王奕龙编著　平装16开　55.00元

2019年5月出版　978-7-5013-6690-3

近10年来，图书馆基于空间变革的服务模式从信息共享空间、学习共享空间到现在的创客空间，从关注为用户提供方便、共享、协作的学习环境，到关注用户的学习成果，激发他们的学习热情，为他们提供制造、研发的空间，突破了图书馆只有“书”的局限，重新吸引了大众的目光。创客空间是图书馆突破传统模式进行的一次全新变革，是现代图书馆在应对危机的过程中做出的适应社会发展，尤其是适应当前以“创新”为主题的世界发展趋势的有益尝试。但是，目前图书馆创客空间虽然受到了广泛关注，但创客空间在图书馆还是一个全新而未知的领域。本书总结已取得的经验和教训，吸收其他社会化创客空间的建设经验，探究其在图书馆领域的发展模式和发展趋势，对于图书馆事业的发展有着重要的现实意义。

文献资源建设

图书馆藏书

(苏)斯多利亚洛夫等著,赵世良译,李修宇校
平装 32 开 1.10 元
1983 年 7 月出版

本书根据苏联 1979 年版的《图书馆藏书》翻译而成。内容包括:藏书体系、藏书建设、藏书补充理论的基本原则、藏书的完备性、复选、藏书供应体系、藏书补充计划、藏书补充的组织与方法、藏书的协调、各类型图书馆藏书补充的特点、藏书组织原理、藏书的登记与清点、藏书的布局、藏书的排架、藏书的保管等 15 章。

图书馆藏书的卫生与修复

(苏)普列奥勃拉仁斯卡娅编,黄树升译
平装 32 开 0.75 元
1985 年 6 月出版

本书是根据苏联国立列宁图书馆藏书的卫生与修复工作经验编写的,是一本阐述图书保护工作方法的专著。共分 4 章:1. 纸张损坏的物理化学因素及其预防措施;2. 生物的破坏因素及其预防措施;3. 馆藏图书的修复与防腐;4. 文献摄影修复法。

文献交流引论

周文骏著 平装 32 开 0.90 元
1986 年 7 月出版

本书分 7 章,主要内容有:关于文献交流的性质、交流系统结构、交流渠道和交流层次的阐述;关于文献交流人员、机构、读者需求及整个工作过程的分析研究;关于文献交流标准化和文献交流障碍的产生及疏通的分析阐述等。

出版物资源共享国内学术讨论会论文集

北京图书馆业务处编 平装 16 开 2.65 元
1988 年 3 月出版

1986 年 6 月,在联合国教科文组织(UNESCO)的资助下,中国国家图书馆在北京召开了“UAP(出版物资源共享)国内学术讨论会”。本书收集了在会上宣读和讨论过的有关对 UAP 的认识、出版物采购协调、馆际协作、书目工作等方面的 41 篇学术论文。

图书馆藏书剔除

(美)斯坦利·斯洛特著,陶涵彧等译,岳良木校
平装 32 开 1.85 元
1988 年 7 月出版 7-5013-0437-8

根据美国两项关于藏书剔除和甄别核心藏书的研究计划撰写而成。分藏书剔除的背景与导论、研究计划与藏书剔除方法综述两部分,共 14 章。书后有附录 5 件、术语汇释。

图书馆藏书建设

(美)阿瑟·柯利等著,佟富译 平装 32 开 3.15 元
1991 年 1 月出版 7-5013-0831-4

本书在 25 年中出过 6 版,此次出版是根据 1985 年第六修订版译出的。译者对国家书目与商业书目的说明部分和参考书目做了删节。共 14 章:1. 图书馆为什么存在;2. 图书馆社区研究;3. 馆藏建设的理论与范围;4. 公共图书馆的选书原则;5. 各类图书馆的选书方针;6. 选书工具;7. 选书员与非书资料;8. 审查与采选;9. 出版业;10. 资源共享;11. 国家书目与商业书目;12. 采访;13. 馆藏评价;14. 剔除、贮藏与保护。

图书馆藏书

吴慰慈、刘兹恒编著 平装 32 开 3.75 元 7.20 元
1991 年 1 月出版 1995 年 6 月再版 7-5013-0821-7

本书作者根据多年的图书馆实践和理论教学研究工作,结合图书馆藏书建设中出现的新情况,参考国内外有关研究成果写成此书。共 12 章:1. 图书馆藏书总论;2. 现代文献的类型及其整体特征;3. 图书馆藏书的来源;4. 图书馆藏书补充的原则和范围;5. 图书馆藏书补充计划;6. 图书馆藏书补充的组织与方法;7. 图书馆藏书的验收与登记;8. 图书馆藏书的组织;9. 图书馆藏书的复选与剔除;10. 图书馆藏书的数量控制与质量评价;11. 图书馆藏书的保护;12. 图书馆藏书建设的协调。

文献资源建设与布局论文选

肖自力主编 平装 32 开 8.50 元
1993 年 1 月出版 7-5013-1019-X

高校图书信息资料工作新探

北京高校情报资料工作研究会编
平装 32 开 10.50 元
1996 年 6 月出版 7-5013-1289-3

本书为北京高校情报资料工作研究会第三次学术研讨会的论文集。内容涉及图书、信息资料工作的现代化问题,市场经济与图书、信息资料工作的发展,专业图书、信息资料工作的研究与探讨。从收到的 68 篇论文中选用了 36 篇,未选用的部分均在文集的附录部分刊登论文题目。

文献资源建设概要

张玉礼编著　平装 32 开　10.50 元

1997 年 7 月出版　7-5013-1423-3

本书以建立新的文献资源建设理论体系为基点,体现文献资源建设理论的整体性和现实性特点。共 3 编 15 章。第一编总论,共 3 章:1. 文献;2. 文献资源;3. 文献资源建设。第二编微观文献资源建设,共 7 章:1. 微观文献资源建设的基本任务和主要内容;2. 微观文献资源建设的原则;3. 馆藏文献资源结构与体系;4. 馆藏文献资源补充;5. 馆藏文献资源的组织;6. 馆藏文献资源的复选与剔除;7. 馆藏文献资源的评价。第三编宏观文献资源建设,共 5 章:1. 宏观文献资源建设的基本任务和主要内容;2. 文献资源整体布局;3. 文献资源共享;4. 国内外宏观文献资源建设的历史与现状及我国值得借鉴的经验;5. 宏观文献资源建设的实施。

中小学图书馆藏书建设

储若端、周华著　平装 32 开　7.80 元

1998 年 4 月出版　7-5013-1481-0

本书结合中小学图书馆的实际情况,介绍了中小学图书馆藏书建设的工作内容。共 6 章:1. 文献;2. 中小学图书馆藏书建设;3. 藏书补充的组织与方法;4. 藏书的组织;5. 藏书的保护;6. 计算机在图书采购工作中的应用。书后附有中小学图书馆推荐书目。

中小学图书馆文献知识与文献检索

姚伯岳、肖珑、汤立峰编著　平装 32 开　10.80 元

1998 年 4 月出版　7-5013-1472-1

本书在已出版的《文献知识与中小学常用工具书》的基础上增改而成。共 11 章:1. 文献的基本知识;2. 认识图书;3. 文献形制的演变与发展;4. 文献检索的理论与方法;5. 工具书的概念和类型;6. 工具书排检法;7. 字词句的检索;8. 人物和地名的检索;9. 年月日和百科知识的检索;10. 图书报刊资料的检索;11. 中小学各科工具书简介。

文献资源建设工作

常书智编著　平装 32 开　11.50 元

2000 年 10 月出版　7-5013-1700-3

本书汲取了 20 世纪 80 年代以来图书馆学理论研究和图书馆工作实践取得的新成果,结合计算机信息网络技术在图书馆的运用以及文献资源共建共享的要求,全面、系统、具体地阐述了文献资源建设工作者应具备的基本理论、基本知识、基本技能。

图书馆地方文献工作

金沛霖主编　平装 32 开　10.00 元

2000 年 12 月出版　7-5013-1701-1

本书分 6 章,简明而系统地介绍了图书馆地方文献工作的范围、流程和方法,并通过举例对图书馆地方文献工作中的重点内容加以分析说明。书后附录新编省、市、县志基本篇目。

文献采访学

黄宗忠主编　平装 32 开　25.00 元

2001 年 10 月出版　7-5013-1827-1

本书是一本汇集国内图书馆界多位学者和图书馆文献采访工作者学术思想和实践经验的学术专著。内容涉及古今中外文献采访学的思想和历史发展,文献采访学理论、原则,文献采访工作业务流程,网上书店兴起后以及新载体文献出现后文献采访模式的变化和文献采访的未来发展方向。

社会科学信息资源网络建设

袁名敦、刘时衡、赖茂生主编　平装 32 开　32.00 元

2002 年 1 月出版　7-5013-1866-2

本书为国家社科基金"九五"重点项目成果。对我国社科信息资源网络现状做了深入的调查与分析,对比国外相关情况,在以下几方面提出建议或结论:我国社科信息资源网络的结构体系,数字图书馆发展的一系列问题,信息化与法制建设问题,我国社科信息资源网络建设的发展战略等。书后附录收集了项目主要子课题的报告,提供了大量的数据资料。

外文文献采访工作手册

顾犇主编　平装 32 开　35.00 元

2004 年 4 月出版　7-5013-2412-3

本书主要针对外文采访中出现的新事物、新内容,对新时期的外文文献采访工作做了深入、详细的介绍,同时收录了大量参考性数据。对于外文文献的采购具有很强的指导性。

非书资料采访工作手册

刘兹恒主编　平装 16 开　30.00 元

2004 年 4 月出版　7-5013-2415-8

本书重点介绍了缩微资料、视听资料、非网络电子资源、网络信息资源等非书资料的特点、类型、采访原则和采访途径。

中文连续出版物采访工作手册

富平主编　平装16开　18.00元

2004年4月出版　7-5013-2429-8

本书对中文连续出版物的定义、种类、发展沿革及出版发行情况进行了详细介绍，并对采访工作做了详尽的论述。

中文图书采访工作手册

李德跃主编　平装16开　60.00元

2004年4月出版　7-5013-2413-1

本书从采访工作概论、采访工作实务、采访人员素质及修养3个方面对中文图书采访工作做了较全面的概括和阐述，重点对采访工作予以详细介绍。

图书馆馆藏建设论文集

中国图书馆学会高校分会、北京人天书店有限公司编

平装16开　30.00元

2005年9月出版　7-5013-2765-3

本书为2005年首届全国图书馆馆藏建设报告会论文集。论文作者多为高校图书馆著名专家、学者、教授、业务骨干。内容涉及图书馆馆藏建设现状、发展政策、特色馆藏、采访工作、信息构建、数据格式、跨文化交际学、光盘管理、馆藏服务等。论点客观、全面，是对改革开放以来世界各种馆藏建设理论与实践的总结，对今后的图书馆馆藏建设工作有一定的指导意义。

新形势下的图书馆采访工作——第一届全国图书采访工作研讨会论文集

国家图书馆采选编目部编　平装16开　62.00元

2005年11月出版　7-5013-2823-4

本书为大中型公共图书馆、专业研究图书馆、高校图书馆采访工作论文集。内容涉及馆藏建设方向、中外文献采访制度模式、流程方法、手段、策略、思路、评价；海外图书采选、出版商、发行商等各类书目，专家选书、读者调查、呈缴、捐赠、拍卖、预订、现购、售前、售中、售后服务等方方面面。

网络生物医学信息资源及其利用

张世红等主编　平装32开　30.00元

2005年12月出版　7-5013-2841-2

网络生物医学资源是网络上重要的信息资源，本书介绍了网络通用搜索引擎工具及医学专业搜索工具，分析了网络上各种优秀的生物医学信息资源的特点及其检索功能，提供了最新的网络生物医学信息资源站点，为广大医药卫生科技人员通过网络检索和利用生物医学信息资源提供了帮助和指导。

信息资源建设中的图书馆采访工作——第二届全国图书采访工作研讨会论文集

国家图书馆图书采选编目部编　平装16开　68.00元

2007年5月出版　978-7-5013-3458-2

本论文集内容涉及采访工作的各个环节和方面，包括采访工作管理、采访流程、采访方式方法、采访人员素质等。

数字馆藏评价与绩效分析

索传军著　平装32开　29.00元

2007年12月出版　978-7-5013-3585-5

本书以数字馆藏评价和绩效分析为主要内容，对数字馆藏的概念、发展趋势等进行了介绍，尤其对图书馆发展模式、图书馆数字馆藏质量评价、数字馆藏绩效分析与评估等进行了深入研究，对当前图书馆的数字资源管理具有指导意义。

新信息环境下图书馆资源建设的趋势与对策——第三届全国图书馆文献采访工作研讨会论文集

国家图书馆外文采编部编　平装16开　75.00元

2009年4月出版　978-7-5013-4048-4

本书探讨了新信息环境下图书馆资源建设的趋势与对策，对于图书馆采访工作进行了总结与反思，从而制定更加合理的资源建设方案，以应对信息环境的变化。

数字时代的文献资源建设——第四届全国文献采访工作研讨会论文集

国家图书馆外文采编部编　平装16开　100.00元

2012年3月出版　978-7-5013-4734-6

本书共包含论文104篇，对数字时代文献资源建设方方面面的问题，如图示招标采购、外文期刊采编等进行了全面深入的探讨。主要篇目有：图书招标采购质量的影响要素及其优化策略，读者决策的馆藏建设——美国大学图书馆建设的新动向，外包环境下高校图书馆采编关系的协调与创新发展，浅析价格高企下的学术期刊危机等等。

学位论文资源建设与服务研究

姚蓉著　平装16开　59.00元

2012年9月出版　978-7-5013-4873-2

本书对学位论文资源的建设与服务进行了系统的研究，包括学位制度与学位论文概说，国外学位论文收藏与服务及机构举要（加拿大、美国、英国、德国、俄罗斯、日本、法国等），我国学位论文资源建设与服务概况，学位论文资源的采集、编目与读者服务工作实践。

基于 OPAC 的图书馆资源整合研究

周晨主编 平装 32 开 38.00 元

2013 年 7 月出版 978-7-5013-5122-0

本书在对国内外图书馆资源整合实践进行广泛调研及对馆藏资源整合理论进行深入研究的基础上，提出基于 OPAC 进行图书馆资源整合的方案，并将理论成果应用于国家图书馆的 OPAC 资源整合实践，最后对 OPAC 及图书馆资源整合的未来发展趋势进行展望。通过对国内外图书馆十多年来的资源整合实践进行回顾和总结，从宏观上对整合理论进行系统研究，提炼出极具普遍性又有针对性的原理和方法，从而给图书馆资源整合实践提供指导与借鉴。

外文文献信息资源采访工作手册

朱硕峰、宋仁霞编著 平装 16 开 80.00 元

2014 年 6 月出版 978-7-5013-5366-8

本书以丰富的内容，全面而详尽地介绍了当前信息环境下各种文献的采访工作。对于传统文献，尽可能详尽地探讨新信息环境下出现的新问题、新方法。对于不断蓬勃发展的电子文献，为了保持有关内容的完整性，本书专门开辟独立的篇幅，详尽介绍有关电子资源发展的最新情况。

图书馆灰色文献资源开发与利用

林泽明、刘锦山、刘锦秀著 平装 16 开 48.00 元

2014 年 7 月出版 978-7-5013-5387-3

本书围绕“图书馆灰色资源开发利用”这一主题展开，包括“绪论”、“灰色文献资源的来源及其分布”、“灰色文献资源开发与利用”、“灰色文献资源开发利用案例”和“附录”5 个部分。本书对我国灰色文献资源开发利用的历史与现状进行必要的总结，指出我们现在所取得的成绩和存在的不足，并对如何进一步做好灰色文献资源开发利用工作进行研究，以便对我国灰色文献资源开发利用的理论与实际工作有所参考。

馆藏资源与利用

唐晶著 平装 32 开 30.00 元

2014 年 7 月出版 978-7-5013-5382-8

本书以国家图书馆为例，通过对国家图书馆馆藏实体资源以及数字资源的介绍，详细分析图书、期刊、报纸、特藏专藏、缩微文献、视听文献以及电子文献的收藏与利用，并论述利用馆藏目录、电子数据库、网络资源、搜索引擎以及馆际互借与文献传递搜集资料的途径。

数字出版对文献资源建设的影响——第五届全国文献采访工作研讨会论文集

国家图书馆外文采编部编 平装 16 开 80.00 元

2015 年 1 月出版 978-7-5013-5527-3

本书共包含论文 58 篇，对数字时代文献资源建设方方面面的问题，如图示招标采购、外文期刊采编等进行了全面深入的探讨。主要篇目有《外文地学电子书与印本书采选探讨》《国家图书馆当代民间文献收藏现状与发展策略》《论一体化馆藏体系的构建》等。

全国少年儿童图书馆基本藏书目录（2014）

国家图书馆少年儿童馆编 平装 16 开 60.00 元

2015 年 12 月出版 978-7-5013-5703-1

全书内容包括：前言、全国少年儿童图书馆基本藏书目录（2014）编制说明、全国少年儿童图书馆基本藏书目录（2014）使用说明、100 部图书导赏、入选出版社名录、国内外儿童图书推荐评选活动介绍等。图书导赏精选百部少儿喜爱的中外图书，配上封面，内容介绍生动简练，短小精悍，容易抓住小读者眼球。

数字时代文献资源建设新思路——第六届全国文献采访工作研讨会论文集

国家图书馆外文采编部编 平装 16 开 100.00 元

2016 年 3 月出版 978-7-5013-5792-5

本书汇编 67 篇论文，均为第六届全国文献采访工作研讨会获奖论文，涵盖文献采访工作实践的最新内容，代表了文献采访领域研究的前沿与新动向。主要篇目有《数字环境下学术图书馆信息资源建设的几点思考》《基层公共图书馆馆藏纸质文献评价实证分析》《试论按需出版对图书馆外文文献资源建设的影响》《数字出版物呈缴的相关主体及基本诉求》。

外文电子资源采访工作指南

宋仁霞编著 平装 32 开 48.00 元

2016 年 7 月出版 978-7-5013-5894-6

文献采访工作是图书馆最基础的工作之一，它决定着图书馆文献信息资源的馆藏质量。随着网络与计算机技术的快速发展，电子资源在图书馆的馆藏建设中发挥着越来越重要的作用，电子资源的采访工作成为近年来图书馆采访工作的重要环节。本书围绕电子资源的产生、发展，系统地阐述了数字环境下外文电子资源的采购流程及评估等方面的具体工作实务，以期对采访工作者有一定的工作参考作用。

程焕文之问：数据商凭什么如此狼？

程焕文著　精装 32 开　48.00 元

2016 年 7 月出版　978-7-5013-5844-1

资源建设是图书馆最为基础的工作，是图书馆赖以生存并开展服务的基本保障。数字技术、网络技术及通信技术的飞速发展，图书馆资源类型日益丰富，数字资源已成为图书馆不可避免亦不可或缺的一部分。但在数字产品市场发展的现阶段，没有规范成熟的市场规则约束，图书馆与数据商的矛盾不可避免。作为公益性文化事业单位，图书馆怎样解决数据商步步紧逼的资源涨价方案？本书从“程焕文十问”数据商引申开来，从图书馆、法学界、媒体、数据商等不同角度，对这一问题充分阐释各方观点与看法，虽然通过这本小书不能从根本上解决图书馆与数据商之间的问题，但最起码体现了图书馆人积极的解决问题的态度和勇于承担社会责任的勇气。

交流与创新——外文文献资源建设与组织学术论文集

国家图书馆外文采编部编　平装 16 开　80.00 元

2016 年 7 月出版　978-7-5013-5889-2

本论文集收录论文 50 余篇，主要篇目包括《浅谈新形势下的国家图书馆外文图书采访工作》《试论三种图书出版模式对西文图书采访的影响》《浅析西文赠书的管理和建议》《数字时代国家图书馆外文报刊的协调采访》《继承与创新——新形势下国家图书馆外文文献采访工作者的素质思考》等。

外文连续出版物采访工作手册

齐东峰、宋萍编著　平装 32 开　38.00 元

2017 年 2 月出版　978-7-5013-6035-2

由于所刊载的信息在政治、经济、文化以及科学技术等领域中都发挥着重要的作用，外文连续出版物是各图书馆，尤其是国家图书馆、高校图书馆、专业图书馆等机构不得不入藏的文献资源。然而，连续出版物出版形势的变化、出版社销售策略的调整、图书馆馆藏发展政策的修订、用户需求和使用习惯的转变、连续出版物价格的不断攀升等，无一不给图书馆和负责外文连续出版物采访工作的人员带来新的挑战。本书作为采访工作的实操参考工具书，除针对外文纸本和电子连续出版物的采访流程进行了梳理和总结外，还对外文连续出版物的出版与发行和图书馆的采选与入藏等各方面的诸多变化进行了梳理和分析，对外文连续出版物馆藏建设的评价方法进行了探讨。希望本书能为我国各图书馆的外文连续出版物采访人员提供一定的工作参考。

馆际互借与文献传递若干问题研究

刘庆财著　平装 32 开　48.00 元

2017 年 6 月出版　978-7-5013-6130-4

现今，作为文献提供重要内容的馆际互借与文献传递工作得到了各个地区图书馆或各个行业图书馆的重视，资源共享的理念得到了社会各界的认可。馆际互借与文献传递工作不仅是读者服务工作的重要组成部分，而且是图书馆藏书建设的有机整体，是图书馆调整采访策略、延伸馆藏资源信息链、实现资源共享、满足用户需求和提高办馆效益的重要途径。本书全方位详细介绍了文献传递与馆际互借工作的各个环节和流程，是一本极具指导意义的参考工具书。

图书馆口述资料收藏研究

尹培丽著　平装 32 开　48.00 元

2017 年 6 月出版　978-7-5013-6103-8

本书是图书馆口述资料研究方面国内第一本也是较为系统的一本专业著作，内容包括口述资料的属性及特征、口述资料收藏研究现状及图书馆口述资料收藏的理论根据及现实意义，图书馆口述资料收藏业务实践，图书馆口述资料收藏相关法律与伦理，国外口述资料收藏典型案例以及我国口述资源建设路径与展望。

外文连续出版物工作指南

宋仁霞编著　平装 32 开　48.00 元

2017 年 8 月出版　978-7-5013-6156-4

本书由国家图书馆外文采编部多年从事外文连续出版物管理工作的多位馆员合作完成，作者结合图书馆学专业知识和国家图书馆的工作实践，详细描述了网络时代外文连续出版物采、编、阅、藏一条龙的工作管理模式，既是对传统的业务流程的梳理，又是对新环境下外文连续出版物管理工作的修订。

文献国际交换与文化国际交流

段洁滨著　平装 16 开　60.00 元

2017 年 9 月出版　978-7-5013-6162-5

外文文献是国家图书馆馆藏文献的一个重要组成部分，由于出版物国际交换是一项非商业性质的文化交流活动，因此，世界各国图书馆都非常重视这项工作，认为文化的交流意义远超过文献本身的经济利益，因此做好文献国际交换工作是一项十分有意义有价值的工作。本文集是作者在国家图书馆从事文献国际交换工作多年的实践和总结，汇集了文献国际交换工作和其他有关图书馆工作的思考和总结。这些经验和积累想必会为从事这一工作的年轻人提供一定的参考价值，把文献交换工作做好，从而为中外文化交流和友好交往做出一份贡献。本文集大部分是1999年至2016年发表在各类期刊上的原稿，其中有一些又做了补充和加工。

中外国家文献信息战略保存实践

毛雅君等编著　平装32开　48.00元

2018年6月出版　978-7-5013-6514-2

全书共11章，旨在通过对各主要的国家图书馆文献信息资源建设政策、馆藏发展现状、馆藏发展战略及文献战略储备库的相关实践开展调研，对国家图书馆国家文献信息战略保存实践进行总结和思考，以期为《公共图书馆法》框架下的国家图书馆切实发挥国家文献战略保存职能、服务国家战略做准备，对我国图书馆的文献资源建设和发展有借鉴意义。

高校图书馆文献资源建设实证研究

段双喜著　平装32开　45.00元

2018年9月出版　978-7-5013-6421-3

本书作者为“双一流”大学图书馆工作者，具有多年文献采访工作经验。作者基于文献资源转型时期各项工作，并结合华东师范大学图书馆业务实践，通过实证方法对高校图书馆文献资源建设工作进行研究。本书分别探讨中文图书中的核心出版社、重复保障、外文图书保障问题，分析中文电子图书馆的馆配形势与对策，研究未来图书馆文献资源建设方向。

分类编目

中国图书馆分类法系列

中国图书馆图书分类法（第二版）

《中国图书馆图书分类法》编辑委员会编

16开　13.00元（精）　11.00元（平）

1980年3月出版　7-5013-0538-2

本书根据1975年出版的《中图法》进行修订而成。此次修订没有改变大类序列和符号制度，而是从实际出发，做了相应变动。书前有第一版编制说明、第二版修订说明、基本大类、简表，书后有辅助表。

中国图书馆图书分类法·简本（第二版）

《中国图书馆图书分类法》编辑委员会编

精装32开　1.50元

1980年5月出版

本书是根据1975年《中国图书馆图书分类法》中小型图书馆试用本进行修订而正式出版的，既满足了中小型图书馆图书分类的需要，又保持了和《中图法》在分类体系和编制结构上的一致性。内容包括：编制说明、大纲、基本类表、正表、辅助复分表、索引。

中国图书馆图书分类法使用说明

《中国图书馆图书分类法》编辑委员会编

平装32开　0.58元

1981年1月出版

本书为便于各单位了解和使用《中图法》（第二版）而出版，内容分5节：1. 体系结构的编制原则与方法；2. 图书分类的基本规则；3. 各大类的编制结构与分类方法；4. 同类书的排列；5. 使用范围与改换分类法问题。

中国图书馆图书分类法索引（第二版）

《中国图书馆图书分类法》编辑委员会主编，武汉大学图书馆学系编　精装16开　18.50元

1984年12月出版

本书是《中国图书馆图书分类法》（第二版）及其扩编本《中国图书资料分类法》（第二版）的类目索引，收录两本分类法的全部有检索意义的概念，并且对同一概念尽可能做成多条索引款目。编有索引款目约8万条，按汉语拼音字顺排列。书前有前言、编制说明、索引款目首字汉语拼音检字表、索引款目首字笔画笔顺检字表、索引款目首字四角号码检字表。

中国图书馆图书分类法·期刊分类表

《中国图书馆图书分类法》编辑委员会编

平装32开　0.60元

1987年2月出版

本表是在《中图法》体系结构的基础上，结合中外文期刊的出版情况编制的。鉴于各科期刊的内容范围比较概括，在社会科学门类下，一般分到二、三级；在自然科学门类下，一般分到三、四级。分类体系和类目设置主要按《中图法》序列。书后附：1. 形式复分表；2. 世界地区表；3. 中国地区表。

中国图书馆图书分类法（第三版）

《中国图书馆图书分类法》编辑委员会编

精装16开　50.00元　70.00元

1990年2月出版　1997年2月再版　7-5013-0764-4

《中图法》第三版从1983年开始修订，于1988年5月定稿。修订要点：1. 关于学科立类的三个问题；2. 关于类目的增订和加细问题；3. 关于类目的改动或调整；

4. 关于类目的删除;5. 关于标记符号的修订;6. 关于组配方法和附加符号的使用。书前有第一版编制说明、第三版修订说明、基本大类、简表。书后有辅助表。

中国图书馆图书分类法、中国图书资料分类法(第三版)使用手册

《中国图书馆图书分类法》编辑委员会编
平装 32 开　5.50 元　12.00 元
1991 年 12 月出版　1997 年 1 月再版
7-5013-0907-8

为配合《中图法》和《资料法》的使用而编制的辅助性工具书。共 9 章:1. 编制原则与分类体系结构;2. 标记符号的编制与使用;3. 复分表的编制与使用;4. 文献分类的一般规则方法;5. 各大类的编制结构和分类方法;6. 分类法编制与使用中的若干重点问题;7. 同类书的排列——书次号的编制方法;8. 使用《中图法》第三版对已编书的改编问题;9.《中图法》的各种版本及其辅助工具书简介。书后有《中图法》《科图法》《人大法》大类对照表等 5 种附录。

中国图书馆图书分类法·简本(第三版)

《中国图书馆图书分类法》编辑委员会编
精装 16 开　12.00 元　25.00 元
1991 年 12 月出版　1997 年 2 月再版
7-5013-0867-5

本版在第二版体系结构与标记符号基本不变的基础上进行修订。修订要点:1. 关于类目的加细;2. 关于类目的改动和调整;3. 关于类目的删除;4. 关于标记符号问题;5. 关于类目注释;6. 关于类目索引;7. 关于各类分类方法的规定。《简本》分类深度较《中图法》浅,交替类目的设置与《中图法》不完全一致,组配形成的类目较《中图法》少,附加符号的使用与《中图法》有所不同。书前有第一版编制说明、第三版修订说明、大纲、基本类表。书后附辅助复分表。

中国图书馆图书分类法第二版与第三版修订类目对照表

《中国图书馆图书分类法》编辑委员会编
精装 16 开　23.00 元
1991 年 7 月出版　7-5013-0868-3

按照《中图法》(第二版)类目体系的次序,根据不同修订类型,逐条摘录有关修订类目进行对照指引。列出的修订类型有:增类、增注、增交替类、增专类复分表;删类、删注、删交替类、删专类复分表;改类号、改类名、改注、改交替类、改交替类号、改专类复分表等。涉及增、删、改的类目将近 10300 个,其中增、改注释的有 1053 类,订正类名、扩大内容范围的有 880 类,增改交替类的有 236 类,共占 20%。

中国图书馆图书分类法·期刊分类表(第二版)

《中国图书馆图书分类法》编辑委员会编
精装 16 开　2.90 元
1993 年 10 月出版　7-5013-1091-2

依据《中图法》(第三版)修订。主类表计有各级类目约 1300 个、类目注释约 500 条、交替类目 70 个。这次修订主要集中在如下方面:1. 对某些类目进行了订正、增补、删改和调整;2. 对"D9 法律"类也做了双表处理;3. 在"D67(中国)地方政治"类下及"D7 世界各地区与各国政治"类下增编了两个专类复分表;4. 对"形式复分类"做了较大调整和增补,由原来的 6 个复分类目增至 16 个;5. 增加了依"世界地区表"和"中国地区表"复分的注释;6. 扩大了冒号组配编号法的使用范围。书前有第一版说明、再版说明。书后附:1. 形式复分表;2. 世界地区表;3. 中国地区表。

《中国图书馆图书分类法·期刊分类表》实用指南

《中国图书馆图书分类法》编辑委员会编,安鸿书主编
平装 32 开　13.00 元
1998 年 9 月出版　7-5013-1511-6

本书对该表的编制原则、编制结构等进行了较详细的介绍,并对如何使用该表类分期刊进行了较系统的论述。书中所举的实例,都是国内外已经刊行过的重要期刊。内容共 7 章:1. 概述;2.《中图法·期刊分类表》的编制原则;3.《中图法·期刊分类表》的编制结构;4. 期刊分类标引工作的质量要求及工作细则的编制方法;5. 期刊分类标引工作的步骤、规则和方法;6. 各大类分类标引方法要点;7. 同类期刊的再次区分及刊次号的编制方法。书后附《报刊分类表》与《中图法·期刊分类表》类目对照索引。

中国图书馆分类法(第四版)

《中国图书馆分类法》编辑委员会编
精装 16 开　160.00 元
1999 年 5 月出版　7-5013-1603-8

本书为国家社会科学基金资助项目。原名《中国图书馆图书分类法》,是我国图书馆和情报单位普遍使用的一部综合性的分类法。第四版较第三版修订重点与特色主要有:1. 确定了重点修订大类:F 经济,TN 无线电电子学、电信技术,TP 自动化技术、计算机技术等三类;2. 区分类分图书用类目和类分资料用类目;3. 调

整类目体系，扩充加细类目，增改类目注释；4. 增设指示性类目；5. 增加沿革注释，首次采用“{ }”符号；6. 修改或规范类目名称；7. 规范注释用语和注释引用次序；8. 扩大采用编列交替分类体系的列类法。书前有第一版编制说明、第四版编制说明、基本大类、简表。书后有通用复分表。

《中国图书馆分类法》（第四版）使用手册

《中国图书馆分类法》编辑委员会编
平装 32 开　39.00 元
1999 年 8 月出版　7-5013-1623-6

为使《中图法》新老用户正确掌握这部分类法，进行文献分类标引工作，《中图法》编委会在第三版使用手册的基础上，编写了《中国图书馆分类法（第四版）使用手册》一书。本书内容包括：《中图法》的编制理论和技术；同类书排列、文献改编问题；《中图法》版本及系列工具书介绍。另有附录。本书重点增加了《中图法》（第四版）新增内容、类目结构变化较大部分的说明，同时对第三版使用手册中阐述过于简略的内容进行了补充。《中图法》编委会具有对《中图法》一书使用解释的权威性，同时本书具有较强的学术性和实用性。

中国图书馆分类法·农业专业分类表

蔡捷主编　精装 16 开　70.00 元
1999 年 10 月出版　7-5013-1673-2

本书是《中图法》专业分类表系列之一，与《中图法》《资料法》兼容，是在两分类法（第四版）农业类和农业经济类的基础上，对其原有类目进行全面增补修订编制的，共 7000 条类目。分类表后附轮排索引。

中国图书馆分类法·医学专业分类表

林美兰主编　精装 16 开　60.00 元
1999 年 10 月出版　7-5013-1679-1

本书是《中图法》专业分类表系列之一，是在《中图法》编委会的主持下，由中国医学科学院、中国中医研究院、北京医科大学等全国十余家单位的富有经验的专家教授经过两年多的编纂，又征求各使用单位的意见反复修改而成。本书的类目设置充分考虑到医学模式的改变和新兴学科的发展以及医学图书馆自动化、网络化的趋势，对近年发展较快的类目进行了增加和扩充，对有些类目做了必要的改动。后附《医学专业分类表》与《中图法》（第四版）相关的学科类目。

中国图书馆分类法·劳动科学专业分类表

《中国图书馆分类法》编辑委员会、中国劳动保障科学研究院编　精装 16 开　20.00 元
2000 年 10 月出版　7-5013-1742-9

本书是《中图法》专业分类表系列之一。是一部在《中图法》体系基础上编制的中国劳动文献情报部门通用的、具有权威性的文献标引与检索的基本工具。通过集中、细化的劳动类目设置充分体现了《中图法》劳动科学发展的现状和发展趋势以及《劳动科学专业分类表》的基本特征。

中国图书馆分类法·简本（第四版）

《中国图书馆分类法》编辑委员会编
精装 16 开　60.00 元
2000 年 9 月出版　978-7-5013-1735-6

本书在《中图法》第四版体系结构和标记符号基本不变的基础上，对原类表进行了扩充和加细，新增类目 470 个。同时，对立类不当者予以改正。改变某些类目的隶属关系，使之更适应文献分类的需要，对类目注释普遍加细，使注释尽量概括细分类目的概念范围；采用了类目沿革注释，从而使分类人员掌握新旧版分类法之间的差异，了解所变动内容。修订后的简本第四版，更具科学性和实用性。

中国图书馆分类法（第四版）索引

《中国图书馆分类法》编辑委员会编
精装 16 开　200.00 元
2000 年 11 月出版　7-5013-1624-4

本索引是《中图法》（第四版）的配套工具书，收录了新版《中图法》类目和注释中出现的全部有检索意义的概念，并且对同一类目制作多条索引款目，共约 12 万余条。本索引采用轮排索引的形式，按照汉语拼音字顺排列，并编有汉语拼音、笔画笔顺首字检字表，是按照字顺查找《中图法》（第四版）类目的必备工具，对于查找《资料法》（第四版）以及《中图法》其他版本的用户也有一定参考价值。

中国图书馆分类法（第四版）电子版

《中国图书馆分类法》编辑委员会编　200.00 元
2001 年 7 月出版

《中国图书馆分类法》是中华人民共和国成立后编制出版的一部具有代表性的大型综合性分类法。该分类法供大型综合性图书馆及情报机构类分文献、编制分类检索工具、组织文献分类排架使用，同时也可供其他不同规模和类型的图书情报单位根据自己的需要调整使用。《中国图书馆分类法》及其系列版本是指在《中图法》编委会或《中图法》所属相应分编委会和专业分类法编辑组策划、组织与管理下，编制出版的标引文献工具或如何使用工具的工具。

中国图书馆分类法(第四版)网络版

《中国图书馆分类法》编辑委员会编　1800.00 元
2001 年 9 月出版

《中国图书馆分类法》第五版与第四版增删改类目对照表

卜书庆、刘华梅主编　平装 16 开　50.00 元
2013 年 1 月出版　978-7-5013-4814-5

为了让广大分类编目人员迅速掌握《中国图书馆分类法》(第五版),尽快由《中图法》(第四版)转为《中图法》(第五版),特编辑出版了《中国图书馆分类法》第五版与第四版增删改类目对照表。本表将《中图法》第五版与第四版中出现增删改的类目列出,读者可以根据类目的修改情况,掌握第五版与第四版的不同。

中国图书馆分类法·期刊分类表(第三版)

《中国图书馆分类法》编辑委员会编
平装 32 开　36.00 元
2013 年 4 月出版　978-7-5013-4817-6

本版维持了期刊表原编体系,并尽量与中图法五版的体系结构、标记符号保持一致,满足了期刊内容综合性强与形式特殊的个性化需求,兼顾文献保障与分类排架、开架管理、浏览和检索的需要,共有各级类目近 2000 个,对一些重点类目进行了局部体系结构调整,对类目注释进行规范化处理,调整、新增了交替类目,对附表相应补充新主题增设类目或增加注释、修改类名以明确类目含义。

中国图书馆分类法(第五版)

《中国图书馆分类法》编辑委员会编
精装 16 开　360.00 元
2013 年 10 月出版　978-7-5013-4393-5

《中国图书馆分类法》是以科学分类和知识分类为基础,并结合文献内容特点及形式特征进行逻辑划分和系统排列的类目表,是图书馆通用类分文献、组织文献分类排架与分类检索、编制分类检索工具的工具。第五版在保持《中图法》整体稳定的基础上,有选择地对部分大类进行重点修订,适当调整类目划分详略程度,增加复分标记、"一般性问题"的禁用标记;完善了类目的参见注释,补充类目反向参照;合并使用频率过低的类目;完善附表类型,补充共性复分的新主题,通过主表类目注释解决附表连续复分的使用问题。

《中国图书馆分类法》第五版使用手册

《中国图书馆分类法》编辑委员会编
平装 16 开　59.00 元
2013 年 11 月出版　978-7-5013-4723-0

本手册在一般分类方法和各类文献分类方法的阐述上,保持与《中国图书馆分类法(第四版)使用手册》的连续性和基本一致性,重点增加了《中图法》(第五版)类目及其类目体系变化较大部分的说明,同时对四版使用手册中阐述过于简略或冗余地方以及错误的内容进行了补充和订正。

中国图书馆分类法(未成年人图书馆版)(第四版)

《中国图书馆分类法》编辑委员会编
精装 16 开　180.00 元
2013 年 10 月出版　978-7-5013-5189-3

本版吸收《中图法》(第五版)的修订成果,增设了新的类目,对一些过时类目的类名、类目结构进行删除、更新和修改;参考《中图法》(第五版),对部分类目增加了类目含义注释和分类指示注释;解决《少图法》(第三版)在类目设置、类目结构、编号体系、类目注释等方面存在的瑕疵,并对原类表分类标引实践中的问题提供合理的解决方案;开始采用类目沿革注释,坚持适当宜粗原则,精简类表。

中国图书馆分类法·简本(第五版)

《中国图书馆分类法》编辑委员会编
精装 16 开　120.00 元
2016 年 6 月出版　978-7-5013-4861-9

《中国图书馆分类法简本》(第五版)以《中图法》(第五版)为修订依据,以类分中小型图书馆文献为主,适当兼顾专业文献收藏单位和大中型图书馆进行简排架和分类导航等方面的需求,同时加强规范控制,更多地为用户改版提供各种方便,减少相关的工作量。

云林佛教图书分类法(修订版)

释光泉主编　平装 32 开　32.00 元
2018 年 7 月出版　978-7-5013-6434-3

本书的编制参考了《中国图书馆分类法》(第五版)、香光尼众佛学院图书馆编订的《佛教图书分类法》等工具书,取长补短,形成了一部较为完备的佛教图书分类法。本书在 2005 年首次面世,此次做了大量修订工作,以使其更加科学准确。

中国分类主题词表系列

中国分类主题词表标引手册

陈树年主编　平装 32 开　65.00 元

1998 年 1 月出版　7－5013－1457－8

本书是为使《中国分类主题词表》的用户正确理解、学习和使用该词表而编写的一本工具书。书中对分类主题一体化检索语言的理论、文献分类主题标引的方法技术等做了系统的论述。书后附有“化学元素、化合物组配标引细则”“文献标引实例”和“人物主题词——分类号对照表”三个附录，以便与《中国分类主题词表》配套使用。

中国少年儿童文献分类主题词表（全二册）

《中国少年儿童文献分类主题词表》编辑委员会编
精装 16 开　380.00 元
2004 年 3 月出版　7－5013－2410－7

本书遵循国家标准 GB13190—91《汉语叙词表编制规则》、GB/T3680—1995《汉语叙词标引规则》和《中图法》（第四版）编制修订原则，在《中图法（儿童馆、中小学馆版）》的基础上，依据分类法和主题法一体化检索语言的原理编制而成。全书分为两表：《分类号—主题词对应表》、《主题词—分类号对应表》，在各大类后均附有详细的标引方法与规则的使用说明。

中国分类主题词表（第二版）

《中国图书馆分类法》编辑委员会编
精装 16 开　1200.00 元
2005 年 9 月出版　7－5013－2759－9

本书为国家社会科学基金资助项目。以第一版编制规则为基础，以主题词、入口词及参照关系、类目对应关系的增补修订作为本次修订的重点，增补新学科、新事物、新概念的主题词 21000 多条，删除无使用频率的旧词包括改为入口词的有 12000 多条，增补自然语言形式的入口词 21000 条，对《中图法》（第四版）类目修订 100 多条，对旧版的分类号、类名、注释、对应的主题及其参照进行了全面系统的修订。既适用于传统文献和电子信息资源的标引和检索的需要，也适应于专业信息资源标引和检索的需要，是各类型图书情报单位进行文献标引的重要工具书。

中国分类主题词表（电子版）

《中国图书馆分类法》编辑委员会编　16 开　1800.00 元
2005 年 9 月出版　7－89996－811－9

电子版的内容与印刷版基本相同，但电子版在第二卷“主题词—分类号对应表”中增加了主题词英译名、名称主题词（包括人名、团体机构名、题名）、类目对应的组配标题（词串）。电子版更适用于计算机编目和检索的环境，可通过多种浏览方式和快速准确检索法、全文字面检索法以及缩小或者扩大的概念检索法等实现分类主题一体化的标引，具有友好的用户界面和帮助系统。

《中国分类主题词表》（第二版）及其电子版手册

《中国图书馆分类法》编辑委员会编
平装 32 开　39.00 元
2006 年 8 月出版　7－5013－3002－6

本书论述了《中国分类主题词表》（包括印刷版、电子版）的编制原理、体系结构，此次修订的原则、修订的重点，特别介绍了电子版的使用方法。最后两章用了较大篇幅，并列举了大量实例，讲述了如何使用该词表对各类型主题、各类型文献、各学科文献进行标引。本书为图书情报单位标引人员的必备工具书。

中国分类主题词表（全八册）

《中国图书馆分类法》编辑委员会编
精装 16 开　3800.00 元
2017 年 3 月出版　978－7－5013－6051－2

本书主要特点：（1）根据文献保障原则，增补新主题词款目和删改旧主题词款目。《中分表》第三版新增主题词 10061 条，删除错误或无文献保障的主题词 80 条，修改主题词形式并将旧主题词转为入口词约 2400 条。增删改主题词均依据国家书目主题标引数据，较好地解决了《中分表》编制与文献标引脱节及新版启用问题。（2）为满足自然语言检索需要，增加非优选主题词（入口词、入口短语）。《中分表》第三版新增入口词 11000 余条，同时删除部分入口词，实际净增入口词 10744 条，约 38.4% 的优选词均有 1 个或 1 个以上的非优选词作为入口检索词，与第二版相比单个入口词比率增长了6.2%。为解决与《中图法》类目对应中产生的 61892 条复杂主题概念，增加了入口短语 66373 条，起到了主题组代入口检索的作用，增强了优选词及主题词组配式的检索效率，以及文献主题族性检索的作用，为标引人员推荐了自然语言描述主题的规范组配检索形式。（3）增加、修订部分主题词间的语义关系和词族索引。第三版为大多优选词建立了语义关系，在增删改主题词的同时修改语义参照，其中建立属分关系的优选词约 76354 条，占优选词比率 63%，与第二版相比增长 15%；建立相关关系的优选词约 35447 条，占优选词比率 29%，与第二版相比增长 1%；族首词共计 4922 条，与第二版相比增加 148 条，占优选词比率 4%，平均每个词族约含有 16 个族中词。《中国分类主题词表》第三版纸质版一是可以作为图书馆留存本以备查询使用，二是作为专业人士包括高校信息管理专业师生研究分类主题词表的变化与学科演进与变化的关系。

克特号码表

精装 8 开　7.00 元

1980 年 1 月出版

书名原文 *Alphabetic Order Table*。影印出版。

文献著录总则概说

黄俊贵主编　平装 32 开　0.70 元

1980 年 1 月出版

全书共分 12 节,内容包括实现文献著录标准化的意义,文献著录中的基本概念及文献著录标准指导思想和编制原则等。按照《文献著录总则》对著录项目、著录方法和款目类型、著录格式、著录根据和著录标目等诸多问题做了说明。书后附有《文献著录总则》。

中国科学院图书馆目录组织规则(图书部分)

中国科学院图书馆编目部编　平装 32 开　0.25 元

1980 年 3 月出版

本书原系中国科学院图书馆 1959 年编印的该馆工作手册之一,此次出版经过修订。内容包括:1. 图书分类目录组织规则;2. 中文图书字顺目录组织规则;3. 日文图书字顺目录组织规则;4. 西文图书字顺目录组织规则;5. 俄文图书字顺目录组织规则;6. 关于索书号中附加字母符号的规定;7. 关于中、日文图书索书号附加符号的使用法;8. 关于外文图书索书号附加符号的使用法。

国际标准书目著录图例手册(订正版)

(美)塞尔等编,北京图书馆联合目录组译

平装 16 开　1.55 元

1980 年 4 月出版

本书根据美国国会图书馆出版发行的 MARC Ⅱ 机读目录的编目实例,用图例的方式详细说明了 ISBD(M)的著录规则。为了避免由于编目术语译名不统一而产生的某些歧义现象,本书用英汉对照方式出版。

分类目录主题索引编制法

肖自力等编译,刘国钧校　平装 32 开　0.65 元

1980 年 9 月出版

本书由三篇组成:第一篇介绍了主题索引的作用和国外索引技术、方法的进展情况;第二篇是日本标题目录专家山下荣为日本图书馆制定的索引规则;第三篇是苏联 Ц. М. 别尔基切芙斯卡娅关于科学图书馆分类目录主题索引的研究专著。书后附有主题索引、人名索引。

中文普通图书统一著录条例(试用本)

北京图书馆编　平装 32 开　0.28 元

1981 年 10 月出版

本条例对 1974 年北京图书馆编印的《中文图书著录条例》(试用本)进行了修订和补充,并改名为《中文普通图书统一著录条例》。内容共分 5 章:总则,基本著录,补充著录,丛书、多卷书和连续性出版物著录,统一编目注记与图书馆业务注记。书后附录:1. 名词解释;2. 标点符号的使用;3. 出版校对符号表;4. 希腊字母表。第二版更换了少数图例,删掉了附录部分。

图书分类学——图书分类理论与实践

白国应等编　平装 16 开　3.25 元

1981 年 11 月出版

全书共分 17 章:1. 图书分类学的对象、内容和性质;2. 图书分类的意义和作用;3. 图书分类的基本原则;4. 图书分类与科学分类的关系;5. 图书分类表的结构分析;6. 中国图书分类简史;7. 我国当前使用的几种主要分类表;8. 外国图书分类法简介;9. 图书分类工作;10. 类分图书的原则和方法;11. 马克思列宁主义、毛泽东思想和哲学图书的分类方法;12. 社会科学图书的分类方法;13. 自然科学图书的分类方法;14. 特种文献资料的分类方法;15. 同类图书的排列;16. 图书分类目录和图书分类排架;17. 分类法与主题法的关系。书后附有图书分类习题及答案。

图书资料的分类

(日)宫坂逸郎等编,宋益民译　平装 32 开　1.00 元

1982 年 5 月出版

本书是根据 1978 年日本图书馆协会主编的《日本图书馆学讲座》第二卷《图书资料的分类》翻译的,原书由日本国立国会图书馆的宫坂逸郎、石山洋、金中利和、野村文保、丸山昭二郎 5 位先生集体编写。共 4 章:分类理论、分类法、分类业务、标题目录法。

英美编目条例第二版简介

(英)亨特著,孔宪铠等译,孙云畴校

平装 32 开　0.63 元

1982 年 5 月出版

本书是 1975—1977 年参与英美编目条例修订委员会工作的埃·亨特(Eric Hunter)对英美编目条例第二版的介绍。内容共分 8 个单元:1. 著录;2. 排检点的选择;3. 排检点的选择——附加著录;4. 标目;5. 统一题(书)名;6. 参照;7. 分析;8. 实例。书后附有《英美编目条例》第二版的第一、第二部分的绪论。

杜威十进分类法(全三册)

(美)杜威编著　精装 32 开　45.00 元
1982 年 12 月出版

本书为美国图书馆学专家杜威所著 *Dewey Decimal Classification* 的影印本。

图书分类

北京大学图书馆学系《图书分类》编写组编
平装 32 开　1.10 元　2.00 元
1983 年 9 月出版　1989 年 6 月再版

本书是为图书馆学专业学生编写的基础教材,分 7 章:1. 图书分类法的结构剖析;2. 我国图书分类法介绍;3. 外国图书分类法简介;4. 图书分类工作与方法;5. 各类图书的分类;6. 分类索书号与分类目录;7. 图书分类的发展趋势。每一章后面附有主要参考文献和思考题,有的还附有实习题。

北京图书馆西、俄文图书编目条例

北京图书馆编目部编　平装 32 开　0.90 元
1984 年 3 月出版

本书包括西文图书著录部分和俄文图书著录部分。西文图书著录部分不仅列举传统编目格式,也介绍《(普通图书)国际标准书目著录》的编目卡片格式。俄文图书著录部分是在俄编组 1980 年编印的《俄文普通图书著录条例》(试用本)的基础上增补修改而成。

北京图书馆目录组织规则(图书部分)

北京图书馆编目部编　平装 32 开　0.60 元
1984 年 5 月出版

本书论述中文、西文、俄文、日文图书目录组织规则,其中包括这些文种图书的分类目录和字顺目录组织规则。书中除有对各类目录组织方法的论述外,还有详细举例。

美国图书馆协会排片条例(第二版)

(美)波林·西利编,佟富等译,刘光玮校
平装 32 开　2.15 元
1985 年 9 月出版

在 1942 年第一版基础上重新编排,于 1962 年出版。本书所采用的基本顺序是直接按字母排列,标点符号略去不计;首次将第一版中单独字母排列的规则和建议综合在一起,并显示出坚持使用这一条例的效果;制定的排片顺序是依据标准著录规则和工作实践,按标目和款目的常见直接形式排列;基本上用于编制字典式目录,但对分立目录、书本目录、索引等也基本适用。

图书分类学文集

白国应等编　平装 32 开　2.70 元
1985 年 9 月出版

本书是为迎接建国 35 周年而编,收录具有代表性的论文 49 篇,其中关于图书分类理论的 23 篇,关于图书分类历史的 7 篇,关于国内图书分类法的 8 篇,关于国外图书分类法的 3 篇,关于图书分类方法的 8 篇。

图书分类教学参考资料

李严编　平装 32 开　2.20 元
1985 年 10 月出版

为学员学习《图书分类》课程而编。根据教学重点选编了有关的论文资料 36 篇,大都在有关刊物上发表过。

冒号分类法理论与实践

(印度)塞克德瓦著,吴人珊译　平装 32 开　1.75 元
1985 年 11 月出版

印度国家中心图书馆图书馆学高级讲师塞克德瓦在书中阐述冒号分类法分类诸理论,对阮冈纳赞体系基本概念进行解释,并以一定篇幅述及实际分类作业。书后译者附加了"部分术语译名对照表"表(一)和表(二)。

图书分类教学大纲

李严编　平装 32 开　0.45 元　0.55 元
1985 年 12 月出版　1989 年 6 月再版
7-5013-0576-5

本书分 7 章:1. 图书分类法的结构剖析;2. 我国图书分类法介绍;3. 外国图书分类法介绍;4. 图书分类工作与方法;5. 各类图书的分类;6. 分类索书号与分类目录;7. 图书分类法的发展趋势。书前有关于学习图书分类课程的说明。

冒号分类法解说及类表

(印度)阮冈纳赞著,宋克强、许培基译
平装 32 开　2.80 元
1986 年 3 月出版

冒号分类法是印度著名图书馆学家阮冈纳赞创造的一种新型分类法。本书是我国第一部详细介绍冒号分类法的译著,分上下编。上编——冒号分类法解说,共 10 章:1. 绪论;2. 三个结构平面:概念平面和五个基本范畴;3. 三个结构平面:词语平面;4. 三个结构平面:标记平面;5. 优惠范畴与地区变换;6. 分类法规则与分类程序;7. 书号;8. 各类解说(一);9. 各类解说(二);

10.《冒号分类法》第七版引论。后附阮冈纳赞生平简介及主要著作。下编——冒号分类法类表，是依据《冒号分类法》第六版的 1963 年修订重印本的类表及类表索引说明翻译的，并附《关于〈冒号分类法〉索引》。

图书馆目录学习指导书

李纪有编　平装 32 开　0.96 元　1.35 元
1986 年 5 月出版　1989 年 11 月再版

本书分三部分：教学大纲、实习题目、实习用书图例。"教学大纲"是本着能讲清本课程内容要点的精神编写的，较一般教学大纲略为详细。"实习题目"是为配合讲授、自学而拟定的实习内容。"实习用书图例"选编了文献的题名页、版权页和必要的目次页及补充说明，作为著录实习的根据。

图书馆目录教学参考资料

李纪有、宋继忠编　平装 32 开　1.30 元
1986 年 6 月出版

为学员学习《图书馆目录》课程而编。书中所选 22 篇文章大都在图书馆学专业刊物上发表过。重点选收那些对同一问题持有不同观点的文章，或者对同一问题论述得更为详尽的文章。

图书馆目录

李纪有、余惠芳编　平装 32 开　1.45 元　6.80 元
1986 年 6 月出版　1992 年 9 月再版　7-5013-0683-4

本书是在 1982 年我社出版的《图书馆目录》教材基础上，根据我国《文献著录总则》等国家标准重新编写的，从章节安排到内容都做了较大的变动。全书共分 13 章：1. 图书馆目录的一般原理；2. 图书馆目录的发展；3. 文献著录法；4. 文献著录标准化；5. 基本著录法；6. 款目种类和标目法、参照法；7. 分析著录法和综合著录法；8. 传统著录法概述；9. 丛书和多卷书著录法；10. 连续出版物著录法；11. 特种类型出版物著录特点；12. 目录组织法；13. 编目工作组织管理。

新编图书馆目录

黄俊贵、罗健雄编　平装 32 开　2.60 元　3.05 元
1986 年 8 月出版　1988 年 2 月再版　7-5013-0339-8

本书将图书馆目录作为一个学科进行研究，主要研究读者检索要求、馆藏文献特征和目录编制方法三者之间的关系。全书分 4 编，共 15 章：1. 绪论；2. 文献著录；3. 目录组织；4. 组织管理。其中文献著录技术方法是本书的主要内容。

西文编目入门

（英）亨特等著，张蕴珊译　平装 32 开　3.35 元
1989 年 7 月出版　7-5013-0550-1

原著是英国利物浦工艺大学图书馆学和情报研究院高级讲师 E. J. 亨特和 K. G. B. 贝克韦尔合写的《编目》第二版。第一版曾列为《现代图书馆学概论》丛书之一，于 1979 年出版。新版根据编目领域发展的新情况，尤其是在自动化方面，做了增补和更新。共 11 章：1. 目录与书目；2. 编目史；3. 标准化与英美编目条例第二版；4. 主题法；5. 分析；6. 排列；7. 目录的物质形式；8. 计算机的使用；9. 网络；10. 编目工作的管理；11. 图书标引。书后附录 1976、1977 年英国和爱尔兰 334 个图书馆所用的编目法和主题标引法。

自然科学文献目录学

（苏）加斯特费尔等著，孙华东译　平装 32 开　2.85 元
1989 年 7 月出版　7-5013-0572-2

根据苏联书籍出版社 1983 年出版的"Ъиблиография естественнонаучной питерату ры"译成。原书是经苏联文化部批准的供苏联高等学校图书馆学系使用的教科书。共 10 章，分成 3 篇：自然科学文献目录学的基本特征和发展阶段、自然科学题录情报的编制、自然科学题录情报的利用。并对苏联各有关图书馆和情报机构组织自然科学文献目录工作的经验和方法做了总结。

文献分类与主题标引

赵燕群主编　平装 32 开　2.10 元
1990 年 1 月出版　7-5013-0773-3

图书分类（修订版）

北京大学图书馆学情报学系《图书分类》编写组编
平装 32 开　4.95 元
1990 年 9 月出版　7-5013-0815-2

本书修订内容为：1. 增补了"分面组配式分类法剖析"一章；2. 加强了对专业名词术语理论性的概括，使其更加规范化；3. 重新编写了第四章（原第五章）；4. 重新选编了实习题，删除了原书中不够典型的例子；5. 其余各章也随着学科的变化和发展，做了不同程度的修改。修订版全书共 8 章：1. 等级列举式图书分类法的结构剖析；2. 分面组配式分类法剖析；3. 图书分类标引工作与方法；4. 各类图书的分类；5. 同类书的排列与分类目录的组织；6. 我国图书分类法介绍；7. 外国图书分类法简介；8. 图书分类的发展趋势。每一章后均列有思考题和主要参考书目。书后附录各章实习题。

测绘制图资料国际标准书目著录(第二版)

陆希泰主编　平装16开　1.90元

1991年1月出版　7-5013-0873-X

连续出版物工作

金铠著　平装32开　2.75元

1991年1月出版　7-5013-0841-1

本书内容包括连续出版物的基本知识;连续出版物工作的内容、流程、组织与管理;连续出版物的收集、分类、编目、典藏、流通服务;连续出版物的开发与利用等。本书对连续出版物工作每一环节的内容、要求、工作方法均作详细介绍。同时根据当前图书馆工作自动化、网络化的发展趋势,介绍了计算机连续出版物工作中的应用,以及数据库建设的基本知识。

文献著录与目录组织管理

黄俊贵编著　平装32开　4.50元

1991年1月出版　7-5013-0833-0

中国机读目录通讯格式

北京图书馆自动化发展部编　平装16开　13.50元

1991年2月出版　7-5013-0848-9

本书是国内图书馆、情报部门实施计算机化、建立数据库必须参照的规范,亦是国内外图书馆情报界交换计算机中出版物目录信息所必须遵循的规范。本格式规定了专著、连续出版物机读形式书目记录的字段标识符、指示符和子字段代码,以及记载在磁带、软盘等载体上的书目记录和它的内容标识符的逻辑和物理的格式。共7部分:1. 定义;2. 格式设计原则;3. 功能块;4. 使用说明;5. 格式结构;6. 数据字段;7. 字段和子字段一览表。书后有附录13个。

文献编目论文选

黄俊贵主编　平装32开　8.50元

1992年1月出版　7-5013-0905-1

当代分类法主题法索引法研究

侯汉清主编　平装32开　18.90元

1993年10月出版　7-5013-1129-3

本论文集收入论文和译文共34篇,大多发表过,另收了近年来几篇新作。分三部分:国外分类法研究、国外主题法研究、国外索引法研究。书前有本书使用缩略语一览表。

新主题文献分类指南

陆宗城主编,刘湘生审校　精装32开　17.00元

1993年12月出版　7-5013-1032-7

本书是国家社会科学基金项目"新主题文献分类研究"及浙江省哲学社会科学"八五"规划重点课题"新学科图书分类研究"的成果。所收新主题词目内容包括新学科、新事物、新问题等,是国内文献分类工作中使用最普遍的《中国图书馆图书分类法》第三版和《中国图书资料分类法》第三版的类目及其注释中没有反映的,绝大多数是20世纪80年代以后新出现或有了新发展的学科、事物、问题等。收录内容时限截至1991年年底,共收新主题词目1297个。新主题词目大体由词目名称、简要释文(包括定义、研究内容等)、分类标引意见三部分构成。书前有《新主题文献分类标引的原则与方法》。书后按各词目(包括参照词目)的名称,分别编列词目笔画索引、词目范畴索引。

中文文献编目

刘苏雅主编　平装32开　10.60元

1994年6月出版　7-5013-1136-6

本书是在李纪有等人编著的《图书馆目录》一书的基础上编写的。书中强化了理论部分,对许多旧有概念做出了新的解释;对以往中文编目教材极少论及的我国编目文种划分渊源、著录标准的制定原则、书目控制理论的发展等问题均有涉及;补写了著录设备、目录导引、目录改编、编目工作流程优化等内容;增加了有关规范档的编制和计算机编目方法等章节。书后附中文连续出版物记录输入单。

现代文献编目

王松林主编　平装32开　19.70元

1996年8月出版　7-5013-1291-5

本书是我国第一部中、西文编目合一的著作。以文献著录的最新国际标准和国家标准为依据,并结合编目实践、教学和科研成果编著。共12章:1. 绪论;2. 文献编目理论与实践的发展;3. 文献著录概述;4. 单行本著录;5. 整套著录与分析著录;6. 多卷书与丛书著录;7. 检索点的选取及其标目;8. 连续出版物著录;9. 其他类型文献的著录;10. 标目的参照与控制;11. 字顺目录组织与目录体系建设;12. 计算机编目。

中小学图书馆文献编目

杜堃仑、张俊芳主编　平装32开　12.80元

1998年4月出版　7-5013-1483-7

本书以《中国文献编目规则》为主要依据,介绍了有关图书馆编目工作的基本知识和技术。共9章:1. 中小学图书馆文献目录的功能与种类；2. 文献著录标准化；3. 普通图书著录；4. 连续出版物的著录；5. 特种类型出版物的著录；6. 卡片目录的组织；7. 图书在版编目及其数据应用；8. 计算机编目；9. 中小学图书馆编目工作的组织与管理。

中小学图书馆文献分类与主题标引

马张华、巩雪芹主编　平装 32 开　11.80 元

1998 年 4 月出版　7-5013-1478-0

本书介绍了文献分类法、主题法的基本理论和方法。共 10 章：1. 文献分类法概述；2. 文献分类法结构剖析；3. 文献分类工作与方法；4. 中小学图书馆各类文献的分类；5. 分类索书号与分类目录组织；6. 主题法概述；7. 主题词表结构剖析；8. 主题标引工作；9.《中国分类主题词表》及其标引；10. 主题检索工具的建立。

计算机编目技术手册

熊光莹主编　精装 16 开　70.00 元

1999 年 1 月出版　7-5013-1615-5

本书包含 4 个部分：1. 书目数据库记录编制工作细则；2. 机读目录格式指南；3. 汉语主题标引工作细则；4. 中文文献书目数据库数据质量控制工作规程。是图书馆、情报所等各类信息机构进行计算机编目工作的必备工具。

文献分类法主题法导论

马张华、侯汉清主编　平装 32 开　20.50 元

1999 年 7 月出版　7-5013-1583-3

为适应当前文献分类法、主题法研究与教学的需要，作者一方面从分类法和主题法结合的高度，对其基本理论方法进行了系统的探讨，重视对两者联系和共同规律的揭示；另一方面也针对两者的不同特点，分别对分类语言、主题语言及其标引方法、检索工具编制等加以剖析；并对分类主题一体化词表、自然语言的使用及发展进行了系统的介绍。

高校图书馆编目工作研究

吴开华主编　平装 32 开　10.50 元

2000 年 3 月出版　7-5013-1687-2

本书为北京地区高校图书馆学会编目工作研究会学术研讨会论文集。内容包括：有关文献分类、主题标引、著者号取号规则方面的心得体会；图书著录、机读格式应用、书目数据质量控制方面的经验总结；关于数据库建设、编目工作标准化与规范化方面的研究；以及对未来编目工作发展趋势的展望。

文献编目工作

黄俊贵主编　平装 32 开　15.50 元

2000 年 6 月出版　7-5013-1698-8

本书在总结国内外编目理论与实践的基础上，系统论述了编目工作的组织管理，各类型文献的著录方法、计算机编目及其规范控制，具有实践性、新颖性、适用性等特点。

中文图书数据处理规程

甘琳编著　平装 16 开　25.00 元

2000 年 12 月出版　7-5013-1758-5

随着文献资源网络及 D 数据库建设进程的加快，通过计算机进行文献数据处理的工作日益重要起来。为满足图书馆及其他文献机构书目数据建库工作的需要，实现此项工作的标准化、规范化，保证网上书目资源的共建共享，由“ILAS”研制组和 CRLNet 网络中心编制了该书。本规程遵循 ISBD 及中国文献著录标准（GB3792 系列），依据 IFLA2000 年修订的 *UNIMARC Manual*，并吸收国家图书馆《中文图书机读目录格式使用手册》（2000 年 4 月定稿）修改的内容，因而具有很高的权威性和规范性。

文献标引工作

刘湘生、汪东波主编　平装 32 开　11.50 元

2001 年 4 月出版　7-5013-1734-9

本书分为文献标引语言与标引工具、文献标引工作概述、文献主题分析、文献标引的基本规则、手检系统的文献标引与书目索引的编制、计算机检索系统的文献标引与索引文档组织、各类文献的标引方法等章，对文献标引语言、标引工具以及文献标引的基本理论知识和实际操作技能均做了较为简明而系统的论述。

连续出版物工作

赵燕群主编　平装 32 开　16.00 元

2001 年 7 月出版　7-5013-1736-4

本书内容包括连续出版物的基本知识；连续出版物工作的内容、流程、组织与管理；连续出版物的收集、分类、编目、典藏、流通服务；连续出版物的开发与利用等。本书对连续出版物工作每一环节的内容、要求、工作方法均作详细介绍。同时根据当前图书馆工作自动化、网络化的发展趋势，介绍了计算机连续出版物工作中的应用，以及数据库建设的基本知识。

汉语文古籍机读目录格式使用手册

国家图书馆编　平装 16 开　50.00 元

2001年10月出版　7-5013-1841-7

本手册根据国家一系列标准及相关文献的基本原则,总结以往的实践经验,选用了适合于汉语文古籍的字段和子字段,对有关的内容说明和应用实例着力进行了描述。本手册包括了古籍机读目录可能使用的所有字段、子字段以及古籍类型;也因为我国古籍的多样化和复杂性,手册提出了通用格式注释和古籍的主要类型样例。各古籍收藏单位或编目人员可根据本书原则制定更详细的古籍机读目录数据处理细则。

信息组织的分类法与主题法

曹树金、罗春荣编著　平装32开　22.50元

2001年10月出版　7-5013-1124-2

本书对分类法与主题法进行了全面系统的论述,并在三方面有所突破:一是在信息组织的范畴内,将分类法与主题法有机地结合起来,实现其理论、方法和规则的更加系统化;二是突破分类法与主题法的一些传统理论和方法在适用性上的局限,以顺应其新使用环境和应用范围不断扩展的要求;三是增强标引方法和规则的实用性,使其易于理解,便于操作。

中文拓片机读目录格式使用手册·编目规则

国家图书馆编　平装2开　35.00元

2002年1月出版　7-5013-1877-8

本书包括"中文拓片机读目录格式使用手册"和"中文拓片编目规则"两部分内容。是依据《中国机读目录格式使用手册》和《中国文献编目规则·金石拓法部分》,并根据专家意见而编制的。书后还附有:中文拓片关键词表、世界语种代码、中文拓片机读目录格式字段表3个附录。

特种文献机读书目数据

韦衣昶著　平装24开　22.00元

2002年12月出版　7-5013-2064-0

本书所讲特种文献,是指普通图书以外的文献,包括古籍、地图、乐谱、金石等。本书主要介绍了特种文献的机读目录(MARC)的著录技术,从实际出发,具体讲解了古籍等特种文献的著录。结合具体实例,讲解详细,可作为著录人员的参考书及图书情报人员的研究资料。

中文图书ECIP与自动编目手册

陈源蒸编著　平装16开　60.00元

2003年3月出版　7-5013-2095-0

本书论述了中文图书出版过程中实现"自动编目"的技术原理与实现方法,结合软件设计需求,说明了对元数据格式与著录规则所进行的调整,使DC元数据与CNMARC一一对应。从中文图书出版的实际情况出发,对每一数据元素的处理详加解释,列举例证,所附图例反映了中文图书的基本特征。本书是"中文图书出版数字化系统"的使用手册,也是图书馆中文数字化信息资源建设的重要参考工具。

普通图书机读书目数据

韦衣昶著　平装32开　35.00元

2003年5月出版　7-5013-2094-2

图书的著录是图书馆的基础性工作。随着信息技术的发展,机读书目变得越来越重要。本书就是针对普通图书的著录而作。以往图书著录工作常常将中文、西文编目分开,这就会造成不一致的情况。本书就针对此将中、西文编目结合起来,就统一了编目中的不一致情况。内容丰富,条理清晰,与具体实例结合,使其具有很大的实用价值。

信息资源编目

王松林编著　平装32开　32.00元

2003年8月出版　7-5013-2137-X

本书以文献编目的最新国际标准、国家标准和行业标准为依据,将中文编目和西文编目、手工编目和计算机编目、实体信息资源编目和网络信息资源编目中最基础、最核心的内容反映出来,使之既适合图书情报专业的学生作为教材使用,也适合图书情报部门的馆员作为手册使用。

信息资源编目(修订本)

王松林编著　平装32开　32.00元

2005年11月出版　7-5013-2827-7

本书根据《中国文献编目规则》(第二版)、《新版中国机读目录格式使用手册》、《西文著录条例:修订扩大版》(2003),在原书总体框架不变的前提下,对书中一些章节的内容进行了较大的修订,并力图使原书的内容进一步由繁到简,以方便教学和实际应用。

新版中国机读目录格式使用手册

国家图书馆编　平装16开　90.00元

2004年3月出版　978-7-5013-2198-8

机读目录格式是各国编制书目数据普遍遵循的一种规范,从UNIMARC、USMARC、MARC21到CNMARC等各种格式都在不断完善。《中国机读目录格式》曾于1996年作为文化行业标准(WH/T0503—96)开始实施,在我国图书馆书目数据制作工作中起了重要作用。与此同时,国家技术监督局通过文化部下达国家图书馆研制机读目录格式的国家标准。经过近8年时间,国家标准《中国机读目录格式》已经通过文化部组织的专家鉴定。根据标准格式文本编写的本手册在参与标准制定的有关人员的共同努力下,出版供图书馆编目工作者使用。

西文编目实用手册

高红、吴晓静、罗翀编著　平装32开　25.00元
2004年4月出版　7-5013-2414-X

本书重点分析了西文文献著录项目细则、检索点选取基本规则及检索点选取特殊规则。所选实例基本是实际工作中遇到的、在文献著录和检索点选取方面颇具代表性的,对图书馆西文编目工作有很大的参考价值。

测绘制图资料机读目录格式使用手册

苏品红、陆希泰编　平装16开　35.00元
2004年11月出版　7-5013-2470-0

本手册是以国际图联2002年《国际机读目录格式手册:书目格式》为主要依据,参照2004年版的《新版中国机读目录格式使用手册》和其他相关文献的机读目录格式编制的。主要供中文测绘制图资料及非测绘的其他地图资料的机编书目数据时使用。

析出文献著录及机读数据制作手册

苑克俪主编　平装16开　60.00元
2005年6月出版　7-5013-2764-5

机读目录格式是各国编制书目数据普遍遵循的一种规范,它对于图书馆以及更大范围内实现资源共享意义重大。作为中国行业标准的《中国机读目录格式》,对于中国图书馆的意义不言而喻。而另一方面,读者对于文献的要求变得比以往更加严格,这就要求图书馆对文献进行深加工,不能仅仅满足对于文献层次的揭示,而要进行深加工,即对文献的信息加以揭示。本书是以《中国机读目录格式》为基础,研究对析出文献进行加工的专著。本书分为两大部分:析出文献著录细则与析出文献中国机读目录格式使用细则,每一部分都附有丰富的实例。

MARC21规范数据格式使用手册

国家图书馆MARC21使用手册课题组编
平装16开　90.00元
2005年9月出版　7-5013-2763-7

规范控制是用规范文档对书目数据库中的检索点(标目)进行规范化校验的过程,以保证目录体系中标目的唯一性和一致性。本书遵循最新的国际标准,首次在国内较全面地介绍了MARC21规范数据格式,通过大量实例深入浅出地讲解了规范数据格式的应用技巧,对每个字段的用法都有详细的说明,指导性强。“MARC21格式使用手册”包括《MARC21书目数据格式使用手册》和《MARC21规范数据格式使用手册》。是各类型图书馆及其他相关单位编制西文书目数据必备的工具书,也很适合大专院校图书情报专业师生作为教材和参考书使用。

MARC21书目数据格式使用手册

国家图书馆MARC21使用手册课题组编
平装16开　150.00元
2005年9月出版　7-5013-2814-5

MARC是用于描述、存储、交换、控制和检索机读书目数据的标准。本书遵循MARC21书目数据格式标准,对于MARC21的使用及常见问题进行了详细的讲解,并附有大量实例,为西文文献书目记录的编著提供了统一的标准。本书附有世界语种代码表等MARC编目实用工具,对于提高编目效率有很大帮助。“MARC21格式使用手册”包括《MARC21书目数据格式使用手册》和《MARC21规范数据格式使用手册》。

缩微文献著录及机读数据制作手册

苑克俪主编　平装16开　60.00元
2006年7月出版　7-5013-3124-3

本书对于缩微文献的著录及机读数据制作进行了详细介绍,是对缩微文献制作机读书目数据的权威性指南。本书主要包括两部分内容:(一)缩微文献著录规则。(二)缩微文献机读格式使用细则,并附有大量实例。本书具有很强的实践性和可操作性,是进行缩微文献编目的必备工具书。

21世纪的信息资源编目——第一届全国文献编目工作研讨会论文集

国家图书馆采选编目部编　平装16开　55.00元
2006年8月出版　7-5013-3160-X

本书是第一届全国文献编目工作研讨会的论文集,内容涉及:信息组织与编目原则问题、FRBR的相关问题、编目实践问题、编目理论问题等,是一部对图书馆编目工作的实践有较大指导意义与参考价值的书。

最新详解《英美编目规则,第二版,2002年修订本》

吴龙涛、叶奋生、吴晓静主编　平装16开　150.00元
2006年12月出版　7-5013-3183-9

本书是《英美编目规则》(第二版,2002修订本)的中文全译注释补充本,是西文编目人员不可缺少的工具书。英国、美国、加拿大三国图书馆协会授权出版。全书主要包括两个部分。第一部分:著录;第二部分:标目、统一题名与参照。书中包括大量的实例,译者还加了许多注释和补充说明。

中文书目规范控制的理论与实践

富平、刘小泠主编　平装 16 开　36.00 元

2007 年 8 月出版　978-7-5013-3489-6

本书在研究国外规范控制理论与实践的基础上,结合我国中文文献规范工作的实践,具体介绍目前我国图书馆中文文献规范控制的规则、格式、系统以及实施情况,并进一步分析研究图书馆规范控制工作的管理模式和存在的问题,进而提出适合图书馆实际需要的中文文献规范控制实施方案与建议,还对文献编目规范控制的发展方向做出了展望。

学位论文编目实用指南

姚蓉、方怡主编　平装 16 开　75.00 元

2007 年 9 月出版　978-7-5013-3533-6

本书详细解释了学位论文编目的基本规则,对于学位论文著录中的难点问题进行了详细讲解,并附有实例,同时对于学位论文著录中检索点的选择进行了专门讨论。书后附《学位论文机读目录格式应用字段一览表》等 12 种附录。

分类法研究与修订调研报告

《中国图书馆分类法》编辑委员会编

平装 16 开　78.00 元

2007 年 9 月出版　978-7-5013-3516-9

本书对国外分类法修订和发展进行了调查研究,包括分类法修订、网络版编制进展以及分类法在当前环境下编制的规范、技术等内容。另外,还重点对《中图法》第四版使用情况、存在问题、修订建议以及与学科发展的关系进行了调研分析。

新形势 新思考 新实践——北京高校编目研究会 2007 年学术论文集

吴开华主编　平装 16 开　40.00 元

2007 年 11 月出版　978-7-5013-3538-1

随着计算机和网络技术的发展,图书馆的文献编目工作日新月异,如何面对应对新的挑战?在这本论文集中,多位作者从不同切入点讨论了这些问题,涉及以下专题:标准与规范研究、编目工作管理、著录与标引实践、非书资料编目及其他。本书对做好图书馆编目实际工作有很好的指导作用。

中国文献编目规则(第二版)

国家图书馆编　平装 16 开　90.00 元

2008 年 3 月出版　978-7-5013-2758-4

本书根据《国际标准著录规则》(ISBD)和《英美编目条例》(AACR)的最新版本,并适应中国文献编目工作的需要,对原《中国文献编目规则》进行了修订。在具体项目修改中,对规定信息源、版本信息选取、特殊文献著录对象的确立、分析著录的不同类型等著录项目进行了修改;同时,对电子资源、连续性资源、测绘制图资料等章节做了补充与修改。特别是标目法部分,在内容、章节、机构上做了较大的调整,增加了大量样例,使内容更加充实。

编目思想史

高红著　平装 32 开　38.00 元

2008 年 5 月出版　978-7-5013-3608-1

本书从编目原则与编目思想的高度回顾了西方与中国编目思想的产生与发展,以清晰的脉络告诉我们中西编目思想由各自发展到近代的趋同,阐释了从巴黎原则到 FRBR、法兰克福原则、RDA 的发展。书中对 FRBR、RDA 精华部分的描述,表明无论时间怎样流逝,技术怎样发展,方便信息资源用户才是我们制定编目原则与规则的最高原则。

CNMARC 书目数据编制方法及操作实例

刘小玲主编　平装 16 开　60.00 元

2008 年 8 月出版　978-7-5013-3646-3

本书是作者通过多年的编目工作实践和教学,结合编目人员的实际操作模式,编写的一本将各种相关的编目规则、著录标准与机读格式融为一体的方便实用的操作手册,在介绍填写 MARC 记录中的字段和子字段的同时,介绍编目规则和相关标准。同时简洁明了地介绍了一些文献类型的编目特点和建立 MARC 记录的要点,避免了许多交叉重复,使编目人员通过本书能掌握不同类型 MARC 记录的共同点和不同点。

文献分类法主题法导论(修订版)

马张华、侯汉清等编　平装 32 开　50.00 元

2009 年 12 月出版　978-7-5013-4082-8

本书是《文献分类法主题法导论》的修订版,主要探讨了图书馆中文献分类法、主题法的理论与方法,根据分类层、主题法联系和不同特点,从分类法和主题法相结合的高度,对其基本理论、方法进行系统的阐述。

编目的未来

编目精灵著　平装 16 开　38.00 元
2010 年 4 月出版　978-7-5013-4343-0

本书介绍和评价图书馆标引和编目的新原则、新规则，在编目过程中出现的新问题的解决方案、处理原则和技巧，是作者多年来追踪编目领域最新发展的总结之作。

变革时代的文献编目——第二届全国文献编目工作研讨会论文集

国家图书馆中文采编部编　平装 16 开　65.00 元
2010 年 5 月出版　978-7-5013-4347-8

本书为第二届全国文献编目工作研讨会论文集汇编，内容涵盖网络时代文献编目中遇到的新问题与新挑战，包括编目外包问题、不同载体文献的编目问题、网络资源编目的探索、新的编目原则与编目规则的介绍等。

资源组织

王松林主编　平装 16 开　70.00 元
2011 年 4 月出版　978-7-5013-4597-7

本书详细分析了各种信息资源组织的技术，对于各种组织工具进行了实例分析。

文献编目工作的继承与变革

地方版文献联合采编协会编　平装 16 开　60.00 元
2012 年 3 月出版　978-7-5013-4724-7

本书是献礼地方版文献联合采编协作网（CRLN-net）十周年的专业文集，从文献编目理论研究及工作经验交流、数字化社会化环境下文献编目工作探讨、联合编目理论与实践、联合编目业务创新与未来发展等四个方面进行论述，系统总结了十年来文献编目工作继承与变革过程中的经验，对编目业务创新与未来发展提出了各自的见解。本书理论与实践相结合，以实证和应用研究为主，可供图书馆界广大文献编目工作者学习、借鉴和参考。

主题标引差错 1000 例

黄建平著　平装 32 开　48.00 元
2013 年 2 月出版　978-7-5013-4834-3

本书包括：客观性标引方面差错 178 例；专指性标引方面差错 220 例；全面性标引方面差错 170 例；非正式叙词标引 101 例；书写形式方面差错 126 例；单个专指词标引方面差错 23 例；组配标引方面差错简析，包括字面组配 4 例、参与组配的专指叙词标引方面差错 217 例、组配时“优先”标引方面差错 88 例、组配次序方面差错 10 例；主标题选择方面差错 231 例。

ISSN 注册与管理

崔明明编著　平装 32 开　40.00 元
2013 年 7 月出版　978-7-5013-5125-1

本书是国内第一本 ISSN 数据注册与管理方面的著作。介绍了 ISSN 的结构、功能、历史，ISSN 中国国家中心，ISSN 注册与分配及业务建设与研究，ISSN 与 CN、条码和 CODEN 的区别以及规范使用 ISSN。

连续性资源 ISSN 记录编目实用指南

崔明明编著　平装 32 开　48.00 元
2013 年 7 月出版　978-7-5013-5133-6

连续性资源 ISSN 记录的编目规则是用于描述、存储、交换、控制和检索 ISSN 注册记录的规则。本书针对以上规则，列举大量实例，是一本实用性很强的编目格式手头工具书，既可供 ISSN 中国国家中心工作人员使用，也可供图书馆编目工作者及连续性资源出版工作者了解和参考 ISSN 注册记录之用。

中文书目数据制作

全国图书馆联合编目中心编　平装 16 开　100.00 元
2013 年 8 月出版　978-7-5013-5162-6

本书正文包括三篇：第一篇中文书目数据制作总则，第二篇中文普通图书书目数据编制细则，第三篇各类文献书目数据编制特点，从编目规则到著录实践，文献类型涵盖了图书、连续性资源、电子资源和学位论文，七个附录是日常编目使用的代码表，方便从事不同资源编目的人员系统学习。本指南注重实例说明，力求做到每个著录要点都提供数据样例，以加深编目员对规则的理解，并在每种文献类型的最后附上不少于十条的完整样例数据，以期达到规则与实践的有机结合，便于编目员操作掌握。本书可以对图书馆的中文编目实践起到指导作用，进一步提升联合编目共建共享数据的质量。

编目：新的变化与应对之策——第三届全国文献编目工作研讨会论文集

国家图书馆中文采编部编　平装 16 开　120.00 元
2013 年 10 月出版　978-7-5013-5192-3

本书包含 64 篇第三届全国文献编目工作研讨会的获奖和交流论文，对文献编目领域的重点、热点问题，如 RDA、《中图法》的使用、电子资源编目等进行了深入的探讨和研究。主要篇目有：国际信息与文献标准标识符采标进展及其编目应用、仅有编目规则与原则是不够的、中国文献编目标准化的现状及对策、责任者团体名称规范建立的实践分析——以国家图书馆名称规范数据库为例。

电子资源MARC21组织法

罗翀等编著　平装16开　48.00元

2013年11月出版　978-7-5013-5194-7

本书以MARC21格式为框架，对电子资源的编目规则和方法进行了探讨，以期为电子资源的编目实践提供全面、细致、操作性强的参考依据。本书在遵循AACR2等传统编目规则的基础上，通过讲解与实例，反映RDA、ISBD(统一版)等最新编目规则。此外，本书希望通过对电子资源编目步骤的总结和真实、形象的样例加深编目员对规则的理解。本书除对电子资源的编目方法进行系统梳理之外，还围绕当前与电子资源编目紧密相关的特定问题进行主题研究，探讨了电子资源组织过程中的现实问题。

UNIMARC手册:规范格式(第三版)

(克罗)米尔娜·维勒等著　《中国机读规范格式》工作组译　平装16开　120.00元

2013年12月出版　978-7-5013-5210-4

本书为《UNIMARC手册:规范格式》(第三版)的中译本，由《中国机读规范格式》工作组翻译。UNIMARC规范格式第三版是近10年来世界书目控制领域内的概念变化的见证。本新版参考UNIMARC用户和永久委员会成员的意见和建议，并根据《UNIMARC手册:书目格式》，进行相应的更新。格式的扩充包括一些新的字段，例如音乐导句、ISTC、ISWC、ISAN和ISRC等标识符、出版者、印刷者标志、法律和宗教文本惯用名称、题名，以及与印刷者、出版者有关的活动附注。还包括字段名称和功能的变化。希望本书的出版会弘扬国际图联所提倡的价值，并且促进规范数据的国际共享。

知识组织系统构建与知识服务研究

卜书庆等编　平装16开　70.00元

2014年3月出版　978-7-5013-5335-4

本书以网络环境下知识组织系统的构建入手，主要内容包括：中国分类主题一体化的知识组织系统网络化研究及构建、基于分类主题一体化知识组织系统的网络服务研究及其在线服务系统的开发、分类主题一体化的自动标引服务系统研究及开发、基于语义网知识组织系统可视化试验及知识服务研究的展望。

资源描述与检索(RDA)

RDA发展联合指导委员会主编，RDA翻译工作组译　精装16开　480.00元

2014年4月出版　978-7-5013-5343-9

RDA是代替《英美编目条例》的新的编目规则。2012年2月，美国国会图书馆宣布将于2013年3月31日，全部采用RDA编目。RDA超越了过去的编目规则，它提供关于数字资源编目的指南，并更强调帮助用户查找、标识、选择和获得他们所需要的信息。RDA还支持书目记录的聚类，显示作品及其创建者之间的关系。RDA虽是美国、英国、加拿大、澳大利亚等英语国家联合开发，但由于其目标是成为国际性的资源描述与检索的内容标准，受到国际编目界的普遍关注。RDA中文译本，将便于国内图书馆界同仁对RDA开展研究，并促进我国编目工作的国际化、规范化和标准化发展。

中文普通图书分类方法与CNMARC书目数据编制技巧

秦小燕主编　平装16开　48.00元

2014年6月出版　978-7-5013-5359-0

本书可作为图书馆员基础培训教材。以《新版中国机读目录格式》为依据，结合中文编目中出现的新思路、新趋势，以叙述与实例结合的形式，将中文普通图书书目数据制作按字段分别进行详细分析并以实例说明，同时，从大编目角度出发，对图书分类、书次号的编制与取号方法、图书排架方法等也加以阐释。本书的特点：内容浅显，适合分编入门人员；实例丰富，图文相得益彰；图表篇幅大，将抽象问题具体化。

中文电子资源编目实用手册

周晨主编　平装16开　48.00元

2014年7月出版　978-7-5013-5360-6

为保证书目数据的统一性与规范性，提高书目数据质量，2012年国家图书馆完成了"国家图书馆文献编目手册"科研课题的研究，整理全馆各类文献编目规则、规定与规范，修订、编制涵盖各种类型文献的"国家图书馆文献编目手册"。本实用手册即是以该课题中"国家图书馆文献编目手册·电子资源"部分的研究成果为基础编写而成。手册依据GB/T 3792.2—2009《文献著录 第9部分 电子资源》《中国文献编目规则》(修订版)和《新版中国机读目录格式使用手册》，从国家图书馆实际应用角度着手，将编目规则和机读目录格式相结合编制实用手册，旨在为编目人员提供编制中文电子资源书目数据的统一规定和较为规范的参照与依据。

资源组织(修订本)

王松林主编　平装16开　70.00元

2014年8月出版　978-7-5013-5429-0

本书除第一和第十章外，第二至第五章可谓是实体资源和网络资源的信息组织篇，第六至第九章可谓是实体资源和网络资源的知识组织篇。由于本书主要是从图书馆的角度论述资源的信息组织和知识组织，所以它不仅可以作为图书馆学专业本科生和一般图书馆员的基础用书，而且也可作为包括图书馆学在内的所有信息管理学科的硕士和博士生的参考用书。

大规模协同知识管理

朝乐门著　平装16开　60.00元

2014年9月出版　978-7-5013-5436-8

本书为国家社科基金后期资助项目成果，研究“大规模协同知识管理”这一前沿性课题，在语义Web背景下研究知识处理方法，从文献分析、比较研究、归纳推理、演绎推理和案例分析多个角度对知识处理的技术、特征、方法及其实现框架进行全面探讨，为构建网络环境下开放的知识生态系统提供理论依据。

《资源描述与检索》的中文化

胡小菁等编　平装16开　60.00元

2015年1月出版　978-7-5013-5519-8

本书为国家社会科学基金项目成果，基础研究与应用研究并重，主要包括如下几方面：1. RDA研发背景及其国际化研究。2. 中文文献引用RDA策略研究。3. 制作CNMARC书目格式与RDA映射对照表。4. 提交CNMARC的RDA更新。5. 翻译部分RDA词汇表。6. RDA工作流程设计。7. RDA中文编目测试。8. RDA中文电子版设想。本书研究成果，可以在多个方面得到应用：1. 向JSC提出修订建议。2. 制订本地应用政策。3. 建议CNMARC的RDA更新。4. 中文编目利用RDA系列辅助资料。

RDA全视角解读

罗翀著　平装16开　100.00元

2015年5月出版　978-7-5013-5582-2

本书从编目员独特的视角出发对RDA原文进行深入解读，在对RDA透彻理解的基础之上，提取其精华进行重新组织，并从多角度对RDA进行全方位解析。特别是将RDA的内容以MARC21格式予以呈现，拉近了RDA与编目员之间的距离，迈出了RDA真正走向应用的关键一步。本书作为辅助性教材，为了真正起到指导编目实践的作用，特意精选了大量编目样例，涵盖了编目实践中遇到的各种情况，内容异常丰富，操作性极强。除了对一般资源的编目方法进行系统梳理之外，本书还围绕连续出版物、集成性资源、电子资源、地图资源、音乐资源等特殊类型资源的RDA元素综合记录进行专题研究，兼顾了RDA资源编目研究的一般性和特殊性，有利于加深编目员对RDA规则的理解，达到举一反三的效果。

公共图书馆网络政府信息编目

萨蕾著　平装16开　48.00元

2015年7月出版　978-7-5013-5637-9

本书是在参考DC元数据术语集、DC抽象模型和DC应用纲要，以及国家数字图书馆工程标准规范成果的基础上，同时结合网络政府信息的特点制定。编目规则主要内容包括各元数据字段的定义、著录内容和相关的解释说明，同时，归纳总结了资源著录的各种情况及常见问题。为了更便于对编目规则的理解，本书同时提供了编目实例，这些实例均为真实的网络政府信息，按政府信息的不同体裁和公文种类进行了归纳，每类分别选取具有代表性的资源，做成样例数据。编目规则和实例相辅相成，使编目人员可以快速准确地理解编目规则。

编目：核心能力与挑战——第四届全国文献编目工作研讨会论文集

国家图书馆中文采编部编　平装16开　120.00元

2015年8月出版　978-7-5013-5658-4

本书是第四届全国文献编目工作研讨会的论文集，收录了本次研讨会的获奖论文及交流论文。内容涉及：信息组织与编目原则问题、网络资源编目的探索、编目实践问题、编目理论问题等，是一部对图书馆编目工作的实践有较大指导意义与参考价值的书。

中文普通图书CNMARC格式实用图例（修订版）

沈阳市图书馆编　平装16开　120.00元

2016年5月出版　978-7-5013-5793-2

本书是由沈阳市图书馆采编部的业务骨干在多年编目经验累积的基础上，经过总结和筛选集合而成。其中列举了大量实例，以图文并茂的形式，直观、清晰地记录了编目过程中遇到的种种疑难问题及解决办法，旨在帮助和指导编目人员的实际操作。本书为《中文普通图书CNMARC格式实用图例》的修订版，在体例上较原书更加完善，实用性和可操作性更强，对编目工作具有更大的作用。

图像语义信息可视化交互研究

陆泉著　平装16开　120.00元

2016年7月出版　978-7-5013-5825-0

本书是2013年国家社科基金后期资助项目（第三批）“图像语义信息可视化交互研究”的主要成果。分为基础篇、核心篇、扩展篇三部分。基础篇对现有图像语义及图像用户行为研究进行调研、分析与述评，重点分析图像语义鸿沟问题，为全书从图像、图像语义与图形用户的整体系统视角开展研究明确了研究环境与主攻方向；核心篇围绕图像语义信息可视化交互的一系列基本理论问题，以图像语义标注为典型用户行为进行实验研究，回答了图像语义信息可视化交互中的一系列基本理论问题；扩展篇探索了图像语义与图像用户行为研究前沿问题，从图像、图像语义、图像用户与计算机系统等多个不同主题作用关系的视角，研究语义辅助对图像用户行为的影响、图像用户行为与图像底层特征的相关性等热点问题。

RDA 百日通

蔡丹、罗翀主编　平装 16 开　120.00 元

2017 年 10 月出版　978-7-5013-6200-4

国家图书馆外文采编部于 2014 年组建了"RDA 师资团"，由部门编目业务骨干担纲，通过专题学习、研讨、实践等多种方式加深对规则内涵的理解，同时，不断摸索适用于 RDA 的培训模式。本书是将 RDA 规则以练习题的形式集结成册，让更多的编目员从枯燥的规则学习中解放出来，以一种轻松、系统、有效的方式学习 RDA。Day 1 至 Day 45 基本对应 RDA 第 0 章至第 37 章的内容，Day 46 至 Day 75 则体现 AACR2 与 RDA 规则差异、MARC 21 数据格式修订、不同资源类型完整编目等几大专题，最后 Day 76 至 Day 100 为综合练习。整体来看，习题设计体现了由浅入深，循序渐进，分面组合，重点强化的特点。

回顾与展望：新媒体时代下信息组织方法的创新与发展——第五届全国文献编目工作研讨会论文集

中国图书馆学会学术研究委员会信息组织专业委员会编

平装 16 开　120.00 元

2017 年 11 月出版　978-7-5013-6288-2

为推动全国文献编目工作领域内的学术研讨，促进同行业的交流与合作，进一步提升我国编目工作的核心竞争力和影响力，中国图书馆学会举办第五届全国文献编目工作研讨会，探讨编目及相关领域的理论和实践问题，本次会议主题为"回顾与展望：新媒体时代下信息组织方法的创新与发展"。本书即为此次研讨会论文集，包含多篇论文，这些论文是作者根据自身工作经验，理论结合实践的宝贵成果。

国家图书馆外文文献资源 RDA 本地政策声明暨书目记录操作细则

国家图书馆编目工作委员会编　平装 16 开　120.00 元

2017 年 11 月出版　978-7-5013-6276-9

本书是国家图书馆多年开展 RDA 研究和实践的成果结晶。2017 年 3 月，该书内容经国家图书馆编目工作委员会专家审定获得通过，由此正式成为国家图书馆外文资源编目工作的馆级标准。该书在借鉴各国 RDA 本地政策声明先进经验的基础上，以最大限度地适合国情和馆情为原则，按照 RDA 的条款逻辑，提取编目常用元素，对于执行的条款详细释义，对于选择性条款明确国家图书馆的本地规定。该书的规则适用于国家图书馆 100 多种语言和文字以及各种载体资源的编目，具有较强的广泛性。该书提供了多种语言资源的真实样例，并以 MARC 21 格式表示，规则说明简明清晰，便于编目员学习理解。该书是我国首部详尽系统的 RDA 本地化规则，对于指导我国 RDA 的本地化工作具有较强的指导意义。

数字时代的中国国家书目建设及其 FRBR 化服务

毛雅君等编著　平装 16 开　68.00 元

2018 年 2 月出版　978-7-5013-6556-2

本书系国家图书馆重点科研项目"国家书目中 FRBR化展示的应用研究"研究成果，作者为了提高国家书目的价值，便于发挥计算机进行知识组织，开展知识服务，考虑如何将现有书目记录尽量结构化，成为机器可解释的、可再利用的书目资源知识。研究 FRBR 概念模式，研究书目记录及规范记录与 FRBR 的映射关系，开展国家书目中 FRBR 化展示应用机制和原理研究，开展中国国家书目中 FRBR 化展示应用实证研究，将记录以作品为基础聚合起来，使用户能够更好更快地找到感兴趣的资料，提升中国国家书目服务体验和服务能力。适合图书馆相关工作人员阅读。

标准与规范

专著出版物国际标准书目著录（第二版）

韩平译　平装 16 开　2.05 元

1980 年 1 月出版　7-5013-0462-9

国际标准书目著录（连续出版物）（第一标准版）

国际图书馆协会等编，夏文正译，阎立中校

平装 32 开　0.48 元

1983 年 4 月出版

本书是国际图联（IFLA）工作组编的《国际标准书目著录》中的一种，是专门用来处理连续性出版物（包括期刊、报纸、年刊和各种丛刊）的。译本是根据 1977

年按照《国际标准书目著录（总则）》，经过修订的第一标准版。书后附有联合工作组成员选择的实例。

ISBD（M）专著出版物国际标准书目著录（第二版）

韩平、林明译　平装 16 开　2.05 元
1989 年 7 月出版

ISBD（CM）测绘制图资料国际标准书目著录（第二版）

陆希泰译　平装 16 开　1.90 元
1991 年 8 月出版

ISBD（NBM）非书资料国际标准书目著录（第二版）

哈弼亮译　平装 16 开　5.70 元
1992 年 12 月出版

非书资料国际标准书目著录（第二版）

哈弼亮主编　平装 16 开　5.70 元
1992 年 1 月出版　7-5013-0917-5

国家职业标准·古籍馆员

中华人民共和国劳动和社会保障部、中华人民共和国文化部制定　平装 32 开　10.00 元
2005 年 10 月出版　7-5013-2825-0

本标准以《中华人民共和国职业分类大典》为依据，以客观反映古籍馆员的业务水平和从业人员的要求为目标，并将一至五级古籍馆员的工作分为文献信息采集、文献信息组织、古籍流通管理、咨询服务业务和科学研究等部分，分别从职业的功能、工作内容、技能要求和相关知识 4 个方面做出明确规定。

国家职业标准·图书资料馆员（试行）

中华人民共和国劳动和社会保障部、中华人民共和国文化部制定　平装 32 开　10.00 元
2005 年 10 月出版　7-5013-2826-9

本标准以《中华人民共和国职业分类大典》为依据，以客观反映文献修复师的业务水平和对从业人员的要求为目标，对一至五级文献修复师的工作，从职业功能、工作内容、技能要求和相关知识 4 个方面进行了明确的规定。

国家职业标准·文献修复师

中华人民共和国劳动和社会保障部、中华人民共和国文化部制定　平装 32 开　10.00 元
2006 年 7 月出版　7-5013-2828-5

本标准以《中华人民共和国职业分类大典》为依据，以客观反映本职业水平和对从业人员的要求为目标，对职业活动范围、工作内容、能力要求和知识水平做出明确的规定。本标准包括职业概况、基本要求、工作要求和鉴定比重等 4 个方面的内容，并将图书资料馆员这一职业分为 5 个等级，每个等级的职业功能按工作领域划分。

国际标准书目著录（ISBD）统一版

国际图书馆协会和机构联合会编，顾犇译
平装 16 开　60.00 元
2008 年 3 月出版　978-7-5013-3565-7

ISBD 各个分则的发展趋势是趋于统一，2006 年 IFLA就提出了 ISBD 统一版。2007 年正式出版了 ISBD 初级统一版。出版 ISBD 统一版的根本目的在于为全世界的描述性编目提供一致性的约束，以帮助在全世界图书馆与信息机构之间实现书目记录的国际交换；适应不同级别编目机构的需要；加强著录元素的识别与著录信息源的选择；克服书目记录的语言障碍；易于将书目记录转化为电子形式；关注编目工作的成本和效率。而本书译者顾犇先生已经被增补为 ISBD 修订组成员，为了使我国的编目工作者在最短时间看到最新的编目成果，译者在第一时间将 ISBD 初级统一版译为中文，同时订正了原文中的一些排版错误。

国际标准书目著录（2011 年统一版）

ISBD 评估组推荐，顾犇译　平装 16 开　75.00 元
2012 年 4 月出版　978-7-5013-4740-7

ISBD 各个分则的发展趋势是趋于统一，2006 年 IFLA就提出了 ISBD 统一版。2007 年正式出版了 ISBD 初级统一版。本次出版的为 2011 年最终正式版。出版 ISBD 统一版的根本目的在于为全世界的描述性编目提供一致性的标准，以帮助在全世界图书馆与信息机构之间实现书目记录的国际交换；适应不同级别编目机构的需要；加强著录元素的识别与著录信息源的选择；克服书目记录的语言障碍；易于将书目记录转化为电子形式；关注编目工作的成本和效率。

中华人民共和国文化行业标准

古籍定级标准（中华人民共和国文化行业标准 WH/T 20—2006）

中华人民共和国文化部发布　平装 16 开　10.00 元

2007 年 3 月出版　7201.163

参照中华人民共和国文化部 2001 年第 19 号令发布的《文物藏品定级标准》和《一级文物定级标准举例》记述善本古籍藏品定级的有关精神，参照编纂《中国古籍善本书目》时提出的鉴别善本书籍的“三性原则”，以及该目列举的收录善本古籍的“九项条件”（两者简称“三性九条”），同时考虑全国现存善本和普本古籍的实际情况，制定本标准。本标准的定级对象：汉文古籍。全国现存其他特种古代文献，如甲骨、简策、帛书、敦煌遗书、金石拓片、舆图、书札、鱼鳞册、契约、少数民族语文图书，以及域外翻刻、抄写的中国古籍，如和刻本、高丽本等，不在本定级范围之内。

古籍普查规范（中华人民共和国文化行业标准 WH/T 21—2006）

中华人民共和国文化部发布　平装 16 开　10.00 元
2007 年 3 月出版　7201.165

本规范规定了古籍的普查范围、规范性引用文件、古籍普查工作要求和古籍普查人员条件等内容。

古籍特藏破损定级标准（中华人民共和国文化行业标准 WH/T 22—2006）

中华人民共和国文化部发布　平装 16 开　10.00 元
2007 年 3 月出版　7201.166

本标准对破损古籍进行分类并合理定级，为制定修复保护计划提供了准确数据。

古籍修复技术规范与质量要求（中华人民共和国文化行业标准 WH/T 23—2006）

中华人民共和国文化部发布　平装 16 开　10.00 元
2007 年 3 月出版　7201.167

本标准的主要技术内容是：1. 范围；2. 术语和定义；3. 古籍修复；4. 古籍装订；5. 修复档案；6. 修复工作单；7. 工作环境；8. 修复材料；9. 修复常用机械；10. 质量标准等等。本标准附录 A 为规范性附录，附录 B 为资料性附录。

图书馆古籍特藏书库基本要求（中华人民共和国文化行业标准 WH/T 24—2006）

中华人民共和国文化部发布　平装 16 开　10.00 元
2007 年 3 月出版　7201.164

本标准规定了图书馆古籍特藏书库的温湿度要求、空气净化要求、光照和防紫外线要求，以及书库的建筑、消防、安防等与文献保护及安装相关的基本条件。

WH/T 43—2012 图书馆 射频识别 数据模型 第 1 部分：数据元素设置及应用规则

中华人民共和国文化部发布　平装 16 开　20.00 元
2012 年 10 月出版　978-7-5013-4862-6

本标准由中华人民共和国文化部发布，主要为“图书馆 射频识别 数据模型”标准的第一部分内容，即数据元素设置及应用规则。本标准的推出在于为图书馆及相关组织提供一套与国际标准化组织图书馆 RFID 技术应用标准兼容的行业标准。

WH/T 44—2012 图书馆 射频识别 数据模型 第 2 部分：基于 ISO/IEC 15962 的数据元素编码方案

中华人民共和国文化部发布　平装 16 开　20.00 元
2012 年 10 月出版　978-7-5013-4856-5

本标准由中华人民共和国文化部发布，主要为“图书馆 射频识别 数据模型”标准的第二部分内容，即 ISO/IEC 15962 的数据元素编码方案。本标准的推出旨在为图书馆及相关组织提供一套与国际标准化组织图书馆 RFID 技术应用标准兼容的行业标准。

WH/T 46—2012 图像数据加工规范

中华人民共和国文化部发布　平装 16 开　20.00 元
2013 年 4 月出版　978-7-5013-5046-9

本标准为行业标准，在制定过程中参考了国家图书馆“国家数字图书馆工程规范项目”的部分研制成果。本标准规定了文献实物、原生图像数字资源的数字化加工的技术标准和工作规范。本标准适用于图书馆、博物馆、档案馆、情报信息中心等文献收藏部门进行数字化加工数据。本标准规范了术语和定义、格式编码、内容标记、加工技术标准、加工准备、元数据加工、图像编辑处理、数据保存、质量控制、命名要求等内容。

WH/T 47—2012 图书馆数字资源统计规范

中华人民共和国文化部发布　平装 16 开　40.00 元
2013 年 4 月出版　978-7-5013-5047-6

本标准由中华人民共和国文化部发布，标准号为 WH/T 47—2012，构建了图书馆数字资源统计指标体系，对数字资源相关术语、数字资源体系、统计指标和统计方法做出了明确界定。本标准适用于图书馆数字资源的馆藏、服务、设施和经费统计。本标准不涉及数字资源评估的指标体系和方法，但为数字资源的绩效评估提供部分基础数据。根据本标准收集的统计数据，可用于图书馆等信息机构的数字资源日常管理，基本满足国际主流标准中数字资源评估相关指标的数据要求，为数字资源评估提供参考。

WH/T 52—2012 管理元数据规范

中华人民共和国文化部发布　平装16开　60.00元
2013年4月出版　978-7-5013-5048-3

本标准由中华人民共和国文化部发布，标准号为WH/T 52—2012，通过阐述管理元数据的基本概念和作用，提出管理元数据框架的设计原则与应用扩展原则，构建信息资源管理元数据框架及其数据模型，制订元数据框架的数据词典。鉴于保存元数据已经发展成一个相对独立的元数据研究领域，本标准规范没有把与信息资源的保存相关的保存元数据纳入本标准规范建立的信息资源管理元数据框架之内。如有必要在信息资源管理的整体架构中建立长期保存机制，则可采用已有的、国际通用的长期保存元数据方案。为了使管理元数据框架与保存元数据之间建立有机的联系，在本框架的相应模块设立有特定的元素，作为连接保存元数据的接口，供用户选用。

WH/T 45—2012 文本数据加工规范

中华人民共和国文化部发布　平装16开　20.00元
2015年12月出版　978-7-5013-5748-2

本规范规定了文本数据加工应遵循的技术规范。本规范针对以文字为主要表达形式，可存在少量图表的文本文献（不包括古籍善本、手稿等特殊文献）的数据加工制定。加工对象可以是一般印刷型文献，也可以是印刷型文献经过数字转换后的图像文件。本规范适用于图书馆、博物馆、档案馆、文献信息中心等文本文献收藏部门，也适用于其他从事于文本数据加工的相关机构。

WH/T 49—2012 音频数据加工规范

中华人民共和国文化部发布　平装16开　20.00元
2015年12月出版　978-7-5013-5752-9

本标准规定了音频数字化加工的规格和基本工作规范，包括模拟音频资源和数字音频资源的加工准备、内容采集与转换、文化参数规格、后期编辑与处理、元数据著录、信息封装、保存与存储、文件命名和质量控制。本标准适用于图书馆音频数据加工，其他文献信息机构音频数据加工也可参考使用。

WH/T 50—2012 网络资源元数据规范

中华人民共和国文化部发布　平装16开　20.00元
2015年12月出版　978-7-5013-5756-7

本标准等效采用爱尔兰都柏林核心元数据计划（The Dublin Core Metadata Initiative，DCMI）发布的《都柏林核心元数据集》与元数据对象描述模式（Metadata Object Description Schema，MODS）中的元素。同时参考了科技部科技基础性工作专项资金重大项目《我国数字图书馆标准规范建设》子项目《专门数字对象描述元数据规范》的相关研究成果。本规范适用于图书情报领域使用，其他专业领域可直接或经修订后采用本规范，但其修订须遵循本规范的基本原则和扩展原则。

WH/T 63—2014 视频资源元数据规范

中华人民共和国文化部发布　平装16开　20.00元
2015年12月出版　978-7-5013-5757-4

本标准规定了视频资源的范围、著录对象、著录对象间的关系，确定了视频资源元数据的元素集及扩展规则，并详细定义了元素及其修饰词。针对视频资源的内容和外观特征进行规定，主要针对视频资源的通用性元素进行设计，如需要描述特定类型的元素，可以在本标准元数据框架的基础上进行扩展。

WH/T 64—2014 电子连续性资源元数据规范

中华人民共和国文化部发布　平装16开　20.00元
2015年12月出版　978-7-5013-5750-5

本标准规定了电子连续性资源的范围、著录对象、著录对象间的关系，确立了电子连续性资源元数据规范的元素集及扩展规则，并详细定义了元素及其修饰词。针对电子连续性资源（包括原生和派生的电子连续性资源）的内容和外观特征进行规定，主要是针对电子连续性资源的通用性元素进行设计，如需要描述特定类型的元素，可以在本标准数据框架下的基础上进行扩展。

WH/T 65—2014 电子图书元数据规范

中华人民共和国文化部发布　平装16开　20.00元
2015年12月出版　978-7-5013-5747-5

本标准参考国家标准GB/T 25100—2010《信息与文献——都柏林核心元数据元素集》，同时参考了科技部科技基础性工作专项资金重大项目《我国数字图书馆标准规范建设》子项目《专门数字对象描述元数据规范》的研究成果及ANSI/NISO Z39.85—2007《都柏林核心元数据元素集》（ISSN：1041—5635）、都柏林核心元素数据计划（The Dublin Core Metadata Initiative，DCMI）发布的《都柏林核心元数据元素集》1.1版（2008-01-14）、RFC 5013《都柏林核心元数据元素集》。

WH/T 66—2014 古籍元数据规范

中华人民共和国文化部发布　平装16开　30.00元
2015年12月出版　978-7-5013-5753-6

本标准的制定参考了GB/T 25100—2010《信息与文献——都柏林核心元数据元素集》。本标准参考科技部基础性工作专项资金重大项目《我国数字图书馆标准规范建设》子项目《专门数字对象描述元数据规范》的研究成果及 ANSI /NISO Z39. 85—2007《都柏林核心元数据元素集》(ISSN:1041—5635)、都柏林核心元数据计划(The Dublin Core Metadata Initiative,DCMI)发布的《都柏林核心元数据元素集》1.1 版(2008 - 01 - 14)、RFC5013《都柏林核心元数据元素集》。本标准为古籍资源的元数据规范。在古籍元数据元素及设计中,共设计了 21 个元素、43 个元素修饰词以及 5 个编码体系修饰词,并对术语进行属性定义。

WH/T 67—2014 期刊论文元数据规范

中华人民共和国文化部发布　平装 16 开　20.00 元
2015 年 12 月出版　978-7-5013-5758-1

本标准参考国家标准 GB/T 25100—2010《信息与文献——都柏林核心元数据元素集》、科技部科技基础性工作专项资金重大项目《我国数字图书馆标准规范建设》子项目《专门数字对象描述元数据规范》的研究成果及都柏林核心元数据计划(The Dublin Core Metadata Initiative,DCMI)发布的《都柏林核心元数据元素集》(2010 - 10 - 11),本标准保持与文化行业数字资源元数据总则、唯一标识符、对象数据、长期保存的相关标准和项目成果的一致性。

WH/T 68—2014 学位论文元数据规范

中华人民共和国文化部发布　平装 16 开　20.00 元
2015 年 12 月出版　978-7-5013-5754-3

本标准规定了学位论文资源的范围、著录对象、著录对象间的关系,确立了学位论文资源元数据规范的元素及扩展规则,并详细定义了元素及其修饰词。本标准主要是针对学位论文资源的通用性元素进行设计,如需要描述特定类型的元素,可以在本标准元数据框架的基础上进行扩展。

WH/T 71—2015 图书馆参考咨询服务规范

中华人民共和国文化部发布　平装 16 开　20.00 元
2015 年 12 月出版　978-7-5013-5751-2

为促进我国各类型图书馆参考咨询服务的规范化,提高参考咨询服务的效能与管理水平,特制定本标准。本标准是检验图书馆参考咨询服务效能与管理的尺度,是评估参考咨询服务水平的依据。是中华人民共和国文化行业标准之一。

WH/T 48—2012 数字对象唯一标识符规范

中华人民共和国文化部发布　平装 16 开　20.00 元
2016 年 4 月出版　978-7-5013-5732-1

本标准规定了数字对象唯一标识符系统(简称 CDOI)的体系框架、语法规则、命名规则、解析规则、管理规则和扩展规则。CDOI 名称用于标识文化行业的数字对象、物理对象、抽象对象(如作品、概念)、虚拟网络资源对象以及元数据对象。通过给对象赋予的唯一标识符,可以实现对象的永久标识和持久链接。CDOI 是对象的数字标识符,而不仅是数字对象的标识符。CDOI 与 DOI 兼容,即在语法规则、命名规则、解析规则方面遵从 ISO 26324 标准,但 CDOI 系统是独立于 DOI 的系统,不受 DOI 系统管理规则的约束。

WH/T 51—2012 图像元数据规范

中华人民共和国文化部发布　平装 16 开　20.00 元
2016 年 4 月出版　978-7-5013-5734-5

本标准参考采用 RFC 5013《都柏林核心元数据集》、科技部科技基础性工作专项资金重大项目《我国数字图书馆标准规范建设》子项目《专门数字对象描述元数据规范》的研究成果及“中国数字图书馆标准与规范建设”项目的“专门元数据”子项目的研究成果。

WH/T 62—2014 音频资源元数据规范

中华人民共和国文化部发布　平装 16 开　20.00 元
2016 年 4 月出版　978-7-5013-5733-8

本标准规定了音频资源的著录单位和著录对象,确立了音频资源元数据规范的元素集及扩展规则,并详细定义了元素及其修饰词。本标准针对音频资源的内容和外观特征进行规定,针对音频资源的通用性元素进行设计。如需要描述特定类型的元素,可以在本标准元数据框架的基础上进行扩展。

WH/T 69—2014 乡镇图书馆统计指南

中华人民共和国文化部发布　平装 16 开　20.00 元
2016 年 4 月出版　978-7-5013-5755-0

制定本标准的目的,在于从我国图书馆事业发展标准化、体系化的角度出发,规范乡镇图书馆的业务统计工作,并以此推动乡镇图书馆规范化建设向前发展。本标准的制定参考了 GB/T 13191—2009《信息与文献 图书馆统计》的部分内容。本标准主要对乡镇图书馆业务统计数据报告、统计数据收集进行了规范。本标准附录 A 提供了“乡镇图书馆统计年报表”样式,以指导乡镇图书馆规范地收集、统计业务数据。

WH/T 72—2015 图书馆数字资源长期保存信息包封装规范

中华人民共和国文化部发布　平装 16 开　60.00 元
2016 年 4 月出版　978-7-5013-5749-9

本标准根据开放存档信息系统以及美国国会图书馆编制维护的元数据编码与传输标准制定，将用于图书馆数字资源长期保存系统，作为系统中数字资源封装和传递的规范。是中华人民共和国文化行业标准之一。2015 年 7 月 3 日发布，2015 年 8 月 1 日起实施。

WH/Z 1—2012 图书馆数字资源长期保存元数据规范

中华人民共和国文化部发布　平装 16 开　60.00 元
2016 年 4 月出版　978-7-5013-5731-4

本指导技术文件修改采用 PREMIS 数据字典 2.1，将“保存元数据”定义为在一个保存系统中对数字资源保存过程进行支持的信息。保存元数据支持和记录数字资源保存的处理过程，此过程包括：(1)创建清晰的来源记录，能够记录数字对象随时间而改变的流程；(2)记录数字对象的真实性，证明没有被无法记录的方式所改变；(3)记录数字对象经历的技术处理；(4)描述数字对象的技术环境，包括该数字对象被呈现或被利用时所需的软硬件等技术需求；(5)描述数字对象的起源环境；(6)指定权限管理信息，包括一定时间内限制保存系统保存和传播数字对象的权利信息。

WH/T 73—2016 社区图书馆服务规范

中华人民共和国文化部发布　平装 16 开　20.00 元
2016 年 4 月出版　978-7-5013-5427-6

为完善公共图书馆基层服务网络，改善社区图书馆服务条件，规范社区图书馆服务工作，提高社区图书馆服务效益，促进社区图书馆事业持续健康发展，制定本标准。本标准包括范围、规范性引用文件、术语和定义、总则、服务资源、服务提供、服务管理、社会参与和服务保障 9 部分。

WH/T 74—2016 图书馆行业条码

中华人民共和国文化部发布　平装 16 开　20.00 元
2016 年 8 月出版　978-7-5013-5941-7

本标准的制定旨在为中华人民共和国行政区划内各级各类图书馆提供一种具有对象标识符（馆藏、读者、书架架标条码等）和对象所属机构标识的通用图书馆行业条码标准，并保持与现有图书馆条码体系及图书馆 RFID 技术应用标准数据的兼容。

WH/T 76—2016 流动图书车车载装置通用技术条件

中华人民共和国文化部发布　平装 16 开　20.00 元
2016 年 12 月出版　978-7-5013-6034-5

本标准规定了流动图书车专用设备的配置范围、术语、规范性引用文件、总体要求、产品型号编制、技术要求、试验方法、检验规程及其他要求，并对本专用要求涉及的车体改装部分和改装后的车辆性能提出特殊的安全要求。鉴于流动图书车目前全部是通过采用国内具有资质的车辆生产企业的底盘改装而成，对于常规汽车行驶、安全方面的检测及试验方法，可参照现行的汽车相关标准。

信息与文献领域国家标准应用指南丛书(6 种)

GB/T 3792.3—2009《文献著录 第 3 部分：连续性资源》应用指南

申晓娟主编　平装 16 开　58.00 元
2011 年 6 月出版　978-7-5013-4606-6

本书解读了《文献著录 第 3 部分：连续性资源》著录规则，对于著录人员更好地著录具有指导作用。

GB/T 3792.2—2006《普通图书著录规则》应用指南

胡广翔编著　平装 16 开　58.00 元
2011 年 10 月出版　978-7-5013-4682-0

本书论述了新版《普通图书著录规则》与旧版的不同之处，同时通过具体的例子进行了说明。

GB/T 3792.4—2009《文献著录 第 4 部分：非书资料》应用指南

段明莲、杨洪波等编　平装 16 开　58.00 元
2011 年 11 月出版　978-7-5013-4646-2

本书解读了《文献著录 第 4 部分：非书资料》著录规则，论述了非书资料著录基本问题，并分别论述了录音制品、缩微品、摄影制品与图形制品、实物制品的著录法。

GB/T 3792.9—2009《文献著录 第 9 部分：电子资源》应用指南

杨慧、刘峥编著　平装 16 开　58.00 元
2011 年 12 月出版　978-7-5013-4681-3

本书比较了新旧标准之间的不同之处，对于应用标准进行了讲解，并附有大量实例。

GB/T22466—2008《索引编制规则（总则）》应用指南

温国强主编　平装 16 开　75.00 元

2012 年 7 月出版　978-7-5013-4792-6

本书是国家标准 GB/T 22466—2008《索引编制规则(总则)》配套的应用指南,是研究和编制各类索引与数据的必备工具书。

GB/T 3792.6—2005《测绘制图资料著录规则》应用指南

苏品红、白鸿叶编著　平装 16 开　50.00 元

2013 年 12 月出版　978-7-5013-5212-8

本书阐述了 GB/T 3792.6 国家标准制定的目的、意义、修订背景和修订基本原则,依照图名与责任说明项、版本项、数学数据项、出版发行项、载体形态项、丛编项、附注项、标准书号及获得方式项等八大项,详细阐述了测绘制图资料的著录问题和方法。

中国高等教育数字图书馆评估规范汇编

姚晓霞主编　平装 16 开　80.00 元

2015 年 3 月出版　978-7-5013-5580-8

本书是由 CALIS 主持制定的《中国高等教育数字图书馆评估规范汇编》,主要包括高等教育数字图书馆现行资源和服务相关的标准规范,用于优化资源利用,提高服务质量,更好地满足用户需求,促进数字图书馆服务模式和质量的改进,理解预期及非预期成果的实现程度和原因,最大限度地扩大资源共享的影响力,对中国高等教育数字图书馆的未来建设提供全面的指导和借鉴。

标准化视角下的我国基层图书馆事业发展研究

申晓娟编著　平装 16 开　80.00 元

2015 年 7 月出版　978-7-5013-5512-9

本书回顾我国基层图书馆从无到有,再到大力发展期间的政策变化以及新环境下的新动向,对我国基层图书馆事业发展现状进行了深入的调研,并对比分析国外相关基层图书馆的相关标准,在此基础上,建构我国基层图书馆标准规范体系框架及机制,重点解析我国乡镇、社区图书馆建设、服务、管理、统计、评估标准,此外,还在文后附上社区图书馆建设指南(草案)、社区图书馆服务指南(草案)、乡镇图书馆管理规范(草案)、乡镇图书馆服务规范(草案)、乡镇图书馆统计指南(草案)、乡镇图书馆评估指南(草案),以供基层图书馆参考使用。

公共图书馆评估指标

中华人民共和国文化部编　平装 16 开　80.00 元

2015 年 7 月出版　978-7-5013-5645-4

本书为《公共图书馆评估指标》系列标准,共包括 6 个部分:第 1 部分省级公共图书馆;第 2 部分市级公共图书馆;第 3 部分县级公共图书馆;第 4 部分省级少年儿童图书馆;第 5 部分市级少年儿童图书馆;第 6 部分县级少年儿童图书馆。此系列标准由中华人民共和国文化部提出,由全国图书馆标准化技术委员会(SAC/TC 389)归口,由国家图书馆主要起草,首都图书馆、广西壮族自治区图书馆参与起草。

ISO、IFLA 图书馆标准规范体系研究

刘兹恒主编　平装 32 开　60.00 元

2016 年 6 月出版　978-7-5013-5824-3

本书通过采用文献调查法和比较分析法,搜集整理 ISO 和 IFLA 所制定的图书馆标准规范,对其进行数量、内容和体系框架等方面的分析,总结 ISO 和 IFLA 的标准化工作机制,并与我国图书馆标准规范的情况进行对比,最后针对目前我国图书馆标准规范的不足提出建议。

文化行业标准化研究

柯平、申晓娟等编著　平装 16 开　98.00 元

2016 年 7 月出版　978-7-5013-5822-9

本书从基本原则、主要目标与任务、管理流程、保障与评估等多个方面确定“十二五”和“十三五”文化行业标准化重点研究领域,为形成我国文化行业标准体系和标准化体系框架以及文化行业标准化建设提供支持和服务。在对文化行业标准体系框架研究的基础上,对各文化领域进行标准研究,形成切实可行的、具有各自领域特色的标准与规范。建立科学的、完整的、体系化的文化行业标准框架,确定“十二五”和“十三五”期间需要制定标准体系的重点领域以及相应领域的优先事项,为国家文化部门制定有关领域的行业标准提供可靠的决策依据,为各文化行业标准的制定提供方向性指导,从而避免文化行业标准的盲目和重复建设。

全国图书馆文献缩微复制中心数转模加工标准与操作指南

李晓明编著　平装 32 开　48.00 元

2017 年 7 月出版　978-7-5013-6188-5

规范建设是数转模工作开展的基础,是全国图书馆共同开展数转模工作的基本保障,是保证数转模所有产品质量整齐划一的标准。所以,在数转模工作的开展过程中,应坚持标准规范建设先行的原则,在进行大量工

作及调研的基础上，普及文献的摄制规范及原则。本标准规范的建设及操作指南主要围绕数转模建设进行构建，涉及摄制过程中的主要标准，涵盖了多项标准和流程。本标准规范的出版为缩微工作在全国范围的推广奠定了基础。

国家数字图书馆工程标准规范

计算机中文信息处理规范和应用指南

蒋贤春、翟喜奎主编　平装 16 开　58.00 元

2012 年 11 月出版　978-7-5013-4871-8

本书规定了计算机中文信息处理领域中文件格式、存储格式、传输格式、全文显示、汉字规范化信息、文献排序的规范。本书适用于国家图书馆进行中文信息处理、信息交换、汉字输入以及在计算机系统上建立文件、检索、显示、打印输出时所需的排序要求等。

国家图书馆数字资源对象管理规范

徐周亚、龙伟主编　平装 16 开　58.00 元

2013 年 8 月出版　978-7-5013-5051-3

本书主要分析不同数字资源类型（文本、图像、音频、视频）的使用用途；分析国家图书馆的资源现状；分析我国数字图书馆、出版发行、网络信息服务、远程教学等相关领域的资源情况，提出适合国家图书馆数字资源对象管理的规范及其相关规则。

国家图书馆网络资源元数据规范著录规则

赵亮、周晨主编　平装 16 开　58.00 元

2013 年 8 月出版　978-7-5013-5050-6

本书是根据国家图书馆对于网络资源描述的具体需求（资源导航、永久保存等），厘清网络资源的基本概念，其所涉及的实体类型、各类实体之间的关系、实体的属性特征以及这些属性特征之间的关系、属性的值域和范围等，并以《国家图书馆元数据应用规范》和《国家图书馆专门元数据设计规范》为指导，完成相应的调研报告、元数据规范、著录规则和样例的编制。本书内容主要针对国家图书馆的实际情况。但可以直接或经修订后供其他图书馆或信息服务机构利用，其修订必须遵循本规范的基本原则与扩展原则。

国家图书馆图像资源元数据规范和著录规则

郑巧英、周晨、彭佳主编　平装 16 开　58.00 元

2013 年 8 月出版　978-7-5013-5072-8

本书结合对国内外图像资源元数据标准规范研究与应用情况的调研，以及国家数字图书馆建设需要，为国家图书馆图像资源提供一套实用的描述元素和规范。本书内容主要针对国家图书馆的实际情况。但可以直接或经修订后供其他图书馆或信息服务机构利用，其修订必须遵循本规范的基本原则与扩展原则。

国家图书馆电子图书元数据规范和著录规则

郑巧英、梁蕙玮等主编　平装 16 开　58.00 元

2013 年 8 月出版　978-7-5013-5128-2

本书是“国家图书馆专门元数据标准与著录规范——电子图书”项目的成果，该项目组在需求调研及文献调研的基础之上，依据《国家图书馆元数据应用规范》《国家图书馆核心元数据标准》和《国家图书馆专门元数据设计规范》，确定了核心元素、电子图书资源个别元素的两级结构，设计了 15 个核心元素（25 个元素修饰词）、4 个电子图书资源个别元素；各个层次元素及元素修饰词的研制，主要基于对电子图书资源内容及外观特征的分析及对国家图书馆电子图书描述、揭示、使用之需求调研结果。包括三项内容：《国家图书馆电子图书元数据规范》《国家图书馆电子图书元数据著录规则》《国家图书馆电子图书元数据著录范例》。

国家图书馆古籍元数据规范与著录规则

肖珑、苏品红、胡海帆主编　平装 16 开　58.00 元

2014 年 2 月出版　978-7-5013-5237-1

根据国家图书馆古籍收藏情况，考虑古籍的普遍特征和古籍的特异性，制定的古籍元数据的著录规范和著录规则，并分别以来源为古籍原物、古籍缩微资源的古籍数字资源、古籍原物、古籍缩微资源为著录实例，对规范与著录规则加以具体阐释与说明。

国家图书馆家谱元数据规范与著录规则

赵亮、苏品红主编　平装 16 开　58.00 元

2014 年 2 月出版　978-7-5013-4446-8

根据国家图书馆所藏家谱情况，并结合不同载体类型与特征的家谱，制定的家谱元数据规范和著录规则，对家谱著录规则的内容结构、著录细则详细分析的基础上，以具有代表性的著录实例对家谱元数据规范与家谱元数据的著录规则加以具体阐释与说明。

国家图书馆甲骨元数据规范与著录规则

卢芳玉、苏品红主编　平装 16 开　58.00 元

2014 年 2 月出版　978-7-5013-5254-8

根据国家图书馆所藏甲骨情况，并适当考虑甲骨的一般和特殊情况，制定的甲骨元数据规范和著录规则，并以甲骨实物、甲骨照片和甲骨电子照片作为著录实例，对甲骨元数据规范与甲骨元数据著录规则加以具体阐释与说明。

国家图书馆拓片元数据规范与著录规则

肖珑、苏品红、胡海帆主编　平装 16 开　58.00 元

2014 年 2 月出版　978-7-5013-5270-8

国家图书馆拓片元数据由北京大学图书馆负责研制。北大研制人员在充分调研基础上，根据国家图书馆收藏拓片情况制定了元数据规范和著录规则，并以著录实例对规范与规则加以具体阐释与说明，以供国内各相关单位参考使用。

国家图书馆舆图元数据规范与著录规则

肖珑、苏品红、姚伯岳主编　平装 16 开　58.00 元

2014 年 2 月出版　978-7-5013-5238-8

国家图书馆舆图元数据规范由北京大学图书馆负责研究。研制人员在广泛调研基础上，根据国家图书馆舆图情况制定了元数据规范和著录规则，并以著录实例对规范与规则加以具体阐释与说明，以供国内各相关单位参考使用。

国家图书馆视频资源元数据规范与著录规则

段明莲、周晨、琚存华主编　平装 32 开　35.00 元

2014 年 6 月出版　978-7-5013-5355-2

根据国家图书馆视频资源的收藏情况以及电视台等视频资源类型，参考国内外相关项目成果，以国家图书馆元数据应用规范、国家图书馆核心元素集和国家图书馆专门元数据设计规范为指导，对视频源数据的规范、著录规则和著录样例加以编制，以供其他图书馆或信息服务机构参考利用。

国家图书馆音频资源元数据规范与著录规则

王胜清、周晨、罗云川主编　平装 32 开　35.00 元

2014 年 6 月出版　978-7-5013-5327-9

研制人员在广泛调研基础上，根据国家图书馆馆藏音频资源情况制定了元数据规范和著录规则，并以著录实例对规范与规则加以具体阐释与说明。本规范可以直接或经修订后供其他图书馆或信息服务机构利用，但其修订必须遵循本规范的基本原则与扩展原则。

国家数字图书馆长期保存元数据规范与应用指南

姜爱蓉、杨东波、程变爱主编　平装 16 开　58.00 元

2014 年 9 月出版　978-7-5013-5444-3

本标准规范由国家图书馆提出，委托清华大学图书馆进行研制。本项目是为服务国家图书馆数字资源长期保存，根据国家数字图书馆工程长期保存规范招标指南、研制需求书和成交合同研制。经过广泛调研，并与国家图书馆协商，为了兼顾今后国际间的数据交换，本标准规范修改采用 OCLC 与 RLG 联合资助成立的“保存元数据：实施策略（Preservation Metadata：Implementation Strategies，PREMIS）”工作组制订的《PREMIS 保存元数据数据字典 2.1》。如要以此规范为基础发展中国长期保存元数据标准规范，需要在国家图书馆应用的基础上进行修改、补充和完善，并按照国家标准研制的正式程序组织有关单位共同研制。

国家数字图书馆长期保存信息包封装标准规范与应用指南

郑小惠、杨东波、童庆钧主编　平装 16 开　58.00 元

2014 年 10 月出版　978-7-5013-5443-6

本标准规范是为服务国家图书馆数字资源建设，根据国家数字图书馆工程长期保存规范招标指南、研制需求书和成交合同研制的，因此本标准规范主要针对国家图书馆的实际情况，兼顾制定中国图书馆行业数字对象长期保存规范的需求。本应用指南针对长期保存信息包封装规范而制定，主要目的有两方面：一方面深入解释 METS 标准的使用规则，另一方面通过实例说明对相对类型资源进行封装时涉及的一般流程。本应用指南不仅对 METS 标准自身结构的使用规则进行了说明，同时对外部引用的使用规则也进行了说明，特别着重于如何封装 PREMIS 信息。本应用指南还针对国家图书馆主要资源类型（如电子资源、电子图书、图像、音视频等）提供了若干实例。

国家图书馆学位论文元数据规范与著录规则

姜爱蓉、赵阳、蒋宇弘主编　平装 16 开　58.00 元

2014 年 12 月出版　978-7-5013-5474-0

近三十年来，随着科学技术的迅速发展和数字化与网络化技术的普遍应用，学位论文的价值越来越受到科研与教育机构的广泛关注。如何有效组织学位论文（数字）资源，实现对其描述、管理、定位以及为用户提供多样化的检索与利用途径是当前学位论文信息资源建设的关注重点。由此，学位论文元数据的研究应运而生，其核心是元数据标准规范的制定。本标准规范由国家图书馆提出，委托清华大学图书馆进行研制。本书即是以项目的研究成果为基础编写而成,作为《国家数字图书馆工程标准规范成果》之一,主要应用于国家数字图书馆学位论文元数据著录,亦可直接或经修订后供其他图书馆或信息服务机构使用,但其修订必须遵循本规范的基本原则与扩展原则。

国家图书馆电子连续性资源元数据规范与著录规则

张建勇、梁蕙玮主编　平装 32 开　35.00 元

2014 年 12 月出版　978-7-5013-5472-6

本书基本内容包括三部分:电子连续性资源元数据规范、电子连续性资源元数据著录规则和样例数据。电子连续性资源的元数据规范遵循了描述元数据的两层基本结构:核心元素和电子连续性资源个别元素,其中包括 14 个核心元素和两个电子连续性资源个别元素,大部分元素扩展了元素修饰词和编码体系修饰词。规范主要是针对电子连续性资源的通用性元素进行设计,如需要描述特定类型的元素,可以在本元数据框架的基础上进行扩展。

国家图书馆期刊论文元数据规范与著录规则

张建勇、王洋主编　平装 32 开　35.00 元

2014 年 12 月出版　978-7-5013-5473-3

本书基本内容包括三部分:期刊论文元数据规范、期刊论文元数据著录规则和样例数据。期刊论文的元数据规范遵循了描述元数据的两层基本结构:核心元素和资源类型核心元素,由 13 个核心元素(修饰词 22 个,编码体系修饰词 15 个)和两个资源类型核心元素(修饰词 3 个)组成,大部分元素都扩展了元素修饰词和编码体系修饰词。元素的选取主要基于对期刊论文资源内容及形式特征的分析,及对国家图书馆期刊论文描述、揭示、使用之需求调研结果。

数字资源与数字图书馆

图书馆缩微资料工作

(英)蒂格著,张金棣译,韩荣宇校　平装 32 开　2.50 元

1980 年 1 月出版　7-5013-0617-6

依据 S. J. Teague 的 *Microform Librarianship* 第二版翻译,旨在向各类图书馆的高级馆员介绍使用缩微资料的可能性。共 10 章:1. 导言;2. 缩微资料在图书馆中的地位;3. 缩微资料的类型;4. 缩微资料阅览室;5. 缩微资料在文摘、索引和情报数据服务方面的利用;6. 计算机输出缩微资料目录;7. 缩微资料的复制;8. 缩微资料出版业务;9. 其他类型的缩微资料;10. 结论。书后附英汉译名对照表。

缩微胶片技术

(美)格伦厄姆·门泽尔等著,吴则田译

平装 32 开　0.40 元

1982 年 5 月出版

本书是美国全国缩微摄影协会出版的有关缩微摄影技术的第一本书,根据柴特(xidex)胶片技术学院院长格伦厄姆·C. 门泽尔(Glenham C. Mezher)的缩微胶片技术训练手册,由杰弗雷·H. 特纳(Jeffrey H. Turner)做了大量修改而成。书中重点突出了广泛使用的银盐胶片技术。分 5 章:摄影原理、重氮胶片、银盐胶片、微泡胶片、缩微胶片的实际生产。

缩微复制

(美)萨法迪著,吴则田译,石渤校　平装 32 开　0.78 元

1982 年 9 月出版

本书是为图书馆实习馆员和图书馆学院的学生编写的,提到的专用缩微复制设备全是美国制造的,附有插图。内容共分 9 章:1. 缩微复制品和图书馆:导言;2. 缩微复制品的类型及其应用;3. 原始文献缩微胶卷;4. 计算机输出缩微(COM);5. 缩微出版;6. 缩微复制品的使用;7. 缩微复制品的书目控制;8. 缩微复制品的保存和检索系统;9. 缩微复制与图书馆的未来。在翻译过程中,对第五、六、七共 3 章内容略有删节。书后附术语汇编、译文中的缩写词。

缩微复制技术

刘凤志等编译　平装 32 开　1.80 元

1985 年 10 月出版

本书主要根据日本缩微摄影协会(JMA)编写的《缩微摄影基础讲座》(1982 年)编译,曾作为图书馆缩微摄影学习班参考教材使用。全书分 8 章:1. 缩微胶片的发展历史和地位;2. 缩微品的形式、种类及其特点;3. 缩微摄影设备;4. 感光材料;5. 缩微品的制作方法;6. 缩微品的管理;7. 与缩微摄影有关的新技术;8. 缩微摄影系统的发展趋势。书后附录:1. 缩微摄影及其清晰度——摄影用测试图及其使用方法;2. 缩微技术名词和术语。

缩微摄影技术概论

梁永新主编,刘元奎审订　平装 32 开　14.40 元

1993 年 2 月出版　7-5013-0933-7

本书为我国高等学校的图书馆学、情报学、档案学等专业开设"缩微摄影技术"课的教材,共 11 章:1. 缩微摄影光学基础;2. 缩微摄影用感光材料;3. 缩微摄影设备的结构与性能;4. 缩微品的形式与制作准备;5. 缩微摄影原件的整理和编辑;6. 缩微品的摄制;7. 缩微品的拷贝与显示;8. 缩微品的检索和储存;9. 缩微品质量的控制与测定;10. 计算机图像传送与缩微摄影技术;11. 缩微设备的调试与维修。

缩微摄影技术等级标准培训教材

《缩微摄影技术等级标准培训教材》编委会编,刘培平、张占江主编　平装 32 开　21.30 元

1997 年 4 月出版　7-5013-1366-0

本书为文化部缩微摄影技术等级标准培训教材。包括专业理论知识和操作技能两部分,共 10 章:1. 概论;2. 缩微品及缩微品形态;3. 缩微胶片;4. 缩微摄影机;5. 缩微拍摄;6. 银盐缩微胶片的冲洗加工;7. 缩微品的拷贝;8. 缩微品质量检验;9. 缩微品的利用;10. 缩微品的保管。每章后附有思考题。

电子图书馆理论与实践研究

汪冰著　平装 32 开　14.50 元

1997 年 12 月出版　7-5013-1467-5

本书是国内有关电子图书馆方面的第一部专著。书中对电子图书馆的若干基础理论做了深入的开拓性研究,系统全面地总结了 80 年代末 90 年代初以来美国、日本、英国、法国、荷兰、澳大利亚、新加坡等国在电子图书馆方面的实验、技术开发活动,并详细讨论了中国发展电子图书馆的现实问题。另外,书中列出了数百篇参考文献,是一份相对完整的电子图书馆研究书目。

电脑管理图书馆学

王晓平主编,于鸣镝执笔　平装 32 开　9.70 元

1998 年 1 月出版　7-5013-1479-9

本书作者站在宏观的高度对电脑应用于图书馆之后对图书馆学理论研究、图书馆事业发展及图书馆业务工作所产生的巨大影响作了论述,进而论述了建立电脑管理图书馆学的时代意义,电脑管理图书馆学的研究对象、学科定位、研究方法以及电脑管理图书馆的性质、职能、工作和事业建设等,对当前我国图书馆现实工作及未来的发展方向有一定的指导意义。

文献信息开发工作

杜克主编　平装 32 开　10.50 元

2001 年 3 月出版　7-5013-1732-1

本书论述了文献信息开发的意义与作用,一次、二次、三次文献信息开发工作,数据库开发工作,因特网信息资源的开发与利用等。

文献信息数据库建库技术

戴维民等著　平装 32 开　22.00 元

2001 年 7 月出版　7-5013-1777-1

本书论述了文献数据库的概念、特点、意义、类型、模式以及数据库产业发展现状和趋势。全书除对数据库建设的一般技术进行系统论述外,还分章对书目数据库、文摘数据库、全文数据库、数值及事实数据库、多媒体数据库的建库技术做了详细论述,并对数据库的质量控制及评价、数据库服务和检索方式方法做了系统论述和介绍。

网络信息资源的组织:从信息组织到知识组织

刘嘉著　平装 32 开　20.00 元

2002 年 5 月出版　7-5013-1894-8

本书论及院校和中小公共图书馆在网络环境下的数字图书馆、特色馆藏、数据库和建设,网络资源的组织、管理、优化、开发利用和资源共享等方面的问题,并涉及图书馆立法、数字版权、特色服务及用户教育等。

网络资源的组织与管理

《图书馆杂志》编辑部、上海市图书馆学会编

平装 32 开　18.00 元

2002 年 5 月出版　7-5013-1916-2

本书论述了大专院校和地县级公共图书馆在网络环境下的网络信息资源的特点和现状,探讨了网络信息资源组织管理及对策,介绍了组织和揭示网络信息的方法,为更好地优化、开发和利用网络信息资源,满足社会的需求提出了切实有效的办法和建议。同时论及数字图书馆、特色馆藏、数据库的建设、图书馆立法、用户教育等方面的问题。

数字图书馆——新世纪信息技术的机遇与挑战国际研讨会论文集

孙家正主编,周和平副主编

16 开　120.00 元(精)　100.00 元(平)

2002 年 7 月出版　7-5013-1931-6

本书是关于数字图书馆技术与应用方面的国际会议论文集,汇集了国内外众多专家、学者和具体从事数字图书馆构建工作的技术人员的研究和实践成果。既有理论探讨,又有实例剖析;既涉及数字图书馆建设过程中的法律问题、标准问题、资金问题等信息环境问题,也详细讨论了一些具体数字图书馆建构的总体框架、所采用的技术、所遵循的标准、规范、资源建设情况等。书前有孙家正的序言。

数字图书馆研究

李冠强著　平装 32 开　16.00 元
2002 年 8 月出版　7-5013-1922-7

全书分为 7 章。首先介绍了数字图书馆及相关的概念，之后对数字图书馆的网络系统建设、信息资源建设、网络信息安全等数字图书馆自身建设问题进行论述。继而将数字图书馆与传统图书馆加以比较，指出二者将长期共存，而数字图书馆是发展方向。最后着力论述了数字图书馆的社会作用及中外数字图书馆建设的现状。

网络环境下的著作权与数字图书馆

肖燕著　平装 32 开　25.00 元
2002 年 9 月出版　7-5013-1920-0

网络环境下的著作权与数字图书馆是近年来国际图书馆学、法学和信息资源管理相关学科所关注的热点问题。本书的主要内容有：网络环境对著作权法的冲击和影响以及 20 世纪 90 年代中期以来问世的中外新著作权法；著作权法的变化对信息资源管理与服务产生的影响；国际图书馆界及学术教育界为保持著作权平衡所做的努力以及我国数字图书馆建设的法律环境；我国和国外图书馆界在数字图书馆建设中处理著作权问题的思路和采取的具体措施；与作品数字化、数据库制作、网络资源采购与许可、数字资源使用、电子文献传递有关的著作权问题。

档案信息网络化建设

赵屹著　平装 32 开　20.00 元
2003 年 10 月出版　7-5013-2163-9

档案工作随着网络化的发展，面临着严峻的挑战。如果档案工作不能适应发展的新环境，那么档案工作就无法正常展开，而解决这一挑战的唯一方法就是进行档案信息的网络建设。作者围绕着网络化建设这一核心问题开展了研究，并得出了具有借鉴价值的结论。

数字图书馆企业化经营与管理

常友寅主编　平装 32 开　32.00 元
2003 年 10 月出版　7-5013-2177-9

本书是关于数字图书馆企业化运营理论研究与实践探讨方面的专著。对数字图书馆实施公司化改造，建立现代企业制度、开展资本运营的重要性、必要性和可行性从理论上进行了初步探讨，这是贯穿全书的主题。本书的创新之处在于将资本运营理论引入数字图书馆运作，具有一定的实用性。是研究与从事数字图书馆运营者必备的一本参考书。

数字图书馆企业化运营实务操作

常友寅主编　平装 32 开　25.00 元
2004 年 12 月出版　7-5013-2615-0

本书从数字图书馆建设与发展的实际出发，对在市场经济条件下如何按照现代企业模式对数字图书馆进行改制，构建决策权、指挥权和监督权三权分立的权责分明、相互制衡、运作合理、管理科学的现代企业法人治理结构进行了较深入的研究。

资源数字化标准问题研究

彭绪庶、蒋颖编著　平装 32 开　25.00 元
2005 年 3 月出版　7-5013-2738-6

本书研究了资源数字化标准问题，主要内容包括：国内外数字图书馆标准规范的制定和实践、资源数字化相关标准和规范、资源数字化标准的评估与运用、资源数字化的标准选择和适用策略、国内数字资源建设中的标准规范问题。

数字时代的图书馆丛书（7 种）

数字时代的图书馆信息服务

张树华、王京等著　平装 16 开　35.00 元
2005 年 11 月出版　7-5013-2818-8

本书分为 4 个部分。第一部分从理论上论述了从传统图书馆服务，发展到复合图书馆、数字化图书馆的过程。第二部分是对用户的研究。第三部分着重介绍了图书馆如何从传统服务向数字化图书馆信息服务转变，并阐述了在数字时代各种服务工作的作用、服务内容和服务方式、方法等。第四部分阐述了图书馆信息服务的效益、效果评价及数字时代图书馆信息服务的发展趋势和展望。

数字时代的图书馆与图书馆员

董焱、邢素丽著　平装 16 开　28.00 元
2006 年 2 月出版　7-5013-2821-8

本书围绕数字时代的图书馆与图书馆员，回顾了图书馆发展的历史，梳理了传统图书馆向电子图书馆、数字图书馆、虚拟图书馆转化的过程，较全面地反映了国内外图书馆实践和图书馆学研究领域的基本面貌。本书还分析了数字时代图书馆员的队伍结构、职业素质与任职资格要求、图书馆专业教育和图书馆员从业资格认证等问题。

数字时代的图书馆信息资源组织

段明莲、沈正华著　平装16开　40.00元

2006年3月出版　7-5013-2824-2

随着网络技术和数字出版技术的发展，图书馆正面临信息资源整合的问题。本书介绍了数字时代图书馆信息资源组织的新问题、新动向，介绍了目前数字资源组织的基本原理、基本方法和基本手段，从而进一步加强信息检索工具的功能，提高图书馆的信息组织能力，强化图书馆服务质量，最终达到共建共享全球信息资源的目的。

数字时代的图书馆建筑与设备

常林主编　平装16开　40.00元

2006年6月出版　7-5013-3130-8

本书论述了数字时代的图书馆建筑设计与设备，试图将“以人为本”理念融汇到图书馆建筑中，体现图书馆的人文内涵，通过图书馆在设计、建筑、内部功能方面的发挥，为读者提供优质服务。

数字时代的图书馆网络信息系统

李广健主编　平装16开　50.00元

2006年6月出版　7-5013-3138-3

图书馆网络信息系统的建设是我国当前图书馆建设的热点。本书对这一热点问题涉及的知识和技术进行了详细全面的介绍，概述了国内外数字图书馆的发展，介绍了图书馆网络信息系统的硬件建设、应用系统建设等问题，还论述了与购买及引进图书馆软硬件系统有关的内容，最后阐述了图书馆如何开发网络信息系统。本书对图书馆自动化实践与研究有重要的参考价值，实用性强。

数字时代的图书馆管理

熊丽主编　平装16开　55.00元

2006年10月出版　7-5013-3177-4

本书论述了图书馆管理的基本原理，分析了图书馆管理的内外环境及管理理念，介绍了图书馆人力资源及行政管理，图书馆的公共关系，图书馆的条例、法规、标准、著作权及质量管理体系，图书馆评估程序、方法与内容以及各种设备及应用系统的安全管理。

数字时代的图书馆信息资源建设

代根兴主编　平装16开　25.00元

2006年11月出版　7-5013-3126-X

本书论述了信息资源的概念、构成与属性、类型，信息资源建设的概念与内容、理论体系与基本模式，馆藏建设的原则与规划，实体馆藏建设，虚拟馆藏建设，馆藏数字资源的存储与整合，网络环境下馆藏信息资源评价，以及信息资源的共知、共建与共享。

网络隐私权保护研究

张秀兰著　平装32开　20.00元

2006年1月出版　7-5013-2767-X

本书介绍了隐私权与网络隐私权的概念，通过考察美国、欧盟为代表的两种网络隐私权保护模式，结合我国实际，对我国网络隐私权保护策略提出了自己的看法。书中附有案例讲解，作者还对100多家网站的隐私权保护政策进行了调查，对未成年人网络隐私保护、个人信用征信体系中的隐私权问题等专题进行了探讨。适合国家和网络机构制定网络隐私权保护策略时参考。

网络环境下图书馆信息资源的整合开发

王红玲等主编　平装32开　20.00元

2006年12月出版　7-5013-3360-2

本书为国家社会科学基金“十五”项目研究成果。书中对我国中、东、西部资源现状进行了调研，在掌握第一手资料的情况下，结合我国国情及国内外的最新研究成果，系统论述了我国图书馆信息资源的优化整合与开发利用问题。

网络电子期刊质量控制研究

师曾志著　平装32开　25.00元

2007年3月出版　978-7-5013-3428-5

本书从网络电子期刊在科学交流体系中的作用角度对于网络电子期刊的作用及质量控制进行了深入的探讨，对于加强网络电子期刊管理，促进网络电子期刊在科学交流中的作用进行了详细论述。

中文元数据概论与实例

肖珑、赵亮主编　平装16开　60.00元

2007年4月出版　978-7-5013-3423-0

元数据是对数字资源的内容、特征及其属性进行描述和管理的数据，在数字资源的生产、加工制作、管理、发布、保存以及用户使用等各个环节都发挥了重要作用。本书系统全面地论述了元数据体系中最重要、应用最广泛的描述元数据机器规范的结构框架、设计方法、应用规则及其开放和互操作机制等，并重点介绍了已经设计完成并得到广泛应用的11种元数据规范实例。

数字化进程中的图书馆

李哲汇编著　平装32开　20.00元

2007年5月出版 978-7-5013-3437-7

作者分析了中国图书馆在数字化进程中存在的种种问题，结合具体实践，以海南数字图书馆建设为主要案例，详细探讨了数字化进程中种种难题的解决方案。主要内容包括：图书馆精神的再阐释、数字时代资源建设理念的碰撞、大学图书馆联盟的构想与实现、数字时代多层文献保障公共服务平台建设模式等。

中小型图书馆数字化建设应用读本

李青、张丽红主编 平装32开 22.00元

2007年8月出版 978-7-5013-3436-0

本书针对中小型图书馆的数字化建设，对图书馆数字化建设中的各种问题进行了深入浅出的解释，解释了数字化建设中的种种新技术，对于图书馆的数字化建设具有指导作用。

数字资源整合：理论、方法与应用

马文峰、杜小勇著 平装32开 28.00元

2007年12月出版 978-7-5013-3535-0

本书论述了数字资源整合的一些基本问题，讨论数字资源整合的理论与方法基础，着重探讨数字资源整合的三种基本表现形式——数据整合、信息整合和知识整合的基本理论、体系结构和主要应用，集中研究基于知识整合的技术、方法和应用，并着重探讨了领域本体构造方法和工具，讨论了基于本体的语义系统的设计方案，以此为依据，结合“经济学学科系统”开发实例，具体说明领域本体的构建、进化、标注与展示的原理、过程与方法。

数字图书馆与版权保护

王小会著 平装32开 30.00元

2008年7月出版 978-7-5013-3578-7

本书从版权保护和信息资源共享的合理性为切入点，以数字图书馆资源建设与服务体系构建为对象，探讨版权保护与信息资源共享间的利益冲突及平衡机制。内容涉及：版权平衡理论的思想溯源、版权视野中的数字图书馆、数字图书馆资源建设与版权利益平衡、数字图书馆用户服务与版权平衡、技术防范措施与利益平衡、数字图书馆侵权案管辖权的困境、数字环境下版权利益平衡机制的构建等。

国家图书馆数字战略研究

本书编委会编 平装16开 60.00元

2011年4月出版 978-7-5013-4295-2

基于馆藏资源在聚合、控制和获取方面的知识积累和独特技能，国家图书馆在非网络时代，由于掌握了对传统印刷型文献的有效控制，因而具备了较强的竞争优势，而本书则针对网络时代，提出了三大战略，围绕国家图书馆在未来数字时代如何实现对数字资源的有效控制，如何构建、培育和积累这一竞争优势展开。

数字图书馆发展研究

王芬林、吴晓著 平装16开 62.00元

2012年7月出版 978-7-5013-4808-4

本书从信息革命的影响开始，探讨数字图书馆的产生与发展，并介绍优秀数字图书馆建设方案实例，以供参考。

数字图书馆实践思考——文化共享工程的发展与创新之路

王芬林著 平装16开 62.00元

2012年7月出版 978-7-5013-4809-1

本书以全国文化信息资源共享工程的数字资源建设、传输、服务、知识产权等业务的开展为例，对数字图书馆的实践进行研究与思考。

地方志数字化模式与案例分析

王荟、肖禹著 平装16开 68.00元

2012年8月出版 978-7-5013-4837-4

本书结合国家图书馆数字方志项目近十年的实践，全面讨论了地方志数字化的建设方案与具体流程，包括机读目录数据的编制、图像化处理、全文文本库建设、资源库建设等等，并配有大量的实例和分析，对各地图书馆开展地方志数字化、古籍数字化工作都有很好的现实指导意义。

数字图书馆建设与服务推广研讨会获奖论文

魏大威主编 平装16开 60.00元

2012年11月出版 978-7-5013-4895-4

本书收录了有关数字图书馆建设与服务推广的论文，对于数字图书馆建设中的各种问题进行了专门研究，尤其对于如何扩大数字图书馆影响，提供高质量的数字图书馆服务进行深入研究，对于数字图书馆的发展具有积极的推动作用。

数字图书馆理论与实务

魏大威主编 平装16开 96.00元

2012年12月出版 978-7-5013-4721-6

本书开创性地将数字图书馆系统理论研究和实务操作指南融合起来，并深入剖析有代表性的数字图书馆建设案例，从而为实践提供直观生动的参考借鉴。全书分为理论篇和实务篇两大部分，理论篇对国内外数字图书馆的发展历程进行了全面回顾，并展望了其未来发展趋势，围绕信息资源建设、用户服务、技术发展与应用以及组织管理等数字图书馆建设基本要素，对数字图书馆相关理论、技术和方法进行系统梳理和细致介绍，力求帮助读者从宏观上整体把握数字图书馆基本理论；实务篇则强调结合我国数字图书馆发展的现实需求和具体实践，对数字图书馆建设规划、数字资源建设、知识产权管理、技术平台搭建等问题做了深入阐述，力求为数字图书馆业务建设提供有针对性的实践指导。此外，本书还特别选取了国家数字图书馆、国家科学数字图书馆、中国高等教育数字图书馆以及浙江网络图书馆等4个不同层次、不同规模、各具特色的数字图书馆系统进行实例分析，便于读者进一步掌握前篇所介绍的理论与实践知识。

面向泛在信息社会的数字馆藏管理与利用

刘净净著　平装32开　48.00元

2013年4月出版　978-7-5013-5039-1

本书基于泛在信息社会的基本特征和数字图书馆的发展历程及成果，结合作者多年来图书馆工作的切身感受及实践经验，借助翔实的文献资源，着重对以下内容进行论述：概述信息环境变化、泛在信息社会和泛在信息环境中图书馆面临的挑战；分析图书馆数字馆藏建设和服务现状；详细论述泛在信息环境下的数字馆藏建设与管理等；最后指出泛在信息环境下图书馆事业整体发展过程中的问题及思考、对策。

图书馆数字资源版权管理实践与案例

吕淑萍、邱奉捷等编著　平装32开　38.00元

2013年8月出版　978-7-5013-5129-9

为了保障数字资源来源，规避侵权风险，实现著作权人与大众利益平衡，图书馆必然需要对数字资源版权进行管理。本书结合丰富的案例，对数字资源建设及服务中所遇到的版权问题进行分析，并制定数字资源版权管理战略规划的步骤、管理制度的内容以及版权管理技术的应用。

网络资源采集与数字资源长期保存学术研讨会论文集

本书编委会编　平装16开　50.00元

2013年12月出版　978-7-5013-5239-5

涵盖网络资源采集和数字资源长期保存两方面问题，包括网络资源采集的策略、方法与问题、采集系统的设计与实现、资源采集与整合、互联网资源在图书馆的运用实践，数字资源长期保存现状、保存类型、保存技术与策略、保存方案实施及影响因素等。

我国数字图书馆发展研究

李晓明著　平装32开　40.00元

2014年6月出版　978-7-5013-5394-1

本书内容基于全国省市级图书馆调研数据，数据翔实，针对性强，研究分析扎实深入，通过全国范围内不同领域、不同类型图书馆的横向比较和不同时期同一调研数据的纵向比较，全面、多维地揭示我国省市级数字图书馆建设的全貌。全书剖析我国数字图书馆在基础设施平台、数字资源、服务以及运行保障等方面的发展状况，并对未来数字图书馆发展趋势提出前瞻性思考。

公共图书馆自建资源整合研究与实例分析

梁蕙玮编著　平装16开　48.00元

2014年7月出版　978-7-5013-5332-3

随着数字图书馆的发展，各级公共图书馆根据自身的情况建设了大量的自建资源，虽取得很多成果，但仍有一些不足之处，亟须整合。本书从公共图书馆自建资源现状出发，详细介绍了国家图书馆自建资源情况以及各省公共图书馆自建资源情况，在此基础上开展对自建资源整合的探讨，对全面了解我国公共图书馆自建资源现状有一定的价值。

图书馆缩微工作同人文选

《图书馆缩微工作同人文选》编委会编

平装16开　100.00元

2014年11月出版　978-7-5013-5476-4

本书收录缩微工作领域论文91篇，分为理论与实践篇、管理与应用篇、缩微与现代技术篇、资源开发与利用篇、缩微品保存与保护篇、回顾与展望篇6个部分，主要展现全国图书馆缩微工作开展30年来所取得的累累硕果，回顾这些年的发展历程与探索，希望能为缩微工作未来的发展提供参考与借鉴。

数字资源揭示——海量数据环境下图书馆资源发现之路学术研讨会论文集

本书编委会编　平装16开　80.00元

2015年6月出版　978-7-5013-5556-3

本书为第二届图书馆现代技术研讨会论文集，汇编了数十篇图书馆数字资源相关内容的学术论文，内容涉及数字图书馆、数字阅读、图书馆资源服务整合、资源组织等，主要论述了大数据环境下，图书馆借助新技术新媒体开展数字资源服务的理论与实践，重点篇目有《图书馆资源发现系统的资源组织和检索排序研究》《论图书馆特藏资源整合服务的必要性和发展策略》《大数据在图书馆的应用实践研究》等。

图书馆自建数字资源质量评价体系研究

龙伟编著　平装 16 开　60.00 元

2015 年 8 月出版　978-7-5013-5644-7

本书综合了近年来评价理论和实践研究成果，充分研究分析我国图书馆自建数字资源发展概况和自建数字资源质量影响因素，着重阐述了图书馆自建数字资源质量的评价理论、方法和应用。其主要内容包括：评价体系构建理论与方法，评价总则，指标体系及说明，指标权重的确定，评价方法的应用，以及如何对图书馆整体资源性质和个体资源性质的自建数字资源进行评价。

数字资源长期保存技术的研究与实践

张智雄等编著　平装 16 开　80.00 元

2015 年 10 月出版　978-7-5013-5641-6

本书共 21 章，分为五篇来组织，分别为数字保存的研究内容、数字保存的及时基础研究、数字保存的功能实体研究、数字保存的技术专题研究和数字保存的实践案例研究。全书较为系统地分析了数字资源长期保存技术的相关问题，较为全面地反映了当前数字保存技术的研究进展，希望能够对我国数字资源长期保存技术的研究和实践起到推动作用。

网络信息开发与利用

李月明编著　平装 32 开　38.00 元

2015 年 10 月出版　978-7-5013-5702-4

本书共分 8 章，分别是网络信息资源概述、网络信息传播、网络信息组织和评价、网络信息开放、网络信息检索、网络信息服务、网络信息开发利用中的法律问题、网络信息技术。本书系统地介绍和阐释了网络信息资源的基础概念和各种要素，从多个方面全面揭示了网络信息资源的理论与实践。

公共图书馆元数据仓储编目规则

萨蕾、韩萌、孟然编著　平装 32 开　30.00 元

2015 年 12 月出版　978-7-5013-5742-0

元数据仓储项目是数字资源联合建设工作最早开展的项目之一，该项目有利于加强全国公共图书馆自建数字馆藏的统一展示，实现资源的统一管理与利用。本书旨在为公共图书馆共同进行自建数字馆藏元数据的制作提供著录细则，同时提供编目实例，为元数据仓储项目的建设提供支持。

数字图书馆新媒体服务研究

龚娅君编著　平装 16 开　48.00 元

2016 年 3 月出版　978-7-5013-5784-0

新媒体是新的技术支撑体系下出现的媒体形态，如数字杂志、数字报纸、数字广播、手机短信、移动电视、网络、桌面视窗、数字电视、数字电影、触摸媒体、手机网络等。相对于报刊、户外、广播、电视四大传统意义上的媒体，新媒体被形象地称为“第五媒体”。图书馆的新媒体服务，主要是依托互联网、广播电视网和移动通信网传播馆藏网页资源、图文资源和音视频资源。本书介绍了国内外新媒体服务的研究与实践，介绍了国家图书馆新媒体服务方式与内容，并对未来发展进行展望。

世界各国图书馆数字资源发展政策精要

朱硕峰编著　平装 32 开　48.00 元

2016 年 5 月出版　978-7-5013-5821-2

馆藏发展建设是图书馆工作的永恒主题。随着数字资源数量飞速的增长，图书馆面临一系列新的挑战：海量的数字资源如何挑选，哪些数字资源能成为馆藏，已经入藏的数字资源如何保持活力，如何应对技术过时导致的资源风险，数字资源建设如何才能可持续发展，如何永久保存数字资源等。本书在国家图书馆、公共图书馆、大学图书馆中选择了最具代表性的一些图书馆，通过对这些国外图书馆数字资源建设政策的介绍，全面反映了各类型图书馆在数字资源建设的战略、政策、实践等方面的现状和经验。本书能为图书馆在面对数字化革命时起到积极的参考借鉴作用，并为图书馆数字资源建设提供更好的参照。

新时代，新思维，新挑战——“互联网＋”背景下数字图书馆的战略规划与创新发展学术研讨会论文集

本书编委会编　平装 16 开　60.00 元

2016 年 8 月出版　978-7-5013-5895-3

本书汇集了 20 篇有关数字图书馆及数字资源的学术论文，重点篇目包括《近年来国外数字图书馆发展规划的制订及启示》《数字图书馆专网设计与实现》《未来公共图书馆的创新发展之路》《微信公众号在高校图书馆服务中的应用研究》等。

家谱谱系数据模型研究

肖禹、王昭著　平装 16 开　60.00 元

2016 年 11 月出版　978-7-5013-5980-6

本书以家谱谱系为研究对象，借鉴现有的谱牒学和古籍数字化领域研究成果，对国内外具有代表性的家谱数据模型进行比较研究，并在此基础上研制新的谱系数

据模型。书中通过与家谱索引数据、全文文本数据进行比较，分析了谱系数据模型的基本特征和主要用途。通过对谱系电子表格、世系树 XML、GEDCOM 等现有数据模型的比较研究，从家谱谱系的内容特性出发，结合中华寻根网数据建设项目中出现的实际问题，明确家谱谱系数据模型的设计思路。本书着力于家谱谱系数据模型的分析、比较与构建，提供一个结构化（或半结构化）的可控数据描述方式以及灵活的家谱谱系存储方式；除提供必要的研究环境支持，还支持家谱人物信息资源整合，可实现更大范围的资源整合。本书为国家社会科学基金重大项目“中国古籍数字化工程研究”（项目编号：12@ZH016）和国家图书馆科研项目“家谱谱系数字化模型研究”（项目编号：NLC－KY－2014－12）的研究成果。

中文字符数转模技术研究

李晓明、王浩、齐子杨编著　平装 32 开　48.00 元
2017 年 8 月出版　978－7－5013－6189－2

本书为国家文化科技提升计划项目“中文字符数转模技术研究”研究成果。本书以中文数转模技术为核心，系统地介绍数转模技术所涉及的各个技术难点，并对样机的整体研发过程进行简要阐述。全书分为 9 章。第一章绪论部分，介绍数转模技术发展现状、应用情况以及技术标准现状。第二章介绍数字图像基础知识，详细阐述数字图像处理分析系统。第三章分析中文字符结构，阐释中文字符缩微影像可读性质量，并深入研究中文字符线对表现技术需求。第四章介绍曝光技术理论，进行曝光技术对比分析，研究镜头、液晶屏幕、快门、胶片部分技术，最终分析曝光实现方案。第五章介绍色彩基础知识、颜色管理概念及步骤，分析数转模技术颜色管理需求，详细阐述冲洗颜色管理。第六章研究中文字符测试标板，包括测试标板简介、构成要素分析、设计要点、应用说明，并辅以实例详细阐述。第七章系统介绍中文字符数转模设备的研发，包括可行性分析与技术要求、设备外观设计、光学布局设计、显示器布局设计、高精度位移平台设计、机械结构设计、电路控制系统设计、应用软件设计总体要求等内容。第八章为中文字符数转模设备验证案例。第九章阐述中文字符数转模技术的应用前景。

图书馆数字阅读的研究与实践

王乐春编著　平装 32 开　48.00 元
2017 年 10 月出版　978－75013－6176－2

本书是国家科技支撑计划课题“以书为媒介的大众阅读互动平台研发与应用示范”系列研究成果之一。主要从理念上重新认识和阐述用户需求、资源整合、推广营销等内容，重点论述了数字阅读及其在图书馆的发展、图书馆数字阅读的用户特点、图书馆用户数字阅读状况及行为、图书馆数字阅读资源、图书馆数字阅读推广、图书馆移动阅读以及数字阅读的未来发展等。

图书馆馆藏数字资源开发与管理

韩新月、陈悦婷、许玉梅、李丹著　平装 32 开　48.00 元
2017 年 12 月出版　978－7－5013－6187－8

本书运用理论与实践相结合的研究方法，在梳理馆藏数字资源开发与管理的范围与环境的基础上，以工作流程为主线，突出开发规划、数字资源加工、组织与整合等重点环节，界定了馆藏数字资源的范围、数字资源开发与管理的内容，总结了产检的开发方式与一般开发流程，研究了馆藏数字资源的开发环境，探讨馆藏数字资源开发与管理的规划问题、数字资源加工技术、标准规范以及长期保存的理论与实践问题，梳理适用于馆藏数字资源开发的资源组织方法、资源整合思路与整合方式等。

文化大数据应用规划

孙一钢主编　平装 16 开　80.00 元
2018 年 11 月出版　978－7－5013－6436－7

本书为国家艺术基金资助项目研究成果，通过对国内外文化大数据建设与应用现状的详细调研，梳理我国公共文化领域大数据资源体系，掌握并分析我国文化大数据的目录体系、行业标准规范、数据应用与服务现状，结合我国文化发展方向，制定我国文化大数据应用与服务战略，对文化大数据的建设、整合、开放、共享、应用与服务进行研究，并对涉及的标准规范、技术平台及人才培养等做出规划。本书旨在梳理我国文化大数据资源体系，促进行业资源融合，提高我国公共文化服务水平，进而为我国公共文化机构在现代信息技术环境下的发展提供方向。

图书馆服务

参考咨询基础知识问答

周治华主编　平装 32 开　0.75 元
1980 年 1 月出版

参考工作导论——基本参考工具书

（美）卡茨著，戴隆基等译　平装 32 开　2.70 元
1986 年 10 月出版

本书是美国著名图书情报学家威廉·卡茨所著的两卷本《参考工作导论》的第一卷。本书共分 11 章。

导论一章介绍了参考咨询工作、参考工具书及电子计算机在图书馆的应用。此后各章节均依传统工具书的类型来划分，每章讨论一类工具书各方面的基本情况以及它们与解答咨询问题的关系。书后附西文书名索引。

参考工作与参考工具书

戚志芬编著　平装 32 开　5.10 元

1988 年 2 月出版　7-5013-0341-X

本书是在作者为北京图书馆职工业余大学开设的“参考工作与参考工具书”课程的讲义以及 1982 年为北京大学哲学系研究生举办的“工具书讲座”的讲稿基础上修改而成。按参考工作的 3 个范畴——参考服务、参考工作管理、参考源展开，将书分为上、下两编。上编讲第一、二范畴，侧重社会科学的参考工作。下编专讲参考工具书，分中文和西文文史工具书两部分，主要介绍以汉语编写和以英语为主的综合性的和社会科学的工具书。共 24 章。书后有《古今图书集成》简目等 8 个附录，书、刊名称索引。张秀民书名题签。

咨询馆员与咨询问题——一种系统方法

（美）杰霍达等著，童菊明译，王燕来校，汤兆魁审定

平装 32 开　2.70 元

1991 年 10 月出版　7-5013-0854-3

在美国作为“图书馆学情报学丛书”之一出版，为图书情报院校开设“咨询服务”课程的教科书或重要参考书。本书以一个咨询过程模式向学生介绍了决策步骤，每一个步骤均给出练习和答案。共 11 章：1. 导论；2. 信息的选择；3. 提供答案的工具书类型的选择；4. 提供答案的工具书类型；5. 引导型工具书；6. 查找标目的选择；7. 答案的选择；8. 咨询对话；9. 咨询对话技巧；10. 书目数据库的联机检索；11. 总结。

读者服务工作指南

麦群忠主编　平装 32 开　5.30 元

1995 年 7 月出版　7-5013-1220-6

这是一本由中南、西南 5 个省级图书馆的实际工作者编写的关于读者服务工作的知识性普及读物。共 11 章：1. 读者服务工作；2. 读者服务常识；3. 读者阅读常识；4. 读者心理学常识；5. 情报服务工作；6. 参考咨询工作；7. 文献借阅工作；8. 图书宣传工作；9. 有偿服务；10. 读者教育和读者统计工作；11. 职业道德。

医学图书馆与情报源利用指南

姜振儒主编　平装 32 开　12.00 元

1998 年 1 月出版　7-5013-1489-6

本书是为适应广大读者特别是在校大学生，用科学的方法利用图书馆，学习科学文化知识的需要而编写的。在扼要介绍图书馆发生、发展与自动化的基础上，分层次介绍了图书馆的利用方法，医学文献手工、计算机检索，Internet 网上医学信息资源的利用，医学文献积累，医学论文写作等。

中小学图书馆读者研究与读者服务

王京山、邢素丽编著　平装 32 开　9.10 元

1998 年 4 月出版　7-5013-1476-4

本书对中小学图书馆的各项读者服务工作，从理论和实践上进行了论述，阐述了中小学图书馆读者工作的作用、内容、原则，中小学图书馆的读者类型和阅读需求，以及中小学图书馆外借处、阅览室和资料室的读者服务工作和组织管理工作，论述了中小学图书馆读者工作现代化的一些理论问题和实践问题。共 7 章：1. 中小学图书馆读者工作概论；2. 中小学图书馆读者研究；3. 中小学图书馆外借工作；4. 中小学图书馆阅览室工作；5. 中小学图书馆阅读辅导工作；6. 中小学图书馆资料室工作；7. 中小学图书馆读者工作现代化。

中小学图书馆工作导论

张树华、董焱、蔡金钟编著　平装 32 开　8.30 元

1998 年 4 月出版　7-5013-1462-4

本书在 1991 年海洋出版社出版的《中小学图书馆工作概论》的基础上补充修订而成。论述了中小学图书馆的理论、历史发展和现状，中小学图书馆的各种组成要素，中小学图书馆各项业务工作的内容和方法，以及图书馆现代化等问题。共 8 章：1. 中小学图书馆（室）的作用、任务和特性；2. 我国中小学图书馆的产生、发展和现状；3. 中小学图书馆（室）的藏书建设和分类、编目工作；4. 中小学图书馆（室）的读者研究与读者服务工作；5. 中小学图书馆（室）工作人员的职责与素养；6. 中小学图书馆（室）的馆舍与设备；7. 中小学图书馆（室）的科学管理；8. 中小学图书馆现代化建设。

咨询理论与方法

杨子竞、钟守真主编　平装 32 开　16.00 元

1998 年 11 月出版　7-5013-1530-2

本书从咨询服务的实际出发，对咨询工作的沿革、意义与类型，决策咨询，经济咨询，科技咨询与工程咨询，咨询工作的程序与方法，咨询工作的信息源，现代信息技术在咨询与情报检索中的应用，咨询用户研究，咨询与信息服务机构，咨询人才培养等方面一一做了介绍。另外，在附录中将我国与德、美、英、日等国家的咨询业做了比较，客观地反映了我国咨询业的现状。

文献信息服务论文集

辛希孟主编　平装16开　28.00元
1999年1月出版　7-5013-1604-X

本书所发表论文均选自有关图书情报专业学术会议和有关研究课题，反映了我国各系统图书馆和情报机构开展文献信息服务工作，进行有关理论方法研究的现状。所收56篇论文包括五方面内容：1. 文献信息服务理论和基础工作；2. 文献信息服务方法和技术；3. 不同系统、不同规模图书馆和情报单位文献信息服务工作的具体成效、组织管理之经验；4. 文献信息服务人员的素质和培养；5. 文献信息服务业现存问题和展望。书前有辛希孟的《深入探索文献信息服务规律，更有效地为知识经济发展服务(代序)》。

文献信息服务基础教程

闫啸泉主编　平装24开　16.00元
2000年7月出版　7-5013-1718-6

本书从现代图书馆功能和手段变化的视角，以崭新的观点系统论述图书馆文献信息服务工作的基础知识，特别对当前图书馆自动化管理、网络信息的组织与检索、文献信息资源的开发、业务统计和业务档案管理的规范化等实践性的课题做了概括论述。

参考咨询工作

马远良主编　平装32开　8.00元
2000年10月出版
7-5013-1724-0

本书吸纳了20世纪70年代以来国内外图书馆参考咨询领域成熟的理论和有效的方法技能，针对国内图书馆初级和中级参考咨询员的实际需要，论述了参考咨询工作的构成、参考咨询员的培养、参考咨询技能、参考咨询业务的管理和考核、数字化参考咨询的发展趋势等。

现代信息服务产业与市场

周智佑主编　平装32开　19.80元
2001年8月出版　7-5013-1800-X

随着信息在社会生活中的作用越来越大，政府、企业与个人对信息的需求也越来越大，由此带来的是信息服务市场的扩大与服务产业的繁荣。本书介绍了现代信息服务产业的基本概念、信息服务产业与市场的基本理论、世界各国的信息服务产业与市场、数据库与联机服务产业、信息咨询产业与市场和信息服务产业的发展前景等问题。

读者工作

刘久昌主编　平装32开　9.00元
2001年11月出版　7-5013-1842-5

本书是图书馆在职工作人员系列培训教材之一。内容主要包括读者工作概述、图书馆读者及其需求、图书馆读者的组织、文献流通服务、宣传推广工作、图书馆用户教育、读者工作管理等几个方面。

因特网资源及其利用

刘喜申等著　平装32开　22.00元
2002年10月出版　7-5013-1947-2

本书的写作目的是帮助大家解决如何高质量、高速度地使用信息的问题。先从计算机网络说起，由局域网而广域网，由网络互联而因特网。对如何使用因特网做了具体而详尽的描述，介绍了因特网的基本工作原理、常见的服务、搜索引擎、万维网检索系统的类型与主要功能等。书后附录：1. 中国互联网络信息中心第五次网站影响力调查结果；2. 中国部分网站名录；3. 全球网上数字图书馆资源；4. 中国部分图书馆网站名录。

图书馆文明服务手册

程亚男主编　平装32开　12.00元
2003年3月出版　7-5013-2082-9

本书从职业道德的高度，立足于图书馆服务的实际，对图书馆文明服务进行了规范。主要内容包括：职业道德、文明服务、行为举止、语言、仪容仪表、办公与外事礼仪等，并结合图书馆服务中的实例进行了评析。

图书馆数字参考咨询服务研究

初景利著　平装32开　25.00元
2004年6月出版　7-5013-2417-4

数字参考咨询是网络环境下图书馆深化服务和服务创新的需要。本书总结了从传统图书馆参考咨询到数字参考咨询的演进、国内外数字参考咨询的研究、国内外数字参考咨询的实践发展，探讨分析了数字参考咨询服务模式、数字参考咨询质量控制与评价、数字参考咨询工作框架的建立与运行。具有较强的理论探索意义和实际参考价值。

数字参考咨询服务初探

李昭醇主编　平装32开　25.00元
2004年9月出版

本书为数字参考咨询服务方面的论文集，兼顾理论与实践，尤其突出实践的价值。内容主要包括：数字参考咨询信息源的整合与利用；数字参考咨询服务的基本方法与技巧；数字参考咨询服务的业务规范和质量标准；数字参考咨询服务的管理等。

信息时代大学图书馆读者服务工作理论与实践

刘广明等编　平装 32 开　18.00 元
2004 年 10 月出版　7-5013-2472-7

本书分理论篇、实践篇、附录三部分。介绍了当前图书馆读者服务工作新理论、新方法以及相关数据库和网络信息资源的使用。

图书馆知识服务战略研究

初景利、邵正荣主编　平装 32 开　18.00 元
2004 年 10 月出版　7-5013-2609-6

本书是 2004 年 10 月 25 日至 28 日中国科学院文献情报中心主办、中国科学技术大学图书馆承办的“图书馆知识服务研讨会”的论文选集。共收录论文 30 篇，反映了中国图书情报工作者从不同方面对这一问题的研究、思考和实践。

知识服务模式与创新

杜也力等编　平装 32 开　25.00 元
2005 年 5 月出版　7-5013-2766-1

本书为河北省哲学社会科学规划项目。论述了知识社会与知识创新、知识管理的理论探索、图书馆知识服务、知识服务的创新、知识服务的评价、知识服务的产业化发展方向等。

图书馆服务理论与实践

鲁黎明主编　平装 32 开　25.00 元
2005 年 9 月出版　7-5013-2804-8

本书为浙江省社会科学联合会 2005 年课题研究成果。重点介绍了现代图书馆服务的各个方面，内容包括图书馆服务的理念、图书馆的服务资源、图书馆的服务环境、图书馆的社会角色与素养、图书馆用户研究、用户教育等。作者对图书馆在新的环境下的服务进行了思考，借鉴西方图书馆关于图书馆服务的最新研究成果，对图书馆服务系统地进行了新的研究，提出了新的服务理念。

图书馆创新服务战略研究

张晓林主编　平装 16 开　45.00 元
2005 年 12 月出版　7-5013-2816-1

本论文集主要探索了在新的形势下图书馆如何进一步深化服务。这些论文从不同角度研究和探讨了我国文献情报服务所面临的问题、实践上的创新进展及理论上的深层思考，是对国内创新服务进行的一次比较系统的总结。

国家创新体系中专业图书馆的服务与发展

中国图书馆学会专业图书馆分会编
平装 16 开　45.00 元
2006 年 6 月出版　7-5013-3141-3

这是中国图书馆学会专业图书馆分会组织的会议论文精选，主要探讨当前各类专业图书馆服务与发展的问题，内容涉及总论、文献资源建设、文献服务、人才培养与专业教育等 4 个专题，共收论文 65 篇，对于各类专业图书馆（资料室）的发展有重要的参考价值。

知识型服务业的服务创新

申静著　平装 32 开　20.00 元
2006 年 7 月出版　7-5013-3134-0

本书详细阐述了知识型服务业的概念、起源、类型、特征、在创新体系中的地位和作用，系统研究了服务创新区别于技术创新的基本特征，并重点分析了服务创新的类型、驱动力、模式和流程。在此基础上，构建了基于知识管理的服务创新模型，完善了服务创新的理论框架，提出了中国知识型服务业服务创新的发展构想。

中小学图书馆管理与服务

江苏省教育装备与勤工俭学管理中心编
平装 16 开　46.00 元
2007 年 6 月出版　978-7-5013-3189-5

本书针对中小学图书馆工作实践，详细论述了中小学图书馆的性质与任务、文献信息资源建设、文献分类、文献编目、报刊声像与电子资源管理、中小学图书馆的现代化建设、读者服务及图书馆管理实务等。

数字参考咨询服务的质量评价

（美）麦克卢尔等著，卢海燕、王磊译
平装 32 开　25.00 元
2007 年 12 月出版　978-7-5013-3546-6

数字参考咨询服务是一个热点领域，但是如何对其进行评价，现在的研究还很少。本书主要讨论如何对图书馆的数字参考咨询服务进行评价。作者推荐了多种不同的评价办法，每一种办法分定义、基本原理、数据收集方式、操作步骤等内容作详细讲解，对具体的评价工作有很好的指导作用。

图书馆2.0——升级你的服务

图书馆2.0工作室编 平装16开 60.00元
2008年4月出版 978-7-5013-3611-1

本书由三部分组成。第一部分是总纲，由第一、二两章组成，从总体上论述Web2.0与图书馆2.0的基本思想以及作者对于Web2.0和图书馆2.0的思考。第二部分是分论，从第三章到第七章，分别论述了RSS、Blog、WiKi、Tag和SNS在图书馆的应用。第三部分是Web2.0技术与理念在图书馆服务中的综合性应用，包括第八章到第十一章，论述了Web2.0在参考咨询、个性化服务、OPAC和图书馆员中的应用。

覆盖全社会的公共图书馆服务体系：模式、技术支撑与方案

邱冠华、于良芝等编 平装16开 60.00元
2008年4月出版 978-7-5013-3610-4

本书对我国图书馆职业追求普遍均等服务的历史进行了回顾，对国外保障普遍均等图书馆服务的制度和实践进行了评述，同时将重点放在了对我国近年来公共图书馆服务体系建设实践的分析归纳上，从基层图书馆建设、总分馆建设、区域性网络建设3个方面，对11个案例进行了深入的考察，剖析了它们的做法、成效、困难和前景。对当前我国图书馆服务体系建设的经验和问题进行了总体评价，对未来公共图书馆服务体系的建设提出了建议。

公共图书馆服务研究

束漫著 平装32开 20.00元
2009年3月出版 978-7-5013-1728-8

本书研究了城市发展中公共图书馆服务的实现、城市发展中的公共图书馆服务网络研究，探讨了城市发展中公共图书馆服务的原则，对公共图书馆的用户、服务创新等进行了分析，对各级公共图书馆服务定位等进行了初步探讨。

图书馆实用英语会话·公共服务篇

（美）潘俊林、（美）李国庆主编 平装16开 36.00元
2009年7月出版 978-7-5013-3998-3

本书为旅美图书馆员自编教材，内容兼顾文化背景和专业用语，形式上重在情景会话，通过实际运作来具体介绍图书馆服务的各个环节，包括“咨询服务”“流通服务”“特教服务”“信息素质教育”“安保工作”等，选词用句兼顾难易，既有简明浅显的对话，又有较长段落的解说，具有实用、科学、规范的特点。会话不仅是图书馆员交流的语言 也是读者生活的一部分，有助于出国留学的各类学人了解图书馆的使用技巧、提高信息素养。

合作 共享 发展——图书馆文献提供服务

唐晶主编 平装16开 46.00元
2009年10月出版 978-7-5013-4093-4

本书针对国内图书馆文献提供服务工作者的实际需要编撰而成。在文献提供服务理论研究与借鉴国外同行先进理念及经验基础上，对国内外文献提供史、服务模式、服务机构、服务著作权问题、相关协议与技术以及网络搜索、网络联盟等方面的内容进行分析与研究。

图书馆RFID研究

蔡孟欣著 平装32开 30.00元
2010年2月出版 978-7-5013-4224-2

本书讨论了RFID在图书馆中的应用，重点对于RFID的基本功能与扩展功能进行了探讨，对于RFID标准和安全隐私问题进行了充分探讨，对于是否引进RFID给出了建议。

图书馆读者服务的艺术

蔡冰著 平装32开 30.00元
2010年7月出版 978-7-5013-4049-1

本书探讨了图书馆读者服务工作中出现的问题，研究图书馆如何提高服务水平，更高效地服务读者。而书中对于图书馆如何处理公共危机的探讨开创了读者服务中的新领域，对于改变图书馆形象具有很强的借鉴作用。

公共图书馆的未成年人服务研究

潘兵、张丽、李燕博主编 平装32开 35.00元
2011年4月出版 978-7-5013-4596-0

本书以公共图书馆的未成年人服务为研究主题，对基本概念进行界定，从发展历史、内容及方式、理论基础及法律依据、基本要素展开论述，并对相关研究领域，数字环境下的公共图书馆未成年人服务，我国的现状、问题及完善方法等进行探讨。

图书馆服务管理

李海英编著 平装32开 40.00元
2011年7月出版 978-7-5013-4610-3

本书探讨了图书馆服务的内涵，分析了图书馆服务的特征，对于图书馆战略和管理进行了接触，同时还对图书馆服务营销管理、服务环境管理等进行了研究。

第三届全国馆际互借与文献传递研讨会论文集

刘庆财主编 平装16开 88.00元

2011 年 11 月出版 978-7-5013-4691-2

本书为全国第三届馆际互借与文献传递研讨会所收录论文集，内容主要包括目前我国图书馆馆际互借与文献传递工作发展的现状、制约因素、存在问题与对策。此外，还介绍了国外多家图书馆的馆际互借与文献传递系统的工作，以及国外图书情报类文献提供机构的服务，以期为我国图书馆的馆际互借与文献传递工作提供参考与借鉴。

国家数字图书馆服务框架研究

张炜主编 平装 32 开 40.00 元

2012 年 6 月出版 978-7-5013-4708-7

本书力求从宏观上对数字图书馆服务框架进行研究，通过对国内外数字图书馆服务十几年来发展的历程进行回顾和总结，探索数字图书馆服务范式的转变，明确影响其变化的动因和其发展方向，从而给国内数字图书馆服务的开展提供更有前瞻性和长远意义的指导。本书首先界定了数字图书馆服务框架的概念，然后对国外数字图书馆服务研究现状和我国数字图书馆服务发展及研究现状进行分析，之后对国家数字图书馆服务框架进行系统阐述，最后对国家数字图书馆服务发展进行展望。

中韩图书馆实用手册

魏成光、赵源、吕盈盈著 平装 32 开 36.00 元

2013 年 1 月出版 978-7-5013-4828-2

本书内容涵盖面广，主要包括：图书馆礼貌用语，图书馆导览，目录检索，图书查找、借阅、预约与续借，还书与罚款等内容。本书以对话形式介绍韩国人在利用图书馆时常用的对话和问题，极大地方便韩国人利用图书馆，并方便与馆员进行沟通。

《公共图书馆服务规范》应用指南

王世伟、张涛编著 平装 32 开 38.00 元

2013 年 2 月出版 978-7-5013-4916-6

标准规范作为数字图书馆建设的基础，是开发利用与共建共享资源的基本保障，是保证数字图书馆的资源和服务在整个数字信息环境中可利用、可互操作和可持续发展的基础。本书介绍了公共图书馆服务规范编制的背景、过程，规范的意义，公共图书馆服务规范的三大特色与文化内涵，规范具体条款的逐条解读等。

面向残疾人的数字图书馆服务

张炜著 平装 16 开 48.00 元

2013 年 5 月出版 978-7-5013-5044-5

本书为国家图书馆文津出版基金资助项目成果，深入调查分析国内外图书馆界对残疾人服务的理论研究与前期实践，并在此基础上，论述面向残疾人的数字图书馆建设形式、特点、技术应用以及读者利用等内容，为图书馆弱势群体服务工作提供指南。

中国公共图书馆未成年人服务调查

李晓明主编 平装 32 开 38.00 元

2013 年 8 月出版 978-7-5013-5163-3

本书以问卷调查、实地走访相结合的方式，对我国 500 余家公共图书馆进行综合调研。这次全景式的调查与总结，为我国公共图书馆开展未成年人服务提供基础资料及建设意见。此外，对国内外经典实践案例进行的分析，为对未成年人服务提供参考与借鉴。

中小学图书馆管理与服务（修订版）

江苏省教育装备与勤工俭学管理中心编

平装 16 开 54.00 元

2013 年 12 月出版 978-7-5013-4346-1

本书重在解决图书馆工作中的实际问题，在编辑体例上有着鲜明的特色，每章开头均列出本章的重点内容，对学习者进行导读指引；文中插入大量的“案例”“样关链接”“实证举例”，帮助学习者解决平时工作中出现的悬疑问题；每章以“本章小结”的形式结束，便于学习者对中小学图书馆理论与工作方法的理解和掌握；章末附有“学习与思考”和“推荐阅读书目”，便于学习者巩固所学知识，拓宽专业视野；书后的“附录”不仅利于图书馆工作人员掌握政策，也是中小学教育行政部门指导图书馆建设的规范。本书在上一版的基础上，参考《中国图书馆分类法》第五版，对原有内容进行了修订。

杭州图书馆服务品牌建设实践

褚树青、粟慧主编 平装 16 开 50.00 元

2014 年 3 月出版 978-7-5013-5331-6

本书是杭州图书馆各部门践行“第三文化空间”理论及“平等、免费、无障碍”办馆理念的实践总结。全书用大量的案例介绍了各部门为打造服务品牌而举办的以读者为主导的多元文化活动，这些实践对于公共图书馆由传统向现代的转型有积极的借鉴意义。

读者服务与文献典藏工作论文集

刘博涵主编 平装 16 开 98.00 元

2014 年 5 月出版 978-7-5013-5152-7

本书收录关于读者服务与文献典藏的 50 多篇论文，包括读者服务探讨，文献典藏与研究，图书馆事业研究，儿童图书馆与儿童阅读，图书馆史研究和其他等六大类，以“为读者提供更为全面、精细的文化信息”为目

标，探讨了全面创新型的读者服务模式，深度挖掘了馆藏魅力等方面的问题。

图书馆 RFID 技术理论与实践

董曦京编著　平装 16 开　68.00 元

2014 年 5 月出版　978-7-5013-5160-2

本书结合国家图书馆典阅部的工作实践，全面讨论了图书馆 RFID 所涉及的技术、标准以及实践应用方法。全书分两部分，第一部分介绍图书馆 FIRD 相关概念、系统构架及技术标准等理论知识，第二部分通过分析图书馆 RFID 应用实例，分享该技术应用的实践经验及可能遇到的问题。该书对各图书馆应用 RFID 技术具有很好的实践指导价值。

图书馆用户服务

黄洁、葛艳聪、白云峰编著　平装 32 开　38.00 元

2014 年 8 月出版　978-7-5013-5450-4

本书作者在总结多年图书馆服务工作经验的基础上，结合图书馆用户服务的前沿理论和国内外标准，对图书馆用户服务工作中的文献流通服务、参考咨询服务、延伸服务、用户教育、特殊人群服务，以及服务方式、服务管理和服务涉及的法律问题展开详细深入的研究，为图书馆用户服务工作提供指导。

第四届全国馆际互借与文献传递研讨会论文集

刘庆财主编　平装 16 开　100.00 元

2014 年 8 月出版　978-7-5013-5449-8

本书主要内容包括：网络环境下的馆际互借与文献传递服务工作，数字时代下馆际互借与文献传递服务中的版权问题，馆际间的协同问题，中外馆际互借与文献传递服务实践比较，以及服务规范和服务标准，等等。

文献典藏与读者服务

刘博涵著　平装 16 开　85.00 元

2014 年 8 月出版　978-7-5013-5454-2

本书收录了关于读者服务和文献典藏方面的 40 余篇论文，内容主要包括读者服务探讨、文献典藏与研究、图书馆事业研究、报刊丛话等四大类，以“为读者提供更为全面、更为精细的文化服务信息”为目标，广泛而深入地探讨了读者服务模式、馆藏文献的深度挖掘等方面的问题。

图书馆立法决策服务工作调研报告

国家图书馆立法决策服务部组织，卢海燕等著

平装 16 开　80.00 元

2014 年 12 月出版　978-7-5013-5507-5

《报告》主要采取文献调研、实地走访、问卷发放三种方式综合进行，以尽量确保报告内容全面客观，数据引用适时准确。《报告》由国外篇和国内篇两个部分构成。国外篇主要包括英国、法国、德国、美国、加拿大、澳大利亚、日本以及韩国 8 个国家的议会（国会）图书馆的调研报告，地域范围覆盖欧洲、美洲、澳洲和亚洲。国内篇由全国人民代表大会信息服务机构、国家图书馆、国内公共图书馆（副省级以上）、国内部分高校法律图书馆、香港特别行政区立法会图书馆以及《数字图书馆技术在我国公共图书馆决策咨询服务中的应用》等六篇报告组成。为使《报告》主题内容更为全面丰富，《报告》还将 IFLA《议会图书馆指南》（第二版）纳入国外篇，供读者阅读参考。

高校图书馆学科化服务机制研究

廉立军著　平装 32 开　38.00 元

2015 年 4 月出版　978-7-5013-5583-9

本书从学科化服务团队建设、学科资源开发与建设、学科化服务品牌构建、学科化服务互动推广、学科化服务文化建设、高校学科服务社会化、学科化服务协同创新、学科化服务体系构建、学科化服务成效评估等几大方面，对学科化服务机制进行初步的探索性分析与阐述。作为学科化服务工作的践行者，本书作者对学科化服务机制的相关研究内容，是对学科化服务实践工作的体会和感悟。

公共图书馆与中国老年教育

汤更生、全根先、史建桥编著　平装 32 开　48.00 元

2015 年 8 月出版　978-7-5013-5656-0

1999 年中国正式步入老龄化社会。老龄人群的文化教育需求决定了公共图书馆服务的新方向和新内容，也势必成为公共文化服务效益评价体系中的必要指标。公共图书馆是社会教育的窗口，是公民的终身课堂，承担着提供公共文化教育与服务的职能。面对中国老龄化社会的发展趋势，做好老龄群体文化教育服务工作无疑是拓展和提升图书馆服务领域和水平的一个重要机遇和抓手。本书借鉴国外经验，对于公共图书馆如何做好老年教育服务工作进行了深入探讨。作为“人口老龄化环境下国家图书馆老年教育服务模式创新研究”科研课题在国家图书馆已获立项。

高校图书馆文献信息服务研究

郑勇编著　平装 32 开　48.00 元

2015 年 8 月出版　978-7-5013-5609-6

本书试图改变长期以来主要从图书馆的视角来讨论图书馆文献信息服务的传统，主要从用户的视角来审视高校图书馆文献信息服务的内涵、内容、方式与策略。本书重点讨论了从文献信息服务走向知识服务的必要性和可行性；调查和总结我国高校图书馆文献信息服务的非策略倾向，讨论开展策略性服务的策略；从阅读学、阅读心理学、受众心理学、接受美学、对话理论等视角重新审视高校图书馆网上服务现状，并积极探讨服务路径。

高校图书馆社会化服务概论

赵国忠、张创军编著　平装 32 开　48.00 元

2016 年 10 月出版　978-7-5013-5943-1

本书主要包括 11 个章节。一、绪论。二、国内外研究综述。三、高校图书馆社会化服务的历史渊源。四、高校图书馆社会化服务的必要性和可行性。五、高校图书馆社会化服务的法律依据。六、我国高校图书馆社会化服务的现状分析。七、中外高校图书馆社会化服务的典型案例。八、国内外高校图书馆社会化服务的主要模式。九、高校图书馆社会化服务的保障机制。十、推动高校图书馆社会化服务进一步发展的措施。十一、高校图书馆社会化服务发展趋势展望。

数字时代的馆际互借与文献共享平台

刘庆财、曾丽军编著　平装 16 开　68.00 元

2018 年 7 月出版　978-7-5013-6496-1

本书在国内外文献共享服务平台的调研和分析的基础上，结合当前信息技术和服务环境的发展与转变，从系统的构架、服务模式、服务流程、平台特点、平台功能、新技术应用等方面，系统全面地提出了国家级文献共享平台的建设构想，以实现跨机构、跨系统之间的资源共享与协同服务，建设一个真正意义上的国家级文献共享平台，使全国的文献信息机构形成网络化、集约化，真正实现信息资源共享、文献资源共建，这对我国的图书馆文献提供事业发展和情报事业发展有重要的推动作用。

图书馆服务品牌建设与创新发展——第三十届十五城市公共图书馆研讨会案例汇编

肖平主编　平装 16 开　65.00 元

2018 年 9 月出版　978-7-5013-6590-6

本书是第三十届十五城市公共图书馆研讨会会议研讨成果，汇集了 15 个副省级城市图书馆的服务案例，这些案例是《公共图书馆法》“公共图书馆应当按照平等、开放、共享的要求向社会公众提供服务”这一要求的生动践行。其中既有对弱势群体的文化关怀，也有对创新创业的专业支持，对大众阅读的新型服务，更有对传统文化的传承弘扬。从某种意义上说，本书所提供的案例正是近年来我国公共图书馆事业蓬勃发展的一个缩影，其中所展现出的勃勃生机正是对新时代图书馆精神的刻画。将这些案例结集出版，既可为研究我国图书馆事业发展提供鲜活资料，也可为其他图书馆服务创新提供思路借鉴。

“互联网＋”环境下湘鄂赣皖图书馆创新服务与管理

李耀华主编　精装 16 开　180.00 元

2018 年 11 月出版　978-7-5013-6646-0

如何在“互联网＋”背景下开展图书馆创新服务与管理是当前我国各图书馆研究探索的重要课题。本书收录 70 篇论文，分“特稿”“公共图书馆营建与治理”“公共图书馆业务创新”“阅读推广与服务创新”“移动图书馆与数字图书馆”“未成年人与弱势群体服务”“智库服务与知识服务”“公共图书馆特色文献建设”八部分，结合湘鄂赣皖四省图书馆在“互联网＋”环境下所做的创新性工作，希望为图书馆界同行迎接互联网时代的挑战，创新服务理念，建立更为高效的管理与服务模式提供借鉴。

国际大都市图书馆服务体系研究

王世伟等编著　平装 16 开　80.00 元

2018 年 11 月出版　978-7-5013-6423-7

本书是国家社会科学基金重点项目“国际大都市图书馆服务体系研究”的课题最终成果研究报告，在前期 24 个案例调研的基础上，对国际大都市图书馆服务体系的 11 个方面的内容展开研究，包括：国际大都市图书馆服务体系层级架构的不同模式、文献收藏与服务、人力资源建设、服务政策、融合发展趋势、新理念新形态、中国特色大都市图书馆服务体系、中国大都市图书馆服务体系的未来发展、智慧图书馆的发展趋势、人工智能与图书馆服务重塑、信息文明与图书馆发展趋势等。

图书馆残疾人服务模式与规范

李春明著　平装 16 开　75.00 元

2019 年 2 月出版　978-7-5013-6780-1

本书通过问卷调查的方式，展开对图书馆残疾人服务模式和规范的全面系统研究，完成了图书馆残疾人服务模式的顶层设计和服务规范的搭建。书中系统分析了目前我国图书馆界在残疾人服务与资源建设中存在的问题，提出了具体的建设策略和建设重点以及可资借鉴的规划和建议，有利于促进残疾人服务的有序化和规范化。本书可供政府相关部门、公共文化机构以及各类残疾人服务项目的建设者、参与者和受益者阅读、参考。

阅读与阅读推广

中国阅读文化史论

王余光等著　平装 32 开　28.00 元

2007 年 9 月出版　978-7-5013-3474-2

本书主要从阅读文化、阅读史、书的选择与阅读、网络阅读等四个方面对古今中外的阅读文化和阅读史进行研究，反映了当前国内外阅读研究的热点和最新成果。多位研究者从不同角度考察了阅读这种文化现象及其历史，总结了中国阅读史的优良传统，并构建了中国阅读史的研究内容。

耕读传家

何江涛主编　平装 16 开　49.00 元

2008 年 3 月出版　978-7-5013-3064-3

本书为“中国阅读报告丛书”之一种。对中国家庭阅读传统、当代中外家庭阅读现状、中外家庭阅读推广活动进行了系统的介绍，并对当前如何推进家庭阅读提出了很好的建议。全书彩印，有许多精美的图片。

爱书人的世界

邱冠华主编　平装 16 开　49.00 元

2008 年 4 月出版　978-7-5013-3596-1

本书为“中国阅读报告丛书”之一种。本书可以视做爱书人的顾问，由四部分组成：爱书人的体验与主张；读什么书？藏什么书；深度报道；爱书人经验交流。书中汇集了中外爱书人的故事和感悟，并向读者推荐了 14 种有趣的书目。在第三部分“深度报道”中，对公共图书馆全年借阅情况做了统计，反映出被借的最多的前 50 种图书，还研究了中外推荐书目的过去、现在和未来。在最后一部分，介绍了一些对于爱书人有用的方法，如怎样用书装饰你的家，怎样在阅读时获得帮助等。图文并茂，包括 100 多幅精美的彩色图片。

书香社会

李东来主编　平装 16 开　49.00 元

2008 年 4 月出版　978-7-5013-3626-5

本书为“中国阅读报告丛书”之一种。关注社会阅读，旨在营造一个书香的社会。主要内容包括：社会阅读行动、大众阅读推广、社会阅读研讨、社会阅读机构、社会阅读调查、海外社会阅读情报、社会阅读方式变迁等。图文并茂，包括 100 多幅精美的彩色图片。对于图书馆和相关组织开展阅读推广活动很有启发性，对于阅读研究者来说可以提供丰富的资料。

绘本阅读

王惠君主编　平装 16 开　39.80 元

2011 年 3 月出版　978-7-5013-4439-0

这是一本亲切、全面的儿童绘本（图画书）导读。分上下两篇，上篇介绍了什么是绘本，为什么要让孩子读绘本，怎样选择绘本，怎么读绘本等有用的知识。下篇列出 23 个孩子喜欢的绘本主题书目，如：与妈妈（爸爸）有关的绘本，缓解分离焦虑的绘本，与节日有关的绘本，死亡主题的绘本，让孩子哈哈大笑的绘本，儿童科普绘本等。不仅指出每部绘本的妙处，还有阅读建议。对家长、老师等指导儿童阅读很有参考价值。

共享阅读

吕梅主编　平装 16 开　36.00 元

2012 年 5 月出版　978-7-5013-4464-2

如果你是家长、老师、图书馆员和想组织读书活动的人，那么，你需要了解：怎样组织好玩的读书活动？怎样设计有趣的阅读延伸活动？本书详细介绍中外各类优秀的读书活动，并重点推荐三类适合共享阅读的图书，还针对一些图书列出共享阅读建议。全书彩色印刷。既可用于指导青少年读书活动，也可用来指导成人读书活动。

数字阅读：你不可不知的资讯与技巧

李东来主编　平装 16 开　29.80 元

2012 年 5 月出版　978-7-5013-4400-0

数字阅读就在我们身边。如果你善于利用新技术带来的便利，就能通过数字阅读为你的生活和工作添上翅膀。这是一本送给所有对数字阅读心怀好奇、但不甚精通的人的阅读指南，主要内容有：数字阅读是什么，数字阅读读什么，怎样提高你的数字阅读技巧，数字阅读达人访谈等。多位数字英雄在书中分享自己的数字阅读技巧，畅谈数字阅读的未来。书后附各类有用的数字资源列表。

播撒阅读种子　守望少儿幸福——青少年阅读推广理论与实践

中国图书馆学会青少年阅读推广委员会编

平装 16 开　80.00 元

2012 年 11 月出版　978-7-5013-4888-6

青少年阅读服务是国际图书馆服务的重要内容。本书主要收录 2012 年中国图书馆学会年会青少年阅读推广理论与实践分会场征集的一等奖、二等奖以及优秀论文，内容主要涵盖：图书馆婴幼儿阅读推广服务、青少年阅读推广服务、个性化服务、阅读指导等方面的业务工作。此外，一、二等奖论文后还附有业界专家的精彩点评。

阅读推广:理念·方法·案例

赵俊玲、郭腊梅、杨绍志编　平装 16 开　48.00 元

2013 年 6 月出版　978-7-5013-5073-5

本书共 6 章,依次叙述了阅读和阅读推广工作的内涵以及海外阅读推广活动的基本特点和趋势,介绍了国际图书馆协会联合会(IFLA)、国际阅读协会(IRA)、国际儿童读物联盟(IBBY)3 个相关组织的构建和主旨,编译了美国、俄罗斯、德国、加拿大、新加坡、日本、韩国有关部门从事阅读推广的实践经验,叙述了图书馆、幼儿园、民间公益性团体和私人经营的阅读推广组织面向不同社会群体所开展的业务。尤其是本书所搜索并分析的"读遍美国"、美国"一城一书"导读活动、"2012 澳大利亚国家阅读年"、英国"夏季阅读挑战"等丰富案例,向读者揭示了其筹备、工作程序和活动特点等细节,对于我国阅读界同行来说很有借鉴性。

悦读宝贝——0—3 岁亲子阅读手册

金德政主编　平装 16 开　39.80 元

2014 年 4 月出版　978-7-5013-4447-5

这是一本送给 0—3 岁孩子家长的亲子阅读指南。主要内容有:婴幼儿的发育特点和阅读建议、好书推荐、亲子阅读常见问题、海内外亲子阅读案例、利用社会资源为亲子阅读锦上添花等。书中不仅有阅读指导专业人士为父母支招,而且有众多著名的亲子阅读实践者现身说法。书后还附有《0—3 岁亲子阅读推荐书目》等有用的资料。

亲子阅读——送给 0—12 岁孩子的父母

邱冠华主编　平装 16 开　39.80 元

2014 年 9 月出版　978-7-5013-4292-1

这是一本送给 0—12 岁孩子父母的亲子阅读指南,由中国图书馆学会阅读推广委员会组织编写,全彩印刷。主要内容有:亲子阅读常见问题、好书推荐、亲子阅读技巧、亲子阅读案例等。书中不仅有阅读指导专业人士为父母支招,而且有众多著名的亲子阅读实践者现身说法。阿甲、两小千金妈妈、作家保冬妮等海内外 20 来位大书虫爸妈纷纷接受本书访问或撰写专文,讲述自己的亲子阅读经验。书后附《亲子阅读推荐书目(100 种)》。本书荣获第六届国家图书馆文津图书奖推荐图书称号;入选新闻出版总署《2012 年农家书屋重点图书推荐目录》,入选教育部《2012 年中小学图书馆(室)推荐书目》。

亲子共读　分享快乐

刘红主编　平装 16 开　32.80 元

2014 年 11 月出版　978-7-5013-5423-8

本书由重庆市少儿图书馆主编,选取了厦门市少儿图书馆、湖南省少儿图书馆、上海市奉贤区图书馆、沈阳市少儿图书馆、武汉市少儿图书馆、上海市少儿图书馆等全国各地少儿图书馆阅读推广活动中的优秀案例,以此向社会推广幼儿教育中早期阅读的重要性。

最爱是童谣

吕梅主编　平装 32 开　48.00 元

2015 年 8 月出版　978-7-5013-5536-5

2012 年,中国图书馆学会青少年阅读推广委员会面向全国开展"绘出心中的童谣——全国少年儿童童谣绘画创作征集大赛"。活动共收到来自 18 个省(直辖市)的 33 家图书馆的共计 2130 篇绘画作品。本书收录了其中的 183 幅优秀作品,并配上童谣文字,以飨读者。每一幅作品都渗透着孩子们的天真和纯洁,画面充满想象力,令观者爱不释手。希望通过这本书,在孩子们幼小心灵里埋下中华传统文化的种子。

贫困地区公共阅读研究

金武刚著　平装 32 开　48.00 元

2015 年 10 月出版　978-7-5013-5669-0

本书以贫困地区公共阅读为研究对象,在系统梳理贫困地区公共阅读服务现状基础上,参考国际经验、标准规范,结合全国各地实践创新,深入研究阅读设施、阅读资源、阅读服务等关键要素的合理配置与统筹建设,在城镇化建设时代背景下,提出贫困地区公共阅读服务体系构建的组织方式、实施单元、重点突破及保障机制的基本思路与实现途径。

不能错过的亲子阅读:0—4 岁

胡春波、邓咏秋、陆幸幸主编　平装 32 开　45.00 元

2016 年 9 月出版　978-7-5013-5921-9

本书是为 0—4 岁婴幼儿家长量身定做的亲子阅读指导手册。既介绍了亲子阅读的基本问题及常见误区,又结合婴幼儿不同年龄段的发育特点,提出相应的亲子阅读指导意见。还从不同角度、分多个专题,详细讲述了如何为孩子挑选合适的图书,以及亲子阅读的技巧和方法等。书后附亲子阅读推荐图书 100 种、父母自我成长图书 10 种等。

老年人的阅读图景与公共图书馆服务创新

肖雪著　平装 16 开　80.00 元

2016 年 10 月出版　978-7-5013-5828-1

本书为国家社会科学基金项目资助的图书馆学理论专著,主要研究老年人阅读行为及其带来公共图书馆的服务创新。本书主体内容包括:1. 图书馆促进老年人阅读的理论基础与现实依据。2. 老年人纸本阅读行为调查。3. 老年人数字阅读行为调查。4. 图书馆老年服务制度与实践调查。5. 老年读者对图书馆服务的感知调查。6. 国外图书馆老年服务指南分析。7. 美国图书馆老年服务分析。8. 图书馆促进老年人阅读的创新策略。本书从阅读行为表现和阅读服务两个角度建立研究框架，力图以此展现图书馆学进行阅读研究的学科特色，对于丰富老年阅读的多学科理论体系具有重要意义，对于探索建立图书馆学的阅读研究视域也具有一定的启示。以老年群体作为全民阅读中重要的细分群体，对其参与阅读的理论基础和现实依据进行探讨，对其纸本阅读和数字阅读行为进行实证分析，对国外经验进行分析借鉴，对国内成功案例进行梳理介绍，能够为图书馆了解目标群体、开展实践工作提供有效指导和参考，对于充实阅读群体研究也具有重要的理论意义。

阅读史导论

王龙著　平装 16 开　60.00 元

2017 年 11 月出版　978-7-5013-6098-7

本书从阅读史及其研究、阅读史的边界、阅读史与社会诸因素、阅读史研究的材料、阅读史的研究方法与诸分支、阅读史诸分支等方面对阅读史进行了详细、系统的研究，分析了中国和欧美等国阅读史的研究概况，研究阅读史对研究人类文明和知识社会具有十分重要的意义。

图书馆阅读推广案例赏析

蔡迎春、金欢编著　平装 16 开　98.00 元

2019 年 4 月出版　978-7-5013-6688-0

本书分为上、下两篇，上篇侧重介绍图书馆阅读推广工作的理论与方法，下篇精选全国优秀的阅读推广案例，包括主题文献推广、阅读比赛、特色阅读活动、亲子阅读推广、大学生阅读推广五类，每类列出多个案例，并邀请王波、李超平和赵亮对这些案例进行点评。本书有利于提高馆员的案例写作水平，对各图书馆开展阅读推广工作有重要参考价值。

图书馆营销与宣传

怎样利用图书馆

刘久昌、宁国誉主编　平装 32 开　0.70 元

1982 年 2 月出版

本书是为帮助青年读者利用图书馆进行自修的辅导书，内容共分 8 章：1. 人民的社会大学；2. 漫话图书馆藏书；3. 图书馆的服务内容；4. 开启知识宝库的钥匙；5. 工具书选谈；6. 怎样检索文献资料；7. 怎样借阅图书报刊；8. 现代化图书馆展望。书后附有《中国图书馆图书分类法》简表、中国主要图书分类法大纲。

图书馆动态模糊评价与实证分析

曹志梅著　平装 32 开　20.00 元

2007 年 3 月出版　978-7-5013-3361-5

本书采用动态模糊数学的方法，将图书馆评价引入到动态评价的阶段，从而使得图书馆评价的精确性与准确性大大提高。同时，这种方法具有普适性，对于其他组织的评价也有很大的借鉴作用。

图书馆营销研究

张浩如著　平装 32 开　48.00 元

2017 年 3 月出版　978-7-5013-6047-5

本书介绍了图书馆营销的概念、特点、载体、程序，阐述了图书馆品牌建设、图书馆公共关系与图书馆营销的关系，最后以新加坡国家图书馆、清华大学图书馆、厦门大学图书馆、英国威尔士公共图书馆、英国利兹图书馆、澳大利亚国家图书馆、上海图书馆、美国图书馆协会、美国史宾赛公共图书馆等的典型营销案例为研究对象，充分论述了成功的图书馆营销对图书馆整体形象的作用。

图书馆组织文化：CIS、形象设计与文化建设

柯平主编　平装 16 开　130.00 元

2017 年 12 月出版　978-7-5013-6309-4

全书分为 4 个部分：第一部分图书馆形象概述，将企业形象理论引入到图书馆中，阐述图书馆形象识别的意义。第二部分详细介绍图书馆形象识别系统的 3 个子系统：MIS、BIS 和 VIS。在此基础上，介绍图书馆形象导入的具体实施过程与方法。第三部分概论图书馆文化，并分别阐述图书馆文化的 3 个方面：物质文化、制度文化和精神文化。第四部分介绍国内外图书馆在形象导入与图书馆文化方面比较成功的案例。

信息检索与信息修养

科技文献检索

倪波主编　平装 32 开　2.25 元

1980 年 1 月出版　7-5013-0541-2

情报工作概论

倪波主编　平装 32 开　2.05 元

1980 年 1 月出版　7-5013-0463-7

情报检索语言论文选

张琪玉主编　平装 32 开　6.00 元
1980 年 1 月出版　7-5013-0790-3

文献检索基础

高崇谦、朱孟杰主编　平装 32 开　0.65 元
1983 年 12 月出版

本书以浅显的语言叙述了国际上常用的文献检索方法及其一般性问题。包括 7 章：1. 概述；2. 情报检索语言；3. 主题标引工作；4. 手工检索工具；5. 机读检索工具（市售磁带档）；6. 文献检索系统；7. 文献检索效率。

情报检索系统——特性、试验与评价（第二版）

（美）兰卡斯特著，陈光祚等译　平装 32 开　1.60 元
1984 年 5 月出版

本书是著者在第一版（1968 年）的基础上增补改写而成的第二版（1978 年）的全译本。该书 1970 年获得美国情报科学学会授予的"情报科学最佳著作"奖，被译成日文、俄文、中文等译本行世。主要讨论情报检索系统及其服务的"智力"方面的内容，对图书馆与情报中心业务工作的理论与实践作了阐述，内容涉及对系统与服务产生重大影响的用户/系统交互、检索策略、标引及词表控制等因素，特别强调了设计与评价的原则与方法，此外也涉及机读数据库、联机系统以及未来的发展趋势等问题。书后附主题索引（英/汉）、主题索引（汉/英）、人名机构名索引、缩略语词表。

情报工作的组织与方法

（苏）伊万诺夫著，王靖元等译，朱南校
平装 32 开　1.25 元
1986 年 2 月出版　7201.75

原书是苏联莫斯科无线电与通讯出版社 1982 年出版的，经列宁格勒克鲁普斯卡娅国立文化学院科技情报教研室审评，并经苏联高等和中等专业教育部批准的高等学校教科书。共 7 章：1. 情报过程和情报需求；2. 情报源——文献；3. 科学技术情报流及其规律性；4. 情报咨询馆藏；5. 情报提供；6. 国家科技情报系统；7. 未来情报系统中的科技情报用户。

情报检索与主题词表

丘峰主编　平装 32 开　3.05 元
1988 年 3 月出版　7-5013-0433-5

本书共分 8 章：1. 绪论；2. 主题词（词汇）表的基础理论；3. 主题词表的结构及其编制技术；4. 利用主题词表标引文献；5. 利用主题词表建立检索工具；6. 利用主题词表查找情报；7. 主题词表管理；8. 主题词表的现状和发展趋势。涉及国内外 30 多种主题词表，重点介绍《汉语主题词表》和国家标准《文献主题标引规则》。每章后均有复习思考题。书后附录：1. 本书的图表目录；2. 本书涉及的主题词表；3. 我国情报检索语言大事年表（1949—1986）；4. 主题词表常用词汇（一）：汉英；5. 主题词表常用词汇（二）：英汉。

科技文献及其处理技术

王秀成编著　平装 32 开　2.80 元
1988 年 5 月出版　7-5013-0438-6

原系吉林工业大学情报工程系本科生教材，着重介绍和讨论了科技文献的基本知识及其处理的基本技术和方法。共分 7 章：1. 绪论；2. 科技文献情报源；3. 科技文献的搜集技术；4. 科技文献的分类标引技术；5. 科技文献的主题标引技术；6. 科技文献的著录；7. 索引和文摘编制技术。

情报控制论基础

胡昌平编著　平装 32 开　3.85 元
1988 年 12 月出版　7-5013-0459-9

原为武汉大学图书情报学院情报科学系硕士研究生的情报控制论教材。分 9 章：1. 绪论；2. 情报控制方法论；3. 情报的基本测度与控制参数；4. 情报控制；5. 情报过程控制；6. 情报系统控制；7. 用户情报活动的控制与规划；8. 控制论方法在情报研究中的应用；9. 社会的信息化及其情报控制。书前有彭斐章的序。

科技检索期刊使用指南

北京图书馆科技文献检索室编　平装 32 开　3.05 元
1989 年 3 月出版　7-5013-0456-4

本书共 5 章：1. 概论；2. 科技文献的类型及其检索期刊；3. 综合性大型检索期刊；4. 国外重要专业检索期刊；5. 检索常识。书中对不同类型的几十种科技检索期刊的编制特点、应用范围、使用方法以及使用中常见问题的处理方法等做了系统论述，并对科技文献检索的基本理论和方法做了介绍。书后附录国外检索期刊选目。

社科文献检索

何庆先主编　平装 32 开　1.85 元
1990 年 1 月出版　7-5013-0795-4

情报检索论文选

纪昭民主编　平装32开　4.70元
1991年1月出版　7-5013-0846-2

主题检索系统设计选择

(美)杰西卡著,叶千军、吴人珊译
平装32开　3.55元
1991年1月出版　7-5013-0832-2

美国学术出版社(Academic Press)出版的"图书馆学情报学丛书"之一,论述了20世纪80年代文献检索系统设计的理论和技术。共11章,分五部分:1. 导论;2. 文档;3. 文献集合;4. 索引词;5. 总结。内容包括文献检索系统中的文档、文献集合、索引词等各主要部分的设计问题。书后附《案例研究:一个报纸索引的设计》。

情报组织与利用

(美)达格伯特著,谢新洲等译　平装32开　11.50元
1992年11月出版　7-5013-0939-6

本书是一本关于组织和检索情报的导论性教程,论述了情报系统的分析、设计及实现的理论基础和前景,尤其是情报系统的情报存贮与检索(ISAR)这一组成部分,并对手工系统和机械系统都进行了论述。共分五部分18章:1. 情报传递的系统方法(1—5章);2. ISAR系统的目标(6—8章);3. 数据模式和数据结构(9—11章);4. 索引语言功能与结构(12—15章);5. ISAR系统运行与设计(16—18章)。

主题法的理论与标引

刘湘生主编　平装32开　10.30元
1993年1月出版　7-5013-1068-8

本书共分16章:1. 绪论;2. 主题法的历史沿革和发展;3. 主题法的基本要素、类型、性质和特点;4. 主题法与分类法的关系;5. 标题法;6. 单元词法;7. 关键词法;8. 叙词法;9.《汉语主题词表》;10. 文献标引的定义和类型;11. 主题标引的基本理论;12. 主题标引规则;13. 文献标引的方法与步骤;14. 主题词表的管理;15. 主题目录;16. 主题索引。书后附文献标引示例。

情报学

(苏)塔拉卡诺夫主编,何士彬译,张继尧校
平装32开　10.00元
1993年5月出版　7-5013-1044-0

根据苏联著名图书情报学家塔拉卡诺夫教授主编,1986年莫斯科书籍出版社出版的"Информатика"一书翻译。全书由情报与情报过程、情报服务与情报学两编组成,共11章:1. 情报学的基本概念;2. 情报源;3. 情报过程;4. 情报检索;5. 情报语义加工自动化;等等。

计算机情报检索系统导论

陈光祚主编　平装32开　12.00元
1993年7月出版　7-5013-1055-6

论述了计算机情报检索系统的建立、维护与使用,介绍了相关的数字、计算机科学和情报科学方面的背景知识,概述了国内外计算机情报检索系统的发展历史与状况以及计算机情报检索工业的现状。共6篇18章:1. 计算机情报检索系统及其构成;2. 计算机情报检索工业和检索服务;3. 非书目数据库检索系统;4. 基于新型载体的检索系统;5. 计算机情报检索若干技术研究;6. 情报检索系统的分析与设计。

档案检索

张琪玉主编　平装32开　9.50元
1993年9月出版　7-5013-1072-6

本书分上、下两编。上编讲述档案检索系统,目的是使读者全面、系统地掌握档案检索原理,各种类型档案检索工具的结构、功能和编制法,档案检索系统设计,档案检索方法以及档案检索工作组织的知识和技能;下编讲述情报检索语言,目的是使读者初步掌握作为检索系统重要构成因素的情报检索语言的基本理论和方法以及分类检索语言和主题检索语言的构成原理和编制方法,并概略介绍追溯法和自然语言检索法及其在档案检索中应用的可能性。

现代文献论纲要

张欣毅著　平装32开　7.00元
1994年6月出版　7-5013-1145-5

本书共8章:1. 文献综论;2. 文献信息论;3. 文献主题论;4. 文献形式论;5. 文献结构论;6. 文献交流论;7. 文献过程论;8. 文献经济论。全面地研究了古今中外的各类文献及相关的社会现象。

商业经济信息处理和检索

谢新洲编著　平装32开　10.60元　14.50元
1994年7月出版　1997年5月再版　7-5013-1132-3

本书全面、系统地介绍了商业经济信息的内容、类型和检索方法。共12章:1. 绪论;2. 商业经济信息特征分析;3. 商业经济信息系统管理;4. 商业经济文献源及其检索;5. 联机情报检索概论;6. 商业经济信息数据库的特征与发展;7. 公司信息数据库及其检索;8. 产品信息数据库及其检索;9. 市场贸易与统计信息数据库及其检索;10. 金融信息数据库及其检索;11. 法规与税收信息数据库及其检索;12. 专利、商标与标准信息数据库及其检索。书前有王万宗的序。

联机环境中的情报检索语言

曾蕾编著　平装 32 开　11.80 元
1997 年 1 月出版　7-5013-1293-1

本书汇集了作者多年来在情报检索语言研究领域方面发表的若干文章,重在反映联机环境中情报检索语言领域国内外的发展状况,对国内图书情报界了解国外有关方面最新动向有参考价值。

科技文献检索教程

张世良主编　平装 32 开　11.60 元
1997 年 7 月出版　7-5013-1425-X

本书主要作为高等院校文献检索课程的教材。共 8 章:1. 文献与文献检索工具;2. 检索语言与检索词表;3. 综合性检索工具;4. 专业性检索工具;5. 专利文献及其检索方法;6. 国内科技文献及其检索工具;7. 特种文献及其检索方法;8. 计算机文献检索。书前有倪晓建的序。

情报文献工作标准化概论

朱南主编　平装 32 开　15.80 元
1997 年 7 月出版

本书为我国第一部专门阐述情报文献工作标准化的著作。共 9 章:1. 总论;2. 符号与编码的标准化;3. 文字罗马(拉丁)字母转写的标准化;4. 术语的标准化;5. 情报文献工作自动化标准;6. 情报文献编目和编辑的标准化;7. 情报文献记录载体的标准化;8. 情报文献工作管理的标准化;9. 标准化管理法规及标准文本的检索。书后附情报文献工作相关国家标准及国际标准索引。

人工智能与情报检索

贾同兴主编　平装 32 开　12.80 元
1997 年 7 月出版　7-5013-1341-5

本书共 5 章:1. 绪论:从认知科学的高度评述了传统情报检索的功过,揭示了人工智能与情报检索在实质上的等同关系,提出了情报系统框架;2. 人工智能:探讨了人工智能 40 年来的成就、研究现状及存在的问题,指出了继续研究的路线,同时介绍了人工智能的基本假设、基本知识和技术;3. 情报检索:探讨了情报检索的超文本技术、情报检索的自然语言处理、知识库的组织技术、并行情报检索、情报检索的不确定性及情报检索的理论基础;4. 智能情报检索的 3 个实例(附录):是国外 3 个处于实验原型阶段的智能情报检索系统;5. 情报检索的理论基础:探讨了情报检索的基础理论学科,介绍了它们的基本理论、研究对象、研究现状及展望,同时介绍了基本知识,提出了情报检索的知识结构图。

大学图书馆导读教程

张世良主编　平装 32 开　9.80 元
1998 年 1 月出版　7-5013-1504-3

"高等学校信息用户教育课程系列教材"之一,重点对低年级同学进行图书馆入门教育。与已出版的《科技文献检索教程》是姊妹篇。共 9 章:1. 大学生与图书馆;2. 高等学校图书馆;3. 图书馆藏书与目录;4. 工具书的使用;5. 期刊的利用;6. 文献的搜集与积累;7. 文献与文献检索;8. 图书馆现代化技术及其应用;9. 未来图书馆的展望。书后附录:1. 北京联合大学图书馆规章制度;2. 中国图书馆图书基本大类简表;3. 世界五大图书馆简介。

走进图书馆·小学生读本

沈岩、宁国誉编　平装 32 开　3.50 元
1998 年 8 月出版　7-5013-1512-4

本书共 6 章:1. 轻轻推开图书馆的大门;2. 千奇百怪的书;3. 大家都到图书馆去;4. 怎样读书收获大;5. 我是合格的小读者;6. 未来图书馆的模样。

走进图书馆·初中生读本

高欣祯、降绍瑞编　平装 32 开　5.80 元
1998 年 8 月出版　7-5013-1526-4

本书共 6 章:1. 它是你知识的源泉;2. 漫话图书馆;3. 请你走进图书馆;4. 学会利用图书馆;5. 学点读书的艺术;6. 迈向新世纪的图书馆。

走进图书馆·高中生读本

康军、杜琛编　平装 32 开　8.50 元
1998 年 8 月出版　7-5013-1525-6

本书共 5 章:1. 书海漫游;2. 图书馆——又一位好老师;3. 出纳台内外;4. 交给你一串金钥匙;5. 未来的图书馆。书后附录:1. 常用参考工具书简目;2. 对世界各国青少年成长起过重大影响的名著;3. 推荐报刊简目;4.《中图法(少图版)》大类及部分类目简表;5.《中图法(第三版)》大类及部分类目简表。

电子信息源与网络检索

谢新洲主编　平装 32 开　17.00 元
1998 年 12 月出版　7-5013-1618-X

本书是国家自然科学基金资助项目成果。共 10 章:1. 绪论;2. 电子信息源;3. Internet 环境下的联机检索;4. 网络检索的基本技术;等等。书后有“中国图书馆网址”等 8 个附录。

文献信息检索教程

任胜国主编　平装 16 开　22.00 元

1999 年 6 月出版　7-5013-1666-X

本书为高校文献检索课程教材。书中系统论述了文献信息的基本知识、文献信息的检索原理,介绍了国内外重要的综合性和专业性的检索工具,并重点论述了计算机信息检索的有关问题。

面向 21 世纪的情报语言学

赵建华、汪东波主编　平装 32 开　24.00 元

2000 年 5 月出版　7-5013-1693-7

本书重点研讨了中国情报检索语言的发展历史,情报检索语言的计算机化和电子化,自然语言情报检索技术,网络环境下的情报检索语言,情报检索语言与标引技术标准化,中外情报检索语言比较,21 世纪情报语言学发展趋势,情报语言学与索引工作现代化,以及情报语言学的新理论、新方法和新技术等问题。

情报语言学词典

张琪玉主编　平装 32 开　35.00 元

2000 年 7 月出版

本书是由我国情报语言学领域的著名专家张琪玉教授精心编著的我国第一部该领域的专业词典,内容包括情报语言学总论、分类法、主题法、自然语言检索、索引法、文献标引和情报检索以及其他相关的名词术语 2300 余条,并有中国情报检索语言语种简目、外国情报检索语言语种简目、中国情报语言学文献简目等附录。

图书馆信息技术工作

沈迪飞主编　平装 32 开　14.50 元

2000 年 10 月出版　7-5013-1699-6

本书总结了近年来国内外图书馆信息工作的理论与实践,除了系统介绍图书馆自动化工作的主要内容,还特别对代表着图书馆信息技术发展方向的网络技术和数字图书馆等做了重点介绍。

图书馆信息服务与管理

刘荣主编　平装 32 开　22.00 元

2002 年 8 月出版　7-5013-1913-8

本书是在国家社会科学基金项目“现代化过程中我国社科图书信息工作管理模式及发展研究”的基础上完成的。全书分为“理论”和“实践”两部分。“理论”部分论述了在现代化过程中,我国图书馆信息工作迫切需要解决的问题、运行机制以及管理与发展模式。“实践”部分通过对不同地区、不同类型图书馆的研究,为我国图书馆信息工作的发展模式提供了借鉴。

信息检索

刘俊熙主编　平装 16 开　25.00 元

2002 年 10 月出版　7-5013-1953-4

本书首先从理论上着重描述了信息系统的组织和存储、检索语言与检索原理,然后对综合信息系统,书目、论文信息系统等不同系统的检索进行了举例说明,最后着力介绍了计算机信息检索,对国内外诸多重要的数据库进行了详尽描述,尤其突出了在因特网环境下,信息资源的查找方法与策略。书后有“中文社科 Internet 网站信息资源”等 6 个附录。

人文社会科学信息检索

马文峰主编　平装 32 开　28.00 元

2004 年 8 月出版　978-7-5013-2453-8

本书为高等院校文献检索课程教材。从手工检索、计算机检索和网络检索 3 个方面对人文社会科学领域内的主要数据库、检索系统、检索途径等做了详细的介绍。

引文索引法的理论及应用

(美)尤金·加菲尔德著,侯汉清等译

平装 16 开　35.00 元

2004 年 8 月出版　7-5013-2438-7

本书是美国著名情报学家尤金·加菲尔德的经典之作。书中对引文索引法的概念、原理,引文索引的设计和方法,它在文献计量、科学计量和管理、期刊引文分析、科学家引文分析中的重要意义、应用原理和方法,以及它作为检索工具的重要意义和应用方法等做了详细的阐述。

如何使用大学图书馆

陈淼、叶升阳主编　平装 32 开　18.00 元

2004 年 10 月出版　7-5013-2594-4

本书旨在帮助大学生了解图书馆的整体情况和具体运作,使其具备利用图书馆的必要知识和技能,掌握打开知识宝库的钥匙。

网络信息检索技术与案例

谢新洲主编　平装 32 开　28.00 元

2005 年 5 月出版　7-5013-2778-5

本书介绍了网络信息检索的基本常用工具、检索技巧,并重点介绍了农业、生物医学、化学化工、军事、专利等方面的主要信息源、主要网络搜索工具,对主要网络信息源都以检索案例的形式详细介绍了其检索方法与技巧。

网络时代的信息组织——第四次全国情报检索语言发展方向研讨会论文集

戴维民、汪东波、赵建华主编　平装 16 开　46.00 元
2006 年 2 月出版　7-5013-2829-3

本论文集收入了我国情报检索语言方面的几乎所有专家和有代表性的新人的论文,除了情报检索语言的兼容性问题、自然语言与受控语言的结合模式问题外,重点讨论了自动分类与自动标引的技术实现问题、网络信息组织的新工具——网络本体语言的介绍及标准体系解析、编辑工具的发展与评价。对网络信息资源的开发与利用所面临的问题及使用工具也有所介绍与讨论。

信息检索问题集萃与实用案例

曹志梅、范亚芳、蒲筱哥主编　平装 32 开　35.00 元
2008 年 3 月出版　978-7-5013-3615-9

本书堪称信息检索方面的"十万个为什么",对于走进图书馆的用户和有一定图书馆利用经验的用户是十分实用的工具书。采用问题分解的方式,把检索技巧、检索工具、检索信息源中经常遇到的问题和难点分解成一个个小问题,用户可有针对性地选择阅读自己感兴趣的部分。

信息检索教程

马文峰主编　平装 16 开　36.00 元
2009 年 2 月出版　978-7-5013-3969-3

本书为高等院校"十一五"教材。从手工检索、计算机检索和网络检索三个方面对人文社会科学和自然科学领域内的主要数据库、检索系统、检索途径等做了详细的介绍,全书侧重于电子检索,全书共分 13 章,层次分明,结构严谨,重点突出,目标明确,系统性强。论述了信息检索的理论与方法;阐述了信息检索的内容与实践,使信息检索的理论与方法和实际操作过程融为一体。

网络环境下信息组织的创新与发展——全国第五次情报检索语言发展方向研讨会论文集

赵建华等主编　平装 16 开　72.00 元
2009 年 12 月出版　978-7-5013-4220-4

本论文集收入了我国图书情报检索语言方面几乎所有专家的文章,重点讨论了情报检索语言发展的现状、趋势及自动标引方法的研究,信息组织学科发展,知识组织系统、框架、模式研究,我国各类主题词表分析研究及发展探讨,网络环境下叙词表编制的方法、模式及发展方向,此外还有张琪玉教授自述学术研究思想,个性化信息服务的介绍与研究。本书的研究内容基本代表了当前我国图书情报检索语言领域的现状与水平。

为人找书 为书找人——如何搜集资料

唐晶、罗欢编著　平装 32 开　30.00 元
2011 年 6 月出版　978-7-5013-4611-0

本书介绍了图书、期刊论文、会议文献、学位论文、新闻资料、研究报告、专利文献、标准、统计资料、事实资料、图片资料、多媒体资源等的查找方法与途径。

教育信息检索与利用

胡文华、陈枝清等著　平装 16 开　40.00 元
2011 年 12 月出版　978-7-5013-4716-2

本书介绍了常用的教育信息的网络资源、特点及其检索方法,对重要的教育信息资源的检索工具进行了介绍,主要对于 CNKI 等高级检索方法,重要的教育信息数据库及网站等进行详尽的讲解,对于从事教育领域的研究人员具有较强的参考价值。

社群信息学:理论与研究

Kate Williams 等编　平装 16 开　90.00 元
2012 年 7 月出版　978-7-5013-4804-6

本书为社区信息学方面的专题文集,收录中外有关社区信息学方面的经典作品,时间跨度从 1977 年到 2011 年。本书为社区信息学方面的专题文集,收录中外有关社区信息学方面的经典作品,时间跨度从 1977 年到 2011 年。本书为社区信息学方面的专题文集,收录中外有关社区信息学方面的经典作品,时间跨度从 1977 年到 2011 年。

大学生与图书馆

马敏著著　平装 32 开　20.00 元
2012 年 7 月出版　978-7-5013-4843-5

本书对于大学生如何利用图书馆来进一步增长知识,提高自身的研究水平具有帮助,着力培养大学生利用图书馆的能力,培养学生自主使用图书馆的意识,同时介绍了一些大学生必须要掌握的图书馆工具书知识。

主题聚类及其应用研究

章成志编著　平装 16 开　48.00 元
2013 年 4 月出版　978-7-5013-4929-6

本书对主题聚类理论、方法、若干关键技术以及应用进行了全面的研究，主要内容包括：自动标引的研究历史、研究方法，并利用当前先进的机器统计系学习模型进行了自动标引的实验研究、提出自动标引的通用评价模型等；对主题聚类中的相似度计算、样本加权聚类方法、聚类结果的描述进行了详细的描述和实验论证，并进行了测评；基于主题聚类方法，进行主题数字图书馆构建、学科热点检测等方面的应用。

张琪玉文集

张琪玉著　精装 16 开　600.00 元

2014 年 6 月出版　978-7-5013-5354-5

收录我国图书馆学界资源组织专家张琪玉先生学术生涯中的有代表性的论文和其他类型成果，主要以情报检索语言类成果为主，包括分类检索语言、主题检索语言、自然语言在情报检索中的应用，兼及索引学成果、网络信息检索工具以及其他学术成果和学术生涯介绍。

文献信息检索技巧

许京生、董文鸳著　平装 16 开　48.00 元

2014 年 7 月出版　978-7-5013-5395-8

信息检索类普及读物，分别介绍了图书馆的基本知识、信息检索的基本知识，分社会科学文献、自然科学文献、介绍了常用工具书及各种工具书的检索技巧和方法，同时，对古代文献列出了利用类书、政书、丛书和方志查找的方法并介绍了重点工具书。针对网络通信技术的迅速发展和信息利用环境的变化，列举了常用中英文检索系统中的常用中文、外文检索系统以及常用电子图书及电子报纸，对常用的评价类数据库也尽量全面而有重点地加以介绍。

协同信息检索行为研究

吴丹编著　平装 32 开　70.00 元

2015 年 9 月出版　978-7-5013-5666-9

本书作者在总结相关协同信息检索行为的相关概念、研究视角、理论基础、影响因素、行为模型、典型系统等理论研究的基础上，从多维角度，采用多种研究方法对协同信息检索的用户行为进行分析研究，并提出了一个协同信息检索行为模型及若干假设。本书中的这些实验研究 将丰富协同信息检索实验研究方法，为日后用户行为实践研究提供借鉴。

张琪玉情报语言学思想研讨会论文集

南京政治学院军事信息管理系编　平装 16 开　80.00 元

2016 年 6 月出版　978-7-5013-5816-8

本书主要收录了“张琪玉情报语言学思想研讨会”的论文 20 余篇，这些论文的主题主要包括张琪玉教授在情报语言学学科领域的突出贡献、其学术思想和研究方法的深远影响、其学术研究的风格品质、情报检索语言学在各行业领域中的应用实践、情报检索语言未来发展方向等。

信息资源检索与利用实用教程

马春晖主编　平装 16 开　48.00 元

2016 年 8 月出版　978-7-5013-5903-5

本书从实际需求出发，尽可能提供国内外最新的信息资源发展情况，列举大量检索实例，突出实用性、指导性和时效性，尤其是对现代图书馆的信息资源平台、网络学科与课程导航、多媒体学习资源、常用个人文献管理工具等的介绍，是以往信息检索教程较少系统涉及的。本书适于做高等学校学生的信息检索课教材，也适于普通大众提高自身信息素养和强化信息检索技能。

生态学资源与利用

隆茜编著　平装 32 开　38.00 元

2017 年 7 月出版　978-7-5013-6127-4

本书作者具有生态学、环境科学、自然地理学等学科背景，常年从事信息检索教学与研究工作，对生态学学科发展和生态学学生需求有精准的把握。经多年积累，著成本书。本书在内容上首先介绍生态学学科发展；其次，分别介绍生态学主要参考图书和期刊资源，并介绍生态学需要参考的电子数据库名称，为学生从众多数据库中找到需要的参考源；最后，针对生态学文献的科学管理、学位论文与科技论文写作以及学术规范等做详细的介绍。本书理顺生态学信息资源的类别、参考书目、数据库列表、论文写作方法等，可作为高校生态学及相关学科的补充教材，也可供从事信息检索工作及生态学相关研究的工作人员参考。

文献学、古籍工作

文献与文献收集

王燕来、张木早编著　平装 32 开　5.60 元

1994 年 12 月出版　7-5013-1183-8

本书系统而简明地论述了文献基本知识，文献的出版发行，国内外重要文献出版发行单位，文献出版的情报源，文献的收集和文献收集的组织管理、协调与合作，以及文献收集现代化等问题。

图书馆古籍整理工作

王世伟主编　平装 32 开　10.50 元

2001 年 12 月出版 7-5013-1696-1

本书论述了古籍的载体与形制、古籍的采编工作、古籍的收藏保护与流通阅览、古籍整理工作的现代化、古籍的开发与利用以及古籍整理工作的相关知识。

中文古籍数字化研究

王立清编著 平装 16 开 38.00 元

2011 年 5 月出版 978-7-5013-4518-2

中文古籍数字化研究是一个综合性课题，涉及文化传承、阅读变迁、数字技术、文献资源建设等多个方面。本书对中文古籍数字化的理论与实践进行了深入研究，探讨中文古籍数字化的发展进程，分析古籍数字化的多元化主体，论证古籍数字化建设的国家控制与管理模式，阐释中文古籍数字化对中华文化传承、读者阅读和传统学术研究的影响。本书适合于高校图书情报学、古典文献学专业的教师学生和相关学者以及图书馆、数字化公司的相关工作人员阅读。

中国传统方志艺文志研究

马春晖著 平装 16 开 60.00 元

2015 年 1 月出版 978-7-5013-5518-1

本书回顾了方志艺文志的基本理论与发展沿革，对艺文内容、艺文体例、艺文著录、艺文编次进行了解析，阐释了方志艺文志的价值，分析了方志艺文志的弊病并对其进行了评论，总结了清代和民国时期方志艺文志的研究成果。

文献用纸保存寿命研究

田周玲著 平装 32 开 48.00 元

2018 年 1 月出版 978-7-5013-6306-3

本书以古籍保护科技研究与发展的难点为突破，立足古籍保护科技研究基础，以研究古籍文献用纸保存寿命评估体系为目标，采用加速热老化的方式，深入研究文献用纸保存寿命的评估问题。研究在热老化过程中，纸张的白度、抗张强度、PH 值、黏度等理化指标与纸张预期保存寿命的关系，力图解决古籍保存保护各种措施和环境的选择、评估和研究中的效果评价问题。研究文献用纸理化性能与保存寿命相关性，构建古籍文献保存寿命及耐久性评估的系统。为今后的文献保存技术的研究建立可参照的坐标系。

惜古拂尘录

姚伯岳著 平装 16 开 98.00 元

2019 年 6 月出版 978-7-5013-6726-9

作者姚伯岳长期致力于版本目录学研究和古籍编目工作。本书是其近十年来关于古籍工作文章的结集，分为四卷：第一卷是关于藏书家的生平及史实钩沉；第二卷是对北京大学图书馆源头及馆史的考证；第三卷为版本鉴定和古籍编目中的发现与问题探讨；第四卷则是对古籍传承的理念认知。通过本书不仅可以看到作者的治学历程、治学态度与治学路径，更可以感受到作者对古籍工作的热爱。沈津和韦力为本书作序。

其他业务工作

俄汉、汉俄图书馆学情报学词汇

姜继主编 精装 32 开 35.00 元

1993 年 1 月出版 7-5013-0874-8

根据苏联和国外出版的多种专业术语词典和教科书编译而成。全书共收词目（包括缩略语）近 2 万条。收录范围包括：图书采购、分类、编目、加工、典藏、流通和参考咨询等图书馆学方面的专业术语，以及情报收集、整理、报道、存贮、检索和传递、研究等情报学方面的术语。此外，还收集了编辑、出版、印刷、复制、计算机技术方面的部分术语。书后附缩略语、汉俄拼音对照表。

俄罗斯图书馆指南手册

段洁滨主编 平装 32 开 60.00 元

2017 年 8 月出版 978-7-5013-6168-7

本书介绍了 438 家俄罗斯图书馆的情况及各图书馆的历史、性质、馆藏服务内容等各种信息，根据俄罗斯图书馆的性质，按区域和领域进行排序。通过本书既可以了解俄罗斯图书馆发展的历史轨迹，也可以了解俄罗斯图书馆今日的现实状况。

报刊资料基础知识问答

倪波主编 平装 32 开 0.80 元

1980 年 1 月出版

书目工作概论

吴式超主编 平装 32 开 1.65 元

1980 年 1 月出版 7-5013-1695-8

俄文音译日文、拉丁文音译俄文科技期刊与连续出版物名称对照手册

北京图书馆科技参考组编　平装16开　2.70元

1980年4月出版

本书收集日、俄文科技期刊与连续出版物5800种，分编为“俄文音译日文科技期刊与连续出版物”与“拉丁文音译俄文科技期刊与连续出版物(正、续两编)”两部分。凡附有英文译名的也一并录上，按照俄文、拉丁文字母顺序排列，供图书情报工作人员在进行外国科技文献检索时使用。

期刊工作浅说

赵燕群编著　平装32开　0.60元

1980年8月出版

本书是著者根据自己的实际工作经验并参考国内外有关文献资料而写成的。共8章：1.期刊的产生与发展；2.期刊的特点与种类；3.期刊工作的内容与工作组织；4.期刊的收集；5.期刊的著录；6.期刊的目录组织；7.期刊索引和文摘的编制；8.期刊工作的现代化与标准化。书后附有期刊名称国际省略法(ISO建议)，英、法、德、俄、意、西班牙、拉丁、波兰8种文字月份表示法，罗马数码表示法，俄—英译音表。

图书馆专业英语选读·英汉对照(第一辑)

图书馆专业英语选读注译小组编

平装32开　0.90元

1981年2月出版

本书以列宁对图书馆工作的指导性文章为首篇，另从英、美等国出版的图书馆学刊中选出文章11篇，内容涉及著录编目、参考咨询、联合目录、机读目录、国际交换、图书馆建筑及图书馆工作自动化等方面。注译人对每篇文章做了简介、注释和翻译。书后附有图书馆专业术语词汇表。

俄文三位著者号码表(兼用两位)

(苏)哈芙金娜编，北京图书馆俄文编目组译

精装32开　2.10元

1981年12月出版

本书是根据苏联图书馆学家哈芙金娜编的《三位著者号码表》1956年第6版翻译的。书中有苏联图书馆学家Ю. В.格里戈利耶夫写的“著者号码表的实质”和“著者号码表使用规则”两文。书后附有外文两位著者号码表、外文著者号码表使用规则。

计算机化图书馆系统引论

特德著，史鉴等译，孟广均等校订

平装32开　1.10元

1981年12月出版

本书根据1977年出版的《计算机化图书馆系统引论》(*An Introduction to Computer-based Library Systems*)一书翻译而成。全书分为三部分11章。第一部分(1—4章)：计算机化图书馆系统综观、计算机是什么、与计算机通讯、在图书馆建立计算机系统，从图书馆工作者的角度介绍计算机系统。第二部分(5—8章)：机读目录、采购和编目系统、流通管理、连续出版物管理，研究计算机应用于图书馆各管理过程的情况。第三部分(9—11章)：计算机编制索引、定题情报提供(SDI)、回溯检索系统，论述计算机化情报检索系统。书后附有二进制运算、图书馆员用计算机词汇、如何计算模数Ⅱ检验位等。

图书馆专业基本科目复习纲要

中华人民共和国文化部图书馆事业管理局主编

平装32开　1.25元

1982年3月出版

本书是图书馆业务职称考核用书，共分两个部分。第一部分包括图书馆学基础、图书分类编目、中文工具书使用法，属中专水平，供申请“管理员”职称而不具备中专水平的图书资料专业干部复习、测验使用；第二部分包括图书馆学基础、图书分类、图书馆目录、目录学概论、科技文献检索、中文工具书使用法，属大专水平，供申请“助理馆员”以上职称而不具备大专水平的图书资料专业干部复习、测验使用。各科复习纲要均提示了该科目的基本要求、基本内容和基本要点，之后列有主要参考教材或参考书。

图书馆助理员手册(英汉对照)

(英)彻格温等著，《图书馆助理员手册》翻译组译，马龙璧校订　平装32开　1.00元

1982年10月出版

本书是根据两位在英国从事图书馆业务与教育工作多年的馆员和讲师弗·约翰·彻格温、菲莉斯·奥德菲尔德合著的《图书馆助理员手册》的正文部分译成的，并以英汉对照的形式出版。内容共分10章：1.读者及其需求——公共图书馆；2.读者及其需求——学校和专业图书馆；3.组织和行政领导；4.采购和库藏登记；5.分类和编目；6.非书资料；7.良好的内部管理；8.借阅程序；9.咨询和参考资料；10.办公室事务工作。

中小型科技图书馆工作

刘延章主编　平装32开　0.52元

1983 年 8 月出版

本书针对中小型科技图书馆的特点，探讨其工作规律和方法。分 6 章：1. 科技文献类型及其收集原则与方法；2. 图书分类法与科技文献分类；3. 科技文献著录与馆藏目录组织；4. 科技文献流通与报道；5. 中外文检索工具简介与科技文献检索方法；6. 中小型科技图书馆的管理工作。

图书馆专业基本科目学习问答

本社编　平装 32 开　1.25 元

1984 年 5 月出版

本书根据文化部图书馆事业管理局主持编写的《图书馆专业基本科目复习纲要》的内容，按“复习纲要”提出的各门课程的学习要点和学习要求，归纳成具体的问题并予以解答。分六部分：1. 图书馆学基础学习问答；2. 图书分类学习问答；3. 图书馆目录学习问答；4. 目录学概论学习问答；5. 科技文献检索学习问答；6. 中文工具书使用法学习问答。

图书馆专业基本科目名词简释

李纪有等编　平装 32 开　0.65 元

1984 年 7 月出版

本书根据北京大学图书馆学系函授教学的需要编写而成。书中收录并简要解释了图书馆学基础、图书分类、图书馆目录、目录学、科技文献检索五门课程中的基本名词术语。所收词条除予以定义和解释外，对复杂的概念还举例说明。

索引的概念与方法

（美）哈罗德等著，王知津、王津生译

平装 32 开　1.25 元

1984 年 12 月出版

本书是美国 Academic Press 出版的“图书馆学情报学丛书”中的一卷。全书共分五部分 16 章，系统地阐述了索引的理论与实践，包括索引的概念、结构与编制法，索引的类型以及计算机应用技术，索引评价和职业化等方面的内容。书后附有书刊名称对照表、机构名称对照表、主题索引。

外文科技期刊工作浅说

汤生洪编　平装 32 开　0.60 元

1985 年 10 月出版　7201.71

本书分 6 章：1. 外文期刊的基本知识；2. 外文期刊的著录工作；3. 外文期刊的目录组织；4. 外文期刊的排架号编制法；5. 外文期刊的装订和整理；6. 外文期刊的采购与补缺。书后附期刊名称缩写规则。

图书情报专业英语教材教学参考书

范崇淑主编，石渤审校　平装 32 开　0.85 元

1987 年 3 月出版　7201.151

本书是《图书情报专业英语教材》一书的学习参考书，内容为教材中 25 篇课文及 10 篇补充阅读材料的译文，并附有中译英的练习参考答案。

英汉图书情报文献学词汇

刘子亚、陆宗城主编　精装 32 开　6.50 元

1987 年 3 月出版　7201.84

本书共收词汇约 2.8 万余条，按字母顺序排列。书后附录：1. 拉丁字母与日文字符音译对照表；2. 俄文—英文字符音译对照表；3. 罗马数字—阿拉伯数字对照表；4. 美国 50 州全称—缩写对照表；5. 八种文字月份名称缩写对照表；6. 八种文字数词对照表。

图书馆统计学基础

（英）辛普森著，崔巍、崔岳译　平装 32 开　1.40 元

1987 年 3 月出版　7201.15

根据英国克莱夫·宾利公司 1983 年再版的 *Basic Statistics for Librarians* 一书译出，分 4 篇：量别资料，质别资料，质别、量别资料，量别、质别资料，共 16 章，涉及内容包括：数字资料的图示方法、平均数、离散、抽样、参数、统计量、概率、统计检验、方差分析、指数、时间序列和回归等，并用实例加以说明，每章结尾均配有一组例题。书后附例题答案、附录。

中学图书馆工作

卢子博等著　平装 32 开　1.10 元

1987 年 3 月出版

全书共分 10 章：1. 中学图书馆的性质、任务与作用；2. 藏书建设；3. 图书分类；4. 图书编目；5. 藏书组织与管理；6. 读者工作；7. 阅读指导；8. 报刊资料工作；9. 中学图书馆工作者；10. 中学图书馆网。

中文工具书

朱天俊、李国新编

平装 32 开　2.00 元　8.10 元　9.80 元

1987 年 6 月出版　1993、1996 年再版

7-5013-0666-4

本书分 11 章：1. 工具书概说；2. 查考汉语字、词；3. 查考古今图书；4. 查考古籍篇目文句；5. 查考报刊论文；6. 查考人物传记；7. 查考地方文献；8. 查考历表年表；9. 查考百科资料；10. 查考时事文献；11. 查考马列主义经典著作。书后附主要工具书书名索引。

中文工具书学习指导书

朱天俊、李国新编　平装 32 开　0.40 元　0.65 元
1987 年 6 月出版　1991 年 4 月再版　7-5013-0682-6

本书按《中文工具书》同样分为 11 章，每章主要讲述内容要点、教学要求等。书前有中文工具书课程说明。

中文工具书教学参考资料

朱天俊、李国新编　平装 32 开　1.60 元
1987 年 6 月出版

针对学习《中文工具书》课程中的难点，选录了 17 篇文章。

图书档案保护技术资料汇编

北京图书馆图书保护研究组编　平装 16 开　3.90 元
1987 年 10 月出版　7-5013-0330-4

本书收集 95 篇文章，分 9 个部分：1. 综合；2. 纸张、字迹保护；3. 库房温湿度管理；4. 虫、霉防治；5. 库房建筑；6. 有害气体、光和尘土的防护；等等。书后附绝对湿度查对表。

图书馆系统分析概论

陈源蒸、陈维新主编　平装 32 开　1.35 元
1987 年 10 月出版　7-5013-0331-2

分上、下两编。上编简述系统科学的应用，主要是图书馆系统的划分和内部构成、计算机对该系统的影响和系统分析技术在图书馆工作中的应用、图书馆系统分析的技术和步骤，以及图书馆应用系统分析技术的条件等问题。下编分别对图书馆各分系统做了系统分析。

图书情报专业英语教材

范崇淑主编，阮珅审校　平装 32 开　2.30 元
1987 年 12 月出版　7-5013-0332-0

本书是为适应图书馆学、情报学专业师生学习英文的需要而编写的。共 25 课，均是从国外出版的原文书刊上选出的文章，每课附有单词及词义，课文有注释、复习题及练习，正课后还有补充阅读材料 10 篇。

图书馆现代化技术

黄万新主编　平装 32 开　2.50 元
1988 年 5 月出版　7-5013-0435-1

全书分 15 章：1. 新技术革命与图书馆现代化；2. 图书馆现代化技术与电子计算机；3. 微型计算机及其在图书情报工作中的应用；4. 图书馆自动化；5. 图书馆业务管理工作自动化；6. 图书馆编目工作现代化技术；7. 连续出版物自动化管理系统；8. 文献叙词标引技术；9. 索引和文摘编制技术；10. 情报检索技术；11. 复制技术及其设备；12. 缩微技术；13. 声像资料服务技术；14. 图书馆科学管理技术；15. 图书馆现代化技术与文献工作标准化。

信息学常识 77 则——通往 21 世纪的护照

（日）日比野省三著，邵占波译，王育林校
平装 32 开　2.15 元
1988 年 12 月出版　7-5013-0461-0

本书共分 77 个题目，以常识的形式阐述了信息的概念，信息的产生、传播、处理和管理，信息的生成和剔除以及信息化社会等问题。

文献情报专业英语

孙心非编　平装 32 开　2.30 元
1990 年 1 月出版　7-5013-0767-9

报刊管理教学指导书

程锦修编　平装 32 开
1990 年 6 月出版　7-5013-0800-4

本书按《报刊管理》同样分为 8 章，每章分内容要点、教学要求、参考复习题三部分。书前有报刊管理教学计划。

报刊管理

赵燕群主编　平装 32 开　1.65 元　7.50 元
1990 年 6 月出版　1996 年 5 月再版　7-5013-0799-7

本书共 8 章：1. 期刊概述；2. 期刊工作的组织管理；3. 期刊的收集；4. 期刊的分类；5. 期刊的著录；6. 期刊资源的开发与利用；7. 期刊工作现代化；8. 报纸的管理与利用。

图书馆自动化入门

邵品洪主编　平装 32 开　2.50 元
1991 年 1 月出版　7-5013-0866-7

图书馆专业人员群众服务导论

（美）马蒂·布卢姆伯格著，吴彭鹏、叶明芬译
平装 32 开　4.50 元
1991 年 6 月出版　7-5013-0854-3

根据该书第三版翻译，是为图书馆媒体技术助理

（Library Media Technical Assistant，简称 LMTA）和专职人员助手写的群众服务及基本参考资料导论。共 24 章：1. 图书馆一般介绍；2. 流通服务：读者登记；3. 流通服务：流通控制系统；4. 流通：馆藏控制；5. 参考服务；6. 参考源：目录；7. 参考工具书：图书馆分类法；8. 参考工作：脚注与参考书目款目（书目引文）；9. 参考资料；10. 参考资料：历书与年鉴；11. 参考资料：词典；12. 参考资料：综合百科全书；13. 参考资料：传记信息；14. 参考资料：目录和目录指南；15. 参考资料：地图集和地名索引；16. 参考资料：指南与手册；17. 参考资料：索引；18. 参考资料：人文学科；19. 参考资料：社会科学；20. 参考资料：科学；21. 参考资料：非书资料文献源；22. 参考资料：政府文献；23. 馆际协作和馆际互借；24. 参考服务：特种资料与服务。

图书馆与社会

程亚男主编　平装 32 开　6.10 元

1993 年 10 月出版　7-5013-1087-4

论述图书馆与社会各方面关系。共 8 章：1. 现实的透视——关于图书馆发展的社会问题；2. 历史的沉思——我国图书馆事业发生、发展及其原因；3. 图书馆与社会经济；4. 文化、科技与图书馆；5. 图书馆的社会交流系统：出版与阅读；6. 绝对与相对——文献价值及效益；7. 图书馆：中国与世界；8. 走向新世纪的思考与选择——关于图书馆未来的几个问题。书前有题记，书后有“结语——走向灿烂的明天”。

索引技术和索引标准

侯汉清主编　平装 32 开　15.00 元

1997 年 10 月出版　7-5013-1452-7

“索引研究论丛”之一。收入论文 24 篇。

中文工具书基础

朱天俊、李国新主编　平装 32 开　19.80 元

1998 年 10 月出版　7-5013-1496-9

本书是在《中文工具书》（书目文献出版社，1987）的基础上编写的一本关于中文工具书理论知识与实际应用的基础教程。书中强调了对工具书类型及结构的解说与剖析，提出了有关工具书鉴别、评论的机理与原则，归纳了利用工具书解决实际问题的思路、途径与方法，选收了近年来出版的重要工具书，为求反映 90 年代以来国内中文工具书的概貌，书中增加了有关计算机化工具的内容。

图书馆业务研究与业务辅导

王学熙主编　平装 32 开　10.50 元

2000 年 11 月出版　7-5013-1723-2

本书论述了图书馆业务研究与辅导工作的意义、作用与内容，并系统地论述了图书馆员的继续教育、图书馆业务档案的管理以及业务辅导工作的原则、形式与方法。

图书馆与非物质文化遗产

方允璋主编　平装 32 开　25.00 元

2006 年 9 月出版　7-5013-3133-2

本书分析了图书馆支持参与非物质文化遗产抢救保护工作的意义及中国图书馆参与非物质文化遗产抢救保护的角色，针对非物质文化遗产知识组织的特点，阐述了图书馆工作支持与方法可起到的作用。

公共图书馆业务工作的思考

徐晓军主编　平装 16 开　35.00 元

2007 年 8 月出版　978-7-5013-3509-1

本书为浙江图书馆工作人员的论文集，内容既包括编目标引、参考咨询、资源配置、文献采访、工具书利用、缩微等图书馆基本业务的研究，又有读者书评、社区讲座等创新性延伸服务的深层次探索。

图书馆这一行

（美）劳拉·凯恩著，凤仪知识产业股份有限公司编译组译　平装 32 开　28.00 元

2007 年 9 月出版　978-7-5013-3517-6

原版由美国图书馆协会出版。这是一部生动有趣的图书馆就业指南。本书以访谈的形式生动地描述了当前美国图书馆业界的工作面貌。全书分 6 章：公共图书馆这一行，中小学图书馆这一行，大学图书馆这一行，公司内部及自由职业图书馆员，医学和法律图书馆这一行，图书馆馆长。在每一章，作者首先介绍这一行的整体情况，然后选择几个代表人物做访谈，在每章最后，作者列出这一行主要有哪些工作职位，并具体介绍每个职位的工作内容及要求。特别推荐：本书可作为图书馆新员工培训用书。

图书馆职业英语阅读

肖燕编　平装 16 开　36.00 元

2009 年 7 月出版　978-7-5013-3999-0

本书针对图书馆职业培训和高等学校专业教育的需求，以经典权威、凝练、与时俱进、兼容并蓄为指导思想，纵横挖掘百年以来中外图书馆专业英语文献和网络资源，精选并摘录权威工具书、经典著作片断、专业机构网站发布的信息以及有影响的图书馆学家、管理者和其他相关领域重要人物的论述，辅以编者的评介与分析。

图书资料业务人员·文献修复师

文化部文化艺术人才中心、文化部职业技能鉴定指导中心组织编写　平装16开　68.00元

2009年9月出版　978-7-5013-4053-8

本书针对从业人员的实际需要，以提高学习者的专业知识为出发点，由从事文献修复研究、管理及实际操作的人员编写。分基础知识和基本技能两个部分。

新世纪科技期刊管理

肖先福编著　平装16开　59.00元

2010年4月出版　978-7-5013-4345-4

本书介绍了新世纪科技期刊的管理问题。作者从事科技期刊管理多年，总结多年的经验，将其提炼升华，针对新世纪科技期刊的新变化，给出了有针对性的管理策略。

英汉—汉英图书馆实用核心词汇

邹秀英、舒悦编　平装16开　100.00元

2010年11月出版　978-7-5013-4011-8

本词典广泛收录现代图书信息科学及古典文献学的大量基础术语，涵盖与其相关的编辑、出版印刷、文化、教育、语言等领域的词汇，同时加入近三年来在图书信息学方面出现的大量新词、术语，尤其是开放获取、机构典藏、网络2.0技术在图书信息学领域的运用及图书馆管理理念方面的转变等相关新词。词典收录6000余条条目。

图书资料专业技术资格考试辅导指南

曹宁主编　平装32开　35.00元

2011年3月出版　978-7-5013-4344-7

本书参考了图书馆学、信息组织学、文献检索学等学科的权威教材，结合北京市、江西省、辽宁省、河南省等考试大纲和考卷结构，并参照全国各大院校信息管理专业的指定教材，收集和整理了近三年职称考试典型考题，有针对性地编写了配套题目，并对这些典型题进行详细解析，以帮助读者加深对相关内容的理解，减轻寻找大纲要点、试题及整理答案的痛苦，让读者用最少的时间获得更多的重点、难点解析。

文化行业考试专用教材·舞蹈演员（芭蕾舞专业）理论考试指南

文化部文化艺术人才中心、文化部职业技能鉴定指导中心编

平装16开　39.00元

2011年3月出版　978-7-5013-4471-0

本书属于文化行业的考试指导教材，为芭蕾舞专业的舞蹈演员理论考试提供指南。把各级别芭蕾舞专业舞蹈演员应该掌握的基本知识、基本技能与技巧都做了详细的规定与解析，并附考试模拟题。

文化行业考试专用教材·古汉语

文化部文化艺术人才中心编　平装16开　38.00元

2011年8月出版　978-7-5013-4648-6

文化行业考试专用教材：该教材分上下两编，上编为古代诗文选，每篇时文包括原文、题解、注释、译文参考等内容；下编为古汉语基础，包括汉字、词汇、语法知识讲述和练习。

图书馆学随笔——图谋博客精粹

王启云著　平装32开　36.00元

2011年12月出版　978-7-5013-4702-5

本书收录了图谋博客的精选文章，分为6个部分，从多个方面反映了作者对于图书馆学情报学的思考与探索，反映了一名青年馆员的追求与探索。

图书馆业务外包及其发展趋势

刘淑华著　平装32开　48.00元

2015年4月出版　978-7-5013-5575-4

本书围绕图书馆业务外包及其发展趋势展开讨论，分绪论、图书馆业务外包的优势与风险、图书馆业务外包决策、图书馆业务外包过程管理、图书馆业务外包的发展趋势和附录6个部分，讨论了图书馆业务外包的背景及相关理论、业务外包的优势及可能面临的风险、图书馆业务外包目标和范围的确定、评价和选择外包商、图书馆业务外包过程管理的原则、外包过渡阶段的管理、外包质量管理、外包关系管理以及图书馆未来发展方向和图书馆业务外包的发展趋势。

国家图书馆业务规范

毛雅君主编　平装32开　38.00元

2017年6月出版　978-7-5013-6105-2

本书围绕图书馆采、编、阅、藏、参的全业务流程，按工作性质和工作流程分别编写，包括文献采选工作、文献编目工作、读者服务工作、文献库房管理工作、参考咨询工作、数字资源建设工作、文献缩微复制工作、自动化工作、文献保护与修复工作和其他工作共十个部分。特别针对当前信息化高速发展、数字图书馆建设蓬勃开展的图书馆业务发展新特点，制定了数字资源建设、电子出版物采选等业务工作规范，覆盖当前图书馆几乎所有业务工作范畴。

书目、索引、文摘

1974—1978 中文图书印刷卡片累积联合目录

北京图书馆中文统一编目组编　精装 16 开　15.00 元
1979 年 12 月出版

本书汇集了 1974 年 10 月—1978 年 8 月期间编印的中文图书印刷卡片 1.6 万余张（种），依照《中国图书馆图书分类法》的分类体系进行编排，同时注出了北京图书馆、上海图书馆、广东省中山图书馆、辽宁省图书馆、甘肃省图书馆和四川省图书馆等 6 个单位的索书号码。

西文参考工具书联合目录

北京图书馆联合目录编辑组编　平装 16 开　1.80 元
1980 年 8 月出版

本书按《中国图书馆图书分类法》（第一版）类目编排，收录了我国 146 个图书馆入藏的英、德、法、波、捷、罗、匈、意、西班牙等国文字的参考工具书 2171 种。所收各书的著录项目包括：顺序号、著者、书名、版次、出版地、出版年、页数或册数、馆代号、汉译书名。书前有类目表、参加馆代号表，书后附书名索引。

1976—1978 西文科技会议录联合目录

北京图书馆联合目录编辑组编　平装 16 开　3.80 元
1981 年 3 月出版

本书收录全国 129 个图书馆收藏的西文科技学术会议录 4976 种，分为正文与索引两部分。

国外研究中国问题书目索引（1977—1978）

北京图书馆、中国社会科学院情报研究所编
平装 16 开　2.80 元
1981 年 7 月出版

本书选收 1977—1978 年英、法、德、日、俄 5 个文种 319 种社会科学期刊的论文题录 4081 条，1974—1978 年 5 年入藏的英、法、德、日、俄 5 个文种社会科学图书目录 1903 条，先以文种（西文、日文、俄文）为序，再按学科分类编排。

西文工业技术图书联合目录

北京图书馆联合目录编辑组编　平装 16 开　5.80 元
1981 年 7 月出版

本书反映了我国 146 个图书馆入藏西文工业技术图书的情况。

1982 年全国预订外文报刊联合目录（全二册）

《全国预订外文报刊联合目录》编辑组编
精装 16 开　16.00 元
1982 年 5 月出版

本书反映了 1982 年全国各省、市图书馆、科研单位、大专院校、情报所等 706 个单位通过中国图书进出口总公司订购的各文种、各学科的原版外文报刊约 1.8 万余种，内容分五部分：正文、补遗、拉丁字母报刊名称索引、斯拉夫字母报刊名称索引、日文报刊名称索引。

《图书分类目录导片》汉英对照类名简目

书目文献出版社编　平装 16 开　0.55 元
1982 年 6 月出版

本书是我社编辑、出版的《图书分类目录导片》（修订版）的类目索引。条目从原来的 878 条增加到 1296 条，其中科技类目增补较多。

1979—1980 西文科技学术会议录联合目录

北京图书馆联合目录编辑组编　平装 16 开　4.20 元
1982 年 6 月出版

本书是《1976—1978 西文科技会议录联合目录》的续编，收录全国 113 个图书馆 1979—1980 年收藏的西文科技学术会议录3957种，文种包括英、德、法、波、捷、罗、匈、意、西等。

拉丁文音译日文科技期刊与连续出版物名称对照手册

北京图书馆科技参考组编　平装16开　3.15元
1982年6月出版

本书收录日文科技期刊与连续出版物1.1万余种，全部按日文期刊与连续出版物的拉丁字符音译刊名字顺排列。凡是原日文刊名附有英文译名的一并录上。

中国图书馆学会第一、二次科学讨论会论文摘要

中国图书馆学会论文摘要编辑组编
平装16开　2.50元
1982年10月出版

本书内容涉及图书馆学与图书馆工作的各方面，按论文主题分为10类：1. 图书馆学基础理论研究；2. 图书馆建设；3. 图书馆教育，人员培养；4. 图书采访，藏书建设；5. 读者工作、图书利用与经济效果；6. 文献检索方法，分类法与主题法；7. 情报资料工作；8. 图书编目；9. 目录学，图书目录；10. 图书馆工作现代化，图书馆建设与设备。

1962—1978年全国西文期刊联合目录（科技部分）（全三册）

北京图书馆联合目录编辑组编　精装16开　30.00元
1982年12月出版

本书是北京图书馆联合目录编辑组继1959年、1964年编的两部《全国西文期刊联合目录》（正、续编）科技部分的续编，收录了全国105个单位1962—1978年收藏的西文（英、德、法、西、意、罗、波等）刊物18900余种，采取最新刊名集中著录，刊名按实词（首字母大写）字母顺序排列。

日文图书目录汉字检字表

北京图书馆东方语文编目组编　平装32开　1.20元
1982年12月出版

本书根据北京图书馆日文图书字顺目录《书名和著者目录》的组织方法，按日本汉字笔画和笔形组织编写而成。

1979—1980中文图书印刷卡片累积联合目录（全二册）

北京图书馆中文统一编目组编　精装16开　20.00元
1983年12月出版

本书是继《1974—1978中文图书印刷卡片累积联合目录》出版后的第二集，汇集了1978年9月—1980年年底编印的中文图书印刷卡片2万余种。

图书馆学论文索引（1949.10—1980.12）

南京图书馆编　平装32开　2.55元
1983年12月出版

本书是在1959年版《图书馆学论文索引》第二辑的基础上补充修改而成。收辑8770条目，选自70种专业期刊（目录附后）、24种论文资料集，还收部分社会科学、自然科学期刊和大学学报上登载的有关文章，分类基本上按《中国图书馆图书分类法》（第二版）的体系。所收条目一般按内容归类，同一类目之下基本上按文章发表时间排列，同年出版的按论文集、刊、报次序排列。书前有《选收书刊一览表》，书后附有著者姓名笔画索引。

日本主要参考工具书指南（自然科学）

纪昭民等编译　平装32开　1.25元
1984年3月出版

本书根据日本图书馆协会日本参考图书编辑委员会1980年编辑出版的《日本的参考书——解说总览》一书的自然科学部分选编，包括辞典、手册、图谱、年表等，共1055种，按照《中国图书馆图书分类法》自然科学的类别分类排列，同类书按书名的汉字笔画排列。每种参考工具书包括中文译名、原文书名、编者、出版者、出版年、页数、内容简介等项目。

图书馆学目录学资料汇编

书目文献出版社编　平装16开　3.70元
1984年3月出版

本书选收了20世纪50年代我国图书馆界著名学者、专家以及图书馆工作者和高等学校图书馆学系的教学人员的文章、讲义和实习报告等，涉及采访、分类、编目、参考工作、馆际协作以及目录学等方面。此外，还收集了几篇国外资料。

1962—1978年全国西文期刊联合目录分类索引（科技部分）

北京图书馆联合目录编辑组编　精装16开　9.50元
1985年8月出版

本书为附有汉译刊名的分类索引，按《中国图书馆图书分类法》分类。书前有说明、编例、类目表。

科学技术情报参考书目(全二册)

(美)刘钦智编,范铮译
平装 32 开　上册 2.30 元　下册 2.40 元
1985 年 11 月出版

本书是天津大学图书馆范铮根据美籍华裔图书馆学专家刘钦智编写的 *Scientific and Technical Information Sources* 一书译出的。全书分为 23 个类目,共计 3761 条,分上、下册出版。上册内容为:评论性资料;选书工具;文献指南;书目;百科全书;字典;手册;表、历书、数据集、统计资料便览、参考资料、实验室便览、工作便览、使用便览;指南和野外指南;图集和地图等。下册内容为:名录、年鉴、传记资料;历史;重要丛书和其他进展评论;论丛和专著;文摘、索引和最新资料通告;期刊;技术报告和政府文献;会议论文集、译丛、学位论文、进展中的研究、预印本和重印本;专利和标准;商业文献;非印刷资料;专业学会及其出版物;数据库。

中国图书馆学会第三次科学讨论会论文摘要

中国图书馆学会论文摘要编辑组编
平装 16 开　1.30 元
1986 年 4 月出版

本书是中国图书馆学会于 1982 年 10 月 29 日—11 月 2 日在昆明召开的第三次科学讨论会的论文摘要。这次讨论会的题目是“图书馆在社会主义物质文明和精神文明建设中的地位和作用”“图书馆学研究和图书馆事业发展中新问题的探讨”。第一题内容在本汇编中占较大比重。第二题内容涉及面较广、类目多,为了便于查看,粗分了 6 个类目。

中国文学目录学

谢灼华编著　平装 32 开　2.20 元
1986 年 5 月出版

本书为武汉大学图书情报学院图书馆学专业教材。全书共分 11 章,系统论述了中国文学目录的产生、发展和价值,详细分析了文学目录的编制原理、方法和特点,重点介绍了我国古典文学书籍的出版和流传情况。书中著录古典文学的书目索引 861 种,有选择地评价了 227 种。书后附征引参考书举要、书名索引。唐棣华封面题字。

1985 年《台港及海外中文报刊资料专辑》题录索引

北京图书馆文献信息服务中心编
平装 16 开　3.60 元
1986 年 6 月出版

1986 年《台港及海外中文报刊资料专辑》题录索引

北京图书馆文献信息服务中心编　平装 16 开　8.20 元
1987 年 6 月出版

科技参考工具书综览(全二册)

北京图书馆科技参考组编　平装 16 开　8.30 元
1987 年 12 月出版　7-5013-0334-7

在 1980—1981 年印发的《国外科技参考工具书》油印本基础上编写而成。收录范围包括自然科学与技术的各个专业,是一本科技参考工具书的检索指南。共收录国内外出版的各种科技参考工具书 5785 种。按文种分编为中文篇与外文篇。中文篇着重介绍 1975—1981 年国内外(包括港、台)出版的中文科技参考工具书 1648 种,每种图书都做了内容简介。外文篇主要介绍 1976—1981 年国外出版的英、日、俄、德、法等文种的科技参考工具书 4137 种,并选择其中的 599 种做了内容简介,其余 3538 种只做了著录,依西文(英、德、法)、日文、俄文顺序排列。所收录的图书统一编排顺序号,按书的类型分为 12 大类。书后附刘克俊关于科技参考工具书的介绍性短文 3 篇,还有按学科分类编排的主题索引。

建国以来全国图书馆学情报学书刊简目(1949—1986)

《当代中国的图书馆事业》编辑部、中国图书馆学会编辑出版委员会合编　平装 16 开　2.40 元
1988 年 11 月出版　7-5013-0451-3

以北京图书馆图书馆学编辑部所收资料为基础,参考北京大学图书馆学系资料室、中国科学院图书馆等单位藏书及 1979 年中国图书馆学会筹委会编印的《图书馆学书刊资料展览目录》等有关资料编排而成。共三部分:1. 图书目录,收录 1949—1986 年国内(不含台、港、澳)各出版社和单位印行的中文图书馆学、图书学、目录学和情报学图书以及图书馆学的专科书目索引 1116 种;2. 期刊目录,收录 1950—1986 年刊行的全国(不含台、港、澳)图书馆学、情报学刊物 116 种;3. 附:书目索引选目,收录中华人民共和国成立以来国内(不含台、港、澳)书目索引 354 种。书后附统计图。

西文科技学术会议录联合目录(续编)

北京图书馆联合目录编辑组编
精装 16 开　38.50 元
1989 年 6 月出版　7-5013-0672-9

收录全国 94 个图书馆入藏的西文(英、德、法、波、捷、罗、匈、意、西等文种)科技学术会议录(原版)7100 余种。

全国西文连续出版物联合目录(1978—1984)(全五册)

北京图书馆报刊联合目录编辑组编
精装16开　415.00元
1990年2月出版　7-5013-0765-2

我国第一部采用国际标准著录、实行计算机辅助编目的大型全国西文连续出版物联合目录。

日汉图书情报学常用词汇

金凤吉、王逮忠主编　精装32开　10.00元
1990年11月出版　7-5013-0693-1

我国第一本日汉图书情报学的工具书。共收词汇14700余条,除收录图书情报的搜集、整理、调研、报道、咨询、提供服务方面的词汇外,还适当收录了与图书情报工作有密切关系的计算机技术、缩微复制技术、声像技术及出版、印刷、发行等方面的词汇。书后附有日本汉字读音索引、主要英文缩略语一览表。

文摘的概念与方法

(美)哈罗德·博科等著,赖茂生、王知津译
平装32开　4.20元
1991年6月出版　7-5013-0847-0

美国学术出版社出版的"图书馆学情报学丛书"中的一卷,与我社1984年12月出版的《索引的概念与方法》同为关于文摘索引的姐妹篇。共9章,分文摘的性质,文摘编制工作程序,管理、自动化及人员三部分。总结了文摘编制的理论与实践,阐述了文摘的特点、类型、用途、发展历史、评价指标、编写规则及标准、内容格式、编辑出版、文摘服务以及自动化与职业化诸问题。书后附录术语表、书刊名称对照表等。

台港工具书指南

北京图书馆工具书室编,邱德新主编
平装32开　3.20元
1991年10月出版　7-5013-0863-2

收录1950—1987年间由台湾和香港学人自己编译、出版的中文工具图书4000种,其中200种附有内容提要。收录范围以20世纪70年代以后的出版物为主,人物传记只收百人以上的传记汇集。凡北京图书馆有藏的图书,书后都注明了馆藏号。以工具书的习惯类分方法,分为8类:1.类书政书百科全书;2.字典词典;3.年鉴统计;4.目录索引;5.年表历表;6.人物传记资料;7.舆图地志;8.手册指南。

图书馆学情报学词典

周文骏主编　精装32开　19.00元　23.00元
1991年12月出版　1993年7月再版
7-5013-0861-6

本书收录图书馆学、情报学、目录学、文献学,以及编辑、出版、发行、电子计算机技术等方面的名词术语、机构、人物和书刊等词目3500多条。正文词目按汉语拼音字母顺序排列。词目后尽量附加外文名称。引用的资料一般截止到1989年。书后附有词目笔画索引、词目西文名称索引。

学校班集体建设辞典

唐云增主编,管家桂、赵慧贞副主编
平装32开　14.90元
1992年12月出版　7-5013-0978-7

本书是一部介绍班集体科学理论和班集体建设实践经验最新成就的工具书。

图书馆学情报学论文索引(1981—1989)

南京图书馆编　精装16开　74.00元
1993年1月出版　7-5013-0906-X

本社1983年出版的《图书馆学论文索引(1949.10—1980.12)》的续编。收录了1981—1989年期间发表在国内专业期刊、论文集、大专院校学报以及部分报纸上的有关图书馆学、文献学、版本学、目录学、情报学等方面的论文资料篇目共30100余条,主要选自79种专业及相近专业期刊、46种论文集、40余种大专院校学报和数种报纸上登载的文章。省级以上专业刊物发表的论文为收录重点。

英汉俄汉文献工作常用缩略语词典

闭天冼编译,黄宗忠、周弦波审校
平装32开　9.10元
1996年5月出版　7-5013-1264-8

根据中国图书馆学会1985年编《西文文献著录条例》编译,收录书刊和视听资料著录各项常用的著作方式、版本、出版地、出版家、页数、卷数、插图等的缩略语。收词3200余条,以英、俄语为主,亦有法、德语等文种。共四部分:1.英(西)语文献工作常用缩略语;2.英(西)语刊名常用缩略语;3.俄语文献工作常用缩略语;4.俄语刊名常用缩略语。

现代索引文摘法

王知津主编　平装32开　16.00元
1999年5月出版　7-5013-1592-2

现代索引文摘法主要是指由计算机自动或由计算机辅助进行文献主题标引、编制索引和文摘，以区别于传统的人工标引和人工编制索引文摘。本书是在完成原国家教委人文、社会科学研究“九五”规划项目“现代文摘索引法模式研究”的基础上编写的。共7章：1.现代标引法基本原理；2.现代标引法及其技术；3.现代索引法基本原理；4.现代索引法及其技术；5.现代文摘法基本原理；6.现代文摘法及其技术；7.Internet索引文摘服务。书前有周文骏的序。

期刊工作文摘（1989—2000）

黄晓鹂、廖志江、叶素萍主编　精装16开　380.00元
2001年9月出版　7-5013-1823-9

这是一部有关期刊工作的论文文摘。收录了1989—2000年近700种中文期刊、图书、文献汇编中的论文12000余篇，内容涉及期刊编辑出版、期刊研究、期刊管理与开发利用、期刊工作现代化、期刊计量学研究、核心期刊、检索期刊、期刊学研究等方面。收集论文较为齐全，引用期刊、著作种类较多，是有关期刊工作的较为全面、权威的二次文献工具。

图书馆学情报学论文索引（1990—1994）

南京图书馆编　精装16开　180.00元
2002年2月出版　7-5013-1865-4

本书是1993年出版的《图书馆学情报学论文索引》（1981—1989）的续编。所收26088条论文资料以省级以上刊物发表的论文为主，省级图书馆、省级以上图书馆学会和高等院校图书馆出版的图书情报学论文集兼收之。所有论文条目一般按内容归类排序，同一类目下的条目基本上按论文发表时间的先后为序排列。书前有《收录期刊、论文一览表》。

国家图书馆出版社图书馆学情报学著作提要（1979—2009）

姜红、宋安莉编撰　平装16开　38.00元
2009年8月出版　978-7-5013-4075-0

本书收录建社以来出版的图书馆学、情报学著作近600余种，分别著录书名、著者、出版日期、装帧、开本、千字数、页数、定价、内容提要等项。全书以出版时间为序，相关图书集中排列。书后附历年获奖图书目录、书名索引、著者索引。

中国图书馆学著作书目提要（1909—2009）

卓连营、李晓娟主编　精装16开　660.00元
2012年8月出版　978-7-5013-4570-0

本书共收录1909年至2009年间我国出版的图书馆学相关著述6361种，其中包括港台地区的部分图书馆学著作，应该说是迄今为止收录国内图书馆学著述最为详尽的一部重要参考工具书。以中图法四版的分类体系为依据，将所收录图书分为24个大类，每类书按照出版时间先后顺序排列，详细著录了书名、作者、出版者、出版时间、页数、馆藏地点等，并详细介绍了所著录图书的主要内容和特色。书后附书名索引、作者索引。本书的出版，对我国图书馆学研究意义重大。这是我国第一部详细梳理百年来我国图书馆学著做出版状况的书目提要类著作。

民国图书馆学文献学著译序跋辑要

刘宝瑞、秦亚欧等编校　平装16开　120.00元
2012年12月出版　978-7-5013-4899-2

本书收录了清朝末年至1949年图书馆学文献学著作的序跋。民国期间，随着图书馆学的发展，中国的图书馆学著作开始出现并不断增长，民国期间的图书馆学著作内容丰富，是研究中国图书馆史不可缺少的资料。本书辑录的民国图书馆学序跋，给中国图书馆学史研究提供了丰富的史料。

民国时期图书馆学三种期刊分类索引

辜军、葛艳聪、李翠薇编　平装16开　90.00元
2013年8月出版　978-7-5013-5159-6

本书由国家图书馆参考部编辑完成，是影印版民国时期图书馆学方面三种重要刊物《中华图书馆协会会报》《图书馆学季刊》《文华图书馆学专科学校季刊》的篇名索引，制作较为成熟、检索比较方便，为使用这三种刊物提供了极大的方便。

中国哲学社会科学类学术图书基本书目（1995—2005）

吴志荣、蔡迎春主编　精装16开　380.00元
2013年10月出版　978-7-5013-5164-0

本书将1995—2005年出版的有价值的哲学社会科学类学术图书的书目数据汇总，并对各类入选书目进行系统分析。运用定量与定性相结合的方法对1995—2005年间我国出版的哲社类图书进行分析和筛选，而后编撰出一部我国在这个时间内出版的哲学社会科学类图书的标准书目，作为馆藏质量测评的有效工具，并为研究有价值图书缺藏的原因及有价值图书产生及增长的规律提供基础，而更重要的是，能为相关学科的研究者和学习者发现有价值的文献，起到导读作用。

学术研究

图书馆建筑的计划与设计

(英)汤普逊著,于得胜等译,吕樾校订
平装 16 开　3.00 元
1981 年 12 月出版

本书是根据英国图书馆学会主席 G. 汤普逊(Godifrey Thompson)的《图书馆建筑的计划与设计》(*Planning and Design of Library Buildings*)第二版(英国伦敦建筑出版社,1977 年)翻译的。共 20 章:1. 各种图书馆;2. 准备工作;3. 初步设计纲要;4. 初步设计纲要(续);5. 可行性研究;6. 补充设计纲要;7. 基本方案设计;8. 布置和基本尺寸:家具与设备;9. 布置和基本尺寸:密集式书架;10. 阅览区;等等。

刘国钧图书馆学论文选集

刘国钧著　平装 32 开　1.85 元
1983 年 6 月出版

本书为纪念刘国钧先生逝世一周年而出版,收录刘先生关于图书馆学方面的重要文章 37 篇,由史永元、张树华合编。书后附张雨生、戴龙基合编的刘国钧先生著译系年目录。

目录学论文选

李万健、赖茂生编　平装 32 开　2.30 元
1985 年 8 月出版

本书选收中华人民共和国成立 30 年以来报刊上公开发表的目录学研究文章 36 篇,重点放在目录学基本理论研究和目录学史研究方面。内容包括:目录学的意义、对象和任务的研讨,专科目录学的研究,历代重要目录学著作及目录学家的分析研究,以及目录学研究方法的讨论研究等。

图书馆建筑

鲍家声主编　平装 16 开　7.50 元
1986 年 9 月出版

本书以 1977 年鲍家声编写的《图书馆建筑设计》为基础,增加了姚宇澄从事图书馆建筑设计和研究所积累的资料和手稿,赵富赤在北京图书馆新馆建设工作中所收集的有关图书馆现代化设备和新结构方面的资料,以及倪波在图书馆多年工作的经验和心得。全书分两个部分:第一部分是图书馆建筑设计的基本理论和方法,共 10 章;第二部分为图书馆建筑设计实例图录,共收集 60 余幅各种类型、不同规模的图书馆建筑设计图和照片,并撰有文字简介。

图书馆和计算机

(日)坂本彻朗著,金凤吉、孙蓓欣译
平装 32 开　1.30 元
1986 年 12 月出版

根据日本图书馆协会 1983 年 11 月出版的坂本彻朗先生著《図书館とコンピユータ》一书译出。日本图书馆协会将该书列为“图书馆员选书”丛书。分四章:新型图书馆、图书馆计算机化的状况、BALLOTS—计算机化的模式、系统开发的指导思想。介绍了图书馆计算机化的必要性和可能性,论述了实现计算机化的方法、步骤及有关技术问题,列举了世界各国各类图书馆应用计算机的例子,总结了成功的经验和失败的教训,并加以理论化。书后附主要略语一览表。

文献计量学引论

罗式胜著　平装 32 开　2.40 元
1987 年 2 月出版

本书分基础理论和应用两部分,共 21 章。介绍了图书馆及情报单位进行文献统计分析的各种具体方法、步骤、统计公式、研究手段,以及与之有关的基础知识和

理论,并结合我国图书情报工作的具体实践列举了大量实例。书后有附表1:相关系数表;附表2—A:1978年《科学引证索引》多学科核心期刊500种表;附表2—B:500种核心期刊表。

国际图书馆协会联合会年会论文选译系列(6种)

国际图书馆协会联合会第48届至50届大会论文选译

文化部图书馆事业管理局科教处等编
平装16开　3.95元
1987年4月出版

本书收录从国际图联第48、49、50届大会300多篇论文中选出来的论文70篇,其中第48届大会论文26篇,第49届大会论文41篇,第50届大会论文3篇,内容涉及图书馆学理论探讨、技术研究、人员培训、图书保护、馆舍建筑以及各种类型图书馆工作情况等。书前有鲍振西的前言。

国际图书馆协会联合会第51届至53届大会论文选译

文化部图书馆司科教处等编　平装16开　12.50元
1991年12月出版　7-5013-0880-2

继1987年出版的《国际图书馆协会联合会第48届至50届大会论文选译》之后的又一本国际图联论文译文集,内容涉及图书馆服务与管理、教育与理论研究、资源共享、图书保护、新技术的开发与利用、图书情报工作的趋势与未来发展战略等。收国际图联第51届大会论文29篇,第52届大会论文20篇,第53届大会论文57篇。

国际图书馆协会联合会第56届大会论文选译

丘东江主编,姜炳炘、林德海总审校
平装16开　11.50元
1992年9月出版　7-5013-0935-3

国际图联第56届大会于1990年8月18日—24日在瑞典斯德哥尔摩举行,主题是“图书馆,为知识服务的信息”。在会上交流的论文有117篇,本书收录其中的37篇,内容涉及国际图联的核心计划和一些部组的工作情况,有代表性的国家的图书馆工作理论研讨、技术研究、人员培养及图书馆服务等方面。

国际图书馆协会联合会第57届大会论文选译

丘东江主编　平装16开　19.20元
1996年4月出版　7-5013-1261-3

国际图联第57届大会于1991年8月18日—24日在苏联莫斯科召开。此次大会的主题为“图书馆与文化——它们之间的关系”,意在探讨图书馆在世界各国文化发展和交流中所起的作用。本书收入大会论文40篇,内容涉及国际图联一些部、组的工作情况,少数有代表性的国家的图书馆工作理论与实践、技术方法、人员培训以及建筑规划等。

国际图书馆协会联合会第58、59届大会论文选译

北京国际图联大会中国组委会秘书处编
平装16开　31.50元
1996年4月出版　7-5013-1260-5

国际图联第58届大会于1992年8月30日—9月6日在印度新德里召开,大会的主题是“图书馆与信息政策展望”;国际图联第59届大会于1993年8月22日—28日在西班牙巴塞罗那召开,大会主题是“全球图书馆:图书馆作为世界可利用的信息中心”。本书收两届大会的200余篇论文中的62篇,内容涉及图书馆和信息科学的各个领域、世界各个地区的状况、自动化技术的应用和国际图联学术活动动态等。

国际图书馆协会联合会第60届大会论文选译

北京国际图联大会中国组委会秘书处编
平装16开　18.80元
1996年5月出版　7-5013-1270-2

国际图联第60届大会于1994年8月21日—27日在古巴首都哈瓦那举行。这届大会的主题是“图书馆为社会发展服务”。本书系由大会187篇论文中精选出来的41篇论文翻译汇编而成。内容涉及图书馆自动化服务,图书馆的网络化发展,多媒体等高新技术在图书馆的应用,图书馆的馆际合作、资源共享,图书馆的采访、分类、编目及书目工作,图书馆建筑,图书馆统计,图书馆专业教育,图书馆用户教育等各个领域,以及国际图联各核心计划和部分部组的工作报告。

图书馆与情报科学纵横谈

戈松雪编译　平装32开　1.10元
1987年7月出版

内容主要选译自印度出版的《图书馆与情报科学纵横》(*Perspectives in Library and Information Science*)。

本书是印度和各国图书情报界的专家学者，为向印度图书情报界的著名学者维斯沃纳赞（Viswanathan）表示敬意而撰文成册，作为维斯沃纳赞纪念文集出版的。收文11篇。书后附作者名单。

发展中的中国图书馆事业——1985年全国图书馆工作会议交流材料选编

中华人民共和国文化部图书馆事业管理局编

平装16开　3.10元

1988年5月出版　7-5013-0436-X

从1985年7月中共中央宣传部、文化部在北京召开的全国图书馆工作会议收到的171篇交流材料中选出85篇汇编而成。分为6个部分：1. 图书馆为社会主义物质文明和精神文明服务；2. 图书馆工作改革探索；3. 协作协调工作；4. 在职干部培训工作；5. 高等院校图书馆工作；6. 少年儿童图书馆工作。

图书馆的未来

（英）詹姆斯·汤普森著，乔欢等译，赵燕群校

平装32开　1.60元

1988年12月出版　7-5013-0542-0

本书分6章：1. 无法利用的图书馆；2. 先发制人的技术；3. 电子存贮；4. 数据桥梁；5. 图书的未来；6. 图书馆的未来。书后附书中英文术语译名表。

图书情报事业的组织与管理论文选

杨东梁主编　平装24开　5.50元

1990年1月出版　7-5013-0858-6

图书情报事业发展战备论文选

白国应主编　平装32开　5.40元

1991年1月出版　7-5013-0839-X

图书馆学情报学基本理论论文选

周文骏主编　平装32开　10.50元

1992年1月出版　7-5013-0903-5

图书馆建筑与图书情报技术论文选

首都图书馆编　平装32开　8.50元

1993年1月出版　7-5013-1018-1

中国科技信息业改革研究

王万宗主编　平装32开　9.10元

1995年5月出版　7-5013-1217-6

本书共11题：1. 情报学理论研究中的一些问题与学科前途；2. 情报概念十年讨论与前途；3. 信息系统与耗散结构问题；4. 情报活动中的选择；5. 情报服务与信息产品的价值、价格；6. 我国科技信息事业的回顾与当前问题；7. 中国科技信息业管理体制的改革；8. 科技信息工作观念的转变；9. 主战场转移与服务方向的扩展；10. 科技信息网与横向联合；11. 信息产业化问题。简要叙述了中国科技信息事业的发展历史，提出了信息业改革中面临的各种问题，并提出了相应的富有建设性的改革方案。

中国图书馆发展战略研讨会论文集

杜克主编，刘湘生、周小璞副主编

平装32开　18.00元

1996年7月出版　7-5013-1276-1

本书共收文31篇。内容包括：1. 我国图书馆整体发展战略构想；2. 图书馆发展的政策性分析研究；3. 文献资源发展战略；4. 信息技术、自动化技术发展战略；5. 图书馆法的建立问题。

信息交流与现代图书馆系统

李明华主编　平装32开　36.00元

1996年8月出版

本书是以图书馆学为基本研究内容的文集，收入了李明华有关图书馆学的专著和论文数十篇，涉及图书馆学情报学基础理论、图书馆事业、读者服务、图书馆自动化网络化、图书馆建筑以及图书馆的国际交流合作等领域。分上、中、下3编。上编“信息交流与图书馆学情报学”，分6章：1. 社会信息交流；2. 图书馆活动；3. 科技情报工作；4. 图书馆事业与情报事业；5. 图书馆学情报学与信息交流学群；6. 图书馆学情报学的指导思想和研究方法。中编“现代图书馆系统诸问题研究”，分理论篇、事业篇、服务篇、自动化篇4部分。下编“积极参加国际交流”。书前有杜克的题词、周文骏的序、庄守经的序。毛昭晰封面题字。

图书馆学情报学文献源

董小英主编　平装32开　13.00元

1996年10月出版　7-5013-1283-4

书中对图书馆学和情报学领域里最重要的文献源进行了调查，做了分析和评价。共10章：1. 图书馆学情报学文献源概论；2. 图书馆学情报学专著；3. 中文图书馆学情报学期刊；4. 外文图书馆学情报学期刊；5. 图书馆学情报学检索工具；6. 图书馆学情报学工具书；7. 图书馆学情报学会议文献；8. 图书馆法令、条例及标准化文献;9. 图书馆学情报学学位论文;10. 图书馆学情报学统计资料。

走向21世纪的图书馆

丁有骏主编,张桂兰、赵世华执行主编
平装32开　15.80元
1998年7月出版　7-5013-1510-8

本书是北京高校情报资料研究会科技分会于1997年9月召开的第四届学术研讨会的论文集。本届研讨会以"走向21世纪的高校图书馆"为主题,探讨21世纪大学图书馆所面临的挑战与对策。其中有专家提交的有关文献资源共享、馆藏建设、竞争情报、专业论文写作、信息高速公路及图书馆人员素质等方面的论文8篇,有长期战斗在图书馆工作第一线的图书情报工作人员撰写的关于自动化与数据库建设、读者需求与文献检索、市场经济与图书馆、借阅流通与读者服务、人员素质及国内外图书馆比较等方面的文章42篇。

图书馆理论与实践

栗祥忠、李明军、刘桂珍主编　平装32开　24.00元
1999年5月出版　7-5013-1608-2

本书汇编论文102篇,所选论文从不同角度对图书馆的各项工作开展研究,提出了许多新观念、新方法。共分10部分:1. 图书馆科学管理;2. 乡(镇)村图书馆建设;3. 图书馆精神文明建设;4. 图书馆与市场经济;5. 图书馆队伍建设;6. 图书馆现代化技术;7. 图书馆读者工作;8. 图书馆藏书建设;9. 图书馆学教育;10. 学会建设。

图书情报与信息科学研究・第一辑

张志弘、王玉山、张怀珠主编　平装32开　28.00元
1999年5月出版　7-5013-1599-X

《图书情报与信息科学研究》是由辽宁省社会科学界联合会、大连大学图书馆联合组织编辑的,现出版的是第一辑。这一辑汇集论文135篇,分为十部分:1. 图书馆管理改革与发展;2. 情报与信息服务;3. 图书馆现代化与自动化;4. 人才培养;5. 文献资源建设;6. 读者服务工作;7. 采编工作;8. 期刊管理工作;9. 信息科学与计算机技术;10. 其他。书前有金恩辉的序。

张琪玉情报语言学文集

张琪玉　平装32开　30.00元
1999年6月出版　7-5013-1591-4

张琪玉教授曾任武汉大学图书情报学院教授、图书馆学情报学研究所所长、空军政治学院图书档案系主任,主要研究领域是情报语言学,是情报语言学研究的开拓者。本文集是张琪玉教授情报语言学研究论文的结集,共六部分:1. 情报语言学总论;2. 分类检索语言;3. 主题检索语言;4. 自然语言在情报检索中的应用;5. 索引学;6. 其他。书前有《张琪玉与情报语言学学科建设(代自序)》。

文献研究(第一辑)

萧泰芳、董国炎主编　平装32开　18.00元
1999年6月出版　7-5013-1589-2

《文献研究》是山西大学中文系、历史系、图书信息系、校图书馆等单位的教学科研人员有关古籍整理和文献研究的结集,现出版的是第一辑。本书汇辑学术论文34篇。

我国科技电子信息资源的开发和利用研究

中国科技信息研究所等编　平装32开　25.00元
1999年6月出版　7-5013-1621-X

本书为"我国科技电子信息资源的开发和利用研究"课题报告的汇编。由1个课题总报告、6个分报告、3个调查表组成。本书以调查数据为基础,以国际信息资源开发利用的大环境为背景,研究我国科技电子信息资源开发利用的现状、存在的主要问题,分析阻碍我国科技电子信息资源开发利用的主要原因,阐述在市场经济和网络环境下,我国科技电子信息资源开发利用的战略方针,提出我国科技电子信息资源开发利用的对策和建议。

国外图书馆学情报学研究进展

孟广均、徐引篪主编　平装32开　26.00元
1999年9月出版　7-5013-1633-3

本书为国家社科基金资助的重点项目成果。主要介绍20世纪90年代以来国外图书馆学情报学研究方面有现实意义和有指导价值的论题以及有关的新思想、新理论、新技术、新方法、新动向。内容包括:国外情报学理论研究的基本问题;图书馆学理论流派;信息资源管理理论研究的发展及评述;网络信息资源的选择与组织;信息检索技术的现状和发展趋势;数字图书馆社会信息学的研究取向、进展及研究方法;文献研究的发展趋势和热点的综述分析;传统服务方式的拓展和网络环境下的新型服务;未来的服务模式;图书馆战略规划;信息资源共建共享;图书馆全面质量管理等。

跨世纪的思考——中国图书馆事业高层论坛

卢子博主编　平装32开　28.00元
1999年11月出版　7-5013-1675-9

本书为文化部、中国图书馆学会、江苏省图书馆学会、常熟市文化局联合主办的"改革开放20年中国图书馆事业高层论坛”的会议论文集。书中汇集了国内一批著名图书馆学专家、学者和国家图书馆、省(市)图书馆的主要领导的论文,这些论文认真总结改革开放20年来我国图书馆事业建设的成就和基本经验,探讨21世纪中国图书馆事业发展的路径。

一代宗师——纪念刘国钧先生百年诞辰学术论文集

北京大学信息管理系、南京大学信息管理系、甘肃省图书馆编　平装32开　30.00元

1999年12月出版　7-5013-1064-5

本书为纪念刘国钧先生百年诞辰学术研究会论文集。文集共分五部分:一、刘国钧先生的生平及有关纪念性文章;二、论述刘国钧先生在图书馆学有关领域的学术成就;三、本学科领域更加广泛的论文;四、20篇征文的摘要;五、刘国钧先生著译系年目录。

知识经济与图书馆

丁有骏主编　平装32开　16.50元

2000年5月出版　7-5013-1617-1

2000年北京高校情报资料工作研究会学术研讨会以“知识经济与图书馆”为主题,征选论文汇编成文集。论文集从知识经济角度探讨图书馆学、图书馆工作、图书馆事业所面临的新问题,展示了近年来的实践经验与科研成果。

图书馆学情报学论文集

黄秀文主编　平装32开　30.00元

2000年9月出版　7-5013-1738-0

书海听涛——图书馆散论

程亚男编著　平装32开　15.00元

2001年4月出版

本书将作者多年来历任湖南省图书馆副馆长及深圳南山图书馆馆长时的一些工作经验及关于图书馆理论与实践问题的思考述诸笔端,内容涉及图书馆管理、图书馆与网络、图书馆建筑、图书馆学的走向以及国外图书馆与我国港台图书馆发展的先进经验等。

网络时代的图书情报工作

刘俊熙、樊松林、陈守福主编　平装32开　18.00元

2001年5月出版　7-5013-1779-8

本书为“网络环境下信息理论与实践研讨会”论文集。共收录来自国内三大系统图书馆以及我国台湾、香港地区和美国华人图书馆员协会的论文50篇。主要围绕“图书馆发展模式与管理”“情报检索与信息服务”“数字化图书馆建设”等专题进行了研讨。

中国图书情报网络化研究

黄长著、周文骏、袁名敦主编　平装32开　30.00元

2002年1月出版　7-5013-1886-7

本书为国家社科基金“九五”重大课题成果。图书情报网络化是近年来发展极快的一个领域,特别是因特网、数字图书馆及信息技术的发展,给图书情报学带来了许多新的课题。本书介绍了中国图书情报网络化的现状并与国外情况进行了对比;对CNNIC的数据进一步分析。在此基础上,从以下几个方面提出自己的创新方案:信息资源共享、图书情报网络化平台、软件系统、数字图书馆及网络环境中图书情报事业的选择机制等。

面向21世纪的中国图书情报网络化研究报告

黄长著、周文骏、袁名敦主编　平装32开　15.00元

2002年2月出版　7-5013-1879-4

本书是国家社科基金“九五”重大课题的一项研究报告。内容包括国内外图书情报工作网络化现状、信息资源分布与配置模式、图书情报网络的结构与物理实现、图书情报软件系统概况、标准化及配置和评价、数字图书馆的结构与功能、数字图书馆的核心技术及数字图书馆工程中存在的问题等,同时对网络环境中图书情报事业的机制选择和发展有中国特色的图书情报网络提出了较有操作性的建议。

中国科学院第十二次图书馆学情报学科学讨论会文集

中国科学院文献情报中心编　平装16开　25.00元

2002年4月出版

本书是中科院第十二次图书馆学情报学科学讨论会文集。此次会议的主题是“面向21世纪:图书情报事业的创新与发展”。全书收论文53篇,分为文献情报工作的发展与创新、网络环境下的信息服务、网络信息资源开发和利用、数字图书馆、队伍建设和教育、其他等6部分。书后附中科院第十二次图书馆学情报学科学讨论会收到的论文目录。

元数据研究与应用

张晓林主编　平装32开　18.00元

2002年5月出版

本书是较系统、完整介绍各类元数据的学术著作。既有元数据结构、基础数字信息描述组织的技术体系以及通用元数据 Dublin Core 等的介绍，也有对各类信息资源描述的元数据介绍，包括描述数字文献、数字图像、博物馆藏品、教育资源、特殊信息资源、信息资源集合、知识组织体系、系统管理机制的元数据等。

中科院十二次图书馆学情报学科学讨论会文集

中科院文献情报中心编　平装 16 开　25.00 元
2002 年 5 月出版　7－5013－1897－2

图书馆理论与实践新探

中国图书馆学会编　平装 16 开　38.00 元
2002 年 8 月出版　7－5013－1928－6

本书收中外图书馆工作者的论文近百篇。内容主要涉及图书馆在中国西部大开发战略中的形象、生存发展、优势及作用；图书馆文献资源的交流与共享、文献资源共享存在的问题及对策、文献资源的共建共享、全球环境中数字图书馆资源共享的新模式；数字图书馆的开发、利用及对传统图书的影响；数字图书馆的知识产权及立法问题、电子商务与图书馆信息服务；藏书建设、读者服务及 21 世纪图书馆的发展战略等。

广东省立中山图书馆同人文选

李昭醇主编　平装 32 开　48.00 元
2002 年 10 月出版

本书是广东省立中山图书馆 90 周年馆庆的纪念文集，收录了曾在该馆工作过的和正在该馆工作着的员工撰写的论文，内容涉及图书馆具体工作的方方面面，包括图书分编、流通阅览、信息资源开发及服务、图书馆自动化、文献工作等，对图书馆的性质、特性、发展趋势等理论问题亦有所论述。书前有周和平的序。

百舸争流——华北、东北、西北地区少年儿童图书馆第八届学术暨工作研讨会论文集

李春红主编　平装 32 开　28.00 元
2003 年 10 月出版

本书是北京市少儿图书馆庆祝建馆 55 周年，在北京召开“三北”地区少儿图书馆学术暨工作研讨会而编辑的论文集。全书包括：少年儿童图书馆的科学组织与管理；少年儿童图书馆事业建设与发展；少年儿童图书馆信息资源的建设与共享；少年儿童图书馆基层服务网点建设；少年儿童图书馆读者；少年儿童的信息素质培养；少年儿童图书馆的自动化、网络化建设等。

转型期图书馆工作研究

国家图书馆发展研究院编　平装 32 开　26.00 元
2003 年 10 月出版　7－5013－2147－7

目前图书馆正处于一个由传统图书馆到数字时代图书馆的转型期，如何处理好转型期的工作，使图书馆顺利实现过渡是一个很关键的问题。对于图书馆中的国家图书馆而言，其转型难度更大。国家图书馆发展研究院对此问题进行了专门的研究，从内容工作机制到具体的编目工作，无一不体现着对于转型工作的思考。

中国图书馆建筑研究跨世纪文集

广东省立中山图书馆编，李明华等主编
平装 16 开　90.00 元
2003 年 11 月出版　7－5013－2189－2

本书收录 20 世纪 80 年代末至 2003 年国内刊物上发表的有关图书馆建筑研究的论文 125 篇，内容涵盖了图书馆建筑的理论与规范，图书馆建筑工程管理及用后评估，图书馆建筑的历史发展与民族、地方特点，图书馆建筑设计，图书馆建筑的智能化与综合布线，图书馆建筑美学、环境与家具，公共图书馆建筑，高校图书馆建筑等各个方面。附有 1992—2002 年间国内刊物上发表的图书馆建筑研究文献索引近 900 条。

中文善本古籍保存保护国际研讨会论文集

中国国家图书馆编　平装 32 开　20.00 元
2003 年 11 月出版　7－5013－1936－7

本书共收录大陆首次举办的关于中文善本古籍保存保护国际研讨会的交流论文 37 篇，作者遍及世界各国。内容包括古籍保存保护的技术、发展趋势以及古籍的开发和数字化问题，不仅有实践经验的总结，而且有理论性的探讨与研究，集中反映了该领域的发展现状与研究水平。

我国期刊管理工作研究

黄晓鹂主编　平装 32 开　17.00 元
2003 年 12 月出版　7－5013－2178－7

本书是河北省人文社会科学研究项目“我国期刊管理工作研究的历史回顾、现状与发展趋势”的终期成果。对我国期刊管理工作进行了深入研究，揭示了该研究领域的基本路向、基本理论与实践经验，为印刷型期刊与电子期刊共存条件下的期刊动态管理工作提供了理论与实践依据。

2003海峡两岸图书馆建筑设计论文集

戴利华主编　平装16开　45.00元

2003年12月出版　7-5013-2195-7

本书收入海峡两岸图书馆和建筑学界提交的论文50篇，内容涉及图书馆建筑的变革与发展；图书馆建筑设计的新理念；信息环境、服务观念和功能的变化对图书馆建筑的影响；数字图书馆的发展与图书馆建筑的关系；图书馆建筑的文化特色和环境艺术；新设备、新材料、新技术、新工艺的应用与图书馆的人文特征；图书馆建筑标准、设计规范等。

图书馆人的思考与探索

中国图书馆学会编　平装16开　52.00元

2004年5月出版　7-5013-2411-5

本论文集所收论文涉及：知识导航与信息服务；信息技术与资源管理；专业教育与终身学习；人力资源开发与管理；职业道德与法律环境建设等。

知识管理与图书馆

丁有骏、刘勇主编　平装16开　35.00元

2004年9月出版　7-5013-2454-9

本书是“北京高校第七届图书情报资料学术年会”论文集。内容涉及图书馆学情报学研究的诸多热点，反映出高校图书馆服务的最新进展。文集分专家论坛与作者论坛两部分，其中，作者论坛分为图书馆管理、图书馆员、数字图书馆、自动化网络化、数字化、文献信息资源建设与服务、资源共建共享、参考咨询、文献检索、读者工作等几个栏目。

欧洲联盟信息政策研究

郑海燕编著　平装32开　30.00元

2004年12月出版　7-5013-2607-X

本书的重点是阐述20多年来欧洲联盟信息政策及其发展情况，尤其是一些关键性信息政策的主要内容和发展动向，并注意适当说明这些政策的发展背景及相互关系。具体包括：信息社会发展、电信改革、信息资源开发与利用、电子商务、信息安全、知识产权保护、研究与发展和教育与培训。

图书馆区域合作与资源共享

胡越主编　平装16开　36.00元

2004年12月出版　7-5013-2601-0

本书是北京高校网络图书馆举办的“图书馆的区域合作与共享国际研讨会”的论文集。该书从不同角度探讨了关于图书馆的区域合作及数字资源建设与网上信息服务等图书馆界热门问题，主要分为以下几个主题：图书馆的区域合作与共享、数字化图书馆的管理与组织、网络环境下文献资源建设、网络环境下的信息服务、图书馆和远程教育、图书馆员的职业发展和继续教育、知识管理与著作权保护、系统与网络建设、信息素质教育与管理等。

中日图书情报学研究进展

北京大学信息管理系、(日)筑波大学图书馆情报学系编

平装16开　30.00元

2005年4月出版　7-5013-2776-9

本书是北京大学信息管理系与日本筑波大学图书馆情报学系共同编著的一部研究文集的中文版。该书主要是为了推动中日图书馆情报学界的学术交流，增强中日图书情报界的相互了解。该书内容涉及了当前图书馆学情报学研究的各个领域，研究全部为当前的热点问题，论文分别由中日两国的图书馆学情报学专家撰写，具有很高的学术参考价值。

文津论丛(3种)

文津论丛——国家图书馆第八次科研讨论会获奖论文选集

詹福瑞主编　平装16开　36.00元

2005年12月出版　7-5013-2819-6

本书为国家图书馆第八次科学讨论会获奖论文的汇编。内容涉及图书馆工作的方方面面，重点是网络环境下图书馆各项工作的标准化、规范化。对于网络环境下图书馆实际工作中遇到的新问题、新情况，采用的新技术，面临的新的工作任务与新的工作方法都有所论及。

文津论丛——国家图书馆第九次科学讨论会获奖论文选集

詹福瑞主编　平装16开　49.00元

2008年3月出版　978-7-5013-3603-6

本文集是国家图书馆第九次科学讨论会获奖论文，会议主题为“走向数字时代的国家图书馆”。内容涉及国家图书馆书目数据整合与质量控制、家谱数据库建设、元数据整合、网络资源与规范记录维护、智能化地图信息集成系统、数字资源的存缴——荷兰国家图书馆的实践与启示、电子阅览室与网络安全、开放源码与数字图书馆建设等。

文津论丛——国家图书馆第十次科学讨论会获奖论文选集

詹福瑞主编　平装16开　75.00元

2010年5月出版　978-7-5013-4369-0

本书汇编收录的是国家图书馆第十次科学讨论会的部分获奖论文，内容涉及图书馆业务工作的方方面面，包括分类编目、读者工作、咨询服务、流通阅览、图书馆自动化等业务工作中涉及的问题以及解决方案。

图书馆学情报学探索的足迹——陈光祚文集

陈光祚著　平装 16 开　75.00 元

2006 年 9 月出版　7-5013-3166-9

本书收录了陈光祚教授从教以来在目录学、文献检索课教学、电子出版物研究及个人数字图书馆研究等方面的论文和成果。

传承　服务　创新——华东师范大学图书馆学术文存

黄秀文主编　平装 32 开　36.00 元

2007 年 6 月出版　978-7-5013-3492-6

本书汇集了华东师范大学图书馆的 55 篇学术论文。全书分为信息服务与信息技术、图书馆管理与服务、典籍研究、其他学科研究、课题研究 5 个专题，涉及了图书馆工作的各个方面，充分展示了华东师范大学图书馆在学术研究方面取得的成绩。

北京师范大学图书馆庆祝建馆 105 周年论文集

刘利主编　平装 32 开　35.00 元

2008 年 1 月出版　978-7-5013-3595-4

本书收录北京师范大学图书馆同人论文计 69 篇，多系近年发表在《图书情报知识》《图书馆杂志》《图书馆学研究》《中国图书馆学报》《情报资料工作》等刊物上的学术佳作。内容涉及文献资源建设、信息服务、信息技术与数字图书馆、图书馆管理及学科专题研究诸方面。

石渠论坛：图书文献信息研究文集（第一辑）

李德龙主编　平装 32 开　39.00 元

2008 年 10 月出版　978-7-5013-3656-2

本书为中央民族大学图书馆同仁研究文集。包括“图书馆学研究”“文献研究”“信息技术研究”及“其他”4 个部分。其中民族文献研究、民族院校图书馆建设等内容尤具特色。

张琪玉索引学文集

张琪玉著　平装 16 开　50.00 元

2009 年 6 月出版　978-7-5013-4052-1

本文集收录了作者结合中国索引学会的活动和从事《中国索引》的编辑工作所写的部分文章，内容涉及索引学理论，中国索引事业历史等，范围广泛，内容新颖，可供索引学研究和索引编制者、图书情报和出版工作者等参考。

国内外图书馆学研究与实践进展（2007—2008）

国家图书馆研究院编　平装 16 开　60.00 元

2009 年 11 月出版　978-7-5013-4084-2

本书对 2007—2008 年国内外图书馆学理论研究和实践活动的阶段性成果进行了梳理。对基于知识原点和基于图书馆职业理念的图书馆理论体系重构进行了剖析，对围绕着图书馆核心价值展开的一系列学术活动进行了归纳，对国内外图书馆学教育调查所反映的问题进行了反思，对围绕着建立“普遍均等”的公共文化服务体系背景下多种类型基层图书馆服务模式进行了考察，充分肯定了近年来图书馆快速走向社会融合的步伐以及它在社会阅读推广中发挥的积极作用。

北京大学图书馆学开放论坛演讲集

北京大学信息管理系编　平装 16 开　38.00 元

2009 年 11 月出版　978-7-5013-4176-4

本书收入当今国内外一批图书馆学家在北京大学的精彩演讲，探讨了许多重要的图书馆学问题，如图书馆的未来、图书馆学发展趋势、信息资源开发与利用的热点、图书馆的阅读指导服务、信息科学的理论与方法、图书馆法等。本书由 18 篇演讲稿汇集而成。

全国公共图书馆讲座工作论文集

曹宁、张志清主编　平装 16 开　75.00 元

2010 年 1 月出版　978-7-5013-4222-8

本书是 2009 年举办的全国公共图书馆讲座工作研讨会的论文集。全书共分为品牌建设、服务创新、工作实践、业务策划及发展思考五部分。书中收录的论文不但对各公共图书馆开展讲座工作的情况进行了详细介绍，而且对全国公共图书馆今后如何联合起来，打造全国公共图书馆的品牌讲座，交换讲座资源等问题提出了很好的建议。

SCI、SCIE 来源期刊信息指南

朱兵主编　平装 16 开　80.00 元

2010 年 6 月出版　978-7-5013-4372-0

本指南收集、整理 SCI、SCIE 2009 年来源期刊内容信息，并按学科分类，结合 JCR 2008 年期刊影响因子，排列各学科影响最大的期刊。

文献计量内容分析法

邱均平、王曰芬等著　平装 16 开　75.00 元

2010 年 7 月出版　978-7-5013-3547-3

文献计量内容分析法是一项新型的研究方法，它是将文献计量分析法和内容分析法相结合的一种方法，本书共分八章，内容包括理论集成研究、软件工具研究、比较研究、综合研究、技术实现研究、应用研究等，重点探讨了综合方法的方法论依据和理论集成、方法体系构建以及实际应用案例与实证分析等。

关懿娴旧稿旧文集

关懿娴著　平装 16 开　39.00 元

2010 年 7 月出版　978-7-5013-4342-3

本书是世纪老学者关懿娴先生从事图书馆教育工作中对图书馆学理论的探讨以及对图书馆实际工作的探索，包括图书馆学基础理论、图书馆建筑设计、图书馆学教育的思考和探索。

弱势群体知识援助的图书馆新制度建设

王子舟、肖雪编著　平装 16 开　60.00 元

2010 年 12 月出版　978-7-5013-4461-1

本书包括理论研究、实践探讨、调查报告三篇。理论研究包括弱势群体的现状及特征、知识贫困及其对弱势群体的影响、图书馆弱势群体知识援助的责任、国外图书馆对弱势群体知识援助的经验、我国图书馆实施知识援助的制度创新、实施知识援助的原则与几个通行方案。实践探讨包括图书馆对残疾人、老年人、农村贫困人口、农民工、农民工子弟、网瘾青少年的知识援助。此外还包括针对北京市残疾人、北京市老年人、湖北竹山县老年人等九份调查报告。

公共文化服务的创新与跨越——全国文化信息资源共享工程建设研究论文集

张彦博主编　平装 16 开　58.00 元

2010 年 12 月出版　978-7-5013-4472-7

本书汇编了文化部、财政部、全国文化信息资源共享工程各级领导和相关专家学者就全国文化共享工程建设的意义、成就、存在的问题、解决办法和创新模式等所做的论述与探讨，对于指导相关工作及全国图书馆事业的发展颇具指导意义。

图书馆学情报学丛稿

周文骏著　平装 16 开　60.00 元

2011 年 1 月出版　978-7-5013-4458-1

本书是周文骏教授的个人文集，收有文章 62 篇，文集内容以讨论图书馆学为主，也包括情报学、目录学和文献学等方面的篇章。

自然因素与文献保护国际研讨会论文集

周和平主编　平装 16 开　65.00 元

2011 年 3 月出版　978-7-5013-4473-4

本书是由中国国家图书馆主办，国际图联保存保护中心亚洲地区中心、国际图联保存保护中心韩国中心以及中国部分文献收藏单位共同参与的 2010 年 6 月 21 日至 25 日在北京举办的“自然因素与文献保存保护”国际研讨会论文集，分为致辞、工作报告、论文三部分，共 26 篇文章，内容涉及自然因素与文献保存保护的各个方面。

国内外图书馆学理论研究与实践进展（2009—2010）

国家图书馆研究院主编　平装 16 开　100.00 元

2011 年 11 月出版　978-7-5013-4662-2

本书探讨了 2009—2010 年国内外图书馆学理论研究与实践进展，主要内容包括图书馆学基础理论、图书馆事业发展、图书馆创新服务、信息资源建设与管理、信息组织与检索、新技术在图书馆的应用、古籍保护等方面。

图书馆发展变革与服务转型

初景利著　平装 16 开　78.00 元

2012 年 6 月出版　978-7-5013-4812-1

本书收录了初景利教授从事图书馆事业 20 多年来对于图书馆学的理论成果，探索新时期下图书馆如何变革与服务如何转型是本书的重点，对于探索如何在数字环境下发展图书馆进行了有益的尝试。该书分为四大部分，分别为：图书馆管理与发展战略；图书馆学及其借鉴；图书馆服务与评价；开放获取与学术交流。

图书情报应用数学——知识组织、发现和利用中的数学方法

邹晓顺、王晓芬等编　平装 16 开　60.00 元

2012 年 7 月出版　978-7-5013-4710-0

本书是关于图书馆学情报学中的数学的专著，具有以下特点：增加了网络环境下文献信息工作中的数学方法等方面的内容，尤其是图书馆自动化管理、知识组织和数据库系统等方面的内容，按照知识的组织、发现与利用划分章节，体系更加科学。

SSCI信息学与图书馆学期刊概览

蒋弘主编 平装16开 66.00元

2012年9月出版 978-7-5013-4813-8

本书选取JCR 2010(Journal Citation Report 2010) Information Science and Library Science(信息学与图书馆学)类目下收录的77种刊物,并从官方网站上获取各刊的相关资料,进行了综合取舍和翻译整理。读者可以从中了解到国际优秀学术期刊在投稿方式、稿件类型、论文写作规范及版权事宜等方面的要求,同时,也可管窥国际上在学术期刊编辑出版方面的一些通行做法。此外,对于国内其他科研作者开阔视野也不无裨益,大家可以借助本书了解和学习国际学术期刊出版界在论文写作方面的相关规范和要求。

中国图书馆事业和中国图书馆学发展史论丛:张树华教授论文选集

张树华著 平装16开 100.00元

2013年10月出版 978-7-5013-5134-3

本文收录了张树华教授从事图书馆学教育与研究工作多年来发表的多篇论文,内容涉及图书馆学及图书馆事业史,以中国图书馆的发展为中心,论述了中国图书馆事业的发展过程,对于今后图书馆学的发展起到了积极作用。无论是图书馆学研究者还是图书馆实际工作者,都能从中获得收获。

风朝雨夕——包和平图书馆学专题讲座选编

包和平著 平装16开 120.00元

2015年4月出版 978-7-5013-5529-7

论述了民族图书馆学的研究对象和任务、民族图书馆学的研究方法、民族图书馆的性质和任务、民族图书馆事业建设,分析了民族文献的特点和类型、民族文献的内容和作用、民族文献的源流和发展、民族文献的组织管理、民族音像文献和电子文献的管理、民族档案的科学管理和开发利用、民族文献工作的现代化管理,图书馆员的素质、群体结构、社会劳动,馆长的职责与素质,图书馆员优良心理品质的培养与馆长的管理理念等。

书海寻梦——包和平图书馆学论文选

包和平著 平装16开 120.00元

2015年12月出版 978-7-5013-5704-8

本书收录了包和平图书馆学系列论文,共包括两部分:图书馆学研究和民族文献学研究,其中涉及民族数字图书馆建设、特色数字化资源、民族图书馆事业发展、民族古籍等方面,为其他研究者研究图书馆学以及民族文献学提供了参考。

朱天俊文集

朱天俊著 平装16开 60.00元

2015年12月出版 978-7-5013-5705-5

本书收录朱天俊先生的40余篇论文、书评、序言等,反映了其在目录学、地方志、文献检索课、工具书使用以及图书馆学教育等方面的宝贵思想,是其学术研究的思想结晶,为后人学习研究其思想以及相关知识提供参考和借鉴。

图书馆核心竞争力研究

程娟著 平装16开 65.00元

2016年8月出版 978-7-5013-5851-9

本研究通过问卷调查法、实证分析法、比较分析法等研究方法,遵循从图书馆现状梳理到图书馆未来发展预测的思路,分析图书馆核心竞争力的相关理论,对各类图书馆核心竞争力理论与实践进行比较研究,构建各类型图书馆核心竞争力体系结构,建立各类型图书馆核心竞争力评价指标并开展实证研究,具有为图书馆学研究提供新视角,体现图书馆的价值与能力,完善图书馆战略规划等重大现实意义。

金云铭文集

金云铭著,福建师范大学图书馆编

16开 120.00元(精) 98.00元(平)

2017年2月出版 978-7-5013-6069-7

金云铭是福建近代图书馆学的奠基人之一、福建师范大学图书馆原馆长。他深入研究美国杜威的十进分类法,结合我国传统的经史子集四部分类法和历代图书简单分类法,编成《中国图书分类法》,在国内外产生重要影响。此次整理出版金云铭的文集,包括学术论文、回忆录、翻译著作、工作笔记、课堂讲义等。

2017年国家图书馆青年学术论坛论文集

国家图书馆编 平装16开 70.00元

2017年8月出版 978-7-5013-6166-3

本书由国家图书馆第二届青年学术论坛获奖论文结集而成,共收录67篇论文。内容涉及图书馆业务工作的方方面面,具体包括图书馆服务、国图公开课、国内外公共图书馆法、缩微技术、古籍保护与数字化、移动图书馆、决策咨询、国家典籍博物馆等内容。

2018年国家图书馆青年学术论坛论文集

国家图书馆编 平装16开 180.00元

2018年7月出版 978-7-5013-6515-9

本书由2018年国家图书馆青年学术论坛获奖论文结集而成。其中一等奖10篇,二等奖20篇,三等奖28

篇,优秀奖30篇。青年学术论坛包含各个部门馆员的研究成果,是国家图书馆为激励青年人才研究创新,搭建的一个研究与展示的平台。书中内容涉及图书馆业务工作的方方面面,包括图书馆服务、国图公开课、公共图书馆法研究、缩微技术、古籍保护与数字化、移动图书馆、决策咨询、国家典籍博物馆等内容。

图书馆员论文撰写与投稿指南

《中国图书馆学报》编辑部编　平装16开　58.00元

2018年9月出版　978-7-5013-6560-9

本书旨在帮助图书馆员提高论文写作能力,并成功投稿。由多位核心期刊主编撰写,内容包括:写什么——论文选题分析;怎样写——研究方法和写作方法;如何写得更好——论文语言的逻辑架构、层次设置与提炼方向;如何规范写作——学术论文规范概述;如何提高被录用的机率——投稿指南。书后附参考文献著录样例、图书馆学情报学期刊信息汇总表,配有大量写作案例。适合作为馆员学习材料。

《中国图书馆学报》创刊六十周年文选(1957—2017)(全二册)

《中国图书馆学报》编辑部编　精装16开　498.00元

2018年10月出版　978-7-5013-6379-7

本书共收录文章130余篇,选自中国图书馆学界较有影响力的核心专业期刊《中国图书馆学报》1957—2017年刊发的文章,反映了不同时期中国图书馆事业发展和图书馆学研究的状况,作者均为各个时代的学术大家。本书按不同历史时期排列,每一时期由"序言"开篇,总结各个时期图书情报事业发展和学术研究的特点以及选目情况,然后按发表年代和刊期顺序排列所选文章。

当代中国图书馆学研究文库

第一辑(10种)

从传统图书馆到数字图书馆

富平著　平装16开　38.00元

2007年7月出版　978-7-5013-3444-5

本文集是作者从自己发表的50多篇论文中精选出来的,主要包括两方面的内容:一是有关传统图书馆文献编目、读者服务与业务管理的内容;一是有关转型期图书馆与数字图书馆的建设发展过程中的理论模型、资源建设、标准规范、用户服务等业务研究与管理方面的内容。

高校图书馆现代化建设之探索

朱强著　平装16开　38.00元

2007年7月出版　978-7-5013-3446-9

本文集为作者在长期从事高校图书馆管理工作实践中,就事业现代化建设进行学习和思考所得到的一些心得体会,反映了作者在图书馆事业整体化建设、资源共建共享及其实现途径等方面的观点和认识,客观上对高校图书馆现代化发展起到了积极的作用。

公共图书馆发展战略思考

吴建中著　平装16开　38.00元

2007年7月出版　978-7-5013-3447-6

本文集选录作者从20世纪80年代以来正式发表的各类文章27篇,内容主要涉及图情事业和出国考察两大部分,反映了在过去20多年里,作者在专业研究和工作实践中形成的独到思考和心路历程。

期刊信息资源建设研究

叶继元著　平装16开　38.00元

2007年7月出版　978-7-5013-3445-2

本文集精选作者1982—2005年有关期刊与信息资源建设方面的论文30余篇,内容涉及期刊及连续出版物概念、特点、定义、数量、类型、产生与发展原因、期刊刊号、期刊相关定律等期刊基础理论问题,也包括期刊评价、期刊价格及期刊采集、编目、利用等应用研究内容,特别集中了关于核心期刊、来源期刊、期刊引文数据库、全文数据库、引文分析、期刊与论文评价等内容。

数字图书馆理论、方法与技术

张晓林著　平装16开　38.00元

2007年7月出版　978-7-5013-3443-8

张晓林教授作为数字图书馆技术研究和建设的重要组织者,长期从事数字图书馆的研究、建设和管理。本文集收录作者自2000年以来就数字图书馆的体系架构、核心技术、标准规范、建设管理、发展趋势等方面所撰写的主要文章,理论联系实际,技术融合服务,当前贯通未来,反映了数字图书馆实务界和图书馆领导层对数字图书馆建设与发展的思考,对我国数字图书馆建设和文献情报服务发展有重要的借鉴意义。

图书馆精神

程焕文著　平装16开　38.00元

2007年7月出版　978-7-5013-3448-3

本文集是迄今为止我国第一部专门研究图书馆精神的著述。近20年来,作者一直致力于图书馆精神的研究、实践、承传和弘扬,在国内外图书馆学界产生了积极而广泛的影响。本书共分实在的精神、宗师之精神、大师之精神、事业之精神、精神的实在等5个部分，系统地论述了图书馆精神的发展演变、基本内容、体系结构等基本理论，重点总结了一批成就卓著的图书馆学大师和图书馆专家爱国、爱馆、爱书、爱人和智慧与服务的图书馆精神，并通过作者积极而富有成效的实践，证明了图书馆精神在当今图书馆事业发展中的重要作用。

图书馆学理论变革：观念与思潮

范并思著　平装16开　38.00元

2007年7月出版　978-7-5013-3439-1

本文集收入作者1986—2005年间公开发表的26篇学术论文，内容主要为图书馆学基础理论和公共图书馆研究。20世纪80年代以来，中国图书馆学经历了从经验图书馆学到新图书馆学的理论变革。作者始终关注这一变革，并以一系列充满激情、视角独特的论文记述了这场变革。文集中对新时期图书馆学理论观念与思潮的研究，对新图书馆学理论特征的研究，从基础理论的角度对信息技术的观察，对图书馆制度和公共图书馆精神的研究等，如实记载了一位学人对新图书馆学的探索历程。

图书馆学研究的本土化思考

刘兹恒著　平装16开　38.00元

2007年7月出版　978-7-5013-3441-4

本文集选收作者1986—2004年间公开发表的图书馆学论文27篇，内容主要集中在图书馆学基础理论和文献资源建设两个方面。不仅集中反映了作者在这个时期所取得的图书馆学研究成果，也在一定程度上反映出了世纪之交我国图书馆学研究者对图书馆事业发展和图书馆学研究的思考。

信息资源公共获取与知识产权保护

陈传夫著　平装16开　38.00元

2007年7月出版　978-7-5013-3442-1

本文集收录作者1999年以来关于信息资源公共获取与知识产权问题研究的论文20余篇。这些论文围绕知识产权的垄断性与信息公共性的矛盾，系统研究了信息公共获取所代表的公共利益问题、知识产权保护问题，体现了信息资源公共获取与知识产权保护的平衡的思想。

知识交流与交流的科学

黄纯元著　平装16开　38.00元

2007年7月出版　978-7-5013-3440-7

黄纯元先生是一位英年早逝的图书馆学理论家，在研究图书馆学基础理论方面成果丰硕。本文集收入黄纯元先生1984年以后的学术论文18篇，论文主题为图书馆学基础理论与信息政策研究。这批论文对于我们了解国内国际图书馆学理论的发展、研究图书馆学理论的变革具有重要的参考价值。

第二辑（8种）

藏书与读书

徐雁著　平装16开　48.00元

2008年10月出版　978-7-5013-3748-4

本书立足于中国图书文化史的学术背景，多角度、多层次、多方位地探讨了我国古代藏书保护技术和图书馆古籍典藏保护等问题，评介了《书林清话》《藏书纪事诗》《文献家通考》等名著要籍，叙述了克乃文、王重民、刘国钧、李小缘等学者书人的专业事迹，并涉及中日交流史的有关课题。

从文献目录学到数字目录学

柯平著　平装16开　48.00元

2008年10月出版　978-7-5013-3744-6

本文内容涉及中国目录学的现状与未来、信息时代目录学的重大课题、目录学术语研究序论、论地方文献书目、比较目录学的特征和目的、文本书目情报的研究、数字目录学——当代目录学的发展方向、中西古代目录学比较、书目情报系统适应社会发展的未来展望等31篇论文。有彭斐章作序。

古代文献学的文化阐释

王国强著　平装16开　48.00元

2008年10月出版　978-7-5013-3745-3

本书主要阐释中国目录学传统的创造性转化，20世纪30年代中国目录学的历史地位，现代文献学的特点及其对现代学术的影响、现代文献学在中国文献学史上的地位、整理的思想方法、文献注释模式研究等。

历史文献研究

王世伟著　平装16开　48.00元

2008年10月出版　978-7-5013-3749-1

本书内容涉及论孙诒让校勘的特点与方法、20世纪上半叶中国年鉴编纂出版论、历代书目中谱牒文献的记载及其演变、常熟翁氏家庭及其藏古籍善本、中国古代和近代的尺牍文献、古籍整理工作的历史回顾与发展趋势（上、下）、上海图书馆藏王重民先生手稿提要、论顾廷龙先生的护书精神等。前有来新夏序。

目录学与文献利用

倪晓建著　平装 16 开　48.00 元

2008 年 10 月出版　978-7-5013-3750-7

本书收录作者 20 余年来有代表性的论文，有古典目录学的研究，也有文献信息加工方法创新的探索，其中精粹信息和功能信息的加工为作者首创。

文献学与文献服务

陈力著　平装 16 开　48.00 元

2008 年 10 月出版　978-7-5013-3747-7

本书收录了作者关于文献学与图书馆文献资源服务的论文 24 篇。文献学方面主要包括了古籍版本研究、古籍辨伪学等方面的文章；图书馆文献资源服务方面对资源数字化问题、数字资源建设中的电子资源与印刷资源的平衡问题、数字时代图书馆服务的开放性与合作性等问题都提出了自己的见解和思路。

文献学与文献学家

王余光著　平装 16 开　48.00 元

2008 年 10 月出版　978-7-5013-3746-0

本书选收作者 1984 年以来发表的论文近 20 篇，内容涉及文献学与目录学方面，详细总结了近百年来中国文献学的发端、发展及所取得的成绩，论证了现代文献学的建立、内容与学科体系，对一些重要文献学家、文献学史及史志书目等专题做了较为深入的研究。

中国目录学：理论、传统与发展

王新才著　平装 16 开　48.00 元

2008 年 10 月出版　978-7-5013-3743-9

本书内容涉及试论中国目录学传统、文献生成论、从会通到辨章学术考镜源流到书目控制论、中国目录学导读传统的演变、从书目的目的、方法看今后的目录学研究、试论个人著述书目在目录学中的地位、目录学理论的创新与发展——1994 年以来的中国目录学理论研究综述等论文 22 篇。

第三辑（12 种）

传统特色文献整理与收藏研究

徐建华著　平装 16 开　62.00 元

2010 年 7 月出版　978-7-5013-3752-1

本书是作者百余篇论文中所选集的，虽不过 30 余篇，亦可见其 20 余年笔耕不辍的精神。主要内容是有关古典目录学、谱牒学与藏书学的研究，均为中华传统文化的重要组成部分。

从文献编目到信息资源组织

王松林著　平装 16 开　62.00 元

2010 年 7 月出版　978-7-5013-3758-3

凭着 20 余年在图书馆学领域锲而不舍的努力，作者已积累了数百万字的论著。本书是他精选其中的 26 篇编目学论文编缀而成，阐述了编目学理论与实践的重大问题，是展示我国编目学研究前沿的重要著作，也是图书馆学研究的宝贵财富。本书各篇既独立成章又前后呼应，前半部分以“文献编目”为中心，着重讨论联机编目网络化所必备的编目环境与条件；后半部分讨论信息资源组织的概念，信息组织与知识组织、主题编目等的关系，信息组织的类型和工具。

科学化图书情报学探索

叶鹰著　平装 16 开　62.00 元

2010 年 7 月出版　978-7-5013-4381-2

本书收录的文章记录了作者 20 世纪末至 21 世纪初的思考轨迹。主要涉及科学化图书馆学和科学化情报学两组探索论文。这两组文章内容结构有序，总体上以倡导科学化图书情报学为目标，多为国内语境中的观点型论文或推理型论文。

情报检索语言与信息组织探微

曹树金著　平装 16 开　62.00 元

2010 年 7 月出版　978-7-5013-3754-5

本书既是作者 26 年从事情报检索语言和信息组织学习、研究和教学的结晶，也在一定程度上反映了情报检索语言和信息组织的发展轨迹。本文集包括 6 个方面的内容：情报检索语言理论、情报检索语言宗师和教学、分类法研究、主题法研究、网络/数字信息组织、元数据标准。反映了作者一直跟随时代的发展，坚持研究情报检索语言和信息组织的理论和实践问题，而且还不断地引领年轻学子开拓这片沃土。

数字图书馆的语义描述和服务升级

刘炜著　平装 16 开　62.00 元

2010 年 7 月出版　978-7-5013-4380-5

本书收入作者 2003 年以来公开发表的近 20 篇论文，主要包括两方面的内容：一是基于网络的知识组织，包括数字图书馆体系结构、元数据标准规范的研制和应用、知识本体等；二是关于数字图书馆和图书馆 2.0 技术和应用的进展与评价。作者认为数字图书馆代表了图书馆的未来，传统图书馆在向数字图书馆全面迈进的过程中，必然要经历从馆藏内容到各类服务的彻底的“数字化转型”，网络化的知识组织和无所不在的 2.0 服务是图书馆转型和升级的利器。

天下之公器

吴晞著　平装 16 开　62.00 元

2010 年 7 月出版　978-7-5013-3756-9

本书是作者从业以来的图书馆学论文选编，其中大部分曾陆续发表于各专业刊物。此次结集出版共分 3 个专题：资源建设、图书馆史和公共图书馆。另有部分相关文献收入附录。书中所收文章，反映了作者勤勉认真的治学精神、知行如一的实践探索和清新俊雅的文笔文风。从中可以了解作者在有关领域的研究成果，亦可窥见近 30 年来图书馆学研究和图书馆工作的脉络。

图书馆信息系统：技术、实现与应用

李广建著　平装 16 开　62.00 元

2010 年 7 月出版　978-7-5013-3757-6

本书只收录了作者 20 世纪 90 年代末以来有关图书馆信息系统技术、实现及应用方面的研究论文 27 篇。多年的教学工作使作者对图书情报工作中的信息系统的基本理论、基本思想、基本技术有了较深入的钻研。而在中科院图书馆新馆的网络和自动化系统以及国家科学数字图书馆的建设过程中，作者掌握了较为广泛的信息系统的实际技术和实践经验。本书大致内容可以分为三方面：图书馆信息系统建设与应用的理论方法；图书馆信息系统的设计与开发；图书馆信息系统技术，对相关图书馆信息系统技术的研究。反映了作者理论和实践的相互融合的治学特点。

文献计量学与中国图书馆事业发展

孟连生著　平装 16 开　62.00 元

2010 年 7 月出版　978-7-5013-3751-4

本书收录了作者 1982—2009 年期间发表的文章近 30 篇，内容主要涉及我国科技文献信息事业发展、科技信息资源共建共享、文献计量学、文献数据库建设和科技文献信息检索等领域的内容。这些文章是作者多半生从事图书情报工作的成果结晶，既记述了他开展图书情报学术研究的心得体会和从事业务管理的心路历程，也反映了改革开放 30 多年来我国科技文献信息服务事业的网络化发展脉络。

信息服务与图书馆学教育

沈固朝著　平装 16 开　62.00 元

2010 年 7 月出版　978-7-5013-3753-8

本书汇集了作者于 20 世纪 90 年代中期以来发表的图书馆学方面的文章，内容包括图书馆管理、检索课的教学方法和改革思路、用户服务及图书馆学教育的历史等内容。在中美两国的教育体制和环境下学习的经历使得作者撰文时多从比较和借鉴的视角看待图书馆学教育和图书馆服务中的相关问题，如合作咨询、图书馆咨询环境、个性化教学、阅读疗法、市场环境中的图书馆经营等问题。这些当时图书馆界的热点，现在仍然值得图书馆学理论工作者和图书馆员了解和研究。

信息资源建设的变革与发展

肖希明著　平装 16 开　62.00 元

2010 年 7 月出版　978-7-5013-3760-6

本书收录作者 1987—2009 年间公开发表的图书馆学论文 28 篇。内容主要集中在信息资源建设研究和图书馆学基础理论研究两个领域，按原文发表时间编排。20 世纪 80 年代以来，信息资源建设从概念到内容体系都经历了深刻的变革，作者在这一时期的不同阶段发表的论文，客观地反映了这一变革的过程，也真实地记载了作者在这一领域的探索历程。本书收录的论文反映了作者对图书馆如何实现科学精神与人文精神融合的深深思考。

信息资源建设的实践和思考

顾犇著　平装 16 开　62.00 元

2010 年 7 月出版　978-7-5013-3755-2

本书选编的文章是作者从业以来的图书馆学论文选编。本书的主题是信息资源建设，是作者一直从事的工作领域。作者凭借扎实的专业基础、多年一线工作的实践经验以及精湛的外语水平，在实践中探索，在研究中提高。本书反映了作者对我国图书馆信息资源建设的前瞻性思考，此外，也为图书馆界同仁了解世界、深入探讨、改进工作、推动发展，发挥了很好的桥梁作用。

中国图书情报事业发展研究

杨沛超著　平装 16 开　62.00 元

2010 年 7 月出版　978-7-5013-3759-0

本书是作者从公开发表的 70 余篇论文中精选而编成。内容主要分为两部分：文献资源建设与用户研究，图书情报事业发展与人才培养。时间跨度近 30 年，反映了作者学术成长历程，也反映了图书馆学研究发展变化的印记。

第四辑（8 种）

传承与守望

陈红彦著　平装 16 开　70.00 元

2015 年 12 月出版　978-7-5013-5695-9

本书收录了作者 1997 年至 2013 年公开发表的论文 17 篇，内容涉及古典文献学、古籍收藏史、古籍保护理论和实践等领域。其中，从藏书印鉴出发探索敦煌遗书的流散聚藏、从名家写版入手考察雕版工艺变迁等研究具有创新意义；对冀淑英文献思想的探索，则对当今文献学的发展意义重大；有关古籍人才培养方面的探讨，为相关研究提供了国际化视野。本书对古籍藏书史和古籍保护特别是古籍再生性保护及人才培养研究颇有借鉴意义，对古籍收藏史、古籍保护理论的探讨和相关的实践具有积极的促进作用。

数字图书馆资源建设与服务

肖珑著　平装 16 开　70.00 元

2015 年 12 月出版　978-7-5013-5694-2

本书主要讨论了数字图书馆发展、文献资源建设、信息咨询、新空间设计、数字图书馆标准规范、人文社科资源与信息服务、资源共建共享等多个新时期图书馆转型与发展的热点问题，是作者及其团队多年来进行调查、研究和实践的详细总结、深入探讨以及创新性论证，适合信息服务、信息管理、图书馆等信息机构、图书情报文献学领域的相关人员进行阅读和参考。

图书馆发展与信息资源建设

孟雪梅著　平装 16 开　70.00 元

2015 年 12 月出版　978-7-5013-5730-7

本书收入作者 1983—2013 年间在图书情报刊物上公开发表的学术论文 33 篇，主要涉及古代图书馆事业发展、图书馆科学管理、图书馆资源合理配置与宏观调控、信息资源共享共建与开发利用、网络环境下图书馆信息资源建设的内容与重点、图书馆人力资源管理与信息服务、市场信息资源的建设与开发、中小企业信息系统建设、中小企业电子商务与信息网络建设、信息资源保障体系建设、信息资源管理、信息产业发展等内容。该书汇集了作者多年来研究的成果，在很多问题上的探讨均有独到见解，对我国图书馆资源管理和企业信息化建设有一定的指导意义。

图书馆管理与服务

杨勇著　平装 16 开　70.00 元

2015 年 12 月出版　978-7-5013-5679-9

本书收录作者关于图书馆管理与服务方面的论文 20 余篇。在图书馆管理方面，重点探讨了新世纪高校图书馆发展目标、发展模式、发展要求以及现代信息技术环境下图书馆全面质量管理、知识管理、业务机构重组、信息资源保障、馆藏资源数字化等问题。在图书馆服务方面，对转型时期图书馆的服务方式、服务能力以及信息获取行为规范、用户信息素质教育等问题进行了思考。

图书馆事业发展与法制建设研究

肖燕著　平装 16 开　70.00 元

2015 年 12 月出版　978-7-5013-5681-2

本书为清华大学图书馆研究馆员肖燕博士的学术研究论文，收录作者 1984 年至 2008 年独立撰写并公开发表的论文 30 篇。本书内容主要涉及图书馆管理、学科建设、知识组织、专业教育以及数字图书馆建设与服务相关的法律问题研究。作者长期从事图书馆管理、服务和教学科研工作，研究注重理论与实践结合，致力于改进图书馆管理服务模式、弘扬资源共享与服务至上的职业理念，探寻专业教育、学科建设与图书馆事业发展的理论与对策。

信息检索与利用的实践与研究

华薇娜著　平装 16 开　70.00 元

2015 年 12 月出版　978-7-5013-5693-5

本书汇集了作者自 20 世纪 90 年代以来所发表的信息检索与利用实践与研究方面的文章 30 篇，包括“信息的收集与分析”“信息检索工具研究”“信息检索方法研究”“信息检索课程教学研究”等部分。

信息社会中的公共图书馆

于良芝著　平装 16 开　70.00 元

2015 年 12 月出版　978-7-5013-5675-1

作者于良芝主要研究兴趣为人类信息不平等问题、公共图书馆管理与发展问题、图书馆学基础理论。本书收录了作者在过去十年间发表的有关信息不平等及公共图书馆问题的 13 篇学术论文。其中第一组论文通过对已有文献的综述，展示了信息社会中信息不平等问题的性质、表现形式、对个人和社会发展的影响，总结了这个跨学科问题的研究进展及存在问题，提出了整体性信息不平等理论的创新方向。第二组论文考察了普遍均等公共图书馆服务的使命、实现方法及其对公共图书馆建设体制的要求。在作者的研究生涯中，这两个领域分别构成了她理论创新和实践参与的平台。

用户信息行为理论与方法探究

邓小昭著　平装 16 开　70.00 元

2015 年 12 月出版　978-7-5013-5674-4

本书主要收录作者探究用户信息行为理论与方法的相关学术论文 28 篇，由图书馆学界泰斗彭斐章先生为其作序。作者的研究有两个特点：其一，密切跟踪国外前沿，广泛吸收心理学、计算机网络技术、行为科学、社会学、传播学等相关学科的理论与方法；其二，有机地将理论与实际、定性与定量研究相结合，突出实证研究，使研究结论建立在客观事实基础上，为国内信息用户研究提供可资借鉴的研究模式。

中国图书馆学会年会论文集

世纪之交:图书馆事业回顾与展望

中国图书馆学会编　平装 16 开　45.00 元
1999 年 7 月出版　7-5013-1639-7

中国图书馆学会为庆祝学会成立 20 周年暨 1999 年年会的隆重召开,总结我国图书馆理论研究与事业发展的成就和经验,探索新世纪图书馆的发展战略,在全国图书馆范围内开展了征文活动,征文的总主题是“世纪之交:图书馆事业回顾与展望”。本书将这次征文活动中评选出的 66 篇优秀论文结集出版,分为七部分:1. 数字图书馆与网上图书馆;2. 网络环境下的文献资源建设与共享;3. 新世纪图书馆管理与改革;4. 走向 21 世纪的文献信息服务;5. 文献信息标引与编目工作的发展态势;6. 知识经济与图书馆;7. 其他。书前有周和平的序。

21 世纪图书馆发展与变革

中国图书馆学会编　平装 16 开　36.00 元
2000 年 7 月出版　7-5013-1716-X

本书为中国图书馆学会 2000 年学术年会优秀论文集。全书共收论文 67 篇,分为六个分主题:(1)21 世纪图书馆发展模式与功能;(2)实现信息资源共建共享的策略、方法与途径;(3)网络环境下信息资源管理、开发与利用;(4)新世纪图书馆管理与改革;(5)加强继续教育工作,全面提高馆员素质;(6)民族地区图书馆建设与发展。

21 世纪图书馆可持续发展战略

中国图书馆学会编　平装 16 开　30.00 元
2001 年 9 月出版　7-5013-1818-2

本书为中国图书馆学会 2001 年年会的优秀论文集。围绕 21 世纪图书馆可持续发展战略,论文涉及图书馆在实施西部大开发战略中的作用,图书馆资源的交流与共享,数字图书馆的研究、开发与建设,文献情报工作在科技创新和立法决策中的作用,图书馆的管理与改革,新时期图书馆理论研究等方面的内容,对 21 世纪图书馆学理论研究及图书馆实际工作都有一定的启发和指导意义。

知识经济时代图书馆的发展趋向

中国图书馆学会编　平装 16 开　30.00 元
2002 年 7 月出版　7-5013-1935-9

本书为中国图书馆学会 2002 年年会优秀论文集。分为图书馆的社会职能与作用、图书馆管理与改革、图书馆信息资源建设、图书馆用户需求与服务、数字图书馆的建设与研究、图书馆立法与知识产权保护等六部分,系统论述了在知识经济时代,图书馆所面临的挑战与机遇,以及图书馆求生存、求发展的具体措施。

图书馆发展与创新

中国图书馆学会编　平装 16 开　40.00 元
2003 年 7 月出版　7-5013-2133-7

本书是 2003 年中国图书馆学会年会优秀论文集。全书共分 6 个主题:加入 WTO 后图书馆立法与知识产权保护;数字图书馆建设与研究;图书馆信息资源建设;图书馆服务模式与需求;图书馆的社会职能与作用;图书馆管理与改革。

新世纪的图书馆员

中国图书馆学会主编　平装 16 开　50.00 元
2003 年 12 月出版　7-5013-2165-5

本书是 2003 年中国图书馆学会年会交流论文集。收集的 80 余篇论文主要分为以下几类:社会角色与职业理念;知识导航与信息服务;信息技术与资源管理;专业教育与终身学习;人力资源开发与管理;职业道德与法律环境建设等。

中国图书馆事业百年

中国图书馆学会编　平装 16 开　60.00 元
2004 年 7 月出版　7-5013-2443-3

本书是中国图书馆学会 2004 年年会优秀论文集,内容主要涉及:百年图书馆精神;百年图书馆建设历程;图书馆法治建设与知识产权;消除数字鸿沟与资源共享等。

图书馆的现代化服务

中国图书馆学会编　平装 16 开　75.00 元
2004 年 12 月出版　7-5013-2614-2

本书为中国图书馆学会 2004 年年会交流论文集。内容涉及中国图书馆事业百年历史进程;我国图书馆的法治建设;知识产权;消除鸿沟与资源共享;图书馆与学习型社会;图书馆数字化与现代化服务等被业界广泛关注的理论与实践问题。

以人为本　服务创新

中国图书馆学会编　平装 16 开　70.00 元
2005 年 7 月出版　7-5013-2797-1

本书收录了中国图书馆学会 2005 年度优秀学术论文,围绕着“以人为本 服务创新”这一主题,全方位地对图书馆从人本的角度进行重新思考,对图书馆服务进行新的尝试，主要内容包括：人文视野中的图书馆学；图书馆权利；信息素养教育与导读；图书馆信息资源的建设模式与规范；文献信息描述；组织进展与展望；参考咨询服务及其管理；图书馆建筑与人文关怀；专业图书馆的改革发展与深化服务等。

人文视野中的图书馆学

中国图书馆学会编　平装16开　92.00元
2006年5月出版　7-5013-3009-3

本书是中国图书馆学会2005年年会的交流论文集。内容涉及以下主题：人文视野中的图书馆学，图书馆权利，信息素养教育与导读，图书馆信息资源的建设模式与规范，文献信息描述、组织进展与展望，参考咨询服务及其管理，图书馆建筑与人文关怀，专业图书馆的改革、发展与深化服务，和谐社会中的图书馆等，其中包括几篇美国图书馆界同人撰写的论文。

中国图书馆学会年会论文集（2006年卷）

中国图书馆学会编　平装16开　50.00元
2006年7月出版　7-5013-3152-9

本书为中国图书馆学会2006年年会优秀论文集。全书包括四方面内容：面向大众的图书馆关怀；中国图书馆法制环境构建：法制保障与行业自律；图书馆数字资源的建设、共享与服务；大众阅读指导与和谐社会。

图书馆发展与和谐社会构建

中国图书馆学会编　平装16开　60.00元
2007年4月出版　978-7-5013-3434-6

本书是中国图书馆学会2006年年会的交流论文集。论文内容涉及图书馆事业的发展；图书馆法治环境构建；数字资源建设、共享服务；大众阅读指导；图书馆创新及高科技应用等。集中反映了图书馆在以人为本构建和谐社会的理论与实践方面所取得的最新进展。

中国图书馆学会年会论文集（2007年卷）

中国图书馆学会编　平装16开　65.00元
2007年7月出版　978-7-5013-3495-7

本书为中国图书馆学会2017年年会论文集，内容涉及：图书馆核心价值的再认识，中国图书馆立法研究，中国图书馆学专业教育与职业需求，文献信息描述与组织的新进展及其对策，城乡图书馆信息服务的协调发展，图书馆服务网络模式构建，网络信息环境下图书馆建筑与设备的新发展，和谐社会与西部地区图书馆的变化，社会阅读：拓展图书馆生长空间等。

中国图书馆学会年会论文集（2008年卷）

中国图书馆学会编　平装16开　100.00元
2008年10月出版　978-7-5013-3658-6

本书为中国图书馆学会2008年年会论文集，内容涉及：图书馆服务全民共享理念及其实现、图书馆服务政策、迎接挑战服务全民免费开放给图书馆人带来的新思考、图书馆人的职业素养和职业伦理、数字环境下的书目控制研究述评、关于我国学科导航共建共享的思考、面向公众的数字文献资源网络服务体系构建、论可持续发展的图书馆建筑设计、图书馆资源多元化环境中图书馆的价值取向等。

中国图书馆学会年会论文集（2009年卷）

中国图书馆学会编　平装16开　100.00元
2009年10月出版　978-7-5013-4092-7

本论文集收录了中国图书馆学会2009年年会一等奖论文。其内容主要涉及图书馆事业的科学发展，信息素养与目录学的数字化与大众化，《公共图书馆法》立法研究，“公共图书馆服务标准”研究，文献编目领域的共建共享，不朽的图书馆精神，古籍保护、利用和服务，多学科背景下的地方文献研究及其他方面。

中国图书馆学会年会论文集（2010年卷）

中国图书馆学会编　平装16开　120.00元
2010年7月出版　978-7-5013-4391-1

本书收录了中国图书馆学会2010年年会中的优秀论文，内容主要有图书馆学理论的继承与可持续发展研究、图书馆的社会责任研究、图书馆信息素养教育的理论与实践、公共图书馆立法研究、图书馆服务与著作权保护的理论与实践、图书馆员研究、数字环境下的信息资源建设政策、信息技术发展环境下的用户需求与服务创新、地方文献研究等内容。

中国图书馆学会年会论文集（2011年卷）

中国图书馆学会编　平装16开　120.00元
2011年10月出版　978-7-5013-4676-9

本书包括我国图书馆服务基础设施全覆盖之后的可持续发展，图书馆作为公共空间的社会价值，数字素养、数字目录学与文献遗产的数字化保护，图书馆事业持续发展的法律政策保障与制度设计研究，图书馆服务再造与馆员职业规划，三网融合与图书馆信息化建设，公共图书馆免费服务与图书馆优质资源打造等主题。

中国图书馆学会年会论文集（2012年卷）

中国图书馆学会编　平装16开　120.00元

2012 年 11 月出版 978-7-5013-4894-7

本书收录了中国图书馆学会 2012 年年会优秀获奖论文，内容主要涵盖：图书馆学基础理论的功能与创新、公民信息素养教育、图书馆法律法规研究、图书馆标准化、学科馆员培养、叙词表相关关系综述、图书馆讲故事活动的理论探索等主题。

中国图书馆学会年会论文集（2013 年卷）

中国图书馆学会编 平装 16 开 120.00 元
2013 年 10 月出版 978-7-5013-5184-8

本书收录了中国图书馆学会 2013 年年会优秀获奖论文，论文内容涵盖了目前图书馆界的热门话题，包括阅读价值观与图书馆、图书馆员阅读与专业能力构建、图书馆用户教育与信息素养教育新模式、图书馆法律法规与著作权问题研究等内容。

中国图书馆学会年会论文集（2014 年卷）

中国图书馆学会编 平装 16 开 120.00 元
2014 年 9 月出版 978-7-5013-5457-3

本书收录了中国图书馆学会 2014 年年会优秀获奖论文，论文内容涵盖了目前图书馆界的热门话题，反映了图书馆学人对于图书馆的研究与思索，研究了目前图书馆急需解决的问题，反映了当前图书馆界学术研究整体水平，对于促进今后图书馆的工作具有积极意义。

中国图书馆学会年会论文集（2015 年卷）

中国图书馆学会编 平装 16 开 120.00 元
2015 年 9 月出版 978-7-5013-5691-1

本书收录了中国图书馆学会 2015 年年会优秀获奖论文和交流论文，内容主要包括公共图书馆服务法律环境研究、图书馆数字复制版权研究、图书馆服务模式研究、高校信息素养教育研究、书香社会建设与全民阅读推广等主题。

中国图书馆学会年会论文集（2016 年卷）

中国图书馆学会编 平装 16 开 120.00 元
2016 年 10 月出版 978-7-5013-5942-4

本书收录了中国图书馆学会 2016 年年会优秀获奖论文和交流论文，主要包括公共图书馆文化志愿服务探析、我国少数民族图书馆发展研究、中小学图书馆阅读推广建设、图书馆读者资源开发、地方文献建设与开发等内容。

中国图书馆学会年会论文集（2017 年卷）

中国图书馆学会编 平装 16 开 200.00 元
2018 年 1 月出版 978-7-5013-6338-4

本书为 2017 年中国图书馆学会年会征文一等奖论文合集，收录论文 79 篇。主题丰富，主要包括：图书馆员科研项目申报组织与成果评价，《公共文化服务保障法》视野下的图书馆法治建设，图书馆品牌管理与服务营销，大数据环境下的图书馆统计与评价，双创与双一流建设下的图书馆服务变革，公共数字文化：新技术、新体验，“互联网 +”时代的文献资源揭示、整合与共享创新，讲好中华典籍故事、弘扬优秀传统文化，加强地方文献研究、提升区域文化软实力，图书馆学教育评价机制研究，社会阅读推广与图书馆服务效能，数字阅读塑造未来图书馆，图书馆与家庭阅读推广，移动阅读环境下的图书馆角色扮演，等等。

中国图书馆学报年刊（英文版）

中国图书馆学报年刊（英文版）:2009

中国图书馆学报编辑部编 平装 16 开 60.00 元
2009 年 9 月出版 978-7-5013-4062-0

收录《中国图书馆学报》近年来发表的学术价值高、影响力大的学术论文近 20 篇，其中不乏吴慰慈、陈传夫、王子舟、王世伟、马张华、于良芝、肖希明等大家的名作，内容涉及图书馆学研究、图书馆职业、图书馆专业教育、信息检索技术、图书馆立法等各个方面。

中国图书馆学报年刊（英文版）:2010

中国图书馆学报编辑部编 平装 16 开 60.00 元
2010 年 12 月出版 978-7-5013-4455-0

本书收录《中国图书馆学报》2010 年所刊发文章中的精品，反映了这一阶段图书馆学研究的现状和热点。

中国图书馆学报年刊（英文版）:2011

中国图书馆学报编辑部编 平装 16 开 60.00 元
2011 年 10 月出版 978-7-5013-4686-8

为《中国图书馆学报》2011 年期间发表文章的精选，大约 20 篇左右，以英文形式出版，涉及图书馆学研究热点和前沿问题，也包括图书馆实践遇到的新问题以及新的解决思路和方案。

中国图书馆学报年刊（英文版）:2012

中国图书馆学报编辑部编 平装 16 开 60.00 元
2012 年 12 月出版 978-7-5013-4893-0

收录《中国图书馆学报》2012 年发表的文章中精选出来的 20 篇论文，反映图书馆学研究的前沿和热点问题，探讨行业发展的趋势与规律，重点对图书馆在公共文化服务体系中的定位与作用进行了专题探讨。

中国图书馆学报年刊(英文版):2013

中国图书馆学报编辑部编　平装 16 开　60.00 元
2013 年 12 月出版　978-7-5013-5253-1

本书是《中国图书馆学报》2013 年所刊论文的精选翻译。内容包括:公共图书馆第五次评估与测评标准的解释、中国中西部地区公共图书馆服务体系的研究、国内图书馆资源共享状况综述、社群信息学角度的信息革命、口述历史收藏和保护、电子图书和数字内容对读者和图书馆的改变等。

中国图书馆学报年刊(英文版):2014

中国图书馆学报编辑部编　平装 16 开　60.00 元
2014 年 12 月出版　978-7-5013-5521-1

选取《中国图书馆学报》2014 年发表过的有影响力的理论文章 18 篇,涉及目前图书馆学研究的前沿问题和热点问题,反映了当前中国图书馆界研究的趋向和研究的深度以及研究的现状,包括研究论文、综述、前沿探讨三大部分。

中国图书馆学报年刊(英文版):2015

中国图书馆学报编辑部编　平装 16 开　80.00 元
2015 年 12 月出版　978-7-5013-5714-7

收录《中国图书馆学报》2015 年度发表的重点理论文章,包括当前图书馆学情报学研究的前沿问题、热点问题以及重点研究问题综述。所收文章既有理论大家的最新研究成果,也有初出茅庐的学科新星探索之作,全面反映一年来中国图书馆学研究的状况与水平。

中国图书馆学报年刊(英文版):2016

中国图书馆学报编辑部编　平装 16 开　80.00 元
2017 年 2 月出版　978-7-5013-6040-6

本书收录《中国图书馆学报》2016 年度发表的重点理论文章,包括当前图书馆学情报学研究的前沿问题、热点问题以及重点研究问题综述。

中国图书馆学报年刊(英文版):2017

中国图书馆学报编辑部编　平装 16 开　80.00 元
2018 年 3 月出版　978-7-5013-6373-5

本书收录《中国图书馆学报》2017 年度发表的重点理论文章,包括当前图书馆学情报学研究的前沿问题、热点问题。文章内容涉及中国图书馆学理论六十年发展、图书馆发展的十个热门话题、中国百年图书馆学教育与社会的互动发展等。

中国图书馆学报年刊(英文版):2018

中国图书馆学报编辑部编　平装 16 开　80.00 元
2019 年 4 月出版　978-7-50136723-8

本书收录《中国图书馆学报》2018 年度发表的重点理论文章,包括当前图书馆学情报学研究的前沿问题、热点问题,反映了这一阶段图书馆学研究的现状和热点,有助于国内图书馆学的国际发展。文章作者不乏理论名家,文章内容涉及知识服务、中华人民共和国公共图书馆法、公众科学、数字化贫困、法人治理结构等。

信息管理科学博士文库

网络时代的资源共享——中日文献信息资源共享比较研究

高波著　平装 32 开　16.00 元
2003 年 1 月出版　7-5013-2080-2

本书主要从文献信息资源共建、共知、共享理论研究与实践方面对中日两国进行了比较研究,在此基础上分析了我国图书馆文献信息资源共建共享的障碍,并提出了共享体系及共建共享模式。

信息文化论——数字化生存状态冷思考

董焱著　平装 32 开　18.00 元
2003 年 2 月出版　7-5013-1941-3

本书详述了信息文化、信息与文化的关系、信息文化的基本概念及特征、组成信息文化的四个子系统:物质形态、精神观念、制度规范与行为方式,并论述了信息文化影响下的四类机制:信息生产机制、信息传播机制、信息选择与利用机制、信息行为的社会控制机制。

网络时代的资源共享——中日文献信息资源共享比较研究

高波著　平装 32 开　16.00 元
2003 年 2 月出版　7-5013-2080-2

资源共享是图书馆自动化、网络化后的大趋势。借鉴发达国家图书馆文献信息资源共建共享方面的经验和教训,有益于我国图书馆文献信息资源共建共享实践的健康发展。本书主要从文献信息资源共建、共知、共享理论研究与实践方面对中日两国进行了比较研究,分析了我国图书馆文献信息资源共建共享的障碍,提出了共享体系及共建共享模式。

竞争情报——中国企业生存的第四要素

沈丽容著　平装 32 开　20.00 元

2003 年 3 月出版

本书以推动我国企业竞争情报发展进程为出发点，概述了竞争情报的一般概念，对国内外竞争情报发展状况及竞争情报发展环境作了对比。作者还结合我国实际情况，提出了以政府为“推进器”、以企业为核心、以情报咨询机构和教学科研机构为主要支持力量的官产学研相结合的竞争情报发展战略。

知识共享机制研究

罗志勇著　平装 32 开　15.00 元

2003 年 5 月出版　7-5013-2098-5

本书在总结国内外研究成果的基础上，建立了知识共享机制的理论体系。全书主要内容为：知识共享的基本问题；共享的矛盾；组织基础；机制构建；主要障碍和激励因素。本书结论为促进知识型组织充分共享知识资源，提升创新能力和竞争能力，从实现机制的角度提出了理论依据。同时，知识共享机制理论对文献信息共建共享具有重要的指导意义。

证券市场信息机制

李国秋著　平装 32 开　13.00 元

2003 年 6 月出版　7-5013-2130-2

本书的立足点是国内的证券市场。主要论述了证券市场信息机制的六大问题：证券价格与信息关系；信息结构与信息流动；信息的不完备与股价不确定；股价形成的信息问题；信息披露；信息的流动与监督。

信息生态与社会可持续生展

蒋录全著　平装 32 开　17.00 元

2003 年 7 月出版　7-5013-2131-0

本书的创新之处是以生态学的角度去察看人类社会信息，主要分析了信息因子在信息生态环境中的相互作用，通过对于信息因子的协调，促进社会进一步可持续发展。

中小企业的信息管理与咨询服务

冷伏海著　平装 32 开　20.00 元

2003 年 8 月出版　7-5013-2099-3

中小企业在当代经济中发挥着越来越大的作用，而目前中小企业发展迫切需要面向中小企业的咨询服务体系。作者对于支撑中小企业的信息咨询体系进行深入研究，考察了各国的体系建设，总结了各国的经验，提出了中国应建立支撑中小企业信息服务体系的建议。

网络信息组织：模式与评价

黄如花著　平装 32 开　20.00 元

2003 年 12 月出版　7-5013-2180-9

本书是信息管理科学博士文库中之一种，具有立意新颖、视野开阔、资料翔实的特点。主要内容包括：网络信息组织的不同模式、微观组织模式（文件、超文本/超媒体、网站）、宏观组织模式（网络资源指南、搜索引擎）、网络信息的重组模式（编目）、网络信息的深层组织模式（学科信息门户）、网络信息的分布式组织模式（数字图书馆）的特征；各种模式的评价指标；各模式的优化措施与发展策略，并展望了网络信息组织的发展趋势。

信息伦理学

沙勇忠著　平装 32 开　25.00 元

2004 年 11 月出版　7-5013-2475-1

信息技术带来了一系列问题，信息伦理的产生就是试图成为其解决信息活动问题的现实力量和内在机制。在西方，信息伦理学已成为热门学科。本书立足于社会信息活动，建构了信息伦理分析的基本理论框架，以此框架为基础对信息伦理的概念进行了研究，提出了信息伦理的社会调控机制和培育对策。

中外版权贸易比较研究

张美娟著　平装 32 开　20.00 元

2004 年 12 月出版　7-5013-2625-8

本书主要用比较分析的方法，对中外版权贸易中的国内外版权保护立法、版权的司法、行政与集体管理和版权市场经营这三个方面的状况进行了比较全面而深入的研究，分析了“入世”对我国对外版权贸易的影响，提出了 21 世纪发展我国对外版权贸易的对策。由于在研究中采用了实地调研法与定量分析、案例分析法，所以本书具有较强的实践指导意义。

本体理论在文献检索系统中的应用研究

李景编著　平装 32 开　25.00 元

2005 年 3 月出版　7-5013-2737-8

本书在调研了国外大量文献和网页的基础上，阐述了本体的起源、概念、类型和作用，介绍了国内外关于本体研究的发展现状、应用领域和研究内容，探讨了本体的相关理论和主要技术方法，对本体与叙词表、本体与语义网络的联系和区别进行了深入分析，对 5 个著名的本体系统、7 种本体构建方法、15 种本体表示语言和 5 种常见的本体编辑工具进行了深入的阐述和比较研究。

网络信息传播的自律机制研究

张久珍著 平装 32 开 25.00 元

2005 年 3 月出版 7-5013-2736-X

本书主要探讨了自律机制在建立网络信息传播良序中的重要作用，通过分析网络信息传播的特点，作者指出了网络信息出版与普通大众传播的差异，进而指出对于网络信息传播应采取自律机制，只有这样，才能有效地消除网络带来的负面影响。

数字音乐信息组织

韩圣龙著 平装 32 开 20.00 元

2005 年 6 月出版 7-5013-2779-3

本书主要研究了数字音乐的检索问题，本书的特点就是研究怎样“用音乐音响来检索音乐”，因为在目前，人们还是在用文本检索的方法来检索音乐信息，而这必然会影响音乐信息检索的效果。本书以音乐主题的音高关系为特征提取因子，并用计算机软件实现了特征因子的自动提起，从而攻克了数字音乐信息检索中的难题。同时作者还对数字音乐的元数据进行了扩充，使其更能适应中国民族音乐的特点。

国家信息政策法规体系研究——基于“国家信息政策法规数据库”的实证分析

杜佳著 平装 32 开 20.00 元

2005 年 9 月出版 7-5013-2809-9

本书主要内容包括国家信息政策法规的含义及相互关系，国家信息政策法规的分析模型，国家信息政策法规数据库结构及其数据实现，我国国家信息政策法规建设现状分析，美国、欧盟信息政策法规建设进展及其启示，中国、美国及欧盟信息政策法规建设比较，中国国家信息法规政策体系框架研究，国家信息政策法规的制定、实施与评估。

核心网站评选的理论与方法

袁毅著 平装 32 开 25.00 元

2005 年 10 月出版 7-5013-2761-0

本书系统研究了核心网站评选的相关理论，重点分析了文献计量学、科学计量学特别是信息计量学和文献计量学以及网络计量学的基础理论和重要定理在网络环境下的发展和应用，并介绍了与核心网站评选相关的主题资源发展理论；系统归纳了核心网站评选的相关方法；提出了核心网站的评述方法，对核心网站评选的关键部分进行了实证研究。

基于博弈论的国家竞争力评价体系研究

侯经川著 平装 32 开 28.00 元

2005 年 11 月出版 7-5013-2815-3

本书以博弈论为基础，在对以往国家竞争力概念进行总结的基础上，得出一个由博弈论定义的国家竞争力表达式，并将这一表达式进行具体化，得出一个以博弈论为基础的国家竞争力评价体系，从而使得国家竞争力的评价更加完备而准确。

数字资源长期保存的管理机制

宛玲著 平装 32 开 20.00 元

2006 年 5 月出版 7-5013-3010-7

本书为河北省哲学社会科学规划基金资助项目，是国家科技图书文献中心“数字化科技信息资源长期保存体系与政策机制项目”和河北大学人文社会科学研究项目“数字资源建设管理机制研究”成果之一。作者从理论上和实践上对数字资源长期保存的管理机制构建进行了探讨，重点在权益转移概念基础上，对数字资源长期保存活动中的权益关系进行了较为详细的分析，系统研究了数字资源长期保存管理机制的内容，包括权益转移内容、责任体系以及管理实施措施，并以国家科学数字图书馆数字资源长期保存活动为例，探讨了具体应用环境下管理机制的建设问题。

可移动文化遗产保护策略

周耀林著 平装 32 开 25.00 元

2006 年 6 月出版 7-5013-3150-2

本书提出了可移动文化遗产的保护体系，力图建立一个能够融合图书馆、档案馆、博物馆资源的综合保护平台，这对于被人们忽视的可移动文化遗产的保护具有重大意义。

e 印本文库(e-print archive)建设与应用

乔冬梅著 平装 32 开 28.00 元

2006 年 11 月出版 7-5013-3171-5

本书对 e 印本文库进行了全面系统的研究，大量采用案例分析的方法和实例研究的方法，作者在大量查阅、阅读相关外文研究成果的基础上对主要 e 印本文库和相关网站进行了调查追踪，从开放存取的角度，分析 e 印本文库在当前科学交流变革中所起的作用，提出了 e 印本文库的建设策略。

网络信息政策研究

燕金武著 平装 32 开 25.00 元

2006 年 12 月出版 7-5013-3421-8

本书论述了网络接入政策、网络信息内容管理政策、网络个人隐私政策、网络信息安全政策、网络信息资源建设政策、电子商务发展政策、数字知识产权保护政策等有关网络信息政策方面的问题。在充分调研国内外网络信息政策的基础上，作者对我国应采取的网络信息政策提出了自己的看法。

守护 e 时代的记忆——网络信息资源保存研究

赵俊玲著　平装 32 开　25.00 元

2007 年 2 月出版　978-7-5013-3366-0

网络信息资源增长速度很快，但是如果不能进行有效的保存，它们会很快地消亡。本书深入探讨了网络信息资源保存的系统模型、技术支撑体系、法律框架、责任体系以及我国网络信息资源保存策略，对于图书情报学研究和实践有重要的意义。

知识网络及其应用

赵蓉英著　平装 32 开　36.00 元

2007 年 8 月出版　978-7-5013-3529-9

本书论述了知识网络的概念、含义，对于知识网络的构建过程及其构建过程中需要注意的问题进行了探讨，同时还研究了知识网络在实际中的应用问题，对于图书馆利用知识网络构建新的知识资源利用体系具有积极的借鉴作用。

公共文化服务

全国文化信息资源共享工程基层点操作员简明读本

汤文琴等编　平装 32 开　13.00 元

2008 年 3 月出版　978-7-5013-3609-8

本书简要介绍了"共享工程"的基本含义、计算机基础知识、网络操作基础、相关制度汇编等,以当前的基础点操作员日常工作为主,详细介绍了工作中的基本操作。

弘扬"双百"精神　力促文化共享

张彦博主编　平装 32 开　20.00 元

2010 年 9 月出版　978-7-5013-4411-6

2009 年 10 月—12 月,文化部全国文化信息资源建设管理中心在全系统范围内开展了学习"双百"人物有奖征文活动,本书即为此次征文活动中的获奖作品集,此外还有'双百"人物介绍等内容。

文化共享十年路:共创・共建・共享——新闻媒体报道选编

于群、李宏、张彦博主编　平装 16 开　32.00 元

2012 年 12 月出版　978-7-5013-4800-8

《文化共享十年路:共创・共建・共享》套书由《新闻媒体报道选编》和《优秀服务案例选编》两个分册组成。《新闻媒体报道选编》汇编了 2009 年以来中央媒体及各地有影响力的报纸关于文化共享工程的新闻报道 111 篇。从最初收集的 150 万字文稿,甄选整理为 30 多万字的书稿,按照综合报道、公共电子阅览室、资源建设、技术应用、惠民服务分类,并按照刊发时间顺序编排。

文化共享十年路:共创・共建・共享——优秀服务案例选编

于群、李宏、张彦博主编　平装 16 开　34.00 元

2012 年 12 月出版　978-7-5013-4801-5

《文化共享十年路:共创・共建・共享——优秀服务案例选编》基础文稿来自全国文化共享工程各级分支中心和基层服务点,有的选自为汇编本书而开展的征文活动的获奖作品,有的选自"感人故事演讲比赛"和"共享工程中的共产党员"征文中的优秀文稿,还有 2012 年下半年以来,国家中心特别征集的各级分支中心开展惠民服务并取得良好成效的创新实践品牌案例等。书稿按照共建篇、共享篇、榜样篇三部分汇编,并按行政区划排列为序。

宁波文化强市战略研究

陈佳强、李国新主编　平装 16 开　50.00 元

2013 年 8 月出版　978-7-5013-5151-0

从 2012 年开始,宁波文化广电新闻出版局把宁波文化强市战略研究作为重点课题,组织以北京大学信息管理系为核心力量的课题组进行专题研究。本书的出版,就是该课题研究成果的展示。本书首次对文化强市的内涵进行了界定;首次提出文化强市的指标体系;系统地研究了 5 个计划单列市的文化发展情况,通过比较分析,对宁波市文化投入、公共图书馆、文化馆、博物馆等发展水平进行揭示,并为宁波文化强市建设提供指导。

数字文化馆:网络平台与实体空间

李国新主编　平装 32 开　48.00 元

2016 年 6 月出版　978-7-5013-5830-4

本书就网上文化馆服务和文化馆实体空间的数字化、智能化建设两个维度展开研究。网络平台部分,主要是结合国内网上数字文化馆建设的实践,分析总结网上文化馆的基本功能、基本形态和主要实现方式,目的是逐步厘清网上文化馆该做什么、能做什么、怎样把该做的功能做好,怎样体现网上文化馆服务的特点。实体空间部分引进和介绍了国外与我国文化馆类似机构打造实体数字空间的做法和经验。

河南省现代公共文化服务体系建设发展报告 2016

河南省公共文化研究中心编，时明德主编
平装 16 开　80.00 元
2017 年 6 月出版　978-7-5013-6087-1

本报告是对河南省构建现代公共文化服务体系总体态势的分析，是对河南省公共文化服务供给侧和需求侧的调查报告，书中还对国家和河南省出台的公共文化政策和法律进行解读，对该省近年来公共文化服务典型案例分析，全面、客观地反映了河南省公共文化建设现状，对全省公共文化面临的问题和发展趋势进行了分析，对于政府决策、理论研究和交流学习具有很强的参考价值。

国家公共文化数字支撑平台数字资源标准规范

李宏主编　平装 16 开　60.00 元
2017 年 11 月出版　978-7-5013-6084-0

本书是应文化部构架国家公共数字支撑平台的需要编制的数字资源标准规范，分为四部分：数字资源知识组织分类标准规范、数字资源唯一标识符规范、数字资源加工格式规范以及数字资源元数据标准规范、交换标准及著录规则。

全民艺术普及：文化馆的责任与使命

中国文化馆协会编　精装 16 开　120.00 元
2015 年 11 月出版　978-7-5013-5725-3

为了推动文化（群艺）馆（站）的理论研究和工作研讨，扩大中国文化馆协会在行业交流中的影响力，促进公共文化和群众文艺创作的繁荣与发展，中国文化馆协会举办了“2015 年中国文化馆年会征文活动”。通过全国各省级文化（群艺）馆的组织推荐，本次活动共征集论文 420 余篇。经专业机构检测查重，专家初评、复评和终评，最终评出一等奖 20 篇，二等奖 42 篇，三等奖 43 篇，优秀奖 95 篇。本书汇集了获得“2015 年中国文化馆年会征文活动”一、二、三等奖的 100 余篇优秀作品，旨在进一步促进业界理论研讨与业务实践成果的交流与传播。

公共文化服务体系示范区创建：呼和浩特模式研究

刘锦山编著　平装 16 开　65.00 元
2018 年 6 月出版　978-7-5013-6433-6

2011 年，文化部、财政部启动了国家公共文化服务体系示范区这一文化惠民项目，打造我国公共文化服务体系建设探索路径、积累经验、提供示范。呼和浩特市从 2014 年开始筹备示范区创建，2015 年 7 月成功入选第三批国家公共文化服务体系示范区创建城市。作为我国北疆重要的中心城市和中西部地区承东启西的节点城市，呼和浩特市的公共文化示范区创建工作卓有成效，取得了一系列的突破，尤其在探索实践中形成的新思路、新机制、新路径，具有广泛的借鉴意义和示范价值。本书提炼总结呼和浩特市公共文化服务示范区创建经验，让成功探索和做法传播出去，充分发挥借鉴和示范作用。本书对公共文化服务体系理论做了较为深入的思考；对公共文化服务体系建设的基本原则、单元、内容、技术、标准、体系、制度、效能建设和可持续发展进行了较为深入的探索；较为全面、系统地总结了呼和浩特市公共文化服务体系建设的理念思路、时间过程、主要成就以及由此引发的思考，回答了公共文化服务“如何干”和“为谁干”的问题。此外，本书还介绍分析了 10 个来自全国不同地区的公共文化示范区创建案例。

传播学、出版学及其他

列宁是怎样阅读书报杂志的

(苏)色拉波夫、瓦列茨基著,黎鉴堂、戴松伐译

平装 32 开　1.15 元

1984 年 12 月出版　7201.59

本书是根据色拉波夫的《列宁是怎样阅读书报杂志的》(1976 年版)和瓦列茨基的《列宁是怎样指导报刊的》(1981 年版)两书译出的,合并成一书出版,书中有大量的研究资料,引用和引证的材料也很丰富。

信息环境的演变

(英)麦克格雷著,丰成君、邵元溥译

平装 32 开　1.95 元

1988 年 11 月出版　7-5013-0460-2

本书从社会、政治、经济及技术等方面对信息的历史演变做了论述。分 5 章:1. 知识与信息;2. 信息存贮与传播媒介;3. 信息在社会中的控制与交流;4. 知识与信息的社会组织;5. 信息与社会变革。

知识产权情报教程

祈延莉、孙霁虹、孙艳玲编著

平装 32 开　8.60 元　13.80 元

1993 年 6 月出版　1997 年 10 月再版

7-5013-1049-1

本书共 9 章,分四部分:第一部分(第 1 章)介绍知识产权的基本概念、主要内容、知识产权制度的形成与发展以及知识产权的国际合作;第二部分(第 2—7 章)介绍知识产权情报的主体——专利情报的各个方面,包括专利法知识,专利情报与专利情报系统,专利情报的分类、管理、检索以及企业专利情报等;第三部分(第 8 章)主要介绍商标法及商标情报的获取;第四部分(第 9 章)重点讨论著作权法和著作权与图书情报工作的关系两个问题。书后附表示国家和地区名称的国际通用代码。

列宁著作在中国(1919—1992 年文献调研报告)

北京图书馆编,曹鹤龙主编　平装 16 开　36.00 元

1995 年 6 月出版　7-5013-1164-1

为纪念列宁逝世 70 周年而作。本书由四部分组成。

全国图书馆系统书画摄影展作品集

北京图书馆编　精装 16 开　56.00 元

1995 年 7 月出版　7-5013-1245-1

为纪念建国 45 周年,我国首次举办"全国图书馆系统书画摄影展"。本书是该展览优秀作品的结集。

信息管理概论

肖东发著　平装 32 开　12.00 元

1996、1999、2001 年版　7-5013-1292-3

本书论述了信息管理在信息业中的位置和社会任务,着重论述了信息资源管理、信息流通管理及信息事业管理等。共 9 章:1. 信息与信息管理;2. 信息技术;3. 社会信息传播业;4. 信息传递与社会信息流;5. 信息资源管理;6. 信息服务;7. 信息服务业与信息市场;8. 信息商品及其价值价格;9. 信息管理业的管理。书前有《导言——人类的基本需求与活动》。

信息传播原理

倪波、霍丹主编　平装 32 开　17.50 元

1996 年 2 月出版　7-5013-1251-6

本书以信息传播为中心,全面系统地论述了从信息的原理、生产、加工、传播系统模式到应用技术的开发利用以及信息产业的发展等各个方面。内容分为 11 章:1. 信息生产;2. 信息传播的内在机制;3. 信息传播系统;4. 信息传播模式;5. 现代信息传播技术;6. 信息通信基

础;7. 密码通讯原理;8. 信息传播变量研究;9. 信息价值的增值;10. 信息传播的经济行为;11. 信息产业。

图书馆学研究论文集

中国图书馆学会编译出版委员会编,周文骏等主编
平装 32 开　17.50 元
1996 年 6 月出版　7-5013-1269-9

为迎接'96 国际图联大会（IFLA）在北京召开而编。收文 29 篇。内容包括图书馆学理论、图书馆事业、图书馆工作、目录学和图书馆教育等方面。

信息环境论

岳剑波著　平装 32 开　13.80 元
1996 年 7 月出版　7-5013-1267-2

本书论述了人与信息的关系和信息对人的巨大影响。共 9 章:1. 从信息资源论到信息环境论;2. 信息环境系统;3. 信息环境与社会;4. 信息与人;5. 信息危机;6. 信息技术与新媒介;7. 信息政策;8. 信息环境管理;9. 国际信息环境问题。

中学生活随笔

施蕾著,孙金荣评　平装 32 开　5.80 元
1997 年 1 月出版　7-5013-1356-3

施蕾,生于 1981 年 6 月,中学生。本书是从作者近年来在报刊公开发表的 60 余篇作文和平时的 100 余篇练笔文章中选编的。

办公自动化基础

陈睿、谢新洲编著　平装 32 开　9.30 元
1997 年 4 月出版　7-5013-1319-9

本书介绍计算机技术和通信技术的基本概念、方法和应用。共 8 章:1. 绪论;2. 计算机系统概述;3. 通信和计算机网络;4. 办公自动化设备与系统;5. 文字处理;6. 数据库应用;7. 办公自动化系统的开发;8. 办公自动化的层次和发展趋势。

文献传播学

周庆山著　平装 32 开　13.80 元
1997 年 4 月出版　7-5013-1330-X

本书着重于对文献传播的人文研究。共 8 章:1. 绪论;2. 文献传播的产生与发展;3. 文献传播的基本功能;4. 文本阐释的传播原理;5. 文献的社会传播类型;6. 文献传播的结构模式;7. 文献传播政策;8. 国际文献传播。书前有周文骏的序。

21 世纪图书情报资料工作展望

北京高校情报资料工作研究会编,艾众主编
平装 32 开　11.50 元
1998 年 1 月出版　7-5013-1349-0

北京高校情报资料工作研究会第四次学术研讨会于 1997 年 9 月召开。主题是:图书信息资料工作如何迎接 21 世纪的挑战。论文题目是:1. 21 世纪图书信息资料工作展望;2. 论图书信息资料人员的素质;3. 图书信息资料工作在精神文明建设中的地位与作用;4. 图书信息资料工作的网络化建设;5. 围绕会议主题的其他选题。本书选用了 32 篇,未选用的部分均在文集的附录部分刊登论文题目。

中西文献交流史

潘玉田、陈永刚编著　平装 32 开　15.00 元
1999 年 7 月出版　7-5013-1638-4

本书是一部研究中西文献交流史的专著,分汉代至元代、明末清初、清中期、清末 4 个阶段。

中国林学文献计量研究

李吉跃著　平装 16 开　29.50 元
1999 年 9 月出版　7-5013-1646-5

本书为图书馆学、情报学和林学各学科专家协作,利用文献计量学的方法,在调研了 1949—1998 年我国林业科技文献的基础上编写的,是文献学结合专业学科的林业科技情报研究。它全面系统地评述了我国 50 年来林业的发展历程,指出林学的研究重点,叙述了林学的发展动态,预测了林学的发展趋势,还介绍了中国林业图书馆、林业科技图书馆及自动化建设。

信息经济学

韩建新著　平装 32 开　13.50 元
2000 年 11 月出版　7-5013-1746-1

随着"知识经济"的兴起,信息在经济活动及整个社会生活中越来越起到举足轻重的作用。本书论述了信息经济学的研究对象、内容、学科体系,微观信息经济学,信息系统的成本与收益及信息经济、信息产业、经济信息化等问题,对指导广大读者应用其原理于实际的经济管理之中有较强的理论价值与实用价值。

数字式佳法输入码

余锦凤、萧忠义、萧志春编著　平装 16 开　30.00 元
2002 年 3 月出版　7-5013-1892-1

这是一本有关汉字输入法的书。特点在于特别适合于小键盘输入,手机、掌上电脑、未来电话、各种电子读物等。它只用“0—9”10 个数字键即可对 GBK 中 27484 个汉字进行编码，且每个汉字、词最多用 5 个数字键；常用偏旁部首，常用字和标点符号一般用两个数字键；静态重码率低，一般每组重码小于四字……对于专业录入人员，学习中文信息处理的大中专院校及职业学校学生等特别适用。

网络教育学

周国萍著　平装 32 开　20.00 元

2004 年 12 月出版　7-5013-2110-8

本书系统而全面地介绍了网络教育的各个方面，包括网络教育的基本理论，网络教学与课程理论，网络教育对教师提出的挑战，网络德育，网络教育的评价、管理、研究和技术的运用，网络学校简介等。

版权制度下的数字信息公共传播

江向东著　平装 32 开　25.00 元

2005 年 1 月出版　7-5013-2624-X

本书较系统地论述了信息技术进步引起的版权制度变革以及这种变革对信息生产与传播产生的影响，在此基础上，重点讨论了网络环境下版权制度对图书情报工作的影响，包括版权制度对数字图书馆建设与网络传播服务的制约，数字图书馆利用版权制度保护自己知识版权的方法等，资料新颖、翔实，案例丰富，是一本理论意义与实践价值俱佳的学术著作。

网络链接分析与网站评价研究

段宇锋著　平装 32 开　25.00 元

2005 年 6 月出版　7-5013-2762-9

本书为国家自然科学基金资助项目。作者在介绍网络链接概念的基础上，阐述了国内外网络链接研究进展、研究方法和研究工具，以美国著名商学院和医学院网站为样本，采用理论与实践研究结合的方式，探讨了网站链接特征、核心网站的确定方法及网站中网络信息资源的分布规律，并在此基础上发掘网络链接分析在大学评价和网站评价中的应用价值。

网络信息过滤原理与应用

黄晓斌等著　平装 32 开　25.00 元

2005 年 7 月出版　7-5013-2786-6

网络信息过滤是根据一定的标准，利用一些手段和方法对某些网络信息进行阻挡，使其不能在一定的范围内传播，而其他的信息仍然可以传播利用。本书主要内容包括：网络信息过滤概述；网络信息过滤的主要方法；网络信息过滤的主要技术；网络信息过滤系统；常见的网络信息过滤软件概述；网络信息过滤在反垃圾电子邮件中的应用；网络信息过滤在虚拟社区管理中的应用；网络信息过滤在电子商务系统中的应用；网络信息过滤在图书馆的应用；网络信息过滤在网吧管理中的应用等。

国家信息实力论纲

刘昆雄、李慧玲著　平装 32 开　20.00 元

2005 年 7 月出版　7-5013-2756-4

本书主要论述了国家信息实力与国家经济实力的良性互动、国家信息实力对国家军事实力的推动、国家信息实力与国家文化的发展、国家信息实力与国家安全新策略、国家信息实力与国民发展、世界部分国家信息实力素描、我国国家信息实力的发展。

当 Google 向欧洲挑战的时候——为奋起辩护

（法）让-诺埃尔著，裴程译　平装 32 开　16.00 元

2006 年 5 月出版　7-5013-3008-5

就 Google 2004 年 10 月推出 Google Print Publishers 计划，法国国家图书馆馆长让-诺埃尔·让纳内指出了这一计划对不同文化带来的危险和挑战，并对保持世界文化的多样性，捍卫各国及各地区的文化提出了倡议。在各国数字化中，就自由联合问题、国家资金支持问题、数字化具体技术和标准选择问题、数字资源长久保存问题及其数字化工程的管理问题都给出了自己的意见和建议。

台湾信息政策研究

梁俊兰著　平装 32 开　25.00 元

2006 年 6 月出版　7-5013-3005-0

本书将台湾 150 项与信息政策相关的政策法规进行了梳理归纳，勾勒出台湾信息政策的发展脉络和宏观框架。主要内容包括：台湾信息政策影响因素研究、台湾个人信息保护政策、台湾商业信息政策、台湾行政机关信息政策、台湾信息教育政策、台湾信息产业政策、台湾信息服务政策、台湾信息技术政策、台湾科湾科学工业园区政策、台湾知识产权政策、信息网络政策等。

网络教育资源的传播与合理使用

肖燕、花芳、曾婷等编著　平装 32 开　35.00 元

2006 年 12 月出版　7-5013-3181-2

本书为国家社会科学基金项目。书中对中、美、英三国在教育数字图书馆建设中涉及的著作权问题进行了比较研究，对教育数字图书馆在著作权保护方面的法律及技术问题进行了深入探讨，力图解决教育数字图书馆所涉及的著作权问题，从而进一步促进教育数字图书馆的发展。

信息管理学研究方法导论

乔好勤著　平装 32 开　28.00 元

2007 年 12 月出版　978-7-5013-3528-2

本书全面系统地阐述了各种研究方法，并结合实际评价国内外图书馆学、情报学研究方法，对于完善信息管理学建设，提升学术研究水平，组合构建信息管理学族群，分门别类、条分缕析地去梳理各学科关系，提供了精良的研究工具。

不朽的图书馆精神：汶川地震与家园重建

中国图书馆学会主编　平装 32 开　25.00 元

2009 年 10 月出版　978-7-5013-4177-1

本论文集中收录的论文对"5·12"汶川地震中图书馆界表现的不朽精神、不屈的脊梁进行了歌颂，对灾后图书馆重建问题、灾害防范等问题进行了探讨，对社会援助、精神的弘扬进行了表彰。

民国时期图书馆学著作出版与学术传承

范凡著　平装 16 开　64.00 元

2011 年 12 月出版　978-7-5013-4717-9

本书全面调查了民国时期图书馆学著作的出版情况及期刊出版情况，系统梳理了民国时期重要图书馆学著作之间的发展脉络，厘清了作者群体之间的学术传承关系。从整体上分析了民国时期图书馆著作与图书馆学发展之间的关系，提供了关于图书馆史的丰富史料。

开放获取十年：2001—2011

陈晋著　平装 32 开　40.00 元

2012 年 3 月出版　978-7-5013-4738-4

开放获取（Open Access）是一个通过互联网让科学研究成果能够自由传播的运动。它可以让用户把经过同行评议的学术论文放到互联网上，以利于学术成果的快速传播。本书回顾了开放获取十年来发展的历程，对于今后开放获取的经验与教训进行了总结，对于开放获取的未来发展提出了建议。

书山蠹语

顾犇著　平装 16 开　100.00 元

2013 年 6 月出版　978-7-5013-5056-8

本书是作者以书蠹精为名所写博文的精选，涉及作者的工作、研究、业界交流、各地见闻和爱好等各个方面。第一部分"书城印记"，是作者参加各种工作的记录，也包括一些对国家图书馆人和事的回忆。第二部分是作者在各个方面的工作心得。第三部分包括作者业余生活和社会兼职相关的感想。第四部分是作者在世界各地的见闻。第五部分是生活体验，包括作者对故乡上海的回忆与思考，还有对生活各个方面的体会。本书生动具体地记录了作为图书馆人的作者的生活状态和工作情况，展现了图书馆事业的勃勃生机和图书馆人的精神风貌。同时，本书中有关于学术研究和采编工作的内容，对于关心图书馆事业的读者也会起到借鉴和参考的作用。

中国数字化社会阶层研究

闫慧著　平装 16 开　70.00 元

2013 年 10 月出版　978-7-5013-5149-7

本书通过系统深入的调查研究，发现中国存在明显的数字化社会分层现象：总体结构大致呈现沙漏型，数字贫困社群和数字赤贫社群所占比重最大，数字富裕社群和数字精英的比重次之，数字中产社群的比重最小。作者借鉴了美国消除数字鸿沟的经验，构建了一个开放式的公益信息制度架构，并提出了相应的实施政策和建议。

政府信息公开公众满意度测评与管理创新研究

朱红灿著　平装 16 开　60.00 元

2015 年 7 月出版　978-7-5013-5594-5

本书力图为进一步深化我国政府信息公开公众满意度测评研究，进一步推进我国政府信息公开管理创新，提供新的思路与措施。主要从 4 个方面展开：一、提出并运用新的研究范式；二、以问题为导向，研究政府信息公开公众满意度测评与管理创新中迫切需要研究的重大理论和实践问题；三、构建一个比较科学的政府信息公开公众满意度测评体系并进行实证分析；四、系统地研究政府信息公开管理创新的基本路径。

全维度融合模式——北京市海淀区网格化社会服务管理实践研究

北京市海淀区城市服务管理指挥中心编

平装 16 开　60.00 元

2015 年 11 月出版　978-7-5013-5692-8

本书从网格化社会管理起源出发，系统梳理了网格化社会服务管理提出的背景、内涵，建设网格化社会服务管理体系的意见和建设内容，在网格化社会服务管理体系框架下，剖析全融合网格化社会服务管理新模式的总体框架、具体做法和取得的成果，以期为推进网格化社会服务管理体系建设提供参考。

国家社会科学基金及其学术成果统计报告：1991—2015

王东波等著　精装 16 开　100.00 元

2015 年 12 月出版　978-7-5013-5362-0

本书整本框架由数据的抓取、数据的清洗、数据的统计和数据的分析 4 个主要的部分构成，具体 4 个组成部分的内容如下：首先，面向网络抓取国家社科项目基金的基本信息以及相应学术论文的信息。另一部分为通过国家社科基金项目的名称或者编号，基于开发的专门抓取程序，从中国知识基础设施工程（CNKI）网络平台上获取该基金资助的学术论文的基本信息。其次，完成对所抓取社科项目基本数据及所发表学术论文数据的清洗。再次，完成对国家社科项目和所发表学术论文的统计。最后，基于统计数据完成了对国家社科项目及所发表学术成果的分析。

中国出版业现代化研究：1800～1949

邓咏秋著　平装 32 开　38.00 元

2016 年 8 月出版　978-7-5013-5908-0

本书对 19 世纪初期至 20 世纪中期中国出版业从传统向现代的转型进行了概括，并提出了中国出版业现代化的标志，主要包括：图书流通体系的现代化、出版技术的现代化、现代出版法律的形成、现代出版企业制度的形成、出版业同业组织的现代化和现代编辑家出版家的形成等，并对这些标志进行了深入探讨。

四川社科成果服务系统建设及影响力分析

彭国莉等编著　平装 32 开　58.00 元

2017 年 12 月出版　978-7-5013-6333-9

四川社科成果服务系统是国内第一个集获奖成果、规划项目成果于一体的社科成果公共服务平台。在该服务系统建设过程中，广泛调查了我国社科成果服务系统的建设现状和相关标准，进行深入的用户需求分析，初步形成了社科成果数据库建设及影响力分析基本理论体系。作者立足于建设四川社科成果服务系统和分析四川社科成果影响力的实践，提出了加强一流哲学社会科学学科建设、进一步优化四川省哲学社会科学评奖制度和全面推进四川社科成果开放共享的对策，形成了有决策参考价值的研究成果。本书的研究工作不仅能有力推动四川省哲学社会科学的发展不断迈上新台阶，而且能为国内相关的系统研究及平台建设工作提供有价值的借鉴。

中国音像与数字出版年鉴（2017）

中国音像与数字出版年鉴编委会编

精装 16 开　280.00 元

2018 年 4 月出版　978-7-5013-6339-1

《中国音像与数字出版年鉴》2017 卷作为第一部反映我国音像与数字出版发展的大型工具类出版物，邀请有关部委领导、专家、学者，各级新闻出版机构、大型互联网企业、数字出版集团、新兴媒体、产业基地（园区）、内容服务商以及技术提供商等有关单位共同参与编撰工作，力求全面反映我国数字出版产业发展全貌，系统介绍我国数字出版发展新趋势，集中展示近年来我国数字出版年鉴的空白，具有权威性、系统性、实用性及出版史学价值。

中国音像与数字出版年鉴（2018）

中国音像与数字出版年鉴编委会编

精装 16 开　280.00 元

2019 年 6 月出版　978-7-5013-6629-3

反映我国音像与数字出版发展的大型工具类出版物，邀请有关部委领导、专家、学者，各级新闻出版机构、大型互联网企业、数字出版集团、新兴媒体、产业基地（园区）、内容服务商以及技术提供商等有关单位共同参与编撰工作，力求全面反映我国数字出版产业发展全貌，系统介绍我国数字出版发展新趋势，集中展示近年来我国数字出版年鉴的空白，具有权威性、系统性、实用性及出版史学价值。

互联网时代媒体平台经济发展的理论与实践

林翔著　平装 16 开　70.00 元

2018 年 5 月出版　978-7-5013-6418-3

本书为国家社科基金后期资助项目。本书以平台经济理论为研究工具，介绍基于平台经济理论的媒体经济发展研究背景，分析网络媒体平台化发展的实质性问题，构建以平台经济理论为主要理论基础的新媒体经济发展理论框架，探寻互联网环境下媒体经济发展的规律和趋势。书中重点介绍电视媒体、报业媒体以及新浪、搜狐、网易、百度、腾讯、阿里巴巴等网络媒体经济平台化发展趋势，具有很强的实践指导意义。

互联网时代的影像新闻研究

彭华新著　平装 16 开　80.00 元

2018 年 12 月出版　978-7-5013-6630-9

本书对互联网时代的影像新闻进行了系统论述，对这一概念给出了学术界定，并对影像新闻与政治的关系、影像新闻的生存法则、影像新闻的社会伦理以及文化使命等进行了详细探讨。本书观点新颖，框架完整，资料翔实，使读者能够多角度地充分理解影像新闻，也为影像新闻的进一步研究奠定学理性基础。

传播侵权研究

罗斌著　精装 16 开　258.00 元

2019 年 3 月出版　978-7-5013-6643-9

侵权问题又是民事传播法中的重中之重。在英美法系国家的传播法教材中，侵权问题几占篇幅的一半；在我国新闻传播法界，侵权问题也是传统的重点研究领域。本书突破“新闻传播侵权”的范畴，以传播侵权为研究对象，在研究中基于法学的思维方式构筑分体系，希望对传播法大体系的建构有所裨益。本书通过对媒体传播行为侵权这种“软侵权”的系统研究，在侵权法体系内，构筑一个立足于“传播”的分体系，探讨媒体传播行为侵权的总体特征、规律及侵害各种权益时在归责原则、构成要件、证明责任、侵权方式、责任主体、责任形态、责任方式与抗辩事由等方面的不同，从而为此类侵权进入《民法典·侵权责任编》提供理论支撑。

颠覆与重构：危机传播新论

陈虹著　平装 16 开　100.00 元

2019 年 5 月出版　978-7-5013-6724-5

本书研究了危机传播场域的变化、危机传播研究的历史追溯、关系重构中的政府话语、媒体话语建构与意义指向、公众话语建构与意义指向、专家话语建构与意义指向、国际话语对中国突发公共事件的话语表达以及构建危机传播多元主体话语互动范式等内容。

传记文献
史籍史料
书目版本
文学艺术
方志地理
哲学宗教
金石文献
综合文献
区域文献集成
附一　国学基本典籍丛刊
附二　中华再造善本

古籍文献整理

传记文献

清代名人轶事

葛虚存原编，琴石山人校订，马蓉点校

平装 32 开　11.00 元

1994 年 9 月出版　7-5013-1094-7

本书民国初年曾由上海会文堂书局印行，1917—1928 年共印 6 版。绍兴人葛虚存于民国初年从众多清人笔记小说、方志、文集、书牍、奏折、诗话中采集编纂而成，全书分学行、令节、治术、将略、文艺、怜才、吏治、先德、异征、度量、清操、科名、风趣、境遇、闺阁、杂录 16 类，573 则，记述了清代各式名人的各种轶闻趣事，既可助谈资，又可以此了解清代社会的状况。

明人年谱十种（全七册）

本社编　线装 16 开　780.00 元

1997 年 1 月出版　7-5013-1360-1

本书收明人年谱十种，其中王阳明年谱三种，还有如《云塘先生年谱》（郭奇美）、《王弇州年谱》（王士祯）、《太常公年谱》（钱薇）、《唐一庵先生年谱》（唐枢）、《周吏部年谱》（周顺昌）、《黄忠端公年谱》（黄尊素），均为清刻本。

顾亭林先生年谱三种（一函四册）

本社编　线装 16 开　320.00 元

1997 年 5 月出版　7-5013-1364-4

《校补顾亭林先生年谱》（一册），钱邦彦校补，民国间印本。书前有钱邦彦的序、顾亭林先生像。书后附录《诸人诗文及记传》、王颂文的跋。《亭林年谱》（二册），张穆编辑，清道光二十四年（1844）刻本。书前有顾亭林先生像。《三补顾亭林年谱》（一册），伦明编，稿本。书前有序。书后附《顾亭林先生诗谱》，徐嘉编，清光绪刻本。

戚少保年谱（一函六册）

（清）戚祚国等撰　线装 16 开　695.00 元

1997 年 5 月出版　7-5013-1362-8

本书为戚继光后代编纂。所据资料为戚继光征战案牍、当时浙闽总督抚按之题疏，及其他档案资料。其中一些资料早已佚失，赖此年谱得以保存流传于世。本书较详细地记载了明后期浙闽地区的抗倭史，对当时朝廷的政治、军事等诸方面也多有涉及。此次影印所据底本为清道光间仙游崇勋祠藏版。

汪辉祖自述年谱二种（一函三册）

（清）汪辉祖撰　线装 16 开　330.00 元

1997 年 5 月出版　7-5013-1363-6

本书包括《病榻梦痕录》《梦痕录余》。书前有汪辉祖的序。

王船山杨升庵先生年谱五种（一函四册）

本社编　线装 16 开　240.00 元

1997 年 5 月出版　7-5013-1361-X

《王船山先生年谱》，清刘毓嵩编。《王船山公年谱》，清王之春辑。《升庵先生年谱》，清李调元编。《升庵年谱》，清简绍芳编，清道光刻本。《升庵先生年谱》，清程封编。清道光二十四年（1844）刻本。

苏溪渔隐读书谱（一函三册）

（清）耿文光撰　线装 16 开　240.00 元

1997 年 7 月出版　7-5013-1420-9

选自《耿氏丛书》。耿文光（1830—?），字斗垣，号酉山，别号苏溪渔隐。本书是作者以年谱的形式，对自己一生读书经历的记述。共 4 卷。

北京图书馆藏珍本年谱丛刊(全二百册)

北京图书馆编　精装 16 开　80000.00 元
1999 年 12 月出版　7-5013-1447-0

本丛刊是我国第一部涵盖时间最长、收入历代年谱最多、规模最宏大、线装版本最完备的年谱资料汇编。收入 1996 年以前北京图书馆所藏中国历代人物的线装年谱,计 1212 种,谱主 1018 人。所收年谱的谱主卒年大体以 1911 年为下限,个别卒于民国及其以后的传统文化人士的年谱也酌情收入。年谱即以年系谱主事迹之书。凡与年谱体例、功用相同之书,虽不称年谱,如:年表、年略、述略、编年、年状、年纪、行实录、观生纪、梦痕录、知非录、言旧录、鸿爪录等,也予收入。年谱的变体,如:诗谱、读书谱等,也予收入。

北京图书馆藏家谱丛刊·闽粤侨乡卷(全五十册)

北京图书馆编　精装 16 开　28000.00 元
2000 年 12 月出版　7-5013-1770-4

本丛刊汇集闽粤两省著名侨乡家谱计 25 姓 40 种。所用版本上起清顺治下迄民国,远及海外如新加坡,大多不为外界所见。内容除传统的世系表、祖训、族规、姓氏源流考、先祖图像、人物传记、坟墓图址和大事记等家族资料外,还详细记载了东南沿海各省中国人迁移、流落海外的情况。为研究古代宗法制度、民风民俗、人文地理和中外交流史、海外华人史等开启了一座难得的史料宝库,亦可为海外华人寻根问祖指路导航。

北京图书馆藏家谱丛刊·民族卷(全一百册)

北京图书馆编　精装 16 开　50000.00 元
2003 年 2 月出版　7-5013-1784-4

本卷以北京图书馆藏为基础,更兼收了部分兄弟馆的馆藏,首次对汉族以外的其他民族的家谱、族谱文献进行大规模、成系统的搜集整理,共收入家谱 150 余部,涉及姓氏近百个。其他民族文献尤其是民族家谱文献非常稀见,因此,这部专题家谱具有极高的文献价值,是研究民族起源、民族迁徙、民族战争、民族融合以及各民族社会历史文化的珍贵资料。

地方志人物传记资料丛刊

《地方志人物传记资料丛刊》是我社精心策划组织,编辑出版,搜集资料全面、充分、丰富的大型人物传记资料汇编。其选编内容包括方志中各类人物传记,如名宦、乡宦、仕进、孝友、节烈、耆旧、寿民等,以及与人物有关的各类表志和艺文志、金石志中的墓志、碑记、传诔等,举凡与人物有关的内容,尽数囊括其中;所收人物传记资料的时限远及上古,下迄民国。全书网罗方志近 3000 种,而在编辑过程中参照的方志更多达 6000 种,涉及人物近千万。本丛刊虽卷帙浩大,然检索方便,每卷均编有总目,每一册编有细目。

地方志人物传记资料丛刊·西北卷(全二十册)

北京图书馆编　精装 16 开　9800.00 元
2001 年 6 月出版　7-5013-1771-2

本书所收人物传记资料是从北京图书馆收藏的明代、清代、民国时期西北五省区(陕西、甘肃、宁夏、青海、新疆)近 600 种方志中精选出的 228 种方志,基本囊括了北图所藏西北五省区各州府县志。

地方志人物传记资料丛刊·西北卷人名索引

王冠、张爱芳编　精装 16 开　450.00 元
2013 年 10 月出版　978-7-5013-4860-2

本书为《地方志人物传记资料丛刊·西北卷》人名笔画索引,是检索利用《西北卷》、研究西北历史人物的重要工具书。

地方志人物传记资料丛刊·东北卷(全十二册)

北京图书馆编　精装 16 开　6000.00 元
2001 年 9 月出版　7-5013-1781-X

本书由 1949 年以前编纂的现属东北地区的 100 余种方志精心辑录、整理、汇编而成。

地方志人物传记资料丛刊·东北卷人名索引

李雄飞编　精装 16 开　50.00 元
2004 年 2 月出版

本书是《地方志人物传记资料丛刊·东北卷》的人名索引,编制精审,为查阅该书人物提供了极大的便利。本书亦可另作为查检东北地区人物的专门工具书。

地方志人物传记资料丛刊·华北卷(全六十六册)

北京图书馆编　精装 16 开　35000.00 元
2002 年 6 月出版　7-5013-1910-3

本书所收人物传记资料由明、清两代及民国时期华北地区(北京市、天津市、山西省、河北省、内蒙古自治区)1100 余种方志中精心遴选出 400 余种整理、汇编、影印而成。

地方志人物传记资料丛刊·华北卷人名索引

黄秀文等编　精装 16 开　380.00 元

2007 年 8 月出版　978-7-5013-3510-7

本书是《地方志人物传记资料丛刊·华北卷》的人名索引，编制精审，为查阅该书人物提供了极大的便利。本书亦可另作为查检华北地区人物的专门工具书。

地方志人物传记资料丛刊·华东卷·上编（全八十册）

国家图书馆编　精装 16 开　40000.00 元

2007 年 10 月出版　978-7-5013-3519-0

本书系收录山东、江西、福建、台湾四省 300 多种方志中 4 万余历史人物的传记资料。资料摘自每种方志中的人物志、职官志、选举志和艺文志等，对研究该四省籍和曾经任职于四省的历史人物，无疑是翔实的参考文献。

地方志人物传记资料丛刊·华东卷·上编人名索引（全二册）

王恒柱编　精装 16 开　1200.00 元

2014 年 12 月出版　978-7-5013-6068-0

本书为我社 2007 年出版的《地方志人物传记资料丛刊·华东卷·上编》的人名索引，为查阅该书人物提供了极大便利。

地方志人物传记资料丛刊·华东卷·下编（全一百七十五册）

国家图书馆编　精装 16 开　120000.00 元

2012 年 5 月出版　978-7-5013-4727-8

本书从华东地区（上海市、江苏省、浙江省、安徽省）的 1000 余种方志中，精选出 318 种方志辑录、整理、汇编而成。所用底本，多为国家图书馆收藏，间以他馆藏相补充。所选方志参照《中国地方志联合目录》体例，首分地区，次按府、厅、州、县排列。为方便读者查阅，本卷提供三种检索途径：1. 总目，列入所选 318 种方志在各册的分布、页码。2. 每册前置一细目，内录所选各志书大、中二级目录（个别四级）所在页码。如选举志下分进士、举人、贡士等。所选各种表志，如职官表、选举表、毕业生表等，亦在细目中一一列出。3. 人物姓名笔画索引，统一编排，单行一册。

地方志人物传记资料丛刊·西南卷（全八十二册）

国家图书馆编　精装 16 开　65000.00 元

2015 年 4 月出版　978-7-5013-5486-3

本书收录云南、贵州、四川、西藏四省、区有关历史人物的传记资料。资料摘自每种方志中的人物志、职官志、选举志和艺文志等，对研究该四省、区籍和曾经任职于四省、区的历史人物，无疑是翔实的参考文献。

地方志人物传记资料丛刊·华南卷（全五十一册）

国家图书馆编　精装 16 开　32000.00 元

2016 年 10 月出版　978-7-5013-5954-7

本书所收人物传记资料系由 1949 年以前编纂的现属华南地区（广东省、广西区、海南省，不含香港与澳门特别行政区）的方志中精选出的方志辑录、整理、汇编而成。

地方志人物传记资料丛刊·华中卷（全一百册）

国家图书馆编　精装 16 开　60000.00 元

2016 年 11 月出版　978-7-5013-5901-1

本书收录河南、湖北、湖南三省方志 300 余种，所收资料的门类大致包括：各类人物传记，一般分名宦、乡宦、仕进、孝友、节烈、耆旧、寿民等；各种表志，如职官表、选举表等；另有金石、艺文类中的墓志、传记等。

历代名人生卒年表·历代名人生卒年表补

梁廷灿、陶容、于士雄编　精装 32 开　95.00 元

2002 年 5 月出版　7-5013-1905-7

本书收入梁廷灿先生《历代名人生卒年表》及陶容、于士雄先生《历代名人生卒年表补》两编。此次影印出版，补充编辑了总目、索引。

历代名人年谱

（清）吴荣光、李宗颢补遗，林梓宗点校

精装 16 开　160.00 元

2002 年 11 月出版　7-5013-1962-6

本书收录中国历史上政治、经济、军事上的重要名人数千人，是一部了解中国历史名人生平事迹的工具书。

历代名人生卒录

（清）钱保塘编　精装 16 开　120.00 元

2002 年 11 月出版　7-5013-1951-0

本书专记历史人物存殁之年。所收人物起自上古，迄于明清，皆取自史传、名人文集、碑传表志原书递录，共得一万余人。此次影印出版，重新编制了索引，极便查寻，是文史研究者的必备工具书。

中国古代名人生卒·历史大事年谱

（清）吴荣光撰，陈垣校注　精装 16 开　140.00 元

2002 年 11 月出版　7-5013-1952-9

本书原名《历代名人年谱》，十一卷，系表谱式历代名人生卒与大事纪年，起汉高祖刘邦元年（前 206），迄清道光二十三年（1843）。首列干支纪年，次为帝王年号纪年，三为重大历史事件，最后乃生卒于该年之名人。今据其内容改为《中国古代名人生卒·历史大事年谱》。该书成于清道光末年，曾于咸丰光绪年间数次刻印。此次影印所据底本乃国家图书馆收藏陈垣先生校注光绪元年南海张荫桓重刻本，陈垣先生于干支年逐一标注西历，并于著名历史人物生卒年月日标注西历，颇便于今人利用。

近现代名人小传（全二册）

沃丘仲子编　精装 32 开　60.00 元

2003 年 4 月出版　7-5013-2101-9

本书系沃丘仲子著《近代名人小传》《当代名人小传》的合集。集中了清末民初政、商、学、教各界名人 800 多人次的简短传略，亦有少数现代人物入传。本书提纲挈领，对当时名人的生平事迹有简省而精确的考证论述，评论往往一语中的，是研究清末民初乃至现代人物不可或缺的开创性著作。

佛教名人年谱（全二册）

殷梦霞选编　精装 16 开　900.00 元

2003 年 5 月出版　7-5013-2123-X

佛教是世界三大宗教之一，自汉代从印度传入中国后，以其强劲的生命力，逐渐渗透到中国社会生活的各个领域，成为中国传统文化的重要组成部分，大大改变了中国文化发展的方向。佛教在中国传播及演变发展的漫长岁月中，曾涌现出许多影响深远的高僧大德，他们的命运与佛教的兴衰息息相关，他们的言行蕴涵着无穷的人生智慧。本书辑录其中代表人物的年谱计 17 种，包括慧远、玄奘、普觉、佛光、密云、三峰、天然、石涛上人等对佛教历史、佛教思想、佛教文化和中国传统文化、传统学术最具影响的名师高僧。年谱分别记载了他们的生平事迹、学术思想、政治主张、交游涉猎乃至当时的社会历史状况，是研究佛教人物、佛教文化、佛教发展史及中国学术思想史的珍贵专题文献资料。

浙东学人年谱（全四册）

殷梦霞选编　精装 16 开　1900.00 元

2003 年 5 月出版　978-7-5013-2125-6

本书收录浙江学者年谱 26 种，从隋唐时代的智凯到清代的邵晋涵，历代浙东学人大家网罗殆尽，是研究学术史，特别是明清两代学术发展的重要史料。

古今人生日考

朱彭寿编　精装 32 开　30.00 元

2003 年 5 月出版　7-5013-1904-9

本书收录上古至清末凡 4200 余名人物的生辰资料，依次按月、日编排。作者朱彭寿为清末民初仕宦，一生著述不辍，有多种著述稿本传世。《古今人生日考》即其中之一。为编纂此书，作者曾广览了 700 多部有关著作，多方收集考证，补充订正，历时 30 余年。与其他记载历代名人生卒的著述相比，此书的独到之处是：在人物姓氏之上均标明官阶职业，在生辰之前皆注明出处，是治学者知人论世的重要参考工具。此次单行影印出版，专门面向治学者个人。重新编制的目录索引，检索便捷。

清代碑传文通检

陈乃乾编纂　精装 16 开　90.00 元

2003 年 7 月出版　7-5013-2142-6

本书收集清代碑传文有关文集 1025 种。分列碑传主人的姓名、字号、籍贯、生卒年代，碑传文的作者及所载书名、卷数，依姓名笔画排列。本书是研究清代人物、利用清代文献极为重要的参考工具书。

先秦诸子年谱（全五册）

本社编　精装 16 开　1800.00 元

2004 年 3 月出版　7-5013-1083-1

本书是 1949 年以前出版的先秦诸子的线装年谱汇编，其中收录有孔子年谱 14 种，孟子年谱 15 种，另有墨子、庄子、荀子、韩非子等先秦诸子年谱 30 余种。这些年谱中除孔子的生卒年月在历史上有明文记载而外，其余各家的生卒年代大都出于考证推断所得，考证则有的严谨，有的粗疏，论断也会有所不同。

清代民国藏书家年谱（全六册）

张爱芳、贾贵荣选编　精装 32 开　1500.00 元

2004 年 4 月出版　7-5013-1219-2

本书收清代 17 位藏书家的年谱，其中大多为当时的著名藏家，如清初的钱谦益、王士祯、查慎行，中期的黄丕烈、阮元、顾千里、张金吾、龚自珍，晚期的潘祖荫、张之洞、缪荃孙，等等，都是名扬后世的收藏大家。同时收了民国时期的陶湘、丁福保两位著名藏书家的年谱以及《晦隐居士学术史》一种。这些年谱大多为谱主子弟、门人所编纂，有多种还是谱主本人亲自或口授他人编写而成的，其资料翔实可靠，极为珍贵，颇具研究和参考价值。

历代不知姓名录

(清)李清编　精装32开　80.00元

2004年4月出版　7-5013-2428-X

《历代不知姓名录》曾是一部因受到无端牵连而遭禁之书。这是一部十分独特的人物资料辑录,或可作为异类历史笔记来读。此书亦有文献著录为《正史外史摘奇》。编者搜取廿一史及诸稗官野乘所载无姓名者事迹汇为一编,有姓无名、有名无姓者附后,每条皆注出处,取之有据。该书为传抄本,全书十卷五十四类,实存八卷三十七类,计1200余条。今据国家图书馆藏抄本影印出版。

汉晋名人年谱(全三册)

国家图书馆编　精装16开　660.00元

2004年6月出版　7-5013-2201-5

本书共收入汉代至两晋时期司马迁、贾谊、董仲舒、刘向、许慎、关羽、刘备、诸葛亮、曹植、陆机、陶潜等23位名人的44种年谱,是研究汉至两晋600多年(公元前206—公元420)的政治、经济、军事、文学艺术、史学等的重要参考文献,更是研究此23位名人的最重要史料。

历代名人谥号谥法文献辑刊(全四册)

张爱芳、贾贵荣选编　精装16开　1600.00元

2004年10月出版　7-5013-2435-2

本书辑录历代谥法著述中有代表性的著作《谥法》《谥法考》《周公谥法》《春秋谥法表》《续通志·谥略》《皇朝谥法考》《汉晋迄明谥汇考》《皇朝谥法表》《馆选爵里谥法考》《历朝谥法汇检总目》《海门先正乡谥表》共计11种而成。

清代人物大事纪年

朱鳌、宋苓珠整理　精装32开　180.00元

2005年2月出版　7-5013-2621-5

本书是朱鳌先生根据其先祖父朱彭寿所著《皇清纪年五表》《皇清人物通检》及《皇清人物考略》三书手稿并参阅大量相关文献整理编纂而成。共收录18000余名清代自中央到地方有影响人物的个人资料,包括姓名、字、号、籍贯、生辰、科第、官职、恩遇、封爵、著述、卒年、谥号、死因等十多项内容。全书按编年体的形式编排,以年系人,以人系事,依清代纪年顺序,自清入关前的天命元年(1616),至清宣统三年(1911),共记录了近300年间的重大史实、重要人物,并编有人物姓名笔画索引,是了解研究清代历史不可缺少的工具书。

唐宋八大家年谱(全五册)

王冠辑　精装16开　2100.00元

2005年3月出版　7-5013-2770-X

本书广泛搜讨宋代至清代所编八大家年谱共计28种,辑为一编。对于研究八大家生平,了解他们各自的境遇,在政坛、文坛的成败进退及其诗文创作的关系,无疑是十分难得的第一手资料。

辽金元名人年谱(全三册)

本社影印室编　精装32开　770.00元

2005年3月出版　7-5013-2774-2

本书共收录辽金元年谱30多种,涉及契丹国主、元好问、许衡、耶律楚材等20多位历史文化名人。

宋明理学家年谱(全十二册)

陈来选,于浩辑　精装32开　2900.00元

2005年4月出版　7-5013-2773-7

本书收录了宋明理学名家周敦颐、张载、二程、杨时、罗从彦、朱熹、吕祖谦、陆九渊、杨简、真德秀、魏了翁、许衡、吴澄、曹端、薛瑄、吴与弼、陈献章、王守仁、王艮、刘宗周等27人的年谱46种,对于认识宋明理学的形成、发展、演变具有重要的研究与参考价值。

宋明理学家年谱续编(全五册)

陈来选,于浩辑　精装32开　970.00元

2006年7月出版　7-5013-3144-4

本书在前编《宋明理学家年谱》的基础上,又陆续收录了著名理学家范仲淹、欧阳修、司马光、游酢、陈瓘、朱熹、尹焞、李侗、刘子翚、陈傅良、金履祥、唐顺之等18人的年谱20余种。

隋唐五代名人年谱(全四册)

本社影印室编　精装16开　1500.00元

2005年4月出版　7-5013-2781-5

本书共计收入年谱60种,其撰成年代自宋朝及于民国,资料翔实,体例谨严。谱主29人,包括政治家如唐朝魏徵,五代时期武肃王钱镠、文穆王钱元瓘,南唐中主李璟、忠献王钱弘佐、忠逊王钱弘倧、忠懿王钱俶,南唐后主李煜,著名史学家刘知几,唐代著名诗人如李白、杜甫、李商隐等,著名书法家颜真卿,著名散文家韩愈、柳宗元等,著名僧人玄奘等。而且所收年谱齐全,最著名的人物,如杜甫的年谱有12种,有些年谱的版本较为稀见,特别是其中的抄本、油印本,更具有极高的文献价值。现将它们汇为一编并影印出版。

历代妇女名人年谱(全二册)

张爱芳选编　精装 16 开　900.00 元

2005 年 6 月出版　7-5013-2740-8

本书收录自汉迄近代有代表性的妇女年谱 23 种而成,其撰成年代自宋朝及于现代,资料翔实,体例谨严。谱主 26 人,即吕后、武则天、李清照、柳如是、董小宛、杨娥、吴绛雪、梁德绳、曾纪芬、罗丽蕤、徐自华、赛金花、秋瑾等。另收录有《祖国女界文豪谱》。

中国古代史学家年谱(全八册)

张爱芳选编　精装 32 开　1900.00 元

2005 年 6 月出版　7-5013-2782-3

本书共计收入年谱 40 种,其撰成年代自宋朝至于现代,资料翔实,体例谨严。谱主 25 人,即司马迁、班固、魏徵、刘知几、沈约、欧阳修、司马光、袁枢、黄宗羲、顾炎武、王夫之、万斯同、查继佐、张廷玉、全祖望、赵翼、钱大昕、毕沅、章学诚、邵晋涵、崔述、徐松、姚莹、黄遵宪、刘师培。有的著名史学家如魏源、梁启超等因已有单独年谱出版,兹不再选入。本书另一特点,是力求所收史学家年谱齐全,一些著名人物,如司马迁的年谱有三种,顾炎武七种,欧阳修三种,因各家所撰年谱各具特色,可以参稽补充,故概行选入。有些年谱的版本较为稀见,特别是其中的抄本、油印本,更具有极高的文献价值。将它们汇为一编,影印行世,这不仅会使众多查阅者、庋藏者颇称其便,而且必将对推进中国古代文史及文献学等领域的研究工作大有裨益。

历代名人姓氏全编(全四册)

佚名编　精装 32 开　860.00 元

2006 年 4 月出版　7-5013-2834-5

本书收录历代名人姓氏两万余,相关历史人物近 3 万人,是研究历代人物、姓氏的参考书。书后附人名索引,便于检索与使用。本书所录人名以姓为序,同姓者以时代相从。人名下除里籍、字号外,其生平事迹、琐闻轶事也间有所录。此外,在所录姓氏之下皆注有该姓的来源及郡望,为读者了解该姓的源流提供了一定的线索。本书以民国年间有正书局石印本为底本影印出版。本次影印,在书后编制了笔画索引。

丛书人物传记资料类编·学林卷(全十六册)

本社影印室编　精装 32 开　3900.00 元

2006 年 5 月出版　7-5013-2833-1

本书依照《中国丛书综录》著录目录,从《青照堂丛书》、《琳琅秘室丛书》、《皇清经解》及续编、《汉魏遗书》、《昭代丛书》、《榕园丛书》、《函雅堂丛书》等丛书中,辑录了历代著名思想家、学者的传记资料计 57 种,涉及人物达近千人之多。既有合传,如《历代名儒传》《颜李师承记》《新安学系录》《儒林传稿》;又有单传,如《太史公系年考略》《孟子生卒年月考》等。体例涉及年谱、行状、传略、年表、墓志铭等。本书还收录稀见史料近 20 种,如《理学宗传》《船山学谱》《李二曲先生全集》等。书后附人名索引,以便使用。

丛书人物传记资料类编·仕宦卷(全四册)

本社影印室编　精装 32 开　1200.00 元

2010 年 6 月出版　978-7-5013-4228-0

本书依据《中国丛书综录》传记类专录之属仕宦部分的著录,从《酌古准今》《香苏山馆全集》《东莱赵氏楹书丛刊》《三忠合刻》《崇正丛书》《咏梅轩丛书》等丛书中遴选历代仕宦传记资料共计 20 种。在很大程度上弥补了正史和地方志人物传记资料的不足,对于了解张良、萧何、李泌、范仲淹、司马光、李纲等千余位传主的生平、思想,对于研究传主所处时代的政治、文化,有很高的史料价值。此外我们还精心编制了人名索引,以便学者使用。

明代名人年谱(全十二册)

于浩辑　精装 32 开　2400.00 元

2006 年 7 月出版　7-5013-2842-0

本书收录了明代著名人物宋濂、刘基、高启、方孝孺、杨士奇、李东阳、杨慎、归有光、王世贞、王锡爵、徐光启、孙承宗、杨涟、左光斗、徐宏祖、堵胤锡、祁彪佳、张煌言、郑成功等 47 人的年谱。谱主多为明代政治家和学者。这些年谱或为谱主自订,或为后裔门人所编,或由他人撰著,甚至不乏钱大昕等清代名家所著。需要说明的是,薛瑄、丘浚、陈献章、王守仁、唐顺之、顾宪成、高攀龙、刘宗周等理学名儒的年谱由于已收入本社的《宋明理学家年谱》及续编中,所以不再收录。

明代名人年谱续编(全十六册)

国家图书馆出版社辑　精装 32 开　5600.00 元

2012 年 10 月出版　978-7-5013-4879-4

本书收录明代名人年谱 101 种,谱主包括汪克宽、陶安、方国珍等 94 人。此前本社出版的年谱中收录的人物,不再收录。

清人年谱系列(3 种)

乾嘉名儒年谱(全十四册)

本社影印室编　精装 32 开　2900.00 元

2006 年 7 月出版　7-5013-3128-6

本书共收录乾嘉时期著名学者的年谱 90 种。上起乾嘉初叶辞世之桐城派初祖方望溪，下迄嘉庆、道光间总结乾嘉学派与乾嘉学术之高邮王氏父子暨汉学护法阮芸台。

清初名儒年谱(全十六册)

本社影印室编　精装32开　3000.00元

2006年8月出版　7-5013-3149-9

本书共收录清初大儒孙夏峰、黄梨洲、王船山、顾炎武、张杨园、李二曲、汤斌等61位学者的年谱计83种，是了解传主生平及清初学术思想的重要史料。

晚清名儒年谱(全二十册)

本社影印室编　精装32开　3900.00元

2006年12月出版　7-5013-3185-5

本书共收录晚清时期著名学者的年谱85人87种。上起包世臣、陶澍，下迄梁启超、章太炎、王国维。

宋代传记资料丛刊(全四十九册)

本社影印室编　精装32开　9500.00元

2006年10月出版　7-5013-3161-8

本书依照民国时期燕京大学图书馆索引编纂处《四十七种宋人传记综合引得》目录，共收集《宋史》之外的46种宋代人物传记资料，后附人名索引。

辽金元传记资料丛刊(全二十二册)

本社影印室编　精装32开　3900.00元

2006年11月出版　7-5013-3154-5

本书系辽金元时期人物传记资料的汇编之作。辑自有关辽金元时代的重要史著26种，包括《契丹国志》《辽诗话》《辽大臣年表》《大金国志》《元史类编》《元史新编》《元史氏族表》《蒙兀儿史记》等(《辽史》《金史》《元史》等常见、已有点校本的“正史”则未予收录)。所涉包括辽金元时期仕宦、宗室、儒学、将士等重要人物数千人。据燕京引得编纂处《辽金元传记三十种综合引得》选目编辑。

明代传记资料丛刊·第一辑(全四十册)

本社影印室编　精装16开　9300.00元

2008年4月出版　978-7-5013-3554-1

本书依据《八十九种明代传记综合引得》，收录明代人物传记近30种，如《崇祯忠节录》《皇明名臣言行录新编》《皇明将略》《明良录略》等，版本精善、品相清晰，多为明清刻本、抄本，其中几种尚有民国学者朱希祖等人的批点，是明史研究的重要史料。

近世人物志

金梁辑　精装32开　39.00元

2007年4月出版　978-7-5013-3432-2

本书内收近代500余位名人轶事，内容分别采自李慈铭《越缦堂日记》、翁同龢《翁文恭公日记》、王闿运《湘绮楼日记》、叶昌炽《缘督庐日记》，内容信实丰富，对于清代人物及相关史实的研究均为十分重要的第一手资料。哈佛大学费正清东亚研究中心研究员孔祥吉先生特为本书撰写前言:《金梁其人与〈近世人物志〉——兼论其以日记勾画人物的治学特色》，对本书的作者、内容及价值均有详尽的介绍，其中既有深入的开掘，亦不乏独到的见解，本身就是清史研究领域的一篇重要文献。

列女传汇编(全十册)

郑晓霞等编　精装32开　2200.00元

2007年7月出版　978-7-5013-3449-0

《列女传》是汉著名学者刘向所撰，为中国最早专门阐述妇女生活准则的教科书，所载传记达100多篇。保存了西汉以前知名妇女的重要事迹，影响巨大，有重要的文献价值、社会价值、文化价值，因此西汉以来注释、校勘、整理者层出不穷。不仅出现了梁端《列女传校注》、王照圆《列女传补注》、萧道管《列女传集注》三部著名的注作，还曾吸引了茅坤、段玉裁、王念孙、黄丕烈、顾广圻、孙诒让、王国维等著名学者的关注。受此影响，一大批同类型的作品相继出现，如明汪宪所辑《列女传》、明解缙等撰《古今列女传》、明董希周辑《新续列女传》、清汪宪撰《列女传》、清刘开辑《广列女传》，明代著名小说家冯梦龙甚至还将《列女传》演绎成通俗小说等。但迄今为止，尚缺乏更深入、系统的研究，其所蕴含的学术、文化、传统价值还远远未被发掘出来。鉴于此，我们将23种相关原始文献汇编成书，共计十册，以期有裨于妇女史研究、版本研究和文化承传等。

李鸿章年(日)谱

窦宗仪编　精装16开　590.00元

2011年8月出版　978-7-5013-4348-5

本书是窦宗仪先生利用大量时间，在华盛顿的国会图书馆搜集中、外文史料，而且是以外文史料为主撰写而成。通观全书，在外文史料方面，作者使用了美国、日本、苏联、英国等国的外交档案及来华外交官的报告及回忆录。特别应该指出的是，作者系统地使用了在上海出版的《字林西报》，提供了外国记者在不同场合所观察到的李鸿章。

宋元方志人物传记资料丛刊（全十册）

宋志英选编　精装 32 开　3800.00 元
2011 年 8 月出版　978-7-5013-4466-6

现存的完整和较为完整的宋元方志，大约 40 余种，它们对于考察所记载地区古代的政治、经济、军事、文化、人物、社会风情、物产资源、地理沿革等，具有宝贵的资料价值。此次我们根据朱士嘉先生的《宋元方志传记索引》，从现存宋元方志中辑录出有关人物传记资料，汇编成书。

上海图书馆藏珍本年谱丛刊（全十五册）

上海图书馆编　精装 16 开　9800.00 元
2015 年 11 月出版　978-7-5013-5624-9

本书从上海图书馆遴选珍本年谱近百种，凡《北京图书馆藏珍本年谱丛刊》收录者，不再重复收录。其中有为数众多的稿抄本，为存世孤本。

上海图书馆藏珍本年谱丛刊续编（全七十册）

周德明、吴建伟主编　精装 16 开　48000.00 元
2019 年 3 月出版　978-7-5013-6661-3

上海图书馆藏有历代名人年谱 1000 余种，其中有很多为其独有的收藏，至为珍贵。有鉴于年谱文献的学术价值，编者从上海图书馆馆藏文献中精选相关年谱，继《上海图书馆藏珍本年谱丛刊》后汇辑成《上海图书馆藏珍本年谱丛刊续编》付诸影印，共收有年谱 331 种，涉及谱主 320 余位，基本上都是首次揭示。其中稿本 82 种、抄本 86 种，共 168 种，占据半数以上，多为存世孤本，具有非常珍贵的史料研究价值。所涉谱主包括政治家、军事家、文学家、艺术家、普通士人、工商业者、方外、妇女等等。年谱形式有文谱、表谱、诗谱、图谱等。年谱流传方式举凡稿本、抄本、刻本、木活字本、石印本、铅印本、油印本、复写本，均有涉及。是书编排顺序大致依谱主的生年为序。整体而言，本书有以下几点特色：第一，稿抄本量多质高；第二，收录了一些年谱专家所撰之书；第三，关注了附刊于族谱中的年谱。编者还为每种年谱撰写了简明扼要的谱主介绍，便于读者使用。

金石书画人物传记资料丛刊（全四十册）

宋志英、潘竹辑　精装 16 开　26000.00 元
2015 年 12 月出版　978-7-5013-5677-5

本丛刊从金石书画类著作中辑录人物传记资料 57 种，分为书画家传、印人传、书家传、画家传四类，并以通史和断代史进行排序。为确保文献的专题性和实用性，本丛刊使用了部分析出文献。《佩文斋书画谱》一百卷，析出卷十八至卷五十八，主要收录其中的历代帝王书、历代帝王画、书家传、画家传。《书画传习录》四卷，析出卷三至卷四的书事丛谈和画事丛谈。《分隶偶存》二卷，析出卷下古今分隶人名氏。

顾大申自订年谱手稿

刘凤桥编　精装 16 开　480.00 元
2016 年 1 月出版　978-7-5013-5690-4

谱主顾大申是明末清初著名学者、诗人、书画家。生于明天启元年（1620），字震雉，号鹤巢，一号见山，江南华亭（今上海松江）人。清顺治九年（1652）二甲六名进士，官工部郎中，分司夏镇河道，升洮岷道佥事，卒于官。大申为官 20 余年，勤敏能干，究心经济，尤精通水利，政绩斐然。《清史列传・文苑传一》记他“官夏镇河道时，节省公费，以筑镇城。设两湖书院以造士，人服其廉干”云云。现在上海的五大古典园林之一——醉白池公园，就是顾大申在清代顺治朝任工部主事时重加修建的。小孤桐轩所藏这部稿本曾由著名学者施蛰存先生收藏，为海内孤本。谱主顾大申是康熙己酉即 1669 年开始写自己的年谱的，成于康熙甲寅 1674 年 2 月。用了将近六年时间，期间“凡五易岁管，四更删补”，足见用心良苦，正如谱主所言“不有记述，何以示我后人哉”。本书不仅以其历史掌故所赋予的文献价值弥足珍贵，也以其书画家亲笔墨迹而独具特色。因此，本书具有多方面的文化内涵与学术价值，是深藏民间的中华文献之瑰宝，值得整理出版，嘉惠学林。

历代人物传记资料汇编（全一百五十册）

国家图书馆编　精装 16 开　90000.00 元
2016 年 7 月出版　978-7-5013-5711-6

本书涵盖国家图书馆藏先秦至清近 3000 年间撰述人物的重要史料文献，分为总传与传记。本书按照所记史事或人物之时代先后排列。本书所收书大部分为国家图书馆馆藏善本，此次集中影印人物资料，为文史哲爱好者、学者及图书馆等收藏单位收藏、使用古籍资料提供便利，同时也让难得一见的善本古籍为大众所知，有利于古籍的流传与保存。

广东省社会科学院图书馆藏稿本广东贡士录（一函三册）

张小迁撰　线装 16 开　720.00 元
2017 年 6 月出版　978-7-5013-6113-7

张小迁，清代道光年间广东东莞人，撰有《广东贡士录》《东莞进士录》等，对广东及东莞地方文化史料和人物极为熟悉。本书辑录了清代九朝广东各科乡试举人和副贡，考中外省乡试举人，及广东举人应考历科会试、殿试之登进士者。本书为海内孤本，现藏于广东省社会科学院图书馆。今据此本原大影印，以广流传。

国家图书馆藏稿抄本年谱汇刊(全三册)

陈红彦主编　精装 16 开　1800.00 元

2017 年 7 月出版　978-7-5013-6109-0

国家图书馆十分重视年谱的收藏。1999 年,国家图书馆曾编纂出版《北京图书馆珍本年谱丛刊》一书。此次出版的《国家图书馆藏稿抄本年谱汇刊》,可视为《北京图书馆珍本年谱丛刊》的接续之作。《国家图书馆藏稿抄本年谱汇刊》收录稿抄本年谱 19 种,其中善本 6 种,普通古籍 13 种;稿本 7 种,抄本 12 种。谱主年代上起后汉,下讫晚清。因其罕存稀见,本书收录的这批年谱具有独特的文献与版本价值。

史籍史料

科布多史料辑存(一函二册)

吴丰培编　线装 16 开　22.00 元

1986 年 2 月出版

本书分四部分:1. 桂祥驻科奏稿(光绪六年七月至七年三月),吴丰培辑;2. 连魁科布多奏稿(光绪三十一年三月至三十二年闰四月),吴丰培辑;3. 科布多巡边记(道光二十八年),清慧成撰;4. 科布多政务总册,清富俊纂。书前有吴丰培的前言和解题。书后有后记。

刘襄勤公奏稿(附传略)(四函二十册)

(清)刘锦棠撰,吴丰培整理　线装 16 开　200.00 元

1986 年 2 月出版

共十六卷。本书奏稿起自光绪四年(1878)三月二十四日,止于光绪十五年(1889)二月十五日著者交卸新疆之任,后附回乡后封爵颁赏、谢恩诸折,故最后到了光绪二十年(1894)三月。将刘锦棠在新疆 12 年从政的奏稿、重要文件分为多类编排。书前有吴丰培的序。书后附何维朴所撰刘襄勤史传稿。

丝绸之路资料汇抄(一函八册)

全国图书馆文献缩微复制中心编

线装 16 开　80.00 元

1986 年 3 月出版

收录汉至明历代有关丝绸之路的著述 31 种。书前有吴丰培的序。顾廷龙封面题字。

两朝平攘录(一函五册)

(明)诸葛元声辑,商浚校　线装 16 开　15.00 元

1986 年 6 月出版

共 5 卷,根据国家图书馆、中央民族学院图书馆所藏配齐影印。书前有商浚的《隆万两朝平攘录序》、王泮的叙、吴丰培的跋,顾廷龙封面题字。

甲申朝事小纪(全二册)

(清)抱阳生撰,任道斌校点　平装 32 开　4.95 元

1987 年 3 月出版

四编四十卷,又名《甲申小纪》,1916 年由商务印书馆收入《痛史》第 21 种,铅印出版之前,仅有抄本流行。是一部记述明末清初朝野史事的书。

稿本晋会要

汪兆镛撰　精装 16 开　77.00 元　290.00 元

1988 年 1 月出版　2009 年 1 月再版　7-5013-0591-9

会要是按照一定的门类,专门记载一代文物典章的史书,历来受到学者的重视,但是两晋的会要却未见刊行。清嘉兴钱仪吉曾撰《晋会要》,惜未成书,只有残稿存世。国家图书馆藏朱铭盘撰《晋会要》八十卷,亦系未定稿。此次影印出版的《晋会要》,诸家书目均未著录,是一部首尾完备、鲜为人知的稿本。

居家必用事类全集

平装 16 开　5.00 元

1989 年 2 月出版　7-5013-0584-6

共十卷,根据朝鲜刻本缩印。原书版框高 23 厘米,宽 13.5 厘米。癸集三十二页以下原缺,用明刻本补足。

宋氏家要部·家仪部·家规部·燕闲部

(明)宋诩撰　平装 16 开　18.50 元

1989 年 2 月出版　7-5013-0585-4

依据明刻本缩印。原书版框高 20.6 厘米,宽 13.6 厘米。家要部三卷、家仪部四卷、家规部四卷、燕闲部二卷。除燕闲部外,每部前均有作者自序。

雅尚斋养生八笺

(明)高濂撰　平装 16 开　15.00 元

1989年2月出版 7-5013-0586-2

根据明万历十九年(1591)自刻本缩印。原书版框高19.7厘米,宽13厘米。共19卷。书前有屠纬真的《遵生八笺序》,李时英、高濂的《遵生八笺叙》。

清代十三朝宫闱秘史

燕北老人撰 平装32开 2.95元

1989年9月出版 7-5013-0689-3

本书分天命朝、天聪朝、崇德朝、顺治朝、康熙朝、雍正朝、乾隆朝、嘉庆朝、道光朝、咸丰朝、同治朝、光绪朝、宣统朝、杂录、游记、太平天国等16部分。

夷门广牍(全二册)

(明)周履靖辑 精装16开 186.00元

1991年6月出版 7-5013-0856-X

据明万历二十五年(1597)金陵荆山书林刊本影印。共一百零六卷,分为十个部分。

稿本三国志注补

(清)赵一清撰 精装16开 127.00元

1991年6月出版 7-5013-0855-1

共六十五卷。按《三国志》纪传顺序,从史籍、地方志、《艺文类聚》等书中,辑出有关三国时的遗文、逸事,逐卷加以补注,是清人研治《三国志》著作中卷数最多的一种。根据国家图书馆藏作者手稿本影印。

新编古今事文类聚(全三册)

(宋)祝穆、(元)富大用辑 精装16开 295.00元

1991年8月出版 7-5013-0872-1

根据元刻本影印。前集六十卷,后集五十卷,续集二十八卷,别集三十二卷,新集三十六卷,外集十五卷。前四集为祝穆辑,后二集由富大用辑。每集各分总目,且附子目。每类始以群书要语,次古今事实,再次古今文集,体例与《艺文类聚》《初学记》相近。

流寇长编(全二册)

(清)戴笠、吴乔撰 平装32开 55.00元

1991年12月出版

明末农民战争史料,二十卷。此次影印依据原涵芬楼藏(现存国家图书馆)"礼邸旧藏"之抄本,是该书现存最精良的版本。

唐书合钞(全二册)

(清)沈炳震撰,丁小鹤补正 精装16开 205.00元

1992年6月出版 7-5013-0923-X

共二百六十卷,附补正六卷。此次影印依据海昌查氏刻本,是该书最早的刻本。

俚俗集

(清)福申辑 平装32开 80.00元

1993年4月出版 7-5013-1005-X

本书是一部专门辑录民俗资料的书,共四十九卷,未刊。共收2.5万余条目。分29大类。

中国历史参考图谱

郑振铎编 精装8开 150.00元

1994年1月出版 7-5013-1074-2

中国考古图版之书,多至千百,卷帙繁重。郑振铎先生参阅诸氏之书、诸地之发掘报告、古铜器及舟车武器之研究、佛教史迹,以及日本历史参考图谱、故宫书画集、现代诸家关于器物之专著等,化繁为简,取精撷华,纂辑了《中国历史参考图谱》一书。全书收录我国上古至明清时代有关宝绘墨迹、鼎彝磁皿、石像泥俑、壁画零缣等的图片3000余幅,可使读者观其图,而悉知古人之实际生活。

汉书补注(全二册)

(清)王先谦补注 精装16开 286.00元

1995年7月出版 7-5013-0965-5

二十四史考订丛书专辑之一。一百卷,系集注性质,称"补注",意为补颜师古注解之未备也。全书以荟萃清代学者考证成果为主,又以按语形式申述己见,或对不同的说法加以评论。

皇明典故纪闻

(明)余继登辑 精装32开 116.00元

1995年12月出版 7-5013-1207-9

《皇明典故纪闻》十八卷,明朝万历年间身居要职的余继登编著。书中以丰富的史实、详尽的论述、生动的描写反映了明朝历代帝王于安邦治国、养民理财、用人取士、修身养性、扬善除恶等方面的言行举措,及所涉及的有关当时政治、经济、军事、文化、艺术、民俗等各个领域中的重大事件与重要人物。很多内容为正史和其他史书所不载。本书传世稀见,此次以北京图书馆善本部明刻本为底本影印出版。

稿本后汉书疏记

戴蕃豫编撰 精装16开 195.00元

1996年1月出版 7-5013-1150-1

本书对有关《后汉书》的浩瀚史料作了详细的比较研究,按范晔《后汉书》书目为序,补注了王先谦的《后汉书集解》。在此基础上作者对历代诸多版本的《后汉书》中较多的疏漏条目作了细致的考证,明确了不少史实记载中存在的谬误。本书涉及史料较多,书末附录宋以来关于《后汉书》研究的文献。

国朝典汇(全二册)

(明)徐学聚编撰　精装 16 开　498.00 元

1996 年 7 月出版　7-5013-1280-X

本书为晚明史学名作之一,问世于天启五年(1625)。采录明代典故,自洪武讫隆庆,分类编纂,上自实录,下讫稗乘,分条类萃,共分 200 门。卷一至三十三为朝政大端,卷三十四以下,则以六部分标记载。此次影印,以国家图书馆藏清初补刊本为底本,复据所藏清初补刊本胶片(原本今在台湾)补所缺版而成。

热河日记(外一种)

(朝鲜)朴趾源撰　精装 32 开　95.00 元

1996 年 9 月出版　7-5013-1303-2

选自作者的著作合集《燕岩集》。此次出版单行本在中国尚属首次。根据 1932 年朝鲜大东印刷所铅印本《燕岩集》影印。

二十四史订补(全十五册)

徐蜀编　精装 16 开　6000.00 元

1996 年 12 月出版　7-5013-1146-3

20 世纪 30 年代中期,开明书店出版《二十五史补编》,集 240 余种订补之作于一炉,从而为学者提供了极大的方便,筚路之功,实不可没。然《补编》所及,只包括各史之表、志;对于纪、传等的订补之作,仍难寻觅。为此,本社于《补编》之外,扩大收书的范围,编辑出版《二十四史订补》,共收书 160 余种。我们编选的原则是:1. 凡与二十四史有关之订补著作,1949 年以前编撰或出版的稿本、抄本、刻本、影印本等均在选择的范围之内;2. 为免重复,《二十五史补编》已收之书,本书不再选入;3. 所收之书以影印的方式制版,在内容和文字上未作任何改动;4. 所收之书的底本,侧重稿本、抄本、初刻本与足本。

稿本航海述奇汇编(全十册)

(清)张德彝撰　精装 16 开　3600.00 元

1997 年 5 月出版　7-5013-1299-0

著者系清季汉军镶黄旗人,长期担任驻外使臣外交使团翻译官,出任过英、意、法、比、日等国使馆参赞。本书按日记体裁,记载 1866—1900 年间出使欧亚等国时的亲身经历,资料极为丰富,如有关巴黎公社起义壮举的记述,成为中文图书中世所罕见的珍贵史料。原书为北京图书馆藏稿本,共计七十八卷。

钦定工部则例正续编(全二十册)

本社编　精装 16 开　5000.00 元

1997 年 7 月出版　7-5013-1416-0

中国古代匠作资料丛刊之一。本书由三种资料组成:1. 清乾隆十四年(1749)工部所编《钦定工部则例》五十卷(后附《乘舆仪仗做法》二卷);2. 清乾隆五十八年(1793)工部所编《钦定工部则例》九十八卷(与上一《则例》内容不同);3. 清嘉庆二十二年(1817)所编《工部续增做法则例》一百五十三卷。均为清工部刻本。

军政条例类考(一函三册)

(明)霍翼辑　线装 16 开　395.00 元

1997 年 11 月出版　7-5013-1438-1

全书共分六卷,详细阐述了军卫条例、逃军条例、清审条例、解发条例等军制方面的规章制度。本书据明嘉靖三十一年刻本影印。

明抄本嘉靖事例(一函四册)

(明)范钦等编　线装 16 开　498.00 元

1997 年 12 月出版　7-5013-1439-X

本书汇集明嘉靖时期朝臣及地方官吏的奏章、有关方面的处理意见及皇帝的旨意而成。涉及的内容相当广泛,如地方灾害,军队屯田、训练、税收、盐榷,刑律,田赋等。且每一文件均为具体事项,首尾俱全,从中可以窥见当时的政治、经济等诸方面的状况。

四川各地勘察及其它事宜档案(全四册)

本社编　线装 16 开　498.00 元

1997 年 12 月出版　7-5013-1437-3

本书由明嘉靖时期四川所属州县提审人犯记录,以及处理结果的档册编集而成。所涉多为贪赃、拖欠、奸情等案件。根据明嘉靖抄本影印。

元刻讲史平话集(一函六册)

陈翔华编校　线装 16 开　660.00 元

1999 年 6 月出版　7-5013-1505-1

本集收入了元代中叶刻本《武王伐纣书》《七国春秋后集》《秦并六国平话》《前汉书续集》《三国志平话》等五种讲史平话,并附日本藏未刊《三分事略》一种,共六册。

古今鹾略(一函四册)

(明)汪砢玉撰　线装16开　498.00元

1999年7月出版　7-5013-1652-X

本书作者崇祯年间曾任山东盐运使判官,对明代的盐政利弊有着切身的感受。为救时弊,撰成此书。该书分前后两编,每编分生息、供用、职学、会计、政令、利弊、法律、征异、杂考九卷,载录了上起春秋、下至明末的历代盐制,全书搜罗宏富,版本精善。据清抄本影印。

丝绢全书(一函四册)

(明)程任卿辑　线装16开　398.00元

1999年7月出版　7-5013-1649-X

本书详细载录了明隆庆、万历年间,徽州歙县民众因不堪官府繁重赋税之苦,上书陈情,牵动五邑民情汹汹,几乎酿成激变之"丝绢风波"始末。书中收录的大批当时涉案各方的告词、申文、揭帖、宪牌帖文、呈词、说帖及官府覆文等,为我们研究明代的赋税政策及阶级状况提供了珍贵的第一手资料。据明万历刻本影印。

太仓考(一函三册)

(明)刘斯洁撰　线装16开　398.00元

1999年7月出版　7-5013-1650-3

这是一本关于明代仓库仓场的典制全书。书中详细记载了明万历初年以前明代京仓、银库及各地仓库仓场的建制、储备、岁入岁支等情况。据明万历八年(1580)王大月刻本影印。

经史避名汇考(全二册)

(清)周广业撰　精装32开　260.00元

1999年8月出版　7-5013-11596-5

本书是分门别类将众多古籍中避讳之字辑出,并进行考证。全书分为四十六卷,分原名、序例、帝王、宫掖、储副、藩封、戚畹、官僚、官寺、亲属、师友、道释、闺阁、神祠、远服、杂讳等16类。本书据清抄本影印,无论版本或内容都较为珍贵。

中国会党史料集成(全三册)

濮文起、刘燕远等编　精装16开　980.00元

1999年9月出版　978-7-5013-1634-1

会党,又称帮会,即汉留、青帮、洪门、袍哥之属,是活跃于下层社会的民间结社组织。近代中国,会党活动空前兴盛,其足迹遍及南北,其影响既深且巨。《中国会党史料集成》收录了散见于国内外公私收藏的会党史料,其中不乏少见的稀世珍本,举凡源流、组织、典籍、切口以及事件等,均有完整系统地记载。

盐政志(全四册)

(明)朱廷立等撰　精装16开　390.00元

1999年11月出版　7-5013-1651-1

雪堂丛刻(全四册)

罗振玉校补　精装16开　995.00元

2000年8月出版　7-5013-1721-6

罗振玉(1866—1940),中国金石学家。字叔蕴,号雪堂,浙江上虞人。曾搜集和整理甲骨、铜器、简牍、明器、佚书等考古资料,均有专集刊行。本书根据民国四年(1915)上虞罗氏排印本影印。收书52种117卷,内容涉及军事4种;人物年谱6种;诗歌散文7种;地理学2种;金文学7种;姓氏学;宗教3种;杂记3种;人物传记3种;目录学6种。全书均依据唐元、明时期的稿本、原刻本校补,其中王国维的稿本就有13种19卷之多,罗振玉辑的稿本也有11种13卷,具有较高的版本收藏价值。

清文前编(一函六册)

乔治忠编　线装16开　850.00元

2000年9月出版　7-5013-1706-6

本书收录1608—1644年清政权建立初期至入关前的档案文献,包括书信、誓词、奏议、谕旨、告示等,多出自《满文老档》、清太祖太宗实录、清初满文档册、臣工奏议等。选文按时间顺序排列,每篇有题解,介绍文章背景、作者,考述文字异同。较清晰地揭示出清朝入关前的历史状况及清政权由建立到发展,进而入主中原的发展轨迹,也可窥见当时清政府的档案保存制度,订正清实录等史料的疏误。具有重要史料价值。

秘阁元龟政要(二函十六册)

(明)佚名撰　线装16开　1500.00元

2001年6月出版　7-5013-1808-5

《秘阁元龟政要》十六卷,明嘉靖时人撰,著者姓名不详。全书按编年之体记载明初史事,起于元至正十二年,止于洪武三十一年,书中所记史事多有正史、实录等其他文献所未载者,具有较高的史料价值。该书撰成以后,流传未广,历代藏书家及《明史·艺文志》都罕有著录。但由于其对于研究有明一代历史有着不可取代的价值,清代纂修《四库全书》时将其列为四库底本,我社据以影印者,乃康熙年间清抄本,内容未经删改,弥足珍贵。卷首尚有清"翰林院"朱红印鉴及原收藏者刘明阳、王静宜夫妇藏书章多枚。

稿本清代人物史料三编(外一种)(全十册)

朱彭寿编　精装 16 开　4600.00 元
2002 年 4 月出版　7-5013-1903-0

本书收入清末民初仕宦朱彭寿的著述稿本《皇清纪年五表》《皇清人物考略》《皇清人物通检》三编及外一种:《古今人生日考》。三编以不同形式记载清代名人简历,共计收录清代人物两万左右。就其所收录的人员之广,考证之全,记述之精,此前尚未发现在同类著述中有能出其右者。是了解研究清代历史所不可缺少的工具书。《古今人生日考》收录上古至清末凡 4200 余人的生辰资料,依次按月、日编排,是查考历史人物生辰的专用工具书。将上述四部书稿汇编影印出版,无疑将为研究者提供珍贵的第一手资料。

疑年录集成(全九册)

贾贵荣编　精装 16 开　4000.00 元
2002 年 9 月出版　7-5013-1933-2

本书收录自清代钱大昕《疑年录》到今人陈垣《释氏疑年录》共十数位专家学者编撰的同类著作 17 种,涉及历代人物生卒年代考证两万余条,间有人物籍贯、官爵、著作等生平事迹的简介,是研究和评价中国历史人物的必不可少的工具书。全套共九册,前八册以原书版本先后为序编排,第九册为人名拼音和笔画索引,极易检索和利用。

壹是纪始

(清)魏崧编　精装 32 开　80.00 元
2003 年 3 月出版　7-5013-2077-2

本书系专门考证事物起源的工具型类书。因纪一事一物之原始,故名。内容包括天文、地理、宫室、职官、器具、衣食、舟车、律法、姓氏、坟墓、科举、印信图章、文具、文史、兵器、术数、嬉戏、禽兽等 22 类,计 2000 余细目。内容简明扼要,加上新做细目索引,极易检索使用。

清史纪事本末

黄鸿寿编　精装 16 开　75.00 元
2003 年 5 月出版　7-5013-2107-8

此书共计 40 余万言,于有清一代自满洲初起,至宣统退位近 300 年的历史中,选择重要的事件,每事各详起讫,自为标题,每篇各编年月,自为首尾,从而能使人们从纷纭复杂的历史现象中掌握影响最大的主要历史事件,明了其来龙去脉、前因后果。本书同时吸收了此前各家所纂纪事本末之书的长处。

续资治通鉴长编纪事本末(全八册)

(宋)杨仲良编　精装 32 开　1680.00 元
2003 年 5 月出版　7-5013-2115-9

《续资治通鉴长编纪事本末》是南宋杨仲良将其同时代人李焘《续资治通鉴长编》以纪事本末体改编之作。《续资治通鉴长编》是一部记北宋九朝史事的编年体史书,因上限与司马光《资治通鉴》相衔,故名。其书以当代人写当代事,记述较为真实确切,搜集材料极为丰富,包括实录、会要、国史等官方书籍及文集、笔记等私家著述,其中相当引书今已散失,因而保存了北宋一代的珍贵史料,是研究北宋历史不可不读之书。但因其卷帙浩繁,难于传写,当时诸本已有详略不同,流传至今,多有残缺。《续资治通鉴长编纪事本末》则据李焘原书别为分门编纂,选取其间要事近四百件,以历史事件为线索,事各有目,目有子目,每事首尾完整,可按目索求。更有补《续资治通鉴长编》之缺者。既简明可读,又具备相当的资料价值。

中朝关系史料丛刊——使朝鲜录(全二册)

殷梦霞、于浩选编　精装 16 开　900.00 元
2003 年 6 月出版　7-5013-2126-4

本书收录宋代及明清两朝出使朝鲜的使臣所撰写的见闻录 20 余种,是研究朝鲜历史、中朝关系史的重要史料。

越缦堂读史札记全编(全二册)

(清)李慈铭撰　精装 32 开　70.00 元
2003 年 9 月出版　7-5013-2155-8

李慈铭是清末著名学者、诗人,在诗文、考据、小学等方面造诣颇深,同时对于经学、史学也多所涉猎。其著述颇丰,尤以《越缦堂日记》最为著名,学术价值很高,在清末学者中有广泛的影响。李慈铭尚著有大量的读书札记,1927 年,北平国立图书馆购得其手稿,均为他研究历史的札记,于 1932 年汇集出版,题名《越缦堂读史札记》,计三十卷,史记札记二卷、汉书札记七卷、后汉书札记七卷、三国志札记一卷、晋书札记五卷、宋梁北魏隋书札记各一卷、南史一卷、北史三卷,史料翔实严谨,史识精湛深刻,足资后世史家借鉴参采。

李明仲营造法式

(宋)李诫编撰　精装 8 开　1500.00 元
2004 年 1 月出版　7-5013-2184-1

本书是由北宋官方颁布的一部建筑设计、施工的规范书,是中国古籍中最完整的一部建筑技术专业书,对于今日的仿古建筑具有权威的指导性。

二十四史订补(分编系列,共 6 种 15 册)

本社在 1996 年编辑出版《二十四史订补》后,得到了专家学者的极大好评。为了满足更多学者的需求,本社将此书断代分编,共分六编:史记订补文献汇编、两汉书订补文献汇编、魏晋南北朝正史订补文献汇编、隋唐五代正史订补文献汇编、宋辽金元正史订补文献汇编、明史订补文献汇编。

史记订补文献汇编

徐蜀编　精装 16 开　290.00 元

2004 年 3 月出版　7-5013-1154-4

本书收录国家图书馆藏清代至民国时期著名学者编撰的有关《史记》的注释、补作、校正、考订等专门著作 16 种,其中有不少是从未刻印过的抄稿本。据《二十四史订补》分编而成。

两汉书订补文献汇编(全三册)

徐蜀编　精装 16 开　860.00 元

2004 年 3 月出版　7-5013-1156-0

本书收录 1949 年以前出版的宋代至近现代学者编的与《汉书》《后汉书》有关之订补著作共计 41 种。据《二十四史订补》分编而成。

魏晋南北朝正史订补文献汇编(全三册)

徐蜀编　精装 16 开　860.00 元

2004 年 3 月出版　7-5013-1125-0

本书辑录了清代学者钱大昭、罗振玉、沈家本、杭世骏、李慈铭等人著作计 40 余种,对魏晋南北朝正史作了系统的考证、辨误、补遗、校订和辑佚。据《二十四史订补》分编而成。

隋唐五代正史订补文献汇编(全四册)

徐蜀编　精装 16 开　960.00 元

2004 年 3 月出版　7-5013-1162-5

本书收 1949 年以前出版的宋代至近现代著名学者编著的有关隋唐五代正史的订补文献 25 种。包括考证、札记、校勘记、注释、辑佚、续补等。据《二十四史订补》分编而成。

宋辽金元正史订补文献汇编(全三册)

徐蜀编　精装 16 开　860.00 元

2004 年 4 月出版　7-5013-1138-2

本书选收明清迄民国时期著名学者编撰的有关宋、辽、金、元四朝正史的订误、补遗、注释、校勘等专门著作 19 种。另有关于西夏历史记载的三种史书。据《二十四史订补》分编而成。

明史订补文献汇编

徐蜀编　精装 16 开　260.00 元

2004 年 4 月出版　7-5013-2200-7

本书辑录了明代至民国时期学者研究《明史》专著计九种。包括明代刘若愚的《明宫史》、清代朱彝尊的《明史馆稿传》、刘承幹的《明史例案》等,对《明史》作了详尽的考证、校订、辨误、辑佚。据《二十四史订补》分编而成。

邸抄(全一百二十册)

(清)佚名撰　精装 16 开　60000.00 元

2004 年 4 月出版　7-5013-1076-0

本书原件为墨笔抄本,收录了自咸丰二年(1852)五月至光绪三十三年(1907)十二月朝廷的每日政事动态、谕旨、章奏等。以时间先后为序,依年按月逐日抄写,并经后人整理、编排成册,每册平均约 400 页,共计 715 册。

通鉴札记(全二册)

(清)刘体仁撰　精装 32 开　70.00 元

2004 年 5 月出版　7-5013-2434-4

《通鉴札记》是刘体仁所著的研究《资治通鉴》的读史札记,内容上起战国,下至五代,计十六卷。其中卷一为先秦,卷二为西汉,卷三为东汉,卷四为三国,卷五卷六为两晋,卷七至卷十一为南北朝,卷十二为隋,卷十三至卷十五为唐,卷十六为五代。作为一部史学评论,《通鉴札记》内容博实,既有对史著的评论,议史书之优劣;也有对史事的评论,尤其针对人物、军事、政治等问题的评论,从而鉴往知来,总结得失。在每个条目下,点明了文章的主旨。在这一点上,他明显继承了皖派学术的特点,以考据详博见长,而尤重义理之阐发。

九通拾补(全八册)

贾贵荣辑　精装 16 开　2900.00 元

2004 年 6 月出版　7-5013-2436-0

本书共收录有关"九通"的续补、订误、考疑、校勘、拾遗等专门著作 13 种。其中五种属首次披露。本书是研究中国古代典章制度历史的必要参考文献,涉及唐代至清代的近千年历史时期。("九通"即《通典》《通志》《文献通考》《续通典》《续通志》《续文献通考》《清通典》《清通志》《清文献通考》)

清代漕运全书（全八册）

（清）载龄等修纂　精装 16 开　3500.00 元
2004 年 12 月出版　7-5013-2464-6

清制，漕运全书每十年汇纂一次。本书即是辑录清雍正年间漕运全书（三十九卷，清抄本）与清光绪朝漕运全书（九十六卷，清光绪间刻本）并据国家图书馆藏底本影印而成。相信此书的出版，定能为学术界提供有关清代经济史研究的重要资料，以促进对这一问题的深入研究。

二十五史补编丛书（5 种 14 册）

20 世纪 30 年代中期，开明书店出版《二十五史补编》，集 240 余种订补之作于一炉，从而为学者提供了极大的方便。本书是研究历代正史的重要资料书，上自宋代下迄民国时期的学者为历代正史（不包括清代）所做的补志补表以及各种表志的校订之作几乎都搜集在本书中。随着历史研究的不断深入，治断代史及某一专史的学者日多。有鉴于此，为方便学者个人案头使用，本社特将《二十五史补编》断代分编，成《二十五史补编》丛书全五种。

史记两汉书三史补编（全四册）

《二十五史补编》编委会编　精装 16 开　600.00 元
2005 年 3 月出版　7-5013-2730-0

本书辑录明清民国学者补撰的《史记》《汉书》《后汉书》的表、志专门著作 30 余种。

三国志补编

《二十五史补编》编委会编　精装 16 开　150.00 元
2005 年 3 月出版　7-5013-2734-3

本书辑录明清民国学者补撰的《三国志》的大事表、大臣年表、职官表、疆域志、艺文志等著作计 20 种。如万斯同的《三国大事年表》《魏方镇年表》《魏将相大臣年表》、黄大华的《三国志三公宰辅年表》、吴增仅和杨守敬的《三国郡县表附考证》、洪饴孙的《三国职官表》、姚振宗的《三国艺文志》等，是研究三国史的重要参考文献。

两晋南北朝十史补编（全四册）

《二十五史补编》编委会编　精装 16 开　600.00 元
2005 年 3 月出版　7-5013-2728-9

本书辑录后人补撰的有关《晋书》《宋书》《南齐书》《梁书》《陈书》《北齐书》《北周书》《南史》《北史》《隋书》十部正史的志、表著作 60 余种，是研究两晋南北朝历史不可或缺的参考文献。

隋唐五代五史补编（全三册）

《二十五史补编》编委会编　精装 16 开　490.00 元
2005 年 3 月出版　7-5013-2733-5

本书辑录《隋书》《旧唐书》《新唐书》《旧五代史》《新五代史》的考证、订伪、拾遗、校补之作近 40 种，所有补编内容均出自万斯同、缪荃孙、罗振玉、姚振宗等大家之手。

宋辽金元明六史补编（全二册）

《二十五史补编》编委会编　精装 16 开　320.00 元
2005 年 3 月出版　7-5013-2735-1

本书辑录明清民国学者补撰的关于宋、辽、金、元、新元、明六部正史的年表、考略、艺文志、地理志等专门著作 37 种。如万斯同的《宋大臣年表》、吴廷燮的《北宋经抚年表》《南宋制抚年表》、缪荃孙的《辽艺文志》、卢文弨的《金史礼志补脱》、钱大昕的《元史氏族表》、金门诏的《补三史艺文志》、吴廷燮的《明督抚年表》等，对于研究正史文献具有重要的参考价值。

历代正史研究文献丛刊（4 种）

该丛书先期出版《读二十五史蠡述》《二十四史三表》《二十四史月日考》《二十二史考论》等四种。其中，《二十五史蠡述》，民国李澄宇编撰，包括有关二十五史的人物、大事、地理等记载的考证、评论、补正等内容。《二十四史三表》，清段长基撰，包括《二十四史统计表》《二十四史沿革表》与《二十四史疆域表》。《二十四史月日考》，稿本，清汪曰桢编撰，考证二十四史中日与月的记载，是研究历史的必备工具书。《二十二史考论》则辑录了清代学者杭世骏的《诸史然疑》、卢文弨的《读史札记》、钱大昕的《诸史拾遗》、沈豫的《读史杂记》以及刘体仁《十七史说》等著作。

读二十五史蠡述（全三册）

李澄宇撰　精装 32 开　720.00 元
2005 年 3 月出版　7-5013-2729-7

对二十五部正史本身及所记载的人物大事等分别进行考辨、论述。

二十四史三表（全五册）

（清）段长基撰　精装 16 开　2300.00 元
2005 年 3 月出版　7-5013-2742-4

包括《二十四史统计表》《二十四史沿革表》与《二十四史疆域表》，是部学术价值颇高的工具书。

二十四史月日考(全七册)

(清)汪曰桢撰　精装16开　3300.00元

2005年3月出版　7-5013-2741-6

本书是清人汪曰桢的一部手稿,现存一百余卷,29册。内容包括对前十七史重要史事确切时间的考订。据《清史稿》记载,原稿全二百三十六卷,可知此书不是一部未竟稿本,而是佚失了后七史部分,是为憾事。今广为搜讨,未发现此稿本的其他版本。今据国家图书馆藏稿本影印出版,以飨学者。

二十二史考论(全三册)

(清)杭世骏、牛运震等撰　精装32开　720.00元

2005年3月出版　7-5013-2743-2

本书收录了清代著名学者研究正史所著的考证、订补、札记著作六种:其中《诸史然疑》一卷,清杭世骏(1696—1773,浙江仁和人)撰,影印底本为鲍廷博、鲍志祖的知不足斋丛书,为清刻本。《读史纠谬》十五卷,清牛运震(1706—1758,山东滋阳人)撰,内容涉及史记至五代史计15部正史,所用底本为《空山堂全集》本,为嘉庆二十三年(1818)刻本。《读史札记》一卷,清卢文弨(1717—1795,浙江余姚人)撰,辑自刘世珩的《聚学轩丛书》,为清光绪间刻本。《诸史拾遗》五卷,清代考据大家钱大昕(1728—1804,浙江嘉定人)撰,上至三国志,下至元史,计十五史,辑自《潜研堂全书》,为清乾隆嘉庆间刻本。《读史杂记》一卷,清沈豫(浙江萧山人)撰,据《蛾术堂集》本影印,是清道光十八年(1838)刻本。《十七史说》四卷,清末学者刘体仁(安徽庐江人)撰,和《通鉴札记》《续历代纪事年表》《异辞录》并称为辟园史学四种,其底本为民国间石印本。这六部考论著作广征博引,编理条贯,考证谨严,集诸家之大成,对于正史文献的深入研究具有重要参考价值。

皇朝中兴纪事本末(全二册)

(宋)熊克撰　精装16开　780.00元

2005年3月出版　7-5013-2744-0

本书为南宋高宗朝编年史,对南宋中兴史的研究,具有重要意义。据清雍正九年(1731)以"宋椠精本"为底本的抄本影印。

清朝孚惠全书(全三册)

(清)彭元瑞编　精装32开　820.00元

2005年3月出版　7-5013-2772-6

有清一代,尤其是康熙、乾隆两朝,为了保持国家稳定,维持社会再生产正常进行,调节统治者与被统治者的矛盾,从不增加土地正赋,而且不时蠲免钱粮,并形成了一套颇为完善的救荒制度。乾隆时期的荒政支出远逾前朝,破例蠲赈往往有之。救荒措施主要有蠲免、赈济、调粟、借贷、除害、安辑、抚恤等七方面,其中以蠲免与赈济最为重要。乾隆六十年(1795)由时任协办大学士、工部尚书的彭元瑞编辑的《孚惠全书》。本书基本上是乾隆时期救荒"实政"的"方策之成编",借鉴马端临《文献通考》立"蠲赈"之门的编纂方法,"分类比事,系月编年",将乾隆朝有关御制诗章、谕旨分为普蠲钱漕、减除旧额、巡幸蠲免、差役蠲缓、偏隅蠲缓、偏隅赈借、截拨裕食、平粜减价、京厂常赈、蠲除积逋等共十类,按年月编排。此书一本难得的官方文书汇编,它所提供的便利,减轻了不少资料的搜集、排比和考订工作;而且,书中关于乾隆年间官方救赈活动的实录和总结,也为了解这一时期的灾荒和政府财政、吏治等情况提供了有益的线索,有助于清代社会史、经济史、政治史的研究;尤其是书中有关蠲免和赈济措施的分类,对于清代荒政的制度史研究,颇具启发性,其学术价值亦不容忽视。

分类时务通纂(全十册)

(清)陈昌绅编　精装32开　2600.00元

2005年8月出版　7-5013-2803-X

本书是编纂于清光绪年间的一部类似百科全书式的书籍。作者秉承中学为体、西学为用,融汇古今、贯通中西之旨,将自己十余年间所积之佳卷分编为内政、外交、理财、经武、格物、考工六大类,各类之下又细分纲目,博采广录历代名臣策论、奏疏,各国新闻事实及各种实务知识。

历代边事资料辑刊(全五册)

本社古籍影印室辑　精装32开　1300.00元

2005年9月出版　7-5013-2801-3

本书收集关于历代边疆资料文献七种,其中明人著述有《说郛边事丛集》《边事小记》《全边纪略》,清人著述有《边事汇钞》《边事续钞》《柔远新书》等,内容涉及历代西北、东北、西南等边疆地区的地理、政治、军事,多为稀见史料,对于研究明清史、边疆史及民族关系史具有重要价值。

清末民初宪政史料辑刊(全十一册)

(清)宪政编查馆等编,本社影印室辑

精装16开　4700.00元

2005年12月出版　7-5013-2839-0

清末民初的宪政运动是中国政治制度发展史上波澜壮阔的一页。前后数十年间,我国的宪政之路经历了异常艰难曲折的过程。本刊所选史料计50余种,均系国家图书馆珍藏,多为当时的宪政编查馆、预备立宪会

和筹备国会事务局等机构编辑，是研究清末民初宪政历史的第一手资料。

明清史料丛书八种（全八册）

于浩辑　精装32开　1950.00元

2005年12月出版　7-5013-2835-8

本书收录了著名学者罗振玉、谢国桢等人所编的关于明清时期（尤其是明末清初）史料的丛书八种：《清初史料四种》《纪载汇编》《史料丛刊初编》《明季稗史汇编》《明季稗史续编》《明季辽事丛刊》《明季史料零拾》《痛史》，多为清末民初出版的稀见史料，很少被再版和标点过，这些史料深刻反映了这一特殊历史时期的军事、政治、社会和经济情况，如满族兴起、清初建制、明末东林党、明清战争、明末起义军以及名臣遗事等等，对于研究明清之际的社会变迁有着重要的文献价值。

明清史料丛书续编（全十八册）

于浩辑　精装32开　6300.00元

2009年11月出版　978-7-5013-4066-8

本书收录《甲申野史汇钞》《明季野史汇钞续编》《明季野史杂钞》《顾亭林明季三朝野史》《海甸野史》《明清史料杂抄》《明末史料五种》等十余种稀见明清史料丛书，大部为清抄本，内容包括大量明清史实，尤其明末清初史，是明清研究的珍贵参考文献。

清代方略全书（全二百册）

（清）方略馆编，本社影印室辑　精装32开　47000.00元

2006年5月出版　7-5013-2832-3

清代方略是记载清代200多年军政大事尤其是历次平定边疆事件始末的官修实录文献。共24种，计康熙朝4种，乾隆朝11种，嘉庆朝3种，道光朝1种，同治朝2种，光绪朝3种。本书由全国古籍整理出版规划领导小组资助出版。

中国古代科技行实会纂（全四册）

（清）阮元等编撰，本社影印室辑　精装32开　810.00元

2006年11月出版　7-5013-3179-0

本书为中国古代科技人物传记资料汇编。包括清阮元《畴人传》、清罗士琳《续畴人传》、清诸可宝《畴人传三编》、清黄钟骏《畴人传四编》、清华士芳《近代畴人著述记》等。并有新编目录索引。

明清遗书五种

（明）姜垓等撰　精装32开　120.00元

2006年11月出版　7-5013-3132-4

本书收录姜垓、解瑶、朱溶等明清学人的未刊著作五种。有明姜垓著《流览堂残稿》六卷、清朱溶撰《忠义录》八卷、清解瑶所撰《松斋遗文》二卷、清潘焕龙所著《卧园诗话》四卷、清陈重所著《花著龛诗存》四卷，底本均为稀见清代稿抄本，甚至孤本。其内容包括诗词、诗话、散文、书信以及明末清初人物传记，对于研究明清两代的文学、历史都具有一定的文献价值。

罪惟录（全三册）

（清）查继佐撰　精装16开　700.00元

2006年12月出版　7-5013-3165-0

本书是统记明代史事的纪传体史书。本书底本为据吴兴刘氏嘉业堂本影印的《四部丛刊》三编本。另附《东山国语》《鲁春秋》。

清末民国财政史料辑刊（全二十四册）

本社影印室辑　精装16开　9700.00元

2007年4月出版　978-7-5013-3365-3

本书收入清末民国时期财政史料54种，是研究清代民国财政史的重要文献。内容包括各种档案、统计数据、地方政府财政报告等。大致可归为下三类：清末、北洋政府、国民政府时期中央和各省区政府有关财政的文书、表册、档案等；清末清理财政后编辑的“各省财政说明书”，以及地方史志等文献中保存的地方财政资料；私人和团体著述等其他文献。

清末民国财政史料辑刊补编（全十册）

中央财经大学图书馆辑　精装16开　4600.00元

2008年10月出版　978-7-5013-3772-9

本书是对《清末民国财政史料辑刊》的重要补充，收录了上书中未收的直隶、黑龙江、四川、河南、奉天、安徽、江西、陕西、云南、贵州、湖北、山西等省的财政说明书以及湖南、江苏财政说明书的一部分补充内容。各省财政说明书是依照清末度支部颁布的清理财政章程第十条办理的，内容目次大致依照部颁预算册式编列，资料内容涉及农、工、商、军事、教育、行政、司法、对外贸易等诸多方面。

崔东壁先生遗书十九种（全三册）

（清）崔述撰，（日）那珂通世校点

精装32开　498.00元

2007年8月出版　978-7-5013-3469-8

清代著名史学家崔述毕生致力于搜集整理后世关于上古三代历史的史料记载，他所提出的古史学说及其方法论对后世史学产生了极大的影响。《考信录》等书就是崔述运用科学考证方法考史的重要结晶，其成果和方法在今天仍有重要的价值。本书包括《考信录》在内的崔氏著述19种，所选底本为日本著名史学家那珂通世校点，明治三十六至三十七年（1903—1904）史学会铅印本。

世本集览（全二十册）

（清）王梓材辑　精装32开　4700.00元

2007年8月出版　978-7-5013-3466-7

《世本》是先秦的重要史籍之一，该书记载黄帝以来至春秋时的史事及列国诸侯大夫的姓氏、世系、居（都邑）、作（制作）等内容。是一部包含上古谱牒在内的、内容十分庞杂的古代历史资料汇编。引用的书籍达300余种，上自皇古，下逮战国，凡述及世系者，无不搜采，遇未见书足资考证者靡不荟萃其中，露抄雪纂，历20余年不懈，终成《世本集览》。《世本集览》全稿收藏于国家图书馆，我社为繁荣学术，给研究古史的读者提供一份新的参考资料，决定将收藏于国图的稿本影印出版。这次影印编制了新的目录，以便读者检索。

中国历代天灾人祸（分类统计）表（外一种）（全三册）

陈高佣等编　精装16开　1100.00元

2007年8月出版　978-7-5013-3470-4

本书是我国第一部大型的有关中国历代天灾人祸的分类统计专著，由民国时期国立暨南大学史地系教授陈高佣主编，成书于1940年。全书将秦王朝以降，直至清代2000余年间的天灾人祸，分为水灾、旱灾、内乱、外患等六部分，用中西历对照，以年表形式予以记载。书末并附有各代灾祸统计图表30余幅及近代学者对灾害研究的论文多篇。

国家图书馆藏明代大统历日汇编（全六册）

本社古籍影印室编　精装32开　1350.00元

2007年9月出版　978-7-5013-3358-5

大统历是明代的官颁天文历法，它继承了元代郭守敬的授时历，在古代天文历法中占有重要位置。本书共收录了明代正统至崇祯年间颁行的大统历99种105册，以万历年间居多。所收《大统历》皆为明刻本，经周绍良、李一氓、郑振铎等人收藏，很多是国内孤本。时间上最早为正统十一年（1446），最晚为崇祯十四年（1641）。无论从数量上还是从品相上来说，都可谓馆藏珍本。另外附《大统历注》（明人撰）、《大统历法启蒙》（清王锡阐撰）两部相关文献。本书填补了明代大统历法出版的空白，具有很高的版本和文献价值。对研究古代天文历法和明代社会文化有重要意义。

皇宋中兴两朝圣政（全四册）

（宋）佚名撰　精装32开　750.00元

2007年9月出版　978-7-5013-3520-6

本书是南宋高宗、孝宗两朝的编年史著作，分类记载了两朝的君臣言行，是研究南宋政治史以及宋代政治文化的重要史料。据《宛委别藏》影宋抄本影印。

授堂遗书（全四册）

（清）武亿撰　精装32开　960.00元

2007年9月出版　978-7-5013-3524-4

武亿（1745—1799），字虚谷，号授堂，河南偃师人。清代乾嘉时期著名的金石学家、经学家、考据学家。其学力深厚，见解精辟，清代著名学者孙星衍、阮元等对其多所赞誉。主要著作有：《金石三跋》《金石续跋》《读史金石集目》《群经义证》《经读考异》《句读叙述》《三礼义证》《授堂文钞》《授堂诗钞》等十余种，凡数百卷。还编有《偃师县志》《鲁山县志》等。武亿后人将其大部著作集刊为《授堂遗书》，内容概为四类，一为经学研究之作，二为金石序跋之文，三为诗、文、书等，亦多与金石有关，四为姚鼐、钱仪吉、孙星衍等为武亿所作传、墓表、寄赠等文。据此即可见其学术成就、平生交游之大概。武亿之学乃研清代金石学、经学、考据学者不可忽略者。《授堂遗书》刻本流传未广，读者见之不易，此影印本颇值一阅和收藏。

《资治通鉴》边少民族史料汇编（全二册）

王世威编　精装16开　860.00元

2007年10月出版　978-7-5013-3450-6

本书以中华书局版《资治通鉴》为底本，并参考其他相关版本，将《资治通鉴》一书中所记载的约45个少数民族的相关史料先按民族分类摘抄，再按时间顺序进行整理编排，使读者能系统全面地了解《资治通鉴》所载1362年（公元前403—公元959）历史中，各民族在中华民族大家庭中的活动轨迹，以及中华民族形成、发展、融合的历史进程。该书兼具编年体与纪传体的优点，内容完备丰富，检索使用方便。

清代文字狱史料汇编（全十四册）

本社古籍影印室辑　精装32开　2900.00元

2007年12月出版　978-7-5013-3500-8

本书收录清代文字狱史料16种。包含《清代文字狱档》《庄氏史案本末》《庄氏史案考》《沈归愚诗文全集》《谢梅庄先生遗集》《戴南山先生全集》《读书堂西征随笔》等珍稀文献，内容涉及康、雍、乾三朝70余件文字狱案，对于研究清代文字狱及整个清代学术史有重要意义。

先秦史参考资料八种(全二册)

耿素丽辑　精装 32 开　390.00 元
2007 年 12 月出版　978-7-5013-3525-1

本书共收录清代以来著名学者撰写的有关先秦时代的考证研究资料八种。主要包括《古史纪年》《古史帝系考》《古史考年异同表》《轩辕黄帝传》《广黄帝本行记》《开辟传疑》《古史考信录》《唐虞考信录》等。

世本八种

(汉)宋衷注　精装 16 开　270.00 元
2008 年 1 月出版　978-7-5013-3531-2

《世本》是先秦史研究的重要史料,后散佚,清人曾对其做了大量的辑佚注释。本书收入了八种清人秦嘉谟等所撰的《世本》辑注本,对于《世本》研究和先秦史研究有重要的史料价值和学术价值。

明清史料·甲编(全三册)

(民国)中央研究院历史语言研究所编
精装 16 开　1200.00 元
2008 年 2 月出版　978-7-5013-3592-3

本书为民国时期中央研究院历史语言研究所编,收录了明清珍稀的内阁档案文献,分甲、乙、丙编各十册,1951 年中国科学院续编成丁编十册。内容主要是明末清初时期的大量题本、奏本、行稿、揭贴、奏折等,涉及从中央各部、都察院到各地总督、抚按等,这些档案对于研究明清的政治、军事、外交、经济、法律等方面有重要价值,是明清史的宝贵的第一手史料。

明清史料·乙编(全三册)

(民国)中央研究院历史语言研究所编
精装 16 开　1200.00 元
2008 年 4 月出版　978-7-5013-3606-7

本书收录民国时期中央研究院历史语言研究所陈寅恪、傅斯年、徐中舒等先生所编明清内阁大库档案,包括明清时期中央各部、地方督抚按的大量题本、奏本、行稿、咨文、揭贴等,内容主要涉及明末清初的政治、军事、经济、法律、社会等方面,是明清史研究的宝贵的第一手史料。

明清史料·丙编(全三册)

(民国)中央研究院历史语言研究所编
精装 16 开　1200.00 元
2008 年 4 月出版　978-7-5013-3607-4

本书收录民国时期中央研究院历史语言研究所陈寅恪、傅斯年、徐中舒等先生所编明清内阁大库档案,包括明清时期中央各部、地方督抚按的大量题本、奏本、行稿、咨文、揭贴等,内容主要涉及明末清初的政治、军事、经济、法律、社会等方面,是明清史研究的宝贵的第一手史料。

明清史料·丁编(全三册)

中国科学院编辑　精装 16 开　1350.00 元
2008 年 7 月出版　978-7-5013-3644-9

本书收录大量珍稀明清内阁大库档案,包括明清时期中央各部、地方督抚按的大量题本、奏本、启本、行稿、咨文、揭贴等,内容主要涉及崇祯朝至康熙朝的政治、军事、经济、法律、社会等方面,如明清战争、李自成起义、郑成功的事迹、平定鳌拜、清初海禁等相关档案,是明清史研究的宝贵的第一手史料。

清宫恭王府档案总汇(3 种)

清宫恭王府档案总汇·奕䜣秘档(全十册)

中国第一历史档案馆等编　精装 16 开　5800.00 元
2008 年 7 月出版　978-7-5013-3643-2

本书收录了恭亲王奕䜣及恭王府档案 970 余件,时间始自道光三十年(1850),止于光绪二十五年(1899)。这些档案内容丰富,是首次系统整理公布,对于了解和研究奕䜣、恭王府及中国近代史都具有重要的价值。

清宫恭王府档案总汇·永璘秘档

中国第一历史档案馆等编　精装 16 开　480.00 元
2009 年 8 月出版　978-7-5013-4001-9

本书所辑为永璘秘档汇集。永璘为乾隆帝第十七子,是嘉庆帝之同母弟。乾隆四十九年随乾隆帝东巡,乾隆五十四年封为贝勒,嘉庆四年封为惠郡王,旋改封为庆郡王。嘉庆二十五年二月身患重病,嘉庆帝亲往探视,封为亲王。同年三月病逝,卒年五十五岁。谥号僖。本书所辑档案主要选自中国第一历史档案馆所藏《宫中档簿》《军机处上谕档》《内务府奏案》《宫中进单》等档案。该专题档案此前从未系统刊发,现经发掘遴选,首次付梓公布。

清宫恭王府档案总汇·和珅秘档(全十册)

中国第一历史档案馆等编　精装 16 开　5800.00 元
2009 年 9 月出版　978-7-5013-4002-6

本书所辑为和珅的秘档汇集,辑录档案 731 件,其中有和珅本人升迁、调转、奖惩方面的谕令,有和珅在不同官职期间的秘密奏折,有和珅府邸修缮工程的银两花费,有和珅频频呈献稀世珍玩的进单,还有乾隆皇帝屡屡赏赐和珅的物品清单,更有嘉庆皇帝将和珅治罪抄家的办案卷宗。作为附录，本书还辑入和珅之子丰绅殷德与乾隆爱女和孝公主这对特殊夫妻的有关档案57件。这些档案主要选自中国第一历史档案馆所藏《宫中朱批奏折》《军机处录副奏折》《军机处上谕档》《内务府奏案》《内务府奏销档》，该专题档案此前从未系统刊发，现经发掘遴选，首次付梓公布。

雍正朱批谕旨（全十册）

(清)鄂尔泰等编　精装16开　4500.00元
2008年8月出版　978-7-5013-3605-0

本书为清雍正帝亲自所编，包括各地地方官的密折和雍正自己的朱批，内容丰富，对于考察清代中期的政治、经济和军事等各个方面均有极高的史料价值，尤其集中反映了雍正处理政务的过程，被学者称为"天下第一痛快书"。本书据乾隆内府刻本影印，与一般的《四库全书》本和石印本相比，具有较高的版本价值。

中国历史典籍研究文献辑刊（11种）

《汉书》研究文献辑刊（全十册）

吴平、曹刚华、查珊珊辑　精装16开　6700.00元
2008年8月出版　978-7-5013-3598-5

《汉书》作为中国第一部纪传体断代史，对后世史学影响深远。亦基于此，自《汉书》问世以来，历代为它作注、校勘、刊刻、研究者是络绎不绝，这些著作对于《汉书》中的字音、字义和传、志表等均有详细考证，为阅读《汉书》提供了便利，成为现在使用《汉书》的重要工具，为我们今天研究《汉书》提供了许多有益的启示。而这些历代《汉书》著作随着《汉书》的刊刻流传也构成了整个《汉书》学的重要体系，是我们研究西汉历史、《汉书》、文献编撰及历代《汉书》学史的珍贵文献。本书共收书27种，如《汉书蠡述》《读两汉书记》《汉书律历志补注订误》《两汉刊误补遗》《汉书艺文志注解》《汉书艺文志答问》《汉书艺文志讲疏》《汉书律历志补注订误》《汉书评林》《汉书异同补评》《史汉一统》等，均为《二十五史补编》《二十四史订补》等所未收者，具有重要的文献价值。

《战国策》研究文献辑刊（全八册）

宋志英辑　精装32开　2300.00元
2008年11月出版　978-7-5013-3581-7

本丛刊将历代名家对《战国策》的考证、订补等研究文献汇为一编，多为较有影响之作，共11种。如宋鲍彪校注、元吴师道重校之《战国策校注》，汉高诱注、宋姚宏续注、清黄丕烈札记之《战国策》，清张琦撰《战国策释地》，清顾观光撰《战国策编年》，清吴曾祺补注之《战国策补注》，清王念孙撰《战国策杂志》，日关修龄补正之《战国策高注补正》等。为《战国策》研究、春秋战国史研究及历代尤其是清代学术史研究等提供丰富、详赡的文献资料，弥补先秦史研究领域多年来文献出版不足之缺憾。

《竹书纪年》研究文献辑刊（全十册）

宋志英辑　精装32开　3800.00元
2010年7月出版　978-7-5013-3582-4

本丛刊为将历代对古本、今本《竹书纪年》的研究、订补性成果汇为一编，概为17种，多为名家力作，如清朱右曾辑、王国维校补《古本竹书纪年辑校》，王国维所撰《今本竹书纪年疏证》，清郝懿行所撰《竹书纪年校正》，清陈逢衡所撰《竹书纪年集证》，清林春溥所撰《竹书纪年补证》等等。对《竹书纪年》研究和先秦史研究、历代学术史研究等提供较为完备的文献资料。

《左传》研究文献辑刊（全二十二册）

宋志英辑　精装32开　7600.00元
2012年2月出版　978-7-5013-4615-8

本书精选了历代对《左传》的订补、校勘等研究文献，多名家力作，如顾炎武的《左传杜解补正》、高士奇的《左传纪事本末》、马骕的《左传事纬》、范照藜的《春秋左传释人》等，均具有重要的文献利用价值。

《国语》研究文献辑刊（全十册）

宋志英辑　精装32开　3600.00元
2012年8月出版　978-7-5013-4618-9

《国语》共八篇，二十一卷，是以记言为主的列国资料汇编。自东汉以后，郑众、贾逵、虞翻、王肃、韦昭、孔晁等曾为《国语》作注，唯韦昭《国语解》流传至今。北宋宋庠作《国语补音》三卷，因宋庠字公序，故后人称其本为公序本，此本流传最广。清著名藏书家黄丕烈发现了宋明道年间刊印的韦昭《国语解》，经精校后刻印，明道本成为与公序本同等重要的《国语》版本。其他版本均源此二本。清代以来出现了一些《国语》研究专著，或收集旧注佚文，或对韦昭注做补正，或在韦昭注基础上形成新的注本。清代学者特别重视搜集和排比资料，对深入研究《国语》奠定了资料基础，其中有重要影响者如清董增龄所撰《国语正义》二十一卷、清黄模所撰《国语补韦》四卷、清姚鼐所撰《国语补注》一卷、清谭沄所撰《国语释地》三卷、清汪远孙所撰《国语校注本三种》等等。此次将前人这些重要的研究成果汇集成编，形成了《〈国语〉研究文献辑刊》。

《穆天子传》研究文献辑刊(全三册)

宋志英、晁岳佩选编　精装 32 开　980.00 元
2014 年 3 月出版　978-7-5013-5320-0

《穆天子传》六卷，记述周穆王西征巡游等事，具有重要的学术价值。本书将历代《穆天子传》的重要研究成果汇集出版，如荀勖、束皙等人的初次整理本，郭璞的校注本，元明学者的考证研究之作，特别是清人如洪颐煊、陈逢衡、郝懿行等重要研究著作，一并收入其中。

《史记》研究文献辑刊(全十八册)

吴平、周保明选编　精装 16 开　9800.00 元
2014 年 3 月出版　978-7-5013-4468-0

本书选录宋代至民国时期较为重要的《史记》研究文献 32 种，大致以成书时代为序，编为 18 册。所选文献多为首次影印出版，旨在为学术界提供新的研究资料。按照内容，主要分为：点评类，其中多为名家点评本，如《钟惺评史记》《归震川评点史记(附方望溪评点)》等；校勘释疑类，如《史记校勘札记》《史记释疑》等；别裁类，辑录相关书目中涉及《史记》的部分，如《四史剿说》等。力求较为全面地呈现《史记》相关文献。本书在正文后附有详细的《史记》研究论著目录，较为全面地整理了 2001—2011 年间，国内所有研究《史记》的论文、专著以及相关书目中涉及《史记》章节的目录，按照时间顺序进行编排，以供读者检索使用。

《春秋》研究文献辑刊(全八册)

晁岳佩、宋志英选编　精装 32 开　2900.00 元
2014 年 8 月出版　978-7-5013-5385-9

阮元《十三经注疏》中的《春秋》三传及其注疏，无疑是研究《春秋》学最重要的文献，因读者比较容易找到，本《辑刊》没有收录。就整个《春秋》学史而言，前头的三传研究成果较多，也较为深入。后头的清代《春秋》学，特别是公羊学复兴部分，因时代较近，又影响极大，近人也有较多的研究。中间宋元明时期留传下来的《春秋》学著作最多，但研究似乎也最为薄弱。本《辑刊》对这一时期的重要《春秋》学文献尽量收录，希望有更多学者关注这个研究领域。清代《春秋》研究，既有宋元明余绪，更有今文经学的复兴，也有古文经学者的巨著，凡较为重要者，也都收录在《辑刊》。另外。凡已收录在《春秋战国史研究文献丛刊》和《〈左传〉研究文献辑刊》中的《春秋》学文献，本《辑刊》一般不再收录，请读者综合利用这三部丛书。

《考工记》研究文献辑刊(全六册)

赵嫄、代坤选编　精装 16 开　3600.00 元
2015 年 8 月出版　978-7-5013-5540-2

《考工记》是中国科技史的重要文献之一，是中国最早的手工业技术文献。它保留有先秦大量的手工业生产技术、工艺美术资料，记载了一系列的生产管理和营建制度，一定程度上反映了当时的思想观念。从西汉时期将之补入《周礼·冬官》后，愈益受到学者的重视，经学家郑玄对之有专门研究，后代学者如王安石、戴震、孙诒让等都有相关专著。针对《考工记》的研究资料虽然不少，但大多散见在各种古籍文献，特别是有关《周礼》的研究文献中，专门汇编在一起的《考工记》资料非常罕见，这就给研究带来不便，因此，相关的汇编资料很有整理出版的必要。这套汇编，搜集国家图书馆所藏《考工记》资料 30 种，涵盖宋明清多个版本，涉及历代研究者多人。其中，不乏郑玄、杜牧、王安石、戴震、程瑶田等著名学者。如戴震的《考工记图》，属于公认的质量上佳之作。

《逸周书》研究文献辑刊(全九册)

宋志英、晁岳佩选编　精装 32 开　2900.00 元
2015 年 8 月出版　978-7-5013-5635-5

本书选择前人研究《逸周书》的优秀成果，按照版本时间依次排列，收录了从晋代至民国的《逸周书》研究著作 15 种。本书的出版，对 20 世纪末以来重新兴起的《逸周书》研究，将会起到一定的推动作用，有关《逸周书》的成书年代、性质等问题的讨论有望进一步深入，《逸周书》的价值将得到更多层面的发掘和公认。

《三国志》研究文献辑刊(全十册)

程仁桃、葛瑞华主编　精装 32 开　3500.00 元
2016 年 10 月出版　978-7-5013-5929-5

《三国志》与《史记》《汉书》《后汉书》被尊为“前四史”，是二十四史中最受推崇的史书之一。本书收录明代至民国时期较为重要的《三国志》研究文献 37 种，其中有清范本礼撰《吴疆域图说》、曹元忠撰《补魏志郑小同传》等补志、补表类著述，也有明钟惺辑《三国志注钞》、清郭麐抄《国志蒙拾》、赵华基辑《二十四史辑要》、刘咸炘《三国志知意》等史抄史评类著述，还有清潘眉撰《三国志考证》、清李祖陶撰《读三国志书后》等考证类专著，具有极高的文献价值。此外，本丛书汇编了重要的析出文献，如钱大昕《诸史拾遗》、何焯《义门读书记》等的相关论述，还辑入民国时《三国志》研究论文 64 篇。此外，编者整理了“《三国志》相关文献知见目录”一编，包括《三国志》的研究专著、论文及 1949 年以来影印出版《三国志》的文献目录，以冀有益于学人。

明清法制史料辑刊·第一编(全三十七册)

本社影印室编　精装 32 开　6500.00 元

2008年10月出版　978-7-5013-3580-0

本书主要收录明清时期的地方公牍，包括禀帖、公示、判语等，对于研究明清地方官府的运作，探讨法制史，有着重要的学术价值。除了刻本之外，也收入数种稀见的抄本和稿本，亦颇有版本价值。

明清法制史料辑刊·第二编（全七十二册）

高柯立、林荣辑　精装32开　25000.00元
2014年9月出版　978-7-5013-5386-6

本书主要收录了刑案说帖类的法制史料文献，其中又分为三大类，一是成案类，主要包括《秋谳汇案》《秋谳必览》《广东刑事题奏存案》《定例成案合抄》《云南省刑案汇编》《驳案集成》等29种文献；二是说帖类，主要有《嘉庆年说帖》《说帖类编》《刑部说帖揭要》等十种文献；三是其他类文献三种——《南昌判牍偶存》《审看拟式》《明刑管见录》。

明清法制史料辑刊·第三编（全八十八册）

高柯立、林荣辑　精装32开　29000.00元
2015年12月出版　978-7-5013-5673-7

本书主要收录明清时期律例类法制史料文献，其中又分为明朝和清朝两大类，明朝主要收录四种文献，有《大明律释义》《大明律集解附例》等。清朝收录的律例类文献比较多，多达30多种，包括《大清律讲义》《大清律集解附例》《大清现行刑律讲义》《大清法规大全》《大清法规大全续编》等。

明代名人尺牍选萃（全十二册）

宋志英辑　精装16开　6200.00元
2008年11月出版　978-7-5013-3579-4

本书选辑了明代诸多名人如王守仁、唐寅、文徵明、归有光、熊廷弼、董其昌、黄道周等的往来尺牍、书札等30种，其中既有抄本、刻本，如《六如居士尺牍》《熊襄愍公尺牍》《国朝七名公尺牍》，也有书法类影印本，如《明贤尺牍》《明季忠烈尺牍初编》《明清藏书家尺牍》等。既富资料性，也具艺术观赏性，为明代政治、军事、文学、书法艺术等的研究提供了重要的参考。

外国人著清史八种（全六册）

殷梦霞、李强选编　精装16开　3000.00元
2008年12月出版　978-7-5013-3768-2

本书收录国外研究清史的经典著作八种，包括《大清三朝史略》《清史揽要》《清鉴易知录》《中国六十年战史》《清朝史略》《清世祖章皇帝实录采要》等。

稀见明清经济史料丛刊·第一辑（全四十六册）

于浩辑　精装32开　13800.00元
2009年1月出版　978-7-5013-3575-6

本书收录30余种明清时期稀见的经济史料，主要是两淮、两浙、山东、福建、河东、两广、东三省等各地区的盐政史料，如《（雍正）两淮盐法志》《（嘉庆）两广盐法志》《两淮案牍钞存》《两淮盐务同官录》《（道光）福建盐法志》《东三省盐法志》等，内容涉及地区经济、财政、法律、官制、教育、赈济、交通等，以及地方人物的大量传记、碑志、奏议的文献资料，对于研究明清史、近代史和区域经济、财政等专题史研究有重要参考作用。

稀见明清经济史料丛刊·第二辑（全五十册）

于浩辑　精装32开　18000.00元
2012年12月出版　978-7-5013-4890-9

本书收录《清盐法志》《盐法通志》两部清代盐法总志、《两淮盐法志》《两浙盐法志》《两淮运司志》《福建运司志》《四川官运盐案类编》《淮南中十场志》等十余部稀见明清盐政史料，是明清经济史、财政史研究的重要参考文献。

中岛雄其人与《往复文信目录》——日本驻京公使馆与总理衙门通信目录（1874——1899）

孔祥吉、（日）村田雄二郎解读　精装16开　280.00元
2009年4月出版　978-7-5013-3971-6

《往复文信目录》是晚清时期日本驻清公使馆书记官中岛雄编纂的日公使馆与总理衙门的通信目录，其中涉及许多重大事件和人物，有重要历史文献价值。此次据日本外务省档案影印，孔祥吉、村田雄二郎做了详细的解读。

春秋战国史研究文献丛刊（全十六册）

贾贵荣、宋志英辑　精装32开　4300.00元
2009年5月出版　978-7-5013-3983-9

本书将历代名家对春秋战国史的重要研究文献汇为一编，如宋王当的《春秋臣传》、清高士奇的《春秋地名考略》、清顾栋高的《春秋大事表》、清林春浦的《战国纪年》、清程廷祚的《春秋职官考略》等等，涉及了春秋战国时期的地理、人物、职官、礼法等方面，为春秋战国史的深入研究提供了丰富的文献资料。

明清内阁大库史料合编（全八册）

古籍影印室辑　精装16开　4000.00元
2009年8月出版　978-7-5013-4057-6

本书为明清内阁大库档案系列之一，收录明清内阁大库档案七种。即金毓黻先生编原东北图书馆藏明代天启、崇祯时期的档案500余件，为《明清内阁大库史料》二十卷以及国立北京大学研究所整理的《北京大学整理清代内阁档案报告》《崇祯存实疏钞》《洪承畴章奏文册汇辑》《顺治元年内外官署奏疏》《清九朝京省报销册目录》《嘉庆三年太上皇帝起居注》，皆为研究明清政治、军事、经济等方面的重要原始文献。

竹园丛话(全六册)

丁国瑞撰　精装32开　1280.00元
2009年8月出版　978-7-5013-3805-4

本书收入丁国瑞作品626篇，达百万余言，其内容包括政治、经济、军事、文化、教育、卫生、历史、民族、宗教、天文、地理、水利、交通、风俗等，为研究清末及民国时期中国的历史留下了重要的资料。

官报(全十二册)

留学生监督处编　精装32开　2700.00元
2009年9月出版　978-7-5013-4069-9

《官报》是清末民初日本东京留日学生监督处发行的月刊，自光绪三十二年(1906)十二月刊行第一期，至宣统二年(1910)十二月，累计刊行50期。其中包含了与清末留日学生直接相关的庞大信息，可为中日关系史研究者提供宝贵史料。

二十四史九通政典类要合编(全十四册)

(清)黄书霖辑　精装16开　6800.00元
2009年10月出版　978-7-5013-4055-2

本书将“二十四史”和“九通”等重要典籍中有关典章制度的史料按朝代分类摘录汇编，时间上起上古、下迄清代。各朝代再按职官、吏治、选举、学校、田赋、户口、食货等门类分列史料。使原来分散于各种典籍中难以汇总检索的专题史料条分缕析，纲举目张，非常便于研究者追本溯源、考查兴废发展的轨迹。

清代大学士部院大臣总督巡抚全录

朱彭寿编撰　精装16开　150.00元
2010年8月出版　978-7-5013-3982-2

本书收录清代自顺治至宣统270多年间历任大学士、部院大臣、总督、巡抚的5300多名官员简历，其中大部分人物史料取材于清末民初缙绅朱彭寿所著之《皇清纪年五表》《皇清人物考略》和《皇清人物通检》，又参阅《清史稿》《清史列传》《清代官员履历档案全编》《缙绅录》《清史编年》等书予以补充。书中所收官员简历包括姓名、字号、籍贯、生卒年、科第、任职、封爵、奖惩、谥号等。

船政奏议全编(全五册)

沈岩、方宝川主编　精装16开　3000.00元
2010年9月出版　978-7-5013-4650-9

本书将三种船政奏议汇集一并影印出版，包括：《船政奏议汇编》(五十四卷，1888年起陆续刻印)、《船政奏议续编》(一卷，1910年活字排印本)、《船政奏议别编》(不分卷，誊清稿本)。这三种文献是研究福建船政和船政文化的基本史料。版本说明：《船政奏议汇编》，本书牌记题光绪戊子岁本衙门开雕，有人据此判断本书是1888年(光绪十四年戊子年)刻本。但实际上，本书三十九卷以后就出现了1888年以后的内容。经查，本书记载截止时间为清光绪二十八年(1902)三月。故此，我们认为本书是自1888年起陆续刊刻的。另，本书常见的还有四十二卷本(如国家图书馆所藏即为此版本)，但四十二卷本在内容上比五十四卷本少最后十二卷。本次影印，我们据福建师范大学图书馆所藏影印最完备的五十四卷本《船政奏议汇编》。另外，本书中的《船政奏议别编》誊清稿本也是首次影印。

明清赋役全书·第一编(全六十册)

国家图书馆出版社编　精装32开　21000.00元
2010年10月出版　978-7-5013-4357-7

本书收录涉及明清直隶、江南、山东、河南、山西、陕西、甘肃、浙江、江西、湖广、四川、福建、广东、广西、云南、四川、贵州等南北各省的赋役档案，为清朝内阁大库所存，后由国家图书馆珍藏，以清初顺、康、雍、乾四朝为多，共计古籍善本64种近3000册。因部帙庞大，故分编影印出版。

国家清史编纂委员会档案·文献丛刊(6种)

大连图书馆藏清代内务府档案(全二十二册)

大连图书馆编　精装16开　15400.00元
2010年12月出版　978-7-5013-4425-3

大连图书馆藏清代顺治朝到光绪朝内务府档案2000余件，康熙朝题本皆为满文，顺治、雍正朝题本满汉各半，乾隆朝之后为满汉合璧。这些档案包含了职司铨选、奖惩抚恤诉讼、宫廷用度、营建、宫苑、进贡等方面内容。这些档案是清代中央政权档案的一部分，对中国第一历史档案馆存档案有补充、完善之意义，对研究清代历史有重要作用。

吉林省档案馆藏清代档案史料选编（全六十八册）

吉林省档案馆编　精装16开　50000.00元

2012年10月出版　978-7-5013-4459-8

本书是国家清史纂修工程档案丛刊之一。吉林省档案馆为国家一级档案馆，馆藏档案数量居全国第六位。该馆收藏的清代档案，数量达20万卷，内容丰富，价值很高。此前仅整理出版过《珲春副都统衙门档案选编》等少数资料，本书从吉林省档案馆藏清代档案中按专题整理7000件档案，包括有吉林将军奏折、曹廷杰档案、打牲乌拉总管衙门档案以及吉林教育、金融、实业、禁烟及荒务档案等九个档案全宗。这批资料的披露，为清史研究提供了重要的第一手资料。

清代军机处随手登记档（全一百八十册）

中国第一历史档案馆编　精装32开　85000.00元

2013年8月出版　978-7-5013-5038-4

本书是国家清史编纂委员会规划出版的档案丛刊系列之一，特点主要有：一、规模庞大、资料珍贵、内容丰富，堪称清廷军政要务核心机密的总汇；二、是军机处每日处理文档的原始登记簿，不仅是清代军机处每日处理谕旨、奏折等各项事件的摘要总目和索引，同时也是清代乾隆朝以后枢要朝政的总汇；三、首次全面系统公布，收录了从嘉庆元年（1796）到宣统三年（1911）一百年间的军机处随手登记档；四、全书编排采用编年体例；五、各册分别编制检索目录；六、影印出版以保持档案原貌。这批珍贵档案的整理出版，为清史研究提供了一套翔实的史料汇编和检索凭据，必将对清史研究起到推动作用。

清代阿拉善和硕特旗蒙古文档案选编（全五册）

内蒙古自治区阿拉善左旗档案史志局编

精装16开　4000.00元

2015年5月出版　978-7-5013-5549-5

本书精选阿拉善左旗档案馆藏清代档案3200件，全部为蒙文。起自清康熙五十九年（1720），止于清宣统三年（1911），由清朝皇帝、六部、理藩院、陕甘总督、绥远将军以及内蒙古、喀尔喀、青海、新疆、山西、陕西、甘肃等地盟旗、州县衙门行政机关发给阿拉善和硕特旗（以下简称阿拉善旗）衙门和阿拉善旗衙门呈报上述机关的来往文书及旗衙门内部文件。涉及各类文体：圣旨、饬令、示谕、告示、呈文（奏折）批示、诉状等。档案内容丰富、涉及面广，详细记录了阿拉善旗的政治、经济、军事、历史、宗教、文化、教育、风俗等各个方面内容。

首都博物馆藏清代契约文书（全八册）

首都博物馆编　精装16开　5800.00元

2015年8月出版　978-7-5013-5554-9

本书是国家清史项目一之，对首都博物馆所藏的自康熙至宣统间的清代契约文书4000余件套进行了整理，并以影印的方式进行出版。这数千件契约文书以土地契约为主，尤以京畿地区最多，可以为相关领域的研究者提供可靠的第一手素材。

清代阿拉善和硕特旗满文档案选编（全十册）

内蒙古自治区阿拉善左旗档案史志局编

精装16开　6000.00元

2016年5月出版　978-7-5013-5790-1

本书收录阿拉善左旗档案史志局所藏清代阿拉善和硕特旗满文及满汉合璧档案800余件，包括谕旨、奏折、咨文、札文、命文、清册、信札、审断书等各种类型，内容涉及该旗发往其他各地（包括理藩院）的底稿册、扎萨克王及护印台吉对本旗各类事务的传谕指令、旗内各类事务的公文摘要、处理旗内各种案件的底册、本旗职员及在旗衙门轮班受职人员名单、理藩院及宁夏部院等发给该旗扎萨克王和协理台吉的公文等等，内容翔实丰富。

稀见唐代天文史料三种（全三册）

（唐）李凤、萨守真、濮阳夏撰，高柯立选编

精装16开　1900.00元

2011年1月出版　978-7-5013-4444-4

本书收录唐代李凤撰《天文要录》、萨守真撰《天地瑞祥志》、濮阳夏撰《谯子五行志》三种典籍。前二种为京都大学人文科学研究所藏昭和七年（1932）抄本，《天文要录》存二十五卷，主要记唐前各家占条，采例书目达60种；《天地瑞祥志》存九卷，记星占、自然现象、动植物、住宅、祭祀等。《谯子五行志》五卷，清抄本，杂采李淳风《乙巳占》京房占辞及《五行志》，体例上以五行分领各卷，该书将有助于推动中古思想史、社会史相关研究。

《册府元龟》唐史资料辑录（全十八册）

周绍良辑录，周启瑜整理　精装16开　9800.00元

2011年4月出版　978-7-5013-4486-4

本书从大型类书《册府元龟》中将有关唐代历史的资料全部摘抄出来，并以唐代人物为线索进行整理编排。是已故著名学者周绍良先生青年从学时便开始辑录，历经多年整理而成。这部凝聚着作者大量心血的资料集，反映了老一辈学者严谨勤奋的治学态度，并为历史研究特别是唐史研究者提供了便利。此次影印出版，为方便读者查检,重新分册并编制了目录。

各国立约始末记(全五册)

(清)陆元鼎编撰　精装 32 开　1500.00 元

2011 年 9 月出版　978-7-5013-4483-3

本书汇集各国条约,备录全文,并详述立约缘起列于篇首,信而有征,对研究清代外交、经济、政治有重要价值。编次以国为序,为方便因事求约,编者又依类标目为各国条约分类表。

历代帝王纪年研究资料汇编(全八册)

贾贵荣、耿素丽选编　精装 16 开　4800.00 元

2011 年 10 月出版　978-7-5013-4589-2

本书收入历代帝王纪年研究资料 26 种。其中包括宋代学者所撰 1 种、明代学者所撰 1 种、清代学者所撰 19 种、民国学者所撰 4 种、不详何朝代的学者所撰 1 种。其中包括:清钟渊映编《历代建元考》十卷、清叶维庚撰《纪元通考》十卷、清李兆洛《纪元编》三卷,以及清万光泰《纪元韵叙》、清姚文田《历代建元重号》、罗振玉《校增纪元编》等。本书依所据底本的年代先后进行了排序,厘为八册,每册单独标码,采取影印方式出版。

中国经济史长编(全三十六册)

黄序鹓著　精装 16 开　32000.00 元

2011 年 12 月出版　978-7-5013-4586-1

本书是近代经济学家黄序鹓耗时近 30 年编撰完成的一部中国古代经济史长编。编者从群经、正史、杂史、诸子百家、专集、合集、政书、类书、丛书、方志、碑刻、稗官小说、石室遗迹、报章杂志、外国学者著者等 2000 余种典籍中广泛搜集与历代经济理论、经济制度与事实变迁相关的史实史料,仿《资治通鉴长编》《通典》《通志》之例,究其前因后果,旁征博引,排比贯穿,分门别类,汇集成编。全书共分为经济思想、户口、奴婢、土地等 30 编,记事肇自上古唐虞,讫于清代道光二十二年五口通商。著名教育家蔡元培和著名经济学家马寅初曾分别为该书稿作序。此次影印所据底本为国家图书馆所藏稿本,弥足珍贵。

李朝实录(全五十册)

国家图书馆出版社辑　精装 16 开　38000.00 元

2011 年 12 月出版　978-7-5013-3589-3

《李朝实录》又称《朝鲜王朝实录》,为朝鲜历代王朝的汉文编年体史书。记载了由朝鲜王朝始祖太祖到纯宗的 27 代 519 年(1392—1910)间的史料,共 1893 卷,888 册,总共约 6400 万字。《李朝实录》的内容涉及朝鲜王朝政治、外交、军事、经济等诸方面,被认为是研究朝鲜史的基本史料。其中也包含不少有关中国、日本的史料,为学界所重视。

历代文庙研究资料汇编(全十四册)

贾贵荣、耿素丽编　精装 32 开　4300.00 元

2012 年 2 月出版　978-7-5013-4844-2

本书收入有关文庙研究的著述 21 种,涉及文庙的历代建置、制度兴替、祭祀变迁、乐舞繁简和礼仪模式、礼器图式等。这批史料分别产生于清代至民国时期,历半个多世纪,赖公私藏书之传承得以保存至今,多数资料为首次汇集和披露,文献价值很高。

中国国家图书馆藏宋版《资治通鉴》(二十函一百一十六册)

(宋)司马光撰　线装 16 开　98000.00 元

2012 年 9 月出版　978-7-5013-4841-1

本书所据底本为国家图书馆藏南宋高宗绍兴二年至三年(1132—1133)两浙东路茶盐司公使库刻本,是该书现存最早最完整的刻本。全书 20 函 116 册,宣纸印刷。

周一良批校十九史(全六十册)

周一良批校　精装 16 开　38000.00 元

2013 年 5 月出版　978-7-5013-5043-8

周一良先生是我国著名的历史学家,他长期披阅传统典籍,留下了大量题记眉批。先生对二十四史的批校主要侧重于魏晋南北史,如《晋书》一百三十卷,批校达上千条。因此我们在编辑本书时,对先生用力颇多的《三国志》《晋书》等十二种书全文收录,同时节选了《史记》《汉书》等七种书中有批语的部分。希望本书的出版足以嘉惠学林,启迪后人。

国闻报(外二种)(全十册)

孔祥吉等整理　精装 16 开　7800.00 元

2013 年 10 月出版　978-7-5013-4477-2

本书收录严复等人于天津所创《国闻报》内容,时间跨度为光绪二十三年至二十六年,该报旨在宣传维新变法,内容涉及变法举措、纲领及维新派的政治目标,在戊戌变法后刊发时文支持改革派,对于研究晚清政治风云、戊戌变法历史及相关时期的报刊史料等问题均具有十分珍贵的价值。此外,还收入《国闻汇编》六期以及日本外务省藏《国闻报》档案。

先秦史研究文献三种(全八册)

(宋)苏辙、罗泌等撰　精装 32 开　2400.00 元

2013年10月出版　978-7-5013-5138-1

本书收入先秦史研究资料三种——《古三坟书》《古史》《路史》。《古三坟书》分为山坟、气坟、形坟，分别解说《连山易》《归藏易》和《周易》，据宋绍兴十七年(1147)婺州州学刻本影印。《古史》是北宋苏辙所著，共计六十卷，上起伏羲、神农，下迄秦始皇，为《本纪》七、《世家》十六、《列传》三十七。所据底本为明刻本。《路史》为南宋罗泌撰，共计四十七卷，主要论述我国传说时期的史事。此次用清嘉庆间西山堂重镌宋本影印。

澳大利亚藏太平天国原刻官书丛刊(全三册，附图三张)

澳大利亚国家图书馆编　精装16开　1800.00元

2014年4月出版　978-7-5013-5318-7

本书为国家古籍整理出版资助项目。太平天国原刻官书，当时称诏书，上盖天王金印及"旨准"两字，印制精美，因太平天国失败而被清廷大量销毁，存世极少，向为研究者所重视。澳大利亚国家图书馆所藏部分，系由太平天国赠送给法英外交官、传教士，后为"伦敦会藏书"。本书全三册，收录澳大利亚国家图书馆所藏太平天国原版刻书和原抄本23种，原版布告3种，原抄布告6种。其中《天父下凡诏书第二部》为存世孤本，而《太平天国甲寅四年新历》亦是世界唯一重刻本。附图三张，全彩仿真印刷该馆秘藏的三件原版安民告示，这三件布告保存完好、字迹清晰、墨朱分明、色彩鲜艳、宛如新制，其中的两件更是世界仅存之硕果。本书由原太平天国历史博物馆馆长、知名太平天国史研究专家郭存孝先生亲目到澳馆核查版本并撰写提要。

百衲本二十四史

百衲本史记(全二册)

(汉)司马迁撰　精装16开　270.00元

2014年7月出版　978-7-5013-5383-5

《史记》是中国第一部纪传体通史，居"二十四史"之首。全书分十二本纪、十表、八书、三十世家、七十列传，共一百三十篇，记载了中国从传说中的黄帝到汉武帝太初四年长达3000余年间的历史。《史记》是中国传记文学的典范。《史记》最初没有书名，世人称之"太史公书""太史公传"，省称"太史公"。"史记"本是古代史书的通称，从三国时期开始，"史记"由史书的通称逐渐演变成"太史公书"的专称。《史记》与《汉书》《后汉书》《三国志》合称"前四史"。刘向等人认为此书"善序事理，辩而不华，质而不俚"。与宋代司马光编撰的《资治通鉴》并称"史学双璧"。鲁迅称它为"史家之绝唱，无韵之离骚"。

百衲本汉书(全二册)

(汉)班固撰　精装16开　300.00元

2014年9月出版　978-7-5013-5419-1

《汉书》又称《前汉书》，是中国第一部纪传体断代史，"二十四史"之一。《汉书》是继《史记》之后我国古代又一部重要史书，与《史记》《后汉书》《三国志》并称为"前四史"。《汉书》全书主要记述了上起西汉的汉高祖元年(公元前206)，下至新朝的王莽地皇四年(23)，共230年的史事。《汉书》包括纪十二篇、表八篇、志十篇、传七十篇，共一百篇，后人划分为一百二十卷。

百衲本后汉书(全二册)

(南朝宋)范晔撰　精装16开　320.00元

2014年7月出版　978-7-5013-5420-7

《后汉书》是一部由我国南朝刘宋时期的历史学家范晔编撰的记载东汉历史的纪传体史书。与《史记》《汉书》《三国志》合称"前四史"。《后汉书》基本继承了《史记》《汉书》的纪传体体例，并在有的篇目上扩充了不少内容。书中分十纪、八十列传和八志(司马彪续作)，记载了东汉王朝约200年的历史。

百衲本三国志

(晋)陈寿撰　精装16开　140.00元

2014年9月出版　978-7-5013-5421-4

《三国志》是记载三国时代历史的断代史，同时也是二十四史中评价最高的"前四史"之一。作者陈寿曾任职蜀汉，蜀汉灭亡之后，被征入洛阳，在西晋也担任了著作郎的职务。《三国志》在此之前已有草稿，当时魏、吴两国先已有史，如王沈的《魏书》、鱼豢的《魏略》、韦昭的《吴书》等，此三书当是陈寿依据的基本材料，蜀国无史，故自行采集，仅得十五卷。而最终成书，却又有史官职务作品的因素在内，因此《三国志》是三国分立时期结束后文化重新整合的产物。三国志最早以《魏志》《蜀志》《吴志》三书单独流传，直到北宋后，三书方合为一书。

百衲本晋书

(唐)房玄龄等撰　精装16开　180.00元

2014年9月出版　978-7-5013-5399-6

《晋书》，唐房玄龄监修，因李世民撰写了四篇史论，故总题曰"御撰"。记载的历史上起三国时期司马懿早年，下至东晋恭帝元熙二年刘裕废晋帝自立。该书同时还以"载记"形式，记述了十六国政权的状况。原有叙例、目录各一卷，帝纪十卷，志二十卷，列传七十卷，载记三十卷，共一百三十二卷。后来叙例、目录失传，今存一百三十卷。

百衲本宋书(全二册)

(南朝梁)沈约撰　精装 16 开　280.00 元
2014 年 9 月出版　978-7-5013-5400-9

《宋书》是记述南朝刘宋一代历史的纪传体史书。梁沈约撰，含本纪十卷、志三十卷、列传六十卷，共一百卷。今本个别列传有残缺，少数列传是后人用唐高峻《小史》、《南史》所补。八志原排在列传之后，后人移于本纪、列传之间，并把律历志中律与历两部分分割开。《宋书》收录当时的诏令奏议、书札、文章等各种文献较多，保存了原始史料，有利于后代的研究。该书篇幅大，一个重要原因是很注意为豪门士族立传。

百衲本南齐书

(南朝梁)萧子显撰　精装 16 开　120.00 元
2014 年 9 月出版　978-7-5013-5401-6

《南齐书》除追叙萧道成在刘宋末年的政治活动外,主要记萧齐皇朝 23 年间的史事。包含序录一卷、帝纪八卷、志十一卷、列传四十卷,其中序录一卷久佚,故全书今存五十九卷。全书文字简洁,行笔流畅,叙事完备。作者萧子显既是萧齐宗室,又是萧梁宠臣,不得不为萧道成避讳,又不得不替萧衍掩饰,但仍能坚持做到"于序事中寓论断",被后代史学家称为"良史"。

百衲本梁书

(唐)姚思廉撰　精装 16 开　100.00 元
2014 年 7 月出版　978-7-5013-5403-0

《梁书》,唐姚思廉撰。五十六卷。纪传体。包括本纪六卷、列传五十卷。贞观十年成书。记梁武帝天监元年至敬帝太平二年共五十六年历史,为现存有关梁史较为原始的记录。体例近于萧子显《南齐书》。本纪中武帝事略居其半。列传共收 312 人,类多先叙历官,中叙行事,末载诏典。又以儒林、文学二目分立,新设止足目,类似前史良吏目,而良吏目仍与并存。诸夷传载周边国家、民族凡三十二,较《宋书》为多,有裨于中国与西南亚关系史研究。唯曲笔讳饰与记事漏略颇多,尚有赖于《南史》与《资治通鉴》以考求其事。

百衲本陈书

(唐)姚思廉撰　精装 16 开　70.00 元
2014 年 7 月出版　978-7-5013-5402-3

《陈书》,唐姚思廉撰。三十六卷。纪传体。包括本纪六卷,列传三十卷。书成于贞观十年。记陈武帝永定元年至后主祯明三年共 33 年历史。多据陆琼、顾野王、傅縡三家《陈史》,兼采遗闻,小部分袭用其父姚察旧稿。体例略同于《梁书》,仅列传少止足、良吏、诸夷三目。本纪以武帝事略居其半。诸传共收 307 人,皇后、王子、宗室人数几占四分之一,其篇幅则几占三分之一。所记土豪剽掠致富情况和大量募兵资料,颇可显示梁、陈以来社会历史的变化。为现存有关陈史较为原始的记录。

百衲本魏书(全三册)

(北齐)魏收撰　精装 16 开　350.00 元
2014 年 9 月出版　978-7-5013-5404-7

《魏书》,北齐魏收撰。一百三十卷。其中本纪十四卷、列传九十六卷、志二十卷。记述鲜卑族拓跋部建立的北魏(包括东魏)王朝兴亡的历史。本书资料较丰富,尤以叙述拓跋部及各族人民的活动、北方门阀制度为详,反映了当时的阶级矛盾与民族矛盾。书中《官氏志》除详记官制、阶品外,还列举拓跋部和所属部落的姓氏及孝文帝所改汉姓,是研究姓氏的重要资料。《释老志》叙述了佛教和道教在北方流传及寺院经济的情况,是宗教史的重要资料。此两志为魏收所独创。又如《食货志》详细记载了均田制度及北方经济情况,也有很高的史料价值。

百衲本北齐书

(唐)李百药撰　精装 16 开　80.00 元
2014 年 7 月出版　978-7-5013-5405-4

《北齐书》,唐李百药撰,它虽以记载北朝北齐的历史为主,但实际上记述了从高欢起兵到北齐灭亡前后约 80 年的历史,集中反映了东魏、北齐王朝的盛衰兴亡。《北齐书》共有五十卷,其中本纪八卷、列传四十二卷。到南宋时,《北齐书》仅剩一卷帝纪、十六卷列传是李百药的原文,其余各卷,都是后人根据唐代史家李延寿所撰《北史》抄补修成的。《北齐书》成书时原名《齐书》,为区别于南朝梁萧子显所撰的《齐书》,始改称为《北齐书》,而称后者为《南齐书》。

百衲本周书

(唐)令狐德棻等撰　精装 16 开　90.00 元
2014 年 9 月出版　978-7-5013-5406-1

《周书》,唐令狐德棻主编,参加编写的还有岑文本和崔仁师等人。贞观三年,唐太宗诏修梁、陈、齐、周、隋五代史,令狐德棻与岑文本、崔仁师负责撰北周史,成书于贞观十年。《周书》共五十卷,本纪八卷、列传四十二卷,史论多出于岑文本之手。贞观十年与《北齐书》《梁书》《陈书》《隋书》同时进呈皇家。《周书》文笔简洁爽劲,清代史家赵翼说它"叙事繁简得宜,文笔亦极简劲"。《周书》不只是记述西魏及北周皇朝的史事,内容兼顾了同时代的东魏、北齐、梁与陈等四朝的重大史事,对于帝位更迭、重大动乱，皆详加载明，反映了当时中国历史发展的大势及纷繁的历史事件。

百衲本隋书

(唐)魏徵、长孙无忌等撰　精装16开　190.00元
2014年9月出版　978-7-5013-5407-8

《隋书》八十五卷，包括帝纪五卷、列传五十卷、志三十卷。唐贞观三年，唐太宗命魏徵主编《隋书》，参加编修的还有颜师古、孔颖达、许敬宗等人。贞观十年，帝纪、列传完成，与梁、陈、齐、周四史合称"五代史"。"五代史"均无志，贞观十五年，于志宁、李淳风、韦安仁、李延寿等又奉命续修史志。初由令狐德棻监修，后由长孙无忌监修。显庆元年成书，共十志，三十卷。十志虽是配合五代史的，但编写时以隋朝为主，对于了解和研究隋朝的历史，具有非常重要的价值。

百衲本南史

(唐)李延寿撰　精装16开　160.00元
2014年7月出版　978-7-5013-5408-5

《南史》唐李延寿撰。纪传体。共八十卷，含本纪十卷、列传七十卷，上起宋武帝永初元年，下迄陈后主祯明三年。记载南朝宋、齐、梁、陈四国一百七十年史事。书中把南朝各史的纪传汇合起来，删繁就简，以便阅读。列传中不同朝代的父子祖孙，以家族为单位合为一卷，对于了解门阀制度盛行的南北朝社会，有一定的方便。虽然细微琐事较多，而且杂以神怪迷信，但也不乏有意义的史料。全书《南史》文字简明，事增文省，在史学上占有重要地位。

百衲本北史(全二册)

(唐)李延寿撰　精装16开　260.00元
2014年9月出版　978-7-5013-5409-2

《北史》，唐李延寿撰。纪传体。共一百卷，其中本纪十二卷、列传八十八卷。记述北朝魏、齐、周、隋四个封建政权233年的历史。《北史》主要在魏、齐、周、隋四书基础上删订改编而成，但也参考了当时所见各种杂史，增补了不少材料。总的来看，《北史》虽有内容偶呈芜杂之弊，但体例完整、材料充实、文字简练，在后代颇受重视，以致魏、齐、周三书唐以后皆残缺不完，后人又多取《北史》加以补足。作为研究北朝历史的资料，《北史》与魏、齐、周、隋四书有互相补充的作用，不可偏废。

百衲本旧唐书(全二册)

(后晋)刘昫等撰　精装16开　290.00元
2014年9月出版　978-7-5013-5410-8

《旧唐书》，后晋刘昫监修。共二百卷，包括本纪二十卷、志三十卷、列传一百五十卷，原名《唐书》，宋祁、欧阳修等所编著《新唐书》问世后，才改称《旧唐书》，时间应该在南宋时。《旧唐书》编撰所遵循的指导原则是纂修须按于旧章，即忠实于唐代遗留下来的原始资料，对历史事实的记载完全按照当时人的思想认识，这样就真实地反映唐代不同时期的思想认识和时代风貌。其修撰离唐朝灭亡时间不远，资料来源比较丰富。它保存了丰富的史料，记事比较详细，便于读者了解历史事件的过程和具体情况，值得受到重视。

百衲本新唐书(全二册)

(宋)欧阳修、宋祁等撰　精装16开　310.00元
2014年9月出版　978-7-5013-5411-5

《新唐书》是北宋欧阳修、宋祁等合撰的一部记载唐朝历史的纪传体断代史书。全书共二百二十五卷，其中本纪十卷、志五十卷、表十五卷、列传一百五十卷。《新唐书》前后修史历经17年，于宋仁宗嘉祐五年完成。书成，曾公亮曾上皇帝表"其事则增于前，其文则省其旧"，认为这是本书胜过《旧唐书》的地方。《新唐书》在体例上第一次写出了《兵志》《选举志》，系统论述唐代府兵等军事制度和科举制度。这是我国正史体裁史书的一大开创，为以后《宋史》等所沿袭。自司马迁创纪、表、志、传体史书后，魏晋至五代，修史者志、表缺略，至《新唐书》始又恢复了这种体例的完整性。以后各朝史书，多循此制，这也是《新唐书》在我国史学史上的一大功劳。

百衲本旧五代史(全二册)

(宋)薛居正等撰　精装16开　200.00元
2014年9月出版　978-7-5013-5412-2

《旧五代史》，原名《五代史》，也称《梁唐晋汉周书》，是宋太祖诏令编纂的官修史书，由薛居正监修。《旧五代史》五代各自为书。共一百五十卷，纪六十一、志十二、传七十七。按五代断代为书，梁书、唐书、晋书、汉书、周书各十余卷至五十卷不等。各代的《书》是断代史，《志》则是五代典章制度的通史，《杂传》则记述包括十国在内的各割据政权的情况。这种编写体例使全书以中原王朝的兴亡为主线，以十国的兴亡和周边民族的起伏为副线，叙述条理清晰，较好地展现了这段历史的面貌。对于南方和北汉十国以及周围少数民族政权如契丹、吐蕃等，则以《世袭列传》《僭伪列传》《外国列传》来概括。因此这部书虽名为五代史，实为当时整个五代十国时期各民族的一部断代史。

百衲本五代史记

(宋)欧阳修撰　精装16开　100.00元

2014 年 8 月出版　978-7-5013-5413-9

《五代史记》是唐代设馆修史以后唯一的私修正史，撰者欧阳修，大约于景祐三年至皇祐五年的十八年间编成此书。全书七十四卷，包括本纪十二卷、列传四十五卷、考三卷、世家及世家年谱十一卷、四夷附录四卷。其中的列传最有特色，它采用类传的形式，每类传目，内寓特定含义，用以贯彻作者的褒贬义例。譬如将相大臣，凡专事一朝的在《臣传》，历事几朝的则列《杂传》；又如根据死者忠的不同程度，分为两等，头等的进《死节传》，次等的入《死事传》。在编排体例上，推翻《旧五代史》一朝一史的基本格局，取法《南史》《北史》，打破朝代界线，把五朝的人事综合统编在一起，按时间顺序排列。

百衲本宋史（全八册）

（元）脱脱等撰　精装 16 开　980.00 元
2014 年 9 月出版　978-7-5013-5414-6

《宋史》，于元末至正三年由丞相脱脱和阿鲁图先后主持修撰。全书分本纪四十七卷、志一百六十二卷、表三十二卷、列传二百五十五卷，共四百九十六卷。史料丰富，叙事详尽，体例较为完备，是研究辽、宋、金代历史的基本史籍之一。虽成书草率，庞乱芜杂，为后代治史者所訾议，然其叙述之详，为二十四史中所仅见。

百衲本辽史

（元）脱脱等撰　精装 16 开　110.00 元
2014 年 9 月出版　978-7-5013-5415-3

《辽史》为元脱脱等人所撰之纪传体史书。由元至正三年四月开始修撰，翌年三月成书。脱脱为都总裁，铁木儿塔识、贺唯一、张起岩、欧阳玄、揭傒斯、吕思诚为总裁官，廉惠山海牙等为修史官。元修《辽史》共一百一十六卷，包括本纪三十卷、志三十二卷、表八卷、列传四十五卷以及国语解一卷。记载上自辽太祖耶律阿保机，下至辽天祚帝耶律延禧的辽朝历史，兼及耶律大石所建立之西辽历史。

百衲本金史（全二册）

（元）脱脱等撰　精装 16 开　240.00 元
2014 年 9 月出版　978-7-5013-5416-0

《金史》为元脱脱等人所撰之纪传体史书。元至正间，诏修宋辽金三史，以脱脱为都总裁，具体参加修纂的有沙剌班、王理、伯颜、赵时敏、费著、商企翁，铁木尔塔识、张起岩、欧阳玄、王沂、杨宗瑞等，其中欧阳玄的贡献最为突出，他制订《金史》撰修的发凡举例，书中的论、赞、表、奏皆他属笔。《金史》是反映女真族所建金朝的兴衰始末的重要史籍，全书一百三十五卷，其中本纪十九卷、志三十九卷、表四卷、列传七十三卷。《金史》是宋、辽、金三史中编撰得最好的一部，历代评价很高，认为它不仅超过了《宋史》《辽史》，也比《元史》高出一筹。

百衲本元史（全四册）

（明）宋濂等撰　精装 16 开　480.00 元
2014 年 9 月出版　978-7-5013-5417-7

《元史》是明朝的宋濂等奉命编撰的纪传体史书。共二百一十卷，有本纪四十七卷、志五十八卷、表八卷、列传九十七卷。钱大昕认为《元史》的编纂工作过于草率，错误百出，清代汪辉祖的《元史本证》则指出《元史》中 3700 余项错误。但相对而言，《元史》叙述文体简洁，并非陋劣，作为研究元代之原始史料之价值，其价值仍然是不能忽视的。

百衲本明史（全六册）

（清）张廷玉等撰　精装 16 开　780.00 元
2014 年 9 月出版　978-7-5013-5418-4

《明史》共三百三十二卷，包括本纪二十四卷、志七十五卷、列传二百二十卷、表十三卷。它是一部纪传体断代史，记载了自元末朱元璋起兵至朱由检崇祯十七年 200 多年的历史，并兼及部分南明史事。其修纂时间长达 90 余年，用力之勤，大大超过以前诸史。修成之后，得到后代史家的好评。但由于经历史无前例的“文字狱”，也存在不少曲笔隐讳和篡改不实之处。

清季外交史料（全八册）

王彦威纂辑，王亮编，王敬立校　精装 16 开　4600.00 元
2015 年 7 月出版　978-7-5013-5591-4

《清季外交史料》是 20 世纪 30 年代出版的一部反映清末中国外交关系的重要文献，受到了当时有识之士的高度评价，包括光绪朝外交史料、宣统朝外交史料、西巡大事记、清季外交年鉴、清季外交史料索引等部分。辑录了清末军机处及外务部档案，是研究清代光绪、宣统两朝对外关系的重要史料。

储仁逊闻见录（全八册）

储仁逊撰，天津图书馆整理　精装 16 开　5200.00 元
2016 年 8 月出版　978-7-5013-5787-1

天津图书馆藏清人储仁逊所著《闻见录》未刊稿，全书以时间为序，上起清太祖高皇帝开基，即明万历四十四年（1616），下至光绪三十三年（1907）。

清代名人奏疏丛刊(全二十册)

贾贵荣、张爱芳编　精装 16 开　11000.00 元

2016 年 9 月出版　978-7-5013-5853-3

本书主要收录了国家图书馆收藏的 20 余种名人奏疏,包括清郭嵩焘的《郭侍郎奏疏》、清曾纪泽的《曾惠敏公奏疏》、清孙嘉淦的《孙文定公奏疏》、清曾国藩的《曾相奏疏》、清王懿荣的《王文敏公奏疏稿》等。这些奏疏文献对于研究清代的政治、经济、社会、文化等诸多方面都具有重要的价值,是不可多得的第一手参考资料。

清代名人尺牍选萃(全三十四册)

于浩辑　精装 16 开　22000.00 元

2017 年 10 月出版　978-7-5013-6233-2

尺牍即古代人们用以传递信息、交往沟通的书信,乃书信之别称、雅称。自春秋以来,尺牍文献日益增多,于是从南北朝编纂的文章总集开始,尺牍作为一种文章体裁遂逐渐成为一种单独的文献类型。然而在明代之前,尺牍往往多编入总集和别集之中,自为一集者少。至于尺牍的专门文集则始编于明季,清代、民国继之。本丛刊共选编清代名人尺牍 52 种,其中有单刻(单抄)者,有收入别集者,有汇编为总集者,亦有收入丛书者。单刻(单抄)者,有《笠翁尺牍》《倦圃曹秋岳先生尺牍》等;收入别集者,有《弢园尺牍》《弢园尺牍续钞》等;汇编为总集者 有《名贤手札》《分类尺牍备览》《近代十大家尺牍》等;收入丛书者,有《欣赏斋尺牍》《梦园尺牍》等。

崔东壁遗书(全八册)

(清)崔述撰,顾颉刚编订　线装 32 开　1600.00 元

2018 年 8 月出版　978-7-5013-6042-0

清代著名史学家崔述毕生致力于搜集整理后世关于上古三代历史的史料记载,他所提出的古史学说及其方法论对后世史学产生了极大的影响。本书所选底本为民国间上海亚东图书馆印行本。分甲、乙、丙三编。甲编收顾颉刚、胡适、赵贞信、洪业等人写的有关崔述生平传记一类的文章;乙编为崔述著作汇编;丙编收崔述佚文、亲友诗文汇辑,以及对崔述的评论、刻本校勘记等。卷首有蔡元培的题词及胡适、钱穆、顾颉刚合写的新序。

中国古代纪年丛考(全四十四册)

刘坦著,武清图书馆编　精装 16 开　28600.00 元

2018 年 8 月出版　978-7-5013-6419-0

刘坦的历史考证和年代学研究独具特色,与任何人不相雷同,其《中国古代之星岁纪年》一书解决的问题极其艰深,面世 70 年之后,迄今仍然是在世界上流布的唯一专著。本书收录刘坦手稿十余种,并首次系统地进行了整理编排,分为著述类、别录类、整编类和索引类。

孔子博物馆藏孔府档案汇编·明代卷(全三册附录一册)

《孔子博物馆藏孔府档案汇编》编纂委员会编

精装 16 开　3000.00 元

2018 年 11 月出版　978-7-5013-6297-4

孔府档案是指原来保存于曲阜孔府内历代"衍圣公"在任时期形成的文书档案,其种类包括表笺奏章、朝会纪实、来往公文、族规谱牒、地契账簿、信票告谕等,内容涉及宗族、社会、政治、宗教、经济、法制、建筑及教育等多个层面,时间涵盖明嘉靖十三年(1534)至 1948 年,总数逾 30 万件。因其时间长、数量多、内涵丰富、历史久远,而成为研究传统中国社会的珍贵历史文献。孔府档案按时间分为明代、清代和民国档案,此次出版的是明代部分,起自明嘉靖十三年,至崇祯十七年,共 62 卷 248 件,包括袭封、宗族、属员、刑讼、租税、宫廷、灾异、资料文书等九类。

嘉业堂景宋四史(4 种)

嘉业堂藏书楼以收藏古籍闻名,是中国近代著名的私家藏书楼之一。藏书楼不仅以收藏古籍闻名,而且以雕版印书蜚声海内,"景宋四史"就是其中的臻品,被称为"镇库之宝"。为了能保持原貌,版式、字体等均严格按照原本。为了满足全国各大图书馆和广大收藏者的需要,三希堂藏书和嘉业堂藏书楼联合我社合作影印出版"嘉业堂景宋四史"。

史记(四函三十二册)

(汉)司马迁撰　线装 16 开　23000.00 元

2018 年 11 月出版　978-7-5013-6513-5

本书是 1919 年影刻宋蜀大字本,卷首有牌记"史记,吴郁生署检,己未孟春吴兴刘氏嘉业堂景宋蜀大字本",版心下方刻刻工姓名。宋刻本中的蜀刻本,又以墨优纸佳、书写方正雍容、版式疏朗雅洁而驰名,所以历代被视作绝妙艺术瑰宝、罕有的文物精品,价值不菲。

汉书(七函五十二册)

(汉)班固撰　线装 16 开　33000.00 元

2018 年 11 月出版　978-7-5013-6512-8

本书为 1920 年影刻宋鹭州书院本,半叶八行十六字,字大如钱,书口上端刻有字数,下端刻有刻工名姓,开本宏阔。

后汉书（五函四十册）

（南朝宋）范晔撰　线装 16 开　30000.00 元

2018 年 11 月出版　978-7-5013-6506-7

本书为 1921 年影刻宋一经堂本，湖北黄冈陶子麟刻板，字体大气古厚，宋版之气扑面，品质上佳。

三国志（三函二十一册）

（晋）陈寿撰　线装 16 开　12000.00 元

2018 年 11 月出版　978-7-5013-6495-4

本书为 1928 年影宋刻本（实为影元本）。

书目版本

清代各省禁书汇考

雷梦辰撰　平装32开　3.50元
1989年5月出版　7-5013-0570-6

本书所辑清代各省查办禁毁书目单，均来源于乾隆年间各省汇刻之《禁毁书目》所列各省咨禁书目单，以及故宫博物院文献馆编印之《文献丛编》《掌故丛编》所载之六省奏缴原档，并李棪《邓刻奏缴咨禁书目补》及书征《补邓刻咨禁书目补》所列之各省咨禁书目单。

钦定四库全书考证（全三册）

（清）王太岳、王燕绪等辑　精装16开　295.00元
1992年1月出版　7-5013-0859-4

《钦定四库全书考证》一百卷，清王太岳、王燕绪等辑，清内府抄本。清政府组织人力纂修《四库全书》时，王太岳充任黄签考证纂修官，王燕绪任缮书处总校官，本书是他们在修订《四库全书》时接触大量资料的基础上编辑而成。全书分为经、史、子、集四类，对《四库全书》中1000多种书进行考证，并吸收当时研究成果，利用各种版本和资料对这些书的字意、内容等辨误订正，较为系统。

群书考索（全二册）

（宋）章如愚撰　精装16开　180.00元
1992年5月出版　7-5013-0911-6

本书分四集，共二百一十二卷。根据国家图书馆所藏明正德戊辰（1508）刘洪慎独斋刊本影印出版。

汉学堂知足斋丛书（全二册）

（清）黄奭辑　精装16开　235.00元
1992年7月出版　7-5013-0922-1

所收辑佚书215种，由四部分组成，计知足斋丛书66种、通纬55种、子史钩沉89种、汉学堂经解5种，后附诸书序跋若干篇。编入各书见于《汉学堂丛书》和《黄氏逸书考》的只占少部分，《知足斋丛书》66种均未收入这两部书中。书前有冀淑英的序。

明代书目题跋丛刊（全二册）

冯惠民、李万健等选编　精装16开　264.00元
1994年1月出版　7-5013-1028-9

选收明代书目30种，基本包括了现存明代的书目著作。有《文渊阁书目》以下官藏书目8种，《晁氏宝文堂书目》以下私藏书目16种，《道藏目录》以下专科书目3种，《隐湖题跋》以下题跋3种。

古今图书集成图（全二册）

本社编　精装16开　450.00元
1997年1月出版　7-5013-1237-0

《古今图书集成》是清康熙、雍正时期编纂刊行的大型类书。全书共一万卷，分历象、方舆、明伦、博物、理学、经济六编，乾象、岁功、历法等三十二典，六千一百零九部。该书以篇帙宏大、内容丰富并采用了先进的铜活字排版术著称于世。然而，书中的版刻插图才是真正的精华所在。《古今图书集成》所收版刻插图的绘图及雕刻者，均为当时国内一流的画家和工匠。画面形象逼真，线条流畅、细腻，集中反映了清代“殿本版画”的风格和艺术成就。本书共收版刻插图2000余幅，其中有各类青铜器、古乐器、玉器、城制、军器、交通工具、战阵图、驯兽、仪仗礼器以及测量、机械等图形。这些图形，尤其是器物图形，很可能以宫中所藏实物为依据绘制而成，有较高的可信度，是今日研究古代文物、科学技术、社会风俗、艺术、典章制度等不可多得的参考资料。上述版画散布于原书的万卷篇牍之中，阅读搜寻极为不便。为此，我们特将这些版画集中起来，重新分类，影印出版，以方便各界读者使用。所据底本为国家图书馆藏清雍正四年（1726）内府原刻本。

古今图书集成图(全三册)

本社编　精装 16 开　1350.00 元

2009 年 4 月出版　978-7-5013-3979-2

本书在 1997 年版基础上,依据国家图书馆藏清雍正四年(1726)内府原刻本重新编排出版。

文渊阁四库全书补遗(3 种)

文渊阁四库全书补遗(全十五册)

杨讷、李晓明编　精装 16 开　7500.00 元

1997 年 7 月出版　7-5013-1316-4

文津阁《四库全书》竣工于乾隆四十九年(1784)冬,以次年春夏间送承德避暑山庄文津阁收藏而得名。其成书时间晚于文渊、文溯、文源三个阁本,是七部《四库全书》的第四部。经校对文渊、文津两个阁本的 1273 种集部书,录下两个阁本在篇、卷上的差异之处竟有 788 种,约占总数的 62%。比较各集的序、跋和附录,差异更大。本书收录历代诗文 4000 余篇,全部辑自文津阁本《四库全书》集部书,为同书之文渊阁本所未见,用补其缺。按原书顺序编排。与《四库全书总目》分集部为 35 卷(不计存目)相对应,分为 35 个部分。书后有著者姓名索引。

文渊阁四库全书补遗·集部·宋元卷(全四册)

杨讷、李晓明编　精装 16 开　1850.00 元

2006 年 6 月出版　7-5013-2838-2

本书共收录宋元人的别集、总集、诗文评、词曲等类文集 229 种,1680 余篇。例如《和靖集》《景文集》《丹渊集》《元丰类稿》等。其内容除了序跋、诗词、诗话、游记、信札之外,还包含大量的奏稿、墓志铭、行状、遗事等。由于文体众多,题材广泛,这些文集不仅有利于了解著者的个人生平及其诗文,而且对于相关的历史事件、制度和社会现象提供了重要史料。对于这一时期的文学、历史研究,具有重要的史料和版本价值。

文渊阁四库全书补遗·集部·明代卷(全十册)

杨讷、李晓明编　精装 16 开　3900.00 元

2005 年 9 月出版　7-5013-2802-1

本书收录了《明文海》《明诗综》《文宪集》《东里全集》《忠肃集》《沧溟集》《白谷集》等明人诗文总集、别集 150 余种,全部辑自文津阁本《四库全书》,为同书之文渊阁本所未收。其体例涉及明人奏疏、尺牍、游记、诗词、方志、墓志、题咏等各方面,内容不乏序跋、年谱、传记、边事、遗闻佚事,对于研究明代的历史、文学具有重要的参考意义。

万卷精华楼藏书记(全六册)

(清)耿文光撰　精装 32 开　600.00 元

1998 年 1 月出版　7-5013-1426-8

本书是一部精心编撰的书目体著作。作者用 14 年时间将所收善本按经史子集总分为 45 类,146 卷,首标书名卷数,后依次为案语、出典、撰人、版本、解题、录序跋、采书中要语,诸家论说,此外,或明书之纯杂,或辨版之精粗,或疏通其纠葛,或考证其讹谬,或书所见,或记所得,内容丰富,信息量大。

宋元书刻牌记图录

林申清编　精装 16 开　26.00 元

1999 年 8 月出版　7-5013-1482-9

牌记又称墨围、碑牌、墨记、书牌子、木记、木牌等等。本书取宋元书刻牌记 65 家 92 种 104 幅汇为一编。其中,宋刻本 38 家 51 种 56 幅,元刻本 27 家 41 种 48 幅。内又细分为官刻、家刻与坊刻。

宋元旧本书经眼录(一函二册)

(清)莫友芝编　线装 16 开　120.00 元

2000 年 6 月出版　7-5013-1719-4

莫友芝是清代著名藏书家、目录学家和版本学家。本书是他对所亲见的善本(宋金元明刊本、写本)130 余种所做的鉴定记录。

涵芬楼秘籍(全十册)

孙毓修编　精装 32 开　980.00 元

2000 年 11 月出版　7-5013-1757-7

涵芬楼,商务印书馆编译所旧设图书资料室名。1909 年建于上海,以收藏古籍善本著称。其所藏宋元珍本等 574 种,现藏国家图书馆。《涵芬楼秘籍》于 1916—1921 年在上海印行。涵芬楼"以公司之力,旁搜远绍,取精用宏,收藏最富。悯古本之日亡,旧学之将绝,出其宋元善本,次第摄印,汇入四部举要,成古今未有之丛书"。以旧抄、旧刻、零星小种,世所绝无的版本为主,别为秘籍。原书仿照鲍氏的《知不足斋丛书》的体例,以八册为一集,共收书 52 种。此次出版,完全根据民国时期本影印,以保持原书风貌,供收藏家及爱古者研阅。

玉函山房藏书簿录(二函十二册)

(清)马国翰撰　线装 16 开　980.00 元

2001 年 6 月出版　7-5013-1778-X

本书系清代著名文献辑佚大家马国翰的私家藏书目录提要。全书二十五卷，卷一为清帝御纂敕修之书，以下二十四卷依次著录为经、史、子、集四部五十余类之书，计四千三百八十一种，五万七千余卷。数量之巨，堪为清代私家撰述之最。凡每书之下，先录其卷帙多少，撰者名氏，次品题其内容。后者对每种书的版本源流与优劣、卷数增减及内容整合均予介绍。行文简明扼要，详略有别。尤其能述其精要，画龙点睛。该书可作为专家研究目录学及鉴定版本的参考文献，亦可为一般学者的读书指南。为便于检索利用，特编制书名索引附于卷。

朱修伯批本四库简明目录

(清)朱学勤编撰　精装32开　95.00元

2001年9月出版　7-5013-1807-7

本书是邵懿辰、莫友芝之外，对《四库简明目录》所做的另一种名家标注。作者朱学勤，清末士人，自富藏书，驰誉当时。其所批标注可与邵、莫二书相互考证，足资珍贵。三人各注见闻，互为增益，均为“四库目录”之功臣。邵、莫二人之标注久已刊行，广为人知。唯朱氏所作，只有传抄，知者甚罕。今我社据以影印出版者，乃光绪年间管礼耕传抄本，也是现今所知传世之唯一善本。书中除朱氏标注外，尚有王颂蔚、翁炯孙等人的校勘及近代版本学名家顾廷龙、黄永年之序跋。

清代敕修书籍御制序跋及版式留真(全八册)

朱赛虹编　精装16开　6500.00元

2001年11月出版　7-5013-1773-9

敕修书是诸臣奉皇帝之命编撰的书籍。这一制度始于先秦，至清代发展到高峰。清代敕修书籍不仅卷帙浩繁，内容宏富，制作考究，版本精良，而且大多数敕修书前都冠有皇帝亲撰或由大臣代笔的御制序文。这些字斟句酌，言简意赅的序文或说明一书的纂修缘起、著述宗旨、三要内容、作者情况，或阐述撰者的研究心得、学习体会，是后人了解和利用敕修书籍这一文化宝藏必读的指津之作。为此，故宫博物院利用其丰富的特藏，收集清代十位帝王所撰序文，凡知见成书有序文者，均囊括无遗，分上、下两编，精心编排，影印面世。该书上编按朝代先后收录清代十位皇帝所制序文，下编按版本形式分为六类，并编撰了篇名索引，又有详细的著录文字，考证记载每种敕修书的版框尺寸、行格款识、作者情况、成书年代，进表时间，在《四库全书总目》中的著录情况、内府中的其他版本、相关奏议等。第一次全面而直观地向世人展示了清代敕修书籍的真实面貌。具有极高的资料价值，从版本价值和书法的角度看，也有十分重要的研究和鉴赏价值。

古籍丛残汇编(全七册)

钟肇鹏编　精装16开　1900.00元

2001年11月出版　7-5013-1832-8

古籍丛书浩如烟海。本编即将分散在不同丛书中的古类书、古佚书150余种精选采撷出来，裒为一辑。这些典籍分别成书于三国至北宋之间，在漫长的流传过程中都曾经散失，又经后人辑印，才得以保存至今。其内容涉及经史子部，均为史料价值高、流传不广之书。计有《皇览》、《修文御览》、《玉烛宝典》、《文馆词林》、《鸣沙石室古籍丛残·类书丛残》、《类林》、《玉集》、《七略别录佚文》、《七录目录》、《汉魏遗书抄》(104种)、《茆氏辑古逸书》(10种)、《经典集林》(30种)。今将其影印出版，旨在使其广为流传。

忏玉楼丛书提要

吴克岐辑　精装32开　36.00元

2002年4月出版　7-5013-1882-4

吴克岐著，全书按书名、卷(回)数、著者、出版者(版本)、内容提要等栏目介绍了产生于民国时期的有关《红楼梦》之著述60余部，并按翻刻、批点、续作、研究评论、诗词歌、戏曲传奇等不同著作类别分为三卷，该书是我们了解红学发展史特别是民国时期红学研究成果必备之工具书。本书成书后流传甚少，多年来《红楼梦》研究者及爱好者多方搜求而未果。此次据国家图书馆所藏原南京图书馆精抄本影印，实为学界幸事。

国家图书馆藏古籍题跋丛刊(全三十册)

国家图书馆编　精装16开　15000.00元

2002年5月出版　7-5013-1902-2

本书收录国家图书馆藏书籍题跋类古籍67种，系明、清及民国时期著名藏书家、目录学家或学者的著作。所影印版本包括大量的刻本以及少数抄本和稿本。书后附题跋篇名索引，便于查阅。本书由全国古籍整理出版规划领导小组资助出版。

汉籍善本考

(日)岛田翰撰　精装16开　90.00元

2003年1月出版　7-5013-2074-8

本书为考察中国传统典籍经、史、子、集各部丛书的本源流、抄印刊刻及传布流播状况的版本目录之作，对日藏汉籍之旧抄本、旧刊本、元明清及韩刊本均有精细考证、校核。是研究日藏汉籍及传统典籍的必备工具书。

清代文集篇目分类索引

王重民、杨殿珣编 精装 16 开 160.00 元
2003 年 1 月出版 7-5013-2073-X

本书作于 1931—1934 年间，收录近 300 年间清代学者别集 428 种、总集 12 种。分为学术文、传记文、杂文三部，其文集著录翔实，分类细致，是研究中国古代史的重要参考工具书。

中国丛书综录续编

施廷镛编撰 精装 16 开 260.00 元
2003 年 3 月出版 7-5013-1780-1

本书是在我国著名图书馆学专家、目录学家施廷镛的遗著的基础上，重新整理而成的。书中删除了与他书重复者，又补充了许多丛书，包括不少我国港、台等地以及日本资料，现共计 1100 余种。书后附丛书备考、丛书书名索引、丛书著者索引、丛书子目书名索引、丛书子目著者索引、丛书子目分类索引。它的出版弥补了上海图书馆编《中国丛书综录》和阳海清编《中国丛书广录》所收丛书的不足，并订正了上述两书著录中的一些错误，是一本研究中国历史、文化和古籍的工具书。

闽蜀浙粤刻书丛考

王国维等撰 精装 16 开 60.00 元
2003 年 4 月出版 7-5013-2089-6

本书共收录清末民国时期著名学者撰写的有关福建、四川、浙江、广东等地宋元以来刻书史的专门著作四种，计有王国维编撰《两浙古刊本考》、黄慈博编撰《广东宋元明经籍刊本记略》、佚名编辑《福建板本志》及佚名编撰的抄本《宋本考：蜀刻纪略》。全面记载和考察了我国古代地方主要刻书重地——闽蜀浙粤刻书源流、规模、发展历史，归纳总结了各地刻本的刊刻墨印特点及传承流布情况等。是研究我国地方刻书史及至文化史的必要参考文献，也是鉴定和收藏古籍版本的重要依据。其中佚名编辑《福建板本志》(八卷)是文化大师、著名藏书家郑振铎所藏。

珍稀古籍书影丛刊(6 种)

盋山书影

南京国学图书馆编 精装 16 开 270.00 元
2003 年 5 月出版 978-7-5013-2102-7

收书影 125 种。盋山图书馆所藏善本出钱唐丁氏“八千卷楼”，以丰富而精善的珍秘宋、元刊本著称。民国十七年(1928)，盋山图书馆精心择取馆藏善本书页汇编成《盋山书影》，石印出版。全书以四部分类排列，分二辑。第一辑为宋本，收书影 34 种；第二辑元本，收书影 91 种。每种书择取一至五页不等，均附有馆长柳诒征撰写的识语，详尽介绍原书的编纂、版刻、流传及页数、版式、行款等。

铁琴铜剑楼书影

瞿启甲编 精装 16 开 360.00 元
2003 年 5 月出版 7-5013-2105-1

铁琴铜剑楼是清乾嘉年间著名藏书家瞿绍基及其子孙五代的藏书楼，为清代四大藏书楼之一。铁琴铜剑楼素以诸多宋元椠本、孤本和流传极少的稀见珍本著称于世。本书是第四代楼主瞿启甲所编。仿杨守敬《留真谱》体例，辑录宋本 160 种、金本 4 种、元本 106 种，摹其行款、序跋，汇为书影。全书鉴藏之精审，甄选之严谨，刷印之工整，都可谓早期书影的典范。

嘉业堂善本书影·故宫善本书影

刘承幹等编 精装 16 开 320.00 元
2003 年 7 月出版 7-5013-2103-7

《嘉业堂善本书影》五卷，收宋、元本书影 162 种。《故宫善本书影》三种：《故宫善本书影初编》，收书影 85 种；《故宫善本书影》，收书影 30 种；《重整内阁大库残本书影》，收书影 38 种。

留真谱(全二册)

(清)杨守敬编 精装 16 开 590.00 元
2004 年 4 月出版 7-5013-1787-9

本书为清末杨守敬编刻，系覆刻部分宋元本及日本森立之影摹古抄本而成，计二十卷，收入书影 449 种，为我国最早的书影。

访书余录

(日)和田维四郎编 精装 16 开 290.00 元
2005 年 4 月出版 7-5013-2768-8

日本人和田维四郎编，日本大正七年(1918)东京精艺出版合资会社印行。中国著名学者兼收藏家郑振铎先生所藏。此书是编者从日本正仓院、内府、社寺、图书馆及缙绅所藏书中精编而成。所收书分为四类：一为中国古籍日本旧抄本及其标本，收书影 42 种；二为古写经及其标本，收书影 41 种；三为古刊本及其标本，此类又分二种，一为古刊佛书，收书影 54 种，一为佛经以外的古刊本，收书影 68 种；四为活字本及其标本，收书影 37 种。于每一类，编者首先总述此类的基本特点，其次附以书影，每种书影收一帧或数帧不等。此书是研究日本刊刻汉籍版本的重要参考资料。

涉园所见宋版书影·文禄堂书影

陶湘等编　精装 16 开　450.00 元

2010 年 4 月出版　978-7-5013-2108-6

收书影近 240 种。本书为三种书合订，即《涉园所见宋版书影》《文禄堂书影》与《宋元书式》。

宋版书考录

(清)黄丕烈、王国维等撰　精装 16 开　96.00 元

2003 年 5 月出版　7-5013-2097-7

本书共收录清代及民国时期著名学者编撰的有关宋代所刻书籍的考证、题跋(录)类著作七种。计有黄丕烈《百宋一廛书录》、瞿中溶《古泉山馆题跋》、袁克文《寒云手写所藏宋本提要二十九种》、王国维《五代两宋监本考》等。内容涉及宋代刻书渊源、特色以及宋版书的刊刻墨印、传承流布诸方面，是研究稀世文物——宋版书的重要参考文献，也是鉴赏和收藏宋版书的不可缺少的佐证。

稿抄本明清藏书目三种

(清)钱谦益等撰　精装 16 开　360.00 元

2003 年 5 月出版　7-5013-2106-X

本书收录明代王道明所著《笠泽堂书目》、清代钱谦益所著《绛云楼书目》和姚际恒的《好古堂书目》，皆为抄本及稿本，版本价值极高。

日本藏汉籍善本书志书目集成(全十册)

贾贵荣辑　精装 16 开　4800.00 元

2003 年 6 月出版　7-5013-2112-4

本书共收录清末民初著名藏书家、学者和日本汉学家编撰的日藏汉籍珍善本书志、书目计七种，内容涉及每种书的刊刻墨印、行款卷数、名家题校及著者、藏书者等，全面反映了 1000 多年来我国古籍流传日本列岛的历史状况，为今人了解和研究国内失传的珍稀古籍版本提供了必不可少的佐证，也为研究中国古籍流传日本的历史和现状，进而研究中日文化交流史提供了必要的参考资料。书后附书名笔画、拼音索引。

古籍佚书拾存(全八册)

殷梦霞、王冠选编　精装 16 开　2800.00 元

2003 年 8 月出版　7-5013-2152-3

本书共收录成书于清代至民国间的辑佚、辑录之作六种，涉及古代佚存典籍 200 余种。六种辑佚之书，都具备较高的文献价值，且流传不广、版本稀见，辑佚内容涉及经、史、子、集各部，其中不仅有珍贵的汉魏遗编，还有流失域外、国内无存的隋唐典籍，更有鲜见流传的明清著述，包括从未刊行的抄稿本。例如：清嘉、道间秀水姚东升辑撰的《佚书拾存》，共辑佚书佚文计 173 种(篇)，内容极为广博，但这部重要的辑佚作品成书后却一直未得刊行。

宋元版书目题跋辑刊(全四册)

贾贵荣、王冠辑　精装 16 开　1600.00 元

2003 年 6 月出版　7-5013-2111-6

本辑刊共收录清代及民国时期著名藏书家、文献学家编撰的有关宋元版书籍的目录、题跋、通考等专门著作 27 种，内容涉及宋元版书的刊刻墨印、行款字体、存佚缺失、名家题校及收藏者情况等。末册附书名索引。

中国丛书题识(全二册)

施廷镛撰　精装 16 开　760.00 元

2003 年 9 月出版　7-5013-2164-7

本书是在我国著名图书馆学家、目录学家用施廷镛先生手稿的基础上整理而成。书中所收为作者亲睹宋、元、明、清及近代千余种丛书后，为每种丛书所写的题识。为使资料更加完善，编辑出版时增加了丛书作者生平及其主要著作，同时附有丛书书名索引和丛书著者索引。本书是研究丛书目录学和版本学很有实用价值的工具书。

近代译书目

王韬、顾燮光等编　精装 16 开　105.00 元

2003 年 10 月出版　7-5013-2166-3

本书第一次辑录近代有关译书目六种，即王韬的《泰西著述考》，光绪十六年(1890)铅印本；清徐维则辑、顾燮光补辑的《增版东西学书录》，光绪二十八年(1902)石印本；顾燮光撰《译书经眼录》，民国二十三年(1934)石印本；广学会编的《广学会译著新书总目》，清末铅印本；民国间铅印本《上海制造局译印图书目录》以及佚名编民国本《冯承钧翻译著译目录》。

鸣沙石室佚书正续编

罗振玉编纂　精装 16 开　95.00 元

2004 年 3 月出版　7-5013-2197-3

本书辑录罗振玉《鸣沙石室佚书》与《鸣沙石室佚书续编》二书而成。其中《鸣沙石室佚书》共包括敦煌鸣沙石千佛洞唐人卷轴写本《春秋榖梁传解释》等 18 种书，《鸣沙石室佚书续编》共收录 4 种书残卷而成。

清代禁毁书目题注(外一种)

施廷镛撰　精装 16 开　65.00 元

2004 年 4 月出版　7-5013-1810-7

本书对清代 2000 种禁毁书做了内容、著者、版本、行款、纸墨、传承等方面的题跋、注解和阐释。是研究清代政治史、思想史、学术史的重要参考文献。本书所用底本系施廷镛先生的稿本，线装一册。书目文字用小楷录于竖栏内，并使用黑、蓝、红三色区分不同的内容。其字迹，无论天头地脚之批语还是栏中小字双行均十分清晰。出版时，特做《清代禁毁书目详目》列于卷首。

清人校勘史籍两种（全三册）

（清）卢文弨校补，（清）蒋光煦辑

精装 32 开　350.00 元

2004 年 8 月出版　7-5013-2467-0

清人治校勘，盛于前代，尤其乾嘉时期，涌现了诸多校勘名家，如惠栋、戴震、钱大昕、段玉裁、王念孙等人，他们重文字、音韵、训诂之学，精于史籍的校勘、注释、辩伪、辑佚，并且旁通金石、地理、天文、历法的考证，对于古籍和史料的整理，取得前所未有的学术成就。其中卢文弨的《群书拾补》、蒋光煦的《斠补隅录》、钱大昕的《廿二史考异》、阮元的《十三经注疏校勘记》等都堪称清代校勘学的一流著作。此次影印，《群书拾补》所用底本为民国十二年（1923）北京直隶书局的《抱经堂丛书》本。而《斠补隅录》则以清光绪九年（1883）刻本为底本。作为清人校勘方面的代表作，将两书一并影印出版，以求有裨益于学界。

西谛书目（全二册）

北京图书馆编　精装 16 开　120.00 元

2004 年 10 月出版　7-5013-2600-2

本书是郑振铎藏书（捐赠北京图书馆）的书目。全书按经、史、子、集分类编排。西谛藏书的主要类别有历代诗文别集、总集、词曲、小说、弹词、宝卷、版画和各种政治经济史料等，范围十分广泛。除去外文书打算另编专目，通行常见的旧版书和新版书暂不列入外，总达 7740 种。其中明清版居多，手写本次之。宋元版最少，仅陶集、杜诗、佛经等数种。就数量和质量论，在当代私家藏书中，可算是屈指可数的。

地方志·书目文献丛刊（全四十册）

孙学雷主编　精装 32 开　9700.00 元

2004 年 12 月出版　7-5013-2463-8

本书系从国家图书馆地方志专藏中，选出其中经籍志部分，加以编选、汇集而成，在各地历次递修志书中，选取撰修年代最晚、包含经籍志内容最全的方志。在经籍志阙如的个别省份，以相应区域性书目略加配补，从而在地方通代存佚书目的基础上，形成全国性的通代经籍志集成。本丛刊所收版本主要集中于清代至民国时期；版本类型包括稿本、刻本、石印本、铅印本等。为方便读者查阅，提供三种检索途径，1. 每卷总目，列入所选每种方志在各册的分布、页码；2. 各分册细目，录入所选方志类目所在页码，如史部下分列正史、别史、杂史、奏议、传记、职官、时令等；3. 本丛刊将编书名拼音索引与书名笔画索引，统一编排，单行一册出版。

地方志·书目文献丛刊书名索引

骈宇骞主编　精装 32 开　260.00 元

2007 年 8 月出版

本书为《地方志·书目文献丛刊》的配套书名笔画索引。编制精审，收书目 10 万余种，亦可作为历代方志所见书目文献的专题索引工具书使用。

梁氏饮冰室藏书目录

国立北平图书馆编　精装 32 开　96.00 元

2005 年 3 月出版　7-5013-2771-8

饮冰室全部藏书刻本、抄本共 3470 种，41819 册，此外尚有金石墨本及手稿、私人信札等。1931 年 6 月，国立北平图书馆新馆落成之日，特辟梁氏纪念室，陈列其生平所用书桌、文具，四壁置金石书画以资纪念。时任北平图书馆馆长的袁同礼“欲永其传也，乃属其馆员编纂”藏书目录，于 1933 年编排出版，铅印线装，共四册。本书基本上反映了梁氏藏书和阅读的概貌以及他立足于斯的学术环境，对于梁启超和近代史研究，是一份有用的遗产。

中国丛书知见录（全六册）

施廷镛编著　施锐、施展整理　精装 16 开　2700.00 元

2005 年 11 月出版　7-5013-2806-4

本书系根据施廷镛先生《丛书综合目录》手稿影印而成。书中对 2000 种丛书的编者、版本、刊刻及子目的著者、籍贯、字号等一一著明。《中国丛书综录》与本书相比，有 700 种未收者，有 400 种著录不同者。可以补充、订正其著录内容。为方便使用，我们在出版时特做丛书分类细目和丛书书名索引。

明清著名藏书家·藏书印

林申清编　精装 16 开　39.00 元

2005 年 12 月出版　7-5013-1027-0

本书是一部有关藏书家事迹、藏书史料以及藏书印的资料汇编。共收明清两代近 60 位著名藏书家传记及藏书印鉴数百枚（藏书印鉴皆有识文）。双色套印，朱墨灿然，学术性、资料性、可读性、鉴赏性四美并具。

文苑英华校记(全十册)

傅增湘撰　精装32开　2300.00元

2006年6月出版　7-5013-3129-4

傅增湘先生擅长目录版本之学,平生校勘古籍797种。其订正内容分为:异字、疑字、脱讹、脱句、脱行、补注、错简、脱全篇、脱全叶、补校记及补撰人等11类,对明刊格式行款的错误也改正多处,使得《文苑英华》日臻完善。

《四库全书》提要稿辑存(全五册)

张升辑　精装32开　920.00元

2006年10月出版　7-5013-3140-5

本书收集《浙江采集遗书总录》《江苏采集遗书目录》和清代四库馆臣撰写的《四库全书》提要稿,共涉及图书6000余种。书后附书名著者综合索引。是研究清代文化史尤其《四库全书》的重要文献。

章氏四当斋藏书目

顾廷龙编　精装32开　180.00元

2007年5月出版　978-7-5013-3467-4

本书是顾廷龙编纂的清末民国著名学人章钰的藏书目录,"四当斋"是章氏的书斋名。章氏精于版本校勘,家富藏书,1934年其后人将所藏书二万余册捐赠给燕京大学图书馆,顾氏为之编纂此目,分别部类,并收录章氏所撰校勘记,间或加以按语。书后编有书名索引,方便后人使用。

郑堂读书记(全三册)

(清)周中孚撰　精装32开　498.00元

2007年8月出版　978-7-5013-3471-1

本书为清代著名学者周中孚(号郑堂)撰述的一部大型书目著述,正编七十一卷,补逸三十卷,共收录古今图书4000余种,并仿《四库全书总目提要》的体例分为经、史、子、集四部四十一类。每书均撰内容提要,详其源流得失,间附自己的观点评论。本书是《四库全书总目提要》以后收录内容较为丰富、编纂体例较为完备的古籍书录提要,是文史工作者的重要工具书。

《文献丛编》全编(全十二册)

故宫博物院编　精装32开　3000.00元

2008年4月出版　978-7-5013-3549-7

《文献丛编》是中国故宫博物院文献馆最早公布明清档案史料的出版物,原称《掌故丛编》,1928年1月创刊,出版10辑后,自第11辑起改称《文献丛编》,并增加篇幅。至1943年,共出版62辑(包括6辑增刊),约220余万字。该刊除增刊的清三藩史料外,共公布134个专题的明清档案3300余件,另有附图90幅。史料价值极高,是研究明清史不可或缺的参考文献。

明清以来公藏书目汇刊(全六十六册)

本社古籍影印室辑　精装16开　35000.00元

2008年6月出版　978-7-5013-3612-8

本书汇集明清以来公藏书目近200种,包括明清两代内府等机构,民国时期教育、外交、内政各部及明清以来书院、公立图书馆等机构藏书目,尤以近代图书馆藏书目为多。涉及古籍近10万种,及近代出版的各类图书数十万种。

书目答问补正(批注本)

(清)张之洞撰,范希曾补正,王伯祥批注

精装8开　290.00元

2008年10月出版　978-7-5013-3652-4

《书目答问》是清末张之洞撰写的目录学名著,后经范希曾补正,是介绍治学门径的重要工具书。王伯祥是近代著名的出版家和目录学家,极为重视《书目答问补正》,将当代学者的论述和自己的心得一一批注在此书上,具有重要的学术价值。

国家图书馆章钰藏拓题跋集录

冀亚平辑　线装16开　290.00元

2008年11月出版　978-7-5013-3961-7

章钰专藏在国家图书馆善本特藏部金石拓片组藏品中数量是最多的,共计1876种2223张,且大多是整幅拓片,具有很高的文献价值。本书收录的藏品共计2114种,其中非章钰的藏品10种。本书还选录了194幅章氏题跋作品。

清末民国古籍书目题跋七种(全八册)

程仁桃选编　精装16开　3800.00元

2009年1月出版　978-7-5013-3779-8

本书精选了较为稀见、学术价值较高的清末民初书目题跋七种:丁日昌《持静斋藏书纪要》(莫友芝撰)、王文进《文禄堂访书记》、邓邦述《群碧楼善本书录》附《寒瘦山房鬻存善本书目》、周郇《墨海廔书目补提要》、叶德辉《郎园读书志》、孙星衍《廉石居藏书记》、张钧衡《适园藏书志》(缪荃孙撰)。

八千卷楼书目(全三册)

(清)丁立中编　精装32开　540.00元

2009年1月出版　978-7-5013-3648-7

《八千卷楼书目》二十卷，是晚清钱塘著名藏书家丁申、丁丙兄弟的藏书目录，是清代为数不多的普通本书目之一。其收书数量远远超过其他普通本书目，是《清史稿·艺文志》的重要来源。在编写体例、丛书子目的著录等方面也很有特色，对了解丁氏藏书及清代目录学史都具有重要意义。

《文献》杂志丛刊(1979—1988)(全十九册)

耿素丽编　精装16开　3800.00元

2009年3月出版　978-7-5013-3987-7

该丛书辑录了1979—1988年出版的38册《文献》杂志，清晰地反映了《文献》杂志创刊十年以来的发展历程。

周叔弢批注楹书隅录(全三册)

(清)杨绍和编撰，周叔弢批注　精装16开　1300.00元

2009年4月出版　978-7-5013-3973-0

《楹书隅录》是清代著名藏书家杨氏海源阁所藏宋元秘本之提要式目录，正续编共著录善本书籍268种。周叔弢先生对海源阁书多有收藏和研究，在本书上做了大量批注，描述版本状况，品评优劣，辨别真伪，补记遗漏等，大大增加了本书的学术价值，是版本目录学研究的必备图书之一。

周叔弢古书经眼录(全二册)

周叔弢著　精装16开　320.00元

2009年7月出版　978-7-5013-3801-6

本书收录周叔弢先生手稿五种：《古书经眼录》4册，著录作者经眼的善本书400余种；《宋刻工姓名录》2册，辑录所见宋代刻工姓名；《壬午鬻书记》，记录1942年作者卖给陈一甫先生的100多种明版书；《自庄严堪书目》，是作者收藏善本书的目录(不是所藏全部)；《历年收书目录》，记1936—1948年所收书。这些都是作者亲笔记录的亲眼所见古籍，著录书的作者、行款、历藏、刻工、序跋等，蕴藏了大量的历史和学术信息，对于古籍收藏及版本目录学研究具有重要价值。

周叔弢批校古籍选刊(全十二册)

天津图书馆编　精装16开　7200.00元

2013年12月出版　978-7-5013-5208-1

《周叔弢批校古籍选刊》，系编者从天津图书馆馆藏中精选周叔弢先生批校古籍48种，涉经、史、子、集四部，其中经部4种，史部5种，子部4种，集部35种。周叔弢先生的批注及题跋中述版本形态，鉴版本真伪，别版本源流，勘内容正误，校文字异同，精到之处迭见，并存名家批校，大大提升了其学术价值，为研究相关古籍提供了重要的依据。

历代史志书目丛刊(全十二册)

李万健、罗瑛辑　精装16开　5500.00元

2009年7月出版　978-7-5013-3989-1

本书收录正史史志书目原文、补著及注释71种，凡目前能找到的本子都在收录之列，是我国目前规模最大的一次史志书目收集。

小勤有堂杂抄(一函四册)

余嘉锡校抄　线装16开　680.00元

2009年10月出版　978-7-5013-4078-1

“小勤有堂”为余嘉锡先生的书斋名。本书11种，为余先生所精心校抄，包括《别录》《七略》《愧生丛录》等。除其极大的学术价值外，亦甚富艺术价值。余先生融多书家之长，以楷、行、隶和篆等字体精抄而成此书。其中楷书敦厚、严谨，但不乏清秀，极类隋唐佛经写本；行书以苏字为主，笔畅意满，气象雍裕。

先秦经籍考(全二册)

(日)内藤虎次郎等著　精装32开　560.00元

2010年3月出版　978-7-5013-3825-2

本书分上、下二册，为民国年间日本学者关于先秦经籍的研究文章41篇，分为总论、《周易》《尚书》《毛诗》《四书》等11类。附录仓石武四郎《淮南子考》、武义内雄《百衲本史记考》《桓谭新论考》等。从中可以概见当时日本学者对中国典籍研究之大概。

增订丛书举要(全七册)

杨守敬原编，李之鼎补　精装32开　1900.00元

2010年4月出版　978-7-5013-3996-9

《增订丛书举要》八十卷附二卷，是民国初年集大成的一部丛书目录。杨守敬原编，李之鼎补编。该书搜集范围甚广，务求完备，收丛书1605种，并从分类等编撰体例上有所创新。书中按语数百条，包含着大量珍贵信息，可以视作《中国丛书综录》的有益补充。本次据民国七年南昌宜秋馆排印本影印，并编制了丛书书名和子目书名索引，方便使用。

四部丛刊书录·四部备要书目提要

孙毓修、陆费逵等编　线装32开　470.00元

2010年6月出版　978-7-5013-4371-3

本书是两种大型丛书的书目提要。其中《四部丛刊书录》是1926年商务印书馆根据《四部丛刊初编》所收的四部古籍共323种而编的书目提要，主要侧重于介绍书的版本、校勘以及流传情况。《四部备要书目提要》,是1936年中华书局为《四部备要》而编的子目提要,共收书350余种,主要侧重于介绍书的内容和学术价值。

自庄严堪善本书影(全七册)

周一良主编　精装16开　8000.00元

2010年9月出版　978-7-5013-2757-7

本书收录周叔弢先生捐献国家图书馆的善本书730种,分为经、史、子、集四部编排。并附录周家陆续捐赠部分古籍及弢翁生前售出明版书109种(今亦藏国家图书馆)。每种书选择能反映本书面貌和价值的首叶、牌记、题跋等图录,图下说明文字著录书名、著者、版本、行字、尺寸及题跋、印章等,前有冀淑英、黄裳序,后附综合索引。

传书堂藏善本书志(一函九册)

王国维撰　线装16开　2300.00元

2010年10月出版　978-7-5013-4401-7

此书乃近代著名学者王国维为著名藏书家蒋汝藻世代藏善本书所编撰的藏书目录。因藏书楼名为“传书堂”,故书名曰《传书堂藏善本书志》。书稿基本按经、史、子、集分部,部各分目,不分卷次,书志中著录各书皆有提要,述版本源流及诸本异同,历时四年而成,堪称20世纪重要的目录学与版本学著作。作为王国维的一项几乎与其研究成果的六分之一的学术著作,其重要性不仅在于它著录了民国时期重要藏书家蒋汝藻所藏之宋元旧本、稿本和抄校本以及一些重要的明人文集,更在于其考订、编纂方法在学术上对后人的启迪。本书所用底本为国家图书馆藏王国维自存稿本,为第一次刊印。与1974年台湾艺文印书馆影印的誊清抄本有较大的差异,读者自可参校使用。

清代私家藏书目录题跋丛刊(全十八册)

李万健、邓咏秋编　精装16开　10800.00元

2010年12月出版　978-7-5013-4291-4

清代是我国古代私家藏书事业最鼎盛的时期。本书系统地收录清代私家藏书目录和题跋近60种,多国家图书馆善本,按藏书家年序排列。他社或本社已经出版过的不收。

纪晓岚删定《四库全书总目》稿本(全九册)

(清)永瑢等撰　精装16开　5600.00元

2011年1月出版　978-7-5013-4435-2

本书据天津图书馆所藏《四库全书总目》残存稿本影印。这是纪晓岚亲笔删定的稿本,存七十一卷并卷首、凡例、目录等。书稿上多有纪晓岚对《总目》所著录条目的书名、卷数、撰者、版本、分类等内容所做的修改、删定笔迹,或用墨笔在原文上进行删改,或在眉端题写批语,还有将书页裁割贴补移位者。极其珍贵,是研究《四库全书总目》及相关问题的重要参考资料。

地方经籍志汇编(全四十六册)

贾贵荣、杜泽逊辑　精装32开　12700.00元

2011年7月出版　978-7-5013-3555-8

本刊所收录的50余种地方经籍志(线装200余册),多出自谙熟乡邦文献的大家名家之手,如卢文弨、吴骞、孙诒让、管廷芬、丁祖荫、缪荃孙、刘声木、金毓黻、徐世昌等。本刊所涉古籍5万余种,多撰有提要,详细记载每种书之著者籍贯、生卒、官爵及该书之内容、版本、收藏和传承等,可补《中国古籍善本书目》《中国古籍总目》之缺。但该类文献在刊刻、保存和流传方面较之地方志,有相当一部分处于抄本、稿本状态,即使刊印,亦书品较次,流传甚少。今辑而刊之,为研究中国古籍乃至文化史提供第一手的文献资料。而在当今各地注重发掘、整理地方文献的环境下,此书亦必将对此项工作的开展起到必要的目录指导作用。

地方经籍志汇编书名索引(全二册)

宋志英、骈宇骞编　精装32开　450.00元

2012年9月出版　978-7-5013-4379-9

本书是《地方经籍志汇编》(全四十六册)一书作的书名索引。编者将该书涉及的45种地方经籍志所著录的各地方文献一一进行了标注,共涉及文献十余万种。本索引按书名笔画排序,并做有字头笔画索引,较便于检索。本索引不仅可以与《地方经籍志汇编》一书配套使用,还可单独作为检索各地方文献的工具书使用。

日藏珍稀中文古籍书影丛刊(全七册)

南江涛选编　精装16开　4900.00元

2014年4月出版　978-7-5013-5330-9

本书收录日本主要汉籍善本收藏机构藏编的中文古籍善本书影20种,其中,综合性书影有《善本影谱》《近畿善本图录》《静嘉堂宋本书影》《恭仁山庄善本书影》《图书寮宋本书影》等,专题书影有《论语善本书影》《十三经注疏影谱》《孝经善本书影》《明清插图本图录》《法宝留影》等。这些书影囊括了图书寮(今书陵部)、大阪府立图书馆、静嘉堂等收藏机构的精华馆藏,真福寺、福冈文库等旧藏,精美传神。《古梓残叶》和《倭刊聚叶》二书,更是珍贵的古籍残叶粘贴本,数量极少,非常珍贵。

文求堂书目（全十六册）

（日）田中庆太郎编，（日）高田时雄、刘玉才整理
精装 16 开　6800.00 元
2015 年 3 月出版　978-7-5013-5562-4

本书收录目前已找到的《文求堂书目》49 种，底本分别来自日本高田时雄先生藏 43 种，日本千代田图书馆藏 2 种，日本神户大学附属图书馆社会科学系图书馆藏 1 种，日本鹤见大学图书馆 1 种，石仓先生家藏 2 种。书目出版时间从明治三十四年（1901）二月到昭和十七年（1942）二月。本书同时将《羽陵余蟫》以及相关文章三篇翻译成中文，一并收录。《羽陵余蟫》是田中庆太郎中国书志学著作，相关三篇文章为：《文求堂主的气焰录》（田中庆太郎）、《敦煌石室中的典籍》（救堂生，田中庆太郎笔名）、《汉籍书店的变迁》（田中庆太郎）。北大教授刘玉才先生特请贾永会翻译成中文，北京语言文化大学钱婉约教授审校。

七经孟子考文补遗（全三十二册）

（日本）山井鼎撰，（日本）物观补遗
线装 16 开　5900.00 元
2015 年 10 月出版　978-7-5013-5636-2

《七经孟子考文补遗》一百九十九卷，日本山井鼎撰，日本物观补遗，日本享保十六年（清雍正九年）日本东都书林刻本。计《周易》十卷、《尚书》二十卷附《古文考》一卷、《毛诗》二十卷、《左传》六十卷、《礼记》六十三卷、《论语》十卷、《孝经》一卷、《孟子》十四卷。这部校勘学上的巨著，乃是《十三经注疏》校勘史上的开山之作，它在雍正年间成书并传入我国，正值乾嘉考据学逐步兴起的时期。山井鼎《考文》与浦镗《十三经注疏正字》，一个以版本对校、客观出校为主，一个以广求旁证、判别是非为主，合而观之，几乎涵盖了乾嘉学派在校勘学上的基本方法，成为卢文弨、阮元校勘《十三经注疏》的基础。山井鼎、浦镗、卢文弨、阮元四家的成果，构成了清代《十三经注疏》校勘的主干，称得上《十三经注疏》校勘四大家，在清代校勘学史乃至中国古籍校勘学史上，都具有重要地位。

七经孟子考文补遗

（日本）山井鼎撰，（日本）物观补遗
精装 16 开　480.00 元
2016 年 6 月出版　978-7-5013-5811-3

此次影印，精装，上下双栏，价格低廉，以期满足更多读者的需求。

天津地区图书馆编印旧版书目汇刊（全二十二册）

天津图书馆历史文献部编　精装 16 开　13800.00 元
2015 年 11 月出版　978-7-5013-5708-6

本书主要汇集了民国以来天津地区几家著名图书馆所编印的旧版书目，如天津图书馆、南开大学图书馆、天津师范大学图书馆等，对了解天津地区图书馆发展及天津地区古籍旧版图书收藏情况具有较好的资料价值。除图书馆的书目外，也收录了几部与天津地区有密切联系的藏书家的私人书目，可资参考。

自庄严堪藏诸家批校本前尘梦影录

（清）徐康撰，章钰、吴昌绶、周叔弢、张䌹伯、顾廷龙等批校　线装 16 开　480.00 元
2016 年 4 月出版　978-7-5013-5774-1

《前尘梦影录》是清代徐康所撰写的关于考古文物的文章，详细地记录了一些极具考古价值的文物的形状、色泽、大小及价值。1938 年，顾廷龙先生为周叔弢先生过录章钰（朱笔）、吴昌绶（蓝笔）、佚名（绿笔）批语于书眉，并以墨笔附上自己的见解。1967 年，张䌹伯先生又有墨笔批语数十则。另，卷内有周叔弢先生批语多处，详见周景良先生跋语。正可谓名家批校满布，通书朱墨灿然，既有学术研究价值，也是难得的艺术品。今以手工宣纸，四色仿真印制，以飨各界读者。

著名图书馆藏稀见书目书志丛刊（3种）

福建省图书馆藏稀见书目书志丛刊（全六册）

福建省图书馆编　精装 16 开　3600.00 元
2016 年 4 月出版　978-7-5013-5773-4

本书收录福建省图书馆馆藏稀见书目、题跋、金石目录，均为首次公开出版。既有公藏藏书目录，如《福建鳌峰书院藏书目录》；又有私家的藏书目录，如林则徐的《林少穆先生云左山房书目》、杨浚的《冠悔堂书目》、陈宝琛的《闽县螺陈氏赐书楼书目》、陈寿祺的《陈朴园藏书目录》、郑杰的《注韩居书目》；又有题跋，如陈衎《大江草堂题跋》等；又有金石目录，如龚显曾的《蒇斋金石目》、杨浚的《唐丛碑目稿本》等各具特色。著录有书名或碑名、作者、册数等。有的还对书的内容进行品评鉴赏、论其得失，有的还记录印章、来源等信息。这些都给我们留下了珍贵的文化典籍的史料。

国家图书馆藏稀见书目书志丛刊（全二十八册）

陈红彦主编　精装 16 开　18000.00 元
2017 年 10 月出版　978-7-5013-6215-8

本书收录国家图书馆馆藏稀见书目、题跋，既有公

藏藏书目录,又有私家的藏书目录,又有题跋。著录有书名或碑名、作者、册数等。有的还对书的内容进行品评鉴赏、论其得失,有的还记录印章、来源等信息。这些都给我们留下了珍贵的文化典籍的史料。

南京图书馆藏稀见书目书志丛刊(全六十八册)

南京图书馆编　精装 16 开　48000.00 元
2017 年 11 月出版　978-7-5013-6206-6

本书收录南京图书馆收藏的公私古籍目录、题跋 142 种,全部为未刊之本。这批书目,多为清至民国时期的稿抄本,集中了大量明清以来江南藏书家的私家目录,也包括了一些重要的专题书目,其中珍善之本如翁方纲《四库全书纂校事略》、丁申《武林藏书录》、丁丙《八千卷楼藏书目》、赵宗建《旧山楼书目》、孙禄增《宝汉楼碑刻目录》等均为名家所辑书目稿本,是研究目录学、藏书史的重要资料。

文学艺术

二百名人题跋历代名画大成

（明）顾炳纂　平装 32 开　1.50 元
1983 年 5 月出版

本书即《历代名公画谱》，又称《顾氏画谱》，万历三十一年（1603）杭州双桂堂初刻刊行。据 1924 年上海扫叶山房石印本影印。

诗渊（全六册）

佚名编　16 开　161.00 元（精）　146.00 元（平）
1985—1986 年分册出版

《诗渊》是明初人编的一部大型诗集，未见刊刻流传，现仅存稿本 25 册，收藏于国家图书馆。所收诗作上自魏晋六朝，下迄明初，约 50000 多首。该书保存了从魏晋六朝到明初的大量散失了的作品，所收诗作约有十分之二三不见于其他古籍；收词近千首，大部分不见于《全宋词》《全金元词》。该书对于宋诗收辑尤为齐全，保存了许多今人不见之作，可以说是宋诗辑佚之渊薮。书中保存的金元时代的散佚作品也相当多。对于已见的不少作品，《诗渊》多有正讹补脱之功。本书正文六册，另外有索引一册，单独出版。

《诗渊》索引

刘卓英主编　16 开　38.00 元（精）　30.00 元（平）
1993 年 3 月出版　7-5013-1007-6

本书为我社影印出版的明稿本《诗渊》而编制的索引。

五代诗话

（清）王士祯原编，郑方坤删补
平装 32 开　4.90 元
1989 年 12 月出版　7-5013-0667-2

共十卷，是王士祯晚年家居时辑集众书而作，是一部未完稿。

诗集传

（宋）苏辙撰　线装 16 开　650.00 元
1990 年 1 月出版　7-5013-0838-1

《诗集传》二十卷，宋苏辙撰，南宋淳熙七年（1180）苏诩筠州公使库刻本。《诗集传》通行本子都是十九卷，二十卷本则是传世最早的版本，也是目下所知的海内外孤本。此书初为毛氏汲古阁旧物，清初辗转入内府，藏于圆明园，现为北京图书馆入藏。我社特限量以石印线装的形式将此书影印出版。

祁彪佳文稿（全三册）

（明）祁彪佳撰
精装 16 开　295.00 元　900.00 元（重印）
1991 年 1 月出版　2009 年 1 月重印　7-5013-0860-6

祁彪佳的著作不但有较高的文学价值，更重要的是它的历史价值，它较多地反映了明代社会情况，是研究明代特别是明末历史不可缺少的资料。不过祁氏的大部分著作分散于各处，搜寻不易。本书收录祁彪佳的奏疏、日记、书信及文学作品共 15 种，较为全面且版本精好，除《远山堂诗集》为清初祁氏远山堂抄本外，其余均为明末抄本或稿本。

词综补遗（全六册）

（清）林葆恒纂　精装 32 开　300.00 元
1992 年 9 月出版　7-5013-0938-8

本书共一百卷。以选录清光绪九年（1883）以来的词作为主，同时对王昶的《明词综》十二卷、《清词综》四十八卷、黄燮清的《清词综续编》二十四卷、丁绍仪的《清词综补》五十八卷进行了增补，共得 4400 余人、词 7300 余首，并参考诗话、文集、笔记、地方志，每人撰一小传，叙其字号、籍贯、仕履、著作等。该书以姓氏所在韵部为序，同姓词人则以年代先后为序，并以姓氏无考者及释、道、尼殿后。

续镜花缘

(清)华琴珊撰　精装32开　27.00元

1992年10月出版　7-5013-0949-3

本书出现于清宣统二年(1910)，未见到刊印本，共四十回，为李汝珍《镜花缘》补续之作。作者华琴珊，又署醉花生，清末民初人。

传奇汇考

佚名撰　精装32开　64.80元

1994年3月出版　7-5013-1098-X

本书作者不详。著作年代大约为清末民初。此书对中国古代的260多种传奇资料进行了详细考证。所涉及的方面大约为"传奇"的作者、内容、著作过程、历史背景等。

杜园说杜

(清)梁运昌撰　精装32开　75.00元

1995年2月出版　7-5013-1218-4

共二十卷。初名《杜园琐议》，又作《杜园读杜》。共选录、评论各体杜诗1300首。

元宫词百章笺注

傅乐淑撰　平装32开　5.00元

1995年3月出版　7-5013-1191-9

本书出自《清慎堂丛书》。《元宫词百章》是明周宪王朱有燉所作，共103首，咏元季宫中遗事。

北京图书馆藏珍本小说丛刊·第一辑(全十五册)

刘一平主编　精装32开　1980.00元

1996年1月出版　7-5013-1203-6

本书共收13种：1.《新编鸳鸯影》，樵云山人编，根据清初刊本影印，共十八回；2.《听月楼》，根据清嘉庆二十四年(1819)刊本影印，共二十回，书前有序、绣像8幅；3.《风月鉴》，清吴贻先撰，根据清嘉庆刊本影印，共十六回，书前有叙，书后有方钰的跋；4.《风月梦》，邗上蒙人撰，根据清光绪十年(1884)刻本影印，共三十二回，书前有自序；5.《梦中缘》，清李修行撰，根据清崇德堂刊本影印，共十五回，书前有莲溪的序；6.《绘芳录》，西泠野樵著，根据清光绪本影印，共八十回，书前有序；7.《阙史》，唐参寥撰；其他还包括《狐狸缘全传》《西湖拾遗》《西湖佳话》《西湖真诠》《西游补》《西游记记》。

乐善堂帖(一函二册)

(元)赵孟頫书　线装8开　3000.00元

1996年1月出版　7-5013-1500-0

国家图书馆藏明拓元《乐善堂帖》是传世赵体丛帖中的稀见拓本，镌刻于元仁宗延祐五年(1318)。国家图书馆藏的这部明张寰旧藏本是明代帖石出土后的拓本，存七卷，帖尾有张寰跋文一页。此帖摹勒上石于赵孟頫晚年，是今日所见辑刻赵体丛帖最早的版本之一，有极高的版本珍藏价值。

西游记记(一函三册)

(清)怀明撰　线装16开　390.00元

1996年7月出版　7-5013-1277-X

《西游记》是我国著名的古典小说，亦是一部奇书，后人评点甚多。本书是北图所藏一部罕见评点本，为清咸丰年间的抄稿本，评点者是一位隐士。本书据抄稿本影印。

文房肆考图说

(清)唐秉钧撰　精装32开　98.00元

1996年10月出版　7-5013-1249-4

据清乾隆年间刻八卷本影印，从古籍中辑录历代笔墨纸砚及陶瓷铜玉、文字书画的考释鉴赏。

昨非庵日纂

(明)郑瑄撰　精装16开　195.00元

1996年10月出版　7-5013-1306-7

本书为明代笔记体著作，是《四库全书》存目书，但四库存目阙二集、三集。作者广采正史、野史、笔记尤其是明季文人小品中有关古人嘉言懿行的内容，分编于20个门类之下。现据本书明崇祯刻本全三集影印，版刻精良，且有断句。

皇明十六家小品(全二册)

(明)丁允和、陆云龙编　精装32开　295.00元

1997年7月出版　7-5013-1213-3

本书为北京图书馆藏明崇祯六年自刻本。本书按照文体分类，精选了明代屠隆、徐渭、王思任、虞淳熙、黄汝亨、董其昌、陈继儒、汤显祖、张鼐、陈仁锡、李维祯、袁宏道、袁中道、钟惺、文翔凤等16位著名文人学者的小品佳作。

北京图书馆藏升平署戏曲人物画册

北京图书馆编　精装16开　260.00元

1997 年 10 月出版　7-5013-1460-8

本书收入北京图书馆所藏 97 幅我国早期戏曲人物画，是溥仪未出宫以前，从宫中流散出去的。升平署原名南府，为清代宫中的御用戏班。

中国古代百家短篇小说丛书（全四册）

（明）佚名辑　精装 32 开　450.00 元

1998 年 1 月出版　7-5013-1464-0

本书系根据传世稀少的《五朝小说大观》本影印，共分魏晋百家小说、唐人百家小说、宋人百家小说、明人百家小说 4 个分册。

孤本明传奇盐梅记

青山高士撰　线装 16 开　195.00 元

1998 年 6 月出版　7-5013-1491-8

《盐梅记》最早见于明末祁彪佳《远山堂曲品》，是明至明末之间的作品，但在国内早已失传。此书写山东举子宋道光与白珩、王媵儿的爱情故事。此书系从日本复制胶片、影印出版。

李太白全集

（唐）李白撰　精装 32 开　120.00 元

1998 年 9 月出版　7-5013-1520-5

本书为清代学者王琦辑注，收录李白的古赋、古诗、乐府、古近体诗及表、书、序、记、颂、赞、碑铭祭文等各体诗文，并加以详细的注解。其特点为收集李白诗文较全，辑注详征博引，具有较高的史料和学术价值。全书共为三十六卷，前有乾隆时齐召南、赵信、杭世骏等人作序，并有辑注者序、跋。

日本藏元刊本古今杂剧三十种（全三册）

本社编　线装 2 开　330.00 元

1998 年 11 月出版　7-5013-1534-5

历来研究元杂剧者多以明臧懋循编《元曲选》为依据，其书所收百种以外元曲留存较少。而本书收臧书不载者凡 17 种，其中如关汉卿《佳人拜月亭》、王伯成《李太白贬夜郎》等杂剧劲功雄丽，足为绝唱。许多剧，明以来已无刊本，十分珍贵。其余《元曲选》所收剧目，亦有不同之处，足资考镜。据日本《京都帝国大学文科大学藏丛书第二·覆元椠古今杂剧三十种》影印。书前有日本狩野直喜序。

明解增和千家诗注

题（宋）谢枋得注　线装 16 开

368.00 元　480.00 元（重印）　680.00 元（再印）

1998 年 12 月出版　2000 年 10 月重印　2007 年 3 月再印　7-5013-1307-5

本书所录分绝诗、律诗两部分，大都为唐宋时期作品。版本为明内府彩绘插图本，作为皇家课业的基本教材，装帧极为讲究，尤其是书中的插图，笔触细腻，人物刻画细致入微。而所用的天然矿物颜料，更使画面艳丽夺目，历经数百年而不褪色，令人叹为观止。此影印本亦因此具有较高的收藏价值。

王摩诘全集笺注

（唐）王维撰，（清）赵松谷注　精装 32 开　60.00 元

1999 年 5 月出版　7-5013-1576-0

本书是唐代诗人、画家王维（字摩诘）全集的注解。此次影印依据世界书局国学整理社民国二十五年（1936）版。注者是清乾隆年间的赵殿成（字松谷）。共二十八卷，凡诗十五卷，文十二卷，论画一卷，附卷首一卷、卷末一卷。体例以编年为主，别体、分类次之。

杜少陵集详注（全二册）

（唐）杜甫撰　精装 32 开　158.00 元

1999 年 6 月出版　7-5013-1575-2

本书是唐代大诗人杜甫全集的注解。杜甫，字子美，诗中尝自称少陵野老。此次影印依据世界书局国学整理社民国十九年（1930）版。注者是清康熙年间的仇兆鳌，字沧柱。该注本为最通行者，分二十五卷。凡诗二十三卷，赋、表等杂著二卷，并附有年谱和诸家集序、题咏等资料。

唐女郎鱼玄机诗集

（唐）鱼玄机撰　线装 16 开　1000.00 元

1999 年 9 月出版　7-5013-1663-5

本书为唐代女诗人鱼玄机的诗集。鱼玄机一生坎坷，其诗大多散佚，生平亦少为人知。这本诗集是至今保存鱼玄机的诗最多的一个本子。本书的跋还对其人其事做了较为详细的考证。本书据国家图书馆藏南宋临安府棚北睦亲坊南陈宅书籍铺刻本影印。陈宅刻书在宋代负有盛名，是历代藏书家倾力追求的善本。此书自明代起，先后由著名藏书家朱承爵、何焯、黄丕烈、袁克文等人收藏，后辗转收归国家图书馆。此书不仅原刻弥足珍贵，另一半篇幅为众多藏书名家之亲笔题跋，愈发加重了它的分量。

赵松雪书太上玄元道德经

（元）赵孟頫书　经折装 16 开　2400.00 元

1999 年 9 月出版　7-5013-1664-3

本书为元代著名书法家赵孟頫书写的《道德经》之

拓本。国家图书馆藏元顾善夫本《赵松雪书太上玄元道德经》是传世赵孟頫小楷法帖中的珍稀拓本。

马克思手稿影真

(德)卡尔·马克思书　精装32开　1500.00元
1999年9月出版　7-5013-1667-8

国家图书馆浩若烟海的典藏之中包含着古今中外名人的大量字画、手稿。革命导师马克思、恩格斯的手稿在国家图书馆都有珍藏。马克思写给尼古劳斯·德利乌斯的书信原件就藏于国家图书馆，时隔一个多世纪，至今保存完好。我社将其影印出版，配以豪华精美的礼品夹及精致的羊皮封套，供海内外人士品赏、珍藏。

清乾隆御制《兰亭图》拓本手卷

(清)内府制　卷轴装2开　9800.00元
1999年11月出版　7-5013-1659-7

该手卷为清乾隆四十六年(1781)内府御制，奉旨摹补了宋李公麟《流觞图》佚缺部分。以浓淡两种墨色套拓，镌刻精细，传拓精湛，我社以珂罗版仿真复制，限量、编号、绝版制作发行。每部配备公证文书和收藏证书，具有珍贵的收藏价值。

历代赋汇(全十二册)

(清)陈元龙编　精装16开　4900.00元
1999年12月出版　7-5013-1632-5

本书是我国第一部亦是最好的一部搜集历代赋体文学作品最完备的总集。共收先秦至明代各类赋作3834篇，散见于类书杂著中的零星句段亦一并录出收入，分为正集一百四十卷、外集二十卷、逸句二卷、补遗二十二卷。今据清康熙四十五年刻本整理影印出版，并重新编制了目录、索引。本书不但版本珍贵，且制作精美，方便检索，兼具收藏、鉴赏、研究、查询之用。

芥子园画传(全三册)

(清)王概等编　线装16开　280.00元
2000年4月出版　7-5013-1235-4

又称《芥子园画谱》，是清初名士李渔之婿沈心友请当时画家编绘的一部中国画技法图谱，因刻于李渔别墅“芥子园”，故名。

柳公权神策军纪圣德碑

(唐)柳公权楷书　经折装8开　7500.00元
2000年10月出版　7-5013-1727-5

该碑由于立在皇宫禁地中，拓本甚少，该拓本是1965年被周恩来用国库资金收回的海内外的绝世孤本(神策军碑在北宋后就已消失)。此次印制纸张采用陈年高级宣纸，全部单张手工染色仿旧，碑帖采用专门复制文物的珂罗版复制，以楠木为书封，乌木为书函、书床、镇尺和翻尺，与原作对比，亦难分辨先后。再加上该书被公证编号，限量发行，因此其升值空间较大，很有欣赏价值和收藏价值，称之为“中国人书房里的镇斋之宝”。

唐诗五言画谱

(明)黄凤池编　线装16开　420.00元
2000年12月出版　7-5013-1761-5
线装8开　168.00元
2008年5月出版　978-7-5013-3568-8

本书根据国家图书馆藏明代珍稀绘本影印而成。原书选取脍炙人口的五言唐诗，并请当时书法家书写，再配以精美插图，令本书极具收藏价值。

陈章侯水浒叶子

(明)陈洪绶绘
线装32开　380.00元(甲种本)　180.00元(乙种本)
2001年1月出版　7-5013-1769-0

陈章侯水浒叶子是明代著名版画家陈洪绶(老莲)绘制、明代著名刻手黄子立刻制的一套水浒人物纸牌。由于绘制精美、刻工精到，数百年来，这套水浒叶子一直是人们孜孜以求的版画精品。此次影印采用的底本系郑振铎先生所藏的明末刊本。此书的搜得，花费了郑先生整整20年的时间。郑先生在《劫中得书记》中评价水浒叶子道：“余必灌蔷薇露，熏玉蕤香，方可启观，此本收得，大抵老莲画之刊本者，当叹观止，且尽于斯矣。”水浒叶子现已存世不多，国家图书馆也仅此一部。为更好地再现原书的风貌，我们特采用珂罗版复制的方法制版。

宋傅幹《注坡词》(一函四册)

(宋)傅幹注　线装16开　240.00元
2001年6月出版　7-5013-1806-9

一代文豪苏轼的词作向为世人所重，自南宋起传刻笺注之书迭出。但时光流转，岁月迁延，流传至今最早的苏词笺注之作仅存傅幹《注坡词》十二卷。傅幹，南宋人，详细生平不可考。有关专家将其《注坡词》与当今流行最广，最为人们所重视的苏词笺注之作——元延本《东坡乐府》及明本《四朝名贤词》对照，发现傅本不仅在注释条目的数量上多于后两书，而且，其注释质量也远胜二者，原样保留了许多苏轼“自注”“自序”等珍贵资料。我社此次据以影印者，便是清代藏书家沈德寿抱经楼据明影宋抄本传抄之孤本，有徐乃昌等人收藏印鉴及题跋。

赵氏孤儿·中国孤儿

国家图书馆编　精装 8 开　6000.00 元
2001 年 7 月出版　7-5013-1796-8

本书辑录法国文豪伏尔泰依据《赵氏孤儿》改编的法文本《中国孤儿》及其中文译本，印制精美，装帧考究。

墨印彩绘耕织图

(清)焦秉贞绘　经折装 8 开　680.00 元
2001 年 9 月出版　7-5013-1662-7

《耕织图》是清代版刻中的传世精品。此《耕织图》之底本，为清康熙三十五年内府刻本。绘画者为当时宫廷画师焦秉贞。雍正、乾隆时期始有人予以着色，但传世至今者极为罕见。

楚辞集注(全六册)

(宋)朱熹集注　线装 8 开　580.00 元
2001 年 12 月出版　7-5013-1860-3

《楚辞》为西汉刘向辑录的屈原等人辞赋的总集。本书为南宋朱熹为《楚辞》所作的注本。

历代诗话统编(全五册)

(清)何文焕、丁福保编　精装 16 开　1900.00 元
2002 年 5 月出版　7-5013-2104-3

本书汇辑三部诗话丛书要籍为一编：清何文焕编《历代诗话》、清末丁福保编《历代诗话续编》及《清诗话》。三部诗话均为辑录体诗话汇编，内容上相互补充，前后相续，是研究中国古典文学尤其是古代诗歌的资料宝库。

三希堂法帖(全六册)

(清)乾隆选编　线装 16 开　1680.00 元
2002 年 5 月出版　7-5013-1914-6

本书是清乾隆皇帝将王羲之《快雪时晴帖》、王献之《中秋帖》、王珣《伯远帖》，与历代名家书法选优者合在一起，摹勒上石，镌刻成帖，因帖内有三王书法(堪称稀世之珍)，故以“三希堂法帖”定名传世全部法帖。

真迹日录(一函三册)

(明)张丑撰　线装 16 开　298.00 元
2002 年 6 月出版　7-5013-1927-8

张丑，字青父，号米庵，明代著名书画鉴定家，著有《清河书画舫》等书。此书为其随手抄录之书，有见必记，前人著述，赖此以传者不少。

桐城先生评点唐诗鼓吹(一函二册)

(金)元好问编，(清)吴汝纶评点
线装 16 开　240.00 元
2002 年 9 月出版　7-5013-1950-2

本书是一部特色鲜明影响较大的唐代七言律诗选集，也是我国历史上第一部专选唐人七律诗的选本。全书共选录唐代诗人 96 家，诗 597 首，多为感时伤世，风格遒劲之作。自问世以来，注释本、评解本历代不绝。此次影印所据底本为民国十四年南宫邢之襄校朱印本，读者可在吟诵此中唐诗名篇的同时，于圈圈点点中一睹桐城派大师的风范。

稀见旧版曲艺曲本丛刊·潮州歌册卷(全七十册)

北京图书馆出版社编　精装 16 开　30000.00 元
2002 年 9 月出版　7-5013-1929-4

曲艺是以口头语言进行“说唱”的表演艺术形式，在中华民族的精神生活和艺术文化的发展演进中，占据着十分特殊的地位，源远流长、影响至深。为挖掘抢救整理利用这一珍贵的文化遗产，我社第一次全面系统地将流传各地濒临湮灭的古刊旧版曲艺曲本整理影印出版，不仅填补了出版题材的空白，更为中华传统艺术文化和民族审美文化的深入研究提供了非常珍贵的第一手的文献资料。首批推出“潮州歌册卷”，共收潮州歌册 130 余种，一千四百余卷。

中晚唐诗叩弹集(一函七册)

(清)杜诏、杜庭珠编　线装 16 开　760.00 元
2002 年 9 月出版　7-5013-1949-9

本书精选中晚唐 37 位诗人的诗作 1614 首，续集收 76 位诗人的诗作 265 首。据清康熙四十三年(1704)采山亭写刻本影印出版。

琵琶记

(元)高明撰
线装 8 开　420.00 元(布函)　720.00 元(木函)
2002 年 11 月出版(布函)　2003 年 4 月再版(木函)
7-5013-1853-0

元高明撰。写汉代书生蔡伯喈与赵五娘悲欢离合的故事，共四十二出。全剧典雅、完整、生动、浓郁，显示了文人的细腻目光和酣畅手法。它是高度发达的中国抒情文学与戏剧艺术的结合。不论在思想内容上，人物形象上，还是在结构和语言方面，都有独特之处，值得欣赏玩味,是一部值得弘扬的优秀剧作,被誉为传奇之祖。今据中国国家图书馆所藏明万历二十五年汪光华玩虎轩刻本影印。

稼轩长短句(一函四册)

(宋)辛弃疾撰　线装16开　380.00元

2002年11月出版　7-5013-1845-X

2000.00元

2015年12月出版　978-7-5013-5765-9

《稼轩长短句》是宋代大词人辛弃疾的作品集,共收辛词六百余,其词笔势纵横,雄健豪放。本书据国家图书馆藏元大德三年广信刻本影印。

王摩诘文集

(唐)王维撰　线装16开　320.00元

2002年11月出版　7-5013-1863-8

本书收入王维诗、文共十卷。

洪范政鉴

(宋)赵祯撰　经折装8开　1600.00元

2002年11月出版　7-5013-1856-5

《洪范玫鉴》十二卷,南宋淳熙十三年(1186)秘阁写本,宋仁宗赵祯撰,蝶装绢面,保存了宋代宫廷书籍装帧的原貌。

辨亡论

(晋)陆机撰　卷轴装8开　1800.00元

2002年11月出版　7-5013-1872-7

本书辨述三国中的吴国之存亡原因,总结历史教训。所据底本为国家图书馆藏唐代写本。

毛诗

(汉)毛亨、毛苌撰　线装16开　680.00元

2002年11月出版　7-5013-1862-X

《毛诗》四卷,蝴蝶装,四册,明铜活字蓝印本。《诗经》是我国最早的一部诗歌总集。西汉时期,传诗者有鲁、齐、韩、毛四家,“毛”即毛亨、毛苌。宋以后,唯毛亨、毛苌所传《毛诗》独盛。《毛诗》流传虽广,而以铜活字印刷的本子却极为罕见。此书原为清宫旧藏,为传世孤本,今仿真影印出版,以广流传。

人间词话

王国维撰　精装8开　520.00元

2002年11月出版　7-5013-1849-2

本书是著名学者王国维先生的手稿,对中国古代的词阐述了自己的独到见解。

食物本草

(明)佚名撰　线装8开

1800.00元(布函)　5000.00元(木函)

2002年11月出版　7-5013-1851-4

中国古代讲药食同源,很多食物都有药用。本书把食物分类编排,每一种食物绘一幅图,配以文字说明,图像色彩艳丽,绘制精美。

食物本草

(明)佚名撰　线装16开　280.00元

2007年9月出版　978-7-5013-3497-1

本书原为明代绘本。中国古代讲药食同源,很多食物都有药用。本书把食物分类编排,每一种食物绘一幅图,配以文字说明,图像色彩艳丽,绘制精美。

水浒人物全图

(清)孙石绘　经折装16开　480.00元

2002年11月出版　7-5013-1867-0

《水浒人物全图》一册,清初孙石绘,沈峻曾赞并序。此书所绘人物,笔触细腻,栩栩如生,绘制精美,且赞、序、跋俱备。此书是郑振铎(西谛)先生旧藏,后入藏国家图书馆,今影印出版,颇具鉴赏价值。

薛涛诗

(唐)薛涛撰　线装16开　300.00元

2002年12月出版　7-5013-2003-9

薛涛为唐代女诗人,字洪度,长安人。幼时随父入蜀,后为乐妓。能诗,时称女校书。现存诗以赠人之作较多,情调伤感。据国家图书馆藏明万历三十年(1602)洗墨池刻本影印。

书画书录解题

余绍宋撰　精装16开　120.00元

2003年3月出版　7-5013-2092-6

书画艺术是我国传统文化的重要组成部分,然民国以前,论书画之书从无专目。本书是我国第一部书画类著作的提要目录,著录自东汉迄近代,基本包括了中国历代有关书画艺术、书画理论方面的重要著作,更以其考证详尽和评论精辟著称于世。本书编撰者余绍宋是近代著名学者、书画家,以书画家为书画类之书作提要,故多真知灼见,从而使本书具有很高的学术价值。

忘忧清乐集

（宋）李逸民编　线装 6 开
680.00 元（布函）　4800.00（木函）
2003 年 4 月出版　7-5013-1848-4

本书为宋刻本，是现存最早的围棋著作总集，收棋图和棋势 50 余幅。

茶经

（唐）陆羽撰　线装 8 开　580.00 元
2003 年 4 月出版　7-5013-1847-6
线装 16 开　480.00 元
2012 年 10 月出版　978-7-5013-4839-8

本书上卷讲茶之源、茶之具、茶之造，下卷记茶之煮、茶之饮、茶之事。此言茶极为精备。明万历十六年程福生竹素园刻本。

茶经

（唐）陆羽撰　线装 16 开　280.00 元
2018 年 6 月出版　978-7-5013-6442-8

此书为宋刻《百川学海》本，现藏于四川省图书馆。

酒经

（宋）朱翼中撰　线装 8 开
480.00 元（函套）　750.00 元（木盒）
2003 年 4 月出版　7-5013-1846-8

宋刻本。本书论酒对人的利弊、酒的制造方法及优劣，对研究中国古代造酒、研究酒文化很有帮助。

艺术丛书（全六册）

佚名辑　精装 16 开　2400.00 元
2003 年 9 月出版　7-5013-2159-0

本书汇辑有关中国传统书画艺术及其他艺术门类的著述 45 种，内容分书学、画学、杂技、物谱、杂品五类，博雅实用。翻开本书，不但可以学习和了解各项传统艺事的技法，掌握文物收藏鉴赏知识，从中体味中国传统艺术的精髓，更可领略蕴含其中的人生智慧。影印底本为民国五年（1916）保粹堂据民初翠琅玕馆本重编印本。

书苑菁华

（宋）陈思编纂　精装 16 开　110.00 元
2003 年 10 月出版　7-5013-2182-5

本书是汉魏至宋代有关书法的名篇要籍集成。全书二十卷，160 余篇，涉及书法史论、书家人物、书法品评、书法鉴赏、书法技巧、书法创作等方方面面。今据《翠琅玕馆丛书》本单行影印出版，以飨同好。

国家图书馆藏王石谷名画集

（清）王石谷绘　线装 8 开　260.00 元
2004 年 5 月出版　7-5013-2408-5

王石谷（1632—1717），名翚，在清代画坛上占有很重要的地位。本画集收其画作 90 余幅。

国家图书馆藏古籍艺术类编（全三十八册）

徐蜀编　精装 16 开　16800.00 元
2004 年 7 月出版　7-5013-2452-2

《国家图书馆藏古籍艺术类编》之“艺术”，特指中国传统绘画及与其同源的书法艺术，兼及部分与文房用具相关的内容。今天我们不仅拥有历代书画创作实物的丰富遗存，而且有历代书画家和学人撰写的有关书画史传、评论、技法、目录、题跋等卷帙浩繁的古籍文献。仅谢巍先生所著的《中国画家著作考录》一书就收录自汉代至清代的画学著作 3000 余种。本书即从国家图书馆馆藏古籍中精选唐代至民国编纂的艺术类珍贵资料 50 余种裒为一辑，影印出版。内容涉及书画史、书画家传、书画题跋、书画评论、书画目录、书画技法、墨谱、砚志等。此类文献的部分单行本及专题结集此前均曾有出版，但像本书这种规模的精选、汇编、结集，还是第一次。且所选均为版本精良、流传较少、读者不易得见之书，其中有不少清代大家的抄稿本，有些尚属首次披露面世，实为难得的艺术文献珍藏。本书有裨于中国传统书画艺术的研习、收藏和鉴赏，有裨于中国传统书画艺术的传承与弘扬。

中国历代围棋棋谱（全三十册）

国家图书馆分馆编　精装 16 开　15000.00 元
2004 年 9 月出版　7-5013-2433-6

围棋发源于中国，是我国一项古老的文化遗产。因其精湛的艺术性、深厚的文化性及严谨的科学性，故历经两千多年沧桑而始终不衰。本书从国家图书馆藏珍善本中精选汇编中国古代围棋书籍 65 部，其中既有广为人知的围棋名著，更有许多鲜为人知的围棋佳作。本书不仅能使广大读者欣赏到中国古代围棋博大精深的文化和技艺，而且也不失为一部难得的图书收藏精品。

历代名人尺牍分类选粹

姚汉章、周敦肃编　精装 32 开　33.00 元
2004 年 12 月出版　7-5013-2188-4

本书是民国时期著名学者选编的历代名人尺牍的名篇佳作 2800 篇。按内容分为交际、聚散、哀乐等 15

大类 84 小类。上起周秦，下至明清。

中国诗话珍本丛书（全二十二册）

蔡镇楚编　精装 32 开　4800.00 元

2004 年 12 月出版　7-5013-2620-7

本书精选上起宋代下迄民国的诗话珍本 66 种（凡中华书局、人民文学出版社、上海古籍出版社已经点校出版的诗话，均不予重复收录），所选均为学术价值较高，版本珍贵，且民国以来流传较少、世人难以得见之书。其中不但有日本珍藏的宋代版本、多年深藏于图书馆的手抄本，还有国内已经散佚，现仅韩国存有的宋、明两代编著的诗话珍本。

域外诗话珍本丛书（全二十册）

蔡镇楚编　精装 32 开　4600.00 元

2006 年 9 月出版　7-5013-3196-0

本书是我社《中国诗话珍本丛书》的姐妹篇，精选影印古代朝鲜——韩国、日本学者有关中国古典诗学、诗人、诗作的诗话撰著珍本 88 种，是此类文献在国内的首次披露。全书分为日本卷与朝韩卷。日本卷共收诗话 48 种，其中大部分用中文书写，余者为日文或中日文对照，内容偏重于诗论及有关诗体、诗格、诗法、诗眼、诗韵、诗病诸方面的评说；朝韩卷收诗话 40 种，均用中文书写，内容多为对古代朝鲜——韩国的汉诗、汉诗人、汉诗历史的记述与评说。本书的编辑意在使中国学人对域外诗话及其涉于中国者，能有比较全面的了解，为中国古典诗学、美学与国际汉学的研究提供更为广阔的学术视野与文化背景。

历代书画史汇考

刘敦编　精装 16 开　95.00 元

2005 年 8 月出版　7-5013-2812-9

本书原为线装蓝丝栏稿本，一函四册，为《历代书史汇考》与《历代画史汇考》合函。内收民国以前 5000 余名历代书画家小传，以书画齐名者则在《历代书史汇考》其人名下标注“参看画史条”。本书原署民国二十五年（1936）青田刘敦编，编者生平不详。今据国家图书馆藏编者原稿本影印，书稿字体隽秀，赏心悦目。为方便读者查阅，此次出版还编有姓氏首字笔画检字，是提供给中国书画史研究者、中国书画爱好者、收藏者的一部参考工具书。

清内府书画编纂稿

佚名编　精装 16 开　120.00 元

2005 年 8 月出版　7-5013-2811-0

本书为清内府原藏于沈阳故宫翔凤阁内的 400 余件历代书画珍品详目，书中所记珍异书画之品与清廷分贮于此地的其他宝物一样，基本上是乾隆时期从北京调运至此，以后代有所增，主要是供皇帝东巡驻跸期间把玩、赏赐之用。这些藏品大多于民国初年袁世凯统治时期被运往北京，抗战后又流散各地。这部书画详目当是清廷其时典守沈阳故宫的官员所作，内分卷、轴、册、经、幅、额、联七类，每类首冠宸翰（帝王笔墨书画），次及唐宋元明清各名家、无名氏及能工巧匠之作，详记作品名称、质地、尺寸、款识、前代鉴藏题跋及清内府印记、乾隆皇帝过目的题跋诗文印玺等。今据国家图书馆藏此书画详目编纂时的原稿本影印。

宋代蜀文辑存（全七册）

傅增湘辑　精装 32 开　1900.00 元

2005 年 9 月出版　7-5013-2807-2

宋代蜀中人文极盛，然存世之别集总集，遗漏颇多。傅增湘先生花费 13 年时间，致力于乡邦文献的收集，得 450 余人，2600 余篇文，均为宋代蜀人遗集不存者及别集外的遗稿。以时代排次，编成 100 卷。

庆赏升平

（清）佚名绘

经折装 8 开　980.00 元（锦函）　1680.00 元（木函）

2005 年 10 月出版

7-5013-5145-9（锦函）　7-5013-2808-0（木函）

清彩绘本。该书是人物画像，各种色彩在脸部和穿着上勾画而成。宫廷内每逢朔望节令、喜庆大典及某些日常演出由升平署所属演员承应，各种人物大多有特定谱式和色彩。

世说新语校释（一函四册）

赵西陆校释　线装 8 开　960.00 元

2006 年 2 月出版　7-5013-2750-5

此部书稿是赵西陆先生用工整的蝇头小楷对南朝宋刘义庆撰《世说新语》所做的校释，今据作者手校本影印出版，双色印刷，属首次披露。本书以清王先谦思贤讲舍校刊本为底本，校以唐写本、日本影印本、袁本、沈校本，参考引用书近 80 种，凝聚了作者多年的研究成果，字里行间体现着作者全身心治学、一丝不苟的谨严精神。

绣像小说（全十册）

李伯元主编　精装 32 开　2100.00 元

2006 年 4 月出版　7-5013-2831-5

《绣像小说》为刊行于 1903—1906 年的小说半月刊，前后共刊行 72 期。其中刊载了众多晚清著名作家创作及翻译的小说精品，代表了晚清小说期刊的最高文学成就，同时也是研究晚清文学史、文化史、社会史的珍贵资料。据该刊重编本影印，打破原刊一部小说分期连载的形式，每部小说首尾相连、独立完整，并有插图贯穿始终，便于阅读欣赏。

四松堂集付刻底本（一函五册）

（清）敦诚撰　线装16开　800.00元
2006年7月出版　7-5013-3157-X

本书作者敦诚为清宗室，与曹雪芹同时代且交谊深厚。该书为同名刻本之付刻底本，却比刻本多出多篇诗文（包括悼雪芹诗等），是研究清代文学特别是研究曹雪芹生平极为重要的资料。该书曾为胡适购买收藏，有胡适民国十一年（1922）及三十七年（1948）跋文及朱墨批阅圈点文字等。

清词综（全八册）

（清）王昶等编　精装32开　1500.00元
2006年10月出版　7-5013-3143-X

本书汇集了如下清人所辑的清词总集：清王昶《国朝词综》四十八卷附《二集》八卷、清黄燮清《国朝词综续编》二十四卷、清丁绍仪《清词综补》五十八卷。因以上三种词综的编撰者均是清人，今合而刊印，名曰《清词综》。

赋话广聚（全六册）

王冠辑　精装32开　1260.00元
2006年12月出版　7-5013-3191-X

本书汇编涉及赋体文学作品的形式、内容、历史源流的评论之作24种。

历代著录画目正续编（全二册）

（美）福开森、容庚编　精装16开　260.00元
2007年6月出版　978-7-5013-3463-6

本书包括美国福开森所编《历代著录画目》及容庚先生的《历代著录画目续编》。《历代著录画目》编成出版于1934年。作者积30年之功，参考各种相关著录200余种，计收历代画家2300余人的画作目录近50000条，一一按姓氏排比编辑，并标明出处。《历代著录画目续编》完成于1948年，是容庚先生的编辑稿本，属首次披露面世。作为《历代著录画目》的续编，体例一仍前书。计引书60余种，收历代画家900余人的画目近6000条。今将二书合璧，并进一步完善了检索方式，以飨同好。

赋海大观（全八册）

（清）鸿宝斋主人编　精装16开　3600.00元
2007年7月出版　978-7-5013-3502-2

本书与我社此前整理影印出版的《历代赋汇》为赋体文学作品的两大总集。本书收先秦至清代的赋作12000余篇，全书内分三十二类，五百余子目，大部分是清代人的作品，盖为博雅之士及学子而编，以收录宏富见长。此书流传至今已不多见，故我社今据清光绪二十年上海鸿宝斋石印袖珍本放大影印出版，以广流布。

历代书画录辑刊（全十六册）

本社影印室辑　精装16开　6900.00元
2007年8月出版　978-7-5013-3483-4

本书辑录唐代以降的历代重要书画录作品近30种，包括董其昌《董华亭书画录》、张爰《大风堂书画录》、张伯驹《丛碧书画录》等。书画录，是历来鉴定收藏书画的笔录，或简或详，起初是书画目，后来才是书画录。在没有照相技术复制图像的历史条件下，这些宝贵的记载，保存了流传书画的丰富信息，无论对于书画史研究，还是书画鉴藏，都有重要的文献价值。

历代书画录续编（全二十册）

王燕来选编　精装16开　12000.00元
2010年7月出版　978-7-5013-4010-1

本书为《历代书画录辑刊》的续编，收录了《故宫各殿第一次书画点查册》《故宫已佚书籍书画目录四种》《壮陶阁书画录》等历代书画著录40余种，是研究历代重要画家作品、书画作品的收藏源流和鉴别作品真伪的重要参考资料。

琵琶记（全四册）

（元）高明撰　线装8开　600.00元
2007年9月出版　978-7-5013-3515-2

本次影印所据底本为北京师范大学图书馆所藏明吴兴凌氏朱墨套印本，有详细的朱批，系海内罕见的珍本。本书的影印出版对于探讨《琵琶记》的流传和演变有重要意义。

宋词画谱

（明）汪氏编　线装8开　198.00元
2008年3月出版　978-7-5013-3569-5
线装8开　198.00元
2011年1月出版　978-7-5013-4479-6

本书根据国家图书馆藏明代珍稀绘本影印而成。原书选取脍炙人口的宋词，并请当时书法家书写，再配以精美插图，令本书极具收藏价值。

中国古代书画人物编年（全二十六册）

（清）卞永誉编撰　精装 16 开　12000.00 元

2008 年 7 月出版　978-7-5013-3613-5

本书原名《式古堂朱墨书画记》，全书征引文献，按年代顺序收录汉代至明代与书画、书画题跋有关的人物事迹，共计 6700 余人。本书为撰者手稿誊清本，从未付梓，故四库未录，他家书目俱无载，属首次披露。有新编索引。

谈恺本《太平广记》（全十二册）

（宋）李昉等编　精装 16 开　6300.00 元

2009 年 6 月出版　978-7-5013-3984-6

《太平广记》是一部宋前文言小说总集，明谈恺刻本是《太平广记》最早的印本，以后诸本皆从其出，据此即可见各版本的递传等，其版本价值亦不可忽视。此次影印以国家图书馆藏缺四卷的谈恺刻本为底本，以其他谈恺本作补充，采用灰度印刷，在最大程度上保存版本信息。

三国志演义古版汇集（6 种）

西班牙藏叶逢春刊本三国志史传（全二册）

陈翔华主编　精装 16 开　980.00 元

2009 年 8 月出版　978-7-5013-4068-2

《三国志史传》十卷（存八卷：卷一至二、四至九）二百四十段。明叶逢春刊本。今仅藏于西班牙马德里爱斯高里亚尔修道院，明隆庆六年（1572）由葡萄牙传教士从亚洲携回。这是现所知见《三国志演义》存世的第二部刊本，也是最早的插图本。这个刊本经过了不少的删削和修改，已非《三国志演义》的初始面目，但又保存传抄阶段旧本的若干细节和文字，所以比之嘉元序刊本则较为接近于罗贯中的原书，具有很高的版本价值。

北京藏黄正甫刊本三国志传（全二册）

陈翔华主编　精装 16 开　1200.00 元

2010 年 1 月出版　978-7-5013-4211-2

《三国志传》二十卷二百四十段。明黄正甫刊本。仅见于中国国家图书馆藏。首卷端题“新刻考订按鉴通俗演义全像三国志传”“书林黄正甫梓行”，有些卷端所题还加“京本”二字以显示版本来源，板心题“全像三国志传”（或作“三国志传”“三国志”“三国”）。此书虽是明代晚期出刊的本子，但是存留不少旧本文字，是值得研究的重要版本。

日本藏夏振宇刊本三国志传通俗演义（全三册）

陈翔华主编　精装 16 开　1800.00 元

2010 年 5 月出版　978-7-5013-4221-1

本书原名《新刻校正古本大字音释三国志传通俗演义》，在《三国志演义》的版本系统中，属于“三国志传通俗演义”系列。国内无存，仅藏日本名古屋市蓬左文库。

北京藏汤宾尹校本通俗三国志传（合编本）

陈翔华主编　精装 16 开　1200.00 元

2010 年 9 月出版　978-7-5013-4410-9

汤宾尹校本《通俗三国志传》（下略称《三国志传》）二十卷二百四十段。现存两部，一为全二十卷本（其中书叶有破损），一为残存两卷本（为金文京等学者购买、捐赠），都来自安徽屯溪（黄山市），现藏于中国国家图书馆。本次出版，将二者合为一编。

日英德藏余象斗刊本批评三国志传（全二册）

陈翔华主编　精装 16 开　1200.00 元

2013 年 1 月出版　978-7-5013-4926-5

明余象斗所刊《批评三国志传》二十卷，万历二十年（一五九二）余象斗双峰堂镌刻。此书在《三国志演义》刊行史上，是一部很有特点而引人瞩目的重要版本，是现存第一部公开张扬批评旗号的版刻。此书日本京都市建仁寺两足院残存十卷（卷一至八、卷十九至二十），英国剑桥大学图书馆残存二卷（卷七至八），英国牛津大学图书馆残存二卷（卷十一至十二），英国博物馆残存二卷（卷十九至二十），德国斯图加特市符腾堡州立图书馆残存二卷（卷九至十），共十八卷。去其重复，计为十四卷。现特汇辑影印，作为《三国志演义古版汇集》的第五种。

美国藏朱鼎臣辑本三国志史传

陈翔华主编　精装 16 开　980.00 元

2014 年 8 月出版　978-7-5013-5325-5

原书藏于美国哈佛大学。朱鼎臣辑本《三国志史传》的刊刻时间，当在明万历间，据陈翔华先生考证，此版本与刘龙田刊本关系较为接近，对研究《三国演义》在明清时期的版本演变具有十分重要的意义。

郑振铎藏古吴莲勺庐抄本戏曲百种（全二十五册）

殷梦霞选编　精装 16 开　15000.00 元

2009 年 12 月出版　978-7-5013-4217-4

本书除收有国家图书馆所藏的97种古吴莲勺庐抄本戏曲以外,将莲勺庐主人张玉森为282种戏曲传奇所撰写的提要——《传奇提纲》八卷也收集完备,列于卷首,并编制了提纲目录和索引目录,方便用户检索。

清文海(全一〇六册)

南开大学古籍与文化研究所编　精装16开　68000.00元
2010年6月出版　978-7-5013-3962-4

南开大学古籍与文化研究所于20世纪80年代立项进行《清文海》的编纂工作,对清代文集进行整理。由于现存清人文章数量极其庞大,为利用这浩如烟海的清文遗产,经20余年整理、点校和大量烦琐而艰苦的工作,打造出的古籍精品《清文海》,有以下几方面的显著特色:1.规模宏大。《清文海》总计收入整个清代作者1800余人左右,文章约有1.5万余篇,字数达2000万上下。精装16开,全106册;2.反映清代社会文化全貌;3.底本精审,充分利用国家图书馆馆藏作底本,尽量选择原刊初刻足本;4.体裁创新,以点校者点校本为底本影印的方式出版;5.使用方便,书末附有可以满足读者不同需要的各类索引,包括篇名索引、作者索引及清文分类索引;同时为每位作者都配写一作者小传,介绍其姓名、字号、生卒年、籍贯、科第、履历、主要活动及著述等,检索使用非常方便。

说文解字研究资料汇编(全十一册)

耿素丽选编　精装32开　3300.00元
2010年8月出版　978-7-5013-4399-7

本书收录南唐至民国有关《说文解字》研究的文献,从内容上看,这些史料可分为三类:校勘和考证类著作、对《说文解字》的全面研究著作、订补前人或同时代学者关于《说文解字》研究的著作。共24种,统一按照底本年代的先后编排,影印出版,总计11册。

清文海索引

南开大学古籍与文化研究所编　精装16开　500.00元
2011年1月出版

鸿雪因缘图记(一函六册)

(清)麟庆撰,(清)汪春泉等绘　线装4开　4800.00元
2011年4月出版　978-7-5013-4453-6

此次印刷,采用国家图书馆藏道光二十九年刻本,原大精印,装帧精美,仅印100套,编号发行。

鸿雪因缘图记(全三册)

(清)麟庆撰,(清)汪春泉等绘　精装12开　300.00元
2011年11月出版　978-7-5013-4688-2

本书在原版基础上进行了缩印,以广流传。

古本《西厢记》汇集·初集(全九册)

国家图书馆古籍馆编　精装16开　5600.00元
2011年4月出版　978-7-5013-4457-4

《西厢记》是古代戏曲文学的不朽杰作之一。明清以来,批点、鉴赏、笺注、翻刻《西厢记》者众多,迄今为止,已经形成研究《西厢记》的专门之学。据统计,明清两代刊刻的《西厢记》有151种,其中明刊本56种、清刊本95种(1840年前)。由于元刊本的失传,明代书坊主多喜声言悉依元本,而在翻刻时又照顾时好,常依传奇体制对《西厢记》多所改动,为扩大影响,又约请名家予以品评。在《西厢记》的版本演变史上,明刊本尤为学界珍视。清代95种刊本,几乎都是金圣叹和毛奇龄评本的覆刻本。本书全面搜罗明代刊本,清代则选编代表性刊本十余种,汇编影印出版。

中国古代音乐文献集成(4辑)

《中国古代音乐文献集成》是教育部哲学社会科学研究重大课题攻关项目《中国艺术学文献整理与研究》中子课题《中国音乐学文献整理与研究》的研究成果。《集成》旨在对我国古代各类公私书目中著录的音乐文献进行全面搜检汇编,系统、真实地展示我国传统音乐文献的概貌。在此基础上,将其分为:二十六史中的音乐文献、会要会典中的音乐文献、十通中的音乐文献、类书中的音乐文献、古代音乐著作、古代著述中的音乐篇章等数种,分辑汇编出版。

中国古代音乐文献集成·第一辑(全十四册)

王耀华、方宝川主编　精装16开　8400.00元
2011年6月出版　978-7-5013-4578-6

本辑收录二十六史中的乐志和律志,“十通”中有关音乐文献和音乐制度的内容。选择优秀的古籍版本,采用拍照影印的方式出版,力图反映这批历史文献的原貌。

中国古代音乐文献集成·第二辑(全十二册)

王耀华、方宝川主编　精装16开　7500.00元
2012年10月出版　978-7-5013-4880-0

本辑收录汉代至元代的音乐专书58种,包括刘德《乐元语》、刘歆《钟律书》、宋均《乐纬》、释智匠《古今乐录》等。

中国古代音乐文献集成·第三辑(全三十八册)

王耀华、方宝川主编　精装16开　24000.00元

2014年12月出版　978-7-5013-5499-3

本辑收录明代音乐专著63种,包括贺序隆《逸语》、韩邦奇《苑洛志乐》、张敔《律吕新书解》、祝允明《猥谈》、吕柟《诗乐图谱》等。

中国古代音乐文献集成·第四辑(全五十四册)

王耀华、方宝川主编,郑俊晖执行主编

精装16开　33000.00元

2016年10月出版　978-7-5013-5939-4

本辑收录清代音乐专书105种。包括陈本《乐述可知》、辛绍业《律吕考附九歌解》、邱逢年《律书律数条义疏》等。

音韵学丛书(全十二册)

严式诲编　精装32开　3600.00元

2011年9月出版　978-7-5013-4609-7

本书影印1957年四川人民出版社刷印渭南严氏刻《音韵学丛书》,刊刻精良,汇集了《切韵指掌图》《韵补》等十几种重要的音韵学著作,具有重要的版本价值和学术价值。

中国俗曲总目稿(全二册)

李家瑞等编　精装16开　1200.00元

2011年11月出版　978-7-5013-3888-7

本书是一部著录中国曲艺及民间小戏作品曲目的工具书,由刘复、李家瑞等人历时15年编纂而成,1932年出版。编者主要参考了当时孔德学校购入的蒙车王府曲本及国立北平图书馆、故宫博物院、中央研究院历史语言研究所藏相关文献,共著录俗曲6000余种。这些俗曲的流行区域涵盖了十余个省份,而以北平、江苏、广东为多。该书不仅搜罗宏富,校订精审,而且编排科学:全书按由名字数多寡排列,每一曲本又注明版本、卷页、流行地区,并引用开首的几句唱词。此次影印所据底本即民国二十一年铅印本。

本草图谱

(明)周荣起文　精装16开　350.00元

2011年12月出版　978-7-5013-4661-5

《本草图谱》约成书于明崇祯三年(1630)。残存五册。孤本。分藏于国家图书馆和中国中医科学院图书馆两处。其中,国家图书馆存金石部、木部、草部各一册,长乐郑振铎旧藏;中国中医科学院图书馆存木部、禽部各一册,汤溪范行准旧藏。《本草图谱》成书后,流传甚少,李时珍在编撰《本草纲目》时亦未曾见到。此残存五册计有药物68种,彩图74帧。《本草图谱》成书近400年了,而花谱色彩仍鲜艳夺目、栩栩如生,究竟是作者未完之作,还是书成散佚,已无从考。但此孤本的学术性和艺术性,亦应是弥足珍贵的。为使这一珍贵的古代彩绘本草得到传承,我社将残存的五册汇为一编,彩色影印出版。

国家图书馆藏《西厢记》善本丛刊(全二十册)

国家图书馆出版社编　精装16开　24000.00元

2011年12月出版　978-7-5013-4680-6

本书收录国家图书馆藏《西厢记》善本35种,全部为明刊及清初珍稀刊本,是《西厢记》的文学和版本研究的最重要的文献资料。这些珍本《西厢记》多经郑振铎、吴梅、李一氓等名家所藏;并且版画众多,刻工精良细腻,具有极大的欣赏价值。

哈佛燕京图书馆藏齐如山小说戏曲文献汇刊(全五十一册)

哈佛燕京图书馆、国家图书馆出版社编

精装16开　58000.00元

2011年12月出版　978-7-5013-4575-5

齐如山(1875—1962),名宗廉,字如山,河北高阳人,当代著名戏曲理论家和作家,一生收藏有大批戏曲曲本和古代小说,其精华70余种现藏于美国哈佛燕京图书馆。这批文献大多刊刻于明代,版本流传稀少,非常珍贵,如明冯梦龙编撰的《墨憨斋新编绣像醒名花》、烟霞逸士编次《新镌批评绣像巧联珠》、丁耀亢撰《西湖扇传奇》等,文献、版本价值极高;再如题为明朱鼎臣编辑的《新锲三国志传》,上图下文,代表了明万历末期建阳刻书的风格,其传本极少,仅知英国伦敦另存一本;又如明末写刻本《剿闯小说》,书前有精美插图,书中有齐如山手跋,流传绝少,至为珍贵。此次我社与哈佛燕京图书馆合作,将其所藏的全部齐如山旧藏中国戏曲、小说70余种影印出版,并撰写提要。

哈佛燕京图书馆藏韩南捐赠文学文献汇刊(全八十册)

哈佛燕京图书馆、国家图书馆出版社编

精装16开　48000.00元

2015年10月出版　978-7-5013-5584-6

韩南,世界著名汉学家。《哈佛燕京图书馆藏韩南捐赠文学文献汇刊》收录韩南捐赠的小说、鼓词共173种,绝大部分为明清时期作品,其中鼓词等曲类大概占三分之一。《木皮散人鼓词》是鼓词雅化后的佳品,《赵五娘上京寻夫琵琶记》《刘文龙求官升仙传》《新刻海棠花歌全本》等都是现在极少见的鼓词弹曲。

皇朝琐屑录·凭花馆琐笔（全四册）

（清）钟琦撰　精装 32 开　1280.00 元

2011 年 12 月出版　978-7-5013-4685-1

《皇朝琐屑录》《凭花馆琐笔》两书是浓缩了有清一代历史、文化、经济等方方面面的小百科全书，方便今人便捷全面地了解清代历史文化知识；保存了不少已经消亡的文献资料，可以补史志之缺，有利于今人深入研究，为清史和四川地方史的研究提供了有益的史料。

唐宋诸贤绝妙词选

（宋）黄升辑　线装 16 开　380.00 元

2011 年 12 月出版　978-7-5013-4605-9

《唐宋诸贤绝妙词选》通行本为十卷本，今存明万历四年（1576）舒伯明刻本、万历四十二年（1614）秦堣刻本、《四库全书》本、汲古阁《词苑英华》本等，后世传刻翻印的版本更多，比较常见。而此三卷本则为天壤间之孤本，颇为珍罕，钤有毛晋、毛晋私印、涵芬楼藏近 30 方印。1916 年，傅增湘代袁克文从上海购得此本。1920 年，本书入藏涵芬楼。1953 年，本书随涵芬楼烬余善本一并被移送中华人民共和国文化部，随后被拨交北京图书馆（今中国国家图书馆）收藏至今。本书所录词人起唐代李白，终北宋曹元宠，共 68 家，凡 172 首。此次出版，我们采取原大影印的方式，所钤印章则施以套红工艺，以最大限度地再现本书珍贵的版本价值与艺术价值。

小学考（全五册）

（清）谢启昆撰　精装 16 开　2800.00 元

2011 年 12 月出版　978-7-5013-4698-1

《小学考》为清代谢启昆任浙江布政史之暇，补清朱彝尊《经义考》中形声训诂书之阙略而作。共计五十卷，总计收书 1180 种。本书是我国第一部语言文字专科目录书，反映了小学在清代由经学附庸变成一门独立学科的地位，具有重要的语言文字学价值。其辑录史料，一般不随意进行增删，更不会更改其文，因此保留了大量的弥足珍贵的原始文献资料。此次出版，以清光绪十四年（1888）浙江书局刻本为底本，将原书重新编次，厘为五册。

周一良批校《世说新语》（全三册）

（南朝宋）刘义庆撰，周一良批校　精装 16 开　3000.00 元

2012 年 2 月出版　978-7-5013-4719-3

《世说新语》，在中国人文学术典籍中是一部极耐玩味的书，是一部难读懂的书，也是一部富于智慧而有趣味的书。先生的校语、批注涉及的各类典籍达百种之多。所校之处，推敲文字，比类异同，精到之处迭见。具有重要的学术价值。

周一良批校《颜氏家训》（一函二册）

（北齐）颜之推撰，周一良批校　线装 16 开　1800.00 元

2012 年 10 月出版　978-7-5013-4849-7

980.00 元

2012 年 11 月出版　978-7-5013-4884-8

《颜氏家训》是中国古代第一部内容丰富、体系宏大的家训，涉及文学、民俗、伦理等方面。周一良先生学贯中西，以自己的人生体验和独特视角点评、批校《颜氏家训》，非常值得一读。本书原大双色影印。

周一良批校《文选》（一函十册）

（南朝梁）萧统编，周一良批校　线装 8 开　2600.00 元

2014 年 12 月出版　978-7-5013-5250-0

《文选》，中国现存最早的诗文总集，由南朝梁昭明太子萧统主持编纂，故又名《昭明文选》。《文选》收录才子名家的名篇，注重文采。全书共六十卷，分为赋、诗、骚、七、诏、册、令、教等三十多种文体。隋唐时期“文选学”开始兴盛。直至明清，《文选》的注本层出不穷，研究甚丰。此为周一良先生批校本。纵观全书，周一良先生用红笔圈点句读，用铅笔加以批注。周先生对魏晋历史烂熟于心，汉魏六朝的人物典故，他信手拈来，毫无滞碍，显示了他深厚的历史功底。周一良先生批校《文选》所用底本为“光绪乙酉季夏下浣”上海同文书局仿汲古阁版石印本。底本分为十册，分别标为甲乙丙丁至癸部。在书中，周先生钤印了数十枚个人印章，印章印文既有夫妻鹣鲽情深，也有对时代社会的委婉批判和个人自嘲。

泛槎图（限量珍藏版）

（清）张宝编绘　线装 4 开　4800.00 元

2012 年 9 月出版　978-7-5013-4829-9

张宝（1763—1832），字仙槎，上元（南京）人。工山水，好游览，足迹遍历十数有省。本书是他一生游历的图记。他游历数十载，遇山水名胜即“仿各名家笔法”为之图，前后共得六集，收图 103 幅，每图题诗。

宋刊孤本三苏温公山谷集（全六册）

（宋）苏轼等撰　精装 16 开　3600.00 元

2012 年 10 月出版　978-7-5013-4868-8

本书收录北宋时期苏洵、苏轼、苏辙父子与司马光、黄庭坚五人的诗文集共六种，分别为苏洵《类编增广老苏先主大全文集》、苏轼《东坡集》《东坡先生和陶诗》、苏辙《类编增广颍滨先生大全文集》、司马光《增广司马温公全集》、黄庭坚《类编增广黄先生大全文集》。这六种文集都为宋刊孤本,有重大的资料价值和版本价值。

诸家评点古文辞类纂(全五册)

徐树铮编　精装16开　3000.00元

2012年10月出版　978-7-5013-4231-0

《古文辞类纂》是清代姚鼐编的各类文章总集。选录战国至清代的古文,依文体分为论辨、序跋、奏议、书说、赠序、诏令、传状、碑志、杂记、箴铭、颂赞、辞赋、哀祭等13类。所选作品主要是《战国策》、《史记》、两汉散文家、唐宋八大家及明归有光、清方苞、清刘大櫆等的古文,有清以来,流传甚广。此书则将姚鼐、刘大櫆等名家评点汇编于书眉,便于欣赏和理解,深受人们欢迎。时过境迁,但此书的独特魅力依旧放射光彩。此次用都门印书局民国五年铅印本影印,以飨读者。

重订文选集评(全三册)

(清)于光华集评　精装16开　1800.00元

2012年11月出版　978-7-5013-4232-7

《文选集评》是明清《文选》评点史上唯一一部以汇集《文选》评点为目的的集评性著作,总结了从明后期到清中期《文选》评点史,是一部集大成之作,对其后的《文选》学产生了巨大影响。它以极高的敏锐性,及时搜集当时最新研究成果,涵盖了此前《文选》评点著作的主要内容,反映出了明清二代《文选》批评的主要精神,突出了《文选》评点史上的大家和名家,保存了一些今天已经不易见到或者已经亡佚的《文选》评点著作的内容,具有重要的文献研究价值。

回文集(全六册)

丁胜源、周汉芳辑　精装32开　2400.00元

2012年11月出版　978-7-5013-4579-3

本书编者丁胜源夫妇搜集回文作品60年,整理完成上自晋代,下迄民国的回文资料,300多万字,收入作者1300余家,图785幅,诗词曲赋万首,分为64卷,附录1卷,成书拟分为6册。内容不仅包括回文诗图、诗文,还涵盖了域外汉诗、和歌、乐曲、英语的回文,以及回文的专辑叙录、纪事、回文释例等。凡所见到与回文有关的资料基本能做到无有孑遗。本书是目前为止搜集资料最为全面的回文资料集,必将填补这一领域学术资料的空白,为语言学、修辞学、文体学、诗歌流变史提供丰富的数据。

奢摩他室曲丛(全六册)

吴梅辑　精装16开　3600.00元

2012年11月出版　978-7-5013-4877-0

吴梅先生不但是近代著名的戏曲家,也是著名的藏曲家。他在苏州双林巷的百嘉室及奢摩他室共藏书数万册,在戏曲方面,他收集杂剧、传奇以及散曲集子共600余种。《奢摩他室曲丛》系吴梅先生精选自己20多年购置、收藏的传奇、杂剧、散曲等152种,经过详细校订并且附跋之后编排而成,其选择之精、校订之善,为所称道。

澹生堂集(全五册)

(明)祁承㸁撰　精装16开　3000.00元

2012年12月出版　978-7-5013-4922-7

《澹生堂集》是明代著名藏书家祁承㸁的诗文集,前六卷是诗,分为三言、四言、六言、五言、七言、八言,五言、七言又分古诗、绝句、律诗和排律,共计968首。后十五卷是文,依次为序、跋、引、题等。其中第十四卷为《藏书志》,价值很大,第十二、十三两卷收录《数马记》《出白门历》《江行历》《归航录》《戊午历》《己未历》等几种,均是祁氏日记。明崇祯间祁氏家刻本《澹生堂集》传世甚少,至为珍贵。此次出版,即据原国立北平图书馆藏崇祯刻本(今原书寄存台北)之缩微胶片翻拍,予以影印。

唐女郎鱼玄机诗

(唐)鱼玄机撰　线装16开　680.00元

2012年12月出版　978-7-5013-4870-1

本书为唐代女诗人鱼玄机的诗集。据国家图书馆藏南宋临安府棚睦亲坊南陈宅书籍铺刻本影印。

国家图书馆藏《圆明园长春园图》

(清)郎世宁等绘　经折装2开　36000.00元

2013年2月出版　978-7-5013-4729-2

镌刻于清乾隆五十一年的《圆明园长春园图》是清代宫廷制作的风景铜版画的代表作,印数不多,流传稀少,目前仅国家图书馆藏有一套完整的原版,极具文物和文献价值,是研究艺术史、园林史的重要资料。此次出版,即据国家图书馆藏本仿真影印。

小学搜逸(外三种)

(清)龙璋辑　精装16开　1800.00元

2013年4月出版　978-7-5013-5042-1

清末龙璋(1854—1918)编纂。清代学者辑录小学佚书有数家,但引书卷次标列不详,而且所辑佚书尚不

足50种。龙璋此书辑录已经亡佚的文字音韵训诂之类的书76种，分上下两编，上编属于字书和训诂书，有54种，下编属于音韵，有22种，可以说是集古代小学书之大成。字书之部，每种都依据《说文解字》《玉篇》分部编次集录；音韵之部每种都依据《广韵》、四声分韵编录，颇便于检阅，远胜前人所辑的小学书。虽成书于近代，却印本不多，流传不广。今据民国十八年龙氏铅印本影印，并附以龙璋夫妇诗文集三种，以广流传。

《文选》研究文献辑刊（全六十册）

宋志英、南江涛选编　精装32开　18000.00元

2013年4月出版　978-7-5013-5040-7

本书选择宋代至清代比较重要的《文选》学研究著述42种，其中不乏罕见之本，如宋刻本《文选双字类要》，明万历刻本《文选纂注》等，为今人研究《文选》提供极大便利。

清末民国旧体诗词结社文献汇编（全二十六册）

南江涛选编　精装16开　16000.00元

2013年5月出版　978-7-5013-4921-0

本书收录清末民国时期旧体诗词社团相关诗词结集、同人传记等近百种，涵盖各地诗社数十个，有较为熟知的大型团体，延续几十年，也有名不见经传的小社，昙花一现，基本反映了我国近现代旧体诗词的发展情况，提供了大量的一手文献，为研究近现代旧体诗词文学创作、辑佚近现代名人诗词、诗词社团活动等提供有益资料。

清末民国旧体诗词结社文献续编（全四十册）

曹辛华选编　精装16开　26000.00元

2015年6月出版　978-7-5013-5452-8

本书是《清末民国旧体诗词结社文献汇编》之续作，收入清末民国的旧体诗词社团诗词结集、会员名录等文献40余种。既有南社这样的全国性大社团，分类结集，延续数十年；也有地方性的小型社团，活动较少，结集文献却是稿本仅存。《汇编》已收的文献，本编不再重复收录。这些资料为研究近现代诗词、文人社团等有着较大的参考价值。

日藏中国墨宝集（一函二册）

（日）田岛志一辑　线装4开　3000.00元

2013年6月出版　978-7-5013-2422-4

本书收录王羲之尺牍及西魏至唐写经共计23件和日本各大寺院收藏中国宋元名僧墨迹32件，装帧精美，图片保存完好，唐代王羲之诸多名帖摹本大半散佚，片断仅存，是研究中国写经及僧人书法的重要参考资料。

原版刷印武强年画（全十册）

王玉鹏主编　经折装4开　80000.00元

2013年6月出版　978-7-5013-5052-0

本书共收录武强年画博物馆藏木版年画精品350余幅，均为武强木版年画原版手工刷印、手工装裱，以清代古版为主，兼收入少量民国及现代作品。作品按题材内容分为门神门画、神马、戏曲故事、狮虎花瓶及其他五部分。本书全部采用上好熟宣纸手工刷印，不仅保证了画面最佳效果，也保证了装裱效果最佳、书卷寿命经久。

校辑宋金元人词（全二册）

赵万里校辑　精装16开　980.00元

2013年8月出版　978-7-5013-5150-3

全书为赵万里校辑补遗的宋金元人词，收录70家词人的1500多首词作，赵万里精于版本校勘学，此书收录皆是从前人诗集文集中钩沉辑出的补遗词作，可以促使当代学者文人重新了解认识一些宋金元词人和词作，带动学术界对宋金词作的深入研究。

绿筠书屋诗钞（一函四册）

（清）叶观国撰　线装8开　1200.00元

2013年10月出版　978-7-5013-5182-4

以国家图书馆藏乾隆五十七年（1792）刻《绿筠书屋诗钞》十八卷本为底本，按原样影印，仿真宣纸线装，一函四册。有新增附录五个：历代名人评《绿筠书屋诗钞》，叶观国手书《凤山书院碑记》拓片及释文，观国公手书《常郡全闽会馆碑记》拓片及释文，观国公行书立轴书影及释文，乾隆皇六子永瑢书赠师父叶观国的楹联及说明。

李明仲营造法式（一函八册）

（宋）李诫撰　线装8开　4000.00元

2013年11月出版　978-7-5013-5195-4

本书诞生于公元1103年，当时宋徽宗赵佶亲自颁布诏书，批准这套书的出版。书中不仅总结了汉唐以来的中国建筑传统，而且用大量篇幅列举了包括石刻、木刻、彩画等13种，共176项工程的尺寸标准以及操作要领。以往传世的古代技术书籍中，大多重文字，图样往往很少，而在本书中则附有大量的珍贵插图，具有很强的直观性，从中可以看出当时的建筑风格；不仅如此，这套书还提出了一整套木构架建筑的模数制设计方法，直到现在它的一些理论，仍然是研究我国古代木构建筑工艺和规章制度的宝贵资料。即使在当时，本书也是世界上关于木构建筑的最先进的典籍。此次影印的底本为民国十四年涉园重刻本，此书为陶湘所刻之代表作，刊刻精美，文字部分为木版镌刻，影宋上版，后面图样部分为彩色石印，除校刻精致外，所绘插图线条疏朗秀丽，为刻本中之白眉。罗振玉书首并识语，朱启钤《重刊营造法式后序》、陶湘跋。其中第五、六两册为图样卷，近百幅版画插图，第七、八两册为彩印之图样，色泽沉着，花式繁复。

汉语方言研究文献辑刊（全十四册）

南江涛选编　精装 16 开　8400.00 元

2013 年 12 月出版　978-7-5013-4572-4

本书收入扬雄《方言》以降的历代方言研究文献和各大方言区域的方言资料 50 种，从纵横两个角度反映了我国历代汉语方言研究的状况。其中收录的一些抄稿本更是难得一见，为当代汉语方言史和地方方言研究提供便利。

北京大学图书馆藏程砚秋玉霜簃戏曲珍本丛刊（全四十四册）

北京大学图书馆编　精装 16 开　28000.00 元

2014 年 3 月出版　978-7-5013-5063-6

本书收录程砚秋玉霜簃藏曲中精华部分，其中大量抄本来自藏曲最富的北京梨园世家之一——金匮陈氏。这批藏曲最重要也是最大的价值在于较完整、系统地保存了明清以来梨园艺人场上演出曲本，其中相当部分为陈金雀与曹文澜等 30 多家名伶与班社的手抄本。历代艺人的演出剧本一直是各家秘辛，从不外传，民国乃至当代学者对玉霜簃藏曲虽然亟盼一见，却始终无缘窥得全貌，直至本书出版，这批秘籍才第一次正式与世人见面。程砚秋玉霜簃藏曲中有大量带有工尺谱和身段谱的抄本，这些身段谱是历代艺人留下来的原始材料，是传承和发展昆剧表演艺术的宝贵财富。全书包括 200 多种戏曲剧目，分为曲文曲谱与骨牌灯式两类。其中曲文曲谱中又包括元明清杂剧传奇、承应戏开场戏、引子家门、曲牌谱鼓谱等几部分。全书戏曲按照剧名笔画排序，由著名学者吴书荫作序，并作有按照时代排序的索引和简要的剧目提要。

国家图书馆藏石鼓文研究资料汇编（全八册）

陈红彦、于春媚编　精装 16 开　4800.00 元

2014 年 4 月出版　978-7-5013-5334-7

石鼓是唐代出土的周秦时期文物，石鼓上的文字称为石鼓文，是我国最古老的石刻文字之一，在中国古代史和古文字学史以及书法史的研究上有着重要的史料价值。历代石鼓文研究资料一向缺乏整理，我社拟将国图馆藏 40 余种石鼓文研究资料汇为一编，发挥国图馆藏优势和自身金石影印出版特长，对这些零篇遗珠进行系统性和全面性的搜集整理，对先秦史、金石学等相关研究将大有裨益。

东坡禅喜集（一函四册）

（宋）苏轼撰　线装 8 开　880.00 元

2014 年 5 月出版　978-7-5013-5226-5

本书为凌蒙初自辑自刻本，其精致程度不言而喻。采用朱墨二色套印，正文以仿宋字墨色刊出，书眉与篇末评语皆以朱色楷书镌印，句读以朱色点缀行间，色彩鲜明，展卷悦目，具有重要的文献、艺术价值。

杜子美七言律

（唐）杜甫撰　线装 8 开　480.00 元

2014 年 5 月出版　978-7-5013-5229-6

本书为明代乌程闵齐伋采以朱、黛、墨三色套印而成。闵氏刻印书籍极讲求，纸张莹洁，字体均匀，墨色斑斓，每叶各色几无参差，雕镂剞劂既极人工。故此，是集更成为明代杜评著作中的刊印佳品。此次影印，既是对珍贵古籍文献的保护性开发与利用，也是为满足热爱中国古代诗歌文化，尤其是热衷于杜诗研究的广大读者、学者提供一部既有文献价值又具观赏价值的珍贵书籍。

阙里孔氏诗钞（一函四册）

（清）孔宪彝撰　线装 8 开　980.00 元

2014 年 5 月出版　978-7-5013-5225-8

本书首为道光十八年（1838）阮元撰序、道光十七年（1837）盛大士手书序以及道光十六年（1836）孔氏第七十三代传人孔庆镕所作序，次为孔宪彝自定义凡例。正文部分以乌丝栏竹纸抄录，版心镌有“阙里孔氏诗钞卷第”字样，粗黑口，左右双边，单黑鱼尾。书中天头、行间多有校改增删之处，或直书页面，或补贴浮签，书末记刻板人“曲阜刘文炳镌”字样。是书字体工整，校改精详，改后文字、版式等与现存道光刻本相同，当为稿本无疑，具有极高的版本价值。本书已于 2009 入选第三批《国家珍贵古籍名录》。

御制耕织图

（清）焦秉贞绘　线装 8 开　680.00 元

2014 年 5 月出版　978-7-5013-5361-3

《耕织图》是清代版刻中的传世精品。此《耕织图》之底本，为康熙三十五年内府刻本。绘画者为当时宫廷画师焦秉贞。共计 46 幅，每幅上方康熙帝均有题句，镂版印赐诸臣。雍正、乾隆时期始有人予以着色，但传世至今者极为罕见。其艺术与收藏价值极高。

楚辞文献丛刊(全八十册)

黄灵庚主编　精装 16 开　57000.00 元

2014 年 7 月出版　978-7-5013-4094-1

本书选编《楚辞》历代重要版本、名家批注本以及《楚辞》研究著作 200 余种,涉及海内外图书收藏机构和个人数十家。编者历经数年,庶几将《楚辞》相关文献的重要本子搜罗殆尽,是目前《楚辞》学界收录最全、使用底本最精的参考文献。其中的大量孤本、秘本,均为首次刊印,必将大大推动楚辞和古代文学的深入研究。

妙绝古今(一函四册)

(宋)汤汉撰　线装 16 开　880.00 元

2014 年 7 月出版　978-7-5013-5190-9

该书取《春秋左氏传》《国语》《孙子》《列子》《庄子》《荀子》《淮南子》《国策》《史记》及扬雄、刘歆、诸葛亮、韩愈、柳宗元、杜牧、范仲淹、欧阳修、王安石、曾巩、苏洵、苏轼等名家之文,辑其优者汇辑成书,凡 21 家,79 篇。作为一部通代古文选本,该书一直被学界视为南宋古文选本的代表,在研究宋人选文,尤其是南宋末期古文辑选方面具有不容忽视的地位。而作为一部刊刻工整质量尚佳的明代坊刻本,此书的版本价值同样受到后世学者的重视。有鉴于此,首都图书馆此次影印出版明萧氏古翰楼刻本《妙绝古今》,不仅可将该书全貌完整地呈现在读者面前,供广大读者品评鉴赏,同时也为古典文学与文献的研究提供了珍贵史料,对学术研究工作的开展深有裨益,其影印出版之意义亦尽在于此。

文章辨体(全四册)

(明)吴讷辑　精装 16 开　1900.00 元

2014 年 7 月出版　978-7-5013-5393-4

《文章辨体》五十卷《外集》五卷《总论》一卷,明天顺八年刻本,明吴讷辑。本书将历朝历代文学作品按体裁编录,每种文体前撰有序说简要介绍其特征,后附此种文体的代表作品。其序说简要精练,偶有妙言,对现今的文学爱好者与研究者有一定参考作用。

阅微草堂笔记(二函十册)

(清)纪昀撰　线装 8 开　8200.00 元

2014 年 7 月出版　978-7-5013-5370-5

本书为清代纪昀所撰笔记小说集,全书二十四卷,由五种笔记小说《滦阳消夏录》六卷、《如是我闻》四卷、《槐西杂志》四卷、《姑妄听之》四卷、《滦阳续录》六卷组成。内容多写奇闻怪事,其间夹杂考辨,中间不少有关不怕鬼的故事写得极为生动出色,而且语言简洁,叙事条畅。书中虽多宣扬礼教和封建正统以及因果报应等观念,但对于考据名物、辨释文义较有参考价值。另外,作者常借狐鬼之口,抨击欺世盗名的理学家,读来颇感痛快。这是继《聊斋志异》后另一部比较重要的笔记小说,为世人所传诵。

删注楚辞(一函二册)

(明)张京元撰　线装 16 开　980.00 元

2014 年 8 月出版　978-7-5013-5434-4

张京元的《删注楚辞》成书于万历四十六年(1618)。所谓“删注”,是删去王逸、朱熹两家的注文约十分之七,再加上一些自己的批注。张京元受明代后期解放思潮的影响,研究楚辞有自己独特的见解,他不做“遵用朱子之书说者”,而是“核者存之,谬者祛之,未备者补之,或辞意未惬,即出自大儒不难为之定正”。他把王逸以来影响很大的“讽谏说”,朱熹以来影响更大的“忠君爱国说”置于一旁,对儒家文艺观进行否定,所以,焦竑称赞他“令读者不主故常,而得作者之本旨,君诚独得其解,而非随人以为妍媸者已”。浙江图书馆藏《删注楚辞》一书,为存世孤本,今据以四色彩印,宣纸线装,可令读者一窥原书风采。

清代闺秀集丛刊(全六十六册)

杨健、肖亚男主编　精装 16 开　42000.00 元

2014 年 11 月出版　978-7-5013-5155-8

本书使用北京师范大学图书馆、浙江图书馆、首都图书馆等多家图书馆馆藏文献汇编成书,可谓清代闺秀集的一次全面展示。收录清代(含部分清末民初)女性之诗、文、词别集及其附录 403 种,按照作者生卒年时间顺序编排,而且每种别集前撰写作者小传一篇,具有重要的文献价值。

清代闺秀集丛刊续编(全三十二册)

肖亚男主编　精装 16 开　23000.00 元

2018 年 10 月出版　978-7-5013-6576-0

本书是《清代闺秀集丛刊》的续编。

孔子圣迹图

(清)佚名绘　线装　1980.00 元

2014 年 12 月出版　978-7-5013-5520-4

《孔子圣迹图》以时间为经,以事例为纬,表现了孔子一生的行迹、事迹和心迹。从颜母祷于尼山生孔子,孔子游历天下以求聘用,到孔子死后弟子庐墓。《孔子圣迹图》是一部形象化的孔子编年史,有助于世人深入了解至圣先师的善德懿行,对于在全世界范围内传播孔子的思想、事迹具有极其重要的意义。此本为清同治甲戌本,开本宏阔,构图精练,图像清晰,形象传神,是不可多得的好版本。

曾国藩辑评《昭明文选》(二函十二册)

(南朝梁)萧统编,(清)曾国藩辑评
线装 8 开　7900.00 元
2014 年 12 月出版　978-7-5013-5326-2

《文选》是我国极其重要的一部文学总集,历代研究者颇多。明清以来,除了一些《文选》学研究专著,更有以批校、批注《文选》名家者,这些或是读书笔记,记于简端,或是研究脚本,是专著的稿本,有着重要的文学研究价值和艺术欣赏价值。此部为清代曾国藩以海录轩刻本为底本,辑录明清诸家关于章法等方面的评论,对研究曾国藩的文学批评情况有较好的参考价值。本次采用宣纸三色套印,完美再现曾国藩的精彩墨迹,是收藏和阅读的佳品。

篆书金刚般若波罗蜜经

(后秦)释鸠摩罗什撰　线装 8 开　980.00 元
2014 年 12 月出版　978-7-5013-5191-6

《金刚般若波罗蜜经》简称《金刚经》,出自《大般若经》六百卷中的第五百七十七卷,是佛教大乘般若类的重要经典。梁代昭明太子萧统将《金刚经》分为三十二分。每一体写《金刚经》一分,用楷书对照。在使用每一种篆体字前,都有一个简要说明,如"玉筯篆,阳冰善之,此体至今用"。为研究古今字体的演变留下珍贵数据。然而此经笔走龙蛇,美轮美奂,其艺术性更大于科学性。

西清古鉴

(清)梁诗正等编修　线装 16 开　18000.00 元
2015 年 2 月出版　978-7-5013-5196-1

《西清古鉴》四十卷附《钱录》十六卷是一部著录清代宫廷所藏古代青铜器的大型谱录。收商周至唐代铜器 1529 件(包括铜镜),而以商周彝器为多。清梁诗正等奉敕纂修,乾隆十四年(1749)始纂,乾隆二十年(1755)完书。清乾隆二十年武英殿刻本。版框 29.5 × 22.6 厘米。半叶十行,行十八字,白口,单鱼尾,四周双栏,无行格。磁青书衣,黄绫书签、包角。书前有乾隆十四年十一月初七日上谕一道、纂修《西清古鉴》诸臣职名,分别为梁诗正、蒋溥等编修,陈孝泳、杨瑞莲摹篆,画院供奉梁观、丁观鹤等绘图,励宗万等缮书。本次出版以清乾隆武英殿本《西清古鉴》为底本,原大影印,宣纸线装,共四十二册。

拼音文字史料丛书(全五册)

文字改革出版社编　精装 16 开　2980.00 元
2015 年 2 月出版　978-7-5013-5453-5

《拼音文字史料丛书》是文字改革出版社于 1956—1958 年间重新影印出版的一套有关汉字拼音化的历史资料集,其中收录了明末传教士方案、清末切音字运动诸方案以及民初汉字改革运动文献共计 27 种。这些图书分辑陆续出版,印数多少不一,现在收齐一套很不容易,一些图书馆收藏的也不齐全。为此,我们重印此书,希望能为汉语言文字学的研究带来一些方便。

多宝塔碑

(唐)岑勋撰,(唐)颜真卿书　经折装　980.00 元
2015 年 4 月出版　978-7-5013-5577-8

福建省图书馆藏此本《多宝塔碑》为墨拓,共 20 幅,白纸挖镶剪裱册,经折装,一册。全碑共有大小字 2025 字,此本缺 23 字;所拓锋颖存真,可谓精妙。该拓本亦可谓传承有序,展视之下,拓片外镶裱纸上粘附有许瀚校阅的纸签,详细记载了校阅者所书题识并校勘文字,末附二纸,分别为清代著名学者丁艮善和许瀚的题跋及钤印。

晚清小说期刊辑存(全六十册)

王燕、王冠辑　精装 32 开　19000.00 元
2015 年 4 月出版　978-7-5013-5426-9

本书是国家古籍整理出版十年规划项目,汇集了与《绣像小说》并称为晚清四大小说期刊的《新小说》《月月小说》《小说林》,以及另外四种较为著名和有代表性的晚清小说期刊《海上奇书》《小说时报》《中外小说林》《新小说丛》《新新小说》《小说月报》共十种小说期刊。

玉枕兰亭序玉版十三行合册

(晋)王羲之撰　线装　680.00 元
2015 年 4 月出版　978-7-5013-5573-0

《兰亭序》又名《兰亭宴集序》《兰亭集序》《临河序》《禊序》《禊帖》。福建省图书馆藏此拓本《兰亭序》即为久负盛名的"玉枕兰亭序";而《兰亭序》之后,即为王献之的《洛神赋》,其底版就是著名的宋代"玉版十三行"。二者合册装订,因而此本堪称"二王"书作的精善拓本!

宋游似藏兰亭本

(晋)王羲之撰　经折装　680.00 元
2015 年 5 月出版　978-7-5013-5563-1

本书据美国芝加哥菲尔德博物馆所藏《宋游似藏兰亭本》仿真影印。该馆所藏宋拓《兰亭序》是李宗侗的旧藏,自宋代游景仁传至明晋王府,清又归诒晋斋,至民国归李宗侗，藏印累累，题跋多处，可谓传承有序。虽然《兰亭序》存世者有唐刻石宋拓本数种，但比较而言，由于传拓时原石风化，字体臃肿，品相不佳。此本字迹清晰，墨色如漆，品相完整，完美再现王羲之书法神韵。

宋游似藏兰亭本（珍藏版）

（晋）王羲之撰　经折装　2280.00 元
2015 年 7 月出版　978-7-5013-5564-8

词学季刊（全三册）

龙榆生编　精装 16 开　680.00 元
2015 年 6 月出版　978-7-5013-5614-0

《词学季刊》创刊于 1933 年 4 月 1 日，主编者为龙沐勋即龙榆生，由上海民智书局出版发行。《词学季刊》在现代词史上有着非常重要的地位。现代词学从产生到确立有一演变的过程，《词学季刊》恰处于这演变过程中的临界点。在《词学季刊》之前的 30 年是现代词学的萌生期和形成期，《词学季刊》则是现代词学成熟的标志。《词学季刊》不仅可以使我们窥见现代词学演变之迹，还可以提供我们治词之径。

清代家集丛刊（全二〇一册）

徐雁平、张剑主编　精装 16 开　120000.00 元
2015 年 9 月出版　978-7-5013-5541-9

本书从近千种清代家集（家族诗文集汇刻）中选辑重要者 183 种，以区域排序，汇为一编。入选者皆为数代书香之家，绵延不绝。如黎庶昌辑《黎氏家集》、冒广生辑《如皋冒氏丛书》、方昌翰辑《桐城方氏七代遗书》、潘承弼辑《陟冈楼丛刊甲集》、朱琦编《紫阳家塾诗钞》等等。这些家集既有较高的文学鉴赏研究价值，又有着重要的史料钩沉线索，是研究清代家族文学、“家风”和区域文化的重要资料。

清代家集丛刊续编（全二〇一册）

徐雁平主编　精装 16 开　130000.00 元
2018 年 1 月出版　978-7-5013-6267-7

2015 年我社推出《清代家集丛刊》200 册，得到学界的重视和肯定，为了满足广大学者的研究需要，我们又选辑清代重要家集近 200 种，遂成“续编”。

增订昭明文选集成详注（全五册）

（清）方廷珪评点，（清）陈云程增补，（清）邵晋涵等批校　精装 16 开　3000.00 元
2015 年 10 月出版　978-7-5013-5642-3

本书系清方廷珪《昭明文选集成》一书的增订本和增补本，补订者及校刊者分别为清陈云程和吴天爵。此书刻于清乾隆四十八年（1783），内容上汲取了清于光华《重订文选集评》的全部评论资料。汇集了杨慎、王世贞、张凤翼、邵长蘅、何焯、沈德潜、浦起龙、邵晋涵等明清两朝的著名学者 38 人有关《文选》的评论文字。

古本戏曲丛刊系列

古本戏曲丛刊初集（全四十册）

古本戏曲丛刊编辑委员会编　精装 32 开　12000.00 元
2016 年 6 月出版　978-7-5013-5801-4

本书将 1954 年出版的《古本戏曲丛刊初集》以大 32 开精装本的形式结集出版。《古本戏曲丛刊》是目前为止最大的戏曲总集。初集收录《西厢记》及元明戏文、传奇 100 种。原书为线装且印数较少，此次以精装本形式出版弥补了首次出版的缺憾，让更多读者能更方便地使用及研究《古本戏曲丛刊》。

古本戏曲丛刊二集（全三十九册）

古本戏曲丛刊编辑委员会编　精装 32 开　12000.00 元
2016 年 6 月出版　978-7-5013-5798-7

本书将 1955 年出版的《古本戏曲丛刊二集》以精装本形式出版，共收录明代传奇 100 种。本书收录的大部分为晚明时期的作品，其中包括不少罕见的戏曲版本，有利于更多的研究者和戏曲爱好者广泛阅读与研究古代戏曲。

古本戏曲丛刊三集（全四十册）

古本戏曲丛刊编辑委员会编　精装 32 开　12000.00 元
2016 年 7 月出版　978-7-5013-5797-0

本书将 1957 年出版的《古本戏曲丛刊三集》以精装本形式出版。全书收录明、清易代时期剧作一百种。吴炳、李玉、朱佐朝、张大复、盛际时等这一时期著名作家的作品都在其中。这一时期的刻本不多，因此收录其中的除少数明末刻本外，大部分为清代的梨园传抄本。

古本戏曲丛刊四集（全四十册）

古本戏曲丛刊编辑委员会编　精装 32 开　12000.00 元
2016 年 8 月出版　978-7-5013-5813-7

本书将 1958 年出版的《古本戏曲丛刊四集》以精装本形式出版。全书专收元、明两代的杂剧，包含杂剧总集八种。元代杂剧为《元刊杂剧三十种》，明代为《古杂剧》《脉望馆抄校本古今杂剧》《古名家杂剧》《杂剧选》《阳春奏》《元明杂剧》《古今名剧合选》。

古本戏曲丛刊五集（全四十册）

古本戏曲丛刊编辑委员会编　精装 32 开　12000.00 元

2016 年 8 月出版　978-7-5013-5796-3

本书将《古本戏曲丛刊五集》以精装本的形式出版。全书收录明后期、明清之际和清初期作家的作品85 种，为顺治、康熙、乾隆时期的刻本和清抄本，其中部分作品利用海外图书馆的藏书影印。五集承接四集，较为完整的反映了明清时期戏曲文学的全貌。

古本戏曲丛刊六集（十七函一百八十册）

中国社会科学院文学研究所编　线装 32 开　48000.00 元

2016 年 3 月出版　978-7-5013-5789-5

《古本戏曲丛刊六集》选录 110 种左右清代顺、康、雍时期戏曲作家的传奇著作，均遴选最好的底本，力图反映清前期戏曲创作的面貌。

古本戏曲丛刊七集（十四函一百七十册）

中国社会科学院文学研究所编　线装 32 开　48000.00 元

2018 年 3 月出版　978-7-5013-6356-8

《古本戏曲丛刊七集》在内容上承接《古本戏曲丛刊六集》，收录清康熙至乾隆时期传奇作品和作家作品集 55 种，合计收入传奇、杂剧共 92 种。《七集》收录绝大多数为海内外藏书机构收藏的孤本或珍本。如哈佛燕京图书馆藏《文渊殿》、国家图书馆藏稿本《筠心阁传奇二种》、社科院文学所藏旧抄本《大金钱》等，均为从未影印出版过的孤本。

古本戏曲丛刊九集（全四十册）

古本戏曲丛刊编辑委员会编　精装 32 开　12000.00 元

2016 年 11 月出版　978-7-5013-5968-4

《古本戏曲丛刊九集》收录故宫博物院、国家图书馆、首都图书馆等地收藏的内府抄本十种结集出版。清宫廷戏大多为连台大戏，本书收录的《升平宝筏》《劝善金科》为清乾隆时才子张照撰写。通过九集可以了解清宫廷戏和内府抄本的特色。本书将 1962 年出版的《古本戏曲丛刊九集》以精装大 32 开形式影印出版，方便广大戏曲爱好者与文学研究者欣赏与研究。

梁章巨批校昭明文选（二函二十四册）

（南朝梁）萧统撰，（清）梁章巨批校　线装　9800.00 元

2016 年 3 月出版　978-7-5013-5768-0

《昭明文选》是南朝梁萧统选编的一部文学总集，涵盖诗文 700 多篇。清代著名学者梁章巨是《文选》研究大家，著有《文选旁证》一书。在成书之前，他历经数十载，在仿汲古阁本《文选》之上不断进行校勘批注。今天我们能看到的是经他批校藏于福建师范大学图书馆的仿汲古阁本《文选》和藏于南开大学图书馆的《文选集成》二书。经对比，梁章巨对仿汲古阁本《文选》的批校内容，与《文选旁证》有较大差异；《文选旁证》在成书时，略去了很多内容，在现在看来，还有较大的研究价值；二者的校本和校语也多有不同。两本互相参看，既可以对当下《文选》学研究提供新的材料和思路，也可以为研究梁章巨《文选》学治学之路提供一手资料。今据福建师大图书馆藏本原样套色影印，以飨各位专家读者。

海粟楼丛稿（全十二册）

王謇撰　精装 16 开　9600.00 元

2016 年 4 月出版　978-7-5013-5398-9

《海粟楼丛稿》，辑录近代学者王謇的手稿本，共 12 册，收录王謇的著述 49 种，均为首次揭示，具有较高的文献参考价值。

路梅村遗稿（全二册）

路百占撰　精装 16 开　980.00 元

2016 年 4 月出版　978-7-5013-5776-5

路百占，字梅村，长葛市老城镇北街村人，是现代研究《楚辞》和《诗品》的著名学者，著有《诗品校记》《楚辞发微》《屈原列传发微》《屈原历史论文集》等，大部分未能在生前出版，这些稿件对今天的学术研究有一定的参考价值，故将其汇集出版为《路梅村遗稿》，后附其年表一篇。

龙沙剑传奇（一函二册）

（清）程煐撰　线装　400.00 元

2016 年 5 月出版　978-7-5013-5833-5

《龙沙剑传奇》二卷，清程煐撰，清嘉庆七年（1802）抄本。该书框高 22.2 厘米，宽 13 厘米，开本高 26.7 厘米，宽 15.5 厘米，半叶九行、行二十字，白口，四周单边。无鱼尾。牌记题“世瑞堂珍本”。上卷端钤有“臣程煐印”白文方印、“恭则寿”朱文长方印。上卷末钤有“麟经世瑞”白文方印。下卷端钤有“星华”朱文方印，“天赦余生”朱文方印。下卷末钤有“一帆重溯大江澜”白文方印、景物画红方印各一方。卷前有友人梦熊子、浙西二吾居士所作序文两篇，序后有程煐《读曲偶评》一文，卷末有族弟屺山和虞卿的题跋两篇、题词五首。书内有佚名朱笔圈点。

清末民国戏剧期刊汇编（全六十册）

傅谨、程鲁洁主编　精装 16 开　39000.00 元

2016 年 5 月出版　978-7-5013-5804-5

本书编选上百种清末民国戏剧期刊，合计 900 多

期。这批戏剧期刊以清末民国时期戏曲（京剧、越剧、评剧等）和话剧的一些剧本剧目、相关戏剧理论和艺术理论、艺人生平轶事等内容为主。其中既有以艺术研究为主的期刊，也有左联等创办的进步戏剧期刊。

富连成藏戏曲文献汇刊（全三十册）

叶金森、孙萍编　精装 16 开　20000.00 元

2016 年 6 月出版　978-7-5013-5701-7

富连成是京剧教育史上办学时间最长、造就人才最多、规模最大、影响最深远的一所科班。本书辑录了富连成收藏的戏曲剧本及教育、演出京剧所使用的剧本。全书共 300 种京剧剧本，有全本也有单出，其中有些剧本现在已无法见到，大多数剧本都含有身段谱及工尺谱，可以为京剧演出者使用及研究揣摩。本书是第一次将富连成所藏戏曲剧本披露于世，其对戏曲史、京剧史乃至京剧表演艺术有巨大意义。

李一氓旧藏花间集汇刊（全十册）

四川省图书馆编　精装 16 开　5000.00 元

2016 年 8 月出版　978-7-5013-5779-6

本书收李一氓所藏的《花间集》20 种，目前尚未发现海内外图书馆或收藏家庋藏如此多的《花间集》版本。其中，如明毛晋汲古阁刻本，是以南宋开禧元年有陆游二跋的版本为底本；明万历吴勉学师古堂刻本，是以明万历八年茅氏凌霞山房本为底本的覆刻本，公私目录皆未著录；《花间集校》十卷，是李一氓以宋绍兴十八年刊本为底本所校的手稿本。

历代地方诗文总集汇编（全五百册）

《历代地方诗文总集汇编》编委会编

精装 16 开　390000.00 元

2016 年 9 月出版　978-7-5013-5850-2

除了纂修方志，我国对地方文献尤其是诗词文赋等文学作品的搜集汇编有着良好的传统。尤其是明清两代，各地府州县镇积极整理本地艺文，产生了大量的地方诗文总集。民国时期，战乱频繁，但地方文献整理之风未衰。直到现在，各地也在不遗余力地搜集地方文献。基于此，我们将历代地方诗文总集分辑陆续出版，此次将 230 多种汇为一编，涉及 20 多个省市，数百县镇，可以补充别集的不足。既能为今人重编地方艺文提供文献资料，也能为地方文献和文学研究提供便利。

长安古乐曲谱辑存（全四册）

李健正辑　精装 16 开　2400.00 元

2016 年 10 月出版　978-7-5013-5638-6

长安古乐是国家非物质文化遗产首批保护项目。它以成套乐器和乐谱再现古曲，是世界文明古国中唯一完整保存下来的千年宫廷和都市乐种，在世界音乐界和史学界具有极高地位，被誉为“世界音乐活化石”。这是公私所藏最大一宗长安古乐谱，是长安古乐谱一次大汇集，共 32 本，近 2000 首。

《两当轩集》珍本选刊（全六册）

（清）黄景仁撰，许隽超、邓骏捷编

精装 16 开　3900.00 元

2016 年 10 月出版　978-7-5013-5944-8

《两当轩集》的作者黄景仁（1749—1783），字仲则，是乾隆年间常州的著名诗人，他以“诗人之诗”在清代诗坛上独树一帜，“乾隆六十年间，论诗者推为第一”。其诗词集的版本达 30 余种，其中词集的流传及各种版本（包括诗词合刊本）的关系尤为错综复杂。本书在全面梳理其诗词集（包括刻本、抄本、稿本，以及各家词选等）流传和刊刻过程的基础上，精选《两当轩集》稀见且未影印过的版本七种，以供研究者参考。

茅暎评绘图牡丹亭（一函四册）

（明）汤显祖撰，（明）茅暎评　线装 16 开　800.00 元

2016 年 11 月出版　978-7-5013-5956-1

《牡丹亭》全名《牡丹亭还魂记》，是汤显祖的代表作。茅暎评《牡丹亭》为明吴兴闵氏朱墨套印本。本书采用双色套印、线装出版的方式，提供《牡丹亭》的一种珍贵版本供爱好者阅读与研究。

近人传奇杂剧初编（全六册）

常法宽、常大鹏编　精装 16 开　3900.00 元

2016 年 12 月出版　978-7-5013-5437-5

近代传奇杂剧作品繁多，其中不乏佳作精品，但历来少有人进行细致整理，本书编者历经数载，选编近人传奇杂剧近百家，剧目近 200 种，选录标准兼重思想艺术性和稀见性。此书的出版将填补这一时期传奇杂剧文献整理的空白，必将有益于相关研究的深入开展。

历代赋学文献辑刊（全二百册）

踪凡、郭英德主编　精装 16 开　150000.00 元

2017 年 3 月出版　978-7-5013-6046-8

本书汇辑 300 多种历代赋学文献，涵盖赋作总集、别集以及赋话赋评，又为每种图书撰写翔实的提要，融学术价值和文献价值于一身，有较高的研究参考价值。

鸳鸯湖棹歌

（清）朱彝尊撰　线装 16 开　240.00 元

2017 年 5 月出版　978-7-5013-6039-0

《鸳鸯湖棹歌》是清朝著名学者兼文学家、诗人朱彝尊的作品。嘉兴古代诗人以风土人情作为诗歌创作题材的，最早是宋代张尧同的《嘉禾百咏》，之后又有明代许恂如的《秀州百咏》等，至朱彝尊的《鸳鸯湖棹歌》，始蔚为大观，且流风遗韵绵延数百年不绝，在嘉兴诗坛上形成一个特殊的流派。此次以嘉兴市图书馆藏本原大影印，供大家收藏参考。

郑振铎藏珍本戏曲文献丛刊（全七十册）

刘祯、程鲁洁编　精装 16 开　56000.00 元

2017 年 7 月出版　978-7-5013-6067-3

本书收录国家图书馆所收藏的郑振铎藏曲中善本、珍本部分合计 108 种辑录出版。这些戏曲绝大部分为元明清时期的传奇与杂剧善本，不少版本此前从未影印出版过。此次将这一批珍贵版本汇集出版，既反映了西谛藏曲的情况，也有助于学界对古代戏曲的深入研究。

清代诗文集珍本丛刊（全六百册）

陈红彦、谢冬荣、萨仁高娃主编　精装 16 开　360000.00 元

2017 年 9 月出版　978-7-5013-6029-1

本书收录国家图书馆藏 1339 种诗文集文献，其中稿抄本文献 536 部，刻本 682 部，活字本 19 部。这些诗文集的作者上起明末清初，下迄晚清民初，明末清初的易代沧桑、清代中叶的安宁鼎盛、晚清剧烈的社会变革，都在这些诗文集中烙下印记，反映了有清一代社会历史的整体面貌和发展脉络。为了方便检索使用，本书编制了书名笔画索引、著者笔画索引，置于首册。同时，为了让读者深入了解收录的各诗文集的相关信息，编者为各诗文集撰写了提要，介绍作者、版本、行款、印章、存藏、主要内容及价值等。提要汇总成书两册，另行出版。

花间集（一函四册）

（后蜀）赵崇祚编　线装　600.00 元

2017 年 12 月出版　978-7-5013-6294-3

本书使用国家图书馆藏宋绍兴十八年（1148）建康郡斋刻本。此为海内孤本，将此宋代孤本化身千百，能使广大读者阅读收藏，也将是一件功德无量、泽被后世之举。

明清孤本戏曲选本丛刊·第一辑（全四十六册）

陈志勇主编　精装 16 开　35000.00 元

2017 年 12 月出版　978-7-5013-6234-9

从明代嘉靖、万历开始，一直到清代乾隆、嘉庆时期，是折子戏演出兴盛的时期，大量弋阳腔和昆腔的戏曲选本被辑刊出来，反映戏曲创作和舞台演出的繁荣盛况。本书辑录明清时期孤本戏曲选本 20 多种，按照原貌影印出版。这批戏曲选本无论是对明清戏曲史的研究，还是对昆曲、花部艺术的传承和发展都具有重要的文献价值和现实意义。

周绍良批校《敦煌变文集》（全二册）

王重民等编，周绍良批校　精装 16 开　900.00 元

2017 年 12 月出版　978-7-5013-6146-5

《敦煌变文集》是唐代敦煌变文作品的总编，由王重民等人编校，编选出 78 种作品，是敦煌学和敦煌变文的研究中非常重要的一部整理作品。王重民、王庆菽等六人根据照片和原卷过录一个本子，由一人主校，其余五人轮流互校。周绍良是著名的敦煌学家，对《敦煌变文集》中一些叙述做出批点，对一些文字、断句的判断有不同意见，用红笔对全书做出了较多批校。周绍良长期从事敦煌俗文学的研究，他的一些文字判断在学术史上颇有价值，因此本书的出版对敦煌研究及学术发展史都有意义。

爨宝子碑

（晋）佚名撰　经折装　260.00 元

2018 年 3 月出版　978-7-5013-6391-9

爨宝子碑全称为“晋故振威将军建宁太守爨府君墓碑”，东晋安帝乙巳年（405）刻，清乾隆四十三年（1778）出土，现碑石在云南曲靖市第一中学校园内。其用笔在隶楷之间，被视为书法作品中的奇珍异宝，阮元称它为“滇中第一石”，康有为誉为“已冠古今”。与爨龙颜碑合称“二爨”。齐齐哈尔市图书馆收藏的《爨宝子碑》，开本 35×20 厘米，版框 27×15 厘米，清道光年拓本。拓本工整，字迹清晰，稚拙古朴，隶意浓厚。今据此影印。

国家图书馆藏《牡丹亭》珍本丛刊（全十六册）

国家图书馆出版社编　精装 16 开　11200.00 元

2018 年 5 月出版　978-7-5013-6157-1

本书选录国家图书馆收藏的《牡丹亭》明清珍贵版本十多种结集出版，明代的《牡丹亭》善本都囊括其中，为戏曲研究者和爱好者提供了《牡丹亭》版本流传、演变的珍贵资料。

苏州博物馆藏古吴莲勺庐戏曲抄本汇编（全四十八册）

苏州博物馆编　精装 16 开　38000.00 元

2018 年 5 月出版　978-7-5013-6386-5

清末民国苏州人张玉森（古吴莲勺庐主人）遍访大江南北，收藏、抄录历代戏曲（传奇、杂剧）数百种。20世纪30年代张氏藏书散出，郑振铎闻讯赶赴苏州，挑选其中百种。古吴莲勺庐抄本中多有失传已久的孤本、稀见本，为戏曲研究提供了不可多得的资料。郑振铎藏古吴莲勺庐抄本已经捐给国家图书馆。其余部分目前藏于苏州博物馆。此次本书影印出版是第一次将“古吴莲勺庐抄本”文献完全披露于世，为戏曲学界进行研究提供了宝贵的工作。

陈老莲水浒叶子

（明）陈洪绶绘　线装 16 开　260.00 元

2018 年 6 月出版　978-7-5013-6445-9

此书为大清宣统元年顺德严氏书香斋重装并藏，现藏于四川省图书馆。

圣迹图

佚名撰　经折装 16 开　400.00 元

2018 年 6 月出版　978-7-5013-6443-5

本书中所采择的孔子故事，包括孔子一生的主要活动。材料多来源于《论语》《史记》这两部书。具有一定的历史价值与艺术价值。此书为明崇祯刻本，现藏于四川省图书馆。

诗经（全三册）

（明）钟惺评点　线装 16 开　680.00 元

2018 年 6 月出版　978-7-5013-6448-0

此书为明朱墨套印本，现藏于四川省图书馆。

孙桐生手稿

（清）孙桐生撰　线装 16 开　200.00 元

2018 年 6 月出版　978-7-5013-6447-3

孙桐生是四川绵阳人，在红学领域成就尤其显著，有“蜀中红学第一人”之称，他的名字每每被胡适等学者提及。孙桐生对《红楼梦》的流传与普及做出了莫大的贡献。孙桐生一生著述颇丰，但流传下来的已经不多了。绵阳市图书馆馆藏的《孙桐生手稿》已是孤本。对研究孙桐生其人以及他生活的那个时期的政治、经济、文化和民风民俗应该都有着重要的参考价值。特别是对研究和了解他做官的湖南和出生地绵阳其史料价值尤其珍贵。此书现藏于四川省绵阳市图书馆。

王状元集注东坡诗（全二册）

（宋）苏轼撰　线装 16 开　560.00 元

2018 年 6 月出版　978-7-5013-6449-7

此书框高 25 厘米，宽 15.5 厘米，半叶十行，行二十四字，小字双行三十字，黑口，四周双边。佚名批点。此二卷本《王状元集注东坡诗》为东坡七言律诗选集。集中选诗四百五十八首，所据者当是刘辰翁批点之二十五卷本。所题王十朋集注者，当是沿用旧题。此书为明弘治十六年（1503）赵克用刻本，现藏于四川省图书馆。

张船山手稿

（清）张问陶撰　线装 32 开　200.00 元

2018 年 6 月出版　978-7-5013-6444-2

张问陶，号船山，是清代伟大诗人、思想家、政治家、历史学家、文艺理论家、书法家和国画家，乾嘉诗坛泰斗。一生作诗 4000 余首，为“清代蜀中诗人之冠”。主张诗歌应抒写性情，反对模拟。作品多表现日常生活，流于感伤。在京时，常与洪亮吉、罗聘等相唱和，为诗人袁枚所赞扬。此书为四川省图书馆藏有清乾隆遂宁张氏手抄本，文中诗句意远格高，句句言情，篇篇见意。

清末民国京剧研究文献辑刊（全二十册）

廖生训、程鲁洁编　精装 16 开　15000.00 元

2018 年 8 月出版　978-7-5013-6410-7

本书将清末民国时期颇具特色且至今较为少见的京剧研究文献辑录成书。全书分为个人研究资料、流派特色研究、综合性研究、掌故类、史料类、剧社文献类六部分，其中有不少文献都带有图片、人物剪影等。本书依照原样影印，是反映清末民国时期社会风貌和京剧艺术史不可多得的一部资料性图书。

兰石画谱（一函四册）

（清）吴焕采绘　线装 2 开　9800.00 元

2018 年 9 月出版　978-7-5013-6282-0

吴焕采，字文渊，别号兰石、兰道人，又署宛溪吟客、琴溪渔隐等，安徽古猷州（今泾县西）人。同治年中举，官保定知府。善画兰竹，笔意秀雅。本书今存清光绪二十年（1894）古莲池华南砚北草堂刻本，开本极其敞阔，首有牌记，刻手书体序文十数篇。绘图百余幅，每图前各有其名。国家图书馆藏本，绘刻精美传神，初刻印刷精良，原装厚册保存，且为吴焕采本人珍藏，有其藏印及闲章数十方，极为珍贵。成书尺寸 45.5 × 29.5 厘米。原大套色影印，使用制作精美的木函包装。

《唐宋元文约选》精选（一函二册）

深圳图书馆编　线装 16 开　680.00 元

2018 年 12 月出版　978-7-5013-6639-2

深圳图书馆馆藏《唐宋元文约选》为清雍正果亲王

府抄本，是海内外孤本。全书共24册，以清内府馆阁体抄写于洁白如玉的开化纸上，极为精美，是清抄本中不可多得的精品。此次深圳图书馆以《唐宋元文约选》原书为底本，从中精选唐宋元文人约30篇文章，原大影印，适合收藏。

河东先生集（二函十六册）

(唐)柳宗元撰　线装16开　12000.00元
2019年1月出版　978-7-5013-6655-2

宋世彩堂刻本《河东先生集》绝世孤罕，存无二帙，仅可在国家图书馆大型古籍展览中偶见踪影。民国十二年(1923)，上海蟫隐庐曾据世綵堂本韩柳二集影印，即便此影印本，如今价格也已高至数万元，非常人可以企及者。《中华再造善本》曾收录，印章套色影印，但大多被图书馆收藏，少量为个人所藏。十多年过去，市面也已不易得见。2019年，是柳宗元逝世1200周年。此次我们将原书高精扫描，四色制版，按原大尺寸，以泾县手工宣纸彩色印制，书签用淡黄丝绢印制托裱，仍装订为两函十六册。既是对柳宗元的纪念，也可让广大读者一睹世彩堂《柳集》之无上神品的面貌。原大高度仿真的影印本，无疑也是当代难得的古籍收藏佳品！

采山楼藏稀见清人别集丛刊（全二册）

罗鹭编　精装16开　1500.00元
2019年5月出版　978-7-5013-6574-6

本项目为四川大学一流建设人才人物培育工程专项项目“民间所藏稀见清人别集搜集、整理与研究”的重要成果，所收20种清人别集，《清人别集总目》《清人诗文集总目提要》《中国古籍总目》皆未著录，各大图书馆也罕有收藏，如《怡真斋诗稿》《小海岳楼存稿》《怡青堂诗四刻》等均为难得一见的珍稀文献。

熬波图（一函三册）

(元)陈椿编纂　线装　3600.00元
2019年6月出版　978-7-5013-6609-5

《熬波图》是中国现存第一部海盐生产专著，记载了元代新场制盐工艺的全貌。由元代下沙盐场（下沙盐场于元代初将场部搬到新场）盐司陈椿根据前人所作旧图增补而成，全书共有52幅图。《熬波图》具有相当宝贵的史料价值，曾被收录到《永乐大典》和《四库全书》，是《四库全书》中唯一收录的盐业典籍。据查，清之后迄今为止，《熬波图》没有单独出版过。此次出版《熬波图》从国家图书馆藏文津阁版《四库全书》中选取底本，邀请国家级雕版技艺非物质文化遗产传承人陈义时先生操刀领衔，将《熬波图》制作成雕版，同时，写样（出版前言等非原书内容部分）、刷印等环节均邀请相应的非遗传承人完成。

红学书系

蒙古王府本石头记（全六册）

(清)曹雪芹、高鹗撰　精装16开　300.00元
1987年9月出版

蒙府本系《红楼梦》最早的12种抄本之一。其特点有三：1. 为蒙戚系抄本作为脂批本一重要支系的存在提供了有力的参证和直接的证据，且蒙府本较戚序本而言，较少经后人删改，是更接近《红楼梦》原本的真文字；2. 为曹雪芹著书的特殊历史情状及成书后《红楼梦》在上层社会流转传阅中引发的事故和内幕，提供了重要标志和特殊线索；3. 蒙府本因其独有的朱丝栏纸和黄绫装面，在各种抄本中更显珍贵。本次影印所据底本为1961年入藏北京图书馆（今国家图书馆）的旧抄本。俞平伯封面题字。

郑振铎藏残本红楼梦

(清)曹雪芹撰　平装32开　2.90元　35.00元(重印)
1991年1月出版　2008年2月重印　7-5013-0894-1

此乃郑振铎所藏两回本红楼梦。俞平伯先生曾言：此本有着鲜明的异彩，它是另一式的抄本，可能从作者某一个稿本辗转传抄出来的，非但跟刻本不同，就跟一般的脂评本系统也不相同。这是此本最特别之处。因此此本极具研究和收藏价值。

程甲本红楼梦（全六册）

(清)曹雪芹、高鹗撰　线装32开　205.00元
1992年1月出版　7-5013-0908-6

乾隆五十六年(1791)，程伟元、高鹗以木活字摆印《红楼梦》。从此程甲本的问世，不仅保全了《石头记》前八十回基本面貌，而且促成了《红楼梦》第一次大普及。本书底本为国图珍藏的程甲本初印本，品相端好，其影印出版，对于《红学》研究者、爱好者来说具有重要的研究参考价值。

甲辰本红楼梦（全四册）

(清)曹雪芹撰　精装32开　150.00元　690.00元(重印)
1993年1月出版　2006年5月重印　7-5013-0701-6

甲辰本，即梦觉主人序本《红楼梦》，是具有特殊意义的《红楼梦》抄本。它在书名上独标《红楼梦》，并保存了脂本的某些原貌和文字。而且梦序本的改文、批语和序言，对于《红楼梦》的写作过程和文本研究，也都具有重要的文献价值。这些特点使它既是从脂评系统走向程本系统的一个桥梁，又保存了脂本的某些原始面貌,因而成为研究《红楼梦》脂本的不可或缺的珍贵抄本。

红楼梦补义·外一种(全四册)

景梅九撰　平装16开　380.00元
1996年12月出版　7-5013-1313-X

本书收有关《红楼梦》研究的论著二种:《红楼梦补义》,筌溪汉生评述,该书重点评价《红楼梦》中的人物,人各一题;《红楼梦真谛》,景梅九著,该书从命名、薛林取姓、论书中诗词、论著者思想等几方面,对《红楼梦》进行探讨。上述二书均为民国初年印本,流传甚少。

石头记微言(一函八册)

佚名撰　线装16开　920.00元
1996年12月出版　7-5013-1312-1

本书系北京图书馆藏清代抄本,列为《北京图书馆藏珍本小说丛刊》之一。著者佚名,以"释真""释影"为宗旨,按一百二十回的顺序逐章阐述《红楼梦》的"微言",并详细介绍对《红楼梦》的"读法"。该书认为《红楼梦》乃"影书也",特将全书正文中出现"影"字的句子汇集为附录。

程乙本红楼梦(全五册)

(清)曹雪芹著,陈其泰批校　精装16开　1280.00元
2001年12月出版　7-5013-1843-3

本书是清代评点本《红楼梦》之一。其实《红楼梦》的评点历史基本上是与《红楼梦》创作的历史同步的,只是一直未得到足够的重视。本书即是清末民初一批极有价值的评批本《红楼梦》之一,是陈其泰对《红楼梦》程乙本的手批本。今将全貌影印出版,以求对现代评红的研究有一定参考价值,使之在当代的红学研究上发挥应有的作用。

红楼梦谱

(清)寿芝撰　线装80开　16.00元
2002年2月出版　7-5013-1891-3

本书虽为闲情之作,内容却简明可观,可谓读《红楼梦》者厘清书中众多人物关系的"指津宝典"。此次出版据红学界名士杜春耕先生惠赠之底本,按原尺寸影印。

妙复轩评石头记(全四册)

(清)曹雪芹、高鹗撰,(清)张新之评
精装16开　700.00元
2002年3月出版　7-5013-1885-9

本书是《红楼梦》清评本之一,光绪七年(1881)湖南卧云山馆刊本。扉页题名"妙复轩评本绣像石头记红楼梦",内有程伟元原序、孙桐生序跋、绣像20幅,以及《红楼梦》读法等。正文有太平闲人双行夹评及回后总评。

增评补像全图金玉缘(全三册)

(清)曹雪芹、高鹗撰,(清)王希廉、张新之、姚燮评
精装16开　460.00元
2002年5月出版　7-5013-1883-2

《金玉缘》是清代著名的《红楼梦》评本,由护花主人王希廉、太平闲人张新之和大某山民姚燮三家合评。光绪十年(1884),上海同文书局石印。内文有华阳仙裔序、读法、批序、摘误、总评、论赞、或问、大观园图等。尤其是卷首有绣像120幅,每回前还有回目画二幅。正文中有圈点、重点及太平闲人夹评,回末有太平闲人、护花主人、大某山民分评,是研究《红楼梦》的重要史料。

增评绘图大观琐录(全四册)

(清)曹雪芹、高鹗撰,(清)王希廉、姚燮评
精装16开　590.00元
2002年5月出版　7-5013-1908-1

本书是清代《红楼梦》评点大家护花主人王希廉、大某山民姚燮的合评本,具有重要的研究价值和版本价值。此次影印以光绪十二年(1886)铅印本为底本,共一百二十回。该书扉页题"增评绘图大观琐录",正文每面十行,行三十一字,内容与广百宋斋本《增评补图石头记》全同。另外,还附有"楚北女史"的七句咏红诗,现连同《增评补图石头记》及"警幻仙记"的书影一并影印出版。

北师大藏脂砚斋重评石头记(全十六册)

(清)曹雪芹撰　线装16开　2980.00元
2002年8月出版　7-5013-1446-2

本书为北师大图书馆藏抄本《脂砚斋重评石头记》。据考证,本书抄于20世纪40年代,底本为"庚辰本"。

脂砚斋重评石头记己卯本(全四册)

(清)曹雪芹撰　精装16开　3950.00元
2003年10月出版　7-5013-2070-5

本书为清乾隆二十五年至三十五年之间怡亲王府抄本,是脂评系统的《石头记》中唯一能够确定抄主和抄成确切年代的抄本。此本是现存国图善本部的孤本,有极高价值。今采用彩色印刷以体现其原貌。本书由全国古籍整理出版规划领导小组资助出版。

红楼梦图咏(一函二册)

(清)改琦绘,(清)张问陶、王希廉等题咏

线装 8 开　300.00 元

2004 年 1 月出版　7-5013-2196-5

本书是清代著名画家改琦所绘《红楼梦》50 位人物肖像以及清代著名学者文人为《红楼梦》所作的数十首题咏的合璧之作,图文并茂,各领风骚,是有关《红楼梦》的图画、诗咏中最经典的一种。自光绪初年问世以来,被人们无数次地翻印,流传甚广,影响深远。此次选用国家图书馆所藏原郑振铎藏光绪三年(1877)刻本为底本(间有他本配页)精工套色影印,开本宽大,形神俱佳。

东观阁本·新增批评绣像红楼梦(全四册)

(清)曹雪芹、高鹗撰,(清)东观阁主人评

精装 16 开　870.00 元

2004 年 10 月出版　7-5013-2174-4

东观阁本作为《红楼梦》最早的刻本之一和最早带批注的刻本,不仅拥有许多重刻本和覆刻本,而且对于此后《红楼梦》的众多评点本以及《红楼梦》的普及,都产生了重要的影响,从而奠定了东观阁本在红学史上的重要地位。据天津图书馆藏本影印。

脂砚斋重评石头记甲戌本(一函四册)

(清)曹雪芹撰　线装 16 开　600.00 元

2004 年 10 月出版　7-5013-2578-2

本书是现在已知的十余种《石头记》抄本中纪年最早的一种,仅存十六回。20 世纪 20 年代该抄本的发现揭开了更接近曹雪芹原著的脂本研究新的一页,为红学研究开辟了一个广阔而深远的新天地,具有划时代的意义。1948 年此书被胡适带往台湾,直到 1961 年台湾才有影印本面世,随后大陆也有了缩印本。本书按原貌影印。

双清仙馆本·新评绣像红楼梦全传(全四册)

(清)曹雪芹、高鹗撰,(清)王希廉评

精装 16 开　780.00 元

2004 年 10 月出版　7-5013-1884-0

本书是清代《红楼梦》评本之一,道光十二年(1832)双清仙馆刊本,故又称双清仙馆本,内文有王希廉批序、程伟元原序、绣像 64 幅、论赞、问答、大观园图说等,回首有"洞庭王希廉雪香评",回末有评,提供了很有价值的研究史料。

程甲本红楼梦(全四册)

(清)曹雪芹、高鹗撰　精装 16 开　880.00 元

2005 年 8 月出版　7-5013-1802-6

本书在 1992 年版基础上重新编排出版。

卞藏脂本红楼梦

(清)曹雪芹撰　32 开　195.00 元(线)　38.00 元(平)

2006 年 12 月出版

7-5013-3200-2(线)　7-5013-3355-6(平)

2006 年 6 月 14 日上海敬华艺术品拍卖公司拍出了一部仅存一至十回文字和三十三回至八十回总目的脂砚斋评《红楼梦》残抄本,并最终由来自深圳的卞亦文先生收藏。专家将此本与庚辰本对照发现,它保留着脂本所独有的部分回前诗,保留着脂本所独有的少量回前评,保留着脂本所特有的一些批语及类似自白的文字。从文字内容、纸张的材质及保存现状分析,本书应抄于清嘉庆前期。另外,此残抄本与其他脂本相比,在总目的文字、回目的抄写方式以及正文的个别文字中,都具有自己的特异之处。此本虽然仅残存十回,但具有极高的学术研究价值,是近几十年来《红楼梦》资料的又一重大发现。

蒙古王府本石头记(全六册)

(清)曹雪芹、高鹗撰　精装 32 开　980.00 元

2007 年 7 月出版　978-7-5013-3473-5

本次影印所据为 1961 年入藏北京图书馆(今国家图书馆)的旧抄本,原书框高 19 厘米,宽 12.5 厘米。

脂砚斋重评石头记汇校汇评(全三十册)

冯其庸主编　精装 16 开　3600.00 元

2008 年 4 月出版　978-7-5013-3586-2

本书是著名红学家冯其庸先生倾 30 年心血编集而成。全书以北大图书馆藏抄本《脂砚斋重评石头记》(庚辰本)为底本,列为首行,用国图藏《脂砚斋重评石头记》(己卯本)等 12 种脂评本汇校,凡正文之异文,均予列出。通过汇校,揭示出各种本子正文之间的关系,籍明其渊源。汇评则汇集各种本子的脂砚斋、畸笏叟及其他人等的批语,以共综合研究。

蒙古王府本石头记(四函三十二册)

(清)曹雪芹、高鹗撰　线装 16 开　5300.00 元

2008 年 7 月出版　978-7-5013-3632-6

蒙府本系《红楼梦》最早的十二种抄本之一。本书据国家图书馆藏抄本仿真影印。

蒙古王府本石头记(四函三十八册)

(清)曹雪芹、高鹗撰　线装16开　4200.00元
2008年7月出版　978-7-5013-3341-7

本书与同年出版的四函三十二册《蒙古王府本石头记》系同版印刷,拆除了后四十回续书及补抄的第五十七至六十二回,存七十四回。俞平伯封面题字。

南京图书馆藏戚蓼生序本石头记

(清)曹雪芹撰　线装16开(二函二十册)　精装32开(全五册)　3000.00元(线)　1500.00元(精)
2010年5月出版(线)　2011年1月出版(精)
978-7-5013-4293-8(线)　978-7-5013-4405-5(精)

本书是"十一五"重点图书出版规划项目——《石头记》古抄本汇编系列之一,南图本共八十回,分装20册,每册四回。正文每面九行,每行二十字,没有圈句。除第六十七回之外,每回的回前有评,回后有总评,正文内有双行夹批。本次南图本依原样影印出版,为线装二函二十册,宣纸印刷。既为保护珍贵文献,也可供今后红学爱好者研究和收藏之用。

舒元炜序本红楼梦

(清)曹雪芹撰　线装16开(一函十册)　精装32开(全二册)　3000.00元(线)　660.00元(精)
2012年4月出版(线)　2012年10月出版(精)
978-7-5013-4736-0(线)　978-7-5013-4840-4(精)

《舒元炜序本红楼梦》(简称舒序本、己酉本)是《石头记》古抄本汇编系列之一,今本残存四十回,是《红楼梦》重要的早期抄本,具有很高的文学研究价值和收藏价值。为吴晓铃先生原藏,今藏首都图书馆。另朱南铣有影抄本,藏国家图书馆。本次为原本翻拍,线装四色仿真印制,期再现原貌,以飨读者。

蒙古王府本石头记

(清)曹雪芹、高鹗撰　线装16开(四函三十二册)　精装32开(全六册)　12800.00元(线)　1600.00元(精)
2013年2月出版(线)　2012年10月出版(精)
978-7-5013-4911-0(线)　978-7-5013-4878-7(精)

本次影印,系将1961年入藏北京图书馆(今国家图书馆)的旧抄本重新拍照,以最先进的现代印刷技术朱墨双色套印而成,印版高度清晰。是蒙府本发现以来首次高清晰仿真印制。原书框高19厘米,宽12.5厘米。

脂砚斋重评石头记庚辰本

(清)曹雪芹撰　线装16开(二函十二册)　精装32开(全三册)　5000.00元(线)　900.00元(精)
2012年10月出版(线)　2013年7月出版(精)
978-7-5013-4876-3(线)　978-7-5013-4887-9(精)

本书是12种重要的红楼梦早期抄本之一,存七十八回本,即一至八十回,中缺第六十四及六十七回两回。题脂砚斋重评石头记,各册卷首标明脂砚斋凡四阅评过。第五至八册封面书名下注云庚辰秋月定本或庚辰秋定本,故名庚辰本,是保存曹雪芹原文《红楼梦》及脂砚斋批语最多的本子。本书为原书高品质翻拍,彩色线装仿真出版,旨在为《红楼梦》研究与收藏提供全新范本。

俄罗斯圣彼得堡藏石头记

(清)曹雪芹撰　线装16开(五函三十五册)　精装32开(全五册)　9800.00元(线)　1500.00元(精)
2012年11月出版(线)　2013年4月出版(精)
978-7-5013-4886-2(线)　978-7-5013-4889-3(精)

本书简称俄藏本,八十回,缺五、六两回,实存七十八回,俄罗斯科学院东方学研究所圣彼得堡分所藏。1832年由曾到过中国的俄国传教士带回国。全书有批语90余条。1986年由中华书局首次出版。本次为原书五函三十五册重新高品质翻拍,线装彩色仿真出版,同时推出精装本。增补了首次出版时遗漏的单页以及若干批语,为红学研究提供了一全新范本。

卞亦文藏残本红楼梦(一函二册)

(清)曹雪芹撰　线装16开　950.00元
2013年3月出版　978-7-5013-5037-7

2006年6月在上海发现,由收藏家卞亦文购得,故被称为卞藏本。原书共四册,残存一至十回,第一册一至三回,第二册四至五回,第三册六到七回,第四册八到十回。卷首有总回目,一到三十二回回目缺失,存三十三到八十回回目,每回回目均为双行对开抄写。正文每半叶九行,每行二十五字。本次出版为一函二册,每册五回,线装。

张开模藏戚蓼生序本石头记

(清)曹雪芹撰　线装16开(二函十册)　精装32开(全三册)　6000.00元(线)　900.00元(精)
2014年3月出版(线)　2014年4月出版(精)
978-7-5013-5245-6(线)　978-7-5013-5319-4(精)

戚张本又称戚沪本。系桐城张开模过录本,光绪年间为俞明震所得。原为八十回,上海有正书局老板狄葆贤据以照相石印。此本抄写工整,清楚有条,是脂本系统中面貌颇为精良的流传本。比之其他脂本,又有个别细碎异文。第十七与十八回分回之处不同于今本。此本前四十回有夹批、回前回后批。批语有不少移位,如将原文眉批和侧批俱改成双行夹批或回前回后批，并删去原署的年月名号。不少批语为独有，有一定的价值。原本曾传闻已于1921年毁于火。1975年冬，上海古籍书店整理旧库，意外发现迷失多年的底本前四十回半部。现藏于上海图书馆。

绣像红楼梦（六函三十六册）

（清）曹雪芹撰　线装16开　4800.00元

2014年12月出版　978-7-5013-5463-4

本书以天津图书馆藏周叔弢捐赠清光绪二年（1876）京都聚珍堂活字印巾箱本为底本，原大影印。该书依据清道光十二年评双清仙馆王希廉评红楼梦一百二十回刊本活字摆印，配有人物、花卉版画插图128幅，为《红楼梦》活字摆印的最后一个版本，版本稀见。

脂砚斋重评石头记己卯本（二函十一册）

（清）曹雪芹撰　线装16开　5600.00元

2015年3月出版　978-7-5013-5466-5

本书是脂本《红楼梦》的重要抄本。此本多年来据红学界多名专家考证认定，是比较接近于原稿的早期抄本。此本是现存国家图书馆善本部的孤本，有极高的史料价值。

脂砚斋重评石头记甲戌本（一函四册）

（清）曹雪芹撰　线装16开　2200.00元

2019年4月出版　978-7-5013-6709-2

鉴于本书的重要价值，本次重新原大仿真四色影印，特制手工徽宣线装，再现原书风貌。

方志地理

日本藏中国罕见地方志丛刊（全三十二册）

殷梦霞选编　精装 16 开　2590.00 元

1990 年 2 月至 1992 年 11 月陆续出版

据《中国地方志联合目录》所载，流传至今的方志尚有 8200 余种，其中不少流散海外，为日本、法国、美国、加拿大等国所收藏，我国国内仅有存目。为保存祖国文献，发展民族文化，满足国内外的研究需要，北京图书馆通过各种渠道，主要是国际交换的方式，广泛查寻、搜集流散于海外的方志，并制成缩微胶卷。本社对这批胶卷进行整理，选取了其中现为日本所藏、国内罕见的地方志 65 种，编成丛刊，影印出版。其取舍标准，以书的内容价值为主，同时兼顾版本的情况，择优而从。选入本丛刊的地方志主要是明清两代所修，其中五分之四是原刻本。

日本藏中国罕见地方志丛刊续编（全二十册）

殷梦霞选编　精装 16 开　9800.00 元

2003 年 10 月出版　7-5013-2151-5

本书共收集流失海外、为日本收藏、国内罕见的地方志计 16 种。其中 11 种为明代所纂，五种为清代所修，多为国内无藏的稀见之本。

历代郡县地名考

韩湘亭编　精装 32 开　130.00 元

2002 年 7 月出版　7-5013-1909-X

《历代郡县地名考》又名《中国郡县地名考》，稿本，近人韩湘亭编，全书二十一卷，按首字笔画多寡排序。前十九卷考证上古至清季的地理沿革及今址，后两卷分别记载清季郡县总名及民国省道特区辖县名称。本书作者致力史地研究，曾任《乐亭志稿》总纂。本书原是作为参考工具书而编撰的，与同类著作相比，有许多独到之处，内容多可补他书之阙漏。此次影印出版时，编制了详细的索引，极易检索。

（未刊本）春秋地名考（全八册）

顾颉刚著，王煦华整理　精装 16 开　3700.00 元

2006 年 4 月出版　7-5013-3001-8

古代地名素为治史者的障碍物，先秦地名尤为窒碍难通，往往一地数名或数地一名，加以在历史发展过程中迁转流变，历代学者的诠释注解又复错综纷纭，因而给治史、读史者带来很大困难。本书系整理、汇集历代研究商周至于秦汉古地名的相关史料而成，所涉地名近千种，举凡与古地名有关的历代注释、论述、笔记资料均逐条细加甄别、搜罗，并加以研究、考订、归纳。解决了古代地名中的不少疑案，多种解说难于决定孰是孰非的则一并辑录，归纳其不同之处。本书不仅是研究古代历史地理学的最重要著作之一，也是研究中国上古史的必备参考书。

地方志灾异资料丛刊·第一编（全十二册）

贾贵荣等编　精装 32 开　4000.00 元

2010 年 3 月出版　978-7-5013-4358-4

本书通过对国家图书馆和其他图书馆所藏丰富地方志资料，以及《中国地方志集成》《中国方志丛书》等书的资料搜检，择取各省级地方志和州县地方志，对地方志中专门的《灾异志》以及涉及灾异的资料加以整理。将为中国历代灾害史、天文地理史以及赈济制度的研究提供系统的第一手原始文献。

地方志灾异资料丛刊·第二编（全三十五册）

于春媚、贾贵荣选编　精装 32 开　12000.00 元

2012 年 11 月出版　978-7-5013-4821-3

《地方志灾异资料丛刊》是从中国历代地方志中辑出有关灾异的资料而成。按地区分编出版，已出版的第一编为华北、东北地区，此编汇集华东地区七省一市 700 多种方志的灾异资料，其中还包含本社已出版的《著名图书馆藏稀见方志丛刊》中的稀见方志资料，将

为华东地区历代灾害史和天文地理史的研究提供系统的第一手珍贵文献。

周秦汉唐历史地理研究资料汇编(全六册)

贾贵荣、耿素丽选编　精装 32 开　1800.00 元
2011 年 3 月出版　978-7-5013-4470-3

本书收入历代有关周秦汉唐历史地理研究资料 20 种。从内容上,可分为考述经典与纂述方志两大类。从文献所及的时代来说,包括以下四个时期:先秦时期四种、汉及三国四种、晋及南北朝七种、唐及五代五种。本书以所收史料涉及的上述时期为序,同一时期中,又以底本的年代先后排序。为存文献原貌,采取影印的方式出版。

(道光)重庆府志(一函十二册)

(清)王梦庚修,(清)寇宗纂　线装 16 开　3000.00 元
2011 年 8 月出版　978-7-5013-4485-7

本书是清代道光二十三年(1843)所编重庆地方志,全书共九卷,分舆地、祠祀、食货、职官、学校、武备、选举、人物、艺文九门,下分细目。记叙古代重庆的建制沿革、山川地理、人文历史等,是重庆地方志中迄今所知唯一一部保存完整的府志,具有重要史料价值。据重庆三峡博物馆藏本影印,双色套印,线装,锦函。

历代地理志汇编(全十六册)

(清)罗汝楠编　精装 32 开　4800.00 元
2011 年 12 月出版　978-7-5013-4705-6

本书编者罗汝楠,生卒年不详,清广东南海人,近代地理学者,曾任广东南海中学第二任校长。除辑有本书外,还著有《中国近世舆地图说》等。本书取二十四史中的《汉书》至《明史》各地理志尽刻之。各志之后均附有后世学者的考订补缀之作。为便览观,本书统以干支条其目,分为甲、乙、丙、丁、戊、己、庚、辛、壬、癸十编。各编自为卷数,不相混淆。正史地理志各为编首,后人补缀考订者附其后。此以清光绪二十四年(1898)集古书屋刻本为底本影印而成,将原书重新编次,厘为十六册。

八旗通志初集·钦定八旗通志(全七十册)

(清)鄂尔泰等编　精装 16 开　46000.00 元
2013 年 11 月出版　978-7-5013-5180-0

《八旗通志初集》《钦定八旗通志》是清代两部部帙较大的关于八旗制度的汉文书志,保存了相当多的档案史料,一定程度上具有资料长编的性质。同时又在体例方面自成一体,且后者更在前者基础上进行调整,内容上做了不少增删订补。可与相关满文文献互补互参,对研究清代八旗制度、满族历史等具有极高的参考价值。此二书均以国家图书馆所藏相关版本为底本影印:《八旗通志初集》为清乾隆抄本,本次影印出版属首次披露;《钦定八旗通志》为清嘉庆武英殿刻本。

(万历)金华府志(一函十二册)

金华市地方志编纂委员会整理　线装 16 开　4800.00 元
2014 年 5 月出版　978-7-5013-5248-7

金华市现存明代纂修方志两部,即《(成化)金华府志》和《(万历)金华府志》。后者十二册三十卷,较成化志内容更加丰富,记录更有深度。本志致力于描述明朝金华实况,客观记录地方文化和思想,历来是后人研究金华历史的重要文献。此次影印,以国家图书馆、上海图书馆所藏《(万历)金华府志》相互配补而成,是目前最完善的一个本子,必将有益于金华史志的研究。

民国吴县志校补(全十二册)

王謇撰　精装 16 开　7200.00 元
2014 年 9 月出版　978-7-5013-5432-0

本书是八十卷的大型地方文献,时间跨度上起三代,下逮清末,范围涉及各种领域。大致取材于正史、野史、杂史、传记、笔记、文集、金石、文艺作品、采访调查记录及地方区划资料等,符合当今学术论著的需要。王謇先生在其生前,曾以毕生的心血对《吴县志》进行了大量地考订、增补工作,可惜由于种种原因这一成果未能公开刊出。为了后人研究利用的便利,特予以影印刊行。

(康熙)池州府志(全五册)

(清)马世永纂修,李月章续修,庄华峰整理
精装 16 开　3500.00 元
2014 年 10 月出版　978-7-5013-5482-5

《(康熙)池州府志》,康熙五十年(1711)刊刻,乾隆五年(1740)重修,共四函二十册,前有魏学诚、曹曰瑛、马世永序。虽然历史上十多次修纂《池州府志》,但都不及康熙本收录之丰、考据之精。据《中国地方志联合目录》记载,康熙刻本国内收藏有四家,其中只有天津图书馆拥有全帙。乾隆五年重修刻本,目前收藏者仅二处,一是国家图书馆,一是安徽师范大学图书馆。今据安徽师范大学图书馆藏本影印,由庄华锋教授整理并撰写详细前言,卷末附录《赋役全书·池州府所属六县》,供广大读者参考。

宋元方志经济资料丛刊(全三册)

宋志英选编　精装 32 开　990.00 元
2015 年 8 月出版　978-7-5013-5623-2

本书主要收录宋元方志中与经济有关的文献，如赋税、户口、物产、田土等，是研究我国宋元时期经济的重要资料。

叙永旧志辑存

宋敏学等编　精装 16 开　680.00 元

2015 年 8 月出版　978-7-5013-5612-6

本书是将现存的五部旧志合成一册进行出版。包括清康熙二十五年《叙永厅志》（二卷），乾隆七年《赤水备考全志》（八卷）、嘉庆十七年《直隶叙永厅志》（四十八卷）、光绪三十四年《续修叙永永宁厅县合志》（五十四卷），另外还收录了民国时期《叙永县志》（八卷）。本书的出版不但能使我们备知四川叙永地区之建置沿革、山川形胜，而且有助于了解西南地区民族风尚及历史变迁情况，故极为珍贵。

（光绪）嘉兴府志（全五册）

（清）许瑶光修，（清）吴仰贤等纂，嘉兴市图书馆整理　精装 16 开　2800.00 元

2016 年 10 月出版　978-7-5013-5909-7

本书是清光绪四年（1878）鸳湖书院刻本。前有许瑶光、吴仰贤所作序言及修志衔名。首两卷为巡典及天章，余八十八卷分图说、星野、建置、疆域、城池、桥梁、公署、学校、坛庙、山川、古迹、坊表等类目。此书是现存内容最为丰富的嘉兴地方志书。

重刊民国龙游县志（二函十六册）

余绍宋纂修，龙游县地方志办公室整理，黄国平主编　线装 8 开　4800.00 元

2017 年 3 月出版　978-7-5013-5994-3

本书据民国十四年铅印本影印，优质手工宣纸单面印刷，对折筒装，真丝绫套，白绫签条，真丝包背隐线装帧。

保定旧志集成（八十函三百五十一册）

新莲池书院辑　线装 16 开　220000.00 元

2017 年 8 月出版　978-7-5013-6110-6

保定是一座悠久的历史文化名城，保存至今的旧方志记录了其悠久的历史和丰厚的文化。据不完全统计，保定市现存的旧方志约有 105 种，其中府志 5 种、州志 14 种、县志 79 种、乡土志 6 种、村志 1 种。本书收录了保定旧方志 76 种，起自明弘治七年（1494）《重修保定志》，终于民国三十四年（1945）的《重订清苑县志》，是保定旧方志的集大成之作。此书用传统印刷工艺，宣纸印刷，线装函套装订，制作工艺精湛，是传统工艺与现代印刷技术的完美结合。

（康熙）畿辅通志·（雍正）畿辅通志（九函八十七册）

（清）于成龙修，（清）郭棻纂；（清）唐执玉、李卫等修，（清）陈仪等纂　线装 16 开　50000.00 元

2017 年 8 月出版　978-7-5013-6120-5

畿辅，清代直隶省的别称，清初以京师所辖府、州为直隶省，辖境相当于今北京、天津二市，河北大部和河南、山东的小部分地区。雍正、乾隆以后辖境扩大，治所在保定府（今河北保定）。《（康熙）畿辅通志》四十六卷，清于成龙修，郭棻纂，清康熙二十二年（1683）刻本，是河北纂修最早的省志。《（雍正）畿辅通志》一百二十卷，清唐执玉、李卫等修，陈仪等纂，清雍正十三年（1735）刻本。

（万历）陕西通志（全三册）

陕西省地方志办公室整理　精装 16 开　1800.00 元

2017 年 9 月出版　978-7-5013-6201-1

本书为万历三十九年（1611）刻本。此志上续嘉靖志，记事上起远古周秦，下止明万历三十九年修志前。

（乾隆）直隶达州志（一函四册）

（清）陈庆门纂修，（清）宋名立续纂，达州市人民政府地方志办公室整理　线装 16 开　1800.00 元

2017 年 12 月出版　978-7-5013-6296-7

达州历史悠久，自东汉建县至今已有 1900 多年的历史，但史上修志的记载却相对较少。清乾隆七年（1742），知州陈庆门撰修，十二年（1747）宋名立续修的《直隶达州志》四卷，分天文、疆域、沿革、山水、建置、赋役、祀典、秩官、寺观、艺文等 31 门，内容丰富完备，是研究达州历史的重要文献，极具出版价值。

天一阁藏历代方志汇刊（全八百五十册）

天一阁博物馆编　精装 16 开　498000.00 元

2017 年 12 月出版　978-7-5013-5991-2

本书囊括了天一阁所藏 515 部、3273 册历代方志，规模宏大。特色主要体现在四个方面：首先是馆藏收录全；其次是涵盖地域全，涉及全国 20 多个省、区、直辖市的方志；再次是体例类型全，如宋元方志的图经遗风，明代方志的广采文献，清代方志的训诂考辨，民国方志的古今结合，都能体现；第四，明代方志凸显珍贵，天一阁现存 289 种明方志，其中 172 种是各地现存最早的志书，还有 164 种在《中国地方志联合目录》和《台湾公藏方志联合目录》中均为仅见之本，具有极高的文献价值。其中一批明抄本方志，如弘治《偃师县志》、正德《新乡县志》、嘉靖《钧州志》等，都是在当时得不到刻本的情况下用蓝格棉纸抄录的，保存至今尤为珍贵。

西南彝志(一函八册)

(清)佚名纂修　线装 4 开　3200.00 元
2017 年 12 月出版　978-7-5013-6305-6

全书采用五言诗体的形式,探讨了彝族先民对天地形成与发展、人类起源的认识,并系统地描述了彝族及其周边部落古代社会面貌,反映了他们的社会形态及其政治、经济、文化源流,具体记载了西南地区彝族各部族的分支和分布情况以及主要支系的世系源流和相互之间的关系。对于研究彝族的历史和社会状况有很高的研究参考价值。

华阳国志珍本汇刊续编(全八册)

李勇先主编　精装 16 开　6500.00 元
2018 年 6 月出版　978-7-5013-6066-6

《华阳国志》,又名《华阳国记》,是一部专门记述古代中国西南地区地方历史、地理、人物等的地方志著作,由东晋常璩撰写于晋穆帝永和四年至十年(348—354),共十二卷。本书收录国家图书馆珍藏的华阳国志重要版本和名家批校本 8 种,如明天启年间李一公刻本等,为研究川渝历史和《华阳国志》版本提供有益参考。

(嘉靖)宁波府志(一函十八册)

周希哲、张时彻主编　线装 16 开　3600.00 元
2019 年 3 月出版　978-7-5013-6659-0

本书记录了明代宁波府的地理、官僚、科举、教育、城建、户口、赋役、物产、艺文、国防、名士、学者等各方面文献资料,其中卷二十二"海防"颇具特色。明代东南沿海长期受到倭寇侵扰,本卷叙述了明代前中期宁波的抗倭大事以及嘉靖时宁波军政事务做出的针对性调整,展示了明代宁波遭受倭寇侵略的史实和抗倭战争的全貌。

著名图书馆藏稀见方志丛刊

华东师范大学图书馆藏稀见方志丛刊(全二十册)

黄秀文、吴平主编　精装 16 开　9000.00 元
2005 年 10 月出版　7-5013-2813-0

本丛刊收录华东师范大学图书馆珍藏明代至民国地方志 20 种(收藏单位均不超过四家),是地方志整理出版工作的又一新收获。无疑将有利于地方志文献在更大范围内的研究与利用。

陕西省图书馆藏稀见方志丛刊(全十六册)

陕西省图书馆编　精装 16 开　7200.00 元
2006 年 9 月出版　7-5013-3158-1

本书收录陕西省图书馆所藏稀见地方志(乡土志)55 种,内容丰富而珍贵。从所辑方志的地域性来说,本书几乎涵盖了整个陕西:其中关中 23 种、陕南 18 种、陕北 11 种,另有外省地方志 3 种。本书最重要的一个特点就是资料稀见,所收方志在全国的收藏单位都在三家以下,其中 30 余种为陕西省图书馆独家收藏,具有较高的文献价值。为了便于查阅,我们在编辑本书时将三种外省方志置于陕西方志之前;陕西各方志依地区(现行行政区划)划分排序。还要说明的是,本书不但对所收地方志全部进行了原样扫描制作,而且对每一种地方志都进行了版本甄别并写出了提要。一种地方志附一提要,提纲挈领,纲目清楚,为研究者提供了很大的方便。

福建师范大学图书馆藏稀见方志丛刊(全四十册)

方宝川、陈旭东主编　精装 16 开　18000.00 元
2008 年 5 月出版　978-7-5013-3599-2

本书精选福建师范大学图书馆藏稀见方志 28 种,所选方志的收藏单位均不超过四家。书前有编者序言及各志提要。

广东省立中山图书馆藏稀见方志丛刊(全四十六册)

倪俊明主编　精装 16 开　29800.00 元
2011 年 1 月出版　978-7-5013-4424-6

本书收录广东省立中山图书馆所藏稀见方志 32 种,以地区言,广东方志 26 种、省外方志 6 种;以版本言,清刻本 10 种,清及民国间稿(抄)本 16 种,民国间油印本、铅印本各 3 种,内有 12 种为广东省立中山图书馆所仅藏,具有很高的文献利用价值。编者给每种方志均撰写了提要,以资读者参考。

河北大学图书馆藏稀见方志丛刊(全二十册)

河北大学图书馆编　精装 16 开　12000.00 元
2011 年 5 月出版　978-7-5013-4452-9

本书收录河北大学图书馆所藏的 20 种方志,其中 10 种为孤本,具有极高的文献价值。

北京师范大学图书馆藏稀见方志丛刊(全二十二册)

北京师范大学图书馆编　精装 16 开　9700.00 元
2011 年 7 月出版　978-7-5013-3484-1

本书萃选北京师范大学图书馆所藏稀见地方志（乡土志）29种，多为明、清两代抄、刻本，少数几种为民国时期的油印、石印或铅印本。其中有十余种是北京师范大学图书馆独家收藏的版本，实属珍罕。

复旦大学图书馆藏稀见方志丛刊（全五十六册）

复旦大学图书馆编　精装16开　33000.00元

2011年7月出版　978-7-5013-4008-8

本书收录复旦大学图书馆藏稀见明清方志41种。其中不少方志是海内珍本，具有重要的文献和史料价值。

上海图书馆藏稀见方志丛刊（全二百四十册）

上海图书馆编　精装16开　156000.00元

2011年9月出版　978-7-5013-4603-5

本书收录上海图书馆藏稀见方志计246种，其中稿抄本50余种，如清丁丙修、王棻纂、罗榘等校定的《杭州府志稿》，道光间冯登府纂的《南田志稿》悉入其中。这些方志由上海图书馆古籍专家选目汇编，并为每种方志都撰写提要。

浙江图书馆藏稀见方志丛刊（全六十二册）

朱海闵、徐晓军等选编　精装16开　37000.00元

2011年11月出版　978-7-5013-4456-7

本书收录浙江图书馆所藏稀见方志43种，其中孤本15种，《中国地方志联合目录》未著录7种，都是海内珍本，具有重要的文献和史料价值。

首都图书馆藏稀见方志丛刊（全三十册）

首都图书馆编　精装16开　18000.00元

2011年12月出版　978-7-5013-4687-5

本书收录首都图书馆所藏稀见方志36种，涵盖了包括北京在内的19个省份，其中有清刻本6种，清及民国间抄本11种，稿本15种，民国间铅印本、石印本各2种，据《中国地方志联合目录》，其中有19种仅见于首都图书馆收藏。对研究相关地区的历史、地理、政治、军事等具有较高的参考价值。

辽宁省图书馆藏稀见方志丛刊（全十八册）

辽宁省图书馆编　精装16开　16000.00元

2012年6月出版　978-7-5013-4793-3

本书收录辽宁省图书馆所藏47部稀见方志。其中，半数属该馆独家收藏，均具有很高的版本价值。收录数量较多的是民国时期东北地区的县志、乡土志，亦有较高的资料价值。

保定市图书馆藏稀见方志丛刊（全六册）

保定市图书馆编　精装16开　3800.00元

2012年8月出版　978-7-5013-4807-7

本书收录保定市图书馆所藏稀见方志6种，其中有两种仅为保定市图书馆所藏，其余几种也仅为二到四家图书馆所收藏，对研究相关地区的历史、地理、政治、军事等具有较高的参考价值。

南京图书馆藏稀见方志丛刊（全一百七十册）

南京图书馆编　精装16开　250000.00元

2012年10月出版　978-7-5013-4737-7

本书所收南京图书馆140种方志中，孤本方志52种，国内收藏单位在3家以内的稀见方志88种。每种方志撰写有提要。

北京大学图书馆藏稀见方志丛刊（全三百三十册）

北京大学图书馆编　精装16开　300000.00元

2013年8月出版　978-7-5013-4469-7

本书收录北京大学图书馆藏稀见方志274种，其中孤本、稿本92种，具有重要的文献和史料价值。

吉林大学图书馆藏稀见方志丛刊（全二十五册）

吉林大学图书馆编　精装16开　16800.00元

2013年8月出版　978-7-5013-5147-3

本书收录吉林大学所藏少见于世的方志稀见本及孤本，其中数种为《中国地方志联合目录》所未收，总体来说，这批方志有较高的文献价值和版本价值。

重庆图书馆藏稀见方志丛刊（全四十册）

重庆图书馆编　精装16开　28000.00元

2014年5月出版　978-7-5013-5336-1

本书收录重庆图书馆藏稀见方志64种，其中孤本、稿本47种。尤为珍贵的是，包含有着“历边十四年”经历的刘赞廷所编纂的康藏地区县志近40种，为后世研究当时边疆地区的政治经济、社会风俗等方方面面提供资料。

南京大学图书馆藏稀见方志丛刊（全七十册）

南京大学图书馆编　精装16开　58000.00元

2014年5月出版　978-7-5013-5342-2

本书收录南京大学图书馆藏稀见方志68种，其中稿本3种，如《昌平志外志稿》等；抄本36种，如《宁晋县乡土志》《（光绪）洪洞县志》等；孤本23种，如《（康熙）杞县志》等。

湖南图书馆藏稀见方志丛刊（全六十八册）

湖南图书馆编　精装16开　56000.00元

2014年7月出版　978-7-5013-5277-7

本书收录湖南图书馆所珍藏明代至民国时期稀见地方志共31种，其中孤本、稿本10种，涉府、州、县及乡土志等各种方志，多为国内独家收藏，且首次影印亮相，具有重要的文献价值和文物收藏价值。

中国科学院文献情报中心藏稀见方志丛刊（全一百册）

中国科学院文献情报中心编　精装16开　90000.00元

2014年10月出版　978-7-5013-5448-1

本书收录中国科学院文献情报中心所藏稀见方志89种，含明至民国时期20个省区的各类方志，其中稿本46种、抄本22种、刻本21种。所选志书中孤本69种，占总选目的80%，版本珍稀，具体重要的文献价值和文物收藏价值。

安庆市图书馆藏稀见方志丛刊（全六册）

安庆市图书馆编　精装16开　4600.00元

2014年12月出版　978-7-5013-5447-4

本书共收录安庆市图书馆藏稀见方志六种，涉及安徽省内安庆、六安、阜阳、宿县、蚌埠等五个地区。所选方志均为首次影印出版，馆藏仅为三到四家之内，对相关地区的政治、经济、历史、地理等研究有较大参考价值。

清华大学图书馆藏稀见方志丛刊（全三十六册）

清华大学图书馆编　精装16开　24800.00元

2015年9月出版　978-7-5013-5596-9

本书收录清华图书馆藏稀见方志20种，其中孤本、稿本13种，国内收藏单位在3家以内的地方志7种，具有重要的文献和史料价值。

哈佛燕京图书馆藏稀见方志丛刊（全四十册）

刘波主编　精装16开　26000.00元

2015年12月出版　978-7-5013-5687-4

本书是“著名图书馆藏稀见方志丛刊”系列的首个海外编。收录哈佛燕京图书馆珍藏的稀见方志30种，其中孤本五种，其他方志的国内收藏单位均在三家以内，且全部为首次影印出版。此书的出版不仅能满足海内外学者和收藏单位的研究、收藏之需，也将成为近年来海外中华文献回归的又一项重要成果。

河南大学图书馆藏稀见方志丛刊（全三十二册）

李景文、郭鸿昌主编　精装16开　24000.00元

2016年6月出版　978-7-5013-5795-6

本书收录河南大学图书馆藏稀见方志14种，不少为孤本，弥足珍贵。此外，编者还给每种方志均撰写了提要，以资读者参考。

中国人民大学图书馆藏稀见方志丛刊（全三十八册）

中国人民大学图书馆编　精装16开　22800.00元

2016年6月出版　978-7-5013-4649-3

本书收录中国人民大学图书馆藏31种稀见且文献价值较高的地方志。其中有五种为稿本，还有几种名家批校本，如《（康熙）新河县志》为版本学家傅振伦抄校本，并有傅氏跋语，非常珍贵。

武汉大学图书馆藏稀见方志丛刊（全十八册）

武汉大学图书馆编　精装16开　14000.00元

2016年9月出版　978-7-5013-5841-0

本书收录了武汉大学图书馆收藏的十种方志，其中不乏孤本方志。这些珍贵的方志都具有重要的版本价值和史料价值，相信它们的揭示出版必将会推动相关领域的研究进展。

吉林省图书馆藏稀见方志丛刊（全九册）

吉林省图书馆编　精装16开　6000.00元

2017年12月出版　978-7-5013-6311-7

本书收录吉林省图书馆所藏方志15种，其中稿抄本11种。虽然品种不多，但资料质量上乘，尤其是稿本《历代舆图考略》《东三省沿革表》《台湾杂记》等，是很好的历史参考资料。

中国国家博物馆藏稀见方志丛刊（全十四册）

中国国家博物馆编　精装16开　9000.00元

2018年3月出版　978-7-5013-6583-8

本书收录明、清及民国时期的方志27种，这批方志，从版本特征上来说包括刻本、抄本、稿本、活字本、铅印本等，从内容来说有省志、府志、县志、山水志、寺院志、舆图等，尽管规模不大，但涵盖面较广。本次整理，是国家博物馆所藏古籍首次大规模集中亮相，本书的出版将裨益读者，嘉惠学林。

湖北省图书馆藏稀见方志丛刊（全一百册）

湖北省图书馆编　精装 16 开　80000.00 元

2018 年 4 月出版　978-7-5013-6321-6

本书收录湖北省图书馆藏稀见方志 99 种，其中稿抄本近半，堪称孤本，范围覆盖 20 多个省区，是一批质量非常高的旧方志汇编。

哲学宗教

尚书通检

顾颉刚主编　精装 16 开　3.70 元

1982 年 5 月出版

根据现存有句读的本子中最早而且最完全的江南书局翻刻相台本《尚书孔传》影印而成。本书将《尚书》里所有的字做成各条通检，依笔画多少的次序，按篇第字第排列。通检每条都用号码标明在某篇某字，每字之下必注明其完全的句子。句读依据《尚书孔安国传》，参照《释文》和《正义》。包括《尚书》本文、通检、相台本异体字表、《尚书》孔传蔡传异文异读表、通检目录。书前有序、凡例、总目。书后附有中国字庋检字、四角号码检字、分韵检字、拼音检字。

释神

（清）姚东升辑　线装 16 开　12.00 元

1985 年 2 月出版

本书是一部少见的关于神话之书，原书为稿本，国家图书馆珍藏，是一部较大型的类抄笔记书稿之一种。

云笈七签

（宋）张君房编　精装 32 开　29.50 元

1992 年 7 月出版　7-5013-0929-9

依《大宋天宫宝藏》编成，共 122 卷，素有"小《道藏》"之称。该书为一部道教类书，此次依明《道藏》本影印出版。

宋抄本洪范政鉴

（宋）赵祯撰　线装 16 开　39.50 元

1992 年 9 月出版　7-5013-0937-X

《洪范政鉴》，十二卷，北宋仁宗赵祯撰，南宋淳熙内府抄本，是现今仅存的唯一完整的宋代写本，书为蝶装旧式，每卷又分上、下二卷。

释氏十三经

中国佛学院、中国佛教协会编

精装 16 开　28.00 元

1993 年 10 月出版　7-5013-0769-5

本书由中国佛教协会、中国佛学院选编，共收录了佛教经典 13 种：《金刚经》《心经》《妙法莲花经》《维摩法经》《解深密经》《楞伽经》《金光明经》《十住行经》《胜经》《观无量寿佛经》《神变加持经》《首楞严经》《坛经》。所据版本为校勘精密的金陵刻经处本。

纬史论微（全六册）

姜忠奎编　精装 16 开　680.00 元

1996 年 8 月出版　7-5013-1302-4

本书是一部论述谶纬源流的资料汇编。作者姜忠奎，字叔明。1934 年撰成本书，1935 年石印成书，装订为六册。全书正文为骈体，是纲，其下低一格则博引群书加以论述。

圣门十六子书（一函六册）

（清）冯云鹓辑　线装 16 开　696.00 元

1997 年 6 月出版　7-5013-1421-7

本书广采博辑经书、史、志、诸子百家有关"圣门十六子"的历史记载，加以纪实、补缺、删误、集成，参考辑录的书籍多达百余种，收录了许多后人难得见到的文献资料，对有关"圣门十六子"的言行、古迹、世系等无不备载。根据国家图书馆藏清道光十四年（1834）崇川冯氏刊本影印。

中国哲学范畴丛刊（二函十一册）

钟肇鹏选编　线装 16 开　966.00 元

1997 年 6 月出版　7-5013-1320-2

本书选辑七种探讨中国哲学范畴的古籍汇为一编：

《北溪字义》二卷，宋陈淳撰，咸丰辛酉（1861）长沙余氏校刊《北溪陈先生遗书》本；《易微言》二卷，清惠栋撰，《学海堂经解》本（卷三四九至三五〇）；《孟子字义疏证》三卷，清戴震撰，《微波榭丛书》刊《戴氏遗书》本；《性命古训》一卷，清阮元撰，《四部丛刊》本；《汉儒通义》七卷，清陈澧撰，《东塾丛书》本；《经训比义》三卷，清黄以周撰，清光绪丙申（1896）江阴南菁讲舍刊本；《理学字义通释》，刘师培撰，《刘申叔遗书》本。

船山学谱（一函四册）

王永祥编　线装 16 开　360.00 元
1997 年 8 月出版　7-5013-1338-5

王船山，即明清之际思想家王夫之。本书作者对船山的哲学思想加以融会贯通，提纲挈领，分类纂辑，编为六卷。本书根据国家图书馆藏民国刻《孝鱼丛著》本影印。

续百子全书（全二十五册）

钟肇鹏选编　精装 32 开　4860.00 元
1998 年 8 月出版　7-5013-1435-7

本书精选《百子全书》以外古籍子类著述 100 余种汇为一编，影印出版，其中包括不少珍贵的稀见善本，内容丰富而广泛。

读书记四种（全十八册）

钟肇鹏选编　精装 32 开　3000.00 元
1998 年 9 月出版　7-5013-1434-9

本书收录宋明两代名人读书记善本四种。

新编道藏目录（一函二册）

钟肇鹏编　线装 16 开　240.00 元
1999 年 12 月出版　7-5013-1644-9

《道藏》作为道教书籍集成，内容极为丰富，但旧有分类古奥繁复，不便使用。本书前言部分详述《道藏》结集及编目的来龙去脉，以及过去分类及编目的利弊，是对《道藏》编目的一次重新审视和校勘。在总结既往的基础上，本书用更加科学、便于理解使用的方法，将《道藏》中千余种书籍进行了重新分类，使新编目录与目前流行的《道藏》的三种版本（涵芬楼本、台湾缩印本、上海书店等三家本）一一对应，并作索引两种，是研究使用《道藏》的实用工具书。

养正图解（一函四册）

（明）焦竑编撰　线装 8 开　785.00 元
2000 年 9 月出版　7-5013-1747-X

《养正图解》不分卷，明焦竑撰，明吴继序解说，明丁云鹏绘，明黄奇刻。此次影印依据国家图书馆藏明万历二十二年（1594）金陵奎璧斋刊本。

明末清初天主教史文献丛编（全五册）

周方编校　线装 16 开　560.00 元
2001 年 2 月出版　7-5013-1717-8

本书收录明万历至清康熙年间有关天主教史的文献七种。

论语集注（全五册）

（宋）朱熹集注　线装 16 开　580.00 元
2001 年 12 月出版　7-5013-1861-1

说经（全四册）

吴秋辉撰　精装 16 开　990.00 元
2001 年 12 月出版　7-5013-1836-0

著者吴先生名桂华，字秋辉，著有《算法易解》《算法正宗》等书。本书是对《诗经》中的部分篇章的专门研究，主要是对古人对文字的误解进行考订、纠正。本书后附梁启超、康有为与作者有关学术商榷之文章及书信。对研究《诗经》者大有裨益，亦为古籍研究工作者提供另一探究学问之方法。

稿本宋元学案补遗

（清）王梓材、冯云濠辑　精装 16 开　135.00 元
2002 年 10 月出版　7-5013-1907-3

《宋元学案》是中国学术思想史上又一部经典著作。《宋元学案补遗》即出自校补付梓《宋元学案》者王梓材之手。该书共补遗约有七八百条。此次影印版所据底本，乃南开大学图书馆所藏王梓材、冯云濠的手稿，共八册四十二卷，纸墨俱佳。目录之后分别有跋识，记其校补《宋元学案》，撰写《宋元学案补遗》的缘由和过程。另外，书前附有文化大师胡适、单不庵分别撰写的“《宋元学案补遗》四十二卷本跋”。是研究宋元学术思想史的必读文献。

芷兰斋藏辽刻孤本观弥勒菩萨上生兜天经疏

（辽）释诠晓定本　卷轴装　6900.00 元
2002 年 10 月出版　7-5013-1954-5

此本为辽代的刻经，约刻于 983—1060 年间，此经纸面光洁，刀工娴熟，且通篇朱墨批校，与现存《开宝藏》遗珍相比较，在任何方面均无逊色。

尚书

(汉)孔安国传　卷轴装　3200.00 元
2002 年 11 月出版　7-5013-1874-3

本卷轴装《尚书》是《尚书》尧典和舜典的残卷,为清末许贞于味青齐斋所藏敦煌秘籍之一,现由国家图书馆善本部珍藏。此卷未及编入《尚书文字合编》,此次我社按残卷原样影印出版面世,使研究《尚书》的专家学者,能获睹此珍贵写本,必将有力地促进今后《尚书》整理、研究发展。

宋元明清儒学年表

(日)今关寿麿编撰　精装 32 开　25.00 元
2002 年 11 月出版　7-5013-1906-5

宋元明清四朝是中国儒学新形态——宋明理学产生、发展和走向成熟的时期。日本学者今关寿麿用汉语所撰此书,始于宋仁宗明道元年(1032),即理学集大成者程颢诞生之年,终于 1912 年中华民国元年孔教会创立。全书以年代(首列中国纪年,次附西历、日本年号)为经,以宋明理学重要学者的生卒、著作刻印及重大学术活动为纬,构垒了四朝 870 余年的理学发展框架。其中不乏对宋明理学的精辟见解和独特思考。是宋元明清学术思想史的不可多得的研究性工具书。

墨子大全・第一编(全二十册)

任继愈、李广星主编　精装 32 开　5000.00 元
2002 年 12 月出版　7-5013-1932-4

《墨子大全》第一编共收战国至清末墨学研究专著与名校本、名刻本等 30 余种,基本以版本先后为序,作者相同之书相对集中,编为 20 册。本编主要特点有三:其一,囊括明代茅坤、朗兆玉,清代王念孙、毕沅、孙诒让、曹耀湘等墨学大师之研究专著,承载古代墨学研究发展之最高成果;其二,荟萃各种名家批校本,黄丕烈、卢文弨、傅山、许宗彦诸文献大家之手泽展卷可观;其三,版本珍稀,明刻本、明清抄本及和刻本近 20 余种,占全编三分之二。如明《道藏》本、明芝城铜活字蓝印本、明嘉靖唐尧臣刻本等均属稀世珍品。

墨子大全・第二编(全三十册)

任继愈、李广星主编　精装 32 开　8000.00 元
2003 年 12 月出版　7-5013-2113-2

《墨子大全》第二编共收录民国时期梁启超、伍非百、吴毓江、张纯一、栾调甫、叶瀚等 50 余位著名学者编撰的墨学研究专著 70 余种。编排基本以版本先后为序,同一作者之著作相对集中,分为 30 册。内容主要有:关于《墨子》校释、考注、疏证、笺诂、通解、拾补、引得等;关于墨子本人生卒、籍贯、游历、讲学、著述等历史的考察和研究;关于墨经、墨辨乃至整个墨子学科的讨论、探源、阐述、发微等研究性专著。其中,叶瀚墨学著作稿本,属首次披露,编为三册,占全编三分之一。

墨子大全・第三编(全五十册)

任继愈、李广星主编　精装 32 开　13000.00 元
2004 年 12 月出版　7-5013-2588-X

《墨子大全》第三编收录 1949—2003 年产生的墨子研究文献 100 余种。如果说,第一编、第二编较完整地反映了历史上第一次(清代中后期)、第二次(民国中期)墨学研究热潮所带来的成果。那么,本编最大的贡献,就是全面集合兴起于 20 世纪 90 年代、以山东大学张知寒教授为擎旗人的第三次墨学研究热潮所产生的科研成果。除此,尚有几大特点值得关注:一是以任继愈先生、李广星先生为主的本书编委会,充分发挥中国墨子学会的能量,尽可能全面地收录了海外学者研究墨子的著作;二是本编尽可能多地收录了近 20 年来因学术著作出版难而无法面世的部分学者的墨学研究书稿;三是本编尽可能全地收录了 20 世纪五六十年代出版的现已不易使用的墨学著作。所有这些,使本编成为 50 年来墨学研究成果的文献资料集大成者。

冲虚至德真经(全四册)

精装 8 开　590.00 元
2003 年 12 月出版　7-5013-2302-X

《冲虚至德真经》即为《列子》,列子相传为先秦道家人物,《列子》一书为道家经典之一,晋张湛为之作注。

丛书佛教文献类编(全六册)

本书编委会编　精装 16 开　2400.00 元
2004 年 5 月出版　7-5013-2432-8

本书从国家图书馆、河南省馆所藏部分古籍丛书中选编佛教文献 70 余种,内容涉及佛教经、律、论及注疏、指南、研究著述等等,多为《大藏经》所未收者。古籍丛书以其体例灵活、网罗宏富的特点,在保存和流传佛教文献方面,有着不可替代的作用。有些编者在汇编汇刻丛书时,还对收入其中的佛教文献做了校勘订正,其文献价值更远胜过单刻本。

大藏经纲目指要录(全八册)

(宋)释惟白撰　精装 8 开　3320.00 元
2004 年 6 月出版　7-5013-2338-0

本书为宋代人编纂的用于佛教《大藏经》内容解说的书籍。

张延奂手写《四书》(一函十三册)

张延奂书　线装16开　660.00元
2004年7月出版　7-5013-2456-5

本书是张延奂50初度之际,用60天的时间,以汉隶书写的《论语》《大学》《中庸》《孟子》全文。《四书》本圣贤语录,书此以为自寿自策之作,字里行间充溢着崇贤向善、进德修业的拳拳之意。其书法健秀古朴,不让其父。方家赞为"熹平之后第一人也"。书后有自跋及诸名家手书题跋,书法各具风格,均神采飘逸。本书原为张延奂子女张倬先生、张燕如女士保藏,今年适逢其父130周年诞辰,兄妹二人特将此书献出,以志纪念。

历朝学案拾遗(全三册)

梁启超、王恩洋撰,本社影印室辑　精装32开　720.00元
2004年12月出版　7-5013-2591-X

《历朝学案拾遗》共收录明清以来学者编著的有关先秦诸子至民国时期著名学者学案的补遗、札记、订误等著作14种。

禅宗全书(全一〇一册)

蓝吉富主编　精装16开　18000.00元
2005年1月出版　7-5013-2602-9

本丛书共收辑6世纪至20世纪佛教禅宗典籍570余部,分为史传、宗义、语录、清规、杂集五类,编为100册,外加总目索引一册,是迄今为止中外各国收录禅宗典籍最多的禅宗类丛书,为教内外的研习者提供了丰富的历史资料。

明清四大高僧文集(全五册)

曹越主编　精装32开　246.00元
2005年4月出版　7-5013-2616-9

本书收入明末清初四大高僧:紫柏老人、澫益大师、云栖株宏、憨山大师之著述四种。

道藏精华录(全五册)

丁福保编　精装32开　850.00元
2005年7月出版　7-5013-2795-5

本书由丁福保编辑,曾于民国期间铅印出版。编者有鉴于道教典籍浩如烟海,卷帙庞大,内容博杂,不易披阅,故精选正续《道藏》及藏外道教著作中义理纯正,于摄生炼养、人生修养最为切要之典籍一百种一百四十八卷汇编成书。所选不但囊括了道教经论、《道藏》目录、道书提要、道家传记、道教养生延龄要诀等方方面面的内容,且文字精练,繁简得宜,均为卷帙不大之道书,最多无超过十卷者,可谓得其精要。每种典籍之后还精选修身养性、益寿延龄箴言作为补白。本书此次影印出版,由钟肇鹏先生作序,并对原书个别版本作了考订置换。希望有裨于道教研究学者及广大道教文化爱好者。

三礼通释(全二册)

(清)林昌彝撰　精装16开　660.00元
2006年11月出版　7-5013-3190-1

"礼经"作为"五经"之一,包括《仪礼》《周礼》《礼记》三部分,内容包罗万象。本书"专释三礼,大旨以《仪礼》《周礼》为纲,以《礼记》及各经之言礼有可互证者亦博引之以为义疏","于三代制礼之源及六朝议礼之蕴""溯源讨流,最为详备"。全书二百八十卷,其中通释二百三十卷,三礼图五十卷。

论语集注补正述疏

(宋)朱熹集注,简朝亮述疏　精装16开　120.00元
2007年5月出版　978-7-5013-3464-3

《论语集注补正述疏》以朱熹《论语集注》为主体,全录朱子集注,然后以"述曰"加以阐述补正,中多精辟见解,是清末民初一代名儒的"论语心得"。后附《读书堂答问》256条,也是阐发《论语》意蕴的,对于研读《论语》弘扬儒学,均有裨益。

周秦诸子斠注十种

中国学会辑　精装32开　190.00元
2007年9月出版　978-7-5013-3523-7

周秦诸子之学,乃我国学术思想之重要起源,后世学者多所重视,亦由此产生了大量对诸子之书进行校注、校补、考异的整理、研究性著作,清代学者此项成绩犹谓斐然。自明清至民国间,更是有多种汇集了这些研究成果的子书汇编本刊行。民国间中国学会辑印的《周秦诸子斠注十种》便是其中有重要价值的一种。该书辑选了十种有代表性的名家精校、精注本。

密宗甘露精要(全二十六册)

《密宗甘露精要》编委会编　精装16开　17600.00元
2007年11月出版　978-7-5013-2476-7

《密宗甘露精要》编辑委员会组织近百位佛学专家、学者、高僧大德和宗教研究工作者呕心沥血,精雕细琢,以乾隆版《大藏经》秘密部为蓝本,并摄取数种《大藏经》咒中的密宗部分,其中包括藏密各派经典的汉译精华,首次辑录而成密典。是佛教历史上第一部全面系统汇集的汉文版佛学密典,填补了自有佛典以来没有系统分类的缺憾。全书以佛典一脉,达多元一体,充分彰显出中华文化之博大精深。

赵城金藏(全一百二十二册)

国家图书馆编　精装 16 开　56000.00 元
2008 年 1 月出版　978-7-5013-3597-8

《赵城金藏》与《永乐大典》、《四库全书》、敦煌遗书一同被誉为国家图书馆四大镇馆之宝。《赵城金藏》是在金代刻的一部大藏，因为它藏在赵城县(今属山西洪洞县)广胜寺，所以后人将它定名为《赵城金藏》。全世界保存下来的金代全藏刻书极少，全藏约七千卷左右，其他流传下来的金代藏经仅有十几卷，而这部《赵城金藏》约留存四千余卷，较为完整，又是传世孤本，因而被视为希世瑰宝。《赵城金藏》刊刻后，重新发现与保存的经历充满了传奇色彩。《赵城金藏》是中华人民共和国成立后第一个大型古籍修缮项目。国家专门调来四位富有经验的装裱师傅帮助修复，历时 17 年，终于在 1965 年修复完毕。我社在国家图书馆的支持下，采用国际最先进的复制技术，将之制作出版，这是自金代刊刻以来海内外首次整理出版。

四书传注会要(全十一册)

钟肇鹏选编　精装 16 开　5600.00 元
2008 年 12 月出版　978-7-5013-3571-8

钟肇鹏先生以其对中国古代学术思想史及目录学的深厚学养，精选出南宋至清末诠释、解读《四书》的名家名作共计 20 种(已有排印本的通行本一般不予采录)，裒集成此书，以方便学者研阅。

中华律藏(全六十册)

傅印法师主编　精装 16 开　20000.00 元
2009 年 1 月出版　978-7-5013-3966-2

历来编《大藏经》，均有经律论三藏，律部单成一藏，足见其重要。然而，如此重要的律部文献，竟从未完整结集再现。且历史上各种版本的藏经中，对于"律"的关注有不同的侧重，所收经文也多有不同。鉴于此，我们搜遍天下珍本，将藏内藏外律宗文献合于一书，以便参阅与研究。

绘图五百罗汉详解(一函二册)

孙玉山绘图，明藏撰文　精装 8 开　2980.00 元
2010 年 10 月出版　978-7-5013-4428-4

本书为民国年间山东画师孙玉山临摹湖南衡山祝圣寺石刻五百罗汉像，这一珍贵的彩绘图册，现藏于国家图书馆。该绘画既保留了原石刻图像线条流畅、姿态生动、表现细腻的线刻艺术特色，又在此基础上施以各种和谐的颜色，使整个画面不仅色彩丰富，人物也更加生动逼真，栩栩如生。与石刻拓本相比，更加富有观赏价值。祝圣寺罗汉堂的五百罗汉像石刻，在十年动乱中全部被毁，现仅存拓本收藏于南岳庙的书画馆中，因此，这部画册同时也具有极高的文献价值。

宋本四书

宋本大学章句

(宋)朱熹集注　线装 8 开　480.00 元
2011 年 1 月出版　978-7-5013-4451-2

《大学》与《中庸》《论语》《孟子》一起称为《四书》，是儒家传道授业的基本教材。朱熹的《四书章句集注》具有划时代的意义。此次影印所据底本，为铁琴铜剑楼原藏(今藏国家图书馆)宋淳祐十二年当涂郡斋刻本《四书章句集注》之《大学》抽印本，采用彩色仿真印制，力求再现宋刻典籍之风采。

宋本中庸章句

(宋)朱熹集注　线装 8 开　1110.00 元
2012 年 1 月出版　978-7-5013-4718-6

此次影印所据底本，为国家图书馆珍藏原铁琴铜剑楼旧藏宋淳祐十二年当涂郡斋刻本《四书章句集注》之《中庸》抽印本，采用彩色仿真印制，力求再现宋刻典籍之风采。

宋本论语集注(一函十册)

(宋)朱熹集注　线装 8 开　6500.00 元
2013 年 1 月出版　978-7-5013-4912-8

此次影印的《论语集注》所据底本，为铁琴铜剑楼原藏(今藏国家图书馆)宋嘉定十年当涂郡斋刻嘉熙四年、淳祐八年、十二年递修本，采用彩色仿真印制，力求再现宋刻典籍之风采。

宋本孟子集注(二函十四册)

(宋)朱熹集注　线装 8 开　7800.00 元
2014 年 1 月出版　978-7-5013-5279-1

此次影印的《孟子集注》所据底本，为铁琴铜剑楼原藏(今藏国家图书馆)宋嘉定十年当涂郡斋刻嘉熙四年、淳祐八年、十二年递修本，采用彩色仿真印制，力求再现宋刻典籍之风采。

御制奇门大全(八函六十四册)

佚名编撰　线装 16 开　12000.00 元
2011 年 10 月出版　978-7-5013-4569-4

奇门遁甲是以《周易》为基础，将象数之学与方技之术熔铸为一，借助天干地支、阴阳五行构成的诠释体系来表达思想的一种思维形式和预测手段。其流行与中国传统社会的政治尤其是战争密切相关，体现了中国古代先民对宇宙万物及其变化、发展规律的探索和思考，也为我们提供了全面了解和深刻认识当时社会状况的重要信息。该书出版有助于系统了解奇门遁甲的理念和内容及其在不同时代的演变情况，并深入探索中国传统思想文化的发展轨迹和规律，因而具有重要的学术价值和社会意义。

中国佛教护国文献集成（全八册）

释传印主编　精装 16 开　4200.00 元

2011 年 11 月出版　978-7-5013-4671-4

此套文献内容丰富。主要包括以下三部分：一、佛教经典中的护国经论，如护国三经《妙法莲华经》《仁王护国般若波罗蜜多经》《金光明最胜王经》，其他经书如《大乘本生心地观经》《瑜伽师地论》《增一阿含经》《守护国界主陀罗尼经》等，另有《大藏经》中相关经论数种，圆瑛等近代高僧讲《仁王护国般若波罗蜜多经》等；二、我国古代的佛教护国史料，这部分资料散见于部分古代史传、专著及一些方志史料中；三、近现代佛教界护国史料。

壬辰重改证吕太尉经进庄子全解十卷

（宋）吕惠卿撰　线装 16 开　680.00 元

2011 年 12 月出版　978-7-5013-4700-1

此书为今世所传的最古最完好的吕惠卿《庄子义》孤本，十分珍贵，为治庄子学及研究吕惠卿学术思想者久所向往，但因深藏密阁，一般学者始终未能一睹其真容。此次由于《子藏》编纂工程的启动，久藏密阁的金刻本吕惠卿《壬辰重改证吕太尉经进庄子全解》十卷，不但收入《子藏·道家部·庄子卷》中，还单独彩印发行，以便于广大读者一睹原貌，这无疑为治庄子学及研究吕惠卿学术思想者的一件幸事。

国家图书馆藏《药师琉璃光如来本愿功德经》

（唐）玄奘等编　线装 8 开　9900.00 元

2012 年 3 月出版　978-7-5013-4730-8

《药师琉璃光如来本愿功德经》为大乘佛教重要经典之一，因其内容强调现世消灾增福与往生净土并重，历代广受信奉。此次影印所据底本，为国家图书馆藏清乾隆帝第十一子成亲王永瑆旧藏明成化七年（1471）九月十九日写本。

辽藏·观弥勒菩萨上生兜率天经疏卷上

（唐）释窥基撰　卷轴装　3600.00 元

2012 年 4 月出版　978-7-5013-4679-0

辽代经卷举世罕见，此卷《观弥勒菩萨上生兜率天经疏》为辽代刻经，版刻风格与山西应县木塔发现的辽藏风格相近。卷首残，尾全，卷尾题观弥勒菩萨上生兜率天经疏卷上，卷末题燕京悯忠寺讲唯识论法华经释诠晓定本，总卷长约 806 厘米，字迹清晰，版本基本完整，可谓难得。《观弥勒菩萨上生兜率天经疏》作者为释窥基，释诠晓校定，释诠晓同辽藏一样，也是身世扑朔迷离，世间只知其为唯识大师，曾主持刊刻《契丹藏》，被辽圣宗封为无碍大师。他的著作颇多，但大多只剩下存目，真正流传于世者并不多，此书正是诠晓大师流传于世的一部著作。众所周知，目前《大正藏》《卍续藏》为流通非常广的两部藏经，但是这两部藏经中的《观弥勒菩萨上生兜率天经疏》一书的版本来源不详，而且方家已经指出多有讹误，但是原文不详。所以此卷轴的问世，更能还原此书的本来面貌，对于藏经的校勘有着无与伦比的价值。我们此次采用的《辽藏观弥勒菩萨上生兜率天经疏》长卷，乃韦力先生于 1999 年不惜重金购得，藏之于芷兰斋。先生学识渊博，胸襟宽广，知此经卷学术价值极大，不愿独享，特意公之于世，望大家皆能一睹古卷，同沾法喜。出版形态为宣纸彩色原样影印，卷轴装。

唯识文献全编（全七十二册）

王联章主编　精装 16 开　36000.00 元

2013 年 3 月出版　978-7-5013-4696-7

本书收录的文献是 1949 年前，所有与唯识学说有关的文献。除了汉传佛教僧人、居士的论著，也有近代学者的著作。有大力推崇、弘扬唯识学的著作，也有批判唯识的著作。《唯识文献全编》一书的出版，填补了全球关于唯识学文献研究的一个空白，为广大僧众和学术研究人员提供了翔实的资料。此外，我们希望此书的出版，亦能引起各界对于古籍文献的保护和整理的重视。

中国地方志佛道教文献汇纂（3 种）

中国地方志佛道教文献汇纂·人物卷（全一百三十三册）

何建明主编　精装 32 开　40962.00 元

2013 年 3 月出版　978-7-5013-4791-9

本书从近 8000 种中国地方志文献中收录了与佛道教有关的人物史料。

中国地方志佛道教文献汇纂·诗文碑刻卷（全四百九十八册）

何建明主编　精装 32 开　153379.00 元

2013 年 3 月出版　978-7-5013-4789-6

本书从近8000种中国地方志文献中收录了与佛道教有关的诗文碑刻史料，具有珍贵的研究价值。

中国地方志佛道教文献汇纂·寺观卷（全四百八册）

何建明主编　精装32开　125659.00元

2013年3月出版　978-7-5013-4790-2

本书从近8000种中国地方志文献中收录了与寺庙、道观有关的历史资料，具有珍贵的研究价值。

中国易学文献集成（全六十八册）

本书编委会编　精装32开　24000.00元

2013年3月出版　978-7-5013-4907-4

自《周易》产生后，历代都有大批学者研读论说，或易理象数，或文本诠释等，形成了众多的易学流派。本书收录元代及其以前的易学文献近250种，一千余卷。版本方面首选精刻善本，力求网罗各时期具有代表性的易学著作，堪称一套前所未有的易学文献集成。元代之后的易学文献，将以续编形式陆续推出。

中国易学文献集成续编（全七十册）

本书编委会编　精装32开　32000.00元

2018年5月出版　978-7-5013-6453-4

本书为《中国易学文献集成》的续编，收录明代至民国时期较为重要的易学文献60余种。

元本孝经

（唐）李隆基注　线装8开　380.00元

2013年7月出版　978-7-5013-5135-0

《孝经》为儒家经典之一，此为唐玄宗亲注孝经之作。唐玄宗取王肃、刘郡、虞翻等六家说之精华，采孔安国、郑玄旧义，以今文注解《孝经》颁行天下，令士人传习。宋人邢昺等人又奉诏重注《孝经》，以唐玄宗本为蓝本，据唐元行冲《孝经疏》增损而成此书。此据国家图书馆藏泰定三年刻本影印。

五种遗规（一函八册）

（清）陈宏谋辑　线装16开　2000.00元

2013年12月出版　978-7-5013-5197-8

本书系清朝陈宏谋所辑，是清代社会教育和蒙童教育教材，清末中学堂修身科教材。辑者分门别类辑为遗规五种：《养正遗规》《教女遗规》《训俗遗规》《从政遗规》和《在官法戒录》，总称《五种遗规》。

宋版国学四典

老子道德经古本集注直解（一函二册）

（宋）范应元撰　线装16开　880.00元

2014年11月出版　978-7-5013-5498-6

范氏《老子道德经古本集注直解》，征引古本及前人音训注释凡40余家，附以范氏本人的见解。其内容体现由精气至性命，最后归结为修心的解《老》思路。此书《道藏》失收，焦竑《老子翼》采摭亦不及，洵为道家之佚典，甚为珍贵。书末有范应元自序称：“偶因道友来求，难以蘽付。复念老矣，将形槁于一丘，唯恐此经寖失古本，遂命工锓板，藏诸名山。”由是知此书在范氏生前曾经付梓。又，书中有卷上叶二十八“敦兮其若朴”之“敦”字缺笔，卷下叶五十二“慎终如始则无败事”之“慎”字缺笔，由其避讳可证其为宋本，或即此书之初刻本亦未可知。此本钤有元末明初陈汝言藏印“陈印汝言”等，傅增湘先生《藏园群书经眼录》卷十考证：陈汝言为元末吴中人，名汝言，字惟允，又字秋水。能文善画，倜傥知兵，张士诚辟为太尉参谋，贵宠用事。可知此本自元末即由名家收藏。此书至清末为邓邦述收藏。又钤“沈氏家藏书印”“沈彦忠父”“李印藏书”“冬涵阅过”“虚白室道人”等诸印。此本还有缪荃孙、沈曾植、杨守敬、邓邦述、王闿运等名人题跋。流传有绪，弥足珍贵。

论语集说（一函十册）

（宋）蔡节集注　线装16开　3660.00元

2014年11月出版　978-7-5013-5481-8

《论语集说》为宋蔡节所做《论语》集注本，十卷。南宋淳祐六年（1246）湖州頖宫刻本。此本前镌有文学掾姜文龙于淳祐六年所写的一篇短跋，称：“晦庵先生尝语门人曰：‘看《集注》熟了，更看《集义》，方始无疑。’又曰：‘不看《集义》，终是不浃洽。’永嘉蔡先生《集说》之作，自《集义》中来，本之明道、伊川二先生，参以晦庵《或问》。而于晦庵、南轩先生，尤得其骨髓。盖南轩学于口五峰先生，又与晦庵相讲磨，故语说多精切。是书也，说虽博，而所会者约；文虽约，而所该者博，大有益于后学，遂请刊于湖頖。淳祐丙午冬至文学掾姜文龙谨书。”这段跋文阐述了《论语集说》的渊源和价值所在。此本传世极罕，目前仅见国家图书馆有藏。此书扉页有翁同龢、翁斌孙题写的书签，封面题写书名者为成亲王，书中还钤有“东宫书府”“成亲王”“诒晋斋印”“锡赐名孚敬字茂恭”等印，另可见钤有“文渊阁”一印，上被“李开先”印所遮掩。藏印可见，此书流传有绪。

十一家注孙子（一函六册）

（汉）曹操、（唐）杜牧等注　线装16开　1280.00元

2014 年 11 月出版　978-7-5013-5479-5

《十一家注孙子》是孙子兵法的重要传本之一。一般认为它来源于《宋史·艺文志》著录的《十家孙子会注》，由吉天保辑。可能刊于南宋孝宗年间，宋本《十一家注孙子》在许多方面长于他本，对孙子兵法校勘有重要价值。

周易（一函三册）

（魏）王弼、（晋）韩康伯注　线装 16 开　980.00 元

2014 年 12 月出版　978-7-5013-5502-0

王、韩所注之《易》，在宋代曾有多种版本，但传世者极罕。此本今有乾隆二十九年（1764）大儒秦蕙田收藏跋文，曰："此真北宋佳本，人世存者尠矣，宜董、文诸公钦爱而珍异之。吾家世有旧刻，久多散佚。此书得之王峰徐氏，吉光片羽，为味经窝藏书第一，子子孙孙其善守之。"而陆孟凫等四人鉴赏此本，盖因此本楮墨精良，字似手写，笔势清瘦，颇有瘦金书韵味，并未涉及版本。此本在明代除经文、董诸公递藏，尚有"宋本""毛氏子晋""汲古主人""徐健庵"等印记，表明又为清著名藏家所递藏。流传有绪，弥足珍贵。

班左诲蒙

（宋）程俱撰　线装 8 开　465.00 元

2015 年 9 月出版　978-7-5013-5629-4

此书共三卷，成书于宋徽宗政和三年，此书"以谓成学之士当易而哂之，髫龀之童将以一二诲之，则或有所取"。此书按班、左二书卷次先后编次，逐条录其中重要文词，每词条下注明此词所在原文，时兼引二书注释之文。卷上录《左传》文词，卷中、卷下录《汉书》文词。程俱试图以班、左二书之文，让初学者作文时明了其用词本意，不至于因"道听意读"而"贻笑于人"。

宁玛派三律仪论集释（全五册）

四川省藏文古籍搜集保护编务院编

精装 16 开　460.00 元

2015 年 9 月出版　978-7-5013-5553-2

1486 年出生、1542 年圆寂的阿里班智达·班玛旺甲的事业本性成佛的外缘三律仪论说、外别解脱、内菩提心、密乘律仪、三律仪论说修法、修成保护、损坏复修、一众生三律仪论说修法等、三律仪论说释解作、世界眼盟囊求坝让雾等历任的学者们的教言之一、三律仪论言与誓言论述等、所有搜集的有五本书，名之为《宁玛派的三律仪论说》，汇聚三十九个作者的六十四论。

萨迦派三律仪论集释（全十册）

四川省藏文古籍搜集保护编务院编

精装 16 开　920.00 元

2015 年 9 月出版　978-7-5013-5555-6

萨迦班智达·根噶坚赞有名的四大著作之一《萨迦派三律仪论释集》（亦称《辨法与非法》）。本书系佛教徒们修行之精要，是讲解别解脱戒、菩萨戒和密乘戒等三种戒律的经典论著。

袁氏世范（一函二册）

（宋）袁采撰　线装 8 开　560.00 元

2015 年 9 月出版　978-7-5013-5630-0

《袁氏世范》共三卷，分《睦亲》《处己》《治家》三篇，内容非常详尽。《睦亲》凡 60 则，论及父子、兄弟、夫妇、妯娌、子侄等各种家庭成员关系的处理，具体分析了家人不和的原因、弊害，阐明了家人族属如何和睦相处的各种准则，涵盖了家庭关系的各个方面。《处己》计 55 则，纵论立身、处世、言行、交游之道。《治家》共 72 则，基本上是持家兴业的经验之谈。

历代佛教传记文献集成（全一百三十六册）

李印来主编，李荣胜执行主编　精装 16 开　99800.00 元

2015 年 10 月出版　978-7-5013-5683-6

本书汇集了现今能采集到的佛教各种汉字传记文献，涵盖官修的佛藏善本、散落民间的印本史料以及大量民国时期报刊、佛教刊物中的人物传记资料。本书的影印出版，能够为佛教界、学术界提供大量的研究素材，特别是将民国时散见于报刊中的佛教人物资料辑录出来，有一定史料价值。

历代伦理学文献辑刊（全三十四册）

吴平、叶宪允、张艺缤主编　精装 16 开　22000.00 元

2015 年 10 月出版　978-7-5013-5611-9

本书收录了与伦理学相关的文献共 97 种，按照文献内容大致分为宗教伦理、伦理学思想、家训、修身等几个部分，一共 34 册。为了使读者能够更加全面地了解有关伦理学的研究现状，书后附有伦理学研究著作及论文。

麟台故事

（宋）程俱撰　线装 8 开　320.00 元

2015 年 10 月出版　978-7-5013-5633-1

《麟台故事》乃综合记述北宋馆阁制度之作，对南宋馆臣制度恢复与完善曾有积极影响，在保存旧史文献方面甚有价值。此书现行版本来源有二，其一为四库馆臣从《永乐大典》中辑佚出武英殿聚珍本五卷，其二为影宋残本三卷。此书据清武英殿聚珍本影印。

清敕修大藏经(七百二十四函七千二百四十册)

(清)雍正敕修　经折装 12 开　6800000.00 元

2015 年 10 月出版　978-7-5013-4619-6

清敕修《大藏经》,亦称《清藏》或《龙藏》,它是中国最后一次官刻汉文《大藏经》。是一部有重要研究价值的佛学大百科全书,自宋至清木刻汉文《大藏经》历代频出,唯有乾隆《大藏经》版保存至今,其印本完整的亦极鲜见,它在古代典藏及世界佛教文化上占有重要地位。

三衢孔氏家庙志

(明)沈杰撰　线装 8 开　450.00 元

2015 年 10 月出版　978-7-5013-5632-4

该书详细记载了诸书所记孔氏南宗家庙史实。前有沈杰明弘治十八年序和宋敕建家庙图、国朝移建家庙图,后有制诰奏疏以及家庙记、序跋等文。所引书分孔氏家典、国朝制书、郡志三类,每类又分条记载。意在表明孔氏南宗有家庙,南渡后在宋朝受封爵。此据明嘉靖刻本影印。

国家图书馆藏佛道教书目题跋丛刊(全三十册)

李万健主编　精装 16 开　22500.00 元

2016 年 3 月出版　978-7-5013-5710-9

本书收录了国家图书馆藏的民国及以前保存下来的佛道书目 54 种,其中佛教 45 种、道教 9 种。国家图书馆所藏的佛道书目基本涵盖了至今存世的佛道书目,这批书目至今未全面集中出版过,具有很高的学术研究和实际应用价值。

慈悲水忏法

(唐)释知玄撰　经折装　500.00 元

2016 年 5 月出版　978-7-5013-5832-8

本书为明正统元年泥金写本。泥金多为皇室和富贵人家所用,黄金贵重,借以表达对信仰的虔诚与恭敬。本书被收入《中国古籍善本书目》。

径山藏(全二百三十册)

径山藏编委会编　精装 16 开　138000.00 元

2016 年 9 月出版　978-7-5013-5745-1

《径山藏》的刊刻发起于明万历七年(1579),终于雍正元年(1723),正藏、续藏、又续藏全部刊竣,历时 145 年。它是明代后期刊刻的一部私版《大藏经》,也是我国编纂的《大藏经》中收录内容最多的一版,共计收录典籍 2191 部。它是一部掺杂各种藏外版佛书的百衲本《大藏经》,也是我国第一部方册装《大藏经》,故此也称其为"方册藏"。

《径山藏》所载牌记资料汇编(全十九册)

李国庆主编　精装 16 开　12000.00 元

2016 年 11 月出版　978-7-5013-5849-6

《径山藏》绝大部分经典,卷末均保留有刻经时的牌记,即刊刻情况的相关记载。据初步统计,牌记数量有 8000 多条,涉及人名 5000 余个,地名百余个。牌记内容相当丰富,不仅有施资捐刻者的姓名、身份、施刻缘由等,所刻经卷名、卷数、字数、板数及所需资金银两等,还包括校对人、书写人、刻工及刻经时间和地点等相关信息。这些信息为全面了解和研究《径山藏》的刊刻历史提供了宝贵的资料,也为研究古籍版本学、雕版印刷史和相关地区的经济史、文化发展史提供了重要的研究依据。

《径山藏》所载序跋文献汇编(全八册)

纪华传主编　精装 16 开　5000.00 元

2017 年 10 月出版　978-7-5013-6142-7

编者为方便《径山藏》的研究,将《径山藏》中所有的附属文献搜辑出来,整理成本书。

鹖冠子

(先秦)鹖冠子撰　卷轴装　500.00 元

2016 年 11 月出版　978-7-5013-5827-4

本书流传至今已有 1300 多年历史,世属罕见,弥足珍贵,对研究我国古代道家哲学思想和校勘学、版本学具有重要的参考价值。

三字经文献汇编(全十四册)

韩宝林主编　精装 16 开　8600.00 元

2017 年 4 月出版　978-7-5013-5966-0

《三字经》是中国古代传统的、官方指定的启蒙教材,其成书时代和作者历代说法不一,多数学者倾向于南宋王应麟所作。《三字经》在流传过程中,产生了大量不同的版本,大致可分为三大版本系统,一是原书的翻刻本,二是对原书的增删,三是按照《三字经》的体例,创作不同内容的新作品,涉医学、史学、文学、政治、地理等多个方面。韩宝林先生以自己多年的藏书为基础,精选三大版本系统中具有重要研究价值的文献 141 种,按类编排,编成本书,为研究《三字经》提供了全面翔实的资料。

道藏集成·第一辑(全一〇八册)

何建明主编　精装 16 开　38800.00 元
2017 年 10 月出版　978-7-5013-6147-2

《道藏》乃道教经典之总集,是历代道教经典文化之集大成者,蕴含丰富,收录的内容有号称黄帝撰著的许多哲理、兵、医书籍,道家诸子的名著和各种注本,道教教义、科仪、符箓、仙传、山志,甚至儒书、医书、阴阳、卜筮等大量文献,可谓中国传统文化的一大宝库。其中现存版本最早、收录经典最多、收录版本最有权威性的,便是明正统《道藏》。正统《道藏》是现存唯一的官修道教经籍的总汇。明成祖即位之初,即敕第四十三代天师张宇初编修道藏,至正统十年(1445)由四十四代天师张宇清刊版事竣,名曰正统《道藏》。参加纂修的道士,除张宇初、张宇清、邵以正等人外,可考者,永乐时有涂省躬,正统时有喻道纯、汤希文等。万历《续道藏》为明正统《道藏》的续编,第五十代天师张国祥主持续修。修成于明神宗万历三十五年(1607),故名。正统《道藏》与万历《续道藏》同为明官刻道教经籍,故此次将两者一同影印出版。

老子道德经二卷(一函二册)

(春秋)李耳撰　线装 16 开　480.00 元
2018 年 6 月出版　978-7-5013-6446-6

《老子道德经》传说是春秋时期的老子李耳所撰写,是道家哲学思想的重要来源。此书为明刻本,现藏于四川省图书馆。

圣门礼乐志(一函二册)

(清)孔令贻撰　线装 8 开　480.00 元
2019 年 6 月出版　978-7-5013-6769-6

《圣门礼乐志》是专门记载清代孔府祭孔乐舞礼制的典籍,是现在研究祭孔典礼的重要资料。

子藏(21 种)

《子藏》是华东师范大学“985 工程”的重大课题,由华东师范大学先秦诸子研究中心负责组织和实施。《子藏》的“子”指的是诸子百家的子。其收录各子著作时间,则大致上截至魏晋南北朝之末;而研究各子的著作,其下限原则上截至 1949 年,并考虑适量收入今人所辑出土文献资料。其内容一是海内外所存诸子白文本和历代诸子注释、研究专著,二是为每种著述撰写提要。《子藏》整合了以国家图书馆为代表的海内数十家图书馆及其他文献收藏机构的善本资源,真正做到了内容系统全面,底本择优择善,是先秦政治史、思想史、文化史、哲学史研究的重要文献。

子藏·道家部·庄子卷(全一百六十二册)

方勇总编纂　精装 16 开　132000.00 元
2011 年 12 月出版　978-7-5013-4673-8

本卷收录《庄子》历代注释、研究专著 300 余种,版本精良,内容全面,是我国一项重大的学术文化工程,必将大大推动全球的庄子学研究。

子藏·庄子书目提要

方勇总编纂　精装 16 开　260.00 元
2015 年 5 月出版　978-7-5013-5565-5

本书是作者借鉴前人和当今学界所取得的成果,为每部书所做的提要。其主要内容分为三部分:一是考述著者生平事迹,二是概述著作的基本内容,三是探究版本流变情况,揭示各版本的传承、价值和特点。其对 2000 年来的庄学著作版本的清晰梳理和考辨、对思想的精要概括和准确评析,为当代学人研究《庄子》提供全面的版本信息,具有很高的学术价值。

子藏·道家部·列子卷(附杨朱)(全二十六册)

方勇总编纂　精装 16 开　15000.00 元
2013 年 11 月出版　978-7-5013-5187-9

本卷共收书 123 种,并附《杨朱》20 种,收录目前所知有关《列子》白文本、节选本、校勘本、批校本及相关研究著作等,集《列子》各种版本及研究文献之大成。此外,还注重收录民国时各种专著中的有关论述。

子藏·道家部·文子卷(全十册)

方勇总编纂　精装 16 开　6500.00 元
2013 年 12 月出版　978-7-5013-5218-0

本卷共收书 56 种,涵盖了目前所知有关《文子》的白文本、注释本、节选本、稿抄本、批校本及相关研究著述,集《文子》各种版本及研究文献之大成。

子藏·道家部·关尹子卷(全九册)

方勇总编纂　精装 16 开　5800.00 元
2014 年 3 月出版　978-7-5013-5219-7

本卷收录了目前所知有关《关尹子》的白文本、注释本、节选本、抄本、校注本、批校本及相关研究著述等共 65 种。

子藏·道家部·鹖冠子卷(全六册)

方勇总编纂　精装 16 开　3900.00 元
2014 年 3 月出版　978-7-5013-5216-6

本卷收录目前所知有关《鹖冠子》的白文本、注释本、节选本、稿抄本、批校本及各类研究著作等共 55 种。

子藏 · 道家部 · 亢仓子卷（全三册）

方勇总编纂　精装 16 开　1900.00 元

2014 年 3 月出版　978-7-5013-5217-3

本卷收录了目前所知有关《亢仓子》的白文本、注释本、节迄本、校注本、批校本、抄本及相关研究著述等共 44 种。

子藏 · 道家部 · 鬻子卷（全二册）

方勇总编纂　精装 16 开　1300.00 元

2014 年 3 月出版　978-7-5013-5215-9

本卷收录目前所知有关《鬻子》白文本、注本、节选本、稿抄本、批校本、校勘本及相关研究著述等共 51 种。

子藏 · 道家部 · 子华子卷（全四册）

方勇总编纂　精装 16 开　2600.00 元

2014 年 3 月出版　978-7-5013-5220-3

本卷收录目前所知有关《子华子》白文本、注释本、节选本、稿抄本及相关研究著述等共 41 种。

子藏 · 道家部 · 抱朴子卷（全二十四册）

方勇总编纂　精装 16 开　16000.00 元

2016 年 10 月出版　978-7-5013-5920-2

本卷收录目前所知有关《抱朴子》白文本、节选本、校勘本、批校本及相关研究著作 46 种，集《抱朴子》各种版本及研究文献之大成。

子藏 · 道家部 · 淮南子卷（全六十册）

方勇总编纂　精装 16 开　39000.00 元

2017 年 12 月出版　978-7-5013-6213-4

本卷收录目前所知有关的《淮南子》版本及研究著作，总计 106 种，从中可以揭示历史上《淮南子》流传及研究之大致面貌，亦可为读者阅读、研究《淮南子》提供帮助。

子藏 · 道家部 · 老子卷（全一百二十册）

方勇总编纂　精装 16 开　72000.00 元

2018 年 12 月出版　978-7-5013-6428-2

本卷收录目前所知有关《老子》之白文本、注释本、节选本、交勘本、批校本及相关研究著作等 457 种。

子藏 · 法家部 · 韩非子卷（全四十五册）

方勇总编纂　精装 16 开　28000.00 元

2014 年 4 月出版　978-7-5013-5337-8

本卷收录目前所知有关《韩非子》之白文本、注释本、节选本、校勘本、批校本及相关研究著作等 105 种。

子藏 · 法家部 · 商君书卷（全九册）

方勇总编纂　精装 16 开　5800.00 元

2015 年 7 月出版　978-7-5013-5597-6

本卷收录目前所知有关《商君书》白文本、注释本、节选本、校勘本、批校本及相关研究著作等 63 种，集《商君书》各种版本及研究文献之大成。

子藏 · 法家部 · 慎子卷（附申子）（全二册）

方勇总编纂　精装 16 开　1300.00 元

2015 年 7 月出版　978-7-5013-5600-3

本卷共收书 36 种，并附《申子》14 种，整合成精装 16 开本两册予以出版。本卷收录目前所知有关《慎子》辑佚本、节选本、校勘本、批校本、注释本及相关研究著作等，集《慎子》各种版本及研究文献之大成。

子藏 · 法家部 · 管子卷（全六十六册）

方勇总编纂　精装 16 开　43000.00 元

2016 年 11 月出版　978-7-5013-5949-3

本卷收录目前所知有关《管子》白文本、注释本、节选本、校勘本、批校本及相关研究著作 128 种，集《管子》各种版本及研究文献之大成。

子藏 · 名家部 · 邓析子卷（全二册）

方勇总编纂　精装 16 开　1200.00 元

2016 年 4 月出版　978-7-5013-5799-4

本卷共收书 38 种，涵盖目前所知有关《邓析子》白文本、注释本、节选本、校勘本、批校本及相关研究著作等，集《邓析子》各种版本及研究文献之大成。

子藏 · 名家部 · 尹文子卷（全三册）

方勇总编纂　精装 16 开　1600.00 元

2016 年 6 月出版　978-7-5013-5823-6

本卷收录先秦至民国时期（原则上截止于 1949 年）目前所知有关《尹文子》白文本、节选本、稿抄本、批校本及各类研究著作等 58 种，集《尹文子》各种版本及研究文献之大成。

子藏·名家部·公孙龙子卷(附惠子)(全六册)

方勇总编纂　精装 16 开　3900.00 元

2016 年 12 月出版　978-7-5013-5964-6

本卷收录先秦至民国时期目前所知有关《公孙龙子》白文本、注释本、节选本、校勘本、批校本及各类研究著作等 66 种,集《公孙龙子》各种版本及研究文献之大成。

子藏·杂家部·论衡卷(全三十六册)

方勇总编纂　精装 16 开　23000.00 元

2016 年 11 月出版　978-7-5013-5962-2

本卷收录先秦至民国时期目前所知有关《论衡》白文本、节选本、稿抄本、批校本及各类研究著作等 42 种,集《论衡》各种版本及研究文献之大成。

子藏·名家部·人物志卷(全四册)

方勇总编纂　精装 16 开　2600.00 元

2016 年 12 月出版　978-7-5013-5961-5

本卷收录先秦至民国时期目前所知有关《人物志》白文本、注释本、节选本、校勘本、批校本及各类研究著作等 25 种,集各种版本及研究文献之大成。

子藏·杂家部·吕氏春秋卷(全三十六册)

方勇总编纂　精装 16 开　23000.00 元

2017 年 4 月出版　978-7-5013-6045-1

本卷收录目前所知有关《吕氏春秋》白文本、注释本、节选本、校勘本、批校本及相关研究著作 100 种,集《吕氏春秋》各种版本及研究文献之大成。

金石文献

古玉考释鉴赏丛编

本社编　精装 32 开　72.00 元
1992 年 12 月出版　7-5013-0962-0

本书共收录清末民初古玉研究著作八种,有徐寿基《玉谱类编》、李凤廷《玉记正误》、李凤公《玉雅》、刘大同《古玉辨》等。

中国古钱币图谱考释丛编(全二册)

本社编　精装 32 开　125.00 元
1992 年 12 月出版　7-5013-0963-9

本书收录宋代到民国间所著泉志、钱谱、钱录 11 种。

北京图书馆藏画像拓本汇编(全十册)

北京图书馆善本部金石组编,冀亚平主编
精装 8 开　4000.00 元
1993 年 7 月出版　7-5013-1038-1

本书收录国家图书馆藏唐以后阴线石刻画像 2100 余幅。其中,历史人物 1100 余幅,佛、菩萨、罗汉、鬼神、诸天 700 余幅,综合类 200 余幅。

陈介祺批校古泉汇(附续古泉汇)

(清)李佐贤撰,(清)陈介祺等编　精装 16 开　150.00 元
1994 年 1 月出版　7-5013-1050-5

本书收录周至清代各类古钱币 5000 多种。作者对每种钱币的铸造年代、钱币之文字及有关事项作了详细考释。此次影印,采用北图独家珍藏之陈氏批校手稿本,并由文物专家傅振伦先生作序。该书于同治三年刊印后,著名古泉学者陈介祺对书中内容进行了全面考证,作了大量眉批,对书中一些错误及不足予以订补。原书作者也对本书作了修订,亦将批语写于此本之中。

古泉汇考(全八册)

(清)翁树培撰　线装 16 开　1500.00 元
1994 年 7 月出版　7-5013-1128-5

本书作者为清代著名文物鉴赏家、古钱币学家。他自九岁即蓄古钱,数十年如一日,藏古钱数千枚,皆加考释,竭终生之力,完成是书。该书是清代最重要的一部钱币学著作,有"古泉学之总汇"之誉。此书最大价值在于搜集宏富和研究方法新颖独特。在每个钱币条目之下,汇集历代有关记载,凡见于古代典籍者,无不搜罗及之。特别是,翁氏曾花费数年时间将《永乐大典》中关于古泉的记载,全部抄录下来,并将其分散在各条目下。

金石索(全二册)

(清)冯云鹏、冯云鹓辑　精装 32 开　190.00 元
1996 年 3 月出版　7-5013-1250-8

本书是清道光元年(1821)刻本。全书分金索、石索二篇,各篇六卷。书中皆以精心摹拓、纹理细致的画图展现了古代各种钟鼎、戈戟、量度、杂器、泉币、印玺、镜鉴、碑碣、砖瓦等方面的规格、样式、图案等,同时有详尽的文字说明。

北京图书馆藏青铜器全形拓片集(全四册)

北京图书馆编　精装 8 开　3000.00 元
1997 年 10 月出版　7-5013-1285-0

全形拓又称器物拓、图形拓、立体拓,是一般传拓者很难掌握的一种传拓技法,传世品极少。本书收录北京图书馆藏铜器拓片中之全形拓共 700 余件。本书集器铭、器形、纹饰为一体,如实反映北京图书馆藏拓片原状,对个别铭文与器物不符或铭文、器物疑伪及铭文中掺有伪刻的拓片不做编辑上的任何处理。为铭刻学家、古文字学家、考古学家提供了诸多方便,同时向一般读者展示一种全新的墨拓艺术技法,使之从中得到艺术的

享受。

中国国家图书馆藏青铜器全形拓片精品集(全三册)

国家图书馆善本部编　经折装 4 开　7500.00 元
2002 年 4 月出版　7-5013-1783-6

本书是在国家图书馆收藏的 700 余种青铜器全形拓片中选出来的。种类有钟、壶、卣、觚、觯、角、爵、灯、炉、量等百余种。为我们研究了解当时社会发展、重大事件、生活习俗提供了极其珍贵和不可多得的佐证材料。其中多有端方、阮元、潘祖荫、罗振玉、陈介祺等收藏家的旧藏,还有很多奕志、韩惠洵、章钰等人的题签、题跋,加之绝大部分出自全形拓高手周希丁之手,这就使该书集欣赏性、艺术性、收藏性于一体。用珂罗版技术制版,宣纸原大印刷,手工钤盖印章。

甲骨文研究资料汇编(全二十八册)

本书编委会编
16 开　16000.00 元(线)　9800.00 元(精)
2000 年 3 月出版(线)　2008 年 5 月出版(精)
7-5013-1636-8(线)　978-7-5013-3616-6(精)

自甲骨文发现百余年来,众多学者对其进行了广泛研究,这些研究成果或因年代久远,或因藏地分散,很多资料,尤其是早期的文献资料,普通读者已很难得见。本书收录《铁云藏龟》《殷墟书契》《簠室殷契类纂》《殷契粹编》《卜辞通纂》《甲骨文字研究》《甲骨学商史论丛》《殷契通释》等甲骨文发现早期(多为 1949 年以前)学术价值较高、影响较大的图录及研究著作等 50 种,以期对甲骨学、古文字学及相关历史学的研究多所裨益。

历代石刻史料

历代石刻史料汇编(全十六册)

国家图书馆善本金石组编　精装 16 开　9000.00 元
2000 年 10 月出版　7-5013-1518-3

本书是先秦到清末的大型石刻史料的汇编,集现存千余种金石志书(包括地方志中的金石志)之大成,计收石刻文献 17000 余篇。

先秦秦汉魏晋南北朝石刻文献全编(全二册)

国家图书馆善本金石组编　精装 16 开　600.00 元
2004 年 3 月出版　7-5013-2087-X

本书是先秦秦汉魏晋南北朝时期石刻文字资料的总集,所收资料全部采自民国和民国以前辑录编印的金石志书,内容涉及先秦秦汉魏晋南北朝时期政治、经济、文化、社会风俗诸方面,共计 1700 篇。

隋唐五代石刻文献全编(全四册)

国家图书馆善本金石组编　精装 16 开　1100.00 元
2003 年 6 月出版　7-5013-2134-5

本书是隋唐五代石刻文献的总集。由民国及民国以前编撰的金石著作中辑录而成,近 3000 篇。内容涉及隋唐五代政治、经济、军事、地理及文化诸方面。

宋代石刻文献全编(全四册)

国家图书馆善本金石组编　精装 16 开　1100.00 元
2003 年 3 月出版　7-5013-2083-7

本书是宋代石刻史料的汇编,从 1000 多种历代金石著作中摘编而成,共 4000 余篇文献。

辽金元石刻文献全编(全三册)

国家图书馆善本金石组编　精装 16 开　860.00 元
2003 年 4 月出版　7-5013-2090-X

本书收录民国及民国以前编印的金石志书中有关辽、金、元的石刻文献资料,共约 2500 余篇。

明清石刻文献全编(全三册)

国家图书馆善本金石组编　精装 16 开　860.00 元
2004 年 8 月出版　7-5013-2088-8

本书从明清两朝的金石志书中辑录出珍贵文献 3600 余篇,内容涉及明清的政治、经济、山川地理、人物传记诸方面,多为正史中所未载。

墓志精华三十八种(全二册)

北京图书馆出版社编　经折装 16 开　5000.00 元
2001 年 6 月出版　7-5013-1803-4

本书共收汉至唐代的墓志 38 种,其中不少是近期出土的墓志精品。如 1997 年 10 月出土的颜真卿撰文并书写的《郭虚己墓志铭》,碑石保存较好,其拓片效果甚佳,远胜宋拓颜氏《多宝塔碑》,被书法界专家誉为颜氏碑帖第一品。又如所收唐代书法名家"草圣"张旭于天宝元年书写的楷书《严仁墓志》,不仅是张氏存世极少的楷书作品之一,与郭志相比,二者有许多相似之处,从中可以看出张颜二人书法上的师承关系。

颜真卿书郭虚己墓志铭

(唐)颜真卿撰并书　平装 8 开　12.00 元
2001 年 7 月出版　7-5013-1805-0

本书以 1997 年 10 月在河南出土的颜真卿书《郭虚

己墓志铭》为底本，原本制裱，影印成书。

中国国家图书馆碑帖精华（全八册）

任继愈主编　精装4开　7800.00元

2001年12月出版　7-5013-1844-1

我社精心策划组织、历时两年编辑的荟萃古今260余位名家题跋本大型碑帖丛书——《中国国家图书馆碑帖精华》，由中国国家图书馆馆长任继愈先生主编，著名书法家启功先生担任该书总顾问，并撰写总序。该书与同类出版物相比，规模宏大，版本弥珍。该书从中国国家图书馆数十万件碑帖藏品中认真勘核，再经启功先生等著名金石书画鉴定专家精心遴选，共精选了上迄秦汉碑碣，下至两宋刻帖41种、80余件善拓碑帖，其中有近30种是宋、明拓本或初拓本，价值不凡，弥足珍贵。

圣迹图

（清）陈尹绘

线装6开　980.00元（普装）　1500.00元（特装）

2002年6月出版　978-7-5013-1850-6

本书为清康熙二十一年朱璧刻，刻石在上海市松江县，绘孔子从诞生到去世之图32幅，多方位图解孔子生活。

沈氏砚林

国家图书馆编

线装6开　1500.00（普装）　4000.00（特装）

2002年11月出版　7-5013-1854-9

汉碑古字通训

张延奂编撰　精装16开　60.00元

2003年5月出版　7-5013-2124-8

该书作者出身书法世家，于书法篆刻造诣颇深，尤其倾力于汉碑古字研究，积数十年心得成《汉碑古字通训》一书，对130余种汉碑所涉及之文字训音释义、溯本探源，是研究文字学及石刻艺术的重要资料。

三代秦汉两宋（隋唐元附）金文著录表

王国维、罗福颐编撰　精装16开　105.00元

2003年9月出版　7-5013-2153-1

本书包括《三代秦汉金文著录表》《宋代金文著录表》两种，内容有器名、诸家著录情况、每种青铜器铭文字数和行款。本书为青铜器的研究和收藏提供了相当权威的根据，为先秦历史的研究和考古发掘也提供了第一手的参考文献。

清代金文著录表

王国维、罗福颐编撰　精装16开　260.00元

2003年9月出版　7-5013-2149-3

本书包括王国维的《国朝金文著录表》、罗福颐的《国朝金文著录表校记》及鲍鼎《国朝金文著录表补遗》《国朝金文著录表校勘记》四种。将历代出土和著录的5000余件青铜器进行统计整理和分类，列表著录，使人一目了然。表格的内容有四：名称、各家著录、铭文字数、杂记，杂记多是辨别每种青铜器的真伪。为今日青铜器的研究、鉴赏与收藏提供了权威的根据。

贞松堂集古遗文（全二册）

罗振玉编撰　精装16开　750.00元

2003年9月出版　7-5013-2150-7

本书为研究青铜器的必备工具书，也是青铜器研究历史上的集大成之作。书中不仅摹有青铜器的铭文，还摹录不少铅、银等器物上的文字。每条铭文均有释文，并记载了每件青铜器的收藏历史。卷前载有青铜器分类的总目和每类器物的细目，便于逐器逐物检索。

泊如斋重修考古图

（宋）吕大临编撰　精装16开　190.00元

2003年11月出版　7-5013-2154-X

本书为北宋吕大临编撰，我国最早的成系统的青铜器、玉器图录书，成于北宋哲宗元祐七年（1092）。吕氏初修《考古图》，收录铜器计210种、玉器13件。重修则有所增入，收公、私器物总计224件，其中商、周铜器148件，秦汉铜器63件，玉器43件。每种器物均有图形摹绘、文案考释，器物尺寸、容积、重量介绍及出土地点、递藏源流之考证，是研究古器物尤其是青铜器不可或缺的参考工具书。本书影印所据底本为明万历年间刻本，国内稀见。全书印制精良、品相殊佳，是鉴赏、收藏、研究不可多得之选。

汉武梁祠画像考

（清）瞿中溶撰　平装32开　70.00元

2004年3月出版　7-5013-2424-7

武梁祠是东汉时期的一座小祠堂，位于山东省嘉祥县纸坊镇，建于东汉晚期的桓灵时期（147—189），距今已有1800多年。因其中画像内容丰富，雕刻精美而名扬海内外，并被国家列为第一批全国重点文物保护单位。但前人多考其文字，不及画像；且于武梁祠石刻中“文与图不合者，前人皆未究心”。瞿中溶花费十年左右的时间，“荟萃平昔所记”，著成本书，是研究东汉历史与石刻艺术的重要史料。

金文历朔疏证

吴其昌撰 精装 16 开 160.00 元

2004 年 3 月出版 7-5013-1731-3

本书卷一至五以《啸堂集古录》(宋王俅撰)、《攈古录金文》(清吴式芬辑)、《缀遗斋彝器款识考识》(清方浚益辑)、《贞松堂集古遗文》(罗振玉编)、《周金文存》(邹安辑)、《善斋吉金录》(刘体智辑)等为主要取材依据,参以宋迄民国时期著录的数千种青铜器铭文,以西周时期为限,审慎选择其中有历朔记载或人名、地名、记事记史透露年代信息的 312 种青铜器铭文进行考证、疏解,以详细而准确地研究铭文的年、月、日和朔望问题。卷七至八则列金文疑年表,选择 234 种无年代信息,但铭文在 30 字以上且有裨史实考证的青铜器铭文,以进行年代的考察与推断。据国家图书馆藏本影印。

民国京鲁晋豫古器物调查名录

(民国)内务部编 精装 16 开 160.00 元

2004 年 4 月出版 7-5013-2430-1

民国年间,内务部主持保存古物,命各省知事负责调查所属古物,并将结果分类列表,编成《京兆古物调查表》《山东古物调查表》《山西省各县名胜古迹古物调查表》与《河南古物调查表》。此书即是辑录以上四书,并附录顾燮光所撰《〈河南古物调查表〉正误》而成。据国家图书馆藏底本影印,并重新编制了详细目录。

国家图书馆藏金文研究资料丛刊(全二十二册)

徐蜀选编 精装 16 开 11000.00 元

2004 年 5 月出版 7-5013-2405-0

本书精选国家图书馆收藏的北宋至近代的 30 余位学者整理编撰的金文著作 40 余种。选编的原则:第一,以收录金文的专门研究文献为主,兼收少量图像铭文的拓摹本。第二,收著作时间跨度近千年,最早为宋代王俅《啸堂集古录》,最晚的为近人容庚先生《金文续编》。其中清人著作最多,计 20 余种。第三,选收著作的底本系从国家图书馆藏书中精选而成,刻本刊印精良、纸墨俱佳,少量拓本多系初拓精拓。第四,选收著作以稀见未刊者为主,其中从未出版过的稿抄本四种。他如流行较多者虽系权威著作亦不予收入,如欧阳修的《集古录》、吕大临的《考古图》、赵明诚《金石录》和清代《西清古鉴》等。第五,选收著作注意研究资料的连续性和统一性。如宋代王俅《啸堂集古录》和清代张蓉镜撰《啸堂集古录考异》等,均一并收录。

汉碑范

(清)张祖翼书 线装 16 开 120.00 元

2004 年 8 月出版 7-5013-2457-3

《汉碑范》原为示初学汉隶者以途径而作,一册在手,读者可遍览汉碑中方整、流丽、奇古、端庄等不同的字体风格,跟随名家习汉隶、赏韵文,进而知汉碑、通隶变,具有碑拓范本与鉴赏收藏双重功用。今据华东师范大学图书馆藏《汉碑范》宣统三年上海文明书局石印本影印出版,并附张祖翼之孙时年 88 岁的张倬先生提供的其祖父所临"平干虎造像"一通,希望有裨于书法及收藏爱好者。

汉简释文初稿(全二册)

贺昌群释 精装 16 开 720.00 元

2005 年 6 月出版 7-5013-2775-0

1930 年,由瑞典和中国学者共同组建的西北科学考察团在今内蒙古自治区额济纳河流域的黑城遗址附近发现了汉代简牍一万多枚,这是 1949 年以前发现简牍最多的一次,尤为珍贵。1931 年,这批简牍运至北京,由北京大学的马衡、刘复等先生进行释读。1932 年,贺昌群先生到当时的北平图书馆任编纂委员,他与向达、劳干、余逊等先生共同参加了这批简牍的整理与释读工作,前后长达五六年时间。本书就是贺昌群先生当年的工作成果。

汉简研究文献四种(全二册)

劳干等撰 精装 16 开 750.00 元

2007 年 12 月出版 978-7-5013-3499-5

本书收录民国时期关于汉简研究的资料四种:《居延汉简考释》《居延汉简笺证》《汉魏木简义证》和《汉晋西陲木简汇编》。内容包括居延汉简和敦煌汉简的释文、考证、图版等,多为当时的官私文书,记录了边塞的烽燧、戍卒、俸钱、屯田、生活等情况,对于研究汉晋历史以及边塞地区政治、经济、军事、文化等有重要参考价值。

历代石经研究资料辑刊(全八册)

贾贵荣辑 精装 32 开 2300.00 元

2005 年 6 月出版 7-5013-2783-1

本辑刊是对历代有关石经研究文献 54 种进行整理,依通考、汉石经、魏石经、唐石经、后蜀石经、宋石经、清石经的顺序排列,编为八册。

历代陶文研究资料选刊(全三册)

贾贵荣、张爱芳选编 精装 16 开 1200.00 元

2005 年 9 月出版 7-5013-2799-8

本书选收清代民国时期著名学者编撰的有关陶文、砖文、瓦文研究资料共计 16 种而成,是研究中国古代历

史的重要参考文献。

历代陶文研究资料选刊续编（全三册）

贾贵荣、张爱芳选辑　精装16开　1600.00元

2009年4月出版　978-7-5013-3573-2

本书是选辑《历代陶文研究资料选刊》（全三册）未能收录的一些著名学者的陶文著作，以期更好地为广大研究者提供服务。所收陶文著作，有清程敦的《秦汉瓦当文字》等。

宋代著录石刻纂注

刘昭瑞编　平装16开　50.00元

2006年2月出版　7-5013-1108-0

本书汇集了宋人石刻文字著录专著中所收石刻，并进行了分类，分为碑志、刻经、造像记、诗文、题识、杂刻。每一石均著录其年代、流传、出处等。

金石全例（外一种）（全三册）

（清）朱记荣辑　精装32开　650.00元

2008年1月出版　978-7-5013-3522-0

清代作为金石义例学的成熟时期，不仅出现了不少如梁玉绳、黄宗羲等学术大家之义例著作和章学诚等之义例单篇，更有像卢见曾、朱记荣这样的学者、刻书家将这些有影响的著作汇辑成编，从而形成了规模不小的金石义例丛书，朱记荣所辑《金石全例》便是其中涵盖较为全面和有重要价值及影响的一种。此书共包括著作11种，多为名家所撰。

国家图书馆藏古籀文献汇编（全三十二册）

殷梦霞、李定凯编　精装16开　16000.00元

2009年6月出版　978-7-5013-3981-5

本编收录了国家图书馆藏的古籀文献16部，是这一领域相关资料的第一次系统的披露。

地方金石志汇编（全八十册）

国家图书馆出版社编　精装32开　26000.00元

2011年5月出版　978-7-5013-4450-5

本书是继《地方经籍志汇编》之后，我社推出的《地方专志丛书》的第二种。本刊所收录的130余种地方金石志，多出自谙熟乡邦文献的大家名家之手，如缪荃孙、金毓黻、徐世昌等。该类文献在刊刻、保存和流传方面较之地方志，有相当一部分处于抄本、稿本状态，即使刊印，亦书品较次，流传甚少。今辑而刊之，为金石研究者提供第一手的文献资料。

秦晋豫新出墓志搜佚（全四册）

赵君平、赵文成编　精装4开　4800.00元

2012年1月出版　978-7-5013-4465-9

本书是作者历经数载，整理出版的第三部碑志图版集，主要收录作者辗转收集到的唐代都城所在地陕西省，以及唐朝王业的隆兴之地山西省的墓志900余方，其中不少墓志的内容，如北魏孝文帝元宏撰的《冯熙墓志》等，可以和史料互相印证，补史书之不足和缺失，史料价值和文化价值十分珍贵。

秦晋豫新出墓志搜佚续编（全五册）

赵文成、赵君平编　精装4开　5800.00元

2015年7月出版　978-7-5013-5598-3

本书收录从汉代到民国间碑志1000余种，皆为近年新出土或以前出土未曾著录的墓志，极具文史及书法价值。

陈邦福金石著述汇编（全三册）

陈邦福著　精装16开　1980.00元

2018年12月出版　978-7-5013-6466-4

陈墨迻（1893—1977），字邦福，丹徒人，是陈直（邦直）和陈邦怀的长兄。三人都是近代研究甲骨、钟鼎、碑刻的专家。陈邦福在民国时期即出版金石著述数种，有《亿年堂丛书》《亿年堂金石记》等。此次将其子所藏稿本《碑版学研究》及藏在上图、国图、南图等处的稿本、石印本陈氏著述20种汇为一编，并附郭沫若、顾颉刚、陈邦怀等人书札数十通。

综合文献

北京图书馆古籍珍本丛刊（全一百二十册）

北京图书馆古籍出版编辑组编　精装 16 开
1989—1999 年间陆续出版

本丛刊共收古籍 473 种，近 8000 卷，分经、史、子、集四部。本丛刊中近四分之一为北京图书馆独家收藏的孤本。凡已收入《四部丛刊》（商务印书馆出版）的同一版本古籍不再收录。本丛刊中的方志部分也不与《天一阁藏明代方志选刊》重出。各书分类及版本著录，均据《北京图书馆古籍善本书目》（书目文献出版社 1987 年版）。

滂喜斋丛书（全六册）

（清）潘祖荫辑　精装 16 开　2600.00 元
2003 年 7 月出版　7-5013-2129-9

从《滂喜斋丛书》所收书的内容来看，有以下几个显著特点：其一，《滂喜斋丛书》保存了大量与潘祖荫并世通儒的遗著。其二，《滂喜斋丛书》收有世所罕见而内容具真知灼见的论著。其三，此书中专收有《京畿金石考》二卷、《吴郡金石目》一卷、《宝铁斋金石跋尾》三卷、《日本金石年表》一卷等有关金石的著作。其四，在《滂喜斋丛书》中，潘祖荫为多种书写有序言，说明其刊刻此书的缘由及本书的特点，为后人提供了重要的文献史料。

文津阁四库全书珍赏（一函四册）

（清）纪昀等编
线装 8 开　850.00 元（布函）　1200.00 元（木函）
2004 年 9 月出版　7-5013-2473-5

《四库全书》是清乾隆皇帝亲自组织修撰的一部大型丛书，先后抄写七部。国家图书馆所藏为文津阁本，是七部中质量较好的一部。此次选取其中四种书，采用仿真方法影印出版，使世人目睹其风貌。收录经、史、子、集各一册，经部为《诗序》卷上、下，史部为《岁时广记》卷一至四，子部为《归田录》卷一、二，集部为《孟浩然集》卷一至五。均按原大影印，并依原样仿制。

华东师范大学图书馆藏稀见丛书汇刊（全四十册）

黄秀文、吴平主编　精装 32 开　9800.00 元
2006 年 11 月出版　7-5013-3168-5

本书收录华东师范大学图书馆所藏八种稀见丛书，包括清吉棠撰《白云斋丛著》、清宋荦撰《宋氏全集》、清魏宪编选《皇清百名家诗》、清郑之侨辑撰《郑氏丛刻》、清吴授凫辑《敦素园七子诗钞》、清高嵣集评《高梅亭读书丛钞》、清方士淦撰《啖蔗轩遗著》、清张楚钟撰《求是斋算学四种》。所收丛书中包含了许多稀见的珍贵文献资料。

中国藏黑水城汉文文献（全十册）

塔拉、杜建录、高国祥主编　精装 8 开　29800.00 元
2008 年 10 月出版　978-7-5013-3654-8

本书共收录原始文献 4213 件，其中社会文献 3980 件、宗教文献 233 件，均为全彩写真印刷。公布文献与原物一致无二，文字的书写格式、行文、画押、印章、批注等均保持了文物的原貌。

国家图书馆藏钞稿本乾嘉名人别集丛刊（全三十八册）

国家图书馆编　精装 16 开　24800.00 元
2010 年 11 月出版　978-7-5013-4054-5

本丛刊选辑了乾嘉时期 62 家著名学者的别集 89 种，均为钞稿本，如桐城派方望溪《方灵皋遗文》，嘉庆、道光间总结乾嘉学派与乾嘉学术的《王念孙遗文》，钱大昕《南阳集》等。对于研究乾嘉学派和学术具有重要作用，同时为清代文学、学术史研究提供了较为完整的资料。

吴秋辉遗稿(全五册)

吴秋辉撰　精装 16 开　2980.00 元

2010 年 11 月出版　978-7-5013-4415-4

本书收入民国著名学者吴秋辉先生的遗稿近 30 种,涵盖了经学、史学、文字学、音韵学、甲骨文等多个领域,以及吴氏创作的诗文小说。除了个别排印出版过,绝大多数从未刊布,具有重要的文献参考价值。

吴秋辉遗稿补编(全三册)

吴秋辉撰,张乾一、吴少辉辑存,张树材、张东蕙整理

精装 16 开　1800.00 元

2018 年 8 月出版　978-7-5013-6393-3

我社曾于 2010 年出版《吴秋辉遗稿》五册,此为《遗稿》所未收者三种,辑为《吴秋辉遗稿补编》。

北京师范大学图书馆藏稿抄本丛刊(全四十六册)

李永明主编　精装 16 开　32000.00 元

2011 年 11 月出版　978-7-5013-4616-5

本书将北京师范大学图书馆所藏稿抄本文献辑为一刊,共收录 37 种,包括稿本 18 种,抄本 19 种。按四部分类法编排,经部 11 种、史部 17 种、子部 4 种、集部 5 种。本丛刊所选录的稿抄本大多数都未曾付梓刻印,除本馆外,亦未见有其他公私机构收藏,诚为海内仅存的孤本,具有独特的文献价值。另有一些稿抄本虽经刊刻,有印本行世,或存量稀少,一般读者难睹真容,或在内容上与现行刻本有出入异同,因此也具有相当的版本价值与文献价值。

原国立北平图书馆甲库善本丛书(全一千册)

中国国家图书馆编　精装 16 开　560000.00 元

2013 年 7 月出版　978-7-5013-4598-4

本书收录中国国家图书馆选取美国国会图书馆 20 世纪 40 年代拍摄的、原国立北平图书馆甲库善本缩微胶卷 2600 种,及部分现藏于中国国家图书馆的原甲库善本 20 种,存台、存馆合璧者 1 种。本丛书为精装大 16 开,双栏影印。分经、史、子、集、丛五部分,收录 2621 种古籍,编为 1000 册(另附索引册)。

稀见清代民国丛书五十种(全九十六册)

贾贵荣、张忱石选编　精装 16 开　76000.00 元

2014 年 3 月出版　978-7-5013-5209-8

本书遵照实用与稀见的原则,选择收录了清代及民国稀见丛书 50 种,并制作了丛书子目书名笔画索引和丛书子目著者笔画索引,方便读者查阅使用。

中国大运河历史文献集成(全八十册)

王云、李泉主编　精装 16 开　56000.00 元

2014 年 6 月出版　978-7-5013-5367-5

京杭运河历来受学界关注,研究成果十分可观,但有关运河文献资料的搜集、整理工作则相对滞后。有基于此,我们汇集了元、明、清三代关于运河的专门著作 130 余种,编为一书,影印出版,为研究者提供便利,也为关心运河及其历史文化遗产的人们提供基本的阅读材料。为帮助读者了解各书的内容旨要,每种书前均附有简短的内容提要,介绍作者生平和写作背景、主要内容、史料及应用价值、版本流传情况等。

喜咏轩丛书(五函四十二册)

陶湘辑　线装 8 开　29800.00 元

2014 年 8 月出版　978-7-5013-5392-7

本书一共有甲乙丙丁戊五编,由陶湘编辑石印,所收的都是诗词戏曲传奇和图谱,以及附有插图的书籍,如《天工开物》和《授衣广训》等等。其中所收的陈老莲《离骚图》、萧云从《离骚图经》、焦秉贞《耕织图》、刘源《凌烟阁功臣图》、金古良《无双谱》,以及张士保的《云台二十八将图像》,均为我国古代版画之精品。近百年来,这套丛书以其精湛的印制水平赢得了收藏界的青睐。如今,整套丛书难得一见,即使出现在拍卖场,价格也已超过百万,非一般收藏者所能承受。今用宣纸按照原大影印,或可一解藏家的相思之苦。

百川书屋丛书(一函七册)

陶湘辑　线装 8 开　2800.00 元

2014 年 12 月出版　978-7-5013-5391-0

《百川书屋丛书》凡六种:晋崔豹《古今注》据嘉定本影印,明朱载堉《瑟谱》据汲古阁抄本影印,明周顺昌《明周端孝先生血疏贴黄》据真迹影印。余为明杨继盛《杨宗憨公传家宝训》、清上官周《晚笑堂画传》及舒位《瓶笙馆修箫谱》,均罕传之珍笈。续编含《程氏心法》三种及《褚河南阴符经墨迹》《乾隆宝谱》《清内府藏古玉印》《金轮精舍藏古玉印》等。此书印制精良,在收藏界颇受欢迎。今以宣纸原大影印,以飨广大爱家。

元明善本丛书十种(全六十二册)

杜思敬等编　精装 32 开　19800.00 元

2014 年 12 月出版　978-7-5013-5158-9

本书将《古今逸史》《历代小史》《百陵学山》《夷门广牍》《济生拔萃》《盐邑志林》《记录汇编》《子汇》《两京遗编》等十种元明善本丛书汇编影印,保持原貌,希望能为读者使用提供便利。

闽茶文献丛刊（全八册）

福建省图书馆编　精装16开　4800.00元

2016年12月出版　978-7-5013-5985-1

本书是福建省图书馆以馆藏资料为主选辑编纂的一部有关茶文献的汇编。全书共计收入47种历代闽茶文献，其中古籍4种、民国文献29种，其余14种则系中华人民共和国成立后的本子。古籍中最负盛名的闽茶文献当为北宋熊蕃所著的《宣和北苑贡茶录》暨赵汝砺撰《北苑别录》，清嘉庆四年桐川顾氏刻本，图文并茂，为我们保留了珍贵的龙凤贡茶图式。民国时期的闽茶文献是这部丛刊的重要内容，其中大部分皆为稀见茶书，是当时福建茶人努力复兴闽茶的历史记录。14种中华人民共和国成立后的本子中较早的是1955年福建省农业厅特产处所编的《怎样栽培茶树》，数量最多的为福建省农业科学院茶叶研究所编印的资料。凡此种种茶著，可谓琳琅满目，从中我们观想当时闽茶之发展情形，以及茶文化在闽传承衍进与发展变迁，更能体味出福建茶人之于茶业的艰辛与尽心。

刘咸炘著述手稿汇编（全十八册）

何光伦主编，谢竹峰、林英等编　精装16开　10800.00元

2018年2月出版　978-7-5013-6230-1

本书为四川省图书馆所藏的部分《推十书》稿本文献，均系首次对外公开，对促进相关文史领域研究及刘咸炘学术思想的研究，具有较为重要的价值。

中国书院文献丛刊·第一辑（全一百册）

邓洪波主编　精装16开　70000.00元

2018年9月出版　978-7-5013-6505-0

书院源出于唐代私人治学的书斋和官府整理典籍的衙门，是中国古代士人在儒、佛、道融合的文化背景之下，围绕着书，开展包括藏书、读书、教书、讲书、修书、著书、刻书等各种活动，进行文化积累、研究、创造与传播的文化教育组织。由唐而历五代、宋、元、明、清，经过近1300年的发展，书院得以遍布除今西藏之外的全国所有省区，数量在7500所以上，成为读书人文化教育生活不可或缺的组成部分。千余年来，因为记录书院的发展轨迹，形成了有关教育、学术、思想、文化、民俗、经济等各方面的数量巨大、种类繁多的书院文献。本丛刊辑录历代成书的书院志、学规、章程、课艺、讲义、（讲会）会录、会纪、同门谱、藏（刻）书目录、山长志、学田志等类型的书院文献125种，学术、史料与文献价值甚大，为书院研究提供了基本文献。

和刻本中医古籍珍本丛刊（全五十九册）

徐林平主编　精装16开　48000.00元

2018年11月出版　978-7-5013-6457-2

和刻本中医古籍就是由日人抄录或重新刻印流通的中医文献，是凝聚了中日两国人民智慧成果的文化结晶，具有鲜明的特色以及独特的研究价值，同时，它让部分已经散佚的中医文献以和刻本的形式得以保存，这些珍贵的文献内容是中医文化不可或缺的重要一环。本书选取存世较为稀少、珍贵、具有代表性的和刻医籍，涉及日本、韩国以及中国大陆和台湾等地近20家公立图书馆及大学图书馆所藏珍品135种，让这批珍贵文献以新的面目重现在世人面前，并且每篇撰写有提要。

上海图书馆藏涉园稿抄校本丛书（全一百册）

上海图书馆编，周德明、高洪兴主编

精装16开　70000.00元

2019年3月出版　978-7-5013-6678-1

张元济先生是近代著名的藏书家、版本目录学家及出版家。他以先世张奇龄涉园藏书为志，自称“涉园主人”，多方收集图书，尤以原涉园散出旧藏及乡邦文献为重点。涉园藏书中不乏明清以降的稿本、抄本及批校本等，本就具有较高的文物价值，而张元济先生在购藏后，又以题跋、补缺、批校等方式对之进行加工整理，大大提升了这批文献的学术价值。现如今，上海图书馆对馆藏张氏旧藏进行了排查整理，将这批珍贵稿抄校本影印出版，既可为学术界提供更好的文献资源，也是对张元济先生藏书的再生性保护。

孙诒让稿本汇编（全二十五册）

（清）孙诒让撰，黄晨主编　精装16开　19800.00元

2019年3月出版　978-7-5013-6680-4

本书将温州图书馆、瑞安玉海楼、温州博物馆、南京图书馆、上海图书馆和浙江大学图书馆所藏孙诒让稿本汇编出版，共计35种，涵盖了孙诒让在经学、文字学、诸子学、目录学等领域的重要著作，并为每种著作撰写相应的简明提要，以便于学界研究利用。

张汝舟手稿集（全四册）

张汝舟撰，张道锋整理　精装16开　2100.00元

2019年4月出版　978-7-5013-6670-5

张汝舟先生是20世纪章黄学派的代表人物，在文学、史学、古代天文学、考据学、佛学等领域皆有著述。他继承了黄季刚先生的学术成就，在文字声韵训诂领域继续深入研究，硕果累累。本书分为九类：一、声韵学，二、汉语语法，三、天文历法，四、历史学，五、文学，六、佛学，七、书信，八、日记，九、其他。此书涉及诸多领域，对于后学研究具有一定学术价值。

中国传统家训文献辑刊(全三十册)

陈延斌主编　精装 16 开　19800.00 元

2019 年 6 月出版　978-7-5013-6464-0

传统家训文献种类繁多,形态各异,名称多样,如家诫(戒)、家范、家规、家约、家语等。我国家训著作丰富,据统计,现存专书 300 多种,蕴含在家谱、族谱、诗文集内的家训文献,更是难以计数。此次系统收录中国历代家训专书 200 多种,原样影印,每种文献撰有言简意赅的提要,书前有主编经过多年研究撰写的长篇导读,是全面梳理中华传统家训文化的集成性著作。

永乐大典

举世闻名的《永乐大典》,是世界文化遗产中的珍品。全书凡 22877 卷、目录 60 卷,分装 11095 册,存有永乐正本、嘉靖副本两部。但正本的下落,虽有种种猜测,至今未见片纸只字,所谈《永乐大典》,皆是指嘉靖副本。清乾隆间修纂《四库全书》,曾对《大典》作过清点,已缺二千余卷,尚存十分之九,大体完备,故清王朝修《四库全书》《全唐文》等都利用过。1900 年,八国联军入侵北京,《永乐大典》惨遭厄运,绝大部分被焚毁,幸存少数,亦遭侵略军糟蹋、抢夺。传世至今的嘉靖副本残卷约 820 卷,仅及原书的百分之四强。

永乐大典(卷 3518—3519)

(明)解缙等编纂　包背装 4 开　150.00 元

1983 年 11 月出版

本书据国家图书馆善本部入藏的明残本影印,属门制类。

永乐大典(全一百六十四册)

(明)解缙等编纂　包背装 4 开　250000.00 元

2004 年 2 月出版　7-5013-1868-9

470000.00 元　2014 年 5 月出版

在多家藏书机构的鼎力支持下,我社历时三年,将国内(除台湾地区)现存《永乐大典》163 册全部仿真影印出版(另附索引 1 册,共计 164 册),既保证其文献价值,又保证其文物价值,完美再现了《永乐大典》神韵,对于收藏和使用均极具价值。

永乐大典(卷 2272—2274)

(明)解缙等编纂　包背装 4 开　3000.00 元

2014 年 5 月出版　978-7-5013-5244-9

《永乐大典》“湖”字韵卷 2272—2274,原为加拿大华裔袁葰文女士所藏,共 1 册 3 卷,从封面至纸页皆无缺损,品相完好,字迹为端正的馆阁体;内容为有关“湖”字词汇的唐、宋、元诗文。据连筠簃《永乐大典》目录,“湖”字韵为卷 2260—2292,凡 33 卷,今存 19 卷,藏家为中国国家图书馆 5 册 10 卷,越南远东学院 2 册 4 卷,日本国会图书馆 1 册 3 卷,日本东洋文库 1 册 2 卷。未见此册。20 世纪 30 年代北平图书馆馆长袁同礼、70 年代日本学者岩井大慧、80 年代中华书局张忱石等先生调查现存《永乐大典》残卷,均未发现卷 2272—2274 这 3 卷,以为此册早已不存于世。我社现将《永乐大典》卷 2272—2274 仿真影印出版,既满足海内外学界研究之需,同时也为文献收藏机构和传统典籍爱好者提供宝贵的收藏与阅读机会。

美国普林斯顿大学东亚图书馆藏《永乐大典》(全二册)

(明)解缙等编纂　包背装 4 开　6000.00 元

2014 年 7 月出版　978-7-5013-5243-2

美国普林斯顿大学东亚图书馆葛思德文库(Gest Collection)所藏《永乐大典》2 册(卷 14949 及卷 20373),前此未收入任何影印本,而自 1963 年以来,因藏地被误导以致罕为人知,尤为珍贵。

哈佛燕京图书馆藏《永乐大典》(全三册)

(明)解缙等编纂　包背装 4 开　9000.00 元

2013 年 5 月出版　978-7-5013-5066-7

美国哈佛燕京图书馆所藏 3 册《永乐大典》(分别为卷 7756—7757、卷 8841—8843、卷 981)。其中,卷 981 内容为首次披露。

牛津大学博德利图书馆藏《永乐大典》(全十九册)

(明)解缙等编纂　包背装 4 开　48000.00 元

2015 年 12 月出版　978-7-5013-5627-0

牛津大学博德利图书馆藏《永乐大典》共计 19 册 31 卷,即卷 807—808、1036—1037、5244—5245、6641 等,内容涉及南北朝诗话、周礼、曾公遗录,等等。

德国柏林国家图书馆藏《永乐大典》

(明)解缙等编纂　包背装 4 开　3000.00 元

2015 年 12 月出版　978-7-5013-5671-3

本书据德国柏林国家图书馆藏《永乐大典》原大仿真影印,共计 1 册 3 卷,即卷 7078—7080。

美国汉庭顿图书馆藏《永乐大典》

(明)解缙等编纂　包背装 4 开　3000.00 元

2016 年 3 月出版　978-7-5013-5785-7

现藏于美国亨廷顿图书馆的《永乐大典》卷10270《教世子》及卷10271《文王世子篇》。卷中大量引用《礼记》等12部文献典籍，其中包括4部完全失传的文献。其内容讲述皇室家族如何教育皇子。

大英图书馆藏《永乐大典》(全二十四册)

(明)解缙等编纂　包背装4开　60000.00元
2016年10月出版　978-7-5013-5858-8

大英图书馆藏《永乐大典》共计24册49卷，即卷913—914、3002、6850—6851、6933—6934、7389—7390等，内容涉及汉书古今人表、丧礼、国恤、城名、兵制、相龙法，等等。

英国阿伯丁大学图书馆藏《永乐大典》

(明)解缙等编纂　包背装4开　3000.00元
2016年10月出版　978-7-5013-5859-5

本书系阿伯丁大学图书馆藏《永乐大典》，即卷11907。该册于1997年由牛津大学博德利图书馆中文部负责人何大伟(David Helliwell)先生发现，截至目前未收入任何影印本。

德国柏林民族学博物馆藏《永乐大典》(全四册)

(明)解缙等编纂　包背装4开　12000.00元
2017年10月出版　978-7-5013-6128-1

本书系德国柏林民族学博物馆(Ethnologisches Museum)藏《永乐大典》，共计4册7卷，即卷903—904、1033、4908—4909及13189—13190，内容分别为寒山诗、金诗故事、小儿证治、事韵、燕国等等。这四册《永乐大典》天头地脚处有水渍，20世纪70年代或者80年代均被重新装订过。

英国剑桥大学图书馆藏《永乐大典》(全二册)

(明)解缙等编纂　包背装4开　6000.00元
2017年10月出版　978-7-5013-6138-0

本书系英国剑桥大学图书馆藏《永乐大典》，共计2册5卷，即卷16343—16344、19737—19739，内容分别为算法十四、十五，沙门灌顶《国清百录》一、二、三，等等。

日本国立国会图书馆藏《永乐大典》

(明)解缙等编纂　包背装4开　3000.00元
2019年6月出版　978-7-5013-6658-3

本书系日本国立国会图书馆藏《永乐大典》1册3卷，即卷2279—2281。该册为嘉靖写本，包背装，韵目为六模，内容为湖州府五、六、七。

中国古籍珍本丛刊

中国古籍珍本丛刊·天津图书馆卷(全六十册)

天津图书馆编　精装16开　48000.00元
2013年8月出版　978-7-5013-5071-1

本书收录天津图书馆珍本古籍179种，其中稿抄本70多种，明清刻本国内收藏单位基本在三家以内，更有存世孤本和非常珍贵的批校本，除少数几部，均为首次影印，具有重要的史料参考价值。

中国古籍珍本丛刊·安庆市图书馆卷(全二十八册)

安庆市图书馆编　精装16开　21000.00元
2015年2月出版　978-7-5013-5430-6

本书收录安庆市图书馆珍本古籍35种，其中稿抄本22种，所收刻本的收藏单位基本在三家以内，更有存世孤本和极其珍贵的名家批校本，均为首次影印出版，具有重要的史料价值。

中国古籍珍本丛刊·澳门大学图书馆卷(全十二册)

澳门大学图书馆编　精装16开　8000.00元
2015年3月出版　978-7-5013-5508-2

本书收录澳门大学图书馆所藏珍稀古籍13种，所选书目多为收藏单位在三家以内的古籍，或尚未见于公私书目的著录，或具有较高的文献和学术价值，其中尤以岭南地区和澳门文献的收录为主要特色。

中国古籍珍本丛刊·广东省立中山图书馆卷(全六十二册)

广东省立中山图书馆编　精装16开　48000.00元
2015年5月出版　978-7-5013-5505-1

本书收录广东省立中山图书馆的珍本古籍260种，所收古籍多为明清刻本或稿抄本。其中反映广东地区近代历史的稿本尤为不可多得的珍贵古籍。

中国古籍珍本丛刊·西南大学图书馆卷(全五十册)

西南大学图书馆编　精装16开　40000.00元
2015年12月出版　978-7-5013-5634-8

本书选取西南大学图书馆藏珍本古籍，多为清代刻本和抄本。全书按照经史子集分类，既有名家点评的经史刻本，也包括四川等地的方志、名人的日记等，还有一些颇为珍贵的戏曲抄本。本书为方志、古文研究者提供了不可多得的文献资料。

中国古籍珍本丛刊·河南大学图书馆卷(全六十册)

李景文、郭鸿昌主编　精装 16 开　48000.00 元

2016 年 9 月出版　978-7-5013-5912-7

本书收录河南大学图书馆藏珍本古籍 38 种，包括明刻本 9 种、清刻本 8 种、清稿本 10 种、清抄本 9 种、民国抄本 2 种，所选书目具有较高的文献和学术价值。

中国古籍珍本丛刊·武汉大学图书馆卷(全七十二册)

武汉大学图书馆编　精装 16 开　48000.00 元

2016 年 11 月出版　978-7-5013-5937-0

本书收录武汉大学图书馆珍藏的古籍 20 种，均为首次揭示，具有较高的文献价值。

中国古籍珍本丛刊·保定市图书馆卷(全四十册)

保定市图书馆编　精装 16 开　28000.00 元

2017 年 4 月出版　978-7-5013-6074-1

本书收录保定市图书馆藏 25 种珍本文献影印出版，其中不乏孤本，具有较高的文献价值。

中国古籍珍本丛刊·东北师范大学图书馆卷(全九十册)

东北师范大学图书馆编　精装 16 开　68000.00 元

2017 年 5 月出版　978-7-5013-6037-6

本书收录东北师范大学图书馆收藏的珍本古籍 80 种，具有重要的版本价值和史料价值。

中国古籍珍本丛刊·复旦大学图书馆卷(全五十二册)

复旦大学图书馆编　精装 16 开　36000.00 元

2018 年 9 月出版　978-7-5013-6497-8

本书收录复旦大学图书馆藏珍本古籍 53 种，版本珍稀，具有较高的文献价值。

中国古籍珍本丛刊·暨南大学图书馆卷(全三十八册)

暨南大学图书馆编　精装 16 开　29600.00 元

2018 年 9 月出版　978-7-5013-6470-1

本书收录暨南大学图书馆馆藏古籍珍本 80 种余种，内容涵盖经史子集丛各部，具有较高的文献价值。

中国古籍珍本丛刊·孔子博物馆卷(全二十三册)

孔子博物馆编　精装 16 开　16000.00 元

2019 年 6 月出版　978-7-5013-6672-9

本书收录孔子博物馆珍藏的珍贵古籍，涵盖经史子集各类文献，有很多还是孔子博物馆所独有的文献，具有珍贵的版本价值和史料价值。

哈佛燕京图书馆藏古籍珍本丛刊·经部(全十二册)

李坚、刘波、吕淑贤编　精装 16 开　7200.00 元

2016 年 12 月出版　978-7-5013-5965-3

本书收录哈佛燕京图书馆珍藏的 12 种经部文献影印出版，是对哈佛燕京图书馆馆藏经部珍本文献的系统展示。所选古籍具有较高的学术研究价值，版本珍稀，其馆藏地均在三家以内，且为首次影印出版。

哈佛燕京图书馆藏古籍珍本丛刊·史部(全二十四册)

李坚、刘波、吕淑贤编　精装 16 开　16800.00 元

2018 年 5 月出版　978-7-5013-6214-1

本书收录哈佛燕京图书馆藏史部珍本文献 26 种，均为海内外罕见、公私藏目罕见著录者。

哈佛燕京图书馆藏二齐旧藏珍稀文献丛刊(全九十六册)

乐怡、刘波编　精装 16 开　76000.00 元

2019 年 3 月出版　978-7-5013-6635-4

齐耀琳(1862—1949)、齐耀珊(1865—1954)，原籍山东省莱州府昌邑县，寄籍奉天府吉林伊通州，清末民初皆在官场任要职。1945 年，齐氏兄弟的藏书约 400 余种由哈佛燕京图书馆购得，本丛刊从中精选 213 种具有重要学术价值的文献影印出版。其价值有：1. 所收文献皆为稿抄本；2. 档案、戏曲文献和清人手稿等是其藏书的主要特色。如《典业须知录》是有关清代徽州典当业运作记载最为系统、内容最为丰富的一份商业文献，也是反映清代典当业经营的相关文献。

敦煌文献

国家图书馆藏敦煌遗书(全一百四十六册)

中国国家图书馆编,任继愈主编
精装 8 开 990.00 元/册
2005 年 12 月出版

本书以中国国家图书馆收藏的 16000 多件敦煌遗书为底本影印出版。是迄今为止披露该馆敦煌遗书藏品最大最全的一部大型图录。除图版外,有总目、条记目录及新旧编号对照表。本书对敦煌遗书的文献研究、文物研究与文字学研究具有重要价值,是敦煌学研究、中古史研究、文献学研究、宗教学研究必不可少的第一手资料。

王重民向达所摄敦煌西域文献照片合集(全三十册)

国图善本特藏部编 精装 8 开 9800.00 元
2008 年 4 月出版 978-7-5013-3501-5

本书收王重民、向达 20 世纪 30 年代于法、英、德等地所摄流落海外的敦煌西域文献,共 1400 余种、11000 多页老照片,是斯坦因、伯希和所劫敦煌文献中最精华的部分。其中的德藏吐鲁番文献不少已在二战中遗失。因此这批老照片的价值弥足珍贵。

滨田德海搜藏敦煌遗书

方广锠释文 精装 8 开 980.00 元
2016 年 8 月出版 978-7-5013-5931-8

本书收录日本原大藏省书记官滨田德海搜集珍藏的敦煌遗书 36 件,主要是南北朝到唐代的写经,是近年来比较大宗的唐人写经回流,对敦煌学研究具有重要文献意义。敦煌学专家方广锠先生对其释文和作序,方便大家深入研究。

历代辑佚文献分类丛刊

经学辑佚文献汇编(全二十二册)

古风主编 精装 16 开 13200.00 元
2010 年 7 月出版 978-7-5013-4387-4

本书是第一次将两汉以来的经学散佚文献,从诸多后代辑佚丛刊中辑选出来,按照易类、书类、诗类、三礼类、乐类、春秋类、论语类、孝经类、尔雅类、孟子类进行分类整理成书,这些经过清代学者初步整理的经学史、汉魏史的资料宝库,对促进各专题史的研究有独到的价值,对于相关领域研究视野的逐渐扩大、研究工作的进一步深入开展,具有重要作用。

史学辑佚文献汇编(全六十九册)

翟金明主编 精装 16 开 48000.00 元
2016 年 7 月出版 978-7-5013-5840-3

本书第一次将历代的史学散佚文献,从诸多后代辑佚丛刊中辑选出来,按照正史类、别史类、编年类、杂史类、载记类、史评类、传记类、政书类、职官类、时令类、地理类、目录类等分类整理成书,对于研究两汉以来的史学,提供了更为集中的辑佚资料。

子部辑佚文献汇编(全二十四册)

翟金明、李燕主编 精装 16 开 16000.00 元
2018 年 10 月出版 978-7-5013-6465-7

本书收录了先秦诸子类、儒家类、兵书类、农家类、医家类、历算类、术数类、艺术类、杂学类、典故类、小说类、道家类等内容,这些资料是搜集前人已有的辑佚成果,将极大增加子部文献的基础建设,极大推进中国学术史的研究。

集部辑佚文献汇编(全一百册)

翟金明主编 精装 16 开 68000.00 元
2018 年 7 月出版 978-7-5013-6368-1

本书第一次将历代的集部散佚文献,从诸多后代辑佚丛刊中辑选出来,按照别集、诗文评的分类整理成书,在这一大的分类下又按照朝代顺序划分。对于研究两汉以来的文学,提供了更为集中的辑佚资料。

芷兰斋稿抄校本丛刊(9 种)

鸿雪因缘图记(敷彩本)(全十二册)

(清)麟庆撰,(清)汪春泉等绘 线装 8 开 8800.00 元
2014 年 6 月出版 978-7-5013-5292-0

《鸿雪因缘图记》,内容丰富,版刻精善,在版画史上占据要席。郑振铎《中国古代木刻画史略》、傅惜华《中国版画研究重要书目》等皆著录此书。清道光二十九年刊本是原书图文完整刊行的版本,因其文、图、刊、印俱佳,成为清中期家刻本代表作之一。此书刊刻之后,麟庆之女亦睹物思人,特将其中一套逐页填色,增其华彩,以寄情思。此敷彩本为世间孤品,现为芷兰斋所藏。此次影印,以此本为底本,按原样原大仿制。限量印行 200 部,当可宝藏。

唐诗英华(一函二册)

(清)释正诣撰 线装 8 开 600.00 元
2014 年 9 月出版 978-7-5013-5462-7

本书以芷兰斋藏《唐诗英华》为底本,原大影印。

原书清释正诣选抄，钱谦益序，江湜跋，递藏有绪，曾经十数位收藏大家之手。原书之后，另影印书法家寄盦小楷精抄韦力《江湜跋正诣抄本不分卷》全文，该文曾收录于《芷兰斋书跋·初集》。

孟子私淑录

（清）戴震撰　线装8开　450.00元
2014年10月出版　978-7-5013-5461-0

本书以芷兰斋藏《孟子私淑录》为底本，原大影印。原书戴震撰，清抄本，一函一册，胡适跋。该书为戴震晚年代表作。原书之后，另影印书法家寄盦小楷精抄韦力《胡适跋抄本一卷》全文，该文曾收录于《芷兰斋书跋·初集》。

樊川文集（二函八册）

（唐）杜牧撰　线装8开　2600.00元
2015年1月出版　978-7-5013-5510-5

本书以芷兰斋藏《樊川文集二十卷别集一卷外集一卷》为底本，原大双色影印。原书唐杜牧撰，清光绪二十二年宜都杨氏影宋刻朱印校样本，杨守敬通批，王欣夫题记，一函六册。影印本二函八册，原书之后，另影印书法家寄盦小楷精抄韦力《杨守敬校、王欣夫题记红印样本〈樊川文集〉二十卷〈别集〉一卷〈外集〉一卷》全文，该文曾收录于《芷兰斋书跋·初集》。

萋香轩文稿（一函二册）

（清）裕瑞撰　线装8开　800.00元
2015年5月出版　978-7-5013-5572-3

本书以芷兰斋藏《萋香轩文稿》为底本，原大影印。原书为清嘉庆八年裕瑞稿本，法式善、杨芳灿等评，卷首有1966年此书于香港影印出版之时潘重规所书序言原文，一函一册。影印本为一函二册。影印原书之后，另影印书法家寄盦小楷精抄韦力《法式善、张问陶、吴鼒等评裕瑞稿本一卷》全文，该文曾收录于《芷兰斋书跋·三集》。

云根山馆诗集

（清）左墉撰　线装8开　560.00元
2015年5月出版　978-7-5013-5571-6

本书以芷兰斋藏《云根山馆诗集》为底本，原大影印。原书为清乾嘉间左墉稿本，清姚鼐、赵翼书序；鲍之兰、鲍之蕙等袁枚女弟子题诗；王文治绘小像，一函一册。影印原书之后，另影印书法家寄盦小楷精抄韦力《左墉稿本三卷》全文，该文曾收录于《芷兰斋书跋·初集》。

藏书纪事诗（一函八册）

（清）叶昌炽撰　线装8开　1800.00元
2015年10月出版　978-7-5013-5588-4

本书以芷兰斋藏《藏书纪事诗》为底本，原大影印。原书为清宣统二年叶昌炽家刻本。清叶昌炽撰。葛昌楣题记。此书为叶昌炽耗时七年撰写而成，是中国首部以纪事诗形式为历代藏书家立传之作，影响极大。原书一函六册，影印本一函八册。影印原书之后，另影印书法家寄盦小楷精抄韦力《葛昌楣题记七卷》全文，该文曾收录于《芷兰斋书跋·三集》。

灵棋经（一函二册）

（晋）颜幼明撰　线装8开　880.00元
2015年11月出版　978-7-5013-5649-2

本书以芷兰斋藏《灵棋经》为底本，原大影印。原书晋颜幼明注，明刘基补注，清知不足斋黑格纸抄本，鲍廷博批校。一函两册。影印原书之后，另影印书法家寄盦小楷精抄韦力《鲍廷博批校知不足斋抄本〈灵棋经〉二卷》全文，该文曾收录于《芷兰斋书跋·初集》。

杜子美诗集（二函十二册）

（唐）杜甫撰　线装8开　3600.00元
2016年3月出版　978-7-5013-5648-5

本书以芷兰斋藏《杜子美诗集》为底本，原大影印。原书唐杜甫撰，明刘辰翁评点，明刻本，清卢见曾批校并题记。一函四册。原书单册叶数过多，故而影印本拆分为两函八册。影印原书之后，另影印书法家寄盦小楷精抄韦力《卢见曾题识〈杜子美诗集〉二十卷》全文，该文曾收录于《芷兰斋书跋·初集》。

国家图书馆藏样式雷图档

国家图书馆藏样式雷图档·圆明园卷初编（全十函）

国家图书馆编　散叶函装2开　50000.00元
2016年3月出版　978-7-5013-5718-5

“样式雷”是对清代200多年间主持皇家建筑设计的雷姓世家的誉称，是我国古代科技史上成就卓著的杰出代表，据统计，现有2万余件样式雷图档存世，是世界建筑档案存世最多的一种。其中，国家图书馆收藏有样式雷图档15000余件，为样式雷图档最大的收藏单位。本书为国家图书馆所藏样式雷图档中圆明园卷的第一部分，收入圆明园全图及正大光明、勤政亲贤、茹今涵古、坦坦荡荡等景区新建、修缮、改建、内檐装修、河道疏浚、山体切削、绿化植被、室内室外陈设等工程方面的图档共约1000件。既有景点规划设计图、踏勘草图、建筑平面图、建筑立面图，又有室内室外装修图，这些图档多为道光、咸丰、同治朝所绘。

国家图书馆藏样式雷图档·圆明园卷续编（全十二函）

国家图书馆编　散叶函装2开　60000.00元
2017年11月出版　978-7-5013-6119-9

本书为国家图书馆所藏样式雷图档中圆明园卷的第二部分，汇辑初编未收录的圆明园的九州清晏、长春园、万春园三部分新建、修缮、改建、内檐装修、河道疏浚、山体切削、绿化植被、室内室外陈设等工程方面的图档800余件。既有景点规划设计图、踏勘草图、建筑平面图、建筑立面图，又有室内室外装修图，这些图档多为道光、咸丰、同治朝所绘。

国家图书馆藏样式雷图档·颐和园卷（全十四函）

国家图书馆编　散叶函装2开　70000.00元
2018年6月出版　978-7-5013-6417-6

本书收入国家图书馆藏颐和园相关样式雷图档680余件，其中图样包括总图、景点图、装修图等，文档包括与工程相关的说贴、略节和做法册等，《旨意档》《堂谕档》等为样式房记录的皇帝和内务府官衔关于修建颐和园的谕旨和指示，还有雷家每天记述的翔实的随工日记、业务往来信函和家族成员之间的书信等。这些图档，对于研究颐和园以及清末皇室和社会有重要价值。

国家图书馆藏样式雷图档·香山玉泉山卷（全二函）

国家图书馆编　散叶函装2开　10000.00元
2019年6月出版　978-7-5013-6738-2

本书收入国家图书馆藏香山、玉泉山相关样式雷图档96件。图样部分有总图、局部景点图、装修图，文档则包括各类说明略节等。这些图档多为清晚期所制，为后人了解当时园林做法提供第一手资料，具有极大的史料和艺术价值。

永青文库四种

点注十八史略校本

（元）曾先之编，（明）陈殷音释，（明）王逢点校，（日）石川鸿斋补订　精装16开　280.00元
2019年6月出版　978-7-5013-6719-1

《十八史略》为元代曾先之所撰，以时间为序、以帝王为中心叙述上古至南宋末年的史事。曾先之将书名定为《十八史略》，表示该书是对18种史书的节略，所用史书是司马迁《史记》以下直至欧阳修《五代史记》的所谓“十七史”，宋代史事则取李焘《续资治通鉴长编》与刘时举《续宋编年资治通鉴》。明代《十八史略》流传颇广，不断有人为之注释、修订。《十八史略》日本藏有明初刊本，元和以后，出版了覆刻五山版的活字本。德川幕府时期，日本对《十八史略》的讲习逐渐兴盛，各藩官学多采用《十八史略》作为童蒙之书，传播既广，影响渐大。从江户时代到明治时代，注本多达数十种。此后大量不同版本的《十八史略》不断出版，以“史略”为名的日本历史读物纷纷涌现，对日本社会文化产生广泛的影响。此次影印日本明治十六年（1883）东京山中市兵卫刻本，为国家图书馆藏永青文库选印四种之一。

群书治要（全五册）

（唐）魏徵等辑　精装16开　1400.00元
2019年6月出版　978-7-5013-6716-0

《群书治要》是唐贞观五年（631）由魏徵等人奉敕编纂之书，摘录了60余种唐前古书，编次五十卷，内容主要为治国要领，因而起名《群书治要》。《群书治要》早期囿于禁中，手抄传播，流布不广，至宋时已佚。所幸此书经由日本遣唐使带到日本，成为学习研讨中华文化的一部重要经典，被日本历代天皇及大臣奉为圭臬。平安时代，日本皇室将它作为帝王教育的必读书，形成系统阅读该书的传统。江户时期，《群书治要》从供皇室贵族抄阅，逐渐成为学者研究的重要书籍。宽政八年（1796），日本学者近藤守重将三部《群书治要》委托商船带回中国，是书遂为清朝学者所知。《群书治要》的流通互传是中日两国文化交流的见证。此次影印日本天明七年（1787）刻本，为国家图书馆藏永青文库选印四种之一。

影宋本尚书正义（全三册）

（唐）孔颖达疏　精装16开　840.00元
2019年6月出版　978-7-5013-6715-3

《尚书》是关于中国上古历史和部分追述古代事迹著作的汇编。西汉初存28篇，相传由伏生口授，用汉时通行文字隶书抄写，是为《今文尚书》。自汉以来，为《尚书》作注疏者便层出不穷。唐贞观初年，孔颖达与颜师古、司马才章、王恭、王琰等人奉敕撰《尚书》义训百余篇，称为“义赞”，太宗诏改为《正义》，是为《五经正义》之一。《尚书正义》搜罗宏富，保存了原已散失的汉代今文28篇，是研究古史的珍贵资料。日本对《尚书》的注疏一直多有收藏及传抄、刊刻。宋刊八行本《尚书正义》在中国曾失传，日本则存有两部。其中一部宋刻本保藏于日本足利学校。日本弘化四年（1847）熊本藩时习馆影刻足利学校藏宋本，使其广为流传，有功学界。此次影印日本弘化四年（1847）影宋刻本，为国家图书馆藏永青文库选印四种之一。

御制圆明园诗

（清）高宗弘历撰，（清）鄂尔泰、张廷玉等注　精装16开　280.00元

2019年6月出版　978-7-5013-6714-6

圆明园始建于清康熙四十八年（1709），最初是康熙帝赐予胤禛的藩邸。雍正三年（1725），雍正首次驻跸圆明园，圆明园于是兼有“苑囿”和“宫廷”双重功能，成为清代多位帝王的园居、理政之所。圆明园在雍正、乾隆两朝都有大规模的扩建。雍正时期，圆明园建成“正大光明”“廓然大公”等33景。乾隆九年（1744），圆明园四十景建成，其内各有殿阁、斋馆数处。同年，乾隆皇帝御制圆明园诗四十首，敕令宫廷画家唐岱、沈源绘制“圆明园四十景”图。乾隆皇帝《圆明园诗》应景而作，每景一图一诗，包括“正大光明”等各处景致，共计40首。御制诗五言、六言、七言不限，古诗、绝句、律诗、词各体皆备，图文相应，形象生动地描绘了圆明园全盛时期的景象。此次影印清刻朱墨套印本，为国家图书馆藏永青文库选印四种之一。

区域文献集成

琉球文献(5 种)

国家图书馆藏琉球资料汇编(全三册)

黄润华、薛英编　精装 2 开　980.00 元
2000 年 9 月出版　7-5013-1744-5

本书收入了现藏国家图书馆最早的记录琉球情况的图书——明代陈侃撰的《使琉球录》,对航海情形、抵达琉球后迎接盛况及琉球风情名胜多有记载。此外,本书还收录了《中山传信录》《琉球译》《琉球入学见闻录》等有关琉球国历史和中琉关系史的稀见典籍 15 种。

国家图书馆藏琉球资料续编(全二册)

北京图书馆出版社编　精装 16 开　900.00 元
2002 年 11 月出版　7-5013-1948-0

本书收录了国家图书馆及部分兄弟图书馆所藏琉球资料 17 种。其中有数种抄本流传甚少,内容十分珍贵,是研究明清时期中琉、日琉,特别是琉球历史文化等极为重要的文献资料。

国家图书馆藏琉球资料三编(全二册)

(明)郭儒霖、(清)徐葆光等撰,王菡选编
精装 16 开　800.00 元
2006 年 12 月出版　978-7-5013-3363-7

该书从国图所藏明清时期十余位出使琉球的使臣及随从的文集中辑录整理出与琉球相关的诗文记载汇为一编,与此前已出版的《国家图书馆藏琉球资料》正编、续编相互补充,同为研究中国对外关系史,尤其是中琉关系史不可或缺的珍贵资料。

中琉历史关系档案(道光朝九、道光朝十、道光朝十一)

中国第一历史档案馆编　平装 32 开　480.00 元
2018 年 3 月出版　978-7-5013-6351-3

本书收录中国第一历史档案馆藏内阁、军机处、宫中、内务府等全宗中有关中琉历史关系的档案,此前已出版自顺治朝至道光朝二十一年九月份的档案,本次是将道光朝二十一年九月份之后剩余未出完的近 200 件档案资料影印出版。这些档案已分别编于《清代中琉关系档案选编》《清代中琉关系档案续编》《清代中琉关系档案三编》《清代中琉关系档案四编》《清代琉球国王表奏文书选录》《清代中琉关系档案五编》《清代中琉关系档案六编》及《清代中琉关系档案七编》中,本书在原有基础上,逐件摘写内容提要,注明原书出处,采用编年体例,重新整理编纂而成。中琉历史关系源远流长,从隋朝开始至清朝初年交往不断,留下了许多珍贵的档案资料。这些档案都是清政府有关机构及地方督抚在办理琉球国事务过程中形成的,主要记载了清代中琉在宗藩封贡、海难救助、经济贸易、文化交流等各个方面的密切交往。

中琉历史关系档案(咸丰朝一、咸丰朝二、咸丰朝三)

中国第一历史档案馆编　平装 32 开　480.00 元
2019 年 3 月出版　978-7-5013-6648-4

本书收录中国第一历史档案馆藏咸丰元年至十一年有关中琉关系的档案 183 件。

澳门记略·澳门志略(一函二册)

(清)印光任、张汝霖、祝淮等编纂　线装 16 开　680.00 元
2010 年 12 月出版　978-7-5013-4413-0

本书收录清乾隆年间印光任(1690—1758)和张汝霖(1709—1769)所纂修《澳门记略》以及清道光间祝淮为修纂《香山县志》所做的有关“下恭常都”地区采访册——《澳门志略》二书。《澳门记略》为世界上首部系统介绍澳门的专著,亦为研究澳门早期史最重要之汉语文献。《澳门志略》所记内容较后来成书的《香山县志》

详尽,可以说道光年间澳门(兼及澳门周边的整个下恭常都地区)的情况,当以此书所载最为详细了。两书同为研究澳门历史的重要文献。此次整理出版,全彩影印,书前还有专业学者前言,详述源流和价值。

四川历代方志集成(4辑)

为弘扬巴蜀优秀文化,加强四川历代方志的抢救保护工作,服务四川经济社会发展,满足人民群众文化需求,四川省地方志编纂委员会于2009年开展了全省旧志普查工作,摸清了现存从清代到民国的通志、府志、州志、县志、乡土志、图志的保存状况。在省委省政府的高度重视下,2014年四川省地方志编纂委员会启动了《四川历代方志集成》的影印出版工作。本套书计划从2015年起分年分辑影印出版300余种旧志。原属四川今属重庆市的历代方志,不在此次出版计划之内。书内各志原则上按编修年代的先后编排,个别因篇幅和装订的原因稍有调整。篇幅较大的为一种多册,篇幅较小的则数种合并为一册。本着保留原貌、修旧如旧的原则,在整理过程中按底本影印,不作点校。个别底本缺卷漏页依据相同版本补缺于正文处。

四川历代方志集成·第一辑(全二十四册)

四川省地方志编纂委员会辑　精装16开　15000.00元
2015年4月出版　978-7-5013-5576-1

本书收录德阳市、绵阳市、眉山市、凉山州的72部旧志。

四川历代方志集成·第二辑(全三十册)

四川省地方志编纂委员会辑　精装16开　18000.00元
2015年9月出版　978-7-5013-5685-0

本书收录成都市、泸州市、广元市、广安市、达州市、巴中市、阿坝州、甘孜州的82种旧志。

四川历代方志集成·第三辑(全三十册)

四川省地方志编纂委员会辑　精装16开　18000.00元
2016年6月出版　978-7-5013-5786-4

本书收录自贡市、遂宁市、内江市、乐山市、南充市、宜宾市、雅安市、资阳市等91种方志。

四川历代方志集成·第四辑(全二十四册)

四川省地方志编纂委员会辑　精装16开　15000.00元
2017年12月出版　978-7-5013-6281-3

本书收录通志、乡土志、图志和有关四川的地情资料60多种。

衢州文献集成(全二百册)

黄灵庚主编　精装16开　126000.00元
2015年9月出版　978-7-5013-5543-3

本书收集衢州经济、政治、文化、社会等方面重要历史文献,含衢州先贤著作和外地人士撰写的有关衢州的著作238种。其中经部17种,史部75种,子部64种,集部82种。所用底本包括国家图书馆、浙江图书馆等重要收藏机构的宋元善本9种、明刻本45种、清刻本134种、名家稿抄本43种等。这些入选的典籍,绝大多数是各图书馆、博物馆的善本,常人难得一见。

衢州文献集成·提要

魏俊杰编　精装16开　280.00元
2015年9月出版　978-7-5013-5631-7

本书为《衢州文献集成》之提要。提要体例仿《四库全书总目》,对各书撰者的籍贯、官爵和学术履历等加以介绍,且详解各书的内容、版本等,并略评其学术价值。若《四库全书总目》有著录,本书提要则先全录《总目》,下以案语或作补充,或作辨证。此书提要,佛学13篇出于浙江师范大学陈开勇教授手笔,提要末署其姓名;其余提要皆出于编者之手,不再署名。

越风(二函十册)

(清)商盘纂修　线装16开　1980.00元
2016年3月出版　978-7-5013-5766-6

《越风》一编系清人商盘采辑清顺治至乾隆间绍郡诗人佳制,汇辑成集。乾隆《绍兴府志》《两浙輶轩录》等多有引用。此本现藏绍兴图书馆,现据此进行影印,以践先人之志。

富阳旧志(5种)

[万历]新城县志(一函四册)

(明)温朝祚修,(明)方廉纂,杭州市富阳区地方志编纂委员会整理　线装16开　1600.00元
2016年7月出版　978-7-5013-5898-4

新城县又名新登县,位于杭州市西南部,是杭州市富阳区西部的经济、文化、商贸中心。万历四年的《新城县志》刊本为藏于浙江图书馆的孤本,是现存最早的新城方志。本书将从未影印出版过的万历四年《新城县志》刊本按照原貌影印,以线装形式出版,是研究稀见方志及杭州周边历史、经济、文化等不可多得的一套方志。

[正统]富春志(一函二册)

(明)吴堂纂修,杭州市富阳区地方志编纂委员会整理

线装 16 开 1200.00 元

2016 年 7 月出版 978-7-5013-5899-1

富春，古县名，县治在今杭州市富阳区富春街道。秦前为阳城，秦时设富春，东晋太元十九年改名富阳。明宣德九年，吴堂任富阳知县，主修县志，聘俞膺、李玉昂二人为编纂，重修《富春志》六卷，成书于正统初。今原刊本已不可见，仅有正德十六年富阳知县刘初重刊本，这是目前现存最早最完整的富阳方志。

[康熙]富阳县志（一函八册）

（清）钱晋锡纂修，杭州市富阳区地方志编纂委员会整理

线装 16 开 1600.00 元

2016 年 10 月出版 978-7-5013-5989-9

本书为清代康熙时富阳知县钱晋锡主持纂修的县志，全书分为十卷，记录富阳的风俗地理人物等。本书以线装形式影印出版，是了解富阳地理变迁与风俗文化不可多得的一套方志。

[道光]新城县志（二函十一册）

（清）吴墉修，（清）张吉安纂，杭州市富阳区地方志编纂委员会整理 线装 16 开 3900.00 元

2016 年 10 月出版 978-7-5013-5988-2

本书线装影印出版，便于读者了解浙江富阳地理情况及风俗文化。

[光绪]富阳县志（二函十六册）

（清）汪文炳修，（清）蒋敬时、何镕纂，杭州市富阳区地方志编纂委员会整理 线装 16 开 6000.00 元

2016 年 11 月出版 978-7-5013-6088-8

本书以线装形式影印出版，装帧古朴精美，富有收藏价值。

雄安新区旧志集成（十四函七十五册）

新莲池书院辑 线装 8 开 55000.00 元

2017 年 8 月出版 978-7-5013-6217-2

2017 年 4 月 1 日，中共中央、国务院在保定市境内设立国家级新区雄安新区，其规划范围涵盖雄县、容城、安新等三个县及其周边地区。本书收录了雄安新区旧方志 15 种，起自明嘉靖十六年（1537）《雄乘》，终于民国十九年（1930）的《雄县新志》，是雄安新区旧方志的集大成之作。此书用传统印刷工艺，宣纸印刷，线装函套装订，制作工艺精湛，是传统工艺与现代印刷技术的完美结合。

台州文献丛书（5 种）

台州金石录（全二册）

（清）黄瑞编撰 精装 16 开 360.00 元

2017 年 10 月出版 978-7-5013-6136-6

《台州金石录》十三卷《砖录》五卷《阙访》四卷，黄瑞编撰。据民国吴兴刘氏嘉业堂刊本影印出版。本书取浙江台州地区自汉代至元代六邑的 300 余件金石碑刻，厘为十八卷。皆以现存金石为断，其有文献记载未著录者或新出土者，一一编入，至于鼎彝之属，来自外郡者不录。体例严明，考证精确。

委羽山志・委羽山续志

（清）胡昌贤、王维翰纂修 精装 16 开 138.00 元

2017 年 10 月出版 978-7-5013-6135-9

《委羽山志》六卷《委羽山续志》七卷，据同治九年（1870）委羽石室刻本影印。

万山纲目（全二册）

（清）李诚纂 精装 16 开 120.00 元

2017 年 11 月出版 978-7-5013-6251-6

《万山纲目》原有六十卷稿本，清李诚纂，经清末台州学界名士校核后，名《万山纲目剩稿》共二十一卷。其中亦有部分残缺，并存二篇序文以及校核者三篇跋文。本次点校主要说明以下几点：将“山水版”正文中的跋文移到书后；附录收集《清史稿》和府县志《李诚传》；另外有的常用字和个别冷僻字进行变通处理。

水道提纲（全二册）

（清）齐召南纂 精装 16 开 115.00 元

2017 年 11 月出版 978-7-5013-6253-0

齐召南所著《水道提纲》二十八卷，是继郦道元《水经注》之后，能够摆脱依傍，自成一家，全面系统记载清朝鼎盛时期全国水道之作，洵皇皇巨著也。本次校勘主要有以下几点：底本文字与校本出现异文者，视情况处理，有些异体字不需要改；底本与校本文字字数多寡不同者，则必出校记，说明相异情况；底本中以避讳而改之字，则视情况区别处理；底本文字因书写、雕刻而致空缺脱落者，则据校本补正，写出校记；底本正文与正文之间、注文与注文之间，遇需要间隔区别之处，常以圆圈符号“○”表示之。此次整理除保持原书格局外，将清人以来诸藏书家有关《水道提纲》一书目录，齐召南传记碑铭，《水道提纲》相关著述，齐召南涉水诗文选作为四类资料，附录于书末，以资博识、广见闻、便研究也。

重订天台山方外志要

(清)齐召南纂,(清)阮元修订　精装 16 开　98.00 元

2018 年 8 月出版　978-7-5013-6361-2

本书以晚明天台山高明寺传灯大师的《天台山方外志》为母本,由清代天台史地学家齐召南删节整合为《天台山方外志要》,复经一代文宗阮元组织多位学者重订而成,在内容的浓缩、校勘的精审上更胜一筹,并补充了一些新的诗文,文献价值也就更高。本次点校以清嘉庆七年(1802)阮元的《重订天台山方外志要》为底本,参校清乾隆三十二年(1767)齐召南原本,明万历二十九年(1601)明释传灯所纂、清光绪二十年(1894)天台山佛陇真觉寺《天台山方外志》原刻本和有关总集、别集等典籍。

龙游历史文献集成(八函六十一册)

(宋)刘克等编纂　线装 16 开　16000.00 元

2017 年 12 月出版　978-7-5013-6028-4

本书主要收录了龙游先贤遗书与记载龙游之文献著作 34 种,涵盖经、史、子三大类,除经部《诗说》《尚书详解》两部经典外,多珍贵佛典、医书,又有《[万历]龙游县志》一种,为明代方志之佳构。

重庆市涪陵区旧志(6 种,点校本 6 种)

康熙重庆府涪州志(一函三册)

(清)董维祺修,(清)冯懋柱纂,重庆市涪陵区地方志办公室整理　线装 16 开　1600.00 元

2018 年 3 月出版　978-7-5013-6320-9

清人董维祺于康熙四十二年(1703)任涪州知县,主持编纂《重庆府涪州志》,此志于康熙五十三年(1714)刊刻。原刻本现存一部,藏于日本内阁文库。本书将康熙《涪州志》按照原貌影印出版,反映明清时期涪陵地区的经济、地理状况,兼具文献价值与收藏价值。

康熙重庆府涪州志

重庆市涪陵区地方志办公室整理　精装 16 开　85.00 元

2019 年 6 月出版　978-7-5013-6628-6

本书以康熙五十四年(1715)《重庆府涪州志》为底本进行标点、简体整理。

乾隆涪州志(一函八册)

(清)多泽厚修,(清)陈于宣等纂,重庆市涪陵区地方志办公室整理　线装 16 开　2400.00 元

2018 年 3 月出版　978-7-5013-6302-5

《乾隆涪州志》十二卷,清多泽厚主修,陈于宣、王正策、彭宗古三人编纂,乾隆五十年(1785)刻本。该志在《康熙重庆府涪州志》的基础上作了大幅补订增编,对涪陵地区的历史文化做了详尽介绍。本书采用线装原大影印,适合收藏研究。

乾隆涪州志

重庆市涪陵区地方志办公室整理　精装 16 开　80.00 元

2019 年 6 月出版　978-7-5013-6627-9

本书以乾隆五十年(1785)《涪州志》为底本进行标点、简体整理。

道光涪州志(一函十六册)

(清)德恩修,(清)石彦恬、(清)李树兹纂,重庆市涪陵区地方志办公室整理　线装 16 开　3900.00 元

2018 年 3 月出版　978-7-5013-6327-8

《道光涪州志》,清德恩修,清石彦恬、李树兹纂,清道光二十五年(1845)刻本。该志依《乾隆涪州志》增补并续纂嘉庆、道光数十年间事而成,于道光二十五年(1845)由涪州州署刻。本书据原貌影印制成线装二函十册,是仿真方志影印收藏的首选。

道光涪州志

重庆市涪陵区地方志办公室整理　精装 16 开　110.00 元

2019 年 6 月出版　978-7-5013-6626-2

本书以道光二十五年(1845)《涪州志》为底本进行标点、简体整理。

同治重修涪州志(一函十册)

(清)吕绍衣等修,(清)王应元、(清)傅炳墀等纂,重庆市涪陵区地方志办公室整理　线装 16 开　3600.00 元

2018 年 3 月出版　978-7-5013-6326-1

《同治重修涪州志》十六卷。清吕绍衣主修,王应元、傅炳墀总纂,同治九年(1870)刻本。此志为同治年间重修,在之前《涪州志》的基础上又增加了同治年间涪陵的大事及人文等,如同治元年(1862)太平天国石达开部渡乌江、围困涪州等。因此本志对研究近代西南地区历史人文颇具价值。此次按照原貌影印制成线装书出版,是值得收藏的一部线装方志。

同治重修涪州志

重庆市涪陵区地方志办公室整理　精装 16 开　150.00 元

2019 年 6 月出版　978-7-5013-6625-5

本书以同治九年(1870)《涪州志》为底本进行标点、简体整理。

涪乘启新(一函二册)

(清)邹宪章修　(清)贺守典、(清)熊鸿谟编,重庆市涪陵区地方志办公室整理　线装16开　600.00元
2018年3月出版　978-7-5013-6303-2

《涪乘启新》又名《涪州小学乡土地理》,三卷。邹宪章主修,贺守典、熊鸿谟等编纂,清光绪三十一年(1905)刻本。《涪乘启新》是在当时学堂改章、科举已废的背景下为初等小学堂编写的一本乡土志蒙学教材。本书分地理、政治、风俗3门98课。虽然每门都较为简洁,但总体来说,就是一本简洁、适合大众阅读的地方志书。本次按照原貌影印线装出版,是值得收藏的一部西南地区方志线装书。

涪乘启新

重庆市涪陵区地方志办公室整理　精装16开　10.00元
2019年6月出版　978-7-5013-6624-8

本书以光绪三十一年(1905)《涪乘启新》为底本进行标点、简体整理。

涪陵县续修涪州志(一函六册)

刘湘　王鉴清等修,施纪云等纂,重庆市涪陵区地方志办公室整理　线装16开　2600.00元
2018年3月出版　978-7-5013-6325-4

《涪陵县续修涪州志》二十七卷,由民国时期刘湘主修,王鉴清监修,施纪云总纂。该书为民国十七年(1928)重庆都邮街德新公司铅印本。本书除刊载旧志原载外,还对不少门类有所增补,较旧志更加详尽。

涪陵县续修涪州志

重庆市涪陵区地方志办公室整理　精装16开　90.00元
2019年6月出版　978-7-5013-6623-1

本书以民国十七年(1928)重庆都邮街德新公司代印的原刊《涪陵县续修涪州志》为底本进行标点、简体整理。

朔方文库(全一百一十二册)

胡玉冰主编　精装16开　72000.00元
2018年9月出版　978-7-5013-6483-1

《朔方文库》收录的宁夏文献档案主要包括以下六大类:第一大类,形成于1911年以前的、由宁夏籍历史人物撰写的,或虽非宁夏人撰写,但与宁夏直接有关的各种传世文献,包括宁夏旧地方志、宁夏历史人物著述、汉文西夏史籍等;第二大类,在今宁夏辖境内出土的、1911年以前形成的各种出土文献资料,或出土于宁夏境外,与宁夏直接有关的各种出土文献资料;第三大类,长期在宁夏为官或生活、“流寓”的非宁夏籍历史人物涉及宁夏的重要著述;第四大类,宁夏入选《国家珍贵古籍名录》的古籍,以及流传稀少、具有特殊研究价值的公藏、私藏文献等;第五大类,存藏于中国第一历史档案馆、故宫博物院、国家图书馆、台湾“故宫博物院”等单位的有关宁夏的上谕、朱批、奏议、文书等珍贵档案;第六大类,民国时期宁夏文献档案。本书是第一次全面、系统地分类整理、研究宁夏特色珍稀文献,集成式汇编、出版特色珍稀的宁夏文献档案。

浙学未刊稿丛编·第一辑(全一百册)

徐晓军、李圣华主编　精装16开　83000.00元
2018年10月出版　978-7-5013-6651-4

本项目于2016年正式启动,主要收录浙江籍人士著作以及外省人士有关浙学的撰述、1950年后未刊印的稿抄本及价值较高的孤本印本。本丛书由于内容体量较大,分辑出版,此为第一辑。由专家学者撰写书志,同时编纂带有详细著录文字的书影图录,彩色印刷出版。

遵义丛书(全二百一十册)

《遵义丛书》编委会编,谭剑锋主编
精装16开　168000.00元
2018年12月出版　978-7-5013-6008-6

遵义市历史上记述的文献著作,最早始于西汉时期,2000年来,名人辈出,著作如林,尤以明清时期最为繁盛,至1949年以前,各类著作不下千种,据《贵州通志·艺文志》和相关府州县地方志所载录,今黔北地域相关的各类著作就有4000余部。《遵义丛书》以此为基础,收录1949年以前本籍作者的各类著作刊本、外籍作者关于遵义地域的专著以及已成书有价值的未刊稿等,按图书类别与时代作者相结合的方式分集分卷集成出版,形成一部集遵义历代各类著作为一体的大型图书集成。

遵义丛书·提要图录(全二册)

《遵义丛书》编委会编　精装16开　498.00元
2018年12月出版　978-7-5013-6568-5

本书为《遵义丛书》撰述著者情况、该书内容、版本馆藏等,并搭配原书书影,选取有代表性的封扉、牌记、名人批跋等内容,图文互见,方便读者了解原书概况。

全椒古代典籍丛书(3种)

全椒初建于西汉,今属安徽省,有2200多年的历史，自古文风昌盛，历代文人都热衷于著书立说，留下了一批宝贵的文化遗产。自宋代至民国，全椒文人编著的书目约有342种之多。一县之地而产出如此众多跨代久远的古籍，在全国当为罕见。而据历代《全椒县志》记载，全椒人的许多著作在历史上产生了重大影响，有很高的历史、学术和艺术价值。为充分展示全椒的深厚文化底蕴，也为了更好的保护和传承优秀传统文化，政协全椒县委员会组织专家学者编辑整理了《全椒古代典籍丛书》。本丛书计划分专题出版，如按释德清、吴敬梓、薛时雨等人物著作的专题出版。

全椒古代典籍丛书·薛时雨集（全四十册）

政协全椒县委员会编　精装16开　12000.00元

2018年12月出版　978-7-5013-6613-2

本书全面搜辑整理薛时雨著作及其辑录的诗、文集，收录国家图书馆、上海图书馆、南京图书馆、山东省图书馆、莱阳市图书馆等各省市图书馆，及北大、复旦、苏州大学等高校图书馆馆藏薛氏著作。又在求全的基础上择优善本收录。

全椒古代典籍丛书·憨山大师集（全三十册）

政协全椒县委员会编　精装16开　9000.00元

2019年6月出版　978-7-5013-6698-9

本书全面搜辑整理释德清著作及其辑录的诗、文集等，收录国家图书馆、上海图书馆、南京图书馆、山东省图书馆、莱阳市图书馆等各省市图书馆，及北大、复旦、苏州大学等高校图书馆馆藏相关古籍。又在求全的基础上择优善本收录。

全椒古代典籍丛书·吴敬梓集（全五册）

政协全椒县委员会编　精装16开　1500.00元

2019年6月出版　978-7-5013-6676-7

本书全面搜辑整理吴敬梓著作，收录国家图书馆、上海图书馆、南京图书馆等各省市图书馆，及北京大学、复旦大学等高校图书馆馆藏吴氏著作，又在求全的基础上择优善本收录。

国学基本典籍丛刊

《国学基本典籍丛刊》是我社从2016年开始倾力打造的一套丛书，是“中华古籍保护计划”的重要成果，定位是将深藏内阁大库的善本古籍化身千百，力求物美价廉，普惠广大读者。为了更好体现原本的效果，兼顾读者阅读体验，本丛刊正文用70克黄胶、保留真灰印刷。数百年来底本流传的沧桑痕迹，藏书家印章、题跋等，均真实可见，层次分明。风格保持丛书的一致性，简单大方。定价低廉，使更多读者能够一睹善本风采。

宋本大学章句·宋本中庸章句

（宋）朱熹集注　平装32开　20.00元
2016年4月出版　978-7-5013-5662-1

此次影印所据底本，为铁琴铜剑楼原藏（今藏国家图书馆）宋淳祐十二年当涂郡斋刻本《四书章句集注》之《大学》《中庸》抽印本，作为《国学基本典籍丛刊》之一种，供广大国学爱好者阅读收藏。

宋本孟子集注（全五册）

（宋）朱熹集注　平装32开　98.00元
2016年4月出版　978-7-5013-5659-1

此次影印所据底本，为铁琴铜剑楼原藏（今藏国家图书馆）宋淳祐十二年当涂郡斋刻本《四书章句集注》之《孟子》抽印本，作为《国学基本典籍丛刊》之一种，供广大国学爱好者阅读收藏。

宋本论语集注（全四册）

（宋）朱熹集注　平装32开　78.00元
2016年4月出版　978-7-5013-5660-7

此次影印所据底本，为铁琴铜剑楼原藏（今藏国家图书馆）宋淳祐十二年当涂郡斋刻本《四书章句集注》之《论语集注》抽印本，作为《国学基本典籍丛刊》之一种，供广大国学爱好者阅读收藏。

金刻本庄子全解（全二册）

（宋）吕惠卿撰　平装32开　40.00元
2017年1月出版　978-7-5013-5946-2

《壬辰重改证吕太尉经进庄子全解》，宋吕惠卿编著，共分六册，包罗万象，对宇宙大道、人与自然万物的关系、生命的价值、道德的标准等，都有详细的论述，以其深邃的思想内容和奇诡的创作手法，在先秦诸子散文中独树一帜。此书为今世所传的最古最完好的吕惠卿《庄子义》孤本，十分珍贵，为治庄子学及研究吕惠卿学术思想者久所向往，但因深藏密阁，一般学者始终未能一睹其真容。现在我们将其列入《国学基本典籍丛刊》，以飨广大读者。

宋本方言

（汉）扬雄撰　平装32开　20.00元
2017年1月出版　978-7-5013-6023-9

宋刻本《方言》传世极罕，今所见之宋刻本乃现存《方言》的最早刻本。此本有李孟传序，序文说明李孟传在官浔阳时，曾以某大字本为底本，将《方言》重刊于郡斋。此本钤有“华亭朱氏”“横经阁收藏图籍印”“仁效”“顾仁效收藏图书”“顾元庆鉴赏印”“扬州季氏”“季振宜藏书”等印记。明清以来迭经名家收藏，然此书从季振宜家散出后，直至清末为宗室盛昱得之。民国元年（1912）傅增湘又从正文斋购得，最终入藏中国国家图书馆。今以此本影印，以飨广大读者。

宋尤袤刻本文选（全十五册）

（南朝梁）萧统辑，（唐）李善注　平装32开　298.00元
2017年2月出版　978-7-5013-5739-0

《文选》由南朝梁萧统编选先秦至梁130位作者的700余篇各种体裁的文学作品，分为38类，是我国现存最早的诗文选集。《文选》在传世过程中，多种因素造成其版本和注释相对复杂。南宋淳熙八年（1181）尤袤刻李善单注本《文选》。此本保存了李善注古本，其中保存的某些日注比集注本还要多，又参校北宋监本及李善与五臣合注本。学界给尤袤刻本《文选》极高的评价，认为它是“今存宋单刻李善注《文选》唯一的一个完本”。

宋本周易

（魏）王弼、（晋）韩康伯注，（唐）陆德明释文
平装 32 开　20.00 元
2017 年 2 月出版　978-7-5013-6003-1

《周易》十卷，是传统经典之一，相传系周文王姬昌所作，内容包括《经》和《传》两个部分。魏王弼、晋韩康伯注，唐陆德明释文。王弼的注，恢复义理学传统，在经文中引入老主哲学和东汉古文经学的传统。唐代陆德明以王弼本作《周易正义》。此次影印所用底本为国家图书馆珍藏的宋刻本，有明董其昌、文嘉、文震孟、文从简及清秦蕙田跋。

宋本扬子法言

（汉）扬雄撰，（晋）李轨等注　平装 32 开　30.00 元
2017 年 3 月出版　978-7-5013-6021-5

汉扬雄《法言》之作，主旨在于捍卫和发扬儒家学说，自汉至北宋中期，为之作注者有汉侯芭注、吴宋衷注、晋李轨解、隋辛德源注、唐柳宗元注等。又有《音义》一卷，司马光曾裒合当时仅存之李、柳、宋、吴四家并《音义》，形成五臣《集注》。此本为南宋刘通判宅仰高堂刻本，据书中讳字可知，当刻于宋光宗间。此书曾为文徵明等名家递藏。

元本汲冢周书

（晋）孔晁撰　平装 32 开　20.00 元
2017 年 3 月出版　978-7-5013-6054-3

今本全书十卷，正文 70 篇，其中 11 篇有目无文，42 篇有晋五经博士孔晁注。各篇篇名均赘“解”字。又序一篇，各本或在卷端，或附卷尾。序与《尚书》序相类，分言各篇之所由作。正文基本上按所记事之时代早晚编次，历记周文王、武王、周公、成王、康王、穆王、厉王及景王时事。

宋本说文解字（全三册）

（汉）许慎撰　平装 32 开　58.00 元
2017 年 3 月出版　978-7-5013-6025-3

《说文解字》成书于汉和帝永元十二年（100）到安帝建光元年（121），宋代学者徐铉对其进行校订，成为我们至今流传使用的“大徐本”。它是我国第一部系统分析字形和考究字源的字典，对研究汉字的发展历程、汉语文字工具书的编写都有着极其重要的作用，对我国文字学的发展也具有不可替代的作用，是我们阅读古籍、学习古代历史、探讨古代文化的重要参考资料。此次影印所用底本现藏于国家图书馆，是国内仅存的三套宋刻元修本之一。

宋思溪藏本大唐西域记（全三册）

（唐）释玄奘述，（唐）释辩机撰　平装 32 开　56.00 元
2017 年 3 月出版　978-7-5013-6009-3

《大唐西域记》，地理史籍，又称《西域记》，十二卷。玄奘述，辩机撰文。书中综述了贞观元年（一说贞观三年）至十九年玄奘西行之见闻。记述了玄奘所亲历 110 个及得之传闻的 28 个城邦、地区、国家之概况，有疆域、气候、山川、风土、人情、语言、宗教以及大量的历史传说、神话故事等。为研究中古时期中亚、南亚诸国的历史、地理、宗教、文化和中西交通的珍贵资料，也是研究佛教史学、佛教遗迹的重要文献。晚近以来，印度那烂陀寺的废墟、王舍城的旧址、鹿野苑古刹、阿旃陀石窟，得以展露和再现其光辉，《大唐西域记》的记载在这方面有着不可磨灭的功绩。此次影印的底本为宋绍兴二年王永从刻安吉州思溪法宝资福禅寺大藏本，原书经折装，字迹疏朗。

宋本老子道德经

（宋）范应元集注　平装 32 开　30.00 元
2017 年 4 月出版　978-7-5013-6022-2

《老子道德经古本集注》征引古本及前人音训注释凡四十余家，附以范氏本人的见解，其内容体现由精气至性命，最后归结为修心的解《老》思路。此书《道藏》失收，焦竑《老子翼》采摭亦不及，洵为道家之佚典。此书在范氏生前曾经付梓，又，书中讳字两见，“敦”“慎”缺笔，可证其确为宋本，或即此书之初刻本亦未可知，书中钤有“陈汝言印”“陈惟允印”等印记，可知此本自元末即由名家收藏，今归中国国家图书馆。今据此本影印，以飨广大读者。

宋本荀子（全四册）

（战国）荀况撰，（唐）杨倞注　平装 32 开　88.00 元
2017 年 4 月出版　978-7-5013-6058-1

《荀子》为战国时荀况的文集。荀子，名况，字卿，生卒年不详，战国末期赵人。《荀子》为荀况及其弟子所著。西汉刘向整理时定为 32 篇，它们大致可分为三类，一类是荀子亲手所著的 22 篇；一类是荀子弟子所记录的荀子言行，共 5 篇；一类是荀子及弟子所引用的材料，共 5 篇。前两类是研究荀子思想的直接材料，是《荀子》一书的主体。国家图书馆收藏的这部宋刻宋印《荀子》，字大如钱，墨如点漆，刊印精美。原多著录为北宋监本，经考证，应刻于南宋时期。书中钤有孙朝肃印、士礼居、汪士钟藏、韩应陛鉴藏宋元名抄名校各善本与读有用书斋印记等藏书印鉴，说明此书在清代曾经是著名藏书家孙朝肃、黄丕烈、汪士钟、韩应陛等人的珍藏。书后还有藏书家顾广圻的跋文。《中华再造善本》曾彩印出版，现在我们将其列入《国学基本典籍丛刊》，再次影印，以飨读者。

红楼梦图咏

（清）改琦绘　平装 32 开　20.00 元

2017 年 4 月出版　978-7-5013-6010-9

本书是清代著名画家改琦所绘《红楼梦》人物肖像以及清代著名学者文人为《红楼梦》所作的题咏合璧而成。图文并茂、各领风骚，是有关《红楼梦》的图画、诗咏中最经典的一种，自光绪初年问世以来，被人们无数次地翻印，流传甚广，影响深远。原书四册，共绘制了 50 幅，50 余人。为之题咏的有张问陶、徐渭仁、吴荣光等名流。我社此次选用国图所藏原郑振铎藏清光绪间刻本为底本印成普及本，虽小却精，形神俱佳。

宋端平本楚辞集注（全三册）

（宋）朱熹集注　平装 32 开　60.00 元

2017 年 4 月出版　978-7-5013-6038-3

《楚辞集注》，宋朱熹撰，八卷。附《楚辞辨证》二卷、《楚辞后语》六卷。国家图书馆藏宋端平二年（1235）朱熹孙朱鉴刊本《楚辞集注》，为海内孤本，是目前宋本中年代较早且最完整的一部。此次我们将其列入《国学基本典籍丛刊》，影印出版，以飨广大读者。

元刻本列子

（战国）列子撰，（宋）林希逸注　平装 32 开　30.00 元

2017 年 5 月出版　978-7-5013-6012-3

《列子》，一名《冲虚真经》，为战国早期思想家、道家代表人物列子及其门人后学所著。是道教的重要经典，也是中国古代先秦思想文化史上的重要典籍。宋代林希逸所注《列子鬳斋口义》是历代《列子》注疏中的经典之作，书中常以佛禅之语相参，深入浅出、直白易辩。本书据中国国家图书馆藏元初刻本影印，此本刊刻十分精妙典雅，字体方整峭厉，所钤“项元汴印”“子京父印”“项氏子长”等与傅增湘《藏园群书题记》卷十所录相合，曾收入《中华再造善本》金元编出版。

宋本国语（全四册）

（三国吴）韦昭注　平装 32 开　78.00 元

2017 年 5 月出版　978-7-5013-6027-7

《国语》是先秦时期最重要的典籍之一，也是我国最早的一部国别体史书。全书以国分类，记言论事，上起周穆王，下至鲁悼公，前后跨越约 500 年。书中记载周、鲁、齐、晋、郑、楚、吴、越八国史事，包罗各国贵族间朝聘、宴飨、讽谏、辩说、应对之辞以及部分历史事件与传说。《国语》常与《左传》并称，是研究先秦特别是春秋时期政治、经济、文化状况的重要文献。此次出版选用的底本为宋刻宋元递修本，开本铺陈，行格舒朗，墨色莹洁，皮纸印造，堪称宋本之上乘。该本曾收入《中华再造善本》以线装刊行，此次将其列入《国学基本典籍丛刊》，平装影印出版，以飨广大读者。

宋本毛诗诂训传（全三册）

（汉）毛亨传，（汉）郑玄笺，（唐）陆德明释文

平装 32 开　60.00 元

2017 年 5 月出版　978-7-5013-6011-6

《毛诗诂训传》二十卷，汉毛亨传、汉郑玄笺、唐陆德明释文，宋刻巾箱本。本书是现存最早的、完整的《诗经》注本，全书以解释字义为主，其章句训诂大抵取自先秦典籍，保存了许多古义。东汉时，郑玄为之作笺，唐代孔颖达进一步疏解《毛诗》《郑笺》，作《毛诗正义》，使《毛传》在经学研究领域的地位不断提高。陆德明博采汉魏六朝诸家训诂资料，成《经典释文》。约从南宋起，《经典释文》中的各部分被分别辑入各部经传的注疏中，今本《毛诗正义》中辑有陆德明的《音义》。此书钤“汪士钟”“阆源真赏”“铁琴铜剑楼”等印，今藏国家图书馆。

元本困学纪闻（全四册）

（宋）王应麟撰　平装 32 开　80.00 元

2017 年 5 月出版　978-7-5013-6004-8

本书由南宋学者王应麟所著，和沈括《梦溪笔谈》、洪迈《容斋随笔》并称宋代三大考据笔记。《困学纪闻》一书博涉经史子集，展示了其精湛的考据学功力。全书包括说经八卷，天道、地理、诸子二卷，考史六卷，评诗文三卷，杂识一卷，共二十卷。本书刊行以后，后世儒者均深以为重。本书底本采用元泰定二年庆元路儒学刻本。

黄叔琳注本文心雕龙（全二册）

（南朝梁）刘勰撰，（清）黄叔琳注　平装 32 开　40.00 元

2017 年 6 月出版　978-7-5013-6100-7

《文心雕龙》是我国第一部文论专著，以体大思精、内容宏富、辞藻华赡，受到昭明太子萧统和当时文坛领袖沈约的爱赏。这部国学典籍，至今已有 1500 多年的历史，在这个漫长的流传过程中，出现了很多不同的版本。然自问世而至清代，其注释本颇为稀少，直到清代黄叔琳《文心雕龙辑注》出现，刘勰之书方得一较为完备的校注本，由是黄注本成为清中叶以来最通行之本。此本覆刻、衍生的版本很多，本次影印择首都图书馆藏清乾隆年间刻本为底本，该本保存完好，纸墨精良，是不可多得的佳椠。卷首有黄氏乾隆三年序、《南史·刘勰传》、例言五条、元校姓氏及目录，卷末有姚培谦跋，眉端间有黄氏评语。

宋本抱朴子内篇

(晋)葛洪撰　平装32开　20.00元

2017年6月出版　978-7-5013-6049-9

“抱朴”是道教术语，源于《老子》的语句“见素抱朴，少私寡欲”。《抱朴子》内篇二十卷，论述神仙吐纳符篆勉治之术；外篇五十卷论述时政得失，人事臧否，词旨辨博，饶有名理。全书总结了魏晋以来的神仙家的理论，确立了道教神仙理论体系，并继承了魏伯阳的炼丹理论，集魏晋炼丹术之大成。本次出版据宋绍兴二十年临安府荣六郎刻本影印。

宋本舆地广记(全三册)

(宋)欧阳忞撰　平装32开　68.00元

2017年6月出版　978-7-5013-6081-9

《舆地广记》，北宋欧阳忞撰，成书于政和年间，共三十八卷，是宋代一部重要的历史地理学著作。该书记述历代地理沿革，要言不烦，体例清晰。前四卷叙疆域沿革，五卷以后分别列出宋代路府州县并叙历代沿革，前代州邑宋代无有者，仍附各路之下，记述详今略古，纵横结合，为历代舆地记中之上乘佳作。在历史地理学、沿革地理学、地名学、军事地理学等方面具有综合性的学术价值。此次影印以国家图书馆所藏曝书亭藏本为底本。

宋本世说新语(全五册)

(南朝宋)刘义庆撰，(南朝梁)刘孝标注

平装32开　98.00元

2017年7月出版　978-7-5013-6114-4

《世说新语》又称《世语》《世说新书》，卷帙门类亦有不同。《世说新语》依内容可分为德行、言语、政事、文学、方正等36类(先分上，中，下三卷)，每类有若干则故事，全书共有1200多则，每则文字长短不一，有的数行，有的三言两语，由此可见笔记小说“随手而记”的诉求及特性。其内容主要是记载东汉后期到晋宋间一些名士的言行与轶事。今存最早刊本为宋绍兴八年董弅所刻三卷本。今《国学基本典籍丛刊》影印所据之本即此本，后附汪藻所撰之《世说叙录》。

宋本礼记(全四册)

(汉)郑玄注，(唐)陆德明释文　平装32开　80.00元

2017年8月出版　978-7-5013-6158-8

《周礼》《仪礼》《礼记》是反映上古历史文化的重要典籍，也是儒家思想的集中体现。《礼记》又称《小戴礼记》，凡49篇，是帮助解释经书《仪礼》的文章选集，成书稍晚，但影响很大。本次影印所用底本为国家图书馆所藏宋余仁仲万卷堂家塾刻本。

宋本汉书(全二十四册)

(汉)班固撰　平装32开　498.00元

2017年8月出版　978-7-5013-6140-3

《汉书》，由东汉时期的历史学家班固编撰，前后历时20余年，于建初中基本修成，唐朝颜师古释注。是中国第一部纪传体断代史，全书主要记述了上起西汉的汉高祖元年(前206)，下至新朝的王莽地皇四年(23)，共230年的史事。包括纪十二篇，表八篇，志十篇，传七十篇，共一百篇，后人划分为一百二十卷，共八十万字。本次出版据北宋刻递修本影印。

宋本后汉书(全三十册)

(南朝宋)范晔撰　平装32开　598.00元

2017年8月出版　978-7-5013-6139-7

《后汉书》，我国南朝宋时期的历史学家范晔编撰，全书主要记述了上起东汉的汉光武帝建武元年(25)，下至汉献帝建安二十五年(220)，共195年的史事。本次据以影印的，为宋绍兴江南东路转运司刻宋元递修本。

元本梦溪笔谈(全三册)

(宋)沈括撰　平装32开　60.00元

2017年9月出版　978-7-5013-6211-0

《梦溪笔谈》是一部涉及中国古代自然科学、工艺技术及社会历史现象的综合性笔记体著作。本书影印现存最早的刻本即元大德刻本。原书印刷优美，流传清晰，数易藏主，1965年在周恩来总理主持下从香港购回，现藏于国家图书馆。

宋本尚书正义(全六册)

(唐)孔颖达正义　平装32开　140.00元

2017年9月出版　978-7-5013-6210-3

《尚书正义》二十卷，唐孔颖达撰，宋两浙东路茶盐司刻本，杨守敬跋。此本的卷七至八、卷十九至二十共四卷印本佚去，日本人影抄补足。影抄的底本，据日本学者野间文史研究，是日本弘化四年(1847)熊本藩时习馆摹刻足利八行本。此本《尚书正义》长期流落日本，清光绪十年(1884)四月始由杨守敬购归中土。

宋本论衡(全六册)

(汉)王充撰　平装32开　120.00元
2017年10月出版　978-7-5013-6050-5

《论衡》一书为东汉思想家王充所作，大约作成于汉章帝元和三年(86)，现存文章有85篇(其中的《招致》仅存篇目，实存84篇)。它是古代一部不朽的唯物主义的哲学文献。本次出版据宋乾道三年绍兴府刻宋元明递修本影印。

贯华堂本水浒传(全二十册)

(明)施耐庵撰，(清)金圣叹批　平装32开　398.00元
2017年10月出版　978-7-5013-6269-1

《水浒传》是中国四大名著之一。版本众多，流传极广，脍炙人口，对中国乃至东亚的叙事文学都有极其深远的影响。在众多《水浒传》的本子中，有一百二十四回本、一百二十回本、一百回本、一百十五回本。通行的是金圣叹批改的七十一回本，就文学上的价值说，最好的也是七十一回本，既可以满足一般读者的阅读与欣赏，也可以供专家研究之用。此次据明崇祯贯华堂刊本影印，该本原为刘半农所藏，后归清华大学图书馆。

宋本说苑(全五册)

(汉)刘向撰　平装32开　100.00元
2017年10月出版　978-7-5013-6199-1

《说苑》又名《新苑》，古代杂史小说集。刘向编纂，成书于鸿嘉四年(前17)，原二十卷。按类记述春秋战国至汉代的逸闻轶事，每类之前列总说，事后加按语。其中以记述诸子言行为主，不少篇章中有关于治国安民、家国兴亡的哲理格言。主要体现了儒家的哲学思想、政治理想以及伦理观念。本次影印出版，据宋咸淳五年(1265)镇江府学刻元明递修本，卷八至十三配清道光三年(1823)黄氏士礼居抄本。

宋本战国策(全三册)

(汉)高诱注，(宋)鲍彪校注　平装32开　70.00元
2017年10月出版　978-7-5013-6283-7

《战国策》是一部国别体史学著作，又称《国策》。记载了西周、东周及秦、齐、楚、赵、魏、韩、燕、宋、卫、中山各国之事，记事年代起于战国初年，止于秦灭六国，约有240年的历史。分为十二策，三十三卷，共497篇，主要记述了战国时期的游说之士的政治主张和言行策略，也可说是游说之士的实战演习手册。本书据宋刻姚宏广注本影印出版。

脂砚斋重评石头记庚辰本(全八册)

(清)曹雪芹撰　平装32开　198.00元
2017年10月出版　978-7-5013-6272-1

《脂砚斋重评石头记庚辰本》是12种重要的《红楼梦》早期抄本之一，存七十八回，即一至八十回，中缺第六十四及六十七两回。题"脂砚斋重评石头记"，各册卷首标明"脂砚斋凡四阅评过"。第五至八册封面书名下注云"庚辰秋月定本"或"庚辰秋定本"，故名庚辰本，是保存曹雪芹原文《红楼梦》及脂砚斋批语最多的本子。本书为原书高品质翻拍，精装影印出版，并据己卯本补上了六十四、六十七两回，成为八十回《石头记》的完璧，为《红楼梦》研究与收藏提供全新范本。

宋本范文正公文集(全四册)

(宋)范仲淹撰　平装32开　88.00元
2017年10月出版　978-7-5013-6240-0

北宋刻本《范文正公文集》二十卷，是现存最早的范集传本。卷端题"范文正公文集"，书口有"集卷一"，有苏轼作序。每卷都先列出卷内详细篇目，而后再接连正文部分。

宋本花间集

(后蜀)赵崇祚撰　平装32开　28.00元
2017年10月出版　978-7-5013-6150-2

本书是今存最完整的早期词家作品选集，共收晚唐五代自温庭筠至李珣18家作品500首，按人分编，每卷50首。作品选择精谨，版本传承有绪，文本可靠，唐五代著名文人墨客所撰曲子词诸多名作，有赖此书历代传刻，绵延一线，得以流传后世。《四库全书总目》该书提要谓："诗余体变自唐，而盛行于五代。自宋以后，体制益繁，选录益众。而溯源星宿，当以此集为最古。唐末名家词曲，俱赖以仅存。"宋陈振孙《直斋书录解题》称之为"近世倚声填词之祖"，可谓定评。早期词选相传有《尊前集》，近年又有敦煌写本《云谣集》面世，然二书编纂无考，身世不明，版本不精，影响式微，难以与有宋刻完本传世的《花间集》媲美。

宋本新刊剑南诗稿(全三册)

(宋)陆游撰　平装32开　60.00元
2017年10月出版　978-7-5013-6185-4

宋淳熙十四年严州郡斋刻本。本书为南宋诗人陆游生前自定、反映诗人前期作品的诗集，是其诗作结集最早的传本。其抒发政治抱负，反映人民疾苦，批判当时统治集团的屈辱投降，风格雄浑豪放，表现出渴望恢复国家统一的强烈爱国热情。

宋本中兴以来绝妙词选(全二册)

(宋)黄升辑　平装 32 开　36.00 元

2017 年 10 月出版　978-7-5013-6261-5

《中兴以来绝妙词选》收南宋时期 88 家词,以及黄升自作 38 首。此为宋淳祐九年刘诚甫刻本,有清内府天禄琳琅藏印。《中华再造善本》曾彩印出版,现我们将其列入《国学基本典籍丛刊》,再次影印,以飨读者。

元本分类补注李太白诗(全六册)

(唐)李白撰,(宋)杨齐贤集注,(元)萧士赟补注　平装 32 开　120.00 元

2017 年 12 月出版　978-7-5013-6291-2

元代建安余氏刻本《分类补注李太白诗》是现存最早的李白诗集注释本,也是我们研究与整理李白诗歌所依据的最为重要的文献之一。此本共二十五卷,为古赋、乐府、歌诗、无表、书、序、赞等杂著。

宋本春秋经传集解(全七册)

(晋)杜预撰　平装 32 开　140.00 元

2017 年 12 月出版　978-7-5013-6268-4

《春秋经传集解》,晋人杜预所撰。该书是现存最早的关于《春秋左氏传》的注解,在编排上沿袭马融、郑玄"分传附经"的先例,使原来分别成书的《春秋》和《左传》合为一书。此书广泛引述刘歆、贾逵、许淑等各家说法,加以总结发挥,在文字训诂、文义诠释及制度、地理说明等方面均有独到之处。书内附有唐人陆德明所撰《左传释文》,以为音义训诂之便。卷前《春秋名号归一图》二卷,为五代蜀人冯继先撰。今据国家图书馆藏宋龙山书院刻本影印。

宋本白氏文集(全十册)

(唐)白居易撰　平装 32 开　198.00 元

2017 年 12 月出版　978-7-5013-6259-2

《白氏文集》又名《白氏长庆集》《白乐天文集》《白香山集》。诗文别集。唐白居易编集于穆宗长庆年间。《新唐书·艺文志》著录《白氏长庆集》七十五卷,计前集五十卷、后集二十卷、续后集五卷,系白氏手自编定。《崇文总目》作《白氏文集》七十卷,因续后集已在五代时散佚。《郡斋读书志》更作《白居易长庆集》七十一卷,末卷乃后人拾掇其遗佚律诗一百首而成。今传《白氏文集》七十一卷,凡诗三十七卷、文三十四卷,业经改编,有宋绍兴刻本和明嘉靖伍氏刻本,1955 年文学古籍刊行社据宋本影印。另题《白氏长庆集》七十一卷,有明正德铜活字印本和万历间马元调辑《元白长庆集》本(后者附录一卷),《四库全书》和《万有文库》并加收录,1954 年文学古籍刊行社据《万有文库》本校订重印。《四部丛刊》则据日本那波道圆覆宋铜活字本影印,亦题《白氏文集》七十一卷,凡前集五十卷、后集二十卷、末一卷,可能较接近原编。此次《国学基本典籍丛刊》所据影印者,乃国家图书馆藏宋刻七十一卷本,其中卷三十二至三十三配明影宋抄本,其他卷次间有抄配,《中华再造善本》所据之底本亦为此本。此次影印分册编排仍依原书,最大限度保存宋本原貌。

宋本建康实录(全五册)

(唐)许嵩撰　平装 32 开　100.00 元

2017 年 12 月出版　978-7-5013-6329-2

此本为宋绍兴十八年(1148)荆湖北路安抚使司刻递修本,十一行二十字,小字双行三十字,白口,左右双边。《建康实录》是六朝史料集,记载定都建康的三国吴、东晋、宋、齐、梁、陈六朝史事,体例上兼采实录和纪传两体。

宋本山海经

(晋)郭璞撰　平装 32 开　25.00 元

2017 年 12 月出版　978-7-5013-6252-3

《山海经》为周代中后期之地理著作。《汉书·艺文志》著录刘歆校定《山海经》为十八篇,郭璞则增入《大荒经》四篇、《海内经》一篇,并改篇为卷,总为二十三卷。又为之注音二卷,增图,作《图赞》二卷。本次影印,据宋淳熙七年(1180)池阳郡斋刻本。

宋本王摩诘文集·宋本孟浩然诗集(全二册)

(唐)王维撰;(唐)孟浩然撰　平装 32 开　48.00 元

2017 年 12 月出版　978-7-5013-6328-5

《王摩诘文集》为宋刻本,十卷,十一行二十字,白口,左右双边,原书六册,明袁褧题款,清顾广圻跋。《孟浩然诗集》为宋刻本,三卷,十二行二十一字,白口,左右双边,原书二册。

元本东京梦华录·元本三辅黄图

(宋)孟元老撰;佚名撰　平装 32 开　28.00 元

2018 年 1 月出版　978-7-5013-6174-8

《东京梦华录》是宋代孟元老的笔记体散记文,是一本追述北宋都城东京(今河南开封)城市风俗人情的著作。所记大多是宋徽宗崇宁到宣和年间北宋都城东京的情况,描绘了这一历史时期居住在东京的上至王公贵族、下及庶民百姓的日常生活情景,是研究北宋都市社会生活、经济文化的一部极其重要的历史文献古籍。此次影印本为国家图书馆藏元刻本。《三辅黄图》为古代地理书籍。作者佚名。记载秦汉时期三辅(即京兆尹、左冯翊、右扶风)的城池、宫观、陵庙、明堂、辟雍、郊

畤等,间涉及周代旧迹。各项建筑,皆指出所在方位。此书条理清晰,为研究关中历史地理尤其是汉都长安最重要的历史文献。原书一卷,后有二卷、三卷、六卷版本。现今六卷本的格局,学者推测始自元刊本。此次影印本为六卷本,国家图书馆藏元致和元年余氏勤有堂刻本。

宋本陶渊明集

(晋)陶潜撰　平装 32 开　25.00 元

2018 年 3 月出版　978-7-5013-6260-8

《陶渊明集》收录东晋文人陶渊明的诗文,现存陶渊明集最早的版本,即此国家图书馆藏宋刻递修本《陶渊明集》。该宋本《陶渊明集》尽管经过宋人校订,但祖出六朝旧集而保留有旧貌,是传世陶集的最佳版本。该书明代归文彭,此后经毛氏汲古阁、黄丕烈所藏,为黄氏陶陶室藏宋本陶集的第一部。又经汪士钟、聊城杨氏海源阁递藏,特别是杨氏四世典藏,殊为不易。中华人民共和国成立后,由周叔弢捐献北京图书馆收藏至今。

明小宛堂本玉台新咏

(南朝陈)徐陵编　平装 32 开　20.00 元

2018 年 5 月出版　978-7-5013-6387-2

《玉台新咏》是一部汉代至南朝梁的诗歌总集,由徐陵于公元 6 世纪辑成,共收汉至梁代共 690 首诗,以绮艳的宫体诗为主。明赵氏小宛堂覆宋刻本《玉台新咏》,向为书林名物。1955 年文学古籍刊行社曾据北京大学图书馆藏修补本影印,原书缺赵跋,影印本据别本补跋。明赵氏小宛堂刻《玉台新咏》初印本今藏国家图书馆,今据此影印,以飨广大读者。

宋本乐府诗集(全十二册)

(宋)郭茂倩编　平装 32 开　240.00 元

2018 年 5 月出版　978-7-5013-6404-6

宋代郭茂倩编辑的《乐府诗集》是一部收集最为完备的乐府诗总集,共一百卷,按其曲调分为十二类,为后世保留了大量古代优秀的诗歌作品。国家图书馆藏宋刻本《乐府诗集》是现存此书最早版本,今存七十九卷目录二卷,其他缺卷用元刻本和清抄本补配而成完帙。此宋刻字体方整,结构谨严,雕镌精致,纸洁墨莹。版心下镌刻工姓名,卷中谨避宋帝讳字,实为宋刻本中的精品,因此历来为收藏家所珍重。从书中藏书印记得知,清初曾经藏书大家徐乾学、季振宜等收藏。此次据原书影印,以飨读者。

宋本三国志(全十四册)

(晋)陈寿撰,(南朝宋)裴松之注　平装 32 开　298.00 元

2018 年 5 月出版　978-7-5013-6359-9

《三国志》六十五卷,由西晋史学家陈寿所著,记载三国时期的断代史。三国志最早以《魏书》《蜀书》《吴书》三书单独流传,直到北宋咸平六年(1003)三书才合为一书。本书选用的底本,为南宋中期的建阳刻本,现藏中国国家图书馆。

宋本陆士龙文集

(晋)陆云撰　平装 32 开　20.00 元

2018 年 6 月出版　978-7-5013-6388-9

西晋文学家陆云的文集。陆云(262—303),字士龙,文学家,东吴丞相陆逊之孙,大司马陆抗第五子。与其兄陆机合称"二陆",曾任清河内史,故世称"陆清河"。其诗颇重藻饰。此次影印,据宋庆元六年华亭县学刻本。

影钞宋本陆士衡文集

(晋)陆机撰　平装 32 开　20.00 元

2018 年 6 月出版　978-7-5013-6422-0

陆机(261—303),字士衡,祖逊、父抗,皆吴重臣。曾任吴牙门将,吴亡退居旧里。西晋太康间,与其弟陆云入洛,名动一时,并称"二陆"。历任太子洗马、著作郎和中书郎等职,后荐为平原内史,世称"陆平原"。与弟陆云并在"八王之乱"中遇害。《晋书》卷五十四有传,称:"所著文章凡二百余篇,并行于世。"《陆士衡文集》是陆机诗文作品的汇编。此次据国家图书馆藏清影宋钞本影印,颇具版本及文献价值,自内容而言可视为"宋本"。

明钞本水经注(全八册)

(北魏)郦道元撰　平装 32 开　160.00 元

2018 年 6 月出版　978-7-5013-6372-8

《水经注》以《水经》为纲,详细记载了 1000 多条大小河流及有关的历史遗迹、人物掌故、神话传说等,是中国古代最全面、最系统的综合性地理著作。该书还记录了不少碑刻墨迹和渔歌民谣,文笔绚烂,语言清丽,具有较高的文学价值。由于书中所引用的大量文献中很多散失了,所以《水经注》保存了许多资料,对研究中国古代的历史、地理有很多的参考价值。此次影印的稽瑞楼藏本,是现今仅存的两部明抄本中的一种,乃从宋元写刊本中抄出,有清人何焯、顾广圻等校跋。

明活字本墨子(全二册)

(战国)墨翟撰,(明)陆稳校,(清)黄丕烈校并跋

平装 32 开　38.00 元

2018 年 6 月出版　978-7-5013-6400-8

《墨子》是战国百家中墨家的经典。提倡兼爱、非攻、尚贤、尚同、天志、明鬼、非命、非乐、节葬、节用,涉及哲学、逻辑学、军事学、工程学、力学、几何学、光学,先秦的科学技术成就大都依赖《墨子》以传。该版本《墨子》为明嘉靖三十一年(1552)芝城铜活字蓝印本。该版本前有韩愈《读墨子》,卷首目录之末有"明刑部河南清吏司郎中吴兴北川陆稳校行"之句,证明为明陆稳校印。该版本后经清黄丕烈校并跋,卷末黄丕烈还留了后记。

宋本春秋穀梁传注疏(全三册)

(晋)范宁注,(唐)杨士勋疏　平装 32 开　60.00 元

2018 年 6 月出版　978-7-5013-6485-5

《穀梁传》成书于汉代,自汉宣帝倡导迄于魏晋,注讲者仅有尹更始、唐固、糜信、孔衍、江熙、程阐、徐仙民、徐干、刘兆、胡讷、段肃等十余家,范宁有感于其注讲皆肤浅末学,不经师匠,辞理典据既不可观,又引《左传》《公羊传》以解此经,文义违反,颇不利于后世,遂商略名例,敷陈疑滞,博采诸儒同异之说,而成《春秋穀梁传集解》,是今存最早的《穀梁传》注解。唐太宗时,杨士勋辅助孔颖达等撰修《左传正义》,乃以一人之力为范注作义疏,分肌擘理,刊削繁复,文清义约,对《穀梁传》作了第二次系统整理与研究,终成《春秋穀梁传注疏》一书。范注与杨疏为穀梁学的传播与发展做出了重要的贡献,在穀梁学的学术发展史上占据着非常重要的地位,代表着中古以前《穀梁传》一经的研究水平。今据国家图书馆藏宋监本影印。

宋本尔雅疏(全二册)

(宋)邢昺疏　平装 32 开　38.00 元

2018 年 6 月出版　978-7-5013-6377-3

《尔雅疏》本传世者有三:一为蒋汝藻密韵楼旧藏,一为宝应刘启瑞所藏三卷残本,一为归安陆心源皕宋楼旧藏,后归日本静嘉堂文库。傅增湘先后见过上述三本,并已记入《藏园群书经眼录》。今据以影印的底本,乃当年蒋氏密韵楼旧物。阮元《十三经注疏》中列有宋椠《尔雅疏》十卷,谓"每叶三十行,每行三十字,或多少一字"即指此本。现藏中国国家图书馆。

宋本管子(全三册)

(唐)房玄龄注　平装 32 开　60.00 元

2018 年 6 月出版　978-7-5013-6369-8

《管子》是稷下道家推尊管仲之作的集结。《汉书·艺文志》将其列入子部道家类,《隋书·经籍志》列入法家类。《四库全书》将其列入子部法家类。内容博大精深,大约成书于春秋战国(前 475—前 221)至秦汉时期,汉初有 86 篇,今本实存 76 篇,其余 10 篇仅存目录。包括儒家、法家、阴阳家、名家、兵家和农家的观点,其中以黄老道家著作最多,其次法家著作 18 篇,其余各家杂之,其中的法家思想是道家影响下的法家思维。本书选取存世最早之宋刻本影印出版。

宋本淮海集(全五册)

(宋)秦观撰　平装 32 开　98.00 元

2018 年 6 月出版　978-7-5013-6378-0

秦观(1049—1100)字少游,又字太虚,号淮海居士,为"苏门四学士"之一。现存秦观文集之最古的版本,盖为日本内阁文库所藏南宋孝宗乾道九年高邮军学所刻之本,见董康《书舶庸谭》卷六所著录。国内亦存有此本,但业经绍熙三年谢雩重修,此次所选印者,即此重修本。

宋本十一家注孙子(全二册)

(春秋)孙武、(汉)曹操、(唐)杜牧等注

平装 32 开　40.00 元

2018 年 6 月出版　978-7-5013-6376-6

宋本《十一家注孙子》是《孙子兵法》除《武经七书》之外的另一重要传本系统"十家注—十一家注"系统的母本。此本正文前有"十一家注孙子目录",首列"孙子本传",次列上中下三卷篇目。今"孙子本传"与《孙子遗说》合订一册,《遗说》卷末有"承德堂"朱文牌记。此据国家图书馆藏宋刻本影印。

宋思溪藏本弘明集(全四册)

(南朝梁)释僧佑撰　平装 32 开　78.00 元

2018 年 6 月出版　978-7-5013-6398-8

《弘明集》是中国佛教历史上第一部护法弘教的文献汇编,也是一部充分反映我国汉末至魏晋南朝期间哲学社会思潮风貌的著作。书中各篇作者多为当时帝王重臣、社会精英和高僧大德,这些人的思想论辩反映了当时社会上,域外传入的佛教与中国本土的儒家及道家思潮相互冲突激荡的生动历史,是我国历史上佛教思想与华夏本土文化交流融合的生动画面记录,很多争论主题如神灭神不灭等至今仍能激发人们思考。

宋思溪藏本广弘明集(全十二册)

(唐)释道宣撰　平装 32 开　238.00 元

2018 年 6 月出版　978-7-5013-6397-1

《广弘明集》是继《弘明集》,收录六朝至唐代凡 130 余人的著作。以"其弘护法网,开明于有识",故称"广弘明"。本书记述佛教自传入我国至唐初以来,历朝的兴废、佛道间的论争及佛教义理的探讨等,内容每多涉及外典,举凡论说、文书、诗赋、诏等资料,无所不包,除卷首序文外,共集有归正、辨惑、佛德、法义、僧行、慈济、戒功、启福、悔罪、统归等篇，又在每篇之前，皆附有序文，说明该篇主旨。

影钞宋本韩非子（全三册）

（宋）谢希深注　平装32开　48.00元

2018年6月出版　978-7-5013-6399-5

《韩非子》为法家重要代表著作。此本为中国国家图书馆藏清初钱曾家影宋钞本，黄丕烈校并跋，顾广圻跋。此书宣扬"法治"，主张"法""术""势"三者并用，强化中央集权，反映新兴地主阶级的政治要求。文章锋芒锐利，严峭峻刻，逻辑严密，说服力强，善于运用历史故事和民间寓言进行论证，形象生动，言简意赅，对后世政论文写作及发展影响甚大。梁启超称此书"壁垒森严，能自立于不败之地以摧敌锋，非深于名学者不能几也，故在今日尤宜学之"。

元本元丰类稿（全八册）

（宋）曾巩撰　平装32开　160.00元

2018年7月出版　978-7-5013-6375-9

《元丰类稿》为宋代著名文士曾巩的文集，共五十卷，以元大德八年丁思敬刻本为最古，今藏国家图书馆。此本皮纸印造，行宽字朗，刻字严整，卷前有清朱锡庚手跋。此据该本影印。

明本华阳国志（全三册）

（晋）常璩撰　平装32开　60.00元

2018年9月出版　978-7-5013-6440-4

《华阳国志》（一名《华阳国记》）十二卷，所记地理范围当为晋世梁、益、宁三州之地，约当今陕西秦岭以南及四川、云南和贵州一带。此书是我国现存最早、比较完整的一部地方志，其所创立的方志编纂体例对后世方志产生了深远的影响。此书自刊印以来，有众多的刻本和抄本问世，版刻传抄体系非常复杂。现存最早的足刻本是明嘉靖四十二年四川铜梁人张佳胤知蒲州时所刻，现存国家图书馆。本次影印所用底本即此明嘉靖刻本。

元本孝经注疏

（唐）李隆基注，（宋）邢昺疏　平装32开　20.00元

2018年9月出版　978-7-5013-6491-6

《孝经注疏》相传是孔子为曾子陈述孝道所著，是《十三经注疏》中篇幅最小的一部经典。汉代有今文古文两种版本，分别由郑玄作注和孔安国作传。到唐代唐玄宗李隆基融合今古文两家，亲自为《孝经》作注，并命元行冲作疏，颁行天下。郑、孔两家之注逐渐消亡。到宋代邢昺以元行冲之疏为基础，重新作疏，遂成《十三经注疏》中《注疏》之定本。此据元泰定三年（1326）刻本影印。

宋本临川先生文集（全十册）

（宋）王安石撰　平装32开　260.00元

2018年10月出版　978-7-5013-6569-2

王安石文集曾在北宋朝廷列局所要编纂的书籍之内，后因"靖康之祸，官书散失，私集竟无完善之本"，南宋绍兴二十一年其重孙王珏重新刊刻，即为是书。此书为国家图书馆藏宋绍兴二十一年（1151）两浙西路转运司王珏刻元明递修本，是王安石文集最早的刊本，凡一百卷，收王安石古诗、律诗、挽辞、集句、四言诗、奏状、内制、外制等诸多诗歌文章。

明本天工开物（全二册）

（明）宋应星撰　平装32开　40.00元

2019年1月出版　978-7-5013-6701-6

《天工开物》是中国古代一部综合性的科学技术著作，具有珍贵的历史价值和科学价值。其在明崇祯十年（1637）初版发行后，很快就引起了学术界和刻书界的注意。大约17世纪末年，传到了日本，在1771年就出了一个汉籍和刻本，之后又刻印了多种版本。因为历史原因，清乾隆以后，该书没有刊刻，因此其在清代没有进一步流通。在20世纪20年代才从日本传回我国。后来在浙江宁波发现了初刻本。此次影印明崇祯十年自刻本，现藏国家图书馆。

宋本河东先生集（全十一册）

（唐）柳宗元撰　平装32开　220.00元

2019年1月出版　978-7-5013-6487-9

柳宗元（773—819）字子厚，唐河东解县（今山西运城西南）人，世称"柳河东"。宪宗元和十年（815）徙柳州刺史，故人称"柳柳州"。柳宗元逝世后，好友刘禹锡曾编有《河东先生集》，现世存南宋咸淳年间经廖莹中校正，并由其世彩堂刻印的版本。此本写刻精美，世无二帙，在宋版书中向被推为无上神品。此本钤有"项笃寿印""项子京家珍藏""项墨林收秘籍之印""项元汴印""项氏万卷堂图籍印""项墨林鉴赏章""牧翁审定"等印记，今藏中国国家图书馆，此次据此本影印出版。

武英殿本四库全书总目（全六十册）

（清）纪昀等纂修　平装32开　1498.00元

2019年1月出版　978-7-5013-6237-0

《四库全书总目》为我国古代最大的官修图书目录，对四库馆臣们誊录入库的3400余种图书（称"著录书"）和抄存卷目的6700余种图书（称"存目书"）全部写出提要，这就是《四库全书总目提要》，或简称《四库总目》。全书二百卷，乾隆四十六年二月编撰完稿，四十七年七月修改定稿。虽然《总目》也有考证失误和评价失当之处，但其对目录学的巨大影响仍然不可忽视，是治学的重要指引。武英殿刻本完成于乾隆六十年，是《总目》的最佳版本，但流传数量却很有限。虽然此前也有拼页影印本和整理本，但将殿本半叶影印平装，尚属首次。此次据天津图书馆藏清武英殿本原书扫描，并编制书名和人名索引，便于广大读者翻检阅读。

宋本扬子法言（典藏版）

（汉）扬雄撰；（晋）李轨，（唐）柳宗元，（宋）宋咸、吴祕、司马光注　精装 32 开　150.00 元

2019 年 3 月出版　978-7-5013-6468-8

辽宁省图书馆藏《扬子法言》，为宋淳熙八年唐仲友台州公使库刻本，全书《扬子法言》十三卷《音义》一卷，是晋李轨，唐柳宗元，宋宋咸、吴祕、司马光五臣注本，皮纸印造，墨色莹洁，初刻精印，为海内所仅存。

明本史通（全二册）

（唐）刘知几撰　平装 32 开　50.00 元

2019 年 3 月出版　978-7-5013-6371-1

《史通》是中国及全世界首部系统性的史学理论专著。全书内容主要评论史书体例与编撰方法，以及论述史籍源流与前人修史之得失。包括的范围十分广泛，基本上可以概括为史学理论和史学批评两大类。史学理论指有关史学体例、编纂方法以及史官制度的论述；史学批评则包括评论史事、研讨史籍得失、考订史事正误异同等。由于《史通》总结唐以前史学的全部问题，因而拥有极高史学地位，对后世影响深远。此据明张之象刻本影印。

宋本杜工部集（全五册）

（唐）杜甫撰　平装 32 开　100.00 元

2019 年 4 月出版　978-7-5013-6584-5

北宋翰林学士王洙取秘府旧藏及他人所有之杜集，整理编辑成《杜工部集》二十卷。至嘉祐四年（1059），苏州郡守王琪将王洙本杜集重新编定刊行，这就是后人所称的“二王本”。这个本子是所有杜集之祖本，此后补遗、增校、注释、批点、集注、编年、分体、分类、分韵之作，均由此本化出。王琪北宋本已散佚不存，今可见者为毛氏汲古阁所藏宋本《杜工部集》二十卷《补遗》一卷，递经潘氏滂喜斋等收藏，现藏于上海图书馆。此本由两种南宋刻本配补而成，缺卷缺叶为清代藏书家毛扆抄补。《续古逸丛书》《中华再造善本》等曾据以影印。今按原书扫描，影印为平装本，以飨广大读者。

宋本周礼疏（全十二册）

（唐）贾公彦等撰　平装 32 开　240.00 元

2019 年 4 月出版　978-7-5013-6683-5

《周礼疏》五十卷，唐贾公彦等撰，是《周礼》经、注、疏合刻本的开山之作，宋两浙东路茶盐司刻宋元递修本。刻工王恭、宋琚、方至、方坚等乃南宋中期补版工人，知版片至南宋中期再印时已进行过修补。刻工还有郑埜、何垕、徐囦、陈天锡、何建、李宝、任阿伴、徐友山、李德瑛等，是元代补版工人，知此版迭经宋、元两代递修，此为元代印本。此书传世者凡三本，一为商丘宋牧仲旧藏，仅存二十七卷，今归北京大学图书馆。一为故宫博物院旧藏。当年董氏诵芬室曾据上述两本影刻。再有一本即本书，原归朱氏结一庐收藏，今藏中国国家图书馆。钤有“结式庐藏书印”“子清真赏”等印记。今据之高清扫描影印，以飨读者。

元本东坡乐府

（宋）苏轼撰　平装 32 开　20.00 元

2019 年 5 月出版　978-7-5013-6236-3

本书为宋代苏轼撰。元延祐七年（1320）叶辰南阜书堂刻本，黄丕烈跋。今日所见《东坡词》以此本为最古，是传世东坡词的最重要本子之一。书中有“玉兰堂”“辛夷馆印”等印，1952 年由周叔弢先生捐献给中国国家图书馆。

宋本茶经·宋本酒经

（唐）陆羽、（宋）朱肱撰　平装 32 开　20.00 元

2019 年 6 月出版　978-7-5013-6667-5

《茶经》是世界上第一部茶学专著，全书三卷，十章，分别叙述了茶的起源、形态、种类以及栽培方法，茶叶的采摘和用具，茶叶的煎煮和饮用，茶叶的掌故和功效，茶的产地和优劣等。此本为宋刻本，从钤印和题跋上看，历经五家后入藏四川省图书馆。《酒经》全书三卷，分别叙述了酒的起源、掌故，酿酒工艺的发展流变，酒曲的分类及制法，酿酒的工艺流程和各类酒的酿造方法等。所述酿酒工艺与近代黄酒的酿造水平接近。此本为宋刻本，从钤印和题跋上看，知其历经明清藏书名家递藏，后入藏国家图书馆。

中华再造善本一期

周易
（魏）王弼、（晋）韩康伯注，（唐）陆德明释文
宋刻本 1函3册 650.00元 7-5013-2030-6

周易注疏
（魏）王弼、（晋）韩康伯注，（唐）孔颖达疏
宋两浙东路茶盐司刻宋元递修本 1函6册
2600.00元 7-5013-2031-4

周易正义
（唐）孔颖达撰
宋刻递修本 1函6册 1860.00元 7-5013-2234-1

汉上易传
（宋）朱震撰
清初毛氏汲古阁影宋抄本 1函10册
3920.00元 7-5013-3269-X

周易本义
（宋）朱熹撰
宋咸淳元年吴革刻本 1函6册
2130.00元 7-5013-2256-2

周易要义
（宋）魏了翁撰
宋淳祐十二年魏克愚刻本 1函5册
1560.00元 7-5013-2233-3

张先生校正杨宝学易传
（宋）杨万里撰，（宋）张敬之校正
宋刻本 1函4册 1540.00元 7-5013-2032-4

张先生校正杨宝学易传
（宋）杨万里撰，（宋）张敬之校正
宋刻本 1函10册
1670.00元 7-5013-3301-7

大易粹言
（宋）曾穜辑
宋淳熙三年舒州公使库刻本 2函20册
10190.00元 7-5013-3033-6

童溪王先生易传
（宋）王宗传撰
宋开禧元年建安刘日新宅三桂堂刻本 2函9册
1820.00元 7-5013-2001-2

大易集义
（宋）魏了翁辑
宋刻本 2函32册 11130.00元 7-5013-3061-1

古三坟书
宋绍兴十七年婺州州学刻本 1函1册
439.00元 7-5013-2019-5

尚书
（汉）孔安国传
宋刻本 1函6册 1070.00元 7-5013-2937-0

尚书正义
(唐)孔颖达撰
宋两浙东路茶盐司刻本　1 函 16 册
4280.00 元　7-5013-2040-3

朱文公订正门人蔡九峰书集传
(宋)蔡沈撰
宋淳祐十年吕遇龙上饶郡学刻本　1 函 8 册
1820.00 元　7-5013-2012-8

禹贡论
(宋)程大昌撰
宋淳熙八年泉州州学刻本　1 函 4 册
1410.00 元　7-5013-2260-0

杏溪傅氏禹贡集解
(宋)傅寅撰
宋刻元修本　1 函 6 册
1030.00 元　7-5013-1997-9

毛诗诂训传
(汉)毛苌传,(汉)郑玄笺,(唐)陆德明释文
宋刻本　1 函 10 册　2000.00 元　7-5013-2014-4

监本纂图重言重意互注点校毛诗
(汉)毛苌传,(汉)郑玄笺,(唐)陆德明释文
宋刻本　1 函 8 册
2292.00 元　7-5013-2015-2

诗集传
(宋)朱熹撰
宋刻本　1 函 6 册　1600.00 元　7-5013-3284-3

诗集传
(宋)苏辙撰
宋淳熙七年苏诩筠州公使库刻本　1 函 3 册
2334.00 元　7-5013-2029-2

吕氏家塾读诗记
(宋)吕祖谦撰
宋淳熙九年江西漕台刻本　2 函 20 册
5520.00 元　7-5013-2007-1

诗说
(宋)刘克撰
宋刻本　1 函 8 册　1780.00 元　7-5013-2039-X

周礼
(汉)郑玄注
宋婺州市门巷唐宅刻本　1 函 3 册
1290.00 元　7-5013-2263-5

周礼
(汉)郑玄注,(唐)陆德明释文
宋刻本　2 函 13 册　2370.00 元　7-5013-3020-4

周礼疏
(唐)贾公彦注释
宋两浙东路茶盐司刻宋元递修本　4 函 36 册
7650.00 元　7-5013-2008-X

纂图互注周礼
(汉)郑玄注,(唐)陆德明释文
宋刻本　1 函 6 册　1782.00 元　7-5013-2009-8

京本点校附音重言重意互注周礼
(汉)郑玄注
宋刻本　1 函 12 册　2610.00 元　7-5013-2920-6

仪礼要义
(宋)魏了翁撰
宋淳祐十二年魏克愚刻本　4 函 24 册
8980.00 元　7-5013-2265-1

礼记
(汉)郑玄注
宋婺州义乌蒋宅崇知斋刻本　1 函 3 册
830.00 元　7-5013-3303-3

礼记
(汉)郑玄注
宋淳熙四年抚州公使库刻本　1 函 6 册
2730.00 元　7-5013-2210-4

礼记

（汉）郑玄注，（唐）陆德明音义
宋余仁仲万卷堂家塾刻本　1 函 3 册
3270.00 元　7-5013-3063-8

纂图互注礼记

（汉）郑玄注，（唐）陆德明音义
宋刻本　2 函 10 册　2710.00 元　7-5013-2219-8

礼记正义

（唐）孔颖达撰
宋绍熙三年两浙东路茶盐司刻宋元递修本　4 函 40 册
14500.00 元　7-5013-2258-9

礼记要义

（宋）魏了翁撰
宋淳祐十二年魏克愚刻本　1 函 16 册
3900.00 元　7-5013-2006-3

礼记释文

（唐）陆德明撰
宋淳熙四年抚州公使库刻本　1 函 4 册
1020.00 元　7-5013-3062-X

礼记集说

（宋）卫湜撰
宋嘉熙四年新定郡斋刻本　4 函 24 册
27480.00 元　7-5013-2266-X

仪礼经传通解

（宋）朱熹撰
宋嘉定十年南康道院刻元明递修本　4 函 40 册
14730.00 元　7-5013-3286-X

新定三礼图

（宋）聂崇义集注
宋淳熙二年镇江府学刻公文纸印本　1 函 6 册
1120.00 元　7-5013-3267-3

家礼

题（宋）朱熹撰
宋刻本　1 函 3 册　1400.00 元　7-5013-2523-5

公羊春秋・穀梁春秋

（唐）陆德明音释
宋刻本　1 函 4 册　680.00 元　7-5013-2005-5

春秋经传集解

（晋）杜预撰，（唐）陆德明释文
宋刻本　3 函 21 册　5480.00 元　7-5013-2558-8

纂图互注春秋经传集解

（晋）杜预撰，（唐）陆德明释文
宋龙山书院刻本　1 函 8 册
4260.00 元　7-5013-2033-0

春秋经传集解

（晋）杜预撰，（唐）陆德明释文
宋刻本　1 函 8 册　4290.00 元　7-5013-2541-3

春秋左传正义

（唐）孔颖达注释
宋庆元六年绍兴府刻宋元递修本　4 函 32 册
11760.00 元　7-5013-2213-9

春秋公羊疏

（唐）徐彦撰
宋刻元修本　1 函 1 册　660.00 元　7-5013-2516-2

春秋公羊经传解诂

（汉）何休撰，（唐）陆德明音义
宋淳熙抚州公使库刻绍熙四年重修本　1 函 7 册
1680.00 元　7-5013-2042-X

春秋公羊经传解诂

（汉）何休撰，（唐）陆德明音义
宋绍熙二年余仁仲万卷堂刻本　1 函 4 册
1290.00 元　7-5013-2043-8

监本附音春秋穀梁注疏

（晋）范宁集解，（唐）杨士勋疏
宋刻元修本　1 函 4 册
2010.00 元　7-5013-2065-9

春秋名号归一图

(后蜀)冯继先撰
宋刻本 1函3册 680.00元 7-5013-1993-6

春秋意林

(宋)刘敞撰
宋刻本 1函2册 620.00元 7-5013-3045-X

西畴居士春秋本例

(宋)崔子方撰
宋刻本 1函4册 1160.00元 7-5013-2559-6

春秋五礼例宗

(宋)张大亨撰
宋刻本 1函5册 800.00元 7-5013-3300-9

春秋传

(宋)胡安国撰
宋乾道四年刻庆元五年黄汝嘉修补本 2函10册
3680.00元 7-5013-3037-9

春秋集注

(宋)张洽撰
宋宝祐三年临江军庠刻本 1函12册
2960.00元 7-5013-2216-3

春秋集注

(宋)张洽撰
宋德祐元年卫宗武华亭义塾刻本 1函8册
2040.00元 7-5013-3072-7

春秋繁露

(汉)董仲舒撰
宋嘉定四年江右计台刻本 1函6册
1332.00元 7-5013-2018-7

监本纂图重言重意互注论语

(魏)何晏集解
宋刘氏天香书院刻本 1函2册
710.00元 7-5013-2918-4

论语集说

(宋)蔡节撰
宋淳祐六年刻本 1函10册
1830.00元 7-5013-2207-4

孟子或问纂要

(宋)朱熹撰
宋刻本 1函3册 440.00元 7-5013-2542-1

中庸辑略

(宋)石□辑,(宋)朱熹删定
宋刻本 1函2册 1140.00元 7-5013-2209-0

四书章句集注

(宋)朱熹撰
宋嘉定十年当涂郡斋刻嘉熙四年淳祐八年十二年递修本(论语孟子)及宋淳祐十二年当涂郡斋刻本(大学中庸) 4函26册
6670.00元 7-5013-2218-X

经典释文

(唐)陆德明撰
宋刻宋元递修本 2函24册
5400.00元 7-5013-2211-2

尔雅

(晋)郭璞注
宋刻本 1函3册 400.00元 7-5013-1999-5

尔雅疏

(宋)邢昺撰
宋刻宋元明初递修公文纸印本 1函5册
990.00元 7-5013-2063-2

辅轩使者绝代语释别国方言解

(汉)扬雄撰,(晋)郭璞注
宋庆元六年浔阳郡斋刻本 1函2册
620.00元 7-5013-1991-X

群经音辨

(宋)贾昌朝撰
宋绍兴九年临安府学刻宋元递修本 1函6册

840.00 元　7-5013-2034-9

说文解字

（汉）许慎撰
宋刻元修本　1 函 6 册　2270.00 元　7-5013-2262-7

新集古文四声韵

（宋）夏竦撰
宋刻本　1 函 5 册　1020.00 元　7-5013-2212-0

隶韵

（宋）刘球撰
宋刻拓本　1 函 4 册　1820.00 元　7-5013-2261-9

隶韵

（宋）刘球撰
宋刻拓本　1 函 6 册　2200.00 元　7-5013-3097-2

龙龛手鉴

（辽）释行均撰
宋刻本　1 函 5 册　1360.00 元　7-5013-2206-6

广韵

（宋）陈彭年等撰
宋刻本　1 函 5 册　2220.00 元　7-5013-2560-X

钜宋广韵

（宋）陈彭年等撰
宋乾道五年建宁府黄三八郎刻本　1 函 5 册
1640.00 元　7-5013-2877-3

集韵

（宋）丁度等撰
宋刻本　1 函 10 册　3020.00 元　7-5013-2208-2

切韵指掌图

（宋）司马光撰
宋绍定三年越州读书堂刻本　1 函 1 册
360.00 元　7-5013-2017-9

韵补

（宋）吴棫撰
宋刻本　1 函 5 册　3480.00 元　7-5013-3044-1

附释文互注礼部韵略

（宋）佚名撰
宋绍定三年藏书阁刻本　1 函 6 册
1490.00 元　7-5013-2205-8

押韵释疑

（宋）欧阳德隆撰
宋嘉熙三年禾兴郡斋刻本　1 函 4 册
1400.00 元　7-5013-3266-5

紫云先生增修校正押韵释疑

（宋）欧阳德隆撰，（宋）郭守正增修
宋刻本　1 函 10 册
2370.00 元　7-5013-2546-4

史记

（汉）司马迁撰，（南朝宋）裴骃集解，（唐）司马贞索隐
宋乾道七年蔡梦弼东塾刻本　4 函 30 册
9650.00 元　7-5013-2222-8

史记

（汉）司马迁撰，（南朝宋）裴骃集解，（唐）司马贞索隐，（唐）张守节正义
宋淳熙三年张杅桐川郡斋刻八年耿秉重修本　4 函 24 册
8630.00 元　7-5013-2220-1

史记

（汉）司马迁撰，（南朝宋）裴骃集解，（唐）司马贞索隐，（唐）张守节正义
宋建安黄善夫家塾刻本　4 函 28 册
8380.00 元　7-5013-2221-X

汉书

（汉）班固撰，（唐）颜师古注
北宋刻递修本　4 函 40 册
16040.00 元　7-5013-2267-8

汉书

(汉)班固撰,(唐)颜师古集注
宋庆元元年建安刘元起刻本　8 函 80 册
23040.00 元　7-5013-2911-7

汉书

(汉)班固撰,(唐)颜师古注
宋蔡琪家塾刻本　6 函 60 册
32660.00 元　7-5013-2240-6

汉书

(汉)班固撰,(唐)颜师古注
宋嘉定十七年白鹭洲书院刻本　8 函 80 册
34670.00 元　7-5013-2268-6

后汉书

(南朝宋)范晔、(晋)司马彪撰,(唐)李贤、(南朝梁)刘昭注　北宋刻递修本　4 函 38 册
19160.00 元　7-5013-2255-4

后汉书

(南朝宋)范晔、(晋)司马彪撰,(唐)李贤、(南朝梁)刘昭注
北宋刻递修本　3 函 40 册
21720.00 元　7-5013-2247-3

后汉书

(南朝宋)范晔、(晋)司马彪撰,(唐)李贤、(南朝梁)刘昭注
宋绍兴江南东路转运司刻宋元递修本　4 函 40 册
25540.00 元　7-5013-2243-0

后汉书

(南朝宋)范晔、(晋)司马彪撰,(唐)李贤、(南朝梁)刘昭注
宋王叔边刻本　4 函 40 册
12800.00 元　7-5013-2237-6

后汉书

(南朝宋)范晔、(晋)司马彪撰,(唐)李贤、(南朝梁)刘昭注
宋白鹭洲书院刻本　8 函 80 册
29110.00 元　7-5013-2252-X

后汉书

(南朝宋)范晔、(晋)司马彪撰,(南朝梁)刘昭注
宋建安黄善夫刻本　6 函 60 册
19960.00 元　7-5013-2929-X

三国志

(晋)陈寿撰,(南朝宋)裴松之注
宋衢州州学刻宋元明递修本　4 函 20 册
11040.00 元　7-5013-3040-9

三国志

(晋)陈寿撰,(南朝宋)裴松之注
宋刻本　4 函 32 册　11990.00 元　7-5013-2242-2

晋书

(唐)房玄龄等撰
宋刻本　6 函 36 册　13400.00 元　7-5013-2203-1

宋书

(南朝梁)沈约撰
宋刻宋元明递修本　5 函 46 册
22940.00 元　7-5013-3325-4

南齐书

(南朝梁)萧子显撰
宋刻宋元明初递修本　2 函 20 册
8500.00 元　7-5013-2248-1

梁书

(唐)姚思廉撰
宋刻宋元明递修本　2 函 10 册
7740.00 元　7-5013-2534-0

陈书

(唐)姚思廉撰
宋刻宋元递修本　2 函 10 册
4390.00 元　7-5013-2229-5

魏书

(北齐)魏收撰
宋刻宋元明递修本　8 函 64 册
27120.00 元　7-5013-3032-8

北齐书

（唐）李百药撰
宋刻宋元明递修本　2函15册
5800.00元　7-5013-2241-4

周书

（唐）令狐德棻撰
宋刻宋元明递修本　4函24册
7120.00元　7-5013-2940-0

南史

（唐）李延寿撰
宋刻本　4函29册　9880.00元　7-5013-2227-9

北史

（唐）李延寿撰
宋刻本　2函13册　7660.00元　7-5013-2226-0

隋书

（唐）魏徵等撰
宋刻递修本　2函12册　6280.00元　7-5013-3090-5

隋书

（唐）魏徵等撰
宋刻本　1函2册　980.00元　7-5013-2231-7

唐书

（后晋）刘昫等撰
宋绍兴两浙东路茶盐司刻本　4函32册
7640.00元　7-5013-2253-8

唐书

（宋）欧阳修、宋祁撰
宋绍兴刻宋元递修公文纸印本　4函22册
14640.00元　7-5013-3079-4

古史

（宋）苏辙撰
宋刻元明递修本　2函16册
4870.00元　7-5013-2251-1

建康实录

（唐）许嵩撰
宋绍兴十八年荆湖北路安抚使司刻递修本　2函16册
4500.00元　7-5013-2239-2

资治通鉴

（宋）司马光撰
宋绍兴二年至三年两浙东路茶盐司公使库刻本　20函116册
45710.00元　7-5013-2276-7

资治通鉴考异

（宋）司马光撰
宋绍兴二年两浙东路茶盐司公使库刻宋元递修本　2函14册
2950.00元　7-5013-2047-0

资治通鉴释文

（宋）史炤撰
宋刻本　2函12册　2520.00元　7-5013-2054-3

资治通鉴外纪详节

宋刻本　1函4册　1080.00元　7-5013-2250-3

入注附音司马温公资治通鉴

宋刻本　3函20册　8650.00元　7-5013-2905-2

入注附音司马温公资治通鉴纲目

宋刻本　1函4册　1240.00元　7-5013-2711-4

吕大著点校标抹增节备注资治通鉴

（宋）吕大著撰
宋刻本　2函21册　6760.00元　7-5013-3262-2

资治通鉴纲目

（宋）朱熹撰
宋刻本　6函57册　25340.00元　7-5013-2238-4

编年通载

（宋）章衡撰
宋刻本　1函4册　1915.00元　7-5013-2016-0

历代纪年

(宋)晁公迈撰
宋绍熙三年盱江郡斋刻本　1函4册
1720.00元　7-5013-2044-6

续资治通鉴长编

(宋)李焘撰
宋刻本　6函49册　18070.00元　7-5013-3049-2

续资治通鉴长编撮要

(宋)李焘撰
宋刻本　4函48册　17040.00元　7-5013-2249-X

皇朝编年备要

(宋)陈均撰
宋绍定刻本　4函30册
6130.00元　7-5013-2543-X

皇朝中兴系年要录节要

宋刻本　1函4册　870.00元　7-5013-2545-6

中兴两朝编年纲目

宋刻元修本　2函6册
3720.00元　7-5013-3103-0

通鉴纪事本末

(宋)袁枢撰
宋淳熙二年严陵郡庠刻本　8函42册
23630.00元　7-5013-2215-5

通鉴纪事本末

(宋)袁枢撰
宋宝祐五年赵兴篝刻元明递修本　8函84册
34820.00元　7-5013-2709-2

袁氏通鉴纪事本末撮要

(宋)蔡文子辑
宋刻本　1函2册
530.00元　7-5013-1963-4

路史

(宋)罗泌撰
宋刻本　1函2册　220.00元　7-5013-2004-7

国语

(三国吴)韦昭注
宋刻宋元递修本　1函6册
3080.00元　7-5013-3078-6

战国策

(汉)高诱注
宋绍兴刻本　1函6册　2190.00元　7-5013-1973-1

鲍氏国策

(宋)鲍彪校注
宋绍熙二年会稽郡斋刻本　2函8册
3900.00元　7-5013-1967-7

国朝诸臣奏议

(宋)赵汝愚辑
宋淳祐十年史季温福州刻元明递修本　8函64册
20500.00元　7-5013-2557-X

育德堂奏议

(宋)蔡幼学撰
宋刻本　1函6册　990.00元　7-5013-2046-2

宋中书舍人南丰先生曾公谥议

(宋)刘汉弼撰
宋稿本　1410.00元　1770.00元(精)
7-5013-3336-X

五朝名臣言行录·三朝名臣言行录

(宋)朱熹辑
宋淳熙刻本　3函28册
9000.00元　7-5013-2269-4

新纂门目十朝名臣言行录

宋刻本　4函24册　4440.00元　7-5013-2254-6

新刊名臣碑传琬琰之集

(宋)杜大珪辑

宋刻元明递修本　3 函 24 册
7040.00 元　7-5013-2316-X

东家杂记

(宋)孔传撰
宋刻递修本　1 函 4 册
1420.00 元　7-5013-1976-6

汉丞相诸葛忠武侯传

(宋)张栻撰
宋刻本　1 函 1 册　320.00 元　7-5013-2544-8

忠文王纪事实录

(宋)谢起岩撰
宋咸淳七年吴安朝等刻公文纸印本　1 函 4 册
1260.00 元　7-5013-3088-3

眉山新编十七史策要

宋刻本　4 函 25 册　7560.00 元　7-5013-2354-2

诸史提要

(宋)钱端礼撰
宋乾道绍兴府学刻本　1 函 5 册
4410.00 元　7-5013-2291-0

分门史志通典治原之书

佚名辑
宋刻本　1 函 12 册　3060.00 元　7-5013-3047-6

诸儒校正西汉详节

(宋)吕祖谦辑
宋刻本　2 函 19 册　4400.00 元　7-5013-2856-0

两汉博闻

(宋)杨侃辑
宋乾道八年胡元质姑孰郡斋刻本　1 函 6 册
2810.00 元　7-5013-2277-5

汉隽

(宋)林钺辑
宋淳熙五年滁阳郡斋刻本　1 函 5 册
1340.00 元　7-5013-2573-1

汉隽

(宋)林钺辑
宋淳熙十年象山县学刻本　1 函 4 册
1144.00 元　7-5013-2204-X

名公增修晋书详节

(宋)吕祖谦辑
宋刻本　2 函 16 册　3680.00 元　7-5013-3331-9

京本增修五代史详节

(宋)吕祖谦辑
宋刻本　1 函 2 册　1180.00 元　7-5013-3071-9

舆地广记

(宋)欧阳忞撰
宋刻递修本　1 函 12 册
3160.00 元　7-5013-2317-8

新编方舆胜览

(宋)祝穆辑
宋咸淳三年吴坚、刘震孙刻本　4 函 20 册
9340.00 元　7-5013-2664-9

绍定吴郡志

(宋)范成大纂修,(宋)汪泰亨等续修
宋绍定刻元修本　2 函 20 册
4280.00 元　7-5013-2062-4

咸淳临安志

(宋)潜说友纂修
宋咸淳临安府刻本　4 函 40 册
12240.00 元　7-5013-3095-6

[咸淳]临安志

(宋)潜说友纂修
宋咸淳刻本　4 函 32 册
14450.00 元　7-5013-3282-7

[宝庆]四明志

(宋)胡榘、罗浚纂修
宋刻本　1 函 10 册　5640.00 元　7-5013-2318-6

［开庆］四明续志

（宋）梅应发、刘锡纂修
宋开庆元年刻本　1函6册
2510.00元　7-5013-2293-7

南岳总胜集

（宋）陈田夫撰
宋刻本　1函3册　850.00元　7-5013-1985-5

水经注

（北魏）郦道元撰
宋刻本　1函7册　1810.00元　7-5013-2272-4

大唐西域记

（唐）释玄奘译，（唐）释辩机撰
宋绍兴二年王永从刻安吉州思溪法宝资福禅寺大藏本
1函6册
2210.00元　7-5013-2279-1

大唐六典

（唐）李隆基撰，（唐）李林甫等注
宋绍兴四年温州州学刻递修本　1函4册
1390.00元　7-5013-2264-3

通典

（唐）杜佑撰
宋刻宋元递修本　2函18册
6180.00元　7-5013-2914-1

通典

（唐）杜佑撰
宋刻宋元递修本　1函9册
1890.00元　7-5013-3065-4

通典

（唐）杜佑撰
宋刻宋元递修本　1函2册
500.00元　7-5013-2915-X

通典

（唐）杜佑撰
宋刻元元统三年江浙等处儒学重修本　1函2册
720.00元　7-5013-3034-4

通典

（唐）杜佑撰
宋刻宋元递修本　1函1册
300.00元　7-5013-3089-1

新入诸儒议论杜氏通典详节

宋绍熙五年择善堂刻本　1函8册
2180.00元　7-5013-2481-6

西汉会要

（宋）徐天麟撰
宋嘉定建宁郡斋刻元明递修本　2函20册
5320.00元　7-5013-2572-3

东汉会要

（宋）徐天麟撰
宋宝庆二年建宁郡斋刻本　2函16册
4320.00元　7-5013-2571-5

律

（宋）孙奭撰
宋刻宋元递修本　1函4册
1112.00元　7-5013-2214-7

金石录

（宋）赵明诚撰
宋淳熙龙舒郡斋刻本　1函5册
2200.00元　7-5013-1971-5

啸堂集古录

（宋）王俅撰
宋刻本　1函4册　1190.00元　7-5013-2020-9

唐鉴

（宋）范祖禹撰
宋刻本　1函4册　1440.00元　7-5013-2650-9

东莱先生音注唐鉴

（宋）范祖禹撰，（宋）吕祖谦注
宋刻元修本　1函4册

1640.00 元　7-5013-2011-X

致堂读史管见

(宋)胡寅撰
宋嘉定十一年衡阳郡斋刻本　2 函 30 册
8290.00 元　7-5013-2526-X

李侍郎经进六朝通鉴博议

(宋)李焘撰
宋毕万裔宅富学堂刻本　1 函 3 册
1310.00 元　7-5013-2045-4

荀子

(战国)荀况著,(唐)杨倞注
宋刻本　2 函 10 册　4490.00 元　7-5013-1969-3

纂图互注荀子

(唐)杨倞注
宋刻元明递修本　1 函 10 册
2140.00 元　7-5013-3084-0

孔丛子

题(汉)孔鲋撰,(宋)宋咸注
宋刻本　1 函 4 册　750.00 元　7-5013-2643-6

新序

(汉)刘向撰,(宋)曾巩校订
宋刻本　1 函 5 册　830.00 元　7-5013-2060-8

说苑

(汉)刘向撰
宋咸淳元年镇江府学刻元明递修本　2 函 12 册
2750.00 元　7-5013-2058-6

纂图分门类题五臣注扬子法言

(汉)扬雄撰,(晋)李轨等注
宋刘通判宅仰高堂刻本　1 函 4 册
1310.00 元　7-5013-2274-0

中说

(宋)阮逸注
宋刻本　1 函 2 册　500.00 元　7-5013-2273-2

张子语录

(宋)张载撰
宋福建漕治刻本　1 函 1 册
320.00 元　7-5013-1987-1

河南程氏遗书附录

宋刻本　1 函 2 册　252.00 元　7-5013-2028-4

吕氏乡约乡仪

(宋)吕大钧撰
宋嘉定五年李大有刻本　1 函 1 册
340.00 元　7-5013-2275-9

龟山先生语录

(宋)杨时撰
宋吴坚福建漕治刻本　1 函 2 册
770.00 元　7-5013-2036-5

袁氏世范

(宋)袁采撰
宋刻本　1 函 4 册　610.00 元　7-5013-2035-7

泳斋近思录衍注

(宋)朱熹、吕祖谦撰,(宋)杨伯嵒衍注
宋刻本　1 函 8 册　1720.00 元　7-5013-3039-5

晦庵先生语录大纲领

宋刻本　1 函 3 册　1030.00 元　7-5013-2319-4

诸儒鸣道

宋刻本　2 函 20 册　6730.00 元　7-5013-2653-3

丽泽论说集录

(宋)吕祖俭辑
宋嘉泰四年吕乔年刻本　1 函 5 册
2560.00 元　7-5013-2320-8

西山先生真文忠公读书记

(宋)真德秀撰
宋开庆元年福州官刻元修本　6 函 48 册
21640.00 元　7-5013-2287-2

真文忠公政经

(宋)真德秀撰
宋刻本　1函1册　480.00元　7-5013-3092-1

十一家注孙子

(春秋)孙武著,(汉)曹操、(唐)杜牧等注
宋刻本　1函4册　1550.00元　7-5013-2285-6

管子

(唐)房玄龄注
宋刻本　1函6册　2520.00元　7-5013-2278-3

经史证类备急本草

(宋)唐慎微撰
宋嘉定四年刘甲刻本　4函32册
11270.00元　7-5013-2286-4

本草衍义

(宋)寇宗奭撰
宋淳熙十二年江西转运司刻庆元元年重修本　1函5册
1160.00元　7-5013-2292-9

伤寒明理论方论

(金)成无己撰
宋刻本　1函2册　840.00元　7-5013-2295-3

伤寒要旨药方

(宋)李柽撰
宋乾道七年姑孰郡斋刻本　1函2册
680.00元　7-5013-2270-8

外台秘要方

(唐)王焘撰
宋绍兴两浙东路茶盐司刻本　3函36册
11190.00元　7-5013-2488-3

洪氏集验方

(宋)洪遵辑
宋乾道六年姑孰郡斋刻公文纸印本　1函2册
750.00元　7-5013-2290-2

三因极一病证方论

(宋)陈言撰
宋刻本　1函12册　2810.00元　7-5013-3025-5

医说

(宋)张杲撰
宋刻本　1函11册　3620.00元　7-5013-3112-X

新刊仁斋直指方论·小儿方论·医脉真经·伤寒类书活人总括

(宋)杨士瀛撰
宋景定元年至五年环溪书院刻本　1函6册
4230.00元　7-5013-2684-3

刘涓子鬼遗方

(南朝齐)龚庆宣辑
宋刻本　1函2册　390.00元　7-5013-2294-5

卫生家宝产科备要

(宋)朱端章撰
宋淳熙十一年南康郡斋刻本　1函6册
1740.00元　7-5013-2288-0

周髀算经

题(汉)赵君卿注,(北周)甄鸾重述,(唐)李淳风等注释
宋刻本　1函2册　650.00元　7-5013-2652-5

九章算经

(魏)刘徽注,(唐)李淳风等注释
宋刻本　1函3册　720.00元　7-5013-2713-0

孙子算经

(唐)李淳风等注释
宋嘉定六年鲍澣之刻本　1函1册
360.00元　7-5013-2631-2

张丘建算经

(北周)甄鸾注,(唐)李淳风等注释,(唐)刘孝孙细草
宋刻本　1函2册　720.00元　7-5013-2630-4

太玄经

（汉）扬雄撰，（晋）范望、（宋）司马光等注
宋刻本　1 函 1 册　340.00 元　7-5013-2375-5

元包经传

（北周）卫元嵩撰，（唐）苏源明传，（唐）李江注
宋绍兴三十一年张洸刻本　1 函 4 册
900.00 元　7-5013-2574-X

景祐乾象新书

（宋）杨惟德等撰
北宋元丰元年司天监秦孝先、苏宗亮、徐钦邻等抄本　3 函 8 册
3260.00 元　7-5013-2296-1

洪范政鉴

（宋）赵祯撰
宋淳熙十三年内府写本　1 函 13 册
4370.00 元　7-5013-2280-5

六甲天元气运钤

宋刻本　1 函 2 册　1170.00 元　7-5013-2298-6

三历撮要

宋刻本　1 函 2 册　510.00 元　7-5013-2377-1

邵子观物篇渔樵问对

（宋）祝泌撰
宋咸淳福建漕治吴坚刻本　1 函 8 册
1340.00 元　7-5013-2680-0

兰亭续考

（宋）俞松辑
宋淳祐刻本　1 函 2 册　470.00 元　7-5013-2271-6

书苑菁华

（宋）陈思辑
宋刻本　1 函 6 册　2600.00 元　7-5013-2299-6

图画见闻志

（宋）郭若虚撰
宋刻本　1 函 2 册　680.00 元　7-5013-2321-6

画继

（宋）邓椿撰
宋临安府陈道人书籍铺刻本　1 函 2 册
1480.00 元　7-5013-3052-2

梅花喜神谱

（宋）宋伯仁绘并辑
宋景定二年刻本　1 函 2 册
1410.00 元　7-5013-2859-5

忘忧清乐集

（宋）李逸民撰
宋刻本　1 函 3 册　680.00 元　7-5013-2507-3

汉官仪

（宋）刘攽撰
宋绍兴九年临安府刻本　1 函 1 册
750.00 元　7-5013-1982-0

酒经

（宋）朱翼中撰
宋刻本　1 函 2 册　320.00 元　7-5013-2508-1

论衡

（汉）王充撰
宋乾道三年绍兴府刻宋元明递修本　2 函 8 册
4580.00 元　7-5013-3087-5

刘子

（北齐）刘昼撰，（唐）袁孝政注
宋刻本　1 函 4 册　760.00 元　7-5013-2647-9

化书

（五代）谭峭撰
宋刻本　1 函 2 册　520.00 元　7-5013-2322-4

謦隅子歔欷琐微论

（宋）黄晞撰
宋刻本　1 函 1 册　160.00 元　7-5013-3283-5

清波杂志

(宋)周辉撰
宋刻本　1 函 4 册　1130.00 元　7-5013-2323-2

容斋续笔

(宋)洪迈撰
宋嘉定五年章贡郡斋刻本　1 函 4 册
1310.00 元　7-5013-2057-8

宾退录

(宋)赵与旹撰
宋临安睦亲坊陈宅经籍铺刻本　1 函 10 册
1740.00 元　7-5013-2324-0

衍约说

宋刻本　1 函 2 册　450.00 元　7-5013-2289-9

东观余论

(宋)黄伯思撰
宋嘉定三年刻本　1 函 4 册
1580.00 元　7-5013-2575-8

程氏演蕃露

(宋)程大昌撰
宋刻本　1 函 4 册　1340.00 元　7-5013-2325-9

甲申杂记·闻见近录

(宋)王巩撰
宋刻本　1 函 3 册　440.00 元　7-5013-2326-7

重雕改正湘山野录续录

(宋)释文莹撰
宋刻本　1 函 4 册　840.00 元　7-5013-2297-X

挥麈前录·后录·第三录·余话

(宋)王明清撰
宋龙山书堂刻本　1 函 6 册
3390.00 元　7-5013-2327-5

桯史

(宋)岳珂撰
宋刻元明递修公文纸印本　1 函 6 册
2050.00 元　7-5013-3017-4

愧郯录

(宋)岳珂撰
宋刻本　1 函 6 册　2030.00 元　7-5013-3064-6

长短经

(唐)赵蕤撰
南宋初年杭州净戒院刻本　2 函 8 册
2330.00 元　7-5013-2685-1

云仙散录

题(唐)冯贽辑
宋开禧刻公文纸印本　1 函 2 册
570.00 元　7-5013-3290-8

皇朝仕学规范

(宋)张镃辑
宋刻本　1 函 12 册　2190.00 元　7-5013-2328-3

自警编

(宋)赵善璙撰
宋端平元年九江郡斋刻本　2 函 12 册
6320.00 元　7-5013-3043-3

山海经

(晋)郭璞注
宋淳熙七年池阳郡斋刻本　1 函 3 册
1040.00 元　7-5013-2281-3

续幽怪录

(唐)李复言编
宋临安府太庙前尹家书籍铺刻本　1 函 2 册
530.00 元　7-5013-2372-0

重雕足本鉴诫录

(后蜀)何光远撰
宋刻本　1 函 2 册　530.00 元　7-5013-2629-0

艺文类聚

(唐)欧阳询辑

宋刻本　4 函 20 册　10180.00 元　7-5013-2641-X

补注蒙求

(唐)李翰撰,(宋)徐子光补注
宋刻本　1 函 8 册　1660.00 元　7-5013-2634-7

事类赋

(宋)吴淑撰并注
宋绍兴十六年两浙东路茶盐司刻本　2 函 16 册
3810.00 元　7-5013-3091-3

太学新增合璧联珠声律万卷菁华

(宋)李昭玘、李似之辑
宋刻本　8 函 81 册　20890.00 元　7-5013-3104-9

帝王经世图谱

(宋)唐仲友撰
宋嘉泰元年金式赵善鏮刻本　1 函 6 册
1900.00 元　7-5013-2329-1

锦绣万花谷

宋刻本　4 函 44 册　11010.00 元　7-5013-2355-0

锦绣万花谷续集

宋刻本　1 函 6 册　2740.00 元　7-5013-3085-9

记纂渊海

(宋)潘自牧辑
宋刻本　3 函 24 册　12570.00 元　7-5013-2244-9

重添校正蜀本书林事类韵会

宋刻本　2 函 22 册　6440.00 元　7-5013-2482-4

古今合璧事类备要

(宋)谢维新、虞载辑
宋刻本　12 函 120 册　37400.00 元　7-5013-3056-5

古今合璧事类备要增集

(宋)谢维新辑
宋刻本　2 函 10 册　1450.00 元　7-5013-2642-8

诚斋四六发遣膏馥

(宋)杨万里撰,(宋)周公恕辑
宋余卓刻本　1 函 4 册　1300.00 元　7-5013-3054-9

十二先生诗宗集韵

(宋)裴良甫辑
宋刻本　2 函 12 册　5450.00 元　7-5013-2304-6

婚礼新编

(宋)丁昇之辑
宋刻元修本　1 函 5 册　1900.00 元　7-5013-2305-4

金刚般若波罗蜜经

唐懿宗咸通九年王玠刻本
2408.00 元　7-5013-3107-1

五灯会元

(宋)释普济撰
宋刻本　2 函 20 册　8760.00 元　7-5013-2306-2

大藏经纲目指要录

(宋)释惟白撰
宋刻本　2 函 8 册　3320.00 元　7-5013-2338-0

老子道德经古本集注直解

(宋)范应元集注
宋刻本　1 函 2 册　1320.00 元　7-5013-2300-3

南华真经

(晋)郭象注
宋刻本　1 函 10 册　2400.00 元　7-5013-2301-1

庄子鬳斋口义

(宋)林希逸撰
宋刻本　2 函 11 册　3490.00 元　7-5013-2353-4

冲虚至德真经

(晋)张湛注
宋刻宋元递修本　1 函 4 册
590.00 元　7-5013-2302-X

通玄真经

（唐）徐灵府注

宋刻本　1 函 4 册　880.00 元　7-5013-2491-3

抱朴子内篇

（晋）葛洪撰

宋绍兴二十二年临安府荣六郎家刻本　1 函 5 册

1280.00 元　7-5013-3053-0

华阳隐居真诰

（南朝梁）陶弘景撰

宋葛长庚写本　1 函 1 册　140.00 元　7-5013-2725-4

新雕洞灵真经

（宋）何粲注

宋刻本　1 函 1 册　320.00 元　7-5013-2379-8

太上洞玄灵宝无量度人上品妙经

宋张即之写本　1 函 1 册

2080.00 元　7-5013-3109-X

楚辞

（宋）朱熹撰

宋端平刻本　1 函 6 册　2480.00 元　7-5013-2232-5

楚辞集注

（宋）朱熹集注

宋嘉定六年章贡郡斋刻本　1 函 8 册

2720.00 元　7-5013-2344-5

离骚集传

（宋）钱杲之撰

宋刻本　1 函 1 册　230.00 元　7-5013-2384-4

离骚草木疏

（宋）吴仁杰撰

宋庆元六年罗田县庠刻本　1 函 1 册

430.00 元　7-5013-2478-6

曹子建文集

（魏）曹植撰

宋刻本　1 函 4 册　1360.00 元　7-5013-2576-6

陆士龙文集

（晋）陆云撰

宋庆元六年华亭县学刻本　1 函 5 册

860.00 元　7-5013-2479-4

陶靖节先生集

（晋）陶潜撰

宋刻递修本　1 函 2 册　420.00 元　7-5013-2480-8

陶渊明集

（晋）陶潜撰

宋刻递修本　1 函 2 册　720.00 元　7-5013-2049-7

陶渊明诗

（晋）陶潜撰

宋绍熙三年曾集刻本　1 函 2 册

590.00 元　7-5013-2388-7

陶靖节先生诗注

（晋）陶潜撰，（宋）汤汉注

宋淳祐元年汤汉刻本　1 函 2 册

730.00 元　7-5013-2345-3

骆宾王文集

（唐）骆宾王撰

宋刻本　1 函 2 册　800.00 元　7-5013-2393-3

杜审言诗集

（唐）杜审言撰

宋刻本　1 函 1 册　120.00 元　7-5013-2358-5

常建诗集

（唐）常建撰

宋刻本　1 函 1 册　130.00 元　7-5013-2359-3

王摩诘文集

（唐）王维撰

宋刻本　1 函 6 册　1180.00 元　7-5013-2059-4

刘文房集

（唐）刘长卿撰
宋刻本 1函2册 530.00元 7-5013-2307-0

孟浩然诗集

（唐）孟浩然撰
宋刻本 1函2册 420.00元 7-5013-2308-9

寒山子诗集

（唐）释寒山子撰
宋刻本 1函1册 520.00元 7-5013-2387-9

李太白文集

（唐）李白撰
宋刻本 1函6册 2750.00元 7-5013-2257-0

韦苏州集

（唐）韦应物撰
宋刻本 1函3册 1400.00元 7-5013-2365-8

韦苏州集

（唐）韦应物撰
宋乾道七年平江府学刻递修本 1函3册
1540.00元 7-5013-2389-5

岑嘉州诗

（唐）岑参撰
宋刻本 1函1册 450.00元 7-5013-2346-1

杜工部集

（唐）杜甫撰
宋刻本 1函10册 3870.00元 7-5013-2649-5

分门集注杜工部诗

（唐）杜甫撰，（宋）王洙、赵次公等注
宋刻本 4函28册 7240.00元 7-5013-2225-2

杜工部草堂诗笺

（唐）杜甫撰，（宋）蔡梦弼笺注
宋刻本 2函17册 5870.00元 7-5013-3291-6

皇甫冉诗集

（唐）皇甫冉撰
宋刻本 1函1册 400.00元 7-5013-2356-9

陆宣公文集

（唐）陆贽撰
宋刻本 1函6册 1450.00元 7-5013-2483-2

王建诗集

（唐）王建撰
宋临安府陈解元宅刻本 1函4册
1000.00元 7-5013-2878-1

李长吉文集

（唐）李贺撰
宋刻本 1函1册 430.00元 7-5013-2390-9

昌黎先生集

（唐）韩愈撰，（宋）廖莹中校正
宋咸淳廖氏世彩堂刻本 2函32册
9400.00元 7-5013-2283-X

新刊经进详注昌黎先生文

（唐）韩愈撰，（宋）文谠注，（宋）王俦补注
宋刻本 2函21册 9200.00元 7-5013-2397-6

音注韩文公文集

（唐）韩愈撰，（宋）祝充音注
宋刻本 2函16册 4480.00元 7-5013-2366-6

昌黎先生集考异

（宋）朱熹撰
宋绍定二年张洽刻本 1函6册
1740.00元 7-5013-3287-8

昌黎先生文集

（唐）韩愈撰
宋刻本 1函16册 3890.00元 7-5013-3073-5

晦庵朱侍讲先生韩文考异

（宋）朱熹撰

宋刻本　1函8册　2000.00元　7-5013-3294-0

新刊五百家注音辩昌黎先生文集

(唐)韩愈撰,(宋)魏仲举辑注
宋庆元六年魏仲举家塾刻本　4函32册
9690.00元　7-5013-3101-4

河东先生集

(唐)柳宗元撰
宋咸淳廖氏世彩堂刻本　2函16册
9760.00元　7-5013-2235-X

五百家注音辩唐柳先生文集

(唐)柳宗元撰,(宋)童宗说、韩醇等注释,(宋)魏仲举辑
宋刻本　1函4册　1740.00元　7-5013-2333-X

刘梦得文集

(唐)刘禹锡撰
宋刻本　1函1册　380.00元　7-5013-3077-8

新刊元微之文集

(唐)元稹撰
宋刻本　1函3册　1530.00元　7-5013-2392-5

孟东野诗集

(唐)孟郊撰
宋刻本　1函4册　2210.00元　7-5013-2909-5

孟东野文集

(唐)孟郊撰
宋刻本　1函2册　500.00元　7-5013-3096-4

张文昌文集

(唐)张籍撰
宋刻本　1函1册　460.00元　7-5013-2391-7

白氏文集

(唐)白居易撰
宋刻本　2函10册　7250.00元　7-5013-2309-7

新刊权载之文集

(唐)权德舆撰
宋刻本　1函3册　1540.00元　7-5013-2394-1

皇甫持正文集

(唐)皇甫湜撰
宋刻本　1函1册　480.00元　7-5013-2335-6

姚少监诗集

(唐)姚合撰
宋刻本　1函1册　420.00元　7-5013-2347-X

周贺诗集

(唐)周贺撰
宋临安府陈宅书籍铺刻本　1函1册
260.00元　7-5013-1975-8

张承吉集

(唐)张祜撰
宋刻本　1函2册　770.00元　7-5013-2331-3

朱庆余诗集

(唐)朱庆余撰
宋临安府陈宅经籍铺刻本　1函1册
540.00元　7-5013-2022-5

许用晦文集

(唐)许浑撰
宋刻本　1函1册　730.00元　7-5013-2352-6

会昌一品制集

(唐)李德裕撰
宋刻本　1函2册　740.00元　7-5013-2632-0

孙可之文集

(唐)孙樵撰
宋刻本　1函2册　320.00元　7-5013-2038-1

司空表圣文集

(唐)司空图撰
宋刻本　1函2册　710.00元　7-5013-2310-0

唐女郎鱼玄机诗

（唐）鱼玄机撰
宋临安府陈宅书籍铺刻本　1函1册
490.00元　7-5013-2023-3

甲乙集

（唐）罗隐撰
宋临安陈宅经籍铺刻本　1函4册
950.00元　7-5013-2348-8

郑守愚文集

（唐）郑谷撰
宋刻本　1函1册　360.00元　7-5013-2000-4

杜荀鹤文集

（唐）杜荀鹤撰
宋刻本　1函4册　490.00元　7-5013-2639-8

唐求诗集

（唐）唐求撰
宋刻本　1函1册　200.00元　7-5013-2024-1

丁卯集

（唐）许浑撰
宋刻本　1函2册　710.00元　7-5013-2703-3

李丞相诗集

（南唐）李建勋撰
宋临安府陈宅书籍铺刻本　1函1册
340.00元　7-5013-2025-X

乖崖先生文集

（宋）张咏撰
宋咸淳五年伊赓崇阳县斋刻本　1函4册
1220.00元　7-5013-2510-3

王黄州小畜集

（宋）王禹偁撰
宋绍兴十七年黄州刻递修本　1函8册
3440.00元　7-5013-2376-3

钜鹿东观集

（宋）魏野撰
宋绍定元年严陵郡斋刻本　1函3册
720.00元　7-5013-2334-8

范文正公文集

（宋）范仲淹撰
北宋刻本　1函9册　3410.00元　7-5013-2282-1

莆阳居士蔡公文集

（宋）蔡襄撰
宋刻本　2函16册　5020.00元　7-5013-2484-0

庆元府雪窦明觉大师集

（宋）释重显撰
宋刻本　1函5册　990.00元　7-5013-2357-7

古灵先生文集

（宋）陈襄撰
宋绍兴三十一年陈辉刻本　2函10册
3730.00元　7-5013-2718-1

温国文正公文集

（宋）司马光撰
宋刻本　4函32册　9270.00元　7-5013-2487-5

赵清献公文集

（宋）赵抃撰
宋景定元年陈仁玉刻元明递修本　1函9册
3060.00元　7-5013-2336-4

曾南丰先生文粹

（宋）曾巩撰
宋刻本　1函4册　980.00元　7-5013-2381-X

宛陵先生文集

（宋）梅尧臣撰
宋绍兴十年汪伯彦刻嘉定十六年至十七年重修本　1函10册
3290.00元　7-5013-2635-5

欧阳文忠公集

(宋)欧阳修撰
宋庆元二年周必大刻本　3 函 46 册
24520.00 元　7-5013-2486-7

无为集

(宋)杨杰撰
宋绍兴十三年赵士□无为军刻递修本　1 函 4 册
1640.00 元　7-5013-2311-9

元公周先生濂溪集

(宋)周敦颐撰
宋刻本　2 函 20 册　5430.00 元　7-5013-2312-7

乐全先生文集

(宋)张方平撰
宋刻本　1 函 6 册　2580.00 元　7-5013-2337-2

嘉祐集

(宋)苏洵撰
宋刻本　1 函 4 册　1040.00 元　7-5013-2648-7

东莱标注老泉先生文集

(宋)苏洵撰,(宋)吕祖谦注
宋绍熙四年吴炎刻本　1 函 4 册
1000.00 元　7-5013-2349-6

临川先生文集

(宋)王安石撰
宋绍兴二十一年两浙西路转运司王珏刻元明递修本　2 函 20 册
9100.00 元　7-5013-2380-1

注东坡先生诗

(宋)苏轼撰,(宋)施元之、顾禧注
宋嘉泰淮东仓司刻本　1 函 6 册
1960.00 元　7-5013-2527-8

施顾注东坡先生诗

(宋)苏轼撰,(宋)施元之、顾禧注
宋嘉泰六年淮东仓司景定三年郑羽补刻本　5 函 34 册
11480.00 元　7-5013-2633-9

东坡集

(宋)苏轼撰
宋刻本　3 函 30 册　5980.00 元　7-5013-2303-8

东坡集

(宋)苏轼撰
宋刻本　1 函 10 册
2530.00 元　7-5013-2906-0

王状元集百家注分类东坡先生诗

(宋)苏轼撰,(宋)王十朋纂集
宋建安黄善夫家塾刻本　2 函 12 册
5860.00 元　7-5013-2378-X

栾城集

(宋)苏辙撰
宋刻递修本　1 函 10 册
2730.00 元　7-5013-2399-2

类编增广黄先生大全文集

(宋)黄庭坚撰
宋乾道麻沙镇水南刘仲吉宅刻本　2 函 16 册
4130.00 元　7-5013-3059-X

山谷诗注

(宋)黄庭坚撰,(宋)任渊注
宋绍定五年黄埒刻本　1 函 4 册
990.00 元　7-5013-2332-1

后山居士文集

(宋)陈师道撰
宋刻本　2 函 20 册
3770.00 元　7-5013-2313-5

后山诗注

(宋)陈师道撰,(宋)任渊注
宋刻本　1 函 7 册
1650.00 元　7-5013-2314-3

淮海集

(宋)秦观撰
宋乾道九年高邮军学刻绍兴三年谢雩重修本　1 函

10 册
3880.00 元　7-5013-2315-1

参寥子诗集

（宋）释道潜撰，（宋）释法颖辑
宋刻本　1 函 4 册　970.00 元　7-5013-2350-X

宝晋山林集拾遗

（宋）米芾撰
宋嘉泰元年筠阳郡斋刻本　1 函 10 册
1880.00 元　7-5013-2339-9

青山集

（宋）郭祥正撰
宋刻本　1 函 10 册　2870.00 元　7-5013-2485-9

倚松老人诗集

（宋）饶节撰
宋庆元五年黄汝嘉重刻本　1 函 1 册
380.00 元　7-5013-2691-6

唐先生文集

（宋）唐庚撰
宋刻本　1 函 4 册　1790.00 元　7-5013-2383-6

梁溪先生文集

（宋）李纲撰
宋刻本　2 函 20 册　4190.00 元　7-5013-2640-1

孙尚书大全文集

（宋）孙觌撰
宋刻本　1 函 4 册　1560.00 元　7-5013-2385-2

李学士新注孙尚书内简尺牍

（宋）孙觌撰，（宋）李祖尧注
宋蔡氏家塾刻本　1 函 4 册
1310.00 元　7-5013-2665-7

东莱先生诗集

（宋）吕本中撰
宋庆元五年黄汝嘉刻江西诗派本　1 函 2 册
650.00 元　7-5013-3302-5

横浦先生文集

（宋）张九成撰
宋刻本　1 函 12 册　2910.00 元　7-5013-2340-2

新刊嵩山居士文集

（宋）晁公朔撰
宋乾道四年嘉州刻本　1 函 13 册
2780.00 元　7-5013-2644-4

侍郎葛公归愚集

（宋）葛立方撰
宋刻本　1 函 4 册　640.00 元　7-5013-2628-2

于湖居士文集

（宋）张孝祥撰
清影宋抄本　1 函 12 册　3800.00 元　7-5013-3270-3

晦庵先生文集

（宋）朱熹撰
宋刻本　8 函 64 册　38290.00 元　7-5013-2330-5

晦庵先生朱文公文集

（宋）朱熹撰
宋咸淳元年建安书院刻宋元明递修本　16 函 128 册
44110.00 元　7-5013-3058-1

东莱吕太史文集

（宋）吕祖谦辑
宋嘉泰四年吕乔年刻元明递修本　2 函 30 册
9250.00 元　7-5013-2369-0

会稽三赋

（宋）王十朋撰，（宋）周世则、史铸注
宋刻元修本　1 函 2 册　460.00 元　7-5013-2511-1

颐堂先生文集

（宋）王灼撰
宋乾道八年王抚干宅刻本　1 函 2 册
600.00 元　7-5013-3285-1

攻媿先生文集

(宋)楼钥撰
宋四明楼氏家刻本　8函48册
18920.00元　7-5013-2907-9

义丰文集

(宋)王阮撰
宋淳祐三年王旦刻本　1函1册
570.00元　7-5013-2341-0

盘洲文集

(宋)洪适撰
宋刻本　2函32册　8320.00元　7-5013-2373-9

诚斋先生集

(宋)杨万里撰
宋淳熙绍熙间刻本　4函22册
5720.00元　7-5013-2382-8

新刊剑南诗稿

(宋)陆游撰
宋淳熙十四年严州郡斋刻本　1函10册
1900.00元　7-5013-2051-9

放翁先生剑南诗稿

(宋)陆游撰
宋刻本　1函6册　2090.00元　7-5013-2259-7

渭南文集

(宋)陆游撰
宋嘉定十三年陆子□溧阳学宫刻本　2函12册
6120.00元　7-5013-2371-2

重校鹤山先生大全文集

(唐)魏了翁撰
宋开庆元年刻本　4函32册
12880.00元　7-5013-2386-0

梅亭先生四六标准

(宋)李刘撰
宋刻本　2函12册　5410.00元　7-5013-2505-7

友林乙藁

(宋)史弥宁撰
宋嘉定刻本　1函1册　540.00元　7-5013-2342-9

后村居士集

(宋)刘克庄撰
宋刻本　2函10册　7310.00元　7-5013-2528-6

后村先生大全诗集

(宋)刘克庄撰
宋刻本　1函4册　990.00元　7-5013-2645-2

棠湖诗稿

(宋)岳珂撰
宋临安府陈宅书籍铺刻本　1函1册
200.00元　7-5013-3340-8

北磵文集

(宋)释居简撰
宋崔尚书宅刻本　1函4册
1240.00元　7-5013-2351-8

芸居乙稿

(宋)陈起撰
清初毛氏汲古阁影宋抄本　1函1册
180.00元　7-5013-3275-4

亚愚江浙纪行集句诗

(宋)释绍嵩撰
清初毛氏汲古阁影宋抄本　1函3册
730.00元　7-5013-3273-8

无文印

(宋)释道璨撰
宋咸淳九年刻本　1函6册
2310.00元　7-5013-3051-4

四家四六

(宋)方大琮等撰
宋刻本　1函6册　1430.00元　7-5013-2506-5

文选

（南朝梁）萧统辑，（唐）李善注
北宋刻递修本 3 函 14 册
3630.00 元 7-5013-3086-7

文选

（南朝梁）萧统辑，（唐）李善注
宋淳熙八年池阳郡斋刻本 3 函 30 册
13730.00 元 7-5013-2245-7

文选

（南朝梁）萧统辑，（唐）李善等注
宋刻本 4 函 60 册 18020.00 元 7-5013-2246-5

文选双字类要

题（宋）苏易简撰
宋淳熙八年池阳郡斋刻邵熙三年重修本 1 函 2 册
1120.00 元 7-5013-2646-0

文苑英华

（宋）李昉等辑
宋嘉泰元年至四年周必大刻本 4 函 13 册
16610.00 元 7-5013-3055-7

文苑英华纂要

（宋）高似孙辑
宋刻元修本 1 函 8 册 2920.00 元 7-5013-2512-X

古文苑

宋刻本 1 函 6 册
1360.00 元 7-5013-3069-7

古文苑

（宋）章樵注
宋端平三年常州军刻淳祐六年盛如杞重修本 1 函 10 册
2510.00 元 7-5013-2343-7

乐府诗集

（宋）郭茂倩辑
宋刻本 4 函 24 册 9060.00 元 7-5013-2374-7

古今绝句

（宋）吴说辑
宋刻本 1 函 6 册 1110.00 元 7-5013-2504-9

增注东莱吕成公古文关键

（宋）吕祖谦辑，（宋）蔡文子注
宋刻本 1 函 4 册 980.00 元 7-5013-2490-5

续增历代奏议丽泽集文

宋刻本 1 函 4 册
1780.00 元 7-5013-2395-X

新刻诸儒批点古文集成前集

（宋）王霆震辑
宋刻本 2 函 16 册 4650.00 元 7-5013-2925-7

应氏类编西汉文章

宋刻本 1 函 8 册
2460.00 元 7-5013-2493-X

文粹

（宋）姚铉辑
宋绍兴九年临安府刻本 3 函 21 册
9260.00 元 7-5013-2398-4

河岳英灵集

（唐）殷璠辑
宋刻本 1 函 2 册 970.00 元 7-5013-1968-5

才调集

（后蜀）韦縠辑
宋临安府陈宅经籍铺刻本 1 函 5 册
2010.00 元 7-5013-2702-5

唐僧弘秀集

（宋）李龏辑
宋刻本 1 函 2 册 790.00 元 7-5013-3029-8

圣宋文选全集

宋刻本 1 函 10 册
2910.00 元 7-5013-3289-4

王荆公唐百家诗选

(宋)王安石辑
宋刻本 1函5册 1250.00元 7-5013-2638-X

新刊国朝二百家名贤文粹

宋庆元三年书隐斋刻本 6函60册
18570.00元 7-5013-2916-8

新刊国朝二百家名贤文粹

宋庆元三年书隐斋刻本 1函1册
770.00元 7-5013-3271-1

新刊国朝二百家名贤文粹

宋庆元三年书隐斋刻本 1函2册
300.00元 7-5013-3021-2

皇朝文鉴

(宋)吕祖谦辑
宋嘉泰四年新安郡斋刻本 8函64册
24920.00元 7-5013-3050-6

皇朝文鉴

(宋)吕祖谦辑
宋麻沙刘将仕宅刻本 6函40册
17220.00元 7-5013-2941-9

圣宋名贤五百家播芳大全文粹

(宋)魏齐贤、叶棻辑
宋刻本 3函40册 11520.00元 7-5013-3074-3

崑山杂咏

(宋)龚昱辑
宋开禧三年昆山县斋刻本 1函3册
640.00元 7-5013-2502-2

窦氏联珠集

(唐)窦常等撰
宋淳熙五年王崧刻本 1函1册
400.00元 7-5013-2503-0

三苏先生文粹

(宋)苏洵、苏轼、苏辙撰
宋婺州吴宅桂堂刻王宅桂堂修补印本 1函12册
4840.00元 7-5013-2370-4

重广眉山三苏先生文集

(宋)苏洵、苏轼、苏辙撰
宋绍兴三十年饶州德兴县银山庄溪董应梦集古堂刻本
4函24册
3810.00元 7-5013-2939-7

东莱标注三苏文集

(宋)苏洵、苏轼、苏辙撰,(宋)吕祖谦辑
宋刻本 1函9册 3490.00元 7-5013-2515-4

云庄四六余话

(宋)杨囦道撰
宋刻本 1函2册 440.00元 7-5013-2524-3

韵语阳秋

(宋)葛立方撰
宋刻本 1函4册 1240.00元 7-5013-2651-7

渔隐丛话前集

(宋)胡仔辑
宋刻本 1函6册 2360.00元 7-5013-2500-6

苕溪渔隐丛话后集

(宋)胡仔辑
宋刻本 2函19册 2980.00元 7-5013-2930-3

东山词

(宋)贺铸撰
宋刻本 1函1册 270.00元 7-5013-2522-7

详注周美成词片玉集

(宋)周邦彦撰,(宋)陈元龙集注
宋刻本 1函2册 940.00元 7-5013-2513-8

芦川词

(宋)张元幹撰

宋刻本　1函2册　760.00元　7-5013-2514-6

花间集

(后蜀)赵崇祚辑
宋刻递修公文纸印本　1函2册
590.00元　7-5013-2048-9

花间集

(后蜀)赵崇祚辑
宋绍兴十八年建康郡斋刻本　1函4册
2070.00元　7-5013-2396-8

中兴以来绝妙词选

(宋)黄升辑
宋淳祐九年刘诚甫刻本　1函4册
1370.00元　7-5013-2010-1

百川学海

(宋)左圭编
宋刻本　10函60册　15620.00元　7-5013-2540-5

十三经注疏

元刻明修本　21函106册
68850.00元　7-5013-3288-6

魁本大字详音句读周易

元至正十二年梅隐书堂刻本　1函2册
410.00元　7-5013-2497-2

周易

(魏)王弼、(晋)韩康伯注,(唐)陆德明释文
元相台岳氏荆溪家塾刻本　1函4册
1170.00元　7-5013-2050-0

伊川程先生周易经传

(宋)程颐撰
元刻本　1函8册　3320.00元　7-5013-2489-1

晦庵朱文公易说

(宋)朱熹撰,(宋)朱鉴辑
元刻本　2函16册　4740.00元　7-5013-2501-4

周易程朱传义音训

(宋)程颐、朱熹撰,(宋)吕祖谦音训
元至正六年虞氏务本堂刻本　1函8册
1840.00元　7-5013-2492-1

周易程朱先生传义附录

(宋)董楷撰
元延祐二年圆沙书院刻本　2函8册
3200.00元　7-5013-2494-8

程朱二先生周易传义

(宋)程颐、朱熹撰
元至元二年碧湾书堂刻本　1函6册
1870.00元　7-5013-3308-4

东谷郑先生易翼传

(宋)郑汝谐撰
元大德十一年庐陵学官刻本　1函2册
760.00元　7-5013-2499-9

易学启蒙通释

(宋)胡方平撰
元刻明修本　1函2册　1120.00元　7-5013-2889-7

周易象义

(宋)丁易东撰
元刻本　2函16册　5250.00元　7-5013-2495-6

周易本义启蒙翼传

(元)胡一桂撰
元刻本　1函3册　1920.00元　7-5013-2654-1

易纂言外翼

(元)吴澄撰
元刻本　1函6册　2320.00元　7-5013-2517-0

周易系辞述

(元)保八撰
元刻本　1函1册　650.00元　7-5013-2519-7

周易本义集成

(元)熊良辅撰

元刻明修本　1 函 7 册　2170.00 元　7-5013-2891-9

学易记

(元)李简撰

元刻本　2 函 15 册　4200.00 元　7-5013-3083-2

周易经传集程朱解附录纂注

(元)董真卿撰

元刻本　3 函 16 册　6130.00 元　7-5013-2537-5

周易经义

(元)涂溍生撰

元刻本　1 函 1 册　330.00 元　7-5013-2530-8

周易郑康成注

(宋)王应麟撰

元至元六年庆元路儒学刻本　1 函 1 册

250.00 元　7-5013-3312-2

尚书注疏

题(汉)孔安国、(唐)孔颖达撰,(唐)陆德明释文

蒙古刻本　1 函 8 册

2320.00 元　7-5013-2539-1

书集传

(宋)蔡沈撰,(元)邹季友音释

元至正十一年德星书堂刻本　1 函 7 册

2130.00 元　7-5013-2896-X

书集传

(宋)陈大猷撰

元刻本　2 函 12 册

3520.00 元　7-5013-2521-9

书集传辑录纂注

(元)董鼎撰

元延祐五年建安余氏勤有堂刻本　1 函 10 册

3570.00 元　7-5013-3076-X

朱子订定蔡氏书集传

(元)董鼎辑录纂注

元刻本　1 函 6 册　2180.00 元　7-5013-3327-0

尚书通考

(元)黄镇成撰

元至正刻本　1 函 5 册　2030.00 元　7-5013-2496-4

书义矜式

(元)王充耘撰

元刻本　1 函 3 册　1170.00 元　7-5013-3110-3

直音傍训尚书句解

(元)朱祖义撰

元敏德书堂刻本　1 函 6 册

1160.00 元　7-5013-2520-0

详音句读明本大字毛诗

元至正二十七年盱南孙氏刻本　1 函 4 册

1030.00 元　7-5013-2538-3

魁本大字详音句读毛诗

元刻本　1 函 1 册

640.00 元　7-5013-3306-8

附释音毛诗注疏

(汉)毛苌、郑玄、(唐)孔颖达撰,(唐)陆德明音义

元刻明修本　2 函 16 册　9760.00 元　7-5013-3102-2

诗集传

(宋)朱熹撰

元刻本　1 函 8 册　1670.00 元　7-5013-2498-0

诗童子问

(宋)辅广撰

元至正三年建安余志安勤有堂刻本　2 函 6 册

3460.00 元　7-5013-2681-9

诗集传附录纂疏

(元)胡一桂撰

元泰定四年建安刘君优翠岩精舍刻本　2 函 8 册

3480.00 元　7-5013-2566-9

诗集传通释

（元）刘瑾撰
元至正十二年建安刘氏日新书堂刻本　2 函 10 册
5180.00 元　7-5013-2531-6

明经题断诗义矜式

（元）林泉生撰
元刻本　1 函 2 册　970.00 元　7-5013-3070-0

诗经疑问

（元）朱倬撰
元至正七年建安书林刘锦文刻本　1 函 1 册
570.00 元　7-5013-2041-1

直音傍训毛诗句解

（元）李公凯撰
元刻本　1 函 6 册　1570.00 元　7-5013-2565-0

诗经旁注

元罗祖禹刻本　1 函 8 册
1640.00 元　7-5013-2885-4

诗经旁注

元罗祖禹刻本　1 函 4 册
1640.00 元　7-5013-2637-1

诗集传名物钞音释纂辑

（元）罗复撰
元至正十一年双桂书堂刻本　1 函 6 册
2200.00 元　7-5013-3068-9

诗外传

（汉）韩婴撰
元至正十五年嘉兴路儒学刻明修本　1 函 4 册
1160.00 元　7-5013-3259-2

韩鲁齐三家诗考

（宋）王应麟辑
元刻本　1 函 1 册　410.00 元　7-5013-3304-1

诗考

（宋）王应麟撰
元至元六年庆元路儒学刻本　1 函 1 册
470.00 元　7-5013-3321-1

诗地理考

（宋）王应麟撰
元至元六年庆元路儒学刻本　1 函 4 册
1160.00 元　7-5013-3320-3

周礼

（汉）郑玄注，（唐）陆德明释文
金刻本　1 函 6 册　1850.00 元　7-5013-2567-7

仪礼集说

（元）敖继公撰
元大德刻明修本　3 函 24 册
6600.00 元　7-5013-2518-9

礼记纂言

（元）吴澄撰
元元统二年吴尚等刻本　4 函 36 册
13060.00 元　7-5013-2715-7

礼记集说

（元）陈澔撰
元天历元年建安郑明德宅刻本　1 函 7 册
3340.00 元　7-5013-2933-8

大戴礼记

（汉）戴德撰，（北周）卢辩注
元至正十四年嘉兴路儒学刻本　1 函 4 册
1110.00 元　7-5013-2554-5

践阼篇集解

（宋）王应麟撰
元至元六年庆元路儒学刻明初修本　1 函 1 册
120.00 元　7-5013-3324-6

礼书

（宋）陈祥道撰
元至正七年福州路儒学刻明修本　2 函 32 册

7960.00 元　7-5013-3307-6

文公家礼集注

(宋)杨复、刘垓孙撰
元刻本　1 函 4 册　1240.00 元　7-5013-2890-0

五服图解

(元)龚端礼撰
元泰定元年杭州路儒学刻本　1 函 1 册
400.00 元　7-5013-2553-7

春秋经传集解

(晋)杜预撰,(唐)陆德明释文
元相台岳氏荆溪家塾刻本　5 函 32 册
10010.00 元　7-5013-2236-8

音注全文春秋括例始末左传句读直解

(宋)林尧叟撰
元刻明修本　2 函 16 册
5800.00 元　7-5013-3295-9

精选东莱先生左氏博议句解

(宋)吕祖谦撰
元刻本　1 函 4 册　760.00 元　7-5013-2563-4

春秋诸传会通

(元)李廉撰
元至正十一年虞氏明复斋刻本　2 函 10 册
4290.00 元　7-5013-2532-4

春秋诸传会通

(元)李廉撰
元至正十一年虞氏明复斋刻本　2 函 12 册
4320.00 元　7-5013-3297-5

增入音注括例始末胡文定公春秋传

(宋)林尧叟标注
元刻本　2 函 20 册　5060.00 元　7-5013-3265-7

春秋纂言

(元)吴澄撰
元刻本　4 函 16 册　7440.00 元　7-5013-2533-2

春秋诸国统纪

(元)齐履谦撰
元延祐刻本　1 函 2 册　1060.00 元　7-5013-3046-8

春秋师说

(元)赵汸撰
元至正二十四年休宁商山义塾刻明弘治六年高忠重修本　1 函 1 册
600.00 元　7-5013-3310-6

春秋属辞

(元)赵汸撰
元至正二十四年休宁商山义塾刻明弘治六年高忠重修本　1 函 4 册
2510.00 元　7-5013-3305-X

春秋师说·春秋属辞·春秋左氏传补注

(宋)赵汸撰
元至正二十年至二十四年休宁商山义塾刻明弘治六年高忠重修本　1 函 12 册
3760.00 元　7-5013-2723-8

春秋胡氏传纂疏

(元)汪克宽撰
元至正八年建安刘叔简日新堂刻本　4 函 32 册
8570.00 元　7-5013-3080-8

孝经

(唐)李隆基注,(唐)陆德明音
元相台岳氏荆溪家塾刻本　1 函 1 册
140.00 元　7-5013-1988-X

孝经注疏

(唐)李隆基注,(宋)邢昺疏
元泰定三年刻本　1 函 1 册
560.00 元　7-5013-2551-0

论语集解

(魏)何晏撰,(唐)陆德明释文
元岳氏荆溪家塾刻本　1 函 2 册
940.00 元　7-5013-2562-6

魁本大字详音句读孟子

元广阳罗氏刻本　1 函 3 册
980.00 元　7-5013-3281-9

四书章句集注

(宋)朱熹撰
元刻本　2 函 10 册　5250.00 元　7-5013-2692-4

四书章句集注

(宋)朱熹撰
元至正二十二年武林沈氏尚德堂刻本　1 函 8 册
2920.00 元　7-5013-3329-7

读四书丛说

(元)许谦撰
元刻本　1 函 6 册　1690.00 元　7-5013-2556-1

四书通证

(元)张存中撰
元刻本　1 函 4 册　920.00 元　7-5013-2550-2

四书经疑问对

(元)董彝撰
元至正十一年同文堂刻本　1 函 2 册
610.00 元　7-5013-2548-0

乐书

(宋)陈旸撰
元至正七年福州路儒学刻明修本　8 函 40 册
8590.00 元　7-5013-2529-4

九经直音

(宋)孙奕撰
元刻本　1 函 4 册　910.00 元　7-5013-2552-9

新编十一经问对

(元)何异孙撰
元刻本　1 函 2 册　730.00 元　7-5013-3060-3

尔雅

(晋)郭璞注
元雪窗书院刻本　1 函 1 册
470.00 元　7-5013-3082-4

尔雅

(晋)郭璞注
元刻本　1 函 3 册　880.00 元　7-5013-2846-3

尔雅

(宋)郑樵注
元刻本　1 函 3 册　480.00 元　7-5013-3099-9

说文解字韵谱

(南唐)徐锴撰
元延祐三年种善堂刻本　1 函 5 册
1530.00 元　7-5013-2549-9

大广益会玉篇

(南朝梁)顾野王撰,(唐)孙强增字,(宋)陈彭年等重修
元延祐二年圆沙书院刻本　1 函 6 册
1850.00 元　7-5013-2561-8

复古编

(宋)张有撰
元至正六年吴志淳好古斋刻本　1 函 2 册
730.00 元　7-5013-2547-2

新修絫音引证群籍玉篇

(金)邢准撰
金刻本　1 函 12 册　3880.00 元　7-5013-2535-9

六书统

(元)杨桓撰
元至大元年江浙行省儒学刻元明递修本　2 函 14 册
6130.00 元　7-5013-3274-6

六书统溯原

(元)杨桓撰
元至大元年江浙行省儒学刻元明递修本　1 函 6 册
4220.00 元　7-5013-2525-1

说文字原

(元)周伯琦撰

元至正十五年高德基等刻公文纸印本　1 函 1 册
530.00 元　7-5013-2569-3

六书正讹

(元)周伯琦撰
元至正十五年高德基等刻本　1 函 5 册
1620.00 元　7-5013-2682-7

汉隶分韵

元刻本　1 函 2 册
1470.00 元　7-5013-2570-7

广韵

元泰定二年圆沙书院刻本　1 函 5 册
1500.00 元　7-5013-3016-6

广韵

(宋)陈彭年等撰
元刻本　1 函 2 册　1550.00 元　7-5013-2568-5

韵补

(宋)吴棫撰
元刻本　1 函 5 册　970.00 元　7-5013-2555-3

增修互注礼部韵略

(宋)毛晃增注,(宋)毛居正重增
元至正十五年日新书堂刻明修本　1 函 10 册
2550.00 元　7-5013-2688-6

魁本足注释疑韵宝

元刻本　1 函 3 册
840.00 元　7-5013-3332-7

古今韵会举要

(宋)黄公绍辑,(元)熊忠举要
元刻本　2 函 32 册　7760.00 元　7-5013-2894-3

书学正韵

(元)杨桓撰
元刻明修本　4 函 24 册
12200.00 元　7-5013-3036-0

史记

(汉)司马迁撰,(南朝宋)裴骃集解,(唐)司马贞索隐
蒙古中统二年段子成刻明修本　4 函 24 册
9920.00 元　7-5013-3258-4

史记

(汉)司马迁撰,(南朝宋)裴骃集解,(唐)司马贞索隐,(唐)张守节正义
元至元二十五年彭寅翁崇道精舍刻本　8 函 48 册
17280.00 元　7-5013-2887-0

通志

(宋)郑樵撰
元大德三山郡庠刻元明递修明弘治公文纸印本　28 函 120 册
110560.00 元　7-5013-3106-5

北史

(唐)李延寿撰
元大德信州路儒学刻明嘉靖元年修本　6 函 48 册
21470.00 元　7-5013-3326-2

五代史记

(宋)欧阳修撰,(宋)徐无党注
元宗文书院刻明修本　3 函 20 册
6090.00 元　7-5013-3254-1

汉书

(汉)班固撰,(唐)颜师古注
元大德九年太平路儒学刻明成化正德递修本　4 函 22 册
22200.00 元　7-5013-2897-8

后汉书

(南朝宋)范晔、(晋)司马彪撰,(唐)李贤、(南朝梁)刘昭注
元大德九年宁国路儒学刻明成化递修本　6 函 50 册
17930.00 元　7-5013-2564-2

三国志

(晋)陈寿撰,(南朝宋)裴松之注
元大德十年池州路儒学刻本　1 函 3 册
960.00 元　7-5013-3272-X

宋史

（元）脱脱等撰
元至正六年江浙等处行中书省刻本　7 函 63 册
20710.00 元　7-5013-2577-4

金史

（元）脱脱等撰
元至正五年江浙等处行中书省刻本　4 函 40 册
7920.00 元　7-5013-2697-5

资治通鉴

（宋）司马光撰
元至元二十六年至二十八年魏天祐刻本　3 函 26 册
9580.00 元　7-5013-3264-9

通鉴释文辩误

（元）胡三省撰
元刻本　1 函 6 册　2110.00 元　7-5013-2666-5

重新校正集注附音资治通鉴外纪

（宋）刘恕撰
元刻本　1 函 2 册　350.00 元　7-5013-2228-7

少微家塾点校附音通鉴节要

（宋）江贽撰
元至治元年赵氏钟秀家塾刻本　2 函 16 册
5060.00 元　7-5013-3328-9

增节标目音注精议资治通鉴

题（宋）吕祖谦辑
蒙古宪宗三年至五年张宅晦明轩刻本　5 函 50 册
14890.00 元　7-5013-2673-8

资治通鉴纲目

（宋）朱熹撰
元至元二十四年詹光祖月崖堂刻本　3 函 30 册
17860.00 元　7-5013-2696-7

蜀汉本末

（元）赵居信撰
元至正十一年建宁路建安书院刻本　1 函 3 册
1390.00 元　7-5013-2509-X

续资治通鉴

题（宋）李焘撰，（宋）刘时举撰
元云衢张氏刻本　3 函 16 册
3640.00 元　7-5013-2674-6

续资治通鉴

（宋）刘时举撰
元陈氏余庆堂刻本　1 函 6 册
1600.00 元　7-5013-2705-X

续资治通鉴

题（宋）李焘撰
元陈氏余庆堂刻本　1 函 4 册
3000.00 元　7-5013-3105-7

通鉴答问

（宋）王应麟撰
元至元六年庆元路儒学刻本　1 函 5 册
1320.00 元　7-5013-3316-5

宋季三朝政要

元皇庆元年陈氏余庆堂刻本　1 函 2 册
600.00 元　7-5013-2690-8

宋季三朝政要

元至治三年张氏刻本　1 函 1 册
520.00 元　7-5013-3309-2

宋史全文续资治通鉴

元刻本　4 函 32 册
11120.00 元　7-5013-3335-1

汲冢周书

（晋）孔晁注
元至正十四年嘉兴路儒学刻本　1 函 4 册
860.00 元　7-5013-2669-X

周书王会补注

（宋）王应麟撰
元至元六年庆元路儒学刻明初修本　1 函 1 册
320.00 元　7-5013-2668-1

战国策

(汉)刘向编,(宋)鲍彪校注
元至正二十五年平江路儒学刻明修本 2函12册
4300.00元 7-5013-2223-6

吴越春秋

(汉)赵晔撰,(元)徐天祜音注
元大德十年绍兴路儒学刻明修本 1函6册
1200.00元 7-5013-2670-3

契丹国志

(宋)叶隆礼撰
元刻本 1函6册 1520.00元 7-5013-2667-3

两汉诏令

(宋)林虙、楼昉辑
元至正九年苏天爵刻明修本 1函6册
2190.00元 7-5013-2689-4

注陆宣公奏议

(唐)陆贽撰,(宋)郎晔注
元至正十四年刘氏翠岩精舍刻本 1函8册
1590.00元 7-5013-2672-X

翠微先生北征录

(宋)华岳撰
元抄本 1函3册
1000.00元 7-5013-2675-4

运使复斋郭公言行录

(元)徐东撰
元至顺刻本 1函2册 1230.00元 7-5013-3098-0

皇朝名臣续碑传琬琰录

(宋)杜大珪辑
据杨氏枫江书屋藏元刻本影印 1函10册
2080.00元 7-5013-3339-4

孔氏祖庭广记

(金)孔元措撰
蒙古乃马真后元年孔氏刻本 1函5册
1450.00元 7-5013-2676-2

[至正]金陵新志

(元)张铉纂修
元至正四年集庆路儒学溧阳州学溧水州学刻本
3函22册 10000.00元 7-5013-3323-8

幽兰居士东京梦华录

(宋)孟元老撰
元刻本 1函1册 370.00元 7-5013-2027-6

茅山志

(元)刘大彬撰
元刻本 1函4册 2320.00元 7-5013-2671-1

三辅黄图

元致和元年余氏勤有堂刻本 1函4册
410.00元 7-5013-1974-X/K436

牧民忠告·经进风宪忠告·庙堂忠告

(元)张养浩撰
元刻本 1函2册 620.00元 7-5013-2854-4

新入诸儒议论杜氏通典详节

元至元二十三年刻本 2函13册
4130.00元 7-5013-3260-6

文献通考

(元)马端临撰
元泰定元年西湖书院刻本 12函101册
50380.00元 7-5013-2865-X

故唐律疏议

(唐)长孙无忌等撰,佚名释文
元余志安勤有堂刻本 2函12册
4860.00元 7-5013-2843-9

至大重修宣和博古图录

(宋)王黼等撰
元刻本 3函15册 10240.00元 7-5013-2858-7

通鉴总类

(宋)沈枢辑

元至正二十三年吴郡庠刻本　4 函 40 册
11610.00 元　7-5013-2284-8

十七史纂古今通要

（元）胡一桂撰
元刻本　1 函 10 册　2420.00 元　7-5013-2056-X

新增音义释文古今历代十八史略

（元）曾先之撰
元刻本　1 函 2 册　970.00 元　7-5013-2938-9

汉艺文志考证

（宋）王应麟撰
元至元六年庆元路儒学刻本　1 函 5 册
1430.00 元　7-5013-3317-3

通鉴地理通释

（宋）王应麟撰
元至元六年庆元路儒学刻本　1 函 11 册
2830.00 元　7-5013-3318-1

汉制考

（宋）王应麟撰
元至元六年庆元路儒学刻本　1 函 3 册
860.00 元　7-5013-3314-9

新编孔子家语句解

元至正二十七年清泉刘祥卿家刻本　1 函 2 册
640.00 元　7-5013-2055-1

校正刘向说苑

（汉）刘向撰
元大德七年云谦刻本　1 函 4 册
2230.00 元　7-5013-2683-5

周子通书训义

（元）保八撰
元刻本　1 函 1 册　280.00 元　7-5013-2660-6

近思录集解

（宋）叶采撰
元刻明修本　2 函 8 册　2220.00 元　7-5013-3100-6

小学书

（宋）朱熹撰，（宋）何士信辑
元刻本　1 函 2 册　410.00 元　7-5013-2701-7

类编标注文公先生经济文衡

（宋）滕珙辑
元泰定元年梅溪书院刻本　3 函 18 册
4740.00 元　7-5013-3066-2

朱子成书

（元）黄瑞节辑
元至正元年日新书堂刻本　2 函 11 册
3530.00 元　7-5013-2857-9

潜室陈先生木钟集

（宋）陈埴撰
元吴氏友于堂刻本　1 函 4 册
1770.00 元　7-5013-3081-6

慈溪黄氏日抄分类古今纪要

（宋）黄震撰
元后至元三年刻本　8 函 80 册
29310.00 元　7-5013-2708-4

棠阴比事

（宋）桂万荣撰
元刻本　1 函 1 册　360.00 元　7-5013-3023-9

刑统赋

（宋）付霖撰，（元）郄□韵释
元建安余氏勤有堂刻本　1 函 1 册
310.00 元　7-5013-3057-3

宋提刑洗冤集录

（宋）宋慈撰
元刻本　1 函 1 册　350.00 元　7-5013-2917-6

吏学指南

（元）徐元瑞撰
元刻本　1 函 2 册　470.00 元　7-5013-2655-X

农桑辑要

（元）司农司撰
元后至元五年刻明修本　1函4册
1810.00元　7-5013-2714-9

黄帝内经素问

（唐）王冰注，（宋）林亿等校正，（宋）孙兆改误
金刻本　1函5册　1320.00元　7-5013-2661-4

新刊黄帝内经素问

（唐）王冰注，（宋）林亿等校正，（宋）孙兆改误
元读书堂刻本　2函16册
4940.00元　7-5013-3280-0

新刊补注释文黄帝内经素问

（唐）王冰注，（宋）林亿等校正，（宋）孙兆改误
元至元五年胡氏古林书堂刻本　1函6册
2680.00元　7-5013-3279-7

新刊素问入式运气论奥

（宋）刘温舒撰
元至元五年胡氏古林书堂刻本　1函2册
760.00元　7-5013-3255-X

新刊黄帝内经灵枢

元至元五年胡氏古林书堂刻至元六年印本　1函3册
920.00元　7-5013-2844-7

重修政和经史证类备用本草

（宋）唐慎微撰，（宋）寇宗奭衍义
蒙古定宗四年张存惠晦明轩刻本　2函24册
8830.00元　7-5013-2659-2

本草衍义

（宋）寇宗奭撰
元刻本　1函4册　990.00元　7-5013-3067-0

新刊王氏脉经

（晋）王叔和撰，（宋）林亿等校定
元天历三年广勤书堂刻本　1函4册
1410.00元　7-5013-2662-2

伤寒论注解

（金）成无己撰
元至正二十五年西园余氏刻本　1函4册
1050.00元　7-5013-3024-7

张仲景注解伤寒百证歌

（宋）许叔微撰
元刻本　1函3册　790.00元　7-5013-2658-4

新刊河间刘守真伤寒直格

（金）刘完素撰，（元）葛□编校
元天历元年建安翠严精舍刻本　1函1册
380.00元　7-5013-3018-2

新编金匮方论

（汉）张机撰，（晋）王叔和辑，（宋）林亿等诠次
元刻本　1函2册　700.00元　7-5013-3022-0

重刊巢氏诸病源候总论

（隋）巢元芳撰
元刻本　1函16册　3680.00元　7-5013-2636-3

重刊孙真人备急千金要方

（唐）孙思邈撰
元刻本　4函32册　9220.00元　7-5013-2663-0

太平惠民和剂局方

（宋）陈师文等撰
元至正二十六年高氏日新堂刻本　2函6册
2520.00元　7-5013-3253-3

济生拔粹方

（元）杜思敬编
元刻本　2函12册　4090.00元　7-5013-3257-6

永类钤方

（元）李仲南撰
元至顺刻本　2函12册　3300.00元　7-5013-2679-7

世医得效方

（元）危亦林撰

元至正五年陈志刻本　2函12册
7400.00元　7-5013-2934-6

新编妇人大全良方

(宋)陈自明撰
元勤有书堂刻本　1函12册
3970.00元　7-5013-2402-6

针灸四书

(南唐)何若愚等撰
元至大刻本　1函3册　1040.00元　7-5013-2855-2

六经天文编

(宋)王应麟撰
元至元六年庆元路儒学刻本　1函3册
1160.00元　7-5013-3315-7

增注周易神应六亲百章海底眼前集后集

(宋)王鼒撰,(宋)何侁重编
元刻本　1函1册　280.00元　7-5013-2677-0

玉灵聚义

(元)陆森撰
元天历平江路刻本　1函5册
1450.00元　7-5013-2912-5

新雕注疏珞琭子三命消息赋

(宋)李仝注,(宋)东方明疏
金刻本　1函1册　310.00元　7-5013-2657-6

新编历法集成

(元)何士泰辑
元刻本　1函2册　800.00元　7-5013-2656-8

图绘宝鉴

(元)夏文彦撰
元至正二十六年刻本　1函4册
1090.00元　7-5013-2707-6

古迂陈氏家塾尹文子

(战国)尹文撰
元陈仁子刻本　1函1册　260.00元　7-5013-1965-0

吕氏春秋

(汉)高诱注
元至正嘉兴路儒学刻本　1函8册
3080.00元　7-5013-3334-3

吕氏春秋

(汉)高诱注
元至正嘉禾学宫刻明补修本　1函6册
3070.00元　7-5013-2699-1

白虎通德论

(汉)班固撰
元大德九年无锡州学刻本　1函4册
1350.00元　7-5013-2717-3

白虎通

(汉)班固撰
元刻本　1函2册　710.00元　7-5013-3263-0

风俗通义

(汉)应劭撰
元大德九年无锡州学刻本　1函5册
1190.00元　7-5013-2716-5

颜氏家训

(北齐)颜之推撰
元刻本　1函3册　820.00元　7-5013-2704-1

古迂陈氏家藏梦溪笔谈

(宋)沈括撰
元大德九年陈仁子东山书院刻本　1函6册
2380.00元　7-5013-2401-8

闲居录

(元)吾衍撰
元至正十八年孙道明抄本　1函1册
260.00元　7-5013-2721-1

新刊履斋示儿编

(宋)孙奕撰
元刘氏学礼堂刻本　1函12册
2420.00元　7-5013-2722-X

困学纪闻

(宋)王应麟撰
元泰定二年庆元路儒学刻本 2函16册
3490.00元 7-5013-2726-2

新编连相搜神广记

(元)秦子晋撰
元刻本 1函2册 540.00元 7-5013-2853-6

湖海新闻夷坚续志前集

元碧山精舍刻本 1函1册
840.00元 7-5013-2400-X

新刊分类江湖纪闻

(元)郭霄凤撰
元刻本 1函2册 360.00元 7-5013-2852-8

新编古今事文类聚

(宋)祝穆、(元)富大用辑
元泰定三年庐陵武溪书院刻本 10函66册
36370.00元 7-5013-2727-0

山堂先生群书考索

(宋)章如愚辑
元延祐七年圆沙书院刻本 8函80册
22360.00元 7-5013-3041-7

纂图增新群书类要事林广记

(宋)陈元靓辑
元后至元六年郑氏积诚堂刻本 2函10册
4130.00元 7-5013-2936-2

新笺决科古今源流至论

(宋)林駉撰
元延祐四年圆沙书院刻本 2函20册
4880.00元 7-5013-2864-1

玉海辞学指南

(宋)王应麟撰
元至元六年庆元路儒学刻本 11函68册
31440.00元 7-5013-3311-4

小学绀珠

(宋)王应麟撰
元至元六年庆元路儒学刻本 1函10册
3290.00元 7-5013-3322-X

姓氏急就篇

(宋)王应麟撰
元至元六年庆元路儒学刻本 1函3册
840.00元 7-5013-3313-0

急就篇补注

(宋)王应麟撰
元至元六年庆元路儒学刻本 1函4册
1400.00元 7-5013-3319-X

新编通用启札截江网

元刻本 1函6册
1420.00元 7-5013-2863-3

新编诏诰章表机要

(金)郭明如辑
金刻本 1函3册
470.00元 7-5013-3296-7

新增说文韵府群玉

(元)阴时夫辑,(元)阴中夫注
元大德刻本 4函20册
7540.00元 7-5013-2720-3

新编排韵增广事类氏族大全

元刻本 1函5册
1920.00元 7-5013-3038-7

新编事文类聚启札云锦

元刻本 2函16册 9700.00元 7-5013-2942-7

重刊增广门类换易新联诗学拦江网

元刻本 2函14册 2770.00元 7-5013-2935-4

联新事备诗学大成

(元)林桢辑

元刻本　2 函 12 册　3630.00 元　7-5013-3337-8

新编类意集解诸子琼林

（元）苏应龙辑
元刻本　2 函 16 册　4960.00 元　7-5013-2872-2

汉唐事笺对策机要

（元）朱礼撰
元至正六年日新堂刻本　1 函 10 册
1860.00 元　7-5013-2849-8

诗学集成押韵渊海

（元）严毅辑
元至元六年蔡氏梅轩刻本　2 函 10 册
5220.00 元　7-5013-3298-3

群书钩玄

（元）高耻传辑
元刻明修本　1 函 2 册　1200.00 元　7-5013-2706-8

新编事文类要启札青钱后集

元刻本　1 函 3 册
640.00 元　7-5013-3019-0

金刚般若波罗蜜经

（后秦）释鸠摩罗什译，（元）释思聪注
二十世纪七十年代影印元至正元年刘觉广江陵刊经所刻朱墨套印本　1 函 1 册
860.00 元　7-5013-3108-1

观音偈・邛山偈

金刻本　1 函 1 册　210.00 元　7-5013-3276-2

佛祖历代通载

（元）释念常撰
元至正七年释念常募刻本　2 函 20 册
7520.00 元　7-5013-2888-9

释氏稽古略

（元）释觉岸撰
元刻明修本　1 函 8 册　2520.00 元　7-5013-3299-1

大元至元辨伪录

（元）释祥迈撰
元刻本　1 函 4 册　740.00 元　7-5013-1992-8

老子鬳斋口义

（宋）林希逸撰
元刻本　1 函 2 册　600.00 元　7-5013-2874-9

道德会元

（元）李道纯撰
元至元二十七年刻本　1 函 1 册
380.00 元　7-5013-2719-X

纂图互注南华真经

（晋）郭象注，（唐）陆德明音义
元刻本　1 函 5 册　2160.00 元　7-5013-2908-7

列子鬳斋口义

（宋）林希逸撰
元初刻本　1 函 4 册　1230.00 元　7-5013-2926-5

太上感应篇

（宋）李昌龄传，（宋）郑清之赞
元刻本　1 函 4 册　2040.00 元　7-5013-2875-7

太清风露经

（题）无住真人撰
蒙古太宗九年至乃马真后三年宋德方等刻《道藏》本
1 函 1 册
80.00 元　7-5013-2217-1

笺注陶渊明集

（晋）陶潜撰，（宋）汤汉等笺注
元刻本　1 函 4 册　1310.00 元　7-5013-2061-6

分类补注李太白诗

（唐）李白撰，（宋）杨齐贤集注，（元）萧士赟补注
元建安余氏勤有堂刻本　2 函 8 册
3400.00 元　7-5013-2053-5

须溪先生校本唐王右丞集

(唐)王维撰,(宋)刘辰翁评点
元刻本 1函2册 880.00元 7-5013-2873-0

杜工部草堂诗笺

(唐)杜甫撰,(宋)蔡梦弼笺注
元刻本 4函32册 6280.00元 7-5013-2678-9

黄氏补千家注纪年杜工部诗史

(唐)杜甫撰,(宋)黄希、黄鹤补注
元至元二十四年詹光祖月崖书堂刻本 2函18册
7230.00元 7-5013-3278-9

须溪先生校本韦苏州集

(唐)韦应物撰,(宋)刘辰翁评估
据杨氏枫江书屋藏元刻本影印 1函8册
1600.00元 7-5013-3338-6

唐陆宣公集

(唐)陆贽撰
元刻本 1函12册 3190.00元 7-5013-2892-7

朱文公校昌黎先生文集

(唐)韩愈撰,(宋)朱熹考异,(宋)王伯大音释
元至元十八年日新书堂刻本 2函14册
4560.00元 7-5013-3277-0

歌诗编

(唐)李贺撰
蒙古宪宗六年赵衍刻本 1函2册
800.00元 7-5013-1964-2

增广音注唐郢州刺史丁卯诗集

(唐)许浑撰,(元)祝德子订正
元刻本 1函4册 970.00元 7-5013-2851-X

范文正公集

(宋)范仲淹、范纯仁、范纯粹撰
元天历至正间褒贤世家家塾岁寒堂刻本 2函16册
6180.00元 7-5013-3292-4

南丰曾子固先生集

(宋)曾巩撰
金刻本 1函6册 1370.00元 7-5013-2876-5

元丰类稿

(宋)曾巩撰
元大德八年丁思敬刻本 2函24册
6090.00元 7-5013-3268-1

节孝先生文集

(宋)徐积撰
元刻明修本 1函9册 2980.00元 7-5013-2913-3

范忠宣公文集

(宋)范纯仁撰
元刻明修本 1函10册 2460.00元 7-5013-2724-6

王荆文公诗笺注

(宋)王安石撰,(宋)李壁笺注
元大德五年王常刻本 2函20册
7020.00元 7-5013-2224-4

王状元集百家注分类东坡先生诗

(宋)苏轼撰,(宋)王十朋纂集,(宋)刘辰翁批点
元建安熊氏刻本 4函28册
7770.00元 7-5013-2886-2

东坡先生往还尺牍

(宋)苏轼撰
元刻本 1函2册 700.00元 7-5013-2847-1

山谷黄先生大全诗注

(宋)黄庭坚撰,(宋)任渊注
元刻本 1函6册 2370.00元 7-5013-2693-2

山谷老人刀笔

(宋)黄庭坚撰
元刻本 1函10册 1900.00元 7-5013-3013-1

后山诗注

(宋)陈师道撰,(宋)任渊注

元刻本 1函4册 2660.00元 7-5013-2860-9

简斋诗外集

(宋)陈与义撰
元抄本 1函1册 290.00元 7-5013-2850-1

增广笺注简斋诗集

(宋)陈与义撰,(宋)胡稚笺注
元刻本 1函6册 2120.00元 7-5013-2861-7

新刊李学士新注孙尚书内简尺牍

(宋)孙觌撰,(宋)李祖尧注
元刻本 1函4册 1220.00元 7-5013-2848-X

豫章罗先生文集

(宋)罗从彦撰
元至正二十五年豫章书院刻本 1函4册
1280.00元 7-5013-3293-2

朱文公大同集

(宋)朱熹撰,(宋)陈利用辑
元至正十二年都璋刻明修本 1函2册
570.00元 7-5013-2862-5

批点分类诚斋先生文脍前集后集

(宋)杨万里撰,(宋)李诚父辑
元刻本 2函8册
3070.00元 7-5013-3014-X

勉斋先生黄文肃公文集

(宋)黄干撰
元刻延祐二年重修本 6函40册
9060.00元 7-5013-2898-6

琼琯白玉蟾上清集

(宋)葛长庚撰
元建安余氏静庵刻本 1函2册
540.00元 7-5013-2694-0

方是闲居士小藁

(宋)刘学箕撰
元至正二十年屏山书院刻本 1函2册
1100.00元 7-5013-2695-9

栖霞长春子丘神仙磻溪集

(金)丘处机撰
金刻本 1函3册
1030.00元 7-5013-2899-4

知常先生云山集

(元)姬志真撰
元延祐六年李怀素刻本 1函3册
1200.00元 7-5013-2900-1

张文忠公文集

(元)张养浩撰
元至正十四年刻本 2函10册
3440.00元 7-5013-2910-9

赵子昂诗集

(元)赵孟頫撰
元至正元年虞氏务本堂刻本 1函2册
580.00元 7-5013-1998-7

�溪牧潜集

(元)释圆至撰
元大德刻本 1函1册
580.00元 7-5013-2902-8

静修先生文集

(元)刘因撰
元至顺元年宗文堂刻本 1函8册
1700.00元 7-5013-3075-1

存悔斋诗

(元)龚璛撰
元至正五年俞桢抄本 1函1册
460.00元 7-5013-2901-X

汉泉曹文贞公诗集

(元)曹伯启撰
元后至元四年曹复亨刻本 1函4册
1580.00元 7-5013-3094-8

清容居士集

(元)袁桷撰
元刻本 2函32册 11480.00元 7-5013-2845-5

蒲室集

(元)释大䜣撰
元至元刻本 1函8册 3300.00元 7-5013-2904-4

梅花字字香

(元)郭豫亨撰
元至大刻本 1函1册 520.00元 7-5013-1994-4

石田先生文集

(元)马祖常撰
元至元五年扬州路儒学刻本 1函10册
3170.00元 7-5013-3048-4

雍虞先生道园类稿

(元)虞集撰
元刻本 6函36册 13640.00元 7-5013-3042-5

道园遗稿

(元)虞集撰
元至正十四年金伯祥刻本 1函3册
1200.00元 7-5013-3015-8

伯生诗续编

(元)虞集撰
元至元六年刘氏日新堂刻本 1函2册
490.00元 7-5013-2903-6

范德机诗集

(元)范梈撰
元后至元六年益友书堂刻本 1函4册
920.00元 7-5013-3330-0

畴斋文稿

(元)张仲寿撰
稿本 1函1册 160.00元 7-5013-2880-3

揭曼硕诗集

(元)揭傒斯撰
元至元六年日新堂刻本 1函2册
560.00元 7-5013-2871-4

渊颖吴先生集

(元)吴莱撰
元末刻本 1函4册 1980.00元 7-5013-2919-2

金华黄先生文集

(元)黄溍撰
元刻本 2函20册 7230.00元 7-5013-2698-3

柳待制文集

(元)柳贯撰
元至正十年余阙浦江刻明永乐四年柳贵补修本 2函
14册
4390.00元 7-5013-2686-X

顺斋先生闲居丛稿

(元)蒲道源撰
元至正十年刻本 2函12册
4610.00元 7-5013-2710-6

陈众仲文集

(元)陈旅撰
元至正刻明修本 1函6册
2480.00元 7-5013-2866-8

师山先生文集

(元)郑玉撰
元至正刻明修本 1函2册
870.00元 7-5013-2870-6

梧溪集

(元)王逢撰
元至正明洪武间刻景泰七年陈敏政重修本 1函6册
2610.00元 7-5013-2893-5

梅花百咏

(元)韦珪撰
元至正刻本 1函1册 280.00元 7-5013-2879-X

新刊丽则遗音古赋程式

(元)杨维桢撰
元刻本 1函1册 360.00元 7-5013-2867-6

乐府诗集

(宋)郭茂倩辑
元至正元年集庆路儒学刻明修本 4函32册
11020.00元 7-5013-3256-8

古乐府

(元)左克明辑
元至正刻明修本 1函4册
2080.00元 7-5013-2928-1

三圣诗

(唐)释寒山子等撰
元刻本 1函1册 260.00元 7-5013-2924-9

迂斋先生标注崇古文诀

(宋)楼昉辑
元刻本 1函12册 3420.00元 7-5013-3026-3

文章正宗

(宋)真德秀辑
元刻明修本 2函28册 10080.00元 7-5013-3035-2

东涧先生妙绝今古文选

(宋)汤汉辑
元刻本 1函4册 1090.00元 7-5013-2895-1

叠山先生批点文章轨范

(宋)谢枋得辑
元刻本 1函2册 1000.00元 7-5013-2868-4

类编层澜文选

元云坡家塾刻本 1函4册
3840.00元 7-5013-2700-9

中州集

(金)元好问辑
元至大三年曹氏进德斋刻递修本 1函6册
2730.00元 7-5013-3027-1

皇元风雅

(元)傅习、孙存吾辑
元刻本 1函4册 830.00元 7-5013-2883-8

皇元风雅后集

(元)孙存吾辑
元李氏建安书堂刻本 1函2册
810.00元 7-5013-2882-X

皇元风雅

(元)蒋易辑
元建阳张氏梅溪书院刻本 1函8册
3360.00元 7-5013-2884-6

国朝风雅

(元)蒋易辑
元刻本 1函4册 870.00元 7-5013-3031-X

国朝文类

(元)苏天爵辑
元至元至正间西湖书院刻明修本 3函36册
12410.00元 7-5013-3333-5

文心雕龙

(南朝梁)刘勰撰
元至正十五年刻明修本 1函2册
900.00元 7-5013-2687-8

叶先生诗话

(宋)叶梦得撰
元陈仁子刻本 1函3册 400.00元 7-5013-2869-2

诗人玉屑

(宋)魏庆之辑
元刻本 1函5册 3550.00元 7-5013-2932-X

修辞鉴衡

(元)王构辑
元至顺四年集庆路儒学刻本 1函2册
450.00元 7-5013-2712-2

作义要诀科场备用书义断法

(元)倪士毅撰
元刻本 1函1册 680.00元 7-5013-2931-1

东坡乐府

(宋)苏轼撰
元延祐七年叶辰南阜书堂刻本 1函2册
680.00元 7-5013-2921-4

稼轩长短句

(宋)辛弃疾撰
元大德三年广信书院刻本 1函4册
1350.00元 7-5013-2052-7

萧闲老人明秀集注

(金)蔡松年撰,(金)魏道明注
金刻本 1函1册 400.00元 7-5013-2881-1

精选名儒草堂诗余

(题)凤林书院辑
元刻本 1函3册 670.00元 7-5013-3261-4

刘知远诸宫调

金刻本 1函1册
360.00元 7-5013-2923-0

朝野新声太平乐府

(元)杨朝英辑
元刻本 1函4册 1010.00元 7-5013-2922-2

乐府新编阳春白雪

(元)杨朝英辑
元刻本 1函2册 960.00元 7-5013-3111-1

古今杂剧

元刻本 1函8册 1730.00元 7-5013-2927-3

梨园按试乐府新声

元刻本 1函1册 340.00元 7-5013-3028-X

皇明祖训

(明)朱元璋撰
明洪武礼部刻本 1函1册
620.00元 7-5013-1984-7

今言

(明)郑晓撰
明嘉靖四十五年项笃寿刻本 1函3册
1860.00元 7-5013-1986-3

刘子

(北齐)刘昼撰,(唐)袁孝政注,(明)孙鑛评
明末刻本 1函4册 950.00元 7-5013-3030-1

耕余剩技

(明)程宗猷撰
明万历四十二年天启元年程禹迹等刻本 1函4册
1060.00元 7-5013-1990-1

世说新语

(南朝宋)刘义庆撰,(南朝梁)刘孝标注,(宋)刘辰翁、刘应登、(明)王世懋点评
明凌瀛初刻四色套印本 1函8册
3480.00元 7-5013-2367-4

孙子参同

(明)闵于忱辑
明万历四十八年闵于忱松筠馆刻朱墨套印本 1函6册
2820.00元 7-5013-1983-9

吴姬百媚

明万历贮花斋刻本 1函2册
860.00元 7-5013-1977-4

盐铁论

(汉)桓宽撰
明弘治十四年涂桢刻本 1函2册
840.00元 7-5013-1972-3

阳山顾氏文房小说

(明)顾元庆编

明正德嘉靖间顾元庆刻本 4函20册
5510.00元 7-5013-2364-X

李卓吾先生批评忠义水浒传

(元)施耐庵撰,(明)李贽评
明容与堂刻本 8函46册
13670.00元 7-5013-2363-1

梁昭明太子文集

(南朝梁)萧统撰
明嘉靖三十四年周满刻本 1函2册
590.00元 7-5013-2361-5

卢照邻诗

(唐)卢照邻撰
明活字印本 1函1册 270.00元 7-5013-1970-7

新刻考订按鉴通俗演义全像三国志传

(明)罗本撰
明天启三年黄正甫刻本 2函8册
4050.00元 7-5013-2368-2

王勃诗

(唐)王勃撰
明活字印本 1函1册 260.00元 7-5013-2002-0

新校注古本西厢记

(元)王德信撰,(明)王骥德校注
明万历四十二年王氏香雪居刻本 2函8册
2620.00元 7-5013-2360-7

玉台新咏

(南朝陈)徐陵撰 明崇祯六年赵均刻本 1函4册
680.00元 7-5013-2362-3

太平山水图画

(清)萧云从绘
清顺治五年褱古堂刻本 1函1册
830.00元 7-5013-2021-7

云自在龛随笔

(清)缪荃孙撰
清稿本 1函4册 1460.00元 7-5013-1980-4

昌黎先生诗集注

(唐)韩愈撰,(清)顾嗣立删补
清康熙三十八年顾氏秀野草堂刻本 1函6册
1680.00元 7-5013-1978-2

风筝误传奇

(清)李渔撰
清翼圣堂刻笠翁传奇十种本 1函4册
930.00元 7-5013-1995-2

古夫于亭稿

(清)王士祯撰
清康熙四十六年林佶写刻本 1函1册
290.00元 7-5013-1979-0

绝妙好词

(宋)周密辑
清初毛氏汲古阁抄本 1函2册
930.00元 7-5013-2230-9

吕晚村先生文集

(清)吕留良撰
清雍正三年吕氏天盖楼刻本 1函4册
2430.00元 7-5013-2026-8

秣陵春传奇

(清)吴伟业撰
清初刻本 1函2册 1060.00元 7-5013-1989-8

秦楼月

(清)朱隺撰
清康熙文喜堂刻本 1函2册
1110.00元 7-5013-1981-2

庆赏昇平

清彩绘本 1函1册 880.00元 7-5013-2536-7

曲波园传奇

(清)徐士俊撰
清初徐氏曲波园刻本 1函4册

1260.00 元　7-5013-1966-9

一笠庵新编占花魁传奇

(清)李玉撰
清初萃锦堂刻本　1 函 2 册
620.00 元　7-5013-2037-3

御制圆明园诗

(清)高宗弘历撰,(清)鄂尔泰、张廷玉注
清乾隆武英殿刻套印本　1 函 2 册
1030.00 元　7-5013-2013-6

中华再造善本续编

春秋国华

（明）严讷辑
明万历活字印本　2 函 12 册　5700.00 元
978-7-5013-3342-4

难经本义

（元）滑寿撰
明薛己刻万历十八年南京太医院重修本　1 函 2 册
1340.00 元　978-7-5013-4932-6

蚓窍集·全庵记

（明）管时敏撰，（明）丁鹤年评，（明）周子冶撰
明永乐元年楚藩刻本（四库底本）　1 函 2 册
850.00 元　978-7-5013-4933-3

孝经列传

（明）胡时化编集
明万历刻本　1 函 5 册
1440.00 元　978-7-5013-3343-1

读易余言

（明）崔铣撰
明崔氏家塾刻本　1 函 4 册
1320.00 元　978-7-5013-3344-8

毛诗正变指南图·诗经金丹汇考·诗经难字题

（明）顾起元撰
明版筑居刻朱墨套印本　1 函 1 册
500.00 元　978-7-5013-5201-2

诗外传

（汉）韩婴撰
明沈氏野竹斋刻本　1 函 6 册
1680.00 元　978-7-5013-3345-5

周礼

（汉）郑玄注
明嘉靖吴郡徐氏刻三礼本　1 函 12 册
3480.00 元　978-7-5013-3346-2

仪礼

（汉）郑玄注
明嘉靖吴郡徐氏刻三礼本　2 函 12 册
3000.00 元　978-7-5013-3347-9

大明一统志

（明）李贤、万安等纂修
明天顺五年内府刻本　6 函 60 册
21730.00 元　978-7-5013-3348-6

重续千字文

（宋）葛刚正撰并篆注
清影宋抄本　1 函 2 册　570.00 元
978-7-5013-4096-5

鲍氏集

（南朝宋）鲍照撰
清初毛氏汲古阁影宋抄本　1 函 2 册
860.00 元　978-7-5013-4097-2

字鉴

(元)李文仲编
清初毛氏汲古阁影元抄本　1函2册
840.00元　978-7-5013-4098-9

班马字类补遗

(宋)李曾伯撰
清初毛氏汲古阁影宋抄本　1函5册
1860.00元　978-7-5013-4099-6

五经文字

(唐)张参撰
清初席氏酿华草堂影宋抄本　1函3册
710.00元　978-7-5013-4100-9

楚辞

(汉)王逸章句,(宋)洪兴祖补注
清初毛氏汲古阁刻本　1函8册
2840.00元　978-7-5013-4101-6

高常侍集

(唐)高适撰
清初影宋抄本　1函2册
800.00元　978-7-5013-4102-3

鸡肋编

(宋)庄季裕撰
清初影抄元抄本　1函3册
1000.00元　978-7-5013-4103-0

武经七书

清影宋抄本　1函4册
1330.00元　978-7-5013-4104-7

小学五书

(宋)张时举编
清初毛氏汲古阁影宋抄本　1函1册
340.00元　978-7-5013-4105-4

高昌馆译书

清初刻本　1函1册　820.00元　978-7-5013-4106-1

郑学十八种

(汉)郑玄撰,(清)孔广林辑
清抄本　1函6册　3840.00元　978-7-5013-4107-8

高昌馆课

明抄本　1函4册　2070.00元　978-7-5013-4108-5

汗简

(宋)郭忠恕撰
明弘光元年冯舒抄本　1函3册
820.00元　978-7-5013-4109-2

大元圣政国朝典章

清影元抄本　4函24册
10610.00元　978-7-5013-4110-8

雕菰楼易学

(清)焦循撰
稿本　2函14册　7590.00元　978-7-5013-4111-5

春秋存俟

(明)余光、余飏撰
明弘光元年文来阁刻本　1函6册
4360.00元　978-7-5013-4112-2

元史

(明)宋濂等撰
明洪武三年内府刻本　12函60册
44150.00元　978-7-5013-5282-1

西番译语

清初刻本　1函1册　840.00元　978-7-5013-4113-9

六艺论

(汉)郑玄撰,(清)陈鳣辑
清乾隆四十九年陈氏裕德堂刻本　1函1册
90.00元　978-7-5013-4114-6

回回馆译语

清初刻本　1函1册　920.00元　978-7-5013-4115-3

唐宋诸贤绝妙词选

（宋）黄升辑
清初毛氏汲古阁影宋抄本　1 函 1 册
520.00 元　978-7-5013-4116-0

通雅

（清）方以智撰
清康熙五年姚氏浮山此藏轩刻本　4 函 16 册
11110.00 元　978-7-5013-4117-7

毛诗稽古编

（清）陈启源撰
清抄本　2 函 6 册　4550.00 元　978-7-5013-4118-4

李群玉诗集

（唐）李群玉撰
清道光四年黄氏士礼居影宋抄本　1 函 2 册
560.00 元　978-7-5013-4119-1

碧云集

（南唐）李中撰
清道光四年黄氏士礼居影宋抄本　1 函 2 册
640.00 元　978-7-5013-4120-7

唐秦隐君诗集

（唐）秦系撰
清影宋抄本　1 函 1 册
110.00 元　978-7-5013-4121-4

台阁集

（唐）李嘉祐撰
清初影元抄本　1 函 1 册
240.00 元　978-7-5013-4122-1

剪绡集

（宋）李龏撰
清初毛氏汲古阁影宋抄本　1 函 1 册
250.00 元　978-7-5013-4123-8

梅花衲

（宋）李龏撰
清初毛氏汲古阁影宋抄本　1 函 1 册
300.00 元　978-7-5013-4124-5

虚斋乐府

（宋）赵以夫撰
清初毛氏汲古阁影宋抄本　1 函 1 册
270.00 元　978-7-5013-4125-2

酒边词

（宋）向子諲撰
清光绪十四年汪□刻宋名家词本　1 函 1 册
690.00 元　978-7-5013-4126-9

唐中兴间气集

（唐）高仲武辑
清初毛氏汲古阁影宋抄本　1 函 1 册
350.00 元　978-7-5013-4127-6

大明会典

（明）徐溥等纂修
明正德六年司礼监刻本　9 函 50 册
27290.00 元　978-7-5013-4128-3

黑鞑事略

（宋）彭大雅撰，（宋）徐霆疏证
明嘉靖二十一年抄本　1 函 1 册
160.00 元　978-7-5013-4129-0

新刊真楷大字全号缙绅便览

明万历十二年北京铁匠胡同叶铺刻蓝印本　1 函 1 册
320.00 元　978-7-5013-4130-6

殿阁词林记

（明）廖道南撰
明嘉靖刻本　2 函 8 册
4280.00 元　978-7-5013-4131-3

建文朝野汇编

（明）屠叔方撰
明万历刻本　2 函 11 册
6800.00 元　978-7-5013-4132-0

新刊金文靖公前北征录·新刊杨文敏公后北征记

(明)金幼孜、(明)杨荣撰
明弘治十七年刘氏安正堂刻本 1函1册
360.00元 978-7-5013-4133-7

汴京遗迹志

(明)李濂撰
明嘉靖二十五年自刻本 1函8册
3870.00元 978-7-5013-4134-4

西湖游览志

(明)田汝成撰
明嘉靖二十六年严宽刻本 2函10册
7640.00元 978-7-5013-4135-1

皇明职方两京十三省地图表

(明)陈组绶撰
明崇祯九年刻本 1函3册
2390.00元 978-7-5013-4136-8

吴中水利通志

明嘉靖三年锡山安国铜活字印本 1函6册
1980.00元 978-7-5013-4137-5

河防一览

(明)潘季驯撰
明万历十八年自刻本 2函8册
7010.00元 978-7-5013-4138-2

职方外纪

(意大利)艾儒略增译,(明)杨廷筠记
明天启刻本 1函3册 930.00元
978-7-5013-4139-9

海国闻见录

(清)陈伦炯撰
清乾隆刻本 1函1册
630.00元 978-7-5013-4140-5

[乾隆]西藏志

(清)允礼撰
清抄本 1函2册 720.00元 978-7-5013-4141-2

西夏书

(清)周春撰
清抄本 1函2册 890.00元 978-7-5013-4142-9

蜀中广记

(明)曹学佺撰
明刻本 6函43册 24660.00元 978-7-5013-5111-4

宣和奉使高丽图经

(宋)徐兢撰
明抄本 1函2册 1370.00元 978-7-5013-4143-6

籀史

(宋)翟耆年撰
清刘氏味经书屋抄本 1函1册
340.00元 978-7-5013-4144-3

金辽备考

题(清)林佶撰
清抄本 1函1册 570.00元 978-7-5013-4145-0

南陵无双谱

(清)金古良撰并绘
清康熙刻本 1函1册
390.00元 978-7-5013-4146-7

历代宅京记

(清)顾炎武撰
清抄本 1函8册 2300.00元 978-7-5013-4147-4

史记考证

(清)杭世骏撰
清抄本 1函4册 1310.00元 978-7-5013-4148-1

元朝秘史

清抄本 1函4册 2380.00元 978-7-5013-4149-8

宝刻类编

清鲍氏知不足斋抄本 1函4册

1670.00 元　978-7-5013-4151-1

四译馆考

（清）江蘩辑
清康熙刻本　1 函 2 册
930.00 元　978-7-5013-4152-8

脂砚斋重评石头记

（清）曹霑撰，（清）脂砚斋主人评
清抄本　4 函 12 册　9600.00 元　978-7-5013-5109-1

[景泰]云南图经志书

（明）郑颙、陈文纂修
明景泰刻本　1 函 5 册
2970.00 元　978-7-5013-4153-5

大明集礼

（明）徐一夔、梁寅等纂修
明嘉靖九年内府刻本　6 函 36 册
18870.00 元　978-7-5013-4154-2

履巉岩本草

题（宋）琅琊默庵撰
明抄彩绘本　1 函 3 册
3840.00 元　978-7-5013-5281-4

[弘治]贵州图经新志

（明）赵瓒、王佐纂修
明刻本　1 函 5 册　3020.00 元　978-7-5013-4155-9

漕运通志

（明）谢纯撰
明嘉靖七年杨宏刻本　1 函 8 册
3320.00 元　978-7-5013-4156-6

内府舆地全图

清康熙刻本　1 函 8 册
2990.00 元　978-7-5013-4157-3

远西奇器图说录最

（瑞士）邓玉函口授，（明）王征译绘
明崇祯元年武位中刻本　1 函 6 册
1600.00 元　978-7-5013-4150-4

大唐开元礼

（唐）萧嵩等撰
清抄本　4 函 20 册　11360.00 元　978-7-5013-4158-0

申鉴

（汉）荀悦撰
明嘉靖十二年张惟恕刻本　1 函 1 册
300.00 元　978-7-5013-4159-7

德藻堂诗集

（清）曹溶撰
稿本　1 函 1 册　250.00 元　978-7-5013-4944-9

六朝事迹编类

（宋）张敦颐撰
清初冯知十家抄本　1 函 2 册
1460.00 元　978-7-5013-4160-3

六部纂修条例

明抄本　3 函 14 册　11010.00 元　978-7-5013-5317-0

诸葛孔明心书

题（蜀）诸葛亮撰
明正德十二年韩袭芳铜活字印本　1 函 1 册
500.00 元　978-7-5013-4947-0

墨子

明嘉靖三十一年芝城铜活字蓝印本　1 函 2 册
1400.00 元　978-7-5013-4161-0

凌烟阁图

（清）刘源绘
清康熙七年柱笏堂刻本　1 函 1 册
380.00 元　978-7-5013-4162-7

洛阳伽蓝记

（北魏）杨衒之撰
明末毛氏绿君亭刻本　1 函 2 册
1030.00 元　978-7-5013-4163-4

淮南鸿烈解

(汉)刘安撰,(汉)许慎、高诱注
明万历八年茅一桂刻本(四库底本) 2函12册
3930.00元 978-7-5013-4164-1

新编分类夷坚志

(宋)洪迈撰,(宋)叶祖荣辑
明嘉靖二十五年洪楩清平山堂刻本 2函10册
4930.00元 978-7-5013-4165-8

书法钩玄

(元)苏霖撰
明嘉靖三十六年严嵩刻本 1函2册
840.00元 978-7-5013-4166-5

珊瑚木难

(明)朱存理辑
稿本 1函4册 1790.00元 978-7-5013-4167-2

圣政记

(明)宋濂撰
明抄本 2函10册 6760.00元 978-7-5013-4949-4

集古印谱

(明)顾从德辑
明隆庆刻钤印本 2函12册
8330.00元 978-7-5013-4945-6

司马法集解

(明)阎禹锡辑
明弘治元年邢表刻本 1函2册
680.00元 978-7-5013-4168-9

宝刻丛编

(宋)陈思辑
清抄本 2函9册 5240.00元 978-7-5013-4169-6

逊志斋集

(明)方孝孺撰
明成化十六年郭绅刻本 3函24册
11740.00元 978-7-5013-4946-3

天工开物

(明)宋应星著
明崇祯十年自刻本 1函6册
1840.00元 978-7-5013-4170-2

翰苑群书

(宋)洪遵辑
明抄本 1函6册 1140.00元 978-7-5013-4171-9

读书录

(明)薛瑄撰
明嘉靖三十四年沈维藩刻本 1函16册
3760.00元 978-7-5013-4172-6

辽史拾遗

(清)厉鹗撰
清抄本 2函6册 4100.00元 978-7-5013-4173-3

赖古堂印谱

(清)周亮工辑
清康熙六年周氏赖古堂钤印本 1函8册
3700.00元 978-7-5013-4179-5

龙溪王先生全集

(明)王畿撰
明万历十五年萧良干刻本 3函10册
9610.00元 978-7-5013-5283-8

金丹正理大全

明嘉靖十七年周藩刻本 4函24册
13180.00元 978-7-5013-5316-3

寰宇通志

(明)陈循、彭时等纂修
明景泰刻本 8函40册 24560.00元
978-7-5013-5284-5

安雅堂诗

(清)宋琬撰
稿本 1函4册 3120.00元 978-7-5013-4951-7

简学斋诗

（清）陈沆撰

手稿本　1函1册　630.00元　978-7-5013-4952-4

佛说摩利支天菩萨经

（唐）释不空、（元）释法天译

明永乐元年郑和刻本　1函1册

170.00元　978-7-5013-4180-1

中兴馆阁录

（宋）陈骙撰

清钱氏潜研堂抄本　1函8册

3370.00元　978-7-5013-4939-5

瑶琨谱

（清）姜绍书撰

清初姜氏韵石斋刻本　1函2册

530.00元　978-7-5013-4181-8

龙筋凤髓判

（唐）张鷟撰

明弘治十七年沈津刻本　1函2册

730.00元　978-7-5013-4182-5

印存玄览

（明）胡正言篆刻并辑

清顺治十七年胡氏蒂古堂刻本　1函2册

920.00元　978-7-5013-4183-2

南宋院画录

（清）厉鹗撰

清乾隆二十八年鲍氏知不足斋抄本　1函4册

1850.00元　978-7-5013-4184-9

类篇

（宋）司马光等撰

清初毛氏汲古阁影宋抄本　3函22册

11160.00元　978-7-5013-4953-1

商君书新校正

（清）严万里撰

清严可均抄本　1函1册

410.00元　978-7-5013-4185-6

历代长术辑要

（清）汪曰桢撰

稿本　1函12册　3720.00元　978-7-5013-4186-3

奕薮

（明）苏之轼编辑

明天启二年自刻三色套印本　1函8册

2780.00元　978-7-5013-4187-0

黄梨洲先生明夷待访录

（清）黄宗羲撰

清初刻本　1函1册　440.00元　978-7-5013-4188-7

九经古义

（清）惠栋撰

清乾隆潮阳县署刻本　1函2册

2000.00元　978-7-5013-4954-8

使黔杂记

（清）翁同书撰

稿本　1函1册　260.00元　978-7-5013-4189-4

阳关三叠

（清）俞宗撰

清乾隆桐园草堂刻本　1函1册

310.00元　978-7-5013-4190-0

校补金石例四种

（清）李瑶编

清道光十二年李瑶泥活字印本　1函10册

3470.00元　978-7-5013-5315-6

古歙山川图

（清）吴逸绘

清乾隆阮溪水香园刻本　1函1册

320.00元　978-7-5013-4191-7

绘事发微

（清）唐岱撰

清康熙刻本　1函1册

430.00 元　978-7-5013-4192-4

读画录

(清)周亮工撰
清康熙十二年周氏烟云过眼堂刻本　1 函 1 册
920.00 元　978-7-5013-4193-1

茅亭客话

(宋)黄休复撰
清穴研斋抄本　1 函 2 册
640.00 元　978-7-5013-4194-8

茶余客话

(清)阮葵生撰
稿本　2 函 10 册　8880.00 元　978-7-5013-4195-5

庚子销夏记

(清)孙承泽撰
清乾隆二十五年至二十六年鲍廷博刻本　1 函 2 册
1460.00 元　978-7-5013-4196-2

程氏墨苑

(明)程大约撰
明万历程氏滋兰堂刻彩色套印本　2 函 20 册
7520.00 元　978-7-5013-4197-9

农书·蚕书·耕织图诗

(宋)陈旉、秦观撰
清初钱氏述古堂抄本　1 函 1 册
440.00 元　978-7-5013-4198-6

西清古鉴

(清)梁诗正、蒋溥等纂修
清乾隆十六年武英殿刻本　6 函 42 册
19140.00 元　978-7-5013-4199-3

弦索十三套琵琶谱

清道光五年秀亭抄本　1 函 2 册
1810.00 元　978-7-5013-4200-6

日知录

(清)顾炎武撰
清康熙九年自刻本　1 函 2 册
1250.00 元　978-7-5013-4201-3

钟嵘诗品

(南朝梁)钟嵘撰
明沈氏繁露堂刻本　1 函 1 册
260.00 元　978-7-5013-4233-4

钟伯敬先生硃评词府灵蛇

(明)钟惺选,(明)李光祚辑
明金陵唐建元刻套印本　1 函 4 册
1690.00 元　978-7-5013-4234-1

精选古今名贤丛话诗林广记

(宋)蔡正孙辑
明弘治十年张鼒刻本　1 函 6 册
4040.00 元　978-7-5013-4235-8

诗纪

(明)冯惟讷辑
明嘉靖三十九年甄敬刻本　8 函 40 册
26590.00 元　978-7-5013-4236-5

国秀集

(唐)芮挺章辑
明刻本　1 函 1 册　580.00 元　978-7-5013-4237-2

北堂书钞

(唐)虞世南辑
明抄本　4 函 20 册　18480.00 元　978-7-5013-4290-7

箧中集

(唐)元结辑
明刻本　1 函 1 册　120.00 元　978-7-5013-4238-9

宋学士文粹

(明)宋濂撰
明洪武十年郑济刻本　1 函 4 册
1770.00 元　978-7-5013-4239-6

迦陵词稿

(清)陈维崧撰

稿本　4 函 16 册　10340.00 元　978-7-5013-5314-9

杨园先生未刻稿

（清）张履祥撰，（清）陈敬璋辑
清咸丰六年徐椿信抄本　1 函 4 册
1630.00 元　978-7-5013-5313-2

庾开府诗集

（北周）庾信撰
明正德十六年朱承爵存余堂刻本　1 函 1 册
580.00 元　978-7-5013-4240-2

秋声集

（元）黄镇成撰
明洪武十一年黄钧刻本　1 函 2 册
870.00 元　978-7-5013-4241-9

剡溪诗话·岁寒堂诗话

（宋）高似孙、张戒撰
明正德十二年俞弁抄本　1 函 1 册
250.00 元　978-7-5013-4957-9

雁门集

（元）萨都剌撰
明成化二十年张习刻本　1 函 3 册
1020.00 元　978-7-5013-4242-6

忠愍公诗集

（宋）寇准撰
明嘉靖十四年蒋鏊刻本　1 函 3 册
940.00 元　978-7-5013-4243-3

汲古阁集

（明）毛晋撰
稿本　1 函 5 册　3115.00 元　978-7-5013-4958-6

宗藩训典

（明）冯柯辑
明万历三十年襄藩贞白书院刻本　2 函 9 册
8850.00 元　978-7-5013-4556-4

雅音会编

（明）康麟辑
明嘉靖二十四年沈藩勉学书院刻本　2 函 12 册
8600.00 元　978-7-5013-4245-7

陈检讨集

（清）陈维崧撰
清康熙天藜阁刻本　2 函 8 册
6900.00 元　978-7-5013-5312-5

陈子兼文稿

（明）陈鎏撰
稿本　1 函 1 册　610.00 元　978-7-5013-4246-4

钤山堂集

（明）严嵩撰
明嘉靖二十四年自刻本　1 函 11 册
5390.00 元　978-7-5013-4247-1

遗山先生文集

（金）元好问撰
明弘治十一年李瀚刻本　2 函 12 册
8690.00 元　978-7-5013-4248-8

蔡中郎文集

（汉）蔡邕撰
明正德十年华坚兰雪堂铜活字印本　1 函 4 册
1350.00 元　978-7-5013-4249-5

楚辞

（汉）王逸章句
明隆庆五年豫章夫容馆刻本　1 函 6 册
2930.00 元　978-7-5013-4250-1

耕织图

（清）焦秉贞绘
清康熙三十五年内府刻本　1 函 1 册
290.00 元　978-7-5013-4251-8

瀛奎律髓

（元）方回辑
明成化三年紫阳书院刻本　2 函 12 册

7520.00 元　978-7-5013-4263-1

草庐吴先生文粹

(元)吴澄撰,(明)吴讷辑
明宣德九年吴讷刻本　1函1册
980.00 元　978-7-5013-4264-8

解学士先生集

(明)解缙撰
明天顺元年黄谏刻本　1函6册
2490.00 元　978-7-5013-4265-5

古歌谣残稿

(明)范钦辑
稿本　1函4册　2180.00 元　978-7-5013-4266-2

新增补相剪灯新话大全·新增全相湖海新奇剪灯余话大全

(明)瞿祐、李昌祺撰
明正德六年杨氏清江书堂刻本　1函2册
1450.00 元　978-7-5013-4267-9

蜕庵诗

(元)张翥撰
明初刻本　1函2册　910.00 元　978-7-5013-4271-6

阮嗣宗集

(魏)阮籍撰
明嘉靖二十二年范钦、陈德文刻本　1函2册
730.00 元　978-7-5013-4272-3

唐皮日休文薮

(唐)皮日休撰
明正德十五年袁表刻本　1函1册
1130.00 元　978-7-5013-4273-0

青阳先生文集

(元)余阙撰
明正统十年高诚刻本　1函2册
900.00 元　978-7-5013-4274-7

石门洪觉范天厨禁脔

(宋)释惠洪撰
明活字印本　1函1册
550.00 元　978-7-5013-4253-2

石田稿

(明)沈周撰
稿本　1函4册　2010.00 元　978-7-5013-4254-9

越吟

(明)包大炣撰
明万历元年木活字蓝印本　1函1册
300.00 元　978-7-5013-4255-6

酒边集

(宋)向子諲撰
清初毛氏汲古阁影宋抄本　1函1册
690.00 元　978-7-5013-4256-3

唐甫里先生文集

(唐)陆龟蒙撰
明成化二十三年严春刻本　1函2册
2390.00 元　978-7-5013-4257-0

石湖居士集

(宋)范成大撰
明弘治十六年金兰馆铜活字印本　1函10册
4540.00 元　978-7-5013-4258-7

李文

(唐)李翱撰
明成化十一年冯孜刻本　1函4册
1660.00 元　978-7-5013-4259-4

雅颂正音

(明)刘仔肩辑
明洪武三年王举直刻本　1函2册
1060.00 元　978-7-5013-4260-0

宋名家词

(明)毛晋编
明崇祯毛氏汲古阁刻本　6函26册

27460.00 元　978-7-5013-4261-7

方星图解

（意大利）闵明我撰
清康熙刻本　1 函 1 册
150.00 元　978-7-5013-4262-4

书史会要

（明）陶宗仪撰
明洪武九年刻本　1 函 4 册
2550.00 元　978-7-5013-4940-1

三易洞玑

（明）黄道周撰
明刻本　1 函 10 册　3910.00 元　978-7-5013-4990-6

纪效新书

（明）戚继光撰
明隆庆刻本　1 函 6 册
3760.00 元　978-7-5013-4989-0

虞初志

（明）陆采编
明弦歌精舍如隐草堂刻本　1 函 4 册
3360.00 元　978-7-5013-4268-6

唐御览诗

（唐）令狐楚辑
明赵均抄本　1 函 1 册
740.00 元　978-7-5013-4275-4

说文解字段注考正

（清）冯桂芬撰
稿本　1 函 8 册　5340.00 元　978-7-5013-4987-6

高子遗书

（明）高攀龙撰，（明）陈龙正辑
明崇祯五年钱士升、陈龙正等刻本　2 函 8 册
8660.00 元　978-7-5013-4276-1

诚斋录

（明）朱有燉撰
明嘉靖十二年周藩刻本　1 函 5 册
2870.00 元　978-7-5013-4277-8

宋之问集

（唐）宋之问撰
明崦西精舍刻本　1 函 1 册
550.00 元　978-7-5013-4278-5

犁眉公集

（明）刘基撰
明初刻本　1 函 2 册　640.00 元　978-7-5013-4279-2

楚国文宪公雪楼程先生文集

（元）程钜夫撰
明洪武二十八年与耕书堂刻本　2 函 10 册
6060.00 元　978-7-5013-4280-8

梁江文通文集

（南朝梁）江淹撰
明刻本　1 函 2 册　1470.00 元　978-7-5013-4281-5

张子寿文集

（唐）张九龄撰
明成化九年苏韡刻本　1 函 6 册
2420.00 元　978-7-5013-4282-2

樊川诗集

（唐）杜牧撰
明正德十六年江阴朱承爵朱氏文房刻本　1 函 1 册
770.00 元　978-7-5013-4289-1

兵垣四编

（明）闵声编
明天启元年闵氏刻三色套印本　1 函 5 册
3660.00 元　978-7-5013-5311-8

温庭筠诗集

（唐）温庭筠撰
明弘治十二年李熙刻本　1 函 2 册
910.00 元　978-7-5013-4288-4

颜鲁公文集

(唐)颜真卿撰,(宋)留元刚撰
明嘉靖锡山安氏馆铜活字印本 1函4册
2300.00元 978-7-5013-4287-7

元曲选一百种

(明)陶宗仪等撰,(明)臧懋循编
明万历刻本 8函40册
37610.00元 978-7-5013-4286-0

西崑酬唱集

(宋)杨亿等撰
明嘉靖十六年张綖玩珠堂刻本 1函1册
490.00元 978-7-5013-4285-3

秋农诗草

(清)姚文田撰
稿本 1函1册 560.00元 978-7-5013-4985-2

大明律释义

(明)应槚辑
明嘉靖三十一年广东布政使司刻本 1函16册
4550.00元 978-7-5013-4984-5

金匮要略方

(汉)张机撰,(晋)王叔和辑,(宋)林亿诠次
明洪武二十八年吴迁抄本 1函2册
1510.00元 978-7-5013-4983-8

吴文定公诗稿

(明)吴宽撰
稿本 1函1册 310.00元 978-7-5013-4284-6

西庵集

(明)孙蕡撰
明弘治十六年金兰馆铜活字印本 1函2册
1850.00元 978-7-5013-4283-9

侨吴集

(元)郑元祐撰
明弘治九年张习刻书牍纸印本 1函8册
2440.00元 978-7-5013-4215-0

朱笥河先生诗稿

(清)朱筠撰
稿本 1函4册 990.00元 978-7-5013-5120-6

大唐慈恩寺三藏法师传

(唐)释慧立、释彦悰撰,(唐)胜光法师译
回鹘文五代写本 1函1册
3850.00元 978-7-5013-4960-9

大金集礼

(金)张暐等辑
清抄本 2函10册 5860.00元 978-7-5013-4315-7

彩笔情辞

(明)张栩辑
明天启四年刻本 1函6册
4790.00元 978-7-5013-4314-0

词海评林

(明)毛晋撰
明末抄本 2函12册
8300.00元 978-7-5013-4313-3

创世经

东巴文旧抄本 1函1册
650.00元 978-7-5013-4961-6

词林摘艳

(明)张禄辑
明嘉靖三十年徽藩刻本 2函10册
8990.00元 978-7-5013-4312-6

盛明杂剧

(明)沈泰编
明崇祯刻本 2函10册
6060.00元 978-7-5013-4311-9

张深之先生正北西厢秘本

(元)王德信、关汉卿撰,(明)张深之校正
明崇祯刻本 1函3册
1260.00元 978-7-5013-4310-2

新镌女贞观重会玉簪记

（明）高濂撰
明刻本　1函2册　850.00元　978-7-5013-4308-9

新刻出像音注增补刘智远白兔记

明金陵唐氏富春堂刻本　1函1册
800.00元　978-7-5013-4309-6

石巢传奇四种

（明）阮大铖撰
明末吴门毛恒所刻本　2函16册
6620.00元　978-7-5013-4307-2

远山堂曲品

（明）祁彪佳撰
稿本　1函1册　1510.00元　978-7-5013-4306-5

东巴舞谱

东巴文旧抄本　1函1册
210.00元　978-7-5013-4982-1

李卓吾先生批评红拂记

（明）张凤翼撰，（明）李贽评
明容与堂刻本　1函2册
940.00元　978-7-5013-4305-8

绿牡丹传奇

（明）吴炳撰
明末两衡堂刻粲花斋新乐府本　1函2册
1260.00元　978-7-5013-4304-1

菉竹堂稿

（明）叶盛撰
明嘉靖八年叶梦淇刻本　1函8册
3540.00元　978-7-5013-4981-4

新镌歌林拾翠

题粲花主人辑，西湖漫史点评
明崇祯刻本　1函4册
1850.00元　978-7-5013-4303-4

敝帚稿略

（宋）包恢撰
清乾隆翰林院抄本（四库底本）　1函2册
2010.00元　978-7-5013-4302-7

半岩庐遗诗

（清）邵懿辰撰
稿本　1函1册　280.00元　978-7-5013-4301-0

赵悲庵诗文稿

（清）赵之谦撰
稿本　1函1册　340.00元　978-7-5013-4300-3

列朝诗集

（清）钱谦益辑
清顺治九年毛氏汲古阁刻本　6函36册
30830.00元　978-7-5013-4299-0

重订丹溪心法

（元）朱震亨撰，（明）程充重订
明弘治六年程祖兴等刻本　2函12册
4850.00元　978-7-5013-5310-1

红雪楼九种曲

（清）蒋士铨撰
清乾隆蒋氏红雪楼刻本　2函18册
7430.00元　978-7-5013-5110-7

尚书考异

（明）梅鷟撰
明抄本　1函2册　2860.00元　978-7-5013-4993-7

纳兰词

（清）纳兰性德撰，（清）汪元治辑
清道光十二年汪元治结铁网斋刻本　1函2册
1020.00元　978-7-5013-4298-3

西湖二集

（明）周楫撰
明末云林聚锦堂刻本　2函16册
8020.00元　978-7-5013-5101-5

新刊大宋宣和遗事

明金陵王氏洛川刻本　1 函 4 册
1670.00 元　978-7-5013-4340-9

桂洲词

（明）夏言撰
明嘉靖十九年石迁高刻本　1 函 1 册
690.00 元　978-7-5013-4339-3

碧鸡漫志

（宋）王灼撰
明抄本　1 函 2 册　510.00 元　978-7-5013-4338-6

坐隐先生精订陈大声乐府全集

（明）陈铎撰，（明）汪廷讷订
明万历三十九年汪氏环翠堂刻本　1 函 5 册
2740.00 元　978-7-5013-4337-9

浒东乐府

（明）康海撰
明嘉靖三年康浩刻本　1 函 2 册
660.00 元　978-7-5013-4336-2

四词宗合刻

（明）金銮、冯惟敏、王盘、梁辰鱼撰
明汪氏环翠堂刻本　1 函 7 册
2980.00 元　978-7-5013-4335-5

古杂剧

（明）王骥德编
明顾曲斋刻本　1 函 10 册
4120.00 元　978-7-5013-4334-8

西厢记

（元）王德信、关汉卿撰，（明）凌濛初评
明凌濛初刻朱墨套印本　1 函 4 册
2000.00 元　978-7-5013-4333-1

徐文长四声猿

（明）徐渭撰，（明）袁宏道评
明万历四十二年钟人杰刻本　1 函 1 册
830.00 元　978-7-5013-4332-4

敬业堂诗集

（清）查慎行撰
稿本　4 函 32 册　16280.00 元　978-7-5013-4978-4

琵琶记

（元）高明撰
明万历二十五年汪光华玩虎轩刻本　1 函 3 册
1540.00 元　978-7-5013-4331-7

新刊重订出相附释标注拜月亭记

（元）施惠撰
明万历十七年唐氏世德堂刻本　1 函 2 册
960.00 元　978-7-5013-4330-0

新编林冲宝剑记

（明）李开先撰
明嘉靖二十六年自刻本　1 函 2 册
1500.00 元　978-7-5013-4328-7

玉茗堂四种传奇

（明）汤显祖撰，（明）臧懋循订
明刻清乾隆二十六年书业堂重修本　2 函 8 册
5620.00 元　978-7-5013-4327-0

远山堂剧品

（明）祁彪佳撰
明末祁氏远山堂抄本　1 函 1 册
490.00 元　978-7-5013-4326-3

新刊校正古本出像大字音释三国志通俗演义

（明）罗本撰
明万历金陵周曰校刻本　2 函 14 册
6990.00 元　978-7-5013-5098-8

录鬼簿

（元）钟嗣成撰
明抄本　1 函 2 册　700.00 元　978-7-5013-4325-6

离骚图

（清）萧云从绘并注
清初刻本　1 函 4 册　1160.00 元　978-7-5013-4324-9

古本荆钗记

（明）朱权撰，（明）屠隆评
明刻本　1 函 4 册　1530.00 元　978-7-5013-4323-2

绣襦记

（明）薛近兖撰
明刻朱墨套印本　1 函 4 册
1740.00 元　978-7-5013-4322-5

新镌全像蓝桥玉杵记

题（明）云水道人撰
明万历三十四年浣月轩刻本　1 函 4 册
1420.00 元　978-7-5013-4321-8

曲律

（明）王骥德撰
明天启四年毛以燧刻本　1 函 4 册
1510.00 元　978-7-5013-4320-1

古今杂剧

明抄本　16 函 64 册
72580.00 元　978-7-5013-4823-7

渔墅类稿

（宋）陈元晋撰
清乾隆翰林院抄本（四库底本）　1 函 2 册
1500.00 元　978-7-5013-4319-5

于文襄公手札

（清）于敏中撰
稿本　1 函 2 册　690.00 元　978-7-5013-4318-8

寒瘦集

（唐）孟郊、贾岛撰，（清）岳端辑评
清康熙三十八年红兰室刻朱墨套印本　1 函 1 册
510.00 元　978-7-5013-4317-1

百名家词钞

（清）聂先、曾王孙编
清康熙绿荫堂刻本　4 函 16 册
16440.00 元　978-7-5013-4329-4

国朝名家诗余

（清）孙默编
清康熙孙氏留松阁刻本　4 函 24 册
12450.00 元　978-7-5013-4316-4

广川画跋

（宋）董逌撰
明嘉靖韩宸刻本　1 函 2 册
1070.00 元　978-7-5013-4565-6

华夷译语

（明）火源洁撰
明内府刻本　1 函 1 册
870.00 元　978-7-5013-4564-9

西儒耳目资

（法国）金尼阁撰，（明）王征撰
明天启六年王征、张问达刻本　1 函 6 册
4590.00 元　978-7-5013-4563-2

秘书监志

（元）王士点、商企翁撰
清抄本　1 函 2 册　2030.00 元　978-7-5013-4562-5

靖海纪

（清）施琅撰
清活字印本　1 函 2 册
2380.00 元　978-7-5013-4561-8

古经解钩沉

（清）余萧客撰
清乾隆刻本（四库底本）　2 函 8 册
7250.00 元　978-7-5013-4560-1

律吕正义

（清）允祉等撰
清康熙内府铜活字印本　1 函 10 册
3890.00 元　978-7-5013-4593-9

秋水轩倡和词

（清）曹尔堪等撰
清康熙十年遥连堂刻十一年增补本　1 函 2 册

930.00 元　978-7-5013-4559-5

定盦词

(清)龚自珍撰
清抄本　1 函 1 册　370.00 元　978-7-5013-4558-8

尊前集

明刻本　1 函 2 册　680.00 元　978-7-5013-4557-1

焦氏澹园集

(明)焦竑撰
明万历三十四年刻本　2 函 10 册
10840.00 元　978-7-5013-4555-7

重刊校正唐荆川先生文集

(明)唐顺之撰
明嘉靖三十四年安如石刻金陵书林重修本　2 函 19 册
9090.00 元　978-7-5013-4554-0

靖康孤臣泣血录

题(宋)丁特起撰
明万历三十四年张豫诚刻本　1 函 2 册
1040.00 元　978-7-5013-4552-6

广川书跋

(宋)董逌撰
明吴氏丛书堂抄本　1 函 2 册
2190.00 元　978-7-5013-4548-9

关中胜迹图志

(清)毕沅纂修
清乾隆毕沅经训堂刻本　2 函 13 册
8850.00 元　978-7-5013-4550-2

元史续编

(明)胡粹中撰
明永乐刻本　1 函 8 册
3430.00 元　978-7-5013-4549-6

三国志通俗演义

(明)罗本撰
明嘉靖元年刻本　6 函 24 册
19740.00 元　978-7-5013-4863-3

筹海图编

(明)郑若曾辑
明嘉靖四十一年胡宗宪刻本　2 函 8 册
6930.00 元　978-7-5013-4489-5

九章详注比类算法大全

(明)吴敬撰
明景泰元年王均刻弘治元年吴讷重修本　2 函 8 册
6560.00 元　978-7-5013-4547-2

汲古阁景抄南宋六十家小集

(宋)陈起编
清初毛氏汲古阁影宋抄本　4 函 52 册
13020.00 元　978-7-5013-4977-7

西湖佳话古今遗迹

题(清)墨浪子撰
清康熙金陵王衙刻彩色套印本　1 函 10 册
6990.00 元　978-7-5013-4976-0

南部新书

(宋)钱易撰
明刻本　1 函 2 册　1870.00 元　978-7-5013-4546-5

仲景全书

(汉)张机撰
明万历二十七年赵开美刻本　2 函 12 册
6190.00 元　978-7-5013-5309-5

道德经讲义

(宋)吕知常撰
明宣德七年周思得刻本　1 函 3 册
2190.00 元　978-7-5013-4545-8

佩觿

(宋)郭忠恕撰
明嘉靖六年孙沐万玉堂刻本　1 函 1 册
590.00 元　978-7-5013-4544-1

礼记训纂

（清）朱彬撰
稿本　6函18册　17630.00元　978-7-5013-4864-0

论语古训

（清）陈鳣撰
清乾隆六十年简庄刻本　1函2册
1990.00元　978-7-5013-4543-4

看山阁乐府雷峰塔

（清）黄图珌撰
清乾隆三年黄氏看山阁刻本　1函2册
1010.00元　978-7-5013-4542-7

艺香词

（清）吴绮撰
清康熙刻本　1函3册
1410.00元　978-7-5013-4541-0

两汉纪

（汉）荀悦撰，（晋）袁宏撰
明嘉靖二十七年黄姬水刻本　2函20册
9470.00元　978-7-5013-4540-3

史通

（唐）刘知几撰
明万历五年张之象刻本　1函4册
2660.00元　978-7-5013-4538-0

元和郡县图志

（唐）李吉甫纂修
清初抄本　2函16册
6990.00元　978-7-5013-4537-3

钦定河源纪略

（清）纪昀、陆锡熊等撰
清乾隆武英殿刻本　2函8册
5060.00元　978-7-5013-4536-6

新唐书纠谬

（宋）吴缜撰
明影宋抄本　1函3册
1500.00元　978-7-5013-4535-9

盐政志

（明）朱廷立、史绅等撰
明嘉靖刻本　1函4册
3060.00元　978-7-5013-4534-2

黔记

（明）郭子章撰
明万历刻本　4函27册
19460.00元　978-7-5013-4533-5

回回历法

明洪武十六年内府刻本　1函1册
360.00元　978-7-5013-4532-8

仪礼蠡测笺注

（清）翁方纲撰
稿本　1函2轴册　5840.00元　978-7-5013-4487-1

过去庄严劫千佛名经

西夏文元刻本　1函1册
600.00元　978-7-5013-4773-5

周君建鉴定古牌谱

（明）胡贞波撰
明末周之标刻本　1函1册
270.00元　978-7-5013-4530-4

新刊合并董解元西厢记·新刊合并王实甫西厢记

（元）王德信撰
明周居易刻本　1函4册
1850.00元　978-7-5013-4529-8

古本董解元西厢记

明适适子刻本　1函2册
1400.00元　978-7-5013-4528-1

徐霞客游记

（明）徐弘祖撰

清鲍氏知不足斋抄本　1函5册
4520.00元　978-7-5013-4527-4

馆阁旧事

(明)黄景昉撰
清抄本　1函1册　910.00元　978-7-5013-4526-7

熬波图说

(元)陈椿撰
清抄本　1函2册　1030.00元　978-7-5013-4525-0

山中白云

(宋)张炎撰,(清)江昱疏证
稿本　1函4册　1500.00元　978-7-5013-4524-3

天籁集

(元)白朴撰
清康熙杨友敬刻本　1函1册
670.00元　978-7-5013-4523-6

柳洲词选

(清)戈元颖、钱士贲、钱煐、陈谋道等辑
清初刻本　1函3册　1810.00元　978-7-5013-4595-3

秋林琴雅

(清)厉鹗撰
清康熙六十一年瓮熺刻本　1函2册
590.00元　978-7-5013-4522-9

苦海航

(清)姚燮撰
稿本　1函1册　430.00元　978-7-5013-4521-2

三国志注补

(清)赵一清撰
稿本　4函24册　19650.00元　978-7-5013-4750-6

茗雅

(清)郑文焯撰
稿本　1函2册　1470.00元　978-7-5013-4520-5

金史补阙

(清)杭世骏撰
清抄本　1函8册　2620.00元　978-7-5013-5200-5

剧说

(清)焦循撰
稿本　1函2册　1310.00元　978-7-5013-4517-5

本草纲目

(明)李时珍撰
明万历二十一年胡承龙刻本　5函23册
19920.00元　978-7-5013-5308-8

缶鸣集

(明)高启撰
明刻本　1函4册　4130.00元　978-7-5013-4969-2

白雪楼诗集

(明)李攀龙撰
明嘉靖四十二年魏裳刻本　1函6册
2740.00元　978-7-5013-5307-1

饮膳正要

(元)忽思慧撰
明景泰七年内府刻本　1函3册
1670.00元　978-7-5013-4516-8

习学记言序目

(宋)叶适撰
明抄本　2函16册　6250.00元　978-7-5013-4515-1

重广补注黄帝内经素问

(唐)王冰注,(宋)林亿等校正,(宋)孙兆改误
明嘉靖二十九年顾从德影宋刻本　1函8册
4070.00元　978-7-5013-4514-4

洪武正韵

(明)乐韶凤、宋濂等撰
明初刻本　1函5册　1960.00元　978-7-5013-4513-7

丝绢全书

（明）程任卿辑
明万历刻本 1 函 4 册
3310.00 元 978-7-5013-4519-9

方舆考证

（清）许鸿磐撰
稿本 12 函 91 册 54200.00 元 978-7-5013-4751-3

越游草

（清）施闰章撰
清顺治刻本 1 函 1 册
390.00 元 978-7-5013-4512-0

干禄字书

（唐）颜元孙撰
明嘉靖六年孙沐万玉堂刻本 1 函 1 册
180.00 元 978-7-5013-4511-3

李氏弘德集

（明）李梦阳撰
明嘉靖四年张元学刻本 1 函 4 册
4490.00 元 978-7-5013-4968-5

华阳国志

（晋）常璩撰
明嘉靖四十二年张佳胤刻本 1 函 5 册
2940.00 元 978-7-5013-4509-0

十翼后录

（清）黄以周撰
稿本 2 函 10 册 8510.00 元 978-7-5013-5306-4

中吴纪闻

（宋）龚明之撰
明末毛氏汲古阁刻本 1 函 4 册
1540.00 元 978-7-5013-4508-3

射史

（明）程宗猷撰
明崇祯二年自刻本 1 函 5 册
2690.00 元 978-7-5013-4506-9

新刻文会堂琴谱

（明）胡文焕撰
明万历二十五年胡氏文会堂刻本 1 函 6 册
3350.00 元 978-7-5013-4510-6

春渚纪闻

（宋）何薳撰
明天启四年王□抄本 1 函 4 册
1750.00 元 978-7-5013-4505-2

芦浦笔记

（宋）刘昌诗撰
明穴砚斋抄本 1 函 1 册
630.00 元 978-7-5013-4504-5

涑水记闻

（宋）司马光撰
明抄本 1 函 2 册 2050.00 元 978-7-5013-4503-8

焦氏笔乘

（明）焦竑撰
明万历三十四年谢与栋刻本 1 函 8 册
4770.00 元 978-7-5013-4502-1

第五才子书施耐庵水浒传

（元）施耐庵撰，（清）金人瑞评
明崇祯贯华堂刻本 6 函 36 册
20060.00 元 978-7-5013-4966-1

南雷文定

（清）黄宗羲撰
清康熙二十七年靳治荆刻本 1 函 4 册
4680.00 元 978-7-5013-4964-7

陶庐杂录

（清）法式善撰
清嘉庆二十二年陈预刻本 1 函 6 册
2530.00 元 978-7-5013-4501-4

东垣十书

明嘉靖八年辽藩朱宠瀼梅南书屋刻本 2 函 12 册
8730.00 元 978-7-5013-4539-7

盛明杂剧二集

（明）沈泰编
明崇祯刻本　2 函 12 册
5730.00 元　978-7-5013-4500-7

长生殿传奇

（清）洪昇撰
清康熙稗畦草堂刻本　1 函 4 册
2010.00 元　978-7-5013-5305-7

皇明驭倭录

（明）王士骐撰
明万历刻本　1 函 5 册
4520.00 元　978-7-5013-4499-4

太史升庵文集

（明）杨慎撰
明万历十年蔡汝贤刻本　4 函 28 册
13820.00 元　978-7-5013-4498-7

弇山堂别集

（明）王世贞撰
明万历十八年翁良瑜雨金堂刻本　8 函 40 册
22590.00 元　978-7-5013-4497-0

三朝北盟会编

（宋）徐梦莘撰
明抄本　9 函 46 册　32250.00 元　978-7-5013-4507-6

封氏闻见记

（唐）封演撰
明抄本　1 函 2 册　790.00 元　978-7-5013-4496-3

贞观政要

（唐）吴兢撰
明洪武三年王氏勤有堂刻本　1 函 2 册
1250.00 元　978-7-5013-4494-9

六十龙备要

水文清抄本　1 函 1 册
650.00 元　978-7-5013-5304-0

妙法莲华经观世音菩萨普门品

西夏文西夏时期刻本　1 函 1 册
290.00 元　978-7-5013-5303-3

张文忠公奏疏抄

（明）张居正撰，（明）李贽辑并评
明刻本　1 函 2 册　1160.00 元　978-7-5013-4493-2

泰西水法

（意大利）熊三拔撰，（明）徐光启笔记，（明）李之藻订正
明万历四十年曹于汴、彭惟成等刻本　1 函 1 册
1060.00 元　978-7-5013-4492-5

吴越备史

题（宋）范坰、林禹撰
明万历二十七年钱达道刻本　1 函 2 册
1560.00 元　978-7-5013-4491-8

[洪武]平阳志

明洪武十五年刻本　1 函 3 册
1460.00 元　978-7-5013-4567-0

坤舆图说

（比利时）南怀仁撰
清康熙刻本　1 函 2 册
1250.00 元　978-7-5013-4935-7

六部经书

彝文明抄本　1 函 1 册
1070.00 元　978-7-5013-4908-1

铁崖先生古乐府

（元）杨维桢撰
明初刻本　1 函 4 册
1650.00 元　978-7-5013-4936-4

御制避暑山庄诗

（清）圣祖玄烨撰，（清）揆叙等注
清康熙五十一年内府刻本　1 函 4 册
1390.00 元　978-7-5013-4763-6

[正德]琼台志

(明)唐胄纂修
明正德刻本 2函10册
9860.00元 978-7-5013-5011-7

金楼子附校

(清)吴骞撰
稿本 1函1册 310.00元 978-7-5013-4762-9

译语

清袁氏贞节堂抄本 1函1册
860.00元 978-7-5013-4761-2

诗说解颐总论 正释 字义

(明)季本撰
明嘉靖四十一年胡宗宪刻本 2函12册
8320.00元 978-7-5013-4760-5

皇明太学志

(明)王材、郭鎜等纂修
明嘉靖三十六年国子监刻隆庆万历递修本 2函12册
6840.00元 978-7-5013-4759-9

西洋新法历书□种

(明)徐光启、李天经编
明崇祯清顺治间刻本 9函57册 35850.00元
978-7-5013-4758-2

覆瓿集

(明)刘基撰
明宣德五年刘貊刻本 1函4册 2860.00元
978-7-5013-4757-5

女中七才子兰咳集

(明)周之标辑
明末刻本 1函1册 780.00元 978-7-5013-4756-8

诚斋杂剧

(明)朱有燉撰
明永乐宣德正统间自刻本 2函13册
7170.00元 978-7-5013-4755-1

东观汉记

清抄本(武英殿聚珍版丛书底本) 1函4册
2940.00元 978-7-5013-4754-4

明季野史三十四种

清抄本 2函8册 6980.00元 978-7-5013-4753-7

聊斋志异

(清)蒲松龄撰
稿本 1函8册 4020.00元 978-7-5013-4752-0

白沙先生全集

(明)陈献章撰
明刻本 2函7册 6310.00元 978-7-5013-4749-0

四大奇书第一种

(明)罗本撰,(清)毛宗岗、杭永年评定
清康熙刻本 4函24册
19150.00元 978-7-5013-4748-3

说文解字注

(清)段玉裁撰
清乾隆嘉庆间段氏经韵楼刻本 5函25册
20960.00元 978-7-5013-4747-6

三合便览

(清)敬斋辑,(清)富俊补
满文清乾隆五十七年富氏刻本 3函17册
14050.00元 978-7-5013-4746-9

水浒叶子

(明)陈洪绶绘
清初刻本 1函1册
400.00元 978-7-5013-4745-2

中原音韵

(元)周德清撰
明刻本 1函2册 820.00元 978-7-5013-4744-5

几何原本

(意大利)利玛窦口译,(明)徐光启笔受

明万历三十五年刻本　1 函 4 册
2910.00 元　978-7-5013-4743-8

南雍志

(明)黄佐撰
明嘉靖刻隆庆增修本　2 函 10 册
8900.00 元　978-7-5013-5014-8

鹖冠子

(宋)陆佃注
明弘治碧云馆活字印本(四库底本)　1 函 3 册
2680.00 元　978-7-5013-4764-3

删微

(明)孙瑴辑
明崇祯刻本　2 函 8 册
5730.00 元　978-7-5013-4766-7

镌翰林考王国朝七子诗集注解

(明)李攀龙、王世贞等撰,(明)李廷机考正
明万历二十二年郑云竹宗文书舍刻本　1 函 2 册
1390.00 元　978-7-5013-4767-4

灵棋经

题(晋)颜幼明、(宋)何承天、(元)陈师凯、(明)刘基注解
明正德十五年荣府刻本　1 函 1 册
860.00 元　978-7-5013-4768-1

长安志

(宋)宋敏求纂修,(元)李好文撰
明成化四年郃阳书堂刻本　1 函 4 册
2820.00 元　978-7-5013-4769-8

甲申纪事

(明)冯梦龙辑
明弘光元年自刻本　2 函 6 册
5390.00 元　978-7-5013-4770-4

春秋孔义

(明)高攀龙撰
明崇祯十三年秦堈刻本　1 函 4 册
2860.00 元　978-7-5013-4771-1

金光明最胜王经

西夏文蒙古时期刻本　1 函 8 册
3320.00 元　978-7-5013-4772-8

周易集传

(元)龙仁夫撰
清影元抄本　1 函 4 册
2170.00 元　978-7-5013-4948-7

左氏古义

(清)臧寿恭撰
清劳氏丹铅精舍抄本　1 函 4 册
1100.00 元　978-7-5013-4774-2

浑盖通宪图说

(明)李之藻撰
明万历三十五年樊良枢刻本　1 函 2 册
1140.00 元　978-7-5013-4995-1

孔子集语

(宋)薛据辑
清抄本　1 函 1 册　610.00 元　978-7-5013-4775-9

白岳凝烟

(清)吴镕绘
清康熙刻本　1 函 1 册
470.00 元　978-7-5013-4776-6

劝善经

彝文明刻本　1 函 1 册
610.00 元　978-7-5013-4777-3

蒋清容先生遗稿

(清)蒋士铨撰
稿本　2 函 10 册　9610.00 元　978-7-5013-4778-0

逢井

水文清光绪十八年抄本　1 函 1 册
350.00 元　978-7-5013-4779-7

乐律全书十五种

（明）朱载堉撰
明万历郑藩刻本　5 函 19 册
20120.00 元　978-7-5013-4797-1

类经

（明）张介宾类注
明天启四年自刻本　5 函 20 册
21680.00 元　978-7-5013-4996-8

极玄集

（唐）姚合辑
明毛氏汲古阁影宋抄本　1 函 1 册
230.00 元　978-7-5013-4980-7

谢宣城诗集

（南朝齐）谢朓撰
明末毛氏汲古阁影宋抄本　1 函 1 册
750.00 元　978-7-5013-5021-6

玉壶山人词稿

（清）改琦撰
稿本　1 函 1 册　300.00 元　978-7-5013-4965-4

困知记

（明）罗钦顺撰
明万历十八年罗斑仕刻本　1 函 8 册
3610.00 元　978-7-5013-4824-4

名家诗法

（明）黄省曾编
明嘉靖二十四年结绿囊刻本　1 函 2 册
890.00 元　978-7-5013-4825-1

八义记·明珠记·鸣凤记

（明）毛晋编
明末毛氏汲古阁绣刻演剧初印本　1 函 6 册
4880.00 元　978-7-5013-4826-8

五礼通考

（清）秦蕙田撰
清乾隆十八年秦氏味经窝刻本　21 函 113 册
87960.00 元　978-7-5013-4827-5

广舆图

（元）朱思本撰，（明）罗洪先、胡松增
明万历七年钱岱刻本　1 函 1 册
1320.00 元　978-7-5013-4830-5

张香涛诗稿

（清）张之洞撰
稿本　1 函 1 册　470.00 元　978-7-5013-5302-6

天学阐微

（清）王家弼撰
清慈荫堂抄本　1 函 5 册
3980.00 元　978-7-5013-4853-4

杨文定公诗集

（明）杨溥撰
明抄本　1 函 2 册　1550.00 元　978-7-5013-5003-2

古文奇字

（明）朱谋㙔撰
明万历刻本　1 函 2 册
1630.00 元　978-7-5013-4854-1

板桥集

（清）郑燮撰
清郑燮写刻本　1 函 5 册
2170.00 元　978-7-5013-5203-6

园居杂咏

（明）屠隆撰
稿本　1 函 1 册　500.00 元　978-7-5013-4855-8

李商隐诗集

（唐）李商隐撰
清影宋抄本　1 函 3 册
1680.00 元　978-7-5013-4974-6

埤雅

（宋）陆佃撰
明建文二年林瑜、陈大本刻本　1 函 4 册

1510.00 元　978-7-5013-4865-7

风雅遗音

(宋)林正大撰
明刻本　1 函 2 册　730.00 元　978-7-5013-4910-4

道余录

(明)姚广孝撰
清初抄本　1 函 1 册
410.00 元　978-7-5013-4909-8

韩非子

清影宋抄本　1 函 4 册
2090.00 元　978-7-5013-4972-2

[康熙]台湾府志

(清)蒋毓英纂修
清康熙刻本　1 函 1 册
1250.00 元　978-7-5013-4934-0

千山诗集

(明)释函可撰
清抄本　1 函 8 册　3230.00 元　978-7-5013-5000-1

梅村集

(清)吴伟业撰
清康熙七年顾湄等刻本　2 函 20 册
7700.00 元　978-7-5013-5301-9

殊域周咨录

(明)严从简撰
明万历刻本　4 函 16 册
11270.00 元　978-7-5013-4490-1

逊国君纪抄

(明)郑晓撰
明抄本　1 函 2 册　1310.00 元　978-7-5013-4943-2

雨窗集五种欹枕集七种

(明)洪楩辑
明清平山堂刻本　1 函 2 册
1080.00 元　978-7-5013-5102-2

史记志疑

(清)梁玉绳撰
清乾隆刻本　3 函 10 册
12190.00 元　978-7-5013-4488-8

古今乐府声律源流考

(清)吴骞辑
稿本　1 函 1 册　230.00 元　978-7-5013-4937-1

天方典礼择要解

(清)刘智撰
清康熙杨斐菉刻本　1 函 6 册
2870.00 元　978-7-5013-4988-3

泾野子内篇

(明)吕柟撰,(明)王光祖辑
明万历十五年吕昫刻本　1 函 12 册
3590.00 元　978-7-5013-4796-4

拙斋文集

(宋)林之奇撰
清影宋抄本(四库底本)　1 函 8 册
2990.00 元　978-7-5013-4950-0

茶书

(明)喻政编
明万历四十一年刻本　1 函 12 册
4730.00 元　978-7-5013-5005-6

名医类案

(明)江瓘辑
明万历十九年刻本　2 函 8 册
7800.00 元　978-7-5013-5006-3

声韵考

(清)戴震撰
手稿本　1 函 1 册　520.00 元　978-7-5013-4938-8

脂砚斋重评石头记

(清)曹雪撰,(清)脂砚斋主人评
清抄本　2 函 11 册
11080.00 元　978-7-5013-4765-0

云庄张文忠公休居自适小乐府

（元）张养浩撰
明成化十九年边静宁刻本　1函1册
400.00元　978-7-5013-5035-3

周易本义辨证

（清）惠栋撰
手稿本　1函2册　1320.00元　978-7-5013-4955-5

幽兰草

（明）陈子龙、（清）李雯、宋征舆撰
明崇祯刻本　1函1册
550.00元　978-7-5013-4956-2

四印堂诗稿

（明）董其昌撰
稿本　1函1册　370.00元　978-7-5013-4941-8

倪云林先生诗集

（元）倪瓒撰
明天顺四年蹇曦刻本　1函2册
1830.00元　978-7-5013-4959-3

臞仙神奇秘谱

（明）朱权辑
明洪熙元年刻本　1函3册
1510.00元　978-7-5013-4992-0

苏州织造局志

（清）孙珮辑
清康熙二十五年刻本　1函2册
1150.00元　978-7-5013-4986-9

式古堂书画汇考

（清）卞永誉辑
清康熙二十一年自刻本　11函65册
46360.00元　978-7-5013-4244-0

大乐律吕元声

（明）李文利撰，（明）李元校补
明嘉靖十四年浙江布政司刻本　1函5册
1310.00元　978-7-5013-4979-1

宋司马温国文正公家范

（宋）司马光撰
明万历七年莫与齐刻本　1函2册
1350.00元　978-7-5013-4942-5

贾长沙集

（汉）贾谊撰
明成化十九年乔缙刻本　1函4册
1760.00元　978-7-5013-4975-3

农书

（元）王祯撰
明嘉靖九年山东布政使司刻本　1函10册
4570.00元　978-7-5013-5009-4

武备志

（明）茅元仪撰
明天启刻本　13函52册
52100.00元　978-7-5013-4531-1

禅月集

（唐）释贯休撰
清初影宋抄本　1函1册
1170.00元　978-7-5013-4973-9

狮吼记

（明）汪廷讷撰
清内府五色抄本　1函1册
690.00元　978-7-5013-5300-2

会通馆校正音释书经

明会通馆铜活字印本　1函1册
960.00元　978-7-5013-4962-3

全宋诗话

（清）孙涛辑
稿本　2函12册　5180.00元　978-7-5013-4971-5

清江贝先生文集

（明）贝琼撰
明洪武刻本　1函10册
4340.00元　978-7-5013-4970-8

雍熙乐府

(明)郭勋辑
明嘉靖十九年楚藩刻本 4函20册
16930.00元 978-7-5013-5104-6

樵风乐府

(清)郑文焯撰
稿本 1函2册 1020.00元 978-7-5013-5008-7

沈氏三先生文集

(宋)沈遘、沈括、沈辽撰
清初影宋抄本 2函6册
6510.00元 978-7-5013-4963-0

妙集吟堂诗话

(明)瞿佑撰
明初刻本 1函2册
770.00元 978-7-5013-4999-9

续方言

(清)戴震撰
稿本 1函1册 300.00元 978-7-5013-5007-0

明史稿

(清)万斯同撰
稿本 1函12册 4740.00元 978-7-5013-5012-4

何氏集

(明)何景明撰
明嘉靖沈氏野竹斋刻本 1函8册
4490.00元 978-7-5013-5119-0

风宣玄品

(明)张鲲撰
明嘉靖十八年徽藩刻本 2函20册
7630.00元 978-7-5013-5293-7

庆元条法事类

(宋)谢深甫等纂修
清抄本 3函15册 12350.00元 978-7-5013-5288-3

唐两京城坊考

(清)徐松撰
稿本 1函2册 1910.00元 978-7-5013-5033-9

大戴礼记补注

(清)孔广森撰
清乾隆五十九年孔广廉刻本 1函2册
2220.00元 978-7-5013-5015-5

槎翁文集

(明)刘崧撰
明嘉靖元年徐冠刻本 1函8册
4480.00元 978-7-5013-5105-3

晏子春秋

明活字印本 1函4册
1860.00元 978-7-5013-5017-9

幽怪诗谭

题(明)碧山卧樵纂辑
明末刻本 1函6册 2910.00元 978-7-5013-5285-2

因明正解藏论

萨迦班智达·贡嘎坚赞撰
藏文元刻本 1函1册
6650.00元 978-7-5013-5340-8

四部医典·后续医典部注释

(明)朗嘎洛珠撰
藏文明写本 1函1册
17190.00元 978-7-5013-5338-5

疏影楼词

(清)姚燮撰
稿本 1函1册 520.00元 978-7-5013-4967-8

元史新编

(清)魏源撰
清抄本 5函39册 18750.00元 978-7-5013-5290-6

冷红词

（清）郑文焯撰
稿本 1函1册 530.00元 978-7-5013-4997-5

樵云诗集

（明）朱拱梃撰
明嘉靖刻蓝印本 1函1册
460.00元 978-7-5013-5001-8

蒙古通鉴长编

（清）王先谦撰
稿本 1函4册 3230.00元 978-7-5013-5289-0

纳瓦依诗集

艾里希尔·纳瓦依撰
察合台文清抄本 1函1册
4570.00元 978-7-5013-5341-5

篁墩程先生文集

（明）程敏政撰
明正德二年何歆刻本 4函16册
16400.00元 978-7-5013-5002-5

彝汉教典

彝文清乾隆二十一年抄本 1函2册
2050.00元 978-7-5013-5016-2

飞鸿堂砚谱墨谱瓶谱鼎炉谱

（清）汪启淑辑
清乾隆摹绘本 1函6册
3400.00元 978-7-5013-5004-9

读易备忘

（明）黄潜翁撰
明嘉靖活字印本 1函3册
2460.00元 978-7-5013-5019-3

宋应星四种

（明）宋应星撰
明崇祯刻本 1函1册
800.00元 978-7-5013-5286-9

历代赋话

（清）浦铣辑
清乾隆复小斋刻本 1函6册
3970.00元 978-7-5013-5287-6

重刊邵尧夫先生诗全集·邵尧夫击壤集

（宋）邵雍撰
宋刻本 1函4册
1060.00元 978-7-5013-5291-3

天圣令

（宋）吕夷简、庞籍等纂修
明抄本 1函1册 1150.00元 978-7-5013-5013-1

御制盛京赋

（清）高宗弘历撰
满文清乾隆内府抄本 7函42册
37550.00元 978-7-5013-4553-3

吉祥遍至口和本续

西夏文西夏时期木活字印本 1函6册
1720.00元 978-7-5013-5299-9

蒙古文法诠释苍天如意珠

（清）丹津扎巴撰
蒙古文清雍正北京刻本 1函1册
320.00元 978-7-5013-5294-4

翰林记

（明）黄佐撰
清初抄本 1函4册
2960.00元 978-7-5013-5010-0

儒林外史

（清）吴敬梓撰
清嘉庆八年卧闲草堂刻本 4函16册
9360.00元 978-7-5013-4799-5

吾学编

（明）郑晓撰
明万历二十七年郑心材刻本 4函24册
15680.00元 978-7-5013-4551-9

察哈尔格西洛桑楚臣传略

(清)罗布桑萨玛如尼玛撰
蒙古文清中期刻本　2函6册
8620.00元　978-7-5013-5295-1

伊玛目艾山与伊玛目玉赛音传

察合台文清抄本　1函1册
1510.00元　978-7-5013-5296-8

铁匠书

察合台文清抄本　1函1册
620.00元　978-7-5013-5297-5

对治十五鬼护身符

于阗文三至十世纪写本　1函1轴册
990.00元　978-7-5013-5298-2

范忠贞公文集

(清)范承谟撰
满文清康熙四十七年内府刻本　1函5册
2740.00元　978-7-5013-5255-5

渼陂集

(明)王九思撰
明嘉靖十二年王献等刻本　1函8册
3420.00元　978-7-5013-5106-0

扬子法言

(汉)扬雄撰;(晋)李轨,(唐)柳宗元,(宋)宋咸、吴祕、司马光注
宋淳熙八年唐仲友台州公使库刻本　1函3册
1980.00元　978-7-5013-5256-2

何翰林集

(明)何良俊撰
明嘉靖四十四年何氏香岩精舍刻本　1函6册
4500.00元　978-7-5013-5257-9

尧峰文钞

(清)汪琬撰
清康熙三十二年林佶写刻本　1函8册
6390.00元　978-7-5013-5259-3

刘蕺山先生集

(明)刘宗周撰
清乾隆十七年证人堂刻本　2函12册
7480.00元　978-7-5013-4994-4

王文成公全书

(明)王守仁撰
明隆庆六年谢廷杰刻本　6函36册
22700.00元　978-7-5013-5107-7

玉琴斋词

(清)余怀撰
稿本　1函4册　1300.00元　978-7-5013-4998-2

林屋集

(明)蔡羽撰
明嘉靖八年刻本　1函10册
3020.00元　978-7-5013-5022-3

词谱

(清)王奕清等撰
清康熙五十四年内府刻朱墨套印本　7函40册
14800.00元　978-7-5013-5103-9

唐百家诗

(明)朱警编
明嘉靖十九年刻本　6函36册
21150.00元　978-7-5013-5108-4

唐诗绝句类选

(明)敖英、凌云辑
明吴兴凌氏刻三色套印本　1函4册
3360.00元　978-7-5013-5024-7

词系

(清)秦巘辑
稿本　3函23册　26380.00元　978-7-5013-5099-5

桃花扇传奇

(清)孔尚任撰
清康熙孔氏介安堂刻本　1函4册
3070.00元　978-7-5013-5027-8

刘子文心雕龙

（南朝梁）刘勰撰，（明）杨慎、曹学佺等批点
明闵绳初刻五色套印本　1函5册
3820.00元　978-7-5013-5025-4

圣迹图

明正德元年刻彩色印本　1函散叶
4600.00元　978-7-5013-5118-3

异域录

（清）图理琛撰
满文清雍正九耐堂刻本　1函4册
2110.00元　978-7-5013-5100-8

闲斋琴趣外篇

（宋）晁元礼撰
清初毛氏汲古阁影宋抄本　1函1册
520.00元　978-7-5013-5086-5

鸟鼠山人小集

（明）胡缵宗撰
明嘉靖刻本　2函12册
4690.00元　978-7-5013-5202-9

海叟集

（明）袁凯撰
明正德刻本　1函1册
449.00元　978-7-5013-5114-5

伊川击壤集

（宋）邵雍撰
明初刻本　1函5册
2810.00元　978-7-5013-5081-0

珊瑚林·金屑编

（明）袁宏道撰
明清乡斋刻本　1函2册
1490.00元　978-7-5013-5080-3

金薤琳琅

（明）都穆撰
明嘉靖刻本　1函5册
2560.00元　978-7-5013-5078-0

可斋杂稿词

（宋）李曾伯撰
清初毛氏汲古阁影宋抄本　1函2册
790.00元　978-7-5013-5076-6

稼轩词

（宋）辛弃疾撰
清初毛氏汲古阁影宋抄本　1函4册
2890.00元　978-7-5013-5112-1

西陂类稿

（清）宋荦撰
清康熙毛扆、宋怀金、高岑刻本　3函16册
12660.00元　978-7-5013-5077-3

大金国志

（宋）宇文懋昭撰
清卢文弨家抄本　1函4册
6250.00元　978-7-5013-5079-7

潜虚先生文集

（清）戴名世撰
清李文田家抄本　1函2册
2580.00元　978-7-5013-5115-2

十家宫词

清初毛氏汲古阁影宋抄本　1函3册
1430.00元　978-7-5013-5116-9

对山集

（明）康海撰
明嘉靖二十四年吴孟祺刻本　2函10册
5410.00元　978-7-5013-5113-8

也是园藏书目

（清）钱曾藏并撰
稿本　1函2册　1240.00元　978-7-5013-5084-1

晁氏琴趣外篇

（宋）晁补之撰

清初影宋抄本　1 函 1 册
620.00 元　978-7-5013-5087-2

增广圣宋高僧诗选

(宋)陈起辑
清初毛氏汲古阁影宋抄本　1 函 1 册
820.00 元　978-7-5013-5085-8

遵岩先生文集

(明)王慎中撰
明嘉靖四十五年刘溱刻本　3 函 15 册
12650.00 元　978-7-5013-5083-4

憺园文集

(清)徐乾学撰
清康熙三十六年冠山堂刻本　2 函 16 册
8650.00 元　978-7-5013-5092-6

仪礼疏

(唐)贾公彦等撰
清黄氏士礼居影宋抄本　2 函 14 册
5700.00 元　978-7-5013-5097-1

空同集

(明)李梦阳撰
明嘉靖三十一年朱睦㮮刻本　4 函 20 册
9250.00 元　978-7-5013-5258-6

皇明典礼

明建文刻本　1 函 2 册
930.00 元　978-7-5013-5265-4

金刚般若波罗蜜经

(后秦)释鸠摩罗什译
明永历九年孙可望刻朱印本　1 函 1 册
710.00 元　978-7-5013-5266-1

靳文襄公奏疏

(清)靳辅撰
清雍正初靳治豫刻本　1 函 8 册
5340.00 元　978-7-5013-5339-2

醉翁琴趣外篇

(宋)欧阳修撰
清初影宋抄本　1 函 1 册
680.00 元　978-7-5013-5088-9

钦定满洲源流考

(清)阿桂等撰
清乾隆四十二年内府刻本　1 函 8 册
6290.00 元　978-7-5013-5260-9

皇朝词林典故

(清)朱珪等撰
清嘉庆十年武英殿刻本　4 函 34 册
19900.00 元　978-7-5013-5261-6

宋元名家词

明抄本　6 函 24 册　22650.00 元　978-7-5013-5026-1

诗源辨体

(明)许学夷撰
稿本　1 函 4 册　3520.00 元　978-7-5013-5036-0

新镌缀白裘合选

题(明)郁冈樵隐、积金山人辑
清康熙翼圣堂刻本　1 函 4 册
2620.00 元　978-7-5013-5117-6

历代君鉴

(明)代宗朱祁钰撰
明景泰四年内府刻本　2 函 10 册
5930.00 元　978-7-5013-5020-9

归先生文集

(明)归有光撰
明万历四年翁良瑜雨金堂刻本　2 函 12 册
5990.00 元　978-7-5013-5023-0

后汉书补注

(清)惠栋撰
稿本　1 函 4 册　4630.00 元　978-7-5013-5034-6

秦汉瓦当文字

（清）程敦撰
清乾隆五十二年横渠书院刻五十九年续刻本　1函3册
1180.00元　978-7-5013-5032-2

营造法式

（宋）李诫撰
清初影宋抄本　2函12册
5010.00元　978-7-5013-5262-3

孝经

（元）孛罗铁木儿编译
蒙古文元刻本　1函1册
390.00元　978-7-5013-5263-0

杨盈川集

（唐）杨炯撰，（明）童佩辑
明万历三年韩邦宪、涂杰刻本　1函4册
1630.00元　978-7-5013-5264-7

坡门酬唱

（宋）邵浩辑
清影宋抄本　1函6册
4410.00元　978-7-5013-5090-2

鲒埼亭集

（清）全祖望撰，（清）史梦蛟校
稿本　2函12册　7530.00元　978-7-5013-5030-8

历代臣鉴

（明）朱瞻基撰
明宣德元年内府刻本　2函12册
5280.00元　978-7-5013-5199-2

戴东原先生文

（清）戴震撰
稿本　1函1册　480.00元　978-7-5013-5029-2

聊斋文集

（清）蒲松龄撰
清曲阜孔氏抄本　1函4册
3820.00元　978-7-5013-5031-5

仁王护国般若波罗蜜经抄

（唐）释不空译，（唐）释良贲疏
白文大理时期写本　1函2册
978-7-5013-5271-5

定公破戒草

（清）龚自珍撰
清道光七年手稿本　1函1册
430.00元　978-7-5013-5028-5

列女传

（汉）刘向撰，（明）汪道昆增辑，（明）仇英绘图
明万历刻清乾隆四十四年鲍氏知不足斋印本　2函16册
7620.00元　978-7-5013-5198-5

张子文粃·诗粃

（清）张岱撰
稿本　1函12册　4130.00元　978-7-5013-5082-7

茫莱法典

傣文旧抄本　1函1册
280.00元　978-7-5013-5267-8

太师张文忠公集

（明）张孚敬撰
明万历四十三年张汝纲、张汝纪等刻本　2函10册
6190.00元　978-7-5013-5096-4

领主法典

傣文旧抄本　1函1册
1050.00元　978-7-5013-5268-5

蒲山牧唱

（明）魏观撰
明成化四年魏铭刻本　1函1册
870.00元　978-7-5013-5094-0

广雅

（魏）张揖撰，（隋）曹宪音释

明刻本　1函1册　1180.00元　978-7-5013-5093-3

么破塘

古壮文清光绪七年韦善经抄本　1函1册
520.00元　978-7-5013-5269-2

释名

(汉)刘熙撰
明嘉靖三年储良材、程鸿刻本　1函2册
750.00元　978-7-5013-5095-7

平斋文集

(宋)洪咨夔撰
清影宋抄本　2函12册
7560.00元　978-7-5013-5091-9

弇州山人读书后八卷

(明)王世贞撰
明刻本　1函8册　3020.00元　978-7-5013-5348-4

梦粱录二十卷

(宋)吴自牧撰
清初抄本　1函3册　2600.00元　978-7-5013-5347-7

有怀堂文稿二十二卷 诗稿六卷

(清)韩菼撰
清康熙刻本　2函6册
5580.00元　978-7-5013-5349-1

革命文献与民国时期文献整理

民国文献资料丛编
民国期刊资料分类汇编
抗日战争及近代中日关系文献
档案文献
名人日记手札
外文类影印图书
其他

民国文献资料丛编

《申报》康梁事迹汇抄

佚名辑　精装 16 开　480.00 元

2008 年 1 月出版　978-7-5013-3591-6

本书将《申报》中有关康有为、梁启超的相关报道，按时间顺序抄录汇编，影印出版，是研究康、梁事迹的重要资料。

（民国）大事史料长编（全十册）

中国科学院上海历史研究所编　精装 16 开　4900.00 元

2008 年 1 月出版　978-7-5013-3551-0

本书从历史档案及《申报》《民国日报》等民国时期的重要报刊中，收集 1919—1926 年间民国社会政治、经济、军事、文化、教育、外交等各方面重大事件的相关资料汇编而成，是研究民国史重要的基础文献。

蓬莱轩地理学丛书（全四册）

（清）丁谦撰　精装 32 开　980.00 元

2008 年 1 月出版　978-7-5013-3550-3

本书共 69 卷，是一部对后世学术有较大影响的、系统考证我国历代边疆地理和西域地理的著作，被称为"天下之奇作"。作者丁谦是清末民国年间一位以考证著称的地理学家，对我国历代边疆及邻国地理有较深入的研究。前人评价该书"以实事求是之学课士，多所成就"，其对历史地理方面的考证"并非诸儒所可及"。

史料旬刊（全四册）

故宫博物院编　精装 32 开　1200.00 元

2008 年 1 月出版　978-7-5013-3588-6

《史料旬刊》是与《文献丛编》并行的系统整理发表故宫博物院所藏清代宫中档案、内务府档案、内阁大库档案和军机处档案的定期刊物。1930 年 6 月 1 日创刊，至 1931 年 7 月 1 日共出 40 期。披露了大量有关清代政治、军事、文化、外交、宗教方面的珍贵档案，在学术界和社会上反响巨大。

清代七百名人传（全三册）

蔡冠洛编纂　精装 32 开　680.00 元

2008 年 3 月出版　978-7-5013-3590-9

本书收清代 260 余年间的政治、军事、实业、学术、艺术等方面的名人传记 713 篇。包括翁同龢、容闳、张勋、武训、奕劻、关天培、冯子材、林则徐、顾炎武、詹天佑、严复、洪秀全、邹容、康有为、秋瑾等人。书后有附录五种，包括：清代大事年表、清代各朝名人分配表、清代名人地域分配表、清代名人分类统计表、清代名人异名—谥法检查表等。

国家图书馆藏国立中央研究院史料丛编（全九册）

刘桂云、孙承蕊选编　精装 16 开　4500.00 元

2008 年 9 月出版　978-7-5013-3769-9

本书收录国立中央研究院各年度报告、职员录、院士录、章程，以及下属各研究所工作报告、年报，包括《国立中央研究院社会科学研究所三十一年度工作报告》《国立中央研究院组织法及筹备经过》《国立中央研究院院士录》《国立中央研究院十九年度总报告》《国立中央研究院首届评议会第一次报告》等，共 50 余种。

民国善后救济史料汇编（全十四册）

殷梦霞、李强选编　精装 16 开　6800.00 元

2008 年 9 月出版　978-7-5013-3770-5

本书汇编了民国时期善后救济总署及其下属各厅的工作计划、报告，并收录了冀热平津、鲁青、河南、湖南、湖北、江西、浙江、安徽、上海、广西、台湾等分署，青岛、汉口、九龙等物资储运局，昆明等难民输送站的章则辑要、工作报告、统计资料，共计 80 余种。

民国赈灾史料(3编)

民国赈灾史料初编(全六册)

本书编委会编　精装16开　2900.00元
2008年11月出版　978-7-5013-3570-1

本书涉及民国时期的赈灾文献11种,有《救荒辑要初编》《赈灾辑要》两部重要专著以及四川、湖南、陕西、江西、广东等地1920—1948年间的赈灾刊物,是民国荒政史研究的重要参考文献。

民国赈灾史料续编(全十五册)

殷梦霞、李强选编　精装16开　7500.00元
2009年8月出版　978-7-5013-3767-5

本书是《民国赈灾史料》的续编,汇编了国民政府救济水灾委员会、华洋义赈总会的报告,重点收录了各地赈务委员会的灾情报告、救灾计划、工赈报告、赈务统计,以及社会各界捐款的征信录,涉及东北、北平、察哈尔、陕西、甘肃、河南、湖北、湖南、江西、浙江、安徽、江苏、广东等地。

民国赈灾史料三编(全三十六册)

夏明方主编　精装16开　21600.00元
2017年10月出版　978-7-5013-6238-7

《民国赈灾史料三编》是继《民国赈灾史料初编》《民国赈灾史料续编》后,又一民国赈灾方面的资料汇编。该书所收内容,一大亮点是将涉及华洋义赈会的相关史料予以尽力收集,包括历次讲习会会刊、赈务报告书、华洋义赈会主办的《合作讯》等内容。除此之外,为最大限度丰富汇编内容,诸多民国时期灾害调查报告、赈灾实况等也一并收录,具有较高的文献价值和史料价值。

食货志汇编(全二册)

(日)松崎鹤雄编　精装16开　980.00元
2008年11月出版　978-7-5013-3776-7

本书收录了中国历代食货志,除收录《史记》《汉书》《晋书》《魏书》《隋书》《旧唐书》《新唐书》《旧五代史》《宋史》《辽史》《金史》《元史》《新元史》《明史》及《清史稿》等15种史书中的食货志外,还包括《永乐大典》的《大元仓库记》《大元毡罽工物记》及《罪惟录》中的部分内容。

中国近代经济史研究集刊(全四册)

陶孟和等编　精装16开　2000.00元
2008年12月出版　978-7-5013-3777-4

该刊是中国第一份经济史学刊物,1932年由北京社会调查所创办,1935年第3卷起改由南京国立中央研究院社会科学研究所出版。到1949年1月该刊停办,共出版8卷14期。该刊以研究经济问题带动其他社会科学的研究和发展为宗旨,强调注重政治史、社会史、经济史的专门研究。

民国浙江史料辑刊(2辑)

民国浙江史料辑刊·第一辑(全十册)

民国浙江史研究中心、杭州师范大学编
精装16开　4800.00元
2008年12月出版　978-7-5013-3781-1

本书由民国浙江史研究中心、杭州师范大学选编,收录了民国时期浙江政治、经济方面的重要史料共计16种,包括政情通讯、建设报告、司法年刊、水利议事会年刊、国货运动、茶厂管理、农村调查、经济调查诸方面,是杭州师范大学民国史研究中心的重要研究成果之一。

民国浙江史料辑刊·第二辑(全四十四册)

民国浙江史研究中心、杭州师范大学编
精装16开　26000.00元
2009年12月出版　978-7-5013-3806-1

本书为《民国浙江史料辑刊》的第二辑,收录内容为浙江省建设厅所编的《浙江建设厅月刊》,此刊于1927年6月创刊,1930年1月改名为《浙江省建设月刊》,1935年7月改为《浙江建设》。自创刊至1937年抗日战争爆发,每月出版一期,抗日战争期间共出版"战时特集"4期。期刊内容为浙江省经济建设方面的论著、计划、法规、报告等,并出版有合作运动、棉业、水利、生产会议等专号,系统地记录了浙江经济建设等方面的情况,具有极高的史料价值。本刊各大图书馆所藏皆不完备,本次出版,综合了国家图书馆、浙江图书馆、南京图书馆等的馆藏,首次将各期凑齐,以备研究之用。

民国铁路沿线经济调查报告汇编(全十五册)

殷梦霞、李强选编　精装16开　7500.00元
2009年3月出版　978-7-5013-3783-5

民国时期,铁道部财务司调查科对全国铁路沿线各省、市、县的经济状况进行了详细的调查,包括胶济、陇海、吉敦、平绥、大潼铁路沿线,以及京粤线、湘滇线、粤滇线、渝柳线、长渝计划线等沿线的东北、河北、山西、陕西、甘肃、安徽、浙江、福建、云南、贵州、四川、重庆、广东等省,是研究民国经济史、铁路史、地方史的第一手调查资料。

民国边政史料(2 编)

民国边政史料汇编(全三十册)

马大正主编　精装 16 开　15000.00 元

2009 年 4 月出版　978-7-5013-3771-2

本书收录了民国时期边政方面的史料,主要为:蒙藏院及蒙藏委员会相关史料,包括《蒙藏委员会公报》以及其职员录、王公名录、会议记录、决议案、行政统计、调查报告;此时期的重要期刊如《边政公论》《西陲宣化使公署月刊》等;学者的有关边事、边政、边疆地理人文的相关著述以及调查报告;涉及边疆各省份,每部按省份分类,共计 30 册。

民国边政史料续编(全三十册)

马大正主编　精装 16 开　18000.00 元

2010 年 8 月出版　978-7-5013-3822-1

本书为《民国边政史料汇编》的续编,由社科院中国边疆史地研究中心马大正教授主编,主要内容为:部分《汇编》未及收录的蒙藏委员会史料;此时期的重要期刊如《康导月刊》《边疆通讯》等;重要的政府文件,如《建设委员会开发计划汇编》中的西北、西南专号;学者的相关著述。另包括边疆垦务、教育、社会调查、经济、游记、风俗方面的史料,涉及边疆各省份,每部按省份分类。

国家图书馆藏民国军事档案文献初编(全十二册)

殷梦霞、李强选编　精装 16 开　6000.00 元

2009 年 6 月出版　978-7-5013-3793-4

本书汇编了国家图书馆所藏的民国军事档案文献,包括海军门的档案(军务类、军衡类、军需类、总务类、军学类)各卷宗,以及海军全军职员录、姓名录、编制表、官兵薪饷;海军部的年报、工作报告、统计;军事委员会海军整编计划、海军大事记、抗战事迹等。这些档案及文献,对研究民国海军的筹建和发展,以及海军抗战的战略战术、战斗经过的具体细节,都具有重大意义。其中有官兵、舰船的照片数百幅,抗战时期牺牲官兵的照片附有详细的履历及牺牲情况,为研究抗战史保留了详细的信息。

民国教育公报汇编(全二〇八册)

殷梦霞、李强选编　精装 16 开　85000.00 元

2009 年 6 月出版　978-7-5013-3796-5

本书收录民国时期教育部、大学部及各省(市)教育厅所编的教育公报,教育部所编的有《教育公报》《国民政府教育部教育公报》,大学院所编的有《大学院公报》,各省(市)教育厅所编的有天津、察哈尔、辽宁、吉林、江苏、安徽、山东、河南、湖北、广东、广西、四川、贵州、云南、陕西、甘肃等省(市)的教育公报,如《河北教育公报》《山西教育公报》等。

外交报汇编(全三十二册)

张元济主编　精装 32 开　9600.00 元

2009 年 6 月出版　978-7-5013-3799-6

《外交报》是中国近代第一份以评述国际问题为主要内容的报刊。1902 年 1 月 4 日在上海创刊。旬刊。张元济主编,商务印书馆代印出版,设论说、译报、文牍、外交纪闻、要电汇录等栏目,蔡元培、严复等都曾是该刊物稿件的主要撰译者。该刊物在编辑上的一大特点是,经常从几十种外国报刊中摘译时事论文,内容包括国际形势、国际公法、各国对中国的政策、各国互相交涉、各国内政等,给读者提供广泛的参阅。该报自 1902 年 1 月至 1911 年 1 月共出 300 期,连续刊行近十年,积累了十分丰富外事资料,深受重视。后曾另出有单行本,分论说、译报、传略、外交史、公法例证、交涉要录等类目,是研究中国近代政治、外交的重要史料。各册前均编有详细的篇章目录,便于检索利用。

民国人口户籍史料(2 编)

民国人口户籍史料汇编(全十四册)

殷梦霞、田奇选编　精装 16 开　7000.00 元

2009 年 9 月出版　978-7-5013-3794-1

本书汇编了民国时期人口户籍方面的史料,主要内容为:内政部所进行的各省份人口调查,如《内务统计:民国五年分山西人口之部》;各省进行的人口户籍调查,如《湖南省人口统计:民国二十一年》;内政部所办的相关期刊;另外还包括人口户籍调查概要、须知、户籍法、户籍行政制度及相关专著。

民国人口户籍史料续编(全五册)

曹宁主编　精装 16 开　3000.00 元

2013 年 12 月出版　978-7-5013-5230-2

本书共收入 1913—1948 年人口户籍史料 28 种,分为法律法规、人口问题两类,是已出版的《民国人口户籍史料汇编》的续编。

民国经济志八种(全三册)

殷梦霞、李强选编　精装 16 开　1800.00 元

2009 年 11 月出版　978-7-5013-3809-2

本书辑录民国时期的八种经济志:一、全面抗战爆发前,建设委员会经济调查所对浙江的嘉兴、平湖,江苏

的江宁，安徽的歙县、休宁县、宁国、泾县、寿县、霍邱、六安、合肥、舒城、霍山、江宁县、当涂县、芜湖县，以及南京市进行详细的调查后，于1934—1937年间所编纂的《中国经济志》各分册；二、抗战时期的经济志，为沈雷春、陈禾章合编的《中国战时经济志》。

近代交通史全编（全四十八册）

本书编委会编　精装16开　28000.00元
2009年12月出版　978-7-5013-4209-9

《交通史》是民国时期由交通部、铁道部合编的大型史料，自1930年起陆续用数年时间编纂整理而成。先后分航空编（全一册）、航政编（全六册）、邮政编（全四册）、电政编（全三册）、路政编（全十八册）、总务编（全五册）单独出版，各编条理清晰、资料详尽，全面地反映出清末、民国时期交通事业发展的状况，可谓是中国近代交通历史上的重要著作。

民国统计资料四种（全十四册）

殷梦霞、李强选编　精装16开　8400.00元
2010年1月出版　978-7-5013-3817-7

本书辑录民国时期四种重要的统计资料：《农商统计表》《中华民国统计提要》《中华民国统计简编》《中华民国统计年鉴》，是研究当时经济、政治、社会等方面情况的基础资料。

民国时期出版书目汇编（全二十册）

刘洪权编　精装16开　12000.00元
2010年5月出版　978-7-5013-3830-6

本书系统地收录民国时期各出版机构编印的出版目录148种。分为七类：一、商务印书馆、中华书局、大东书局、开明书店、正中书局等出版社的出版书目；二、新文学、社会科学类在出版机构的出版书目，包括北新书局、生活书店、亚东图书馆、良友图书公司、贵阳文通书局等的书目；三、自然科学类出版机构的书目；四、国学类出版机构的出版目录；五、机关团体的出版书目；六、私家刻书目录；七、宗教类出版书目，收佛教、道教、伊斯兰教和基督教的出版书目。

申报年鉴全编（全十四册）

申报年鉴社编　精装16开　8400.00元
2010年7月出版　978-7-5013-3845-0

《申报》始创于清同治十一（1872）年，为当时中国最有影响力的报纸之一。1932年，《申报》为纪念创刊60周年而创办了《申报年鉴》，于1933年出版第一期，此后每年一期，至1936年，共出版四期，后因上海沦陷而停刊；1944年，在日伪的控制下复刊，仅出版了一期，成为宣传“大东亚共荣”的工具；抗战胜利后，因后继乏术，未能续出。《申报年鉴》前后总计共出版五大巨册，近千万字。

民国时期佛教资料汇编（全十六册）

田奇选编　精装16开　9600.00元
2010年7月出版　978-7-5013-3843-6

本书收录了民国时期的有关佛教文献50种，内容涉及佛学图书目录、佛教语言工具书、法会记录、佛教仪轨、高僧文集、佛教组织章程、佛教特刊、报告、佛教院校、论文集、诗集、高僧传记、年谱等，对于了解和研究民国时期的佛教状况有着重要的参考价值。

豫鄂皖赣四省农村经济调查报告（全二册）

金陵大学农学院农业经济系编　精装16开　1200.00元
2010年7月出版　978-7-5013-3839-9

本书是20世纪30年代，中国农民银行委托金陵大学农学院农业经济系所做的调查报告。金陵大学农学院是民国时期农业、农村问题研究的重镇，取得了非凡的成就，它运用科学的方法，对四省农村进行了详细的调查，报告豫、鄂、皖、赣四省的土地分类研究、典当业、租佃制度等情况，每期刊登一个专题报告。后于1934年出版油印本的《调查初步报告》（现藏浙江图书馆），1936—1938年出版铅印本的《调查报告》。本书将二者结集出版。

民国时期发行书目汇编（全七册）

国家图书馆典藏阅览部编　精装16开　4000.00元
2010年8月出版　978-7-5013-3844-3

本书全面系统地收录民国时期编印的各种图书发行目录，也包括部分期刊发行目录。由两部分组成：全国性发行目录、书店发行目录。主要包括：生活书店编《生活全国总书目》，开明书店编《全国出版物总目录》，现代书局编《现代书局图书总目》，桂林文化供应社编《全国新书目录》（1943），还包括《邮局代购书籍目录》《来熏阁书店经售中国学术机关出版物联合目录》《作者书社图书目录》，上海杂志无限公司编的《战时新书目》等。这些发行目录对于研究民国时期出版史、文化史，尤其是书价史，都有重要价值。

民国教育统计资料（2编）

民国教育统计资料汇编（全三十册）

王燕来选编　精装16开　18000.00元
2010年9月出版　978-7-5013-3818-4

本书收录民国时期教育相关统计资料共计74种，

包涵了全国性与地方性的、综合性与单一性的，涉及高等教育、中等教育、初等教育和社会教育等各个方面。基于资料连续性的考虑，本书对于清末的几种重要的相关统计资料也收入其中，如清光绪三十三年（1907）由学部总务司主持编制的《第一次教育统计图表》、宣统二年（1910）由直隶学务公所主持编制的《直隶教育统计图表》等。是研究当时教育状况的重要史料。

民国教育统计资料续编（全二十五册）

王燕来、谷韶军选编　精装16开　15000.00元

2012年12月出版　978-7-5013-4901-2

本书收录民国时期教育相关统计资料共计83种，包涵了全国性与地方性的、综合性与单一性的，涉及高等育、中等教育、初等教育和社会教育等各个方面。基于资料连续性的考虑，本书对于清末的几种重要的相关统计资料也收入其中，如清末由学部总务司主持编制的《第二次教育统计图表》《第三次教育统计图表》等。是研究当时教育状况的重要史料。

内务公报（全十八册）

内务部总务厅统计科编　精装16开　9800.00元

2010年10月出版　978-7-5013-3856-6

本书收录的《内务公报》始于1913年10月止于1925年10月，共145期，历经12年的时间，是民国政府内务部的官方期刊。公报记载的内容分为以下几部分：一、图书。二、命令。三、法规。四、文牍。五、报告。六、译述。七、选论。八、杂录。另有几期附录有地方人口统计资料。

北平伪中华民国临时政府公报（全十四册）

（伪）临时政府行政委员会公报处编

精装16开　8400.00元

2010年10月出版　978-7-5013-3854-2

北平的伪中华民国临时政府为1937年12月日本侵略者扶植汉奸王克敏、王揖唐等在北平成立的伪政权，1940年汪伪政权成立后被取消，改称“华北政务委员会”。北平伪政权出版的《政府公报》，共140号，常设栏目为法规、命令、公函等，系统记载了伪政权内政、财政、治安、司法、教育、实业等方面的史料，是研究抗战史、伪政权史的重要参考资料。

《文学论文索引》全编

刘修业等编　精装16开　1500.00元

2010年12月出版　978-7-5013-3871-9

本书由以下三本书组成：《文学论文索引》（1932）、《文学论文索引续编》（1934）、《文学论文索引三编》（1936）。收录1905—1936年间发表的文学论文，分类编排，是研究近现代文学必不可少的工具书。《文学论文索引》由张陈卿、陈璧如、李维垿编，中华图书馆协会1932年1月出版，收录1905—1929年底发表的文学论文、消息和序跋。《文学论文索引续编》由刘修业编，中华图书馆协会于1933年11月出版，收录范围为1928—1933年5月。《文学论文索引三编》由刘修业编，中华图书馆协会1936年1月出版，收录范围为1933年5月至1935年底。

民族学研究集刊

中山文化教育馆研究部民族问题研究室编

精装16开　1200.00元

2010年12月出版　978-7-5013-3858-0

《民族学研究集刊》，中山文化教育馆编，上海商务印书馆出版，后迁至长沙、重庆出版，1936—1948年间共出版六期。《民族学研究集刊》是黄文山和卫惠林主持中山文化教育馆期间，编辑出版的一份民族学刊物，由中国民族学会全体会员担任特约撰稿人，是中国民族学、人类学发展早期最为重要的刊物。

北洋时期国会会议记录汇编（全十六册）

李强选编　精装16开　9600.00元

2011年1月出版　978-7-5013-3855-9

本书收录北洋时期国会的会议记录，包括参众两院的会议速记录、会议纪要、议决案汇编，以及参政院代行立法院会议速记录、政治会议速记录等，并附带收录了议员录、写真册、国会要览、国会选举法、会议规则等相关文献，是研究北洋时期议会政治史的重要文献。

国民政府年鉴（一九四三——一九四六）（全四册）

行政院编　精装16开　2400.00元

2011年1月出版　978-7-5013-3868-9

本书为南京国民政府行政院抗战时期及之后所编的大型年鉴，1943—1946年间共出版三次，系统地记载了全国及各省政治、经济、文化等方面的重要史料，并保留了很多有价值的统计数据，是研究抗战史、经济史、政治史、地方史的重要工具书。本年鉴系首次完整影印。

民国杭州史料辑刊（全五册）

杭州文史研究会、民国浙江史研究中心编

精装16开　3000.00元

2011年3月出版　978-7-5013-3850-4

本书由民国浙江史研究中心、杭州文史研究会编，汇辑了民国时期杭州政治、经济、文化、教育、社会等方面的史料,包括杭州光复、地方自治、沦陷经过、经济统计、教育概况、社会概况、街道规划等,另包括《杭州民国日报副刊》《血雨腥风》等报刊,是研究民国杭州史、浙江史的重要史料。

民国金融史料汇编(全二八〇册)

殷梦霞、李强选编　精装 16 开　160000.00 元
2011 年 3 月出版　978-7-5013-3869-6

本书为民国金融文献的大型汇编,内容共分五类:一、四大银行(中、中、交、农)以及中联银行、大陆银行等全国性银行所办的月报、月刊、通讯,如《中央银行月报》《中行月刊》《交通银行月刊》《交行通信》《中国农民银行月刊》《中农月刊》等。二、金融类刊物,包括:《金融周报》《金融导报》《金融周讯》《中外商业金融汇报》等。三、证券类刊物,包括:《交易所周刊》《证券市场》《华股研究周报》《上海票据交换所月报》等。四、各省市银行所办的通讯、月刊、季刊、特刊,包括:《北京银行月刊》《满洲兴业银行周报》《安徽省银行月刊》等,涵盖河北、安徽、福建、江西、河南、江苏、湖北、湖南、广东、广西、四川、云南、甘肃等地省行。五、合作金库、农贷、地方金融等方面的文献,包括《金融与合作》《农贷消息》《地方金融》等。这些文献,首次大规模整理出版,对研究民国金融史、经济史,都具有极重要的价值。

《国学论文索引》全编(全四册)

刘修业等编　精装 16 开　2000.00 元
2011 年 4 月出版　978-7-5013-3883-2

国家图书馆在 1929—1955 年曾编印过五编《国学论文索引》。这套索引收录 1905—1937 年间发表的国学论文,至今仍然是相关研究者的重要工具。本书将这五编合并出版。《国学论文索引》,中华图书馆协会于 1929 年出版。该索引收录清光绪三十一年(1905)至 1928 年 7 月发表于 81 种报纸杂志中的论文 3000 余篇。分类排列,共分总论、群经、语言文字学、考古学、史学、地学、诸子学、文学、科学、政治法律学、经济学、社会学、教育学、宗教学、音乐、艺术、图书目录学等十七大类及若干小类。《国学论文索引续编》(1931)、《国学论文索引三编》(1934)、《国学论文索引四编》(1936)、《国学论文索引五编》(1955),体例与初编大体相同。

社会部公报两种(全五册)

社会部总务司编　精装 16 开　2800.00 元
2011 年 5 月出版　978-7-5013-3864-1

本书收录了民国时期社会部公报两种,一是南京汪伪政权 1940 年 6 月至 1941 年 8 月出版的共 21 期;二是中华民国政府 1941 年 3 月至 1945 年 3 月出版的共 17 期。南京汪伪政府社会部公报的内容分为四部分,一法规,二命令,三专载,四附录。中华民国政府社会部公报的内容也分四部分,一法规,二命令,三公牍,四附录。以上内容涉及了 1940 年 6 月至 1945 年 3 月中国社会的诸多方面,具有珍贵的史料价值。

民国地政史料汇编(全二十二册)

李强选编　精装 16 开　13000.00 元
2011 年 5 月出版　978-7-5013-3870-2

民国时期的地政,在政治、经济生活中具有举足轻重的地位。本书收录地政史料 35 种,主要内容为:各年度的地政法规汇编;地政署的职员录、统计提要;全国各省市土地行政机关的概况、报告;中国地政学会创办的《地政月刊》、中国地政研究所创办的《地政学报》、中央政治学校地政学院研究室所编的《地政论文撮要》。内容涉及中国土地问题的探讨、土地改革政策、土地测量与登记、土地陈报、租佃问题、地价调查、土地税与土地评价等方面的内容。

民国时期新闻史料(3 编)

民国时期新闻史料汇编(全十六册)

方汉奇主编,王润泽副主编　精装 16 开　9600.00 元
2011 年 6 月出版　978-7-5013-3865-8

本书收录了民国时期新闻史料 60 余种,所收的史料分为四部分:一为新闻学专著和论集;二为新闻调查报告和统计报告;三为新闻单位职员录;四为新闻特刊、纪念刊和专刊。对于了解和研究民国时期新闻历史有着珍贵的价值。

民国时期新闻史料续编(全三十二册)

方汉奇、王润泽、郭传芹编　精装 16 开　19000.00 元
2017 年 4 月出版　978-7-5013-6033-8

本书收入民国新闻史料 120 余种,分为六部分。一为新闻统计资料;二为新闻机构概况;三为新闻年刊和纪念刊;四为新闻学专著;五为战时新闻;六为新闻期刊。本书的出版为研究民国时期的政治、经济、文化的学者们,特别是研究新闻史的学者们提供了宝贵的史料。本书是国家社科基金项目"百年中国新闻史料整理与研究"的阶段性成果。

民国时期新闻史料三编(全二十六册)

方汉奇、王润泽、郭传芹编　精装 16 开　16000.00 元
2018 年 6 月出版　978-7-5013-6383-4

本书收入民国新闻史料 62 余种,分为五部分。一为新闻统计资料;二为新闻机构概况;三为新闻年刊和纪念刊;四为新闻学专著;五为新闻期刊。本书的出版为研究民国时期的政治、经济、文化的学者们,特别是研究新闻史的学者们提供了宝贵的史料。本书是国家社科基金项目“百年中国新闻史料整理与研究”的阶段性成果。

《社会科学杂志》全编(全九册)

陶孟和、曾炳钧主撰　精装 16 开　5000.00 元

2011 年 6 月出版　978-7-5013-3884-9

《社会科学杂志》是由北平社会调查所于 1930 年 3 月创刊。八卷三期之前(1937 年)每年的三、六、九、十二月定期出版。抗日战争爆发后中断 10 年,直至 1947 年 6 月始恢复出版了第九卷两期和第十卷一期。本杂志共刊登论述类文章 100 多篇、书籍评论近百篇、杂纂 20 多篇。其中的绝大多数文章都是围绕当时最热门话题展开论述的,对于当时各相关部门及时解决存在的社会问题起了积极的指导作用。其内容涉猎广泛,研究者眼光独到而严谨,具有极高的学术价值。另因其分类清晰,详略得当,更加便于后世研究者查找使用。此次采用影印方式出版,刊前刊后广告亦未加删改,以存期刊的本来面貌。

国立中山大学语言历史学研究所周刊全编(全八册)

国立中山大学语言历史学研究所编

精装 16 开　4500.00 元

2011 年 7 月出版　978-7-5013-4015-6

国立中山大学语言历史学研究所筹备于 1927 年秋,成立于 1928 年 1 月,为著名历史学家傅斯年、顾颉刚等人创办,其所出版刊物《国立中山大学语言历史学研究所周刊》在语言历史学和民俗学界影响很大。很多文史研究名家在刊物上发表文章,因此此刊无论学术价值还是文献价值都很高。原刊自 1927 年 11 月创刊,至 1930 年 4 月止,共出 132 期,由广州国立中山大学语言历史研究所编印。本书将这 132 期影印出版,以满足相关研究需要。

辛亥革命杭州史料辑刊(全十册)

杭州文史研究会等编　精装 16 开　6000.00 元

2011 年 8 月出版　978-7-5013-4653-0

本书为辛亥革命时期杭州史料的汇集,由杭州文史研究会、民国浙江史研究中心、浙江图书馆联合选编,内容包括两部分:一、浙江省民国浙江史中心所藏的汤寿潜档案(全十四册);二、清末浙江资议局的相关文献,包括:筹办章程、报告;议员写真;历届会议的议事录、速记录、建议案、议决案、议员质问书等。这些文献,系首次披露,具有极高的史料价值。

重庆海关总税务司署贸易册(全十五册)

重庆海关总税务司署编　精装 16 开　9000.00 元

2011 年 8 月出版　978-7-5013-3877-1

本书为 1942—1945 年间重庆海关总税务司的原始贸易表册,由重庆海关总税务司署统计科编制,内容为土货出口统计表(运往沦陷区、直接运往外洋);洋货进口统计表(直接由外洋进口、间接由外洋进口、直接由沦陷区进口);进出口货物总值国别表、关别表。每月各一册,总计近百册。这批文献存世极少,为研究抗战史、经济史、贸易史的重要文献。

嵊州市档案馆藏浙军都督汤寿潜函卷

嵊州市档案馆、杭州师范大学民国浙江史研究中心编

精装 16 开　300.00 元

2011 年 9 月出版　978-7-5013-4654-7

此批档案为浙江嵊州档案馆所藏,形成于 1911 年 11 月 11 日至 1912 年 1 月 9 日,共 18 卷,是汤寿潜督浙期间致各有关知名人物的信函底稿,多为幕僚起草经汤氏修改,少量为汤氏亲笔稿。该档案已于 2010 年入选第三批“中国档案文献遗产名录”。本书将这批档案影印出版。

辛亥革命浙江史料汇编(全十册)

浙江省政协文史资料委员会、杭州师范大学民国浙江史研究中心编　精装 16 开　6000.00 元

2011 年 9 月出版　978-7-5013-4652-3

本书为辛亥革命时期浙江史料的汇集,由浙江省政协文史资料委员会、杭州师范大学民国浙江史研究中心联合选编,内容包括:一、清末浙江地方自治的相关史料,包括:《浙江地方自治筹办处文报》《府厅州县地方自治章程并选举章程》《白话城镇乡应办自治各事宣讲本》;二、辛亥革命前浙江革命的具体情况:如《浙案纪略》《皖变始末记》《越恨》《丁未年浙江警察日记》。三、苏杭甬铁路风潮的相关档案、论著;四、嵊州市档案馆所藏《浙军都督府汤寿潜函稿》;五、辛亥革命时期的重要报刊,如《浙江军政府公报》《汉民日报》;六、民国初年浙江省议会的相关文献,包括:历届会议的议事录、建议案、议决案、议员质问书等。这些文献,有相当部分为首次披露,具有极高的史料价值。

战时消费税国货类别税收统计表(全六册)

重庆海关总贸易司署统计科编　精装 16 开　3600.00 元

2011 年 9 月出版　978-7-5013-3875-7

战时消费税为抗日战争期间国民政府对特定消费物品征收的一种税,目的是弥补各省因裁废税捐所发生的亏短。自 1942 年 4 月 15 日开征,1945 年 1 月 23 日停征,共持续两年九个月。税目分为国货与洋货两大类。本书为重庆海关总贸易司署编纂的国货类别的原始税收表册,存世极少,记录 1942 年 5 月至 1944 年 12 月间,国内各地税务机关的相关税收数据,每月一册,合计 32 册,是研究抗战史、近代经济史的重要文献。

辛亥革命稀见文献汇编(全四十五册)

桑兵主编　精装 16 开　29800.00 元
2011 年 10 月出版　978-7-5013-4655-4

本书总计收录辛亥时期的重要文献 86 种,其内容包括:一、期刊类。收录了留日革命社团在东京创办的期刊,如《第一晋话报》《粤西》《汉风》《江西》《河南》《复报》等;同盟会内地分支机关的机关报及其他宣传革命的期刊,如《南风报》《南报》《中国女报》《女报》《萃新报》《浙源汇报》《东浙杂志》;奉天、河南、湖北、广东等地所办的自治报;部分白话报,如《宁波白话报》《新白话》《白话报》等;其他相关期刊,如《觉民报》《大陆报》等。二、清末预备立宪、各地资议局的相关文献。包括审政编查馆、资政院的相关规章、文书,特别是重点收录了各省资议局的报告、建议案、议决案、议事录、文牍等重要史料,共计 45 种,涉及全国大部分省份,为首次集中大规模披露;三、此时期的重要档案,如无锡市档案馆所藏的《锡金军政分府文书》;四、其他文献,包括相关的专著、文集、回忆录等。其中绝大部分为首次影印,具有很高的史料价值。

民国华侨史料(3 编)

民国华侨史料汇编(全十五册)

耿素丽、张军选编　精装 16 开　8800.00 元
2011 年 10 月出版　978-7-5013-4614-1

华侨研究在 20 世纪曾四次引起学术界的兴趣,这均与世界经济和国际政治的发展有密切关系。20 世纪初,由于 1904—1910 年英国在南非引进契约华工开采金矿及美、澳等国的排华运动,华工的待遇、引进华工对本地的影响及定居国的移民政策等问题引起西方学术界的兴趣;第一次世界大战后欧洲各国劳动力奇缺,大批华工涌入欧洲,他们的地位、相关的国际法问题以及中国政府的相应政策又一次引起学术界的关注;第二次世界大战以后,由于亚非地区民族主义运动的崛起,国际政治学领域(以美国学者为主)兴起了对各国少数民族的研究热,华人存在于世界各地这一事实、冷战气候以及 20 世纪五六十年代东南亚国家的排华现象更引起了世人关注,华侨问题又一次引起学者的重视;从 20 世纪 80 年代起,中国经济的崛起成为一大奇迹,海外华人所起的作用显而易见,华侨研究再次成为国际学术界的热点。《民国华侨史料汇编》,收入 1913—1948 年出版的有关华侨问题的文献 49 种。其中包括书籍 44 种,期刊 5 种。书与刊各以出版时间先后为序编排,分为 15 册。其中不乏在华侨研究史上产生过或至今仍具有深远影响的作品。

民国华侨史料续编(全二十册)

国家图书馆编　精装 16 开　12000.00 元
2017 年 6 月出版　978-7-5013-6083-3

民国时期是中国人大规模移民海外的时期,出国的人数之多、规模之大、分布之广、遭遇之苦,均属前所未有。近代中国的种种经济、社会、文化变革,均有华侨参与的身影。本书收录有关华侨问题的重要文献 66 种,以期服务学者。根据内容,全书所收文献可分为七类:一、侨务侨政,以侨务委员会等官方出版物和机构出版物为主;二、华侨问题研究与华侨概况;三、华侨教育;四、华侨与抗战;五、华侨华人相关社团机构;六、华侨调查与统计;七、救济华侨。这些史料绝大多数为此前从未出版过且极具学术价值的文献,弥足珍贵。

民国华侨史料三编(全二十册)

国家图书馆编　精装 16 开　12000.00 元
2018 年 11 月出版　978-7-5013-6603-3

本书收录民国时期华侨相关史料 65 种,分为六类:一、华侨历史与概况;二、华侨问题研究与调查;三、华侨机构与团体;四、华侨经济;五、华侨教育;六、华侨抗战。本书有以下特点:一、所收史料大部分为首次公开影印出版,此前未被人或少被人研究利用,极具学术价值;二、不仅收录民国图书资料,更增收若干关于华侨社团、华侨教育、华侨妇女的稀见刊物,多为内部出版,较为珍贵;三、收录抗日战争期间日方通过其扶持的各种机构对华侨所作的调查史料。

民国司法史料汇编(全五十册)

殷梦霞、邓咏秋选编　精装 16 开　28000.00 元
2011 年 12 月出版　978-7-5013-4714-8

本书收录民国时期各类司法史料,大致可分为四类:一、解释例,二、判例,三、司法行政史料,四、司法法规汇编。其中大理院和最高法院判例、大理院和司法院的解释例,均完整无缺。还收录民国各时期出版的司法法规、司法考察记、司法院职员录等。这些资料是研究民国时期司法制度的基础文献。

中国经济年鉴(一九三四——一九三六)(全二十二册)

实业部中国经济年鉴编纂委员会编
精装 16 开　13000.00 元

2011 年 12 月出版　978-7-5013-3821-4

《中国经济年鉴》为民国时期编纂的大型年鉴，由实业部中国经济年鉴编纂委员会编，1934—1936 年间共出版三次，分别是：《中国经济年鉴》（1934）、《中国经济年鉴：民国二十四年续编》（1935）、《中国经济年鉴：民国二十五年第三编》（1936），每册共 5000 页左右，记录各经济门类、各省经济情况，内容丰富翔实、数据可靠，具有很高的文献价值。本书附带收录了《第一回经济年鉴纪念册》《第二回经济年鉴纪念册》以及太平洋经济研究社所编《中国经济年鉴：1947》《中国经济年鉴：1948》，以资参考。

司法公报（全八十八册）

司法部公报处等编　精装 16 开　52000.00 元
2011 年 12 月出版　978-7-5013-3863-4

《司法公报》收录了 1912—1948 年司法部和司法院出版的官方公报。公报分为两部分：一是北京民国政府司法公报，由（北京）司法部公报处编辑，时间从 1912—1928 年共 246 期；二是南京民国政府司法公报，由（南京）司法院秘书处编辑，1927—1928 年 19 期，1929—1931 年共 156 号（期），1932 年 2 月至 1934 年 10 月休刊，1934 年第一号（期）起，司法行政公报与司法公报合刊，至 1948 年 821 号（期）止。在此期间，抗战期间迁至重庆出版，抗战胜利后又迁回南京。《司法公报》登载的内容大致如下，命令、法规、公牍、报告、统计报告、杂录、别录等。

近代人物年谱辑刊（全二十册）

国家图书馆出版社整理　精装 32 开　6000.00 元
2012 年 5 月出版　978-7-5013-4651-6

本书收录近代人物年谱 105 种，谱主 97 人，包括王闿运、周馥、张勋、徐世昌、袁世凯、梁济、黎元洪等，有 65 种年谱为谱主自撰，所记为其亲历、亲见或亲闻，真切翔实，如周馥《周悫慎公自著年谱》等。家人所撰年谱中，子为父撰谱居大多数，如王代功为其父王闿运编《湘绮府君年谱》、张星烺为其父张相文编《泗阳张沌谷居士年谱》等。后学补撰类年谱，如李根源为李学诗编《李希白先生年谱》、刘治襄为吴永编《吴渔川先生年谱》等，为研究者提供了方便。

近代学报汇刊（全一百六十册）

殷梦霞、李强选编　精装 16 开　96000.00 元
2012 年 5 月出版　978-7-5013-4731-5

本书收录近代学报 90 余种，包括各学科的学报、研究团体的学报、地域性学报、学校的学报，其中清末学报 8 种，包括《四川学报》《学报》《工商学报》等；民国学报 80 余种，包括《清华学报》《金陵学报》《复旦学报》《暨南学报》《浙江学报》《之江学报》《地理学报》等。这些学报，既是近代学术的集中体现，也是近代史料的集中展示，具有很高的文献价值。

抗战前价格参考资料（全八册）

中华人民共和国商业部物价局编　精装 16 开　4800.00 元
2012 年 6 月出版　978-7-5013-3886-3

本书收录 1955 年商业部物价局编印的《抗战前价格参考资料》。共分七辑。第一辑是全国农村物价，收录 1933—1937 年全国 118 处乡村的物价数据。后六辑收录 1929—1937 年全国各省区的商品批发及零售价格数据。

考试院公报（全三十册）

考试院秘书处编　精装 32 开　18000.00 元
2012 年 6 月出版　978-7-5013-4795-7

本书完整收录南京国民政府考试院编印的《考试院公报》（1930—1938），并把汪伪考试院编印的《考试院公报》（1940—1942）作为附录，一并影印出版，以供学者研究。本书对研究民国时期的政治、人事行政、教育等均有重要价值。

民国时期私家藏书目录丛刊（全十三册）

李万健、邓咏秋选编　精装 16 开　7800.00 元
2012 年 9 月出版　978-7-5013-4866-4

本书收录民国时期私家藏书目录约 40 种，包括《崇雅堂书录》（甘鹏云）、《约园藏书志》（张寿镛）、《周氏师古堂书目提要》（周学熙）、《海盐朱氏癸丑七节迁京书目》（朱希祖）、《瞿安书目》（吴梅）、《梦坡室收藏琴谱提要》（周庆云）、《褐木庐藏剧目》（宋春舫）、《顾颉刚先生藏书目录》等。

华北政务委员会公报（全二十二册）

（伪）华北政务委员会编　精装 16 开　13000.00 元
2012 年 9 月出版　978-7-5013-4704-9

华北政务委员会成立于 1940 年，前身为伪中华民国临时政府，为抗战时期的汉奸机构。大汉奸王克敏任委员长。该委员会在汪伪政权中享有极高的自治权，全权处理河北、山东、山西三省沦陷区及北平、天津、青岛三个特别市的政务，河南省的豫北、豫东地区也归其管辖。《华北政务委员公报》1940—1944 年间共出版 324 期，系统地记录了伪政权的活动，是研究抗战史的重要文献。

民国时期内政公报三种(全四十八册)

国家图书馆出版社编　精装 16 开　28000.00 元
2012 年 9 月出版　978-7-5013-4820-6

本书收录的民国内政公报有三种,一是南京国民政府《内政公报》,出版时间为 1828 年 5 月至 1943 年 12 月,期间 1928 年 5 月至 1937 年 5 月出版地在南京,编辑出版者为内政部秘书处二科,后抗日战争全面爆发,国民政府迁都,出版地也迁至重庆;二是日本军国主义扶持的维新政府《内政公报》,出版时间为 1938 年 10 月至 1940 年 2 月,出版地在南京,编辑出版者为内政部总务司;三是日本军国主义扶持的汪伪政府《内政公报》,出版时间为 1940 年 4 月至 1942 年 11 月,出版地在南京,编辑出版者为内政部总务司。

中国人民大学新闻学院藏稀见新闻史料汇编(全二十九册)

方汉奇、王润泽主编　精装 16 开　18000.00 元
2012 年 9 月出版　978-7-5013-4847-3

本书收录中国人民大学新闻学院资料室所藏民国新闻史料 78 种,内容涉及新闻史、新闻理论、新闻论文集、统计资料、专刊、特刊等文献资料,是研究中国新闻学、新闻史的珍贵参考资料。

五四时期重要期刊汇编(全二十册)

李强辑　精装 16 开　12000.00 元
2012 年 10 月出版　978-7-5013-4869-5

五四时期,社会思潮极为活跃,产生了一大批颇具影响力的期刊。本书收录此时期重要的期刊 20 余种,包括《解放与改造》(《改造》)《少年世界》《少年社会》《少年中国学会会务报告》《上海学生联合会通俗丛刊》《曙光》《工学》《奋斗》《旅欧周刊》《旅欧杂志》《黑潮》《新陇》《新四川》《新学报》《新浙江》《新群》《新共和》《湖南》《之江潮声》《川滇黔旅苏学生会周刊》等。

(民国时期)期刊索引(全十八册)

中山文化教育馆编　精装 16 开　9800.00 元
2013 年 1 月出版　978-7-5013-4904-3

中山文化教育馆编《期刊索引》(1933.11—1937.7)为月刊,共出版 8 卷 45 期,每期收录期刊约 300 种,论文约 3000 多篇。其中 1 卷 3—6 期附有报纸索引,3 卷 3 期为《法学论文索引专号》,3 卷 6 期附有《五年来教育论文索引》,其余均为综合性论文集索引。正文由分类索引和著者索引组成。该刊是民国时期重要的索引工具,是查找 20 世纪 30 年代期刊文献的重要工具。

(民国时期)日报索引(全十三册)

中山文化教育馆编　精装 16 开　7800.00 元
2013 年 1 月出版　978-7-5013-4905-0

《日报索引》(1934.5—1937.8),中山文化教育馆编,月刊,共出版 7 卷 39 期,收录当时发行的 11 种重要报纸上的文献资料,包括《申报》《新闻报》《时事新报》《中央日报》《西京日报》《武汉日报》《大公报》《北平晨报》《(香港)工商日报》《(香港)循环日报》《星洲日报》。正文由分类索引和著者索引组成。该刊对于查检 20 世纪 30 年代报纸资料、新闻史事等很有帮助。

中国社会科学院经济研究所藏近代经济史料初编(全十八册)

中国社会科学院经济研究所编　精装 16 开　10800.00 元
2013 年 4 月出版　978-7-5013-4918-0

本书汇集中国社会科学院经济研究所系统收藏的抗战期间大后方出版发行的重要物价资料 20 余种,如《重庆市物价指数》《重庆市物价指数月报》《重庆市物价指数专报》《四川省物价汇报》等,是研究当时国计民生状况的珍贵史料。

民国时期司法统计资料汇编(全二十二册)

田奇、汤红霞选编　精装 16 开　13000.00 元
2013 年 6 月出版　978-7-5013-5062-9

本书收录了民国时期司法统计资料 26 种,分四部分。一、中华民国刑事统计年报九种;二、中华民国民事统计年报五种;三、民国年度司法统计年报七种;四、地方司法统计。其中前三部分为民国政府司法部和司法行政部编纂,第四部分为地方司法部门编纂。民国司法统计对于反映民国时期司法实践状况,以及以此作为切入点而研究民国时期整个社会经济发展状况而言,都具有极其重要的史料价值。

行政院工作报告(一九三四——一九四七)(全九册)

行政院秘书处编　精装 16 开　5400.00 元
2013 年 9 月出版　978-7-5013-5165-7

本书收录民国时期行政院 1934—1947 年间出版的工作报告 22 种,内容为行政院向国民党全国代表大会、国民党中央执行委员会、国民参政会提交的年度或数年工作报告,分内政、外交、国防、财政、经济、教育、交通、农林、社会、粮食、司法行政、蒙藏、侨务、水利、资源、卫生、地政等门类,详细地陈述了工作的内容及进展。这些工作报告,在当时多为机密文件,具有很高的文献价值。

民国时期出版史料(2 编)

民国时期出版史料汇编(全二十二册)

吴永贵编　精装 16 开　13000.00 元
2013 年 10 月出版　978-7-5013-5183-1

本书系统地收录民国时期各种出版史料 120 种,主要分为以下几类:一、出版机构史料,包括商务印书馆、中华书局、世界书局、大东书局、开明书店这五大出版社的史料,以及全国各地其他 36 家出版机构的史料;二、出版概况及研究,包括《中国出版界简史》《书业概况》《儿童读物的研究》等著作;三、出版法规与出版管理;四、书业公会史料;五、印刷及纸业史料;六、出版类刊物;七、出版物目录。

民国时期出版史料续编(全二十册)

吴永贵编　精装 16 开　12000.00 元
2016 年 10 月出版　978-7-5013-5955-4

本书是《民国时期出版史料汇编》的续编,收录民国时期各类出版史料百余种。主要包括五类:一、出版法规与管理;二、出版机构史料;三、相关调查与统计资料;四、出版物样本及目录;五、出版界期刊。本辑收录的关于审查与查禁图书的史料,《大东书局之过去情况与今后计划》,商务印书馆、中华书局等多家出版社的社史资料、图书目录、出版期刊及与出版相关的法规条例百余种。对出版史研究、文学史研究大有裨益。

民国时期经济调查资料(3 编)

民国时期经济调查资料汇编(全三十册)

郑成林选编　精装 16 开　18000.00 元
2013 年 11 月出版　978-7-5013-5193-0

本书收录民国时期的经济调查报告 143 种,内容为:各地方县市的经济概况调查;工业、农业、手工业等具体门类的专门调查,包括橡胶、茶叶、造纸、酿酒、丝绸等行业的产销报告。这些调查报告,涉及全国大多数省份、经济学的大多数门类,且大多数都是抗日战争时期的调查,是研究民国经济史、地方经济史、抗战史的重要参考。

民国时期经济调查资料续编(全三十册)

郑成林选编　精装 16 开　18000.00 元
2015 年 2 月出版　978-7-5013-5523-5

本书是《民国时期经济调查资料汇编》的续编,收录民国时期的经济调查报告 209 种,内容为:各地方县市的经济概况调查;工业、农业、手工业、商业等具体门类的专门调查,包括制造业、粮食、棉花、茶叶、矿产、国货等产业和行业的产销报告等。这些调查报告,涉及全国大多数省份、经济学的大多数门类,且很多都是抗战时期的调查,是研究民国经济史、地方经济史、抗战史的重要参考。

民国时期经济调查资料三编(全三十册)

郑成林选编　精装 16 开　18000.00 元
2016 年 11 月出版　978-7-5013-5984-4

本书是《民国时期经济调查资料汇编》的三编,收录民国时期的经济调查报告 148 种,内容包括:各地经济概况调查、农村经济情况调查、农林牧副业调查、工业调查、矿产业调查、商业贸易调查、金融赋税调查、邮电交通运输业调查。本书所收资料绝大部分是机构调查资料,其中有不少民国时期国民经济研究所的调查报告,以及日伪机构的调查报告,这些报告绝大多数都是秘级资料,文献价值突出,为民国时期经济史研究提供了丰富的资料。

民国时期社会调查资料(3 编)

民国时期社会调查资料汇编(全三十册)

国家图书馆编　精装 16 开　18000.00 元
2013 年 11 月出版　978-7-5013-5186-2

民国时期,出于对中国国情的了解与改良社会的需要,社会调查盛极一时,形成了大量珍贵的调查资料。本书收录民国时期的社会调查资料 120 种,分为社会概况调查、农村调查、文教卫生事业调查、工业与工人调查、社会组织调查、民族与民俗调查等。调查机构既包括中国共产党领导的江南问题研究会,还包括北平社会调查所等研究机构、南京市社会局等官方机构,金陵女子文理学院社会学系等高校院系,更有日本及伪政权的调查机构。这些调查,涵盖了全国的大部分省份,它们由于采用了较为先进的调查、统计方法,是研究近代中国社会变迁的重要资料。

民国时期社会调查资料续编(全三十册)

国家图书馆编　精装 16 开　18000.00 元
2015 年 2 月出版　978-7-5013-5522-8

本书是《民国时期社会调查资料汇编》的续编。本书收录调查资料 203 种,分为教育调查、人口调查、民族调查、劳工调查、社会生活调查、社会概况调查、农村调查等。调查机构包括国民经济研究所等研究机构、蒙藏委员会调查室等官方机构、金陵大学农林科等高校院系、青年教育调查团等社会团体,更有日本及伪政权的调查机构。这些调查报告采用了当时较为先进的调查、统计方法,是近代时人了解和掌握中国社会和国情的重要途径和手段,是当代学者研究近代中国社会变迁的重要资料。

民国时期社会调查资料三编(全三十册)

国家图书馆编　精装 16 开　18000.00 元
2017 年 5 月出版　978-7-5013-6077-2

本书是《民国时期社会调查资料汇编》的三编。本书在前两编的基础上继续整理,既有图书,也有从各种期刊中爬梳整理的相关调查文章,其中图书 83 种,期刊文章 102 篇,按其内容大致可分为九类:社会概况调查,农村和农民调查,文教医药卫生事业调查,劳动者调查,民族、民俗和宗教调查,习惯调查,人口调查,其他调查及社会调查理论。这些资料既收录国人自己进行的调查,还收录日本在华特务机关及伪政权机构进行的调查。这些调查报告采用了当时较为先进的调查、统计方法,是近代时人了解和掌握中国社会和国情的重要途径和手段,是当代学者研究近代中国社会变迁的重要资料。

民国时期监察史料(2 编)

民国时期监察史料汇编(全八册)

田奇、黄萍选编　精装 16 开　4800.00 元
2013 年 12 月出版　978-7-5013-5167-1

本书收录了民国时期监察史料 26 种,内容有中央和地方的监察报告,监察法律法规,监察施政,监察通讯,军队监察,汪伪政府监察院公报等,时间从 1933—1948 年。这些资料从不同方面反映了民国时期的监察状况,对于我们了解和研究民国的社会政治有珍贵的史料价值。

民国时期监察史料续编(全二十四册)

国家图书馆出版社编　精装 16 开　15000.00 元
2016 年 7 月出版　978-7-5013-5817-5

本书收录了民国时期监察史料 40 余种,包括几个方面:监察报告、监察制度与实施、监察法律法规、军队之监察、监察公报。本书为民国监察史料的续集,是在已出版的《民国时期监察史料汇编》的基础上再次结集出版的民国监察史料。

民国时期铁路史料(2 编)

民国时期铁路史料汇编(全二十册)

曹宁主编　精装 16 开　12000.00 元
2013 年 12 月出版　978-7-5013-5231-9

《民国铁路史料汇编》共收入民国时期铁路史料 63 种,时间从 1913—1948 年,内容分为两大部分,第一部分为全国铁路史料;第二部分为地方各线铁路史料。第一部分又细分为规章制度、客车、货车、联运、铁路财政等项,每项按出版时间排序。第二部分细分为地方各线,每条线按出版时间排序。

民国时期铁路史料续编(全三十册)

王亚宏选编　精装 16 开　18000.00 元
2018 年 7 月出版　978-7-5013-6430-5

本次整理以图书资料以及各政府机构、铁路运营部门发布的内部资料为主,收入民国时期铁路史料 108 种,时间跨度为 1912—1946 年。内容上分为全国铁路史料和地方各线铁路史料两大部分,主要涵盖铁路各项管理制度、客货运输的运营资料、各铁路线路的统计资料、总结报告资料以及多条铁路线路旅行指南等。

济南"五三"惨案史料汇编(全五册)

李西宁主编　精装 16 开　3000.00 元
2014 年 4 月出版　978-7-5013-5350-7

1928 年 5 月 3 日,日本以保护侨民为由,对济南军民进行突袭和大规模屠杀,制造了震惊中外的"五三"惨案。本书收录"五三"惨案相关史料,是"五三"惨案爆发后国内各民众团体、学生团体、党政机关出版的关于"五三"惨案的起因、屠杀经过、交涉经过、国际舆论等纪实及纪念性书籍,表达了中国官方和民众对死难者的哀悼以及对日军暴行的抗议。这些文献资料,多数为首次影印出版,具有极高的文献和研究价值。

国立中山大学民俗周刊(全十二册)

国立中山大学编　精装 16 开　6800.00 元
2014 年 5 月出版　978-7-5013-5146-6

《民俗周刊》于 1928 年 3 月 21 日出版第一期,顾颉刚先生撰写发刊辞。总计出版 131 期。该刊广泛刊载民间文学作品、宗教风俗信仰资料及有关的研究文章。钟敬文、容肇祖、刘万章、杨成志等任编辑。先后出版过"中秋专号""神的专号""传说专号""歌谣专号""清明专号""妙峰山进香调查专号""谜语专号"等多期专刊。其刊载的文章,基本代表了 20 世纪 20 年代末至 40 年代初民俗研究的最高水平。本书还将每期刊载的文章编制了目录与篇名笔画索引。原刊为与《中山大学语言历史学研究所周刊》一致,自第三十一期起改横排;与此相统一,本书自第三册起改为西式装订。

民国审计院(部)公报(全二十九册)

国民政府审计院编　精装 16 开　18000.00 元
2014 年 7 月出版　978-7-5013-5213-5

《审计院(部)公报》是民国时期重要的国家官方审计出版物。其出版的时间从1928—1946年,涵盖内容丰富,国民政府有关审计的命令、法规、公牍、统计、工作报告、会议记录、译著和历史图片等都收入其中。本书收录的内容为:一、《审计院公报》1—12期(1928.8—1929.7);二、《审计院公报》第二卷1—12期(1929.8—1930.7);三、《审计院公报》第三卷1—8期(1930.9—1931.3);四、1931年审计院改部,归属监察院,该刊也改名为审计部公报,出版《审计部公报》1—76期(1931.3—1937.6),后停刊;五、国民政府迁都重庆后,《审计部公报》于1943年复刊,出版77—111期(1943.8—1946.12)。

中国人民大学图书馆藏燕京大学新闻系毕业论文汇编(全三十四册)

方汉奇主编　精装16开　20000.00元

2014年9月出版　978-7-5013-5396-5

本书是继2011年出版的《民国时期新闻史料汇编》和2012年出版的《中国人民大学新闻学院藏稀见新闻史料汇编》后,我社出版的“民国文献资料丛编”的第三部新闻专题史料汇编。《中国人民大学图书馆藏燕京大学新闻系毕业论文汇编》一书共收录了1927—1951年历届燕京大学新闻系毕业生的毕业论文160篇,含英文论文27篇。

重庆图书馆藏刘赞廷藏稿(全十六册)

任竞主编　精装16开　9600.00元

2014年11月出版　978-7-5013-5464-1

此书为编辑整理的重庆图书馆收藏的刘赞廷手稿。刘赞廷号称是清末民国时期康藏边地的一支史笔。他以自己“历边十四年”的经历,纂成图志数十种。除此外,还有《西康建省纪要》《康藏交通择要》《康藏大臣考》《三十年游藏记》等等。他的手稿对西康、西藏地区的风俗、文化和清末民国时期的一些变迁做了翔实记录,至今对康藏地区的了解、研究还有很大启发与帮助。

民国时期外交史料汇编(全一百四十册)

王建朗主编　精装16开　84000.00元

2014年12月出版　978-7-5013-5506-8

本书收录民国时期外交史料,分为档案和期刊两部分。档案部分主要收录民国间北京政府外交部档案,包括驻外各使馆星期报告、外交文牍、外交部收发电稿、外交部参事厅收电簿、外交部条约司译件以及外交部存底之重要外交文献等。其中,驻外各使馆星期报告是北洋军阀执政时期的外交情报集,全书收670余份报告。外交文牍全面收录1917—1927年北洋军阀统治时期关涉重大外交事件之第一手官方外交文件,凡746件。外交部收发电稿中凡当时之中外大事,皆有触及。此外,还收录了民国初年外交部和段祺瑞执政府雪藏的中日交涉密档。期刊部分主要收录《外交公报》《国民外交杂志》《外交评论》《外交研究》《外交部参考资料》《国民外交月报》《外交部通讯》《国民外交》等20种期刊。以上各种材料,是研究民国时期外交的基本史料,对于研究民国时期外交史、中日关系史、国际关系史等具有很高的价值。

民国时期索引工具书汇编(全二十四册)

邓咏秋选编　精装16开　13800.00元

2014年12月出版　978-7-5013-5483-2

本书收录民国时期编印的综合性和各科论文索引共计24种,包括《中文杂志索引》《最近杂志要目索引》(《人文》月刊附刊),以及教育学、政治学、地学、农学、法学、水利、工程等方面的论文索引,是检索民国时期学术资料的重要工具。

民国乡村教育文献丛刊(2编)

民国乡村教育文献丛刊(全二十八册)

杜成宪主编　精装16开　16000.00元

2014年12月出版　978-7-5013-5524-2

本书收录了民国时期有关乡村教育的文献79种,分为五部分。一为乡村教育理论;二为乡村教材;三为乡村教师;四为乡村办学;五为乡村教育研究。这些文献的出版时间从1923—1948年,从各个方面反映了民国时期的乡村教育状况。

民国乡村教育文献丛刊续编(全三十四册)

杜学元主编　精装16开　20400.00元

2017年12月出版　978-7-5013-6323-0

本书是《民国乡村教育文献丛刊》的续编,收录了《民国乡村教育文献丛刊》没有收入的民国时期乡村教育文献96种。分为五部分,乡村教育理论;乡村教育教材;乡村教育实施;乡村办学;乡村教育研究等。

民国时期省政府公报(6种)

江西省政府公报(一九二七——一九四八)(全一百十四册)

江西省图书馆编　精装16开　68000.00元

2014年12月出版　978-7-5013-5500-6

江西省政府公报,江西省政府秘书处编印,原为旬刊,后改为日刊、双周刊等,从1927年10月创刊,1948

年12月30日停刊，中间经数次改版，先后出版近2000期，举凡江西省政府的人事任命、政府公告、行政文牍、地方法规、中央训令、统计表格，以及省政府会议议事录、文电、指令，皆系统刊载，是研究民国江西史的基础文献。民国时期的江西，在全国具有较为重要的地位，它是国民党直接统治的核心区域，又是南昌起义和中央苏区涉及的重要省份，为国共两党争夺的重点，同时它又是抗日战争的重要战场，因此，江西省政府公报又是研究民国史的重要参考。江西省政府公报近2000期，各大图书馆都没有完备的收藏，缺期、缺页问题较为突出，严重影响了对它的利用。江西省图书馆借助“民国时期文献保护计划”的支持，以该馆所藏为基础，又从江西省档案馆、国家图书馆等多处补配，始将之基本凑齐，以为研究者服务。

广东省政府公报（全一百六十册）

广东省立中山图书馆、广东省档案馆编　精装16开　96000.00元

2016年10月出版　978-7-5013-5934-9

本书收录了1912—1949年的《广东公报》《广东行政周刊》《广东省政府周报》《广东省政府公报》约4000多期。这四种公报在时间上是接续的，都是广东省政府的官方出版公报，只是随着时间的推移或政权变更而改换了名称。公报分为：政府命令、法令法规、党务、民政、财政、公牍电函、议事录、报告等几方面内容。对于了解和研究民国时期广东政府的各方面情况具有珍贵的史料价值。

浙江省政府公报（一九一二—一九二七）（全一百二十六册）

浙江图书馆编　精装16开　75600.00元

2016年10月出版　978-7-5013-5933-2

《浙江省政府公报》于1912—1949年间出版，合计约8800余期。每期公报收命令、章则、批示、会议录、报告书、决算书、布告、例行公文等内容，加之刊布时间较长，几乎贯彻整个民国年间，可谓研究民国浙江史的基础文献，也是研究整个民国史的重要参考。长期以来各大图书馆都没有完备的收藏，缺期、缺页问题较为突出，相较而言，浙江图书馆所藏较为系统。有鉴于此，此次出版以浙江馆所藏为基础，又从其他各馆多处补配，使之较为完备，以为研究者服务。本书按计划分辑出版，第一辑为《浙江省政府公报：1912—1927》。

浙江省政府公报（一九二七—一九四九）（全二百册）

浙江图书馆编　精装16开　120000.00元

2018年1月出版　978-7-5013-6177-9

《浙江省政府公报》于1912—1949年间出版，前后合计约8800期，达20万页以上。其规模之巨，在民国时期各类公报当中亦十分罕见。此外，抗日战争爆发后，日本侵略者在浙江沦陷区扶持伪政权，自1938年7月至1945年3月间发行伪浙江省政府公报180余期。《公报》卷帙浩繁，各大图书馆均无完备收藏，比较分散，且数量不多，严重影响了学者对其利用。有鉴于此，我社以浙江馆馆藏为基础，加以多方补配，将全部公报分辑影印出版，以飨读者。2016年已推出第一辑《浙江省政府公报：一九一二—一九二七》，包括《浙江军政府公报》《浙江公报》，共计126册；现将其余《浙江省政府公报》与伪浙江省政府所出版公报一并推出，是为第二辑，共计200册，必将为读者的完整利用和研究这一大型史料提供极大便利。

山东省政府公报（全一百六册）

山东省图书馆编　精装16开　63000.00元

2017年6月出版　978-7-5013-6082-6

《山东省政府公报》，1928年8月在济南创刊，1937年8月停刊。该刊是国民党山东省政府机关刊物，刊有中央法规、中央命令、该省指令、命令、委任状、训令，省政府会公函、电文、指令批示、布告、会议纪录等。主要传达发布省政府的政令、措施，本省政治、经济、文化的发展状况等。抗战期间，1941—1942年，国民党山东政府还出版了《山东省政府公报》，目前仅见7期。抗战胜利后，《山东省政府公报》于1946年5月复刊，期数另起。总计600多期。另外，本书中还附录了日伪政权时期的公报，主要有三种：《山东省政公报》（1938年9月—1939年6月）、《山东省公报》（1939年7月—1943年11月）和《山东省政府公报》（1943年11月—1945年5月）。这些公报内容涉及政治、经济、财政、民政、人事、司法、军事、文化、教育等领域，比较全面地记录了当时的政策政务，是民国时期山东重要的档案资料，是研究民国历史、民国区域历史不可或缺的重要文献资料。

河北省政府公报（一九二八—一九四八）（外一种）（全一百六十册）

《河北省政府公报》编委会编　精装16开　96000.00元

2018年12月出版　978-7-5013-6610-1

《河北省政府公报》收集1928年8月至1948年11月间出版的河北省政府公报，达8万页以上。其规模之巨，在民国时期各类公报当中亦十分罕见。《公报》卷帙浩繁，各大图书馆均无完备收藏，比较分散，且数量不多，严重影响了学者对其利用。有鉴于此，我社以国家图书馆馆藏为基础，将全部公报分辑影印出版，以飨读者，必将为读者的完整利用和研究这一大型史料提供极大便利。书中另附《直隶公报》一种。

民国时期高等教育史料(3编)

民国时期高等教育史料汇编(全五十册)

李森主编　精装16开　29000.00元

2014年12月出版　978-7-5013-3876-4

民国时期是中国高等教育发展的黄金时期，本书系统收录了北京大学、燕京大学、复旦大学、中央大学、浙江大学、武汉大学、湘雅医学院、中山大学、云南大学、华西协和大学等64所高校的校史资料206种，其中既有公立大学，也有教会大学，既有综合性大学，也有高等专科学校，内容涵盖学校或院系概况、年刊、年鉴、毕业纪念册、规章制度、工作报告、教职员和学生名录及通讯录、选课指导、入学简章等。这些资料是研究民国时期高校校史、高等教育史的重要资料，对当下的高等教育发展也具有重要的参考价值。

民国时期高等教育史料续编(全三十册)

李森主编　精装16开　18000.00元

2016年10月出版　978-7-5013-5928-8

本书是《民国时期高等教育史料汇编》的续编，收录民国时期80所高校的资料188种，除"汇编"中已收录的北京大学、复旦大学、中央大学等高校外，还收录了"汇编"未及收录的北平大学、朝阳学院、圣约翰大学、之江大学、东吴大学、山西大学、苏州工业专科学校、中央技艺专科学校等20多所高校的资料。其中不仅有各高等院校的年度概览、院系概况、学校年刊等校史类资料，更重点收录高等教育课程设置、课程指导、教学方法、教学实践等方面的资料，是研究高校校史的重要参考，同时也是研究民国教育史、学术史的基础文献。

民国时期高等教育史料三编(全三十册)

李森主编　精装16开　18000.00元

2017年10月出版　978-7-5013-6193-9

本书是《民国时期高等教育史料汇编》的三编，重点收录两部分资料，其一，重点收录民国时期北京大学、清华大学、燕京大学、复旦大学、中山大学等75所高等院校的校史资料148种，不仅有各高等院校的年度概览、院系概况、学校年刊等校史类资料，更重点收录高等教育课程设置、课程指导、教学方法、教学实践等方面的资料，是研究高校校史的重要参考，同时也是研究民国教育史、学术史的基础文献；其二，收录民国时期高等教育概况及统计类的资料，共计22种，主要是国民政府教育部对高等教育状况进行的统计及一览等资料，是研究民国时期高等教育发展不可或缺的资料。

民国时期中国文学史著作廿七种(全十三册)

任慧、于春媚选编　精装16开　7800.00元

2015年1月出版　978-7-5013-5513-6

本书是《民国文献资料丛编》系列之一，选取了包括曾毅的《订正中国文学史》、张长弓的《中国文学史新编》、刘毓盘的《中国文学史》等在内的27种创作于民国时期的早期中国文学史著作，既有中国文学史的通论之作，亦有分体文学史之作，均为近年来国内未见出版的较为稀见的文学史文献资料。本书将这些重要文献资料汇为一编，以便于文学史研究及编写者使用。

民国参政院议事录(一九一四——九一六)(全二册)

福建省图书馆编　精装16开　1200.00元

2015年2月出版　978-7-5013-5538-9

本书收录了福建图书馆藏1914—1916年参政院议事录，主要为"参政院纪事""参政院代行立法院秘密会议议事录"和"参政院代行立法院会议议事录"，共计有五册，分别是《参政院会议议事录》《参政院秘密议事录》《中华民国三年参政院代行立法院会议议事录》《参政院代行立法院第二会期议事录》和《参政院代行立法院临时会议议事录》，记录了参政院自1914年6月20日开院至1916年被解散期间所议事之各案，内容涉及参政院会议规则案、行政诉讼法案、人户籍法案等相关法案等等，皆为誊清抄正之文本，各议案篇末皆钤盖有议长林长民等职事之印章，殊为可贵。

商标公报(一九二三——九四八)(全一〇六册)

农商部商标局等编　精装16开　65000.00元

2015年4月出版　978-7-5013-5433-7

《商标公报》是系统研究我国民国时期商标发展历史的重要的基础资料。本书收录民国时期《商标公报》共408期，精装成106册，其中含北洋政府商标局第1—124期；南京国民政府商标局第1—283、285期，其中南京国民政府商标局第284期，虽多方搜求，仍未找到，只得暂缺。《商标公报》内容除刊登最新申请注册商标外，还有工商企业呈请商标注册的行政通告，也有大量政府对商标进行管理的法律、法令，商标公函，商标评审案例，包括商标局评定书、再评定书，商标局异议审定书、异议再审定书、诉愿决定书等有关商标管理、争议方面的详细资料，这些是研究我国近代商标图样、商标历史极为重要的资料，也是研究民国时期工商业发展极为重要的史料。

民国时期音乐文献汇编(全三十册)

钱仁平选编　精装 16 开　18000.00 元
2015 年 5 月出版　978-7-5013-5487-0

本书由上海音乐学院钱仁平教授,联合海内外热心民国时期音乐文献保护与研究的专家选编,共收录近现代各类音乐文献 137 种,精装 30 册,分为音乐理论、音乐教育及中小学音乐教科书、歌曲、器乐曲、工具书和参考资料、音乐期刊等六类。其中特别珍贵的文献有:民国初年沈庆鸿(即沈心工)编纂的《民国唱歌集》;有影响的多套中小学音乐教科书,如朱稣典编《新中华音乐课本》(中华书局)、教育部编《小学音乐教材》《中学音乐教材》(正中书局)等。在本书最后,收录了三种比较重要的音乐期刊:《音乐杂志》(国立音乐学院音乐艺文社)、《乐艺》(国立音乐专科学校乐艺社)、《新乐潮》(北平爱美乐社编辑)。本书的出版,使读者有机会全面领略民国时期音乐文献的原貌,对于当代的音乐学研究和音乐创作都有重要价值。

民国时期公藏书目汇编(全三十六册)

吴永贵选编　精装 16 开　19500.00 元
2015 年 5 月出版　978-7-5013-5558-7

本书接续《明清以来公藏书目汇刊》而编撰,因所收 100 多种公藏书目全部产生在民国时期,故名《民国时期公藏书目汇编》。按类编排。包括国立北平图书馆、中央图书馆,各地公共图书馆、高校图书馆、中小学图书馆、专门图书馆等公藏机构的藏书目录,特别注重收录中小型书目和有特色的专门图书馆的藏书目录,如《国立北平图书馆现藏中国官书目录》《国立音乐专科学校图书目录》《中央陆军军官学校图书馆军事学图书目录》《上海总商会商业图书馆图书目录》等,具有重要的研究价值。

重修四川通志稿(外一种)(全六十二册)

宋育仁总纂修　精装 16 开　37000.00 元
2015 年 7 月出版　978-7-5013-5625-6

《重修四川通志稿》,由清末民初四川省颇具声望的学者宋育仁担任总纂,初稿成于 1931 年,宋氏于是年病逝。是稿虽已具雏形,但因其病逝而未定稿,仅以稿本传之于世。1969 年,由四川省图书馆收藏此书稿,其内容包括建置、舆地、官政、食货、礼俗、学校、艺文、人物、民职诸门,计 170 卷。其价值主要体现在,编纂所采集的资料除采自旧志外,多取政府文件、报告、统计资料及时人著述等,资料来源广泛。另,其体例严整,资料取裁、谋篇布局、考释详略诸方面均胜于旧志。此外,是稿由宋育仁亲任成稿的审定,其中宋氏之修改、批校,俯拾即是,具有重要的历史文物性。《重修四川通志稿》作为四川文献编纂史上一部重要著作,对于四川省近代政治、经济、军事、文化建设史等方面的研究有着重要的文献和学术价值。

民国时期地方概况资料(3 编)

民国时期地方概况资料汇编(全四十三册)

田奇选编　精装 16 开　26000.00 元
2015 年 8 月出版　978-7-5013-5622-5

本书收录了民国时期出版的有关全国地方概况出版物 80 余种,其中有全国的、各省的、各城市的和各县各地概览,这些书较为全面地反映了民国时期的全国地方情况,对于了解和研究民国时期的地方历史有着珍贵的史料价值。

民国时期地方概况资料续编(全三十册)

田奇选编　精装 16 开　18000.00 元
2017 年 4 月出版　978-7-5013-6052-9

本书收录了民国时期地方概况资料 60 余种,涉及 40 余个省、市、县和地区。文献类别有概况、指南、调查报告、考察记、地志等。民国时期的“地方概况”是一类综合性的地方文献,其内容涉及民国时期历史、地理、政治、经济、文化、教育、民生等诸多方面。此次结集影印续编,又一次为研究民国时期历史提供了珍贵的资料。本书收录的民国地方概况史料有三类,一为介绍省区的地方概况,二为城市概况,三为县概况。本书按现行的行政区划进行排序,分为地区、省、市、县四级进行编排。

民国时期地方概况资料三编(全二十册)

田奇选编　精装 16 开　12000.00 元
2019 年 3 月出版　978-7-5013-6382-7

我社于 2015 年出版了《民国时期地方概况资料汇编》,受到了学界的关注,但限于篇幅还有很多数据未能收入,为了更臻完备,我们又编辑出版了“续编”,本次出版的是三编。本书收录了有关民国时期地方概况史料 69 余种,涉及 40 余个省、市、县及地区。本书收录的民国地方概况史料有四类,一为全国和地区的概况;二为各省的地方概况;三为城市概况;四为县概况。

海军公报(一九二九—一九三七)(全七十三册)

海军部公报室编　精装 16 开　40000.00 元
2015 年 8 月出版　978-7-5013-5602-7

本书收录了南京国民政府海军部公报室编印的《海军公报》,从 1929—1937 年,共 96 期,其内容涉及海军法规、命令、公牍、调查、专载、海军消息等等,该书比较全面反映了民国时期海军部的发展,将对民国军事史尤其是海军史的研究起到一定的积极作用，此外，汪伪政权海军部也曾编印过《海军公报》，为使广大读者也能了解这一段历史，将其一并影印出版，以飨读者。

桂政纪实(一九三二——一九四一)(全三册)

广西省政府十年建设编纂委员会编

精装 16 开　1500.00 元

2015 年 8 月出版　978-7-5013-5672-0

本书内容分设六编，第一编总述，分广西概述、广西的建设理论与政策、广西建设计划三章；第二至五编依次为政治建设、经济建设、文化建设、军事建设；第六编总检讨，分广西大建设之检讨、奉行三民主义之实绩、广西建设成就之由来、今后之广西建设四章。全书正文近1200 页，资料丰富翔实，对“新桂系”十年建设进行较为全面系统、详尽细致的记录与总结，集“新桂系”十年建设资料之大成，是研究民国广西史、“新桂系”史极为重要的文献资料。

民国文献类编(2 编)

民国文献类编(全一〇〇〇册)

民国时期文献保护中心、中国社会科学院近代史研究所编　**精装 32 开　250000.00 元**

2015 年 9 月出版　978-7-5013-5561-7

本书为大型民国丛书，分政治、经济、文化艺术、法律、教育等十余个类别，按类编排，收录文献近 5000 种。所收录文献以官方出版物和机构出版物为主，兼顾内容的重要性和版本的稀见性，且为首次影印出版，是研究民国史、近代史的大型基础文献。

民国文献类编续编(全一〇〇〇册，总目一册)

民国时期文献保护中心、中国社会科学院近代史研究所编

精装 32 开　280000.00 元

2018 年 10 月出版　978-7-5013-6420-6

本书为《民国文献类编》的续编，分社会卷、政治卷、法律卷、军事卷、经济卷、教育卷、文化艺术卷、历史地理卷、医药卫生卷、科学技术卷，共十卷，每类下分若干子类，收录文献约 3000 种。所收文献的时间跨度为1911—1949 年，文献类型以图书为主，包括平装、线装，兼收手稿、档案等，有铅印本、石印本、油印本、稿本等。文献以存世较少、较为珍稀的官方、机构和相关团体的出版物、内部资料和地方文献为主，选目兼顾内容的重要性和版本的稀见性，是研究近代史、民国史的大型基础文献。

民国时期审计史料汇编第一辑(全二十七册)

方宝璋主编　**精装 16 开　16000.00 元**

2015 年 10 月出版　978-7-5013-5688-1

本辑收录民国时期审计书籍类史料 63 种，出版时间从 1914—1948 年。根据文献内容，分为审计法规类、政府审计类、普通审计类三部分，每部分按出版时间排序。本书的出版主要是为研究者提供第一手原始参考资料，因此，全部采取影印出版的形式，以保存史料的原始面貌。

现代中国之记录——中国报刊情报集(一九二四——一九三一)(全八十九册)

燕尘社编辑部编，清华大学图书馆辑

精装 32 开　26700.00 元

2015 年 11 月出版　978-7-5013-5696-6

本书原名《现代支那之记录》，为中文报刊情报集，由民国时期的日本驻华机构燕尘社编辑。燕尘社每月从《交通日报》《晨报》《京报》《东方时报》《社会日报》《益世报》《世界日报》等报纸中辑录重要情报，分内政、外交、借款、财政、经济、交通等门类，每类以时间为序，记载该月逐日发生的重要事件。该书每月出版一册，约500 页，并编制当月的总索引，总计 89 册，2700 余万字，系统地记录了中国政治、社会的变迁，是研究民国史的重要参考资料。

民国时期职业教育文献辑刊(3 辑)

民国时期职业教育文献辑刊(全三十册)

楼世洲主编　**精装 16 开　18000.00 元**

2015 年 12 月出版　978-7-5013-5721-5

本书由浙江师范大学楼世洲教授主编，系统收录了民国时期职业教育发展状况的各种文献 100 余种，内容主要包括职业教育法令和政策，职业教育会议，统计调查资料，职业学校教师、课程、教材、设施，各地职业教育发展状况，中华职业教育社，职业教育理论，实业教育，女子职业教育等方面，这些资料不只局限于论著和公开出版物，还包括各种期刊中时人关于职业教育的讨论、职业教育发展状况及问题、各地关于职业教育的政策等资料，是研究民国时期职业教育发展最为系统、全面的资料汇编。

民国时期职业教育文献辑刊·第二辑(全三十册)

楼世洲主编　**精装 16 开　18000.00 元**

2016 年 12 月出版　978-7-5013-5998-1

本书由浙江师范大学楼世洲教授主编，是《民国时期职业教育文献辑刊》的续辑，主要收录中华职业教育社及中华职业学校的年度报告、章程、纪念册、工作报告、概况、课程纲要等资料；以及关于职业补习教育和职业指导等方面的理论书籍及国内外概况等资料。其中，中华职业教育社及中华职业学校的很多资料均为首次影印整理。

民国时期职业教育文献辑刊·第三辑（全三十册）

楼世洲主编　精装 16 开　18000.00 元

2019 年 5 月出版　978-7-5013-6681-1

本书是《民国时期职业教育文献辑刊》的第三辑，主要整理民国时期出版的指导职业教育实施与发展的理论著作，民国初年有关实业教育的理论著作、会议录、实业学校校史等资料，民国时期各种教育期刊中的职业教育、职业指导等方面的专号，以及各地职业教育概况方面的资料，共 135 种。其中，理论著作方面囊括了民国时期职业教育研究学者的绝大部分著作，有我国第一部以“职业教育”命名的专著——朱景宽译述的《职业教育论》，我国最早的成体系的职业教育理论著作——朱元善译述的《职业教育真义》，以及杨鄂联、何清儒、庄泽宣、江恒源、潘文安等众多职业教育研究者的著作。这些资料绝大多数是首次影印出版。

民国时期福建华侨史料汇编（全十五册）

福建省图书馆编　精装 16 开　9000.00 元

2016 年 1 月出版　978-7-5013-5722-2

《民国时期福建华侨史料汇编》一书辑录福建省图书馆所藏 1912—1949 年有关福建华侨的相关著作 20 种、报纸杂志 12 种，内容涉及闽省政府所出的报告及相关法令汇编、闽籍华侨在民国各时期从事社会及经济等活动的概况及研究、知名闽侨的文集或回忆录，亦有闽省各家商会或机构创建的期刊、特刊或纪念刊等，还有当年闽籍学子有关侨汇的论文，内容翔实丰富，极具价值。这其中有不少文献属于首次披露，譬如《泗水晋江公会筹款救济罢工征信录》《发展战后福建侨汇的途径》等，尤其值得一提的是《星洲日报四周年纪念特刊（新福建）》，尤显珍贵，这是“闽变”期间海外所发行的刊物，该刊辑录有“闽变”期间的当事人陈铭枢、蒋光鼐和萨镇冰等的题词，从内容到形式上皆可谓丰富而多彩。

京报副刊（全七册）

孙伏园编　精装 16 开　4200.00 元

2016 年 4 月出版　978-7-5013-5794-9

《京报副刊》是“五四”时期有重大影响的报纸副刊，《京报副刊》由孙伏园编辑，1924 年 12 月 5 日创刊，日出一号，每号印 16 开纸 8 版，每月合订一册，至 1926 年 4 月 24 日《京报》被张作霖封闭而停刊，共出 477 号。《京报副刊》是综合性刊物，哲学、历史、经济、伦理、宗教、自然科学、文学、艺术等各方面均有所兼顾，但偏重文学，所发表的小说、诗歌、散文，以及文艺评论、文学翻译等作品，约占一半以上，该刊有意办成一个“自由发表文字的机关”，所以撰稿者很广泛。所发表的文章从政治倾向看，有不少宣扬“国家主义”“无政府主义”等思潮的，但有更多的文章表现出进步的革命倾向。本次是将《京报副刊》全部 477 期按原样影印出版。

京报副刊（总目、索引）

邓咏秋、李强编　精装 16 开　180.00 元

2016 年 4 月出版　978-7-5013-5743-7

本书是《京报副刊：总目、索引》的单行本。将《京报副刊》自第 1—477 期，逐期的篇目、作者汇编成《京报副刊》总目，还编制了篇名索引和作者索引，检索起来很便利。《京报副刊》是民国时期很有影响的报纸副刊。在哲学、历史、经济、文学、艺术等各方面均有所兼顾，但偏重于文学，发表的各文学作品约占一半以上。文学方面主要的撰稿人有鲁迅、孙伏园、周作人、高长虹、黎锦明、许钦文、陈学昭、向培良、荆有麟、尚钺、朱湘、冯文炳、王莲友等。文学之外其他方面的主要撰稿人则有张竞生、吴稚晖、高一涵、林语堂、王世杰、马寅初、丁文江、孙伏熙、彭基相等。撰稿者很广泛，影响很大。

民国时期国情统计资料（2 编）

民国时期国情统计资料汇编（全四十五册）

郑成林选编　精装 16 开　27000.00 元

2016 年 4 月出版　978-7-5013-5736-9

民国时期，中国的统计体制逐步建立，官方、民间都开展了大量的调查统计工作，编印完成卷帙浩繁的各类统计资料，涉及社会发展与变迁的方方面面，为民国史的研究提供了资料支持，具有很高的史料价值。本书收录国情方面的统计资料 90 余种，包括全国性质的《全国统计总报告》，和各地方省市县的统计资料、统计报告、统计提要和统计年鉴等。

民国时期国情统计资料续编（全三十六册）

郑成林选编　精装 16 开　21600.00 元

2017 年 6 月出版　978-7-5013-6078-9

本书是《民国时期国情统计资料汇编》之续编，收录民国时期出版的全国各地统计资料，主要收录行政及综合性统计资料，包括全国性以及各地方省市县的统计资料、统计报告、统计提要、统计年鉴、统计期刊等。这些统计资料能够为民国史研究提供数据支持，具有很高的史料价值。

民国时期经济统计资料(2 编)

民国时期经济统计资料汇编(全五十册)

郑成林选编　精装 16 开　31000.00 元

2016 年 4 月出版　978-7-5013-5737-6

本书收录经济方面的统计资料 100 余种，包括上海银行周报社 1924—1935 年、经济部统计处 1938—1947 年持续出版的年度经济统计，中央银行经济研究处 1941—1944 年间出版的战时经济半年概况，以及各地的建设统计、农业统计、工商业统计、贸易统计、财政金融统计等。

民国时期经济统计资料续编(全三十册)

郑成林选编　精装 16 开　18000.00 元

2017 年 6 月出版　978-7-5013-6118-2

本书是《民国时期经济统计资料汇编》的续编。本书在正编的基础上继续整理，共收录经济方面的统计资料 132 种，包括各地的建设统计、农业统计、工商业统计、贸易统计、财政统计、金融统计、交通统计等。还包括国民政府主计处等部门编纂的统计期刊。这些资料采用了当时较为先进的调查、统计方法，反映了民国时期中国经济发展变化的风貌，为当代学者研究近代中国经济变迁提供了重要资料。

民国时期社会统计资料汇编(全二十册)

郑成林选编　精装 16 开　12000.00 元

2016 年 4 月出版　978-7-5013-5735-2

本书收录 50 余种社会统计资料，内容包括社会行政统计、各地社会概况统计、土地与人口统计、社团统计、工人与社会福利统计、罢工与劳资纠纷统计、职业与技能统计、卫生统计、自杀与生命统计等。这些统计，涉及全国大多数省份，为研究民国社会史提供了重要的数据支持。

工商半月刊(一九二九—一九三六)(全六十册)

国民政府工商部工商访问局编　精装 16 开　36000.00 元

2016 年 5 月出版　978-7-5013-5802-1

本书收录国民政府工商部工商访问局编印的《工商半月刊》自第一卷至第七卷，含纪念刊一期，共 169 期。由孔祥熙题写刊名，其内容全面介绍了民国时期国内工商实业兴办情况的调查结果、报道国内外经济要闻、公布各种统计资料，另刊有我国经济法规及工商部工作计划、与外国通商条约等。是全面研究民国时期经济发展的重要刊物。

民国时期浙江省地方议会史料(2 编)

民国时期浙江省地方议会史料汇编(全四十册)

浙江图书馆编　精装 16 开　24000.00 元

2016 年 7 月出版　978-7-5013-5861-8

本书收录了民国时期浙江省议会及地方各县议会所编印文献 191 种，内容涉及浙江省、杭州市、绍兴县、昌化县、慈溪县、镇海县等 31 个县市议会的议决案、常年会、议事录、文牍、议员质问书、议会要览、会议案、报告书、会刊等。这些资料展现了民国时期浙江省及各县议会的组织、活动等情况，较完整保存了当时议会所提出与公布的议案，这些文献反映了浙江省基层民主政治发展的过程，是研究基层政治史、民国议会史、民国浙江史的重要文献。

民国时期浙江省地方议会史料续编(全二十八册)

浙江图书馆编　精装 16 开　19800.00 元

2017 年 7 月出版　978-7-5013-6129-8

本书是《民国时期浙江省地方议会史料汇编》的续编。在"汇编"的基础上，增扩收录了民国时期浙江省议会及地方各县议会所编印文献 104 种，内容涉及浙江省及杭县、余杭县、富阳县、建德县、分水县、萧山县等县议会的议决案、常年会、议事录、文牍、议员质问书、议会要览、会议案、报告书、会刊等。这些资料展现了民国时期浙江省及各县议会的组织、活动等情况，较完整保存了当时议会所提出与公布的议案，反映了浙江省基层民主政治发展的过程，是研究基层政治史、民国议会史、民国浙江史的重要文献。同时，考虑到浙江省议会的特殊发展历程及连贯性，在编选时，将清宣统时期的浙江咨议局部分相关史料一并予以收录。

民国时期漫画杂志汇编(全二十四册)

上海图书馆编　精装 16 开　16000.00 元

2017 年 9 月出版　978-7-5013-6181-6

清末民初为我国漫画的发端时期，涌现出马星驰、钱病鹤、汪绮云等知名漫画家。本书收录了《时代漫画》《上海漫画》《真想画报》《上海漫画——王先生》等等，这些杂志从各个角度揭露了旧中国的政治腐败和社会黑暗，讥讽旧的封建习俗，间接宣传了自由民主的思想，展现了社会面貌，在启迪国民、团结群众、打击丑恶等方面发挥了巨大作用。

民国时期社会教育史料汇编（全四十册）

于述胜选编　精装 16 开　24000.00 元

2017 年 10 月出版　978-7-5013-6164-9

民国时期教育史料浩繁众多，是民国史研究中一个非常重要的方面。收入本书的民国社会教育文献，分为五大类，一为通俗教育；二为平民教育；三为民众教育；四为社会教育；五为社会教育期刊。在这五类里又细分为专著与教材、统计资料、机构概况、实施情况、会议报告、纪念刊、法律法规、普及读物等细类。此次结集影印出版，为研究民国时期的教育史提供了大量的珍贵资料。

民国时期话剧杂志汇编（全一百册）

田本相、宫宝荣、周德明主编　精装 16 开　56000.00 元

2017 年 11 月出版　978-7-5013-6180-9

本书是纪念中国话剧诞生 110 周年推出的大型话剧文献汇编。收录民国时期（兼收部分清末的话剧杂志）具有重要资料价值的话剧杂志约 180 种，影印出版。选录原则注重稀有性、早期性、代表性。除收录连续出版多期的话剧期刊以外，也收录仅发行一期的话剧特刊，以及非话剧期刊中出版的话剧专号。书中还收录了不少中国共产党出版的话剧杂志，非常珍贵。本书以上海图书馆、国家图书馆藏本为主，所缺期数则从四川省图书馆、重庆图书馆等收藏单位多方补齐。编者在书前还为每种杂志撰写了内容提要，介绍出版源流，方便读者利用。本书由田本相先生撰写前言，对中国现代话剧杂志进行系统的介绍与研究。这是一部反映中国话剧 110 历史及成就的期刊文献集成之作。

民国时期禁烟禁毒资料汇编（全五十册）

国家图书馆编　精装 16 开　30000.00 元

2017 年 11 月出版　978-7-5013-6132-8

《民国时期禁烟禁毒资料汇编》一书收录民国时期图书、期刊 89 种。本书所收大致划分为以下四个方面：一、民国政府禁烟工作报告，包括禁烟年报、禁烟委员会公报、年鉴，还包括吉林、河南、云南、浙江、上海、江西、江苏、福建、四川、贵州、山东等省、市地方禁烟报告、纪要、概况等；二、民国时期颁布实施的禁烟禁毒法令，除国际禁毒公约外，还有中央禁烟禁毒法令、法规和广西、四川、湖南等地方法规、法令、提案等；三、禁烟宣传资料，以研究著作、禁烟宣传册、演讲集、剧本、招贴画、歌谣等为主，内涵丰富；四、禁烟期刊，汇集禁烟宣传委员会及各省市地方的禁烟期刊。选目上，所涉地域广泛；内容上，从多个角度反映了民国时期禁烟禁毒运动的开展情况，不仅涉及立法、宣传以及具体的禁政举措，还涵盖禁种、禁运、禁售、禁吸鸦片等多个环节，并以大量数据图表说明民国时期禁烟禁毒运动所取得的阶段性成果。所收书刊，出版时间大部分集中在南京国民政府统治时期，具体时间在 1935—1940 年“两年禁毒、六年禁烟”运动期间，这部分文献揭示了中国近代史上第三次禁烟禁毒运动，集中反映了这一时期的运动形势。为学者研究提供了丰富翔实的资料支撑，更对禁烟禁毒的研究大有裨益，也体现了对当下社会问题的强烈关注。

民国时期武汉大学讲义汇编（全三十四册）

周荣选编　精装 16 开　20000.00 元

2018 年 4 月出版　978-7-5013-6355-1

本书收录民国时期武汉大学讲义近百种，涉及哲学、法学、经济学、教育学、语言文字学、文学、历史学等人文学科各个门类，也收录部分自然科学方面的讲义，如水利科学、地质学与生物学等。这些讲义现藏于武汉大学图书馆，按类编排，主要作者有谭戒甫、范寿康、周鲠生、刘秉麟、游国恩、黄侃、钱南扬、方壮猷等，编者为这些讲义作者撰写了生平介绍，这批珍贵的讲义文献对于研究民国时期的大学教育及相关学科的发展史，具有重要的参考价值。

民国时期税收史料（2 编）

民国时期税收史料汇编（全三十册）

魏文享选编　精装 16 开　18000.00 元

2018 年 4 月出版　978-7-5013-6318-6

《民国时期税收史料汇编》拟分辑影印出版。第一辑共计 30 册，按主题可分为六类。第一类税类概要及统计报告。收录的是财政部及税务部门的工作报告、组织机构、税收统计、税类概况等资料。第二类税收法规及章则。收录的是财政及税务机构的工作规章、各税类法令及征收政策，尤其以直接税最为集中。第三类地区税务资料。此类资料极为丰富，按省份归属，各有侧重，反映的是地区层面的税务工作推行情况。具体内容包括地方税则条例、组织机构概况、税局工作报告、地方税目调查、财政收支结构等。第四类为税务报刊。民国时期财税类报刊极多，有些是财政部及赋税部门所编，有些是地方财税机构所编，也有大学、学校及学会编辑的税刊。本辑限于篇幅，主要收录的是《北平税务监督公署税务月刊》。第五类为税务学校史料。本辑收录的是北平税务专门学校的资料。第六类为税收著作。以税务官员和财经学者为主。此外,亦有报社或出版机构组织编辑的著作。民国时期的税收研究对于税收学术和税收制度的创新具有重要意义,亦包含着对于本土税制改革的经验总结。

民国时期税收史料续编(全三十册)

魏文享选编　精装16开　18000.00元

2019年6月出版　978-7-5013-6734-4

《民国时期税收史料续编》是国家社科基金重大项目"近代中国工商税收研究"的重要阶段性成果,延续初编体例,内容主要包括税类概要及统计报告、税收法规及章则、地区税务资料、税务报刊、税务学校史料等。所选材料大多尚未出版,极具研究价值和史料价值,是税收史研究的有力资料支撑。

云南和顺旅缅华侨史料汇编(全二册)

云南省腾冲市和顺图书馆编　精装16开　1200.00元

2018年4月出版　978-7-5013-6358-2

云南和顺是云南省著名的侨乡之一,这里因为距离缅甸较近,因此晚清近代以来,和顺人侨居在缅甸的日益增多。本书旨在深入发掘和顺地区旅缅侨胞的详细资料。在内容上,不仅包括旅缅和顺崇新会(简称"和顺崇新会")编纂的《和顺崇新会周年纪念刊》4期,还包括和顺崇新会编纂的《和顺乡》,反映了该地华侨与家乡建设之间的互动,另有旅缅华侨寸联升编许本和抄的说唱本《西江月句》(手稿),此外,"图片证史"部分收录了有关旅缅华侨历史的一批图片资料。《和顺崇新会周年纪念刊》创刊于1931年,1936年更名为《和顺乡》,1937年停刊。该刊的内容多为:提倡兴办新学,发展家乡文化教育,反对封建陈规陋习,提供文明结婚、妇女解放等,为后人研究旅缅华侨史提供了重要的资料。

民国时期西康资料汇编(全五十四册)

中国民族图书馆编　精装16开　33000.00元

2018年5月出版　978-7-5013-6163-2

本书收录民国时期西康史料106种,大致可分为概况研究类、政务类、经济建设类、教育类、游记类及其他等六类资料。概况研究类主要收录有关介绍西康历史沿革、行政概况、自然风貌等各类概况资料及研究西康历史、风俗、宗教的期刊等;政务类主要收录政府工作报告、施政纲领、政务统计、法规汇编、职员录、预算表、办事细则等资料,涉及县政、粮政、社政、户政及警务等各方面;经济建设类主要收录经济建设方案、农业建设、畜牧发展、工业发展、交通建设、矿产、会计、税务等方面的资料;教育类主要收录小学教育、民众教育、教育概况等资料;游记类主要是学者在西康考察时的记录资料;其他类收录党务建设、民族、妇女工作等资料。这些资料既有图书,也有期刊,其中很多资料是首次影印出版,为研究民国时期西康社会发展、经济建设以及西康建省进程、少数民族地区的治理和建设等方面都提供了丰富的文献支撑。

北碚月刊(一九三三——一九四九)(全五册)

北碚图书馆编　精装16开　3000.00元

2018年5月出版　978-7-5013-6381-0

《北碚月刊》原名《工作周刊》,创刊于1933年3月,1936年8月更名为《工作月刊》,1937年1月更名为《北碚月刊》,一直出版到1949年11月,该刊共发行62期。该刊是卢作孚开展乡村建设活动时所办,目的是"记述农村实况、传达乡建实施方法、研究农村改良技术等",包括论著、调查、计划、报告、科学、教育、文艺、通讯、随笔等栏目,内容丰富,保存了嘉陵江三峡乡村建设试验区的大量史料,是研究卢作孚、民国时期乡村建设以及川渝地方史不可多得的珍贵文献。

中国近代工业史料汇编·东北卷(全五十册)

辽宁省图书馆编　精装16开　30000.00元

2018年7月出版　978-7-5013-6367-4

本书共收录近代以来东北地区工业文献155种。主要分为中文、日文文献。主要包括:一、东北地区资源及工业概况。二、工业理论与方针政策。三、有关工业的法律法规及奖励规定。四、工业部门经济。五、工会组织及职工管理。六、工人文艺。涉及政府工作报告、资源调查报告、调查书、工厂营业报告、会议记录、剧本等,内容丰富,反映了近代以来东北地区工业发展的概貌,为近代工业化研究、区域经济史研究等方面提供资料支撑及重要参考。

民国时期宁夏文献集成(2辑)

民国时期宁夏文献集成·第一辑(全二十册)

李习文、刘天明主编,张玉梅副主编

精装16开　12000.00元

2018年8月出版　978-7-5013-6601-9

本书搜集整理了《宁夏省政府公报》《宁夏省政府行政报告》《宁夏省政府工作报告》《宁夏省政府行政计划》等民国时期宁夏省政府公报类的文献100余期,时间跨度为1930—1948年。这批文献较为全面地揭示了民国时期宁夏的政治、经济、社会、文化等方面的历史面貌,对研究马氏家族统治宁夏的政策、方针、措施等有着不可替代的重要意义。

民国时期宁夏文献集成·第二辑（全二十六册）

李习文、刘天明主编，张玉梅副主编
精装 16 开　15600.00 元
2018 年 12 月出版　978-7-5013-6602-6

本书收录了民国时期有关宁夏的历史文献 110 种，以影印的形式整理出版。这批文献内容涉及民国时期宁夏的政治、经济、教育等方方面面，对研究民国时期宁夏的政治制度、财政经济、历史事件及施政方针等都有着重要的学术价值和数据价值。本书所收录的民国时期宁夏文献，按政治、经济、教育等进行归类，每类下再根据具体内容划分小类。为突出其文献性、资料性、学术性和实用性，本书采用影印的形式进行整理出版，尽可能地保持这批文献的原始面貌。

民国时期县政史料汇编（全三十册）

国家图书馆编　精装 16 开　18000.00 元
2018 年 10 月出版　978-7-5013-6133-5

本书收录民国时期县政资料百余种，涉及方面包括：一、县政体系构建，含相关法令条文、规章制度、工作程序、公务统计方案及各地县政建设计划纲要等资料；二、县政人员，涉及县知事、县长的任用、考取、卸任、接任、考核、奖惩，县长为政报告、从政笔记，普通行政人员的甄选与训练、配置及其待遇等；三、县政实践，包括县政调查统计、工作报告与实施概况等资料；四、县政建设言论。本资料的出版可为研究者深化民国时期县政研究提供丰富的资料支撑。

中国近代医疗卫生资料汇编（全三十册）

余新忠选编　精装 16 开　18000.00 元
2018 年 12 月出版　978-7-5013-6536-4

晚清民国时期，西医的不断传入，西医的理念在这一时期得到广泛普及，有关中西医之间的讨论甚嚣尘上，这些争论在一定程度上促进了中国医疗卫生事业的发展。本书共收录这一时期有关医疗卫生的文献 123 种，其中图书 115 种，期刊 8 种。分卫生行政、卫生防疫、医疗机构建设、公共卫生知识、医疗期刊五类。卫生行政包括民国时期政府医疗卫生机构组建和发展过程中的工作报告、报告表、工作计划纲要等，还包括民间医疗组织研究机构的工作年报及工作纪要；卫生防疫主要收录海港检疫管理处、东三省防疫事务总处等民国时期重要的检验检疫部门的管理章程及报告书；医疗机构建设包括医院、医学院、制药厂、药房的报告，周年纪念刊及工作计划等；公共卫生知识，主要是在中西医交汇的过程中，新的传染病预防、对卫生观念的理解、营养观念的普及背景下一些官方、半官方或个人所写的医疗书籍，这些书籍利于医疗观念的普及。医疗期刊收录包括《中央防疫委员会工作季刊》在内的期刊 8 种。这些资料提供了民国医疗卫生研究的最一手的材料，推动了学者研究民国医疗卫生条件建设的概况、发展状况，有利于民国医疗社会史的研究。

民国时期社会救济资料汇编（全三十二册）

齐午月主编　精装 16 开　19200.00 元
2019 年 5 月出版　978-7-5013-6682-8

本书收录了民国时期有关社会救济的图书、期刊等史料百余种。民国时期，随着官方的社会救济系统逐步确立与完善，民间救灾机构的发展，汇聚了大量的有关社会救济方面的报告书（册）、征信录等史料，涉及官方、民间救济组织等众多方面。本书在广泛收集材料的基础上，为研究民国时期官方、民间组织与底层民众的互动，社会救济在民国时期的发展等提供了丰富翔实的史料。

民国期刊资料分类汇编

抗战文学期刊选辑·第一辑

李基林选编　精装 16 开　6.10 元
1983 年 6 月出版

本书收录《呐喊》(周刊)和《烽火》两种期刊。《呐喊》是在上海"八一三"抗战的炮声中创办的一种文学期刊,曾一再重版,影响较大。第二期后改名为《烽火》,卷期另起。现两刊影印合为一辑。书前有篇名索引,书后附著者索引。巴金封面题字。

抗战文学期刊选辑·第二辑

李基林选编　精装 16 开　4.55 元
1984 年 12 月出版

本书收录《文艺战线》。书前有篇名索引,书后附著者索引。巴金封面题字。

中和月刊(全十二册)

《中和月刊》社编　精装 16 开　5800.00 元
2007 年 9 月出版　978-7-5013-3472-8

《中和月刊》是民国时期在北平出版发行的著名学术期刊,该刊设图画、别录、时事荟记、书林偶拾、专载等栏目,网罗了大批有影响的作者为其撰稿,在当时的学术界、知识界、政界影响很大。本书汇集收录该刊全部(1940—1945 年),是研究民国历史,特别是社会史、文化史重要的第一手资料。

南洋史料(全十八册)

耿素丽、章鑫尧选编　精装 16 开　7800.00 元
2008 年 11 月出版　978-7-5013-3764-4

本书收入了 1928—1948 年间出版的有关南洋问题的期刊四种——《南洋研究》《南洋情报》《南洋周刊》《南洋杂志》,从政治、经济、社会生活、国际局势、文学艺术、历史、华侨研究、图书评介、游记诸方面反映了民国时期南洋社会的面貌。书后附有要目索引,方便读者检索。

南洋史料续编(全六册)

孟利群选编　精装 16 开　3600.00 元
2010 年 8 月出版　978-7-5013-3848-1

本书在已出版的《南洋史料》的基础上,秉承《南洋史料》的选刊原则,侧重于南洋学术研究成果的收集。收入创刊于 1918—1947 年的有关南洋研究的期刊七种——《中国与南洋》《中南情报》《中南文化》《新南洋》《南洋情报》《南洋资料》《中南研究》。

敦煌学研究(全四册)

孙彦、萨仁高娃等选编　精装 16 开　1980.00 元
2009 年 4 月出版　978-7-5013-3784-2

本书收录民国期刊中所见的敦煌学著述,分编为综述、书目、语言文字、宗教、经史典籍、文学、艺术、社会经济、科技等类,共收录文章 220 余篇,涉及民国期刊 70 余种,基本揭示出民国时期敦煌学研究的面貌,并为学界提供方便。

三礼研究(全三册)

晁岳佩选编　精装 16 开　1600.00 元
2009 年 5 月出版　978-7-5013-3791-0

本书将民国期刊中有关《周礼》《仪礼》《礼记》的文章汇为一编,依内容分为"周礼类""仪礼类""礼记类""三礼综论类"。

甲寅杂志·甲寅周刊(全五册)

章士钊主编　精装 16 开　2300.00 元
2009 年 5 月出版　978-7-5013-3795-8

中国近现代史上的传奇人物章士钊,曾因主编《甲寅》杂志、《甲寅》周刊成为"甲寅"派的主将。《甲寅》

杂志是《新青年》之前最有影响的进步期刊之一，是研究《新青年》及“五四”新文化运动不可或缺的史料。而《甲寅》周刊却成为反对新文化运动的保守阵地。但其作者群阵容强大，有蔡元培、梁漱溟、吴承仕、沈钧儒、黄侃、钱基博、陈三立、章太炎、杨树达、叶德辉等，为《甲寅》周刊的学术及史料价值增色不少。

经史关系（全二册）

晁岳佩选编　精装16开　800.00元

2009年7月出版　978-7-5013-3800-9

本书收入民国时期发表于各类报刊中有关经史关系论题的文章近百篇，基本揭示出民国时期经史交叉研究的面貌，并为学界提供方便。

春秋学研究（全二册）

晁岳佩选编　精装16开　780.00元

2009年8月出版　978-7-5013-3802-3

春秋学是以《春秋》经义为指南，研究相关的社会问题的学问，其实质就是对《春秋》的解读。本书由《国学汇编》《北京大学研究所国学门周刊》《史学集刊》《图书季刊》等40余种民国期刊中的70余篇“春秋学”研究方面的论文汇编而成，为研究者的使用提供了极大的便利。

燕京大学学术期刊汇编·社会学卷（全六册）

本社文史编辑室选编　精装16开　2800.00元

2009年10月出版　978-7-5013-3811-5

燕京大学是民国时期中国最美丽和最具成就的大学之一。其创办的以《社会学界》《燕京社会科学》为代表的社会学研究期刊，梁启超、梁漱溟、许地山、冯友兰、李景汉、许仕廉、吴文藻、雷洁琼等都曾在此留下过浓墨重彩的经典，代表了当时的最高水平，堪称当时中国社会学界的旗帜，是研究民国社会学史乃至中国社会学史不可或缺的文献资料。

抗战文献类编·经济卷（全二册）

孙照海、初小荣选编　精装16开　810.00元

2009年11月出版　978-7-5013-3813-9

本书收入《抗战经济政策论》《抗战与经济统制》《抗战与消费统制》《抗战与运输》《抗战与交通》《造路运动宣传纲要》《抗战与经济》《抗战与农村经济》《战时农业政策》《抗战与农产》《农村合作运动宣传大纲》《抗战与民族工业》《提倡国货宣传大纲》《抗战与财政金融》《抗战六年来之财政金融》《四年来的经济建设》等16种文献资料。

抗战文献类编·社会卷（全三册）

孙照海、初小荣选编　精装16开　1280.00元

2009年11月出版　978-7-5013-3814-6

本书收录教育家罗家伦、社会学家潘光旦、历史学家陈高佣、中古生物学家杨钟健、心理学家许逢熙、马克思主义哲学理论家陈唯实等所撰的《抗战中社会问题》《抗战与社会问题》《抗战与公用事业》《抗战与保甲运动》《抗战与民众训练》《抗战与新启蒙运动》《抗战与民众组织》《抗战的伦理观》《抗战与国际公法》《抗战与国际形势》《国际现势与抗战外交》《抗战与间谍》《抗战与青年》《优生与抗战》《抗战中看河山》《抗战与防毒》《抗战中的征兵问题》《抗战人力动员论》《抗战心理讲话》《抗战与帮会》等20种文献资料。

抗战文献类编·文艺卷（全五册）

孙照海、初小荣选编　精装16开　2900.00元

2010年4月出版　978-7-5013-3831-3

本书主要收录1937—1948年间抗战文艺类文献专著30多种，其内容较为宽泛，涉及文化工作、文化运动、文艺理论、戏剧、美术、电影、诗歌、游艺等诸多文化领域，多为文化概观及理论指导性的文章和著作。这些著作的作者，都是当时在该领域造诣深厚且独领风骚的专家，如郭沫若、田汉等。内容都是以抗战为中心，里面既有相当详尽的理论分析，又有后方实际工作的方案；既有一般的军事常识，又有战时青年生活的指导。

日本研究五种（全九册）

耿素丽选编　精装16开　4200.00元

2009年12月出版　978-7-5013-3815-3

本书收入20世纪三四十年代出版的有关日本研究的期刊五种，其中包括《日本研究》二种、《日本论坛》《日本评论》《战时日本》，这些期刊从政治、经济、历史、社会文化等方面对日本作了评介与研究，对于人们了解当时的国际形势与战时日本的状况，会产生积极的影响。

敦煌书目题跋辑刊（全三册）

李万健、罗瑛辑　精装16开　1900.00元

2009年12月出版　978-7-5013-3816-0

本书收录《莫高窟石室秘录》《敦煌唐写本提要》《敦煌劫余录》等十余种民国时期有关敦煌学的目录题跋。这些目录题跋，为当今敦煌学研究提供极大方便，从中也可考见民国时期敦煌学研究成果之大观、敦煌文献流失之大略及敦煌学人之爱国情怀。

中国近代档案学期刊辑录（上、下册）

孙彦、梁继红辑　精装16开　1080.00元

2010 年 3 月出版　978-7-5013-3824-5

本书收录档案学文献学期刊《中国近代经济史研究集刊·档案学专号》《行政效率·档案专号》《文献特刊》《文献论丛》(两种)《文献专刊》(两种)共七种,将较为分散、不易查找的重要文献集中起来,按照出版先后顺序编排。内容包括明清档案整理研究、史料史事考证、机关档案工作研究、欧美国家档案整理情况介绍等。并冠以长篇论文《近代明清档案整理与机关文书档案改革》,较系统论述了近代明清档案整理研究和机关档案工作研究的学术背景,以及本书所收七种刊物的编辑出版情况和内容。此外,本书还做了总目、分类目录作者索引,以方便使用。

陕甘宁边区见闻史料汇编(全三册)

孙照海选编　精装 16 开　1480.00 元
2010 年 3 月出版　978-7-5013-3826-9

抗战时期的延安,作为中共中央所在地和陕甘宁边区的首府,曾吸引着很多中外记者及民主人士的关注,他们将自己的所见所闻真实记录下来并撰写成专著或文章,向人们广泛介绍解放区的抗战情形。这套史料就是将其中的 12 本书汇编成册,其中既有外国记者撰写的如《红色中国的挑战》《北行漫记》《红色的延安》等,也有民主人士如黄炎培的《延安归来记》,著名作家如刘白羽的《延安生活》等。这些资料,从不同角度反映了陕甘宁边区的历史风貌,具有很高的史料参考价值。

胡风主编期刊汇辑(全五册)

北京鲁迅博物馆编　精装 16 开　2980.00 元
2010 年 4 月出版　978-7-5013-3832-0

作为文学评论家、活动家的胡风,曾先后主编过《木屑文丛》《海燕》《工作与学习丛刊》《七月》《文学报》《希望》等六种文学期刊。通过这些刊物,团结、影响、培养了一大批青年作家,形成了中国现代文学史上著名的文学流派"七月派",同时也形成具有鲜明个性、极富创造力的胡风文艺理论。这些期刊无疑是研究胡风、胡风文艺理论及"七月派"的基本材料。此次汇辑,将胡风主编的这六种期刊集为合辑,保持原貌影印出版,并作了人名和篇名索引。

善本书题记

贾贵荣、耿素丽选编　精装 16 开　480.00 元
2010 年 5 月出版　978-7-5013-3827-6

本书收入民国期刊中有关善本书题记的文章 100 余篇。所收文章以时间先后为序编排,内容涉及善本书序跋、书目、校勘、版本等方面。

东方杂志·学术编(全八册)

周保明、吴平选编　精装 16 开　4800.00 元
2010 年 5 月出版　978-7-5013-3834-4

本书选取民国时期大型综合性刊物《东方杂志》中的学术性文章 600 余篇,按照学科分为哲学、宗教学、民族学、文献学(含敦煌学)、语言文字学、文学艺术、历史学、考古学和地理学九类,每类依时间顺序编排,影印出版。书前编有详细的篇名目录。以期方便研究者使用,并推动对《东方杂志》和清末及民国时期学术与社会研究的进一步深入。

名家著述考

贾贵荣、耿素丽选编　精装 16 开　600.00 元
2010 年 6 月出版　978-7-5013-3837-5

本书是我社推出的大型丛书《民国期刊资料分类汇编》中的一种,收入自 1924—1948 年间出版的期刊中有关历代名人著述的文章 50 多篇。其作者多为名家大师,如梁启超、王重民、顾颉刚、容肇祖等。这些文章代表了民国年间该学术领域的最高成果,对今天的相关领域研究也具有启迪作用。

民国史地期刊汇编(全六册)

孙照海、孙彦选编　精装 16 开　2980.00 元
2010 年 7 月出版　978-7-5013-3838-2

本书收录民国时期历史地理学研究期刊,如《史学与地学》《史地丛刊》《史地杂志》《史地论丛》《西北史地》《东北集刊》《中南研究》等 12 种,按照发表时间顺序编排。并于书前冠以篇章详目,便于检索。这些期刊大多办刊时间不长,但是登载了如陈汉章、孟森、王国维、柳诒徵、顾颉刚等大量著名专家的学术研究成果,具有丰富的学术和史料价值,而未曾再印,搜集不易(《禹贡》《史地学报》等重要史地学刊物因已经影印,不再收入),因而收集汇编,以飨读者。

文心雕龙学

耿素丽、黄伶选编　精装 16 开　560.00 元
2010 年 8 月出版　978-7-5013-3841-2

本书是我社推出的大型系列丛书《民国期刊资料分类汇编》中的一种,收入民国期刊中有关刘勰及其《文心雕龙》研究的论文 50 多篇。包括书评、序、跋、集注、札记等类型。这些文章代表了当时龙学研究的最高水平,对于当今的相关学术研究亦会有很大的推动作用。

四库全书研究(全二册)

孙彦、王姿怡、李晓明选编　精装 16 开　1280.00 元

2010 年 10 月出版　978-7-5013-3852-8

本书汇集民国时期 30 余种期刊中有关《四库全书》的文章 70 余篇，按照文章内容分为综述、七阁、总目提要、影印四部分编排，影印出版，以期全面展示民国学者关于《四库全书》研究的成果。其中既有对《四库全书》价值及其成书过程的分析，又有影印、保护传承及进一步利用《四库全书》的讨论；并有关于《四库全书》目录索引的编撰及版本考证等问题的探讨。

文选学研究（全三册）

南江涛选编　精装 16 开　1800.00 元
2010 年 10 月出版　978-7-5013-3849-8

《文选》是我国现存最早的诗文总集。作为一部文学作品的精粹选本，《文选》具有很高的历史价值和资料价值。本书是民国时期一些重要学术刊物及报纸上文选学研究方面论文的汇编，反映了那个时期文选学研究的成果。

名人年谱（全六册）

贾贵荣、耿素丽选编　精装 16 开　3600.00 元
2010 年 11 月出版　978-7-5013-3847-4

本书是我社推出的大型丛书《民国期刊资料分类汇编》中的一种，收入从 70 余种民国期刊中遴选出的历代名人年谱约 150 篇，反映谱主 130 多人。谱主生活的年代自汉代至晚清。其中包括文学家、史学家、艺术家。中国历代的名家大师，如班固、贾逵、俞樾、章学诚、焦循、陶渊明等人的年谱均收入其中。其中学者的年谱反映了谱主治学的心路历程，事功家的年谱反映了历史发展的进程。

“左联”机关刊物四种（全八册）

耿素丽选编　精装 16 开　4800.00 元
2011 年 1 月出版　978-7-5013-3873-3

中国左翼作家联盟，简称“左联”，是第二次国内革命战争时期中国共产党领导的革命文学团体。1930 年 3 月成立于上海。在“左联”存在的六年时间里，国内外出版的左翼刊物如雨后春笋般涌现，其中包括“左联”机关刊物十余种。本次出版，我们选取了其中有代表性的四种：一、《萌芽月刊》，是“左联”最早的机关刊物之一，鲁迅主编。二、《拓荒者》，是“左联”初期的机关刊物之一。三、《北斗》，丁玲主编。四、《东流》，东京“左联”分盟机关刊物。以上四种刊物是“左联”机关刊物的代表，反映了左翼文艺运动在创作方面取得的巨大成就。

儒家、儒学与儒教（全二册）

初小荣选编　精装 16 开　1200.00 元
2011 年 5 月出版　978-7-5013-4427-7

本书为《民国期刊资料分类汇编》之一种，主要收录了自 1912—1948 年间发表在各种期刊上的有关儒家、儒学与儒教的文章 150 多篇。其中不乏国学、哲学研究领域大家的文章，像郭沫若的《儒家八派的检讨》、林语堂的《辜鸿铭——最后一个儒家》、任继愈的《禅学与儒学》、钱穆的《孟子和其他儒家》《总论南北朝隋唐的儒学》等几篇以及冯友兰的《儒家哲学之精神》《先秦儒家哲学述评》等等。这些文章散布在辛亥革命后到中华人民共和国成立前的近百种期刊上，找寻起来十分困难，此次汇编，查阅了多家图书馆才搜集至现在规模。

民国旧体诗词期刊三种（全九册）

南江涛选编　精装 16 开　5400.00 元
2013 年 8 月出版　978-7-5013-5054-4

本书收入民国时期以刊发旧体诗词为主的刊物三种：《诗经》（共 6 期）、《民族诗坛》（共 29 辑）、《雅言》（共 44 期）。其中多为当时诗词名家之作，是研究现代旧体诗词和相关刊物的重要资料。这三种期刊均由相应诗社编辑，可以视作“清末民国诗词结社文献”系列的一种，因为都较有特点，先行汇集影印，希望对现代文学界的研究起到抛砖引玉的作用。

抗日战争及近代中日关系文献

华北抗战——北京图书馆藏近代照片资料集

拓晓堂主编　精装8开　1000.00元

1996年12月出版　7-5013-1178-1

为纪念第二次世界大战暨中国抗日战争胜利50周年而编。本书是一部大型历史照片集，汇集北京图书馆（今国家图书馆）藏相关照片500余幅。

抗战阵亡将士资料汇编（全十三册）

李强、任震编　精装16开　7800.00元

2012年10月出版　978-7-5013-4706-3

本书辑录抗战时期阵亡将士的名录、传记等资料，共计11种，包括《中华民国忠烈将士姓名录》《抗战特殊忠勇军民题名录》《陆军第五军第八十八师淞沪抗日阵亡烈士传记》《南口抗日之役官兵伤亡名单》等。其中《中华民国忠烈将士姓名录》是1947年国民政府为救济抚恤全国各地军烈属而编撰的阵亡人员名录，全书按省分县编排，每县一册，内容为：姓名、职务、部队番号、年龄、阵亡时间、阵亡地，其中抗战时期阵亡人员占90%以上。此书极为珍贵，此次出版，经多方搜求，共收得河北、内蒙古、吉林、上海、浙江、江苏、湖南、湖北、安徽、山东、广西、云南、陕西等地的273个县的273册。

抗战阵亡将士资料续编（全九册）

国家图书馆编　精装16开　5400.00元

2015年12月出版　978-7-5013-5764-2

本书是《抗战阵亡将士资料汇编》的续辑，收录抗战阵亡将士的资料10余种，共分三类：一、阵亡将士名录，包括《中华民国忠烈将士姓名录》《烈士英名录：抗战时期》等；二、阵亡烈士传记，如《抗战军人忠烈录（第一辑）》《四年来抗战英雄事迹》等；三、追悼阵亡将士的纪念册，如《追悼郭仲华烈士纪念特刊》。其中，《中华民国忠烈将士姓名录》是最重要而且规模最大的一种，它是1947年国民政府为纪念阵亡将士、救济抚恤全国各地军烈属而编撰的大型名录，由联合勤务总司令部抚恤处纂订，录入是年6月底以前阵亡将士的姓名、番号、阵亡地等信息，该书按县编排，每县一册。“续编”在“汇编”收录273个县的基础上，又从各馆补配，增补200余个县，涵盖河北、山西、山东、江西、湖南、广东、广西、四川、贵州、云南、甘肃等省份。

远东国际军事法庭庭审记录（全八十册）

东京审判文献丛刊委员会编　精装16开　48000.00元

2013年7月出版　978-7-5013-5185-5

“二战”结束以后，同盟国在日本东京组成了远东国际军事法庭，对日本甲级战犯进行审判，《远东国际军事法庭庭审记录》为1946年5月3日至1948年11月12日的庭审记录，内容包括法庭成立、立证准备、检方立证、辩方立证、检方反驳立证、辩方再反驳立证、检方最终论告、辩方最终辩论、检方回答、法庭判决的全过程。本书由国家图书馆和上海交通大学共建的上海交通大学东京审判研究中心组织编纂，由国家图书馆出版社、上海交通大学出版社联合出版。

远东国际军事法庭庭审记录索引、附录

东京审判研究中心、民国时期文献保护工作办公室编

精装16开　1800.00元

2013年12月出版　978-7-3131-0756-5

本索引、附录是为阅读、检索《远东国际军事法庭庭审记录》而编纂的工具书。内容包括全篇人名索引、证据索引、出庭人物索引、重要事件索引和附录。全篇人名索引是远东国际军事法庭开庭以来第一次以庭审记录所有人名为对象编制的索引。证据索引是第一次以中、英、日三种文字编制的索引。出庭人物和重要事件索引是第一次单独作为主题编制的索引。附录包括远东国际军事审判的相关制度、史实、文献、研究成果等基本知识。从索引类型、具体词条到附录的各个门类的选择都是在反复考虑读者的实际需要的前提下确定。

靖国神社甲级战犯的罪证——远东国际军事法庭的判决

对日战犯审判文献丛刊编委会编　平装 16 开　38.00 元
2014 年 8 月出版　978-7-5013-4448-2

"二战"结束后，远东国际军事法庭对其认定的 28 名日本甲级战犯进行了正义的审判。本书主要摘录了远东国际军事法庭判决书中，法庭对靖国神社所供奉的 14 名甲级战犯的罪行起诉、罪状认定与最终判决等内容，以无可辩驳的事实揭露了日本战犯的侵略历史和战争罪行，对当今日本右翼势力进行了有力的驳斥。

远东国际军事法庭判决书（中英文版）

远东国际军事法庭编，张效林译　精装 16 开　650.00 元
2014 年 8 月出版　978-7-5013-4429-1

"二战"结束后，各同盟国在东京组织国际军事法庭对日本甲级战犯进行了审判。本书是远东国际军事法庭最终宣读的判决书，主要包括法庭的设立和管理、日本军部的战争准备、日本对中国和苏联的侵略事实、日本违反战争法规的种种罪行、法庭对日本的罪状认定和判决等内容，有力揭露了日本的侵略历史和战争罪行。判决书中对战争犯罪的处理采取了进步的法律观点，对国际法的发展具有不可磨灭的功绩，同时对破坏和平的军国主义也是一种最严厉的警告。此次将这一重要历史文献的中文翻译版本和英文原件影印出版，具有极高的史料价值和现实意义。

远东国际军事法庭证据文献集成（全五十册）

国家图书馆、上海交通大学编　精装 16 开　30000.00 元
2014 年 11 月出版　978-7-5013-4925-8

远东国际军事法庭的法庭证据，是指在检方、辩方提供的证据中，被法庭采用的部分。被法庭采用时，法庭在检察方文书编号、辩护方文书编号的基础上增添了法庭证据的通用编号，从 1 排列至 3915（存在分编号的情况）。每一份证据，都翻译成英文、日文两种语言。本次出版的为日文部分。法庭证据集中提出了日本法西斯的罪证，对日本侵略中国、南京大屠杀、太平洋战争、虐待战俘等罪证进行了详细的梳理，特别是对日本军国主义和侵略政策的发展过程有详细的展示，涵盖了整个东亚地区 20 世纪总体历史概况。这些法庭证据，全世界只有少数的图书馆和档案馆有收藏。

远东国际军事法庭证据文献集成索引、附录（全三册）

国家图书馆、上海交通大学编　精装 16 开　1800.00 元
2014 年 12 月出版　978-7-313-12511-8

本书为《远东国际军事法庭证据文献集成》的索引和附录。内容包括全篇人名索引、证据索引、出庭人物索引、重要事件索引和附录。

抗日战争史料丛编（4 辑）

抗日战争史料丛编 · 第一辑（全一百册）

中国社会科学院近代史研究所、中国抗日战争史学会编
精装 16 开　59000.00 元
2014 年 9 月出版　978-7-5013-5480-1

《抗日战争史料丛编》计划以影印的方式，汇辑抗战时期政治、经济、军事等方面的重要文献数千种。第一辑主要收录抗日战争时期军事、政治方面的文献 377 种，收录的主要内容包括：一、战史资料，包括历次重要战役的战斗经过、战后检讨、军事会议等。二、作战参考，包括抗战战略、战术的研讨，战斗经验与教训的总结，还包括对日军战略、装备、后勤、战术等的分析与分析。三、机密情报的分析，包括"中统""军统"对日伪政治、经济动态情报的总结和秘密调查。四、战后受降以及抗战损失调查，包括陆军总司令部以及部分战区、部队的受降报告书及各省的损失调查报告书。五、日军暴行报道，包括当时出版的日军暴行报道及目击记等相关资料。六、抗战人物的事迹、言论，以及日记、回忆等文献。本书以内部出版物、官方文件、未刊文献为主，部分是油印本、手稿本，多为首次集中披露，包括陆军大学内部讲义近十种，分别对忻口会战、南昌会战、桂南会战、滇西反攻等战役进行了详尽的总结。此外，"机密"文件是最大特色，军令部出版的《抗战参考丛书》、桂林行营出版的《对倭作战参考资料》、军令部出版的《第二次参谋长会议要录》都是"极机密"或者"最机密"文件，"中统""军统"对日伪和沦陷区进行的秘密调查，涉及日伪动向和沦陷区经济情形等方方面面。本书对文献中的彩色作战地图，亦采用全彩印刷，以保留更多的历史细节。

抗日战争史料丛编 · 第二辑（全五十册）

中国社会科学院近代史研究所、中国抗日战争史学会编
精装 16 开　30000.00 元
2015 年 8 月出版　978-7-5013-5663-8

《抗日战争史料丛编》第二辑，主要收录抗战时期军事、政治、经济等方面的文献 300 余种，精装 50 册，内容为：抗日战争战略战术、各站区工作、军事会议、沦陷区状况、军事统计、各地日军暴行、军事间谍；政治上国民党宣传、动员、华侨；战时经济发展状况及抗日战争时期的文化艺术等等，这些文献大部分是各站区的军事委员会、国防部、各战区、各参战部队或指挥官编写，出版于抗战时期，是研究抗战史的基本资料。

抗日战争史料丛编·第三辑(全五十册)

中国社会科学院近代史研究所、中国抗日战争史学会编
精装 16 开　30000.00 元
2016 年 12 月出版　978-7-5013-6000-0

本书为《抗日战争史料丛编》的第三辑,收录抗战文献 228 种,内容包括抗日战史,日伪资料,抗战损失和日军暴行、战时宣传、动员,战时兵役、抚恤、救济,战时经济,战时外交、司法、政治工作,战时参考消息、言论、日记,抗战文艺,战时新闻、出版等十个方面。其中北平军分会编辑的冀热战役战史资料(包括经过概要、阵中日记、历次战斗的详报、兵站计划、兵站编制、兵站实施等),以及为治安军履历册(粘贴有相片)、国民政府军事委员会委员长侍从室机要组档案目录皆为首次披露。

抗日战争史料丛编·第四辑(全五十册)

中国社会科学院近代史研究所、中国抗日战争史学会编
精装 16 开　30000.00 元
2018 年 5 月出版　978-7-5013-6265-3

本书为《抗日战争史料丛编》的第四辑,内容为战时经济专辑,包括经济动员、经济建设,以及战时经济理论方面的著述。

二战后审判日本战犯报刊资料选编

对日战犯审判文献丛刊编委会编　精装 16 开　3600.00 元
2014 年 4 月出版　978-7-5013-5272-2

第二次世界大战后,同盟国对日本战犯进行了大规模的审判。本书从当时中、美、英、日等国出版的《大公报》《申报》《字林西报》《南华早报》《泰晤士报》《纽约时报》《读卖新闻》《星洲日报》《星槟日报》等近 100 种报刊中辑录出 5000 余条相关新闻报道,包括对日本战犯审判的相关会议决定、战犯逮捕、远东国际军事法庭审判、中国进行的审判、横滨审判、马尼拉审判、美军在上海的审判、香港审判、新加坡审判、柔佛审判、槟城审判、澳大利亚主导的审判、法国主导的审判、荷兰主导的审判等,全方位呈现了战后盟国对日本甲级、乙级、丙级战犯审判的过程,客观呈现出当时国内外舆论界对审判日本战犯的态度与期望、审判进程的实时报道以及日本战犯罪责的探讨等。特别是国民政府在南京、上海、徐州、保定、广州、汉口、沈阳、台北、太原等地对日本乙、丙级战犯的审判,资料中搜集了关于战犯抓捕、搜集侦查罪证、审判以及执行判决结果的全过程,连载了审判战犯的起诉书和判决书,充分地暴露了日本战犯在中国犯下的罪行。

中国人民抗日战争纪念馆藏日本强掳中国赴日劳工档案汇编(全六十册)

沈强主编　精装 16 开　36000.00 元
2014 年 9 月出版　978-7-5013-5439-9

本书汇辑了中国人民抗日战争纪念馆所藏日本强掳中国赴日劳工的相关档案,成书 60 册,计 30000 余页。原文件系日本方面组织编写,记录语言为日文。第 1—54 册为曾役使中国劳工的日本各事业场(亦称事业所、作业场、作业所等)所撰写的报告书及其附属材料;第 55—60 册为日本外务省编写的《华人劳务者就劳情况调查报告书》(简称《外务省报告书》),以及中国人殉难者名录共同编制执行委员会所编的《强掳中国人事件报告书》(全四编)。本书所收档案是日本奴役中国劳工罪行最直接的证据,是研究劳工问题不可多得的第一手史料。本书是"十二五"国家重点图书出版规划项目,也是"民国时期文献保护计划"的重要成果。

横滨审判文献汇编(全一〇五册)

对日战犯审判文献丛刊编委会编　精装 16 开　63000.00 元
2014 年 10 月出版　978-7-5013-5278-4

"二战"结束后,同盟国开始大规模审判日本战犯,除了对 28 名甲级战犯进行的东京审判外,在横滨也组织了国际军事法庭对日本乙、丙级战犯进行审判,即"横滨审判"。较之东京审判,横滨审判历时更久,前后长达四年,总计审理案件 371 起;遭到起诉的战犯人数众多,共计千余名,包括在"花冈事件"中虐待、杀害中国劳工的战犯福田金五郎、河野正敏等;被诉战犯成分复杂,既有军方人士,也有普通民间人士。此次将横滨审判的审判速记录、法庭证据、辩方提交的赦免请愿书等原始档案文献整理影印出版,以翔实的史料充分揭露了日本战犯所犯下的累累罪行。本书作为国家图书馆出版社对日战犯审判文献丛刊的一种,是继《远东国际军事法庭庭审记录》后的又一大型史料,对日本"二战"罪行及战犯审判的研究具有重要价值。

东京审判历史图片集

对日战犯审判文献丛刊编委会编　平装 16 开　98.00 元
2014 年 11 月出版　978-7-5013-5441-2

"二战"结束后,同盟国在东京组织国际军事法庭对日本甲级战犯举行了审判。作为人类历史上规模最大的一次国际审判活动,东京审判留下了大量珍贵的历史资料,本书精选了近 400 幅珍贵的图片,涉及法庭工作、战犯关押、法庭辩护、证人作证、庭审现场、最终宣判等各个方面,并配以精炼的文字说明,真实再现了日本甲级战犯接受审判前后的历史场景,对从事战后审判研究和国际法研究的人员具有重要参考价值。本书全部图片来源于美国国家档案馆,系首次完整披露远东国际军事法庭的战犯审判过程,大力弥补了国内对日战犯审判领域原始文献的缺失,对当今日本右翼势力进行了有力的驳斥,具有极高的史料价值。本书是“民国时期文献保护计划”的重要成果。

马尼拉审判文献汇编(全五十三册)

对日战犯审判文献丛刊编委会编　精装 16 开　31800.00 元

2014 年 12 月出版　978-7-5013-5494-8

马尼拉审判是“二战”结束后同盟国对日本战犯的首次审判,对山下奉文、本间雅晴等在中国及东南亚地区犯下累累罪行的战犯进行了正义的裁决。马尼拉审判保存了山下下令屠杀东南亚华侨、巴丹死亡行军等重大历史事件的珍贵史料,是日军战争暴行的铁证。本书将马尼拉审判的审判速记录、法庭证据等原始档案文献整理影印出版,作为国家图书馆出版社对日战犯审判文献丛刊的一种,对研究“二战”史及日本暴行具有重要价值。

国家图书馆藏抗战图片集(全三册)

国家图书馆编　精装 8 开　1000.00 元

2015 年 8 月出版　978-7-5013-5657-7

本书收入国家图书馆藏抗战时期图片资料 1000 余幅。依据照片内容分为上、中、下三册。以照片的形式,真实记录了从抗战开始的 1937 年到战争结束的 1945 年间,全中国人民在中国共产党的领导下,经过艰苦卓绝的斗争,最终取得抗战胜利的感人场景。

中华抗战期刊丛编(全六十七卷)

江苏省档案馆、南京师范大学抗战研究中心编

精装 16 开　59000.00 元

2015 年 8 月出版　978-7-5013-5717-8

本书是南京师范大学出版社联合国家图书馆、江苏省档案馆、江苏省抗战研究中心,以及江苏盐城新四军纪念馆等单位,为纪念抗日战争暨世界反法西斯战争胜利 70 周年共同协作推出的一套大型史料影印丛刊。全书共 67 卷,收录了 1936—1946 年之间,中国共产党抗战期间在国统区和根据地出版的期刊 80 余种,近 4 万页。既收入了《江南》《先锋》《抗敌》《拂晓》《战士》这样的大型刊物,也收入了很多根据地零散的小刊,这些刊物在宣传党的政策、介绍国内外形势、报道抗战业绩、提供敌情信息、鼓舞军民士气、进行根据地建设等方面发挥了重要作用,成为重要的喉舌和战斗号角。在动乱频仍的战争年代,这些刊物能保存下来实属不易,其中不少是新四军、八路军军部和江苏、山东等地敌后抗日根据地所出版的期刊,都属中华人民共和国成立后首次公开影印出版,反映了抗战时期中国共产党在后方战场上所作的艰苦卓绝的努力,具有极高的史料价值和研究价值。本套丛书采用全彩影印出版,最大程度上呈现了历史原貌,并将数种原本不见于各大资料集的刊物首次展示于众,填补了历史研究和学术研究的空白,全面立体地展现了抗日战争的宏大历史场景。该丛书所选内容均由国家图书馆、江苏省档案馆以及南师大抗战研究中心遴选,并经专家审读。该项目被列入“民国时期文献保护计划”。

稀见嘉兴抗战旧影集

嘉兴市图书馆编　平装 12 开　120.00 元

2015 年 9 月出版　978-7-5013-5628-7

为纪念抗日战争胜利 70 周年,嘉兴市图书馆依托上海师范大学历史系的科研力量,在收集整理中方文献和侵华日军“写真帖”的基础上编撰了《稀见嘉兴抗战旧影集》,首次运用 1000 余幅珍贵的历史影像重新演绎了在江浙抗战史上占有重要地位、但此前仅见诸文字的嘉兴抗战史。图集不仅以“稀见”为标准摒弃了当代出版物中常见的图片,而且对每一张图片都作了仔细严格的甄别与考证,明确了时间、空间、人物、事件等关键要素,避免张冠李戴、混淆史实,因此堪称同类图册中具有鲜明学术特色的上乘之作。

国际检察局讯问记录(全七十册)

国家图书馆、上海交通大学编　精装 16 开　42000.00 元

2015 年 9 月出版　978-7-5013-5654-6

本书根据美国国家档案馆所藏有关于远东国际军事法庭审判(东京审判)的国际检察局(International Prosecution Section,简称 IPS)文书整理汇编而成。这些原始资料共归类成 470 份档案(case),包括国际检察局对以东条英机为首的 28 名被告和其他甲级战犯嫌疑人以及相关证人、旁证人、具体事件、各类团体的审讯记录和调查报告等,是东京审判得以开展的重要准备工作。国际检察局对东条英机、土肥原贤二、岸信介等战犯及嫌疑人所做的原始讯问笔录,均属国内首次完整集中披露,具有极高的文献价值。本资料集是东京审判系列文献丛刊的一种,是前期推出的《远东国际军事法庭庭审记录》《远东国际军事法庭证据文献集成》的有力补充,对于深化和推进国内的东京审判、“二战”历史以及中日战争史的研究极具价值。

中国人民抗日战争纪念馆藏台湾义勇队档案汇编(全六册)

沈强主编　精装 16 开　3600.00 元

2015 年 10 月出版　978-7-5013-5689-8

本书以中国人民抗日战争纪念馆所藏台湾义勇队

档案为底本影印出版，计3000余页。主要包括台湾义勇队的宣传、组织、总务三方面的档案文件，涉及宣传工作、队员入队志愿书、人员考核、队员个人档案、名册暨人事统计、员工调派、庶务、法令、优待军属、办理赴台手续等内容。这些珍贵的原始档案的整理出版，为中国人民抗战史和近代史研究提供了宝贵的第一手资料。

二战日军暴行报刊资料汇编（全五册）

国家图书馆编　精装16开　3000.00元

2016年7月出版　978-7-5013-5665-2

“二战”中，日军作为侵略者，在我国制造了无数的惨案，犯下了累累罪行，当时的中外报刊进行了广泛的报道，然而却很少有系统的整理。国家图书馆在“民国时期文献保护计划”的支持下，从中、美、英等国出版的《大公报》《申报》《字林西报》《纽约时报》《南华早报》《泰晤士报》等近百种报刊中，整理出关于“二战”日军暴行的资料4000余条，翔实地记录了日军在中国进行的屠杀、抢掠、强奸、无差别轰炸等战争罪行。

伯力审判庭审记录：中、英、俄、德、日文版（全五册）

对日战犯审判文献丛刊编委会编

精装16开　2500.00元

2016年8月出版　978-7-5013-5741-3

伯力审判即哈巴罗夫斯克审判（the trial of Harbarovsk），是1949年12月25日至30日由苏联政府在伯力城对12名前日本陆军军人在战争期间实施的细菌战罪行进行的审判。伯力审判是日军部队在侵华战争时使用细菌武器这一罪行的第一手审判材料，是指证日本实施细菌战的重要原始证据。伯力审判是东京审判的延续与补充，作为历史上第一次对细菌战罪行的公开审判，具有极其重大的意义，足以被载入战犯审判的史册。审判相关材料于1950年以中、英、俄、德、日等文字在苏联出版，题为《前日本陆军军人因准备和使用细菌武器被控案审判材料》。此次我们将当时出版发行的原版书进行影印出版，分5册，该书与前期出版的《远东国际军事法庭庭审记录》（全80册）、《横滨审判文献汇编》（全105册）、《马尼拉审判文献汇编》（全53册）、《远东国际军事法庭证据文献集成》（全50册）、《国际检察局讯问记录》（全70册）等战犯审判文献一起，进一步全面构建“二战”日军罪行史料体系。

丸之内审判文献汇编（全十八册）

对日战犯审判文献丛刊编委会编

精装16开　10800.00元

2016年8月出版　978-7-5013-5896-0

1948年10月，东京审判即将结束之际，盟军总司令部（GHQ）准备设立特别军事法庭，对丰田副武和田村浩进行审判。丰田副武，原日本联合舰队总司令、军令部总长、海军大将；田村浩，原俘虏情报局长官、陆军省俘虏管理部长、陆军中将。法庭先是在位于丸之内的三菱仲一一号馆开庭，之后对丰田的审判于1949年4月26日移往位于青山的日本青年馆，根据施行的主体和所在地点，审判被称为“GHQ审判”“丸之内审判”或“青山审判”。在战后进行的一系列对日战犯审判中，丸之内审判具有深刻的历史意义。首先，这场审判是东京审判的继续和补充，直接揭露了日军作战期间发生的虐待、虐杀俘虏等重大犯罪事实，是日军犯下残暴战争罪行的铁证。其次，审判探讨了日本海军特有的军政军令制度、军部及军人的战争责任问题、军事行动与战争罪行的关系，为以司法手段处理战争犯罪准备了法理和经验的支撑。最后，审判对战争中指挥官应负的责任进行了再探讨，为人们认识和思考国家、组织与个人应承担何种战争责任提供了重要的参考。

二战日军战史资料汇编（全三十册）

对日战犯审判文献丛刊编委会编

精装16开　18000.00元

2016年8月出版　978-7-5013-5900-4

本书系“二战”期间日本陆海军战史资料，涉及日军开战前的政策战略、战争计划与准备（如军备及战备情况、陆海军行动纲要等）以及在各主要战场（如中国、菲律宾等）的具体作战情况，共分185个专题，约1.8万页。这批资料在盟军指示下由日本官方组织编纂，直接取材于日本军官或战争当事人并经其审定，是未经加工的第一手史料，军事上具有较高的可信度。后来日本防卫厅防卫研究所战史室编纂《战史丛书》所采用的史料，有很多就是该资料所收集的成果。其次，这批资料覆盖了日本在太平洋战场的所有方面，包括各区域、各部队及重要战斗的情况，成为后来战争史研究的重要史料来源。该材料中有大量翔实的日军侵华事实，涉及“九一八”事变、卢沟桥事变、台儿庄战役、昆仑关战役等重要事件，日本的战前准备、军事部署、作战计划、作战进程等均有记录，并有大量日军绘制的军用地图及作战地图，客观展示了日军的军事策略及其实施过程，为抗日战争史和整个“二战”军事史的研究提供了丰富的原始资料。

中国人民抗日战争纪念馆藏珍稀抗战文献汇刊（全二十二册）

李宗远主编　精装16开　13200.00元

2017年6月出版　978-7-5013-6117-5

《中国人民抗日战争纪念馆藏珍稀抗战文献汇刊》

一书收档案与图书两大类。其中，档案类中包括日记、信札、赠言、笔记、公文、剧本等。图书包括卢沟桥事变相关著作、战史类著作、抗战教育与宣传类著作等。收录的文献大多是首次出版，具有很高的学术价值。

建川博物馆藏侵华日军日记（全五册）

瞿沐学主编　精装 16 开　3000.00 元

2017 年 8 月出版　978-7-5013-6080-2

本书收录建川博物馆所藏侵华日军新罗实藏、平井正男在中国期间所记述的日记。日记记录了这两名日军士兵在中国的作战情况、所见所闻、战争感受、与家人的书信联系等情况，反映了其所在部队的侵略轨迹，以及扫荡村庄、虐杀中国人、设置慰安所等一系列罪行，是日军侵华的铁证。本书是“民国时期文献保护计划”和国家社科基金项目“建川博物馆馆藏二战时期侵华日军日记的整理、翻译与研究”的重要成果。

建川博物馆藏侵华日军家书（全八册）

尹建英、潘殊闲主编　精装 16 开　4800.00 元

2018 年 8 月出版　978-7-5013-6154-0

本书选编建川博物馆馆藏抗日战争时期在中国的 400 多名侵华日军与其家人、亲属、朋友间的往来书信（含信件与明信片）2000 余封，记录了其在中国的生活起居、各地见闻、军事训练、作战情况、战争感受、思乡之情等诸种情形，是真实的、原始的、基础的战争证物，具有很高的历史价值、文献价值，已被认定为国家一级文物。此次将其影印刊出，以期对国内的抗日战争史研究有所裨益。

侵华日军战犯徐州审判档案汇编（全三册）

徐州市档案局（馆）编　精装 16 开　1800.00 元

2019 年 3 月出版　978-7-5013-6015-4

本书收录“二战”后，由徐州绥靖公署审判日本战犯的相关档案。包括以下四部分内容：（一）徐州绥靖公署军事法庭审判日本战犯档案，包括徐州绥靖公署成立、检举战犯通告、军事法庭审判长、检察官履历、日本战犯侦查移送书、日军罪行证据、判决书正本（涉及战犯计 21 人）等；（二）徐州审判战犯剪报资料，主要内容是当时报刊上刊登的有关徐州审判文章的剪报；（三）接收敌伪产档案，接收的既有日军上缴的军备器械，还有敌伪在徐州的产业，日本在徐所建设施、所筹物资主要为酒精、肉食、糖、香烟、造纸、粮食、木材、金融机构、机场、矿场等；（四）日俘日侨韩侨遣送档案，包括徐州审判后有关遣送与留用日俘、日侨和韩侨的各种文件、命令等。

档案文献

中国长芦盐务档案精选(全十册)

河北师范大学历史文化学院编 精装 8 开 14800.00 元

2011 年 6 月出版 978-7-5013-4566-3

本书是河北省档案馆和河北师范大学历史文化学院合编,从河北省档案馆中精选近 2000 件长芦盐务档案,时间从 1911—1921 年,对研究民初盐务盐政有重要史料价值。

国家图书馆藏清代档案文献汇编·第一辑(全一百册)

桑兵主编 精装 16 开 80000.00 元

2012 年 3 月出版 978-7-5013-4742-1

本书收录国家图书馆所藏清代档案文献两种:《谕折录要》和《谕折汇存》。两书皆出版于晚清时期,内容为此时期内阁邸抄的汇总,其中《谕折录要》以年为单位,汇录上谕、折片(分吏、户、礼、兵、刑、工六类),每类一册,每年一函。《谕折汇存》每月出一函若干册,首册按日列出奏折目录,然后按日刊载宫门抄、上谕、奏折(含朱批),其中奏折占绝大部分。《谕折录要》和《谕折汇存》汇集的谕旨章奏较为完全,又便于翻检和保存,在当时销量很大,具有很高的史料价值。本次出版,《谕折录要》收录光绪元年至三年(1875—1877)间的部分,《谕折汇存》收录光绪十七年(1891)九月至光绪二十四年(1898)正月间的部分。

国家图书馆藏清代档案文献汇编·第二辑(全一百册)

桑兵主编 精装 16 开 80000.00 元

2012 年 3 月出版 978-7-5013-6195-3

本书收录国家图书馆所藏清代档案文献《谕折汇存》光绪二十四年(1898)正月至三十年(1904)十二月摺片。该书出版于晚清时期,内容为此时期内阁邸抄的汇总。《谕折汇存》每月出一函若干册,首册按日列出奏折目录,然后按日刊载宫门抄、上谕、奏折(含朱批),其中奏折占绝大部分。汇集的谕旨章奏较为完全,又便于翻检和保存,在当时销量很大,具有很高的史料价值。

中国省别全志(全五十册)

(日)东亚同文会编 精装 16 开 29000.00 元

2015 年 5 月出版 978-7-5013-5557-0

本书由日本著名的间谍机构东亚同文会编纂,为绝无仅有的由外国人编撰的中国志书。东亚同文会是日本著名的间谍机构,与"满铁"齐名,从 1900 年成立至 1945 年抗日战争结束,40 多年来该校始终让其学生对中国进行实地调查,前后约有 4000 名日本学生分成近 700 个小组参加了调查旅行,调查内容涉及中国各地经济状况、经商习惯、地理形势、民情风俗、多样方言、农村实态、地方行政组织,因为是为日本侵略中国服务,其调查之精确,范围之广泛,统计数据之精确,令人叹为观止。东亚同文会出版的《支那省别全志》《新修支那省别全志》,包括《支那省别全志》(18 卷)和《新修支那省别全志》(9 卷),其中《支那省别全志》始于 1917 年,完成于 1920 年,包括广东省(附香港澳门)、广西省、云南省(附海防)、山东省、四川省、甘肃省(附新疆省)、陕西省、河南省、湖北省、湖南省、江西省、安徽省、浙江省、福建省、江苏省、贵州省、山西省、直隶省,基本每省一卷;《新修支那省别全志》始于 1942 年,止于 1946 年,包括四川省、云南省、贵州省、陕西省、甘肃省、宁夏省、新疆省、青海省、西康省。上述两种全志的编纂完全使用上述调查报告材料,没有对其他文献的转抄和引用,此外还科学地绘制了地图,包含了大量的图表、照片等,生动真实记录着风土民俗、水文地貌等,具有极高的史料价值,是研究民国史、经济史、社会史、地方史的重要参考。

东亚同文书院中国调查手稿丛刊(全二百册)

国家图书馆编 精装 16 开 120000.00 元

2016 年 8 月出版 978-7-5013-5814-4

东亚同文书院是近代日本为培养“中国通”而开办的高等学校，该校从清末至1945年，每年派学生到中国各地进行调查，以调查报告书作为毕业论文，分别向日本外务省和军方呈送，前后持续40余年，总计派出4000余名日本学生分成近700个小组，足迹遍布中国各地，进行了地毯式的调查，形成调查报告千余份。这些调查使用了现代社会学、人类学的调查方法，持续时间、调查地域都超过“满铁”，调查报告极为详细，令研究者叹为观止。本次出版，以国家图书馆所藏的调查手稿为底本，系首次对外公布。手稿的时间跨度从1927年第24期生至1943年第40期生，包括将近2000名调查人员撰写的约1000本的旅行日志手稿和800余本的调查报告手稿。其中日志手稿远比后来整理的年度调查日志丰富，记录了不同时期中国社会的状态，比如军阀统治时期各地土匪猖獗情况，抗战时期学生从军见闻等。调查报告手稿内容未经过删减和筛查，保留了大量的涉密文献，记录了中国各地经济、政治、社会等方面的细节，是研究民国史、中国社会史、经济史、地方史极为重要的资料。

东亚同文书院中国调查手稿丛刊：总目、索引、附录

冯天瑜主编　精装16开　180.00元
2016年8月出版　978-7-5013-5999-8

本书总目部分，包括第1—200册目录，对约2000种日志和报告按类编排，对于未著录出版年、调查的班次等重要信息的手稿，详细考辨其调查路线、调查内容等，进而确定其归属的类别和序列；索引部分，包括人名、地名、调查类别等索引，以方便读者使用；附录部分，包括东亚同文书院历届学生名单、调查线路、手稿本与整理本比勘等方面。

东亚同文书院中国调查手稿丛刊续编（全二百五十册）

冯天瑜主编　精装16开　150000.00元
2017年12月出版　978-7-5013-6308-7

本书是《东亚同文书院中国调查手稿丛刊》（1927—1943）的续编，内容为东亚同文书院第10—20期调查报告，涵盖的时间范围为1916—1926，与《丛刊》相接续，对全面研究东亚同文书院及其调查活动具有重要的价值。《续编》所反映的调查时段，正处于东亚同文书院调查的扩大期和圆熟期，这一时期的调查，因为受到政治风潮以及战争的影响较少，其规范性、系统性要超过之后的调查。特别是我国目前所存北洋时期史料较少，缺漏严重，东亚同文书院这一时期的调查，正好是某种程度上的补充。

东亚同文书院中国调查手稿丛刊续编：总目、索引

冯天瑜主编　精装16开　580.00元
2018年12月出版　978-7-5013-6500-5

本书是影印出版的《东亚同文书院中国调查手稿丛刊续编》的总目、索引部分，影印版全250册，影印版目录中著录至卷、章等原书目次，然而卷、章之下尚有节、款，为便于读者查询利用，因此本书将之细编汇为一辑，配以索引，单册另行，以方便学者查检。其中总目著录报告期次、调查年度、卷、编、章、节、款、项等具体标题信息，基本涵盖原始资料的各级内容。因调查涉及地理、城市、交通、金融、物产、工矿、社会、教育等诸方面，地域是贯穿始终的线索，故我们编制了地名索引，范围涉及中国绝大部分地区，包括区域、省、市、县、镇、乡、主要山川河流等，并按照地名笔画排序，是把握东亚同文书院调查路线、调查门类的基本工具和重要线索。

中国社会科学院近代史研究所藏“满铁剪报”类编·第一辑（全一百册，总目三册）

中国社会科学院近代史研究所编　精装8开　96000.00元
2016年10月出版　978-7-5013-5875-5

“满铁剪报”是日本情报机构“满铁”调查部集数百人的力量、持续近30年（1918—1945）而未间断的专题剪报，选用近170份中、西、日文报刊，共分20余大门类、近百个小门类，将涉及中国（包括日本、朝鲜半岛）的相关文章等剪裁下来，是世界范围内迄今为止涉及20世纪20—40年代中国（东北亚）问题的采集范围最宽、分类最齐全、数量最庞大的资料剪报，对新闻报道进行了归类，是“满铁剪报”的最大价值所在。“满铁剪报”长期保存在中国社会科学院近代史研究所，因其独特性、唯一性且数量庞大，只能提供给本所学者阅览，因而未能得到学界的充分利用。我社经数年筹备，与近代史研究所合作，将其按专题分类整理影印出版，并投入大量人力物力进行编目标引等工作，必将为研究东北亚近现代史、近现代中日关系史和中国东北地方史提供极为珍贵的第一手资料。本次出版的是学界最为关注的政治、外交、军事类资料，涉及日本向东北的移民与开拓、世界粮食问题、国际政治争端、日本的外交方针、华北自治运动、西南反蒋运动、国民党内部争斗等内容。

中国社会科学院近代史研究所藏“满铁剪报”类编·第二辑（全一百册，总目三册）

中国社会科学院近代史研究所编　精装8开　96000.00元
2017年11月出版　978-7-5013-6170-0

“满铁剪报”分大小两种开本，原始文献共计3510册，近70万页，继第一辑Q类（政治、外交、军事、国际

一般）顺利推出后，第二辑收小开本 A（政治、经济）、B（工业经济、教育状况）、C（经济一般）、D（农林畜水产）、E（畜产业）、F（工业部门经济）类内容。

百年大生企业号信（清光绪三十三—三十四年）

南通市档案馆、张謇研究中心编　精装 16 开　1200.00 元
2017 年 10 月出版　978-7-5013-6208-0

大生上海事务所是大生企业集团驻上海的办事机构。1897 年张謇在南通筹办大生纱厂时，为募集资金，在上海设立"大生上海事务所"。实际上，大生上海事务所是当时大生集团的神经中枢，在整个大生运营系统中具有举足轻重的地位。大生上海事务所与大生许多企业每天都有号信往来，通过号信实施对大生集团众多企业的了解、掌控和指挥，各企业则借此了解外部形势和市场行情。大生上海事务所与大生企业往来号信数量庞大，内容丰富，涉及大生集团各企业经营活动的方方面面和当时社会生活的各个领域。一、反映大生企业生产经营活动。二、反映市场变化和物价信息。三、反映当时的政治形势和时代背景。四、反映大生上海事务所在上海的管理和事务活动，体现了大生沪所在大生企业中的重要地位与作用。五、反映大生企业严格的财务管理制度和档案管理制度。六、反映张謇及其他大生管理者的重要活动与行踪。

福建侨批档案文献汇编·第一辑（全二十五册）

福建省档案馆编　精装 16 开　19200.00 元
2017 年 12 月出版　978-7-5013-6161-8

侨批通常指华侨寄回国内的一种"银信合封"传递物，即华侨通过回国同乡、专门或兼职信使（俗称"水客"）及后来的金融邮政机构，寄回国内的家书和附有简单留言的汇款凭证。侨批作为反映中国东南沿海文化特色的重要民间文献，具有真实性、唯一性、不可替代性、罕见性和完整性等特点，其价值堪比"敦煌文书"。2013 年，福建和广东的侨批档案成功入选联合国教科文组织世界记忆名录。为了充分展现侨批档案这一珍贵的世界记忆遗产价值，方便专家、学者以及社会大众利用和研究，福建档案馆联合相关侨批档案文献收藏机构和个人，分阶段、分区域、分类别开展福建侨批档案文献的系统整理和编纂出版工作。辑出《福建侨批档案文献汇编》，第一辑共 25 册，收录珍贵档案 3289 件，内容大概分为政策规章、注册登记、业务管理、调查统计及稽查督查等三类，均各具特色，具有较高的文献和学术价值。这些档案文献绝大部分为首次公开面世，为系统认识清末以来国内外侨批业的发展脉络、批局运营发展历程、政府对国内外侨批业务运营的监督管理提供了原始档案资料，具有较高的学术研究价值和史料价值，有助于进一步深入挖掘和阐释侨批档案的历史价值和世界意义。

南满洲铁道株式会社社史资料汇编（全五十册）

邵汉明、王建朗主编　精装 16 开　30000.00 元
2018 年 12 月出版　978-7-5013-6580-7

南满洲铁道株式会社简称"满铁"，是根据日本特殊立法而设立的"国策会社"，为日本制定侵华政策提供军事、政治、经济、社会等情报，是全方位、多角度调查、侵掠中国资源的核心机构。在其存续的 40 年间，积累了大量调查报告和档案文书，一直是学界研究和关注的重要资料宝库。吉林省社会科学院所藏"满铁"社史资料，如《南满洲铁道株式会社（营业一斑）》《昭和三年度事业说明书》等，极为珍贵，是研究这一情报机构的原始素材，对开展"满铁"史、日本侵华史、东北近现代史等方面的研究将大有裨益。

中华平民教育促进会华西实验区档案史料选录

重庆市璧山区档案局编　精装 16 开　180.00 元
2019 年 4 月出版　978-7-5013-6298-1

华西实验区，全称为中华平民教育促进会、四川省第三行政督察区华西实验区，是以实践晏阳初平民教育和乡村建设思想，开展农村经济、教育、卫生和自治"四大建设"为主要内容，以璧山为中心覆盖重庆周边 10 县 1 局，具有典型意义和深远影响的民国乡村建设实验区。重庆市璧山区档案馆是国内保存华西实验区档案的重镇，馆藏华西实验区档案总量近 400 卷约 7 万页，较为完整地反映了华西实验区开展平民教育与乡村建设实验的情况。由于历史的原因，这批档案资料已经尘封了半个多世纪，一直"养在深闺人未识"。本书从相关档案中筛选整理出华西实验区所涉及的重要人士、工作概况、组织人事、合作事业、农村与农业、卫生、教育、社会调查、编辑组、工作人员等 10 个方面的重要档案史料，共计 144 件，并加以识读整理，旨在为读者和相关研究者提供最基本的第一手资料。这些资料是人们全面了解和认知晏阳初及民国乡村建设不可或缺的重要方面。

名人日记手札

志摩日记

陆小曼编　平装 32 开　4.80 元
1992 年 8 月出版　7-5013-0932-9

本书以时间为序排列，展现了徐志摩丰富多彩的生命历程，是徐志摩研究、中国现代文学、文化研究不可或缺的资料。

清季洪洞董氏日记六种（全六册）

董寿平、李豫主编　精装 32 开　950.00 元
1997 年 1 月出版　7-5013-1311-3

本书收国画大师董寿平先生祖父、伯祖、叔祖、叔祖母的日记。其祖父董文涣先生《研樵山房日记》占四分之三，主要记载了同治至光绪年间董文涣与朝鲜使臣友人交往的事迹、来往信札，是研究中朝关系的重要史料，还记载了晚清政治、经济、文化、民俗等方面的情况。另几种日记亦有重要的史料及较高的书法艺术价值。

周作人俞平伯往来书札影真

周作人、俞平伯撰　精装 16 开　2000.00 元
1999 年 11 月出版　7-5013-1588-4

本书收集了周、俞二人自 20 世纪 20 年代初至 60 年代中期的往来书信共 353 封，其中近百封信件是征得周俞两家后人同意后首次披露的。两人通信所用信笺，多为名家所特制，书信中所用印章，也皆珍玩可宝，再加上两人酣畅流利颇具功力的书法，使每封信都堪称一件艺术品。

徐志摩未刊日记（外四种）

徐志摩撰，虞坤林整理　平装 32 开　18.00 元
2003 年 1 月出版　7-5013-2081-0

本书收录了现代著名诗人徐志摩于 1911—1919 年求学时所写日记，真实反映了他学习、社交，从事文艺创作的经历，具有较高的文学价值和史料价值，日记原稿数十年间辗转日本、美国，此次为第一次发表。此外，书中还收入徐志摩已刊日记四种，都经过重新校勘。因此本书是已出版的徐志摩日记中收录最为完整，也最忠实于原作的一种。

二十世纪北京大学著名学者手迹

程道德主编　精装 16 开　260.00 元
2003 年 5 月出版　7-5013-2109-4

本书所收录的作品是在北大教授程道德先生收藏的基础上选择的。这些作品基本囊括了百年来北大各个时期的主要人物的手迹，反映了北大学人治学的风貌，同时也有助于了解北大历史发展。书后附有所收作品的作者简介，通过此简介可了解北大著名人物。此书具有一定书法意义和史料价值。

余绍宋日记（全十册）

余绍宋撰　精装 32 开　2100.00 元
2003 年 12 月出版　7-5013-2403-4

余绍宋（1883—1949），著名学者、书画家。日记起自 1917 年元月，迄于民国 1942 年 2 月，所记内容包括书画鉴赏、书画经眼、读书心得、朋友交往、山川记游及少许时事等。本日记兼具近现代文史资料、书画史纪要、书法艺术观赏等方面价值。

康有为牛津、剑桥大学游记手稿

康有为撰，程道德点校　线装 16 开　360.00 元
2004 年 7 月出版　7-5013-2421-2

1898 年 9 月戊戌变法失败后，康有为出亡海外 16 年，足迹所至，遍游四大洲，历 30 余国，行程 60 万里。其间，康有为八次赴英国，并于 1904 年 7 月 21 日至 24 日游览牛津大学，8 月 11 日至 13 日游览剑桥大学后，写成此游记。本书影印底本是康有为的手书真迹，并附有北京大学程道德教授所作释文。

全稿分为两卷,约50000字,内容十分丰富,具有极高的史料价值。影印出版其遗稿真迹,不仅能使读者对19世纪末20世纪初中外教育史及康有为的教育思想、爱国热忱有进一步的了解,而且能欣赏到享誉中国书坛的一代碑学宗师南海老人精湛的书法艺术。

字字珍藏——名人信札的收藏与鉴赏

程道德、方继孝编著　平装16开　25.00元

2004年7月出版　7-5013-2418-2

盛世兴收藏,在当今民间收藏蓬勃发展的大潮中,收藏名人信札爱好者的队伍异军突起。名人信札已成为民间艺术品收藏的一个热点。本书主要针对收藏名人信札的意义,如何收藏、欣赏和鉴别名人信札的真伪,以及近几年名人信札的投资背景等问题作一些知识性的介绍。编入本书的115通中国近现代名人信札,是编者综合考虑文献价值、艺术性和珍罕性等诸因素,从千余通信札藏品中挑选出来的。其中收录有魏源、严复、曾国藩、李鸿章、张之洞、盛宣怀、康有为、梁启超、谭嗣同、黄遵宪、杨守敬、吴汝纶、林纾、蔡元培、胡适、王国维等名人信札。

周绍良友朋书札

李经国编　精装16开　230.00元

2005年10月出版　7-5013-2810-2

周绍良先生是蜚声中外的国学大师,本书收入了周先生自20世纪60年代至本世纪初的友朋书札140余通,分为《友朋来鸣》与《周绍良手札》两部书。书信往还者既有名师硕儒如陈坤、谢国桢之辈,亦不乏名不见经传的普通人。通过这些手迹,不但可以窥见周先生与其友朋之间的真挚友情,更可了解周先生学术研究之大概。

陈独秀先生遗稿(全二册)

陈独秀著,万继孝点校,吴永坤审订　精装16开　498.00元

2006年11月出版　7-5013-3194-4

本书收录了陈独秀先生20世纪三四十年代被拘于南京国民党监狱及出狱后流落四川江津时期所创作的《甲戌随笔》《以右旁之声分部计划》等语言文字学著作,这些著作为首次公开付梓面世。任继愈封面题字。

邓之诚日记(外五种)(全八册)

邓之诚撰,邓瑞整理　精装16开　3500.00元

2007年7月出版　978-7-5013-3477-3

邓之诚是民国时期著名历史学家,对于金石、藏书等也广泛涉猎。本书收录邓之诚未刊手稿《五石斋日记》(1933—1960)24册,主要内容是邓之诚先生的读史札记、与友人往还和对这一历史时期时局的看法,以及一些家事。本书附有《滇语》《南冠纪事》《槐居唱和集》等珍贵文献。《滇语》(未刊稿)记载了清末民初云南当地的风土人情和民国人物的传记。《南冠纪事》是珍珠港事件爆发不久,他与陆志韦等燕京大学教授被日军逮捕后的狱中记事。《槐居唱和集》是他与清末民初著名学者张尔田、洪业等人的诗词往还。《款青精舍集唐句》是邓之诚父亲邓栻的手稿。

缘督庐日记钞(全四册)

叶昌炽撰,王季烈抄　精装32开　600.00元

2007年9月出版　978-7-5013-3521-3

本书是清末民初著名学者叶昌炽《日记》(1870—1917)的精华本,是王季烈从《缘督庐日记》原稿中抄录。叶氏学识渊博,无书不读,尤精于金石、版本目录,对敦煌出土史料亦有深研,本书对于了解其在金石学、版本目录学乃至敦煌学等领域的贡献有重要价值。

观雪斋释注名人书札丛书·沐雨楼来鸿集——杨仁恺先生友朋书札

李经国编　精装16开　360.00元

2007年9月出版　978-7-5013-3507-7

本书收录了当代文博界元老、沐雨楼主杨仁恺先生收藏的函札百余通,从中可见杨仁恺先生的学术轨迹和交游概况。

胡适王重民先生往来书信集

王锦贵等编　精装16开　680.00元

2009年3月出版　978-7-5013-3788-0

本书汇集1943—1945年间胡适与王重民通信200余封,内容多为学术问题的探讨,具有较高的研究价值。

冰庐锦笺:常任侠珍藏友朋书信选

沈宁编　精装16开　680.00元

2009年4月出版　978-7-5013-3782-8

本书收录了著名诗人、东方艺术史与艺术考古学家常任侠先生所藏友朋书信200余通,所涉人物皆为文化、艺术与学术各界名人,像郭沫若、马衡、洪深、田汉、老舍、江绍原、沈从文、茅盾、章伯钧、艾青、萧军、吴冠中、范曾等。其中包含了大量珍贵史料,很多书信本身也有很高的书法艺术价值。本书值得研究者与书法爱好者收藏。

师伏堂日记(全六册)

(清)皮锡瑞撰　精装16开　3000.00元

2009 年 5 月出版　978-7-5013-3778-1

皮锡瑞一生著述宏富，其中经学著述印行较多，流传颇广，对后世影响巨大。今我社乃据湖北省图书馆所藏《师伏堂日记》稿本，原貌影印。该日记起自清光绪十八年（1892）正月初一日，迄于光绪三十四年（1908）二月初四日（中缺光绪三十年四月十六日至八月十七日日记），凡所闻见一一备载，其中记其读书、撰述、交游之事尤为详细，对于后人了解皮氏所处的那段风起云涌的历史，探究皮氏之学术历程，皆弥足珍贵。附录影印了皮锡瑞孙皮名振编著、商务印书馆 1939 年出版的《皮鹿门年谱》。

赵凤昌藏札（全十册）

国家图书馆善本部编　精装 16 开　7200.00 元

2009 年 10 月出版　978-7-5013-3455-1

清末民初是中国历史上一个重要的转折时期，政坛风起云涌，世事瞬息万变，各派政治势力竞相登场，相互纠结较量，拉开了惊心动魄、可歌可泣的中国近代历史沉重的序幕，影响深远。对这段历史进行梳理和研究，正在引起越来越多的学者的关注。所幸这段历史相去未远，许多历史遗存、历史文献正在被相继挖掘出来，为这一研究提供了日益丰富的第一手资料。国家图书馆珍藏多年的《赵凤昌藏札》即是其中重要的一种。赵凤昌，字竹君，常州人，是清末民初政坛上十分活跃、很有影响的立宪派代表人物，早年以佐幕湖广总督张之洞而闻名，辛亥革命时期，在南北议和谈判中充任高级幕僚，人称“中山宰相式人物”。其《藏札》是当时政界、商界、教育界等各界高层人士与他往还信件的合辑，彩色信笺，名人手迹，所议之事，无论巨细，均为当时历史之见证。因其从未刊印，难以行远，致使其重要的史料价值至今无法为研究所用。我社有鉴于此，特请国家图书馆善本部专家整理，将其影印出版，以飨读者。

绍英日记（全六册）

绍英撰　精装 16 开　3000.00 元

2010 年 1 月出版　978-7-5013-3780-4

绍英于清季任度支部大臣，入民国又在溥仪小朝廷任内务府大臣，是伴随清廷走完最后一段路程的“遗老”之一。其日记包含着许多珍稀史料，百年来屡经磨难存留至今实属不易。绍英日记所记，范围广泛，内容翔实，其中有关庚子善后、出国考察、经费收支、溥仪退位、逊清皇室、张勋复辟、宣统大婚等内容，史料价值较高。其他如稽查工程、掌管财务、进奉赏项、官场应酬、请托关照、读书论学、家庭关系、家产处置、商号往还、股票交易、祭祀仪礼、投医问药等，事无巨细，亦为反映清末民初社会生态的有益资料。

鲁学斋日记（外二种）（全五册）

吉城撰　精装 16 开　3000.00 元

2010 年 10 月出版　978-7-5013-4412-3

本书收录清末江苏东台人吉城自光绪十三年（1887）至宣统三年（1911）25 年间的日记 23 册，附录收入了吉城胞兄吉均的日记 1 册、吉城之子吉荣泰日记 1 册。书前有吉城生平简介、书后附有日记中所涉 800 余个人物的简单介绍。该日记是研究清末民国社会历史的重要第一手的史料。

张舜徽壮议轩日记

张舜徽撰　精装 16 开　470.00 元

2010 年 11 月出版　978-7-5013-3851-1

此书系中国现代著名学者张舜徽先生于 1942—1947 年间所撰日记，分居湘编、入陇编两部分，约 20 万字，内容涵盖读书、教学、研究、学术交往、生活等方面。其中很多篇章已具学术论文雏形，常为其后出专著所引用，对于研究张先生的学术成长轨迹具有重要意义，所记学人交往事迹也是 20 世纪中国学术史研究的宝贵资料。此外，日记笔力遒劲，书写流畅，给人以强烈的美感和震撼力。

闻一多书信手迹全编

闻立鹏、张同霞、闻丹青编　精装 8 开　1800.00 元

2010 年 12 月出版　978-7-5013-3857-3

本书收录著名诗人、学者闻一多先生写给亲朋挚友的书信近 200 封，是相关图书中收录最全者，有很多封都是首次出版面世。为更好地保留书信的原貌，本书采用按照原书信大小四色影印，8 开线装，是研究近现代文学史和社会状况的重要史料，同时具有很高的收藏价值。

拜经日记

（清）臧庸撰　精装 16 开　480.00 元

2011 年 1 月出版　978-7-5013-4431-4

臧庸（1766—1835），本名镛堂，号拜经，江苏武进人。生于清乾隆三十二年（1767），卒于嘉庆十六年（1811），年四十五岁。臧庸是乾嘉时期重要的考据学家，其读书杂记《拜经日记》，就是其考据学成果的重要体现。该书仿其高祖臧琳《经义杂记》之例，将读经之余对古文疑义进行诠释，对误字误读进行校勘及对经义之发挥等见解汇录成书。清代著名学者王念孙、周中孚等颇称誉此书。此次影印所据底本为清代著名藏书家、书画家费念慈于光绪十年（1884）所校清抄本。费氏不仅将抄本与刻本进行了互校，指出了刻本对抄本相关内容的删节之处，还对抄本的脱误逐一进行了校订，其版本价值由此可见一斑。

笺素珍赏——国家图书馆藏近代百位名人手札

国家图书馆出版社编　精装 16 开　680.00 元

2011 年 1 月出版　978-7-5013-4480-2

本书选自国家图书馆善本部名人手稿文库，均为国家册府珍藏。国家图书馆所藏历代名人手札极为丰富，本书所选仅限于近现代，共选 100 人，以人物生年先后串起。本书分为聊供凭吊——那个逝去不远，曾经天翻地覆、风云际会、影响深远的时代；聊供品味——那些曾经创造了历史亦被历史所铸就的各路风云人物；聊供赏阅——甄选在本书中的晚清、民国各色花笺、素笺纸上极具个性的名人手迹墨宝。

夏承焘致谢玉岑手札笺释

沈迦编撰　精装 16 开　580.00 元

2011 年 1 月出版　978-7-5013-3874-0

夏承焘，著名词学家，毕生致力于词学研究和教学，是现代词学的开拓者和奠基人。曾被誉为"一代词宗""词学宗师"。谢玉岑，名觐虞，号孤鸾，江苏常州人，钱振煌之婿，谢稚柳之兄，精诗词书画。本书收录 20 世纪二三十年代夏承焘致谢玉岑信札 70 余封，是了解当时文坛状况的重要史料。

王伯祥日记（全四十四册）

王伯祥撰　精装 16 开　26500.00 元

2011 年 8 月出版　978-7-5013-3887-0

王伯祥是现当代著名的出版人和文化学者，本书是对其 140 余册日记的完整影印。王伯祥日记的内容极其丰富，涉及家国大事、社会生活、学术活动、亲朋往来、家庭细事等等。其中尤以抗日战争时期最为详尽。整部日记书写之精美、行款之得当、笔墨之流利，也堪称书法之佳作。

辛亥革命名人墨迹

王金昌编　精装 16 开　280.00 元

2011 年 10 月出版　978-7-5013-4684-4

本书收录与辛亥革命有关的名人墨迹，共收录 30 人的 65 件墨迹，孙中山的 27 件墨迹排在最前面，此后谭人凤、蔡元培、秋瑾、宋教仁、林觉民等 29 人的 38 件墨迹按书写者出生年顺序排列。本书所收墨迹包括书信、章程、誓师文、诗稿等，具有较强的史料价值。

朱峙三日记（全十八册）

朱峙三撰　精装 16 开　12000.00 元

2011 年 10 月出版　978-7-5013-4683-7

本书完整收录辛亥老人朱峙三（1886—1967）所写的 70 年日记（1893—1962）。作者在日记中忠实地记录了身边的所见所闻，包括辛亥革命等历次重大历史事件在民间的反应，湖北地方的社会变迁，清末民国学校教育的情况，自家日常收支的经济账目等。

可居室藏清代民国名人信札

王贵忱、王大文编著　精装 16 开　560.00 元

2012 年 3 月出版　978-7-5013-4713-1

本书所收信札二百多通。作者上限为清代，下限到民国，多为有清望、雅享时誉之学者和军政界声名显赫之要人。其中有清代大学者钱大昕、阮元，洋务运动领袖曾国藩、张之洞，戊戌维新的主要领导者康有为、梁启超；民国时期的大学者罗振玉、王国维，以及广东籍或在广东任职的学者名人，共计 146 人。信的内容，既有谈经论艺者，也有讨论时政者，具有丰富的学术研究价值和史料参考价值。本书所收的信札，按人物生年编次，并附有作者简介。

周叔迦佛学论著手稿（全九册）

吕铁钢主编　精装 16 开　4800.00 元

2012 年 7 月出版　978-7-5013-4709-4

本书是周叔迦先生的佛学论著手稿集成，均为近年来新发现。中华书局出版《周叔迦佛学论著全集》时，此手稿尚未出现。因此，此手稿无论就文献价值还是书法价值都堪称一流，是研究周叔迦先生和他所处时代的重要文献。本书具体分为如下几类：一、经书注疏类，如《药师瑠璃光如来本愿功德经疏》《大品般若经游意》，是作者对经书的注解。二、佛教史类，如《中国佛教史》，是作者对于中国佛教发展的研究心得。三、学习笔记类，如《师古堂笔记》，是作者在读经学经过程中的所悟所感。四、誊抄类，如《大僧都空海传》《弘法大师传》等，这些都是作者在日本求学时誊抄的一些珍贵的碑记、史料，很有价值。

谢辰生先生往来书札（全二册）

李经国编　精装 16 开　500.00 元

2012 年 9 月出版　978-7-5013-4407-9

谢辰生先生是我国著名的文物保护专家，历年来，一直竭尽全力，为我国的文物保护工作奔走呼号，建言献策。在他和众多专家的一次次呼吁下，一封封上书中，许多文化遗迹、名城街区得以存世保全，传承后代，许多错误做法得以及时纠正，惠及后人。本书收录了谢先生多年来写给各级领导及与友朋往来的信札百余封，多数都是对文物保护的建议及呼吁，可以说，这些书札是我国文物保护工作的一批重要史料。书后还附有谢辰生年谱及谢先生的有关文物保护的重要著述。

谢辰生先生往来书札续编：附日记（全二册）

李经国编　精装 16 开　600.00 元

2017 年 7 月出版　978-7-5013-6096-3

本书收录了《谢辰生先生往来书札》所未收录的谢先生多年来写给各级领导及与友朋往来的信札百余封，多数都是对文物保护的建议及呼吁。可以说，这些书札是我国文物保护工作的一批重要史料。书后还附有谢辰生日记。

朱生豪译莎士比亚戏剧手稿（全十册）

嘉兴市图书馆编　精装 16 开　5000.00 元

2012 年 12 月出版　978-7-5013-4881-7

朱生豪（1912—1944），原名朱文森，浙江嘉兴人，是国内翻译莎士比亚著作较早和最多的人，译文质量受到国内外公认。1987 年，朱生豪的夫人将其翻译莎剧的手稿 33 种（其中有 3 种为同名作品初稿）捐献给嘉兴人民政府，收藏于嘉兴市图书馆。此次我们将这批珍贵手稿连同相关信札彩色影印出版，以纪念朱生豪先生百年华诞，同时也为莎剧研究者提供了一手的研究资料。

滂沛寸心：清代名贤诗文稿集萃

马钦忠编　精装 12 开　600.00 元

2013 年 10 月出版　978-7-5013-5205-0

本书凡逿逿一百二十六开诗稿及题跋。所选诗家上迄清初下至道光，凡 200 年间名家妙迹搜罗过半，发潜显幽之间，既瞻山斗，亦不拒细流，一册在手，可谓骚人毕至，诗书齐辉，真蔚为大观也。册中所选顾炎武、王铎、傅山、尤侗、刘墉、梁同书、桂馥、孙星衍、翁方纲、吴锡麒、赵怀玉和伊秉绶等七十一贤诗稿，或馈赠，或政诲，或唱和，其间珠玉雅言，举目缤纷。其作大多均载各人已刊的诗文集中，但字词稍有不同，或可作补校之用，亦可供深入研究，少有失刊者，皆诗史之遗珠，弥足珍贵。

谭屑拾馀：晚清驻朝鲜使臣丛札及诗文稿

丁小明编　精装 16 开　480.00 元

2014 年 9 月出版　978-7-5013-5390-3

本次所公布的“晚清驻朝鲜使臣袁世凯等人致朝鲜大臣金昌熙丛札及文稿”档案的有袁世凯、张謇、朱铭盘、林葵、吴朝彦、周家禄、李延祜、沈朝宗、邱心坦、郭春华、方正祥、张光前等人致金昌熙（石菱）信札、诗稿、文稿、笔谈实录、名刺等各类文件约 130 件。不仅是袁世凯研究资料（其间有袁世凯致金昌熙书札十通是现行《袁世凯集》与《袁世凯未刊书信集》所未收）的新发现，也是对中国晚清驻朝鲜使臣团及与之有关的诸多重要历史事件的还原和挖掘，更为近代东亚关系研究提供了新的大宗资粮。

周太玄日记（全七册）

周太玄撰　精装 16 开　4500.00 元

2015 年 1 月出版　978-7-5013-4573-1

周太玄是我国著名的生物学家、教育家、政论家和诗人。他发起创立少年中国学会，影响很大。中华人民共和国成立后历任四川大学理学院院长、中科院编译局局长、科学出版社社长兼总编辑等。他的日记反映了其一生几个重要阶段的读书、工作和交游情况，并且包含着大量的诗歌创作，后附他的书信数十封，具有较高的史料研究价值。

顾森书日记（全五册）

（清）顾森书撰　精装 16 开　3000.00 元

2015 年 6 月出版　978-7-5013-5544-0

顾森书（1841—1904），字纶卿，一字麟卿，江苏金匮（今属无锡）人。清同治十二年（1873）拔贡，入仕，初任直隶州州判，后入安徽巡抚幕，运筹东南。僚幕生涯近 20 年，后以军功保知州。现存的这批顾森书先生的完整日记，记事起于清光绪六年五月二十五日（1880 年 7 月 2 日），止于光绪三十年十一月初三日（1904 年 12 月 9 日），前后凡 24 年，详细记录了晚清的政情、民情、风俗，个人的观察思考及其与友人的交往等，为研究清末的社会变迁提供了一份丰富的原始史料。

苏渊雷往来信札（全三册）

苏月笑编　精装 16 开　980.00 元

2015 年 10 月出版　978-7-5013-5458-0

本书共收录著名学者、诗人苏渊雷先生往来信札 600 余通，共涉及亲朋好友 200 余位，其中不乏施蛰存、钱钟书等名人大家。信札内容信息丰富，谈论学术、时事、人情、生活等无所不包，为我们了解苏渊雷、研究苏渊雷提供更多的有价值的史料。

徐乃昌日记（全十册）

徐乃昌撰　精装 16 开　6000.00 元

2015 年 10 月出版　978-7-5013-5620-1

徐乃昌（1869—1943）为清末民国时期的名人，他出身望族，清代曾任知府、江南盐巡道，对近代江南地区的学校教育发展有重要贡献。他也是近代著名的藏书家与学者，曾多方觅求与收藏珍贵古籍。曾主编《南陵县志》。《徐乃昌日记》具有重要的史料意义，对晚清民国时期的历史有参考价值，对近代江南地区的高等及中小学堂的筹建等有所记述，对古籍的整理也有重要价值。

国家图书馆藏抄稿本日记选编(全六十册)

国家图书馆编　精装16开　36000.00元

2015年12月出版　978-7-5013-5709-3

本书迻录国家图书馆藏抄稿本日记28种，其中元人日记一种，如《郭天锡日记》，清人日记27种，如吴骞《兔床日记》、谢兰生《常惺惺斋日记》、英和《奉使陕甘日记》、翁心存《知止斋日记》及翁曾翰的《海珊日记》，又有文学家方玉润的《心烈日记》《星烈日记》，版本目录学家莫友芝的《郘亭日记》等。

品味书简——名人信札收藏十五讲

方继孝著　精装16开　168.00元

2016年5月出版　978-7-5013-5606-5

本书作者方继孝先生是著名名人信札收藏家，收藏自清代以来的名人信札过万通。从其藏品中挖掘史料，撰写了"旧墨记"书系，现已出版了六册，对于推动社会对名人信札的收藏与研究起了很大的作用。本书以他的丰富的藏品和长期的收藏经历，介绍了书信的历史、书信的撰写、书信书写的文房用具、名人信札的价值、名人信札的造假与辨伪、名人信札的拍卖价格等内容，并配有十分丰富的相关图片，可以称得上是一部名人信札收藏的指导书。

求恕斋日记(全十八册)

刘承幹撰　精装16开　10800.00元

2016年8月出版　978-7-5013-5876-2

本书系20世纪著名藏书家刘承幹之日记原稿影印本。日记稿本原藏刘氏上海寓所，身后散出，今分藏于上海图书馆及复旦大学图书馆。该《日记》记事始自清光绪二十六年(1900)，迄于1962年，时间跨度长达63年，日记详细记录了反映刘承幹及其家族在中国近代社会变革洪流中之特殊命运，折射出近代中国历史、经济、文化等发展轨迹，堪称刘承幹为后世遗留之又一贡献。此次将其全部影印出版，必将为近代经济史、家族史、文化史、藏书史等研究提供大量原始记录。

江瀚日记

江瀚撰，马学良整理　精装16开　680.00元

2016年8月出版　978-7-5013-5915-8

江瀚(1857—1935)，字叔海，号石翁，室名慎所立斋，福建长汀人，是近现代著名的学者、教育家和诗人。曾任职于北京大学、北京图书馆(今国家图书馆)等处。其主要成就为在书院、学堂、图书馆、博物院从事的教育和学术活动。著有《慎立斋稿》《北游》《东游》《片玉碎金》等。此次辑得其日记八册，诗稿一册，是为研究其生平、交游及晚清历史的宝贵资料。

内藤湖南汉诗酬唱墨迹辑释：日本关西大学图书馆内藤文库藏品集

钱婉约、陶德民编著　平装16开　198.00元

2016年9月出版　978-7-5013-5818-2

本书收录日本关西大学图书馆"内藤文库"中，内藤湖南创作的汉诗，以及他与中日学者之间往来唱和的汉诗共计220首，全部是手稿真迹。其间涉及的中国近代学者有王国维、郑孝胥、蒋黼、陈宝琛、杨钟义、赵尔巽、张尔田、王大桢、李拔可、张元济、白坚等人，及日本汉学家长尾甲、狩野直喜、小川琢治、市村瓒次郎、铃木虎雄、吉川幸次郎、庄司乙吉等人。这批资料具有较高的文献资料性、艺术观赏性价值，大部分并没有向中日两国公开过。

上海图书馆藏稿钞本日记丛刊(全八十六册)

周德明、黄显功主编　精装16开　65000.00元

2017年3月出版　978-7-5013-5917-2

本书从上海图书馆藏近600种历代日记中，精选出迄今未刊者、同时又是珍稀稿抄本者70余种予以影印出版。日记作者包括清初到民国初年近300年间政界要人、学界及艺术界名流56人，日记内容涉及该历史时期中国政治、经济、文化各个领域的重要史料。该日记丛刊的公开出版发行，对相关学术研究将起到重大推动作用。

上海图书馆藏稿钞本日记丛刊提要(全一册)

周德明、黄显功主编　精装16开　98.00元

2018年3月出版　978-7-5013-6357-5

本书为《上海图书馆藏稿钞本日记丛刊》之提要。

国家图书馆藏常熟翁氏书札(全二十册)

李红英选编　精装16开　15000.00元

2017年7月出版　978-7-5013-6063-5

本书收入国家图书馆藏常熟翁氏家书十余种，其中包括《常熟翁氏书札诗翰》《常熟翁氏家书》《瓶庐书札》《十四家书札》《三十一家书札》《同光之际名人尺牍》《翁文恭公手札》《常熟翁氏藏稿》《翁斌孙友朋书札》《瓶隐庐遗札》《常熟翁相国手札》《翁松禅手札》等，涉及内容大至朝政，小至家事，对研究翁同龢及其家族政治、社会活动，进而研究晚清政局、重大历史事件，具有很高价值。

稿本王文韶日记（全五册）

杭州图书馆编　精装16开　3000.00元

2017年9月出版　978-7-5013-6159-5

王文韶（1830—1908），清末大臣，字夔石，号耕娱、庚虞，又号退圃，祖籍浙江上虞梁湖，浙江仁和（今杭州）人。清咸丰二年（1852）进士。权户部主事，同治间任湖南巡抚，光绪间权兵部侍郎，直军机，后任云贵总督，擢直隶总督兼北洋大臣，奏设北洋大学堂、山海关北洋铁路官学堂（即唐山交通大学，现西南交通大学）等，旋以户部尚书协办大学士，官至政务大臣、武英殿大学士。王文韶日记现存20册，约80万字，记事自清同治六年（1867）一月至光绪二十八年（1902）十二月底，前后达36年之久，其中同治十二年、十三年，光绪三年、八年、十六年、十八年、二十年、二十三年、二十四年四月至二十五年缺失，其余大部分完整，现藏杭州图书馆，为王文韶手书稿本。

上海图书馆藏张元济往来信札（全十四册）

上海图书馆编　精装16开　8500.00元

2017年10月出版　978-7-5013-6287-5

2017年正值张元济诞辰150周年，为此上海图书馆将馆藏张元济往来信札全文影印。其中清朝遗老沈曾植、陈三立等，民国高官熊希龄，实业巨子盛宣怀等与张元济往来信札均有收录。时间上跨越了晚清、民国以及新中国成立后，具有很高的史料价值。

上海图书馆藏张元济古籍题跋真迹

上海图书馆编　精装16开　260.00元

2018年1月出版　978-7-5013-6284-4

张元济，字筱斋，号菊生，浙江海盐人。近代中国著名出版家，古籍版本、目录、校勘学家，一生对于中国文化、出版、藏书事业贡献极大。在其一生收藏古籍、举办图书馆和编辑出版古籍的活动中，留下了许多亲笔书写的题跋批校。本书即是对上海图书馆藏张元济手写题跋的汇编，共收录古籍题跋82种。与其他张元济题跋汇编不同的是，本书以图文对照的形式，将原件影印并配以释文，并精要标注书名、作者、版本和馆藏号，以供读者参考。同时，本书将所收录之张元济所书题跋以照片形式呈现，以供读者欣赏张元济之书法艺术。

宋绍定井阑题字册

顾廷龙编　线装16开　300.00元

2018年2月出版　978-7-5013-6354-4

《宋绍定井阑题字册》是图书馆事业家、古籍版本目录学家、书法家顾廷龙先生制作的一部册页。内容包括其旧宅所藏一件宋绍定年间制作的井栏的拓片和其父亲顾元昌的文稿，还有吴湖帆绘制的《宋井阑顾衙复泉图》，书后附有亲朋好友近50人在册页上留言题记，有王同愈、容庚、姚光、吴湖帆等。很多内容未见发表，例如，钱钟书的三首题诗，即不见于《槐聚诗存》中。因而具有一定的史料和艺术价值。

丁山日记

丁山撰　精装16开　580.00元

2018年4月出版　978-7-5013-4430-7

本书是著名史学家、古文字学家丁山先生（1901—1952）的日记，收录其从1936—1952年间辗转中央大学、中山大学、山东大学等地教学和日常起居日记，该日记从未发表过，具有很高的学术价值。书后附其与郭沫若、刘敦愿等人的重要往来书信及回忆文章。

黄体润日记：一九三三——一九三九（全六册）

黄体润撰　精装16开　3600.00元

2018年4月出版　978-7-5013-6350-6

《黄体润日记》为国家重点档案，共50卷40余万字。黄体润（1896—1996），字玉山，江苏丰县人，是民国时期国民党丰县地方党、政、军首脑人物之一。本书主要记述了1933—1939年黄体润在丰县活动的状况，内容涉及个人起居生活、亲友交往、读书笔记、随感，还包含了这一历史阶段中政治、经济、军事、文化、教育及自然灾害、水利、地理气象等诸多方面的变革、事件和活动，内容翔实丰富。特别是抗战、军队布防等内容为研究淮河流域抗战历史提供了大量一手资料，是抗战背景下的全国的缩影和体现。

思藻斋师友论学书札

罗国威编　精装16开　680.00元

2018年4月出版　978-7-5013-6370-4

本书收录四川大学罗国威教授思藻斋所藏师友书札300多封，包括王利器、汤炳正等师辈的数十封，也有同辈学人徐文堪、杨勇等人与罗国威先生讨论学问的信札。从这些信札可以看出当代学术研究的深入交流情况，也可欣赏到老辈学者的手迹，有较高的参考和收藏价值。

固圉斋珍藏名人墨迹

吴锡祺、叶于敏编　精装16开　680.00元

2018年6月出版　978-7-5013-5767-3

全书收录吴丰培固圉斋收藏的近现代名人信札和相关墨迹遗存，按照时间顺序，大致涵盖了吴氏三代收藏和交游的重要信札，涉及清代至当代的数十位名人，其中有清代政界要员如殷兆镛、张曜等；也有民国以后的文史学者如周作人、启功、顾廷龙、费孝通等。这些信札，有相当一部分是吴江名人的墨迹，对保存吴江文献、研究吴江近现代文化具有意义，也可为现当代文学和艺术的研究提供新鲜可信的史料。

梁启超手稿精粹（一函二册）

梁启超撰　线装 8 开　580.00 元

2018 年 10 月出版　978-7-5013-6437-4

梁启超手稿展现了梁启超多领域的思想内涵，并具有较高的书法功底。本书以治学、教育、做人等内容为主题，甄选梁启超手稿 10 余篇影印线装出版。全书约 100 筒子页，一函二册，四色印刷，装帧精美，具有一定收藏价值。

弢翁访书尺牍附梅泉访书尺牍

周叔弢撰，李国庆、康冬梅释文，周景良审订

精装 16 开　380.00 元

2018 年 12 月出版　978-7-5013-6581-4

本书主要收录了周叔弢先生给王晋卿先生的 180 余封书信，由四色仿真影印的原稿和释文两部分组成。并附了周达先生给王晋卿先生的书信四封。书信的内容主要是记载周叔弢先生通过书友北京文禄堂主人王晋卿访书并从其手中购书事宜。

清华大学图书馆藏稿钞本日记丛刊（全二十四册）

清华大学图书馆编　精装 16 开　18000.00 元

2019 年 3 月出版　978-7-5013-6493-0

日记之史料价值，向为前人所重。此次我社与清华大学图书馆合作整理馆藏日记，遴选稿钞本日记，涉及历代各界名人要员，如元代的郭天锡，晚清受过新思想的官员如杨宜治、陈琪等。这些日记从不同角度、不同侧面反映了当时的时代背景、政治局势、社会生活、有朋往来以及私人生活等等，内容极为丰富。

笃斋藏清代百家书札

李昭安编　精装 16 开　398.00 元

2019 年 4 月出版　978-7-5013-6712-2

本书收录清代名家书札 100 家 100 通，始自清初查士标，依次有何焯、黄易、姚鼐、武亿、陈曼生、林少穆、陶云汀、翁松禅、左季高、俞曲园、李越缦、王仲弢、吴愙斋、戴子高、叶鞠裳、郑大鹤等。有清近三百年坛坫耆宿、艺林翘楚、庙堂干臣，基本汇于此集。其中绝大多数书札为首次刊布，具有重要史料和艺术价值。此外，选取涉及百家之多，可以作为清代书札鉴定的基本工具书。

外文类影印图书

中国共产党创办的英文期刊:中国文摘(1946—1950)(全三册)

龚澎等主编　精装 16 开　1400.00 元

2009 年 8 月出版　978-7-5013-3803-0

《中国文摘》(*China Digest*)是中国共产党创办的第一份向海外发行的英文期刊,1946 年底在香港正式出版。这份期刊由龚澎等人主编,及时向全世界报道中国大陆上的激烈斗争,报道解放战争的消息,刊登延安的时事评论,揭露蒋管区的民不聊生和白色恐怖。刊物上还刊登了毛泽东等人一些著作的英文翻译,其中有毛泽东作品最早的英文版,如《中国革命和中国共产党》,于 1949 年刊登在第 5 卷第 9—11 期上。该刊对帮助世界人民了解中国共产党所进行的正义事业和中国的革命形势起到了极大的作用,为党史及新闻史研究者提供了宝贵的一手资料。

天下(全十一册)

吴经熊、温源宁等主编　精装 16 开　4800.00 元

2009 年 10 月出版　978-7-5013-3807-8

《天下》月刊(*T'ien Hsia Monthly*)1935 年 8 月创刊于上海,1941 年 9 月停刊,该刊由中山文化教育馆赞助出版,主要编辑有吴经熊、温源宁、林语堂、全增嘏、姚克等。这份英文期刊是综合性文化刊物,旨在向西方解释和介绍中国的文学与艺术,促进东西方文化的相互了解。主要栏目有评论、翻译、简史和书评等。《天下》月刊刊载了大量文化评论与文学译文,具有丰富的文化与文学价值,并为中国文学尤其是现代文学向外传播做出了极大贡献。

中国评论(*The China Review*:*or Notes and Queries on the Far East*,1872—1901)(全二十二册)

(英)但尼士、(德)欧德理等主编　精装 16 开　9800.00 元

2010 年 3 月出版　978-7-5013-3820-7

《中国评论》(*The China Review*,1872—1901)是一本学术刊物,1872 年在香港创刊,1901 年终刊,共出 25 卷 150 期,为英美在华传教士兼汉学家的汉学评论刊物。《中国评论》被认为是西方世界最早的真正汉学期刊,见证了 19 世纪后半期西方汉学所取得的主要成就。几乎所有 19 世纪后期重要的西方汉学家,都在《中国评论》上刊发过有关中国或者东方的文论。对于晚近中西文学、文化交流史研究者来说,《中国评论》是一个不可多得的文献资料宝库。

中华年鉴(*The China Year Book*)(全二十七册)

(英)伍德海、(英)贝尔主编　精装 16 开　18000.00 元

2010 年 5 月出版　978-7-5013-3823-8

《中华年鉴》是民国时期最为著名、系统的一部英文年鉴,由英国人伍德海(Woodhead)主编。伍德海是名副其实的中国通,他集中大量人力、物力编成《中华年鉴》,从 1912—1939 年,每一年或两年编写一次,运用西方的年鉴体例和视角,系统地记载了大量珍贵的史料和数据。其编辑体例亦对中国人编写年鉴产生了重大影响。

辅仁英文学志(*Bulletin of the Catholic University of Peking*)

辅仁大学编　精装 16 开　980.00 元

2010 年 6 月出版　978-7-5013-3836-8

《辅仁英文学志》(*Bulletin of the Catholic University of Peking*)是辅仁大学的英文校刊,创刊于 1926 年 9 月,终刊于 1934 年 11 月,前后共出版 9 期,1000 余页。该刊不但见证并记录了辅仁大学创立与发展的过程,而且逐步吸引了热衷于中国文化研究的西方汉学家,成为一份学术性期刊，具有较高的文献价值和学术价值。

中德学志（全六册）

《中德学志》编辑委员会编　精装 16 开　2700.00 元
2010 年 6 月出版　978－7－5013－3833－7

《中德学志》是民国年间中德学会主编的学术杂志。创刊于 1939 年，1944 年停刊，其间以季刊的形式出版过 6 卷 21 期。其内容大体上涉及了当时中德的主要学者以及相关研究情况，特别是杂志在一段时期内对德国科学的介绍，在科学传播方面的意义不可低估，在人文科学方面的意义就更为深远。总之，从该杂志可以看出近现代中德文化交流的基本脉络。作为抗日战争期间沦陷区出版的唯一的中外文化期刊，其史料价值弥足珍贵。

中国评论周报（*The China Critic*，1928—1946）（全二十四册）

张歆海、刘大钧、桂中枢主编　精装 16 开　16000.00 元
2010 年 8 月出版　978－7－5013－3835－1

《中国评论周报》（*The China Critic*，1928—1946）是归国留学生主持的英文周刊，是一份在现代思想史、中西文化交流史上都十分重要的刊物。协调"民族主义"与"世界主义"，致力于中国与世界之间的沟通与理解，是周刊追求的目标。而文化评判的标准则是双重的，既以西方的标准评判中国文化，也以中国的标准检视西方文化。首任主编是哈佛大学毕业生张歆海，刘大钧、桂中枢也先后担任主编，参与编辑的有潘光旦、全增嘏、林语堂、钱钟书等知名学者。

国立北平图书馆英文期刊汇编（全六册）

国立北平图书馆编　精装 16 开　2980.00 元
2010 年 9 月出版　978－7－5013－3846－7

本书收入《北平北海图书馆英文季刊》（*The Metropolitan Library Record*，1928—29）、《新增西文书目录（双月刊）》（*The National Library of Peping Bimonthly Booklist*，1930—32）及《图书季刊（英文本）》（*Quarterly Bulletin of Chinese Bibliography*，1934—48）。前两种以外文书刊目录为主。《图书季刊（英文本）》先后由向达、贺昌群、袁同礼等人主编，内容包括论著、图书及期刊介绍、学术界及出版界消息、评论、译书索引、期刊索引及学人活动等。这些刊物均具有较高的文献价值和学术价值。

稀见近代英文期刊汇编（全四册）

许海燕选编　精装 16 开　2600.00 元
2010 年 11 月出版　978－7－5013－4409－3

本书收入稀见近代英文期刊 4 种，包括《广州杂志》（*Canton Miscellany*，1831）、《中国杂志》（*Chinese Miscellany*，1845—1850）、《中日丛报》（*The Chinese and Japanese repository of facts and events in science, history, and art, relating to eastern Asia*，1863—1865）及《中日释疑》（*Notes and Queries on China and Japan*，1867—1870）。这些均为 19 世纪出版的关于中国的期刊，反映了当时中国社会各方面的情况，存世数量极少，具有较高的文献价值。

燕京社会学界（*The Yenching Journal of Social Studies*，1938—1950）（全二册）

李安宅、吴其玉、陈芳芝主编　精装 16 开　1280.00 元
2010 年 12 月出版　978－7－5013－3859－7

《燕京社会学界》（*The Yenching Journal of Social Studies*，1938—1950）是燕京大学众多出版物中的一种，创刊于 1938 年 6 月，1950 年出版至第 5 卷第 1 期后停刊。该刊主要是为社会科学方面的文章提供发表的平台。尽管也欢迎用比较的、实用的、理论的方法研究国外问题的稿件，但该刊主要致力于对中国问题的研究，尤其是关于中国经济及社会史方面的专题研究，如家庭问题、当代城市建设问题，等等。编者希望能为这个新领域里的开拓性工作提供表达的机会，鼓励其发展并最终起到协调作用。刊物主要包括 5 个方面的内容：当代及历史上社会科学方面的原创性研究；社会科学理论方面的研究；描述性数据——如田野调查报告；书目；书评，包括对汉语或者其他东方语言著作的评论。

印中搜闻（*Indo-Chinese Gleaner*，1817—1822）

（英）马礼逊、（英）米怜主编　精装 16 开　780.00 元
2011 年 1 月出版　978－7－5013－3808－5

《印中搜闻》是新教传教士在马六甲创办的最早的外文期刊，侧重对印度和中国传教情况的报道，介绍了中国的佛、道和一些民间信仰。由于清政府实行闭关政策，中西交往阻断。在这种情况下，以英文出版的《印中搜闻》上刊载的有关中国方方面面的报导，便成为西方人了解中国现貌的主要资料来源。《印中搜闻》创办不久，便在欧美学术界和汉学界产生了很大影响，至今仍得到当今汉学家的很高评价，成为最有价值的传教会历史记载之一。

华裔学志（*Monumenta Serica*，1935—1948）（全十二册）

（德）鲍润生、雷曼主编　精装 16 开　6000.00 元
2011 年 3 月出版　978－7－5013－3860－3

《华裔学志》是 20 世纪 30 年代辅仁大学主办的汉

学期刊,是国际汉学最重要的学术期刊之一。知名史学家及辅仁大学校长陈垣先生亲自为她起了中文名称"华裔学志"。该期刊旨在运用西方最新的研究方法系统整理中国史料,借助发表汉学领域研究的最新发现来促进国际学术的合作。刊物上的文章多数以英文写就,部分为法文及德文。《华裔学志》在北京期间共出版13卷(1935—1948),为了解20世纪三四十年代的汉学研究提供了重要史料。

英文中国季刊(*The China Quarterly*,1935—1941)(全六册)

本刊编委会编　精装16开　3800.00元
2011年9月出版　978-7-5013-3861-0

《英文中国季刊》(*The China Quarterly*)创刊于1935年,终刊于1941年,共出版6卷。该刊由中国国际关系研究所(the China Institute of International Relations)、中国泛太平洋协会(the Pan-Pacific Association of China)及社会经济调查研究所(the Institute of Social and Economic Research)共同主办,首任主编是曾任清华大学校长的曹云祥。该刊是关于中国国内、国际问题的权威期刊,编辑及撰稿人多为知名教授、学者等,如蔡元培、伍连德,《密勒氏评论报》主编鲍威尔、编辑董显光等等。

中国社会及政治学报(*The Chinese Social and Political Science Review*,1916—1941)(全二十七册)

中国社会政治学会编　精装16开　15000.00元
2011年10月出版　978-7-5013-3862-7

中国社会政治学会是中国最早的全国性的社会科学专业协会,1915年在北京成立。1916年该学会出版了会刊《中国社会及政治学报》(*Chinese Social and Political Science Review*),胡适为该刊题写了刊名。该刊旨在考察民国社会政治经济情况,刊载了很多资料,有较高的文献价值和学术价值。

华英会通(全四册)

(英)麦士尼主编　精装16开　2180.00元
2012年5月出版　978-7-5013-4733-9

《华英会通》(*Mesny's Chinese Miscellany*,1895—1905)是英文周刊,共出版4卷。该刊由英国人威廉·麦士尼主编,内容涉及当时中国的政治、经济、文化、历史、地理、军事、风俗、产业等众多层面,为西方了解中国起到了重要作用。该刊记载麦士尼长期在中国活动的轨迹,发表他分析当时社会各阶层的思想观点,为研究中国近代史提供了珍贵而丰富的资料。

新中国评论(*The New China Review*,1919—1922)(全四册)

(英)库寿龄主编　精装16开　2180.00元
2012年5月出版　978-7-5013-4732-2

《新中国评论》(*The New China Review*,1919—1922)由英国汉学家库寿龄(Samuel Couling)于1919年创办于上海,由别发印书馆刊行,前后共出版4卷,旨在继承1901年停刊的汉学刊物《中国评论》(*The China Review*),撰稿人包括翟里斯、庄延龄等知名汉学家,具有较高的学术及文献价值。

中国基督教年鉴(全二十四册)

本书编委会编　精装16开　12800.00元
2013年1月出版　978-7-5013-4803-9

《中国基督教年鉴》是每一年度中国基督教各地教会动态及各项事务的汇编,由季理斐(MacGillivray)等人主编,自1910年起逐年出版,其中1910—1926年间英文名为 *The China Mission Year Book*(《中国传教使团年鉴》),1927—1939年间名为 *The China Christian Year Book*,期间1920—1922年未出版,前后共计出版21卷。此外,本书还收入《中国传教使团手册》(*The China Mission Handbook*, 1896)及《基督教新教在华传教百年史》(*A Century of Protestant Mission in China*, 1807—1907)两书,堪称一套全面记录和展示在华新教传教使团活动的大百科全书。

教育季报(*Educational Review*,1907—1938)(全二十四册)

中国教育会编　精装16开　12800.00元
2013年8月出版　978-7-5013-5124-4

《教育杂志》(*Educational Review*, 1907—1938),1907年由中国教育会(The China Christian Educational Association)创刊于上海,详细记录了20世纪上半叶教会在中国兴办教育的深度和广度,从语法学校到大学、医学院,乃至妇女教育、成人教育,等等,从中可以看出西方教育对中国的影响等,具有较高的文献价值。

华西教会新闻(*The West China Missionary News*,1899—1943)(全三十二册)

(英)陶维新夫人等主编　精装16开　18000.00元
2013年8月出版　978-7-5013-5068-1

《华西教会新闻》(*The West China Missionary News*)是西南地区最早以英文出版的近代期刊,也是近代四川办报时间最长的报刊之一。它于1899年2月创刊,1943年底因经费困难被迫停刊,跨度长达45年。该刊旨在加强华西各教会传教士之间的联系,大量记载了当时教会，特别是华西的教会活动的状况，在中国新闻史、出版史、宗教史上都占有非常重要的地位。

博医会报（全四十二册）

中国博医会编　精装 16 开　24000.00 元
2013 年 9 月出版　978-7-5013-5127-5

《博医会报》创始于 1887 年，由中国博医会主办，1907 年改名为 *The China Medical Journal*，1932 年该刊与《中华医学杂志》（*National Medical Journal of China*）的英文部分合并，此后编辑部设在北京协和医学院。该刊刊登的论文经常为欧美医学杂志所引用，具有较高的文献价值。

海关医报（*Medical Reports*）（全十册）

（英）哲玛森主编　精装 16 开　6000.00 元
2016 年 4 月出版　978-7-5013-5715-4

《海关医报》创刊于 1871 年，以中国区域性疾病考察和分析为主旨，充分展示了中医“症”与西医“疾病”从相遇、对峙到共处的转折过程，记录了西方医生在现代科学思路的指引下，在中国乃至亚洲发现“疾病”的探索历程，为了解与研究“疾病”体系在中国被认知的历史，提供了翔实的史料和充分的科学依据。翻开这份刊物，晚清社会生命医疗活动的鲜活画面跃然纸上，民族文化、民间信仰和民俗传统，精彩纷呈。1910 年在第 80 卷出版后，《海关医报》未再付梓。1915 年底，总税务司安格联（F. A. Aglen）决定将其由海关造册处转交给《博医会报》出版。除原 80 卷报告和《驻华医报撮要》，此次影印出版的《海关医报》还收录了 1911—1931 年刊登在《博医会报》的所有海关报告，以及 1888 年梧州海关头等总巡鲍纶（R. Braun）编辑出版的《汉口及长江口岸出口中国药材名录》、1889 年赫德指令海关编辑的《中国药材清单》。

其　他

辛亥革命武昌首义史料辑录

湖北省图书馆辑　平装 32 开　0.41 元
1981 年 11 月出版

为纪念辛亥革命 70 周年，湖北省图书馆特将馆藏的一批未曾出版的武昌首义史料辑录成册。共 21 篇。

北洋画报（全三十二册）

书目文献出版社编　精装 8 开　553.00 元
1985 年 10 月出版

《北洋画报》创刊于 1926 年 7 月 7 日，抗日战争爆发后停刊，先后出版 1587 期，并于 1927 年 7 月至 9 月间另出版副刊 20 期。该刊系由冯武越、谭北林所办，吴秋尘为主编。《北洋画报》是一家独资经营的刊物，得到奉系军阀的资助。刊期为周刊，继改为三日刊，最后为隔日刊。内容包括时事、社会活动、人物、戏剧、电影、风景名胜及书画等，以照片为主，兼有文字，其宗旨在于"传播时事、提倡艺术、灌输知识"；副刊专载长篇小说、笔记、名画、漫画等。该刊对研究现代史和从"九一八"至抗日战争爆发前夕的华北政局有一定参考价值。今据以影印出版。

小说月报（第十二卷至第二十二卷）（全四十七册）

茅盾、郑振铎主编　平装 32 开　133.20 元（套）
1981 年 4 月至 1988 年 5 月陆续出版

商务印书馆的《小说月报》创刊于 1910 年 7 月，1932 年"一・二八"事变后因战火而停刊。《小说月报》在 1921—1931 年期间在社会上产生过广泛影响。"五四"以来的老一代著名作家都与《小说月报》有过密切关系，像鲁迅、叶圣陶、冰心、王统照、郑振铎、胡愈之、俞平伯、徐志摩、朱自清、许地山等，以及 20 年代后期的巴金、老舍、丁玲、沈从文等。《小说月报》介绍了世界各国的文学，首先是俄国文学和世界弱小民族的文学，也介绍了西欧、北欧、南欧以及曾为西班牙殖民地的拉丁美洲一些国家的文学。只是不收鸳鸯蝴蝶派的作品。1921 年起由茅盾接编并全部革新了《小说月报》，1923 年后由郑振铎接编，直到终刊。此次出版影印革新后的第 12—22 卷。根据上海商务印书馆 1921—1931 年版影印。书前有茅盾的序。茅盾封面题字。

旧上海史料汇编（全二册）

上海通讯社编　精装 32 开　150.00 元
1995 年 10 月出版　7-5013-1522-2

本书汇辑了古代及近世上海各方面资料。上册按类分编为写真、事物原始、气象概要、政治、地政、租界、学艺、宗教、金融、工商业、交通、建筑、新闻事业、体育娱乐、风土、人物等 16 门，下册共 14 门，新增访古特裁、报业杂志、教育、文化建设及演讲记录等门类。

小说名画大观（全三册）

胡寄尘编　精装 32 开　350.00 元
1996 年 8 月出版　7-5013-1278-8

本书辑中国近代翻译及自撰小说近 300 篇，分为伦理、教育、侦探、社会言情等 20 类，初版于 1916 年 10 月出版，每篇小说均聘当时之名画家配以插图，现根据初版本影印。

民国小丛书・中国货币史银行史卷（全四册）

中国货币史银行史丛书编委会编　精装 32 开　650.00 元
1997 年 1 月出版　7-5013-1257-5

本丛书以民国时期出版的著作、资料为基础，编纂而成。本书共分货币史、银行史两大部分，对中国古代至民国时期货币的产生和发展、清末筹办银行以至民国时期各类银行的状况，作了系统详尽的叙述，是目前此类书中最为全面的集大成之作。货币史部分历述了各朝代金、银、铜、纸币铸造、印刷和发行的情况，详列了各个历史时期，尤其是民国期间政府公布施行的币制章程及有关规定，介绍了中央、地方铸币厂的沿革。银行史部分，对银行的前身钱庄、票号，清末创建银行，民国时期中央银行、地方银行、专业银行的发展，外国在华开办银行的状况，均作了详细的说明。

辛亥革命四烈士年谱

孙元超编　平装 32 开　12.00 元

2001 年 8 月出版　7-5013-1815-8

为纪念辛亥革命 90 周年，本社特出版《辛亥革命四烈士年谱》。包括《徐锡麟年谱》《秋瑾年谱》《陈伯平年谱》和《马宗汉年谱》。书后附难得一见的徐锡麟、陈伯平、马宗汉三烈士的文章、诗词、书札、供词等。另有四烈士的珍贵遗照数帧。封面题字屈武。

中国近代古籍出版发行史料丛刊（2 编）

中国近代古籍出版发行史料丛刊（全二十八册）

徐蜀、宋安莉选编　精装 16 开　14000.00 元

2003 年 6 月出版　7-5013-2100-1

本书在数十种清末民国时期的图书馆销售目录、宣传册页及征订样本的基础上编辑而成。试图通过当时官办书局、民办书局、书坊、书店等种类繁多的征订目录与广告，透射出这一特定时期古籍存在与流通的状况。

中国近代古籍出版发行史料丛刊·续编（全二十四册）

殷梦霞、李莎莎选编　精装 16 开　12000.00 元

2008 年 9 月出版　978-7-5013-3766-8

本书收录了民国时期官办书局、民办书局、书坊、书店的古籍、方志、学术机关刊物等的出版发行目录、征订样本等 100 余种。每部分书目按书目名称的音序排列，然后再依书目的性质及出版时间排序，尽可能全面地反映这一时期的书籍出版与流通情况。

（清末）时事采新汇选（全二十册）

国家图书馆分馆选编　精装 16 开　9800.00 元

2003 年 11 月出版　7-5013-2181-7

本书为存世较早、收报最多的综合性清末报刊文摘集。原书为活字本、共 420 卷。收录清光绪二十八年至三十三年（1902—1907）朝廷的政事动态、谕旨、奏折和 40 余家中外报刊发表的新闻、政论等，内容极其丰富。此书对于了解晚清社会风尚、文化思潮，大有裨益。书前附有全部的卷、册标识及文献目录，查检极为方便。

近代著名图书馆馆刊荟萃（5 编）

近代著名图书馆馆刊荟萃（全二十册）

国家图书馆编　精装 16 开　8500.00 元

2005 年 4 月出版　7-5013-2404-0

馆刊是研究图书馆诞生、发展、演化历程的必备史料。近代图书馆馆刊不仅刊布大量的公布馆藏、研究图书利用率、统计馆内开销度支等方面的公示性资料，而且汇集了相当多的版本考证、藏书史整理爬梳、音韵训诂之类的学术论文，当时不少学者视图书馆馆刊为发布学术成果的重要阵地。本书汇辑国立中央图书馆、江苏省立苏州图书馆、燕京大学图书馆、浙江公立图书馆等民国时期著名公立和大学图书馆创办的刊物，计 13 种。内容涉及近代图书馆发展史、图书流通史及校勘、训诂、音韵等文献学范畴。

近代著名图书馆馆刊荟萃续编（全二十册）

北京图书馆出版社编　精装 16 开　8500.00 元

2005 年 4 月出版　7-5013-2739-4

本书收录民国时期编印发行的著名公立与大学图书馆馆刊十种，如《北京图书馆月刊》《河南图书馆馆刊》《江苏省立苏州图书馆年刊》《奉天图书馆季刊》《浙江图书馆报》《厦门图书馆声》《广东国民大学图书馆馆刊》等，其内容既有各类馆藏善本书影、古器物图录、民国老照片，也有大量名家的学术论著，各馆图书目录，甚至有永乐大典、西夏研究、圆明园、四库全书等方面的专刊，对于研究近代图书馆学史、文化史、学术史以及其他社会科学具有重要的资料参考价值。

近代著名图书馆馆刊荟萃三编（全二十二册）

北京图书馆出版社编　精装 16 开　9300.00 元

2006 年 7 月出版　7-5013-3127-8

本书是《近代著名图书馆馆刊荟萃》的第三编。全书共 22 册，含八种近代著名图书馆馆刊，分别是《中央大学国学图书馆年刊》《浙江省立图书馆月刊》《北平图书馆协会会刊》《辽宁省立图书馆馆刊》《和顺图书馆十周年纪念刊》《北平近代科学图书馆馆刊》《北平师范大学图书馆图书目录》《中央军校图书馆报》。这些期刊中收录了不少较有学术价值和史料价值的名家文章，如柳诒征之《卢抱经先生年谱》、《明代江苏倭寇事辑》、向达之《唐代刊书考》、范希曾之《书目答问补正》等。另收有大量当时各相关图书馆所藏善本资料和名家题跋及档案资料等。这些重要文章和资料对于研究中国学术史、文献学、目录学、图书馆学等颇有裨益。

近代著名图书馆馆刊荟萃四编（全十六册）

王志庚、顾烨青主编　精装　9600.00 元
2013 年 5 月出版　978-7-5013-5049-0

本书共收录各种图书馆刊物 38 种。其中大部分属于图书馆编印出版的馆刊，计 25 种，涵盖国立图书馆，省、市、县立公共图书馆，私立图书馆，大学与中学图书馆，专门图书馆等多个系统；另有各地图书馆协会会刊 9 种；以及图书馆服务供应商发行的刊物一种，图书馆学教育机构发行的刊物 3 种。凡《近代著名图书馆馆刊荟萃》正、续、三编已出过的馆刊，本书概不收录。

近代著名图书馆馆刊荟萃五编（全二十四册）

顾烨青主编　精装 16 开　14400.00 元
2015 年 10 月出版　978-7-5013-5578-5

本书共收录各种图书馆刊物 20 余种，涵盖国立图书馆，省、市、县立公共图书馆，私立图书馆，学校图书馆，专门图书馆等多个系统。包括民国时期图书馆学核心期刊《学风》，台湾省图书馆编印《图书月刊》，浙江省立图书馆编印《图书展望》、浙江流通图书馆编印《中国出版月刊》等。对于研究图书馆学、文献学、阅读史和出版史等都有价值。

现代佛教学术丛刊（全一〇一册）

张曼涛主编　精装 32 开　20000.00 元
2005 年 9 月出版　7-5013-2805-5

本书将近现代中国佛教学界的著述加以搜集整理而成。内容涉及佛教流派、佛教义理、佛教研究等各个方面，是广大宗教研究者尤其是佛教研究及爱好者的重要工具书。

民国经世文编（全八册）

上海经世文编社辑　精装 32 开　1680.00 元
2006 年 5 月出版　7-5013-2837-4

本书编于 1914 年，原书凡 40 册。“经世文”之“经”，取“治理”之意，“经世”即“治世”。《民国经世文编》即秉承明清以降经世文编之学脉，收录民国初年百十位政治大家之鸿篇巨制，以及各党派政团发表之政见，各官厅往来之公文，官方之通饬、政令等，共计 678 篇，分编于政治、法律、内政、外交、财政、军政、教育、实业、交通、宗教、道德 11 个门类。其中政治类下分总论（政见附）、国家（国会附）、政党三目；法律分宪法、各法（司法附）二目；内政分中央、地方、边事、致治、定乱五目；财政分总论、税法、会计、银行、币制、公债、盐务七目；实业分总论、农工、商矿三目。所选之文从不同的立场、不同的视角，探讨推翻清朝专制政体之后，建立新的民主共和政治体制的各项问题，既有学理上的论证与发挥，亦有具体的意见与方案；有的是个人主张，有的是政党宣言，尽管见仁见智，无一不表现出对新政体的期望与热诚，无一不是时局百废待兴、政坛风云际会的映现。对于认识中国早期现代化进程中的社会震荡与冲突，审视和研究那一特定的历史转型期的各种社会思潮和政治理念对今日的社会主义现代化经济建设和政治建设的鉴镜作用，都是极为珍贵的文献。

1927—1949 年禁书（刊）史料汇编（全四册）

王煦华、朱一冰合辑　精装 32 开　870.00 元
2007 年 5 月出版　978-7-5013-3362-2

本书汇集 1927—1949 年间国民党查禁革命书刊及共产党反禁书斗争存留下来的历史资料。作者竭力搜罗，基本网罗殆尽这一时期禁书与反禁书相关史料。既是研究民国文网史的重要材料，也是研究近代革命史的重要参考工具。

留法纪事：二十世纪初中国留法史料辑录

周永珍辑　平装 16 开　98.00 元
2008 年 7 月出版　978-7-5013-3645-6

本书作者历经十余年，搜得中法两国的有关档案、文物、照片及留法者的回忆文稿等诸多罕见资料，并经过深入调查研究，予以核实辨误，汇集成此书。

十韵汇编

刘复、魏建功、罗常培编　精装 8 开　800.00 元
2009 年 9 月出版　978-7-5013-3798-9

本书是民国时期重要的语言学著作。把十种韵书材料集中在一起，按韵对照编排；附广韵校勘记，并有分韵索引和部首索引。其体例之精善便利，堪称以科学方法整理国故的代表作，至今仍有很高的参考价值。此次影印以 1936 年初刊本为底本，书末附以魏建功《十韵汇编资料补并释》一文。

国故学讨论集（全三册）

许啸天编　精装 32 开　660.00 元
2010 年 7 月出版　978-7-5013-3840-5

本书收入了四大类 62 篇文章，由著名学者许啸天编辑整理，最初于 1927 年出版。里面的绝大多数文章都是近现代国学研究大家之作，如梁启超之《治国学的两条大路》《颜李学派与现代教育思潮》，章太炎之《经学之派别》，胡适之《对于国学书的讨论》等。1927 年群学社版的《国故学讨论集》，尽管编者也作了总目录，但未标注出每篇文章的具体位置，不便于读者使用与查找。这次影印,重新对原总目录进行了补充完善,更便于读者阅读。

近代中国高等院校修业证书图鉴

程道德主编 精装16开 580.00元

2010年7月出版 978-7-5013-3842-9

本书收入清末及民国时期119所高等院校和专科学校的修业证书237件,包括毕业证书、证明书,结业证书,修业证明书,肄业证书,转学证明书等,并附民国时期军校毕业证书7件。彩色影图,文字说明,介绍证书内容及各学校历史沿革、证书主人、签名校长等。各高校按照地区排序,涉及全国27个省市,几乎涵盖了晚清至民国间中国所有重要的公立、私立以及教会大学,从一个特别的角度,呈现了百年中国高等教育的坎坷历程。

日本中国经学研究三种

耿素丽、代坤选编 精装32开 600.00元

2010年9月出版 978-7-5013-3828-3

20世纪三四十年代在中国知识界风靡一时的"整理国故运动"对中国学术产生了深远影响。本书收录的便是这一时期日本有关中国经学研究文献三种——《四书研究》《经学史论》《中国经学史概论》。《四书研究》曾是日本研究中国儒家中心思想的名著、《经学史论》和《中国经学史概论》一直被看作研究中国经学史的必读书,以及中国思想史研究领域的重要参考书。从中可见当时日本中国经学研究的概貌,也是国际视域下中国学研究的一个缩影。

中华图书馆协会会报(全六册)

中华图书馆协会执行部编 精装16开 2900.00元

2011年1月出版 978-7-5013-3797-2

本刊是民国三大图书馆学期刊中发行时间最长的一种,跨越24年(1925—1948),共有21卷,现在很少有图书馆能收藏齐备。本刊内容包括民国时期多次全国图书馆调查、图书馆学与文献学论文、图书馆界动态、各地图书馆协会、抗战时期的图书馆、出版史料等,是图书馆学与文献学研究者必备的基本史料,对当今图书馆界学者从事学术研究也有重要的参考价值。这是首次影印出版,还专门配备了新编的排印索引。

民国时期考试考评制度资料汇编(全五册)

孙照海、初小荣选编 精装16开 3000.00元

2011年2月出版 978-7-5013-3867-2

本书将民国时期出版的有关中国历代考试制度及公职人员考评制度的十几种相关研究资料汇编成册。其中既收入了《中国考试制度史》等系统介绍中国历代考试制度起源、发展、变迁的沿革史的著作,也收入了《中国考试制度研究》《清代考试制度》等研究性专著,还有《考铨法规集》《考试院法规汇刊》等章程制度性法规著作,并附有《各种考试及格证书格式》。

民国四大报纸社论篇名索引(全三册)

李玉、于川主编 精装16开 1500.00元

2011年6月出版 978-7-5013-3879-5

本书将中国近代四种重要的报纸《申报》(1872—1949)、《大公报》(1902—1949)、《民国日报》(上海)(1916—1947)、《中央日报》(1928—1949)所刊社论的篇名汇总,编为索引,按篇名和时间排序,著录每条社论的篇名、报纸名称、发表日期、影印版册数与页码,方便查阅。

《良友》画报全编(1926—1945仿真影印本)(全一百七十四册)

良友图书印刷公司编 精装8开 9800.00元

2011年11月出版 978-7-5013-4690-5

《良友》画报是中国近现代第一本大型综合性彩色画报,1926年创刊于上海,1945年10月在中国内地出版最后一期。该画报图文并茂,雅俗共赏,内容涉及国内外政治、军事、经济、文学、艺术、文化、体育、时尚等,包罗万象,应有尽有,为我们留下一部形象化的历史图卷,其价值历久而弥新。该画报在海内外影响深远,是当时中国销量最大的杂志之一,在鼎盛时每期销量高达4万份。其文字内容也占有相当分量。田汉、郁达夫、老舍、丰子恺、茅盾等许多文学大家都曾为《良友》撰稿,他们的作品使广大读者获得美好的阅读体验。我社与香港良友图书有限公司密切合作,搜集汇齐1926—1945年间出版的全部172期《良友》画报及两期特刊(即孙中山先生纪念特刊及良友八周年纪念特刊)。以此为底本,照原样影印出版,采用原始大八开,仿真彩色印制,按原貌分期装订为173册(原65期和66期为小开本且比较薄,故合为1册),另附《良友》总目录1册,共计174册。

《良友》画报全编(1926—1945合订影印本)(全四十二册)

良友图书印刷公司编 精装8开 4800.00元

2011年11月出版 978-7-5013-4689-9

《良友》画报是中国近现代第一本大型综合性彩色画报,1926年创刊于上海,1945年10月在中国内地出版最后一期。该画报图文并茂,雅俗共赏,内容涉及国内外政治、军事、经济、文学、艺术、文化、体育、时尚等,包罗万象,应有尽有,为我们留下一部形象化的历史图卷，其价值历久而弥新。该画报在海内外影响深远，是当时中国销量最大的杂志之一，在鼎盛时每期销量高达4万份。其文字内容也占有相当分量。田汉、郁达夫、老舍、丰子恺、茅盾等许多文学大家都曾为《良友》撰稿，他们的作品使广大读者获得美好的阅读体验。采用原始大八开，仿真彩色印制，合订成41大册，另附《良友》总目录1册，共计42册。

《良友》电影专刊：外二种

上海图书馆编　平装8开　1500.00元

2012年12月出版　978-7-5013-4923-4

本书收入20世纪30年代民国电影业发展鼎盛时期，最具代表性的三种电影杂志，即《良友》电影专刊、《电通》、《影坛》。这三本杂志的共同特点是印刷精美，图文并茂，照片资料尤为丰富。当时即被誉为"中国印刷最精、照片最美的影刊"。杂志中不仅有对当时主要影业公司的历史、组织、人才、主要出品、工作流程、发展计划等等的详尽介绍，更有大量当红明星、热映影片的巨幅照片，也有影评文章、幕后花絮、世界影坛等等相关内容。本书是电影研究及收藏爱好者不可错过之选。

威海民国人物

威海市博物馆编　平装16开　48.00元

2011年12月出版　978-7-5013-4601-1

本书收入1911—1949年间在山东威海出生、威海籍及在威海生活、工作过的，有一定社会影响的人物171位。力图通过这些有代表性的人物，来展现威海民国时期波澜壮阔的斗争史。

弘法大师著述辑要

（日）空海著，徐文蔚编　精装16开　580.00元

2011年12月出版　978-7-5013-4697-4

空海（774—835），号遍照金刚，日本人。日本延历二十三年（804）入唐求法，后随高僧惠果等学习密宗。回到日本后创立真言宗，先后撰述了论述密宗教义的大量著作。本书据1922年北京刻经处徐文霨居士选编的《弘法大师著述辑要》影印，收入空海的著述28种，是了解日本真言宗和唐代中国密宗的珍贵资料。

民国时期名人演讲集

李晓明主编　平装16开　68.00元

2012年4月出版　978-7-5013-3881-8

国家图书馆依托本馆所藏丰富的民国文献，经初选和专家审定，从近千篇演讲中选出48篇，结集编成本书。内容包括：《吴稚晖讲研究学问的方法》《林语堂谈中国文化》《竺可桢谈科学研究》《周作人讲儿童的文学》《泰戈尔谈自己的文学道路》等。这些演讲稿涉及哲学、人生、文学、艺术、文化教育、历史、法律、政治等诸多方面，对今天的读者仍有启发。

民国时期电影杂志汇编（全一百六十六册）

上海图书馆编　精装16开　160000.00元

2013年5月出版　978-7-5013-4924-1

上海图书馆是收藏民国期刊报纸杂志的重镇，其中，尤以民国时期电影杂志收藏的系统、丰富而享誉海内外。为纪念上海图书馆建馆60周年，上海图书馆与国家图书馆出版社隆重推出《民国时期电影杂志汇编》。本书收20世纪20年代至40年代的主流电影期刊73种，成书为精装大16开（部分大8开），全166册。为尽显原书风貌，全书采用彩色印刷。

本书是迄今为止汇集资料最全、印制最精美的民国时期的电影期刊，是研究中国乃至世界电影史不可或缺的一手文献，也是研究我国近现代艺术史、文化史重要的参考资料，同时也值得收藏爱好者关注。

韩清净全集（全十二册）

释宗性主编　精装16开　7200.00元

2015年3月出版　978-7-5013-5534-1

韩清净（1884—1949），著名佛学家，以唯识学研究与欧阳竟无并称为"南欧北韩"。其领导下的"三时学会"讲学刻经并重。此书是韩清净先生作品的第一次结集出版，共收作品30余种，分为三种版本形态：一为手稿；二为本人讲述，弟子笔受；三为民国时期出版的文献。

民国文献整理与研究发展报告（3种）

民国文献整理与研究发展报告（2015）

刘民钢、蔡迎春编　平装16开　58.00元

2015年10月出版　978-7-5013-5680-5

当今，民国文献的整理出版呈现日益繁荣的状态，并逐渐形成大型化、系列化、专题化、数字化的发展趋势。基于此，本书集中分析研究2014年度民国文献的整理出版情况和学界对各类文献（包括各类图书、报刊、档案、教材等）所做研究的进展情况；并对迄今为止民国文献的保护利用、整理出版和关于民国文献的研究现状与特征作归纳阐述，探讨当今民国文献研究的基本概况和主要特点，揭示民国史研究的热点，指出各类民国文献研究当下存在的有待完善之处。

民国文献整理与研究发展报告(2016)

刘民钢、蔡迎春编　平装 16 开　58.00 元
2016 年 11 月出版　978-7-5013-5959-2

本书是继《民国文献整理与研究发展报告(2015)》后的又一部有关民国文献整理与研究的专著。全书分为上、下两编,以专题的形式多角度对民国文献做了具体的梳理和分析,对于民国文献的研究现状也做了详细的解读。该书对于指导民国文献的开发保护以及民国史研究都有很好的学术意义和价值。

民国文献整理与研究发展报告(2017)

刘民钢、蔡迎春编　平装 16 开　58.00 元
2017 年 11 月出版　978-7-5013-6249-3

本书是继《民国文献整理与研究发展报告(2015)》《民国文献整理与研究发展报告(2016)》后的又一部有关民国文献整理与研究的专著。全书分为上、下两编,上编为年度报告,系统介绍民国文献、档案、报刊、教材的整理、出版、研究状况;下编以专题报告的形式,分门别类,对民国文献的整理规范与保护、医学文献、传记文献、广告文献、经学文献、音乐学文献等方面进行全方位的梳理与研究,旨在总结当前的研究成果,为研究者提供借鉴和启发。该书对于指导民国文献的开发保护以及民国史研究都有借鉴意义和学术价值。

民国名家词集选刊(全十六册)

朱惠国、吴平编　精装 16 开　9600.00 元
2015 年 12 月出版　978-7-5013-5686-7

本书收录民国名家词集 89 种,所选词集的作者曾生活于民国时期,选录的词集出版于民国时期,反映了不同作者群体的分布情况和创作成就。版本方面包括排印本、石印本、刻本、油印本、稿抄本等。本书依作者生年排序,生年不确,但知其大致年份的,按其相应年份编入,生年无考者,置于卷尾。此外,编者为每种词集做了详细的提要。

同声月刊(全十册)

龙榆生编　精装 16 开　6000.00 元
2016 年 6 月出版　978-7-5013-5835-9

《同声月刊》是龙榆生先生继《词学季刊》之后主编的一份侧重于诗词创作和研究的学术期刊。1940 年 12 月由同声社在南京创刊,1945 年 7 月停刊,历时五年,共出版四卷 39 期。

宋育仁文集(全十四册)

董凌锋编　精装 16 开　8400.00 元
2016 年 8 月出版　978-7-5013-5877-9

宋育仁先生被誉为四川历史上“睁眼看世界”第一人,是重庆维新运动倡导者。为使更多专家、学者深入研究利用宋育仁先生的著作,本书收集了宋育仁的相关作品,本书所收文献分“《国学月刊》外的宋育仁著述”和“《国学月刊》中的宋育仁著述”两大类,如此分类,主要着眼于以下考虑:《国学月刊》是宋育仁晚年与四川国学会同仁主编的刊物,其中宋育仁是写稿量最多的作者,发表了大量的文章,这些文章构成宋育仁著述体系的一个重要组成部分。为了保持原书原貌,“《国学月刊》中的宋育仁著述”按照杂志当初发表宋育仁作品时所设类别进行分类。“《国学月刊》外的宋育仁著述”则主要依据经学类、小学类、时务类、诗文类和史志类进行编排。本次收录专著 57 种,其中不乏一些比较少见的专著,如《宋评明夷待访录》《宋评封神演义稿》《中国民法礼法关系论》《国学会演讲经术政治学》等,通过整理结集出版,对推动学术研究和民国时期文献保护工作的深入开展将具有积极意义。

民国词集丛刊(全三十二册)

曹辛华编　精装 16 开　19800.00 元
2016 年 10 月出版　978-7-5013-5863-2

《民国词集丛刊》是曹辛华教授主持的国家社科基金重大项目“民国词集编年叙录与提要”的重要阶段成果,是第一次对民国词集进行大规模的系统梳理,收录了 249 位民国词人的 289 部词集,《民国名家词集选刊》(朱惠国、吴平编)收录者,不再重复收录。

本丛刊收录“民国词”的范围较广,是指在民国时期生活的词人的词作。从时间跨度上讲,涉及民国时期的四代词人。第一代以晚清遗民为主,其创作成就非常突出,在民国初期占据主流地位,他们不仅人数众多,实际创作成就和影响也高于其他词人群体。如收录晚清四大家中朱祖谋、郑文焯、况周颐等人的词集;第二代词人中不少是南社成员,有王蕴章、陈匪石、易孺、吴梅、汪东、吕碧城等,另收有叶恭绰、夏敬观、张尔田、马一浮、张宗祥等人的词集,他们是民国词创作的中坚力量;第三代词人创作尤多,包括赵尊岳、龙榆生、夏承焘、丁宁、黄公渚等人;第四代词人兼擅新文学与古典文献,以潘景郑、吴则虞、沈祖棻等为最优。从地域分布上讲,所选词集涉及全国大部分地区词人的重要词作。从词集版本上讲,不仅有刻本、铅印本、活字本、石印本、油印本,还有价值较高的稿本和抄本等,如稿本《鸯摩馆词钞》一卷、《钱仲英词》一卷等,都是难得一见的珍本文献。为了方便读者使用,编者为所收词人编写了小传,附于书后。

《滨江特刊》辑录（一九三五年二月——一九四一年六月）

李冬梅主编，牛文杰、赵靖副主编　精装 8 开　960.00 元
2017 年 4 月出版　978-7-5013-6071-0

本书是由《盛京时报》中刊载的《滨江特刊》辑录而成。《滨江特刊》刊登时间从 1935 年 2 月 23 日至 1941 年 6 月 22 日，不定期出版。《滨江特刊》是一份真正的"民间报纸"，在前期以大量新闻性较强的报道为主，平铺直叙地报道了很多社会热点问题，淡化枯燥乏味的政治新闻，迎合读者的口味，满足群众对新闻的需求，涵盖了农业、商业、运输业等社会各个方面。本次出版的是哈尔滨市图书馆馆藏的 290 期。

孙中山思想政见各方论争资料集·第一辑（全十册）

桑兵、安东强编　精装 16 开　6000.00 元
2017 年 12 月出版　978-7-5013-6076-5

本书依据民国以来编辑的各种目录索引，广泛翻检各种文献，从《申报》《晨报》《香港华字日报》等 115 种报刊、图书中多方搜寻，共辑得关于孙中山的相关史料 1200 余条，这些资料涉及各方与孙中山有关的奏折、笔谈和信函，还有同时代人诸如康有为、梁启超、欧榘甲、戴季陶等人对孙中山的思想共鸣与分歧。全书按照时间顺序编排，将涉及对孙中山思想政见的赞同、反对、异议的所有意见汇集一起，透过同时代人的各事各说，加以比较参证，进而考察把握孙中山思想政见的渊源流变、社会反响以及时代影响。

宁夏民国日报（全五册）

南京图书馆、宁夏回族自治区图书馆编
精装 8 开　4500.00 元
2018 年 8 月出版　978-7-5013-6524-1

《宁夏民国日报》初期每日出版四开报一张，后改为对开报。除登载国民党中央通讯社等的电讯稿外，也登载不少宁夏当地的新闻事件，具有较明显的地方特点。《宁夏民国日报》在当时发行量不过千份，大都为党政机关、部队所订阅，广大群众较少接触到。本次将其影印出版，以便利学林和一般读者。

哲学宗教 政治经济 文化教育 语言文字 文学艺术 历史 工具书 综合 系列丛书 其他

人文社会科学

哲学宗教

马恩列斯研究资料汇编(1980年)

北京图书馆马列著作研究室编　精装16开　3.50元
1982年12月出版

本书汇辑1980年散见在我国报刊书籍中有关研究马克思主义的零星材料,包括:新发表的马列著作、马克思恩格斯研究、列宁斯大林研究、马列主义在中国的传播、国际共产主义运动史研究、书目和索引。

马恩列斯研究资料汇编(1981年)

北京图书馆马列著作研究室编　精装16开　5.90元
1985年12月出版

本书汇辑1981年散见在我国报刊书籍中有关研究马克思主义的零星材料,包括:新发表的马列著作中译文,有关马列著作的历史资料,有关马克思、恩格斯、列宁、斯大林的传记材料,有关马列著作中提到或批判过的著作、人物和流派等方面的材料,有关马克思的论文等。

研究马克思恩格斯著作和生平论著目录

中共中央马克思恩格斯列宁斯大林著作编译局图书馆编　平装32开　1.10元
1983年1月出版

本书是为纪念马克思逝世100周年而编制出版的、研究马克思恩格斯著作和生平的综合性论著目录。

马克思恩格斯著作中译文综录

北京图书馆马列著作研究室编　平装32开　4.50元
1983年12月出版

本书为纪念马克思逝世100周年而编,汇集了1980年以前出版的各种马克思恩格斯著作中译文本517种(包括少数民族语文译本),共计5727条目。

马克思恩格斯著作目录和马克思主义参考书目(英汉对照)

(美)C. L. 尤班克斯编,叶林译　平装32开　3.35元
1987年7月出版

本书目著录了马克思恩格斯著作的各种版本270种,论述马克思恩格斯的书籍723种、期刊论文1226篇、博士论文145篇,共计2364种。

西方哲学史话

(美)威尔·杜兰特著,杨荫鸿、杨荫渭译
平装32开　7.75元
1989年12月出版　7-5013-0548-X

美国学者威尔·杜兰特(Will Durant)是世界著名的哲学史家和文化史家。《哲学史话》(*The Story of Philosophy*)于1926年5月,发行15万本。重印采用1933年上海开明书局出版的杨荫鸿、杨荫渭的译本《古今大哲学家之生活与思想》,改称《西方哲学史话》。按历史顺序记述。

大哲学家生活传记

(美)亨利·托马斯、达纳·李·托马斯著,武斌译
平装32开　7.90元
1992年5月出版　7-5013-0901-9

本书包括了21位世界著名哲学家的生平事迹、上下2000多年的人类哲学史,介绍了他们哲学思想的基本内容、在人类思想史上的重大贡献,及其哲学思想的广阔文化背景。

虚云和尚开示录

净慧编　平装32开　4.20元　19.80元(重印)
1992年9月出版　2004年5月重印
7-5013-0958-2

本书为纪念虚云和尚诞辰150周年而出版。

绘图五百罗汉

孙玉山绘，吴元真整编　精装16开　295.00元

1992年12月出版　7-5013-0928-0

本书是《佛像图录丛刊》之一，4卷。原书卷首有题为“祝圣寺石锲五百阿罗汉记”序文，残缺，有头无尾。后有清嘉庆三年（1798）常州知府胡观澜跋文，及绘者孙玉山的落款及钤印。

佛学基础

（明）杨卓撰　平装32开　22.00元

1993年1月出版　7-5013-0925-6

平装16开　39.00元

2008年5月出版　978-7-5013-3623-4

本书为明代杨卓所作之佛学通俗读物的重排本。将佛学的历史、佛教的教义以及有关名词汇成一编，并且做了详尽的解说。为人们了解、研究佛教提供了一个比较系统而又通俗适用的读本。

乾明院罗汉图录

本社编　精装16开　7.80元

1993年2月出版　7-5013-0979-5

中国现存最早且最完整的版刻阿罗汉图录。此次影印依据国家图书馆藏清乾隆五十二年（1787）四川什邡县罗汉寺住持达彻依明崇祯十六年（1643）本重刻本。

名师谈禅

郑贤兰、刘秀洪编

平装32开　8.20元　19.00元（重印）

1993年2月出版　2004年7月重印

7-5013-0994-9

本书精选当代著名禅师星云法师、圣严法师、虚云法师以及净慧法师有关禅的言论。文字浅显易懂，部分文章还配有插图，是较好的禅宗入门通俗读物。

鬼谷子丛书（4种）

鬼谷说服术

房立中等编著　平装32开　4.35元

1993年3月出版　7-5013-0971-X

本书共6章：1.“侃爷”的始祖；2.纵横家的教科书——《鬼谷子》；3.第一部游说总集——《战国策》；4.说服术大全——《长经要术》；5.奇特的逻辑，绝妙的技巧——鬼谷子雄辩八术；6.出辞吐辩，万口莫当——鬼谷子门徒游说故事。

鬼谷兵谋

房立中等编著　平装32开　4.35元

1993年3月出版　7-5013-0970-1

本书共8章：1.阴谋诡道，兵坛怪杰；2.文兵法——《鬼谷子》；3.阴阳兵法——《鬼谷先生占气》；4.国际战略——《苏子》；5.文韬武略——《齐孙子》；6.纵横家兵法——《兵权》；7.兵机圆略——鬼谷用兵十谋；8.斩草为马，撒豆为兵——鬼谷门徒用兵故事。

鬼谷养生长寿秘诀

房立中等编著　平装32开　4.35元

1993年3月出版　7-5013-0974-4

本书共9章：1.养生原典，仙道旁门；2.鬼谷养生说——本经阴符七术；3.鬼谷子阳符经注；4.关令尹喜内传；5.陶弘景养生论；6.仙道家养生论；7.医家养生论；8.鬼谷子养生六诀；9.修真养性，祛病延年——养生趣事与传说。书后附《养生药膳》。

神奇的鬼谷传说

房立中、胡晓虹编著　平装32开　4.35元

1993年3月出版　7-5013-0969-8

本书共27章。汇辑了鬼谷子的相关传说，从侧面展现了这位思想奇人独特的生命履历。

药师佛年历（1994）

本社编　平装3开　3.50元

1993年9月出版　7-5013-1121-8

年历是一张南无药师琉璃光如来像，右书：“皈命满月界，清妙琉璃尊，法药救人天，因中十二愿。”左书：“慈悲弘誓广，愿度诸含生，我今申赞仰，老心头面礼。”像下有《药师灌顶真言》。

禅宗名著选编

净慧编　精装16开　40.00元

1994年2月出版　7-5013-1081-5

本书以日本大正藏为底本，选收19种禅学原典加以影印，对原来排版印刷上的错误加以必要校勘。

维摩诘所说经译释

杨文园译注　平装32开　18.20元

1995年8月出版　7-5013-1165-X

本书以什公译本为主，参考奘公译本及慧远、僧肇、湛然、窥基等诸大师注疏。本经的语译部分借重于圆香居士的《语体文维摩诘所说经》。

道教文化研究(第一辑)

李裕民主编　平装 32 开　16.00 元

1995 年 9 月出版　7-5013-1212-5

本书共收 28 篇文章。涉及道教思想、道教文化、名人与道教、道家研究等多个方面。董寿平封面题字。

中国佛教美术史

戴蕃豫著　精装 16 开　195.00 元

1995 年 12 月出版　7-5013-1149-8

戴蕃豫是国学大师章太炎先生的关门弟子。本书是其涉猎佛学领域的最初成果之一。根据作者旧著《佛教美术史·中国篇》增补而成。

道书十二种

(清)刘一明编撰,羽者、祁威、于志坚点校

精装 32 开　21.00 元　36.00 元(重印)

1996 年 4 月出版　2006 年 1 月重印

7-5013-1262-1

本书是道家养生学经典要籍,不仅丰富了道教养生理论,弘扬了道教思想,也开创了性命双修为主旨的北宗学派,是清代较有影响的一部宏观内丹著作。

中国佛教文物精华鉴赏

张健、万金丽主编　精装 16 开　21.00 元

1996 年 7 月出版　7-5013-1234-6

本书介绍的各种佛教文物精华,包括佛教寺院的陈设及佛教徒在修禅祀神和举行佛教仪式时使用的各种物品。本书分为总论和鉴赏两部分。总论介绍佛教在中国的发生和发展史,及佛教文物的品类和功能;鉴赏部分是全书的主要部分,有 200 余幅精美的彩色照片,并按品类介绍佛教文物和艺术品中的精华,其中近半资料为首次公开发表。

人的主体性初探

董耀鹏著　平装 32 开　6.80 元

1996 年 12 月出版　7-5013-1259-1

本书共 6 章:1. 人的主体性思想的历史考察;2. 马克思主义的主体性思想;3. 人的主体性论纲;4. 评现代西方哲学中的主体性思想;5. 人的主体自身建设;6. 实现人的主体性的条件和途径。

高岛易断:易经活解活断 800 例

(日)高岛吞象著　平装 16 开

39.80 元　59.80 元(重印)

1997 年 2 月出版　2006 年 8 月重印

7-5013-1336-5

本书是日本明治时期易学大师、以占卜参政的奇人高岛吞象的毕生巨著,百余年来以英、汉等多种文字流传世界,再现易占失传正法,体现《周易》活的灵魂,堪称《周易》占筮学之正脉。该书义理与象数并重,在阐发《周易》中蕴含的丰富的人文思想的同时,通过对卦爻辞的活解和对各类占题的活断,真切地再现了我国东汉即已失传的古占法,与后世脱离经文另搞一套的占法大异其趣,足以弥补我国《周易》研究在这方面的不足,具有较高的研究价值。该书作者不仅是一位著名的易学家,而且是一位朝野瞩目的参政人物,能面谒各省大臣、内阁总理乃至日本天皇,这使书中保存的大量关于军政大事、国际关系的占断,对于研究日本明治时代的政治、军事、文化特别是中日关系,具有不可多得的史料价值。

当代新儒学引论

颜炳罡著　平装 32 开　24.00 元

1998 年 1 月出版　7-5013-1458-6

本书共 3 篇 11 章:1. 当代新儒家之定性与定位——当代新儒家"儒"的特征与"新"的意义;2. 当代新儒学的基本特征及生命路向;3. 当代新儒学发展中的重要里程碑——评《为中国文化敬告世界人士宣言》;4. 今文经学的兴起与儒学自我变革的发生;5. 走孔家的路——梁漱溟对孔子精神的再发现与儒学复兴的预言;6. 倡言新宋学——张君劢的新宋学与德法合一论;7. 大本大源的设立与儒家哲学的重建——熊十力的人格风范与学术贡献;8. 生生哲学论衡——方东美对生命本体的高扬与文化哲学的探索;9. 学术与政治之间的巨笔——徐复观的学术方法与政治理想;10. 道德自我的肯定与人文世界的开显——唐君毅思想述要;11. 体内圣之学以解决新外王——牟宗三的道德的形上学与儒学第三期之发扬。

净土五经述要

吴明著　平装 32 开　7.00 元

1998 年 3 月出版　7-5013-1167-6

五经及述要指:1. 佛说如幻三摩地无量印法门经及述要;2. 阿弥陀鼓音声王陀罗尼经及述要;3. 观无量寿佛经及述要;4. 阿弥陀经及述要;5. 无量寿经及述要。

般若与业力

沈行如译注　平装 32 开　17.60 元

1998 年 4 月出版　7-5013-1172-2

本书是佛经译注丛书之一。本书是二学园掌法顾净缘上师，为弘般若教法嘱其弟子沈行如居士所著之书。全书共 4 篇：1. 总论；2. 般若论；3. 业力论；4. 合论。

中华传统美学体系探源（修订版）

曹利华著　平装 32 开　19.00 元

1999 年 1 月出版　7-5013-1529-9

本书以中国传统美学思想发展的内在结构，参照西方美学思想发展的规律，采取中西美学比较的方法，以《文心雕龙》和黑格尔美学的比较，总结出具有民族特色的中华美学建构体系，提出"《文心雕龙》标志着中国传统美学体系"的观点，指出魏晋南北朝之后，中国门类艺术美学体系逐渐完善，使中国传统美学完成了"自上而下"向"自下而上"的发展历程。

佛教旅游文化

霍国庆著　平装 32 开　20.00 元

2000 年 2 月出版　7-5013-1640-6

本书共分六章，详尽而生动地介绍了佛教的起源、传播、教义、典籍、制度，以及佛祖释迦牟尼其人其事、中国佛教八大宗派与藏传佛教、佛教诸神、佛教寺院、佛教艺术、佛教名胜等内容。

张申府访谈录

（美）舒衡哲著，李绍明译　平装 32 开　18.00 元

2001 年 4 月出版　7-5013-1776-3

1979—1984 年，美国史学家舒衡哲（Vera Schwarcz）女士对张申府先生进行了共计 70 多小时的采访，撰写了 *Time for Telling Truth Is Running Out: Conversation with Zhang Shenfu*，本书即是其中文版。作者从独特的视角，以访谈的形式，同时又不拘于访谈，结合大量史料，记载了张申府的人生经历、政治活动和主张及其学术思想，展示了张申府复杂多彩的人生画卷，同时揭示了 20 世纪初中国诸多重大历史事件。

佛教图书分类法

白化文编　平装 32 开　25.00 元

2001 年 6 月出版

本书是在台湾香光尼众佛学院图书馆编辑，1996 年台湾出版的《佛教图书分类法》基本架构不变的前提下，对个别定名进行必要改动，增加附录编著而成。这是在《佛教图书分类法》与《中国图书馆图书分类法》不能彻底符合的情况下的一个过渡性质的分类法，可以满足内地、港、澳、台及海外寺院及佛教图书馆编目的急需。附录部分有作者关于在《中国图书馆图书分类法・简体》22 大类基础上，增设 M 一大类为"佛教"等建议，以及作者为中国佛学院所作"图书馆学"课程讲稿 10 篇。

诸子著作年代考

郑良树著　平装 32 开　14.00 元

2001 年 9 月出版　7-5013-1804-2

古籍真伪问题是古代文献学中一个相当重要的课题。竹简帛书的大量出土使得这门学问由"真伪"的单向考订，变成一门"真伪"双轨同时进行的学问。作者认为应将这门学问正名为"古籍时代学"。作者就《老子》《晏子春秋》《孙子兵法》《列子》等先秦诸子著作，采取以篇甚至以段为单位考订与观察的方法，重估某些子书的真伪问题，希望将古籍年代研究引向一个比较客观的新境地。

儒家礼治与中国学术（修订本）

郭伟川著　平装 32 开　48.00 元

2002 年 2 月出版　7-5013-1829-8

本书以史学结合经学，并参稽现代出土考古资料研究中国学术，以儒学为主，并涉道、释二教之学，论及西周至明清，其中不少涉及国史与学术上的重大问题，以及宋明理学的历史本源问题，是一本文、史、哲交触的学术专著。

儒学现代性探索

国际儒学联合会主编　平装 32 开　22.00 元

2002 年 8 月出版　7-5013-1944-8

本书是一部儒学研究论文集，收录了 15 位中国学者的论文。他们从不同角度分别探讨了儒学现代性的理论内涵和社会功能。论文结合当今中国政治、市场经济、素质教育、道德建设、家庭伦理等广泛现实内容，论述了儒家学说在现代文明时期所面临的困境及其现代转型与未来定位，对于推动相关问题的研究和讨论及促进儒学思想资源的深入开发和应用，使其为建设现代文明服务，具有重要的理论价值和现实意义。

焦树安文集

焦树安著　平装 32 开　25.00 元

2002 年 9 月出版　7-5013-1943-X

焦树安先生早年毕业于北京大学哲学系，曾任国家图书馆参考研究部主任、研究员。本书收入焦树安先生在中、西方哲学，比较哲学等方面的论文 17 篇，从中可见其在中国哲学、西方哲学领域的较深造诣和在传统文化方面的深厚底蕴。书末附焦树安重要著述索引一篇，书前有焦树安先生的导师、国家图书馆馆长任继愈先生写的序。

名家说佛

吴平编　平装 32 开　18.00 元

2003 年 10 月出版　7-5013-2084-5

本书汇辑梁启超、冯友兰、汤用彤、金克木、赵朴初、池田大作等现、当代中外名家的佛学作品 30 篇，内容涉及佛祖菩萨、佛教教义、佛教源流、佛教文化、佛教修行、佛教与中国文化等方面，是一部取材广泛、择选周全的"说佛"作品集。

佛国神游

吴平编　平装 32 开　22.00 元

2004 年 9 月出版　7-5013-2465-4

本书选录当代著名作家、学者汪曾祺、张中行、周瘦鹃、冯骥才、叶永烈、铁凝等游历寺庙后撰写的游记文稿近 40 篇，所选皆哲理深邃、思悟独到之作。

禅趣小品

吴平编　平装 32 开　21.00 元

2005 年 12 月出版　7-5013-2830-7

本书内分慧眼观禅、大彻大悟、平常心境、禅趣人生、一切放下、宁静致远、悠悠禅思、禅修之道、了生脱死、茶禅一味、诗意的禅、禅艺之美、禅寺神游等十三部分，共收录赵朴初、梁实秋、张中行、林清玄、陈世旭等人谈禅的散文小品 94 篇。本书编者此前曾编有《名家说佛》《佛国神游》《名家说禅》《禅趣人生》等书，均受到读者欢迎。

高僧大德说观音

吴平编　平装 16 开　32.00 元

2013 年 3 月出版　978-7-5013-5126-8

本书收入了近现代 19 位高僧大德论述观世音菩萨的文章。他们从历史文化、佛教信仰等各个不同角度对观世音菩萨进行了解读，使读者对观世音菩萨能有一个正确的认识，领悟古往今来信仰观世音菩萨的激情与智慧，从而得到有益的启迪与精神的愉悦。

智慧书系列(4 种)

智慧书:图文双语珍藏本

(西)葛拉西安著，秦传安译，卜桦绘图

平装 20 开　25.00 元

2005 年 4 月出版　7-5013-2754-8

欧洲有许多学者相信，千百年来，人类思想史上具有永恒价值的处世智慧包含于三大奇书：一是马基雅维里的《君主论》，二是《孙子兵法》，三就是这本《智慧书》。德国大哲学家叔本华曾刻意将《智慧书》译成德文，并盛赞此书"绝对的独一无二"。尼采也赞扬此书在论述道德的奥妙方面，整个欧洲没有一本书更精微、更曲折多姿。在 1873 年的一则札记里，尼采写道："葛拉西安的人生经验显示出今日无人能比的智慧与颖悟。"

智慧书·红色秘籍

(西)葛拉西安著，秦传安译，卜桦绘图

平装 20 开　25.00 元

2008 年 3 月出版　978-7-5013-3513-8

本书在西方世界很受推崇，与《君主论》和《孙子兵法》一起被誉为三大奇书。本书笔法简洁，含蕴隽永，色彩瑰丽，插图幽默，是年轻人处事的一本指导书。

智慧书·黄金宝典

(西)葛拉西安著，秦传安译，卜桦绘图

平装 20 开　25.00 元

2008 年 3 月出版　978-7-5013-3511-4

本书在西方世界很受推崇，与《君主论》和《孙子兵法》一起被誉为三大奇书。

智慧书·银色锦囊

(西)葛拉西安著，秦传安译，卜桦绘图

平装 20 开　25.00 元

2008 年 3 月出版　978-7-5013-3512-1

本书在西方世界很受推崇，与《君主论》和《孙子兵法》一起被誉为三大奇书。

墨子科技真言

王裕安编　平装 32 开　10.00 元

2004 年 12 月出版　7-5013-2586-3

本书由《墨经》精选而成，分为总论、宇宙观、认识论、逻辑学、数学、物理学、军工学、心理学等八大类。

墨子研究论丛(六)

王裕安、李广星主编　平装 32 开　38.00 元

2004 年 12 月出版　7-5013-2427-1

本书共收入有关墨子研究论文 50 余篇，是第五届国际墨学研讨会论文集。

墨子研究论丛(七)

王裕安、李广星主编　平装 32 开　45.00 元

2006 年 12 月出版　7-5013-3357-2

本书系第六届国际墨学研讨会论文集,内容主要是研究墨子的科技思想。

儒释道人生哲理书(全三册)

聂清等编　平装 16 开　84.00 元

2004 年 12 月出版　7-5013-2611-8

本书精心采辑了佛教、道教、儒教的故事,广泛收辑了古人先贤在为人处世、修身养性方面的种种人生体验与谆谆教诲。

国家图书馆藏西夏文献中汉文文献释录

林世田主编　精装 16 开　195.00 元

2005 年 12 月出版　7-5013-2999-0

本书是国家图书馆藏西夏文献封面、封底裱糊纸剥离出的汉文文献残页的辑录,其中佛教文献 100 件、道教文献 70 件,对这些文献进行了客观的著录和释文。

百喻经译注

周绍良译注,老井插图　平装 32 开　18.00 元

2006 年 4 月出版　7-5013-3123-5

《百喻经》是一部流传甚广的佛经寓言故事集,讲述了 98 则经典故事,是一部可读性很强的文学作品。本书采取白话文的形式,对原文进行了忠实的翻译,文笔流畅,浅显易懂,使读者在轻松的氛围中领悟到人生的哲理。

道教养生

张雪松编著　平装 16 开　28.00 元

2006 年 11 月出版　7-5013-3197-9

本书介绍了道教养生的基本理论和观点,还选取了道教中的一些传统的养生与健身典籍进行了详细的解读。

佛教养生

张雪松编著　平装 16 开　28.00 元

2006 年 11 月出版　7-5013-3195-2

本书介绍了佛教养生的理论和观点,还选取了佛教中的一些传统的养生与健身典籍进行了详细的解读。

孔子语录全编

吴龙辉撰　平装 16 开　39.80 元

2007 年 6 月出版　978-7-5013-3482-7

除《论语》之外,本书作者从先秦两汉的典籍中,搜集相关孔子的语录,分为“志学”“忠信”等九类,并作了准确的白话翻译及注释,便于现代读者阅读。

先秦六经与中国主体文化

郭伟川著　平装 32 开　15.00 元

2007 年 8 月出版　978-7-5013-3514-5

本书作者立足“十三经”,以独特视角对先秦“六经”一一加以剖析,认为“春秋时期《诗》、《书》、《礼》、《乐》、《易》、《春秋》作为‘六经’已非常成熟”,“是中国传统文化的木本水源”。

中国古代哲学与传统文化

韩敬著　平装 32 开　22.00 元

2007 年 10 月出版　978-7-5013-2752-2

本书为论文集,是作者多年来研究中国古代哲学与传统思想文化的成果体现。全书共收入论文近 30 篇,重点为中国古代哲学相关思想领域研究,尤其是对两汉时期经济、政治和思想变迁及西汉时期重要代表人物扬雄的《法言》《太玄》在中国哲学史上的地位与作用等的阐述,为致力于本专业研究的学人提供了很好的参考资料。

第十一世班禅额尔德尼·确吉杰布在迪庆

杜永春、魏德运主编　平装 16 开　368.00 元

2008 年 4 月出版　978-7-5013-3622-7

本书以 200 余幅精美的图片,记录了第十一世班禅额尔德尼·确吉杰布访问迪庆时的种种画面,体现了党和政府的宗教政策的深入人心,和广大信教群众对第十一世班禅的爱戴。本书装帧精美,极具收藏价值。

春秋三传要义解读

晁岳佩著　平装 16 开　29.00 元

2008 年 11 月出版　978-7-5013-3650-0

《春秋》三传是如何阐释《春秋》隐晦之义的？其政治、文化立场又如何？怎样理解这种阐释动机呢？作者作为多年来致力于《春秋》学研究的专家,将专业的研究成果,用简洁易懂的语言,对《春秋》及三传之经义进行了轻松的解读。

墨子归来:一个现代知识分子的文化担当

焦世瑜著　平装 16 开　50.00 元

2011 年 9 月出版　978-7-5013-4666-0

本书是一部感人至深的传记文学作品。作者以饱含深情的笔触描写了当代历史学家、墨学复兴的发动者张

知寒先生追求真理、正义和光明的坎坷悲壮的一生。特别是他为墨学复兴而“摩顶放踵”、奔走呼号、百折不挠的精神，诚为一代知识分子自觉担当、勇于担当的缩影。

明末清初天主教史文献新编（全三册）

周岩编校　精装16开　1500.00元

2013年11月出版　978-7-5013-4930-2

本书收录明万历至清雍正年间天主教史重要文献40种，每册基本以文献的著述时间为序进行编排，著述年代不可考者，酌其内容，参入编中。其中第一部分为编者生前已经完稿者，如《天主实义》等二十六篇，为上册；第二部分为编者的亲友根据其生前写作之片段及搜集之资料连缀成文，并经首都师范大学历史学院中国近现代社会文化研究中心主任、博士生导师梁景和教授审阅，作为每篇文献之说明，以替代前言，如《杨淇园先生超性事迹》等七篇，为中册。另外，作者于2001年在我社出版之《明末清初天主教史资料丛编》早已售罄，为满足相关研究人员及广大读者的需求，并使明末清初天主教史文献尽可能完整地呈现给读者，将《丛编》影印作为下册。

孔氏南宗研究

吴锡标、刘小成、张俊岭等著　平装32开　58.00元

2015年6月出版　978-7-5013-5619-5

南宋建炎三年（1129），宋室危亡、中原板荡，孔氏族人在孔子第四十七世孙孔传，第四十八世孙、衍圣公孔端友率领下，扈跸南渡，辗转来到衢州。孔氏南渡成为孔氏家族史上具有转折意义的重大事件。此后，形成了以衢州孔氏家庙为重要物质遗存、以衢州孔氏为核心、支派遍布江南地区的孔氏南宗。孔氏南宗不仅是孔氏宗族中具有特殊地位和影响的组成部分，也是江南文化的重要核心之一。本书对孔氏南宗文化做了深刻和开拓性的研究，是学术界推出的又一重大成果。

虚云和尚全集（全九册）

净慧主编　精装16开　580.00元

2016年8月出版　978-7-5013-5838-0

本书全面记录了虚云和尚的行履历史、言论思想、实践业绩，是了解、研究和总结虚云一生的最完备、最可靠、最直接的文献资料，同时也是研究中国近现代佛教史不可或缺的资料。全书分为十部分，基本上涵括了虚云现存的各类文字著述，实是迄今为止最为完整的的虚云文集。

三时文库（全十五册）

楼宇烈、怡学主编　精装16开　960.00元

2017年10月出版　978-7-5013-6155-7

本丛书是由中国佛教协会原会长赵朴初先生倡印，中国佛教文化研究所原所长吴立民主编，由中国佛教文化研究所、志莲净苑文化部、佛教志莲图书馆联合监制，于2009年在香港出版的，包括《大乘阿毗达摩集论别释》《大乘阿毗达摩集论科文》《解深密经·分别瑜伽品》《缘起三科经科释》《摄大乘论科文·般若波罗密多心经》，法尊译《比刍学处》，韩镜清译《慈氏学九种译著》，任杰译《四百论释》，隆莲著《摄大乘论疏略述》，吕铁钢编《房山石经研究》（一、二、三），吕铁钢、胡和平编《法尊法师译文集》（上、下），苏晋仁著《佛学文史论丛》，唐仲容著《解深密经讲义》等佛学著述，共16册。2017年重新编辑影印，并将此套丛书重新命名为“三时文库”丛书。

政治经济

政治

在弗拉基米尔·伊里奇的图书室里

(苏)舒·马努查里扬茨著,蔡汀、李黛译
平装32开 0.40元
1983年12月出版

在列宁逝世前3年多时间里,本书作者一直是列宁的图书管理员。本书收集了作者关于列宁的回忆文章7篇。书后附有叶·尼·哈里托诺娃的《列宁的图书室》。

一个国家两种制度:理论与实践文献资料选编

中央社会主义学院统一战线理论教研室编
平装16开 2.80元
1987年9月出版

社会主义初级阶段文献资料选编

红旗杂志社图书资料室编 平装16开 3.50元
1988年7月出版

展望21世纪——和平竞争的胜利

(美)理查德·尼克松著,王卫东、张照进、翟勇等译
平装32开 3.90元
1989年3月出版 7-5013-0593-5

作者把自己的目标称为"正义的和平"。全书共10章:1. 血雨腥风与空前昌盛;2. 超级大国;3. 如何遏制莫斯科;4. 如何与莫斯科抗衡;5. 如何与莫斯科谈判;6. 支离破碎的巨人;7. 犹豫不决的巨人;8. 觉醒的巨人;9. 第三世界战场;10. 新美国。

两种制度的生死较量——和平演变与反和平演变

董耀鹏、胡克、白广元著 平装32开 3.90元
1991年12月出版 7-5013-0919-1

本书共7章:1. 打好反和平演变斗争的持久战;2. 西方和平演变战略的由来和发展过程;3. 西方在中国推行和平演变策略的发展过程;4. 东欧、苏联政局发生演变的过程、原因及教训;5. 西方和平演变的战略和策略;6. 反对和平演变的战略和对策;7. 反对和平演变的关键。

公务员制度备览

卫清著 平装32开 9.90元
1994年6月出版 7-5013-1166-8

本书论述了我国建立的具有中国特色的国家公务员管理体制和制度、原则及条件,阐述了我国国家公务员制度的内容,介绍了国外公务员制度的发展情况。

行政法与依法行政专题研究

王红著 平装32开 15.00元
2001年12月出版 7-5013-1878-6

本书共分8章,论述依法行政的理论依据与现实意义、依法行政与重塑政府职能、行政立法、规范行政执法行为、公正行政程序以及依法行政与新型的行政方式、依法行政中有关案例的行政法思考。

伟人佳话三百篇(5种)

民族魂编辑部编,刘学琦主编,莫文骅将军封面题字。

刘少奇佳话三百篇

平装32开 6.10元

1992 年 2 月出版　7-5013-0991-4

本书共 6 部分：1. 青少年时代；2. 红军时期；3. 抗日战争时期；4. 解放战争时期；5. 社会主义建设时期；6. "文革"时期。

毛泽东佳话三百篇

平装 32 开　6.20 元

1993 年 1 月出版　7-5013-0990-6

本书为纪念毛泽东 100 周年诞辰而作。共 6 部分：1. 青少年时代；2. 从建党到建军；3. 红军不怕远征难；4. 八年抗战；5. 百万雄师过大江；6. 东方巨人。

朱德佳话三百篇

平装 32 开　5.70 元

1993 年 1 月出版　7-5013-0993-0

本书共 7 部分：1. 青少年时代；2. 从建党到建军；3. 朱毛红军；4. 八年抗战；5. 解放战争；6. 共和国元勋；7. 晚年。

周恩来佳话三百篇

平装 32 开　6.00 元

1993 年 2 月出版　7-5013-0992-2

本书共 6 部分：1. 青少年时期；2. 红军时期；3. 抗日风云；4. 解放战争；5. 新中国；6. 鞠躬尽瘁。

邓小平佳话三百篇

平装 32 开　6.00 元

1993 年 5 月出版　7-5013-1037-8

本书共 7 部分：1. 上下求索；2. 红军将领；3. 抗日烽火；4. 决战中原；5. 开国元勋；6. 风雨十年；7. 总设计师。

中外关系史论丛（第五辑）

中国中外关系史学会编，谢方、张铠编

平装 32 开　10.40 元

1996 年 1 月出版　7-5013-1241-9

本书所收文章主要是 1994 年 3 月在深圳召开的中国中外关系史学会第五次学术讨论会的论文，共 12 篇。

中国共产党对大城市的接管（1945—1952）

刘宋斌著　平装 32 开　17.60 元

1997 年 10 月出版　7-5013-1451-9

本书着重搜集了北京、天津、上海和沈阳、西安、杭州、广州、重庆等城市有代表性的接管史料，研究和反映了解放战争时期和新中国成立之初党的城市接管工作。

中国工会运动史料全书·轻工业卷（1843—1993）

《中国工会运动史料全书》总编辑委员会编，朱福山主编　精装 16 开　240.00 元

1998 年 10 月出版　7-5013-1532-9

本书是一部反映全国轻工、烟草产业工人运动和工会发展历程的历史画卷。

现代领导新素质百科全书（全八册）

本书编委会编　精装 16 开　1860.00 元

1999 年 12 月出版　7-5013-1683-X

本书是一部综合性的大型工具书。全书分现代领导新思维、现代领导新业务与新手段、现代领导新素质、现代领导新视野四大部分共 18 篇。

孙子兵法与领导决策方略（全十册）

刘伯健主编　精装 32 开　980.00 元

2000 年 11 月出版　7-5013-1760-7

为便于广大领导干部更好地提高自己的决策水平，做好开拓未来的工作，作者吸纳了孙子的谋略思想，精选大量商政决策实例，加以评析、编纂而成此套丛书，从多方面、多角度阐述了《孙子兵法》在现代社会生活各个领域中的应用。

领导经典·浓缩书（全八册）

本书编委会编　精装 16 开　2680.00 元

2000 年 12 月出版　7-5013-1008-1

本书是全国数十位各专业领域中的专家学者历经两年辛勤劳动，将古今中外 300 余部经典名著浓缩成的精华本。全书分成马克思主义卷、哲学卷、政治卷、经济卷、科学技术卷、教育卷、历史文化卷、文学作品卷、社会卷等 9 卷。

共产国际、联共（布）与中国革命档案资料丛书（6 卷）

中共中央党史研究室第一研究部编，黄修荣主编

20 世纪 90 年代初，由于俄国政治体制的变革，俄罗斯国家档案管理机构和管理办法亦发生了变化，大量罕见的档案资料首次开放并陆续出版。其中最使我国学术界感兴趣的是俄罗斯科学院远东研究所、俄罗斯现代历史文献保管与研究中心同德国柏林自由大学东亚研究会联合编辑的有关联共（布）、共产国际对华政策的大型系列档案文件集《联共（布）、共产国际与中国（1920—1949）》。中共中央党史研究室第一研究部根

据与俄方签订的协议,组织有经验的学者独家翻译这套档案文件集。还将历年来在我国各种报纸、杂志、图书上发表的其他重要中文文献资料编成《共产国际、联共(布)与中国革命文献资料选辑(1917—1949)》,与前述档案文件集组成本丛书。

第一卷:联共(布)、共产国际与中国国民革命运动(1920—1925)

宋洪训、马贵凡校订 32开 48.00元(精) 38.00元(平)
1997年1月出版 7-5013-1368-7

本卷根据莫斯科1994年俄文版译出。收录重要档案文件205份。

第二卷:共产国际、联共(布)与中国革命文献资料选辑(1917—1925)

王德京选编 32开 48.00元(精) 38.00元(平)
1997年1月出版 7-5013-1350-4

本卷汇集了除丛书第一卷以外散见在其他中文图书报刊中的有关文献资料,包括过去已由外文译成中文的文献资料。所收文件主要是1917—1925年之间的文献和档案。分为24个专题,按时间顺序排列。

第三、四卷:联共(布)、共产国际与中国国民革命运动(1926—1927)(全二册)

中共中央党史研究室第一研究部编
32开 80.00元(精) 60.00元(平)
1998年11月出版 7-5013-1468-8

这两卷是《联共(布)、共产国际与中国1920—1949》第二卷(两册)的中译本,根据莫斯科1996年俄文版译出。共收录文件268份。

第五卷:共产国际、联共(布)与中国革命文献资料选辑(1926—1927)(上册)

中共中央党史研究室第一研究部编
32开 76.00元(精) 60.00元(平)
1998年8月出版 7-5013-1469-1

本卷汇集了除丛书第三、四卷《联共(布)、共产国际与中国国民革命运动(1926—1927)》以外散见在中文图书报刊中的部分有关文献资料,包括过去已经由外文译成中文的文献资料。所收文件主要是1926—1927年之间的文献和档案。

第六卷:共产国际、联共(布)与中国革命文献资料选辑(1926—1927)(下册)

中共中央党史研究室第一研究部编
32开 76.00元(精) 60.00元(平)
1998年8月出版 7-5013-1469-1

本卷汇集了大革命失败前后共产国际和联共(布)中央关于中国问题的争论的部分中文文献资料,包括过去已经由外文译成中文的其他有关文献资料。

"是谁改变了中国"丛书(3种)

本丛书以"醒过来""站起来""富起来"三层形象而通俗的表达为切入点,从思想演进的独特视角,考察中华民族从沉睡到觉醒,由求得民族独立和人民解放到走上繁荣富强之路的艰辛历程,讴歌了近代仁人志士、革命先驱及几代中国共产党人为之探索、奋斗的光辉业绩和不朽精神。

谁使中国醒过来

单秀法著 平装32开 18.00元
1999年1月出版 7-5013-1537-X

本书以散点透视的方式论述了辛亥革命前中国近代思想解放的几个主要片断和主要代表人物,从而揭示近代思想解放的历史进程和规律,揭示中国人如何从封建帝国的睡梦中醒过来。

谁使中国站起来

于化民著 平装32开 23.00元
1999年1月出版 7-5013-1620-0

本书从思想史的角度回顾近代以来中国政治思想发展的历史轨迹。勾画出新民主主义思想这一中国革命指导理论的来龙去脉、发展演变,以及它与20世纪以来各种现代政治思潮的关系,与敌对政治势力及其思想的斗争等。

谁使中国富起来

袁德金、卞琰著 平装32开 15.00元
1999年1月出版 7-5013-1613-9

本书以严谨的态度和简洁的笔法,论述了以毛泽东为核心的第一代中共中央领导集体在新中国成立以后,为使中国迅速摆脱贫困落后面貌而进行的探索及其经验教训;重点论述了以邓小平为核心的第二代中共中央领导集体为使中国走上富裕之路所进行的努力。

为政镜鉴

国家图书馆编 平装16开 80.00元
2012年12月出版 978-7-5013-4784-1

本书从83种中国古代典籍中精选历史名人的典型

事例316条，分为民族精神、治国理政、为官之道、道德修养、哲理规律五大部分。全书以条系目，每条有小标题、原文、注释、译文。在条目的选择上尽量注重实用、典型、全面和具有代表性，为领导干部学习和了解中华民族传统文化、借鉴历史经验提供资料。

为政箴言

国家图书馆编　平装16开　90.00元

2012年12月出版　978-7-5013-4785-8

本书从213种中国古典文献中精选历史名人的经典论述524条，分为民族精神、治国理政、为官之道、道德修养、哲理规律五大部分。全书以条系目。每条有小标题、原文、注释、译文。条目的选择上力求典型、实用，内容精练，含义深刻。为领导干部了解和学习中国传统文化、汲取思想精华提供资料。

经济

责任制与体制改革资料选编

马志鑫、罗伟雄编　平装32开　1.40元

1983年5月出版

本书选收了中央和地方报刊上发表的关于责任制和体制改革方面的文章87篇。

保定市新市区地名志

崔勇、刘继敏主编　平装32开　3.50元

1988年11月出版

本书是河北地名丛书之一，根据河北省地名委员会办公室拟定的“河北省县级（市、区）《地名志》编纂出版方案”编写。

政治经济学教程（下册）

曹若闲主编　平装32开　4.10元

1988年12月出版

本书是中国人民大学函授学院教材之一，由北京教授讲学团供稿，共10章。

企业经营考必读——《企业法》特辑

全国人大常委会办公厅研究室、《人民日报》经济部编

平装32开　3.40元

1989年3月出版

本书汇集了《企业法》及其配套的法规和有关的法律、法规20多个，党和国家领导人以及有关部门负责人关于认真实施《企业法》的重要讲话，共计40篇。

保定工商银行志

王春主编　精装16开　40.00元

1989年10月出版

本书为行业志。体例以事分类，以时叙事。文体采用语体文、记述体。内容以志为主，兼用图、表、录等形式。上起自春秋战国（货币部分），下限到1986年。

保定市物资志

河北省保定市物资局编　平装32开　3.00元

1989年10月出版

保定市物资部门第一部专业志。

房产志

张中兴主编　平装32开　2.95元

1989年10月出版

保定市第一部房产专志。

保定化工

《保定市石油化工志》办公室编　平装32开　5.00元

1989年10月出版

保定市政府地方志丛书之一。

保定烟草志

王信忠、杨爱军主编　平装16开　2.00元

1990年出版

保定市政府地方志丛书之一。

沧州城市金融志

李保斋主编　精装32开　30.00元

1993年2月出版

本书为沧州工商银行专业志，主要记述1949年至1989年期间沧州市的城市金融业务及其相关的金融机构沿革。

唐钢沧桑——唐山钢铁公司史志（1943—1989）

张学主编　平装32开　15.00元

1993年3月出版

本书是中华企业发展史丛书之一，根据丛书编委会和《河北冶金志》编委会的要求编印成书。记述了从1943年建厂开始，到1989年底唐钢的发展历程。

经济（全二册）

彭竹主编　精装16开　145.00元

1993 年 6 月出版

本书分为 9 类：经济总论，世界各国经济概况、经济史、经济地理，经济计划与管理，农业经济，工业经济，交通运输经济，邮电经济，贸易经济，财政、金融，共收书 1.6 万余种。

全国实用新技术推广与合作项目汇编（全二册）

万方数据公司编　精装 16 开　160.00 元

1993 年 7 月出版

本书将中国企业、公司及产品数据库，中国适用技术成果数据库，中国科研机构数据库提供的 400—600 个最新技术与合作项目编印成册。第一册不分类。第二册分五部分：1. 机械及电子；2. 生物工程、食品、饮料、饲料；3. 建筑工业及建筑材料；4. 化工；5. 其他。

玉米、大米综合开发及淀粉加工技术精选

万方数据公司编　精装 16 开　110.00 元

1993 年 7 月出版

本书收集了玉米、大米的综合利用及淀粉加工的国内外新产品 158 项的加工技术资料（包括专利产品）。

拍卖天地

冯家驳、曹海英等　平装 32 开　5.00 元

1994 年 3 月出版　7-5013-1152-8

本书共 6 部分：1. 槌起槌落话拍卖；2. 拍卖与法律；3. 海外的拍卖行及拍卖活动；4. 迅猛发展的我国大陆拍卖业；5. 大陆拍卖写真；6. 古今中外拍卖趣闻。

旧中国交易所股票金融市场资料汇编（全二册）

金融史编委会编　精装 32 开　150.00 元

1995 年 1 月出版　7-5013-1025-4

本书由三方面内容组成：1. 交易所：包括对交易所的理论阐述，中国交易所发展的历史、特点，交易所法规，以及旧中国证券交易所、物品交易所的实况概述。2. 股票：除股票的理论研究、运作方法外，还收集了大量股市资料，对当时上千种股票行市做了详细的记录。3. 金融市场调查录：汇集了全国金融市场的详细资料，其统计对象包括银行、钱庄、银号、银公司、证券号、纱花号、金号、信托公司、企业公司、保险公司、金融团体以及典当业等。

中华人民共和国工人技术等级标准・文化行业

劳动部、文化部颁发　平装 32 开　3.00 元

1995 年 4 月出版　7-5013-1233-8

本书包括 17 个工种，四个类别（即戏剧、美术、文物、缩微技术）。均为首次被纳入到《工人技术等级标准》中。

公路工程机械台班费用定额

中华人民共和国交通部公路工程定额站主编

平装 32 开　9.80 元

1996 年 9 月出版

本书是交公路发〔1996〕610 号文件，自 1996 年 7 月 1 日起施行，是编制公路基本建设工程概、预算，进行经济核算和结算的依据。

公路基本建设工程概算、预算编制办法（全二册）

中华人民共和国交通部公路工程定额站主编

平装 32 开　43.80 元

1996 年 9 月出版

本书是交公路发〔1996〕612 号文件，自 1996 年 7 月 1 日起施行，适用于新建和改建的公路工程基本建设项目。共 3 章。

公路基本建设工程投资估算编制办法及指标（全二册）

中华人民共和国交通部公路工程定额站主编

平装 32 开　35.80 元

1996 年 9 月出版

本书是交公路发〔1996〕611 号文件，自 1996 年 7 月 1 日起施行。

中国现行劳动安全卫生标准总汇

杨立范等编　精装 16 开　368.00 元

1996 年 10 月出版　7-5013-1321-0

本书共 13 部分：1. 综合；2. 医药、卫生、劳动保护；3. 能源、核技术；4. 化工；5. 机械；等等。

中国统计资料概览

肖东发、张淑主编　平装 32 开　15.80 元

1996 年 12 月出版　7-5013-1325-3

本书是国内第一本反映我国各类出版机构出版的统计资料工具书的指南。收录的内容包括政治、经济、工

业、农业、交通运输、能源、对外贸易、财政金融、劳动力和工资、人口、教育、科学和文化等方面的统计资料工具书及含有统计资料的中文工具书。全书分为分类篇和地区篇两部分。在分类篇中,先排综合性较强的工具书,其余的按出版年代排,最新出版的排在前面。在地区篇中,按行政大区和省市的顺序编排。书后附书名索引。

技术市场

赵绮秋著　平装 32 开　9.50 元
1997 年 4 月出版　7-5013-1334-2

本书共 6 章:1. 技术市场概述;2. 技术商品;3. 技术合同;4. 技术市场经营;5. 技术市场管理;6. 技术贸易与世界市场。书后附有关技术市场管理的主要法规目录。

企业竞争与信息利用

秦铁辉、王彤等著　平装 32 开　17.50 元
1997 年 4 月出版　7-5013-1367-9

本书围绕企业的经营、运作而展开,共 9 章:1. 企业概述;2. 企业信息工作;3. 企业经营决策;4. 市场营销;5. 产品定价;6. 新产品开发;7. 技术引进;8. 企业信息工作的组织与管理;9. 计算机化企业信息管理。1—2 章为第一部分,主要介绍企业经营组织、市场环境、企业竞争、企业信息需求特点、企业信息源、企业信息收集和竞争情报获取等的一般理论和方法。3—7 章为第二部分,分章讨论了企业运作中 5 个主要环节中的问题,还围绕企业运作介绍了信息收集、利用的一般途径和方法。8—9 章为第三部分,集中探讨了企业信息机构的组织建设和计算机的利用问题。

河北金融年鉴(1996)

《河北金融年鉴》编辑部编　精装 16 开　90.00 元
1997 年 10 月出版

本书为该年鉴 1996 年卷。

经济师经济学概论

廉钢生、单永珍著　平装 32 开　18.00 元
1997 年 11 月出版　7-5013-1459-4

本书是一部以建设有中国特色社会主义理论为指导,以中国经济师为主要研究对象的经济类应用科学专著。

全国经济师优秀论文选集

郭桢主编　平装 32 开　58.00 元
1997 年 12 月出版　7-5013-1485-3

本书收集经济师系列各个不同层次的专业技术职称的经济工作者经济研究文章 173 篇。

黑龙江农垦分行行志

黑龙江农垦分行行志编纂委员会编
精装 16 开　30.00 元
1998 年 11 月出版　7-5013-1523-X

本书是黑龙江农垦经济区金融专业志,以志为主,由志、记、图、表、录等内容组成。以中国农业银行黑龙江农垦分行组建运行为上限,下限断在 1997 年底。

改革开放 20 年全国优秀经济论文选集

马洪、石魁英等主编　精装 16 开　280.00 元
1999 年 1 月出版　7-5013-1619-8

为纪念党的十一届三中全会召开 20 周年,1998 年 3 月《经济师》杂志社举办了“纪念改革开放 20 周年经济论文征文”活动。本书即是由来自全国经济专家、教授、理论工作者、经济技术工作者的应征文中评选出的 300 余篇优秀论文结集出版的。

建国五十周年全国优秀经济论文选集

《经济师》杂志社编　精装 16 开　280.00 元
1999 年 12 月出版　7-5013-1486-4

本书选编了 200 余篇反映我国新中国成立以来尤其是改革开放以来的经济理论、经济建设与改革的优秀论文。

物业管理市场化探索之路:首次全国范围物业管理招投标范例

北京天鸿集团公司等编　精装 16 开　230.00 元
2000 年 3 月出版　7-5013-1694-5

本书是北京天鸿集团公司和深圳长城物业管理有限公司合编的首次全国范围物业管理招投标范例。

市政工程预决算操作规范应用手册(全三册)

张国栋主编　精装 16 开　690.00 元
2000 年 7 月出版　7-5013-1726-7

本书是配合建设部颁布的《全国统一市政工程预算定额》编写的应用手册。

市场信息资源与市场信息行为

冷伏海主编　平装 32 开　12.80 元
2000 年 8 月出版　7-5013-1145-5

本书围绕市场信息资源与市场信息行为这两个核心概念的不同层面和角度,对市场信息资源与信息市场、市场信息资源与信息产业、市场信息资源的流动模式、市场信息资源用户的需求与接受、市场信息数据库系统及其网络、市场信息行为的法律约束、市场信息资源开发与利用等问题进行了探讨。

大开发——世界各国开发落后地区实录

王磊、赵大新等　平装32开　16.00元

2000年9月出版　7-5013-1739-9

本书是为配合我国西部大开发战略，由国家图书馆"西部开发战略"文献信息支持领导小组策划并组织编写而成。

中国股民实用大辞典

刘大川主编　32开　48.00元(精)　29.80元(平)

2001年1月出版　7-5013-1766-6

本辞典共收入词条1222条，分别归入股票总论、股票市场与股票交易、股票发行与公司上市、股票投资基本面分析、股票投资技术面分析、股票买卖实用技巧、股票相关领域常识等7个大类。是集前瞻性、知识性、实用性于一体的工具书。

企业进化机制研究

李朝霞著　平装32开　10.00元

2001年9月出版　7-5013-1798-4

作者认为，企业作为"有生命"的系统是进化着的。从系统科学哲学的角度研究是企业生存、发展和适应等关于企业演进最本质的问题，也就是企业进化问题。探讨企业进化的本质、动力及过程，并运用企业进化理论对我国企业(主要指国有大型企业)的演化历史进行考察，指出目前需要注意的问题并提出相应对策。试图从建立企业管理理论新框架的角度促进管理理论的丰富和发展，从探求企业进化机制方面来具体指导企业变革的实践。

奔向灿烂的华尔街

(美)申湘如著　平装32开　22.00元

2001年9月出版　7-5013-1812-3

本书是美国华尔街股市资深要角、环球财务公司执行经理兼总财务长、美国《世界日报》财经版专栏作家、著名华裔女性申湘如百余篇投资理财方面的经验大成，对于我国众多处于初级阶段的证券界人士在投资观念、理财方式、操持策略、投资工具、投资信息管道方面具有相当的借鉴与示范意义。

大富天下——《福布斯》中国内地100富豪排行榜(全二册)

关山、王晓玲著　平装32开　38.00元

2002年7月出版　7-5013-1915-4

本书资料来源于作者亲自采访或对方提供第一手材料，内容丰富，真实可信。作者借撰写此书提倡"藏富于民"，激励更多的人去创造财富。

期货从业人员考试辅导习题集

中国期货业协会编　平装16开　38.00元

2002年7月出版　7-5013-1938-3

本书是针对中国期货从业人员2002年资格考试，结合中国期货业协会考试指定用书《期货市场教程》和《2002年资格考试法规汇编》而编辑出版的唯一指定辅导用书。

全国勘察设计注册化工工程师执业资格考试复习指南

全国勘察设计注册工程师化工专业管理委员会编

平装16开　128.00元

2003年11月出版

本书共包括10章，分为物料和能量平衡、热力学过程、液体流动过程、传热过程、传质过程、化学反应动力学、化工工艺设计、化工工艺系统设计、工程经济分析、化工工程项目管理。

保险法律知识读本

张洪涛等主编　平装32开　28.00元

2004年3月出版　7-5013-1196-X

本书是基于新的《保险法》的保险法律知识读本，用问答形式阐述了近200个保险经营活动中常见的问题。

工程建设项目管理培训教材(全三册)

慕国蔚主编　平装16开　320.00元

2004年12月出版　7-5013-2603-7

本教材分为13个单元，用以培训项目投资方、设计、施工、工程咨询以及工程建设总承包等方面的工程项目。

《建设项目工程总承包管理规范》宣贯教材(全二册)

《建设项目工程总承包管理规范》宣贯教材编写委员会编

精装16开　288.00元

2006年5月出版　7-5013-3125-1

本书全面阐述了我国推行和发展工程总承包项目管理的实践经验、成效和相关政策，结合实际介绍了国际先进项目管理的理论、模式、程序、方法和技术。

文化教育

文化

阅读辅导丛书(6 种)

实践与美学——学习马克思主义美学论著

何洛等编著　平装 32 开　1.15 元
1982 年 8 月出版

本书是高校文科选修课的讲义,是以实践观点编写的美学读物,主要谈实践与美学的关系。

语言学趣谈

计永佑著　平装 32 开　1.15 元　5.90 元
1983 年 3 月出版　1993 年 3 月再版　7-5013-0989-2

本书分 12 节:1. 语言的起源;2. 什么是语言;3. 语言有什么用途;4. 语言与言语;5. 语言与思维;6. 词汇;7. 语法;8. 语音;9. 语言美学;10. 语言的发展;11. 语言学方法;12. 世界语言之最。

西洋文学通论

茅盾著　平装 32 开　1.10 元
1985 年 5 月出版　10201.36

茅盾为我国青年读者写的一本概要地了解欧洲文学的书,共 11 章。

诗经解说

陈铁镔著　平装 32 开　1.60 元
1985 年 7 月出版　10201.32

本书为中文系高年级选修课教材而写,分 4 章:《诗经》概述、《诗经》所反映的社会生活、《诗经》的艺术方法、《诗经》的阅读与欣赏。

心理学导引

李镜流、李树珍著　平装 32 开　1.50 元　2.50 元
1985 年 6 月出版　1993 年 4 月再版　7-5013-0552-8

本书共分 15 章:1. 总论;2. 脑与心理;3. 社会与心理;4. 心理的发生与发展;5. 感觉和知觉;6. 注意;7. 记忆;8. 想象;9. 思维和言语;10. 情绪和情感;11. 需要、动机和兴趣;12. 意志;13. 动作反应;14. 能力;15. 气质和性格。

作家文学报告集

北京图书馆图书宣传展览组编　平装 32 开　1.45 元
1985 年 12 月出版　10201.49

本书在 1979 年末至 1982 年北京图书馆所举办的文学报告会的讲稿基础上汇集而成,共 10 篇。

说园(插图本)

陈从周著　平装 32 开　0.42 元
1984 年 6 月出版　8201.3

本书收录了多年从事建筑与园林研究的著名学者陈从周先生的有连续性的 5 篇文章,根据同济大学学报刊行的抽印抄写本订正,并补充一些由陈先生提供的有关中国园林的珍贵绘画及部分园林照片。

文明行为修养资料选编

北京图书馆编　平装 32 开　1985 年 6 月出版

本书为实施本馆全员文明行为修养培训计划而编。分 7 部分:1. 做现代文明的中国人;2. 讲礼貌是一个有教养的人的特征;3. 语言是心灵的窗口;4. 衣着是个人外形和内在的延伸;5. 尊重别人、平等待人是最美好的风度;6. 诚实是美好心灵的重要内容;7. 创造美好的环境。

读书箴言

姜继译辑　平装 32 开　0.85 元

1985 年 8 月出版

本书根据苏联莫斯科书籍出版社 1981 年出版的《书话》(第三版)译辑而成。编者 E. C. 里赫登施坦因将世界各国数百位名人关于书籍的名言汇编成册。本书以"读书"为中心,从中精选了 300 多位伟人的近千条名言。共分 10 篇:图书篇、读书篇、图书与作者篇、读者篇、图书爱好者篇、图书馆篇、图书与科学篇、图书与情报篇、图书谚语篇、讽刺与幽默篇。

历代智慧故事

刘卓英等编注 平装 32 开 0.90 元

1985 年 9 月出版

本书是从我国历代文献、史料和笔记文字中编选而成,收录范围基本限于文献记载中真实历史人物运用智慧的言行,可称为纪实故事。所选故事先秦时期 20 篇,汉代至隋以前时期 24 篇,隋唐至清代时期 26 篇,共 70 篇。

你和你的书

林春红、王靖元编 平装 32 开 0.25 元

1985 年 11 月出版 7201.73

这是一本少年儿童读物,收文 16 篇。作者给孩子们讲了收藏图书的重要意义,告诉他们应该选购什么样的图书和选购方法,以及怎样读书和科学地组织、管理自己的藏书的方法等。

民俗学讲演集

张紫晨编 平装 32 开 3.10 元

1986 年 6 月出版

本书是中国民俗学会 1983 年 8 月间举办的全国民俗学讲习班上各位专家学者讲课录的结集,经过改订和录音整理而成,共 27 篇。

简明中国古代文化史词典

任道斌、李世愉、商传等编 精装 32 开 15.00 元

1990 年 4 月出版 7-5013-0574-9

本书共收词目 2984 条。介绍我国古代的文化名人、名著、重要文物、科技成就、文化流派、文化术语、文化制度、文化事件等知识,涉及文学、语言、历史、地理、哲学、宗教、教育、书画、雕刻、音乐、舞蹈、戏曲艺术、体育等方面的内容,包括农业、手工业生产、商业、交通运输、建筑等技术发明,数学、天文、医学、生物学、化学、物理等自然科学成就以及中外民族文化交流等知识。

爱心爱语——青春赠言集粹

汪国真著 平装 32 开 7.70 元

1992 年 1 月出版 7-5013-0948-5

本书共 12 篇:1. 祝你年轻——祝愿篇;2. 挡不住的青春——赞颂篇;3. 真想有个朋友——寻觅篇;4. 听我悄悄对你说——絮语篇;5. 放我的真心在你的手心——相恋篇;6. 寻你的名字在绿中——思念篇;7. 特别的爱给特别的你——爱情篇;8. 伤心小站——离别篇;9. 跟往事干杯——鼓励篇;10. 只要你过得比我好——祝福篇;11. 岁月是一本书——哲理篇;12. 为了明天——憧憬篇。

袖珍国人必读丛书(5 种)

百家姓

本社编 平装 64 开 0.60 元

1992 年 6 月出版 7-5013-0954-X

为宋初人所作,是我国产生最早、流传最广的古代启蒙读物之一。采用四言体例,句句押韵。此次出版标注汉语拼音,书后附 1992(壬申)年年龄、属相对照表。

一九九三(癸酉)年历书

本社编 平装 64 开 0.80 元

1992 年 8 月出版 7-5013-0961-2

1993 年历书内容包括公历、星期、农历、干支、节气日、记事栏。后附春联、婚联、寿联、挽联等对联及其他生活小常识。

给人取名的学问——中国姓名文化略说

杨扬著 平装 64 开 1.20 元

1993 年 3 月出版 7-5013-0995-7

本书共 7 部分:1. 引子:姓名与文化;2. 给人取名的学问怎么来的? 3. 如何取己名? 4. 如何取表字? 5. 如何取别号与笔名? 6. 姓名的实际使用与给人取名的学问;7. 尾声:姓名文化的发展与中国姓名文化学学科的建设。

经商技巧

霍希贵著 平装 64 开 1.00 元

1993 年 5 月出版 7-5013-1015-7

本书共 4 章:1. 市场经济;2. 商品采购及管理;3. 商品销售;4. 消费行为分析。

唐诗精粹五十首

王菡编 平装 64 开 0.90 元

1993 年 3 月出版 7-5013-0985-X

每首诗都有作者简介、解题。

北大人

董耀会主编　精装 16 开　95.20 元
1993 年 4 月出版　7-5013-1052-1

本书为纪念北京大学 95 周年诞辰而作。

机灵鬼的故事

粟周熊编译　平装 32 开　7.40 元
1993 年 4 月出版　7-5013-1045-9

本书搜集翻译了外国不同民族、不同地区百余个民间传闻和笑话，讲述了 28 个机灵鬼的故事。均按名字的汉语拼音顺序排列。

人间趣谈

李瑞林编　平装 32 开　3.60 元
1993 年 10 月出版　7-5013-1039-4

本书共 111 篇文章，展示了各国民俗、生产技术、文化艺术等方面的趣事。

养鸽记

于非厂著，非飞译编　平装 32 开　3.80 元
1993 年 10 月出版

本书介绍了有关北京鸽的知识和清末民初北京社会中与鸽发生关系的各种事物。

书的出版知识 170 题

王鼎吉编著　平装 32 开　8.80 元
1994 年 5 月出版　7-5013-1105-6

本书和 1992 年出版的《书的基本知识 300 题》是姊妹篇。主要内容是对图书作为一个载体进行具体制作的各方面知识进行介绍。

伟大之秘——毛泽东与人类文化精华

朱建亮、宁小银编著　平装 32 开　6.20 元
1994 年 7 月出版　7-5013-1119-6

本书共 9 章：1. 绪论；2. 受感染燃起救国情；3. 追求良好的文化环境；4. 立大志，探“大本大源”；5. 学海探真，独辟其道；6. 汗漫九垓，广交精英；7. 寻找思想武器走过的“之”字路；8. 中西合璧，推陈出新；9. 共跻圣域的文化之门。

秋禾书话

徐雁著　平装 32 开　19.00 元
1994 年 10 月出版　7-5013-1168-4

本书分“书山零岩”“书城札记”两大部分。收入书话、书评、序论和随笔 68 篇。

嫁衣集——书目文献出版社十五周年（1979—1994）

本社编　平装 24 开　10.00 元
1994 年 10 月出版

本书为纪念书目文献出版社成立 15 周年而辑。

中外名人幽默故事

张建设编著　平装 32 开　5.00 元
1994 年 12 月出版　7-5013-1190-0

本书收集、编写了 105 位中外名人的幽默故事。

追忆风流——世界名人轶事

朱向东、徐延波、曹永平译　平装 32 开　12.10 元
1995 年 2 月出版　7-5013-1057-2

书中所介绍的人物均为世界历史上著名的思想家、政治家、军事家、科学家、艺术家、探险家、航海家等。共写了 50 位名人的轶事。

迟到的祝贺

许翰如著，广东省群众文化学会编　平装 32 开　10.00 元
1996 年 6 月出版　7-5013-1263-X

本书是作者从事群众文化工作时期的文集。选取侧重新中国成立后，尤其是 20 世纪 80—90 年代，作者担任文化教育部门领导时的文稿。也收入 40—50 年代的重要文章。全书共 4 辑。周巍峙封面题字。

赤子白话

谭斌著　平装 32 开　15.00 元
1996 年 7 月出版　7-5013-1287-7

本书收集中国国家图书馆原党委书记兼常务副馆长谭斌有关图书馆工作研究的文章 44 篇，附其他文章 5 篇。书前有作者照片及《压卷诗》《序〈我的文学梦〉》，书后有《跋〈秋歌〉》、作者墨迹。

绿叶对根的情意

爱国主义主题征文组编　平装 32 开　11.60 元
1996 年 12 月出版　7-5013-1315-6

为纪念抗日战争暨世界反法西斯战争胜利 50 周年，由文化部社会文化司、民族文化司、文化部党委青年部、文化部团委和中国文化报社联合主办了“全国爱国主义主题征文”活动。稿件包括散文、诗歌、小说、纪实文学、论文等各种体裁，参加者覆盖面达全国 30 个省、市、自治区。本书收集获奖作品 43 篇。

人类知识的新工具——中日近代百科全书研究

钟少华著　平装 32 开　15.00 元

1996 年 12 月出版　7-5013-1328-8

本书共 6 章：1. 人类知识的升华；2. 中国近代百科全书研究；3. 日本近代百科全书研究；4. 中日百科全书的文化特质；5. 百科思想及百科方法的思考；6. 一个愿望。书前有日本近代百科全书插图精选、中日近代百科辞书书影。

关系学全书

东方智等编著　平装 32 开　36.80 元

1998 年 5 月出版　7-5013-1498-5

本书共 6 章：1. 学而优则仕——谋官之经；2. 君子爱财，取之有道——求财之门；3. 有情人终成眷属——情爱之旅；4. 四海之内皆兄弟——交友之法；5. 行成于思——处世之道；6. 家家有本难念的经——治家之方。

大海浪花——回忆孩子剧团的战斗生活

许翰如著　平装 32 开　12.00 元

1998 年 9 月出版　7-5013-1507-8

作者通过记叙诸多感人的故事，回忆抗日战争时期孩子剧团的战斗生活，既有较高的思想性，又有细腻的艺术描写。

中国历代礼仪文化丛书（全五册）

李无未、张黎明主编

平装 32 开　60.00 元（套）　12.00 元（册）

1998 年 9 月出版　7-5013-1501-9

本丛书发掘、整理、研究礼仪行为的源流、氛围及特色，既接受传统文化的滋养和陶冶，又充分吸取历史学、民俗学、人类学、文化学、社会学等学科的最新成果，也注意了对现实生活的采撷。

长征中的文化工作

文化部党史资料征集工作委员会办公室编

平装 32 开　13.60 元

1998 年 10 月出版　7-5013-1495-0

为纪念红军长征胜利 60 周年，由文化部主办，文化部党史资料征集工作委员会与中国文化报社共同承办的“长征中的文化工作”研讨会，于 1996 年 11 月 11 日在人民大会堂举行。本书将这次研讨会的论文和老红军、有关领导的讲话汇编成册。

天人之际　古今之间——中国传统文化通论

朱耀廷主编　平装 32 开　24.00 元

1998 年 12 月出版　7-5013-1609-0

本书在北京大学、中国人民大学、北京师范大学以及中国社会科学院的教授、学者先后开设的几次中国传统文化讲座的基础上，组织编写而成。

二十世纪中华学案（全十册）

戴逸主编　平装 32 开　240.00 元

1999 年 1 月出版　7-5013-1527-2

本书收录 47 位对 20 世纪中华文化发展做出杰出或重大贡献的已故学者的学案，大体按学科、学派、年代分卷。全套学案共分 10 卷：综合 2 卷、史学 2 卷、哲学 4 卷、文学 2 卷。综合卷所收均是在学术上有多方面贡献的学者。文学卷只收文学研究论著，不收文学作品。书前冠有戴逸先生写的序。

一个记者笔下的文化人

赵兰英编著　平装 32 开　22.00 元

1999 年 3 月出版　7-5013-1584-1

本书为新华通讯社上海分社著名记者赵兰英女士采访报道巴金、贺绿汀、陈伯吹、赵家璧等数十位文化名人的文章的结集，分珍珠滩、心路园、缤纷地、巴金赋、星河祭五部分。

武陵学术丛书（全九册）

胡力文等编　平装 32 开　135.00 元（套）　15.00 元（册）

1999 年 5 月出版

本丛书全九册，每册约 20 万字，包括《常德古代历史研究》《中国古代自然美史》《中国女性文化研究》《汉语语法论丛》《语文教学文理情》《文学评论写作工艺》《乡镇发展》《常德市区域经济发展研究》《中西比较文学》等。各分册分别阐述了常德历史、地理、文化、经济和语文教学、文学比较等。

文博青年论丛（2 辑）

文博青年论丛（第一辑）

国家文物局团委编　平装 32 开　15.00 元

1997 年 1 月出版　7-5013-1355-5

本书是《中国文物报》上开设的“文博青年园地”专栏一年来的总结，将绝大部分已发表的文章和部分未发表的文章汇辑成册。

文博青年论丛(第二辑)

国家文物局团委编　平装32开　12.00元

1997年3月出版　7-5013-1339-3

1996年11月在重庆市歌乐山革命纪念馆举行的“21世纪中国文博事业发展战略青年学术研讨会”入选论文结集而成。共41篇文章。内容涉及某一具体文博单位或某一具体部门改革的构想以及博物馆、考古发掘、古建保护、文物科技、文物市场、人才培养、社会教育等方面。阎振堂封面题字。

故宫新语

谭斌著　平装32开　18.00元

1999年7月出版

本书为作者在故宫博物院任职两年半来的讲话、撰文的结集。

耿村民间文化大观(全三册)

袁学骏、李保祥编　精装16开　498.00元

1999年8月出版　7-5013-1461-4

河北藁城耿村是闻名遐迩的“中国故事第一村”。本书收集了有关耿村的故事、歌谣、谚语、民俗资料、研究文章等7类,尤以民间故事、人物传说、风物传说、生活故事及令人捧腹的笑话为主。

中国面具

盖山林著　精装16开　90.00元

1999年11月出版　7-5013-1643-0

本书是一部系统研究和破释面具文化的专著。

忆——起扬文艺工作回眸

赵起扬著,卢山、石雅娟整理　平装32开　12.80元

2000年3月出版　7-5013-1705-4

本书是新文化史料丛书之一。作者立足于当年的实际生活,撰述了在北京人艺、文化部工作的经历以及在文化部工作期间的一些讲话稿。

北大学者谈读书

肖东发、杨承运编　平装32开　12.00元　18.00元

2000年5月出版　2006年7月再版

7-5013-1880-8

本书选编了58位北京大学的著名教授学者谈读书、评书和买书事的文章。文章作者可谓名家云集,群贤毕至,有严复、蔡元培、辜鸿铭、鲁迅、周作人、胡适、李四光、傅斯年、张岱年等等。他们或说治学心得,或评书籍优劣,或谈买书趣事,融学术性与趣味性于一体。2000年初版,2006年修订,修订本在原有基础上进行了核订,使之更翔实精当。

书与社会

周济洋主编　平装32开　14.00元

2000年6月出版　7-5013-1711-9

本书是湖北省“书与社会”读书征文作品精选。作者有著名作家、资深记者,也有受人尊敬的教师和风华正茂的大中学生等。作品均从书对社会的影响与作用的角度出发,谈读书的价值。

中日文化论丛1999

浙江大学日本文化研究所、日本神奈川大学人文学研究所编　平装32开　16.00元

2001年3月出版　7-5013-1775-5

本书是浙江大学日本文化研究所和日本神奈川大学人文学研究所学术交流的结晶。

逛北大

丁香著　平装32开　12.00元

2002年4月出版　7-5013-1901-4

本书力图通过对北大主要自然景观和人文景点的介绍,引出静止的景点后面所隐含的与景有关的人物、事件,使人在领略北大美丽的校园风光的同时,更能体味到北大建校100多年来所形成的特有的“校格”及北大独有的人文气氛。

北大人文与风物丛书(4种)

风骨:从京师大学堂到老北大

肖东发、李云、沈弘主编　平装16开　25.00元

2003年8月出版　7-5013-2145-0

本书是“北大人文与风物”丛书之一。通过搜集翔实的史料,以生动的笔触与丰富而珍贵的历史图片,介绍了北京大学从其前身京师大学堂的建立到1949年之前的这段历史,并介绍了北京大学前期蔡元培、胡适等历任校长,辜鸿铭、陈独秀、李大钊等著名教授、学者及校园建设、学校生活、校旗与校徽的设计等情况,具有较强的可读性和收藏价值。

风物:燕园景观及人文底蕴

肖东发主编　平装16开　28.00元

2003年8月出版　7-5013-2146-9

本书是“北大人文与风物”丛书之一。燕园的幽美，世界驰名，湖光塔影，令人陶醉。但是如果仅仅流连于燕园绮丽的风景，远远称不上了解北大。只有把北大的历史、人文与风物景观联系在一起，才更能品位出北大的魅力所在。本书在描述燕园风景的同时，还揭示了依托于其中却又独立于其外的北大精神内涵与北大所经历的百年沧桑。该书融历史、景观、人文掌故于一体，弥补了众多关于北大的图书的空白。

风范：北大名人寓所及轶事

肖东发、陈光中主编　平装 16 开　25.00 元

2004 年 4 月出版　7-5013-2425-5

本书介绍了北大蔡元培、李大钊、陈独秀、鲁迅、马寅初、毛泽东等人故居及发生在那里的生活、交游、著述逸事，包括许多极为珍罕的资料和图片。是了解和研究北大人物及北大文化风貌不可多得的学术珍品。

风采：北大名师的岁月留痕

肖东发、周家珍等主编　精装 12 开　150.00 元

2008 年 5 月出版　978-7-5013-3629-6

本书是“北大人文与风物”丛书的第四种，以大量珍贵的图片和简洁的文字介绍了从严复、蔡元培到周培源、王选等 36 位北大名师的生平事迹和学术成就，具有很强的文献与收藏价值。

神道与日本文化

王宝平主编　平装 32 开　18.00 元

2003 年 10 月出版　7-5013-2162-0

本书是日本思想文化研究丛书之一。本书是关于日本神道文化研究的论文结集，共收论文 15 篇。文章或从思想角度，或从历史、民俗视野，或结合中日文化交流对日本的神道教的影响进行考察和研究。

发现东方

王岳川著　平装 16 开　35.00 元

2003 年 12 月出版　7-5013-2202-3

本书为北京大学中文系教授、博士生导师王岳川先生近年 21 篇讲演稿的辑录，分上下篇，上篇题为“发现东方”，下篇题为“中国形象”，其中既有对古代哲人思想的深刻理解，亦有对现实焦点问题的关注，更有对中国文化前景的展望。在“发现东方”的学术思想中，作者坚持既不是民族主义，也不是全盘西化的拿来主义，而是从一种全球化视角出发，从生命体验和文明变迁的角度追问困扰人类生命心性的共同问题，反映了当代学者深厚的文化功底、敏锐的政治视觉及强烈的历史责任感。读之，给人启迪深思。

百科全书的故事：史话·编撰·评论·散记·情念

金常政著　平装 32 开　20.00 元

2005 年 3 月出版　7-5013-2623-1

作者以讲故事的形式和百科全书式浓缩的语言讲述了中外百科全书历史的趣谈，总结了编辑工作中的得失经验，有对各家百科全书的纵横评说，也有由百科全书引发的联想、杂感和对百科人物的悲情怀念。本书语言生动、简练，其中的故事妙趣横生，读来颇有爱不释手之感。

中国传统文化名著展评

包和平、王学艳编著　平装 32 开　24.00 元

2006 年 12 月出版　978-7-5013-3422-3

本书遴选了 88 部传统文化名著，以四部分类法为分类原则，系统介绍了每部著作的大致内容及其在中国历史上的地位。

拍案颂：闻一多纪念与研究图文录

闻立树、闻立欣编　精装 16 开　290.00 元

2007 年 10 月出版　978-7-5013-3532-9

本书由民族之魂、卓越人生、红烛光永、学域巨擘和典范千秋 5 个部分组成，客观准确地展现了闻一多的生平事迹、学术成就、革命品格和典范意义。本书将图片资料与文字史料相结合，融学术性、史料性和鉴赏性为一体，大视野、多角度和全方位地记述了闻一多曲折而光辉的人生轨迹，基本囊括了近百年介绍、宣传和研究闻一多的各项成果。全书收入各类图片资料近 1000 幅，其中不少系首次发表，极具史料和鉴赏价值。书中同时编入了若干篇历史文献和纪念文章的全文或节录，并由编撰者撰写全面系统的综合概述和条目说明。

书香小品

奚椿年著　平装 16 开　25.00 元

2007 年 11 月出版　978-7-5013-3429-2

本书用生动有趣的小故事、小事例，描述书的历史、书的收藏、书的著述、书的阅读、书人书事、书的厄运，接受了新知识又不觉枯燥。

洁白的丰碑——傅雷百年诞辰纪念

国家图书馆古籍馆编　精装 16 开　100.00 元

2008 年 4 月出版　978-7-5013-3621-0

本书是纪念傅雷百年诞辰纪念展而编辑的图文集，收集了 180 余幅有关傅雷的图片，并配有文字。

中国组织(企业)文化优秀成果案例集

中国文化管理学会编　平装 16 开　39.80 元

2011 年 5 月出版　978-7-5013-4600-4

本书收录《2011—2015 年中国组织(企业)文化建设指导意见》以及全聚德公司、中国电子信息产业集团、南京江宁区统战部等 25 个企业(组织)的文化建设案例,对各类型企业和组织的文化建设很有参考价值。

中国企业文化管理测评标准 2.0

中国企业文化管理学会编　平装 16 开　38.00 元

2012 年 7 月出版　978-7-5013-4822-0

本书是中国企业文化管理学会制定并升级的企业文化测评标准,立足我国企业实际情况,对原标准进行了较大的修订和升级,并附录 17 个典型的企业文化建设案例,讲评结合,具有较大的借鉴价值。

"新疆的生活与文化"丛书(3 种)

维吾尔古代文献中的文化观

王菲著　平装 32 开　28.00 元

2015 年 1 月出版　978-7-5013-5537-2

本书是一本有趣的学术作品,用轻松的笔触,从语言和文献的角度挖掘和展示维吾尔文化本质和深层的内容,包括文化发展的模式(吸收、融合与创造的绿洲文化发展模式)、文化的架构("四素"观念)和文化内涵(自然观、灵魂观、生命观)。

巴扎志

王敏著　平装 32 开　33.00 元

2015 年 12 月出版　978-7-5013-5547-1

巴扎是维吾尔族绿洲生活的说明书,是绿洲文化交往的备忘录。这是第一部对巴扎(维吾尔族集市)进行系统研究的学术专著。本书作者一方面从历代至今有关新疆的地方志书、现当代文学作品、地方游记、探险日记、考察报告等多民族史料文献出发,梳理有关巴扎的历史记述;另一方面,作者走遍新疆喀什疏附、疏勒县的乡村巴扎,结合田野调查的亲身实践,从田野日记的一手记录出发,以时间、空间、人群、行旅为言说中心,描述、整理、概括了新疆巴扎里的时间结构、空间结构、行为结构与行旅记述。她在描绘新疆南疆乡村巴扎时空结构的同时,也在建构一份绿洲文明的乡土记忆。巴扎志,是南疆生活的乡土旅行,也是民族交往的文化记忆。

唐诗中的胡姬形象及其文化意义

邹淑琴著　平装 32 开　48.00 元

2016 年 8 月出版　978-7-5013-5834-2

"胡姬"主要指的是我国古代由西域来到中原地区的少数民族女性。唐代许多著名诗人如李白、杜甫、白居易、元稹等都屡次写到胡姬形象。本书通过对唐诗中胡姬的人种、来源、服饰妆容、身份职业、乐舞技艺以及人性情感等多角度的分析,阐释了胡姬在唐代中原地区所承载的独特的西域文化意义。其中,分析唐诗对胡姬的乐舞技艺的精彩描写,无疑在一定程度上还原了新疆传统民族乐舞艺术的原貌。另外,在探究唐代之后胡姬的消失及其原因的基础上,本书还以比较文学理论分析了胡姬为中国古代文人提供的文学想象的客体价值,为进一步理解和研究唐代人文精神、审美观念、社会心理、生活风习以及中西文化交流等诸多内容提供了一个崭新的视角。

文津光影——国家图书馆员工摄影集

国家图书馆编　精装　260.00 元

2016 年 6 月出版　978-7-5013-5617-1

本书为一部摄影作品集,收录作品 60 幅,都是国家图书馆员工近年所拍摄的作品,全面反映了国家图书馆从馆舍建筑、员工工作到各类读者的面貌。除此之外,还包括国图员工在国内外旅游时所拍摄的艺术作品,反映了国图员工的艺术水准。

国家级非物质文化遗产代表性传承人抢救性记录十讲

国家图书馆中国记忆项目中心编　平装 16 开　48.00 元

2017 年 6 月出版　978-7-5013-6072-7

本书稿收入国家级非物质文化遗产代表性传承人抢救性记录工程讲座十讲,从传承人记录问题、技艺的挖掘和整理、文献收集工作等各个方面对非遗传承的记录进行了详细介绍,既有理论上的指导,又有实际的操作方法,具有较强的实用价值。

研学旅游新发展及案例探析

《研学旅游新发展及案例探析》编委会编

平装 16 开　72.00 元

2019 年 6 月出版　978-7-5013-6755-9

本书由首届海淀区研学旅游季活动组委会面向全国征文,评选出研学旅游方面的优秀案例,结集成册。本书主要探讨研学旅游活动如何开展,集中了图书馆、文化馆、博物馆和学校的智慧,如探讨中国戏曲学院戏曲营的传统文化课程设置、曲阜研学旅游新模式、公共图书馆文化旅游创意产品开发的研究、研学旅行的课程目标设计等,这些案例与经验适合向全国推广。

“中国记忆”系列项目丛书(3 种)

大漆中的记忆

国家图书馆编　平装 16 开　128.00 元
2013 年 6 月出版　978-7-5013-5121-3

本书是“中国记忆”系列项目之一种,包括七部分内容:大漆髹饰技艺、中国漆器发展简史、中国古代漆器类别、历代漆器纹样演变、国家图书馆藏珍贵文献、漆器故事、非遗传承人介绍。本书图文并茂,有利于漆器知识的普及与非遗技艺的传承。

丝绸中的记忆

国家图书馆编　平装 16 开　128.00 元
2013 年 12 月出版　978-7-5013-5275-3

本书是“中国记忆”丛书之一种。养蚕缫丝,进而织成精美的丝绸,是中国先民的又一伟大创造。精美的丝绸为世界人民所喜爱,通过丝绸之路传输到世界各地,丝绸也和瓷器一样成为中国的代名词。本书以翔实的史料、丰富的图片,介绍了丝绸的历史、生产工艺、丝绸之路、当代工艺大师及其作品、中外相关文献等内容。

大漆髹饰传承人口述史(全二册)

国家图书馆编　平装 16 开　190.00 元
2014 年 6 月出版　978-7-5013-5372-9

为了让更多的人认识大漆,了解大漆髹饰这门古老的技艺,传播令人赏心悦目的漆文化,国家图书馆中国记忆项目对非物质文化遗产大漆髹饰项目代表性传承人进行了访问,并以口述史的方式介绍大漆髹饰知识,包括相关的历史、典籍、器物和技艺,等等。

教育

化学文献基础知识

杨善济、杨静然著　32 开　1.10 元
1982 年 5 月出版

本书原系作者为研究生讲课用的讲稿,此次出版做了修改和补充,着重介绍了国外常见的化学化工文献。共 12 章:1. 图书文献概述;2. 重要情报源之一——期刊;3. 文献检索工具;4. 美国《化学文摘》(CA)索引的范围及其运用;5. 综论、丛刊及会议录;6. 科技报告和学位论文;7. 专利及其检索;8. 字典、手册、物理常数表及光谱资料汇编;9. 有机化学参考书;10. 无机、分析及化工、材料参考书;11. 科技文献检索服务;12. 化学情报检索及图书资料的发展趋势。每章后附有习题。书后附有习题解答注释。

黑龙江省高等学校校史丛书(3 种)

哈尔滨建筑工程学院校史(1920—1985)

姚炎祥主编　平装 32 开　1.80 元
1985 年 3 月出版

本书是哈尔滨建筑工程学院为迎接校庆 65 周年编写的校史。共分 4 章:哈工大的土木系(1920—1959)、建院与发展(1959—1966)、十年内乱(1966—1976)、新的春天(1976—1985)。

黑龙江八一农垦大学校史(1958—1985)

林雁秋、王晓光、刘翔编
32 开　4.30 元(精)　2.50 元(平)
1985 年 12 月出版

本书分 3 章:1. 八一农大的建立和发展;2.“文化大革命”时期的八一农大;3. 新的历史发展时期的八一农大。

齐齐哈尔师范学院史(1958—1984)

张永春、肖庚远主编,石兆琳、魏华久审订
平装 32 开　1.50 元
1985 年 12 月出版

本书为庆祝建校 27 周年而编写。分 3 章:创建与发展(1958—1966)、动乱与斗争(1966—1976)、创新与改革(1976—1984)。

古代少年儿童诗文选注

宁业高、莘建础选注　平装 32 开　1.70 元
1987 年 3 月出版　10201.107

本书选注了汉至近代约 2000 年间 90 名作者幼少时期(5—17 岁)的作品 130 篇,有诗、词、歌、赋、辞、书、记、诔、赞、序、祭文等各种文学样式。

秘书工作概要

武占坤、王焕运主编　平装 32 开　3.55 元
1988 年 12 月出版

本书为河北青年管理干部学院为首的二十余所大专院校的教师协作编写而成。

小学数学应用题系列方法组合 35 例

吴玉龄著　平装 32 开　2.25 元　3.50 元
1989 年 2 月出版　7-5013-0588-8

贯穿全书内容主线的是把多步复合题转化为一步基本题,把语言叙述的数量关系转化为数学算式。

书法教程

韩夫、戈弋主编　平装32开　3.95元
1989年8月出版　7-5013-0774-1

本书作为大专院校的书法教材编写。共10章:1.书法概说;2.历代书法及书学简介;3.工具和书写;4.楷书的临习;5.隶书的临习;6.行、草的临习;7.篆书的临习;8.硬笔书法;9.章法;10.创作与欣赏。书后附有书法教学建议、篆刻。

美的心灵与启迪

傅国杰著　平装32开　2.50元
1989年10月出版　7-5013-0700-8

本书为中学生塑造美好心灵、加强思想品德修养而写。由40篇文章组成。

小学语文备课与教学

李凤仪、李晶辉编著　平装32开　1.45元
1990年4月出版　7-5013-0772-5

作者致力于小学语文教育教学工作40余年,在总结教学经验的过程中撰写本书。

研究生入学统考试题及答案汇编(1987—1991)

赵越、邵春、萧逸编　平装32开　14.60元
1992年5月出版　7-5013-0926-4

本书利用北京图书馆所藏的有关资料,汇编了1987—1991年全国攻读硕士学位研究生入学考试试题(政治理论、英语、数学)及标准答案。

高考语文丛书(合订本)

胡长江、法希文、王文英主编　平装16开　7.80元
1993年3月出版　7-5013-1047-5

本书由高考出题专家、全国优秀语文教师、人民教育出版社中学语文教材编写人员三方通力合作,按照考试大纲的要求分五编:1.语言知识及运用;2.文学常识及文学鉴赏;3.现代文阅读;4.文言文阅读;5.作文。每一编均分“高考试题汇编”“评析”“模拟训练”三大块。

高考临阵磨枪

吴健、李雨、时小帆编著　平装32开　5.40元
1993年4月出版　7-5013-1056-4

编者作为有过高考经历的过来人,介绍了一些克服心理毛病、调整竞技状态的实用技巧和复习与应试的“窍门”,也介绍了一些测试考生所适宜学习的专业的方法和填报志愿的原则。共27篇文章。

古代神童的故事

马大品、王素阁编著　平装32开　6.60元
1993年5月出版　7-5013-1046-7

本书从各种史书典籍、野史、笔记、轶闻逸事等资料汇编中,选出184个神童故事,年龄均限定在15岁以前。

小学数学整体水平测试——六年级ABC级试卷

《小学数学整体水平测试》编写组编写
平装16开　3.20元
1993年6月出版　7-5013-1062-9

本书以1993年小学六年制教材、教学大纲为依据,分概念、计算、应用题3个部分和整体综合测试,每个部分又分成几个知识结构单元,共30套试卷。书后附答案。

儿童手工精品集锦

远沙、严佳才编　平装16开　11.80元
1993年7月出版

本套手工是用基本的几何形状○□△单独或搭配使用而搭建出的各种美丽生动的造型,少年儿童只要按要求把彩色图形剪好再粘接起来就可以做出一个装饰玩具。每张一个造型,共40个制作。有动物类、综合类。

高考模拟自测题及近三年高考试题丛书(3种)

刘家桢、高恩全主编

本书为帮助广大高中学生提高总复习效果,提高参加高考的应试能力而编写。共分3个分册:英语、文科(包括语文、数学、历史)、理科(包括数学、物理、化学)。每分册都由模拟试题、区模拟试题及近三年高考试题三部分组成。

英语

武春荣、刘瑛等编著　平装16开　4.20元
1994年3月出版　7-5013-1142-0

数学·物理·化学

赵康等编著　平装16开　12.00元

1994 年 5 月出版 7-5013-1144-7

语文 · 历史 · 数学

刘超尘等编著 平装 16 开 11.00 元
1994 年 6 月出版 7-5013-1143-9

中考模拟自测题及近三年中考试题丛书(2 种)

刘家桢、高恩全主编

为帮助广大初中学生提高总复习效果,提高参加中考的应试能力而编写。共两个分册:《语文 · 英语》分册、《数学 · 物理 · 化学》分册。每分册均由模拟自测题、区模拟自测题及近三年北京中考试题三部分组成。

语文 · 英语

刘家桢等编著 平装 16 开 8.40 元
1994 年 6 月出版 7-5013-1141-2

数学 · 物理 · 化学

赵康等编著 平装 16 开 12.80 元
1994 年 8 月出版 7-5013-1140-4

中国考试学

杨成鉴、金涛声编著 平装 32 开 13.50 元
1995 年 3 月出版 7-5013-1135-8

本书对考试的历史、作用、内涵和技术问题做了研究,总结了千年考试的历史经验教训,探讨了有关的现实问题,并对建立具有中国特色的社会主义考试体系提出了设想。

写字 · 上册(全五册)

刘汉祖等编著 平装 32 开 13.00 元(套) 2.60 元(册)
1996 年 6 月出版 7-5013-1331-6

本书按照九年义务制小学语文《教学大纲》关于写字方面的要求,针对五年制小学各年级学生不同的特点,按年级顺序编写。

写字 · 下册(全五册)

刘仁等编著 平装 32 开 13.00 元(套) 2.60 元(册)
1996 年 6 月出版 7-5013-1332-6

本书按照九年义务制小学语文《教学大纲》关于写字方面的要求,针对五年制小学各年级学生不同的特点,按年级顺序编写。

个人计算机实用指南

余志坚、祁威著,尹钊插图 平装 32 开 12.00 元
1996 年 8 月出版 7-5013-1284-2

本书介绍了多媒体计算机常用的使用知识。

我的第一套数学书(全十五册)

郑雅怡主编
平装 28 开 99.00 元(套) 6.60 元(册)
1996 年 7 月出版 7-5013-1294-X

本书是国际幼儿读物展评会获奖作品,全本彩色印刷。根据意大利著名教育家蒙特梭利幼儿教育理论规划整编而成,是台湾第一套具备国际视野的幼儿数学游戏本。

教育实践与探索

王伟强主编 平装 32 开 9.60 元
1996 年 12 月出版

本书汇集江苏扬州市中学教师的论文 142 篇。

新编初中课程同步各科测试丛书 · 下册(全二十二册)

《教学与研究》丛书编写组编,夏志平、王建民主编
平装 16 开 59.40 元(套) 2.70 元(册)
1997 年 1 月出版

本丛书共分 9 门课程:地理(初一、初二)、化学(初三)、历史(初一、初二、初三)、生物(初一、初二)、数学(初一、初二、初三)、物理(初二、初三)、英语(初一、初二、初三)、语文(初一、初二、初三)、政治(初一、初二、初三)。内容包括单元测试、期中测试、期末测试、毕业模拟测试、专章测试、参考答案。适用各年级下学期使用。

全国中学生优秀习作评导

王世龙、李永胜主编 平装 32 开 9.80 元
1997 年 6 月出版 7-5013-1417-9

本书约请在作文教学与开展校园文学社活动方面富有成功经验的中学特级、高级教师或教师作家、诗人,选文评导了百余篇优秀学生文学作品及近几年高考、中考典型应试作文。

青少年博览文库(全四十册)

蒋楚麟、赵得见主编 平装 32 开 192.00 元
1997 年 8 月出版

本书是一部帮助青少年朋友了解自然、博览天下、学习知识的百科全书，分门别类地介绍了历史、世界名人、音乐、美术、体育、天体宇宙、动物、植物、生物常识等多方面的内容。

1997中考数学试题评析

《中学生数学》编辑部编　平装16开　7.80元

1997年10月出版　7-5013-1448-9

本书收录1997年部分省市初中毕业、升学统一考试数学试卷10份，并附试卷答案及评分标准。书前有7篇针对北京市中考数学试题进行评析的文章。

"四三二一"系列育师丛书(3种)

实用教育学

边守正主编，甘彦洽副主编　平装32开　18.00元

1998年4月出版　7-5013-1487-X

本书是"四三二一"系列育师丛书之五。为师范类专业的公共课教材。共11章：1.绪论；2.教育的基本原理；3.教师和学生；4.教育目的；5.我国全面发展教育的组成部分；6.德育；7.教学；8.课外活动；9.班主任；10.教育评价及教育研究；11.教育改革。每章都有学习要点、复习思考题。1999年修订。

五千应用汉字钢笔字帖

李印华书写　平装16开　16.80元

1998年4月出版　7-5013-1486-1

本书是"四三二一"系列育师丛书之六。本书融字音、字形、应用于一体。按笔画多寡为序，少者在前，多者在后。同笔画的，再按笔顺为序。顾明远封面题字。

科学的育师目标——邢师高专"四三二一"系列育人计划成果汇编

边守正主编　平装32开　12.00元

1999年5月出版　7-5013-1590-6

本书是"四三二一"系列育师丛书之七。收录邢师高专关于实施"四三二一"系列育人计划的全部文件、报告等资料，包括课题的形成过程、课题内容、实施计划任务书、训练要求、评估标准、进展报告、各子课题总结报告、各系实施后情况汇报、有关课题的论文等。书后有附表。

大学生导读

李广建著　平装32开　17.00元

1998年6月出版　7-5013-1499-3

本书是北京市哲学社会科学"八五"规划青年项目成果。分两部分，共18章。前半部分(1—7章)属概论部分，论述了大学生导读工作的基本理论，剖析了当代大学生阅读的现状，阐述了大学生导读工作的方法、程序、内容、组织和管理，分析了大学生导读工作的发展趋势。后半部分(8—18章)属实务部分，对哲学、社会科学的主要学科进行导读，每章均由学科简介和学科导读两部分构成。学科简介部分介绍了学科的概况、形成、发展以及文献情况和导读要点；学科导读部分给出了具体学科各个领域的书目，每一学科的书目大致分为"入门书""研读书"和"存目"。"入门书"和"研读书"中的书目下大部分都做有提要。学科门类有：哲学、法学、心理学、教育学、社会学、科学学、经济学、历史学、语言学、文学、体育学。

教育教学论文集

刘国业主编　平装32开　12.00元

1998年6月出版　7-5013-1493-4

本书收集对教育教学改革进行探索和总结的文章121篇。

青少年电脑实用知识普及丛书(全十册)

吴越主编　平装32开　62.00元

1998年7月出版

吴越是我国大陆最早使用电脑从事文学创作的作家。分十册：1—6.轻松排版编辑系统；7.区位码和表形码汉字输入法；8.Windows和Word；9.WPS屏幕编辑系统；10.自然码汉字输入法。

青少年电脑实用知识丛书之二(全十册)

吴越主编　平装32开　70.00元

1998年11月出版

作者以通俗易懂的语言，深入浅出地讲述了电脑应用普及知识。全书分为《家庭教育软件》《学校教育软件》《制表软件》等10册。

新编小学生思想品德教育基础训练(全十二册)

陈志丹、余淑敏主编

平装32开　19.20元(套)　1.60元(册)

1998年7月出版

本书为九年义务教育小学编印。本套书旨在对小学生进行思想品德方面的教育，通过基础训练试题的形式使小学生明确怎样做是对，怎样做是不对。培养小学生做正直、自立、礼貌、守纪的人。

入学必读

房鸿烈、靳建禄主编 平装 16 开 2.80 元
1998 年 8 月出版

本书是素质教育系列读本之一。书前有张承先、韩作黎的题词。

怎样教育孩子

孙云晓、周弘编著 平装 32 开 7.80 元
1999 年 10 月出版 7-5013-1657-0

本书是家庭教育方面的普及读物。

素质教育教师读本

李亦菲主编 平装 32 开 9.90 元
1999 年 12 月出版 7-5013-1677-5

本书系统地阐述了素质教育的意义、特点以及做法，对于教育从业者不失为一种有益的参考。

党务工作的理论与实践

谷志科、边守正主编 平装 32 开 22.50 元
2000 年 3 月出版

本书系河北省邢台师范高等专科学校党委组织该校教职工及学生，对党务工作理论研究及实践经验进行介绍的文章的结集。共收入论文 75 篇。

教育教学论文精选（第三集）

迟笑山、吕春亮、彭德胜主编 平装 32 开 18.00 元
2000 年 7 月出版

本书汇集了中学、中专等各级各类学校老师们的教育教学优秀论文。

面向新世纪的学校党建和思想政治工作

常中秋主编 平装 32 开 20.80 元
2000 年 10 月出版 7-5013-1748-8

本书收录了邢台市教委召开的全市教育系统党建暨思想政治工作研讨会上的论文 70 篇。

少儿中国文化经典诵读（全六册）

郭矩县主编 平装 16 开 30.00 元
2001 年 12 月出版 7-5013-1869-7

本书为“少儿中国文化经典诵读”之读本，旨在引导少年儿童学习了解中国优秀传统文化，提高道德观念，养成文明习惯，增强民族自信心和自豪感。

道德规范古今谈

孙才仁主编 平装 32 开 16.00 元
2002 年 2 月出版 7-5013-1225-7

本书收集了大量有教育意义的古文词句及少许现代佳句，按照道德修养的主要方面加以分类，同时将古训加以注释和评论。目的在于通过对“道德规范”认识的系统化和条理化，使这一主题得到社会关注。

新课程改革实验优秀教学设计方案（全六册）

北京义务教育课标教育研究中心编
平装 32 开 72.00 元（套） 12.00 元（册）
2002 年 8 月出版 7-5013-1942-1

本书以教育部新颁《课程标准》编写的小学、初中实验教材（包括人教版、北师大版和苏教版）为依据，收录了全国 38 个国家级实验区的一线优秀教师编写的教案，并由在课程改革领域有丰富经验的特级教师进行点评。

成才之路——学习、研究与修身的艺术

秦铁辉编著 平装 32 开 20.00 元
2003 年 9 月出版 7-5013-2144-2

本书从科学史上撷取成功案例和失败教训，上下几千年，纵横数万里，全景式地展示了科学研究人员的成长过程，重点探讨了学习的诀窍和技巧、科学研究的方法、治学与修身的关系等重要问题，是在校学生和有志于自学成才者开启智慧、打开神秘的科学研究圣殿的一把钥匙。

上北大的 N 个理由

吕品主编 平装 32 开 16.00 元
2004 年 4 月出版 7-5013-2431-X

本书全面介绍了北大学习、生活的各个方面，角度新颖独特，语言生动幽默，风格清新，内容独特，同时配以大量图片，是人们认识北大、了解北大的指南。

中考复习指导丛书（全五册）

潍坊市普通教育教研室编 平装 16 开 35.00 元（册）
2004 年 11 月出版 7-5013-1785-2

本书为中考复习指导用书，包括语文、英语、数学、物理、化学 5 个学科。按照教材内容与复习大纲的要求，列出各学科知识难点，为考生答疑解惑。

巧用联想 文心灵动——高考作文优胜秘诀

朱建亮编著 平装 32 开 16.60 元
2005 年 6 月出版 7-5013-2791-2

本书介绍了作文运思中的各种联想，分析了在作文

的审题、立意、选材、布局谋篇、修辞等过程中联想运用的各种技巧。是高考作文辅导材料中论述角度较新的。对临考、临题的技巧也有介绍。对考生在高考作文中取得好成绩应该是有裨益的。

初中新课程学习资源包《学习与实践》(全四册)

北京义教课标教育研究中心编　平装 32 开　22.00 元

2005 年 10 月出版　7-5013-2168-X

本套书包括四册,分别是:七年级上、下,八年级上、下。

国宝档案

曾惠娟、胡蔓妮主编　平装 16 开　48.00 元

2006 年 12 月出版　7-5013-3419-6

在中华五千年光辉灿烂的历史上,我们的祖先为我们留下了举世罕有的物质遗产。本书选取了历史上最著名、各历史时期最具代表性、做工最精美的几十件国宝,以轻松的语言、丰富的图片,讲述了它们的特色、价值、背后的故事及相关的鉴赏知识。本书的编辑宗旨为:读一件国宝,学一点历史,懂一点鉴赏。

杏坛英华——北京大学青年教师优秀教案集

王洪波主编　平装 16 开　37.50 元

2009 年 3 月出版　978-7-5013-3980-8

本书选取了在北京大学历次相关竞赛中获奖的青年教师优秀教案 20 余篇,内容涉及文理工商等各个学科。

开心学国学——不可不知的 1000 个国学知识点

中央电视台《开心辞典》栏目组、国学网编

平装 16 开　38.00 元

2009 年 6 月出版　978-7-5013-4058-3

为迎合社会上国学热的不断升温,中央电视台名牌栏目《开心辞典》栏目于 2009 年 7、8 月份特别推出“开心学国学”专题节目,以寓教于乐的方式普及弘扬国学。本书为配合此次活动,共汇集 1000 个基础的国学知识点,荟萃百家,包罗万象,集中体现“国学是中华民族五千年来优秀传统文化的总称”这一宗旨。

中国职业教育:“双三元”职教模式理论探索与实践

刘华强、高晶、陈晓静著　平装 16 开　68.00 元

2015 年 11 月出版　978-7-5013-5720-8

本书结合珠海城市职业技术学院借鉴德国“双元制”和英国“三明治”职业教育模式,全面探讨了职业教育发展理论。全书分两部分,第一部分介绍职业教育发展的“理论”,涉及开展职业教育模式研究的必要性、职业教育的发展任务等内容;第二部分通过介绍职业教育的“案例”,使读者深入理解“双三元”的职业教育理念。该书对各职业教育学院采用新的职业教育理念具有很好的实践指导价值。

梁启超:永远的少年

《梁启超:永远的少年》编委会编　平装 16 开　33.00 元

2018 年 10 月出版　978-7-5013-6455-8

本书内容以“生平、变法、爱国、治学、家庭教育”为主题,分为 5 个单元,收录有梁启超诗文家书三十余篇,包括《爱国歌四章》《少年中国说》《水调歌头 · 甲午》等,配以手绘插图和历史图片,图文并茂、通俗易懂,满足从小学到高中学生的阅读需求,给学生带来美的阅读感受和美的熏陶。同时,也为学生家长了解梁启超家族的优良家风,培养下一代爱国精神提供优秀范本和有益参考。本书全彩印制,装帧精美。

语言文字

现代汉语课程参考读物(4种)

汉语动词选解

王国璋、安汝盘主编　平装32开　0.80元
1981年11月出版

本书选择代表某些类型的动词150余个,进行简要的阐释,内容包括词的含义、词的句法功能、词的组合能力以及词的运用特点,间或同有关的词做词义或语法特点上的比较。每个词条下都配以大体可以代表不同句型的例句,以资参阅。

病句分析

金锡谟编著　平装32开　0.43元
1983年1月出版

本书所用病句全部来自公开出版的书籍、报纸和杂志。分4章:用词中的错误、选句中的错误、逻辑错误举例、综合性错误举例。

修辞漫议

黄汉生著　平装32开　0.50元
1983年10月出版　9201.8

本书就修辞部分曾提到但未做具体阐释的或者未曾提到的问题做些补充说明,其中包括:探讨修辞运用的一般规律;分析一些修辞方式的结构形式;辨别一些修辞方式的异同,试论篇章的修辞等。

汉语代词例解

金锡谟等编著　平装32开　0.50元
1983年12月出版　9201.9

本书对于现代汉语中常用的69个代词,从它们的性质、特点、用法等方面,用较多的例句,逐个进行分析。书后附录《试析汉语代词的特性》。

现代汉语·语法修辞

黄汉生主编　平装32开　1.15元
1981年12月出版

本书为中国人民大学函授学院教材,分语法和修辞两大部分。语法部分共7章,修辞部分共3章。书后附有《现代汉语》学习方法说明。

现代汉语·语法修辞(修订本)

黄汉生主编　平装32开　6.65元
1989年10月出版　7-5013-0568-4

本书是中国人民大学中国语言文学系教材之一。

现代汉语·语法修辞练习题参考答案

黄汉生主编　平装32开　0.30元
1983年2月出版

本书是中国人民大学函授学院教材,分为语法习题参考答案、修辞习题参考答案两部分。

古汉语简明读本(全二册)

董希谦、王松茂主编　平装32开　3.30元
1984年12月出版

本书是高等学校中文专业必修课程参考书之一,以古代汉语基本理论知识为主,按单元编写,分20个单元,每个单元都包括基础知识、文选、思考与练习三部分。

古汉语简明读本(续编)

王松茂、董希谦主编　平装32开　2.95元
1988年7月出版　7-5013-0454-8

本书以传统的散文名篇及脍炙人口的诗篇为主,收文103篇,上起先秦,下迄明清,依时代先后排列。

现代汉语语法学方法

吕香云著，计永佑校订　平装32开　1.90元
1985年10月出版

本书是一部系统地讨论现代汉语语法学方法的专著，共分9章。

汉字属性字典

北京图书馆编　精装16开　35.00元
1988年12月出版　7-5013-0543-9

本书根据国家标准局发布的国家标准《信息交换用汉字编码字符集（基本集）》（GB2312—80），收入常用汉字6763个。前3755个汉字按汉语拼音的顺序排列，是最常用汉字。后3008个汉字按偏旁部首的顺序排列，是次常用汉字。

汉语形容词选解

安汝盘编　平装32开　3.45元
1989年4月出版　7-5013-0587-0

选收形容词175个。词条包括词形、注音、释义、用例及分析说明几个方面。词条按汉语拼音的音序排列。

汉字与汉字排检方法（之十二）

黄俊贵编　32开　2.70元
1990年1月出版　7-5013-0697-4

中国传统语言学要籍述论

姜聿华著　平装32开　15.50元
1992年12月出版　7-5013-0877-2

中国传统语言学是指中国古代研究语言文字的学问，古代称为"小学"。本书论述的汉语言文字研究著作不包括少数民族语文著作。

成语中的哲学、逻辑与修辞

王明阳著　平装32开　4.95元
1993年4月出版

作者《成语——浓缩的文化》一书的第一卷。由"成语中的哲学观点""成语中的逻辑思想""成语中的修辞方式"三部分组成，共汇集70篇短文。

英汉对照圣经精选

刘华杰、何乘材编译　平装32开　13.00元
1993年12月出版　7-5013-1016-5

全书分旧约、新约、诗歌三部分，未选《次经》的内容。"旧约"主要选了《创世纪》、《出埃及记》和《塞缪尔记（上）》；'新约"主要选了《马太福音》、《马可福音》和《约翰福音》。"诗歌"中除了玛利亚的《赞美诗》选自《新约》外，其余都选自《旧约》的《诗篇》、《雅歌》和《箴言》。书后附圣经篇目、参考书目。

中国秘语行话词典

曲彦斌主编　32开　39.00元
1994年1月出版　7-5013-0892-6

秘语行话是指暗语、隐语、黑话、行里话等。本书在吸收前人、近人所撰有关辞书和调查报告基础上编著而成，所收词语从唐宋到近代，约12000多条，可称大观。

语病求医

金锡谟编著　平装32开　6.40元
1995年2月出版　7-5013-1118-8

本书共7章：1. 白米粥香，惜杂沙——词语运用中的错误；2. 结构失当，句意有误——句子运用中的错误（一）；3. 手段误用，句列混乱——句子运用中的错误（二）；4. 杂乱无主，语连无章——句组运用中的错误；5. 润饰无方，弄巧成拙——修辞运用中的错误（举例）；6. 事不副实，情不入理——语言运用中的逻辑错误（举例）；7. 肌体不健，集病一身——语言运用中的语病综合症。

六朝别字记新编

马向欣编　32开　10.00元
1995年3月出版　7-5013-1227-3

《六朝别字记》，清赵撝叔辑。从汉魏以来碑刻中搜集别字600个，分类排比，兼及考释。

汉英职业职务职称词语翻译手册

顾钢、毛子欣编译　平装32开　9.30元
1995年5月出版　7-5013-1223-0

本书是一部涉及职业、职务和职称汉英翻译的专门工具书。

多功能生字卡片·下册（全三册）

刘仁等编　平装32开　7.95元（套）　2.65元（册）
1996年11月出版　7-5013-1331-8

本书根据九年义务教育五年制小学语文课本第二、四册每篇课文出现的生字编写。

最新小学语文词语手册·上（全六册）

左新华主编　平装32开　12.60元（套）　2.10元（册）
1997年10月出版

本书供义务教育六年制小学上学期使用。

最新小学语文词语手册·下（全六册）

左新华主编　平装32开　12.60元（套）　2.10元（册）
1997年1月出版

本书供义务教育六年制小学下学期使用。

草书异部同形大字典

刘少英编，沈鹏校订　精装16开　268.00元
1998年5月出版　7-5013-1449-7

本书是我国第一部总结中国书法草书书写规律的大型工具书，编著者积15年功夫，集汉代至清初草书真迹之大成，而又得到当代书坛巨匠启功先生、中国书法家协会主席沈鹏先生的充分肯定和亲自校正。汇集75个形符300多个字旁2万余个草字，分为左部、右部、上部、下部、总部5个部类。编创独特，思路新颖，填补了我国探讨草书艺术书写规律的一大空白，对初学者和研究者都带来了方便。其科学性、实用性无疑将推动书法艺术的进一步发展。本大典由启功先生、沈鹏先生题写书名。

毛泽东传世语言艺术（全四册）

李巨川主编　精装16开　898.00元
1999年4月出版　7-5013-1581-7

本书是一部对毛泽东的文章、诗词、书信、早期文稿、楹联等著作进行研究与鉴赏的书。

翻译学——一门新兴科学的创立

彭卓吾著　32开　12.50元
2000年5月出版　7-5013-1692-9

作者以其毕业从事翻译实践的丰富经验为依据，以马克思主义为指导，借鉴前人及同行的研究成果，系统地论述了实用翻译学、理论翻译学、基础翻译学的内容，揭示了翻译中的矛盾及规律，并用大量实例予以说明和论证，试图建立起独立于语言学之外的可信的翻译理论体系和翻译学，并根据各种科学定义对翻译规律进行定义，对翻译学进行了全面评述。

现代汉语语用平面研究

温锁林著　平装32开　18.00元
2001年8月出版

本书作者温锁林为我国著名语言学家胡裕树先生的博士研究生，他以语法研究三个平面理论中的语用平面为研究课题，着重从理论建设的角度对这一课题研究中亟待解决的一些宏观理论进行了探讨。

邢台方言与普通话比较研究

郝世宁、张兰英著　平装32开　28.00元
2003年5月出版　7-5013-2132-9

本书从语音、词汇、语法3个方面对邢台方言与普通话做了详细的比较研究。

通用规范汉字属性字典

汪东波、翟喜奎主编　精装16开　600.00元
2016年12月出版　978-7-5013-5953-0

本书由8万字《汉字属性字典》中提取出《通用规范汉字表》中的8105汉字所形成。在字典编制中，参考权威字典辞书，对每个汉字的属性给予严格规定与标注。本字典是从汉字的形、音、义、用、码等基本属性出发，从另一个角度揭示《通用规范汉字表》。本字典是以字为单位，重点是形、音、用、码。字典中的义是利用对其他工具书的标引间接实现释义。本字典具体揭示项目如下：《通用规范汉字表》所收规范汉字的字形、总笔数、总笔顺、201部首、201部外笔数、214部首、214部外笔数、《通用规范汉字字典》位置标引、《汉语大字典》位置标引、《康熙字典》位置标引、汉语拼音、注音字母、韦氏拼音、四角号码、五笔码、郑码、IDS编码等基本属性信息，确立规范汉字中简化字与繁体字、正字与异体字的对应关系，并给出规范汉字的国标、国际、其他国家和地区等编码码位，以帮助读者使用规范汉字。

《汉语大字典》标点订误

杨涛、杨宝忠著　平装32开　30.00元
2018年4月出版　978-7-5013-6435-0

本书以《汉语大字典》第二版标点问题为研究对象，订正《大字典》标点失误凡三百五十条，每条标点失误少则一处，多则四五处不等。为方便读者查阅及《大字典》再次修订时参考，全部条目依在《大字典》第二版出现的次序编排。

文学艺术

文学

域外词选

夏承焘选校，张珍怀、胡树淼注释　平装32开　1.00元
1981年11月出版　10201.4

本书是我国著名词学家夏承焘多年搜集整理的外国古代词人词作选集。分三部分：日本词、朝鲜词、越南词，共100余首，多为咏怀、抒情之作，附有作者小传和有关参考资料，每首还有简明的注释。吴鹭山封面题字。

木鱼歌、潮州歌叙录

谭正璧、谭寻编著　平装32开　0.90元
1982年12月出版

本书是“明清说唱文学作品叙录”之一，原分为上下两编，此次出版合为一书。

伦敦所见中国小说书目提要

柳存仁编著　平装32开　1.25元
1983年1月出版

本书收录130篇文章，包括134部书，其中有若干种孤本和珍本。唐棣华封面题字。

鲁迅系列

鲁迅著作版本丛谈

唐弢等著　平装32开　1.20元
1983年8月出版

为纪念鲁迅100周年诞辰，国家图书馆、版本图书馆、鲁迅博物馆、文物出版社联合筹备，于1981年9月20日至10月10日举办“鲁迅著作版本展览”。根据这次展览，分别组织鲁迅研究者和有关工作者就鲁迅著作版本写成文章，编辑成书。

鲁迅署名宣言与函电辑考

倪墨炎辑考　平装32开　0.80元
1985年4月出版　10201.35

本书分两辑。第一辑18篇，是有关鲁迅署名的宣言和函电原文汇编，篇后对涉及的历史情况做了说明。第二辑7篇，是有关鲁迅署名或参加有关活动的函电、呼吁书、抗议书所涉及的历史情况的考证。

鲁迅研究书录

纪维周、纪燕宁、纪燕秋编
16开　16.00元(精)　12.00元(平)
1987年7月出版　17201.102

本书为纪念鲁迅先生逝世50周年而编辑出版。收书范围以研究鲁迅专著为主，其次是研究鲁迅专刊和有关文集。时限原为1926—1983年，后又将1984年所出专书和专刊尽量收录。

鲁迅谈话辑录

武德运编　平装32开　9.00元
1998年1月出版　7-5013-1465-9

本书是鲁迅研究遗珠之一。本书将有关鲁迅生平、思想、事业和表达对某种事物的见解的谈话，进行选择辑录。

外国友人忆鲁迅

武德运编　平装32开　11.00元
1998年1月出版　7-5013-1463-2

本书是鲁迅研究遗珠之二。收集20世纪二三十年代在报刊上发表过的、同鲁迅先生晤谈过的外国友人的文章34篇。

鲁迅手稿全集（全六十册）

《鲁迅手稿全集》编委会编　线装16开　7800.00元

2000年5月出版　7-5013-1715-0

本书将鲁迅著作手稿按内容及年代顺序影印出版。鲁迅生前对手稿并不重视，大量手稿没有保存下来。幸赖许广平同志的远见和努力，在十分艰苦的社会环境中，无私无畏地保护了现存的绝大部分手稿，并在新中国成立后，无偿地捐献给了国家，使它们得到了妥善的收藏。不少友人也为此费尽心血。手稿内容包括：文稿部分；书信部分；日记部分。

鲁迅版本书话（全二册）

陈漱渝主编　平装16开　86.00元

2004年10月出版　7-5013-1148-X

本书由30篇研究论述鲁迅著作版本的文章汇集而成，由著名鲁迅研究专家陈漱渝主编，较为详细地论述和介绍了鲁迅著作的版本源流，并兼及鲁迅写作时的时代背景及著作内容，同时配以大量书影。

鲁迅美术年谱

萧振鸣著　精装16开　680.00元

2010年6月出版　978-7-5013-4375-1

对美术的热爱贯穿了鲁迅先生的一生。他收集碑帖、画像砖等古代美术资料，支持、指导左翼美术活动，收集国外著名艺术家的版画作品，大量购买并出版国外版画名家的画册，与郑振铎先生一起整理出版《北平笺谱》《十竹斋笺谱》等古代艺术精品，并亲自参与自己著作的装帧设计，所有这些活动，无不反映了他对美术活动的执着投入。本书以编年的形式，详细而系统地介绍了鲁迅先生一生的美术活动，资料翔实，图文并茂，对了解和研究鲁迅生平及当时美术状况有很高参考价值。

鲁迅藏外国版画百图

北京鲁迅博物馆编　精装12开　280.00元

2011年3月出版　978-7-5013-3880-1

美术作品中，鲁迅先生最喜版画。他一生锐意搜求中国汉代画像石拓片和外国版画，以为中国新兴版画创作的借鉴。单就外国版画原拓作品而言，他或通过中外书店直接订购，或委托在国外学习、工作的朋友代购，所集竟近2000幅之谱。这些作品出自德国、美国、法国、俄苏、日本等十几个国家的300余位版画家。鲁迅收集的外国版画，大部分藏于北京鲁迅博物馆。本书从中精选出一百幅，精装精印，以供美术爱好者欣赏收藏。

国家图书馆藏鲁迅未刊翻译手稿（一函六册）

国家图书馆编　线装16开　4200.00元

2014年8月出版　978-7-5013-5424-5

本书内容为中国国家图书馆所藏的鲁迅未刊翻译手稿，即至今从未影印刊行过的鲁迅译文手稿。内容比较丰富，既包括《小约翰》这样的长篇，也包含不少短篇乃至短文随笔，涉及苏俄、日本、德国、英国等国作家的作品共十余种近八百页。手稿中，既有版面清朗，几无易字、改字痕迹的定稿或准定稿，也有删改特别多的未成稿，读者可从中感受鲁迅驾驭文字时的谨严与优雅。以往，世人多将鲁迅视作作家、思想家，但忽略了他作为翻译家的一面，通过本书，我们希望能从一个较为特殊的角度向人们展示作为翻译家的鲁迅的形象。

中国作家研究资料丛书（13种）

刘大白诗集

刘大白著　平装32开　1.80元

1983年3月出版

刘大白（1880.10.2—1932.2.13）新诗《旧梦》（后重编为《卖布谣》《丁宁》《再造》《秋之泪》）和《邮吻》的汇编。

沈尹默诗词集

本社编　平装32开　1.00元

1983年3月出版

沈尹默（1883—1971）新诗、秋明诗、秋明室杂诗、近作诗、秋明词及近作词的汇编。杨晦封面题字。

石评梅作品集（散文）

杨扬编　平装32开　1.20元

1983年8月出版

本书包括石评梅（1902—1928）去世后友人为她编的《涛语》《偶然草》和过去从未收集过的散文。为了在编辑体例上保持一致，依据石评梅在《〈妇女周刊〉发刊词》中的立意，将新汇编的散文部分拟名为“火把与呼声”。邓颖超书名题字。

石评梅作品集（诗歌·小说）

杨扬编　平装32开　1.25元

1984年2月出版

本书分四部分：1. 前录：高君宇同志致评梅书信十一封；2. 评梅为悼念高君宇写的碑文、挽词和挽联；3. 评梅诗歌及有关通信；4. 评梅小说。邓颖超书名题字。

石评梅作品集(戏剧·游记·书信)

杨扬编　平装32开　2.30元
1985年2月出版

本书收入评梅写的剧本、游记及有关说明文字,有她去世后由友人在报刊上发表过的书信和由友人收藏而在这个集子中首次发表的书信,还补录了评梅在几个时期写的几篇散文、诗歌、小说作品。附载了评梅逝世后不久所编印的《石评梅女士纪念特刊》和北师大附中校友会会刊第五期上《纪念石评梅先生》专页。邓颖超书名题字。

白屋遗诗

刘大白著　平装32开　0.38元
1984年2月出版　10201.25

本书是现代著名的诗人、散文家、文史学家刘大白先生的一部旧体诗集。按创作时期分成七个小集:云剩稿、冰庑集、剑胆集、北征小草、东瀛小草、南冥小草、西冷小草。另外,附录作者散见于其他著述的诗词曲赋的辑集。书后附《白屋遗诗》注释。唐棣华书名题字。

半农诗歌集评

赵景深原评,杨扬辑补　平装32开　0.75元
1984年8月出版　10201.27

本书收录刘半农1926年出版的《扬鞭集》(上、中卷)、《瓦釜集》以及集外补编。书后附周作人的《扬鞭集》序、《题半农〈瓦釜集〉》(署名仲密)。唐棣华封面题字。

清晖集

陈中凡著,柯夫编　平装32开　2.15元
1987年5月出版　10201.108

本书是陈中凡教授的诗歌、散文集,分三部分:1.清晖山馆诗钞三卷、附录一卷;2.清晖山馆散文四卷;3.清晖山馆诗文续编四卷、附录一卷。书后附录陈中凡教授传略、著述系年。许德珩封面题字。

郑振铎年谱

陈福康著　平装32开　4.60元
1988年3月出版

本书为纪念郑振铎诞辰90周年和牺牲30周年而出版。作者从郑振铎先生的著译、书信、日记中取得第一手资料,记录了郑振铎先生在文化工作各领域、在介绍外国文化和整理民族文化遗产方面、在收藏和抢救古籍文献方面、在发展中外文化交流等方面所做出的贡献。书后附有《郑振铎笔名别名一览》《郑振铎著译编校书目》《郑振铎研究资料选目》。

庐隐集外集

钱虹编　平装32开　6.65元
1989年5月出版

本书与《庐隐选集》(福建人民出版社,1985年5月出版)互为姊妹篇。收入的作品大部分是从未结集出版过的小说、散文、杂论、诗歌、书信、祭文等,其中包括连《庐隐自传》都声称已经丢失了的1922年访日游记《扶桑印影》和庐隐真正的小说处女作《海洋里的一出惨剧》。凡已收入《庐隐选集》的,不再收入本书。所收作品主要按分类编排,每类之中又大体按发表先后排列。共五部分:1.小说部分;2.散文部分;3.杂论部分;4.其他部分;5.附录。书后附庐隐著作系年目录。

老舍年谱

甘海岚编撰　平装32开　6.95元
1989年7月出版　7-5013-0553-6

本书为纪念老舍先生90周年诞辰而出版。将老舍一生的主要生活事件、行踪轨迹、文学活动、社会交往以及全部著译,按年、季、月、旬、日的次序编列记载。有关历史背景材料也随本事编入。入谱的绝大部分著作都附有内容提要和必要的写作背景说明,理论著作的主要论点采用摘录原文的方式表述。对延续时间较长的同一事件,一般采取集中一次叙述法。本年谱以农历法计算老舍的年龄。胡絜青封面题字。

陈中凡年谱

姚柯夫编　平装32开　1.80元
1989年9月出版　7-5013-0567-6

陈中凡是著名的教育家和学者。本书按陈中凡年岁、工作、交往、有关之时代背景等项编次。著述编年部分略去,见于1987年由本社出版的《清晖集》中。周谷城封面题字。

古籍选读丛书(12种)

万首唐人绝句(全二册)

(明)赵宧光、黄习远编定,刘卓英校点
平装32开　3.90元
1983年5月出版

本书以明万历丙午年(1606)间,由赵宧光、黄习远在南宋洪迈原编选本基础上作了整理、增补的《万首唐人绝句》(40卷)为底本,加了标点,重排出版。书后附录有《唐风四始考》《唐绝发凡》《重华宫投进札子》以及洪迈的《谢表》。

万首唐人绝句索引

武秀珍、阎莉等编　平装 16 开　3.95 元

1985 年 10 月出版

本书根据本社 1983 年 5 月出版的《万首唐人绝句》新印本编制，共收录绝句 10500 余首，计有诗句 42000 余条，按诗句首字的笔画数和汉字的笔形顺序排列，在各条诗句之后均以阿拉伯数字标示出其所在“新印本”中的位置。正文前有凡例、笔画检字表，正文后附汉语拼音索引。

古文小品咀华（新排标点·甲种本）

（清）王符曾辑评，杨扬标校　平装 32 开　0.85 元

1983 年 12 月出版

本书根据耕读轩刊本新排标点，收集上至先秦，下迄明代末期的小品，共 4 卷 291 篇，夹批和文后评语原样排出。唐棣华封面题字。本书另有影印清人抄本·乙种本，1983 年 3 月本社出版。

诗经索引

陈宏天、吕岚合编　平装 32 开　2.20 元

1984 年 3 月出版　10201.21

本书为检索《诗经》诗句而编，参照 1934 年哈佛燕京学社引得编纂处编的《毛诗引得》，编成“四角号码索引”“笔画检字”。索引前附有经过标点和校勘的原文。原文的文字和分篇分章断句，均以 1955 年文学古籍刊行社影印的宋本朱熹注《诗集传》为依据，仅取《诗经》白文。各篇题目也编入索引。阴法鲁封面题字。

战争诗选注

无谷、刘卓英选注　平装 32 开　1.15 元

1984 年 3 月出版

本书是从莫文骅将军提供的底本《军事诗选》中选出自先秦至近代的 170 余首战争诗篇汇编而成，并由莫文骅将军题写书名。每首诗附作者简介、注释和译文。

笠翁对韵新注

艾荫范、解保勤注释　平装 32 开　0.85 元

1985 年 2 月出版　10201.31

《笠翁对韵》是从前人们学习写作近体诗、词，用来熟悉对仗、用韵、组织词语的启蒙读物。以平水韵的 30 个韵部为目，把常见的韵字都组织进了韵语。本书主要从语言学方面重新加以整理和归纳，运用新的观点和方法对旧注重新加以注释，用平仄对原文一一加以标注，按分韵体例编排了诗韵常用字。根据本书的体例特点编排的分韵诗选附在书后。唐棣华封面题字。

周礼今注今译

林尹注译　平装 32 开　4.75 元

1985 年 2 月出版

本书根据台北商务印书馆的版本重印。书中有天官冢宰、地官司徒、春官宗伯、夏官司马、秋官司寇、冬官考工记六部分，共计 11 卷，从中可查找有关先秦政治、经济、军事、艺术、建筑、工匠、农林牧渔及膳食等的记述。

韩诗外传选译

晨风、刘永平编译　平装 32 开　1.60 元

1986 年 3 月出版

本书是西汉初年韩婴所著的一部汇集古代的故事和诗说的书，共 10 卷 310 章。选译本选了 132 篇，章次是许维遹本所订，标题是后加的，并参考盱眙吴棠刻印的周廷采校注本（参以赵怀玉校）和中华书局出版的许维遹“集释”本。选篇着眼于四点：有文献价值、有典型人物、有中心思想、故事性强。任访秋书名题字。

稼轩词新探与选译

林俊荣　平装 32 开　2.20 元

1986 年 3 月出版　10201.5

本书由三部分组成：作家作品研究、作品选译注、附录。本书选入的 120 首稼轩词，完全依照邓广铭《稼轩词编年笺注》的顺序编排而成。附录：1. 宋史辛弃疾传；2. 辛弃疾年表；3. 旧本稼轩词集序跋文；4. 稼轩词研究论文索引（1924—1979）；5. 今存稼轩词总目。

船山诗选

周宇澄编　平装 32 开　1.15 元

1986 年 7 月出版　10201.71

本书从《船山诗草》2200 余首诗中，取其较有代表性、能反映出诗人的思想、生活及其行事的 418 首编为选本。书后附录：1. 张问陶传（即船山）；2. 李元度的《船山先生事略》；3. 船山家世表；4. 周宇澄的《船山年谱》；5. 年谱后记。雨岑（周宇澄）书名题字。

古代文论萃编（全二册）

谭令仰编　平装 32 开　4.30 元

1986 年 12 月出版　10201.55

本书分 20 个专题：1. 原始文学与劳动；2. 文学与人民；3. 文学与现实；4. 文学与政治道德及其他；5. 文学的形象性；6. 文学的真实性；7. 文学的倾向性；8. 文学的典型性；9. 文学的认识教育作用；10. 文学的美学意义；11. 文学的内容和形式；12. 题材主题和情节结构；13. 文学语言；14. 文学风格和文学派别；15. 文学体裁；16. 文学

的创作方法;17. 文学的创作过程;18. 文学的继承和革新;19. 文学评赏;20. 作家修养。专题下,一般以作者为主,每一段或几段文字加一小标题。大致按作者年代先后排列。每段文字都有出处,注明朝代、作者、篇名、书名、卷数和版本,并加注释。

宋人七绝选

毛谷风选注　平装 32 开　1.85 元
1987 年 3 月出版　10201.106

本书收两宋诗人 112 人,七绝 372 首。除有作家小传、注释、说明等内容外,还标明了所押的韵部。夏承焘封面题字。

史料笔记丛书(4 种)

清稗类钞选(文学·艺术·戏剧·音乐)

(清)徐珂编,无谷、刘卓英点校　平装 32 开　1.70 元
1984 年 4 月出版

原书分时令、地理、风俗、工艺等 92 个大类,约 13500 余篇,是采录数百种清人笔记和报章记载编辑而成。选本选辑其中 895 条目,分文学、艺术、戏剧、音乐四大类,加了标点。

清稗类钞选(著述类·鉴赏类)

(清)徐珂编,无谷、刘卓英点校　平装 32 开　1.35 元
1984 年 4 月出版　17201.36

本书选辑了原书中的著述、鉴赏二大类,加了标点。

一士类稿·一士谈荟

徐一士编,刘卓英点校　平装 32 开　1.65 元
1984 年 5 月出版

编者取诸笔记、小说等文献资料,汇编了清末民初与政治、经济生活有密切关系的人物掌故,涉及 40 余人。

宋稗类钞(全二册)

(清)潘永因编,刘卓英点校　平装 32 开　4.20 元
1985 年 12 月出版　10201.41

清朝潘永因采录前人野史、笔记、诗话等群书,经过章节与文字上的加工整理、编辑而成的笔记集。书中搜罗了很多宋代的传闻佚事,分 8 卷。

初期白话诗稿

刘半农编　平装 32 开　0.50 元
1984 年 5 月出版　10201.24

本书是中国作家研究资料丛书之一。由现代文学家、语言学家刘半农根据自己 1917 年至 1919 年搜集的诗稿编成。依据 1932 年星云堂影印本影印。马衡封面题字。

日本历代名家七绝百首注

黄新铭选注　平装 32 开　0.55 元
1984 年 9 月出版　10201.28

本书选收 76 位日本作家的 124 首汉诗,并做了作家简介和作品简释。

《小说月报》索引(1921—1931)

本社编　精装 32 开　1.50 元
1984 年 12 月出版　17201.45

本书编入了《小说月报》革新后(1921 年第 12 卷至 1931 年第 22 卷)发表的全部篇名、插图和肖像等 3900 种,包括专号或增刊 4 种。共分两部分:一、篇名分类索引,根据文章的体裁和内容编排;二、篇名音序索引,依据篇名的音序排列。

八洞天

(清)五色石主人撰,陈翔华、萧欣桥点校
平装 32 开　1.10 元
1985 年 5 月出版　10201.39

本书是一部罕见的白话短篇小说集。

三春梦

薛汕校点　平装 32 开　2.05 元
1985 年 5 月出版　10201.33

本书记康熙甲寅十三年四月至丁巳十六年六月(1674—1677),广东潮州总兵刘进忠反抗盛清统治的事件,采用说部的形式,实际上却是报告文学,略有故事而已。全书 33 回,共 20 余万字。

书曲散记

薛汕著　平装 32 开　0.90 元
1985 年 5 月出版　10201.4

本书研究和介绍南方曲种,主要为写闽粤俗文学的一些文章的结集。

莫文骅诗词选

莫文骅著　平装 32 开　0.70 元
1985 年 7 月出版　10201.42

本书收集了作者诗词 95 首。

雍熙乐府曲文作者考

隋树森著 平装 32 开 2.30 元
1985 年 9 月出版 10201.34

《雍熙乐府》是一部著名的元明时代的曲文总集，但曲文多未注明作者。本书是考证该书所收的不注撰人或剧名的曲子的作者各为何人的书。

文学理论百题

侯健、刘鹤龄、许自强著 平装 32 开 1.90 元
1985 年 12 月出版 10201.45

本书是从事文学理论教学工作的大学老师，根据学生的学习需要编写的一本辅助教材，采取问答形式，按照文学理论课的教学单元顺序和各问题之间的相互联系来安排。

晨光——柔石、冯铿遗稿

鲁迅博物馆文物资料部整理 平装 32 开 2.20 元
1986 年 9 月出版 10201.72

本书是为纪念“左联”五烈士牺牲 55 周年和鲁迅先生逝世 50 周年而编，收集柔石、冯铿的遗稿 44 篇（柔石遗稿 39 篇，冯铿遗稿 5 篇）。

历代中日友谊诗选

杨知秋编注 平装 32 开 2.20 元
1986 年 9 月出版

本书从中日两国的诗歌总集、别集、历史、传记、游记、笔记以及报刊中，选收 155 位作家的 216 首诗词汇编而成。

词学全书（全二册）

（清）查继超编，吴熊和点校 平装 32 开 8.30 元
1986 年 11 月出版

本书是一部有关词学的中型工具书。

中国古典文学研究在苏联（小说·戏曲）

（苏）李福清著，田大畏译 平装 32 开 1.00 元
1987 年 2 月出版 10201.105

本书是苏联科学院高尔基世界文学研究所著名汉学家李福清博士所著，关于苏联汉学界对我国古典文学研究的成果及观点方法的介绍和阐释。

外国文学

林德海主编 精装 16 开 8.50 元
1987 年 4 月出版

本书分四部分：亚洲文学、非洲文学、欧洲文学、美洲文学。共收录外国文学作品及关于外国文学的论著 4400 多种。

文则注译

（宋）陈骙撰，刘彦成注译 平装 32 开 2.25 元
1988 年 2 月出版 7-5013-0342-8

《文则》是我国早期的一部重要曲辞章学论著，也是一部有影响的文学理论批评专著，广泛论列了写作原则、修辞炼句方法和文体风格等问题，奠定了传统辞章学的理论基础。

奸诈

（美）利·兰特里新奇等著 平装 32 开 4.20 元
1988 年 6 月出版

本书是美国当代小说。

宋濂寓言选释

祝普文编注 平装 32 开 1.70 元
1988 年 7 月出版 7-5013-0340-1

本书从元末寓言文学名家宋濂的 82 首寓言作品中，选译了 43 首，配有注释、译文、编者按。

金陵残照记（全五册）

陈少校著 平装 32 开 14.00 元（套装） 12.50 元（散装）
1988 年 8 月出版

本书以章回体小说形式介绍了淮海战役、辽沈战役、平津战役、渡江之战、陕北之战到川康之战的经过及国民党的特务组织机构的政治内幕，共 118 回。

历代咏剧诗歌选注

赵山林选注 平装 32 开 6.80 元
1988 年 8 月出版 7-5013-0343-6

本书从宋、金、元、明、清及近代几百种诗歌总集、别集、选集及笔记、札记等有关资料中选择咏剧诗歌 646 首（套），其中诗 560 首，词 48 首，散曲小令 30 首，套数 8 套。

金瓶梅之谜

刘辉、杨扬主编 平装 32 开 4.95 元
1989 年 6 月出版 7-5013-0696-6

本书讲述与《金瓶梅》有关的谜题 100 个，谜题的解答以学术界已有研究成果为依据。

游仙窟

（唐）张鷟著，川岛校点　平装 32 开　1.05 元

1989 年 6 月出版　7-5013-0668-0

本书根据 1929 年月北新书局版重新排印。书前有鲁迅的序。书后有岂明的《夜读抄》。疑古玄同封面题字。

马致远散曲校注

刘益国校注　平装 32 开　1.95 元

1989 年 7 月出版　7-5013-0577-3

本书辑曲编次以小令（115 首）、套数（18 套）、残套（5 套）为序，宫调套式依据李玉的《北词广正谱》。题下注一列曲文所出之主要书籍，以始见者为底本。

全元散曲选释

李长路编注，张巨才协注　平装 32 开　7.45 元

1989 年 8 月出版　7-5013-0440-8

本书分上、下两编：上编为元散曲小令（20 卷），下编为元散曲套数（10 卷）。

《琵琶记》资料汇编

侯百朋编　平装 32 开　6.95 元

1989 年 12 月出版　7-5013-0612-5

本书辑录有关蔡伯喈、赵五娘故事的记载和《琵琶记》及其作者高明的主要资料。

诗源·诗美·诗法探幽——《原诗》评释

吕智敏著　平装 32 开　3.45 元

1990 年 11 月出版　7-5013-0796-2

叶燮的诗歌理论批评专著《原诗》，是我国第一部具有较为严密的逻辑体系，是集中论述诗源、诗美、诗法的诗学专著。

历代赠别诗选

马大品选注　平装 32 开　4.65 元

1991 年 3 月出版　7-5013-0820-9

本书所选诗篇仅限于历代优秀赠别短诗，也不含后来所称的词和曲之作。200 多首诗中，以唐、宋诗为主，其他各代为辅。

《金瓶梅》描绘的世俗人间

张国风著　平装 32 开　6.90 元

1992 年 12 月出版　7-5013-0934-5

本书所涉及的主要是作品本身，从主题、人物、综合、布局、得失、评点等六方面（共 22 章），谈了如何鉴赏《金瓶梅》。

谈书说文

王梦奎著　平装 32 开　7.00 元

1992 年 12 月出版　7-5013-0975-2

本书均为短篇，共 61 篇，分四部分：一是谈作者著作和写作体会的；二是作者参与编辑的部分图书的序跋；三是为别人著作写的序言、书评和文评；四是谈书和读书札记之类。以写作时间先后为排列次序。

珍贵的情书——徐志摩致陆小曼的信

徐志摩著　平装 32 开　2.90 元

1992 年 12 月出版　7-5013-0941-8

本书收集仅存的徐志摩写给陆小曼的情书 65 封。

鸟鼠山人胡缵宗诗选

（明）胡缵宗著，李天舒选注　平装 32 开　18.00 元

1993 年 1 月出版　7-5013-0921-3

鸟鼠山人胡缵宗是明代一位重要而富于特色的诗人，长期以来却被忽略了。他生活于明正德、嘉靖年间，在为政、治水等方面均卓有建树，诗作朴质、深沉而感情炽烈。本书选注了他有代表性的诗作 400 多首，还附录了当时著名文人康海、杨慎、祝允明、谢榛等与他赠答的诗作多首。

外国文学知识辞典

张德政主编　精装 32 开　58.00 元

1993 年 1 月出版　7-5013-0875-6

本书是一部介绍外国文学知识的综合性中型工具书，收集外国文学知识 2500 余条，分 10 大类。

浮生六记

（清）沈复撰，邱崇丙注释　平装 32 开　4.40 元

1993 年 5 月出版　7-5013-1040-8

《浮生六记》是清朝人沈复的自传体散文，以其夫妇生活为主线，描写了平凡而又充满情趣的居家生活及浪游各地的所见所闻，文字清新真率。本书前有邱崇丙先生写的《前言》，对该书的版本及特点进行了解说。

吴承恩外传

夏同京著　平装 32 开　8.10 元

1993 年 7 月出版　7-5013-1043-2

本书是章回体历史小说，共 26 回。有“尾声”，记述吴承恩创作《西游记》时的社会背景及创作动机。

中国古典小说名著新编丛书(10种)

胡文彬主编

编者从浩如烟海的中国古典小说中,选择10部为人们所喜爱又具有典范意义的名著。在忠于原著的基础上,删繁就简,编成一套新编丛书。每一部"新编"小说的字数仅是原著的十分之一篇幅。在每部小说卷首均附一篇导读。

红楼梦

(清)曹雪芹原著,董文成改编　平装32开　7.50元
1994年2月出版　7-5013-1117-X

改编后30回。

金瓶梅

(明)兰陵笑笑生原著,杜维沫改编
平装32开　7.20元
1994年2月出版　7-5013-1126-9

改编后30回。

儒林外史

(清)吴敬梓原著,李汉秋、李韵改编　平装32开　7.00元
1994年2月出版　7-5013-1113-7

改编后18回。

三国演义

(明)罗贯中原著,周月亮改编　平装32开　6.00元
1994年2月出版　7-5013-1114-5

改编后16回。

水浒

(明)施耐庵原著,魏正书改编　平装32开　6.70元
1994年2月出版　7-5013-1115-3

改编后15回。

西游记

(明)吴承恩原著,朱世滋改编　平装32开　7.50元
1994年8月出版　7-5013-1116-1

改编后20回。

歧路灯

(清)李绿园著,曲沐改编　平装32开　6.30元
1994年12月出版　7-5013-1175-7

改编后20回。

儿女英雄传

(清)文康原著,田荣、赵红岩改编
平装32开　7.10元
1995年2月出版　7-5013-1176-5

改编后20回。

官场现形记

(清)李宝嘉原著,吴炘改编　平装32开　7.10元
1995年3月出版　7-5013-1177-3

改编后20回。

老残游记

(清)刘鹗原著,李韵改编　平装32开　6.80元
1995年3月出版　7-5013-1174-9

改编后20回。

杜甫诗话校注五种

李忠纲校注　平装32开　10.00元
1994年7月出版　7-5013-1160-9

本书是山东省古籍整理规划项目之一。《诸家老杜诗评》五卷,宋方深道辑,成书最早,流传极罕,只有抄本行世。全书辑录诸家评杜诗话200余条,其中60余条不见于今存宋人著作,或与他书引文有较大出入。

台湾幽默精选

张建设辑　平装32开　3.60元
1994年12月出版　7-5013-1193-593

本书从台湾、香港报纸、杂志、书籍上精选300余则幽默小品文和16幅漫画。

诗词趣话

葛煦存原编,琴石山人校阅,杨扬点校
平装32开　10.60元
1995年4月出版　7-5013-1092-0

本书是一部汇集与古体诗词及俚俗曲词有关的趣闻轶事的读物。

夜话三国

刘世德著　平装32开　9.70元
1995年5月出版　7-5013-1216-8

本书由著名古代小说研究专家刘世德撰写,讲述怎

样从版本、历史、人物塑造等方面阅读《三国志演义》，品味名著的魅力。全书收录作者59篇文章。

夜话三国(增订版)

刘世德著　平装32开　68.00元

2018年11月出版　978-7-5013-6432-9

本书由著名古代小说研究专家刘世德撰写，讲述怎样从版本、历史、人物塑造等方面阅读《三国志演义》，品味名著的魅力。作者在20世纪90年代撰写的《夜话三国》基础上，又增加近20年潜心研究的成果，撰写成《夜话三国》增订版。全书语言通俗易懂，讲述版本、历史知识深入浅出，是了解《三国志演义》学术知识不可多得的佳作。

幻中游

(清)烟霞主人编述　平装32开　3.95元

1995年6月出版　7-5013-0569-2

本书4卷18回，写明万历、天启年间湖广黄州府罗田县石峨和石茂兰父子两代人的故事。

中国应用文发展史

刘壮著　平装32开　9.10元

1995年6月出版　7-5013-1192-7

本书共9章：1. 绪论；2. 应用文的原始形态；3. 先秦应用文；4. 秦汉应用文；5. 魏晋南北朝应用文；6. 中国古代应用文写作理论的形成；7. 隋唐宋应用文；8. 元明清应用文；9. 应用文的变革。刘乃和封面题字。

杨家将九代英雄传(9种)

火山王杨衮(之一)

黄秉刚、白树荣编写　平装32开　11.00元　20.00元

1995年9月出版　2007年4月再版　7-5013-1226-5

本书讲述“杨家将”的先祖杨衮的故事。杨衮即残唐五代时期的北汉鳞州刺史杨信，杨继业之父。在1987年由春风文艺出版社出版的34回《杨家将前传》的基础上改写，并压缩为30回。

金刀杨令公(之二)

郝赫编写　平装32开　12.00元　20.00元

1995年12月出版　2007年4月再版

7-5013-1229-X

本书上接《火山王杨衮》，将传统评书《飞龙传》中杨继业、佘赛花成亲的故事与《杨家将》中七郎八虎大战金沙滩的故事穿连而成。杨令公即杨继业。共20回。

杨六郎挂帅(之三)

田连元编写　平装32开　19.80元　35.00元

1995年9月出版　2007年4月再版

7-5013-1230-3

本书上接《金刀杨令公》，描写的是在民间广为流传的宋代名将杨六郎抗辽御敌的故事，原为春风文艺出版社出版的《杨家将》上部。现改名为《杨六郎挂帅》。

杨宗保招亲(之四)

田连元、耿柳编写　平装32开　12.00元　21.00元

1995年12月出版　2007年4月再版

7-5013-1232-X

本书上接《杨六郎挂帅》，原为《杨家将》一书的下集。本书前半部叙杨六郎遇险、白马告状、孟良盗发等情节，后半部有杨宗保招亲、杨宗英下山、穆桂英搬兵、大破天门阵等故事。共30回。

杨文广征南(之五)

郝赫编写　平装32开　11.00元　19.00元

1995年12月出版　2007年4月再版

7-5013-1236-2

本书上接《杨宗保招亲》，描述杨文广征南的故事。杨文广即北宋名臣杨延昭之第三子。

杨怀玉征西(之六)

李庆溪、李冠雄等编写　平装32开　9.60元　16.00元

1995年11月出版　2007年4月再版

7-5013-1239-7

本书上接《杨文广征南》，描写杨怀玉征西，收伏狄难抚的传说，以狄、杨合好告终。全书由18回增加到25回。

杨士瀚扫北(之七)

黄秉刚、熙明编写　平装32开　9.00元　15.00元

1995年12月出版　2007年4月再版

7-5013-1243-5

本书上接《杨怀玉征西》，讲述杨怀玉三子杨士瀚带兵扫北的故事，根据传统书目《慈云走国》编写而成，此次出版采用黄秉刚遗稿，又名《金锤杨士瀚》。共20回。

杨金豹下山(之八)

黄秉刚、王樵编写　平装 32 开　12.00 元　20.00 元
1995 年 12 月出版　2007 年 4 月再版
7-5013-1244-3

本书上接《杨士瀚扫北》,讲述杨家将第八代英雄杨金豹的故事。

杨满堂除奸(之九)

李庆溪、张香兰等编写　平装 32 开　9.60 元　15.00 元
1995 年 12 月出版　2007 年 4 月再版
7-5013-1248-6

本书上接《杨金豹下山》,讲述杨家将第九代英雄杨满堂除奸得胜的故事,最后以佘太君含笑归天告终全书。共 16 回。

健行斋文录

李希泌著　平装 32 开　18.00 元
1996 年 1 月出版　7-5013-1272-9

李希泌是我国近代革命历史中李印泉的哲嗣,曾从学于国学大师章太炎、陈寅恪、陈石遗,精于古籍版本、校雠学。后担任全国政协委员。本书收集了他数十年来所撰文章 75 篇,分为缅怀、史论、序跋、杂文、图书馆学、提案六类。

韩客诗存

(清)董文涣著,李豫、(韩)崔永禧辑校
平装 32 开　20.00 元
1996 年 4 月出版　7-5013-1222-2

本书是明清中韩文化交流史料丛编之一。书中所辑诗均在诗末尾注明所用版本。书后附朝鲜人名索引。

中国现代小说的光与色

金宏达著　平装 32 开　13.00 元
1996 年 5 月出版

本书主要汇集作者在研究现代小说发展变迁中尝试用分类研究的方法探讨现代小说群落的一组论文,共 20 篇。

萧三传

王政明著　平装 32 开　18.60 元
1996 年 10 月出版　7-5013-1304-0

本书为纪念萧三百岁诞辰而出版。

萧三诗文集(全三册)

萧三著,陈冰夷、王政明编　平装 32 开　86.00 元
1996 年 10 月出版　7-5013-1305-9

本书为纪念萧三 100 周年诞辰而编印。

夜话水浒

杜景华著　平装 32 开　9.80 元
1997 年 2 月出版　7-5013-1346-6

本书侧重对《水浒传》内容方面的研究,即将重点放在如何帮助读者阅读这部小说上,或者说是回答读者在阅读当中的一些疑问。几乎没有涉及诸如版本、作者等问题。

当代诗丛·第二辑(全十册)

朱先树主编　平装 32 开　60.00 元(套)　6.00 元(册)
1997 年 5 月出版　7-5013-1327-X

本书共 10 种。1. 边缘时代;2. 灵魂的家园;3. 内心的水域;4. 清醒的光芒;5. 沙克抒情诗;6. 十年之路;等等。

山风水韵

张守金著　平装 32 开　10.50 元
1997 年 7 月出版　7-5013-1430-6

本书分 6 篇:1. 自律自勉;2. 沉思禅悟;3. 时代赞颂;4. 风物随感;5. 山水寄情;6. 工作体验。共 95 首诗歌。贺敬之封面题字。

东西方跨世纪作家比较研究

张承举主编　平装 32 开　22.60 元
1997 年 10 月出版　7-5013-1433-0

本书选取 37 位属东西方不同文化圈的名家,将文学现象的比较研究引入文化比较的深层,注重挖掘名家生活、创作的文化心理,进行跨学科研究。

唐宋寓言注译

刘卓英注译　平装 32 开　11.00 元
1997 年 10 月出版　7-5013-1444-6

本书选收了 100 则唐宋两代的寓言故事。每则寓言均有作者简介、注释、译文、说明。

健行斋诗词

李希泌著　平装 32 开　6.00 元
1998 年 1 月出版　7-5013-1506-X/I.135

本书辑录了著者半个多世纪以来的诗词约 160 首。

这些诗词真实记录了著者历年来的所观所思，从不同角度歌颂了祖国、家乡、山川、亲情。本书由红学大师周汝昌作序，顾廷龙先生题写书名。

东方情缘——中华古典散文赏析丛书(全四册)

李建盛主编　平装32开　54.00元(套)　13.50元(册)
1998年2月出版　7-5013-1470-5

本书选收近200篇古代散文，有赏析文评、原著照录、注释。

辛弃疾全词索引及校勘

林淑华著　精装32开　68.00元
1998年11月出版　7-5013-1535-3

本书所列词目10万余条，共收辛弃疾词629首。全书100万字，分辛词索引、辛词原文、辛词校勘三个部分。

乡恋

李平主编　平装32开　25.00元
1999年6月出版　7-5013-1601-5

本书选编了铜山县人或客籍铜山的部分同志的散文共180余篇。刘忠达封面题字。

稀世绣像珍藏本四大名著(4种)

稀世绣像珍藏本《红楼梦》(全四册)

(清)曹雪芹、高鹗著，周书文点校　精装32开　100.00元
1999年8月出版　7-5013-1654-6

列宁格勒藏抄本《石头记》是迄今为止在国外发现的唯一《红楼梦》抄本，并一直未点校出版。本书前80回即周书文先生以列藏本为底本，并参照普及本点校，为方便阅读又以普及本为参照，补上了后40回。附清改琦绘绣像50幅。点校前言中作者就列藏本书名题署、抄本分回、正文存缺、结尾套语、文字特色等问题作了分析说明，书前还附有作者研究论著《多彩艺术奇观》一文。

稀世绣像珍藏本《三国演义》(全四册)

(明)罗贯中著，张艳齐点校　精装32开　100.00元
2000年1月出版　7-5013-1691-2

本书是张艳齐先生据上海锦章书局石印本《增像全图三国演义》为底本，参照其他版本点校而成。为了便于阅读删去了底本中的点评部分。并附录了清末画家潘锦所绘绣像86幅。

稀世绣像珍藏本《水浒传》(全四册)

(明)施耐庵、罗贯中著，张艳齐点校
精装32开　100.00元
2001年8月出版　7-5013-1814-1

全书120回，为我国著名古典小说，描写了宋末(北宋)由晁盖、宋江领导的农民起义发生、发展及失败的过程。所附人物绣像为明代画家杜堇所绘。

稀世绣像珍藏本《西游记》(全四册)

(明)吴承恩著，张艳齐点校　精装32页　100.00元
2001年8月出版　7-5013-1826-3

本书是明代小说家吴承恩之长篇小说，以清康熙三十五年石印本《绘图增像西游记》为底本勘校而成，书中描写部分又参照他本补出。

《名人谈艺》丛书(3种)

笔伴戎马行

李铎著　平装32开　20.00元
1999年9月出版　7-5013-1655-6

本书辑录我国著名书法家李铎先生谈艺杂文50篇，并附插图50余幅，生动再现了作者的艰苦求学历程，攀登艺术高峰的不懈努力和曲折的心路历程。作者还以大量笔墨坦诚地叙述了学习书法的体会和具体方法，诸如书法格式、布局、题款、笔法等。插图有作者工作、生活场景及书法作品，形象生动直观。

从实招来

王蒙著　平装32开　22.00元
1999年9月出版　7-5013-1539-6

本书精编了著名作家王蒙的散文、小品杂文60篇。辑为《我的写作》《欲读书结》《感受昨天》《文学三元》四辑。这些文章或是著者回顾创作之路，或是读后感、观后感，或对当前文学现状及著名文学家进行评述，或为文学心得与体会。笔调轻松诙谐，所叙亲切感人，娓娓地道出了一个著名作家的从艺生涯、艺术思想观点，真实地展现了著者的喜怒哀乐、广博的生活情趣和丰富多彩的内心世界。从一个侧面反映了我国文学现状。

戏痴说戏

黄宗江著　平装32开　22.00元
1999年9月出版　7-5013-1670-8

黄宗江是我国戏曲、戏剧、电影界的著名剧作家。本书是作者将多年来对戏曲的评论、座谈会上的发言的结集出版。特邀丁聪题画，刘曾复等题字，欧阳中石书名题字,黄裳、宋词题序,徐城北题跋。

戏谑天空下的大师

(法)莫泊桑著,颜湘如译　平装 32 开　28.00 元

1999 年 9 月出版　7-5013-1661-0

本书是为纪念莫泊桑 150 周年诞辰编译的莫泊桑传记及短篇精选。全书分三部分:第一部分戏谑天空下的大师是特别挑选的 25 篇充满戏谑趣味的短篇小说;第二部分为莫氏名篇《羊脂球》;第三部分莫泊桑和他的情人,以亲情、友情、恋情为主线从“童年再见”至“最后时光”介绍莫泊桑的一生。书中有著名华人学者和法国学者所作的评论、序及导读。书后附莫氏年谱。

吟怀万里

胡岂凡著　平装 32 开　68.00 元

1999 年 10 月出版　7-5013-1676-7

本书是一本诗词集,汇集了作者诗词 2000 余首,多为题咏唱和之作,分为人物、山水、花鸟、庆贺、祝寿等八大类。胡岂凡封面题字。

愚人颂

(荷)伊拉斯谟著,刘曙光译　平装 32 开　18.00 元

2000 年 1 月出版　7-5013-1688-0

该书是 15、16 世纪荷兰著名人文主义者伊拉斯谟的代表作,其写作风格对后世欧洲文学大师深有影响。

话说吴承恩

沈承庆著　平装 32 开　12.00 元

2000 年 7 月出版　7-5013-1709-7

本书作者沈承庆先生在据有大量史料的基础上,从《西游记》中一首藏头诗的研究入手,大胆假设,精心考证,指出鲁迅、胡适认为《西游记》一书作者为吴承恩之说是犯了引据失察之弊,作者经过对“西游三书”(杨致和本、朱鼎臣本及世德堂本)相互比较、分析,确认世本成书最晚,以此入手,否定了“《西游记》作者为吴承恩”之说,并破译了神秘的“华阳洞主人”。

石宾文集

山西大学编　精装 32 开　68.00 元

2000 年 7 月出版　7-5013-1697-X

赵石宾(1914—1942)是优秀的中共党员,多才多艺,抗日战争时期在山西牺牲。他早年曾就读于山西大学,因而山大为百年校庆编辑了他的文集,收录其文学作品、翻译作品、政论文章约 100 篇,并收怀念石宾的文章 20 篇。

中国古典文学名著珍藏宝库(绣像版)(全十八册)

北京四面石科技开发中心选编　精装 32 开　1480.00 元

2000 年 10 月出版　7-5013-1753-4

本丛书收录中国古典文学名著《红楼梦》《三国演义》《水浒传》《西游记》《封神演义》《东周列国志》《长生殿》《琵琶记》《西厢记》《窦娥冤》10 种,并附绣像。

灵魂的窗口:名家文化散文·思想随笔精品集

何锐主编　平装 32 开　22.00 元

2001 年 4 月出版　7-5013-1790-9

《山花》作为坚持开放、兼容、前卫立场,以文学性为首要追求目标的文学刊物,以自身的定位决定了对文学的理解和择稿标准。本书是近年来在《山花》上发表的散文佳作的结集。收入了 20 世纪末散文创作空前火爆年代中的诸多名家里手有关文化散文和思想随笔的精品,例如周国平、张承志、叶兆言、张抗抗、邵燕祥、虹影、蒋子龙、舒婷……这本散文集的问世,可说是对文学性和精神向度的坚执,对散文多种可能性的探询和呼唤。

前沿学人(1):批评的趋势

何锐主编　平装 32 开　22.00 元

2001 年 4 月出版　7-5013-1791-7

本书汇辑文学月刊《山花》“大视野”“前沿学人”栏目发表的学术论文 22 篇。这些论文或纵览当代文学、文化思潮,或阐释前沿学术问题,或剖析文学话语,或进行学术反思,提出了文学创作及文学批评的新思路。从不同角度对中国文学理论走向学科建设进行了积极的探索。对加深了解中国当代文学的创作和批评现状、对文学创作和阅读提供了有益的帮助。

封神演义(全二册)

(明)许仲琳编,李国庆点校　平装 32 开　45.00 元

2001 年 6 月出版　7-5013-1759-3

古典长篇小说。明刊本题为许仲琳编辑。一说为陆西星作。一百回。内容为演述商末政治纷乱和武王伐纣的历史故事。又名《封神传》《商周列国全传》。此次点校采用现存最早的明金阊舒载阳刊本为底本,参校其他版本。作者研究、比较了流行的各种极本,斟酌定夺,去粗取精,使文字、情节更加可信,具有学术价值及可读性。

《诗品》注译与司空图诗学研究

王宏印著　平装32开　15.00元

2002年4月出版　7-5013-1855-7

本书是对司空图诗学思想的综合研究，分为上、下两编。

煮雨山房诗丛(全五册)

杨金亭主编　平装32开　95.00元

2002年12月出版

本诗丛为当代著名诗人、《中华诗词》主编杨金亭先生主编。精选当代杰出旧体诗诗作5种。

水浒人物口头传说大观

樊兆阳搜集整理　平装32开　36.00元

2003年3月出版　7-5013-2068-3

本书以流传于山东梁山地区的民间传说故事为基础，整理出50多万字的《水浒》一百单八将及其后代的英雄故事。书中所讲，都是施耐庵《水浒传》中所没有的故事，反映了梁山地区人民对《水浒》英雄的崇拜及希望其有良好结局的美好愿望。

心灵之歌——章金树藏头诗选

章金树著　平装20开　60.00元

2003年3月出版

为增进中日两国人民之间一衣带水之情，诗集作者整理、修改多年所写藏头诗作品30首，献给国外友人。诗作多为日本各界人士所写，并附有照片、注释。

创刊号风景

谢其章著　平装32开　35.00元

2003年6月出版　7-5013-2135-3

本书收录民国旧杂志"创刊号"70余种，以清新流畅的笔触介绍了它们的创刊经过、历史沿革、办刊方向及相关的文坛佚事和作者生平。写法上追求有一点史料线索性，有一点个性收藏的甜酸苦辣，有一点"评说"，有一点"怀旧"。全书采用一图一文或两图一文，四色彩印，使其更具可读性和鉴赏性。

创刊号剪影

谢其章著　平装16开　35.00元

2004年5月出版　7-5013-2439-5

著者谢其章专事集藏民国期刊，曾有《创刊号风景》面市，此书为其续集。涉及的期刊包括民国时期最为著名的刊物《文艺季刊》《白露》《小说月报》《文苑》《万象》《中国文学季刊》《自由谭》等。

桐城派文学思想研究

赵建章著　平装32开　15.00元

2003年9月出版　7-5013-2171-X

本书在将桐城派的历史定位置于儒家道统与清代政治文化的复杂关系之中的基础上，着重从三个方面论述了桐城派是如何揭示文学的内部规律的：桐城派用理学本体论的思想方法重新认识了作品内容与形式的关系；比较深刻地揭示了古文作品的诗化特征和审美规律；用古文理论分析诗歌作品和指导诗歌创作，对"以文为诗"的创作现象作了新的阐释。本书对桐城派理论特色和历史地位的论述将桐城派的研究推向了新的阶段。

唐宋诗词文化解读

蔡镇楚、龙宿莽著　平装32开　35.00元

2004年9月出版　7-5013-2455-7

本书为阅读唐诗宋词提供了十分翔实的背景资料，全书共分二十四章，对唐诗宋词与中国传统文化方方面面的关系作了广泛深入的解析，揭示了唐宋诗词所蕴藏的深厚的社会、历史、人文内涵，对所有研习唐诗宋词的读者均有裨益。

书叶丛话：姜德明书话集(全二册)

姜德明著　平装16开　96.00元

2004年10月出版　7-5013-2593-6

本书收集了藏书家姜德明先生所撰写的新文学方面的书话百余篇，还收集了版本趣谈、作家点评、出版背景等文章，部分为首次发表。

书语：丁玲陈明爱情书简

丁玲、陈明著　平装16开　36.00元

2004年10月出版　7-5013-1214-1

本书收录著名作家丁玲和陈明的爱情书信，根据传主的第一手资料，从情感视角着笔撰写爱情传记，并配以大量图片。

朱正书话(全二册)

朱正著　平装16开　58.00元

2004年10月出版　7-5013-2595-2

本书包括"与书结缘""版本随谈""正误辨析""直话直说""史实探真""书事种种""读人忆往"7个部分，以随笔的形式写出了作者与书的种种关系，从中透视中国书业与中国文化的发展。

金瓶梅词话校读记

梅节校勘　平装 32 开　65.00 元

2004 年 10 月出版　7-5013-2599-5

该书为著名金学家梅节先生治“金学”集大成之作，共得校勘记 7400 余条，征引文献近 500 种，扩大了校勘范围，充分吸收当代研究校勘《金》书学术成果，提高了可读性。总之，该书集作者多年思虑于一册，校勘方法科学精当，引证内容博大宏富。金学大家张鸿魁先生对此书的评价是：“当前‘金学’界尚无出其右者。”

情韵

常林著　平装 32 开　20.00 元

2005 年 6 月出版　7-5013-2585-5

本书为诗歌作品集，抒发个人情怀。

心灵别墅

川原著　平装 32 开　20.00 元

2005 年 6 月出版　7-5013-2585-5

本书为诗歌集。从中可以读到作者对人生及生命的体悟和感受。

中青年名家诗词集（全十册）

王功权等著　平装 32 开　150.00 元

2006 年 5 月出版　7-5013-3146-4

本丛书收录了十位中青年诗人的作品，他们的作品中闪烁着时代精神的火花。十位诗人分别是岑路、王功权、卢象贤、叶鹏飞、蒋光年、林峰、梁鉴江等等。

跟随李白上路

秦俭著　平装 16 开　28.00 元

2006 年 7 月出版　7-5013-3159-6

诗仙李白生性不羁豪放，经历坎坷。喜游历，足迹遍及华夏名山大川。所到之处，诗情勃发，留下众多脍炙人口的千古佳作，与壮丽山水交相辉映。本书跟随李白的脚步，配合诗仙的众多诗篇，介绍了各地名胜，是一部题材新颖的人文旅游图书。

比较诗话学

蔡镇楚、龙宿莽著　平装 32 开　28.00 元

2006 年 8 月出版　7-5013-3188-X

本书是第一部比较诗话学专著，作者引用了大量的中、日、韩、印度诗话资料，并将之置于释道儒教及基督教、伊斯兰教文化环境中进行分析研究，同时，详细地论述了中、日、韩、印度诗话及西方诗学之间的联系与区别。

本书内容翔实、资料丰富，许多资料是稀见资料，有些甚至是作者首次公开的资料。因此，本书值得从事比较文学研究、诗话研究的学者认真一读。

你一生应诵读的 50 篇散文经典

黄智鹏编著　平装 16 开　32.00 元

2006 年 8 月出版　7-5013-3155-3

在人的一生中，总有一些经典值得我们反复诵读、品味。本书精选了朱自清、余秋雨、川端康成等中外名家的 50 篇散文，并配有大量的相关图片，以图文并茂的形式，使读者能够轻松愉快地阅读，近距离感受大师的风采，并获得人生的启迪。本书还设置了“入选理由”“名家评价”“名作赏析”“趣闻轶事”等栏目，版式活跃、栏目丰富，为读者献上了一道丰盛的精神大餐。

你一生应诵读的 50 首诗歌经典

黄智鹏编著　平装 16 开　32.00 元

2006 年 8 月出版　7-5013-3156-1

本书选取了徐志摩、余光中、普希金等中外著名诗人的 50 首诗歌经典，加以细致、生动的鉴赏，并配有大量的应情应景图片、作者生平照等，使读者能够近距离感受大师，轻松愉快地阅读，获得人生的启迪。本书还设置了“入选理由”“名家评价”“诗歌鉴赏”“趣闻轶事”等栏目，栏目活跃，妙趣横生。

你一生应诵读的 50 篇美文经典

黄智鹏编著　平装 16 开　32.00 元

2007 年 11 月出版　978-7-5013-3539-8

本书选取了徐志摩、余光中、普希金等中外著名诗人的 50 首美文经典，加以细致、生动的鉴赏，并配有大量的应情应景图片、作者生平照等，使读者能够近距离感受大师，轻松阅读，获得启迪。本书还设置了“入选理由”“名家评价”“美文鉴赏”“趣闻轶事”等栏目。

你一生应诵读的 50 篇演讲辞

李娟编著　平装 16 开　32.00 元

2007 年 11 月出版　978-7-5013-3540-4

本书精选了古今中外最具经典性、艺术性、思想性的 50 篇演讲辞，并配有大量的相关图片，以图文并茂的形式，使读者能够轻松愉快地阅读，近距离感受大师的风采，并获得人生的启迪。本书还设置了“入选理由”“演讲背景”“赏析”等栏目。

方志所见文学资料辑释

张廷银辑释 平装32开 26.00元

2006年11月出版 7-5013-3169-3

本书辑录了清代民国方志中所见而他处稀见的文学资料近80篇(则),并对每篇资料所反映的主要内容做了简要的释评。

中国应用文源流研究

刘壮著 平装32开 22.00元

2007年4月出版 978-7-5013-3420-9

本书运用西方现代文体学和中国古代文体研究的成果,对中国先秦至明清的应用文的源流与演变进行了细致深入的考察,吸收最新的功能文体学成果,注重从功能和功效的角度探讨中国应用文的文体特征及其成因,推进了中国应用文体的研究,尤其是理论层面的讨论吸收了语言学和文体学的前沿成果,弥补了目前研究的不足,颇有学术价值。

然而

(法)菲利浦·福雷著,黄荭译 平装32开 18.00元

2007年6月出版 978-7-5013-3371-4

本书荣获法国"十二月"文学大奖,作者借三位日本艺术家(俳句诗人小林一茶、日本现代小说之父夏目漱石和第一位拍摄长崎原子弹爆炸罹难者的摄影师山端庸介)的故事完成了自身艰难的心路历程。

大猿王①

流浪的蛤蟆著 平装16开 22.00元

2007年7月出版 978-7-5013-3493-3

本书是著名网络作家流浪的蛤蟆的最新古典神魔、仙侠小说,主人公王佛儿由一个大二美术系学生穿越异界,变成了一个六岁顽童,拜师学艺,修成了绝世武功,降妖除魔……在起点中文网上点击率长期位居前列,拥有大批粉丝。

楝亭集笺注

(清)曹寅著,胡绍棠注 平装32开 45.00元

2007年11月出版 978-7-5013-3544-2

本书是清人曹寅的诗文集合编。曹寅在清初文坛颇有影响,又具有特殊的政治身份,加之他是曹雪芹的祖父,故本书对于研究清初的文学史和考察曹雪芹的家世和创作有重要的资料价值。本书的笺注对曹寅每篇诗词文的创作时间、地点、人事等都有所考订,较有学术价值,对诗词典故词语的注释,也方便了读者的阅读和使用。

朱自清散文经典

朱自清著 平装16开 23.00元

2007年11月出版 978-7-5013-3541-1

本书精选了朱自清的经典散文,包括《匆匆》《背影》《桨声灯影里的秦淮河》等,并配有大量朱自清的生活照和独出心裁的文字说明,既是一部美文精粹,又是一部有关朱自清的图传。本书双色印刷,图文并茂。

瓶梅闲笔砚

梅节著 平装16开 29.80元

2008年2月出版 978-7-5013-3567-1

本书收录著名学者、金学家梅节数十年间研究《金瓶梅》的经典文章十余篇,系统而集中地展示了他在这一领域的学术积累,贯穿其中的不少观点和方法对明清小说的研究具有重要的启迪意义。

跟名家一起读经典(3种)

三国演义:名家汇评本(全二册)

钟宇辑 平装16开 68.00元

2008年3月出版 978-7-5013-3494-0

本书是《三国演义》的汇评本,不仅辑录了著名评点本(毛评本、贽评本、渔评本)的经典评语,还囊括了自《三国演义》成书以来各位名家(毛泽东、鲁迅、胡适、郭沫若、郑振铎、蕑伯赞、李宗吾等)的精彩评论。本书双色印刷,正文、评语互动,您可以同名家一起阅读,在阅读中感悟,在感悟中提升。

水浒传:名家汇评本(全二册)

宋杰辑 平装16开 68.00元

2008年6月出版 978-7-5013-3631-9

本书是《水浒传》的汇评本,不仅辑录了《水浒传》问世以来各著名评点本(容本、袁本、金本、芥本、王本、余本等)的经典评语,还囊括了近现代各位名家(鲁迅、郑振铎、胡适等)的精彩评论,正文中夹有对具体文字的夹批,页旁有对相关段落的旁批。既有人物评价,也有艺术分析;既有评点本中的批语,也有研究者独树一帜的见解。

红楼梦:名家汇评本(全二册)

刘继保、卜喜逢辑 平装16开 78.00元

2008年6月出版 978-7-5013-3624-1

本书是《红楼梦》的汇评本,不仅辑录了《红楼梦》问世以来各著名评点本(脂砚斋、王希廉、陈其泰、张新之、姚燮、东观阁、哈斯宝等)的经典评语,还囊括了近

现代各位名家（王国维、蔡元培、鲁迅、胡适、俞平伯等）的精彩评论，既有艺术分析，也有人物评价。

山海经·五藏山经图译

张华绘　平装 16 开　35.00 元

2008 年 9 月出版　978-7-5013-3655-5

古本《山海经图》所绘动物多异兽神怪。本书作者认为，《山海经》所描述的各类动物，来源于自然界和上古社会，应重新认识，故绘图多实写。其绘图得到郭郛、阳海清、景才瑞等著名专家赞赏，释文亦多创见。

中国最美丽的词

苏曼姝著　平装 16 开　28.00 元

2009 年 1 月出版　978-7-5013-3561-9

最美丽的词，美丽的不只是语言，还有词人们缠绵悱恻的情感，悲欢离合的故事。

本书作者苏曼姝师出名门，修习宋词多年，2007 年 9 月起陆续在新浪博客（http://blog.sina.com.cn/sumanshu）连载自己的读词体悟，以其独特的感性和优美的文笔，引起了广泛的共鸣，被誉为“最美丽的词评”，3 个月内博客点击量超过 30 万。

唐诗的解读：从文化传统和汉语特点看唐诗

叶萌著　平装 16 开　38.00 元

2009 年 1 月出版　978-7-5013-3968-6

本书为西北师范大学叶萌教授所著，作者从文化传统和汉语特点入手，深入浅出地解读唐诗，是一部雅俗共赏的佳作。

与古诗交朋友

田师善编注　平装 16 开　32.00 元

2009 年 4 月出版　978-7-5013-3620-3

本书是为青少年读者学习古诗进行导读的书。词学大师叶嘉莹女士不但为本书作序，而且亲自诵读配音，为青少年学习古诗提供了声情并茂的样本。每首诗除精心注释之外，还配有精美艳丽的插图，更为传唱千古的名诗佳句锦上添花。

文化视野下的古代文学研究

刘德清、邓声国主编　平装 32 开　28.00 元

2009 年 10 月出版　978-7-5013-4090-3

本书共分为三编：先唐文学与传统文化研究、唐宋文学与区域文化研究、元明清文学研究。

《文心雕龙》散论

王承斌著　平装 16 开　25.00 元

2010 年 2 月出版　978-7-5013-4269-3

本书选取《文心雕龙》中的“典雅”“风骨”“通变”和“清”的概念，以及刘勰的赋学观、《楚辞》观和青年刘勰入定林寺依僧佑之原因等几个问题，进行了专题研究。

文心雕龙考异

张立斋　平装 32 开　26.00 元

2010 年 4 月出版　978-7-5013-4007-1

《文心雕龙》研究的重要著作之一。据英藏唐写本残卷、涵芬楼影印之明嘉靖本，哈佛图书馆藏明万历杨升庵批点梅庆生音注本，哈佛凌云本、哥伦比亚大学图书馆藏黄教琳集注及纪评合刻本五种，旁参《太平御览》以及范文澜注本、杨明照校本、王利器新书等诸版本，考校《文心雕龙》文字。对于《文心雕龙》研究有重要价值。本书于 1974 年在台湾出版，后多次再版重印，颇受好评。此次首在大陆出版，校正了一些文字错误，更加方便学者利用。

文心雕龙注订

张立斋　平装 32 开　46.00 元

2010 年 4 月出版　978-7-5013-4006-4

本书是《文心雕龙》研究的重要著作之一，20 世纪 60 年代在台湾初版，多次再版重印，颇受好评。但在大陆流传较少。此首次在大陆出版，修正了一些错误，更方便读者使用。其内容是对《文心雕龙》文义的研究：一是解题，揭示每篇主旨；二是注释文字，补充旧注，阐发己见。对于龙学研究具有重要价值。

女体和国族：从《红楼梦》翻译看跨文化移殖与学术知识障

洪涛著　平装 16 开　39.80 元

2010 年 10 月出版　978-7-5013-4416-1

本书是一部关于《红楼梦》英译研究与评论的论文集。全书分两辑，以实际的翻译案例（主要评论对象为霍克思译本和杨宪益译本，兼及其他译本，并参考日译本和法译本）为线索，从宏观和微观两个视角，考察《红楼梦》英译和翻译研究中的诸多现象，深入解析了各种翻译方法及译评的论述策略及其背后内在的、深层的民族与文化原因。全书论述从实证出发，重视溯源分析，视角独特，立论新颖，论证扎实，体现了较高的学术水准。

王逸《楚辞章句》考论

邓声国著 平装 32 开 29.00 元

2011 年 11 月出版 978-7-5013-4585-4

东汉学者王逸《楚辞章句》一书，注释内容众多，牵涉的学科范围较广。本书主要从传统文献学和小学、学术史研究的角度入手，对《楚辞章句》一书进行相关专题的分析、考论。以便通过本书的个体专题研究和讨论，帮助读者全面地掌握该书的注释体例细貌及其书中的治学得失。

天问研究——《天问》的思想内容与结构特征

史建桥著 平装 16 开 58.00 元

2012 年 8 月出版 978-7-5013-4833-6

本书在前人大量研究《天问》的基础上，就尚未得到一致意见的一系列基本问题，如关于作者、创作缘起、《天问》题旨、创作意图、创作时间、《天问》的艺术成就等展开较为详尽的探讨与研究。作者查阅并考证了大量关于《天问》的研究著作，对自然发展史和社会发展史中的若干诗句进行考论；在考察屈原对有关天、地、人的某些传说质疑的过程中，探讨屈原的怀疑精神、思想观念及其为楚国现实政治服务的意图；根据屈原的创作意图以及各层内容之间的逻辑关系、思维方式和屈原卒章显志的惯常创作模式等，研究《天问》的逻辑结构。此研究将对探究《天问》的思想内容、文学价值、文体形式与功能之间的关系等问题有所裨益，值得研究者参考。

胡振民诗词集

胡振民著 平装 16 开 100.00 元

2013 年 9 月出版 978-7-5013-5181-7

本书收录中宣部原副部长胡振民个人诗作 300 余首，主要为咏史记事、唱和抒怀之作。如《那拉提草原夜宿》《姜崇仑五十七岁寿诞留念》《身世自述》《拜谒袁宝华老兼和〈八十述怀〉》《游驼梁山兼赠友人》《拜读〈左权将军家书〉有感》等等。

经史百家杂钞

（清）曾国藩编，古书生标点 平装 16 开 450.00 元

2014 年 8 月出版 978-7-5013-5381-1

曾国藩编纂的一部古文精华集，共二十六卷。《经史百家杂钞》一书，是从清末到民国，在社会上流传很广、影响较大、继姚鼐《古文辞类纂》之后的又一部有名的古文选读本。全书共分论著、词赋、序跋、诏令、奏议、书牍、哀祭、传志、叙记、典志、杂记十一类。

汉魏六朝楚辞学名家研究

纪晓建著 平装 16 开 39.80 元

2014 年 12 月出版 978-7-5013-5478-8

中国楚辞学跨越两千余载，以汉魏六朝楚辞学最具特色。两汉时期是中国楚辞学的肇始时期，也是高峰时期。这一时期的《楚辞》研究以研究形式的多样性和全面性，成果的卓著和权威性为以后历代楚辞学难望项背。魏晋南北朝的楚辞学在《楚辞》传播和接受社会化的大背景之下，以丰富深刻的审美批评和完备系统的理论构建为主要特色。美学批评精思傅会，理论批评高屋建瓴，成为后世楚辞学研究之楷模。本书系统梳理了这一时代的楚辞学名家，具有一定的参考价值。

民国旧体文学研究（第一辑）

曹辛华主编 平装 16 开 120.00 元

2016 年 7 月出版 978-7-5013-5888-5

《民国旧体文学研究》是中国韵文学会、中国近代文学学会的会刊之一，为纯粹的学术刊物，采用以书代刊的方式刊行。此刊内容大致分为七个板块，一民国旧体文学文体类，包括专门针对民国旧体文学本身相关问题进行的各种研究，属于民国旧体文学史领域。二民国旧体文学学术，包括专门探讨民国时期对古代、近代的诗词、曲、赋、文及其批评的研究，属于民国阶段的古典文学学术史领域。三民国旧体文学与文化，包括研究民国旧体文学与西方文化、传统文化、新文化以及当代文化等关系。四民国时期域外汉学与旧体文学，主要针对民国域外汉文学、汉学。五民国文献电子资源研究，专门对当前有关民国旧体文学等电子资源进行学术性的评估与推广的相关研究。六民国以来旧体诗词曲赋创作，适当对民国以来的旧体诗词曲赋进行搜录、评选、刊登。七学术资讯与研究动态，专门针对当前与民国旧体文学有关的各种学术资讯与研究动态，如研究综述、学术活动信息、著述评介等。此刊的创立是为推进民国旧体文学及其文化、民国文献等方面研究的深入，开拓民国旧体文学研究领域。

民国旧体文学研究（第二辑）

曹辛华主编 平装 16 开 120.00 元

2017 年 8 月出版 978-7-5013-6099-4

《民国旧体文学研究》（第二辑）收录研究民国旧体文学与文化的 39 篇文章，均为当前最新的学术研究成果。内容分为 11 项专题，民国诗词研究、龙榆生研究、民国文章学研究、话体文学批评、民国古代文学研究、新旧文学比较研究、民国旧体文学文献、年谱及传记、民国文献数据库研究、杂说、学坛通讯等，继续为民国旧体文学的研究提供一个良好的平台，积极推进民国旧体文学及其文化、民国文献等方面研究的深入和发展，并开拓

民国旧体文学研究的新领域。

英国文学发展研究

朱琳著　平装 16 开　45.00 元

2016 年 11 月出版　978-7-5013-5993-6

英国是世界文学大国，历史悠久，成就斐然，各个时代都产生了杰出的作家和作品。而且，在 21 世纪前的几百年间，随着殖民主义、扩张主义政策的推行，“日不落帝国”的文学在世界范围内产生了巨大的影响，特别是在各英属殖民地，这种影响更加明显。本书全面、系统地介绍了英国文学几百年的历史发展过程，详尽介绍了各个时代的文学流派、运动、思潮，对重要作家及其代表性作品进行了客观、准确的评述。

颍上常氏五世诗词手迹选

常法宽编　精装 16 开　600.00 元

2017 年 4 月出版　978-7-5013-5848-9

本书收录颍上常氏家族五代诗词手迹十一种，有常国佐《卧农闲吟》、常凝章《藏拙小草》、常任侠《红百合集》、常法宽《绿窗吟稿五种》等。后附常法宽撰写《弁言》《世系表》《作者简介》，是了解常氏家族文学和思想的重要资料，也可以为当代文化家族编纂家集提供参考。

易闻晓赋集（一函二册）

易闻晓著　线装 8 开　480.00 元

2017 年 6 月出版　978-7-5013-6145-8

易闻晓，男，1963 年 5 月生于江西宜丰，文学博士，学者，当代诗人，著名辞赋家，作品深受当代学人好评，其名作《海口赋》享誉海内外。现为贵州师范大学文学院院长、教授、博士生导师，贵州省核心专家，贵州省高校学科带头人，获国务院特殊津贴。兼任中国赋学会副会长，中国韵文学会、中国古代文学理论学会理事，中国骈文学会常务理事，贵州省古典文学学会副会长，贵州省国学研究与传播中心、贵州师范大学黔学研究中心主任。此书按照传统古籍排版，正文大字，注文小字双行。既有可读性，也有较高的收藏价值。

颜氏家训解读

唐翼明著　平装 16 开　35.00 元

2017 年 6 月出版　978-7-5013-6108-3

《颜氏家训》是南北朝时期记述个人经历、思想、学识以告诫子孙的著作。成书于隋文帝灭陈国以后，隋炀帝即位之前（约 6 世纪末）。作者颜之推是南北朝时期中国著名的思想家、教育家、诗人、文学家。《颜氏家训》共有七卷，二十篇。分别是序致第一、教子第二、兄弟第三、后娶第四、治家第五、风操第六、慕贤第七、勉学第八、文章第九、名实第十、涉务第十一、省事第十二、止足第十三、诫兵第十四、养生第十五、归心第十六、书证第十七、音辞第十八、杂艺第十九、终制第二十。《颜氏家训》是中国历史上第一部内容丰富、体系宏大的家训，被后人誉为家教典范，影响很大。本书系我国当代研究魏晋文学与魏晋思潮的学术大家唐翼明先生为《颜氏家训》所作的导读。将《颜氏家训》中的重点内容、难以理解之处进行了重点诠释，使读者在轻松理解传统文化经典的同时，更能体味其中所蕴含积极意义。

行吟拾粹

叶清森著　平装 16 开　32.00 元

2017 年 8 月出版　978-7-5013-6124-3

诗是文学基本体裁之一。《诗大序》：“诗者，志之所之也，在心为志，发言为诗。”同时，诗是普遍的艺术，是一种最为古老的文学艺术样式。《行吟拾粹》以传统诗词、联赋的文学表达方式，以仿如田园诗人王维“诗中有画”一般的灵动语言，引领读者行走于神州大地—处处令人流连忘返的风景名胜与历史古迹之中……作者凭借扎实的传统诗词与丰厚的文史功底，将那些自然景观与人文景观描述得异常空灵，同时给人以启迪。本书收录作者五言律诗 115 首，七言律诗 27 首，五言绝句 33 首，七言绝句 362 首，长短句 5 首，楹联及词赋若干，以飨读者。

古代小说论集

刘世德著　平装 32 开　108.00 元

2017 年 9 月出版　978-7-5013-6101-4

全书为中国古代文学研究专家刘世德先生历年来关于古代小说的文章合集。书中对《红楼梦》、《封神演义》、《聊斋志异》、《红楼梦》、“三言二拍”、《镜花缘》等古代著名小说的作者、版本、思想内容和艺术成就等做了研究与讨论。其中不少考证文章建立在大量传记和史实的基础上，有理有据，不论是驳是立都言之有理；而对小说艺术的描绘与提炼也让人拍案叫绝，是阅读与了解古代小说及其成就不可多得的一本好书。

元末明初大转变时期东南文坛格局及文学走向研究

饶龙隼著　平装 16 开　58.00 元

2017 年 11 月出版　978-7-5013-6122-9

东南文学生态之形成，在总体上有两大表征：一是元末明初南北文化被隔裂，二是东南文人呈地域群落分布。这不仅成为当时文坛格局的基本框架，而且影响着元明易代之际的文学走向。本书主要通过这两大表征详细论述了元末明初大转变时期东南文坛格局及文学走向。本书亦是作者多年来的学术研究成果，其中提出了多项重要的文学理论观点，本书的出版对相关学术研究者及其爱好者提供了丰富的学术研究内容。

津门诗钞（全二册）

（清）梅成栋编，王长华点校　平装 32 开　98.00 元
2017 年 12 月出版　978-7-5013-6337-7

《津门诗钞》三十卷，天津梅成栋编，清道光十二年（1832）粤东康简书斋刻本。此书采元明以来天津乡人、官吏以及流寓作品，兼及天津府属各州县。所收作者超过四百人，诗近三千首。其中大量作品，今多散佚，赖有是选，得以保留，是津沽文化与诗歌之渊薮。本次整理以道光刻本为底本，校勘标点，弁以前言，是研究天津乃至畿辅文化不可或缺的重要文献。

国朝畿辅诗传（全三册）

（清）陶梁辑，江合友、程宇静点校　平装 32 开　160.00 元
2017 年 12 月出版　978-7-5013-6313-1

《国朝畿辅诗传》六十卷，长洲陶梁编，清道光十八年（1838）红豆树馆刊本，选录清顺治三年（1646）至道光十七年（1837）近二百年间畿辅地区的诗歌。作为省级区域的断代总集，《畿辅诗传》规模庞大，征引宏富，无论是存人还是存史，皆堪称全面而系统。本次整理以道光红豆树馆刊本为底本，校勘标点，弁以前言，是研究畿辅文化与诗歌不可或缺之重要数据。

野吟

老虫子著　平装 32 开　28.00 元
2018 年 3 月出版　978-7-5013-6342-1

收录作者原创诗歌 200 余首，分为山水谣、故土吟、异域咏、随心叹 4 个主题。作者将近年来的个人经历与人生感悟融入诗歌中，整体风格清新而灵动，但也有个别诗作严肃而深邃。通过这些诗作，可以读出一个诗人积极乐观的生活态度以及对于生命力量的赞美。

纳博科夫文学思想与当代西方文论

汪小玲等著　平装 16 开　80.00 元
2018 年 5 月出版　978-7-5013-6390-2

弗拉基米尔·纳博科夫（Vladimir Nabokov，1899—1977）是当代著名的俄裔美国小说家、翻译家和文学思想家。因其在写作艺术上的推陈出新及对文学创作的独特见解，纳博科夫被公认为是对美国后现代派文学思潮的形成有着重要作用的人物之一。本书将纳博科夫文学思想置于与世界各大经典文论批评史的动态大语境中进行系统考察，从而更能使读者体验到纳博科夫对各大文论主义思潮流派的继承与发扬，也更能清晰地勾勒出纳博科夫研究的一幅全景图。

寒梅著花未：梅节九旬寿诞论文集

本书编辑委员会编　平装 16 开　98.00 元
2018 年 12 月出版　978-7-5013-6425-1

全书将红学界、“金学”界著名学者为庆贺梅节先生九十寿诞所撰写的有关小说及学术研究方面的论文结集出版。梅节是学术界颇具盛名的红学家和“金学”家，为庆祝他九十寿诞，学者马力、程毅中、段江丽、沈治钧、张庆善等 17 人纷纷撰文，或客观评价梅节先生的学术成就，或就梅节先生校注的《金瓶梅词话》浅谈想法，或是就目前研究的《金瓶梅》《三国演义》等撰写论文。另外，著名学者陈诏、魏子云、邓卿云为庆贺梅先生寿诞书写的字画，梅节先生精心保存的 39 幅照片，本书也一并收入彩色印刷。因此这是一套图文俱备、值得收藏的图书。

从《诗经》到《红楼梦》——那些年我们读过的经典

国家图书馆编　平装 16 开　98.00 元
2018 年 12 月出版　978-7-5013-6604-0

中国古典文学是中华文明的重要组成部分，从诗经、楚辞、汉赋到唐诗、宋词、元曲，讫于四大名著为代表的明清小说，层浪相逐，高潮迭起，一如江河行地，源远流长，又如日月经天，万古长新。国家典籍博物馆推出“从《诗经》到《红楼梦》——那些年我们读过的经典”展览精选 70 余件古籍，以历史发展的脉络呈现，分为先秦、秦汉、魏晋南北朝、隋唐五代、宋代、元代、明代、清代 8 个部分，通过各个时期人物及作品的简介，串联起中国文学发展的历程，展现中国古代文学精粹。

艺术

梅兰芳艺术系列（4 种）

梅兰芳

中国艺术研究院戏曲研究所编　精装 12 开　24.00 元
1985 年 5 月出版　8201.4

本书是为纪念中国戏曲表演艺术家梅兰芳同志诞辰 90 周年而编的画册。

梅兰芳游美日记

梅兰芳纪念馆编　线装大 16 开　600.00 元

2015 年 10 月出版　978-7-5013-5698-0

本书为梅兰芳始于 1929 年 12 月的访美演出所记的日记。日记为梅兰芳秘书李斐叔所记，详细记载了梅兰芳从筹备到美国演出的事情。访美日记现存有两种版本，一简单一详细，一清楚一芜杂，本书将其中一种抄本影印，另一种芜杂漫漶的日记版本加以排印附在后面，并由梅兰芳纪念馆的馆长秦华生撰写后记。这部日记对厘清梅兰芳访美期间的经历及深入了解梅兰芳与几位友人的关系至为重要，是研究梅兰芳生平事迹的重要原始资料。

梅兰芳歌曲谱

梅兰芳纪念馆编　线装 8 开　800.00 元
2015 年 10 月出版　978-7-5013-5697-3

梅兰芳歌曲谱包含两种曲谱，分别是梅兰芳为他擅长的一些京剧剧目所做的工尺谱及访美期间为方便国外人士认识和理解专门所做的五线谱。这两本曲谱为促进京剧在国内及国际的流布传播作用巨大。因此本社将这两本曲谱影印出版，以供京剧爱好者及研究者欣赏和使用。

梅兰芳演出剧本汇编(全六册)

梅兰芳纪念馆编　精装 16 开　3600.00 元
2015 年 10 月出版　978-7-5013-5667-6

《梅兰芳演出剧本汇刊》为梅兰芳纪念馆收藏的所有梅兰芳演出剧本。演出剧本历来是各戏班、艺人秘不示人的珍宝，梅兰芳演出剧本此次是第一次以原貌影印出版，面诸世人。本书包括《宇宙锋》《抗金兵》等 70 余种演出剧本，不少带有工尺谱，还有一些剧本的简谱。大部分剧本可直接用于演出，体现了梅派艺术的风貌。

齐白石艺术系列(4 种)

齐白石手批师生印集(五函十八册)

北京图书馆主编，徐自强、张聪贵编
线装 16 开　3000.00 元
1987 年 9 月出版

本书主要辑录齐白石之手批遗墨及钤印，白纸，线装，锦缎面函套，收录齐白石手批自刻印及弟子贺孔才、刘淑度、马景桐和周铁衡印章，共计约 660 余方。其中大部分批语为首次披露，一针见血地反映了他的印艺见解，实为难得资料。该书多为国外学者购得，国内流传较少。

齐白石印集(十函二十册)

齐白石篆刻　线装 24 开　3800.00 元
1988 年 7 月出版

本书收入齐白石篆刻作品 4000 件左右，是辑录齐氏印作最多的一套印集。

齐白石谈篆刻艺术

杨广泰编撰　平装 16 开　3.20 元
1989 年 9 月出版　7-5013-0793-8

本书将《齐白石手批师生印集》中齐氏的篆论摘录、编辑成册，归纳成 8 个专题：1. 齐白石谈秦汉印；2. 齐白石谈明清印人的作品；3. 齐白石谈自己的印及印学主张；4. 齐白石谈篆法；5. 齐白石谈刀法；6. 齐白石论印杂谈；7. 齐白石谈印诗；8. 齐白石为印谱题跋。书后附有《齐白石印集》作品选。齐良迟书名题字。

齐白石手批师生印集

徐自强、张聪贵编　精装 16 开　260.00 元
2000 年 5 月出版　7-5013-1708-9

本书记录了齐白石及其弟子贺孔才、刘淑度、马景桐、周铁衡在 20 世纪二三十年代“齐派”篆刻艺术形成过程中，苦苦敏求的真实轨迹。书中所收他们的篆刻作品共计 519 件，尤其弥足珍贵的是齐白石的手书跋语，涉及内容广泛，有阐述齐氏个人的印学观点与主张，有论秦汉印及明清印人印作，有谈篆刻技法。可以说，是迄今为止研究“齐派”篆刻艺术理论最完整的资料。

杨广泰刻心经印谱

杨广泰刻　平装 22 开　5.20 元
1988 年 1 月出版　7-5013-0452-1

共 57 枚，书前有康殷的书名篆刻、顿立夫的序。赵朴初封面题字。

张瑞龄书法系列墨稿(4 种)

张瑞龄，号滴石，著名楷书专家，工楷书、行楷，尤精小楷。他的作品多次参加国内外重大书法展览并获奖，也多次作为“国礼”赠给外国首脑人物，许多作品被博物馆收藏及在名胜古迹处刻碑传世。为纪念毛泽东同志 100 周年诞辰，特书写此套老一辈无产阶级革命家诗词系列书法字帖。

毛泽东诗词书法字帖

张瑞龄书　平装 16 开　15.00 元
1993 年 6 月出版　7-5013-1010-6

为纪念毛泽东主席 100 周年诞辰而书写。全书为人民文学出版社出版的毛泽东诗词正编 42 首、副编 8

首。正本已由毛主席纪念堂收藏。

朱德诗书法字帖

张瑞龄书　平装16开　6.50元
1993年6月出版　7-5013-1011-4

为纪念朱德同志105周年诞辰而书写。朱德同志诗作为字帖出版尚属首次。张瑞龄封面题字。

周恩来诗邓颖超信书法字帖

张瑞龄书　平装16开　10.00元
1993年6月出版　7-5013-1012-2

董必武陈毅诗书法字帖

张瑞龄书　平装16开　9.50元
1993年6月出版　7-5013-1013-0

印章边款艺术

赵海明编　精装16开　65.00元
1993年6月出版　7-5013-0982-5

本书所收作者上始明代文彭、何震，下迄现代齐白石、来楚生，共120余位篆刻家。全书以篆刻家生年先后为序，所收边款以镌刻时间为序。

吉祥图案

许道丰编　平装32开　25.00元
1995年1月出版　7-5013-1204-4

本书共收集200余幅具有吉祥含义的图案，按名称的笔画顺序进行编排，并附内容介绍。许道丰封面设计。

传统民间画

王汉平、陈永振策划，毕可设计　1996年9月出版

明信片形式。分江苏木版画、陕西木版画、四川木版画、陕西·天津农民画4套。

夏家骏书法二集

夏家骏书　精装16开　150.00元
1996年10月出版

夏家骏，著名史学家、书法史学家、书法家。本书收入作者150幅字，书前有《书体概述》，书后有《书途浅得》。田纪云封面题字。

我的漫画生涯

李滨声著　平装32开　24.00元
1996年11月出版　7-5013-1308-3

李滨声，字浴非，号梨园客，著名漫画家、戏剧家。全书分“我的漫画生涯”“漫画生涯集外集”两部分。李滨声封面题字并作画。

彭飞诗词楹联字帖

彭飞书　平装16开　15.80元
1997年3月出版

本书收入了楹联书法家彭飞教授的百余幅诗词楹联。

康雍楷书唐人绝句

康雍书　平装16开　12.50元
1997年9月出版　7-5013-1252-4

康雍，当代著名书法家，是国内外享有盛名的书法世家康氏一门中“五康”中的二康。本书收康雍书写唐人五言绝句15首、七言绝句13首、六言绝句1首。

唐传兰亭序帖疏证

李长路疏证　平装32开　8.00元
1998年5月出版　7-5013-14802

本书是李长路先生的遗作。

中国硬笔书法大观

中国文化信息协会、中国硬笔书法协会编，高占祥主编
平装16开　86.00元
1998年5月出版　7-5013-1461-6

中国文化信息协会与中国硬笔书法协会、北京图书馆出版社、中国美术学院出版社联手合作，用了几年的时间广泛征稿，共征集到各类硬笔书法作品3万余幅。组委会从中精选了近千幅作品结集出版。

李长路诗书作品选集

李长路书　平装16开　45.00元
1998年6月出版　7-5013-1502-7

本书是作者的书法艺术专集。分前后两篇，第一篇是李长路先生诗书合璧作品，第二篇是李老书写先人诗句及格言、佳语。

藏书票(5种)

北京图书馆藏书票

孙蓓欣、李致忠主编　精装16开　480.00元

1998 年 12 月出版 7-5013-1620-1

为纪念北京图书馆建馆 90 周年发行的珍版藏书票，也是中国国家图书馆首套藏书票。

中国国家图书馆藏书票(甲骨文)

国家图书馆编 精装 16 开 780.00 元

1999 年 8 月出版 7-5013-1637-3

1999 年，是甲骨文被发现的 100 周年。契刻卜辞的甲骨，作为一种文字载体，从广义上讲，是最早的书籍形式之一。中国国家图书馆珍藏了 35000 余片甲骨，是世界上最大的甲骨文收藏单位。值此甲骨文发现百年之际，又恰逢国家图书馆 90 华诞，特以甲骨文为主题精心设计制作此套藏书票，奉献于世纪之交、千禧之年，以资纪念。

中国国家图书馆藏书票(体育)

国家图书馆编 精装 16 开 480.00 元

2001 年 7 月出版 7-5013-1801-8

本书为体育题材的编码藏书票。本集藏书票遴选国家图书馆珍藏中华体育文化方面的古代版画、彩绘、插图等善本真迹，由著名画家精心设计 21 枚藏书票。制作精良、内涵丰富，极具史料价值、艺术价值和永久收藏价值。

寸纸留香——国家图书馆西文藏书票集萃

国家图书馆典藏阅览部编 精装 32 开 68.00 元

2011 年 12 月出版 978-7-5013-4692-9

本书从国家图书馆数百万册外文藏书中，精选其中所贴精美的西文藏书票近 200 幅，并对其特点及背景知识做适当著录与描述。藏书票很多出自名家之手，有着很高的艺术价值和收藏价值。

积木成林——白逸如、谢竞藏书票作品集

白逸如、谢竞编 精装 58.00 元

2016 年 5 月出版 978-7-5013-5807-6

本书辑选了两位作者多年所创作的木刻藏书票作品 200 幅，创作时间从 20 世纪 80 年代至今，近 30 年。作者从中国传统年画、剪纸汲取营养，并加以提炼与提升，使得她们的作品中充满着浓郁的中国民间艺术气息，题材也多取自传统戏曲、民间传说及历史故事，作品深受国内外人士的喜爱。

中国书法赏析丛书(8 种)

梅墨生、赵海明主编

本丛书邀请一些国内中青年书法研究者撰写而成。共 8 本，每本以一两种书体为中轴。每本书均有图版百余幅。

楷书

王元军著 平装 16 开 25.00 元

1999 年 5 月出版 7-5013-1579-7

本书以翔实的资料追述了楷书这一书体的渊源与发展，以丰富的图版，引导读者对历代经典性楷书作品进行鉴与赏，并适当介绍楷书的创作技法。

草书

刘恒著 平装 16 开 28.00 元

1999 年 7 月出版 7-5013-1585-X

本书紧密结合图版，对草书源流变迁做了较为系统、全面的概述，对历代草书名家名作进行细致的分析与鉴赏，对草书技法进行归纳整理提炼，做了必要的介绍。

甲骨文、金文

陈滞冬著 平装 16 开 25.00 元

1999 年 7 月出版 7-5013-1595-7

我国书法的存在肇自远古，源远流长。而甲骨文、金文无疑因其古老、久远而蒙上一层神秘面纱。本书论述甲骨文、金文起源、发展、流变的历史，概略介绍其名称、含义、风格、特征，对甲骨文、金文的典型之作进行细致的鉴赏，并对创作技法予以简略分析。

隶书

陈震生著 平装 16 开 25.00 元

1999 年 7 月出版 7-5013-1586-8

隶书的产生、发展和成熟，时间在战国到汉末这一段。而清朝中晚期隶书经历了一次较大的勃兴。20 世纪 80 年代以来，大量文字文物的出土，引起了书法又一次勃兴，隶书也不例外。本书附有图版共 215 幅。

秦汉篆书

黎东明著 平装 16 开 23.00 元

1999 年 7 月出版 7-5013-1593-0

本书以秦汉文化为背景，以秦汉文字一脉相承的书法作品为依据，探讨秦汉篆书的形成、发展、变迁过程及其影响下的历代篆书流变之历史面目。本书附有图版 160 幅。

魏碑

王强著　平装 16 开　25.00 元

1999 年 7 月出版　7-5013-1587-6

本书作者站在艺术史的高度，分析了魏碑一系书法产生、兴盛的政治、宗教、文化背景，有唐以来沉寂的原因，以及清季趁帖学之坏重新兴起跻身于艺术殿堂的历史过程。本书图文混排，有图版 159 幅。

行书

丁正著　平装 16 开　28.00 元

1999 年 7 月出版　7-5013-1594-9

本书作者以洋洋洒洒的笔墨和力求全面的议论阐述了行书书体的古今沿革与时下表现，既有书体溯源，有风格分析，更有名作鉴赏，兼有技法指导。书中附有图版 160 幅。

章草

崔自默著　平装 16 开　25.00 元

1999 年 7 月出版　7-5013-1582-5

本书作者以翔实的资料、丰富的图版，追寻了章草这一书体兴衰的历程，分析了章草今日不兴之原因；对从汉代以来至近现代的历代章草名作如简书章草、砖刻章草、残纸章草进行了鉴赏；将章草与今草作了对比介绍，并就章草创作技法做了介绍。

陶尚义插图集

陶尚义绘　平装 20 开　10.00 元

1999 年 1 月出版　7-5013-1574-4

本书收入了作者多年来的创作精品 70 余幅，以描为主，构图严谨，用笔精炼。

现代书画家批评

梅墨生著　平装 32 开　39.50 元

1999 年 7 月出版　2002 年 1 月再版　7-5013-1631-7

本书作者梅墨生是从事中国画、书法艺术创作和近现代艺术研究与评论的“三栖”型艺术家、学者。全书分三编，上编为现当代书画家批评，中编为书画评论，下编为近年有关书画问题、现象的思考。该书观点鲜明、议论平实、有理有据、不乏独见个识，有相当的可读性和学术价值。本书配图 200 余幅，文图并美，随文赏析。书前有沈鹏、薛永年的序。

董寿平先生纪念文集

李豫、赵宝琴主编　平装 32 开　35.00 元

2000 年 11 月出版　7-5013-1756-9

本书历时三年，在全国征集董寿平先生的资料及纪念文章近 200 篇，分为著述、鉴赏、传记、纪念四部分。

姚波宽锋铅笔画析览

姚波绘　平装 16 开　28.00 元

2001 年 2 月出版　7-5013-1768-2

本书通过大量可观性强的范图，配以扼要的文字说明，体现出作者对撰写技法类图书的独到之处，尤其是作者多年来对宽锋铅笔画技法的摸索与研究，对美院学生及广大的美术爱好者具有较好的借鉴作用。

山水画述要

梅墨生著　平装 32 开　39.00 元

2001 年 7 月出版　7-5013-1788-7

这是一本谈中国山水画的书。目的主要是讲授传统山水画的有关要点，其中着重讲到技法，即山水画的立意，作者认为“意为法之主宰，法为意之兵车，相互生发，方有好画”。本书的实质是意与法的常识，也即本书明显区别于其他同类著作的地方。本书尽量采用历代名家名作为图例，约 200 幅，文章言简意赅，要言不烦，语言通俗自然。为读者提供了较大的信息量，扩大视野并激发想象力。是一本极具个人审美意趣与艺术个性视角的书。

《历代名画记》研究

袁有根著　平装 32 开　30.00 元

2002 年 4 月出版　7-5013-1090-4

研究中国画史最可信、最权威的文献，首推唐代张彦远所著《历代名画记》。作者花费十几年的时间，著成本书，不但对《历代名画记》引文、句读与注释等进行了考辨，而且深入分析了张彦远的绘画创作观、“绘画源流”说、绘画品评观等。

花鸟画技法解析

赵占东著　平装 32 开　39.00 元

2002 年 4 月出版　7-5013-1703-8

全书分上、中、下三篇。上篇阐述写意画的基本笔墨技法的核心问题，如执笔、一笔墨法、人字交叉等及花鸟画概述；中篇介绍花卉、枝石、鸟虫的绘画技法；下篇是有关写意画创作中的一些重要问题，如立意、构图、意境、符号、韵律、诗情等。

淮海战役碑林精品集

申桂书主编　平装 16 开　108.00 元

2002 年 8 月出版　7-5013-1940-5

本书是从淮海战役碑林的 560 余块碑刻中遴选精拓了老一辈无产阶级革命家、国家领导人、参战老战士和著名书法家的部分作品整理而成。

奏鸣曲——小提琴独奏和通奏

(意)内普里迪(德里格)作曲

精装 12 开　300.00 元

2002 年 11 月出版　7-5013-1864-6

本书尺寸 32.8×21 厘米，厚 1.3 厘米，12 开本。设计者是吕敬人先生及其工作室。采用全本影印，底本为国家图书馆藏手稿本。作者系意大利人，中文名叫德理格(1671—1746)，作为天主教遣使会士，于明末清初来华传教，继徐日升之后，任康熙的宫廷乐师。此本是其传世的唯一音乐作品，包括十二首小提琴奏鸣曲，分为两部分，第一部分是八首教堂奏鸣曲，第二部分是四首室内奏鸣曲，被学者认为是目前所见的传入中国最早的欧洲音乐作品。该手稿曾藏于北堂图书馆。前有余志刚《前言》。

钟表艺术

王进龙著　精装 16 开　368.00 元

2003 年 4 月出版　7-5013-2114-0

本书为天仪轩钟表系列丛书之一，作者身兼古董钟表收藏家和钟表制造家的双重身份，以他亲身拆解钟表机芯 20 多年的成功经验，向读者详尽介绍了“劳力士”“陀飞轮”和日内瓦十二守则等资料。

中国古代著名画家落款印谱

(日)斋藤谦编纂　平装 16 开　60.00 元

2003 年 10 月出版　7-5013-2156-6

近代以来，画家在一件作品的形象部分完成之后，往往在其左下角或右下角题写作者的姓名，并钤盖印章，一是起一种标识的作用；二是画家的落款印谱，更有一种形式上的意义，与画面的形象一样，成为画面布局章法的重要部分，不少作品，缺少了题款钤印，即不能构成完整的画面布局。也就是说，画家的落款印谱风格必须与书画的风格一致，从而形成了自己独特的风格。本书以画家之姓名笔划排列，记载有苏东坡、唐伯虎、郑板桥、杨升庵、刘墉等 659 名历宋、元、明、清各朝代的名人签名和印章。

北京书法家论文集

北京书法家协会编　平装 16 开　60.00 元

2003 年 12 月出版　7-5013-2125-67

本书是有关书法的理论研究与技法研讨的论文集。

余绍宋书画论丛

余绍宋撰　平装 32 开　36.00 元

2004 年 3 月出版　7-5013-2407-7

本书辑录余氏书画主要论著为一集，有《画学专论》《题自作书画》《古书画题跋》《古书画经眼录》及《其它》。除了对书画本身有所论述外，也还记述了某些书画收藏者的不少逸事。

广艺舟双楫

(清)康有为著，孙玉祥、李宗玮解析

平装 16 开　48.00 元

2004 年 10 月出版　7-5013-1179-X

本书是对康有为书论名著《广艺舟双楫》的通俗解析，以 450 余幅书法插图，展示了我国书法各种流派、各种风格，并与原文密切配合，构成书法爱好者学习书法理论及实践的图文“双楫”。

艺舟双楫

(清)包世臣撰，李宗玮解析　平装 16 开　36.00 元

2004 年 10 月出版　7-5013-1199-4

本书图文并茂，对包世臣《艺舟双楫》论书部分进行逐段引录、解译，并融入自己的观点进行评析，对包世臣及中国历代书法理论进行了阐释。

湖北省图书馆百年馆庆名家书画集

蒋昌忠主编　精装 8 开　460.00 元

2004 年 12 月出版　7-5013-1029-7

全书分为“百年馆庆名家书画作品选”与“八十年馆庆名家书画作品选”两部分，共收入现代名家书画作品 280 多幅。

湖南图书馆馆藏字画选

湖南图书馆编　精装 8 开　389.00 元

2004 年 12 月出版　7-5013-2610-X

本书收湖南图书馆馆藏宋元至现代书画名家的书画作品 200 余幅，每件作品附有作者简介，入选作者为名臣名宦、知名学者及湖湘本地名人。

往昔玲珑

黄晓艳编　平装 16 开　24.00 元

2004 年 12 月出版　7-5013-2622-3

本书汇集了《玲珑》杂志的一些精华之作。《玲珑》是 20 世纪 30 年代一本摩登女性的刊物，读者群是有学识的中产阶级以上的女性。她们易于接受新思想、新观念。本书中精选的文章集中反映了当时女性在婚姻、恋爱、家庭、工作、生活等方面的观念与见解。

梦影集——我的电影记忆

谢其章著　平装16开　29.80元

2005年4月出版　7-5013-2746-7

中国电影发展至今已整一百年，周璇、胡蝶那样的明星更像是个传奇而并非真实的人物，电影在人们生活中曾经有过的地位是当代社会不可思议的。本书作者谢其章是个收藏家，只有像他这样的人才能珍藏如此多的图片和资料，带我们回到中国电影曾经有过的黄金时代。书中叙述了明星们艺海沉浮的人生经历和昔日影坛的众多掌故，可谓是对中国电影百年的世纪回望。

浮城绘

王尔冈编，鸡毛绘　平装24开　16.00元

2005年6月出版　7-5013-2745-9

《浮城绘》是一部漫画集，由知名都市时尚杂志《城市画报》的同名经典漫画栏目作品结集而成。其风格可以用一个公式来概括：浮城绘＝漫画＋周星驰＋欲望都市＋六人行＋……它用一种周星驰式的无厘头幽默描绘了当代都市年轻人的种种生活场景：爱情，婚姻，家庭，性，友情，事业，娱乐……使读者在一笑之余有所触动，有所感悟。

明清青花瓷画鉴赏

吴宇华著　平装32开　49.00元

2005年10月出版　7-5013-2996-6

本书分为文论和图版两个部分。文论部分就青花瓷器各发展阶段在类别、风格、纹饰、用料等方面的特征，尤其是绘画、造型、意境的特性进行了探究；图版部分从作者收藏采集的数万件青花瓷器（片）中遴选出各类有精彩画面的瓷器（片）近400件，均为首次发表，具有很好的研究和收藏价值。

《中国国家图书馆藏碑帖精华》名师指导丛书（10种）

赵海明主编

《圣教序》名师指导

张锡庚指导　平装16开　15.00元

2006年1月出版　7-5013-3116-2

本书是《中国国家图书馆碑帖精华》名师指导丛书之一。指导老师张锡庚为中国书法家协会创作委员、培训中心教授、常熟理工学院书法教育中心主任，著有多种著作。本书主要从临习碑帖需掌握的各种知识和技巧方面进行指导。

《刁遵墓志》名师指导

于明诠指导　平装16开　12.00元

2006年1月出版　7-5013-3120-0

本书是《中国国家图书馆碑帖精华》名师指导丛书之一。指导教师于明诠是山东艺术学院书法工作室导师。著有论文、论著、作品集多种。作者从点画临写要点、结构特征分析、创作指导几个方面进行临习指导。

《谷朗碑》名师指导

卜希旸指导　平装16开　11.00元

2006年1月出版　7-5013-3114-6

本书是《中国国家图书馆碑帖精华》名师指导丛书之一。指导老师卜希旸为中国书法家协会艺术顾问，著有多种著作。作者从《谷朗碑》的笔画、结体、章法及临习该帖的要点等方面进行了指导。

《九成宫醴泉铭》名师指导

欧阳中石指导　平装16开　11.00元

2006年1月出版　7-5013-3119-7

本书是《中国国家图书馆碑帖精华》名师指导丛书之一。指导老师欧阳中石为首都师范大学教授、博士生导师，中央文史研究馆馆员。作者从《九成宫》的特点、该帖的用笔、篇章等分析，指出初学者应注意的问题。

《孔羡碑》名师指导

方传鑫指导　平装16开　12.00元

2006年1月出版　7-5013-3121-9

本书是《中国国家图书馆碑帖精华》名师指导丛书之一。指导老师方传鑫为中国书法家协会书法培训中心教授。作者分三部分进行指导：一、《孔羡碑》的用笔和点画特点，结体特征。二、隶书的临摹。三、隶书的创作。

《麓山寺碑》名师指导

李铎指导　平装16开　19.00元

2006年1月出版　7-5013-3115-4

本书是《中国国家图书馆碑帖精华》名师指导丛书之一。指导老师李铎为中国书法家协会顾问、中国书画函授大学特约教授，著有多种著作。作者从《麓山寺碑》的笔画、偏旁部首、结体等分析其特点，最后指出临习的要点。

《始平公造像记》名师指导

孙伯翔指导　平装 16 开　9.00 元
2006 年 1 月出版　7-5013-3117-0

本书是《中国国家图书馆碑帖精华》名师指导丛书之一。作者孙伯翔为天津市书法家协会副主席，著有多种著作。作者主要从《始平公造像记》的艺术特点、笔画特征、结体特点等对该帖进行分析，并给出了临习每一种笔画的具体起笔、运笔技巧。

《张猛龙碑》名师指导

李刚田指导　平装 16 开　14.00 元
2006 年 1 月出版　7-5013-3122-7

本书是《中国国家图书馆碑帖精华》名师指导丛书之一。指导老师李刚田为河南省书法家协会副主席，中国书法家协会理事，西泠印社理事。作者从《张猛龙碑》的艺术特点、结字特点、章法特点、用笔特点等方面分析其特色，并指出临习《张猛龙碑》的技巧及要点。

《张迁碑》名师指导

王冬龄指导　平装 16 开　15.00 元
2006 年 1 月出版　7-5013-3113-8

本书是《中国国家图书馆碑帖精华》名师指导丛书之一。指导老师王冬龄为中国美术学院教授、博士生导师，中国书法家协会理事。作者从《张迁碑》的用笔、结构、章法三方面分析其特点，并指出了临习《张迁碑》应注意的问题。

《智永真草千字文》名师指导

刘艺指导　平装 16 开　14.00 元
2006 年 1 月出版　7-5013-3118-9

本书是《中国国家图书馆碑帖精华》名师指导丛书之一。指导老师刘艺为中国书协顾问，炎黄书画院副院长，书法精于今草和章草，著有多种著作。本书主要从读帖识字、记忆草书部首的写、掌握草书特殊笔顺及如何临帖几个方面进行了指导。

钢琴完全手册

赵云峰著　平装 16 开　35.00 元
2006 年 9 月出版　7-5013-3170-3

本书是钢琴爱好者非常有用的参考手册，重点介绍了钢琴的制作工序、钢琴音乐、钢琴演奏家、世界主要钢琴品牌、世界主要钢琴比赛及钢琴基本的挑选方法。

蒙马特之舞——苏珊娜·瓦拉东传

（法）让娜·尚皮永著，陈丹译　平装 16 开　28.80 元
2007 年 6 月出版　978-7-5013-3370-7

本书是法国印象派女画家苏珊娜·瓦拉东的传记。

中国古代北方民族与蒙古族服饰

王瑜著　精装 16 开　180.00 元
2007 年 8 月出版　978-7-5013-3506-0

本书介绍了蒙古族服饰文化的形成、发展与演变的历史过程，对于中国古代北方各民族的服饰特点及发展演变也有较为详细的介绍。书中配有历史图片及手绘插图近 300 幅，绘图精美细致，是历史、文化、服饰、美术研究者的较好参考养资料。本书史料翔实，内容丰富，有较高的阅读、收藏价值。

中国近代期刊装帧艺术概览

边靖编著　平装 16 开　120.00 元
2007 年 8 月出版　978-7-5013-3530-5

回顾自维新变法、辛亥革命到五四新文化运动，每一次的军事、政治、经济、文化冲突和推演，无不倚重于期刊和书籍，期刊装帧不仅具备印刷史的史学价值，更是超越简单文字表述的文化资料汇编。本书是一部力求反映中国近代期刊装帧艺术的资料性著作，收近代期刊 130 多种，图版 500 多幅。

《画语录》注译与石涛画论研究

王宏印译　平装 32 开　25.00 元
2007 年 10 月出版　978-7-5013-3526-8

本书是关于清代著名画家、画论家石涛的《画语录》文本研究及其绘画艺术研究的专著。《画语录》的文本研究涉及原文本注释、今译、英译、疏解，以及与《画谱》的异文比较研究和版本评价问题。以此为基础，本书对于石涛的绘画艺术和绘画思想，结合石涛的题画诗文分析和绘画精品解析，进行了较为系统而深入的研究，进一步补充了《画语录》的绘画思想。另外，本书还结合先哲时贤的石涛评论和评价，对于石涛的生平交游、思想历程、理论系统与创作技法等一系列问题进行了考证或阐发，基本上形成了对于石涛艺术理论与创作成就的综合性的认识和评价。附录部分集中讨论了《画语录》英译问题并有汉英术语对照表，以供参考。本书对于艺术史、艺术理论和艺术评论以及中国文化典籍的对外翻译，均有相当的认识价值与研究价值。

国家博物馆蜡像艺术馆

姜丰义主编　16 开　480.00 元

2008 年 3 月出版　978-7-5013-3653-1

本书是由国内一流的蜡像艺术家与博物馆学者通力协作，从博物馆学和艺术学的角度编写的一本图文并茂的关于蜡像艺术陈列研究与蜡像艺术理论探索的具有相当学术水准的图籍。全书在总结蜡像艺术馆办展经验的基础上，系统地探讨了蜡像艺术的陈列内容与形式设计，蜡像艺术的起源、特征、创作程序与过程，与国外蜡像艺术的比较，以及该艺术形式今后的发展方向等。

龚自强狂草圣教序

龚自强著　精装 8 开　380.00 元

2009 年 8 月出版　978-7-5013-4065-1

本书是龚自强的作品集，主要为用狂草书写的《圣教序》以及部分其他书画作品。龚自强，男，1966 年生，陕西城固人，先后进修于复旦大学中文系、解放军艺术学院美术系等，现为北京大学离退休教职工书法教师。龚自强自幼习书，自唐楷入手，尤其钟情于草书，特别是狂草，三一年来，刻苦磨砺，已形成个人独有的风貌。

中国当代著名书法家董凤树书法作品集

董凤树著　精装 8 开　360.00 元

2009 年 8 月出版　978-7-5013-4064-4

董凤树先生是中国当代著名书法家，现任中国书画艺术院院长、教授，兼任中国人民大学教授，尤擅隶书，在中国当代书坛有“董隶”之称。本书收录董先生近年来重要作品百余幅，装帧精美，极具收藏价值。

美哉世博

尹小林主编　12 开　380.00 元(精)　220.00 元(平)

2010 年 7 月出版

978-7-5013-4389-8(精)　978-7-5013-4390-4(平)

本书以图片的形式，全面而细致地介绍和展示了上海世博会的盛况及以造型各异的场馆为代表的各个侧面，是了解和纪念上海世博会的最佳读本。本书图片皆出自国内一流摄影师之手，使得本书具有极高的艺术性和收藏价值。

艺术品鉴定新探

中国艺术科技研究所编　精装 16 开　270.00 元

2010 年 12 月出版　978-7-5013-4463-5

本书由中国艺术科技研究所和首都师范大学联合编著。收录行业专家论文 23 篇，分为上编：建立艺术品科学鉴定的新系统，中编：科学检测艺术品的探索与研究，下编：艺术品经验鉴定的新篇章。介绍海内外艺术品鉴定的新科技，分析典型案例，梳理传统经验，从不同角度研究探讨中国书画、陶瓷、青铜器等艺术品鉴定的新方法。是艺术品收藏鉴定的重要著作。

电影胶片保护

张美芳、杨和平主编　16 开　28.00 元

2011 年 11 月出版　978-7-5013-4659-2

本书对胶片发展历史和电影胶片保护历史进行了系统的梳理，在胶片的结构、特性、老化机理等理论方面进行了较为详细的论述，分析了胶片保护过程中的长期存储技术、修复方法、管理模式、宏观调控等诸多方面的问题。在强调理论知识的系统性的同时，努力做到理论的前沿性和全面性，并将理论知识与实际工作紧密地结合，使之实用性和应用性更强。

艺术文献整理及应用论稿

史婕著　平装 16 开　67.00 元

2012 年 6 月出版　978-7-5013-4816-9

本书共收录《中国艺术研究院图书馆之现状与发展》《对〈中国大百科全书·音乐舞蹈卷〉“聂耳”条目的商榷》《常任侠的杂剧、散曲创作》等文章，涉及图书馆发展、“次善本”保护与利用、图书馆员工作等问题，有助于进一步推动图书馆学等相关研究的发展。

中国传统文化经典临摹字帖(全三十九册)

张恒选编　平装 16 开　240.00 元

2013 年 3 月出版　978-7-5013-4667-7

本书是一套临摹硬笔字帖，选取了儒、释、道的经典著作 28 种。是一套大众普及本的书法硬笔字帖。使用了方正硬笔字体，以乾隆大藏经和中华书局出版的版本为底本。

中国古代四大才女诗词选集

李岚清手写并治印　线装 8 开　2000.00 元

2013 年 5 月出版　978-7-5013-5067-4

李岚清同志多才多艺，精通书画篆刻。本书选取古代四大才女蔡文姬、卓文君、上官婉儿和李清照的著名诗篇数十首，李岚清同志亲笔抄录，并遴选一些诗句篆刻成印章，还为每位才女画像一幅列于每册之首，图文并茂，充分展示了李岚清同志的艺术才能。

毛泽东诗词手读(一函一册)

李洪峰书　线装 8 开　480.00 元

2013 年 12 月出版　978-7-5013-5221-0

为纪念毛泽东诞辰 120 周年，李洪峰同志精心挑选毛泽东生前审定发表的 42 首诗词，亲笔手书并题写书名。李洪峰同志酷爱书法，并具有一定的书法造诣。该书采用传统线装函套，宣纸双色印制，让读者在重温毛泽东诗词磅礴气势的同时，一并领略书法与传统工艺之美。

大方广佛华严经硬笔书法临摹字帖（全八十册）

张恒编　平装 16 开　580.00 元

2014 年 5 月出版　978-7-5013-5352-1

本书为硬笔书法临摹字帖，选取了实叉难陀译本为底本。“大方广佛华严经”是佛教最重要的经典，广为大众传诵。我们选取的这个底本是被广为认可的底本，以方正硬笔书法的形式排版，以满足大众习练书法的需求。

乾隆御制文物鉴赏诗

石光明等选编　精装 16 开　100.00 元

1993 年 8 月出版　7-5013-1026-2

清高宗爱新觉罗·弘历（1711—1799）精于古物鉴赏。编者从《乾隆御制诗》中选取咏颂文物的诗篇约 3400 余首，编辑成册。分为咏绘画、咏玉器、咏陶瓷、咏漆器、咏砚五大类。

新编乾隆御制文物鉴赏诗（全二册）

石光明等选编　精装 16 开　980.00 元

2014 年 8 月出版　978-7-5013-5153-4

本书是在 1993 年出版的《乾隆御制文物鉴赏诗》基础上加以完善而成，其底本为国家图书馆馆藏清光绪五年（1879）内府铅印《六朝御制诗文集》之《乾隆御制诗文集》。编者从中选辑出题咏绘画、玉器、陶瓷、漆器、古砚的诗词。其中“绘画类”4800 余首，“玉器类”700 余首，“陶瓷类”200 余首，“漆器类”60 余首，“古砚类”200 余首，共计 6000 余首。由于乾隆皇帝对文物的特殊爱好，加之其诗文多采用“五、七言绝句”写实的手法，惟妙惟肖地描绘出物品的内涵及外在特征，因此其诗文为文物研究和鉴赏提供了大量宝贵的历史信息，尤其是诗文中大量的小字批注及诗后跋语，更为文物鉴定提供了第一手数据。

“今奇猫”天趣

曹今奇绘　精装 12 开　400.00 元

2014 年 12 月出版　978-7-5013-5373-6

本书为旅美著名画家曹今奇先生的绘画作品集。收录曹先生的绘画作品及其在美国“中华书画研究院”的学生的作品百余幅。曹今奇作品的表现主题以画猫为主，他以中国传统水墨画的技法，表现了猫的各种神态，栩栩如生，妙趣盎然。

雅聚——沈周文人圈研究

徐慧著　平装 16 开　48.00 元

2015 年 8 月出版　978-7-5013-5653-9

明中期以吴门画派、吴门书派、吴中文学流派等为代表的吴中审美文化出现全面的兴盛和繁荣，达到了历史巅峰状态，作为社会和文化力量的中介，沈周文人圈参与了明中期吴中的文化过程，进行着吴地文化遗产的传递，连接起吴中的文化和社会，是社会历史前进的动力。沈周是吴中文人圈的核心和领袖，他开创、引领、贯穿了吴中审美文化的繁兴。全书分四部分，以沈周贯穿始终，通过考察沈周走向文人圈中心这一过程，全面展示明中期吴中文化发展态貌。从艺术生产史和社会学角度分析沈周取得辉煌艺术成就原因的同时，试图通过对沈周符号化过程的考辨，厘清文化与权力的互动关系，进而从文化资本、符号学的视角对传统书画艺术的功能和价值进行重新阐释。

书香养我——熊召政诗文书法展作品集

熊召政著　平装 16 开　160.00 元

2015 年 9 月出版　978-7-5013-5678-2

本书作者熊召政先生系著名作家，诗人，现为中国作家协会会员，湖北省作协副主席。本书是国家图书馆举办的熊召政诗文书法展作品的结集，收入熊先生的诗词书法作品约 50 幅，充分展示了熊先生的艺术成就及对艺术孜孜以求的精神。

紫禁城的记忆——图说清宫瓷器档案文房卷

北京中汉拍卖有限公司编著　平装 16 开　680.00 元

2016 年 4 月出版　978-7-5013-5812-0

本书从浩繁庞杂的清宫档案中，摘录出五千余条五十余万字的瓷质文房器物相关内容，涉及笔、砚、笔筒等书案文房器物，到各种文房香具、花器、茶酒具和陈设器玩，并尽量配上相关图片，可谓洋洋大观，可为文博系统、拍卖公司相关人员及个人藏家研究器物源流与辨别器物真伪提供可靠的依据，称得上一部关于瓷质文房研究与收藏的重要工具书。耿宝昌先生为本书题签，马未都先生为本书做序，更为本书增添了光彩。

清代题画诗类

吴企明编　精装 16 开　198.00 元

2016 年 4 月出版　978-7-5013-5440-5

《清代题画诗类》选取有清一代三百位诗人的四千余首题画诗，编纂体例以类编排，按山水、名胜、故实、闲适、古像、写真、行旅、羽猎、仕女、仙佛、鬼神、渔樵、树石、兰竹、花卉、花鸟、蔬果、禽鸟、走兽、鳞介、草虫、宫室、杂题等二十三类,厘为六十卷,涵盖各种题材、各种画科、各种体式的题画诗,以期呈现清代题画诗的全貌。

醪海遗帧——周叔弢先生藏酒票(一函三册)

周景良整理 线装8开 980.00元

2017年5月出版 978-7-5013-5772-7

酒票是酒的商标,展示品牌的悠久,承载每一个酒坊的历史。绍兴黄酒的生产都是手工业作坊、家族企业。几代之后,分出许多房子弟的许多家酒坊。实际上是各自独立的酒坊。但是这每一家都要表现本作坊是历史悠久的老字号,都要在酒票上标出同一个当初的老字号的名称。本次选编的这批酒票,不少都带有周叔弢先生的批语,既包含了饮酒的时间、友朋、地点,也有简短的品酒之语,是一份难得的酒文化历史资料。现用宣纸彩色印制,并制作详细目录、释文一册,供大家研究参考。

大鹤山人自用印集

郑伯象编著 精装16开 240.00元

2017年10月出版 978-7-5013-6274-5

大鹤山人郑文焯为晚清词学四大家之一,著名词学家、书画家、金石学家等。其传奇经历一直被后世文人所仰慕与讨论,是传统文人的重要代表。郑文焯不仅有深厚的文学造诣,更有极高的艺术审美观。目前仅见其词学出版物,但关于郑文焯的艺术观的文献资料尚未见。此次整理出版郑文焯自用印集可概观与讨论郑文焯的艺术观、补充文献价值。从闲文印章更可见其人生观。以往存世印谱仅存新中国成立后上海书店编辑《大鹤山人自用印谱》(非正式出版物),仅存49印。此次从书画原作、原钤印谱、手稿藏书等扫描收集郑文焯自用印147印,为目前所见最全印集,首次面世。收集工作长达五年,过程严谨。此次收集之外,将可考证出的印作作者一并列出,多为篆刻大家,部分含边款记事,可见证、补充郑文焯不同时期的交往历史。

水浒人物像传

韩显红编 精装16开 96.00元

2018年4月出版 978-7-5013-6392-6

本书所采用的底本是南京图书馆所藏的《水浒传人物图像》不分卷,清彩绘本,张琳所绘。原书开幅阔大,高39.3厘米,宽25.2厘米,画页内幅高31.6厘米,宽21.1厘米。经折装,内页挖镶,每幅图另有洒金空白笺半页,大约留待题咏之用。此次出版,采用现代设计,又加上了用于书写的空白,可起到笔记本之功效。

花间事——老树笺谱

刘树勇绘 平装16开 398.00元

2018年6月出版 978-7-5013-6441-1

以知名画家老树的300多幅作品所制笺谱,以类分册,精心装帧。其中作者为该笺谱新绘作品有100多幅,为首次面世。可作为常销礼品书。老树的粉丝达到了两百多万的规模。老树的画,具有深厚的传统水墨画功底,又富有时代气息,并且因其丰富的意趣和情感内涵,在当代文化界成为一个现象级的文化符号。此次取得刘树勇先生的同意,将其水墨画中的一些小品和他特意创作的小画,编辑为三册《老树笺谱》,以传统的笺谱形式,开发一种新的"老树笺谱",将传统与现代结合,为读者和市场提供一种全新的文化读物和高雅艺术礼品。

小有文章——静德轩藏文房瓷

王德元、卞亦文编著 平装16开 300.00元

2018年11月出版 978-7-5013-6611-8

本书收录静德轩藏明清文房瓷33件图片(约70幅整版图片)、相关专业文字说明。藏品主要来源:国有文物商店,海内外主要拍卖:苏富比、佳士得、嘉德、保利等拍卖行,大部分藏品有早年海内外出版、拍卖纪录,传承有序。

董平沙画集

董平沙绘 平装16开 68.00元

2018年11月出版 978-7-5013-6631-6

董平沙先生绘艺精湛,山水画和花鸟画艺术作品有着一种深厚的文人情结。为弘扬我国历史文化经典,繁荣艺术创作,我馆特邀请董平沙先生莅临国家典籍博物馆展览书画作品。本展览由国家图书馆(国家典籍博物馆)主办,2018年11月开展。本书收录其作品数十幅,可以全面展现其深厚文人情结的绘画风格及水平。通过对董先生书画作品的品鉴,以期对艺术教育有更深刻的启示,充分发挥我馆作为教育基地的功能,架起社会公众沟通、学习文化经典艺的桥梁。此书为本展览图录。

莫迪洛漫画(全十册)

本书是阿根廷漫画家莫迪洛的作品集。莫迪洛的漫画具有鲜明的艺术个性和独特风格。他的漫画色彩绚丽,向人们展示了一个神奇、梦幻的世界,超时空、超现实的想象使莫迪洛作品的幽默意境洋溢着浓郁的浪漫气息。此外,莫迪洛漫画具有深刻的思想内涵。他认为,人类不应该有任何隔阂而和平幸福地生活在一起,无字漫画的形式超越了语言的障碍，明确反映了他的这种思想主张。

莫迪洛漫画(1)

(阿根廷)莫迪洛绘　平装 20 开　29.80 元
2003 年 5 月出版　7-5013-2118-3

莫迪洛漫画(2)

(阿根廷)莫迪洛绘　平装 20 开　29.80 元
2003 年 5 月出版　7-5013-2119-1

莫迪洛漫画(3)

(阿根廷)莫迪洛绘　平装 20 开　29.80 元
2003 年 10 月出版　7-5013-2120-5

莫迪洛漫画(4)

(阿根廷)莫迪洛绘　平装 20 开　29.80 元
2003 年 5 月出版　7-5013-2121-3

莫迪洛漫画(5)

(阿根廷)莫迪洛绘　平装 20 开　29.80 元
2003 年 10 月出版　7-5013-2122-1

莫迪洛漫画(6)

(阿根廷)莫迪洛绘　平装 12 开　29.80 元
2004 年 3 月出版　7-5013-2190-6

莫迪洛漫画(7)

(阿根廷)莫迪洛绘　平装 20 开　29.80 元
2004 年 3 月出版　7-5013-2191-4

莫迪洛漫画(8)

(阿根廷)莫迪洛绘　平装 20 开　29.80 元
2004 年 3 月出版　7-5013-2192-2

莫迪洛漫画(9)

(阿根廷)莫迪洛绘　平装 20 开　29.80 元
2004 年 3 月出版　7-5013-2193-0

莫迪洛漫画(10)

(阿根廷)莫迪洛绘　平装 20 开　29.80 元
2004 年 3 月出版　7-5013-2194-9

屎捞人系列(3 种)

《屎捞人》是一套以小屎人为主角的故事绘本，这一个不同寻常的形象显示出作者香港著名作家谢立文编织故事、驾驭绘本非凡的能力。

屎捞人・浮屎若梦

谢立文著，梁智添画　平装 24 开　15.00 元
2004 年 7 月出版　7-5013-2449-2

本册《浮屎若梦》描述了一个小人物屎钩船长是如何追求理想的。从这些屎捞故事诗意的语言里触及许多平常不易感受到的生命哲理，很有令人感伤、让人感动的力量。

屎捞人・屎诗童话

谢立文著，梁智添画　平装 24 开　15.00 元
2004 年 7 月出版　7-5013-2451-4

本册《屎诗童话》收录了一些短篇故事，讲述的是自卑而自嘲的童话。

屎捞人・在路途上

谢立文著，梁智添画　平装 24 开　15.00 元
2004 年 7 月出版　7-5013-2450-6

本册《在路途上》讲述了一个关于新加坡的故事，有许多诙谐讽刺的地方，结局却曲折而伤感。

现代糗事录系列(3 种)

现代糗事录(第一季)上

叨棵烟著　平装 32 开　22.00 元
2006 年 12 月出版　978-7-5013-3367-X

本书取自曾列天涯论坛头条、人气超旺的一个本土原创的系列四格漫画，在短短的时间里点击超过 40 万次。以无厘头的搞笑风格，描绘了人们身边的“糗事”，是当代都市人解闷的一剂良药。

现代糗事录(第一季)下

叨棵烟著　平装 32 开　22.00 元
2006 年 12 月出版　7-5013-3418-8

本书为下册。

现代糗事录(第二卷)

叨棵烟著　平装 32 开　22.00 元

2007 年 6 月出版　978-7-5013-3490-2

自从网络漫画热贴《现代糗事录》第一季出版后，受到各类媒体及广大读者的关注。《新京报》《北京青年周刊》《瑞丽》《北京娱乐信报》和凤凰卫视都做了报道。本书是这一系列最新的漫画作品，将幽默搞笑的娱乐精神进一步的发扬光大。

文津雕版博物馆木刻诗词丛刊(6种)

本套丛书选择当代著名学者、诗人的诗词作品，使用辑自宋代黄善夫《史记》字体，采用手工雕版宣纸刷印形式加以出版，风格古朴，纸墨精良，兼具收藏与鉴赏价值。

马凯诗钞

马凯诗　线装 8 开　1200.00 元

2012 年 8 月出版　978-7-5013-4806-0

本书是‘文津雕版博物馆木刻诗词丛刊”之一种。马凯同志擅乍旧体诗词，其作品遵循传统格律，又不被陈规旧套所束缚，把形象思维与逻辑思维很好结合起来，清新可读。本书收录了作者所作旧体诗词 32 首。

郑欣淼诗钞

郑欣淼诗　线装 8 开　2000.00 元

2014 年 6 月出版　978-7-5013-5371-2

本书是“文津雕版博物馆木刻诗词丛刊”之一种。本书收录了作者所作旧体诗词 25 首。作者国学功底深厚，诗词风格大方古雅，遣词造句严谨讲究。

刘征诗钞

刘征诗　线装 8 开　1500.00 元

2015 年 3 月出版　978-7-5013-5059-9

本书是“文津雕版博物馆木刻诗词丛刊”之一种。刘征先生是我国当代著名语言教育家、古典诗词大家，本书收录了作者所作旧体诗词 25 首。

饶宗颐诗钞

饶宗颐诗　线装 8 开　1500.00 元

2015 年 3 月出版　978-7-5013-5057-5

本书是“文津雕版博物馆木刻诗词丛刊”之一种。饶宗颐先生是我国当代著名学者、书法家及古典诗词大家，本书收录了作者所作旧体诗词 25 首。

沈鹏诗钞

沈鹏诗　线装 8 开　1500.00 元

2015 年 3 月出版　978-7-5013-5058-2

本书是“文津雕版博物馆木刻诗词丛刊”之一种。沈鹏先生是我国当代著名书法家及古典诗词大家，本书收录了作者所作旧体诗词 27 首。

杨金亭诗钞

杨金亭诗　线装 8 开　1500.00 元

2015 年 3 月出版　978-7-5013-5060-5

本书是“文津雕版博物馆木刻诗词丛刊”之一种。杨金亭先生是当代著名古典诗词作家。本书收录了作者所作旧体诗词 25 首。

历　史

世纪人物传记故事丛书(4辑)

刘俊峰主编　300.00元(套)　75.00元(辑)

书后均附人物年谱、推荐书目。

世纪人物传记故事丛书(第一辑)(全十五册)

平装32开　75.00元

1996年9月出版　7-5013-1310-5

共15册。分别为:1.报界君王——普立策;2.存在与自由——萨特与西蒙;3.革命伟人——列宁;4.宏观经济学之父——凯恩斯;5.画坛叛逆——毕加索;6.欢乐英雄——迪斯尼;7.经营之神——松下幸之助;8.绿茵球王——贝利;9.美国的光荣——罗斯福;10.民主先驱——孙中山;11.上帝之眼——托尔斯泰;12.时空巨人——爱因斯坦;13.世界拳王——阿里;14.印度圣雄——甘地;15.政界铁娘子——撒切尔夫人。

世纪人物传记故事丛书(第二辑)(全十五册)

平装32开　75.00元

1997年1月出版　7-5013-1351-2

共15册。分别是:1.超越与毁灭——尼采;2.帝王狂人——希特勒;3.航天奇才——冯·布劳恩;4.和平斗士——曼德拉;5.黑色闪电——刘易斯;6.军火大王——杜邦;7.蓝色巨人——沃森;8.蓝天骑士——米高扬;9.美国战神——麦克阿瑟;10.世界首富——堤义明;11.文学行者——海明威;12.喜剧泰斗——卓别林;13.亚洲龙种——李嘉诚;14.音乐探索者——斯特拉文斯基;15.英国中坚——丘吉尔。

世纪人物传记故事丛书(第三辑)(全十五册)

平装32开　75.00元

1997年1月出版　7-5013-1352-0

共15册。分别是:1.病魔克星——弗莱明;2.产业狂人——休斯;3.嘲讽大师——萧伯纳;4.法国的尊严——戴高乐;5.工业巨头——福特;6.科学顽主——费曼;7.篮坛飞人——乔丹;8.灵魂的智者——荣格;9.神秘影星——嘉宝;10.数学巨匠——希尔伯特;11.索尼的精髓——盛田昭夫;12.外交大师——基辛格;13.文明的驿使——李约瑟;14.新加坡的骄傲——李光耀;15.音乐帝王——卡拉扬。

世纪人物传记故事丛书(第四辑)(全十五册)

平装32开　75.00元

1997年1月出版　7-5013-1353-9

共15册。分别是:1.超越时空——霍金;2.当代球王——马拉多纳;3.管理大师——亚科卡;4.黑人之魂——马丁·路德·金;5.控制论先驱——维纳;6.平民首相——田中角荣;7.情爱祭司——劳伦斯;8.睿智之灵——罗素;9.生命的光芒——海伦·凯勒;10.苏联落日——戈尔巴乔夫;11.微软霸主——比尔·盖茨;12.现代舞后——邓肯;13.悬念大师——希区柯克;14.雪国之子——川端康成;15.摇滚歌王——迈克尔·杰克逊。

三晋历史人物(全四册)

刘贯文、任茂堂、张海瀛主编,冀满红副主编

“三晋文化研究丛书”之一。共分四册,所收历史人物从远古到民国末年,共计600余人,有政治家、思想家、史学家、教育家、自然科学家、文学艺术家。以收山西省籍历史人物为主,对居留山西较久的外省籍历史人物择优收入。

三晋历史人物(第一册)

平装32开　13.40元

1993年4月出版　7-5013-0999-X

本册收入远古至南北朝时期的人物传记 175 篇。

三晋历史人物（第二册）

平装 32 开　16.50 元

1993 年 4 月出版　7－5013－1000－9

本册收入隋代至宋代时期的人物传记 244 篇。

三晋历史人物（第三册）

平装 32 开　20.00 元

1995 年 2 月出版　7－5013－1111－0

本册收入辽代至清代 214 篇传稿。

三晋历史人物（第四册）

李吉副主编　平装 32 开　14.00 元

1994 年 12 月出版　7－5013－1170－6

本册收入活动于 1911 至 1949 年间的人物传记 103 篇。

历史人物传记系列

一代枭雄袁世凯

廖一中著　平装 32 开　22.80 元　25.00 元

1997 年 10 月出版　2004 年 12 月再版

7－5013－1432－2

本书描述了袁世凯一生的政治、军事、经济、外交、教育等方面的活动，以及他的青少年、家庭、儿女乃至婚配。全书共分 16 节。

慈禧太后（全三册）

刘学慧著　平装 32 开　79.80 元

2000 年 10 月出版　7－5013－1065－3

本书是中国历史上无冕女皇——慈禧太后一生的传记小说。

康熙皇帝（全三册）

邹祖尧著　平装 32 开　69.80 元

2000 年 10 月出版　7－5013－1099－8

本书描述了大清帝国在位时间最长、康乾盛世的伟大开拓者——康熙皇帝辉煌的一生。

乾隆皇帝（全三册）

魏红莉著　平装 32 开　69.80 元

2000 年 10 月出版　7－5013－1147－1

本书叙述清代乾隆皇帝（爱新觉罗·弘历）的一生。

雍正皇帝（全三册）

赵辉著　平装 32 开　69.80 元

2000 年 10 月出版　7－5013－1106－4

本书叙述清代雍正皇帝（爱新觉罗·胤禛）的一生。

刘邦大帝（全二册）

刘乐土著　平装 32 开　49.80 元

2001 年 1 月出版　7－5013－1764－X

本书记叙汉代开国皇帝刘邦的一生及秦汉初期的历史。

拿破仑全传（全二册）

刘乐土著　平装 32 开　45.80 元

2001 年 1 月出版　7－5013－1763－1

本书讲述了拿破仑伟大而动荡的一生，以时间为线索，逐一叙述他的生平事迹，其间穿插着重大历史事件。本书还涵盖了拿破仑的个人感情生活及书信便笺。是了解拿破仑生平的一本较好的传记文学。

秦始皇（全二册）

刘乐土著　平装 32 开　56.80 元

2001 年 1 月出版　7－5013－1765－8

秦始皇是中国历史上登峰造极的人物，他一手缔造的神奇霸业，前无古人，万世不朽。本书再现了秦始皇的一生。

刘秀大帝（全二册）

刘乐土著　平装 32 开　49.80 元

2001 年 4 月出版　7－5013－1794－1

在中国历史上的诸多封建帝王中，工于心计、善于用人的不胜枚举，善于用兵的也层出不穷，但集网尽人心、用兵如神于一身的皇帝，当首推汉光武帝刘秀。刘秀是中国历史上学识最高的封建帝王。他曾就读于太学府，得大学士称谓。他广博的学识不仅折服了后世诸代帝王，就连朝中名儒也甘拜下风。可以说，刘秀作为一个帝王是伟大的，极有作为的。

丘吉尔全传（全二册）

刘乐土著　平装 32 开　45.80 元

2001 年 4 月出版　7－5013－1789－5

本书叙述了丘吉尔的成长经历、从政过程及其在二战中的特殊贡献，展现了主人公成长时代的世界历史画貌及主人公和罗斯福、斯大林、戴高乐等人的交往和关系。

隋文帝(全二册)

武荣益著　平装 32 开　49.80 元
2001 年 4 月出版　7-5013-1795-X

本书为隋文帝杨坚的传记。

朱元璋大帝(全二册)

刘乐土著　平装 32 开　49.80 元
2001 年 4 月出版　7-5013-1793-3

本书从“顽劣少年”“乱世从军”到登上皇位、生命结束,以基本历史史实为线索,用通俗的笔法,叙述了明代开国皇帝朱元璋的一生。

大清皇帝全传(全二十四册)

赵辉等著　精装 32 开　980.00 元
2001 年 8 月出版　7-5013-1792-5

本套书包括:努尔哈赤、皇太极、顺治、康熙、雍正、乾隆、嘉庆、道光、咸丰、同治、光绪、宣统 12 位皇帝的传记。本套书描写了他们的政绩和生活,使读者阅读后对中国历史长河中近三百年的风云变幻有所了解。

成吉思汗(全二册)

刘乐土著　平装 32 开　56.80 元
2001 年 9 月出版　7-5013-1816-6

本书对成吉思汗征服天下的一生做了较详细的介绍。他将草原上落后、分裂的蒙古部族统一在了一起,并且成功地建立了地跨欧、亚两大洲的大帝国,开启了“丝绸之路”,推进了东西方以及阿拉伯各国之间的经济文化交流,为元朝的建立奠定了坚实的基础。

努尔哈赤大帝(全二册)

古鹤著　平装 32 开　49.80 元
2001 年 9 月出版　7-5013-1825-5

本书叙述后金国开国君主努尔哈赤披先祖十三副遗甲起兵、统一女真、创制八旗制度、建立后金、创建满文等一生主要事迹。全书故事性强,内容丰富。本书对晚明腐朽统治有所揭露,读者亦可从中欣赏到女真族聚居区的自然风光、风土人情。

武则天大帝(全二册)

葛思绪著　平装 32 开　56.80 元
2001 年 9 月出版　7-5013-1813-1

本书是中国历史上唯一一个女皇帝武则天的传记,由她 14 岁被选入宫为才人始,至晚年称帝,直至病死。书中对宫廷政治斗争多有描写,对武则天性格做了多方面揭示。

左宗棠(全二册)

李文澄著　平装 32 开　48.00 元
2001 年 10 月出版　7-5013-1817-4

本书是清末著名人物左宗棠的一生传记。

曾国藩(全二册)

刘学慧著　平装 32 开　48.00 元
2001 年 12 月出版　7-5013-1824-7

本书叙述曾国藩一生主要事迹。

刘墉(全二册)

赵辉著　平装 32 开　48.00 元
2001 年 12 月出版　7-5013-1837-9

刘墉(1719—1804),清乾隆十六年进士,官至体仁阁大学士、太子太保。本书在大量史料基础上,糅合民间传说,抓住人物主要事迹,叙述刘墉的一生,塑造了一个足智多谋、刚正不阿、清正廉洁、断案如神的清官形象。

年羹尧(全二册)

赵强著　平装 32 开　48.00 元
2001 年 12 月出版　7-5013-1838-7

年羹尧是清朝康熙、雍正年间的重臣,曾任川陕总督、抚远大将军,为平定西北边地的叛乱,立下奇功。本书结合史实,生动描绘其不平凡的求学、仕途和征战生涯,中间也穿插了许多感人的爱情故事和其矛盾的内心世界。情节跌宕起伏,扣人心弦,充分展示其轰轰烈烈而又充满悲剧色彩的一生。

张廷玉(全二册)

尧子著　平装 32 开　39.80 元
2001 年 12 月出版　7-5013-1839-5

本书作为一本历史传记小说,既结合清代历史事实,介绍张廷玉其人其事及其不同寻常的一生,又在史实的基础上融入了作者本人的再创作,全面展示了张廷玉的官场生涯、情感世界及家庭生活。

李自成(全二册)

刘乐土著　平装 32 开　58.00 元
2002 年 1 月出版　7-5013-1873-5

本书为李自成一生传记。从其出生、揭竿起义、西安称帝、入主北京,直至被清军与吴三桂联合击败、命丧九宫山(一说是出家为僧),内容丰富。展现了明末农民大起义波澜壮阔的历史场面,肯定了以李自成为首的农民起义军推翻晚明腐朽统治的历史功绩。作者还以客观的笔触,批评了李自成入主北京之后目光短浅、不分忠奸、沉溺声色等问题。故事发人深思。

杨贵妃(全二册)

魏石著　平装32开　49.80元
2002年1月出版　7-5013-1881-6

本书为杨贵妃一生传记。

忽必烈大帝(全二册)

铁木尔著　平装32开　39.80元
2002年2月出版　7-5013-1887-5

本书为元世祖忽必烈的传记。忽必烈出生于蒙古皇室家庭,是成吉思汗之孙。他抢登汗位之后,结束了宋、辽、夏、金、蒙古几个政权长达300多年的血腥混战。元朝的统一是中国历史上空前的大统一。

洪承畴(全二册)

周鹏飞著　平装32开　48.00元
2002年4月出版　7-5013-1888-3

洪承畴既是大明总督,又是大清五省经略。这位明清之际两朝的权臣,由镇压农民起义军发家,到招抚南明反清势力,为皇帝鞠躬尽瘁,身心俱焚。

刘铭传(全二册)

裴章传著　平装32开　48.00元
2002年6月出版　7-5013-1917-0

本书是清代首任台湾巡抚刘铭传的一生传记。尊重史实,资料丰富。全面刻画了刘铭传整体形象及功过是非,并展示了晚清那段屈辱的历史。

僧格林沁(全二册)

刘学慧著　平装32开　48.00元
2002年6月出版　7-5013-1921-9

僧格林沁是中国近代史上的重要人物,本书讲述了他从一个蒙古草原上的贫穷少年,到进京成为王府少爷,到继承王位、走入政坛的故事。

胡雪岩(全二册)

李文澄著　平装32开　48.00元
2002年10月出版　7-5013-1955-3

胡雪岩(1823—1885),清末大资本家。原名胡光墉,字雪岩。初在杭州开银号,经理官库银务。1861年从上海运军火接济杭州清军,被太平军击退。次年又助左宗棠组织"常捷军"。1866年协助左办福州船政局,为其采运军火,筹供军调。他依靠湘军权势,还在江、浙、湘、鄂等多省设阜康银号及当铺20余处,在杭州开庆余堂中药店,经营出口丝业,后受洋商排挤破产。本书讲述了胡雪岩的一生。

赵匡胤大帝(全二册)

刘乐土著　平装32开　49.80元
2002年10月出版　7-5013-1960-X

赵匡胤是中国历史上一位军人出身的封建帝王,他演绎了历史上著名的"陈桥兵变""黄袍加身""杯酒释兵权"故事,最后还留下了"烛影斧声"的千古谜团。本书用通俗的语言描述了他传奇的一生。

袁崇焕(全二册)

夏立堃著　平装32开　48.00元
2002年11月出版　7-5013-1957-X

本书为袁崇焕传记,叙述袁崇焕一生重要事迹。袁崇焕素怀大志,在明末抗击后金的斗争中成长为一代名将。后遭后金皇太极反间计,被多疑的崇祯皇帝处以剐刑而死。本书内容丰富,史料翔实。

孝庄皇后(全二册)

夏立堃著　平装32开　56.80元
2003年1月出版　7-5013-2071-3

本书记叙了明代清初政治舞台上至关重要的人物——孝庄皇后的一生。孝庄13岁嫁给努尔哈赤的八皇子皇太极做侧福晋,从而开始了她的宫廷生活和政治斗争经历。她一生经历四朝,辅佐了两朝幼年天子亲政。

赵构皇帝(全二册)

刘乐土著　平装32开　49.80元
2003年1月出版　7-5013-2072-1

本书描述了南宋开国皇帝赵构的政治、宫廷生活,反映了其对金一味求和妥协、对奸臣偏听偏信、对忠臣多贬斥不用等较为突出的特点。

万历皇帝(全二册)

贺古著　平装32开　49.80元
2003年5月出版　7-5013-2128-0

本书记叙了明代万历皇帝一生中诸如张居正改革、国本之争等重大事件,令人信服地展示了客观形势以及人的性格因素是如何左右历史的发展进程的。阅读本书不仅可以得到令人惬意的艺术享受,同时还可以让人联系史实,深入了解万历时期在整个明代历史上的重要转折意义。

郭嵩焘(全二册)

崔通宝著　平装 32 开　56.80 元

2003 年 12 月出版　7-5013-2158-2

郭嵩焘是我国近代第一位驻外公使。本书重点描写了郭嵩焘在内政和外交两方面的活动,反映了郭嵩焘主张学习西方科学技术的强国思想以及“循理而动”的外交思想,从中展现了晚清社会在走向近代化过程中的艰难性和曲折性,给后人留下了许多的启发和经验教训。

张之洞(全二册)

杨敏著　平装 32 开　48.00 元

2003 年 12 月出版　7-5013-2138-8

本书传主张之洞(1837—1909)是古今中西大交汇的晚清社会的产儿。他对这个转型时代的政治、经济、军事、外交、文化、教育等诸多侧面打上鲜明印记。本书将张之洞生平中鲜为人知的事迹汇为一编,可使读者多角度、全方位地了解这一重要历史人物,亦可从一特定角度相当典型地反映出咸丰、同治、光绪、宣统年间中国社会走过的曲折坎坷的路径。

吴三桂(全二册)

周鹏飞著　平装 32 开　48.00 元

2004 年 1 月出版　7-5013-2186-8

本书以叙述性的语言勾勒出吴三桂一生的概貌,侧重描写吴三桂的军事才能及情感经历,从中可见其在中国历史剧变中的巨大作用。

永乐皇帝(全二册)

刘乐土著　平装 32 开　49.80 元

2004 年 4 月出版　7-5013-1253-2

永乐皇帝朱棣是中国历史上最具盛名的有为帝王之一。他经国有方,锐意改革,修《大典》、疏运河、结四夷、拓疆土,开创了大明帝国最为繁华昌硕的盛世。本书着笔清朗,情节跌宕,生动、鲜活地再现了永乐皇帝朱棣鲸吞日月、气宇非凡的恢宏一生。

李渊大帝(全二册)

刘乐土著　平装 32 开　49.80 元

2004 年 8 月出版　7-5013-2445-X

李渊是中国封建帝制时期功业卓著的有为帝王,同时也是中国历史上最具争议、毁誉参半的帝王之一。

奕䜣(全二册)

徐前著　平装 32 开　56.80 元

2004 年 8 月出版　7-5013-2446-8

本书记叙了晚清政坛的政治家、外交家,洋务派领导者之一恭亲王奕䜣的一生。

李世民大帝(全二册)

葛思绪著　平装 32 开　39.80 元

2004 年 9 月出版　7-5013-2474-3

唐太宗李世民是中国两千多年封建历史中屈指可数的伟大帝王之一。他的铁骑为中华开辟的版图和疆域广袤无边,超过了过去的历朝历代;他统御的大唐王朝是当时世界上最强盛、最先进的国家;他缔造的“贞观盛世”空前绝后,美名永驻千古史册。本书对李世民的一生做了精彩的刻画。

诸葛孔明

陈舜臣著　平装 16 开　39.80 元

2005 年 12 月出版　7-5013-2419-0

在三国历史的分合之间,诸葛孔明精熟时势,洞烛先机,于毫无实力中,创造出一种主导历史发展的形势。孔明的生涯之所以感动人,正因为他那坦然地面对乱世的诚实,以及壮志未酬身先死的悲剧性。

吴佩孚传(全二册)

郭剑林著　平装 32 开　50.00 元

2006 年 3 月出版　7-5013-2998-2

作为民国军阀混战时期直系军阀的领军人物,吴佩孚以“学者军阀”著称于世。本书以波澜壮阔的军阀战争史为背景,再现了吴佩孚戎马倥偬的一生。

翁同龢(全二册)

刘学慧著　平装 32 开　39.80 元

2007 年 2 月出版　978-7-5013-3438-4

翁同龢出身官宦家庭,父兄都是朝廷大臣。他是晚清政坛上的重要人物,他生活的时代几乎和中国近代史相始终。甲午战争中他坚持抗日,反对投降;戊戌变法中力图自强,促进变法,对国家和民族做过贡献。翁同龢长期在清廷担任要职,处在晚清政治旋涡的中心。他为官 40 多年,状元宰相,两朝帝师,位极人臣,尊荣无比,任户部尚书,主管全国财政 10 余年两袖清风,开缺回乡后囊无余资，晚年生活尚须亲友和门生接济，甚至典卖字画度日，其道德操守、清廉作风，也是值得称赞的。

嬴政大帝

北极苍狼著　平装16开　32.00元

2007年4月出版　978-7-5013-3435-3

本书为小说家董琦的力作，描写了秦始皇在争逐权力、统一六国的过程中性格的转变、心态的变化，突出了他生命中的孤独感以及对死亡的恐惧，对这位千古第一帝做出了全新的刻画和诠释。

曹操

段树军著　平装16开　32.00元

2007年6月出版　978-7-5013-3454-4

本书以小说的形式，塑造了东汉末年三国时期那个动荡年代群英并起的枭雄——曹操的形象，小说尊重史实，事例有别于《三国演义》，重塑了曹操既有雄才大略，又机智善变的人物性格。

李自成新传

谢承仁著　平装16开　35.00元

2007年8月出版　978-7-5013-3476-6

本书为著名明史专家、首都师范大学教授谢承仁先生与吴晗先生共同写作的历史普及读物，史料翔实，语言通俗，角度新颖，为我们了解李自成这一农民起义领袖提供了一个全新的读本。

丘吉尔传

李娟、李微微著　平装16开　35.00元

2008年11月出版　978-7-5013-3657-9

本书是一部人物传记，记叙了二战时期著名历史人物丘吉尔那曲折而传奇的一生。书中附有插图。

和珅秘传（全二册）

兴华著　平装32开　39.80元

2009年5月出版　978-7-5013-1740-0

本书是清朝著名权臣和珅的传记。作者在叙述和珅一生的同时，描述了清代官场、军队的腐败及社会历史状况。

和珅秘史（全二册）

华博著　平装16开　58.00元

2009年12月出版　978-7-5013-4205-1

本书记叙了中国清代著名人物和珅的传奇一生，分上、下册，文中配有百余幅历史图片，图文并茂。

武则天

李娟、李微微著　平装16开　38.00元

2010年5月出版　978-7-5013-4366-9

本书记叙了中国历史上唯一的一位女皇武则天的一生，选取了她风云变幻一生的几个侧面，以点带面，以微知著，从多个角度勾勒出这位女性的传奇一生。

拿破仑传

李娟著　平装16开　35.00元

2011年8月出版　978-7-5013-3426-1

本书是拿破仑的传记，叙述了拿破仑百战百胜而最终身陷囹圄的一生，同时穿插了他那引人注目的爱情、婚姻经历，并对他成功、失败的原因及经验教训进行了一定的分析和解读。

最具历史影响的华夏101帝王

杜文青著　平装16开　48.00元

2011年8月出版　978-7-5013-3563-3

本书选取中国历史上最具影响力的101位帝王，他们有人雄才大略，开疆拓土；有人阴郁凶残，杀人如麻；有人软弱怯懦，郁郁寡欢，但无论如何，他们都在中国历史上留下了深深的印记。

石勒评传

李智文著　平装32开　25.00元

2011年8月出版　978-7-5013-4476-5

石勒是十六国时期后赵的建立者。他是一位传奇人物，从奴隶到皇帝，为整个世界历史上的唯一一人。本书作者为邢台学院历史系教授、著名后赵史专家。作者用深入浅出的语言，讲述了石勒传奇的一生，并分析了其成败经验。

慈禧

李娟、华博、李岩著　平装16开　35.00元

2011年10月出版　978-7-5013-3479-7

本书是一部历史人物小说。慈禧太后统治中国长达48年，其间经历了洋务运动、太平天国、甲午战争、戊戌变法、义和团、八国联军等重大历史事件。本书描写和记叙了这些人物和事件，特别着重刻画了慈禧那充满传奇和曲折的一生。

和珅

李娟、李微微著　平装16开　32.00元
2011年10月出版　978-7-5013-3451-3

本书为长篇历史人物小说。和珅为清乾隆时期的重臣，也是中国历史上著名的贪官。本书对其发迹、受宠、专权一直到毁灭的一生进行了生动的描述。

马可·波罗介绍与研究

余士雄主编　平装32开　1.55元
1983年12月出版

本书选辑了自清同治十三年（1874）发表第一篇介绍马可·波罗的文章至今100多年来，我国报刊上发表的有关马可·波罗的介绍文章和研究论文38篇。

香妃

于善浦、董乃强编　平装32开　2.05元
1985年8月出版

本书汇集了1982年底以前编者所能收集到的关于香妃的文献资料。

广名将传

（明）黄道周注，孟冰点校　平装32开　2.20元
1986年11月出版

本书为明末著名学者与大臣黄道周注，是在陈元素改编宋人张预所集《百将传》为《名将传》的基础上所作的增广辑评本。

谱牒学研究（3辑）

不定期学术性论丛。收集论述谱牒起源、撰修、内容、价值及收藏情况的论文，刊登名谱研究、名谱题跋、有关谱牒学研究的重要资料及综述文章。

谱牒学研究（第一辑）

武新立主编　平装32开
1989年12月出版

谱牒学研究（第三辑）

武新立主编　平装32开　7.30元
1993年1月出版　7-5013-0955-8/K.132

谱牒学研究（第四辑）

武新立主编　平装32开　11.70元
1995年1月出版　7-5013-1186-2/K.203

纪晓岚年谱

贺治起、吴庆荣编　平装32开　7.90元
1993年6月出版　7-5013-0998-1

纪昀（1724—1805），字晓岚，主持并纂修了世界历史上规模最为宏大的一部百科全书式的大丛书——《四库全书》，且撰写了《四库全书总目提要》200卷，还编写了一部涉猎古籍之门径的重要工具书《四库全书简明目录》20卷，另有笔记小说《阅微草堂笔记》24卷等多种诗文集行世。

三国谋士的故事

王登云、白萍等编　平装32开　5.90元
1994年2月出版　7-5013-1084-X

在中央电视台推出大型电视连续剧《三国》之际，本书从《三国演义》中选取了29篇有关三国谋士的故事，汇编成集。

三国战将的故事

王登云、肖瑞英等编　平装32开　5.90元
1994年2月出版　7-5013-1084-X

在中央电视台推出大型电视连续剧《三国》之际，本书从《三国演义》中选取了45篇有关三国战将的故事，汇编成书。

近现代名人学者生活录

文中生、张凤云编　平装32开　5.40元
1995年12月出版　7-5013-1231-1

本书从《北洋画报》中选收129篇文章，记述了我国近现代数十名学者、名流在各个领域或学科中的成就，及其生活境况、思想状态、专长爱好、趣闻轶事和别人对他们的评价。

克拉拉·蔡特金评传

孙寒冰著　平装32开　14.50元
1997年5月出版　7-5013-1342-3

本书是一部具有学术价值的政治历史传记，集中反映了改革开放以来中国学术界对德国共产党创始人之一克拉拉·蔡特金研究的成果。

庞迪我与中国（全二册）

张铠著　平装32开　75.00元
1997年11月出版　7-5013-1427-6

本书以地理大发现以后全球一体化进程为背景，以东西方文化交流大潮为经纬，以晚明中国社会为舞台，着重从耶稣会“适应”策略形成与发展的新视角来研究庞迪我的生平和业绩，以期对东西方文化交流的规律进行一些新的探讨。本书是国内外第一部研究庞迪我的专著，同时用中文和西班牙文出版。

忽必烈的帝国

郝家林著　平装32开　18.00元
2000年1月出版

本书采用纪实手法论述元代忽必烈一朝的政治和军事斗争，以时间作为纵线，以事件和人物作为横线，按照事件本来的发展进程展开情节化叙述，有具体描写，也有宏观把握，既看重事件发展的独立线索，又注重相关事件彼此间的联系。

孙中山研究论集——纪念辛亥革命九十周年

徐万民主编　平装32开　21.00元
2001年8月出版　7-5013-1809-3

本书是为纪念辛亥革命九十周年出版的海内外学者有关孙中山研究的论文汇编。

郑良树研究

毛策著　平装32开　15.00元
2002年5月出版　7-5013-1895-6

本书是作者近年来从事东南亚华裔学者个案研究中的一种，深入分析了东南亚著名华裔学者郑良树先生在商鞅学派研究、韩非子研究、辨伪学、校雠学及诸子研究、马来西亚华文教育史研究等领域的思想、方法及学术成就。

列宁的一生(全二册)

(美)刘易斯·费希尔著，彭卓吾译　平装32开　60.00元
2002年9月出版　7-5013-1934-0

本书是根据美国作家刘易斯·费希尔所著同名传记俄文版翻译的。刘易斯·费希尔是美国著名新闻记者兼传记作家。他曾两度访问俄国，并和列宁直接交往，在俄国居住长达14年之久，搜集并掌握了大量珍贵资料，经过40多年的艰苦努力，写出了这部记述列宁一生政治活动、社会活动和生活情况的长篇巨著。本书语言生动，材料丰富，较为详尽而形象地写出了一个活生生的列宁，并兼及列宁时代的苏俄历史和重要历史人物，具有很高的学术价值和史料价值，曾荣获美国最高文学奖——国家图书奖。

孙中山与辛亥革命

徐万民主编　平装32开　38.00元
2002年9月出版　7-5013-1946-4

本书是“孙中山与辛亥革命——纪念辛亥革命90周年国际学术研讨会”论文集。

张寿镛先生传

俞信芳著　32开　25.00元
2003年5月出版　7-5013-2116-7

本书是张寿镛先生的生平传记。作者以严谨的态度对传主的生平事迹作了介绍。力求句句有根据、字字有来源。张寿镛先生在北洋军阀时期，历任浙江、湖北财政厅厅长，有“善于理财”之誉，民国时期历任江苏省政务委员、财政部次长、政务次长。辞职后不愿谈官宦生涯。后全力创办光华大学，编刊《四明丛书》。晚年著书立说。本书写出了一个清末举人发展成为一个视野开阔的爱国教育家、藏书家、文古大家的过程。

人物世界历史(全二册)

张振宇主编　平装32开　46.80元
2004年4月出版　7-5013-1093-9

本书通过众多历史人物，囊括了世界五千年的历史进程。

人物中国历史(全二册)

张振宇主编　平装32开　46.80元
2004年4月出版　7-5013-1786-0

本书通过众多历史人物，囊括了中国历史几千年的历程。

刘基事迹考述

杨讷著　平装32开　18.00元
2004年6月出版　7-5013-2444-1

本书以翔实的文献资料、严谨的逻辑推理，对明代以来民间及学术界对刘基的评价进行了质疑，判定前人评价刘基的主要依据《故伯刘公行状》不仅内容多假，其作者姓名与撰写时间也属伪托，并依据史料对刘基的一生事迹重新进行评价，从而还历史以原貌。

攒起历史的碎片

马思猛著　平装16开　28.00元
2007年10月出版　978-7-5013-3537-4

本书记述了马彦祥“戏如人生，人生如戏”的一生。所谓“戏如人生”，是指他由演戏、写戏、导戏，再到出任戏曲改进局的领导，这样与戏曲戏剧一生的不解之缘；所谓“人生如戏”，则是指他一生丰富多彩的戏剧化的人生经历，正如他与白杨、林斐宇、云燕铭及童葆苓等人的舞台情缘。

吴佩孚研究——第三届吴佩孚生平与思想学术研讨会论文集

唐锡彤、吴德运等主编　平装 32 开　28.00 元

2007 年 12 月出版　978-7-5013-3593-0

本书分三部分，研究内容涉及吴佩孚的生平、思想学术、民族气节和人格操守等方面，是吴氏研究的最新成果。也是中国近现代史研究的重要参考文献。

吴佩孚新论——吴佩孚国际学术研讨会论文集（全二册）

唐锡彤、刘晓焕、吴德运主编　平装 32 开　68.00 元

2014 年 12 月出版　978-7-5013-5514-3

本书是 2014 年召开的“吴佩孚国际学术研讨会”的论文集，书中收录论文 50 余篇，内容涉及吴佩孚的生平、交友、学术思想及人格操守等方面，是对近代史尤其是民国史的研究有一定的参考价值。

周绍良年谱

李经国编　平装 32 开　38.00 元

2008 年 4 月出版　978-7-5013-3602-9

本书是对著名学者周绍良先生一生事迹的记事编年之作。起于清道光十七年（1837）周绍良曾祖父出生，迄 2007 年周绍良逝世两年后，提纲挈领地记录和总结了谱主重要的学术活动及其主要著述。于每年纲目之下，引用有关诗文、书信，并对所涉及的人物、著作、事件逐一注释。正文后附录周绍良捐赠书画及自藏墨和拓片目录，并国家图书馆、天津图书馆收购周绍良藏拓片目录。对于了解周绍良本人及相关历史人物、宗教、哲学、敦煌学等学科和收藏领域的研究都有重要意义。

金石梦　故宫情——我心中的爷爷马衡

马思猛著　平装 16 开　35.00 元

2009 年 4 月出版　978-7-5013-3975-4

本书介绍了曾任西泠印社社长、北大教授和故宫博物院院长的我国著名考古学家、金石学家马衡历尽艰辛而又丰富多彩的生活经历。王世襄封面题字。

陈琪与近代中国博览会事业

谢辉、林芳著　平装 16 开　45.00 元

2009 年 7 月出版　978-7-5013-3787-3

陈琪（1878—1925），浙江青田人，毕业于江南陆师学堂，当过湖南武备学堂监督、两江督练公所主任、陆军第四中学堂总办、创办过《南洋兵事杂志》；担任过奉天劝业道，创办了奉天兴业银行；曾随五大臣出国考察政治，担任过国会议员，出任浙江省议会副议长，在他并不漫长的人生中，在中国近代政治、经济、军事史上都留下过影响。本书依据翔实、可信的史料，对陈琪与中国近代博览事业的发展作了清晰、具体和系统的描述，同时更进一步，对导致陈琪获得成功或留下些许遗憾的时代和社会环境因素作了比较深入的探讨。通过对陈琪这一具有典型意义的个体生命的历程与近代中国博览会事业发展的曲折历程的探索与剖析，从一个侧面反映了中国走向世界的艰难历程。

品读帝王

刘登阁著　平装 16 开　29.80 元

2012 年 5 月出版　978-7-5013-3498-8

本书选取了中国历史上极具代表性的 20 余位帝王，用品读的方式，分析了开国之君、守成之君、亡国之君、篡位之君、傀儡皇帝等帝王的经历及历史教训。在古代专制社会，帝王是国家的最高统治者，拥有法律、行政、军事、文化等一切权力，中国有明确记载以来的历史其实就是一部帝王史，没有哪个朝代没有帝王。

孔子世家艺文志（全二册）

周洪才著　精装 16 开　620.00 元

2015 年 6 月出版　978-7-5013-5539-6

本书资料丰富、体例完备、考订精详。作者旁征博引，多方搜讨，共收录先秦至民国间孔姓作者 3000 余人，著述 3000 余种，揭示了不少藏目和志乘缺载的文献，是迄今为止第一部系统整理孔氏家族著述的研究成果，具有很强的创新性和重要的学术价值。

河北近现代学者年谱辑要

王京州著　平装 16 开　68.00 元

2017 年 7 月出版　978-7-5013-6065-9

本编所收，共计 14 位河北学者，其中除詹瑛、王学奇先生外，均为河北籍学人，而且都有幼年长于斯、学于斯的经历。詹瑛先生长年任教于河北大学、王学奇先生长年任教于河北师范大学，称之为河北学者，殆无异议。本编以生年先后为序，唯一的例外将尚健在的王学奇先生置于史树青先生之后。

鲍廷博年谱长编

刘尚恒著　精装 16 开　298.00 元

2017 年 7 月出版　978-7-5013-6112-0

鲍廷博，字以文，号渌饮，又号通介叟、得闲居士，是清著名藏书家和刻书家。本书主要收录四类文献：一是鲍刻丛书的序跋校记；二是鲍氏交游的书友诗文、年谱、题跋、笔记；三是各类志书、目录、题跋、杂著等；四是谱牒、书札及鲍氏诗文之作。

冯仲云年谱长编

国家图书馆中国记忆项目中心组织编撰，史义军编写
精装 16 开　78.00 元
2019 年 5 月出版　978-7-5013-6731-3

冯仲云（1908—1968），江苏武进人，是东北抗日联军的著名将领。曾任中共北满临时省委书记、松江省人民政府主席、北京图书馆馆长、水利部副部长等重要职务。本书系国内首部冯仲云先生的年谱长编。全书辑取了丰富的资料，考证严谨翔实，完整、生动地还原了冯仲云富有传奇色彩的一生。

中华人民共和国地方志丛书（4 种）

代县志

代县地方志编纂委员会编　精装 16 开　20.00 元
1988 年 6 月出版

本书遵循略古详今、立足当代的原则，综合古今资料编写。上限自有史可考，下限至 1982 年底。卷、章、节、目的设置，以事类的社会属性和自然属性为依据，不受部门管辖的限制。卷、章、节为横排，目以下竖写。编排顺序：大事记作为一志之经列为卷首，然后先自然后社会，先经济基础后上层建筑，并列展开，共 21 卷，每卷为一实体，不虚设层次，以记载史实为宗旨，记而不议。大事记以编年体为主。历史地理名称、机构和职官的称谓皆以历史习惯相称。启功封面题字。

石城县志

江西省石城县县志编辑委员会编纂，赖盛庭主编
精装 16 开　28.00 元
1990 年 6 月出版

本书上限原则上起自南唐保大十一年（953），下限迄于 1985 年底。遵照略古详今的原则，侧重记述当代内容。以时间为经，事件为纬，设卷、章、节、目。文体为语体文。所载内容以石城现行区域为限，历史上曾划出地域的史料，仍载入志，曾划入石城而原属别县地域的史料，不入志。全书设概述及地理、政治、军事、经济、文化、社会、艺文、人物等专志 8 卷 54 章，卷后设大事记、附录。志书中机构、职官等名称，沿用当时称谓。

河间县志

河间市地方志编纂委员会编纂，赵景春主编
精装 16 开　90.00 元
1992 年 11 月出版

本志上限以各项事物的始端始，下限为 1990 年。记述的地域范围以河间县 1991 年行政区划为准，历史事件、历史人物涉及析出地区，随事记载。采用述、记、志、传、图、表、录等体裁，以志体为主。采用语体文，述而不论。本志分设 21 卷，次第为概述、大事记、建置、自然环境、人口、农业、工业、基础设施建设、商业、税务财政金融、经济综合管理、政党团体、政权、公安司法、军事、教育科学技术、卫生体育、文化、社会民情、人物、附录。卷下设章、节、目，不受现行职能部门范围的约束。中国画院院长刘勃舒封面题字。

任丘市志

任丘市地方志编纂委员会编纂，孙杰主编
精装 16 开　70.00 元
1993 年 1 月出版

本书详今略古，不设上限，下限止于 1987 年底。记述范围以 1991 年行政区域为主。历史事件、人物涉及的析出地区，随事记载。全志采用志、记、传、图、表、录等体裁撰写。以志为主，其他为辅。采用语体文。本志为中编结构，设概述、大事记、政区建置、自然环境、人口、政党群团、政权政协、基础产业、石油工业、地方工业、农业、商业、财税金融、经济综合管理、军事、文教科技、体育卫生、风俗民情、人物、杂记等。刘炳森封面题字。

少林寺资料集

无谷、刘志学编　平装 32 开　1.60 元
1982 年 7 月出版

本书根据北京图书馆馆藏书刊资料汇集而成。内容共分 10 节。

少林寺资料集续编

无谷、姚远编　平装 32 开　1.95 元
1984 年 10 月出版

本书为《少林寺资料集》的续编，是一部专门荟萃少林武功史料的书。共分 7 部分。

蠡测汇钞 · 问俗录（标点本）

（清）邓传安、陈盛韶著，杨犁夫等标点

平装 32 开　0.50 元

1983 年 12 月出版　11201.12

本书以国家图书馆藏清道光庚寅有本堂版的本子为底本，并同商务印书馆 1937 年影印的《豫章丛书》刻本作参校，收文 32 篇。《蠡测汇钞》的作者邓传安清嘉庆年间曾在台湾为官近 10 年，其间留心政务，踏勘访录、据籍考实，著成此书。《问俗录》的作者陈盛韶在清道光年间任职台湾，曾署鹿港厅事。此书系作者"悉心咨访"所得的台湾史料掌故，间有部分福建地方民俗。

烽火十二秋——莱州革命斗争历史纪实

刘岐云著　平装 32 开　4.75 元

1989 年 10 月出版　7-5013-0699-0

本书记录了作者所经历的革命斗争史实和英雄模范人物事件。

赣南外事志

江西省赣州地区外事办公室编，刘甲桂执笔

平装 32 开　6.00 元

1990 年 11 月出版

本书全面记载赣南地区对外关系情况。年代断限，上限从赣南地区有资料可查的最早涉外活动的明代永乐初起，下限至 1988 年止。

河间地方文献(2 种)

河间风物传说

左炳文、赵景春、毕根庭编　平装 32 开　9.50 元

1994 年 6 月出版

本书根据河间县志、地名志、人物志及民间流传的故事编写而成，以自然地理，人文地理的古迹、传说和历史人物的传记、轶闻为主体，是一部乡土教材。

河间人物志

赵景春主编　平装 32 开　5.90 元

1994 年 6 月出版

本书上限为汉代，下限为 1994 年 3 月。以河间籍人物为准，遴选各界知名人士，社会贤达，也收录个别历史上著名人物。排列顺序以卒年为序。分人物传、人物介绍、人物表三部分。

海淀环卫志

《海淀环卫志》编纂委员会编，安向红主编

平装 32 开　25.00 元

1993 年 11 月出版　7-5013-1102-1

本书是一部介绍北京市海淀区环境卫生的专业志，由概述、大事记、专志各编及附录、图、表组成。

平城历史地理学研究

[日]前田正名著，李凭、孙耀、孙蕾译

平装 32 开　15.00 元

1994 年 12 月出版　7-5013-1195-1

本书为纪念前田先生逝世 10 周年而出版。

潞郡旧闻

(清)靳荣藩纂辑，长治市旧志委员会整理

精装 32 开　30.00 元

1996 年 10 月出版

本书是一部记载自上古黄帝以来直至明代潞州地区的掌故史事的典籍辑录，内容涉及山川形胜、文物古迹、人物传记、传说逸事等诸多方面。

黎城旧志五种

黎城县志编纂委员会办公室编，刘书友主编

精装 16 开　80.00 元

1996 年 12 月出版

《[弘治]黎城县志》，(明)马暾纂辑，刘嵩校正，(明)李玺、李壕、牛良、李堂、王卿检阅，是明弘治八年(1495)由马暾等纂修的《潞州志》中的卷十一。《[康熙]黎城县志》，(清)程大夏修，(清)李御、李吉纂，董魁生、刘书友校注。4 卷。清康熙二十一年(1682)，刻本。《[光绪]黎城县续志》，(清)郑灏、程以敬、董庆咸、葛士达总纂，(清)杨恩树纂修，(清)柴天植、洪恩锡监修，(清)范亚魁、段镇襄修，刘书友、赵志廉校注。4 卷附录 1 卷。清光绪九年(1883)，刻本。《[民国]黎城县志》，吉梦庚、田养公主修，杨永昌纂修，刘书友、马桂森校注。15 卷。写于民国二十四年(1935)前后，石印。《[民国]黎城县简志》，刘书友校注。15 章。写于民国二十五年(1936)，刻本。附录部分包括日本陆军山冈部队编的《山西大观 · 黎城县》《清代农民战争史资料》。傅振伦书名题字。

汉唐方志辑佚

刘纬毅辑　平装 32 开　22.00 元

1997 年 12 月出版 7-5013-1442-X

作者在长期从事方志编纂实践中,从 40 余种 6000 余卷的类书、地志、史书、诸子中辑录出除存世方志以外的汉唐方志史料,共 440 余种 40 余万字。内容涉及今陕西、甘肃、宁夏、山西、河北、北京、天津、山东、江苏、浙江、福建、台湾、安徽、江西、河南、湖北、湖南、广东、广西、海南、云南、贵州、四川等 23 个省、市、自治区,500 余县的地理沿革、自然变化及政治、经济、军事、历史、人物、文化、艺术、民俗、风情等社会状况,其中不乏罕见珍贵的文献资料。书前冠有著名方志学家傅振伦先生所作的序。

寻根——东北地方志论丛

金恩辉主编 平装 32 开 14.00 元

1998 年 8 月出版 7-5013-1517-5

本书是作者历年来研究地方志,特别是研究他的家乡吉林省、东北地区的地方志的论文选集。

美好澳门

曾晓丹、三燕主编 平装 32 开 15.00 元

1999 年 12 月出版 7-5013-1689-9

本书由 89 篇短文组成,大多发表过。主要为介绍澳门的历史、现状、风俗、民情,及各界人士对回归祖国的憧憬。

邢台概览

边守正主编 平装 32 开 22.00 元

2001 年 3 月出版

本书以较全面的材料,朴实、通俗的文笔概述邢台的自然地理、物产资源、光辉历史、风景名胜、经济建设、古城新貌、科技教育、文化体育、古今名人、民俗风情、文物古迹、名土特产等。

苏南社会结构变迁研究

王卫平、王国平主编 平装 32 开 36.00 元

2004 年 8 月出版 7-5013-2460-3

自苏州大学被正式列为国家"211 工程"重点建设高校以来,"区域(苏南)经济与社会发展"即成为苏州大学"211 工程"系列重点建设的子项目之一。在"苏南社会变迁研究"和"苏南社会经济史研究"两个子课题上形成了一系列价值明显、意义深远、影响广大的科研成果,本书即由这两个子课题的代表性成果汇集而成。

遗失的香巴拉:徒步怒江手记

麦琪、丹尼著 平装 32 开 29.80 元

2005 年 1 月出版 7-5013-2732-7

本书是一本游记,记录了作者徒步游历怒江的全部过程。书中编排了大量精美的图片,图文并茂,全面展示了怒江的沿岸风景、风土人情,使怒江的风景一览无余。

地方文献研究与分论

林天蔚编 精装 16 开 130.00 元

2006 年 12 月出版 7-5013-2840-4

本书为作者积 30 余年之功而成。地方文献,顾名思义即阐述、研究地方文化历史的文献,分为方志篇、谱学篇、金石碑刻篇三篇。

烽火岁月中的记忆:浙江抗日战争口述访谈

袁成毅、丁贤勇主编 16 开 29.80 元

2007 年 4 月出版 978-7-5013-3462-9

该书是浙江省民国浙江史研究中心系列成果之一,收录浙江 100 余位抗日亲历者的口述实录,为读者生动地再现了当年的烽火岁月。是民国史、抗战史、浙江地方史研究不可或缺的第一手参考资料。

1921 年浙江社会经济调查

丁贤勇、陈浩编译 平装 16 开 65.00 元

2008 年 4 月出版 978-7-5013-3635-7

本书根据 1921 年日本驻杭州领事馆领事代理副领事清野长太郎(1929 年后任日本驻重庆领事)向日本外务大臣内田康哉(1865—1936)递交的浙江社会经济的调查报告书编译而成,比较全面地记录了当时浙江社会的基本情况。

西域地名考录

钟兴麒著 精装 32 开 145.00 元

2008 年 9 月出版 978-7-5013-3628-9

本书考录了西域地名 8000 多条,计约 100 万字。不仅收录西域地名的范围比较全面,而且由于作者重视地名沿革及变化的考证,重视实地的考察及核实,使得西域地名有了较强的准确性,故本书具有较高的学术价值。

越绝书校注

张仲清校注 平装 16 开 49.80 元

2009 年 6 月出版 978-7-5013-3995-2

本书是一部关于《越绝书》的详细注释本。以 1985 年上海古籍出版社出版的乐祖谋点校本为工作底本,以注为主,并根据他本对乐本点校讹误处作了校正。

《蜀鉴》校注

(宋)郭允蹈撰　赵炳清校注　平装 32 开　30.00 元
2010 年 5 月出版　978-7-5013-4351-5

南宋郭允蹈的《蜀鉴》是一部西南地区的通史著作。它记载了四川及其周遍地区在宋代以前的历史发展变化,史料价值极高。本书校注的目的是为研究者和广大读者提供一本完整的点校正确度较高的、文字接近原貌的,又能反映学术水准的《蜀鉴》校注本。因此在校注中做到了融会众家,详略得当。

中国名人之市探源——黄冈历代进士考略

王楚平著　16 开　68.00 元
2011 年 3 月出版　978-7-5013-4576-2

湖北黄冈自古尊师重教之风极盛,人才辈出,明、清两朝,黄冈的进士人数居全省第一,成为湖北的科举中心、人才中心。该书对这一历史现象进行了探源、考察和研究,并力图从中挖掘黄冈历史文化名人品牌资源所具有的历史、科学、艺术、教育、经济等价值,以为当今发展提供借鉴。

西藏阿里地区发现蒙古文散叶研究

萨仁高娃著　平装 16 开　52.00 元
2013 年 8 月出版　978-7-5013-5130-5

西藏阿里地区托林寺所藏蒙古文散叶,是西藏古籍普查工作中的重大发现之一。本书即以此散叶为研究对象,包括蒙古族历代史料文献回顾、西藏阿里地区托林寺藏蒙古文散叶及历史背景、散叶特征及拉丁文转写、词语对照分析、词语索引等内容。

邢台开元寺金石志

冀金刚、赵福寿编著　精装 16 开　680.00 元
2013 年 9 月出版　978-7-5013-5168-8

邢台大开元寺,原名开元寺,唐开元年间敕建,距今已有 1300 多年历史,为我国历代名刹,是佛教曹洞宗的祖庭之一,也是禅宗二祖的传钵之地和禅宗七祖神会大师的驻锡之地,元代皇家寺院。现存历代石碑、经幢及石刻造像百余件。本书收录该寺全部石刻拓片,并做释文,对于研究佛教史等有重要价值。

浙江财阀

南满洲铁道株式会社上海事务所编,(日)山上金男、陶水木、张屹、刘琛琛译　平装 16 开　49.00 元
2014 年 4 月出版　978-7-5013-5246-3

本书是由两本日文书的译文集成的:一是由志村悦郎执笔完成的,1934 年出版的上海满铁调查资料《浙江财阀》;一是 1938 年山上金男所著的《浙江财阀论》。虽然两本原著性质有异,但主题都是浙江财阀,所以译文以《浙江财阀》为书名出版。书中都记载有大量翔实的调查资料,对于研究中国近代史具有重要的史料价值。两书对中国近代经济史研究做出的贡献,即两书提出并探讨了直到今天仍为治中国近代经济史学者高度重视的一个重要问题——江浙财团问题,并一直影响着此后 80 余年的江浙财团问题研究。

方志所见明代藩府资料辑考

陈清慧、肖禹辑考　平装 16 开　60.00 元
2014 年 4 月出版　978-7-5013-5177-0

本书以明代方志为范围,搜集、整理其中的藩府资料,并参以《明史》《明实录》等文献,对这些资料进行考证。本书在原始资料后附加必要的按语。或订误,考校原始资料中的错误;或考证,对相关的人物、地名、史实等做必要的考证;或补充资料,对于过于简单或表述不清的原始资料,补充必要的相关资料。

方志四川——四集电视纪录片(文本)

汪毅著　平装 16 开　68.00 元
2014 年 11 月出版　978-7-5013-5477-1

四川方志源远流长,代代赓续,在全国具有代表性。该片文本以方志文化视野为背景,以历史文献的重要节点为基础,凸显四川方志发展历程与特点。在具体的描述上,深入浅出,具有海量信息和可读性、展示性、抒情性强等特点。所附老照片多为首次发表,与文本相得益彰,具有文献价值和文献传播意义。该书对于拓展古籍文献著述、展示其文化魅力、开阔出版视野和开拓图书市场等均具有意义,对于图书馆、方志馆系统拍摄古籍文献(方志)纪录片和传播地情文化具有借鉴。约 8 万字,配(插)图 158 幅。

清代御医力钧文集

陈可冀著　平装 16 开　98.00 元
2015 年 10 月出版　978-7-5013-5615-7

力钧(1856—1925),字轩举,号医隐,永福(今福建永泰)人。是清末著名的学者、医学家、藏书家。力钧儒学功底深厚,精通小学,尤以中西医兼通而闻名于世,并曾为光绪皇帝和慈禧太后诊病。本书收录其所著《崇陵病案》等医学著作多种和《槟榔屿志略》等文史著作。

汉唐地理总志钩沉(全二册)

刘纬毅、郑梅玲、刘鹰著　平装 16 开　68.00 元
2016 年 3 月出版　978-7-5013-5626-3

由于地理总志具有"明天下,察郡邑,振纪纲,固社

稷”的功能，汉晋以来历朝历代官修、私撰了众多地理书。据统计，汉唐地理总志约200种，遗憾的是，除汉唐正史中的九种地理志外，其余均因历代兵燹战火和保管不善遭到毁坏散佚。南宋郑樵曾惋叹“自汉以来，书籍至于今日百不存一二”。本书作者陆续从史注、地志、类书、文集中辑录失传的69种汉唐地理总志佚文约50万字。其中20余种佚志为历代未被著录、前人未曾辑录者。如《魏书·郡国志》、唐《地理志》等。另有前人已经辑佚但有所缺失者，本书予以补辑，如贺次君的《括地志辑校》、缪荃孙的《元和郡县志逸文阙卷》等。所辑佚文多为各地的建置沿革、城邑变迁、文化遗产与山川物产等，对当今研究历史地理、编修地方志有直接的现实使用价值。

蜀故

(清)彭端淑等撰，刘兴亮等整理　平装32开　45.00元

2017年7月出版　978-7-5013-6191-5

《蜀故》是清代学者彭遵泗编著的一部著作，辑录了四川古今百业的大量资料，写成后未及付印即殁，后由其兄彭端淑、彭肇洙和子彭延庆整理成书。本书是研究四川古代风土人情、社会风俗、山川地理、人文教育重要的参考资料，将其整理点校出版，非常方便大家阅读。

江六村史

钱茂伟著　平装16开　62.00元

2017年12月出版　978-7-5013-6247-9

位于浙江省宁波市区以东的江六村，是鄞东陆姓聚族而居的古村落，自南宋建村至今已历宋、元、明、清、民国、中华人民共和国多个时代八百余年。为留住乡情、乡愁，传承乡村文化、历史文明，《江六村史》应运而生。《江六村史》在对历史资料的汇编整理基础上，还利用口述录音资料，按照不同的历史时期，从多角度、多方位、多层次对江六村的发展历史进行了详细记述，不同时期各有侧重，图文并茂，向世人展现了江六村八百多年的发展与过程。

走进曲阜周公庙

曲阜市文物局、曲阜市文物管理委员会编

平装16开　58.00元

2018年10月出版　978-7-5013-6197-7

周公，姬姓，名旦，是我国西周初期杰出的军事家、政治家、思想家，礼乐制度的开创者，传统文化的奠基人。周公与曲阜历史渊源深厚：鲁国是周公的封国，周公于鲁为始祖，祭祀他的庙宇周公庙最早被称为“鲁太庙”。本书主要分周公庙建筑、元圣周公、周公庙祭祀、周公庙碑文选读四大板块，多角度、多层次地对周公思想文化魅力及周公庙深厚的历史文化内涵进行了介绍，对读者了解认识曲阜周公庙提供了一定的帮助，也有助于更好地传承中华民族传统文化，弘扬中华民族传统美德，发挥曲阜周公庙的社会教育功能。

天津艺文志

高洪钧著　精装32开　260.00元

2019年1月出版　978-7-5013-6577-7

本书将天津地区的作家作品及相关文献进行梳理，全面了解天津历史上乡人著述存佚情况，既可作相关作者或作品的专题性研究，又可作学术史、文化史的参考资料，从中可获悉社会经济、民俗风情和道德意识等资料，有裨于宣传和研究天津的人文历史。

先秦货币文编

商承祚、王贵忱、谭棣华合编　精装16开　8.50元

1983年3月出版

本书是一部先秦货币文字辞典，是先秦史、经济史、文字学研究者必要的工具书。

中国古代兵器图册

刘旭著　平装16开　22.00元

1986年11月出版　7-5013-1208-7

本图册从数十种史籍和期刊中，辑录了我国历代兵器图和出土兵器照片1400余幅，按照兵器性质归纳成25个大类，并加简要的文字叙述，展现了我国从殷周至明清历代各种兵器的式样及其演变情况。书后附图及照片资料来源部分书目。

欧斋石墨题跋

朱翼盦著　平装32开　3.95元

1990年5月出版　7-5013-0714-8

本书为纪念朱翼盦先生百岁诞辰而编辑出版。全书共4卷，记录朱氏收汉唐碑版700余种的考证资料及所作题跋。

《景德镇陶录》详注

傅振伦著，孙彦整理　平装32开　4.20元

1993年2月出版　7-5013-0984-1

《景德镇陶录》共10卷：1. 图说；2. 国朝御窑厂恭记；3. 陶务条目；4. 陶务方略；5. 景德镇历代窑考；6. 镇仿古窑考；7. 古窑考；8. 陶说杂编上；9. 陶说杂编下；10. 陶录余论。

玉说汇编

寒冬虹、李娜华、孙彦标点　精装 32 开　15.00 元
1993 年 3 月出版　7-5013-1006-8

本书收入民国时期说玉之作 4 种。

简明古钱币手册

双双编　平装 32 开　7.50 元
1993 年 8 月出版　7-5013-1042-4

本书依历史年代，按中国古代钱币发展顺序，上溯商、周，下迄清末，择选 500 余枚具有一定代表性的古代钱币拓影，汇编成册。每图下方均有文字，注明钱币名称、铸币时间、特点、价值等。

岩画学研究（4 种）

中国岩画学

盖山林著　精装 16 开　40.00 元
1995 年 5 月出版　7-5013-1109-9

本书共 15 章：1. 岩画学；2. 当今世界的岩画热潮；3. 我国岩画的发现与研究；4. 我国岩画分布和区域特征；5. 我国岩画题材及母题解析；6. 作画者社会身份；7. 岩画社会功能；8. 我国岩画创作中的审美追求；9. 我国岩画年代探寻；10. 展现民族历史风貌的画卷；11. 我国岩画显示的原始思维；12、13. 我国岩画生态学观察；14. 我国岩画与当地古文化的关系；15. 世界岩画与我国岩画的世界地位。书后附录有：《中国岩画考察大事记》《中国岩画论著目录》《国际岩画委员会章程》。

巴丹吉林沙漠岩画

盖山林、盖志浩图，桥英、巴音达来、盖山林考察
精装 16 开　55.00 元
1998 年 7 月出版　7-5013-1453-5

本书共 3 部分：1. 巴丹吉林沙漠一带的自然环境、历史和考察岩画的经过；2. 岩画的分布地点和内容；3. 岩画的研究。书前有图 40 幅，书后有《岩画图录（附岩画图）》《The Rock Paintings in Badanjilin Desert（英文提要）》《巴丹吉林岩画总位置示意图》《巴丹吉林岩画具体位置示意图》《巴丹吉林岩画符号与蒙古高原及邻近地区岩画符号比较表》。

世界岩画的文化阐释

盖山林著　精装 32 开　75.00 元
2001 年 6 月出版　7-5013-1713-5

这是一部全面介绍及研究世界各地岩画的著作。全书共分三部分：上篇“世界各洲岩画”，包括欧洲、非洲、亚洲、大洋洲、北美洲、南美洲；下篇“世界岩画的文化社会阐释”，包括岩画的生态学研究、生活研究、原始宗教学研究、性心理学研究、天文学研究、美学研究等；余篇“世界岩画的断代、功能和保护”。全书 70 多万字，岩画插图近千幅。

内蒙古岩画的文化解读

盖山林、盖志浩著　精装 16 开　68.00 元
2003 年 3 月出版　7-5013-2067-5

本书分上篇“内蒙古岩画的新发现”、下篇“内蒙古岩画解析”。上篇按地点分组介绍每幅岩画情况，下篇对内蒙古地区岩画进行了跨学科、跨文化的广泛研究。此书内容丰富，信息量大，可供考古学、美术史、民族史、思想史、艺术史、哲学史、古生态学、神话学研究者参考。

中国古代仿古瓷

赵宏著　平装 32 开　16.00 元
1997 年 5 月出版　7-5013-1335-1

作者本着鉴别真伪与揭示文化本质，及将这两者相结合的精神写作。共 7 章。

石刻论著汇编

徐自强编　平装 16 开　28.00 元
1997 年 12 月出版　7-5013-1273-7

本书分上、下编。上编是贵州红岩古迹研究，王正贤、王子尧著。下编是岩画研究，李福顺著。

跋涉集——北京大学历史系考古专业七五届毕业生论文集

于炳文主编　精装 16 开　75.00 元
1998 年 4 月出版　7-5013-1473-X

本书为纪念北京大学百年华诞而作。收集北京大学历史系考古专业七五届 39 位同学的 39 篇论文。

中国陶瓷史

吴仁敬、辛安潮著　平装 32 开　9.00 元
1998 年 9 月出版　7-5013-1528-0

本书分原始、唐虞、夏商周、秦汉、魏晋、南北朝、隋唐、五代、宋、元、明、清、民国等 13 个时代，记述中国陶瓷沿革情况。书前有图片 92 幅。

孙子兵法（竹简版）

（春秋）孙武著，张有清书　线装 2 开　8800.00 元
1999 年 3 月出版　7-5013-1580-9

《孙子兵法》又称《孙子》《吴孙子》，是我国最早的也是最杰出的军事著作。为纪念古楼兰遗址汉晋代简牍出土100周年而推出竹简版。由手工制作，仅出版1999套。出版社将1899号、0100号、1100号分别赠送中国历史博物馆、国家图书馆、中国人民革命军事博物馆收藏。1999号留赠当选的澳门首任行政长官收藏。

中国历代陶瓷题记

孙彦著　平装32开　18.00元

1999年8月出版　7-5013-1515-4

本书以时间先后为序，论述了我国秦汉至明清陶瓷题记的种类特征，艺术风格及起源、发展和变化，系统地勾勒出中国历代陶瓷题记的概貌和发展脉络。作者从大量资料中收集出每一时代具有代表性的陶瓷题记实例，分门别类进行介绍和阐释，并从几个方面探讨了研究陶瓷题记对于陶瓷史研究、社会历史、民俗及文学艺术研究的重要意义。本书中附彩图8页。

中国金石学讲义（全二册）

陆和九著　平装32开　60.00元

2003年11月出版　7-5013-2185-X

本书是近代著名书法家，近代金石学家陆和九所著，详尽论述中国金石学理论的历史内涵、意义及与其他相关学科的关系，分前编、正编。后附姚岳《文字形义学讲义》，是研究中国古代金石学的重要专著。

刺史行事录

洛阳市文物事业管理局编　平装16开　68.00元

2006年10月出版　7-5013-3173-1

本书取材于墓志和碑碣，共收录从汉至辽的各代刺史507人，涉及559个州。这些刺史的资料都是当时历史的客观写照，是了解和研究当时历史的必不可少的史料。本书将分散于各种著作、期刊之中的这些刺史的墓志和碑碣集中汇编，极大地方便了研究者对这些资料的使用。

金石与唐代历日

王化昆著　平装32开　40.00元

2012年5月出版　978-7-5013-4178-8

本书利用大量唐代墓志拓本、石刻汇编等金石文献以及新、旧《唐书》等正史文献，对唐代历日加以考察，对唐时期的月朔日干支进行梳理。并在《二十史朔闰表》《唐代的历》的历表基础上进行分析辨证。为唐史研究提供大量翔实的资料。

青花瓷器鉴定

张浦生著　32开　15.00元

1995、1999、2002、2005年版　7-5013-1238-9

本书为享有“国瓷”之誉的青花瓷器鉴定的专著。作者积多年实践经验和理论功底，详尽论述了青花瓷的鉴定方法、青花瓷的产生和发展，及各个时代的不同特征，并附有彩色图版和线描插图，兼论瓷质中国画。全书共7章：1. 青花瓷的生产；2. 青花瓷的开创期——唐青花；3. 青花瓷的成熟期——元青花；4. 青花瓷的昌盛期——明、清青花；5. 古代青花瓷的鉴定；6. 中国古代青花瓷画——瓷质中国画；7. 近年以来中国青花瓷的发现与研究。傅振伦封面题字。

五四历史演义

蔷薇园主编订　平装32开　0.55元

1980年8月出版

本书根据国家图书馆藏上海读书生活出版社1937年5月初版重排，以章回体小说形式再现中国近代五四运动的概貌，内容未作任何更动。

宋宫十八朝演义（全二册）

李逸侯编订　平装32开　2.60元

1981年8月出版

本书根据国家图书馆藏1928年版本重排，以章回体小说形式对宋代18个帝王统治中国300余年的历史作了概括的描述。

“伟大祖国”历史讲座丛书（12种）

本丛书根据北京历史学会、北京图书馆、中国历史博物馆联合举办的“伟大祖国”历史讲座的讲义出版。书后附北京图书馆馆藏有关参考书选目。

黄帝、尧、舜和大禹的传说

黄崇岳著　平装32开　0.20元

1983年9月出版

我国少数民族对祖国历史的贡献

陈连开著　平装32开　0.30元

1983年10月出版

我国古代的伟大科学家张衡

邓文宽著　平装32开　0.23元

1984年3月出版

马克思主义在中国的传播

林茂生著　平装 32 开　0.28 元
1984 年 12 月出版

劳动创造了人——闻名世界的“北京人”

黄慰文著　平装 32 开　0.25 元
1985 年 5 月出版

气壮山河的甲午海战

杨东梁著　平装 32 开　0.30 元
1985 年 5 月出版

五四爱国运动

李义彬著　平装 32 开　0.25 元
1985 年 5 月出版

祖国悠久历史文化的瑰宝——建国以来的出土文物

史树青著　平装 32 开　0.25 元
1985 年 5 月出版

伟大的革命先行者孙中山

李文海著　平装 32 开　0.55 元
1985 年 6 月出版

唐太宗与贞观之治

吴宗国著　平装 32 开　0.35 元
1986 年 10 月出版

圆明园

王道成著　平装 32 开　0.30 元
1986 年 10 月出版

戊戌维新变法运动

王汝丰著　平装 32 开　0.35 元
1987 年 5 月出版

中国历史文献学

杨燕起、高国抗主编
平装 32 开　5.40 元　15.00 元
1980 年 1 月出版　1989 年 9 月再版
7-5013-0771-7

本书由国内重点大学历史系和古籍整理研究所的十几位教授合作编写。共 20 章，分上、中、下三编。表述了中国历史文献学的基本知识、基本资料，反映和吸收当前学术界的最新成就，强调实用性，介绍了文献整理工作的基本步骤和方法。

中国历史文献学（修订本）

杨燕起、高国抗主编　平装 32 开　27.00 元
2003、2005、2007、2012、2014 年版　2010 年 11 月三版
978-7-5013-2173-5

《中国历史文献学》一书出版十余年来，已成为许多高校历史文献学专业师生的首选教材，具有较大影响。为适应学科与学术发展的需要，及时反映学术研究的最新成果，我们组织专家对此书作了多次修订，调整了原书的结构并增加了许多新的内容。修订后的版本，全书结构更为周密合理、内容更为丰富准确、表述更为简明得体。在全面介绍和表述历史文献学基本知识、基本文献，反映学术界最新成就的同时，更注重指导读者了解和掌握文献整理工作的基本方法和步骤。

《史略》校笺

周天游校笺　平装 32 开　1.25 元
1987 年 2 月出版

《史略》共 6 卷，南宋高似孙撰，是我国现存最早的一部史籍专科目录。

《宋史》比事质疑

顾吉辰著　平装 32 开　4.75 元
1987 年 5 月出版

本书是对中华书局 1979 年校点本《宋史》中的纪、志、表、传进行比事质疑，凡校点本出校之处，不再涉及。

辽金史论集（3 辑）

由中国辽金契丹女真史学会（简称中国辽金史学会）主编。是新中国成立以来第一部辽金史研究成果的结集。主要发表本会会员及国内外同行的辽金史研究成果，内容包括政治、经济、军事、文化等许多方面。第一辑由上海古籍出版社于 1987 年出版。附有英文目录。陈述封面题字。

辽金史论集（第二辑）

陈述主编　平装 32 开　3.05 元
1987 年 7 月出版

辽金史论集(第三辑)

陈述主编　平装 32 开　3.15 元
1987 年 7 月出版

辽金史论集(第四辑)

陈述主编　平装 32 开　4.35 元
1989 年 4 月出版　7-5013-0592-7

晏子春秋校释

骈宇骞校释　平装 32 开　1.35 元
1988 年 4 月出版　7-5013-0441-6

银雀山汉墓竹简之一。根据竹简本《晏子》与《四部丛刊》影印明活字本进行校勘,共 18 章。书后附录:1. 银雀山竹简本《晏子》原文;2.《晏子春秋》史志著录;3.《晏子春秋》真伪考辨及成书年代。启功封面题字。

七十二朝人物演义

李致忠、袁瑞萍点校　平装 32 开　4.25 元
1988 年 8 月出版　7-5013-0439-4

本书原著是明代人编著的一部有系统性的短篇小说集,共 40 卷。此次依据国家图书馆藏明刊本点校印行。

中国历史学四十年(1949—1989)

肖黎主编　平装 32 开　12.00 元
1989 年 9 月出版　7-5013-0770-9

为庆祝建国 40 周年而编辑。共收 37 篇相关论文。

史学与中国文化传统

陈其泰著　平装 32 开　12.00 元
1992 年 9 月出版　7-5013-0909-4

此项研究获国家社会科学基金资助。分三篇:1. 叙篇:文化视角比较研究;2. 上篇:传统史学的确立与文化问题;3. 下篇:传统史学向近代史学转变与文化问题。

中国民主建国会历史文献选编(一)

中国民主建国会中央委员会宣传部编
平装 32 开　5.60 元
1992 年 10 月出版　7-5013-0983-3

本书辑录了中国民主建国会在我国新民主主义革命时期的重要文献。

郑樵文集附郑樵年谱稿

吴怀祺校补　平装 32 开　7.20 元
1992 年 12 月出版　7-5013-0902-7

郑樵(1104—1162),字渔仲,宋朝人,在史学、校雠学、目录学、文字学、音韵学等各方面都有重要成就。《郑樵文集》是在《夹漈遗稿》基础上增补郑樵佚文而成。《夹漈遗稿》共 3 卷,是郑樵的诗文集。第一卷是古近体诗 50 首,第二卷记一篇、论一篇、书二篇,第三卷书三篇。《郑樵年谱稿》分年谱、溪东溪西学术关系表、郑樵著述表三部分。

群书类编故事

(明)王罃编集,冯惠民点校　平装 32 开　7.00 元
1993 年 2 月出版　7-5013-0980-9

本书共 24 卷。该书刊于明初,取材广泛,涉及先秦诸子、历代史传,尤其是唐宋以来的笔记、小说,保存了许多古籍的古本原貌,是辑佚、校勘的重要依据。

十里洋场众生相

鲍瞰埠编　平装 32 开　4.40 元
1993 年 11 月出版　7-5013-1053-X

本书共 38 篇文章,原散见于 1947 年上海《新民报》中,此次首次汇辑成书。

中国近代外交内幕

拓晓堂著　平装 32 开　6.80 元
1993 年 11 月出版　7-5013-1107-2

作者从 1840—1919 年中国近代史上的中外交涉事件中,选出 11 个具有重大影响、典型意义的案例,叙述其活动过程,交待其交涉结果。

中国古代官僚政治

李治安、杜家骥著　平装 32 开　8.50 元
1994 年 3 月出版　7-5013-1101-3

本书系刘泽华教授主持的国家社会科学基金项目《中国君主官僚政治结构和权力运行机制研究》成果之一。

胡族习俗与隋唐风韵——魏晋北朝北方少数民族社会风俗及其对隋唐的影响

吕一飞著　平装 32 开　8.50 元
1994 年 10 月出版　7-5013-1173-0

本书是国家教委人文社会科学研究"八五"项目。共 6 章:1. 服饰;2. 饮食;3. 居住和交通;4. 婚丧嫁娶;

5. 民歌、音乐舞蹈；6. 礼俗与社会风尚。书前有插图 17 幅。缪钺书名题字。

白话评注绘图本《百战奇略》

杨扬评解校补，姚炜简注今译，陶尚义绘图设计
平装 32 开　12.50 元
1996 年 8 月出版　7-5013-1198-6

《百战奇略》，又名《百战奇法》《百战胜法》《百战奇谋》《百战百胜合法引证》等，是一部提炼中国古代兵法精华而成的奇书。

北京图书馆藏近代照片资料集——华北抗战

拓晓堂编著　精装 8 开　1000.00 元
1997 年 1 月出版　7-5013-1178-1

本册收 500 余幅照片，集中反映了自 1932 年日本建立伪满洲国至 1945 年日本投降的华北抗战全史。华北的抗战实况具体地展示了华北抗战的内容。在空间上主要包括今冀晋京津地区、东滨渤海，西临吕梁、南及豫省边界、北至长城口外的广大地区。

古今摭谭

种衍璋著　平装 32 开　13.50 元
1997 年 8 月出版　7-5013-1422-5

本书分研古篇、评今篇两部分，共收入论文 45 篇。张爱萍封面题字。

中国历史与史学——祝贺杨翼骧先生八十寿辰学术论文集

南开大学《中国历史与史学》编辑组编
平装 32 开　18.00 元
1997 年 8 月出版　7-5013-1445-4

杨翼骧先生，南开大学历史系教授、博士生导师。本书收先生的学生、友人和同事的论文 26 篇，各篇自成体例。书后附《杨翼骧学行记略》。

中国现代史论稿

张注洪著　平装 32 开　24.00 元
1997 年 11 月出版　7-5013-1428-4

本书是北京大学著名教授张注洪先生的学术论著。全书共分 5 部分。第一，学科总论，包括中国现代史及其相关或分支学科的研究对象、任务、方法及发展进程和展望；第二，专题探讨，是对五四以来专业范围较重要的题目的探讨；第三，学术述评，国内外对中国现代史研究的渊源、特点、趋向及优缺点的论述；第四，史籍研究，包括对中国现代史籍的收集、整理、考证、校勘利用等问题的研究；第五，著述评析，是对有影响的中国现代史著述的评论或介绍。

历史角色丛书（全五册）

岑大利等著　平装 32 开　60.00 元（套）　12.00 元（册）
1998 年 5 月出版　7-5013-1211-7

本丛书分册立题，独立成书，有宦官、乞丐、色目商人、乡绅、胥吏 5 册，各册内容除把握特定角色的群体特征外，均从该角色与文化的关系、与政治的关系、与商业的关系几方面讨论，并注意把握构成全丛书的各册之间的内在联系和特殊视角。

波兰独立之路

郭增麟著　平装 32 开　15.00 元
1998 年 6 月出版　7-5013-1484-5

本书介绍处在两个强大民族——俄罗斯和德意志民族夹缝中的波兰人民如何为争取民族独立而斗争。共 4 编 19 章。

回望流年——李新回忆录续篇

李新著　平装 32 开　12.00 元
1998 年 9 月出版　7-5013-1533-7

该书是著者对新中国成立前参加革命生涯的回忆，以及对新中国成立后参加反右斗争、“四清”运动的回忆。收录 5 篇文章。

周公摄政称王与周初史事论集

郭伟川编　平装 32 开　12.00 元
1998 年 11 月出版　7-5013-1508-6

本书精选近世或当世名人学者王国维、顾颉刚、金景芳、杨向奎、马承源、王冠英、夏含夷、宫长为、王彩梅、王慎行等人有关周公摄政称王与周初史事的研究论文 10 余篇，以不同的观点、充分的证据对相关问题作了阐述。饶宗颐封面题字。

满族的社会与生活

刘小萌著　平装 32 开　18.50 元
1998 年 12 月出版　7-5013-1513-2

本书是一部专门研究满族历史与社会的专著。主要内容包括：第一，满族肇兴时期的社会组织和制度的演进；第二，清代满族（旗人）的地域分布与变动、经济和社会关系、旗人与民人的关系；第三，满族早期渔猎文化的特点，及其与农耕文化、游牧文化的互动和涵濡。

第一次国共合作史

陈廉著 平装 32 开 30.00 元

1998 年 12 月出版 7-5013-1529-9

本书共 10 章:1. 第一次国共合作的背景;2. 第一次国共合作的酝酿;3. 国民党改组,第一次国共合作形成;4. 国共合作后两党组织的扩大与国民革命力量的发展;5. 共产党人与国民党左派联合反对右派的斗争;6. 国共合作掀起大革命高潮;7. 新右派取得国民党最高领导权,国共合作出现危机;8. 蒋介石公开反共,国共合作局部破裂;9. 汪蒋合流,国共合作全面破裂;10. 对第一次国共合作的评议与检讨。

中国历史文选(全三册)

刘乃和、汝企和主编 平装 32 开 65.00 元

1999、2005、2008、2014 年版 978-7-5013-1542-0

本书由北京师范大学著名教授刘乃和与汝企和共同主编。其突出特点如下:一、增加了文字学、音韵学、训诂学的知识和有关历代优秀短文的精选;二、注释中引入了文字学、音韵学、训诂学的运用方法;三、增设了实习系列;四、首次编选了四书五经、佛经、道藏等方面的文章,并增加了白文选篇。本书为全国历史文选教材,获 2002 年全国普通高等学校优秀教材一等奖。其特点是适应历史文选课程的目的与要求,竖排繁体,以文字学、音韵学、训诂学内容统领全书,既有知识介绍,又将历代名家的论述附后,使学生全面系统掌握历史文选课程的内容。

京剧厉家班史

刘沪生、张力、任耀翔编著 平装 32 开 14.00 元

1999 年 1 月出版 7-5013-1519-1

本书是新中国成立以来的第一部京剧班社史书。

中国古代发明图话

赵海明、许京生主编 平装 16 开 39.00 元

1999 年 7 月出版 7-5013-1602-3

作为早期人类文明发源地之一,中华民族为世界文明进步做出了杰出贡献。本书选用“图话”形式,以“图”展现历史风貌和各种形象,以“话”述说史实,图文互补,有景有情地向读者展示了中国几千年文明发展的累累硕果。

白发回首

薛雯著 平装 32 开 20.00 元

2000 年 1 月出版 7-5013-1681-3

本书是革命干部冯仲云夫人撰写的一本回忆录。

要吃米找万里——安徽农村改革实录

王立新著 平装 32 开 26.80 元

2000 年 1 月出版 7-5013-1685-0

本书对安徽农村的改革全方位地进行了描述。

刺马案探隐

高尚举著 平装 32 开 12.00 元

2001 年 4 月出版 7-5013-1767-4

清末同治年间,两江总督马新贻突然被刺,一时轰动全国,震惊朝野。而对其被刺的原因始终不甚了了。史称此事为“清末四大奇案”之一。那么马新贻究竟是怎样一个人物?“刺马案”究竟是怎么回事呢?本书以简洁的文笔、翔实的资料评说了马新贻的生平及政绩,叙述了“刺马案”的经过,揭示了“刺马案”的内幕。所用资料许多为从未面世的密档,有较高价值。附录:刺马案密档。

《古今图书集成》研究

裴芹著 平装 32 开 10.00 元

2001 年 12 月出版 7-5013-1858-1

《古今图书集成》是我国古代著名类书,问世 270 多年来鲜有全面系统介绍及研究专著。本书作者集多年心血,从古代类书发展,清代编书之风、编纂考、结构体例、按注研究,与方志关系,方志书目辑录、版本及流传等方面进行研究,展开论述。书后还附有《集成》的序和凡例的简注,及点石斋与同文书局印《集成》广告拾零之文章,是《集成》研究者不可多得的参考文章。

中日关系史料与研究(第一辑)

王勇主编 平装 32 开 12.80 元

2002 年 6 月出版 7-5013-1896-4

本书为有关中日关系史料与研究的论文集,主办者为浙江大学日本文化研究所及浙江省中日关系史学会。作者为中日两国专家学者。分“书籍之路”“中日关系史研究”“中日关系史料”及“学术信息”四部分。汇集了一些很有价值的史料与学术研究成果。

清风阅览故纸堆

鲍传江编著 平装 32 开 18.00 元

2003 年 3 月出版 7-5013-2078-0

本书是一部杂文集。与众不同的是,作者是根据其收藏的几十件“前朝字纸”有感而发,创作而成。这些藏品中,有清代的地契、广告、当票、列车时刻表,有民国的小学生课本、婚书、布告、著作权转让合同、罚款单,也有日伪时期的良民证和 20 世纪 50 年代的报纸,涉及社

会生活的各个方面。本书基础上采用一文一图、图文并茂的形式，阅读起来轻松直观，且具有一定的收藏价值。

故纸堆（全十册）

《故纸堆》编委会编　精装 16 开　9800.00 元

2003 年 6 月出版　7-5013-1890-5

本书主编之一鲍传江先生搜集了上迄明初，下至"文革"的历代故纸逾万件，包括各类契约、合同、法律文书、执照、票据、证书、广告等，涵盖了政治、经济、金融、法律、文化、艺术、教育及民俗等社会的各个方面。本书从中精选出近 3000 件，下分一言九鼎、税起税落、凭之有据、司法演进、教育沿革、民雅民俗等十余类，每类又请中国社会科学院、北京大学等机构的著名专家学者为之作序，更增加了本套书的学术价值。

中国先民海外大探险之谜

鞠德源著　平装 16 开　45.00 元

2003 年 8 月出版　7-5013-2170-1

本书作者考索故典，网罗逸闻，汇集古今中外考古、历史、地理各学科中有关中国先民海外探险的文献记录和实物证据，揭开了中华先民进行海外探险与地理发现的诸多谜团，如中华先民是如何发现的美洲大陆，中华先民对日本列岛的考察，中国对台湾岛及所有附属岛屿拥有最早发现权命名权和管辖权，南美印加人是中华先民之后裔等等，具有较高的学术价值与可读性。

中日"书籍之路"研究

王勇等著　平装 32 开　18.00 元

2003 年 10 月出版　7-5013-2161-2

中日两国的文化交流，不仅历史悠久，而且形式独特。从历史看，可以上溯到秦汉之交，至少已有两千余年；就形式而言，人员往来受大海阻碍，书籍成为接受文化的主要载体。近年，浙江大学日本文化研究所的王勇教授提出"书籍之路"概念，意欲突破"丝绸之路"的传统思路，构建东亚文化交流的新模式。这一学术创意，受到国内外舆论与学界的关注，本书就是上述研究的一个总结，意在阐明中日"书籍之路"的文明含义：如果说丝绸是中华物质文明的象征，那么书籍则凝聚着更多的中华文明的精神创意，因而具有强大的再生机能，可以超越时空惠及后代。

百年冷暖：20 世纪中国知识分子生活状况

马嘶著　平装 32 开　29.00 元

2003 年 10 月出版　7-5013-2127-2

这是一部研究中国现当代知识分子生活状况的专著。书中揭示了 20 世纪曾经存在过的一些生活实景，展现出这些年间中国知识分子的苦乐悲欢，可供社会学家、经济学家、学术史家，以及那些谋划、制订、执行知识分子政策和分配制度的人进行比较研究之用。

记忆邮递——百年前发自中国的 50 张明信片

林育德著　平装 24 开　35.00 元

2004 年 3 月出版　7-5013-1240-0

本书收集了 50 张珍贵的明信片，视觉上以这些古老的影像穿成一条主线，通过作者的解读，邀请读者随着外国旅游者的脚步，一同拼贴出百年前中国的独特风貌。一百多年前，这些负载着中国图像与东方情境的明信片经由西方的旅行者、商人、外交官、传教士和士兵们，从中国的各个通商口岸寄出，时间大约为 1900 年前后，最晚到民国初年。这些明信片经过漫长的海上旅行，被安全送到寄件人日夜思念的亲人手里，旅行者把他对亲友的思念和他在中国的探险经历化成一张薄薄的纸片，借此和亲友们分享他神奇的旅行见闻。

从撒马尔干到长安——粟特人在中国的文化遗迹

荣新江、张志清主编　精装 16 开　180.00 元

2004 年 4 月出版　7-5013-2426-3

本书以翔实丰富的文物、碑铭、文献、图片和精审的周备考订，再现了粟特人在中国的文化遗迹及其经济、艺术日常生活各方面的历史。

章学诚国际学术研讨会论文集

中国历史文献研究会编　平装 32 开　36.00 元

2004 年 9 月出版　7-5013-2458-1

本书收录国内以及日本、韩国诸学者为 2003 年"章学诚国际学术研讨会"撰写的论文 40 余篇，对章学诚生平、思想与其学术的方方面面进行了深入探讨，后附"1801—2003 年章学诚研究论文著作索引"，是近年来章学诚研究的集大成之作。

国家、科举与社会——以明代为中心的考察

钱茂伟著　平装 32 开　22.00 元

2004 年 11 月出版　7-5013-2612-6

科举是中国制度史研究的重要课题。本书从较为宏观的视角研究了明代的科举制度，并且文献资料扎实，议论颇有新意，使本学科的研究向前推进了一步。全书共计十章，分别讨论了明代科举的儒家化、国家机关设官与裁员、科举的录取率、新科进士的观政制度、社会流动与科举的关系、科举的区域平衡与失衡，以及科

举与学术的人文化等问题。著者还将明代科举的原始文献数据整理汇编为大量的表格，使研究成果建立在坚实的量化资料基础上，对学术积累亦有贡献。

民族精神的华章：史学与传统文化

钱茂伟、王东著　平装 32 开　25.00 元

2004 年 11 月出版　7-5013-2613-4

这是一部通过传统史学的论述来反映中华民族几千年来所形成的民族精神的论著，作者颇具创新意识，采用了专题形式加以撰写，将国史、谱牒、方志熔于一炉，把官修史书、私人野史、民间传播的通俗历史通通写入一书，是一部具有一定学术水平的学术论著。

沉舰——3000 年海战史的考古之旅

詹姆斯·德尔加多著，李艳霞、丁连普译

平装 16 开　32.00 元

2004 年 11 月出版　7-5013-2477-8

本书追溯了海军战争近 3000 年的考古史，从发生在地中海沿岸、中国江河湖泊上的古代战争，一直到第二次世界大战中沉没的舰船和当时的海上战争。探测了奇异而又凄凉，伟大而又人迹罕至的水下博物馆。它生动地描绘了海洋的底部和躺在那儿的战舰。书中使用了大量的图片，其中包括 69 幅彩图和 142 幅油画的黑白复制品、照片、版画和人工制品，其中一些是第一次出版印刷。该书表达清晰而流畅，对沉舰的研究广泛而细致，对于任何一个对历史、战争和大海充满兴趣的人都极富魅力。

1937 年中国知识界

马嘶著　平装 16 开　32.00 元

2005 年 3 月出版　7-5013-2747-5

1937 年，是中国知识分子生活历史上最具奇特色调的年份，本书展示的就是知识界最富有悲壮色彩和生命价值的这个历史瞬间。

《永乐大典》研究资料辑刊

张升编　精装 16 开　290.00 元

2005 年 6 月出版　7-5013-2790-4

本书共分四大部分，第一部分以郭伯恭《永乐大典考》为主，在其下还收有清末民国时期《永乐大典》研究中有代表性的著述；第二部分为《永乐大典》存目；第三部分为《永乐大典》辑本书目及引书书目；第四部分为附录，包括《〈永乐大典〉现存卷目表》及《〈永乐大典〉研究资料及论著索引》。

最后的故事

大漠著　平装 16 开　20.00 元

2006 年 10 月出版　7-5013-3178-2

本书作者历经十年，对富有传奇经历的几十位老人做了抢救性的采访。这些老人中，既有清末最后的国舅、驸马，也有蒋介石的警卫；既有抗战期间地雷战、雁翎队的英雄，也有伪满洲国的警察与日本特务；既有抗击过日本侵略者的“义匪”及“座山雕”的把兄弟，也有亲历过广岛原子弹爆炸的中国留学生和命运悲惨的中国劳工及慰安妇。他们的历史，就是百年间苦难中国的历史折射，令人读后不胜感叹。

《相山集》点校

（宋）王之道撰，沈怀玉、凌波点校　平装 32 开　22.00 元

2006 年 11 月出版　7-5013-3193-6

《相山集》是宋王之道的作品集，内容包括古诗、律诗、绝句、词、制、表、札子等等。本书主要以文渊阁本《四库全书》为底本，并参考相关工具书，对多家资料相互引证、甄别，加以整理而成 30 卷。

两周史论

郭伟川著　平装 32 开　26.00 元

2006 年 12 月出版　7-5013-3192-8

本书收有论文 16 篇，采取以古文献与出土文物相互印证的方法，考论西周、东周史事，提出一些独立见解。其中如论“宗周钟”、文王立国思想、周公称王、东周衰败等，颇具新意。饶宗颐封面题字。

清代乾嘉历史考证学研究

罗炳良著　平装 32 开　29.80 元

2007 年 2 月出版　978-7-5013-3424-7

本书为教育部人文社科博士点基金资助项目，是迄今为止国内外第一部全面研究清代乾嘉历史考证学的专著。在总结、吸收史学界以往研究成果的基础上，对许多重要学术问题的研究有所拓展和创新，在很大程度上具有填补学术空白的意义。

新旧中西之间：五四时期的中国史学

张越著　平装 32 开　28.00 元

2007 年 3 月出版　978-7-5013-3425-4

五四时期是中国近现代思想文化史上的一个新旧交替的大变革时期，也是中国史学从传统向现代转变的重要时期。本书论述了五四时期的中国史学因新旧史学间的冲突和继承、中外史学间的碰撞与交融所出现的史学转型期中的诸多问题，展示了五四时期中国史学从观念到方法、从内容到形式的全面更新的复杂景象。重点探讨了五四时期史学在史料观念上的变化、经史关系、中西史学交汇、对传统史学的借鉴、历史考证学的兴起与特点、五四时期史学思想的变化、疑古思潮、史学方法、现代史学规模的初建等重要问题。

中国刺绣史

孙佩兰著 平装16开 58.00元

2007年5月出版 978-7-5013-3368-4

本书以翔实的资料、丰富的配图,系统地介绍了中国刺绣艺术千百年来的发展演变。

身体的媚术——中国历史上的身体政治学

许晖著 平装32开 23.00元

2007年5月出版 978-7-5013-3459-9

本书从历史上最著名的身体事件和最著名的爱情故事两个方面入手,旨在揭示一些历史事件的真相,还原真实的人和真实的爱情经历和悲欢离合。

民初孔教会与国教运动研究

韩华著 平装32开 22.00元

2007年12月出版 978-7-5013-3545-9

这是一本关于民初孔教会及国教运动的论著。本书分上篇、下篇,书后附年表、书目。上篇以时间为线索,共分为六章,叙述了孔教会与国教运动发生、发展、尾声的整个过程,力图拨开笼罩在因对孔教会及国教运动本来面目并不完全清楚的前提下得出的一些结论的迷雾,再现国教运动的总体情况和具体细节。下篇以问题为中心而展开,共分七章,分析国教运动中涉及的重要问题,通过对这些问题的论证,结合上篇的史实叙述,试图在厘清国教运动的基本事实基础上,展现民初孔教运动的表与里,整理、分析学者们的不同观点,希冀给孔教会及国教运动恰当的定位。

一得集——崔凡芝史学散论

崔凡芝著 平装32开 25.00元

2007年12月出版 978-7-5013-3594-7

本书为论文集,是作者在多年的教学与科研中悟得与感受之作。书中文章自成体系,大致分两类:一为史学论文,一为序言类文章。史学论文又分作两司马研究,史家、史籍、史注、史体研究,杂论三部分。序言类文章多是给自己编撰的书籍和古籍整理成果所作的概述。

日本官吏与公务员制度史:1868—2005

刘文英著 平装16开 88.00元

2008年1月出版 978-7-5013-3548-0

日本是官吏与公务员制度比较完善,公务员队伍比较高效廉洁的国家。本书系统而详细地介绍了明治维新后日本现代官吏与公务员制度的建立与不断改革的历史、在此过程中起重要作用的代表人物,和现代日本官吏与公务员制度的具体细节,对于中国发展与完善自身的公务员制度有很好的借鉴作用。

元亡明兴:中国历史大变局

刘登阁著 平装16开 29.00元

2008年1月出版 978-7-5013-3553-4

本书从中国历史王朝更替的角度,介绍了元亡明兴的历史进程,深入论述了这两个朝代在整个中国王朝中的地位和特点,并挖掘了他们衰亡与兴起的复杂原因。

中国少数民族史学研究

瞿林东主编 平装16开 59.00元

2008年3月出版 978-7-5013-1840-7

中国少数民族史学是中国史学史的一个重要方面。本书是国内史学理论界第一本关于少数民族史学研究的专著。收入个案研究和区域性研究论文,同时收入思考中国少数民族史学的整体面貌的论文,构成对这个领域研究工作的全面论述。

康有为变法奏章辑考

孔祥吉著 平装32开 45.00元

2008年3月出版 978-7-5013-3543-5

本书收录康有为于戊戌变法期间上呈皇帝及代人草拟的奏折89份,并于每篇之下以按语形式加以考证。

中国官方史学与私家史学

乔治忠著 平装16开 59.00元

2008年5月出版 978-7-5013-3634-0

本书是南开大学教授、博士生导师乔治忠先生多年来中国官方史学与私家史学及史学理论研究心得之精选。书中按内容概为六类:一、史学理论探讨。二、官方史学独见。三、史籍文献析征。四、清前史学述评。五、中日关联综论。六、章氏学术探赜。

陈垣《元西域人华化考》创作历程——用稿本说话(全二册)

陈智超著 精装16开 690.00元

2008年8月出版 978-7-5013-3649-4

本书系陈垣成名作《元西域人华化考》稿本汇编而成,陈智超汇编导读。内含该书开始撰著时收集、抄录的原始史料，陈垣对史料的批改增删、核校选用等。根据本书所提供的原始稿本、油印本、排印本、木刻本等原始资料，读者可详细了解陈垣撰写史学论著时从撰写提纲、收集史料、选用史料、批校史料到汇聚、拢串成书，再到逐次增订删改的全过程，对了解《元西域人华化考》成书史、陈垣史著范式及陈垣史学不可或缺。

1860—1930：英国藏中国历史照片（全二册）

中国国家图书馆等编　平装 12 开　480.00 元

2008 年 10 月出版　978-7-5013-3774-3

本书收录了大英图书馆等数家英国主要图书馆收藏的中国主题的老照片，时间从 1860 年至 1930 年，内容涉及当时中国社会、政治、经济、军事、文化、风光及民俗等各个方面，而其中最为珍贵、最为系统的包括三个方面，即义和团、第二次鸦片战争和辛亥革命方面的照片，多为首次付梓面世。

中国马克思主义史学的理论成就

陈其泰主编　平装 16 开　68.00 元

2008 年 11 月出版　978-7-5013-3633-3

本书是教育部社会科学重大项目。首次对“五四”以来中国马克思主义史学的发展、壮大、挫折等进行了论述，对这些理论成就进行了系统总结和评价。

抗日战争与中国现代化进程研究

袁成毅、荣维木等主编　平装 16 开　29.80 元

2008 年 12 月出版　978-7-5013-3785-9

抗日战争对中国现代化进程所产生的影响从 20 世纪 90 年代开始受到学术界的重视，本论文集在已有学术积累的基础上，分三编 11 个专题，呈现了不同作者对于抗日战争与中国现代化这一命题的多种理解和解读。

宋代的家族与社会

黄宽重著　平装 16 开　28.00 元

2009 年 5 月出版　978-7-5013-3994-5

本书主要考察了宋代在科举制度化后崛起，而且发展比较成功的士人家族。从对家族成员的仕途发展与家族经营地方的观察，可以看到宋代士人家族发展与演变的轮廓、家族与地方社会的关系，借以掌握中国近世家族发展与转变的基础。本书是作者多年研究宋代家族个案的总结性成果，对于中国家族史的研究有着重要的学术价值。

中国档案文献编纂史

梁继红著　平装 32 开　28.00 元

2009 年 5 月出版　978-7-5013-4050-7

本书分上下两编，系统梳理了中国古代从先秦到明清以及近代档案文献编纂的历史。每一时期皆论及官方和私人的档案文献编纂，包括编纂概况、编纂成果、编纂方法及档案文献编纂学思想，分析各时期影响档案文献编纂发展的因素，进一步揭示档案文献编纂的内在规律和自身发展脉络。可视为填补中国档案文献编纂通史的空白之作，具有重要的学术价值。

唐宋变革期枢密院研究

李全德著　平装 32 开　26.00 元

2009 年 6 月出版　978-7-5013-4060-6

本书以中晚唐、五代、十国、北宋前期作为一个唐宋变革期，在这样的时空之内观察枢密院的发展变化，探讨唐宋之际中枢体制的演进。

中国历史若干重要学术问题考论

郭伟川著　平装 32 开　32.00 元

2009 年 7 月出版　978-7-5013-3997-6

本书共分为两大部分，一为考辨，一为论述，内容涵盖远古，上古，夏、商、周三代有关史实的辨证及宋明理学历史本源的探讨。饶宗颐封面题字。

南宋地方武力：地方军与民间自卫武力的探讨

黄宽重著　平装 16 开　36.00 元

2009 年 8 月出版　978-7-5013-4000-2

本书考察了南宋政权在面临强大外患及内乱的威胁下，为了生存与发展，在原有的军事体制之外，接纳地方的武装力量，创立新的制度，是对北宋强干弱枝政策的一项重大修正，反映了南、北宋政权不同的特质。这些经由宋廷组织、团结、承认而实质存在的各种民间自卫武力或地方军，不仅与南宋时代的正规军同时并存，更是支撑南宋政局，与宋政权相始终的武装力量。

贺昌群译文集

贺昌群译　平装 16 开　35.00 元

2009 年 12 月出版　978-7-5013-4212-9

本书收录了著名历史学家贺昌群先生的译文九篇，内容涉及文学、艺术、史学等领域。

贺昌群译著五种

贺昌群译　精装 32 开　360.00 元

2010 年 1 月出版　978-7-5013-4214-3

本书收入我国著名历史学家贺昌群先生的译著五

种——《丹麦一瞥》《荷兰一瞥》《新波斯》《西域之佛教》《中国语言学研究》。这些译著，涵盖中外历史、社会生活、语言文字诸多方面，具有较高的史料价值。

国学的历史

桑兵、张凯等编　平装16开　78.00元

2010年4月出版　978-7-5013-4216-7

本书编者在历时5年网罗各类资料以备编辑近代国学系年的基础上，挑选近代国学出现以来，各种各样主张和反对国学的代表性文献100余篇，按照时间顺序排列编辑，旨在为读者提供一个寻绎国学发生、发展、演化的进程，从各个视角层面观察国学是什么，进而正确理解和把握什么是国学的有效途径。

沈定一集（全二册）

陶水木编　平装16开　98.00元

2010年6月出版　978-7-5013-3786-6

沈定一是中国近现代史上一位经历复杂而又有一定影响的人物。其生前著述丰富，本书编者耗时数年搜集1912—1928年间沈氏的著述、函电等400余篇，基本反映沈定一的主要生平思想，是研究沈氏生平及晚清民国史的重要资料。

中国近现代行业文化研究——技艺和专业知识的传承与功能

（法）蓝克利著　平装16开　86.00元

2010年8月出版　978-7-5013-4383-6

本书是以中法合作研究项目“行业文化和专业技术传承”为基础的国际学术研讨会的论文集。共收入19位作者的17篇论文，分为陕西民间技艺与文化、浙北苏南丝绸技艺、浙江龙泉制瓷技艺、河南回民皮毛手工业、甘肃省跨民族的商业网络、北京商业文化六个部分，在实地访查的基础上，研究中国近现代手工业和商业的技艺和传承。资料丰富翔实，视角独到，具有较高学术价值。

历史编纂与民族精神

陈其泰著　平装16开　69.00元

2011年1月出版　978-7-5013-4481-9

本书是著名历史学家、北京师范大学教授陈其泰先生的学术论文集。主要内容分为两部分：中国历史编纂学学科体系研究、中华民族精神的理论思考与发展演变。收入论文24篇，反映了作者在以上两个领域的研究成果，具有较高的学术参考价值。

清代陈季同《学贾吟》手稿校注

（清）陈季同著，沈岩校注　平装16开　45.00元

2011年12月出版　978-7-5013-4656-1

陈季同（1851—1907），字敬如，号三乘槎客，清福建侯官人。前后被派驻欧洲十六年，与俾斯麦、甘必大等德、法政要关系密切。在中法越南问题上直接与法方斡旋，缓和了僵局。驻欧期间，他写了许多介绍中国现状和中国文学的法文作品，在法国文坛上享有盛名，成为近代中学西传的第一人。《学贾吟》手稿是美国莱斯大学钱南秀教授于2001年元月，在上海图书馆查阅到的。手稿采用大16开本，红栏稿纸，以小字行书（参有少量草书）书写，共80页，收录诗作354首。诗集主要收集的是陈季同湘黔之行的诗作。此书是研究陈季同及福建船政史的重要资料。

达命拏云

庞学诗著　平装16开　68.00元

2012年3月出版　978-7-5013-4741-4

本书作者庞学诗通过其近80年独特的人生经历展现了抗日战争、解放战争、社会主义改革、“大跃进”、“四清”运动、社会主义教育、“文化大革命”、“工业学大庆”、农业学大寨、改革开放等各个历史阶段和历史事件在县级政权、乡级政权的反映，记录着时代的变迁，是半个多世纪中国基层社会的一个缩影。

启蒙与批判——清末民初新闻漫画释读

王志庚主编　平装32开　30.00元

2012年8月出版　978-7-5013-4850-3

清末民初为我国漫画的发端时期，涌现出马星驰、钱病鹤、汪绮云等知名漫画家。本书以时间为序，配合国内新闻大事，从《神州日报》《民立报》《民权画报》《时报》等20余种报刊上，辑录出新闻漫画百余幅，并进行了详尽的释读。通过阅读本书，读者不仅可以欣赏幽默、辛辣的漫画，更可以走进那个政治风云变幻、思想文化激荡、内忧外患迭起的大时代。

走马楼吴简经济文书研究

蒋福亚著　平装16开　58.00元

2012年12月出版　978-7-5013-4858-9

1996年出土的长沙走马楼三国吴简多达十余万枚，总字数超过《三国志》，数量至巨，举世罕见，被学术界称为世纪性大发现。本书即是作者融会贯通目前已整理出版的《嘉禾吏民田家莂》《竹简（壹）》《竹简（贰）》《竹简（叁）》这四部简牍的内涵，深入探索，将其置于中国历史长河、置于新中国成立以来有关魏晋南北朝史、特别是三国历史学术争论中撰写而成。简牍是历史研究中追求的最高境界恢复历史真相可以凭借的最原始、最直接、最真实,没有经过任何穿凿和剪裁的最可靠的资料。本书由《嘉禾吏民田家莂》研究、《竹简》所见吴国前期屯田和《竹简》所见临湘的商业三章组成,对于中国古代史,特别是三国历史的研究将大有裨益。

明代藩府刻书研究

陈清慧著 平装16开 80.00元

2013年7月出版 978-7-5013-5139-8

本书分上下两编,上编主要介绍了明代诸藩的学术文化成就,分析了明代藩府刻书的文化背景,刻书的时间、地域、内容分布规律,下编是对明代藩府刻书的个案研究,重点研究了宁藩、周藩、代藩、吉藩等的刻书情况,最后对明代藩府刻书的地位、价值和影响作了简要论述。

淮海战役史料汇编(全九册)

淮海战役纪念馆编 精装16开 2800.00元

2013年4月出版 978-7-5013-5041-4

本书共五卷九册,总计400余万字,图片近3000幅,分别为《战役卷》(上、中、下)、《支前卷》(上、下)、《将领卷》、《英烈卷》、《追忆卷》(上、下)。《战役卷》以历史文献、文物、照片为主要编撰内容,依时间顺序和战役进程编排,反映淮海战役发生、发展、胜利的进程。《支前卷》内容展现了中国共产党领导人民支援淮海战役的伟大壮举。《将领卷》内容为200余位淮海战役国共双方将领以及解放区支前领导的小传。《英烈卷》收录了3万余名烈士(同姓名者略)的名录及部分烈士事迹材料和亲友回忆,真实反映了淮海战役烈士的英雄业绩。《追忆卷》通过国共双方战争亲历者及亲历者亲友的回忆、编者对淮海战役烈士纪念塔(馆)等纪念淮海战役的建筑物的描述,再现了当年的烽火战事与后人对战争的思考。其中《战役卷》《支前卷》全部为文献摘录,绝大部分史料都来源于淮海战役纪念馆特色馆藏,包括命令、总结、报道、日记、家书、照片等,大多系首次披露,另外还配有3000余幅珍贵的图片。《战役卷》还选录了大量的纵队小报(国内现存极少),保存了大量鲜活、原生态的描述。《英烈卷》的烈士名录,也为首次公开出版。

近代报刊丛话

滕静静、张珊珊著 平装16开 39.80元

2013年8月出版 978-7-5013-5156-5

本书选取《申报》《点石斋画报》《大公报》《新青年》《民国日报》《京报》《良友》《新华日报》等最有代表性的近30种近代报刊,着重介绍每种报刊的历史,附有创刊号或重要期号之书影等老照片资料。史料翔实,语言通俗有趣。对于读者了解近代历史上的新闻热点以及近代报刊的历史都有帮助。

杨翼骧先生中国史学史手稿存真(全二册)

杨翼骧著 精装8开 1800.00元

2013年9月出版 978-7-5013-5157-2

著名史学家杨翼骧先生的《中国史学史》著作手稿,虽然未能最终定稿,但许多论述颇具参考价值,如对唐后五代史馆建置和官方修史机制的论述,对辽、金时期国史院的评析等等,都极具学术价值。我们此次将先生的手稿予以整理编排,以影印方式出版面世,既保存了手稿的真貌,亦能给学界同行提供以参考。

管豹集——魏晋南北朝史散论

蒋福亚著 平装16开 58.00元

2014年6月出版 978-7-5013-5240-1

本书收录作者蒋福亚先生从1978年到2013年陆续发表的论文32篇,根据内容分为上下两集,上集主要收录吴简相关论述,下集则以民族关系和前秦的历史为主。因本书内容较为分散,故为其拟定副标题——魏晋南北朝史散论。本书的出版,是对吴国经济史研究的补充,对三国历史研究也将大有裨益。

"中国历代文官制度"丛书(4种)

文官之管理

本书编委会 平装16开 80.00元

2014年12月出版 978-7-5013-5492-4

本书为"中国历代文官制度"丛书之一。上起先秦下迄民国,从文官的考核、任用、官阶待遇、奖惩、退休制度等几个方面详细介绍了历代的文官管理制度。本书循于沿革,资料翔实、分类合理、内容完整,既展示了文官管理制度的全貌,便于不同需求的人群选读,又将历史与现实紧密结合,有助于读者以史为镜、鉴史观今。

文官之监察

本书编委会 平装16开 60.00元

2014年12月出版 978-7-5013-5504-4

本书为"中国历代文官制度"丛书之一。本书上起先秦下迄民国,按时间顺序介绍了中国监察制度在不同历史时期的萌芽、确立、成熟、强化、完善,以及近代监察制度的开端。

文官之品级

本书编委会　平装 16 开　80.00 元

2014 年 12 月出版　978-7-5013-5475-7

本书为“中国历代文官制度”丛书之一。本书上起先秦下迄民国，对历朝历代中央和地方的政府机构设置、官职名称、官员品级、俸禄及服饰等作了详细说明。

文官之选任

本书编委会　平装 16 开　120.00 元

2014 年 12 月出版　978-7-5013-5491-7

本书为“中国历代文官制度”丛书之一。本书上起先秦下迄民国，侧重从文官的培养方面介绍了历代学校的设置、生员状况及文官的选拔与任用标准。

《周礼》制度渊源与成书年代新考

郭伟川著　16 开　88.00 元

2016 年 4 月出版　978-7-5013-5684-3

《周礼》一书原名《周官》，其内容主要包括两周职官制度及相关礼制。自汉代整理先秦经籍，此书得以发现而正式问世。同时，又因此书在官制、礼制上丰富的历史内涵，故为历代学人所重视，有重要的研究及参考价值。在《周礼》一书的成书年代问题上，笔者从上古“六卿”到《周礼》“六官”的制度渊源入手，溯其源，明其流，最后归结到战国初期的魏文侯身上，结论是，《周礼》成书于战国初年的魏文侯时期。

小漫画，大历史：从清末到民国

郭传芹编著　平装 16 开　58.00 元

2017 年 6 月出版　978-7-5013-5957-8

本书收录清末民初（1898—1919）时期报刊上发表的漫画二百余幅，漫画作者包括马星驰、钱病鹤、谢瓒泰、沈泊尘、丁悚等名家。这一时期的漫画最不缺少的就是重大历史题材。预备立宪、武昌起义、清帝逊位、袁世凯称帝、“二次革命”、护法运动、府院之争、张勋复辟、五四运动等事件，都在漫画中有艺术化的表现。那一幅幅嬉笑怒骂的漫画，带领我们穿越时空，回味那段跌宕起伏的历史。

清代商业史（修订版）

郭蕴静著　平装 16 开　48.00 元

2017 年 12 月出版　978-7-5013-5488-7

本书分为国内商业和对外贸易两编。上编着重论述清代商业政策、制度与措施；市场价格与税制；商人；商品流通；不同类型城市、地区市场的兴起、发展与作用；清代商业发展的水平。下编分别论述清代禁海、迁海、开海、一口通商政策的演变；对外贸易制度；清与亚洲、欧美各国的贸易。

中国历史编纂学史（全五册）

陈其泰主编　精装 16 开　598.00 元

2018 年 12 月出版　978-7-5013-6647-7

本书分导论、先秦两汉时期、魏晋南北朝隋唐五代时期、宋元明清时期、近现代时期中外比较五部分，是第一部中国历史编纂学通史著作。上起先秦时期，下迄20 世纪末，系统论述中国历史编纂学的发展道路和内在规律。全书史料丰富，论据坚实，论证深刻，彰显了当代中国史学的民族特色，对于提升中国学术话语权和推进中国学术走向世界具有重要价值。本书又是传统文化研究的重要成果，将提供一部“中华文化何以长期连续”的读本，从当前来看，正高度契合中共中央关于“实施中华优秀传统文化传承发展工程”的精神，更凸显出本书的理论意义和现实意义。

清宫门禁史料汇编

何砺砻辑　平装 16 开　48.00 元

2018 年 12 月出版　978-7-5013-6617-0

本书将有关清宫内外城宿卫管理的案件、建议、皇帝批示、相应的规章制度等史料汇编成册。所选史料有各朝《上谕档》《清实录》《京报》《景运门现行事宜》等。编者择取上述材料内的上谕、奏折、夹片、廷寄等相关内容，为读者展现清宫门禁的第一手资料。通过此书，读者可以全面了解清宫门禁的管理状况，以及暴露出来的清廷管理问题和深层的社会矛盾。

清代《春秋》学研究

晁岳佩著　精装 16 开　280.00 元

2019 年 3 月出版　978-7-5013-6531-9

本书从经学的角度研究清代治《春秋》学的学者以及他们的代表性著作，发前人之所未发，从经学而非思想史的角度来研究清代的《春秋》学，是使儒家经典回归经学研究的有益探索，也是《春秋》学研究史的新发展、新尝试。本书分为四个部分：清代主流《春秋》学研究，清代《春秋》左氏学研究，清代《春秋》公羊学研究，清代《春秋》谷梁学研究。作者通过研读清代《春秋》学著作，归纳出清代主流《春秋》学研究乃“以己意兼采三《传》以释经一派”。每部分选择三位具有代表性的学者及其主要《春秋》学著作予以论述。

工具书

目录

中国历代年谱总录

杨殿珣编　32开　3.00元(精)　1.95元(平)
1980年11月出版

本书由杨殿珣先生集数十年的研究成果编辑而成。书中著录年谱4000余种,反映古今谱主2800余人。年谱著录,一般以原书的原题为准,以谱主的生年先后为排列顺序。收录齐全,著录严谨,查检方便。书后附《待访年谱简目》《谱主姓名别名索引》。

中国历代年谱总录(增订本)

杨殿珣编　精装32开　21.50元　28.00元
1996年5月出版　1997年1月再版　7-5013-1187-0

增订本在原本的基础上编就,收《总录》《续录》《三录》,共计收谱4450种,参考文献645条。

北京图书馆馆藏报纸目录

北京图书馆报纸期刊编目组编　平装16开　1.95元
1981年6月出版

本书包括北京图书馆(今国家图书馆)馆藏中文报纸、外文报纸两部分。各报纸单独出版的副刊排在该报的后面。

1833—1949全国中文期刊联合目录(增订本)

全国第一中心图书馆委员会、全国图书联合目录编辑组编　精装16开　15.00元
1981年8月出版

本书是一部大型的期刊检索工具书,收录了我国50个省市级以上图书馆所藏1833—1949年出版的中文期刊近2万种,同时注明各种期刊的收藏单位及收藏卷期。

中国现代作家著译书目

北京图书馆书目编辑组编　平装32开　2.20元
1982年12月出版

本书根据北京图书馆及一些兄弟馆的藏书编写而成,收录“五四”以来至1981年底50位现代作家著、译、编、校的图书近3000种,按作家姓名汉语拼音字母次序排列。

中国现代作家著译书目(续编)

北京图书馆书目编辑组编　平装32开　3.95元
1986年4月出版

本书收录“五四”以来至1981年底128位作家著、译、编、校的图书3400余种,按作家姓名汉语拼音字母次序排列。

论古代中国

周迅编　平装16开　6.00元
1984年3月出版

本书收录1965—1980年在日本出版和发表的有关古代中国(1840年鸦片战争以前)的日文论文和专著一万多种(篇)。

研究太平天国史著述综目

姜秉正编　平装32开　2.70元
1984年5月出版

本书收录1853—1981年国内外研究太平天国史的专著、论文和资料等。

北京图书馆馆藏革命历史文献简目

北京图书馆善本组编　平装 32 开　2.50 元
1984 年 5 月出版

本书是新中国成立以后北京图书馆收集到的部分革命、历史文献的目录汇编。

图书目录：1979—1984

书目文献出版社编　平装 32 开
1985 年 1 月出版

本书编入本社 1979—1984 年出版的全部图书（刊）共计 158 种，即将出版的图书 29 种。

方以智、茅元仪著述知见录

任道斌编　平装 32 开　0.60 元
1985 年 4 月出版

本书收入明末清初杰出学者和爱国思想家方以智与茅元仪两位学者的著述知见录。

布哈林著作目录

（美）悉尼·海特曼编，田大畏、章云等译
平装 32 开　1.65 元
1985 年 4 月出版

本书是根据 1969 年美国斯坦福大学出版的《尼·伊·布哈林著作目录》译出的，是当时最完善的布哈林著作目录。收录布哈林著作和演说稿 500 多种，连同各种版本及译本共 937 种。

石刻考工录

曾毅公辑　平装 32 开　1.40 元
1987 年 7 月出版

本书是辑录石刻镌制者的专著。上起汉魏、下迄明清，收录近 1800 人，引用碑刻目 900 余条。

中国国家书目 1985（全二册）

《中国国家书目》编委会主编　平装 16 开　50.00 元
1987 年 10 月出版　17201.103

本书收录中国大陆的汉语文出版物，选入的文献类型主要是图书和连续出版物，主要是 1985 年出版的，少部分是 1984 年出版的，包括书目正文和索引两部分。

中国国家书目 1986（全二册）

《中国国家书目》编委会主编　精装 16 开　150.00 元
1991 年 12 月出版　7-5013-0828-4

本书按照《国际标准书目著录》（ISBD）和中华人民共和国文献著录标准进行著录，并确定目录的统一题名及著者标准名称；依据《汉语主题词表》《中国图书馆图书分类法》和《中国科学院图书馆图书分类法》进行文献学科内容的标引。

中国国家书目 1987（全三册）

《中国国家书目》编委会主编　精装 16 开　312.00 元
1994 年 7 月出版　7-5013-0891-8

本书在总结 1985、1986 年本编辑经验的基础上，努力体现“领土——语言”的原则。包括正文和索引两个部分，正文有 18 个学科门类，按类号编排，近 2.97 万条款目；索引有题名、丛书、著者三种，按字顺次第，约计 8 万条目。

北京图书馆藏石刻叙录

徐自强主编　平装 32 开　5.80 元
1988 年 10 月出版

本书共收北京图书馆馆藏石刻拓本 246 件，计刻石 8 种（目为 5 条）、摩崖 18 种、碑刻 110 种、石经 12 种、画像 9 种、墓志 33 种、造像 22 种、经幢 19 种、法帖 15 种。收集的范围以辛亥革命以前的石刻为限，编辑的方法以时代为序，分别对各朝代中有代表性的石刻进行介绍。

全国满文图书资料联合目录

黄润华、屈六生主编　平装 16 开　29.00 元
1991 年 7 月出版　7-5013-0871-3

本书包括全国 49 个单位收藏的满文图书 1015 种，石刻拓片 693 种，是当时全国最全的一部满文图书资料联合目录。

中国新方志目录（1949—1992）

全国方志资料工作协作组编，戴国林主编
精装 16 开　45.00 元
1993 年 8 月出版

本书收录 1949 年 10 月至 1992 年 2 月新志，包括较广，以省市县三级志书为主，旁及区、街道、乡、镇、村、山水名胜等专志和部门志达 9000 余种。

中国现代文学书目汇要（2 种）

郭志刚主编

本书是北京市哲学社会科学“七五”规划课题。分小说卷、诗歌卷两种，每条下列出版本情况、具体篇目和简短作品评价，指出作品的创作特色及其在中国现代文学史上的地位。

中国现代文学书目汇要·小说卷

刘勇、彭斌柏编著 平装32开 10.00元
1994年12月出版

全书收现代中长篇小说及小说集500余条。

中国现代文学书目汇要·诗歌卷

阎延文、毛梦溪编著 平装32开 10.00元
1994年12月出版

全书收现代诗集近300余条。

中国近代传奇杂剧经眼录

梁淑安、姚柯夫编 平装32开 10.00元
1996年10月出版 7-5013-1286-9

本书是一部完备的近代传奇、杂剧的专门书录。两位作者历时15年,撰写出这部集资料、考证、研究为一体的学术著作。

中国当代古籍整理研究学者名录

全国高校古籍整理研究工作委员会编,曹亦冰主编
平装16开 72.00元
1997年3月出版 7-5013-1370-9

本书在1991年10月的《高校古籍整理研究学者名录》基础上修订编辑,是一部了解中国大陆古籍整理研究学者个人和整体队伍状况的工具书。

舆图要录

北京图书馆善本特藏部舆图组编 精装16开 150.00元
1997年12月出版 7-5013-1266-4

北京图书馆对地图的搜集,从1909年京师图书馆筹建之初,就已开始。目前,北京图书馆善本部不仅藏有清廷阁的明清绘本地图百余种,还有历次出土的古代地图,清末以来公私团体、个人所测绘的各种舆图,以及部分外文地图。本书所收为北京图书馆藏中华人民共和国成立以前的各种版本中文古、旧地图共6348种及馆藏1949年以前中外出版的西文、日文和俄文中国地图479种。

中国蒙古文古籍总目(全三册)

本书编委会编 精装16开 1200.00元
1999年12月出版 7-5013-1180-3

本书收录了全国180个藏书单位和80位个人所收藏的1949年以前中国抄写、刻印的蒙古文文献,分图书经卷、档案资料、金石拓片和期刊报纸4部分,共13115条,并依照国际和国家标准进行著录,还做了必要的分析、考证,全面反映了中国蒙古文古籍的实际面貌和收藏情况。其收录数量之大,范围之广是空前的。本书参照《中国图书分类法》建立了符合蒙古文古籍特点的分类体系,并进行了题名拉丁转写和题名汉译,编制了蒙古文题名、题名拉丁转写、题名汉译索引。

中国国家图书馆外文善本书目

顾犇主编 精装16开 60.00元
2001年9月出版 7-5013-1821-2

本目录收入西文善本1234种、日文善本299种、俄文善本420种。其中西文善本中有不少是早期来华传教士的著作、16世纪出版的图书及外交官的回忆录。本书西文部分主要采用美国国会图书馆分类法分类,索引按字母顺序排序;日文部分按学科分类,索引按笔画排序;俄文部分按《中图法》分类,索引按字母顺序排序。本目录所收善本即目前善本特藏部书库的藏品。

小说书坊录

王清原、牟仁隆、韩锡铎编纂 平装32开 20.00元
2002年5月出版 7-5013-1893-X

该书是收录宋元至民国时期通俗小说的目录。其中绝大部分小说是书坊刻书,反映了这一阶段非主流文化的发展状况。作为一本工具书,该书的编排体例方便易用,正文按时间顺序排,书后附书名索引和书坊索引。该书是研究古代小说史、出版史、版本学、文献学、目录学的极有价值的参考工具书。

中国历史博物馆藏普通古籍目录

中国历史博物馆图书资料信息中心编
精装16开 85.00元
2002年7月出版 7-5013-1912-X

本书是反映中国历史博物馆馆藏普通古籍的目录。正文采用的分类方法基本是传统的四部分类法,将馆藏普通古籍按经、史、子、集、丛、新学部六大类编排,每种书都注明了书名及卷数、编撰者、版本、册数,该书在历史博物馆馆藏中的排架号。书的残缺情况也在著录项目中有所反映。书后附书名索引,按笔画排,方便了读者利用。

北师大图书馆馆藏中文珍稀期刊题录

北京师范大学图书馆编 平装32开 25.00元
2002年8月出版 7-5013-1937-5

本书为北京师范大学图书馆藏中文珍稀期刊的题录。这些期刊在其他机构较为少见,具有重要的价值。

北京师范大学图书馆古籍善本书目

北京师范大学图书馆古籍部编　精装 16 开　80.00 元
2002 年 8 月出版　7-5013-1898-0

本书共收入北京师范大学图书馆所藏善本 3000 余种。其中宋刻元明递修本 2 种，元刻本及元刻明修本 27 种，明刻本 1260 余种，清刻本 1300 余种，另有明清稿本、抄本 530 余种。除著录书名、卷数、撰述者、版本、册数、索书号外，还标明了行款格式、版刻主要特征、藏板地、钤印等。并对一些书籍的内容、作者、版本作了必要的说明。书后附书名索引和著者索引。

中国古旧书刊拍卖目录

姜寻编　精装 16 开　320.00 元
2002 年 9 月出版　7-5013-1918-9

本书收录了北京海王村拍卖有限责任公司（中国书店）1995 年 9 月至 2001 年 9 月间和上海国际商品拍卖有限公司（博古斋）1998 年 10 月至 2001 年 11 月间拍卖的古旧书刊及其他文献等。所收文献基本是清代及民国时期的出版物，尤其新文学书刊所占比重大。著录项目完备，包括拍卖公司名称、拍卖时间、拍卖作品名称、作品著者、出版者及其他载体形态、作品提要（有些附作者简介）、起拍价、成交价等，书后附书名文献名索引。

中国农业古籍目录

中国农业科学院、南京农业大学、中国农业遗产研究室编　精装 16 开　80.00 元
2003 年 3 月出版　7-5013-1189-7

本书是一部较为全面的关于中国农业古籍的工具书。收集了中国、美国、日本等地收藏的相关文献。

内蒙古自治区线装古籍联合目录（全三册）

何远景主编　精装 16 开　920.00 元
2004 年 11 月出版　7-5013-2587-1

内蒙古虽地处边陲，但线装古籍的收藏颇具规模，全区共有线装古籍 50 万册，27000 多个版种，足以与其他古籍收藏大馆相媲美。本书收录了内蒙古图书馆、内蒙古大学图书馆、内蒙古师范大学图书馆等 50 余家单位的古籍文献，其中不乏珍稀的明清刻本、写本等。全区的馆藏以蒙古族的相关书籍为收藏重点，因此有关元史、北方少数民族史的古籍非常丰富。另一方面所藏内蒙古地区的地方志以及元人文集，也是全区馆藏的一大特色。

温州地方文献联合目录

郑笑笑主编　精装 16 开　96.00 元
2005 年 8 月出版　7-5013-2789-0

本书为浙江省温州市社会科学界联合会温州学研究课题成果。温州市图书馆联合各有关部门，于 2003 年开始进行温州地方文献书目的编纂工作。该书类目设置为总类、地理、社会、经济五大类，突出了温州区域的文化特色。

二十世纪宋史研究论著目录

方建新编　精装 16 开　298.00 元
2006 年 6 月出版　7-5013-2788-2

本书收录了 20 世纪中国大陆、台湾、香港地区公开发表出版的宋史研究论文与著作 4 万余条。

潍坊古籍书目

栗祥忠、戴维政主编　精装 32 开　90.00 元
2006 年 12 月出版　7-5013-3186-3

本书收录潍坊市图书馆、潍坊市博物馆、潍坊学院图书馆及各县（市、区）图书馆、博物馆收藏的古籍 3600 多种。书后附有书名和著者索引。

江南区域史论著目录（1900—2000）

陈忠平、唐力行主编　精装 16 开　120.00 元
2007 年 6 月出版　978-7-5013-3480-3

本书收录有关上古至民国时期江南（主要包括江苏南部、上海及浙江北部地区）地方历史研究的相关论著、篇目和书目。论著范围为 1900—2000 年中国大陆公开发表者，内容涉及江南地方社会、政治、经济、文化及各界人物等各个方面。分为甲乙两编，甲编为文章目录，乙编为著作目录。

中国各民族神话研究外文论著目录（1839—1990）

（俄）B. Riftin（李福清）编　平装 32 开　32.00 元
2007 年 12 月出版　978-7-5013-3453-7

本目录包括 1839—1990 年各国学者用 15 种语言发表的研究成果，是目前世界范围内收集中国少数民族神话最为齐全的一部目录学专著。

天津图书馆古籍善本书目（全三册）

天津图书馆编　精装 16 开　360.00 元
2008 年 12 月出版　978-7-5013-3964-8

本书目著录 1908 年天津图书馆建馆以来入藏的善本古籍 4860 种，详列书名、著者、版本、附注等项，每条款目下注明馆藏号码，并编制书名及著者四角号码索引，以便读者使用。

天津图书馆活字本书目

天津图书馆编 精装 16 开 80.00 元

2008 年 12 月出版 978-7-5013-3965-5

本书是天津图书馆所藏 400 余部活字本古籍的书目。主要来源于周叔弢先生的捐赠。

北堂图书馆藏西文善本目录(全二册)

北京遣使会编 精装 16 开 880.00 元

2009 年 5 月出版 978-7-5013-3614-2

北堂是北京最大的天主教堂,于 1693 年建成,当年藏书为四堂之冠,西文善本达 5000 册以上,其中还包括非常珍贵的"摇篮本"。藏书内容涉及宗教、科学与文化等各方面。英国书史专家称北堂藏书"早期欧洲印本图书之全,不仅在远东,而且在亚洲是无与伦比的……"。本书目著录图书 4101 种 5133 册,有极高的文献和研究价值。

青岛市图书馆古籍书目

冷秀云主编 精装 16 开 150.00 元

2009 年 8 月出版 978-7-5013-4061-3

青岛市图书馆从 2006 年起,开始对馆藏 15 万册古籍进行清点、校对、整理并编制《青岛市图书馆古籍书目》,共收古籍 5000 多种,在这些古籍中,有已被《国家珍贵古籍名录》收录的明代前期的内府本《周易传义大全》,有被《中国古籍善本书目》收录的 87 种 1187 册的善本;还有部分明清两代山东人的著作,所收古籍以明清文献为主。正文后附书名和著者索引,以便读者检索。

书林掇英——魏隐儒古籍版本知见录

魏隐儒著,李雄飞编 精装 16 开 190.00 元

2010 年 3 月出版 978-7-5013-3574-9

本书是著名古籍版本研究专家、书画家魏隐儒先生用毕生经历写成的带有总结性的书稿。主要分经、史、子、集四部分,共计文字约 80 万字,均是经过魏隐儒多次编排、抄录,历时近 40 年完成的。

书林掇英——魏隐儒近现代文献资料所见录

魏隐儒著,李雄飞编 精装 16 开 480.00 元

2013 年 8 月出版 978-7-5013-5053-7

本书是著名版本学家魏隐儒先生依据自己所见到的近现代文献资料,撰写的一部目录。此书主要分两部分:(一)图书目录,包括哲学论著,领袖著作,政治经济理论,革命史料,国民党各级军政机关出版史料,抗战史料,民俗、歌谣等类。(二)报刊目录,包括共产党出版的报刊,进步报刊,青年、学生、妇女界报刊,文艺理论报刊,清代报刊及反革命报刊。每种书报刊,著录题名、责任者、出版项、开本、序跋概要及主要篇目等信息。已出版的《书林掇英——魏隐儒古籍版本知见录》与本书合为姊妹篇,分别收录魏隐儒经眼的古籍和近现代文献目录。

海外中国学研究书目系列·袁同礼著书目汇编(全六册)

袁同礼著 精装 16 开 3800.00 元

2010 年 6 月出版 978-7-5013-4364-5

本书收录了我国著名图书馆学家、目录学家袁同礼先生编著的中国学研究书目十余种,包括《西文汉学书目》《俄文汉学书目》《新疆研究文献目录》《中国留美同学博士论文目录》《中国留英同学博士论文目录》《中国留欧大陆各国博士论文目录》等,具有较高的文献价值。

康·安·斯卡奇科夫所藏汉籍写本和地图题录

(俄)麦尔纳尔克斯尼斯著 平装 16 开 38.00 元

2010 年 9 月出版 978-7-5013-4095-8

本书收录斯卡奇科夫所藏汉籍写本和地图总计 274 种,内容涵盖文史、天文、生物、交通等各方面的文献资料,具有极其重要的文献价值。

山西师范大学图书馆古籍善本书目

杨艳燕编 精装 16 开 160.00 元

2011 年 6 月出版 978-7-5013-4571-7

本书记录现阶段山西师范大学图书馆古籍善本的收藏和整理情况。全书收录善本 773 部 10855 册,按经、史、子、集、类丛五部分类。每种书均注明书名、撰者、版本、册数、行款格式、牌记、封面、刻工、写工、题识批校、藏家印章等。书后附有书名、著者、印文汉语拼音索引以便读者查检,书前附插图。

保定市图书馆古籍善本书目

保定市图书馆编 精装 16 开 380.00 元

2011 年 9 月出版 978-7-5013-4668-4

保定市图书馆馆藏古籍 13 万册,善本 12000 册。收入《中国古籍善本书目》135 种 2142 册。入选《国家珍贵古籍名录》15 种 284 册。馆藏典籍多为元"万卷楼"、清"莲池书院"和"直隶图书馆"旧藏,亦有近现代文化仁人志士捐赠。2010 年,保定市图书馆被国务院批准为"全国古籍重点保护单位"。本书收录保定市图书馆藏古籍善本645种690部，并依照《中国古籍善本书目》的体例进行分类和著录，比较全面准确地反映了保定市图书馆古籍善本的收藏状况。

十堰市古籍联合书目

康安宇主编　精装16开　150.00元
2011年11月出版　978-7-5013-4495-6

本目录所收为湖北省十堰市图书馆、竹山县图书馆、竹溪县文化馆等六家馆所藏之古籍，所涉面较广，为读者提供了方便，对古籍整理工作具有重要意义。

吴江艺文志（全二册）

董振声、潘丽敏主编　精装16开　980.00元
2011年12月出版　978-7-5013-4658-5

本书收录古代至民国间2983名吴江人士的著作，按著者出生年代先后排序，每位著者作其简历，列其书目，并交待每一种书的存世情况。书后附姓名索引，别名、字号索引。本书对于吴江学者的深入研究以及目录学、吴江文化史研究都有重要价值。

首都图书馆古籍善本书目

首都图书馆编　精装16开　580.00元
2011年12月出版　978-7-5013-4454-3

首都图书馆始建于1913年，是我国较早成立的公共图书馆之一，迄今已有近百年的历史。经过多年的积累，现有古籍藏书近50万册（件），其中古籍善本6000多部，97000余册（件）。本书目依据《中国古籍善本书目》加以编排和著录，对所收图书的书名、卷数、著者、刻抄印年代、地域、刻书机构、行格字数、边栏、书口、刻书牌记、钤章、刻工等项作了详细和准确的揭示。

《中国图书馆学报》分类目录（1957—2012）

蒋弘主编　精装16开　100.00元
2012年8月出版　978-7-5013-4867-1

本书收录了《中国图书馆学报》自1957年创刊以来，直到2012年发表的所有文章篇目。分为两大部分，主体为题名的分类目录，附录是作者索引和本刊发文中累计被引2次以上的论文篇目。

图书寮汉籍善本书目

日本宫内省图书寮编　精装16开　680.00元
2012年8月出版　978-7-5013-4842-8

本书是20世纪30年代日本皇家藏书机构宫内省图书寮编纂的善本藏书目录，分为经、史、子、集四卷，每卷下分若干小类，共收书788部，后面专门附录一册《大藏经细目》，详尽揭示所藏之宋刻《大藏经》所存卷次。每部图书著录书名、卷数、册数，继录撰者、版本、序跋、行款和印记，简明扼要地揭示所载图书之特征，为人们了解深宫秘藏提供了方便。本次据日本宫内省昭和五年本影印，并编制了书名索引，方便检索。

广东省立中山图书馆古籍善本书目

广东省立中山图书馆编　精装16开　480.00元
2012年12月出版　978-7-5013-4896-1

广东省立中山图书馆是我国重要的省级公共图书馆，成立较早，藏书丰富。本书收录广东省立中山图书馆所藏古籍善本2391种25547册，并依据《中国古籍善本书目》的体例及著录标准进行分类著录，附有书名汉语拼音索引、书名四角号码索引、著者汉语拼音索引和著者四角号码索引。体例完备，著录详细准确，是读者了解该馆馆藏的实用工具书。

潍坊地方文献书目

郑晓光主编　精装16开　70.00元
2013年4月出版　978-7-5013-4885-5

本书目收录潍坊市图书馆及所辖各县、市、区公共图书馆收藏的地方文献2415种。其中地方史志1186种，地方概览938种，潍坊人物、族谱、家谱291种。对每种文献，均附以提要说明，以书目的形式予以进一步揭示与报道，以期为读者了解和利用潍坊市各公共图书馆馆藏地方文献提供指南。

民国时期连环图画总目

王志庚主编　精装16开　580.00元
2013年12月出版　978-7-5013-5233-3

民国时期是中国现代连环画开创并走向繁荣的阶段，其间，首次使用了连环图画的名称，并确立了基本样式，出版了大量题材广泛、内容丰富、当时民众喜闻乐见的连环画作品。本书目收录民国时期的连环图画共计13895种，其中国家图书馆收藏的有8291种，其他馆收藏的有5604种。

首都图书馆藏绥中吴氏赠书目录

首都图书馆编　精装16开　480.00元
2014年5月出版　978-7-5013-5364-4

吴晓玲先生是著名的研究古代戏曲小说的专家，收藏古代戏曲小说等类古籍甚丰。1995年，吴晓玲先生逝世后，其家属遵照吴先生的遗愿，将其藏书捐献公共图书馆。首都图书馆有幸得到了这批藏书，并编为“绥中吴氏藏书”，特辟专藏。本书目收录首都图书馆所藏的绥中吴氏赠书2000余种，基本反映吴先生藏书的全貌。

二十世纪日记知见录

虞坤林编　精装 16 开　260.00 元

2014 年 7 月出版　978-7-5013-5178-7

书中系统的收录了作者搜集到的 1900 年以来的日记，其中包括国内部分 1100 余种，国外部分 30 余种。在行文方面，以日记作者的姓氏笔画数为顺序排列。在每一个条目下，分列篇目、作者、版本、日记跨度（有的还有日记内容的简单介绍）、作者简介、收藏单位六部分，条理清晰。与此同时，为了更便于读者的检索利用，在书后还附有日记篇名目录（笔画）、日记著者目录（笔画）、日记著者目录（拼音）三个索引。

全国公共图书馆缩微文献联合目录·民国编（全十八册）

本书编委会编　精装 16 开　5900.00 元

2015 年 2 月出版　978-7-5013-5467-2

书目所收录的缩微文献，是全国图书馆文献缩微复制中心自成立以来拍摄制作的民国时期出版以及少量民国之前出版的图书、期刊、报纸，共计十万余种。本书目按照学科内容编排而成，著录详细，著录项目包括缩微中心片盘代码、题名、责任者、原件信息、收藏馆等重要信息。本书目附有书名索引，便于读者使用。

全国公共图书馆缩微文献联合目录·古籍编（全六册）

本书编委会编　精装 16 开　1800.00 元

2015 年 12 月出版　978-7-5013-5706-2

本书目收录全国图书馆缩微文献复制中心自成立以来拍摄制作的善本古籍。在传统四部分类法的基础上，以经、史、子、集、丛五部，分类著录各文献信息，编排方式参见《中国古籍总目》。著录信息包括：缩微中心片盘代码、题名责任者、原件信息、摄制信息、收藏馆等，著录详细。

中华再造善本总目

中华再造善本工程编纂出版委员会编

精装 16 开　380.00 元

2015 年 5 月出版　978-7-5013-5560-0

本书是《中华再造善本》及《中华再造善本》（续编）所选书目合成之集。全书按五编分编列目，汉文部分每编之内依经、史、子、集、丛五部分类。类下各书依撰著者时代先后排列。同一书不同版本依版本先后排列、少数民族文字古籍按文种列目。各款目最后著录《中华再造善本》底本来源单位。

西藏自治区图书馆古籍目录·文集卷（全四册）

西藏自治区图书馆编　精装 16 开　1200.00 元

2015 年 8 月出版　978-7-5013-5532-7

本书为西藏自治区图书馆藏古籍文集之目录，收 53 位高僧大德的 297 函 4129 种古籍。著录先后顺序为凡例、目录、文集著录。著录项为文集藏汉文题名、函号、作者及简介、附注，体现了西藏图书馆古籍保护工作成果。

李白研究论著目录

朱玉麒、孟祥光主编　平装 16 开　198.00 元

2015 年 10 月出版　978-7-5013-5618-8

编者从 1994 年起，花费 20 余年的时间编纂而成。本目录著录 20 世纪以来截止到 2014 年以前的中国李白研究成果；1949 年以后仅著录中国大陆版，及大陆版在港澳台地区翻印、国外翻译的情况。分为“作品类”（李白全集、选本）、“专书类”（研究专著、论文集）、“论文类”（专业、普及论文及综述、消息等各种单篇资料）、“文艺创作类”（含科普读物）四部分进行著录，均按出版或发表的时间顺序排列；“专书类”“文艺创作类”尽量著录到专著章节或论文子目。书后附作者索引。

西班牙藏中国古籍书录

杜文彬编　精装 16 开　298.00 元

2015 年 11 月出版　978-7-5013-5581-5

本书将西班牙藏中国古籍著录成书，在访书范围、收书数量和对外文文献的整理、翻译上都是前所未有的。该书十分注重对海外汉籍文献价值的保护，详细记录了西班牙藏中国古籍的特征、状态。作者在搜集、整理汉籍的过程中，对记录在书上的各种外文、图书卡片、译名、插条、备忘录、藏书章、印章等都作了翔实的记录、研究和整理。

甘肃中医药大学图书馆馆藏线装古籍书目

吴玉丰、殷世鹏主编　精装 16 开　260.00 元

2016 年 7 月出版　978-7-5013-5805-2

本书收录甘肃中医药大学（原甘肃中医学院）图书馆古籍书库全部线装藏书，含 1949 年以后影印、缩微复制的线装古籍。共收录馆藏线装医籍古籍 1438 部，977 种；非医书 471 部（不含子目）。本书由①前言、凡例、医学类目表；②书目正文；③附录；④索引四部分组成。书目正文内容包括：类号、序号、书名卷数（包括异名、附录、丛书子目）、成书年、作者（包括朝代、姓名、字号、著作方式）、版本（包括出版时间、地点、出版者、版本类别）。索引包括书名笔画索引、书名音序索引、作者笔画索引、作者音序索引、刊刻者音序索引；非医古籍书名笔画索引、非医古籍著者音序索引、非医古籍刊刻者音序索引。

现存湖北著作总录（全三册）

阳海清、汤旭岩主编　精装16开　980.00元

2016年8月出版　978-7-5013-5947-9

本书为知见性版本书目，收录历代湖北籍人以各种撰述方式写成的书籍及历代记述湖北的典籍，其现藏处所包括中国大陆、香港、台湾及海外有关国家。款目著录包括书名、著者、版本、附注、稽核诸项。全书包括序、前言、编例、正文、索引等。

美国埃默里大学神学院图书馆藏中文古籍目录

美国埃默里大学神学院图书馆编　精装32开　60.00元

2016年8月出版　978-7-5013-5866-3

全书整理编目美国埃默里大学神学院图书馆所收藏的中文古籍及基督教文献。编目按照经史子集分类，后附基督教文献部分。值得一提的是，全书书名、作者、版本项部分，作者在列出中文的同时还用英文记录。每一种文献都列出索书号，方便国内外作者阅读、查阅。

稀见著录方志过眼录

诸葛计著　精装16开　280.00元

2016年9月出版　978-7-5013-5707-9

本书收录了《中国地方志联合目录》（以下简称《联合目录》）未收录的稀见方志1000余种。书中对收录的每一种方志注明所属之时代、修、纂者，修纂年月、版本，现存藏处所等。所著录的志书，一般不涉及志书的内容及评价，个别需要者，则缀以简要的文字略加说明。对一些著录要素存在疑似、差异、分歧，一时难以考确者，则一一注明，录以待考。书后编制《书名笔画索引》，以便读者检索查阅。

浙江大学图书馆古籍善本书目

杨国富、高明、程惠新、郑颖编　精装16开　220.00元

2016年10月出版　978-7-5013-5839-7

浙江大学图书馆收藏古籍善本书1800余部，2万多册，馆藏古籍上起宋代，下迄清末，可谓珍本荟萃，秘籍如林。本书目按中国古籍传统分类法，收录浙江大学图书馆自建馆以来陆续入藏之古籍善本。分经、史、子、集、丛五部，部下析分为类、属，其中经部目录240余条，史部480余条，子部310余条，集部720余条，丛部30余条。每书著录书名、卷数、撰者、版本、册数、行款版式、批校题跋、藏印、书号等。为便于检索，书末附书名、著者等索引。同时为方便读者直观了解馆藏资源，本书采用彩色插图的方式将部分馆藏珍贵善本书影放置于书前，图文结合，丰富了目录的内容及可读性。

天一阁博物馆藏古籍善本书目（全二册）

天一阁博物馆编　精装16开　560.00元

2016年12月出版　978-7-5013-5983-7

本书是天一阁博物馆的馆藏古籍善本书目。天一阁博物馆多位编目专家，历时五年之久，编成本书，详细揭示近5000种馆藏善本的书名、著者、版本、批校题跋、版式、装帧、册数、存卷、子目等信息，旨在为学术界提供一份全面、准确的天一阁典藏珍籍信息。同时，本书还附有书名、著者和批校题跋者索引，便于读者使用。

新中国古籍影印丛书总目（全三册）

南江涛、贾贵荣编　精装16开　800.00元

2016年12月出版　978-7-5013-5893-9

本书收录1949年至2010年60余年间的新编古籍丛书443种，涉及子目近5万条，全书200多万字，是我国首次全面整理新编影印古籍丛书的工具书。全书分为目录和索引两大部分，尤其是目录部分著录详尽，丛书总目著录丛书编号、题名及卷册、编纂者、版本等信息，于各丛书总目下依次著录其子目书名、著者及版本，旨在全面反映新中国成立以来古籍影印丛书的成果。又编制书名索引，为学术研究提供极大便利。

齐如山百舍斋藏善本知见录（全二册）

俞冰编　精装16开　680.00元

2017年3月出版　978-7-5013-5465-8

此书为中国艺术研究院图书馆所藏的齐如山百舍斋收藏戏曲、小说的图录。每一种书皆为艺术研究院图书馆典藏阅览部主任俞冰老师亲自阅读，历经几年整理、撰写完成。此书对了解齐如山藏书的现存状况，了解齐如山、梅兰芳的图书搜集状况颇有帮助，是值得戏曲爱好者、图书收藏者阅读、购买的一套书籍。

普林斯顿大学图书馆藏中文善本书目（全二册）

普林斯顿大学图书馆编　精装16开　480.00元

2017年3月出版　978-7-5013-6017-8

本书是现任普林斯顿大学东方图书馆馆长马丁先生，在屈万里先生于1975年编纂完成的《普林斯顿大学葛思德东方图书馆中文善本书目》，与昌彼得先生于1990年编纂完成的《普林斯顿大学葛思德东方图书馆中文旧籍书目》两书的基础上，参照最新的编目规则，重新编纂而成的一部全新目录。

本书目包括了普林斯顿大学各分馆收藏的所有中文善本，包含所有能够确定在1796年以前出版的古籍，这也与中文善本书国际联合目录的收录范围相一致。这些善本的编目，根据高标准详细著录，使用者能够查到序跋作者、校对者甚至是刻工姓名，为书籍史研究者提供了非常宝贵的信息，这是在普林斯顿已出版的目录乃至其他一些出版的书目中不多见的。

浙江省古籍善本联合目录（全六册）

浙江图书馆编　精装16开　2600.00元

2017年5月出版　978-7-5013-4577-9

本书是该省古籍整理、保护的一项重大的基础性工程。共收录浙江省内50多个单位的15000多种古籍善本，其数量大大超过了《中国古籍善本书目》关于浙江省古籍善本种数7000多部的记录。全书按经、史、子、集、丛分类编排，参照《中国古籍善本书目》分类排序；著录格式参照《中国古籍善本书目》，内容包括书名项（书名、卷数），著者项（朝代、著者、著作方式），版本项（出版年、出版地、出版者、出版类型、版本附注），附注项，行款尺寸，收藏单位简称。浙江籍作者前冠籍贯。书名和著考笔画、四角号码索引单独成册，书前编有索引字头笔画、拼音检字表。索引不含丛书子目书名和批校题跋的著者。本书目是浙江省迄今为止最权威的古籍善本收藏目录，具有参与编目机构众多、品种调查齐备、著录体例统一等突出特点。是古籍收藏单位及相关从业人员必备的工具书。

中共山西省委党校图书馆藏古籍目录

本书编委会编　平装16开　88.00元

2017年7月出版　978-7-5013-6123-6

本书收录山西省委党校图书馆馆藏古籍文献700余种，每种古籍著录索书号、分类号、题名卷数、著者、版本等信息，部分古籍附以彩色书影。所收古籍大部分为明清刻本，也包括一些清抄本和活字本。书后附书名索引，以便读者。

书髓楼藏书目

徐世昌编　精装16开　320.00元

2017年8月出版　978-7-5013-5936-3

本书为徐世昌私人藏书目录，“所载上赅经史，旁逮杂家，参列方书，别罗集部”。以经、史、子、集四部法分类，著有经部400部、史部1000部、子部800部、集部5000部，共计7000余部书籍，数量颇为可观。书前有郭则澐《书髓楼藏书目序》，所录各书依次标注书名、卷数、撰者、版本。所藏古籍有明清刊本、稿本、殿本、排印本，而主要为清人诗文集，专录清人别集书目约2700种。对于清史以及中国传统文化的研究甚有价值。

姒兼山藏书目录

姒兼山编　精装16开　280.00元

2017年8月出版　978-7-5013-5935-6

本书为稿本。以经、史、子、集四部分类法著录，第一册著录经、史两部书目；第二册著录子部书目；第三册著录集部书目。全稿共计收录古籍四千五百余种。所录各书依次标注书名、卷数、作者、版本、册数。姒氏藏书既有明清刻本，也有稿本、抄本、批校本，如明范标撰明万历戊申刻《洗心居杂言集》、乾隆壬寅汪启淑刊陈仲鱼校本《说文系传》、康熙间初印本《明史列传稿》、康熙辛卯七略书堂刻《蓉槎蠡说》、康熙戊戌玉渊堂初刻本《隶辨》、清董含精抄本《三冈识略》等，皆珍稀古籍，具有历史文物性、学术思想性和艺术性，无论从内容到版刻都颇具价值。

国家珍贵古籍名录：一至五批（全二册）

国家古籍保护中心编　精装16开　980.00元

2017年12月出版　978-7-5013-6018-5

《国家珍贵古籍名录》甄选自全国各地最为珍贵的古籍版本，所收录每一部古籍都具有重要的历史价值和学术意义。为纪念国家古籍保护中心成立十周年，国家古籍保护中心整理第一至五批《国家珍贵古籍名录》并编辑出版。本书的出版是国家古籍保护计划成果之一，为广大古籍研究者和爱好者提供珍贵的研究资料。

清代进士传录（全四册）

朱鳌编著　平装16开　980.00元

2019年3月出版　978-7-5013-6696-5

清代二百多年历史中，两万多名进士，他们在政治、经济、文化和思想上，都对当时社会起到非常重要的影响。对清代进士的专门记载自清代以来就有很多资料。其中最为重要的是根据国子监所刻题名碑汇集而成的《国朝进士题名碑录》，其他如清代的朱卷、齿录、各种履历表，地方志中的选举志，以及专题文献如《词林辑略》《清秘述闻》，还有相关传记史料如行状、墓志、年谱、家谱、档案等文献中的有关内容等。然而现存各种“题名碑录”和各种表册，还有大量的问题，如姓氏错误、人名错误、籍贯错误及遗漏未收等情况。2007年，中华书局出版的《清朝进士题名录》对这一问题进行了系统整理，填补了清代进士整体研究的空白，但是亦有一些疏漏。本书在以上各书基础上，重新整理相关文献，弥补其中缺失，取材审慎，编排合理，为相关领域研究提供了可信的资料。

北京图书馆古籍善本书目（全五册）

北京图书馆编　精装 16 开

300.00 元（国内版）　350.00 元（国外版）

1988 年 1 月出版　7-5013-0599-4

北京图书馆曾于 1954 年编印过该馆善本书目。近 30 年，该馆又收入不少珍品。新出版的《北京图书馆古籍善本书目》是在版本学、目录学、图书馆学研究发展的前提下重新编排的，它在收录标准、版本考订、编目体例、分类原则等方面吸收了各学科的成果。在著录上，每书都增加行款字数、边栏版口等新内容，注有索书号，附书名、著者索引。全书按经、史、子、集、索引五部分装五册，繁体字精印。

北京图书馆普通古籍总目（第一卷）·目录门

鲍国强主编　精装 16 开　28.00 元

1990 年 1 月出版　7-5013-0776-8

《北京图书馆普通古籍总目》共分 15 卷，它不仅揭示了北京图书馆普通古籍的皮藏全貌，亦为各学科的研究提供了内容丰富和完整系统的文献基础，具有较高的学术价值。本书是其中的第一卷目录门。

北京图书馆普通古籍总目（第六卷）·古器物学门

伍跃主编　精装 16 开　26.00 元

1994 年 1 月出版　7-5013-1089-0

《北京图书馆普通古籍总目》共分 15 卷。《古器物学门》是其中的第六卷，共著录图书 1456 种，2996 部，12429 册，散叶 334 幅。

北京图书馆普通古籍总目（第十卷）·文字学门

寒冬虹主编　精装 16 开　35.00 元

1995 年 1 月出版　7-5013-1133-1

《北京图书馆普通古籍总目》共分 15 卷。本书是其中的第十卷，共著录图书 1958 种，3353 部，16059 册。

北京图书馆普通古籍总目（第十三卷）·自然科学门

鲍国强主编　精装 16 开　28.00 元

1995 年 1 月出版　7-5013-1069-6

这是北京图书馆普通古籍总目中的自然科学分卷。全书共分 3 大类，包括 50 多个细目，共收录北图所藏自然科学类普通古籍 1255 种，1910 部，5852 册，比较全面地反映了我国普通古籍中自然科学类图书的状况。

北京图书馆普通古籍总目（第四卷）·地志门

北京图书馆普通古籍组编　精装 16 开　180.00 元

2004 年 1 月出版　7-5013-2141-8

本书分为目录门、经籍门等 15 门，每门成为一卷，共 15 卷。本卷是地志门，收录了北京图书馆（现国家图书馆）所藏普通古籍中地志门的图书，包括地理类、地方志类图书共 8774 种，17670 部，每书著录书名、编撰者、卷册及索书号。本书对于了解和利用我国古籍地志图书，具有重要参考和使用价值。

国家图书馆普通古籍总目（第五卷）·传记门

国家图书馆普通古籍组编　精装 16 开　260.00 元

2008 年 9 月出版　978-7-5013-3651-7

国家图书馆普通古籍总目中之一种，收 1911 年以前以古籍装帧形式出现的写本和印本图书以及 1911 年以后以古典装帧形式出现的内容与中国古代文化有关的传记门图书 8042 种，11469 部，63180 册，按总论、总传、列女、分传、氏族谱、外国人物传记等类排列，书后附书名、著者、传主三种四角号码索引与笔画检字表。

国家图书馆出版社图书总目(4 种)

书目文献出版社图书目录（1979—1991）

本社编　精装 16 开

1992 年 8 月出版

本书为书目文献出版社成立以来出版图书总目。

北京图书馆出版社图书总目（1979—1999）

姜红编　精装 16 开　40.00 元

1999 年 9 月出版　7-5013-1668-7

本书为北京图书馆出版社建社以来所出图书目录，收书约 1500 种。

国家图书馆出版社三十年图书总目（1979—2009）

国家图书馆出版社编　精装 16 开　180.00 元

2009 年 11 月出版　978-7-5013-4208-2

本目录是对国家图书馆出版社三十年出版历程的一次总结与回顾，共收录本社正式出版的图书 3800 余种。根据本社具体出书情况，结合《中国图书馆分类法》，将所收图书分为图书馆学情报学、古籍影印、人文社会科学及其他四大类，各大类下再细分小类，分别著录书名、作者、出版时间、装帧、开本、千字、页数、定价、内容提要诸项。后附历年获奖图书目录、书名索引、著者索引。

北京图书馆出版社古籍影印书目

北京图书馆出版社编　精装 8 开　68.00 元
2007 年 11 月出版　978-7-5013-3542-8

本书目共收我社 1983 年至 2007 年 10 月正式出版的古籍影印图书 1000 余种。分为四部分:中华再造善本、自(新)编丛书、其他图书、特装珍藏本图书。

中华再造善本收入一期工程全部图书和二期试制书目,计 787 种。每种书依次著录书名、著者、版本、函册、定价诸项,是目前最完整的《中华再造善本》已出图书目录。自(新)编丛书系本社或延请专家学者编辑的"古籍专题丛书",计 105 种,收录古籍近万种。其特色在于每种丛书著录所收子目的书名、编(著)者、版本等项。特装珍藏本图书系我社根据国家图书馆珍藏、融会传统工艺与现代先进技术,并注入现代设计理念复制出版的古籍特装图书,计 41 种。这是本社第一次系统整理、全面收录影印古籍的子目,对于图书馆查重以及专家学者的研究必有重大价值。

民国时期总书目(全二十一册)

北京图书馆编,田大畏总编
精装 16 开　1800.00 元　5000.00 元
1998 年 11 月出版　2010 年 5 月再版
978-7-5013-1531-0

本书目收录 1911 年至 1949 年 9 月我国出版的中文图书(不收录期刊、我国少数民族文字图书、外国驻华使馆等机构印行的图书、线装书),约 10 万余种,著录包括流水号、书名、著者、出版形态、丛书、提要附注、馆藏标记。按学科分类、分册编辑出版,参考《中国图书馆图书分类法》分类,再依据"出版年月""著者"和"书名"三个项目进行编排。各学科都附有拼音字母为序的书名索引,以及笔画检索表。胡愈之书名题字。

民国时期总书目(语言文字)

赵威主编　精装 16 开　7.00 元
1986 年 8 月出版

本书分为 5 部分:语言文字学总论、汉语、中国少数民族语言、外国语、国际辅助语。收书 3800 多种。不收中、小学语文教科书,但中学以上语文课外读物、补充读物和中等师范以上的语文教本都收录。以出版时间先后为序。

民国时期总书目(外国文学)

林德海主编　精装 16 开　8.50 元
1987 年 4 月出版

本书分 4 部分:亚洲文学、非洲文学、欧洲文学、美洲文学。共收录外国文学作品及关于外国文学的论著 4400 多种。将外国文学的论著和诸家作品总集,按各书出版年月顺序排列。将作家分论和个人作品,按著者的出生年代编次。每种外国著作尽量注出原文书名或外文译名。外国著者的中译名一律照各书书名页(或封面)原题著录。凡跨洲的各国文学作品总集及有关论著不予收录。

民国时期总书目(法律)

赵威主编　精装 16 开　22.00 元
1990 年 12 月出版　7-5013-0775-X

本书收书 4300 多种,包括法学、宪法、部门法、行政法、民法、婚姻家庭法、继承法、商法、刑法、诉讼法、应用法学、立法、司法、国际法、国际私法、法学工具书等 16 大类。自然科学、工业、交通、财政、金融、贸易、文化、教育、体育、卫生等方面的法规法则各入其类。虽按学科内容分类,但并不完全反映法学分支学科的体系。凡需按省排列次序者,均按《中国图书馆图书分类法》中的"地区表"排列。

民国时期总书目(哲学·心理学)

焦树安主编　精装 16 开　24.00 元
1991 年 12 月出版　7-5013-0870-5

本书收 1911 年至 1949 年 9 月国内正式出版的哲学、心理学中文图书 3450 种,其中哲学 3085 种,心理学 365 种。哲学部分分为总论、马克思主义哲学、中国哲学、外国哲学、逻辑学、美学和伦理学 7 类;心理学部分分为总论、实验心理学、生理心理学、病理心理学、人类心理学、比较心理学、变态心理学、应用心理学 8 类。凡是类目中列有姓名的哲学家,一般均将其著作及研究其思想的本类图书相对集中于名下。以出版先后为序排列,次依书名汉语拼音字母为序。图书提要从专业角度提供书的主要内容、特点、章次、序跋、版本,外文译著标明所据原文书名。

民国时期总书目(文学理论·世界文学·中国文学)(全二册)

赵绍玲、林德海、王润华主编　精装 16 开　120.00 元
1992 年 11 月出版　7-5013-0912-4

本书包括文学理论、世界文学、中国文学三部分,共收录图书 16600 余种。文学理论、世界文学、中国文学理论部分的图书,在类目之下按各书出版年月顺序排列;中国文学作品部分的图书,在类目之下按著者姓名的汉语拼音音序排列。个别类目的图书大多数未署著者姓名,采用了按书名的汉语拼音音序编排的方法。儿童文学作品未收录。书后附索引。

民国时期总书目(农业科学·工业技术·交通运输)

刘文青、刘立荣主编　精装 16 开　39.00 元
1993 年 3 月出版　7-5013-0957-4

本书包括农业科学、工业技术、交通运输三大类，航空航天类归入交通运输类中。农业科学有独立的书号和索引。工业技术、交通运输合在一起编制书号和索引。农业科学包括：总论，农业基础科学，农业工程，农学(农艺学)，植物保护，农作物，园艺，林业，畜牧、兽医、狩猎、蚕、蜂，水产、渔业，共 10 类，收书 2400 余种。工业技术包括：总论，一般工业技术，矿业工程，石油、天然气工业，冶金工业，金属学、金属工艺，机械、仪表工业，武器工业，动力工程，电工技术，无线电电子学、电信技术，化学工业，轻工业、手工业，建筑科学，水利工程，共 15 类。交通运输包括：铁路运输、公路运输、水路运输、航空(附航天)，共 4 类。合计收书 3400 余种。同一类目中的书，以出版先后排次。

民国时期总书目(经济)(全二册)

彭竹主编　精装 16 开　145.00 元
1993 年 6 月出版　7-5013-0977-9

本书分为 9 类：经济总论，世界各国经济概况、经济史、经济地理，经济计划与管理，农业经济，工业经济，交通运输经济，邮电经济，贸易经济，财政、金融，共收书 1.6 万余种。各类下，又按出版先后排列。中等财经学校的教材、普及读物及在国外出版的少量中文图书予以收录。

民国时期总书目(军事)

陈汉玉主编　精装 16 开　48.00 元
1994 年 4 月出版　7-5013-1112-9

本书包括总论，军事理论，世界军事，中国军事，各国军事，战略战术，军事技术，军事地形学、军事地理学 8 大类，收书 5500 余种。所收之书按出版时间先后排列。

民国时期总书目(文化科学·艺术)

赵良珍、王天红主编　精装 16 开　51.00 元
1994 年 5 月出版　7-5013-1061-0

文化科学包括文化理论、世界各国文化事业概况、信息与知识传播、科学与科学研究 4 类，收书 1500 余种。艺术包括艺术理论，世界各国艺术概况，绘画，书法、篆刻，雕塑，摄影艺术，工艺美术，音乐，舞蹈，戏剧艺术，电影艺术 11 类，收书 2800 余种。按出版时间为序编排。美学图书由哲学分册收录。建筑艺术由工业技术分册收录。剧本归入文学分册。

民国时期总书目(历史·传记·考古·地理)(全二册)

马惠平、阎万钧、刘志学主编　精装 16 开　106.00 元
1994 年 8 月出版　7-5013-1023-8

本书共收录 1911 年 1 月至 1949 年 9 月国内正式出版的历史、传记、考古、地理类中文图书 11029 种，其中外国历史 457 种、外国地理 539 种、外国传记 648 种、中国历史 3503 种、中国地理 1912 种、中国传记 2513 种、考古 300 种。同类图书原则上以出版时间的先后为序。传记类的分传中，同类图书原则上以所述人物出生时间的先后为序。

民国时期总书目(宗教)

邱德燊主编　精装 16 开　40.00 元
1994 年 12 月出版　7-5013-1158-7

本书分总论、佛教、道教、伊斯兰教、基督教、其他宗教、迷信术数 7 类。收宗教图书 4600 余种。凡属宗教经书，均不写内容提要。所收图书以出版先后为序。

民国时期总书目(中小学教材)

北京图书馆、人民教育出版社图书馆合编，张守智主编
精装 16 开　38.70 元
1995 年 2 月出版　7-5013-1100-5

本书包括课程标准与教材书目、小学教材、中学教材、师范教材 4 类，共收书 4000 余种。附录清末中小学教材 600 余种。中小学教材指中小学和师范学校普通课程正式采用的教材，包括课程标准、课本、补充教材，以及与课本配套的教学指导书。按出版先后排列。

民国时期总书目(综合性图书)

李凡主编　精装 16 开　27.00 元
1995 年 2 月出版　7-5013-1060-2

本书包括丛书，百科全书、类书，辞典，论文集、杂著，年鉴、年刊，图书目录、文摘、索引，共 6 类，收书 3400 余种。丛书类只收《四部丛刊初编》《四部备要》《丛书集成初编》三套。《四库全书》未收子目。其他丛书收部分书目索引，子目均按单行本处理，各入其类。丛书中的子目按原有顺序著录，其他五类均按出版时间编排。

民国时期总书目(教育·体育)

赵良珍主编　精装 16 开　80.00 元

1995 年 5 月出版　7-5013-1066-1

教育分为教育理论、世界各国教育事业、各级教育、各类教育 4 类，收书 9300 余种。体育分为体育理论、世界各国体育事业、运动场地与设备、体育运动技术 4 类，收书 900 余种。教育类中未收中小学及师范学校普通课教材。按出版先后排序。专科学校与职业学校主要根据校名区分。

民国时期总书目(社会科学总类)

李小文主编　精装 16 开　34.00 元

1995 年 6 月出版　7-5013-1059-9

本书包括社会科学总论、统计学、社会学、人口学、管理学、人才学 6 类，共收书 3500 余种。以出版时间为序编排。统计学主要收录理论方法方面的图书，兼收国家或地区的综合统计资料，未收专业统计资料。

民国时期总书目(自然科学·医药卫生)

梁思叡、李志刚主编　精装 16 开　66.00 元

1995 年 11 月出版　7-5013-1033-5

自然科学所收范围包括《中国图书馆图书分类法》中 N、O、P、Q4 个大类，计有自然科学总论、数学、力学、物理学、化学、晶体学、天文学、测绘学、地球物理学、气象学、地质学、海洋学、自然地理学、生物科学 14 类，收书 3800 余种。医药卫生有医学总论，预防医学、卫生学，中国医学，基础医学，临床医学，内科学，外科学，妇产科学，儿科学，肿瘤学，神经病学与精神病学，皮肤病学与性病学，耳鼻咽喉科学，眼科学，口腔科学，特种医学，药学 17 类，收书 3800 余种。

民国时期总书目(政治)(全二册)

刘鸿石主编　精装 16 开　136.00 元

1996 年 4 月出版　7-5013-1063-7

本书收录政治类图书 14697 种。分为政治理论，共产主义运动、共产党，工人、农民、青年、妇女运动与组织，世界各国政治，外交、国际关系 5 类。按出版年月排序。

民国时期图书总目·哲学

国家图书馆编　精装 16 开　380.00 元

2018 年 5 月出版　978-7-5013-6299-8

本书系大型丛书《民国时期图书总目》中的哲学分卷。此丛书主要收录从 1911 年到 1949 年 9 月我国出版的中文图书(酌情收录这段时间内国外出版的中文图书)，是一部大型的回溯性书目。本丛书在著录内容的完整性、藏书机构的数量方面较以往出版的民国时期图书目录，都有了较大提升。本丛书按学科分卷，分册编辑出版。按照书目数量的多寡一个学科编成一册或数册；或由若干学科合成一册。每卷之后均附有书名索引，以便读者核查使用。本书为哲学分卷，主要收录有关哲学、心理学方面的中文图书近 5000 种。

全国古籍普查登记目录

天津图书馆古籍普查登记目录(全三册)

天津图书馆编　精装 16 开　1900.00 元

2014 年 1 月出版　978-7-5013-5241-8

本书系天津图书馆的古籍普查登记目录，收录馆藏 1912 年以前具有中国古典装帧形式的古籍约 31822 种 310000 余册，规模庞大。著录项目包括普查号、题名卷数、作者、版本、存卷、册数、行款诸项。书后附有书名笔画索引，便于读者使用。

黑龙江省图书馆古籍普查登记目录

黑龙江省图书馆编　精装 16 开　290.00 元

2014 年 4 月出版　978-7-5013-5242-5

本书系黑龙江省图书馆的古籍普查登记目录，收录馆藏古籍 5300 余种。凡宣统三年以前的写本、刻本、活字本、抄本、稿本，皆在收录之列。

中国中医科学院图书馆古籍普查登记目录

刘培生、李鸿涛主编　精装 16 开　380.00 元

2014 年 4 月出版　978-7-5013-5329-3

本书系中国中医科学院图书馆的古籍普查登记目录，收录馆藏 1912 年以前的印本、刻本、活字本、抄本、稿本等古籍 6000 余种。

重庆市三十三家收藏单位古籍普查登记目录

本书编委会编　精装 16 开　530.00 元

2014 年 6 月出版　978-7-5013-5368-2

重庆市于 2007 年开始在全市范围内组织开展古籍普查工作，本书就是以古籍普查的成果为基础出版的，呈现给大家的是重庆市 36 家古籍收藏单位中的 33 家单位的 10196 条古籍数据，主要涉及部分高校和公共图书馆，其中重庆图书馆、重庆市北碚区图书馆、西南大学图书馆的古籍需要另行出版，没有在该书中体现。该书基本上理清了上述单位古籍的藏量与种类，时限是按 1912 年前来划分的，内容包括经、史、子、集、类丛五部，时间从唐至清晚期，版本形式包括抄、刻、写、套印、活字、石印本等，其中不乏一些需要重点保护与重视的善本古籍。

陕西省图书馆古籍普查登记目录

陕西省图书馆编　精装 16 开　850.00 元
2014 年 8 月出版　978-7-5013-5376-7

本书系陕西省图书馆的古籍普查登记目录，收录馆藏古籍 20529 条。

湖南图书馆古籍普查登记目录（全四册）

湖南图书馆编　精装 16 开　1300.00 元
2014 年 10 月出版　978-7-5013-5428-3

本书是湖南图书馆所藏古籍的普查登记目录，也是湖南图书馆对馆藏古籍进行编目整理的成果展示。收录条目 35000 余条，全面、准确地展示馆藏古籍信息，对读者了解、使用馆藏古籍大有裨益。

青海省图书馆古籍普查登记目录

青海省图书馆编　精装 16 开　210.00 元
2014 年 10 月出版　978-7-5013-5456-6

本书系青海省图书馆的古籍普查登记目录，收录馆藏 1912 年以前的印本、刻本、活字本、抄本、稿本等古籍 5000 余种。

河南大学图书馆古籍普查登记目录

本书编委会编　精装 16 开　230.00 元
2014 年 11 月出版　978-7-5013-5497-9

本书系河南大学图书馆的古籍普查登记目录，收录馆藏古籍 6400 余种。

湖南省社会科学院图书馆古籍普查登记目录

本书编委会编　精装 16 开　190.00 元
2014 年 12 月出版　978-7-5013-5496-2

本书共收录湖南省社会科学院图书馆馆藏 1912 年以前的古籍数据 5521 条，按照馆藏古籍经史子集丛的分类及其索书号的自然次序（由小到大）进行编制和编排，遵照《全国古籍普查登记手册》要求，登记每部古籍的基本项目，有索书号、题名卷数、著者（含著作方式）、版本、册数、存缺卷数等。

江苏省徐州市图书馆古籍普查登记目录

本书编委会编　精装 16 开　190.00 元
2014 年 12 月出版　978-7-5013-5509-9

本书系徐州市图书馆的古籍普查登记目录，收录馆藏古籍近 5000 种。

南开大学图书馆古籍普查登记目录

南开大学图书馆编　精装 16 开　440.00 元
2014 年 12 月出版　978-7-5013-5471-9

本书系南开大学图书馆的古籍普查登记目录，收录馆藏 1912 年以前的印本、刻本、活字本、抄本、稿本等古籍一万余种。

首都图书馆古籍普查登记目录（全四册）

首都图书馆编　精装 16 开　1160.00 元
2014 年 12 月出版　978-7-5013-5526-6

本书系首都图书馆的古籍普查登记目录，收录馆藏古籍 5300 余种。

江苏省常州市图书馆古籍普查登记目录

本书编委会编　精装 16 开　200.00 元
2015 年 2 月出版　978-7-5013-5511-2

本书系常州市图书馆的古籍普查登记目录，收录馆藏古籍 5500 余种。

江苏省金陵图书馆等六家收藏单位古籍普查登记目录

本书编委会编　精装 16 开　260.00 元
2015 年 6 月出版　978-7-5013-5599-0

本书系江苏省金陵图书馆等六家收藏单位的古籍普查登记目录，收录馆藏古籍 6000 余种。

内蒙古自治区图书馆古籍普查登记目录

本书编委会编　精装 16 开　430.00 元
2015 年 6 月出版　978-7-5013-5567-9

本书系内蒙古图书馆的古籍普查登记目录，收录馆藏古籍 5300 余种。

山东省烟台图书馆等十六家收藏单位古籍普查登记目录

本书编委会编　精装 16 开　330.00 元
2015 年 8 月出版　978-7-5013-5595-2

此书汇集了烟台市 16 家古籍收藏单位的 7147 条古籍数据。其中，烟台图书馆 3603 条、慕湘藏书馆 1797 条、莱阳市图书馆 670 条、栖霞市图书馆 350 条、蓬莱市图书馆 209 条、海阳市图书馆 145 条、莱州市图书馆 107 条、鲁东大学图书馆 108 条、龙口市图书馆 57 条、烟台市博物馆 45 条、牟平区博物馆 17 条、烟台职业学院图书馆 12 条、招远市图书馆 11 条、福山区图书馆 7 条、海阳市博物馆 5 条、牟平区图书馆 4 条。

天津市十九家收藏单位古籍普查登记目录(全三册)

本书编委会编　精装 16 开　690.00 元

2015 年 11 月出版　978-7-5013-5682-9

本书汇集天津市 19 馆普查目录共 17374 条,其中天津市南开区图书馆 218 条、天津市和平区图书馆 242 条、天津市河东区图书馆 310 条、天津市红桥区图书馆 25 条、天津市武清区图书馆 248 条、天津市塘沽区图书馆 1006 条、天津师范大学图书馆 5807 条、天津市委党校图书馆 415 条、天津市医学科学技术信息研究所图书馆 380 条、天津医学高等专科学校图书馆 947 条、天津中医药大学图书馆 1870 条、天津大学图书馆 20 条、天津市社会科学院图书馆 2538 条、天津博物馆 2773 条、天津中医药大学第一附属医院图书馆 469 条、元明清天妃宫遗址博物馆 58 条、天津市千牛山庄 48 条、矗斋 12 条、宝林斋 59 条。

福建省图书馆古籍普查登记目录

本书编委会编　精装 16 开　580.00 元

2015 年 12 月出版　978-7-5013-5723-9

本书系福建省图书馆的古籍普查登记目录,共收录 15546 条馆藏古籍数据。

国家图书馆古籍普查登记目录(全十三册)

本书编委会编　精装 16 开　4600.00 元

2015 年 12 月出版　978-7-5013-5716-1

本书系国家图书馆的古籍普查登记目录,收录馆藏民国以前的古籍 13 万余种。

江苏师范大学图书馆等五家收藏单位古籍普查登记目录

本书编委会编　精装 16 开　270.00 元

2016 年 1 月出版　978-7-5013-5738-3

本书系江苏师范大学图书馆等五家收藏单位古籍普查登记目录,共收录 6445 条馆藏古籍数据。

贵州省图书馆古籍普查登记目录

本书编委会编　精装 16 开　390.00 元

2016 年 1 月出版　978-7-5013-5744-4

本书系贵州省图书馆的古籍普查登记目录,共收录 10307 条馆藏古籍数据。

新疆维吾尔自治区图书馆古籍普查登记目录

本书编委会编　精装 16 开　180.00 元

2016 年 8 月出版　978-7-5013-5878-6

本书系新疆维吾尔自治区图书馆的古籍普查登记目录,收录馆藏汉文古籍数据 4500 余条。

新疆大学图书馆等五家收藏单位古籍普查登记目录

本书编委会编　精装 16 开　270.00 元

2016 年 8 月出版　978-7-5013-5855-7

本书系新疆大学图书馆等五家收藏单位的古籍普查登记目录,收录古籍数据 7000 余条。

中国民族图书馆古籍普查登记目录

本书编委会编　精装 16 开　200.00 元

2016 年 8 月出版　978-7-5013-5800-7

本书系中国民族图书馆的古籍普查登记目录,共收录 5530 条馆藏古籍数据。

重庆市北碚图书馆等八家收藏单位古籍普查登记目录

本书编委会编　精装 16 开　260.00 元

2016 年 9 月出版　978-7-5013-5847-2

本书系重庆市北碚图书馆、重庆市第八中学校图书馆、重庆三峡医药高等专科学校图书馆等八家收藏单位的古籍普查登记目录,收录古籍数据近 6000 条。

甘肃省四家高校图书馆古籍普查登记目录

本书编委会编　精装 16 开　260.00 元

2016 年 10 月出版　978-7-5013-5868-7

本书系甘肃省四家高校图书馆的古籍普查登记目录,共收录 5946 条馆藏古籍数据。

江苏省扬州大学图书馆等五家收藏单位古籍普查登记目录

本书编委会编　精装 16 开　240.00 元

2016 年 10 月出版　978-7-5013-5924-0

本书系江苏省扬州大学图书馆等五家收藏单位的古籍普查登记目录,共收录扬州大学图书馆等五家收藏单位的 6000 余条馆藏古籍数据。

江苏省苏州图书馆古籍普查登记目录

本书编委会编　精装 16 开　420.00 元

2016 年 11 月出版　978-7-5013-5923-3

本书系苏州图书馆的古籍普查登记目录,收录古籍数据 12517 条。

山西省图书馆古籍普查登记目录(全二册)

本书编委会编　精装 16 开　480.00 元
2016 年 11 月出版　978-7-5013-5927-1

本书系山西省图书馆的古籍普查登记目录,收录馆藏古籍数据 13000 余条。

安徽师范大学图书馆古籍普查登记目录

本书编委会编　精装 16 开　260.00 元
2016 年 12 月出版　978-7-5013-5922-6

本书系安徽师范大学图书馆的古籍普查登记目录,收录馆藏古籍数据 6705 条。

苏州大学图书馆古籍普查登记目录

苏州大学图书馆编　精装 16 开　400.00 元
2016 年 12 月出版　978-7-5013-5958-5

苏州大学图书馆历史悠久,古籍收藏丰富。本书收入苏州大学图书馆藏 1911 年以前普通古籍 9776 部,善本古籍 953 部。分类参照《中国古籍善本书目》,按照经史子集丛排序,具体类目结合馆藏特色,稍有变动。文前有总序,文后有书名笔画索引。

河北省图书馆古籍普查登记目录

《河北省图书馆古籍普查登记目录》编委会编
精装 16 开　150.00 元
2017 年 2 月出版　978-7-5013-5995-0

本书系河北省图书馆的古籍普查登记目录,收录馆藏古籍数据将近两千条。

西南大学图书馆古籍普查登记目录

本书编委会编　精装 16 开　220.00 元
2017 年 3 月出版　978-7-5013-5986-8

本书系西南大学图书馆古籍普查登记目录,收录了西南大学图书馆藏 1912 年以前古籍 5786 条。

北京师范大学图书馆古籍普查登记目录(全三册)

北京师范大学图书馆编　精装 16 开　800.00 元
2017 年 3 月出版　978-7-5013-5996-7

本书收入北京师范大学图书馆 1912 年以前刊印、抄写的线装古籍(不含域外汉籍),共 23009 种 23 万余册。部分古籍属于善本,价值较高。年代最早的为唐代中叶敦煌写本《胜天王般若波罗蜜经》。

河南省郑州图书馆等十一家收藏单位古籍普查登记目录

本书编委会编　精装 16 开　400.00 元
2017 年 3 月出版　978-7-5013-5911-0

本书系河南省郑州图书馆等十一家收藏单位的古籍普查登记目录,共收录郑州图书馆等十一家收藏单位的 9236 条馆藏古籍数据。

辽宁省图书馆古籍普查登记目录(全三册)

辽宁省图书馆编　精装 16 开　800.00 元
2017 年 3 月出版　978-7-5013-5987-5

本书系辽宁省图书馆的古籍普查登记目录,收录辽宁省图书馆藏 1912 年以前古籍 21703 条。

广西壮族自治区图书馆古籍普查登记目录

广西壮族自治区图书馆编　精装 16 开　260.00 元
2017 年 4 月出版　978-7-5013-6060-4

广西壮族自治区图书馆是广西主要古籍收藏机构,2009 年荣获"全国古籍重点保护单位",承担自治区古籍保护中心的职能。本书通过对题名卷数、著者、版本、存卷、行款、批校题跋等十一个项目的著录,对广西壮族自治区图书馆收藏的 4776 部 1912 年以前成书的汉文古籍进行了首次全面揭示。它的出版,不仅能让更多的人了解和认识广西壮族自治区图书馆古籍文献的整体情况,而且能够进一步提升广西整体的古籍保护、整理与研究水平,是广西古籍保护工作的又一重要成果。

军事科学院军事图书资料馆古籍普查登记目录

《军事科学院军事图书资料馆藏古籍普查登记目录》编委会编　精装 16 开　260.00 元
2017 年 4 月出版　978-7-5013-5963-9

本书系军事科学院军事图书资料馆古籍普查登记目录,共收录馆藏古籍数据 5266 条。

复旦大学图书馆古籍普查登记目录(全三册)

本书编委会编　精装 16 开　760.00 元
2017 年 4 月出版　978-7-5013-6030-7

本书收录古籍数据 21878 条,凡宣统三年以前的刻本、活字本、抄本、稿本等皆在收录之列。内容丰富,对读者了解复旦大学图书馆古籍收藏情况有较大帮助。

重庆图书馆古籍普查登记目录(全三册)

本书编委会编　精装 16 开　880.00 元

2017年4月出版 978-7-5013-6061-1

本书收录重庆图书馆馆藏古籍数据23000余条，凡宣统三年以前的刻本、活字本、抄本、稿本等皆在收录之列。

黑龙江省十家公共图书馆古籍普查登记目录

本书编委会编 精装16开 270.00元

2017年5月出版 978-7-5013-5891-5

本书系黑龙江省十家公共图书馆的古籍普查登记目录，共收录6085条馆藏古籍数据。

孔子博物馆古籍普查登记目录

孔子博物馆编 精装16开 180.00元

2017年6月出版 978-7-5013-6097-0

本书收入山东省曲阜市孔子博物馆收藏1911年以前中文古籍4162种。孔府作为中国历史最悠久的贵族世家，明清以来保存了大量珍贵的文献资料，其中就包括古籍图书。

暨南大学图书馆古籍普查登记目录

暨南大学图书馆编 精装16开 260.00元

2017年6月出版 978-7-5013-6115-1

本书系暨南大学图书馆的古籍普查登记目录，收录馆藏汉文古籍数据7101条。

河北省保定市图书馆古籍普查登记目录

保定市图书馆编 精装16开 240.00元

2017年8月出版 978-7-5013-6165-6

本书系河北省保定市图书馆的古籍普查登记目录，共收录馆藏古籍数据5885条。

河南省开封市图书馆古籍普查登记目录

《河南省开封市图书馆古籍普查登记目录》编委会编

精装16开 160.00元

2017年9月出版 978-7-5013-6134-2

本书系河南省开封市图书馆古籍普查登记目录，共收录该馆3648条古籍数据。

宁波市天一阁博物馆古籍普查登记目录（全三册）

宁波市天一阁博物馆编 精装16开 800.00元

2017年9月出版 978-7-5013-6152-6

本书系天一阁博物馆的古籍普查登记目录，收录天一阁博物馆藏1912年以前古籍18142条。

嘉兴市图书馆古籍普查登记目录

嘉兴市图书馆编 精装16开 360.00元

2017年9月出版 978-7-5013-6125-0

本书收录了嘉兴图书馆收藏的8000余条古籍书目。

绍兴图书馆古籍普查登记目录（全三册）

绍兴图书馆编 精装16开 820.00元

2017年9月出版 978-7-5013-6153-3

本书系绍兴图书馆的古籍普查登记目录，收录绍兴图书馆藏1912年以前古籍18298条。

温州市图书馆古籍普查登记目录（全二册）

温州市图书馆编 精装16开 580.00元

2017年9月出版 978-7-5013-6148-9

本书系温州市图书馆的古籍普查登记目录，收录馆藏汉文古籍数据13784条。

河南省新乡市图书馆古籍普查登记目录

《河南省新乡市图书馆古籍普查登记目录》编委会编

精装16开 280.00元

2017年11月出版 978-7-5013-6246-2

本书系河南省新乡市图书馆古籍普查登记目录，共收录该馆7868条古籍数据。

宁波市图书馆古籍普查登记目录

宁波市图书馆编 精装16开 260.00元

2017年12月出版 978-7-5013-6196-0

本书系宁波市图书馆的古籍普查登记目录，收录馆藏汉文古籍数据5345条。

四川省十一家收藏单位古籍普查登记目录

本书编委会编 精装16开 290.00元

2017年12月出版 978-7-5013-6149-6

本书收入四川省中江县图书馆、剑阁县图书馆、四川音乐学院图书馆、广元市图书馆、广汉市图书馆、德阳市图书馆、成都中医药大学图书馆、绵竹市图书馆、苍溪县图书馆、绵阳市安州区图书馆、犍为图书馆所藏古籍普查数据6335条。本书的出版，是四川省古籍普查成果的展现，也是全国古籍普查的重要组成部分。

临海市图书馆古籍普查登记目录

临海市图书馆编 精装16开 280.00元

2017年12月出版 978-7-5013-6262-2

本书系浙江省临海市图书馆的古籍普查登记目录，收录临海市图书馆藏1912年以前古籍近6000条。

河南省洛阳市图书馆等九家收藏单位古籍普查登记目录

《河南省洛阳市图书馆等九家收藏单位古籍普查登记目录》编委会编　精装 16 开　220.00 元
2017 年 12 月出版　978-7-5013-6248-6

本书系河南省洛阳地区九家收藏单位的古籍普查登记目录,共收录洛阳市图书馆等九家收藏单位的 5469 条馆藏古籍数据。

吉林省图书馆古籍普查登记目录(全三册)

赵瑞军主编　精装 16 开　800.00 元
2018 年 1 月出版　978-7-5013-6235-6

本书系吉林省图书馆古籍普查登记目录,收录了吉林省图书馆藏 1912 年以前古籍 22839 条。

辽宁大学图书馆古籍普查登记目录

辽宁大学图书馆编　精装 16 开　220.00 元
2018 年 3 月出版　978-7-5013-6347-6

本书收入辽宁大学图书馆所藏古籍 4908 种。涵盖经、史、子、集、丛五大类。其中入选《国家珍贵古籍名录》12 部、《辽宁省珍贵古籍名录》92 部。馆藏古籍以清代为重点,上承元明。辽宁大学图书馆是辽沈地区清史及满族文化研究的文献资源基地之一,受到国内外学者的重视。

陕西省二十二家公共图书馆古籍普查登记目录

《陕西省二十二家公共图书馆古籍普查登记目录》编委会编　精装 16 开　450.00 元
2018 年 3 月出版　978-7-5013-6324-7

本书收录陕西省西安、咸阳、渭南、韩城、延安、榆林、宝鸡、汉中、安康等 9 个地市 22 家公共图书馆古籍目录 9612 条。这 22 家图书馆是继陕西省图书馆之后最早完成古籍普查登记并通过省古籍保护中心、国家古籍保护中心及国家图书馆出版社审核验收的一批单位。

河北省石家庄市图书馆古籍普查登记目录

石家庄市图书馆编　精装 16 开　350.00 元
2018 年 6 月出版　978-7-5013-6263-9

本书系石家庄市图书馆的古籍普查登记目录,收录馆藏汉文古籍数据 7761 条。

平湖市图书馆古籍普查登记目录

平湖市图书馆编　精装 16 开　200.00 元
2018 年 6 月出版　978-7-5013-6317-9

本书系浙江省平湖市图书馆古籍普查登记目录,共收录平湖市图书馆 4321 条馆藏古籍数据。

江苏省苏州市吴江区图书馆古籍普查登记目录

本书编委会编　精装 16 开　220.00 元
2018 年 8 月出版　978-7-5013-6264-6

本书系苏州市吴江区图书馆的古籍普查登记目录,收录馆藏汉文古籍数据 5210 条。

嘉善县图书馆古籍普查登记目录

嘉善县图书馆编　精装 16 开　180.00 元
2018 年 8 月出版　978-7-5013-6463-3

本书系浙江省嘉兴地区嘉善县图书馆古籍普查登记目录,收录该馆馆藏 1912 年以前古籍近 3500 条。

瑞安市博物馆(玉海楼)古籍普查登记目录

瑞安市博物馆编　精装 16 开　160.00 元
2018 年 9 月出版　978-7-5013-6553-1

本书系浙江省瑞安市博物馆(玉海楼)古籍普查登记目录,收录馆藏汉文古籍数据 2500 余条。

杭州图书馆古籍普查登记目录

杭州图书馆编　精装 16 开　180.00 元
2018 年 9 月出版　978-7-5013-6475-6

本书系浙江省杭州图书馆古籍普查登记目录,收录杭州图书馆 1912 年以前古籍 3000 余条。

江西省景德镇地区古籍普查登记目录

《江西省景德镇地区古籍普查登记目录》编委会编
精装 16 开　200.00 元
2018 年 9 月出版　978-7-5013-6480-0

本书系江西省景德镇地区古籍普查登记目录,收录景德镇图书馆及乐平市图书馆两个收藏单位 1912 年以前古籍 4221 条。

江西省萍乡地区古籍普查登记目录

《江西省萍乡地区古籍普查登记目录》编委会编　精装 16 开　240.00 元
2018 年 9 月出版　978-7-5013-6481-7

本书系江西省萍乡地区古籍普查登记目录,收录萍乡地区 7 个收藏单位 1912 年以前古籍将近 5000 条。

台州市黄岩区图书馆古籍普查登记目录

台州市黄岩区图书馆编　精装 16 开　200.00 元

2018 年 10 月出版　978-7-5013-6567-8

本书系浙江省台州市黄岩区图书馆的古籍普查登记目录，收录黄岩区图书馆藏 1912 年以前古籍 3600 余条。

广东省佛山市图书馆等八家收藏单位古籍普查登记目录

《广东省佛山市图书馆等八家收藏单位古籍普查登记目录》编委会编　精装 16 开　330.00 元

2018 年 11 月出版　978-7-5013-6588-3

本书系广东省佛山市图书馆等八家收藏单位的古籍普查登记目录，收录佛山市图书馆、广州图书馆、汕头市图书馆等八家收藏单位所藏 1912 年以前的古籍 6700 余条。

嵊州市图书馆古籍普查登记目录

嵊州市图书馆编　精装 16 开　180.00 元

2018 年 11 月出版　978-7-5013-6587-6

本书系嵊州市图书馆的古籍普查登记目录，收录嵊州市图书馆藏 1912 年以前古籍 3300 余条。

浙江省博物馆古籍普查登记目录

浙江省博物馆编　精装 16 开　180.00 元

2018 年 11 月出版　978-7-5013-6586-9

本书系浙江省博物馆的古籍普查登记目录，收录浙江省博物馆藏 1912 年以前古籍 3100 余条。

宁夏回族自治区图书馆古籍普查登记目录

本书编委会编　精装 16 开　160.00 元

2018 年 12 月出版　978-7-5013-6522-7

全国古籍普查登记目录之一种。收入宁夏回族自治区图书馆收藏古籍 3077 种。宁夏回族自治区图书馆古籍特点，一是部类齐全，经、史、子、集、丛各部皆有所涉，于此可探察中国古籍之面貌；二是版本偏近，以清刻本居多，辅以少量明刻本；三是善本较少，以普通古籍居多，间有少量善本。其中馆藏明嘉靖十三年（1534）江西布政司刻本《苏文忠公全集》，清乾隆间王氏白田草堂刻本《朱子年谱》入选《国家珍贵古籍名录》。另外一些精刻精印的明清内府本、套印本、名家旧藏本等，也为馆藏中之精品。

陕西师范大学图书馆古籍普查登记目录

《陕西师范大学图书馆古籍普查登记目录》编委会编　精装 16 开　340.00 元

2018 年 12 月出版　978-7-5013-6572-2

本书收录陕西师范大学图书馆和古籍整理研究所藏古籍目录 8200 余条。

浙江大学图书馆古籍普查登记目录

浙江大学图书馆编　精装 16 开　470.00 元

2019 年 3 月出版　978-7-5013-6652-1

本书系浙江大学图书馆的古籍普查登记目录，收录浙江大学图书馆所藏 1912 年以前的古籍 8800 余条。

东阳市博物馆古籍普查登记目录

本书编委会编　精装 16 开　160.00 元

2019 年 3 月出版　978-7-5013-6656-9

本书系浙江省东阳市博物馆的古籍普查登记目录，收录东阳市博物馆藏 1912 年以前古籍 3168 条。

海宁市图书馆等六家收藏单位古籍普查登记目录

《海宁市图书馆等六家收藏单位古籍普查登记目录》编委会编　精装 16 开　230.00 元

2019 年 4 月出版　978-7-5013-6694-1

本书系浙江省嘉兴地区六家收藏单位的古籍普查登记目录，共收录海宁市图书馆等六家收藏单位的 3700 余条馆藏古籍数据。

湖州市图书馆等七家收藏单位、常山县图书馆等二家收藏单位古籍普查登记目录

《湖州市图书馆等七家收藏单位、常山县图书馆等二家收藏单位古籍普查登记目录》编委会编　精装 16 开　220.00 元

2019 年 4 月出版　978-7-5013-6657-6

本书系浙江省湖州市图书馆等七家收藏单位、常山县图书馆等二家收藏单位古籍普查登记目录，收录以上各单位 1912 年以前古籍将近 3000 条。

金华市博物馆等九家收藏单位古籍普查登记目录

《金华市博物馆等九家收藏单位古籍普查登记目录》编委会编　精装 16 开　380.00 元

2019 年 4 月出版　978-7-5013-6673-6

本书系浙江金华地区金华市博物馆等九家收藏单位古籍普查登记目录，共收录 6200 余条馆藏古籍数据。

丽水市图书馆等八家收藏单位古籍普查登记目录

《丽水市图书馆等八家收藏单位古籍普查登记目录》编

委会编　精装 16 开　240.00 元
2019 年 4 月出版　978-7-5013-6703-0

本书系浙江省丽水地区八家收藏单位的古籍普查登记目录，收录丽水市图书馆等八家收藏单位所藏 1912 年以前古籍 3400 余条。

临海市博物馆等六家收藏单位古籍普查登记目录

《临海市博物馆等六家收藏单位古籍普查登记目录》编委会编　精装 16 开　240.00 元
2019 年 4 月出版　978-7-5013-6668-2

本书系浙江省临海市博物馆等六家收藏单位的古籍普查登记目录，收录临海市博物馆等六家收藏单位所藏 1912 年以前古籍 3800 余条。

衢州市博物馆古籍普查登记目录

《衢州市博物馆古籍普查登记目录》编委会编
精装 16 开　180.00 元
2019 年 4 月出版　978-7-5013-6665-1

本书系浙江省衢州市博物馆古籍普查登记目录，收录衢州市博物馆 1912 年以前古籍 3000 余条。

绍兴市上虞区图书馆等八家收藏单位古籍普查登记目录

《绍兴市上虞区图书馆等八家收藏单位古籍普查登记目录》编委会编　精装 16 开　300.00 元
2019 年 4 月出版　978-7-5013-6606-4

本书系浙江省绍兴市上虞区图书馆等八家收藏单位的古籍普查登记目录，收录上虞区图书馆等八家收藏单位所藏 1912 年以前古籍 4600 余条。

宁波市奉化区文物保护管理所等六家收藏单位、舟山市图书馆等二家收藏单位古籍普查登记目录

本书编委会编　精装 16 开　300.00 元
2019 年 6 月出版　978-7-5013-6707-8

本书系浙江省宁波及舟山地区八家收藏单位的古籍普查登记目录，收录馆藏汉文古籍数据 5500 余条。

吉林市图书馆古籍普查登记目录

《吉林市图书馆古籍普查登记目录》编委会编
精装 16 开　220.00 元
2019 年 6 月出版　978-7-5013-6662-0

本书系吉林市图书馆的古籍普查登记目录，收录了吉林市图书馆所藏 1912 年以前古籍 5000 余条。

浙江省中医药研究院等四家收藏单位古籍普查登记目录

《浙江省中医药研究院等四家收藏单位古籍普查登记目录》编委会编　精装 16 开　220.00 元
2019 年 6 月出版　978-7-5013-6729-0

本书收录浙江中医药研究院等四家收藏单位所藏古籍目录 3900 余条。

浙江省民国时期传统装帧书籍普查登记目录

瑞安市博物馆（玉海楼）等九家收藏单位、湖州市图书馆等七家收藏单位民国时期传统装帧书籍普查登记目录

《瑞安市博物馆（玉海楼）等九家收藏单位、湖州市图书馆等七家收藏单位民国时期传统装帧书籍普查登记目录》编委会编　精装 16 开　280.00 元
2018 年 11 月出版　978-7-5013-6473-2

本书系瑞安市博物馆（玉海楼）等九家收藏单位、湖州市图书馆等七家收藏单位民国时期传统装帧书籍普查登记目录，收录该馆产生于 1911 年到 1949 年 9 月，以线装为主的具有传统装帧形式的汉文典籍数据 4000 余条。著录项目有普查编号、索书号、分类、题名卷数、著者、版本、册数、存卷等内容。本目录后附书名笔画索引，以便检索。

浙江图书馆民国时期传统装帧书籍普查登记目录（全五册）

浙江图书馆编　精装 16 开　1600.00 元
2018 年 12 月出版　978-7-5013-6462-6

本书系浙江图书馆的民国时期传统装帧书籍目录，收录该馆产生于 1912 年到 1949 年 9 月，以线装为主的具有传统装帧形式的汉文典籍数据 38000 余条。

杭州图书馆等十一家收藏单位民国时期传统装帧书籍普查登记目录

《杭州图书馆等十一家收藏单位民国时期传统装帧书籍普查登记目录》编委会编　精装 16 开　280.00 元
2018 年 12 月出版　978-7-5013-6476-3

本书系杭州图书馆等十一家收藏单位民国时期传统装帧书籍普查登记目录，收录杭州图书馆等十一家单位所藏 1912—1949 年期间的传统装帧书籍约 5000 条。

嘉善县图书馆等八家收藏单位民国时期传统装帧书籍普查登记目录

本书编委会编　精装 16 开　300.00 元

2018 年 12 月出版　978-7-5013-6460-2

本书系嘉善县图书馆等八家单位民国时期传统装帧书籍普查登记目录，收录嘉善县图书馆、海宁市图书馆、平湖市图书馆等八家单位所藏 1912—1949 年期间的传统装帧书籍 5700 余条。

嘉兴市图书馆民国时期传统装帧书籍普查登记目录

嘉兴市图书馆编　精装 16 开　170.00 元

2018 年 12 月出版　978-7-5013-6461-9

本书系嘉兴市图书馆民国时期传统装帧书籍普查登记目录，收录嘉兴市图书馆所藏 1912—1949 年期间的传统装帧书籍 3600 余条。

金华市博物馆等九家收藏单位民国时期传统装帧书籍普查登记目录

本书编委会编　精装 16 开　280.00 元

2018 年 12 月出版　978-7-5013-6520-3

本书系金华市博物馆等九家收藏单位民国时期传统装帧书籍普查登记目录，共收录 4300 余条馆藏古籍数据。

临海市图书馆等八家收藏单位民国时期传统装帧书籍普查登记目录

本书编委会编　精装 16 开　330.00 元

2018 年 12 月出版　978-7-5013-6519-7

本书系临海市图书馆等八家单位民国时期传统书籍普查登记目录，共收录 5600 余条馆藏古籍数据。

宁波市天一阁博物馆民国时期传统装帧书籍普查登记目录

宁波市天一阁博物馆编　精装 16 开　200.00 元

2018 年 12 月出版　978-7-5013-6478-7

本书系天一阁博物馆的民国时期传统装帧书籍目录，收录该馆产生于 1911 年到 1949 年 9 月，以线装为主的具有传统装帧形式的汉文典籍数据 3800 余条。

衢州市博物馆等四家收藏单位、舟山市图书馆等二家收藏单位、丽水市图书馆等八家收藏单位民国时期传统装帧书籍普查登记目录

本书编委会编　精装 16 开　300.00 元

2018 年 12 月出版　978-7-5013-6482-4

本书系衢州市博物馆等四家单位、舟山市图书馆等二家单位、丽水市图书馆等八家单位民国时期传统装帧书籍普查登记目录，收录衢州市博物馆等十四家单位所藏 1912—1949 年期间的传统装帧书籍 4700 余条。

绍兴市上虞区图书馆等九家收藏单位民国时期传统装帧书籍普查登记目录

本书编委会编　精装 16 开　240.00 元

2018 年 12 月出版　978-7-5013-6523-4

本书系绍兴市上虞区图书馆等九家单位的民国时期传统装帧书籍目录，收录这九家单位产生于 1912 年到 1949 年 9 月，以线装为主的具有传统装帧形式的汉文典籍数据 3500 余条。

绍兴图书馆民国时期传统装帧书籍普查登记目录（全二册）

绍兴图书馆编　精装 16 开　560.00 元

2018 年 12 月出版　978-7-5013-6479-4

本书系绍兴图书馆的民国时期传统装帧书籍目录，收录该馆产生于 1911 年到 1949 年 9 月，以线装为主的具有传统装帧形式的汉文典籍数据一万余条。

温州市图书馆民国时期传统装帧书籍普查登记目录

《温州市图书馆民国时期传统装帧书籍普查登记目录》编委会编　精装 16 开　400.00 元

2018 年 12 月出版　978-7-5013-6472-5

本书系浙江省温州市图书馆民国时期传统装帧书籍目录，收录该馆产生于 1911 年到 1949 年 9 月，以线装为主的具有传统装帧形式的汉文典籍数据 9000 余条。

浙江省博物馆民国时期传统装帧书籍普查登记目录

浙江省博物馆编　精装 16 开　180.00 元

2018 年 12 月出版　978-7-5013-6477-0

本书系浙江省博物馆的民国时期传统装帧书籍目录，收录该馆产生于 1911 年到 1949 年 9 月，以线装为主的具有传统装帧形式的汉文典籍数据 3300 余条。

中国美术学院图书馆等四家收藏单位民国时期传统装帧书籍普查登记目录

本书编委会编　精装 16 开　230.00 元

2018 年 12 月出版　978-7-5013-6518-0

本书系中国美术学院图书馆等四家单位民国时期

传统装帧书籍普查登记目录，共收录 4100 余条馆藏古籍数据。

宁波市图书馆等八家收藏单位民国时期传统装帧书籍普查登记目录

本书编委会编　精装 16 开　270.00 元
2019 年 1 月出版　978-7-5013-6459-6

本书系宁波市图书馆等八家单位民国时期传统装帧书籍普查登记目录，收录宁波市图书馆等八家单位所藏 1912—1949 年期间的传统装帧书籍 5000 余条。

图录

第一批国家珍贵古籍名录图录（全八册）

国家图书馆、国家古籍保护中心编
精装 16 开　2000.00 元
2008 年 12 月出版　978-7-5013-3662-3/Z·312

本书是依据 2008 年 3 月 1 日国务院批准颁布的《第一批国家珍贵古籍名录》编撰而成的大型珍贵古籍图录。共收录古籍 2392 种，其中，汉文古籍 2282 部，民族文字古籍 110 部。汉文古籍包括简帛 117 种、敦煌文书 72 件、古籍 2020 部、碑帖 73 部。民族文字古籍包括焉耆-龟兹文、于阗文、藏文、回鹘文、西夏文、白文、蒙古文、察合台文、彝文、满文、东巴文、傣文、水文、古壮字等 14 种文字。共收录 210 家藏书机构所藏珍贵古籍。

第二批国家珍贵古籍名录图录（全十册）

国家图书馆、国家古籍保护中心编
精装 16 开　3800.00 元
2010 年 9 月出版　978-7-5013-4408-6

本书是 2009 年 6 月国务院公布的《第二批国家珍贵古籍名录》的图录，共收录全国 280 余家文献收藏机构的珍贵典籍 4478 部。全书图版彩色精印，并有说明文字，是古籍收藏、整理、保护从业人员及版本文献研究工作者必备的参考图书。

第三批国家珍贵古籍名录图录（全八册）

国家图书馆、国家古籍保护中心编
精装 16 开　3100.00 元
2012 年 5 月出版　978-7-5013-4788-9

本书是 2010 年 6 月国务院公布的《第三批国家珍贵古籍名录》的图录，共收录全国数百家文献收藏机构入选第三批名录的 2989 部珍贵典籍中的 2300 余部。全书图版皆以特殊纸张彩色精印，并有说明文字，是中华古籍保护工作所取得的又一重大阶段性成果，也是古籍收藏、整理、保护从业人员及版本文献研究工作者必备的参考图书。

第四批国家珍贵古籍名录图录（全六册）

国家图书馆、国家古籍保护中心编
精装 16 开　2600.00 元
2014 年 4 月出版　978-7-5013-5249-4

本书是 2013 年 3 月国务院公布的《第四批国家珍贵古籍名录》的图录，共收录全国数百家文献收藏机构入选第四批名录的 1516 部珍贵典籍的书影 1700 余帧。

第五批国家珍贵古籍名录图录（全六册）

国家图书馆、国家古籍保护中心编
精装 16 开　2600.00 元
2016 年 10 月出版　978-7-5013-5831-1

本书为入选《第五批国家珍贵古籍名录》的图录，共收入 978 部古籍。以时间先后顺序，按文字类型将入选古籍划分为汉文珍贵古籍、民族文字珍贵古籍和其他文字珍贵古籍三大类。本书的出版为广大古籍爱好者提供了珍贵的研究资料。

辽宁省第一批珍贵古籍名录图录（全四册）

本书编委会编　精装 16 开　1200.00 元
2016 年 12 月出版　978-7-5013-5862-5

本图录依《辽宁省第一批珍贵古籍名录》编号为序，分为汉文古籍和少数民族文字古籍两大类。其中汉文古籍依据版本时期分为唐五代及其以前、宋代、元代、明代、清代五部分。

辽宁省第二批珍贵古籍名录图录（全四册）

本书编委会编　精装 16 开　1200.00 元
2018 年 9 月出版　978-7-5013-6474-9

本图录依《辽宁省第二批珍贵古籍名录》编号为序，分为汉文古籍和少数民族文字古籍两大类。其中汉文古籍依据版本时期分为唐五代及其以前、宋代、元代、明代、清代五部分。

辽宁省第三批珍贵古籍名录图录（全三册）

本书编委会编　精装 16 开　800.00 元
2019 年 6 月出版　978-7-5013-6542-5

本图录依《辽宁省第三批珍贵古籍名录》编号为序，分为汉文古籍和少数民族文字古籍两大类。其中汉文古籍依据版本时期分为明代、清代两部分。

中国国家图书馆古籍珍品图录

任继愈主编　精装 16 开　520.00 元

1999 年 9 月出版　7－5013－1665－1

本书是为纪念中国国家图书馆(原北京图书馆)建馆 90 周年而编辑的善本珍品集。《图录》从本馆善本部所藏珍品中精选近 400 种藏品。共分古籍善本、金石拓片、中外舆图、少数民族文献四大类。每一类目下,将所辖藏品按年代编排。在展现图版的同时,还对收藏品的情况作简要介绍。其中有不少是孤本,而且是首次面世。其他如西方 15 世纪出版的"摇篮本"、中外古地图、少数民族文献等均是国家图书馆珍藏多年的极品。

国家图书馆藏珍贵革命历史文献图录

国家图书馆善本特藏部编　精装 16 开　300.00 元

2001 年 7 月出版　7－5013－1811－5/K·344

本书系从国家图书馆善本特藏部的"新善本"中精选 100 余种编辑而成的。全书分为 4 大类:图书、期刊、手稿和外文珍籍。

文明的守望——古籍保护的历史与探索

国家图书馆编　平装 8 开　195.00 元

2006 年 5 月出版　7－5013－3139－1

本书是配合中华古籍特藏保护计划而编辑的一部图录。展示古籍藏品、论述总结古籍保护修复的方法及国家在古籍调拨、购买、收藏、保护等方面所做的努力,介绍了中华古籍特藏保护计划的内容、组织和启动过程。

文明的守望——中华再造善本工程巡礼

国家图书馆编　平装 8 开　98.00 元

2006 年 5 月出版　7－5013－3093－X

本书从工程立项、工程全面展开、《中华再造善本》特点、《中华再造善本》底本鉴赏等方面,记录中华再造善本工程开展的过程。展示项目成果,宣传中华再造善本工程对保护利用传统文化、建设社会主义先进文化的积极作用,彰显政府对文化建设的重视。

毛泽东自传珍稀书影图录

程宸编　精装 16 开　298.00 元

2009 年 12 月出版　978－7－5013－4218－1

本书是《毛泽东自传》珍稀版本的专题书影图录。分两部分:第一部分为新中国成立以前和解放初期《毛泽东自传》版本图录,收录近 60 种珍稀本;第二部分从著者所藏 500 余种"文革"期间《毛主席自传》《毛主席回忆录》版本中精选近 160 种。全书图像精美、文字晓畅。

国家图书馆藏满文文献图录

黄润华主编　精装 16 开　450.00 元

2010 年 1 月出版　978－7－5013－4213－6

本书从刻本、抄本、档案、拓片、舆图五个方面介绍了国家图书馆馆藏满文文献,图文并茂,形象生动。

古彭遗珍:徐州博物馆馆藏文物精选

徐州博物馆编　精装 8 开　450.00 元

2011 年 1 月出版　978－7－5013－4475－8

本书是徐州博物馆馆藏文物精品图录。分陶瓷器、陶俑、玉石器、铜铁器、金银器、墨印、书画等,每图下有文字说明,图文并茂,印制精美,具有较高的文物和学术研究价值,也是收藏爱好者的必要参考。

北京师范大学图书馆藏古籍珍品鉴赏·定级图录

北京师范大学图书馆编　精装 16 开　280.00 元

2011 年 11 月出版　978－7－5013－4617－2

本书收录了北京师范大学图书馆馆藏珍品古籍 103 种,按照鉴赏为经线,自上而下,定级为纬线,横贯全书。按照鉴赏类型,分为宋元古椠、明清佳刻、特殊印本、稿抄校本四个部分;依据定级标准,分为一级甲等、一级乙等、一级丙等、二级甲等、二级乙等和二级丙等。图录收录标准甚高,馆藏古籍仅收一、二级品,三、四级古籍概不收录。另外,本书从鉴赏和定级两个视角,以图版和提要两种形式,充分展示了北京师范大学图书馆的精品馆藏,因此具有重要的价值。

雪域宝典——西藏自治区入选第一、二、三批国家珍贵古籍名录古籍图录

西藏自治区文化厅等编　精装　320.00 元

2012 年 1 月出版　978－7－5013－4707－0

本图录收录西藏自治区入选第一、二、三批《国家珍贵古籍名录》的 34 部藏文古籍的书影,每部有藏汉文对照说明。所收典籍展示了西藏珍贵典籍的面貌,反映了西藏自治区古籍保护工作的成果。对于推动西藏古籍保护工作、搞好文化建设及促进各民族文化交流具有重要意义。

天津地区馆藏珍贵古籍图录

李培主编　精装 16 开　398.00 元

2012 年 5 月出版　978－7－5013－4794－0

本书收录天津地区各藏书机构入选国务院公布的

第一、二、三批《国家珍贵古籍名录》的珍贵古籍 303 种，每种均配以图版和说明文字。全书以特殊纸张彩色精印，图版精美，著录详明，是天津地区古籍收藏精华的集中体现，也是该地区古籍保护工作所取得的重要阶段性成果，更是古籍收藏、整理、保护从业人员及版本文献研究工作者必备的参考图书。

湖北省国家珍贵古籍名录图录

湖北省图书馆编　精装 16 开　260.00 元

2012 年 11 月出版　978-7-5013-4906-7

本书收录湖北省各藏书机构入选国务院公布的第一、二、三批《国家珍贵古籍名录》的珍贵古籍 177 种，按经、史、子、集分类，并附有第四批国家珍贵古籍推荐名录的珍贵古籍 11 种，每种均配以图版和说明文字。全书以特殊纸张彩色精印，图版精美，著录详明，是湖北省古籍收藏精华的集中体现，也是该地区古籍保护工作所取得的重要阶段性成果，更是古籍收藏、整理、保护从业人员及版本文献研究工作者必备的参考图书。

武强年画图录

王玉鹏主编　精装 8 开　1200.00 元

2013 年 6 月出版　978-7-5013-5055-1

本书是我社出版的《原版刷印武强年画》的图录。该书共收录 350 余幅武强年画博物馆藏木版年画精品，以清代古版为主，兼收入少量民国及现代作品。作品按题材内容分为门神门画、神马、戏曲故事、狮虎花瓶及其他五部分，图文并茂，方便读者欣赏、使用。

首都图书馆藏国家珍贵古籍图录

首都图书馆编　精装 16 开　480.00 元

2013 年 10 月出版　978-7-5013-5148-0

2008 年至 2013 年，国务院先后颁布了一至四批《国家珍贵古籍名录》，共 11375 部珍贵古籍入选。其中，首都图书馆共有 145 部珍贵古籍入选《名录》。本书将这批古籍汇编成册，每书详细介绍基本情况，并附有多幅书影。

天津市南开区图书馆藏古籍图录

南江涛、廖生训编　精装 16 开　280.00 元

2013 年 12 月出版　978-7-5013-5247-0

本书是天津市南开区图书馆所藏古籍的图录，共收录南开区图书馆古籍图书 211 种，每种著录书名卷次、作者、版本、行款、印章题跋、索书号等，是该图书馆古籍的集中展示，有利于广大读者查找利用。这也是天津市南开区古籍保护工作的一项重要成果。

南京图书馆民国文献珍本图录

南京图书馆编　精装 16 开　360.00 元

2014 年 1 月出版　978-7-5013-5236-4

南京曾是中华民国的首都，因而，南京图书馆收藏了大量珍贵的民国文献。本书收录了南京图书馆藏珍稀民国文献 200 种，每种文献皆有一至三幅书影，并都做了准确而简明的著录，其中包括孙中山、蒋介石等人的手迹，重要的书刊、舆图等。

杭州萧山馆藏家谱图录

本书编委会编　精装 16 开　580.00 元

2014 年 5 月出版　978-7-5013-5365-1

本书收录杭州市萧山区图书馆、档案馆及地方志办公室所收藏的家谱共约 130 种，每种都记录其外观、封面、内文样页等，并对每种家谱的编者、出版时间等项目做了比较详细的著录。本书的编撰与出版，对于了解萧山当地氏族变迁及历史和人文状况颇富价值。

保定莲池书院善本图录（全二册）

保定图书馆编　精装 16 开　680.00 元

2014 年 9 月出版　978-7-5013-5357-6

本书收入河北保定莲池图书馆所藏珍贵古籍 600 余种，分上下两册。大体依经、史、子、集、丛五部分分类，每类之下再依作者姓名的四角号码笔画排序。每种古籍分别著录书名卷数、著者、版本、存卷数卷次等信息，并附一幅书影。

徐州市图书馆珍贵古籍图录

徐州市图书馆编　精装 16 开　320.00 元

2014 年 12 月出版　978-7-5013-5503-7

本书是徐州市图书馆历史文献部所藏较有特色的古籍图录，其收录范围为三部分：入选《中国古籍善本书目》者 58 种；入选《国家珍贵古籍名录》者 25 种；入选《江苏省珍贵古籍名录》者 155 种。所收古籍按照中国古籍保护中心规定的六部分类法进行分类。每种古籍书影之下均有说明文字，对其基本数据做概括描述。

嘉兴市珍贵古籍图录

嘉兴市图书馆编　精装 16 开　298.00 元

2014 年 12 月出版　978-7-5013-5485-6

本书收录嘉兴地区主要古籍收藏单位如嘉兴市图书馆、博物馆，嘉善县图书馆，海宁县图书馆等的善本图书 252 种，每种均配有代表该古籍特点的书影 1—3 帧，图下录书名、卷次、作者、版本、行款、印章等，比较形象地展示了嘉兴地区收藏古籍善本的状况，是其古籍保护的重要成果。全书彩色印刷。

首批河北省珍贵古籍名录图录

本书编委会编　精装 16 开　480.00 元

2014 年 12 月出版　978-7-5013-5501-3

本书所收古籍为首批《河北省珍贵古籍名录》所列古籍，共计 159 部，按照经、史、子、集、丛分类编排。所选书影力求反映该书版本特征与内容特色，包括卷端、牌记、名人批校题跋、名人藏书印等。说明文字著录项目有：入选《河北省珍贵古籍名录》编号、卷端题名、卷数、责任者、版本、册数、版式行款、重要批校题跋和藏书印、入选《国家珍贵古籍名录》批次及编号、现藏单位及卷帙存缺情况。

潍坊市珍贵古籍名录图录（全二册）

郑晓光主编　精装 16 开　680.00 元

2014 年 12 月出版　978-7-5013-5211-1

本书收入潍坊市图书馆、青州市图书馆等十余家古籍收藏单位所藏珍贵古籍 500 余部，内容分为“名录”和“图录”两部分，大体依经、史、子、集四部分类，每种古籍分别著录书名卷数、著者、版本、存卷数卷次等信息，并附书影。

天津市和平区图书馆藏古籍图录

天津市和平区图书馆编　精装 16 开　280.00 元

2015 年 2 月出版　978-7-5013-5535-8

本书收入天津市和平区图书馆所藏民国以前的线装古籍 200 多种，全面反映了该馆古籍藏书的面貌，是和平区古籍保护的重要成果，对展示、保护和利用该馆古籍，都有积极的作用。每种古籍配一二幅彩色书影，并有文字著录，对古籍版本工作者和古籍爱好者，是一部很好的参考工具书。

文献为证：钓鱼岛图籍录

国家图书馆中国边疆文献研究中心编　精装 16 开　180.00 元

2015 年 4 月出版　978-7-5013-5525-9

本书内容共分四章，包括“钓鱼岛及其附属岛屿概况”“古代文献中的钓鱼岛”“中外舆图中的钓鱼岛”与“近代以来文献中的钓鱼岛”。全书收录文献 130 余种近 260 幅图，系统梳理了从古到今有关钓鱼岛较为重要的典籍。经过细致挖掘、考证，本书揭示并收录了部分鲜见文献，丰富和补充了既往的研究成果。

宁夏回族自治区珍贵古籍名录图录

本书编委会编　精装 16 开　260.00 元

2015 年 6 月出版　978-7-5013-5586-0

本书收录宁夏地区 7 家收藏单位的古籍珍品，涵盖汉文、西夏文、阿拉伯文等文种，共计 183 部。基本体现了宁夏境内古籍存藏的概貌，展现了宁夏地区古籍存藏丰富多样和独具异彩的民族地域特点以及其独特魅力。

第一批湖北省珍贵古籍名录图录

湖北省古籍保护中心编　精装 16 开　300.00 元

2015 年 10 月出版　978-7-5013-5639-3

本书主要收录湖北省 1912 年以前以书写或者印刷等古典装帧形式存在的时代早、流传少，具有重要历史、思想和文化价值的珍贵古籍，共计 264 部。所收录古籍涵盖宋、元、明、清四个时段，其中宋元 13 种、明代 197 种、清代 54 种。版本形式包括木活字本、泥活字本、铜活字本、写本、抄稿本、刻本等。著录项目依次为：名录编号、书名、作者、版本、版式、钤印及藏书单位等，全面体现了湖北境内古籍存藏的内容特色与版本价值。

甘肃中医药大学图书馆藏珍贵古籍图录

李金田主编　精装 16 开　280.00 元

2016 年 4 月出版　978-7-5013-5806-9

本书共收入善本医学书籍 113 部、文史类善本 50 部。该《图录》不仅全面展示了我校古籍保护成果，彰显了我校馆藏古籍精华，也是社会各界人士更好地认识我校馆藏古籍，甚至我省厚重的中医药历史文化的一部著作，而且有力地促进了古籍普查等古籍保护其他各项工作的顺利开展。

嘉兴市图书馆藏陆氏捐赠书画古籍珍品图录

嘉兴市图书馆编　平装 12 开　80.00 元

2016 年 5 月出版　978-7-5013-5842-7

本书选录陆昭收藏并捐赠嘉兴市图书馆的书画作品和古籍 100 多种。陆昭，学名弢，字冕英，号勉行，杭州人，祖籍绍兴。生于清光绪十五年（1889），病逝于 1950 年。

吉光片羽——第五批国家珍贵古籍选粹

国家图书馆、国家古籍保护中心编

平装 16 开　198.00 元

2016 年 6 月出版　978-7-5013-5856-4

2016 年 3 月 27 日，国务院颁布第五批《国家珍贵古籍名录》（899 部）和“全国古籍重点保护单位”（14 家），使入选《国家珍贵古籍名录》的古籍总数达到了

12274部、全国古籍重点保护单位数量达到180家。本书从第五批《名录》精选60部珍贵文献呈现给大众，并展示第五批“全国古籍重点保护单位”基本情况。

南海诸岛图籍录（全三册）

国家图书馆中国边疆文献研究中心编
精装16开　480.00元
2016年8月出版　978-7-5013-5836-6

本书系统梳理了南海诸岛从古至今较为重要的各类文献，以图配文的形式，较为全面地呈现了文献所记载的南海诸岛情况。全书按内容分为三卷：古代卷、近现代卷和外国卷。三卷共收录南海诸岛文献313种，图片876张。其中每卷按照文献成书年代或事件发生时间加以排列，并用简明扼要的语言著录文献成书背景、版本、作者情况及所涉南海诸岛问题，力图准确、客观地展示文献中的南海诸岛概貌，以期为维护国家主权提供具体的文献依据。

甘州区图书馆馆藏古籍图录

黄岳年主编　精装16开　280.00元
2016年8月出版　978-7-5013-5910-3

本书共收录甘州区图书馆所藏明清古籍202部，以经、史、子、集为分类顺序。甘州区图书馆馆藏以明清典籍居多，其中有不少珍稀古籍，国内罕见者有明代成化年间所刻音韵学著作。本书作为甘州区图书馆古籍收藏与保护工作的最新成果，有填补张掖地区古籍版本研究与出版缺漏之意义。

中华音乐之路——国家图书馆藏音乐典籍图录

国家图书馆编　精装16开　380.00元
2016年9月出版　978-7-5013-5778-9

国家图书馆的古代音乐文献收藏丰富，编者从国家图书馆古籍馆馆藏丰富的古籍音乐文献中撷取百余种，以图录形式，配以解题出版，希望让更多的人了解馆藏古籍中的音乐文献，更好地挖掘其中的内涵，让中国古代音乐以及蕴含其中的音乐哲学能融入我们的生活。

《金瓶梅》版本知见录（图文版）

史小军、罗志欢主编　精装16开　168.00元
2016年10月出版　978-7-5013-5950-9

本书旨在展示《金瓶梅》版本及其研究成果，以为《金瓶梅》研究之参考和检索工具。全书由两部分组成：第一部分收录《金瓶梅》面世以来所知见的版本，以词话本、绣像本、张评本、翻译本四个系统归类，其他衍生之本，若会校本、影印本等按其所据之底本归类，翻译本按译文文种归类。各版本附一至三张书影，并标注其特征，辑录各家著录，较其与彼本之异点。第二部分收录国内外有关《金瓶梅》版本研究的专著和论文目录，以检阅和展现金学界关于《金瓶梅》版本研究的主要学术成果，为研究者提供文献线索。

中国古代版印图录（全六册）

李致忠编撰　精装16开　5000.00元
2016年10月出版　978-7-5013-5358-3

本书共收录古籍700余种、图版1400余幅，分为六册，前五册为图版，第六册为叙录。图版部分全部彩色印刷，选取各个时期、各种方式印刷的有代表性的古籍书影，叙录部分是对所选图版原书的介绍。本书将全面反映中国古代印刷的辉煌成就，不啻一部图录式的出版史；为印刷术研究者提供技术发明、演进、发展、成熟的影印实物标本；为版本学研究者提供全面丰富的影印实物样品；为书史研究者提供可资借鉴的实物证据。

深圳图书馆馆藏古籍图录

深圳图书馆编　精装16开　320.00元
2016年11月出版　978-7-5013-5981-3

本图录收录深圳图书馆藏1912年前出版的古籍，共计297部。凡版本相同之书，合并为一篇介绍，以索书号相区别。本图录编排，分珍贵古籍和普通古籍两部分。珍贵古籍按照国家级珍贵古籍、广东省珍贵古籍、待申报名录者排序。普通古籍依照经、史、子、集、丛顺序排列。每书著录卷端题名、卷数、责任者、版本、行款、边栏、书口、版框尺寸、钤印等。每种古籍选书影一至三帧不等，以正文卷端为主，酌加牌记、题跋或其他能反映版本特征的书影。凡一书首卷卷端有缺失、污损、补刻、抄配者，则选择其他卷端原刻原印者。均采用原件扫描。

上海师范大学图书馆民国文献珍本图录

上海师范大学图书馆编　精装16开　360.00元
2016年11月出版　978-7-5013-5960-8

本图录收录上海师范大学图书馆藏珍稀民国文献252种，按类编排，分为哲学宗教、政治法律、经济、教育、教材、语言、文学、艺术、历史、地理、自然科学及其他12个大类。每个类目前均有民国文献出版概述及馆藏情况说明，每种文献皆有书影，并有准确而简明的提要。

浙江图书馆藏国家珍贵古籍题跋图录

曹海花编　精装16开　298.00元
2017年9月出版　978-7-5013-6104-5

本书收录浙江图书馆入选前五批《国家珍贵古籍

名录》（下简称“名录”）的有题跋（含题记、题诗、观款等，下以“题跋”总言之）的善本72部，以国家名录编号先后序次。其中，00001—00007入选第一批《名录》，00008—00012入选第二批《名录》，00013—00031入选第三批《名录》，00032—00033入选第四批《名录》，00034—00072入选第五批《名录》。每部书有卷端、题跋页等，并附有题跋释文，是古籍善本鉴定参考工具书，也可以提供一些稀有的名人题跋，供学界参考。

齐齐哈尔市图书馆古籍善本图录（第一辑）

齐齐哈尔市图书馆编　精装16开　300.00元

2018年4月出版　978-7-5013-6385-8

齐齐哈尔市图书馆收藏古籍图书7000余种12万余册；其中善本500余种1.3万余册。有9种古籍入选《国家珍贵古籍名录》，是黑龙江省收藏古籍颇具特色的公共图书馆，地方文献的数量和质量在全省公共图书馆中占有重要的地位。本书收录齐齐哈尔市图书馆藏古籍善本经、史、子部200余种（集部将收录于第二辑），每种文献配有高清书影图像，并附有书名、作者、版本等基本著录。

贵州省第一至五批国家珍贵古籍名录图录

贵州省图书馆编　精装16开　260.00元

2018年7月出版　978-7-5013-6467-1

本书收录贵州省收藏机构入选一至五批《国家珍贵古籍名录》的珍贵古籍171种，每种有书影一幅，并对基本情况进行著录。除了珍贵的汉文古籍善本之外，本书的特色是收录了大量西南少数民族语文的珍稀文献，包括彝文、水文和布依文文献，共达138种。如《西南彝志》是一部较全面地记载西南地区彝族历史的彝文献巨著，有着极高的文献史料价值，可以为我国西南地区少数民族研究和彝族传统文化研究提供可靠的资料。

清代套印本图录

石光明编　精装16开　260.00元

2018年8月出版　978-7-5013-6492-3

本书系以国家图书馆馆藏为基础，从中选择130余种清代套印本，每种选取一至二页书影，附注书目信息，借此可见有清一代套印本的概况，希望对于相关研究人员有所帮助。主要按清代皇帝朝代顺序编排：顺治3种（包括清初2种）、康熙21种、雍正1种、乾隆26种、嘉庆10种、道光18种、咸丰5种、同治11种、光绪33种、宣统2种。另有不确定年代6种置于后。

暨南大学图书馆藏珍贵古籍图录

暨南大学图书馆编　精装16开　380.00元

2018年9月出版　978-7-5013-6469-5

本书收录暨南大学图书馆入选《国家珍贵古籍名录》和《广东省珍贵古籍名录》以及其他具有特殊版本、艺术和学术价值的珍贵古籍百余种。每种古籍选择其中1—2幅具有版本特色的书影进行展示，并配以文字说明，揭示这种古籍的基本信息和主要特征。全书以图文并茂的形式，全面展示暨南大学图书馆所藏古籍的特色和价值，既具有古籍版本图录的作用，又具有较高的收藏和鉴赏价值。

长春市图书馆藏古籍善本图录

长春市图书馆编　精装16开　280.00元

2018年12月出版　978-7-5013-6494-7

长春市图书馆现有古籍2600种，3.2万余册。本书收录其中善本古籍150种，其中宋刻本有《资治通鉴纲目》五十九卷和《大般若波罗蜜多经》六百卷两种，明刻本包括《诗传大全》二十卷等45种，其他为清刻本，此外还有一些稿抄本、彩绘本、满汉合璧本及珍贵的碑帖拓片和钤印本印谱等，每种书除了文字著录之外，还附上一两幅书影，为相关研究者和爱好者提供了一份可靠的素材。

中国古籍文献拍卖图录（全四册）

姜寻编　精装16开　1600.00元

2003年7月出版

7-5013-2079-9

本书收录9家拍卖公司2001—2002年度拍卖古籍文献的成交价格、文字目录及彩色图片。

册府撷英——国家珍贵古籍特展图录（2009）

国家图书馆编　精装16开　360.00元

2009年6月出版　978-7-5013-4059-0

本书是配合2009年6月在北京举办的“第二届国家珍贵古籍特展”编撰的彩色图录。图录从100余家藏书单位送展的数百种珍贵古籍中精选书影近300幅，分为先秦两汉简牍、写本时代文献、宋元善本、明清善本、明清稿抄本、佛教典籍、地方志、舆图、拓本与钤印本、少数民族文字文献等10个单元。收录的每一种古籍既有清晰逼真的书影，又有精炼准确的说明文字。书后的附录部分有专篇介绍了文献学、版本学、书籍史的相关知识。

楮墨芸香——国家珍贵古籍特展图录（2010）

国家图书馆编　精装16开　398.00元

2010年6月出版　978-7-5013-4377-5

本书是为“第三届国家珍贵古籍特展”编撰的图录，是从第三批珍贵古籍中选辑300多种精品，分为魏晋南北朝五代时期文献、宋元善本、明清善本、明清稿抄本、佛教典籍、舆图、拓本与钤印本、少数民族文字文献、西文善本等九个部分著录，图文并茂。本书的出版不但对于这次特展有导航意义，而且记录和展示了又一批国家珍贵古籍的面貌和基本情况，对于古籍研究，收藏都具有重要价值。

西域遗珍：新疆历史文献暨古籍保护成果展图录

国家图书馆、国家古籍保护中心编　精装 16 开　280.00 元
2011 年 1 月出版　978-7-5013-4402-4

本书是 2011 年在国家图书馆举办的“新疆历史文献暨古籍保护成果展”的展览图录。全书分为先秦魏晋南北朝、隋唐五代、宋辽夏金元、明清四部分，收录有关新疆历史的珍贵古籍 70 多种共 200 多幅图，包括汉文和各种少数民族文字古籍。不同于以往图录的是，在每种古籍书影后都有较为详细的文字描述，介绍其版本、内容、流传及价值和意义等。图录反映了新疆的历史和各民族文化，揭示了新疆古籍保护的巨大成就。全书彩色印刷，精美大方。

灵兰集萃——中华珍贵医药典籍展图录

国家图书馆编　精装 16 开　280.00 元
2011 年 5 月出版　978-7-5013-4602-8

本书是 2011 年 5 月在国家图书馆举办的“中华珍贵医药典籍展”的展览图录。全书分为先秦两汉时期、魏晋南北朝时期、隋唐时期、两宋时期、金元时期、明清时期、东渐西被七个部分，收录典籍 60 余种，图影其形，并有详细的具有学术含量的文字说明。后附展品目录及其简介。

东方的觉醒——纪念辛亥革命一百周年馆藏珍贵历史文献展图录

国家图书馆编　精装 16 开　360.00 元
2011 年 9 月出版　978-7-5013-4669-1

本书配合 2011 年在国家图书馆举办的“纪念辛亥革命 100 周年馆藏珍贵文献展”而编纂。分为探索之路、革命风潮、武昌起义、创立民国、保卫共和、辛亥记忆 6 个部分，收录清末民国有关珍贵文献约七八十种，每种文献有较为详细的解说。后附展品目录和文献索引。对于了解和研究这一段历史具有重要价值。

文艺的灯塔——纪念《在延安文艺座谈会上的讲话》发表七十周年馆藏文献展图录

国家图书馆编　精装 16 开　300.00 元
2012 年 5 月出版　978-7-5013-4798-8

本图录收录展出的国家图书馆馆藏文献包括汉文、民族语言文字图书、期刊及国外译著等 200 余种，分为三个部分：《讲话》诞生的背景；《讲话》的诞生与传播；解放区的文艺成就，附《讲话》在国统区的影响。每种文献书影下有简明文字介绍。具有重要资料价值。

书香人淡自庄严——周叔弢自庄严堪善本古籍展图录

国家图书馆编　精装 16 开　260.00 元
2012 年 5 月出版　978-7-5013-4781-0

周叔弢先生是民国时期的收藏大家，收藏宏富而采择精严。先生之访书藏书，既遵循传统，重视宋元古椠、名抄精校，继承黄丕烈、海源阁等名家藏书；又自有异趣，兼顾手卷、活字，关注书籍之题跋、印章、纸墨等各个方面，一时自成一家。1952 年，周叔弢先生将数十年来精心收藏的善本古籍 726 种一举捐赠北京图书馆（今国家图书馆）。在周叔弢先生捐赠善本 60 周年之际，特举办展览以表彰其对中国文化建设的巨大贡献，弘扬其化私为公的精神。特展图录选取此次展览的精品，展示书影的同时辅以提要，以此说明周叔弢藏书的价值和特点，并使更多的人了解周叔弢先生藏书及其贡献。

中国传统建筑营造技艺展图录（中国非物质文化遗产典籍记忆系列展）

国家图书馆编　精装 16 开　180.00 元
2012 年 6 月出版　978-7-5013-4802-2

“中国传统建筑营造技艺展”依托国家图书馆馆藏《营造法式》、《永乐大典》、清代样式雷图档、《四库全书》、各种《工程做法则例》、文源阁御碑等重要典籍和文物，辅以清华规划院再现遗产工程的多项最新成果圆明园 30 个景区的数字复原设计，在中国古代藏书建筑和诗书文化以及丰富多样的中国传统建筑营造技艺大背景下，集中表现了我国在建筑相关文化遗产保护方面的重大成果以及数字化保护的最新进展。本图录为配合本次展览而编辑，分为珍贵历史文献中的营造技艺（清代样式雷图档、舆图、典籍、历史照片）、营造技艺的数字复原（再现遗产工作概述、文源阁数字再现）、《国家级非物质文化遗产名录》中的营造技艺（第一至三批《国家级非物质文化遗产名录》）三个部分。图文并茂，具有重要参考价值。

艰难与辉煌（1921—1949）——国家图书馆藏珍贵革命历史文献展图录

国家图书馆编　精装 16 开　380.00 元
2012 年 10 月出版　978-7-5013-4720-9

"艰难与辉煌——纪念中国共产党成立九十周年馆藏珍贵历史文献展"由国家图书馆主办，军事科学院、军事博物馆、国家博物馆协办。以1911年至1949年中国社会的政治、经济、文化以及国际共产主义运动为大背景，以中国共产党发展历程的时间脉络为主线，分为东方欲晓、开天辟地、风起云涌、星火燎原、中流砥柱和天翻地覆等六个篇章，选取各时期的重大事件、重要人物作为节点，用各种类型珍贵资料还原历史、解读史实。本书将此次展览的内容辑录成册，图文并茂，便于读者更加直观、深入地了解中国共产党所经历的艰难而辉煌的成长历程，是研究党史和近现代史不可多得的资料。

翰墨缥缃——中华古籍保护计划成果展暨国家珍贵古籍特展图录

国家图书馆、国家古籍保护中心编
精装16开　380.00元
2013年5月出版　978-7-5013-5065-0

本书是配合2013年5月在北京举办的"国家珍贵古籍特展"编撰的彩色图录。书中收录的每一种古籍既有清晰逼真的书影，又有精炼准确的说明文字。书后的附录部分有专篇介绍文献学、版本学、书籍史的相关知识。图录在展示难得一见的古籍珍品图像资料的同时，也从一个侧面勾勒出中国古代书籍文化的发展脉络，同时兼具古籍赏鉴与知识学习的作用，从不同层面为古籍研究者、爱好者提供了珍贵而有益的资料。

翰墨流芳——国家图书馆馆藏精品大展图录

国家图书馆编　精装16开　380.00元
2014年6月出版　978-7-5013-5379-8

本书是国家图书馆典籍博物馆首展图录之一。典籍博物馆开馆在即，并将举办"国家图书馆馆藏精品大展"，为配合此次展览宣传及相关纪念品开发工作的进行，国家图书馆编纂了本图录。该图录遴选馆藏精品，配以精美的图片和翔实的文字，使展览的精华得以延续。

鸣沙遗墨——国家图书馆馆藏精品大展敦煌遗书图录

国家图书馆编　精装16开　280.00元
2014年6月出版　978-7-5013-5378-1

本书是国家图书馆典籍博物馆首展图录之一。该图录遴选馆藏敦煌写本精品，配以精美的图片和翔实的文字，使展览的精华得以延续。

铭刻撷萃——国家图书馆馆藏精品大展金石拓片图录

国家图书馆编　精装16开　300.00元
2014年9月出版　978-7-5013-5377-4

本书是国家图书馆典籍博物馆首展图录之一。该图录遴选馆藏金石拓片精品，配以精美的图片和翔实的文字，使展览的精华得以延续。

传承文明　服务社会

全国图书馆文献缩微复制中心编　精装16开　330.00元
2014年11月出版　978-7-5013-5495-5

本书为全国图书馆缩微文献复制中心在国家图书馆举办的展览图录。分为奠基篇：协力创业；成就篇：建功立业；创新篇：千秋功业。通过大量的图片，真实再现了全国图书馆缩微文献复制中心自成立以来的发展历程及其取得的辉煌成就。

册府千华——珍贵古籍雕版特展图录

国家古籍保护中心编　精装16开　260.00元
2015年6月出版　978-7-5013-5607-2

我国古代雕版印书，发端于唐，奠基于五代，兴盛于两宋，延袤于元明清，直至近代，雕版印刷一直占据着中国印刷业的主要位置。其间，举凡官署、藩府、私宅、坊肆、儒学、书院等竞相刻书，为后世留下了浩如烟海的典籍，弘扬了传统文化，但刷印这些典籍的版片迄今却万不一存，弥足珍贵。本书收录国内公私收藏的珍贵雕版上百块，是首次向国内外读者所作的珍贵雕版的大规模集中展示。

册府千华——民间珍贵典籍收藏展图录

国家古籍保护中心、中国古籍保护协会编　精装16开　300.00元
2015年7月出版　978-7-5013-5640-9

本书为"民间珍贵典籍收藏展"的图录，收录韦力等28位当代著名民间古籍收藏家收藏的珍贵古籍130余件，涉及经、史、子、集各部分，是民间古籍善本收藏的一次大规模的比较全面的集中展示。其中，像韦力所藏《注东坡先生诗》四十二卷、周启晋所藏《佛说观世音菩萨救苦经》等，都十分珍罕。是对图书馆、博物馆等收藏机构的很好补充。

从典籍中汲取智慧

国家图书馆、国家古籍保护中心编　精装16开　260.00元
2016年7月出版　978-7-5013-5892-2

本书是“民族记忆　精神家园——国家珍贵古籍特展”图录。该展览于2016年6月21日在国家典籍博物馆正式举办，社会反响热烈。图录内容分为珍贵古籍　书香中国、浩瀚典籍　历史智慧、“中华古籍保护计划”及成果三大部分。其中，“浩瀚典籍　历史智慧”作为展览的主体部分，又分为修齐治平　儒典光辉、以史为鉴　本固民安、百家争鸣　百技争长、文学大观　百代风骚、民族交融　多元一体、开放包容　交流互鉴等单元。

红色记忆——纪念中国共产党成立九十五周年馆藏文献展图录

国家图书馆编　精装16开　300.00元

2016年11月出版　978-7-5013-5982-0

本书是国家图书馆举办“红色记忆——纪念中国共产党成立九十五周年馆藏文献展”的图录，分为东方的觉醒——马克思主义在中国的传播与中国共产党的创建、思想的光辉——中国共产党章程与机关报刊、“万水千山只等闲”——中央红军二万五千里长征、团结一切可以团结的力量——中国共产党领导的统一战线、“打铁还需自身硬”——不断加强党的思想作风建设、一切为了群众，一切依靠群众——践行党的群众路线、从左翼文艺到人民文艺——服务人民，百花齐放等几部分。

太古遗韵——中国古琴文化大展图录

国家图书馆编　平装16开　68.00元

2017年4月出版　978-7-5013-5970-7

古琴是中国最古老的弹拨乐器之一，也是中华传统文化的精神符号。本书是国家典籍博物馆特别举办“太古遗韵——中国古琴文化大展”的图录，全书分为两大部分，分别是以时间为脉络梳理的古琴文化论述和通俗易懂的古琴知识讲解。第一部分从先秦两汉、魏晋南北朝、宋元明清、近代及新中国成立以来这五部分对古琴进行历史演变、琴人影响、琴曲传承等方面的阐述。第二部分通过对古琴制式、斫材、指法、礼仪等方面的介绍。

再遇芥子园——《芥子园画传》与当代名家对话展图录

国家图书馆编　平装16开　128.00元

2017年6月出版　978-7-5013-6031-4

《芥子园画谱》施惠画坛三百余年，流传至今，于美术界及艺术教育事业具有极其重要的意义。在其启蒙和熏陶之下，培养和造就了无以数计的绘画名家。近现代画坛名家黄宾虹、齐白石、潘天寿、傅抱石等，都曾把《芥子园画谱》作为进修范本，研习技艺。国家图书馆（国家典籍博物馆）、中国美术家协会于2016年12月在国家典籍博物馆举办“再遇芥子园——《芥子园画谱》与当代名家对话展”。本次展览以明清画谱的学术梳理为先导，重点展出我馆珍贵馆藏《芥子园画谱》；另一方面参以当代名家的省悟，按画谱中的山水、人物、花鸟主题分类，面向全国邀请具有艺术代表性和社会影响力的绘画作品。本书为此次展览图录，收录了国家图书馆珍贵馆藏《芥子园画谱》，及本次展览各类优秀作品约60余幅。

钢铁长城——纪念中国人民解放军建军九十周年馆藏文献展图录

国家图书馆编　精装16开　300.00元

2017年8月出版　978-7-5013-6209-7

值此中国人民解放军建军90周年之际，国家图书馆精选馆藏文献，隆重举办此次展览，用文献史料展示人民军队近一个世纪的光辉历程，向为国家独立、民族解放和人民幸福的伟大事业做出巨大贡献的人民子弟兵致敬。本书即是本次展览的内容，收录上百件珍贵馆藏相关文献。

中国文化　两岸融通——欧豪年书画展图录

国家图书馆编　平装16开　188.00元

2017年12月出版　978-7-5013-6290-5

欧豪年先生绘艺精湛、书画名播海内外，为弘扬我国历史文化经典，繁荣艺术创作，我馆特邀请欧豪年先生莅临国家典籍博物馆展览书画作品。本展览以欧豪年先生慨允向中国文化大学“欧豪年美术中心”借展的八十幅书画作品为主要展览内容。通过对欧先生书画作品的品鉴，以期对艺术教育有更深刻的启示，充分发挥我馆作为教育基地的功能，架起社会公众沟通、学习文化经典艺的桥梁。此书为本展览图录。

器用为尚——文房艺术与文人生活特展

国家典籍博物馆、安徽省文房四宝协会编

平装16开　128.00元

2018年1月出版　978-7-5013-6307-0

本次展览在品类上，以笔、墨、纸、砚所代表的“文房四宝”为主，辅以香炉、山子、印章等文房杂项；同时，遴选国家图书馆馆藏相关文房方面文献配合展出。在年代上，以从汉代至明清的文房器物为主，并加入了非遗传承人的精品新作，形成古今文房的时空对话。在形式上，特别安排了非遗传承工匠们现场展示文房四宝的制作过程，不仅生动地展现出真实的文人生活，更能与参观者之间形成互动。此书为本次展览配套图录。

圣贤的足迹　智者的启迪——孔府珍藏文献展图录

国家图书馆、孔子博物馆编　精装 16 开　280.00 元

2018 年 5 月出版　978-7-5013-6270-7

为纪念 9 月 28 日孔子诞辰日，中国国家图书馆与山东省曲阜市的孔子博物馆特在国家图书馆联合举办“圣贤的足迹　智者的启迪——孔府珍藏文献展”，为配合此次展览，特出版本书，以飨读者。

书卷为媒　友谊长青——日本永青文库捐赠汉籍入藏中国国家图书馆特展图录

国家图书馆、国家古籍保护中心编

精装 16 开　260.00 元

2018 年 11 月出版　978-7-5013-6591-3

2018 年 6 月，日本永青文库细川护熙理事长将永青文库收藏的 36 部 4175 册汉籍无偿赠予中国。此次捐赠是《中日和平友好条约》缔结 40 周年系列活动之一。为纪念此次中日典籍交往盛事，国家古籍保护中心举办“书卷为媒　友谊长青——日本永青文库捐赠汉籍入藏中国国家图书馆特展”，社会反响热烈。本书由“以德为邻　世代友好”“书籍之路　交流互鉴”及“海外合作　文化共享”等多个单元组成，旨在通过书影配文字的形式，更好地展示中日两国纵贯千年、源远流长的书籍交往之路，全方位地展示此批捐赠汉籍的文化内涵和历史意义，展现了千余年来中日两国通过舟楫往还在文学、艺术、思想方面的交流融合与互学互鉴。

云和县图书馆古籍普查登记图目

云和县图书馆编　精装 16 开　380.00 元

2015 年 10 月出版　978-7-5013-5700-0

本书收录浙江省云和县图书馆藏古籍文献共 320 种左右，每种古籍配以彩色书影，附以文字说明。所收古籍大部分为明清刻本，也包括一些明清和民国时期的抄本。全书图文并茂，雅俗共赏，满足了不同层次读者阅读古籍的需求。

三明学院图书馆古籍普查登记图目

三明学院图书馆编　精装 16 开　240.00 元

2016 年 11 月出版　978-7-5013-5992-9

本书收录福建三明学院图书馆收藏的古籍 100 多种，书影 200 多幅。这些古籍有致用书院旧藏，钤有书院藏书印，对近现代书院藏书的研究具有现实参考价值。这些古籍是三明学院图书馆古籍普查的重要成果，均按照普查登记标准编制了目录，再配以彩色书影，对读者了解三明学院图书馆古籍藏书、利用这些古籍都有较大便利。

山西博物院古籍善本图目（全二册）

山西博物院编　精装 16 开　480.00 元

2017 年 10 月出版　978-7-5013-6205-9

山西博物院藏古籍 6000 余种近 70000 册，古籍善本 600 余种 5000 余册。时代从晋、唐、宋元至明清；版本类型繁多，有写本、刻本、名人稿本、抄本、石印、影印等；装帧多样，有卷轴装、经折装、包背装、线装等。其中，宋代开宝五年（972）四川成都雕印的《开宝大藏经》、北宋元丰八年（1085）至政和二年（1112）在福建东禅等觉院刊印的《鼓山大藏经》，明末清初山西著名大家傅山批注的明刻北监本史书、《文选》、《路史》等，傅增湘先生双鉴楼旧藏刻本、抄本，山西地方志为山西博物院重要的特藏。本书收录其中 653 种古籍善本，每种书有一到两幅书影，并对题名、著者、尺寸等事项作了详细著录。为古籍研究者提供了一批珍贵资料。

天一流芳系列（8 种）

天一流芳（碑帖卷）

宁波天一阁编　特精装 8 开　480.00 元

2016 年 6 月出版　978-7-5013-5763-5

天一阁坐落在浙江省宁波市月湖之西，是中国现存年代最早的私家藏书楼，始建于明嘉靖四十年（1561），由当时的兵部右侍郎范钦主持建造。范钦平生喜欢收集古代典籍，后又得到鄞县李氏万卷楼的残存藏书，存书达到了七万多卷，其中以地方志和登科录最为珍稀。现在的天一阁博物馆已成为一家综合性的博物馆，除古籍善本之外，还收藏很多上起宋元下至当代珍贵的书画名家作品以及文房用具玺印、瓷器等器物。本书收录历代珍贵碑帖百余幅，印制清晰，装帧精美，值得读者珍藏。

天一流芳（绘画卷）

宁波天一阁编　特精装 8 开　480.00 元

2016 年 6 月出版　978-7-5013-5759-8

本书收录天一阁藏历代名家绘画作品百余幅，印制清晰，装帧精美，值得读者珍藏。

天一流芳（扇面卷）

宁波天一阁编　特精装 8 开　480.00 元

2016 年 6 月出版　978-7-5013-5762-8

本书收录天一阁藏历代名家扇面绘画作品百余幅，印制清晰，装帧精美，值得读者珍藏。

天一流芳（书法卷）

宁波天一阁编　特精装 8 开　480.00 元

2016 年 6 月出版　978-7-5013-5761-1

本书收录天一阁藏历代名家书法作品百余幅,印制清晰,装帧精美,值得读者珍藏。

天一流芳(瓷器卷)

宁波天一阁编　特精装 8 开　480.00 元
2018 年 9 月出版　978-7-5013-6504-3

本书收录天一阁藏历代瓷器百余件,其中不乏明清瓷器佳品。印制清晰,装帧精美,值得读者珍藏。

天一流芳(文房卷)

宁波天一阁编　特精装 8 开　480.00 元
2018 年 9 月出版　978-7-5013-6499-2

本书收录天一阁所收藏历代文房用品百余件,印制清晰,装帧精美,值得读者珍藏。

天一流芳(玺印卷)

宁波天一阁编　特精装 8 开　480.00 元
2018 年 9 月出版　978-7-5013-6502-9

本书收录其所收藏的历珍贵印玺百余件,印制清晰,装帧精美,值得读者珍藏。

天一流芳(竹刻卷)

宁波天一阁编　特精装 8 开　480.00 元
2018 年 9 月出版　978-7-5013-6503-6

秦康祥先生是近现代著名的竹刻收藏家,他所收藏的历代竹刻精品,大多数均由其哲嗣秦秉年先生于 21 世纪初捐入宁波天一阁博物馆。在这批竹刻中,确认定级的一级文物达 23 件,二级文物达 59 件,所占比例之高,在全国的公家收藏竹刻中都属于罕见。其中包括嘉定派的代表人物朱松邻、小松、三松祖孙三代及秦一爵、封锡禄、施天章、王玘等名家竹刻珍品,也包含嘉定以外地区著名竹人如清代的濮仲谦、周芷岩、奚冈、赵之琛、方絜、金彝等人,及民国时期的金西厓、何其愚、张志鱼,乃至新中国成立后仍然活跃的支慈庵、花剑南、徐孝穆、周玉菁等人的作品,这些丰厚的收藏无疑是秦康祥先生撰写《竹人三录》的重要资料来源。

志鉴

阳泉年鉴(1989)

《阳泉年鉴》编辑部编　精装 16 开　25.00 元
1989 年 10 月出版

阳泉第一本年鉴。除序言、专文外,共分 11 个部类。

沭阳年鉴(2000)

《沭阳年鉴》编委会编,韦泽洋主编
精装 16 开　118.00 元
2001 年 2 月出版

此次出版的《沭阳年鉴》主要记载 1999 年沭阳县各行各业的新情况、新成就、大事、要事、新事、特事。

赣州年鉴(2017)

赣州市地方志办公室、《赣州年鉴》编辑委员会编
精装 16 开　360.00 元
2017 年 10 月出版　978-7-5013-6280-6

本书是中共赣州市委、赣州市人民政府根据国务院颁布的《地方志工作条例》和《国务院办公厅关于印发全国地方志事业发展规划纲要(2015—2020 年)的通知》(国办发〔2015〕64 号)的要求组织编纂的全面、系统地记述赣州市区域自然、政治、经济、文化、社会等方面情况的地方综合资料性文献,是反映赣州市地情的大型百科全书。旨在为赣州市经济社会的全面发展服务,为构建富裕、文明、和谐新赣州市服务。

嵊州年鉴(2017)

嵊州市地方志办公室编　精装 16 开　120.00 元
2017 年 10 月出版　978-7-5013-6279-0

本书是中共嵊州市委、嵊州市人民政府根据国务院颁布的《地方志工作条例》和《国务院办公厅关于印发全国地方志事业发展规划纲要(2015—2020 年)的通知》(国办发〔2015〕64 号)的要求组织编纂的全面、系统地记述嵊州市区域自然、政治、经济、文化、社会等方面情况的地方综合资料性文献,是反映嵊州市地情的大型百科全书。

江西年鉴(2017)

江西省地方志编纂委员会编　精装 16 开　400.00 元
2017 年 10 月出版　978-7-5013-6250-9

本书是江西省人民政府领导,江西省志编纂委员会编辑的,全面、系统地记述 2016 年江西省区域自然、政治、经济、文化、社会等方面年度情况的地方综合资料性文献,是反映江西全省地情的大型百科全书。本书按照年鉴体例编写条目,运用志书的体例横分门类,述、记、专文、图、表、录等体裁并用。

港口年鉴(2016)

中国共产党防城港市港口区委员会党史研究室编
精装 16 开 198.00 元
2017 年 11 月出版 978-7-5013-6275-2

本书是中共防城港市委、防城港市港口区人民政府根据国务院颁布的《地方志工作条例》和《国务院办公厅关于印发全国地方志事业发展规划纲要(2015—2020 年)的通知》(国办发〔2015〕64 号)的要求组织编纂的全面、系统地记述防城港市港口区区域自然、政治、经济、文化、社会等方面情况的地方综合资料性文献,是反映港口区地情的大型百科全书。

崇左年鉴(2017)

崇左市地方志编纂委员会编 精装 16 开 200.00 元
2017 年 11 月出版 978-7-5013-6273-8

本书是中共崇左市江州区委、崇左市江州区人民政府根据国务院颁布的《地方志工作条例》和《国务院办公厅关于印发全国地方志事业发展规划纲要(2015—2020 年)的通知》(国办发〔2015〕64 号)的要求组织编纂的全面、系统地记述崇左市江州区区域自然、政治、经济、文化、社会等方面情况的地方综合资料性文献,是反映江州区地情的大型百科全书。

惠山年鉴(2017)

惠山区史志编纂委员会编 精装 16 开 290.00 元
2017 年 12 月出版 978-7-5013-6277-6

《惠山年鉴》是在惠山区委、区人民政府和区志编纂委员会的领导下,由惠山区史志办发动区属各部门、各镇(街道)及驻区单位,组织专人撰写的地方综合性年鉴。自 2012 年创刊以来,逐年全面、系统地记述惠山区区域自然、政治、经济、文化和社会生活等各方面的基本面貌和发展情况,是反映惠山区地情的年度资料性文献。全书一般包括专文、大事记、惠山区概况、中共惠山区委、惠山区人大常委会、惠山区人民政府、政协惠山区委员会、中共惠山区纪委、民主党派·工商联·无党派代表人士联谊会、人民团体、政法·军事、开放·开发、城乡建设及管理、环境保护与生态建设、工业与新兴产业、农业、交通运输、邮政·电信、商贸业·服务业、财政·税务、金融、综合管理、人力资源与社会保障、教育、科学技术、文化、卫生、体育、民生、街道与镇概况等 30 余个类目。为各级领导决策和管理提供参考依据,为社会各界和海内外人士了解惠山、研究惠山、建设惠山的区情提供了权威和有价值的信息,也为以后续修地方志书积累了史料。

信州年鉴(2017)

上饶市信州区地方志编纂委员会编
精装 16 开 200.00 元
2018 年 1 月出版 978-7-5013-6336-0

本书是中共上饶市信州区委、上饶市信州区人民政府根据国务院颁布的《地方志工作条例》和《国务院办公厅关于印发全国地方志事业发展规划纲要(2015—2020 年)的通知》(国办发〔2015〕64 号)的要求组织编纂的全面、系统地记述上饶市信州区 2016 本区域内自然、政治、经济、文化、社会等方面情况的历史与现状的地方综合资料性文献,是反映上饶市信州区地情的大型百科全书。

陆川年鉴(2014)

陆川县地方志编纂委员会编 精装 16 开 260.00 元
2018 年 2 月出版 978-7-5013-6395-7

本书是中共玉林市陆川县委、玉林市陆川县人民政府根据国务院颁布的《地方志工作条例》和《国务院办公厅关于印发全国地方志事业发展规划纲要(2015—2020 年)的通知》(国办发〔2015〕64 号)的要求组织编纂的全面、系统地记述玉林市陆川县区域自然、政治、经济、文化、社会等方面情况的地方综合资料性文献,是反映玉林市陆川县地情的大型百科全书。

北京市朝阳区常营回族乡志

北京市朝阳区常营回族乡地方志编纂委员会编 平装 16 开 155.00 元
2018 年 3 月出版 978-7-5013-6310-0

本书是北京市朝阳区常营回族乡人民政府根据国务院颁布的《地方志工作条例》和《国务院办公厅关于印发全国地方志事业发展规划纲要(2015—2020 年)的通知》(国办发〔2015〕64 号)的要求组织编纂的全面、系统地记述北京市朝阳区常营乡区域自然、政治、经济、文化、社会等方面情况的地方综合资料性文献,是反映北京市朝阳区常营回族乡地情的大型百科全书。

江州年鉴(2016)

崇左市江州区地方志编纂委员会编 平装 16 开 195.00 元
2018 年 3 月出版 978-7-5013-6293-6

本书是中共崇左市江州区委、崇左市江州区人民政府根据国务院颁布的《地方志工作条例》和《国务院办公厅关于印发全国地方志事业发展规划纲要(2015—2020 年)的通知》(国办发〔2015〕64 号)的要求组织编纂的全面、系统地记述崇左市江州区区域自然、政治、经济、文化、社会等方面情况的地方综合资料性文献,是反映永定区地情的大型百科全书。

江州年鉴(2017)

江州区地方志编纂委员会编　平装16开　195.00元
2018年3月出版　978-7-5013-6295-0

本书是中共崇左市江州区委、崇左市江州区人民政府根据国务院颁布的《地方志工作条例》和《国务院办公厅关于印发全国地方志事业发展规划纲要(2015—2020年)的通知》(国办发〔2015〕64号)的要求组织编纂的全面、系统地记述崇左市江州区区域自然、政治、经济、文化、社会等方面情况的地方综合资料性文献,是反映永定区地情的大型百科全书。

宁化年鉴(2017)

宁化县地方志编纂委员会办公室编
精装16开　200.00元
2018年3月出版　978-7-5013-6292-9

本书是中共三明市宁化县委、三明市宁化县人民政府根据国务院颁布的《地方志工作条例》和《国务院办公厅关于印发全国地方志事业发展规划纲要(2015—2020年)的通知》(国办发〔2015〕64号)的要求组织编纂的全面、系统地记述三明市宁化县区域自然、政治、经济、文化、社会等方面情况的地方综合资料性文献,是反映宁化县地情的大型百科全书。

永定年鉴(2017)

龙岩市永定区地方志编纂委员会编
精装16开　320.00元
2018年3月出版　978-7-5013-6335-3

本书是中共龙岩市永定区委、龙岩市永定区人民政府领导,龙岩市永定区地方志编纂委员会编辑的,全面、系统地记述龙岩市永定区区域自然、政治、经济、文化、社会等方面情况的地方综合资料性文献,是反映龙岩市永定区地情的大型百科全书。

平乐县志(1991—2005)

平乐县地方志编纂委员会编　精装16开　368.00元
2018年4月出版　978-7-5013-6332-2

本书是中共平乐县委、平乐县人民政府根据国务院颁布的《地方志工作条例》和《国务院办公厅关于印发全国地方志事业发展规划纲要(2015—2020年)的通知》(国办发〔2015〕64号)的要求组织编纂的全面、系统地记述平乐县区域1991年至2005年自然、政治、经济、文化、社会等方面情况的地方综合资料性文献,是反映平乐县地情的大型百科全书。

乐业年鉴(2017)

乐业县年鉴编纂委员会编　精装16开　198.00元
2018年4月出版　978-7-5013-6300-1

本书是中共百色市乐业县委、百色市乐业县人民政府根据国务院颁布的《地方志工作条例》和《国务院办公厅关于印发全国地方志事业发展规划纲要(2015—2020年)的通知》(国办发〔2015〕64号)的要求组织编纂的全面、系统地记述百色市乐业县区域自然、政治、经济、文化、社会等方面情况的地方综合资料性文献,是反映百色市乐业县地情的大型百科全书。

灌阳县志(1991—2005)

灌阳县方志编纂委员会办公室编　精装16开　360.00元
2018年6月出版　978-7-5013-6340-7

本书共分地理篇、政治篇、军事篇、经济篇、文化篇、社会篇、人物篇,按照存真求实的原则较系统地记述了广西灌阳县1991—2005年改革开放和社会经济发展变迁的历史。描述了灌阳县的自然和社会历史与现状。

永福县志(1991—2005)

永福县党史县志办公室编　精装16开　360.00元
2018年6月出版　978-7-5013-6396-4

本书按照存真求实的原则,较系统地记述了永福县1991—2005年改革开放和社会经济发展变迁的历史,志稿注意突出地方特色,如对罗汉果种植和产品开发、桑蚕生产、"福寿"特色等,在不少篇章中都作了进一步强化。

陆川年鉴(2017)

陆川县地方志编纂委员会编　精装16开　260.00元
2018年6月出版　978-7-5013-6344-5

本书是中共玉林市陆川县委、玉林市陆川县人民政府根据国务院颁布的《地方志工作条例》和《国务院办公厅关于印发全国地方志事业发展规划纲要(2015—2020年)的通知》(国办发〔2015〕64号)的要求组织编纂的全面、系统地记述玉林市陆川县区域自然、政治、经济、文化、社会等方面情况的地方综合资料性文献,是反映玉林市陆川县地情的大型百科全书。

资源县志(1991—2005)

资源县志编纂委员会办公室编　精装16开　360.00元
2018年7月出版　978-7-5013-6394-0

全志设40章235节,约140万字,全面记述了资源县1991年至2005年15年间的自然、经济、政治、文化、社会等方面的历史与现状,全方位、多角度地反映了资源独特的地域特色和历史文化。

乐业年鉴(2016)

乐业县年鉴编纂委员会编　精装 16 开　198.00 元

2018 年 8 月出版　978-7-5013-6352-0

本书是中共百色市乐业县委、百色市乐业县人民政府根据国务院颁布的《地方志工作条例》和《国务院办公厅关于印发全国地方志事业发展规划纲要(2015—2020 年)的通知》(国办发〔2015〕64 号)的要求组织编纂的全面、系统地记述百色市乐业县区域自然、政治、经济、文化、社会等方面情况的地方综合资料性文献,是反映百色市乐业县地情的大型百科全书。

宁化县志(1988—2005)

宁化县地方志编纂委员会办公室编

精装 16 开　520.00 元

2018 年 8 月出版　978-7-5013-6179-3

本书采用述、记、志、传、图、表、录、索引为基本体裁,以志为主体,设政区、自然等 30 卷及概述、大事记、革命老区、客家祖坟、人物、前志补遗及附录。按社会分工设卷,科学横排门类,采用章节体,设卷、章、节、目 4 个层次,目为实体,按现代汉语体文记述事物发展的历史与现状,共 159 章 559 节,字数 120 万。

江西年鉴(2018)

江西省地方志编纂委员会编　精装 16 开　400.00 元

2018 年 9 月出版　978-7-5013-6598-2

本书是江西省人民政府领导,江西省志编纂委员会编辑的,全面、系统地记述 2017 年江西省区域自然、政治、经济、文化、社会等方面年度情况的地方综合资料性文献,是反映江西全省地情的大型百科全书。本书按照年鉴体例编写条目,运用志书的体例横分门类,述、记、专文、图、表、录等体裁并用。

陆川县志(1990—2005)

陆川县地方志编纂委员会编　精装 16 开　368.00 元

2018 年 9 月出版　978-7-5013-6363-6

本书是中共玉林市陆川县委、玉林市陆川县人民政府根据国务院颁布的《地方志工作条例》和《国务院办公厅关于印发全国地方志事业发展规划纲要(2015—2020 年)的通知》(国办发〔2015〕64 号)的要求组织编纂的全面、系统地记述玉林市陆川县区域自然、政治、经济、文化、社会等方面情况的地方综合资料性文献,是反映玉林市陆川县地情的大型百科全书。

妈祖文化志(全四册)

福建省地方志编纂委员会编　精装 16 开　980.00 元

2018 年 10 月出版　978-7-5013-6608-8

本书第一卷为《妈祖信仰起源》,主要包括妈祖生平事迹、民间传说、信仰起源、信仰传播、历代封号等。第二卷为《妈祖宫庙与文物史迹》,主要包括海内外妈祖宫庙创建与分布,记述与妈祖文化相关的文物史迹的类型、价值与意义,反映妈祖文化的悠久历史和丰富内涵。第三卷为《信俗祭典》,主要介绍妈祖信仰民俗和祭典的发展演变,注重当代信仰民俗的区域特性,包括与妈祖信仰有关的生活习俗、生产习俗、人生礼仪、岁时节庆习俗等,展现妈祖文化的独特魅力。第四卷为《文学艺术与文献研究》,主要包括历代有关妈祖史籍、档案等文献资料的整理,介绍妈祖文化专著、编著、工具书、资料汇编、论文等的研究成果情况。第五卷为“妈祖信仰组织变迁与发展”。

惠山年鉴(2018)

惠山区史志编纂委员会编　精装 16 开　290.00 元

2018 年 10 月出版　978-7-5013-6597-5

《惠山年鉴》是在惠山区委、区人民政府和区志编纂委员会的领导下,由惠山区史志办发动区属各部门、各镇(街道)及驻区单位,组织专人撰写的地方综合性年鉴。全面、系统地记述惠山区区域自然、政治、经济、文化和社会生活等各方面的基本面貌和发展情况,是反映惠山区地情的年度资料性文献。

新余年鉴(2018)

新余市地方志编纂委员会编　精装 16 开　200.00 元

2018 年 10 月出版　978-7-5013-6599-9

本书是中共新余市委、新余市人民政府根据国务院颁布的《地方志工作条例》和《国务院办公厅关于印发全国地方志事业发展规划纲要(2015 - 2020 年)的通知》(国办发〔2015〕64 号)的要求组织编纂的全面、系统地记述新余市 2017 年域内自然、政治、经济、文化、社会等方面情况的历史与现状的地方综合资料性文献,是反映新余市地情的大型百科全书。

北京房山年鉴(2017)

北京市房山区地方志编纂委员会编

平装 16 开　80.00 元

2018 年 11 月出版　978-7-5013-6600-2

本书是中共房山区委、房山人民政府根据国务院颁布的《地方志工作条例》和《国务院办公厅关于印发全国地方志事业发展规划纲要(2015—2020 年)的通知》(国办发〔2015〕64 号)的要求组织编纂的全面、系统地记述北京市房山区 2016 年本区域内自然、政治、经济、文化、社会等方面情况的历史与现状的地方综合资料性文献，是反映上饶市信州区地情的大型百科全书。

漳州市医院志

陈同元主编　精装 16 开　280.00 元

2018 年 11 月出版　978-7-5013-6241-7

福建省漳州市医院历史悠久，漳州市医院创建于1888 年，坐落在漳州市繁华的市区中心，是一所集医疗、教学、科研、保健、康复和急救于一体的三甲综合性医院，也是福建医科大学、福建中医学院和华中科技大学同济医学院的教学医院，同时也是华中科技大学同济医学院附属同济医院协作单位。本书记述漳州市医院的历史沿革，为建院 130 周年献礼。

港口年鉴（2018）

防城港市港口区地方志编纂委员会编

精装 16 开　198.00 元

2018 年 12 月出版　978-7-5013-6874-7

该书记述港口地区政治经济生活各方面概况，书前有 20 余幅彩图，文前为特载，文后为大事记、先进集体和个人以及各项统计资料。书后附索引。一年一刊，2018 年年鉴以 2017 年工作为断限。

赣州年鉴（2018）

《赣州年鉴》编辑委员会、赣州市地方志办公室编

精装 16 开　360.00 元

2018 年 12 月出版　978-7-5013-6637-8

本书是中共赣州市委、赣州市人民政府根据国务院颁布的《地方志工作条例》和《国务院办公厅关于印发全国地方志事业发展规划纲要（2015—2020 年）的通知》（国办发〔2015〕64 号）的要求组织编纂的全面、系统地记述赣州市区域自然、政治、经济、文化、社会等方面情况的地方综合资料性文献，是反映赣州市地情的大型百科全书。

陆川年鉴（2016）

陆川县地方志编纂委员会编　精装 16 开　260.00 元

2018 年 12 月出版　978-7-5013-6403-9

本书是中共玉林市陆川县委、玉林市陆川县人民政府根据国务院颁布的《地方志工作条例》和《国务院办公厅关于印发全国地方志事业发展规划纲要（2015—2020 年）的通知》（国办发〔2015〕64 号）的要求组织编纂的全面、系统地记述玉林市陆川县区域自然、政治、经济、文化、社会等方面情况的地方综合资料性文献，是反映玉林市陆川县地情的大型百科全书。

上思年鉴（2015）

上思县地方志编纂委员会编　精装 16 开　158.00 元

2019 年 4 月出版　978-7-5013-6316-2

本书是中共防城港市上思县委、防城港市上思县人民政府根据国务院颁布的《地方志工作条例》和《国务院办公厅关于印发全国地方志事业发展规划纲要（2015—2020 年）的通知》（国办发〔2015〕64 号）的要求组织编纂的全面、系统地记述防城港市上思县区域自然、政治、经济、文化、社会等方面情况的地方综合资料性文献，是反映上思县地情的大型百科全书。

南宁新百年图录（2011—2015）

南宁新百年图录编纂委员会编　精装 16 开　380.00 元

2019 年 5 月出版　978-7-5013-6711-5

本书与已经出版的《南宁百年图录》《南宁新百年图录》（2001—2005）《南宁新百年图录》（2005—2010）成一系列。以图片为主，前置前言，于图片当中穿插分述文章、引言，后置后记，通过图文形式，力求全面、客观、真实记述南宁市行政区域（包括兴宁区、江南区、青秀区、西乡塘区、邕宁区、良庆区、武鸣区、横县、宾阳县、上林县、马山县、隆安县）2011 年至 2015 年政治、经济、社会、文化等各项事业的发展情况。本书共分十二章："十二五"经济社会发展综述（指标图）、经济发展、"南宁渠道"、改革创新、民生改善、政治文明、城乡发展、宜居城市、社会生活、人物风采、承办第四十五届世界体操锦标赛（特辑）、民间传统手工艺。收录图片 1500 幅，文字约 5 万字。

上思年鉴（2016）

上思县地方志编纂委员会编　精装 16 开　158.00 元

2019 年 6 月出版　978-7-5013-6315-5

本书是中共防城港市上思县委、防城港市上思县人民政府根据国务院颁布的《地方志工作条例》和《国务院办公厅关于印发全国地方志事业发展规划纲要（2015—2020 年）的通知》（国办发〔2015〕64 号）的要求组织编纂的全面、系统地记述防城港市上思县区域自然、政治、经济、文化、社会等方面情况的地方综合资料性文献，是反映上思县地情的大型百科全书。

佛山文化年鉴系列

佛山文化年鉴（1993·1994 合刊）

佛山市文化局编，胡正士主编　平装 16 开　38.00 元

1996 年 4 月出版

本书是一部地方专业性年鉴。

佛山文化年鉴(1995·1996 合刊)

佛山市文化局编,胡正士主编　平装 16 开　48.00 元
1996 年 12 月出版

本书分别介绍 1994 年和 1995 年佛山市文化事业发展情况。

佛山文化年鉴(1997)

佛山市文化局编,胡正士主编　平装 16 开　38.00 元
1997 年 12 月出版

本书介绍 1996 年佛山市文化事业发展情况。

佛山文化年鉴(1998)

佛山市文化局编,胡正士主编　平装 16 开　38.00 元
1998 年 12 月出版

本书介绍 1997 年佛山市文化事业发展情况。

中国文化年鉴系列

中国文化年鉴 2015

中华人民共和国文化部编　精装 16 开　360.00 元
2016 年 4 月出版　978-7-5013-5713-0

本书采用分类编辑法,设有特载、重要文献辑存、综述、文化发展概况、纪事、部属单位文化发展、地方文化发展、法律法规及政策性文件、文化统计数据、文化机构人员等类目。力求全面准确反映 2014 年度全国文化事业和文化产业发展状况。书前有彩插,书后有内容分析索引。

中国文化年鉴 2016

中华人民共和国文化部编　精装 16 开　360.00 元
2017 年 8 月出版　978-7-5013-6048-2

本书采用分类编辑法,主体内容设类目、分目、条目三个层次。共有文化发展概况、部属单位文化发展、地方文化发展、法律法规及政策性文件、文化统计数据、附录等 6 个类目。文化发展概况、部属单位文化发展、地方文化发展均以条目为表现内容的基本形式。文化发展概况包括艺术创作与生产、公共文化服务、非物质文化遗产保护、文化市场、文化产业、文化科教、对外和对港澳台文化交流、文化体制改革、文化人才队伍建设、文化财务管理、文化法治、文物事业 12 部分。部属单位文化发展包括文化部信息中心等 31 个单位情况。地方文化发展包括北京市等 31 个省(自治区、直辖市)及新疆生产建设兵团的文化发展情况(未含港澳台地区)。力求全面准确反映 2015 年度全国文化事业和文化产业发展状况。书后附有索引及彩色图片。

中国文化年鉴 2017

中华人民共和国文化和旅游部编　精装 16 开　360.00 元
2018 年 7 月出版　978-7-5013-6362-9

本书收录 2016 年内容,力求全面准确反映 2016 年度全国文化事业和文化产业发展状况。书后附有索引及彩色图片。

中国文化文物统计年鉴系列

中国文化文物统计年鉴 1999

中华人民共和国文化部计划财务司编
精装 16 开　80.00 元
1999 年 11 月出版　7-5013-1642-2

本年鉴分为两个部分:历史资料和年度资料。

中国文化文物统计年鉴 2000

中华人民共和国文化部计划财务司编
精装 16 开　100.00 元
2000 年 09 月出版　7-5013-1064-5

本书是全面反映 1999 年我国文化、文物产业发展状况的资料性年刊。

中国文化文物统计年鉴 2001

中华人民共和国文化部计划财务司编
精装 16 开　100.00 元
2001 年 10 月出版　7-5013-1835-2

本书全面反映了 2000 年我国文化、文物产业发展状况。

中国文化文物统计年鉴 2002

中华人民共和国文化部计划财务司编
精装 16 开　120.00 元
2002 年 12 月出版　7-5013-1996-0

本书全面反映了 2001 年我国文化、文物产业发展状况。

中国文化文物统计年鉴 2003

中华人民共和国文化部计划财务司编
精装 16 开　120.00 元
2003 年 11 月出版　7-5013-2187-6

本书全面反映了 2002 年我国文化、文物产业发展状况,收录了文化、文物、文化市场等各方面大量数据。

中国文化文物统计年鉴 2004

中华人民共和国文化部计划财务司编
精装 16 开 120.00 元
2004 年 09 月出版 7-5013-2592-8

本书全面反映了 2003 年我国文化、文物产业发展状况,收录了文化、文物、文化市场等各方面大量数据。

中国文化文物统计年鉴 2005

中华人民共和国文化部计划财务司编
精装 16 开 120.00 元
2005 年 12 月出版 7-5013-3003-4

本书是全面反映 2004 年我国文化、文物产业发展状况的资料性年刊,收录了文化、文物、文化市场等各方面的大量数据。

中国文化文物统计年鉴 2006

中华人民共和国文化部计划财务司编
精装 16 开 120.00 元
2006 年 11 月出版 7-5013-3176-5

本书是全面反映 2005 年我国文化、文物产业发展状况的资料性年刊,收录了文化、文物、文化市场等各方面的大量数据。

中国文化文物统计年鉴 2007

中华人民共和国文化部计划财务司编
精装 16 开 120.00 元
2008 年 01 月出版 978-7-5013-3583-1

本年鉴共分为两大部分:历史资料和年度资料。历史资料是根据文化部历年统计年报以及各省、自治区、直辖市文化主管部门补报的 1966 年至 1977 年文化事业统计数据,并搜集有关部门的文化事业统计资料整理汇编而成。年度资料是根据各省、自治区、直辖市及各计划单列市、省辖市文化主管部门报送的 2006 年文化及相关产业统计年报和文化部对外文化联络(港澳台)司的有关报表整理编印。本年鉴尚缺香港、台湾、澳门资料。

中国文化文物统计年鉴 2008

中华人民共和国文化部计划财务司编
精装 16 开 180.00 元
2008 年 11 月出版 978-7-5013-3661-6

本书系统收录了全国和各省、自治区、直辖市 2007 年文化发展各方面的统计数据,以及其他重要历史年份的主要统计数据。正文分七个部分:综合;图书馆业;群众文化业、艺术业、文化市场;文物业;教育、科技、动漫及其他。

中国文化文物统计年鉴 2009

中华人民共和国文化部计划财务司编
精装 16 开 180.00 元
2009 年 10 月出版 978-7-5013-4091-0

本书收录各省、自治区、直辖市及各计划单列市、省辖市文化主管部门补报的往年文化事业统计数据,以及反映 2008 年文化文物事业发展概况的统计数据。

中国文化文物统计年鉴 2010

中华人民共和国文化部计划财务司编
精装 16 开 180.00 元
2010 年 9 月出版 978-7-5013-4404-8

本书系统收录了全国和各省、自治区、直辖市 2009 年文化发展各方面的统计数据,以及其他重要历史年份的主要统计数据。

中国文化文物统计年鉴 2011

中华人民共和国文化部编 精装 16 开 180.00 元
2011 年 09 月出版 978-7-5013-4664-6

本书系统收录了全国和各省、自治区、直辖市 2010 年文化发展各方面的统计数据,以及其他重要历史年份的主要统计数据。

中国文化文物统计年鉴 2012

中华人民共和国文化部编 精装 16 开 220.00 元
2012 年 10 月出版 978-7-5013-4882-4

本书系统收录了全国和各省、自治区、直辖市 2011 年文化发展各方面的统计数据,以及其他重要历史年份的主要统计数据。

中国文化文物统计年鉴 2013

中华人民共和国文化部编 精装 16 开 220.00 元
2013 年 10 月出版 978-7-5013-5171-8

本书系统收录全国和各省、自治区、直辖市 2012 年文化发展各方面的统计数据,以及其他重要历史年份的主要统计数据,全面反映我国文化发展情况。每部分最后附有主要统计指标解释。附录内容包括各文化项目获奖情况。

中国文化文物统计年鉴 2014

中华人民共和国文化部编 精装 16 开 220.00 元
2014 年 10 月出版 978-7-5013-5468-9

本书系统收录全国和各省、自治区、直辖市 2013 年文化发展各方面的统计数据,以及其他重要历史年份的主要统计数据，是一部全面反映我国文化发展情况的综合性统计资料。每篇末附有《主要统计指标解释》。香港特别行政区、澳门特别行政区、台湾省的资料暂缺。

中国文化文物统计年鉴 2015

中华人民共和国文化部编　精装 16 开　220.00 元
2015 年 10 月出版　978-7-5013-5699-7

本书系统收录全国和各省、自治区、直辖市 2014 年文化发展各方面的统计数据，以及其他重要历史年份的主要统计数据，是一部全面反映我国文化发展情况的综合性统计资料。每篇末附有《主要统计指标解释》。香港特别行政区、澳门特别行政区、台湾省的资料暂缺。

中国文化文物统计年鉴 2016

中华人民共和国文化部编　精装 16 开　220.00 元
2016 年 10 月出版　978-7-5013-5952-3

本书系统收录了全国和各省、自治区、直辖市 2015 年文化发展各方面的统计数据，以及其他重要历史年份的全国统计数据，是一部反映我国文化发展情况的综合性统计资料。

中国文化文物统计年鉴 2017

中华人民共和国文化部编　精装 16 开　220.00 元
2017 年 12 月出版　978-7-5013-6331-5

本书系统收录了全国和各省、自治区、直辖市 2016 年文化发展各方面的统计数据，以及其他重要历史年份的全国统计数据，是一部反映我国文化发展情况的综合性统计资料。

中国文化文物统计年鉴 2018

中华人民共和国文化和旅游部编　精装 16 开　220.00 元
2018 年 11 月出版　978-7-5013-6607-1

本书系统收录了全国和各省、自治区、直辖市 2017 年文化发展各方面的统计数据，以及其他重要历史年份的全国统计数据，是一部反映我国文化发展情况的综合性统计资料。

提要

天一阁藏明代地方志考录

骆兆平编著　平装 32 开　0.88 元
1982 年 12 月出版

本书是一部研究方志文献的工具书。

日本见藏稀见中国地方志书录

崔建英编　平装 32 开　1.30 元
1986 年 9 月出版

收录只见藏于日本的稀见中国地方志 140 种，除两部是明代方志的抄本外，全部是清乾隆以前刻本。以书录的形式，从版式和特征、修志始末、纂修人及刻年、内容结构等方面着眼，摘录原文，字句悉依原书。崔建英封面题字。

北京图书馆藏甲骨文书籍提要

刘一曼、郭振录、徐自强编　平装 32 开　7.90 元
1988 年 8 月出版

介绍了 1984 年底以前出版的 200 多种甲骨文著作。所收著作以专书为主，按著录、考释、研究、汇集、其他等五类排列，每类中以出版年月的先后为序。

四库提要订误

李裕民编著　平装 32 开　6.95 元
1990 年 10 月出版　7-5013-0731-8

共 274 条，依经、史、子、集分为 4 卷。大致分 3 个方面：书名卷数版本、作者、内容评介。纠正余嘉锡《四库提要辨证》之疏误者十余处。

中国善本书提要补编

王重民编　平装 16 开　13.00 元　28.00 元
1991 年 1 月出版　1998 年 1 月再版
7-5013-0865-9

本书是著名目录版本学专家王重民先生《中国善本书提要》的续编。计有史部提要 770 余篇，涉及纪传、编年纪事本末、杂史、传记、政书、地理、金石、目录等类；子部提要近 10 篇。编辑体例与“正编”基本一致。类目、书名、版本、册数、撰者、序跋等清晰明白，具有很高的资料价值，其中所收地方志提要最多。

近九十年史学理论要籍提要

刘泽华主编　平装 32 开　4.80 元
1991 年 7 月出版　7-5013-0879-9

依据《八十年来史学书目》（中国社会科学院历史研究所编）和《全国新书目》选出 51 种史学理论著作，撰写提要，并对所收录著作的通行版本加以说明。大体依著作的出版先后编排，包括台港和海外学者的汉文著作。

影印珍本古籍文献举要

姜亚沙编著　平装 32 开　16.00 元

2002 年 8 月出版　7-5013-1859-1

本书介绍了全国图书馆文献缩微复制中心整理、影印的古籍文献 70 余种。以成书时间为序，分别介绍每种书的书名、异名、卷数、撰者生平、成书年代及版本源流和内容。颇具版本和文献价值，对于古籍文献的导读及研究具有参考工具书的作用。

重庆地方文献目录提要

邵康庆主编　精装 16 开　180.00 元

2008 年 8 月出版　978-7-5013-3617-3

本《提要》含 4 种目录，收古今重庆地方文献 2184 种；另附文献题名 130 余种。提供题名与作者两种检索途径。文献种类有正式与非正式出版物、志书、家谱、政府文件、档案、内部资料、科研报告等。内容涉及古今重庆经济、政治、文化诸方面。

国家图书馆出版社古籍影印图书序跋精选

国家图书馆出版社编　平装 16 开　69.00 元

2009 年 8 月出版　978-7-5013-4003-3

本书精选了国家图书馆出版社古籍影印类图书序跋 70 多篇，名家毕集。

国家图书馆藏民国时期抗战图书书目提要

国家图书馆典藏阅览部编　精装 16 开　800.00 元

2010 年 8 月出版　978-7-5013-3853-5

本书收录了国家图书馆所藏 1931 年九一八事变前后至 1949 年 10 月间出版的、反映抗日战争的各类文献 8000 余种，并依据所收文献内容分为政治、军事、经济、外交等 11 大类，每类下再分设若干子目，详细著录每种文献的书名、作者、出版情况、载体形态以及简单的内容提要等等。该书收罗宏富，编纂科学，对国图所藏民国时期的抗战文献作了全面的梳理，为研究使用者提供了极大的方便，同时也填补了此类专题文献目录提要的一大空白。

续修四库全书总目提要·丛书部

吴格、眭骏整理　精装 16 开　280.00 元

2010 年 12 月出版　978-7-5013-3564-0

《续修四库全书总目提要》系原北平东方文化事业委员会于 1931—1945 年间，组织中国部分学者集体编撰的大型古籍提要目录。本书为《续修四库全书提要》之一部，收录清乾隆修撰《四库全书》以后至 20 世纪 20 年代所出丛书的书目提要，对每种书的编者、内容、子目、版本详加记述，间有考订和评价，对于古籍研究、版本目录学研究有重要价值。复旦大学吴格先生等以原书稿本为底本，进行标点整理，对提要条目分类整合，更方便读者使用。

国家图书馆藏辛亥革命图书目录提要（全二册）

刘瑛主编　精装 16 开　1200.00 元

2011 年 8 月出版　978-7-5013-3882-5

本书收录国家图书馆所藏自 19 世纪末至今出版的有关辛亥革命的中外文图书 7000 余种，著录各书的书名、作者、出版单位、出版时间、内容提要等。分以下各类编排：总论，重大历史事件，革命团体，三民主义及其研究，辛亥革命时期的思想文化，辛亥革命时期的教育，辛亥革命时期的经济，辛亥革命时期的政治军事，辛亥革命时期的社会，辛亥革命时期的区域研究，辛亥革命时期的中外关系，华人华侨支持辛亥革命，辛亥革命时期的人物等 13 个大类，若干小类。书后附有书名索引和著译者索引，方便查检。

首都图书馆藏革命历史文献书目提要

首都图书馆编　精装 16 开　280.00 元

2013 年 6 月出版　978-7-5013-4915-9

本书收录了首都图书馆藏革命历史文献 1400 余种，包括了辛亥革命及五四运动时期的进步书刊，中国共产党成立前后的重要文献和马列经典译著、抗日根据地和解放区出版物等，每书对书名、著者、出版者、出版时间等事项作了较为详细的著录，并著有简单提要。

中华再造善本总目提要（全二册）

中华再造善本工程编纂出版委员会编

精装 16 开　530.00 元

2013 年 7 月出版　978-7-5013-4388-1

本书为《中华再造善本》丛书《唐宋编》《金元编》所收录 758 种珍贵典籍的提要，内容涉及各书作者的里籍名贯、仕履行实、著书缘起、编辑体例、主要内容、历来评述，以及各底本的历来著录、刊刻主人、版印时地、版刻源流、版本系统、版本优劣、藏印钤章、递藏顺序等，为读者取用各书提供便利。

中国艺术研究院图书馆抄稿本总目提要（全十六册）

俞冰主编　精装 16 开　9800.00 元

2014 年 6 月出版　978-7-5013-5374-3

中国艺术研究院图书馆，经过 50 余年之积累，承继了中国戏曲研究院、民族音乐研究所、中国美术研究所等公共机构及傅惜华之“碧蕖馆”和梅兰芳之“缀玉轩”等私家所藏之珍贵藏书，成为我国艺术类图书的收藏重镇。本书目分戏曲、曲艺、美术、音乐、杂著五类，总计选取珍贵稿抄本5458种，一书一目，一目一影，以目配影，上图下文，冀窥全豹。装帧十六卷帙。为研究我国各门类古典艺术的重要资料。

国外中国研究著作选目提要·2012

李嘉编　平装16开　48.00元

2014年9月出版　978-7-5013-5438-2

本书收录2012年首次出版的正式出版物和内容有更新、修订、增补的再版书，以人文社科类学术研究著作为主。本书主体内容包括提要和书目两部分。提要部分除了著作的基本信息和提要本身以外，还包括作者简介和书影。书目部分包括西文著作目录和日文著作目录。附录部分是中国研究外文著作中译本。

国外中国研究著作选目提要·2013

国家图书馆海外中国问题研究资料中心编

平装16开　48.00元

2016年9月出版　978-7-5013-5919-6

本书收录2013年首次出版的正式出版物和内容有更新、修订、增补的再版书，以人文社科类学术研究著作为主。本书主体内容包括提要和书目两部分。提要部分除了著作的基本信息和提要本身以外，还包括作者简介和书影。书目部分包括英、日、法、韩、俄、意六种语言著作目录。

罗门蓉子研究书目提要

乔红霞编著　平装16开　39.00元

2015年3月出版　978-7-5013-5431-3

本书是目前较为翔实完整的一部研究罗门·蓉子创作的书目学专著。书中除著录罗门·蓉子的诗歌创作专集、选集、评论者对二人诗歌的评价，还著录了罗门的诗话、诗歌理论、装置艺术理论，蓉子的散文集和儿童诗等等，基本反映了罗门·蓉子的创作特征和文学史地位。该书是献给喜爱罗门·蓉子诗歌的文学爱好者的宝贵礼物，也为有兴趣研究罗门·蓉子的学者提供了治学门径。

民国时期山东报刊目录提要（全二册）

李西宁、王玉梅编　精装16开　620.00元

2016年4月出版　978-7-5013-5775-8

本书收录了山东省图书馆和青岛市图书馆馆藏民国时期山东出版的中文期刊、报纸400余种，其中既包括正式出版物，又包括内部出版物；既包括综合性文献，亦包括专业性文献；既收录抗日根据地的珍贵历史文献，亦收录国民政府出版物，还收录伪政权、伪组织的出版物，每种报刊都配有图片介绍，以给读者最直观的了解，是研究民国时期山东报刊出版的重要资料。

海峡两岸中华古籍保护论著提要2011—2015

《海峡两岸中华古籍保护论著提要》编委会编

平装16开　240.00元

2017年7月出版　978-7-5013-6106-9

本书收录2011年至2015年间发表出版的与古籍保护有关的论文和著作（不包括对古籍文献内容的研究）提要将近4000条，收录文献的来源以互联网所载为主，还包括部分参编单位的馆藏文献、向作者征集和采购文献等。书后附有题名索引及著者索引，便于读者使用。

中华再造善本续编总目提要（全二册）

中华再造善本工程编纂出版委员会编

精装16开　680.00元

2017年12月出版　978-7-5013-5969-1

本书为《中华再造善本续编》丛书《明代编》《清代编》《少数民族古籍编》所收录583种珍贵典籍的提要，内容涉及各书作者的里籍名贯、仕履行实、著书缘起、编辑体例、主要内容、历来评述，以及各底本的历来著录、刊刻主人、版印时地、版刻源流、版本系统、版本优劣、藏印钤章、递藏顺序等，为读者取用《续编》中图书提供便利。

苏州图书馆藏善本题跋

苏州图书馆编　精装　380.00元

2018年7月出版　978-7-5013-6192-2

苏州图书馆收藏有2200余部22000余册善本，有题跋者达230余部，其中不少为名家手书题跋，不仅有重要文献价值，还有较高的书法艺术价值。这些题跋有些已经发表过，但大多数尚未公开。本书收录了苏州图书馆所藏有手书题跋（包括题诗、观款和过录题跋）的善本210部，大体依《中国古籍善本书目》分类编次，首列分类目录，次为原书书影、题跋图版及题跋释文。近人著作及题跋，虽超出《中国古籍善本书目》的收录范围，本书仍予收录，以存文献。出于鉴定版本之需，各书题跋之前，均冠以原书书影一帧，一般采自卷端或其他有代表性之页。各书之著录含书名、卷数、著者、版本及批校题跋诸项，并著录馆藏索书号，以便读者查阅。一书有多人题跋者，以其所在原书位置序次。题跋释文后，附以题跋者的生平简介。

苏州戏曲博物馆藏宝卷提要

郭腊梅主编　精装 16 开　188.00 元
2018 年 12 月出版　978-7-5013-6541-8

宝卷是一种流传于民间的俗文学，现存宝卷以江浙地区为多，在江浙寻访宝卷又必须到苏州戏曲博物馆。这是苏州戏曲博物馆第一次以摸家底的方式来编制宝卷馆藏目录。编者多次下到书库中调出原书，抄录封面、卷端、卷末、书口、题跋信息，并撰写出较详细的故事梗概。其中很多故事记载了民间代代相传下来的一些奇闻逸事，是民间文学的一朵奇葩，值得俗文学研究者参考。其内容即使对于编写古装传奇影视剧的剧本，也是大有益处的。

美国哈佛大学哈佛燕京图书馆藏善本方志书志

李坚、刘波编　精装 16 开　240.00 元
2015 年 12 月出版　978-7-5013-5740-6

本书是国家图书馆副研究馆员李坚和刘波在赴美做访问学者期间为哈佛燕京图书馆所藏的 723 种善本方志撰写的提要。所收方志范围为哈佛燕京图书馆藏中国善本方志，刻本一般以乾隆六十年（1795）为时代下限，稿本、某些稀见方志及抄本不在此限。另外，已收入沈津主编《美国哈佛大学哈佛燕京图书馆中文善本书志》者，不再重复收录。成书约 784000 字。

美国芝加哥大学图书馆藏中文古籍善本书志·丛部

李文洁编　精装 16 开　128.00 元
2019 年 6 月出版　978-7-5013-6314-8

本书为美国芝加哥大学东亚图书馆藏宋至清代丛部古籍善本共 50 种的目录及书志提要。书中配有珍贵书影，每篇提要不仅详列该书作者、卷帙、版本、序跋、凡例、板框、行款、名人校跋及附录等信息，对作者生平、每卷内容及序跋凡例内容等均作介绍，尤其对该书版本始末、递刻情况有详细介绍和考证，并有海内外各大公藏机构收藏情况，《四库全书总目》《中国古籍善本书目》《续修四库全书总目提要》等重要古籍目录的著录情况，递藏印鉴、名人批校、扉页牌记、纸墨字体等义项的详细介绍。书后附有书名、作者拼音索引及版本、馆藏索书号索引。

美国芝加哥大学图书馆藏中文古籍善本书志·集部

李文洁编　精装 16 开　180.00 元
2019 年 6 月出版　978-7-5013-6304-9

本书为美国芝加哥大学东亚图书馆藏宋至清代集部古籍善本共 242 种的目录及书志提要。

博士学位论文提要(7 种)

1981—1990 中国博士学位论文提要（社会科学部分）

北京图书馆学位论文收藏中心编　精装 32 开　25.00 元
1992 年 6 月出版　7-5013-0920-5

共收录 1981—1990 年国家授予博士学位的 700 余位博士的论文（社会科学部分）提要 732 条。

北京图书馆国外博士学位论文目录（1982—1992）

丁路主编　精装 16 开　135.00 元
1995 年 3 月出版　7-5013-1189-7

北京图书馆是全国最大的国外博士论文收藏中心，现有美国、加拿大及欧洲 400 多所大学自 1861 年以来通过的博士论文 15 万件。本书选取了 1982—1992 年的部分馆藏论文 1.4 万条，分社会科学、人文科学（共 3000 条）、自然科学、应用科学（共 1.1 万条）两大部分。按学科分类，每一类目按题名字顺排列。条目内容包括：论文题名、作者、学位、大学、导师名称、获得学位时间、论文页数及该篇论文排序号（即北图索取号）。

中国博士学位论文提要（人文社会科学部分 2005）（全二册）

国家图书馆编　精装 16 开　960.00 元
2007 年 12 月出版　978-7-5013-3587-9

本书收录 2005 年全国高等院校和科研机构的博士学位论文（人文社会科学部分）约 5600 篇，包括哲学、经济学、法学、教育学、文学、历史学、管理学等学科。书后附著者索引和关键词索引。

中国博士学位论文提要（人文社会科学部分 2006）（全三册）

国家图书馆编　精装 16 开　1080.00 元
2009 年 2 月出版　978-7-5013-3986-0

该书收录 2006 年度人文与社会科学博士学位论文提要约 6000 篇，涉及哲学、经济学、法学、教育学、文学、历史学、管理学等学科门类。每篇论文提要包括论文题目、作者、指导教师、学位授予机构、学位授予年代、页数、提要正文和关键词。正文提要力求在较短的篇幅内概括出文章的中心思想和主要内容，揭示出文章的精神要义，反映出作者的学术观点和研究成果。书后还附有著者索引和关键词索引。论文提要按顺序编排流水号，以便读考掌握某一专业在某一时期所发表的论文数量。

中国博士学位论文提要(人文社会科学部分 2007)(全三册)

国家图书馆编　精装 16 开　1080.00 元

2011 年 4 月出版　978-7-5013-4445-1

本书共收录 2007 年度人文与社会科学博士学位论文提要 5000 余篇,涉及哲学、经济学、法学、教育学、文学、历史学、管理学等学科门类。

中国博士学位论文提要(人文社会科学部分 2008)(全三册)

国家图书馆编　精装 16 开　1080.00 元

2012 年 12 月出版　978-7-5013-4891-6

本书收录了 2008 年人文社会科学领域毕业的博士毕业生的毕业论文 2000 余篇,涉及哲学、经济学、法学、教育学、文学、历史学、管理学等学科门类。

中国博士学位论文提要(人文社会科学部分 2009)(全三册)

国家图书馆编　精装 16 开　1080.00 元

2014 年 9 月出版　978-7-5013-5455-9

本书收录了 2009 年人文社会科学领域毕业的博士毕业生的毕业论文 8000 余篇,涉及哲学、经济学、法学、教育学、文学、历史学、管理学等学科门类。

辞典、索引

简明古代职官辞典

孙永都、孟昭星编　平装 32 开　2.50 元

1987 年 5 月出版　7-5013-1429-2

本书收 1455 个词条。所收条目截至清末,包括清以前的各级官吏、官署名,以及与之密切相关的兵制、科举制条目,同时适当收入了一些封爵、俗称、别称等。按首字音序排列。

中国近代官制词典

邱远猷主编　平装 32 开　4.90 元

1991 年 2 月出版　7-5013-0818-7

本书属于中型的专科词典,选收词目 1148 条。一般以正名作正条,别称、简称另列参考条。收词范围原则上起自 1840 年鸦片战争后的清政府,下迄 1919 年五四运动前的北洋政府。

佛光大辞典(全八册)

星云大师监修,慈怡主编　精装 32 开　480.00 元

1993 年 8 月出版　978-7-5013-0976-4

本书是一部佛学工具书,收入 22608 项有关佛学的条目名词,涵盖佛教人物、寺庙、史料、教理教派等各方面内容,是收入词条最全、内容最为精当的一部佛学辞典。本书据台湾佛光山出版社 1989 年 6 月第 5 版《佛光大辞典》影印出版。全书 8 册,其中第 8 册为索引。

中国文学家大辞典(全二册)

谭正璧编　精装 32 开　160.00 元

1998 年 9 月出版　7-5013-1521-3

本书共收录先秦到近代中国文学家 6800 余人,按照各人生年或在世年代之先后排列。每个人录姓名、字号、籍贯、生卒年及性情、事迹、著述等。并酌量甄录人物之韵事特行及名言俊句。

中国社会科学工具书检索大典(上下)

刘荣编　精装 16 开　298.00 元

2000 年 1 月出版　7-5013-1345-8

本大典第一次采用"检索课题"的编排方式设计全书,把 18000 多种中文社科工具书按 2000 多个检索课题进行分类,每个课题的设计都充分考虑了读者查检的习惯。不但极大地方便了读者查检,而且具有相当的科学性。

中华人民共和国图书馆博物馆群艺馆文化馆大典(全二册)

詹福瑞、吕章申主编　精装 8 开　1260.00 元

2009 年 11 月出版　978-7-5013-4083-5

本书介绍全国各级图书馆、博物馆、群艺馆的基本情况、特色馆藏、领导班子,是一部研究中国文化,文物的征集、保管以及考古的工具书。

中华大典·艺术典·音乐艺术分典(全四册)

王州、陈克秀、王耀华主编　精装 16 开　980.00 元

2018 年 12 月出版　978-7-5013-6322-3

本书是《中华大典》之一部。辑录中国古代音乐文献并参照现代科学的图书分类法进行编纂的大型类书。所收资料上自先秦,下迄辛亥革命。内容主要包括:乐舞、乐论、乐律、琴学、雅乐、宫廷音乐、鼓吹乐、俗乐、歌唱、舞蹈和乐器。在每个经目下面又具体分设以下纬目:题解、综述、分述、传记、记事、人物著作、艺文、杂录、图像图表和乐谱。

解放日报人名索引(1941年5月—1947年3月)

北京图书馆社会科学参考组编　平装16开　4.50元
1983年3月出版

《解放日报》是当时的中共中央机关报,是研究中国现代史的重要文献。本书可与人民日报图书资料室1956年2月编辑的《解放日报(分类)索引》互为补充。

古籍索引概论

潘树广编著　平装32开　1.10元
1985年6月出版

本书是新中国成立后有关古籍索引的第一部著作。共分5章:1.索引与古籍索引;2.古籍索引的历史与现状;3.古籍索引的类别与功用;4.古籍索引的查检;5.古籍索引的编纂。书前有我国第一部索引论著的作者钱亚新写的序。书后附录:1.古籍索引要目;2.本书索引。《古籍索引要目》分类著录明清以来国内外编辑出版的古籍索引550余部,被索引的古籍约有2000余种。顾廷龙封面题字。

中国历史地理学论著索引(1900—1980)

杜瑜、朱玲玲编　平装16开　7.40元
1986年4月出版

本书收集1900—1980年国内发表的有关中国历史地理学的论文、资料及著作目录(包括发表在香港、台湾的),并将1981—1982年部分作为"补遗"附在各部分正文之后。

1522种学术论文集史学论文分类索引

周迅、李凡、李小文编　精装16开　65.00元
1990年2月出版　7-5013-0690-7

本书辑录了从辛亥革命到1986年我国出版的1522种学术论文集中的史学论文34146篇,分类编排,是一部专供从论文集中查检史学论文的工具书。

二十世纪全国报刊词学论文索引

杜海华编　平装32开　36.80元
2007年12月出版　978-7-5013-3536-7

本书收集了我国20世纪报刊词学论文达10106条,并附有著者索引和篇名分类索引,可供词学研究者作为工具书使用。

中国古典诗歌英文及其他西文语种译作及索引

张海惠、曾英姿、周珞编　平装16开　48.00元
2009年9月出版　978-7-5013-4077-4

本书收录国内出版的汉诗英译集中的中国古代诗歌400余首,英文及西文语种翻译大多出自西方汉学家之手,中西文对照,为研究者提供了检索途径,可供参考、比较和研究之用。

古今人物别名索引

陈德芸编　精装16开　130.00元
2010年5月出版　978-7-5013-4363-8

本书收录古今人物4万余个,截止于1936年,收录别名7万余条,凡属字、号、谥号、斋舍自署、爵里称谓以及帝王庙号、书画家题识、文学家笔名等均一一载入,相同的别名一一加以区别。书后附《补遗》与《续补遗》,补收了明清,特别是清末民初的人名。该书诚为社会科学领域研究者不可或缺的工具书。

《北京文博》创刊二十周年(1995—2014)篇目索引

《北京文博》编辑部编　平装16开　32.00元
2015年11月出版　978-7-5013-5719-2

《北京文博》专注于北京地区文博事业的发展,发表了很多有关北京文博事业的文章,是了解北京文博事业不可或缺的文献来源。本书收录了《北京文博》创刊20年来发表的所有文章,分别按照篇名和作者进行了索引。

四库全书研究论文篇目索引(1908—2010)

甘肃省图书馆、天津图书馆编　精装16开　260.00元
2016年1月出版　978-7-5013-4927-2

甘肃省图书馆与天津图书馆共同合作,从最基本的目录工作做起,系统查阅书目、索引等文献资料,广泛利用数据库等网络资源,从中遴选出有关《四库全书》研究的文章、著作条目,进而删除重复,考证讹误,按时间先后顺序排比著录,编成本书。收录1908年以来发表在报纸、期刊、论集等文献中的有关文章,包括大学学位论文在内,约计5000余篇,根据国家标准GB3793-83《检索期刊条目著录规则》逐一予以著录,并附"著者索引"暨"引用报刊文献一览表",以方便学者检索利用。

山东方志人物传记资料索引(全三册)

王恒柱主编　精装16开　960.00元

2018 年 9 月出版　978-7-5013-6561-6

本书是教育部人文社科研究项目“山东方志人物传记资料索引”成果。全书收录人物近 6 万人，16 万条数据，180 余万字，历时五年精心编纂而成。本索引以 1949 年前编纂的 527 种山东地方志为对象，对其中省、府、县志及乡土志中所涉有传记的人物编纂人物姓名索引。每一人物兼及字号、朝代、籍贯等内容。索引以繁体字著录，以四角号码为顺序编排，书前附索引字头笔画四角号码对照、索引字头拼音四角号码对照，方便读者检索。本书是山东方志人物索引的拓荒之作，可为文史研究者提供便捷的人物检索工具。

综　合

文献整理、保护与研究

中国古籍装订修补技术

肖振棠、丁瑜著　平装 32 开　0.87 元　1.30 元
1980 年 1 月出版

本书作者之一的肖振棠先生从事古旧书籍装订工作有近 50 年的历史，积累了丰富的实践经验。这本书是他 50 年工作经验的介绍。

中国历史书籍目录学

陈秉才、王锦贵著　平装 32 开　0.90 元
1984 年 5 月出版

本书是北京大学图书馆学系专科目录学教材之一，分 10 章：1. 中国史籍发展简史；2. 中国史部目录的产生与发展；3. 史部类目源流；4. 中国史籍分类趋势；5. 中国古代史籍体裁源流（上）；6. 中国古代史籍体裁源流（下）；7. 史籍体裁的变革及古代史新体裁史籍举要；8. 近代史新体裁史籍举要；9. 现代史新体裁史籍举要；10. 中国历史书籍书目参考工作。

读书敏求记

（清）钱曾撰，丁瑜点校　平装 32 开　0.60 元
1984 年 6 月出版

本书是清初江苏常熟著名藏书家钱曾所作的一部善本书解题目录，是研究我国古籍版本学的重要著作。

中国著名藏书家传略

郑伟章、李万健著　平装 32 开　1.60 元
1986 年 9 月出版

本书选取 57 位藏书事迹卓著者，撰述他们的生平事迹、政治和学术活动、藏书事迹、藏书思想、藏书特点、藏书目录和题跋以及藏书流传情况。李长路封面题字。

续补藏书纪事诗

王謇著，李希泌点注　平装 32 开　0.60 元
1987 年 1 月出版

本书是江南著名学者王佩诤（謇）晚年的著作之一。所记藏书家共 132 人。书后有藏书家姓名笔画索引。

士礼居藏书题跋记

（清）黄丕烈著，（清）潘祖荫辑，周少川点校
平装 32 开　4.55 元
1989 年 8 月出版

黄丕烈是乾嘉时期有名的藏书家、校勘学和版本目录学家。本书共 6 卷，在光绪八年（1882）汇辑刊行，收黄氏题跋 341 篇，书中题记之书多为宋元旧刻或旧抄。

中国版本目录学书籍解题

（日）长泽规矩也著　平装 32 开　4.55 元
1990 年 6 月出版　7-5013-0794-6

本书系著者在中国古版本目录学的研究中所撰写的代表性著作之一，对 500 余部中国版本目录学书籍作了介绍与评价。

古书版本学概论

李致忠著　平装 32 开　4.95 元　13.00 元　18.00 元
1990 年 8 月出版　1998 年 3 月再版　2003 年 11 月三版　7-5013-0810-1

该书论述了古书版本学的起源、发展，以及鉴定古书版本的方法和基本知识。作者在广阔的历史文化背景下，多角度多层次地加以阐发，较同类著述更具有深度和广度,富有新意。本书所附书影,均为北京图书馆(今国家图书馆)珍贵藏品,其中一部分是难得一见的珍品。

北宋《开宝大藏经》雕印考释及目录还原

童玮编著　平装 32 开　3.00 元

1991 年 3 月出版　7-5013-0869-1

《开宝大藏经》是我国第一部官刻本汉文大藏经。本书分两大部分:第一部分是北宋《开宝大藏经》雕印考释,第二部分是《开宝大藏经》还原目录。

中国著名目录学家传略

李万健著　平装 32 开　6.20 元

1993 年 6 月出版　7-5013-1071-8

本书从历代目录学家中,选择其成就卓著、在目录学史上具有代表性者 30 余家,分篇写成传略。每家均述其生平、从事目录学研究和目录工作的活动及成就,剖析其目录学著作、目录学思想及其历史意义。书前有朱天俊的序。顾廷龙封面题字。

古籍整理散论

来新夏著　平装 32 开　6.00 元

1994 年 6 月出版　7-5013-1082-3

本书介绍了前人整理古籍的基本技能中的 8 个方面:分类、目录、版本、句读、工具书、校勘、考证、传注,分章论述了它们的起源、发展、方法与作用,并介绍了古典文献学的基本知识。

宋版书叙录

李致忠著　平装 32 开　11.40 元　16.00 元

1994 年 6 月出版　1997 年 11 月再版　7-5013-1134-X

宋版书无论在学津讨源上,在版本探始上,还是在书史坐标、装帧艺术、书品风格上,都具有较高的文物价值和学术价值。本书通过对宋版书及流传的介绍,力争将这些宋版书的本来状况反映给学林士子,为他们各自的专业研究提供一些可资借鉴的材料。

中国佛典刊刻源流考

戴蕃豫著　平装 16 开　30.00 元

1996 年 1 月出版　7-5013-1151-X

本书对佛典刊刻的历史沿革作了较详细的考证。书中对历代佛典文献的整理、与佛典刊刻有关的存世实物、经卷体式、插画、刻经地域、佛典的翻译等均予论述,并结合图表作了清晰的表述。本书为作者的手稿,以影印方式印刷出版。

文物要籍解题

寒冬虹编　平装 32 开　3.90 元

1996 年 8 月出版　7-5013-1268-0

本书收录 109 种文物要籍,涉及范围包括珠宝、字画、金石、钱币、陶瓷、杂项等门类,并对所收书目的作者、版本、内容及特点作了简要介绍。

中国古籍整理体式研究

冯浩菲著　平装 32 开　20.00 元

1997 年 2 月出版　7-5013-1343-1

本书为国家教委人文社会科学研究古文献学项目之一。介绍在古籍整理体式研究方面所取得的初步成果和心得。

日本藏书印鉴

林申清著　平装 16 开　36.00 元

2000 年 10 月出版　7-5013-1073-4

由于文化渊源的关系,旧时日本藏书界亦有使用藏书印的习惯,日本所藏的汉籍或和刻汉籍中多有印鉴以为征信,这些藏书印往往能反映出汉籍在日本的流传轨迹以及中日文化双向交流的情况。本书共收录日本百余家官、公、私藏书家,藏书机构之藏书印 400 余方,大致反映了日本明治维新以前的著名藏书家和主要藏书机构的整体面貌。对版本、艺术研究工作者来说,更是一本不可多得的好书。

古籍版本知识 500 问

李致忠著　平装 32 开　24.00 元

2001 年 3 月出版　7-5013-1722-4

本书从书史、版本学、谥法、字号、避讳、历法、学校、刻书机构、刻书情况、鉴定方法、古书版本类型等多方面,融会贯通,深入浅出地回答了近 500 个问题。全书以问答形式组构,条理清楚,涉及面宽泛,凡引证处均考究严谨。读来好似一位专家学者在向好学的学子常人娓娓讲述古籍版本知识,不浅不俗,不深不涩,雅俗共赏。读后于版本学知识的获得、掌握与运用受益匪浅。

三目类序释评

李致忠释评　平装 32 开　35.00 元

2002 年 8 月出版　7-5013-1923-5

本书是研究中国古典目录学的一部专著。作者选取中国古典目录著作中有典范意义的《汉书·艺文志》《隋书·经籍志》《四库全书总目》"三目"做为研究对象。对三目总序、部序、类序分别对应展开,将每篇序文加以规范标点,对有关文句加以注疏,并进行通释,然后在每类之后加以按语,评论三目优劣长短。

中国古代书籍纸墨及印刷术

钱存训著　平装32开　26.00元

2002年12月出版　7-5013-1919-7

本书选录作者发表过的有关中国书籍、纸墨及印刷术的论文、叙跋、书评以及读者评介等结集而成。全书分为前后两编:前编四章分论典籍、纸墨、印刷及其影响等论文共20篇;后编四章收录题跋、书评、写作缘起、读者评介等杂文亦计20篇;附录报道一篇。每篇文后皆附有关插图共约50幅,以助阅读兴趣。本书所收论文,大部皆为作者写作《书于竹帛》及《纸和印刷》两部专著的副产品。其中如有关封泥、书刀、纸的起源、印刷定义、雕版技术、明代活字等各篇,皆可补充作者专书中讨论之不足。书中论文大部皆原以英文写作,经译成中文在国内各地的学术刊物发表,部分曾收入作者的专著,但译文与专书内容不尽相同,并请读者注意。

中国古籍修复与装裱技术图解

杜伟生著　精装16开　120.00元

2003年8月出版　2006年5月再版

7-5013-2136-1

全书分为"古籍修复"和"字画装裱"上下两篇。以图解的方式,详细介绍了古书修复和字画装裱的技术、方法和质量要求。书中有插图千余幅,对于学习古籍及书画修复、装裱业务以及古籍装帧,颇具实用价值。

古籍珍稀版本知见录

施廷镛著,李雄飞校订　平装32开　25.00元

2006年12月出版　7-5013-2466-2

本书是施廷镛先生的手稿。内容主要是珍稀古籍知见部分:凡所经见者,均注明版本、著者等。二是对甲骨文、金石文、简牍文的简介;三是古籍版本鉴别常识。

嘉业堂志

应长兴、李性忠主编　平装16开　260.00元

2008年10月出版　978-7-5013-3775-0

本书全面、系统地反映1910年至2007年嘉业堂的历史,尽可能全面地吸收已公开发表的史料和研究成果,并留意各类档案及刘承幹日记、友朋书札,从中发掘原始文献,为人们进一步认识与研究嘉业堂以及它存续的时代提供了可资利用的史实和思考。

简明中国古代书籍史(修订本)

李致忠著　平装32开　18.00元

2008年11月出版　978-7-5013-3659-3

全书分为六章,简明扼要地论述了中国古代书籍产生和发展的历史,包括文字的起源与书籍的产生、历代书籍的创作、书籍的生产材料与生产方法、古代书籍的装帧艺术及中国古代的图书保护等。有较强的知识含量,深入浅出的讲解、图文并茂的论述,通俗易懂,适应面广,是爱书人士尤其是青少年了解中国图书发展历史的重要教材。

中国少数民族文献学研究

包和平著　精装32开　28.00元

2009年5月出版　978-7-5013-3978-5

少数民族文献是我国民族文化宝库中一个十分重要的组成部分,是我国各民族千百年来发展历程的真实记录,是各民族人民智慧的结晶,有十分重要的历史、文化和学术价值。本书共分三个专题,从少数民族文献、少数民族文献目录及少数民族文献的管理等不同的角度对少数民族文献进行了学术探讨,涉及少数民族文献学的基本理论和少数民族文献工作的基本知识。

文献研究与文献保护

苏品红著　平装16开　39.80元

2009年6月出版　978-7-5013-4056-9

本书分上、下两篇。上篇收录作者在文献研究和文献保护方面的论文、报告、讲义等文章21篇。下篇为文献修复基础知识,是作者2005年完成的文献修复师培训教材的基础知识部分。

冀淑英古籍善本十五讲

冀淑英著,李文洁插图　平装16开　48.00元

2009年7月出版　978-7-5013-4063-7

本书稿由冀淑英先生生前在国家图书馆授课的讲稿整理而成。全书分为15讲,系统地介绍了国家图书馆古籍善本藏书的基本情况,讲述善本馆藏的源流,对于宋元珍本、名刊名抄,述其特点,示其精品,考其版本,行文通俗易懂。这次整理配以善本书影,彩色印制。更加生动形象地揭示古籍面貌,更加实用。

古书版本鉴定(修订本)

李致忠著　平装16开　48.00元

2009年12月出版　978-7-5013-3503-9

本书分三编。"史证编"讲述书籍、书籍形态和书史的主要内容;中国书籍的产生、初兴和发展;书籍的生产材料和生产方法；书籍的装帧。“版本编”讲述版本之称、版本学之称、版本学功用、善本之称、版本类型与版本称谓、版本造伪与辨伪。“鉴定编”讲述一般刻本、活字印本、抄写本的鉴定。

嘉兴藏书史

陈心蓉著　平装16开　69.00元

2010年5月出版　978-7-5013-4360-7

本书以时间为主线，上起两宋，下至新中国成立前，对嘉兴境内的藏书活动进行了系统全面的论述。重点介绍了境内各地的私家藏书，对名家名楼、进士藏书家等的藏书活动、传承等进行了详尽的讲述，并兼及官府、寺院和书院藏书。本书为地方藏书史的首创之作，虽然还不够细致，但作者广泛运用各种资料，特别是嘉兴地方文献，吸收学术界研究成果，作了大量工作，具有较高学术价值，也为研究者提供资料，必将推动藏书史及文献研究的发展。

传拓与传拓技法问答

贾双喜著　平装16开　58.00元

2010年9月出版　978-7-5013-4414-7

本书作者擅长石刻和甲骨的传拓，利用相关文献，总结自己30年的传拓经验，通过问答形式，图文并茂地展示出传拓工作的方方面面。

知不足斋序跋题记集录

季秋华编辑　精装16开　680.00元

2010年11月出版　978-7-5013-4418-5

本书收录鲍廷博古籍序跋题记180余篇，按所涉古籍经、史、子、集四部分类编排，并编有鲍氏知不足斋序跋题记系年和人名书名等综合索引。附鲍氏题跋书影130余种。鲍氏序跋题记内容广博，涉及作者家世、著作内容、版本考订、递藏源流及文人交谊、书林掌故、个人感怀等，是研究古籍、版本目录学及鲍氏藏书的重要资料。

中国近现代目录学家传略

全根先著　平装32开　60.00元

2011年6月出版　978-7-5013-4613-4

本书系统介绍了我国近现代目录学家的生平和著作，有利于读者初步了解该领域的基本情况。

项元汴书画典籍收藏研究

沈红梅著　平装16开　68.00元

2012年4月出版　978-7-5013-4574-8

本书是第一部系统研究项氏元汴（1525—1590）及其收藏的著作。项氏是大收藏家，其收藏之富、之精，迄今尚为海内外所津津乐道。而对他作系统的研究，尚未见有如此系统的专书。此书的叙述颇具章法，能从社会经济文化生活的变迁以及项氏的家世入手，说明成就此大收藏家的客观条件；又详叙项氏本人的经历，着重说明其学力与识见，展示了成就为大收藏家的主观条件。鉴于项氏没有收藏目录传世，作者详尽地搜罗了项氏所收书法、绘画、图书之目录，以及他的各种收藏印章等，加以系统的梳理、辑录、整理，编纂成书画目录提要和典籍目录提要。这是项氏藏品目录的首次系统整理，具有填补空白的学术价值。欲检索项氏的收藏，此书应是绝佳参考，对于研究项氏收藏轨迹和嘉兴一代文化史以及一些重要藏品的传承脉络具有非常重要的意义。

丁亥观书杂记——回忆我的父亲周叔弢

周景良著　平装16开　240.00元

2012年5月出版　978-7-5013-4782-7

本书作者周景良是著名藏书家周叔弢先生之子。2007年，周景良先生应邀观看其父过去捐赠给天津图书馆的一批书籍。这些书籍中有周叔弢先生亲手校对、批注的书，有善本书籍的影刻和影印本，有各种古玺印和今人的印谱，等等。本书就是周景良先生此次观书过程的记录，读者从中可以感受到周叔弢先生爱书、读书、选书、校书、刻书、献书等方方面面。所述有关家族情事，均为难得的一手文史资料。

丁亥观书杂记——回忆我的父亲周叔弢（修订本）

周景良著　精装16开　240.00元

2016年11月出版　978-7-5013-5882-3

本书是2012年版的修订本。

古籍修复案例述评

张平、吴澍时编著　平装16开　60.00元

2012年8月出版　978-7-5013-4815-2

本书针对目前古籍修复文献中缺乏对修复实践的记录、分析和研究，缺乏具体的案例作为实际工作的指导，精选了国家图书馆古籍修复中的典型案例，包括卷装古籍、册页（叶）装古籍、拓片、地图、佛教文献、少数民族文献等，时间跨度达六十年。每个案例是记录一部书详细的修复档案，内容除了书籍出库、交接等信息之外，还包括文献目录、实物信息、保存状况、修复历史、检测信息、修复方案、修复方法、图像信息等述评，对修复材料、修复技法、修复步骤加以记述并说明，述评部分是运用修复理论和修复质量标准对以上部分逐一进行述评，对成功修复经验进行总结，对需要改进之处进行剖析，通过分析不同修复方案产生的不同修复结果，说明正确制订修复方案的重要性。

中国古籍装具

陈红彦、张平编著　精装 16 开　160.00 元

2012 年 8 月出版　978-7-5013-4852-7

书籍装具的使用，是中国古代保护书籍最重要的方式之一。本书将装具问题从文献记载到实物遗存，到近现代实践的得失，进行汇总、整理、分析。相信本书的出版，能够提供给同行一些有益的参考，也希望吸引各方关注，把装具的课题深入下去，让当今装具的制作、使用更加科学、规范。

皖西学院图书馆的名家旧藏古籍

舒和新著　平装 16 开　48.00 元

2012 年 12 月出版　978-7-5013-4919-7

本书从皖西学院的历史沿革及所藏古籍来源和特点入手，详述了皖西学院图书馆所藏宋元善本和历代著名学者和藏书家收藏过的明清古籍。这是第一次全面系统地研究本馆的古籍珍藏，揭示了一些鲜为人知的珍本及其流传过程。

浙江省古籍普查手册

浙江省古籍保护中心编　平装 16 开　196.00 元

2013 年 7 月出版　978-7-5013-5074-2

本书按照《浙江省古籍普查工作实施办法》的要求，参考《中华古籍总目编目规则》等文献，将《全国古籍普查登记手册》《古籍普查培训讲义（试用本）》《全国古籍普查平台基本项目与扩展项目说明》《古籍定级标准》《古籍特藏破损定级标准》等规定的如客观著录、文字规范等普查原则，进行了细化、规范化，增加实践的案例。对现实存在的多种古籍信息著录方法作了明确统一的规定，避免矛盾。本书尽可能在每个知识点配图说明，是通俗易懂、操作性强、内容全面的工具书。

国家图书馆藏民国时期毛边书举要

任震主编　平装 16 开　380.00 元

2013 年 12 月出版　978-7-5013-5234-0

所谓毛边书，即是书籍仅行初订，不加切边的装帧形式，故又称之为未裁本。毛边书源自 20 世纪初的欧洲，后经日本传入我国。经由鲁迅先生为代表的一批爱书、读书、藏书人的提倡与坚持，在民国时期，颇盛一时。本书收录国家图书馆藏民国时期毛边书 900 余种，每种都有一幅封面书影，并做简单著录。是了解当时图书出版状况的珍贵史料。

中国图书史十讲

肖东发、杨虎著　平装 16 开　68.00 元

2015 年 5 月出版　978-7-5013-5551-8

本书对中国古代图书文化进行了深入的考察，全书共有十个部分，分别论述了书籍的起源、载体、印制技术等，讨论了中国古代图书的突出成就，总结了中国古人制作和保存书籍的经验，对治书之学也加以概括的介绍。从而，理清了书籍发展的脉络，使读者对中国书文化有了全貌性的认识，可谓一部简单的中国古代文化史。

海源阁善本叙录

丁延峰著　平装 16 开　86.00 元

2015 年 8 月出版　978-7-5013-5516-7

海源阁为清末四大藏书楼之一，以其收藏精善宏富而著称于世。其中宋元佳椠及名家校抄 400 余种，极为珍贵，成为中华民族宝贵的文化遗产。本书从中选取了 38 种善本，从版刻形态、编撰原委、内容、刊刻鉴定、诸本源流、版本价值及递藏始末等方面，对其进行了较全面的挖掘、整理与研究，意欲从版本学视角揭示海源阁所藏善本的文物及学术价值。

古籍保护原理与方法

刘家真著　平装 16 开　120.00 元

2015 年 11 月出版　978-7-5013-5676-8

本书较全面地论述了纸质藏品损坏的原因，特别针对古代纸张与古代墨迹材料变质的原因进行了剖析，为保护古籍方法的选择奠定基础。在保护古籍方法上，既有针对不同藏品的不同保管方式、维护措施的论述，也有保护技术原理及其技术评价的阐述，更注重对这些技术选择原理的论说。

书卷多情似故人——“我与中华古籍”优秀征文作品选

国家古籍保护中心编　精装 32 开　38.00 元

2016 年 1 月出版　978-7-5013-5729-1

为弘扬中华优秀传统文化，进一步加大古籍保护宣传推广力度，提高公众古籍保护意识，让“书写在古籍里的文字都活起来”，国家图书馆（国家古籍保护中心）联合光明网等单位于 2014 年开展“我与中华古籍”主题征文活动。本书即为此次活动优秀征文的选集，内容主要分为以下几个方面：1. 与中华古籍阅读相关的故事、阅读感想感受；2. 与古籍收藏、鉴定、普查、修复、保护相关的个人经历、故事；3. 其他与中华古籍相关的内容。

文津识小录

谢冬荣著　精装 32 开　78.00 元

2016 年 8 月出版　978-7-5013-5914-1

本书收录国家图书馆古籍馆副馆长谢冬荣十多年来的读书札记 10 篇、家谱提要 14 篇等,均配以彩色书影,图文并茂,是其在文津楼十多年的读书笔记。后附刻工辑录,供读者参考。

续藏书纪事诗(全二册)

吴则虞撰,吴受琚增补,俞震、曾敏整理

16 开　168.00 元(精)　128.00 元(平)

2016 年 8 月出版

978-7-5013-5897-7(精)　978-7-5013-5808-3(平)

本书收录清代到当代藏书家 400 多人,是继叶昌炽《藏书纪事诗》之后最为完备的一部续作,是重要的藏书诗史著作。刘承幹称:"君之书,于鞠丈一步一趋,文字精工,考弋浩博,自不待言。诗尤凄切,转胜前人。洵为必传之作。"是吴则虞先生的遗稿,现将其排印行世,供藏书爱好者参考。

李慈铭研究

谢冬荣著　平装 16 开　49.80 元

2016 年 9 月出版　978-7-5013-5925-7

李慈铭是晚清时期著名的学者,他在藏书、读书、著述、学术等方面的成就颇受时人以及后人的关注。本书试图通过李慈铭个案研究,展示一位学者的生活与治学状况,从而探研晚清时期的社会与学术。全书共分五章。第一章"李慈铭生平简述"按照"悠游乡里""困顿京师""名起越中""京城名士"四个阶段,简要叙述了李慈铭的人生经历。第二章"李慈铭交游研究"选择在生活、学术等方面与李慈铭交往较深、影响较大的二十九人,分为师长、友朋、弟子三类,分别叙述与李慈铭交往的经历。第三章"李慈铭藏书研究"从藏书数、藏书范围、藏书地、藏书目、藏书印五方面阐述了李慈铭越缦堂藏书的概况,认为其藏书来源有四:购买、馈赠、交换、润笔,并总结了李慈铭藏书的特点是版本较晚、多批校题跋、多题签,最后探讨了藏书的流散过程。第四章"李慈铭著述研究"先从诸家书目以及相关文献入手,概述李慈铭著述的著录情况;之后对现存著述一一略加叙述,或考订版本,或简述内容,以见李氏现存著述之概貌;最后简述见于记载、未见传本的佚书。第五章"李慈铭学术研究"概述了李慈铭的为学经历,并总结了李慈铭在谥法、方志两方面的研究成就。

祁承㸁藏书及文献学思想研究

张玮著　平装 32 开　48.00 元

2016 年 11 月出版　978-7-5013-5815-1

祁承㸁对于图书,不论是在聚书、读书、鉴别、购求上,还是在分类、编目、典藏、借阅上,都有精辟的言论、独到的见解、新颖的方法和可行的规约。它不仅发扬我国先哲有关图书馆工作中和目录学上的优良传统,而且通过自己多年的实践,创造了不少可贵的经验。特别可贵的是他的一切活动,是能以经世致用为鹄的;所有的工作,能以理论联系实际为准则,不尚空谈,对于今天的图书馆工作也多有裨益。

衢州古代著述考

魏俊杰著　平装 16 开　168.00 元

2016 年 12 月出版　978-7-5013-6020-8

衢州古代著述今可考者有 1651 种,已知传世者有 280 种,本书对各类衢州著述作全面考述。本书充分利用《衢州文献集成》及其他众多官私收藏的文献,在前人已有的学术基础上,补阙纠谬,超出此前著录衢州著述最多者几乎一倍,辨证不少文献记载之误。较之以往诸作,本书力求内容相对完善,为撰者立小传,著录佚书见存之序,指出佚书佚文所在,为见存之书撰写提要。最后附以表格,不仅直观展示衢州各类著述,且可弥补同一人著述割裂于不同部类之下的缺陷。体例仿《四库全书总目》,若《四库全书总目》有著录,本书全录其提要,同时另撰提要或加补充,或加辨证。本书正文后附有《衢州古代衢籍人士著述表》《衢州方志表》《古代外籍人士衢州著述表》《古代流寓衢州人士著述表》《衢州古代著述撰者籍贯辨误表》,以简洁而直观地反映衢州著述的情况。

国家图书馆藏西域文献的修复与保护

国家图书馆古籍馆编　平装 16 开　68.00 元

2017 年 5 月出版　978-7-5013-6016-1

随着中华古籍保护计划的开展,古籍修复方案的制定、修复过程控制、技术手段应用等在古籍修复中的借鉴参考,对修复的科学化、规范化的作用越来越明显,修复教学中也迫切需要实际案例,修复案例分析共享成为行业发展的重要需求。因此,国家图书馆古籍馆将撰写系列古籍修复案例,供海内外同行参考借鉴。2003 年,国家图书馆古籍修复人员运用计算机研发了修复档案系统,馆藏西域文献修复拥有完整的文字和影像修复档案。由于文字的多样性、内容的丰富性和文献载体的典型性,西域文献修复案例具有更为广泛的参考价值。由此本书成为我们推出案例丛书的第一部。

中国古籍修复纸谱(一函二册)

浙江图书馆编　线装 8 开　6000.00 元

2017 年 7 月出版　978－7－5013－5907－3

浙江图书馆将古籍修复用纸 148 种进行分类检测鉴定，分为皮纸、竹纸、宣纸、其他等类，以原纸黏裱装帧，辅以测定化学成分（含木浆者皆不收录）、彩色纤维图谱等资料，供古籍修复、古籍拍卖、收藏爱好者等参考和使用。该书开本阔大，纸样丰富，是我国首次系统规模地制作的大型古籍纸谱工具书。

浙江省古籍普查报告

浙江省古籍保护中心编，徐晓军等主编

平装 16 开　88.00 元

2017 年 9 月出版　978－7－5013－6186－1

浙江省古籍普查从 2007 年的试点工作开始，2009 年起正式在全国古籍普查平台上著录登记。著录伊始即将民国传统装帧文献纳入古籍普查的范围。普查登记每部书的索书号、分类、题名卷数、著者、卷数统计、版本、版式、装帧、装具、序跋、刻工、批校题跋、钤印、丛书子目、定级及书影、定损及书影等 16 大项 74 小项的信息。全省参与古籍普查著录登记的 95 家收藏单位分属公共图书馆、文物、教育、档案、卫生五大系统。在省政府的高度重视和统筹安排下，通过对全省古籍存藏情况进行摸底、建立项目和经费管理机制、加强普查软硬件建设、加强古籍普查队伍建设等种种措施，上下齐心，奋力拼搏，“秉持浙江精神，干在实处、走在前列、勇立潮头”，在“十二五”末全省的著录登记工作完成率达到 92.7%。截至 2017 年 4 月 30 日，全省 95 家收藏单位共计完成著录 337405 部 2506633 册，其中古籍 219862 部 1754943 册（含域外本 1877 部 14522 册）、民国传统装帧文献 117543 部 751690 册，完成率达到 99.91%，基本上完成了全省的古籍普查著录登记工作。通过普查，全面、准确地掌握了全省古籍的数量、价值、分布、保存状况等基本情况，为下一步有针对性地开展古籍保护工作奠定坚实的基础。本书也为全国古籍普查提供借鉴和参考。

楚辞文献丛考（全三册）

黄灵庚撰　精装 16 开　980.00 元

2017 年 12 月出版　978－7－5013－6044－4

《楚辞文献丛考》对 200 多种楚辞学著作详细评述，对著作的底本来源、注释的因承等，均作翔实考证、评述。且别白是非，有真知灼见，不人云亦云，拾人牙慧，体现其研究的深度、广度。同时，附上相关图书的彩色书影，对《楚辞》研究者来说，《丛考》是重要的参考依据，尤其对初涉《楚辞》的读者来说，具有很好的引导作用。《丛考》主要有以下几个特点：一、在“章句”“补注”“文选”及“集注”四大系列之前，均有“总论”，详述其版本源渊、结构及其优劣。二、对《章句》明正德以下 11 个明、清刻本，逐字、逐篇、逐本对勘，指出虽同一祖本，而各有差别，并列出了近 1000 多条异文。三、指出造成歧异的原因。又经稽考、研究，指出汇辑《楚辞》者是东汉王逸，而非西汉刘向。四、在考辨过程中，始终以文献材料为依据，有多少材料说多少话，绝不作无根臆测。五、对于名家的圈点、断句，用标点本对照，发现标点本诸多断句错误。《丛考》对于明、清以后的 130 余种《楚辞》注本，稽考作者的著书动因、底本出处、注释承传、是非得失及其文献价值所在，均作系统评述。无论从宏观，抑或微观，实事求是，客观公允，且对前贤疏误，多所驳正。

《千顷堂书目》研究

刘净净著　平装 32 开　48.00 元

2018 年 4 月出版　978－7－5013－6450－3

本书将《千顷堂书目》置于明代的政治、经济、文化以及中国目录学史的多维视角下，通过对《千顷堂书目》采访图书的范围与途径、著录图书的内容与数量、著录体例等方面的详细分析，客观、准确地论述《千顷堂书目》的性质、体例以及与《明史·艺文志》关系等较有争议的问题。由此入手，通过比勘明代其他书目，尤其知见性书目，同时参考明代的地方志、登科录及其他史料，对《千顷堂书目》著录的图书、作者小传等内容进行考订，以求考订史料之真实准确，并以此为基础对《千顷堂书目》与《明史·艺文志》的关系进行考订。从而在辩证肯定《千顷堂书目》价值的基础上，全面分析《千顷堂书目》的目录学价值、文献价值和史学价值。

福建历代私家藏书

方宝川著　精装 16 开　198.00 元

2018 年 9 月出版　978－7－5013－6573－9

本书以福建历代私家藏书的发展历史为经，藏书家的藏书活动为纬，经纬交织。共分为：绪论、福建私家藏书之滥觞、宋代福建私家藏书的勃兴、元代福建私家藏书的沉寂、明代福建私家藏书的繁荣、清代福建私家藏书的鼎盛与式微、民国时期福建私家藏书的余波、余论（福建近现代图书馆的崛起）等八大部分；并附录：藏书家、私家藏书楼（室）、私家藏书目、私家藏书章等综合索引。

国家图书馆三件早期雕版印刷佛经修复与保护

国家图书馆古籍馆编　平装 16 开　78.00 元

2019 年 6 月出版　978－7－5013－6664－4

2015 年 4 月国家图书馆入藏三件国宝级早期雕版印刷品，其中五代后唐天成二年（927）刻本《佛说观弥勒菩萨上生兜率天经》(简称《弥勒上生经》)一卷仅比咸通九年《金刚经》晚59年,为国内已知有纪年的最早雕版印刷品。另两件分别为晚唐五代刻本《金刚般若波罗蜜经》一卷、五代北宋初刻本《弥勒下生经》一卷。这三件刻本弥补了中国作为雕版印刷术发明的故乡却无早期实物的遗憾,同时也提升了国家图书馆馆藏品质。入藏伊始,国家图书馆即组织古籍版本专家与修复专家共同"把脉",商讨修复方案,解决技术难题,目前已高质量完成两件珍品的修复工作,使般若妙谛,风采重光。本书收录其修复档案,附有大量图片,既可以借鉴其修复方法,也可以一睹三件国宝级佛经的风采。

水与纸质藏品的清洁修护

刘家真著　平装16开　98.00元
2019年6月出版　978-7-5013-6516-6

本书是中华古籍保护计划的成果。作者对古籍修护用水进行了深入的研究,详细阐述了古籍修护用水的检测、制备、使用水及水溶液清洁纸质藏品的基本原理、方法、特点以及风险掌控等内容。分散在书中各章的专家访谈包含许多鲜为人知的知识和经验,有些材料的配方也首次在书中揭晓。专家访谈在理论与实践间搭起桥梁,使读者能够由浅入深地学习书中知识,为传统修护技法的传承打下基础。本书在对我国传统修护技法进行科学分析的基础上,还引入现代修护科学的相关理论和方法,填补了我国古籍修护研究中的多项空白。本书可供古籍保护领域的学生、研究者以及相关从业人员阅读、参考。

论文集

版本学研究论文集

中国图书馆学会学术委员会古籍版本研究组编,阳海清主编　平装32开　15.60元
1996年1月出版　7-5013-1215-X

本书是新中国成立以来编成的第一本版本学研究论文选集。共收文41篇。收罗范围上溯清代中叶,下迄1989年。

《永乐大典》编纂600周年国际研讨会论文集

中国国家图书馆编　平装32开　28.00元
2003年7月出版　7-5013-2140-X

本书收编海内外学者在2002年4月北京召开的"《永乐大典》编纂600周年国际研讨会"上所撰论文。

东吴史学文集

王卫平等编　平装32开　34.00元
2004年8月出版　7-5013-2459-X

本书是苏州大学社会学院历史系著名学者的代表性论文集。其内容涉及中国历史与世界历史的各个侧面。既有原作品的再印,也有新作或是旧作新写。如近代苏州手工业经济研究、太平天国史研究、商业资本研究、对外政治与经济关系研究等。该书对读者了解历史知识、开阔学术视野、增进研究力度会有裨益。

地方文献国际学术研讨会论文集(2004)

国家图书馆古籍馆编　平装16开　50.00元
2006年4月出版　7-5013-3007-7

本书收入2004年10月国家图书馆主办、国家图书馆分馆协办的"地方文献国际学术研讨会"论文百余篇。这些论文就地方文献的收集、整理、研究和利用问题,进行了广泛而深入的探讨,集中反映了地方文献研究领域的最新成果。

南山论学集——钱存训先生九五生日纪念

《庆祝钱存训教授九五华诞学术论文集》编辑委员会编
平装16开　25.00元
2006年5月出版　7-5013-3004-2

本书是为庆祝钱存训教授九五华诞而编辑的学术论文集。书分"文史·美术""图书·目录""传记·著述""附录"四部分,从不同侧面、多角度地展现了钱存训教授非凡的学术生涯。

潮涌港城:宁波市党委系统纪念改革开放30周年理论研究优秀论文集

中共宁波市委党史研究室编　平装32开　28.00元
2009年3月出版　978-7-5013-3970-9

本书回顾总结宁波市改革开放30年的历史轨迹与成功经验,研究中国特色社会主义在宁波的实践,探讨当前宁波改革开放进程中的问题和对策,分析把握宁波社会主义事业的前进方向。

开放的文化观念及其他——纪念新文化运动九十周年

耿云志等著,陈于武编　平装16开　59.00元
2009年4月出版　978-7-5013-3974-7

新文化运动是一场对中国固有文化进行批评和反省,同时努力追求中国文化与世界文化相互密接、相互融合的一场文化革新运动。是中国人,主要是一部分知识分子开始走出封闭,渐渐形成开放的文化观念的历史过程。但这一过程中仍有许多问题需要进一步探讨、解决。本书的各位作者都是各自领域里有影响力、有权威性的专家，他们的研究也在一定程度上解决了许多学界普遍关注的问题，对于研究和理解 20 世纪初期社会文化变革阶段的政治、文化等现象颇有参考意义。

宁波辉煌六十年——纪念新中国成立六十周年暨中国特色社会主义理论在宁波的实践研讨会优秀论文集

中共宁波市委党史研究室编　平装 16 开　86.00 元
2009 年 11 月出版　978-7-5013-4204-4

本书为论文集，收录文章 28 篇，以不同角度论述了新中国成立 60 年来宁波及全中国所取得的成绩，以及党的理论和实践成果。

全国图书馆古籍工作会议论文集(2008)

中国图书馆学会古籍整理工作委员会编
平装 16 开　58.00 元
2009 年 11 月出版　978-7-5013-4206-8

本论文集收录了中国图书馆学会古籍整理工作委员会 2008 年在天津召开的年会论文。内容不仅包括古籍整理、普查、保护、修复、书目数据数字化，还涉及古籍开发、利用、复本交换及古籍科研立项、学术研究与交流等问题。

识得春风非等闲——审美价值眼光论集

杨扬著　平装 32 开　43.00 元
2009 年 12 月出版　978-7-5013-4207-5

本书分为总论篇、分论篇、文学史审美问题专论篇、传播与编辑审美问题专论篇、回忆与体会选录篇五个专题来探讨文学审美理论问题。

第二届地方文献国际学术研讨会论文集

国家图书馆古籍馆编　平装 16 开　90.00 元
2009 年 12 月出版　978-7-5013-4219-8

本书收入 2007 年 10 月国家图书馆主办的“第二届地方文献国际学术研讨会”论文 66 篇。全书分为地方文献专题研究、方志谱牒研究及地方文献工作探讨三个部分，以“地方文献研究、利用与合作”为主题，就地方文献的收集、整理、研究和利用问题，进行了广泛而深入的探讨，集中反映了地方文献研究领域的最新成果。

缪荃孙诞辰 170 周年纪念会暨学术研讨会论文集

国家图书馆编　平装 16 开　60.00 元
2015 年 5 月出版　978-7-5013-5590-7

作为京师图书馆首任馆长，缪荃孙堪称中国近代图书馆事业先驱者与奠基人。2014 年 9 月 2 日，国家图书馆、南京图书馆和江阴市图书馆联合举办了“缪荃孙诞辰 170 周年纪念会暨学术研讨会”。本书为此次会议论文的结集。共收入 18 篇论文，比较全面地反映了当前学界对缪荃孙在图书馆、教育、版本、目录、金石、历史、方志诸领域的研究成果。

地方历史文献与文化:《西华师范大学学报》文选

杨和平、吴佩林编　平装 16 开　48.00 元
2017 年 8 月出版　978-7-5013-6169-4

本书系《西华师范大学学报(哲学社会科学版)》“地方历史文献与文化”专栏论文的选集。主要收录以南部档案、巴县档案以及方志、契约、族谱之类地方文献等为依据而对若干历史问题进行解释性研究的若干论文及关于地方历史文献与文化研究的学术综述三篇。

第十二届国际《金瓶梅》学术研讨会论文集

黄霖、史小军编　精装 16 开　280.00 元
2017 年 11 月出版　978-7-5013-6256-1

第十二届国际《金瓶梅》学术研讨会于 2016 年 10 月 9—13 日在广州暨南大学图书馆举行。会议共收到学术论文 69 篇，最终有 57 篇论文收录到论文集中。这批论文涉及“金学”研究的各个方面，大体分为 7 类：《金瓶梅》的文本及创作方法；主旨背景；版本、作者及评点；接受传播；金学学案；语言文献；比较研究。其中数位“金学”专家的论文都是多年来难得一见之作。

地方档案与文献研究:第三辑

吴佩林主编　平装 16 开　58.00 元
2017 年 11 月出版　978-7-5013-6319-3

本辑《地方档案与文献研究》为“学术史与方法论”专号。编纂工作始于 2014 年在上海交通大学历史系举办的“明清契约文书国际暑期学校”，期间师生意识到目前的地方文献整理虽方兴未艾，但各地做法不一，亟须对过去的经验与教训进行总结。本专号所选文章有以下几类：1. 概述 20 世纪上半叶中央衙门档案整理方法的文章和两篇分别代表 60 年代与 80 年代档案整理方针的文章；2. 在地方档案文献收集、整理方面具有开创性的文章；3. 以若干典范性整理工作为基础，带有理论性、反思性或总结性的论文；4. 近年对地方档案文献整理方法的学术回顾文章与揭示未来整理工作可能方向的展望性文章。

回眸与展望:民国文献整理与研究国际学术研讨会论文集

蔡迎春、庄雷主编　平装 16 开　58.00 元

2018 年 5 月出版　978-7-5013-6431-2

本书是“回眸与展望:民国文献整理与研究国际学术研讨会”的论文集,共 45 篇报告和论文。2016 年 11 月,会议在上海师范大学举行,来自美国、博茨瓦纳和中国的专家学者,图书馆、档案馆、出版社等业界同人 120 余人与会,结合图书馆、档案馆、出版社三方,会议围绕民国文献馆藏的整理开发与利用、民国文献数字化建设、民国文献总书目编制、民国文献编目区域合作等进行了广泛深入的交流。本书主要包括专家报告摘编、普查与收藏、目录与分类、数字化研究、地方文献研究、专题研究六部分。对深入发掘民国文献、推进民国史研究具有推动作用。

明月天山——“李白与丝绸之路国际学术研讨会”论文集

朱玉麒、周珊主编　精装 16 开　168.00 元

2018 年 9 月出版　978-7-5013-6416-9

本书是 2015 年 10 月在李白出生地的吉尔吉斯斯坦共和国举办“李白与丝绸之路国际学术研讨会”的论文集,由北京大学中文系教授朱玉麒与新疆师范大学文学院院长周珊主编,所收论文 20 余篇,并附录吉尔吉斯斯坦学者李白研究论文选粹 4 篇。

版本目录学研究

版本目录学研究(第一辑)

沈乃文主编　平装 16 开　75.00 元

2009 年 10 月出版　978-7-5013-4174-0

本辑收录白化文、李致忠、陈先行等版本目录学专家的新近论文 30 篇,分为理论研讨、版本考订、目录与收藏、修复与保护、人物事略、读书札丛六个部分,多层次、多角度展示了古籍研究、古籍保护、古籍出版、古籍收藏的方方面面,为古籍研究、出版、收藏及爱好者提供了有益的参考。

版本目录学研究(第二辑)

沈乃文主编　平装 16 开　128.00 元

2010 年 12 月出版　978-7-5013-4441-3

本书收录中外学者古籍版本目录学研究论文 33 篇,分为纪念傅增湘先生逝世六十周年、理论、典籍、版本、收藏、人物、修复 7 个专题编排,并有较多图版和插图。第一部分为 2010 年在北大举办的“著名学者藏书家傅增湘先生逝世六十周年展”专题,后面六部分从不同角度论述古籍和版本目录学问题,具有较强学术价值。

版本目录学研究(第三辑)

沈乃文主编　平装 16 开　120.00 元

2012 年 1 月出版　978-7-5013-4726-1

本书收录有关版本目录学研究的文章 38 篇,分为纪念冀淑英先生逝世十周年、典籍、目录、版本、校勘、收藏、人物、形制、保护、感言 10 个专题编排。作者均为古籍版本学界从业者及专家学者,文章具有较高学术水平。

版本目录学研究(第九辑)

沈乃文主编　平装 16 开　110.00 元

2018 年 11 月出版　978-7-5013-6579-1

本书是关于目录、版本、校勘等中国传统学问的论文集。所编选的文章多从传世文献和考古发现中挖掘材料,使用以考据为主的研究方法,提出问题,考订史实,证明新见。编者力图通过此书继承、恢复我国传统版本目录之学。

艺衡

艺衡 第二辑

徐鼎一主编　平装 16 开　48.00 元

2010 年 1 月出版　978-7-5013-4223-5

本书分为学苑、经苑、诗文苑、书画苑、收藏苑五部分,收入有关传统文化及艺术的诗文 30 余篇。

艺衡 第三辑

徐鼎一主编　平装 16 开　48.00 元

2010 年 6 月出版　978-7-5013-4373-7

本书是有关传统文化与艺术鉴赏方面的论文集。收入相关论文约 20 篇,体现了古籍研究与书画鉴赏方面的最新成果。

艺衡 第四辑

徐鼎一主编　平装 16 开　48.00 元

2010 年 11 月出版　978-7-5013-4436-9

本书是以传统文化研究和书画作品鉴赏为内容的论文集,收入论文 20 余篇。

艺衡 第五辑

徐鼎一主编　平装 16 开　48.00 元
2011 年 4 月出版　978-7-5013-4599-1

本书是以传统文化研究和书画作品鉴赏为内容的论文集，收入论文 20 余篇。

艺衡 第六辑

徐鼎一主编　平装 16 开　48.00 元
2011 年 11 月出版　978-7-5013-4693-6

本书是以传统文化研究和书画作品鉴赏为内容的论文集，收入论文 20 余篇。

历史文献论坛

历史文献论坛（第一辑）

《历史文献论坛》编委会编　平装 16 开　30.00 元
2014 年 6 月出版　978-7-5013-5397-2

《历史文献论坛》是由国家图书馆出版社编辑出版的学术年刊。栏目设置主要有："文献版本""书海史话""影印古籍 传承文脉""馆藏撷英""书评序跋""学术动态"，是图书馆界古籍工作人员科研成果和馆藏展示的平台。

历史文献论坛（第二辑）

《历史文献论坛》编委会编　平装 16 开　39.00 元
2016 年 8 月出版　978-7-5013-5854-0

本书为《历史文献论坛》（第二辑），设置"文献版本""书海史话""馆藏撷英""书评序跋""出版综述"五个栏目。收录了有关文献研究理论探讨、文史典籍考证校雠、书籍史研究，图书馆等藏书机构的特色馆藏、珍贵典籍介绍的文稿和历史文献整理与出版研究领域学术动态等方面的文章，以及历史文献影印图书的序跋、书评等相关文章。作者均为从事古籍整理与研究和古典文献研究的专家学者，以及各藏书机构古籍从业人员、藏书家等。

历史文献论坛（第三辑）

《历史文献论坛》编委会编　平装 16 开　39.00 元
2018 年 8 月出版　978-7-5013-6557-9

本书为《历史文献论坛》（第三辑），版块延续第一、二辑"文献版本""书海史话""馆藏撷英""书评序跋""出版综述"等栏目。收录了有关文献研究理论探讨、文史典籍考证校雠、书籍史研究，图书馆等藏书机构的特色馆藏、珍贵典籍介绍的文稿和历史文献整理与出版研究领域学术动态等方面的文章，以及历史文献影印图书的序跋、书评等相关文章。作者均为从事古籍整理与研究和古典文献研究的专家学者，以及各藏书机构古籍从业人员、藏书家等。

文集

黎锦熙著述目录

黎泽渝编　平装 32 开　3.98 元
1997 年 1 月出版　7-5013-1104-8

本书主要收录黎锦熙的学术论著，所编的教材、课本，少量的演讲、提案，以及极少量的政治性文章。全书分 4 大类：1. 已出版的专著；2. 已发表的文章；3. 未出版的专著；4. 未发表的文章。每大类下再按论著出版发表或撰写的时间顺序排列。书前有黎泽渝的前言。

刘季平文集

刘季平著　平装 32 开　38.00 元
2003 年 1 月出版　7-5013-2066-7

本书分探索求实篇、教育理念篇、回顾思索篇几大部分，汇辑了刘季平从事革命工作以来的论著、讲话、回忆、书信、诗词、日记等文章百余篇。

王重民先生百年诞辰纪念文集

北京大学信息管理系编　平装 16 开　65.00 元
2003 年 9 月出版　7-5013-2157-4

本书是王重民先生百年诞辰纪念文集，收录了数十篇纪念文章及学术论文以及王重民先生未发表的遗作。包括六个方面：1. 反映王重民先生生平事迹的文章；2. 反映王重民先生在目录学领域重要贡献的文章；3. 反映王重民先生在敦煌学方面的特殊贡献，以及这一领域研究成果的文章；4. 反映版本学方面的研究文章；5. 反映图书馆学与文献学方面的研究文章；6. 王重民先生从未发表过的 13 篇文章，这是本论文集的一个亮点。启功封面题字。

冀淑英文集

冀淑英著　精装 32 开　45.00 元
2004 年 9 月出版　7-5013-2461-1

芸香阁丛书之一。芸香阁是中国古代官府藏书之所的别称，古人常把芸香和书籍放在一起杀蠹鱼，"芸香阁丛书"含有图书馆和古籍整理等意义。本丛书由顾廷龙、赵万里、潘天祯、冀淑英等四人文集组成，作者均为当代古籍版本目录学界的宗师和泰斗。本丛书由国家图书馆、上海图书馆、南京图书馆联合编纂，国家图书馆所属北京图书馆出版社和上海图书馆所属上海科学技术文献出版社共同推出。本书收录著名版本学家冀淑英先生的论著70余篇。

陈训慈百年诞辰纪念文集

浙江图书馆编　平装32开　75.00元

2006年2月出版　7-5013-2995-8

全书分上下两编，上编为陈训慈的主要论著，内容为史学、图书馆学、地方文献学等，下编为今人纪念陈训慈的文章。

周绍良先生纪念文集

白化文主编　精装16开　80.00元

2006年8月出版　7-5013-3187-1

本书为纪念周绍良先生逝世周年而作，收录了近百位学者的纪念与学术类文章。

集成十年——纪念《东方文化集成》创办十周年专集

《东方文化集成》编委会编　精装16开　98.00元

2006年10月出版　7-5013-3174-X

本书被评为2006年度“中国最美的书”。《集成十年》是为纪念《东方文化集成》创办10周年而出版的一部纪念文献专集。

陈乃乾文集（全二册）

陈乃乾著，虞坤林整理　精装32开　98.00元

2009年4月出版　978-7-5013-3625-8

本书收录陈乃乾（1896—1971）先生的论文数百篇，收集整理于各种刊物，有些是首次发表。顾廷龙封面题字。

袁同礼文集

袁同礼著　平装16开　65.00元

2010年6月出版　978-7-5013-4374-4

本书收录袁同礼先生所著单篇文章、书评、演讲词与序跋近70篇。依据文章的内容，分为图书馆事业编、文献研究编、序跋编、杂著编。这些文章体现了袁先生在图书馆学与文献学领域的精深造诣，其中体现的学术精神，对于我们今天不无借鉴意义。

随缘做去 直道行之——方广锠序跋杂文集

方广锠著　平装16开　80.00元

2011年11月出版　978-7-5013-4694-3

本书收录作者1982年以来所写的序、跋、书评、随笔、博文、通讯等共100余篇，内容涉及追忆悼念、佛教文献研究、敦煌遗书研究、印度文化研究、印度佛教与中国佛教研究及学术研究方法、规范等，也有少量杂文，反映了作者30年来学术生涯的一个侧面，具有重要学术价值。

袁同礼纪念文集

国家图书馆编著　平装16开　70.00元

2012年6月出版　978-7-5013-4588-5

袁同礼先生是国家图书馆百年发展史上卓有成就、贡献很大的馆长之一。本书收入纪念袁同礼先生的文章30余篇，从怀念、回顾、专题研究等方面展示了袁先生对学术文化的突出贡献。本书的出版，将为图书馆学界乃至整个学术界提供丰富的资料，有助于图书馆学、图书馆事业史以及海外汉学研究。

元史论集

杨讷著　精装16开　136.00元

2012年8月出版　978-7-5013-4805-3

本书系历史研究者杨讷先生的史学论集。收入杨先生50年来发表的元史研究论文28篇，其中包括对元代社会制度、农民起义、宗教及其他基本史实的考证，以及对元史论著的评介，对元史学者的怀念、回顾等，从中可见杨先生的学术研究轨迹与严谨求实的学术精神。

赵万里文集·第一卷

赵万里著　精装16开　136.00元

2011年12月出版　978-7-5013-4665-3

本书是国家图书馆、上海图书馆、南京图书馆共同策划的芸香阁丛书之一种。是著名学者、版本目录学家赵万里先生的文集第一卷，收录先生关于王国维研究、书籍版本学、《永乐大典》研究、史料目录学及考证类文章38篇。前附赵芳瑛、赵深编《赵万里先生传略》，后有宿白先生跋文。本书具有重要史料价值和学术价值。

赵万里文集·第二卷

赵万里著　精装16开　160.00元

2012年11月出版　978-7-5013-4810-7

收录著名版本目录学家、文献学家赵万里先生的词学和曲学论著，以及序跋、校勘记、访书记、书评和史学讲义与回忆文章等90余篇，具有重要学术价值。

赵万里文集·第三卷

赵万里著　精装16开　160.00元

2012年11月出版　978-7-5013-4832-9

本书收录我国著名版本目录学家、文献学家赵万里先生所做古籍善本提要和经眼录，所涉古籍数百种，内容十分丰富。其中很多是作者多年在各地访书看书的笔记，而且首次整理发表，具有较高学术价值，是研究版本学、目录学的重要资料。

钱存训文集（全三册）

钱存训著，国家图书馆编　精装16开　760.00元

2013年2月出版　978-7-5013-4780-3

本书共分三卷：第一卷收录作者专著《书于竹帛》和书史论丛文章25篇；第二卷为专著《中国纸和印刷文化史》；第三卷收录图书目录学文章13篇、史学与回忆文丛11篇和《留美杂忆》。

坐拥书城　勤耕不辍：钱存训先生的志业与著述

吴格编　平装16开　98.00元

2013年10月出版　978-7-5013-5154-1

本书收录有关钱存训先生历年著述之中外评论及访谈文字48篇，计分为访问报道、书于竹帛、纸和印刷、中美书缘及留美杂忆、综合书评五部分，首载照片，书影、年表，后有附录：钱桂森教经堂藏书知见录。

汪同尘文集

汪同尘著　精装16开　180.00元

2013年12月出版　978-7-5013-5131-2

本书收入汪同尘先生《苦榴花馆杂记》之外的已刊和未刊著作。正编分为诗词、文论、笔记、小说、书略、译作六部分；外编收入同尘先生编辑或者校改作品。大体以发表或写作先后为序。本书另外收入同尘先生父亲的《震斋杂说》《震斋集》两种著作。

又见文津——历届“文津图书奖”获奖图书书评集萃

国家图书馆编　平装16开　58.00元

2015年4月出版　978-7-5013-5574-7

本书是历届文津图书奖获奖图书的书评集萃。文津图书奖设立于2004年，是由国家图书馆发起、全国图书馆界共同参与的公益性图书评奖活动，每年举办一次，每次评出获奖图书10种，迄今为止已举办十届，在写书人、出书人、读书人之间架起了沟通的桥梁。

周先慎先生八十寿诞纪念文集

本书编辑委员会编　平装16开　80.00元

2015年6月出版　978-7-5013-5613-3

本书是周先慎先生八十寿诞的纪念文集，收入文章30余篇，共分为上篇、中篇、下篇。上篇为治学之道，介绍周先慎先生的治学方法、研究领域及著作编年等；中篇为薪火相传，内容为周先生学生在各自领域较有代表性的论文；下篇为师生情深。

张宗祥先生纪念画册

浙江图书馆编　精装16开　280.00元

2015年8月出版　978-7-5013-5650-8

本书以大量图片配文字的形式，来纪念著名文献学家、原浙江图书馆馆长张宗祥先生（1882—1965）逝世五十周年。主要内容包括：张宗祥先生生平各时期的照片，他的画作和著作，他的随身物品、印谱，他在古籍辑校方面的成果，他的社会工作等。本画册以照片为主，分以下十部分：一、生平介绍；二、古籍辑校；三、文化保护；四、书画艺术；五、诗歌杂著；六、戏曲创作；七、医药论著；八、常用印谱；九、时代新声；十、追忆缅怀。

延年集

丁瑜著　精装16开　88.00元

2016年6月出版　978-7-5013-5809-0

为祝贺丁瑜先生诞辰90周年，国家图书馆专门策划出版丁瑜先生专著《延年集》，内容包括三个部分：论文及纪念性文章30篇，诗歌77首，与肖振堂先生合著的《中国古籍装订修补技术》一书。全面反映丁瑜先生工作、治学等方面的成就。

国图与抗战——纪念中国人民抗日战争暨世界反法西斯战争胜利70周年国家图书馆员工文集

国家图书馆编　平装16开　70.00元

2016年8月出版　978-7-5013-5902-8

本书收入国家图书馆同人为纪念抗日战争暨世界反法西斯战争胜利70周年撰写的论文，分为馆史、馆藏文献、资源建设三个部分。记述了平馆工作人员在抗日战争的特殊历史时期，以民族大义为重，保护馆藏、征集史料、服务社会的生动感人事迹。

让古籍里的文字活起来——国家典籍博物馆首展纪念文集

本书编委会编　平装16开　48.00元

2016年8月出版　978-7-5013-5905-9

本书以“让古籍里的文字活起来”为题，精选32篇以国家典籍博物馆的运营发展为主要内容的研究论文，从展览规划、公共教育、媒体宣传、保护研究、文创开发等多方面进行了论述和思考，是国家典籍博物馆的第一部研究文集。该书还收录了国家图书馆馆长、国家典籍博物馆馆长韩永进关于典籍博物馆成立的重要作用以及对其运营发展的论述。书后附有典籍博物馆成立一周年大事记。

甘州书声——《张掖阅读》文章荟萃

黄岳年编　平装16开　39.00元

2016年8月出版　978-7-5013-5890-8

本书是《张掖阅读》报中的文章荟萃。分为书香、品书、书缘、书林、八声甘州五部分，介绍与书、与读书相关的一些雅事。本书语言优美、风趣，可读性很强，可让读者对书产生新的看法。

毛春翔文集（全三册）

毛春翔著　浙江图书馆编　精装16开　980.00元

2016年9月出版　978-7-5013-5887-8

本书收集了著名学者、古籍版本学家毛春翔先生的论文、部分著作手稿及译著。包含其关于《四库全书》研究、古籍版本研究、图书分类、浙江图书馆馆藏研究等方面的著作和文章，范围广泛，反映了其在古籍版本学、图书馆学领域的建树及学术贡献，为后世研究其学术思想提供了参考和借鉴。

采铜于山——马泰来文史论集

（美）马泰来著　精装16开　260.00元

2017年3月出版　978-7-5013-5845-8

本集收入著者文史论文40余篇，内容包括作者所撰学术论文、学术札记、图书序跋、补正（如《明人传记资料索引》补正）、纠误（如《清代人物传稿》纠误）等，涵盖著者所撰重要的中文学术论文。马泰来师承香港大学饶宗颐教授、美国芝加哥大学何炳棣教授及钱存训教授，于1971年以学生助理的身份在美国芝加哥开始其图书馆事业，随后担任芝加哥大学东亚图书馆馆长（1987—1997）、香港大学图书馆副总馆长（1997—2001）、普林斯顿大学东亚图书馆馆长（2001—2015），他也曾是东亚图书馆理事会主席（1997—2000）。本书的出版，对于文史研究有一定的学术参考价值。

喜欢阅读

黄岳年著　平装16开　58.00元

2017年8月出版　978-7-5013-6175-5

本书收录黄岳年先生多年的读书感受，包括映山论、想起韩映山、风华三月芸书香、我读《初版本》、大音希声原野美、王稼句的《书生风味》、巴金点滴和周立民、崔文川的藏书票、岁寒新书暖、情在书里书外、天涯比邻、想生活在株洲、记住了株洲、春联获奖记、在家常早起、《诫子书》中有深意等文章，饱含了作者对于阅读的喜爱及阅读背后的思考。

永远的怀念：步平先生逝世周年纪念集

步平先生逝世周年纪念委员会编　平装16开　38.00元

2017年8月出版　978-7-5013-6182-3

步平，曾任黑龙江省社会科学院副院长，中国社会科学院近代史研究所所长、党委书记。主要研究方向是中日关系史、东北亚国际关系史、日本侵华史、抗日战争史。本书为步平老师逝世周年的纪念册，包括照片、追忆、唁电、附录等内容。

赵万里先生纪念文集

国家古籍保护中心办公室编　平装16开　48.00元

2018年5月出版　978-7-5013-6343-8

赵万里先生是20世纪成就最为卓著的版本目录学家与古籍整理专家之一。本书的主体，是1980年以来发表的纪念、回忆诗文，作者大多是赵先生的家人、朋友、同事和学生。此外还收录了2016年12月17日在国家图书馆善本阅览室举办的赵万里先生铜像揭幕仪式上的致辞和发言，以及由这次活动触发出来的几篇文章，代表了更年轻的两代人对赵先生的纪念。

沈燮元文集

沈燮元著　精装16开　98.00元

2018年11月出版　978-7-5013-6612-5

沈燮元，1924年生，版本目录学家，南京图书馆研究馆员，从事古籍整理、研究与保护工作六十余年。具有丰富的古籍保护从业经验，成就斐然，退而不休，以古籍整理为终生事业，对南京图书馆乃至全国古籍保护工作做出了突出贡献，在古籍版本研究领域具有较大的影响和权威。此次汇集其文章，编为一辑，既是对其一生著述的总结，也可对从事古籍工作的同行提供很好的借鉴。

任继愈著作系列

老子绎读

任继愈著　平装16开　23.00元

2007年2月出版　978-7-5013-2836-9

本书是任先生对中华民族最重要的经典——《老子》的注解和阐释。作者在《老子》原文的每章前，撰写了高度概括性的内容提要和中心思想；对原文中的重点和难懂词句，逐一校注，并附有历代名家的校勘成果；译文精确、流畅、规范、易懂。作者译注《老子》始于1956年，先后出版过三部《老子》注译著作，深受几代学人的推崇和喜爱。

老子绎读

任继愈著　16开　55.00元(精)　29.00元(平)
2015年4月出版
978-7-5013-5569-3(精)　978-7-5013-5570-9(平)

任继愈先生是20世纪我国著名的哲学家、宗教学家和历史学家。时值任先生诞辰99周年，为缅怀先贤，传承文化，我社决定再次出版《老子绎读》一书。任先生曾在50年间，四次翻译和注释《老子》，期间不断修订与完善，足见其治学之严谨、研究用力之深。本书是其最后一次译注的成果：以王弼本为底本，参以帛书本、竹简本校之，配以简明的释文，并有精炼的题解，本次再版对书稿中的遗留问题一一进行了修订，并重新设计了封面和开本。希望新版的《老子绎读》，能给读者带来更好的阅读体验，也能为广大的《老子》爱好者与研究者提供参考。

老子绎读(一函二册)

任继愈著　线装16开　680.00元
2016年9月出版　978-7-5013-5918-9

任继愈先生曾在50年间，四次翻译和注释《老子》，期间不断修订与完善。本书是其最后一次译注的成果：以王弼本为底本，参以帛书本、竹简本校之，配以简明的释文、精炼的题解。此次线装版《老子绎读》的出版，希望能给读者带来更好的阅读体验，也能使广大的《老子》爱好者可以长期收藏鉴赏。

宗教学讲义

任继愈著　平装32开　26.00元
2013年8月出版　978-7-5013-5142-8

本书是任先生于20世纪80年代在北京大学给宗教专业本科生讲课的讲义的一部分。其中的个别章节，曾被先生编入《念旧企新》一书。其他部分在先生逝世后，曾被编入《任继愈宗教论集》。全部讲义内容共分二十一小节，由于其独立价值，这次以单行本出版，以飨读者。

魏晋南北朝佛教经学

任继愈著　平装32开　22.00元
2013年8月出版　978-7-5013-5143-5

本书原是任继愈先生主编的《中国哲学发展史(魏晋南北朝)》的一章，是任先生对于魏晋南北朝哲学的全面论述。全书分为八章，论述了佛教的输入与早期传播、魏晋玄学与佛教般若学、鸠摩罗什与中观学派、慧远的佛教思想体系、从僧肇到竺道生、魏晋南北朝流行的佛教主要经典、魏晋南北朝流行的佛教主要经论、佛教经学的中心议题——心性论。是任先生对于中国马克思主义宗教学的重要贡献之一。

任继愈文集(全十册)

任继愈著　精装16开　1100.00元
2014年12月出版　978-7-5013-5356-9

《任继愈文集》将任继愈先生一生的学术思想和研究成果进行系统整理和总结，为后人学习与研究先生的思想提供系统性的学习与参考资料。共分八编：宗教学与科学无神论研究；中国哲学史研究；佛教研究；儒教研究；道教研究；论古籍整理；史学研究；杂著。全书十册，共计500万字。

任继愈论古籍整理

任继愈著　平装32开　24.00元
2016年12月出版　978-7-5013-6006-2

本书收入任继愈先生关于古籍整理与保护、《中华大典》、《中华大藏经》、儒释道经典整理、其他古籍整理等五个方面论说文章共计42篇。任继愈先生生前一直十分关心我国古籍保护与整理，主持了《中华大典》《中华大藏经》的整理工作。本书处处可见任继愈先生对于古籍保护与整理的真知灼见。

任继愈论历史人物

任继愈著　平装32开　36.00元
2016年12月出版　978-7-5013-6001-7

本书收入任继愈先生有关中国历史人物的论说文章53篇，按照古代、近代、现代、其他予以划分。内容包括从古至今比较重要的政治家、史学家、哲学家、军事家、文学家、教育家等，最后附有对自己初小、高小及初中老师的回忆文章。主要侧重现代，评价、回忆师友文章居多。

任继愈论儒佛道

任继愈著　平装32开　20.00元
2016年12月出版　978-7-5013-6007-9

本书收入任继愈先生研究儒佛道论说文章29篇。

任继愈先生对于我国传统文化与宗教均有深入研究。由于不是作为教徒而是作为研究者进行观察、分析、研究，认识更加客观。所谓当事者迷，旁观者清。本书体现了任继愈先生有关宗教问题的深刻见解。

任继愈论文化与教育

任继愈著　平装 32 开　20.00 元
2016 年 12 月出版　978-7-5013-6005-5

本书收入任继愈先生关于人文精神与道德建设、人才培养、传统文化与经典教育、北大与西南联大、文化交流、杂记等方面论说文章 46 篇。从中可以看到任继愈先生关心国家文化与教育事业的拳拳爱国之心以及对于文化与教育事业的历史、现实、未来的深刻体察与远见卓识。

任继愈纪念文集

哲人其萎 风范永存——任继愈先生追思录

国家图书馆编　平装 16 开　50.00 元
2009 年 9 月出版　978-7-5013-4080-4

本书共收录追思纪念任继愈先生的文章 50 多篇，任先生相关图片多帧，展示了任先生为人治学的大师风采。

任继愈的为人与为学·第一辑

任继愈研究会编　平装 16 开　68.00 元
2013 年 8 月出版　978-7-5013-5137-4

本书收录的是 2012 年 7 月 11 日任先生逝世三周年纪念日于山东省平原县召开的“任继愈研究会成立大会暨任继愈的为人与为学学术研讨会”上的发言，以及会前与会后报刊或文集上发表或即将发表的与任先生为人与为学有关的论文。本集为这个题目的第一辑，今后将继续这个题目的讨论，并将讨论文章辑成论文集出版。

永远的怀念——任继愈先生百年诞辰纪念文集

国家图书馆编　精装 16 开　80.00 元
2016 年 4 月出版　978-7-5013-5791-8

本书是为纪念任继愈先生 100 周年诞辰由国家图书馆组织编写的纪念文集。任继愈先生担任国家图书馆馆长近 20 年，为国图逐步迈向现代化图书馆，推进各项业务建设，培养中青年人才，付出了大量心血。这部纪念文集汇集任继愈先生百年诞辰纪念会暨学术研讨会的相关文章，寄托了大家的哀思，读者也能从中感受到任继愈先生的高尚情操和人格魅力。

讲座丛书

部级领导干部历史文化讲座

部级领导干部历史文化讲座·2002

国家图书馆编　平装 32 开　20.00 元
2003 年 3 月出版　978-7-5013-2096-7

为提高部级领导干部的文化素质，拓宽其人文视野，2002 年 1 月 12 日至 2002 年岁末，由中央国家机关工委、文化部、中国社会科学院主办，国家图书馆承办了 13 期“部级领导干部历史文化讲座”，反映良好。《部级领导干部历史文化讲座》一书系裒集 12 篇讲座文稿而成。该文稿的作者均为享誉海内外的著名专家学者，他们将深刻的哲理寓于通俗易懂的语言之中，既具深度，又具广度。该书既是党政领导干部的极好教材，也是社科研究者、爱好者不可多得的参考书。

部级领导干部历史文化讲座·2003

国家图书馆编　平装 32 开　20.00 元
2004 年 9 月出版　978-7-5013-2584-9

为了便于领导干部更好地从历史文化中汲取营养，拓宽人文视野，认识和把握社会发展的规律，提高领导能力和执政水平，继 2002 年由中央国家机关工委、文化部、中国社会科学院成功主办第一期“部级领导干部历史文化讲座”后，2003 年又举办了第二期讲座，本书即遴选此次讲稿结集而成。本书内容涉及文学、历史、宗教、艺术、文化诸方面，作者均为享誉国内外的著名专家学者，他们用通俗易懂的语言，纵横国际与国内、历史与现实。读之，引人入胜，促人深思，催人奋进。

部级领导干部历史文化讲座·2004

国家图书馆编　平装 32 开　28.00 元
2005 年 7 月出版　978-7-5013-2792-8

本书系裒集 15 篇讲座文稿而成。该文稿的作者均为享誉海内外的著名专家学者，他们将深刻的哲理寓于通俗易懂的语言之中，既具深度，又具广度。该书既是党政领导干部的极好教材，也是社科研究者、爱好者不可多得的参考书。

部级领导干部历史文化讲座·2005

国家图书馆编　平装 32 开　20.00 元
2006 年 7 月出版　978-7-5013-3142-0

本书是由中央国家机关工委、文化部、中国社会科学院主办的 2005 年部级领导干部历史文化讲座的结集。

部级领导干部历史文化讲座·2006

国家图书馆编　平装 32 开　20.00 元
2007 年 8 月出版　978-7-5013-3491-9

本书是由中央国家机关工委、文化部、中国社会科学院主办，国家图书馆承办的“部级领导干部历史文化讲座”2006 年全年讲座的结集，本书 15 篇讲稿的作者均为国内外著名专家、学者。

部级领导干部历史文化讲座·2007

国家图书馆编　平装 32 开　22.00 元
2008 年 5 月出版　978-7-5013-3619-7

本书是由中央国家机关工委、文化部、中国社会科学院主办，国家图书馆承办的“部级领导干部历史文化讲座”2007 年全年讲座的结集，13 篇讲稿的作者均为国内外著名专家、学者。

部级领导干部历史文化讲座·2008

国家图书馆编　平装 32 开　26.00 元
2009 年 5 月出版　978-7-5013-3972-3

本书是由中央国家机关工委、文化部、中国社会科学院主办，国家图书馆承办的“部级领导干部历史文化讲座”2008 年全年讲稿的结集。包括 16 篇文章，内容涉及文学、艺术、宗教、历史等。

部级领导干部历史文化讲座·2009

国家图书馆编　平装 32 开　23.00 元
2010 年 6 月出版　978-7-5013-4362-1

本书是由中央国家机关工委、文化部、中国社会科学院主办，国家图书馆承办的“部级领导干部历史文化讲座”2009 年全年讲座的结集。讲稿分为中外历史、民族宗教、心理学、中医等类别。主讲者均为享誉国内外的著名专家学者。将这些讲稿结集出版，对于传播先进文化将会起到积极的推动作用。

部级领导干部历史文化讲座·2010

国家图书馆编　平装 32 开　27.00 元
2011 年 5 月出版　978-7-5013-4484-0

本书是由中央国家机关工委、文化部、中国社会科学院主办，国家图书馆承办的 2010 年部级领导干部历史文化讲座讲稿的结集，分为中外历史、宗教艺术等类别，主讲人有李学勤、林甘泉、厉声、陈鼓应等，均为国内外著名的专家、学者，他们以通俗易懂的语言，阐述深刻的哲理。将其结集成册，对于优秀文化的传播，具有积极意义。

部级领导干部历史文化讲座·2011

国家图书馆编　平装 32 开　30.00 元
2012 年 5 月出版　978-7-5013-4725-4

本书是由中央国家机关工委、文化部、中国社会科学院主办，国家图书馆承办的 2011 年部级领导干部历史文化讲座讲稿的结集，主讲人有金一南、张大可、张柏春、章开沅、杨天石等各自领域内的著名专家、学者，内容涉及政治、经济、科技、文化等等，语言深入浅出、通俗易懂。

部级领导干部历史文化讲座·2012

国家图书馆编　平装 32 开　30.00 元
2013 年 4 月出版　978-7-5013-4991-3

本书为国家图书馆讲座系列丛书之一，本讲座每月一期，每年将全年的讲座结集出版。主讲人大都是来自全国著名高校及文化科研机构的知名学者，讲座内容涉及中国传统文化、音乐、考古发现、海外局势、心理健康等方方面面，是一本普及历史文化知识的好书。

部级领导干部历史文化讲座·2014

国家图书馆编　平装 16 开　85.00 元
2015 年 5 月出版　978-7-5013-5552-5

本书是由中央国家机关工委、文化部、中国社会科学院主办，国家图书馆承办的 2014 年部级领导历史文化讲座讲稿的结集，主讲人有王晓秋、刘梦溪、葛剑雄等，均为国内外著名的专家、学者，他们以通俗易懂的语言，阐述深刻的哲理。将其讲稿结集成册，对于优秀文化的传播，具有积极意义。

部级领导干部历史文化讲座·2015

国家图书馆编　平装 16 开　85.00 元
2016 年 6 月出版　978-7-5013-5826-7

本书是由中央国家机关工委、文化部、中国社会科学院主办，国家图书馆承办的 2015 年部级领导干部历史文化讲座的结集，主讲人有王蒙、卜宪群、唐际根等，均为国内外知名专家、学者。他们以通俗易懂的语言，阐述深刻的哲理。将其讲座稿结集出版，对于传播优秀传统文化有积极意义。

部级领导干部历史文化讲座·2016

国家图书馆编　平装 16 开　85.00 元
2017 年 5 月出版　978-7-5013-6085-7

本书是由中央国家机关工委、文化部、中国社会科学院主办，国家图书馆承办的 2016 年部级领导干部历史文化讲座的结集,主讲人有孙机、朱孝远、姚大力、齐大辉等,均为国内外知名专家、学者。他们以通俗易懂的语言,阐述深刻的哲理。将其讲座稿结集出版,对于传播优秀传统文化有积极意义。

部级领导干部历史文化讲座·2017

国家图书馆编　平装 16 开　85.00 元

2018 年 5 月出版　978-7-5013-6389-6

本书是部级领导干部历史文化讲座系列丛书的一种。收入 2017 年第一期至第十二期部级领导干部历史文化讲座,如楼宇烈《中华文化的人文精神》、樊锦诗《敦煌莫高窟的价值及其现代文化角色》、曹洪欣《中医对生命的认知与健康维护》,等等。

部级领导干部历史文化讲座·2018

国家图书馆编　平装 16 开　85.00 元

2019 年 6 月出版　978-7-5013-6596-8

本书收入 2018 年 12 期部级领导干部历史文化讲座的内容。包括王蒙《文化自信与中华传统》、尹吉男《中国美术史的宏观观察——以文官集团的崛起为中心》、吴国盛《科学精神的起源》、李国强《"一带一路"倡议的历史逻辑与当代实践》等。

部级领导干部历史文化讲座(资政卷)

国家图书馆编　平装 16 开　39.80 元

2009 年 3 月出版　978-7-5013-3558-9

自 2002 年开始,由中央国家机关工委、文化部和中国社会科学院主办,邀请各方面各领域的专家学者为在京的部级领导干部举办历史文化讲座,学者包括任继愈、戴逸、叶嘉莹、唐浩明、汤一介、乐黛云、吴良镛、葛剑雄等,内容涉及历史、文化、政治、艺术等方面。本卷为政治类。为便于读者阅读,本书又配了相应的图片。

部级领导干部历史文化讲座(史鉴卷)

国家图书馆编　平装 16 开　49.80 元

2009 年 3 月出版　978-7-5013-3557-2

自 2002 年开始,由中央国家机关工委、文化部和中国社会科学院主办,邀请各方面各领域的专家学者为在京的部级领导干部举办历史文化讲座,学者包括任继愈、戴逸、叶嘉莹、唐浩明、汤一介、乐黛云、吴良镛、葛剑雄等,内容涉及历史、文化、政治、艺术等方面。本卷为历史类。为便于读者阅读,本书又配了相应的图片。

部级领导干部历史文化讲座(文化卷)

国家图书馆编　平装 16 开　49.80 元

2009 年 3 月出版　978-7-5013-3560-2

自 2002 年开始,由中央国家机关工委、文化部和中国社会科学院主办,邀请各方面各领域的专家学者为在京的部级领导干部举办历史文化讲座,学者包括任继愈、戴逸、叶嘉莹、唐浩明、汤一介、乐黛云、吴良镛、葛剑雄等,内容涉及历史、文化、政治、艺术等方面。本卷为文化类。为便于读者阅读,本书又配了相应的图片。

部级领导干部历史文化讲座(艺术卷)

国家图书馆编　平装 16 开　29.80 元

2009 年 3 月出版　978-7-5013-3559-6

自 2002 年开始,由中央国家机关工委、文化部和中国社会科学院主办,邀请各方面各领域的专家学者为在京的部级领导干部举办历史文化讲座,学者包括任继愈、戴逸、叶嘉莹、唐浩明、汤一介、乐黛云、吴良镛、葛剑雄等,内容涉及历史、文化、政治、艺术等方面。本卷为艺术类。为便于读者阅读,本书又配了相应的图片。

部级领导干部历史文化讲座(选编本)

国家图书馆编　平装 16 开　80.00 元

2007 年 3 月出版　978-7-5013-3427-8

从 2002 年开始,由中央国家机关工委、文化部和中国社会科学院主办,国家图书馆承办的部级领导干部历史文化讲座已有 6 个年头,任继愈、李学勤、葛剑雄等数十位国内一流学者为在京部级领导干部进行了上百场精彩的讲座。本书去除了艺术欣赏部分,将其余部分按史鉴篇和现实篇进行分类,讲述了人们所关心的数十个历史与现实问题。李岚清同志还为本书作序推荐。

部级领导干部历史文化讲座:图文全本·文化卷(上、下册)

国家图书馆编　平装 16 开　89.80 元

2010 年 3 月出版　978-7-5013-4355-3

自 2002 年开始,由中央国家机关工委、文化部和中国社会科学院主办,邀请各方面各领域的专家学者为在京的部级领导干部举办历史文化讲座,学者包括任继愈、戴逸、叶嘉莹、唐浩明、汤一介、乐黛云、吴良镛、葛剑雄等,内容涉及历史、文化、政治、艺术等方面。本卷为文化类。为便于读者阅读,本书又配了相应的图片。

部级领导干部历史文化讲座:图文全本·艺术卷

国家图书馆编　平装 16 开　59.80 元

2010 年 3 月出版 978-7-5013-4353-9

自 2002 年开始,由中央国家机关工委、文化部和中国社会科学院主办,邀请各方面各领域的专家学者为在京的部级领导干部举办历史文化讲座,学者包括任继愈、戴逸、叶嘉莹、唐浩明、汤一介、乐黛云、吴良镛、葛剑雄等,内容涉及历史、文化、政治、艺术等方面。本卷为艺术类。为便于读者阅读,本书又配了相应的图片。

部级领导干部历史文化讲座:图文全本·史鉴卷(上、下册)

国家图书馆编 平装 16 开 79.80 元

2010 年 10 月出版 978-7-5013-4352-2

自 2002 年开始,由中央国家机关工委、文化部和中国社会科学院主办,邀请各方面各领域的专家学者为在京的部级领导干部举办历史文化讲座,学者包括任继愈、戴逸、叶嘉莹、唐浩明、汤一介、乐黛云、吴良镛、葛剑雄等,内容涉及历史、文化、政治、艺术等方面。本卷为历史类。为便于读者阅读,本书又配了相应的图片。

部级领导干部历史文化讲座:图文全本·资政卷(上、下册)

国家图书馆编 平装 16 开 69.80 元

2011 年 3 月出版 978-7-5013-4354-6

自 2002 年开始,由中央国家机关工委、文化部和中国社会科学院主办,邀请各方面各领域的专家学者为在京的部级领导干部举办历史文化讲座,学者包括任继愈、戴逸、叶嘉莹、唐浩明、汤一介、乐黛云、吴良镛、葛剑雄等,内容涉及历史、文化、政治、艺术等方面。本卷为政治类。为便于读者阅读,本书又配了相应的图片。

部级领导干部历史文化讲座——传统文化中的治国理政智慧

国家图书馆编 平装 16 开 128.00 元

2015 年 3 月出版 978-7-5013-5515-0

"部级领导干部历史文化讲座"由中央国家机关工委、文化部、中国社会科学院主办、国家图书馆承办,面向在京的部级领导干部,旨在提高这些干部的理论水平,丰富他们的各方面的知识。其所聘请的主讲人有李学勤、林甘泉、厉声、陈鼓应等等,均为国内外著名的专家、学者,他们以通俗易懂的语言,阐述深刻的哲理。此次将 2009 年至 2013 年的全部讲座内容结集出版,并配有相应的图片,对于优秀文化的传播具有积极意义。

大国价值

国家图书馆编 平装 16 开 68.00 元

2017 年 11 月出版 978-7-5013-6285-1

本书与《大国智慧》《大国精神》作为三卷本丛书,为国家图书馆"部级领导干部历史文化讲座"15 周年精编纪念本。本书以"大国价值"为主题,旨在总结中华文明传承的优秀经验为核心内容,涵盖了田余庆、马大正等国学大家的讲稿,带领读者进一步感受大家的学术风范。

大国精神

国家图书馆编 平装 16 开 68.00 元

2017 年 11 月出版 978-7-5013-6257-8

本书与《大国智慧》《大国价值》作为三卷本丛书,为国家图书馆"部级领导干部历史文化讲座"15 周年精编纪念本。本书以"大国精神"为主题,旨在弘扬优秀的中华文明为核心内容,涵盖了李学勤、汤一介、刘梦溪、王蒙等国学大家的讲稿,带领读者进一步感受大家的学术风范。

大国智慧

国家图书馆编 平装 16 开 68.00 元

2017 年 11 月出版 978-7-5013-6286-8

本书与《大国精神》《大国价值》作为三卷本丛书,为国家图书馆"部级领导干部历史文化讲座"15 周年精编纪念本。本书以"大国智慧"为主题,旨在展现中国传统优秀文化成果为核心内容,涵盖了任继愈、陈鼓应、王春瑜等国学大家的讲稿,带领读者进一步感受大家的学术风范。

部级领导干部历史文化讲座图文本

国家图书馆编 精装 16 开 2680.00 元

2010 年 3 月出版 978-7-5013-4356-0

自 2002 年开始,由中央国家机关工委、文化部和中国社会科学院主办,邀请各方面各领域的专家学者为在京的部级领导干部举办历史文化讲座,学者包括任继愈、戴逸、叶嘉莹、唐浩明、汤一介、乐黛云、吴良镛、葛剑雄等,内容涉及历史、文化、政治、艺术等方面。为便于读者阅读,本书又配了相应的图片。

文津演讲录

文津演讲录之一

中国国家图书馆分馆编 平装 32 开 20.00 元

2002 年 1 月出版 7-5013-1857-3

本书是综合性丛书《讲座》第一编《文津演讲录》的第一册,系国家图书馆分馆举办的文史、政治、经济、音乐、美术等系列讲座的精选本。本册收入了周汝昌、任继愈、朱家溍、徐城北、何祚庥等12位学界名流、文坛泰斗的精彩讲稿。

文津演讲录之二

中国国家图书馆分馆编　平装32开　20.00元
2003年4月出版　7-5013-1022-X

本书是文津演讲录系列的第二册，收录了汤一介、刘梦溪、蔡义江、华君武、李学勤、郑小瑛、李瑶、陈漱渝、李祥霆、毕克宫、王启泰、蔺桂瑞、王宇信、罗哲文等人的讲演，内容涉及了文化、学术、艺术、历史等各个方面的问题。

文津演讲录之三

中国国家图书馆分馆编　平装32开　20.00元
2004年4月出版　7-5013-1930-8

本书收录了董辅礽、厉以宁、江平、庞朴、张立文、魏明伦、陈平原、金开诚等知名学者、社会名流的精彩演讲，内容涉及经济、法律、哲学、文学、历史、音乐、环境等多个学科，见解精辟，深入浅出，雅俗共赏，可以帮助读者继往开来，认识未知的世界和新时代。

文津演讲录之四

中国国家图书馆分馆编　平装32开　20.00元
2005年1月出版　978-7-5013-2172-8

本书由11篇讲座文稿结集而成，这11篇文稿的作者为各自领域内取得突出业绩、享有较高声誉的专家、学者、企业家。内容包括历史、文化、哲学、宗教、艺术、文学、企业文化诸方面。文稿涉及面广且通俗易懂，对大众文化素质的提高会产生较好的作用。

文津演讲录之五

中国国家图书馆分馆编　平装32开　20.00元
2006年7月出版　7-5013-2796-3

本书收录了叶秀山、孙钦善、葛荣晋、任继愈、王震中、孔祥星、叶廷芳、杨鸿勋、来新夏等人的讲稿13篇。

文津演讲录之六

国家图书馆古籍馆编　平装32开　20.00元
2007年7月出版　978-7-5013-3504-6

本书是国家图书馆古籍馆承办的"文津讲坛"系列讲座之一，收录讲稿11篇，主讲者均为国内外知名专家、学者，讲座涉及文学、史学、哲学诸方面内容，是读者学习知识、开阔眼界的良师益友。

文津演讲录之七

国家图书馆古籍馆编　平装32开　20.00元
2008年1月出版　978-7-5013-3552-7

本书是国家图书馆古籍馆举办的"文津讲坛"系列讲座讲稿的结集，共10篇。其内容涉及文、史、哲诸领域。主讲人多为年近古稀的学界名流、文坛泰斗，他们的讲座深入浅出、引人入胜，将其结集出版，会使更多的民众得其教益。

文津演讲录之八

周和平主编　平装32开　25.00元
2010年10月出版　978-7-5013-4422-2

本书收录国家图书馆古籍馆承办的"文津讲坛"讲稿10篇，内容涉及中国史、文学、艺术、经济等领域，主讲人金正耀、厉以宁、常沙娜等人均为各研究领域的著名专家学者，将其讲稿辑录成册，有利于文化的普及与传播。

文津演讲录之九

周和平主编　平装32开　25.00元
2010年10月出版　978-7-5013-4423-9

本书是国家图书馆古籍馆举办的"文津讲坛"系列讲座讲稿的结集，共9篇，由厉以宁、陆学艺、袁靖、汝信、夏晓虹、刘秀荣等知名学者主讲，涉及经济、社会、文史、艺术方面的重要问题，深入浅出，引人入胜。

文津演讲录之十

周和平主编　平装32开　25.00元
2010年10月出版　978-7-5013-4417-8

本书是文津演讲录的第十集，选取了九位当代中国著名学者，每位讲一个专题。他们从各自的视野，阐述了中国传统文化的博大精深。

文津演讲录之十一

周和平主编　平装32开　28.00元
2013年11月出版　978-7-5013-5175-6

本书是国家图书馆古籍馆举办的系列讲座"文津讲坛"讲稿的合集，共收录讲稿十余篇，内容涉及建筑、考古等内容。主讲人均为各自领域内的专家，讲述深入浅出、娓娓道来，既有一定的学术价值，又有可读性。

文津演讲录之十二

周和平主编　平装32开　45.00元
2014年5月出版　978-7-5013-5251-7

本书为国家图书馆讲座丛书系列之第一编，已连续出版近十年，广受社会各界好评。主讲人大都是来自全国著名高校及文化科研机构的知名学者，讲座内容涉及自宋、元、明、清至民国时期的政治、经济、历史、军事等方方面面，是一本普及历史文化知识的好书。

文津演讲录之十三

周和平主编　平装 32 开　38.00 元
2014 年 11 月出版　978-7-5013-5459-7

本书是国家图书馆古籍馆举办的系列讲座“文津讲坛”唐诗宋词系列讲稿的合集，共收录讲稿 10 篇。主讲人包括韩经太、诸葛忆兵、莫砺锋、钟振振等，讲述深入浅出、娓娓道来，既有一定的学术价值，又有可读性。

文津演讲录之十四

韩永进主编　平装 32 开　45.00 元
2017 年 2 月出版　978-7-5013-5788-8

本书是国家图书馆古籍馆举办的系列讲座“文津讲坛”国学内容讲稿的合集，书中共收录讲稿 10 篇。主讲人包括鲁洪生、彭林、丁夏、贺云翱、洪修平等，讲述深入浅出、生动幽默，既有一定的学术价值，又具有可读性。

文津演讲录之十五

韩永进主编　平装 32 开　48.00 元
2017 年 8 月出版　978-7-5013-6212-7

本书是国家图书馆古籍馆举办的系列讲座“文津讲坛”国学内容讲稿的合集，书中共收录讲稿 12 篇。主讲人包括李明滨、张西平、江晓原、钱婉约、韩琦、刘钝等，讲述深入浅出、生动幽默，既有一定的学术价值，又具有可读性。

领导干部历史文化讲座——文津演讲录图文本·史鉴卷

任继愈主编　平装 16 开　56.00 元
2009 年 9 月出版　978-7-5013-4088-0

由国家图书馆主办的“文津讲坛”，是享誉京城乃至全国的一个著名讲座品牌，其主讲人都是像任继愈、汤一介、李学勤、方立天、叶嘉莹、楼宇烈、乐黛云等国内一流专家学者。本书由已故国学大师任继愈担任主编，将其中最精彩部分，分类配图结集出版。

领导干部历史文化讲座——文津演讲录图文本·艺术卷

任继愈主编　平装 16 开　48.00 元
2009 年 9 月出版　978-7-5013-4089-7

由国家图书馆主办的“文津讲坛”，是享誉京城乃至全国的一个著名讲座品牌，其主讲人都是像任继愈、汤一介、李学勤、方立天、叶嘉莹、楼宇烈、乐黛云等国内一流专家学者。本书本卷为艺术卷。将其中最精彩部分，分类配图结集出版。

领导干部历史文化讲座——文津演讲录图文本·资政卷

任继愈主编　平装 16 开　54.00 元
2009 年 9 月出版　978-7-5013-4086-6

由国家图书馆主办的“文津讲坛”，是享誉京城乃至全国的一个著名讲座品牌，其主讲人都是像任继愈、汤一介、李学勤、方立天、叶嘉莹、楼宇烈、乐黛云等国内一流专家学者。本书本卷为资政卷。将其中最精彩部分，分类配图结集出版。

领导干部历史文化讲座——文津演讲录图文本·文化卷

任继愈主编　平装 16 开　52.00 元
2009 年 10 月出版　978-7-5013-4087-3

由国家图书馆主办的“文津讲坛”，是享誉京城乃至全国的一个著名讲座品牌，其主讲人都是像任继愈、汤一介、李学勤、方立天、叶嘉莹、楼宇烈、乐黛云等国内一流专家学者。本书本卷为文化卷。将其中最精彩部分，分类配图结集出版。

中国典籍与文化

中国典籍与文化（第一辑）

国家图书馆善本特藏部编　平装 16 开　20.00 元
2007 年 5 月出版　978-7-5013-3468-1

本书由国家图书馆善本特藏部《中国典籍与文化》编辑部主编，是讲座“中国典籍与文化”讲稿的结集。

中国典籍与文化（第二辑）

国家图书馆善本特藏部编　平装 16 开　20.00 元
2007 年 12 月出版　978-7-5013-2199-5

本书为国家图书馆善本特藏部与《中国典籍与文化》编辑部合办的“中国典籍与文化”系列讲座讲稿的结集。本书从典籍的角度来探讨中国传统文化，对传统文化的普及与传播将会起到积极的推动作用。

中国典籍与文化(第三辑)

国家图书馆善本特藏部编　平装16开　20.00元

2008年4月出版　978-7-5013-3618-0

本书是由国家图书馆善本特藏部、《中国典籍与文化》编辑部合办的“中国典籍与文化”讲稿的结集。

中国典籍与文化(第四辑)

国家图书馆古籍馆编　平装16开　33.00元

2010年4月出版　978-7-5013-4359-1

本书是“国家图书馆讲座丛书”中“中国典籍与文化”第四辑。作者长期研究中国历史文献,叙述深入浅出,娓娓道来。既具重要学术价值,又生动流畅,具有可读性。

中国典籍与文化(第五辑)

国家图书馆古籍馆编　平装16开　36.00元

2010年4月出版　978-7-5013-4270-9

本书是“国家图书馆讲座丛书”中“中国典籍与文化”第五辑。作者长期研究中国历史文献,叙述深入浅出,娓娓道来。既具重要学术价值,又生动流畅,具有可读性。

史记十五讲(中国典籍与文化第六辑)

张大可主讲　平装16开　39.00元

2010年4月出版　978-7-5013-4361-4

这是作者在国家图书馆所做讲座的结集。作者长期的研究和教学实践,对中国历史典籍,特别是对《史记》有着深透的理解。其讲座见解精辟,语言生动流畅,深入浅出地对《史记》进行了系统的讲解,着重阐发了《史记》的历史价值及文学魅力,因此,本书不仅帮助人们了解和阅读《史记》,而且对于了解中国典籍,普及传统文化都是很好的读本。

中国典籍与文化(第七辑)

国家图书馆古籍馆、《中国典籍与文化》编辑部编　平装16开　48.00元

2013年12月出版　978-7-5013-5173-2

本书是国家图书馆古籍馆举办的系列讲座“中国典籍与文化”讲稿的合集。本辑为科技史专辑,内容涉及天文学、医学、数学等内容。主讲人均为各自领域内的专家,讲述深入浅出、娓娓道来,既有一定的学术价值,又有可读性。

中国典籍与文化(第八辑)

国家图书馆古籍馆、《中国典籍与文化》编辑部编

平装16开　49.00元

2014年1月出版　978-7-5013-5223-4

本书是由国家图书馆古籍馆、《中国典籍与文化》编辑部合办的中国典籍与文化系列讲座讲稿的结集。收入有关伊朗问题的讲稿8篇。这些讲稿从历史、艺术、社会生活等方面对伊朗的历史和现状进行研究。阅读此书,可以使你了解到一个真实的伊朗。

中国典籍与文化(第九辑)

国家图书馆古籍馆、《中国典籍与文化》编辑部编

平装16开　49.00元

2016年11月出版　978-7-5013-5820-5

本书是由国家图书馆古籍馆、《中国典籍与文化》编辑部合办的“中国典籍与文化”系列讲座讲稿的结集。收入有关中医问题的讲稿10篇。这些讲稿从中医基础理论与发展、中医诊断、中外医学交流、中医古籍版本简史等方面对中医问题进行了研究。阅读此书,可使读者对中医问题有一个全面的了解。

中国典籍与文化(第十辑)

国家图书馆古籍馆、《中国典籍与文化》编辑部编

平装16开　55.00元

2017年10月出版　978-7-5013-6086-4

本书是由国家图书馆古籍馆、《中国典籍与文化》编辑部合办的“中国典籍与文化”系列讲座讲稿的结集。收入探讨先秦诸子相关问题的讲稿。这些讲稿探讨了先秦时期的相关著作及先秦诸子的思想。阅读此书,可使读者对先秦诸子的思想有一个全面的了解。

中国典籍与文化(第十一辑)

国家图书馆古籍馆、《中国典籍与文化》编辑部编

平装16开　80.00元

2017年12月出版　978-7-5013-6059-8

本书收入《泥版上的伟大诗篇》《古希腊神话略谈:以欧里庇得斯悲剧为例》《古代希腊体育赛会概说》《尼伯龙人之歌——原始日耳曼文化与基督教文明:暴力与和平》《欧洲中世纪文明:历史的演化和发展》《印度两大史诗精简版》《印度神话与造像精简版》等10篇文章。

文化论衡——中国典籍与文化系列讲座十年选萃

国家图书馆古籍馆编　平装16开　45.00元

2012年3月出版　978-7-5013-4722-3

本书是为纪念国家图书馆古籍馆、《中国典籍与文化》编辑部合办的系列讲座“中国典籍与文化”十周年而作。收入讲稿14篇。内容涉及文学、史学、哲学、中医等领域。本书以中国传统典籍为中心,引导公众从典籍出发认识中国传统文化。对于传统文化的弘扬，将会起到积极的推动作用。

学津清谈

传统文化与现代化

曹丽萍主编　平装16开　38.00元
2010年5月出版　978-7-5013-4367-6

本书是国家图书馆讲座丛书第三编之第一种，收录钱理群、周国平、毛佩琦、詹福瑞等文史学者文章14篇。

教育理想与教育哲学

李静主编　平装16开　38.00元
2010年7月出版　978-7-5013-4392-8

本书是国家图书馆讲座丛书"学津清谈"系列之一，收入文章十余篇。作者均为关心教育的社会各界精英人士，他们从教育与社会发展的视角出发，审视、探讨、建言当前和未来的中国教育，旨在为中国教育的环境改善提供新的发展、观察及研究的思路和途径。

科学素质与社会和谐

金龙主编　平装16开　38.00元
2010年7月出版　978-7-5013-4376-8

科学家讲坛是国家图书馆举办的品牌讲座之一，目的是提升广大公众的科学素养。本书收录科学家讲坛的14篇演讲稿，主讲嘉宾皆为知名科学家，主题涉及公民的科学素养、科技创新、可再生能源、载人航天、生活中的化学、生态与环境等。每篇文章都见解精辟、格调高雅，兼具学术性、知识性、思想性与趣味性，深入浅出，雅俗共赏，是科学普及的优秀作品。

寻求内外平衡的发展战略

潘常青主编　平装16开　30.00元
2010年7月出版　978-7-5013-4386-7

本书为国家图书馆讲座丛书第三编"学津清谈"系列丛书之一。共收入了13篇时政文化类文章，大都是有关金融危机爆发后及后金融危机时代中国经济现状及未来走向的文章，其讲演者都是来自国内外著名高校及科研机构的政、经、文化领域专家、学者。他们各有侧重，以大量的最新统计数据，从多个角度分析与解读了国际金融危机背景下的世界经济与中国国内经济现状，并从宏观历史与宏观未来的角度，回顾与展望了中国经济的过去、现在和将来，及其将会对世界经济产生的多重影响。

守望圆明园——学术文化争鸣集

国家图书馆讲座文化中心编　平装16开　39.80元
2010年10月出版　978-7-5013-4426-0

本书收录圆明园研究相关的文章13篇，分别从不同角度对圆明园的历史、现状和保护情况作了阐释，形成了良好的争鸣氛围，对人们全面了解圆明园大有裨益。

艺术与社会

宋晶晶主编　平装16开　38.00元
2010年10月出版　978-7-5013-4406-2

本书是国家图书馆系列讲座丛书"学津清谈"之一种，收录了国家图书馆品牌讲座"艺术家论坛"的演讲稿17篇，主题涉及音乐、绘画、书法、电影和戏剧等众多艺术门类。主讲嘉宾皆为知名艺术家，他们对中外艺术理论、艺术发展史、艺术特质、艺术家的成长历程以及大众关心的艺术热点等问题有深入的把握，演讲内容兼具学术性、思想性和普及性。通过阅读本书，读者能够从中了解艺术的精髓、感受艺术的无穷魅力、得到艺术的熏陶、提升精神境界和文化素质。

乡土文化研究（第一辑）

国家图书馆社会教育部编　平装16开　48.00元
2013年11月出版　978-7-5013-5174-9

本书收录了国家图书馆举办的乡土文化系列讲座文稿11篇。该系列讲座由各地方馆报送选题，并推荐当地知名专家担任主讲嘉宾、来京举办讲座。内容涉及具有地方特色的文化、历史、风俗、人物等，特别突出对各地文化遗产的保护、传承、研究与宣传。

其他讲座

安庆人文历史二十讲

安庆市图书馆编，张健初主讲　平装16开　78.00元
2019年2月出版　978-7-5013-6582-1

本书是"安庆大讲坛"（安庆市图书馆主办）图书馆公开课的整理稿，由安庆皖江文化研究会副会长张健初主讲，共二十讲，图文并茂，讲述了国家历史文化名城安庆的各个方面，涉及历史建筑、教育、公园、戏剧、美食等，尤其侧重于安庆的近代历史。主讲人将安庆的厚重历史与优秀文化娓娓道来，让读者在一种轻松愉快的阅读环境下，了解安庆的历史文化。

白云论坛（全二册）

张本义主编　平装32开　55.50元
2004年10月出版　7-5013-2590-1

本书是有关中国传统文化研究的论文结集，共收论文60余篇。

白云论坛(第三卷)

张本义主编　平装32开　28.00元

2006年5月出版　978-7-5013-3137-6

本书是有关中国传统文化研究的论文结集，收论文30余篇，分为史学、文学、艺术几部分内容。

白云论坛(第四卷)

张本义主编　平装32开　55.50元

2007年11月出版　978-7-5013-3584-8

本书是大连图书馆名人讲座合集，分为上下两辑，内容包括：仓修良《家谱杂谈》、彭林《守望中华礼仪之邦》、施丁《楚汉相争的决战问题》、卞孝萱《漫谈中唐诗坛》等。

聆听智者的声音：香山讲坛演讲录(第四辑)

吕梅主编，梁卫坤、关月红编　平装16开　48.00元

2013年11月出版　978-7-5013-5166-4

本书选录19篇名家演讲文章，主题囊括历史、经济、文学、易学、教育、哲学、两性婚姻、天文学、营养学、转基因技术等大众关心的社会思潮及热点问题，内容兼具学术性、知识性、趣味性，是一本追寻大师思想印迹、提高读者内在修养、雅俗共赏的好书。

聆听智者的声音：香山讲坛演讲录(第五辑)

吕梅主编，梁卫坤、刘国敏编　平装16开　60.00元

2015年9月出版　978-7-5013-5616-4

本演讲录内容涵盖文学、历史、哲学、经济、社会管理、反腐倡廉等多个方面。收入王士祥的《国学与人文精神》、王保国的《先秦诸子与民本思想》、罗家湘的《中国古代的成年礼仪》、蒋述卓的《中国古典诗词的生命精神与哲学智慧》、顾朝林的《看上去很美？——中国城市化路在何方》、官文娜的《日本明治时代如何造就现代公民》、倪星的《廉政风险预警与防范机制建设》等文章。

台州科普大讲堂

台州市科学技术协会编　平装16开　58.00元

2015年3月出版　978-7-5013-5546-4

本书收录台州市举办的20余场科普公益讲座的讲稿。讲座主题涉及天文、地理、物理、医学等，很多话题是老百姓关心或与他们生活密切相关的。如曾为中国地震局地球物理研究所研究室主任、国家地震局地磁学学科带头人、全国地磁核旋技术管理负责人林云芳主讲的《颤动的地球》；中国科学院北京天文台教授、中国天文学会副理事长、天文学名词审定委员会主任、中国科普作家协会会员卞毓麟主讲的《小行星会给人类送来什么》；台州市环境科学设计研究院院长、高级工程师万林主讲的《PM2.5与台州环境大气质量现状》；台州学院生命科学学院院长、教授、博士生导师李均敏主讲的《外来物种与我们的生活》；杭州师范大学心理健康教育中心教授傅素芬主讲的《抑郁——当今时代病》等。

台州市民讲堂(第一辑)

毛旭主编　平装16开　58.00元

2014年4月出版　978-7-5013-5328-6

本书精选2011年至2012年间，台州市图书馆举办的公益讲座的讲稿，如袁逸的《享受阅读时光——读书的传统与当代阅读主张》、蔡天新的《带着数字和玫瑰旅行》、郭瑞立的《为孩子打开成功的大门》等等，讲座主题鲜明，内容丰富，为广大读者传递知识与思想。

台州市民讲堂(第二辑)

毛旭主编　平装16开　58.00元

2015年2月出版　978-7-5013-5533-4

本书精选2012年至2013年间，台州市图书馆举办的公益讲座的讲稿。本辑所辑录的讲座主题多样、内容丰富，涉及国学、阅读、亲子、法律和经济等，主讲嘉宾有家喻户晓的知名学者，也有致力地方文化的文人雅士。如我国前驻南非大使刘贵今主讲的《走进非洲——投资机会与风险》，央视百家讲坛主讲嘉宾鲍鹏山先生主讲的《传统文化中的人性与道德》、姜鹏先生主讲的《如何看待历史：从汉武帝的三张面孔谈起》，这些讲座处处闪烁着嘉宾们的真知灼见。

台州市民讲堂(第三辑)

毛旭主编　平装16开　58.00元

2015年3月出版　978-7-5013-5545-7

本书精选台州市图书馆举办的20多场公益讲座的讲稿，主要是科普方面的讲座，主题多样。如中国地震局地理物理研究所第二研究室副主任、博士生导师王健主讲的《地震与地球内部结构》，国家海洋局第二海洋研究所学术委员会副主任、研究员陈建芳主讲的《地球的新陈代谢——海洋碳循环及气候与生态效应》，首都医科大学附属北京儿童医院主任医师、博士生导师、国务院特殊津贴专家沈叙庄主讲的《接种疫苗，呵护健康》。

文津重读——历届“文津图书奖”获奖作者讲座集萃

国家图书馆编　平装 16 开　58.00 元
2018 年 12 月出版　978-7-5013-6570-8

本书是历届“文津图书奖”获奖作者的讲座集萃。“文津图书奖”设立于 2004 年，是由国家图书馆发起、全国图书馆界共同参与的公益性图书评奖活动，每年举办一次，每次评出获奖图书 10 种，迄今为止已举办十三届。在之后举办的历次“文津读书沙龙”上，获奖图书作者分别对其获奖图书进行解读。“文津图书奖”和“文津读书沙龙”在写书人、出书人、读书人之间架起了沟通的桥梁。

系列丛书

文津学志

文津学志(第一辑)

国家图书馆善本特藏部编　平装 16 开　35.00 元
2003 年 5 月出版　7-5013-2085-3

本书为国家图书馆善本特藏部所编学术年刊,收入了国内文史学界专家、学者所撰少数民族语言文字、古典文学、文献学、敦煌学、宗教研究诸方面的学术论文 13 篇。

文津学志(第二辑)

国家图书馆善本特藏部编　平装 16 开　35.00 元
2007 年 8 月出版　978-7-5013-3518-3

本书是国家图书馆善本特藏部编的论文集,共收入论文 19 篇、专题目录 3 篇,分为版本与书目、文史专论、敦煌文献、宗教文献、保护与修复、治学与研究、专题目录共 7 个专题,具有较高的学术价值和文献价值,对于历史文献的研究与整理很有参考价值。

文津学志(第三辑)

国家图书馆善本特藏部编　平装 16 开　69.00 元
2010 年 5 月出版　978-7-5013-4085-9

本书乃国家图书馆善本特藏部主办的综合学术集刊,学术文章涉及特藏部和中外学术界有关善本特藏收藏、整理、保护、研究的最新成果。包括学术论文、藏品介绍、专题目录、书评、学者访问等。

文津学志(第四辑)

国家图书馆善本特藏部编　平装 16 开　68.00 元
2010 年 11 月出版　978-7-5013-4660-8

本书是国家图书馆善本特藏部所编有关图书馆理论研究的学术论文集。分为纪念冀淑英先生逝世十周年专栏、文献整理与版本研究、历史地理与古地图研究、金石文献整理与研究、馆藏文献编目与整理、文献保护、其他七部分。收入论文 38 篇。反映了相关领域最新研究成果。

文津学志(第五辑)

国家图书馆古籍馆编　平装 16 开　78.00 元
2012 年 8 月出版　978-7-5013-4846-6

本书由国家图书馆古籍馆《文津学志》编委会编,内容分为文献整理与版本研究、历史地理与古地图研究、金石文献整理与研究、样式雷图档整理与研究、典籍史文献与研究、古籍编目实践与理论、馆藏文献整理与编目、文献保护等栏目,每个栏目之下又有若干专题研究文章。

文津学志(第六辑)

《文津学志》编委会编　平装 16 开　72.00 元
2013 年 8 月出版　978-7-5013-5161-9

本书是国家图书馆所编学术年刊。收入文章近 40 篇,分为以下栏目:纪念翁同龢逝世 110 周年专栏、文献整理与版本研究、典籍史文献与研究、馆藏文献整理与编目、历史地理与古地图研究、金石文献整理与研究、民语文献整理与研究、文史专记,等等。

文津学志(第七辑)

《文津学志》编委会编　平装 16 开　90.00 元
2014 年 8 月出版　978-7-5013-5446-7

本书是国家图书馆所编学术年刊。分为以下栏目:纪念赵万里先生诞辰 110 周年专栏、傅山先生批注文献整理、文献整理与版本研究、典籍史文献与研究、馆藏文献整理与编目、古籍编目实践与理论、历史地理与古地图研究、金石文献整理与研究、文史专记,等等。

文津学志（第八辑）

《文津学志》编委会编　平装 16 开　60.00 元
2015 年 8 月出版　978-7-5013-5646-1

本书是国家图书馆所编学术年刊。分为以下栏目：纪念赵万里先生诞辰 110 周年专栏、傅山先生批注文献整理、文献整理与版本研究、典籍史文献与研究、馆藏文献整理与编目、古籍编目实践与理论、历史地理与古地图研究、金石文献整理与研究、文史专记，等等。

文津学志（第九辑）

《文津学志》编委会编　平装 16 开　88.00 元
2016 年 8 月出版　978-7-5013-5885-4

本书共分 8 个板块，收入 37 篇论文，涵盖文献整理与版本研究、典籍史文献与研究、馆藏文献整理与编目、古籍编目实践与理论、历史地理与古地图研究、金石文献整理与研究、文献保护以及纪念张秀民先生逝世 10 周年专栏文章 7 篇。

文津学志（第十辑）

《文津学志》编委会编　平装 16 开　130.00 元
2017 年 12 月出版　978-7-5013-6151-9

本辑共有 9 个专题：张元济先生诞辰 150 周年纪念文章专辑、王国维先生诞辰 140 周年纪念文章专辑、文献整理与版本研究、典籍史文献与研究、馆藏文献整理与编目、历史地理与古地图研究、金石文献整理与研究、民语文献整理与研究、文献保护。收入研究论文 40 余篇。

文津学志（第十一辑）

《文津学志》编委会编　平装 16 开　120.00 元
2018 年 12 月出版　978-7-5013-6558-6

本书分 10 个板块，44 篇文章，约 50 万字，栏目如下：纪念郑振铎先生诞辰 120 周年专栏、纪念甲骨文入选世界记忆名录专栏、文献整理与版本研究、典籍史文献与研究、馆藏文献整理与编目、历史地理与古地图研究、敦煌文献整理与研究、金石文献整理与研究、文献保护、文史专记。

清史镜鉴

清史镜鉴——部级领导干部清史读本·第一辑（大字本）

国家清史编纂委员会、国家清史纂修领导小组办公室编
平装 16 开　68.00 元
2008 年 8 月出版　978-7-5013-3765-1

本书是清代历史研究论文结集，这些文章先期刊发于国家清史编纂委员会、国家清史纂修领导小组编发的内部资料《清史参考》，是专家学者编写《清史》的研究成果。

清史镜鉴——部级领导干部清史读本·第一辑（小字本）

国家清史编纂委员会、国家清史纂修领导小组办公室编
平装 16 开　35.00 元
2008 年 9 月出版　978-7-5013-3773-6

本书是清代历史研究论文结集。从政治、经济、社会生活、思想文化、边疆民族、对外关系、军事、人物等不同角度阐述了清代历史。

清史镜鉴——部级领导干部清史读本·第二辑

国家清史编纂委员会、国家清史纂修领导小组办公室编
平装 16 开　48.00 元
2009 年 7 月出版　978-7-5013-3804-7

本书是清代历史研究论文结集。从政治、经济、社会生活、思想文化、边疆民族、对外关系、军事、人物等不同角度阐述了清代历史。

清史镜鉴——部级领导干部清史读本·第三辑

国家清史编纂委员会、国家清史纂修领导小组办公室编
平装 16 开　50.00 元
2010 年 3 月出版　978-7-5013-3829-0

本书收录有关清代政治、经济、社会生活、思想文化、边疆民族、对外关系、军事及人物等方面的研究论文 49 篇。

清史镜鉴——部级领导干部清史读本·第四辑

国家清史编纂委员会、国家清史纂修领导小组办公室编
平装 16 开　50.00 元
2011 年 2 月出版　978-7-5013-4594-6

本书收录国内清史研究专家学者学术论文 46 篇，从政治经济、边疆民族、社会生活、文化外交和人物等各个方面论述清代历史。内容丰富，史料准确，简明扼要。既具有较高学术价值，又通俗易懂，对于修史、资政具有借鉴作用。

清史镜鉴——部级领导干部清史读本·第五辑

国家清史编纂委员会、国家清史纂修领导小组办公室编
平装 16 开 50.00 元
2012 年 3 月出版 978-7-5013-4735-3

本书收录清史研究论文 44 篇,分编为纪念辛亥革命一百周年、政治、经济社会、思想文化、对外关系、文物六部分,从不同侧面研究清代历史问题,反映清史纂修工作中形成的部分成果,为领导干部提供参考,并有益于学术研究。

清史镜鉴——部级领导干部清史读本·第六辑

国家清史编纂委员会、国家清史纂修领导小组办公室编
平装 16 开 55.00 元
2013 年 6 月出版 978-7-5013-5123-7

全书收录戴逸、李文海、朱诚如、李国荣、杨东梁、杨珍等著名学者的文章 46 篇,深入浅出地论述了清代政治、军事、文化、外交、社会、经济等各方面内容。内容丰富、论述有据,在发挥以史为鉴的学术功能方面有突出价值。

清史镜鉴——部级领导干部清史读本·第七辑

国家清史编纂委员会、国家清史纂修领导小组办公室编
平装 16 开 55.00 元
2014 年 7 月出版 978-7-5013-5445-0

本书是 2013 年度《清史参考》的合集,定名《清史镜鉴》,取"以史为鉴"之意。本书内容包括典章源流、名人史事、资料考证、学术争鸣等,力求如实反映清代的政治、经济、文化、社会等各方面情况,为有关部门提供参考。编者对所收文章进行了分类,对文中生僻字词酌加注释,并重新校订了原文。

清史镜鉴——部级领导干部清史读本·第八辑

国家清史编纂委员会、国家清史纂修领导小组办公室编
平装 16 开 55.00 元
2015 年 10 月出版 978-7-5013-5664-5

本书是 2014 年度《清史参考》所刊发文章的结集,取"以史为鉴"之意,介绍清史纂修和研究工作中的部分科研成果。书中共收录文章 40 余篇,根据内容可分为五类:政治、社会文化、中外交流、人物以及纪念甲午战争 120 周年。

清史镜鉴——部级领导干部清史读本·第九辑

国家清史编纂委员会、文化部清史纂修与研究中心编
平装 16 开 68.00 元
2016 年 12 月出版 978-7-5013-5971-4

本书是 2015 年度《清史参考》所刊发文章的结集,取"以史为鉴"之意,介绍清史纂修和研究工作中的部分科研成果。书中共收录文章近 50 篇,内容分为政治经济、太平天国、大案要案、社会文化、中外关系、人物以及新修《清史》涉台人物传稿节选等。

清史镜鉴——部级领导干部清史读本·第十辑

国家清史编纂委员会、文化部清史纂修与研究中心编
平装 16 开 65.00 元
2017 年 10 月出版 978-7-5013-6183-0

本书是 2016 年度《清史参考》所刊发文章的结集,取"以史为鉴"之意,介绍清史纂修和研究工作中的部分科研成果。书中共收录文章 45 篇,根据内容分为政治、制度、案件、社会、人物五部分。既有一定的学术价值,又通俗易懂,具有可读性。

清史镜鉴——部级领导干部清史读本·第十一辑

国家清史编纂委员会、文化和旅游部清史纂修与研究中心编
平装 16 开 65.00 元
2018 年 10 月出版 978-7-5013-6575-3

本书是 2017 年度《清史参考》所刊发文章的结集,取"以史为鉴"之意,介绍清史纂修和研究工作中的部分科研成果。书中共收录文章 44 篇,根据内容分为《清史》书稿选登、政治、社会、宫廷、边疆、人物六部分。既有一定的学术价值,又通俗易懂,具有可读性。

清史镜鉴:部级领导干部清史读本(全三册)

国家清史编纂委员会、国家清史纂修领导小组办公室编
平装 16 开 168.00 元
2010 年 11 月出版 978-7-5013-4443-7

本书收录国内著名清史专家在清史编纂过程中撰写的相关文章,包括戴逸、张海鹏、李国荣、李文海、刘小萌等,内容涉及清代的社会、政治、经济、文化、边疆、民族及对外关系等各个方面,权威性高,也有很好的可读性。

中国珍贵典籍史话

打开西夏文字之门

聂鸿音著　平装 16 开　48.00 元
2014 年 7 月出版　978-7-5013-5276-0

本书是“中国珍贵典籍史话”丛书之一种，介绍了《番汉合时掌中珠》的出土、保存、刊布、整理、研究等过程及主要内容。该书是现存最古老的双语教科书，曾被学术界誉为“打开西夏文字之门的金钥匙”。这本书在出土后不久就催生了一个几乎与敦煌学齐名的现代学科——西夏学。

《文苑英华》史话

李致忠著　平装 16 开　52.00 元
2014 年 9 月出版　978-7-5013-5273-9

《文苑英华》是北宋四大部书之一，全书一千卷，上继《文选》，起自萧梁，下讫晚唐五代，选录作家两千余人，作品近两万篇，按文体分赋、诗、歌行、杂文、中书制诰、翰林制诰等类。本书主要介绍了《文苑英华》之纂修目的、纂修规模、版本流传及在纂修与流传过程中产生的一些佳话。

康熙朝《皇舆全览图》

白鸿叶、李孝聪著　平装 16 开　45.00 元
2014 年 9 月出版　978-7-5013-5351-4

本书是“中国珍贵典籍史话”丛书之一种，介绍了康熙朝《皇舆全览图》的测量、绘制、版本流传等内容。康熙朝《皇舆全览图》作为中国第一部经纬度实测地图，奠定了中国地理学、测绘学的基础，成为我国基本地图的基础，影响深远，在中国乃至世界地图测绘史上占有重要地位。

敦煌遗珍

林世田、杨学勇、刘波著　平装 16 开　58.00 元
2014 年 9 月出版　978-7-5013-5274-6

本书是我社推出的大型丛书“中国珍贵典籍史话”丛书之一种。全书共分六章，讲述了敦煌学石窟被发现、国宝流散、劫余解京等历史。语言生动翔实，叙事清晰、图文并茂，是很好的传统文化普及读物。

慷慨悲壮的江湖传奇

张国风著　平装 16 开　52.00 元
2014 年 10 月出版　978-7-5013-5442-9

《水浒传》是我国历史上第一部白话长篇小说，也是英雄传奇的卓越代表。它与《三国志演义》《西游记》《红楼梦》一起，被称为我国古典文学的四大名著，对后世的文学作品产生了深远影响。本书在遵循客观历史的基础上，用生动通俗的语言讲述了《水浒传》的成书过程、版本情况、思想艺术等等，以史话的形式再现了典籍原貌。

《永乐大典》史话

张忱石著　平装 16 开　48.00 元
2015 年 1 月出版　978-7-5013-5493-1

《永乐大典》初名《文献大成》。明永乐元年，明成祖命解缙、姚广孝等人纂修大型类书，1404 年 11 月编成《文献大成》。《永乐大典》是我国古代编纂的一部大型类书，收录入《永乐大典》的图书均未删未改。《永乐大典》汇集了上自先秦、下迄明初的 8000 余种古书典籍，除了著名的经史子集，还有哲学、文学、历史、地理、宗教、医卜等各类著作，包罗万象，是中国历史上最大的一部百科全书，它比著名的《不列颠百科全书》成书年代早了 300 多年。《永乐大典》内容包括诗文、戏曲、僧、道、医药、工艺等方方面面，其中，《永乐大典》还收录了许多后世已经残缺或佚失的珍贵书籍。它的篇幅之大、内容之丰富、缮写和装潢之精美，在当时世界上是无与伦比的。

《太平广记》史话

张国风著　平装 16 开　48.00 元
2015 年 1 月出版　978-7-5013-5484-9

《太平广记》与《太平御览》《文苑英华》《册府元龟》并列，位列宋初四大书之一，在中国古代文化中占有重要地位，对后世具有重大的影响。宋元时期是中国小说史上一个重要的阶段，宋元话本的兴起，如鲁迅所说“实在是小说史上的一大变迁”。白话小说和文言小说从此开始了平行的发展，而白话小说越来越占了上风，显示出远大的前途。宋初的时候，正是白话小说和文言小说大分化的前夜，这时候出现了一部洋洋 500 卷的大书《太平广记》，为宋前的文言小说做了一个总结。现在的人们要了解宋前的小说，舍此书而一筹莫展。唯其如此，《太平广记》的价值，亦非小说史的研究所能牢笼。

《玉台新咏》史话

刘跃进著，马燕鑫订补　平装 16 开　53.00 元
2015 年 1 月出版　978-7-5013-5530-3

六朝陈代徐陵编撰的《玉台新咏》，是继《诗经》《楚辞》之后又一部重要的诗歌作品集，也是魏晋南北朝唯一流传至今的诗歌总集。这部诗歌收录了大量的乐府歌诗，在当时都要谱曲传唱，又与音乐发生密切关系，可以说是一部独具特色的歌诗总集。

《史记》史话

张大可著　平装16开　52.00元
2015年6月出版　978-7-5013-5587-7

《史记》是一部体系完整、规模宏大、气势磅礴、见识超群的历史巨著，并且是传记文学的典范。两千多年来有不可胜计的中外学者阅读与研究它，都给予了崇高的评价，从而形成了一个专门的学术体系，即“史记学”。随着历史的推移，《史记》之树生命长青，日益走向普及，成为中国人的一部国学根底书。《史记》一书的体例内容、文献价值、成书条件、流传情况、作者经历，以及对中国和世界的影响等等，对于雅爱《史记》的人，具有重要意义，本书即是以史话的形式，为读者介绍这些常识。

西夏文珍贵典籍史话

史金波著　平装16开　55.00元
2015年9月出版　978-7-5013-5647-8

本书介绍了藏于海内外的西夏文珍贵典籍。作为中国古代一个重要王朝的知识载体，西夏文典籍的形成、面世、流传，及其社会影响有着精彩的故事。本书以史话的形式再现这些故事，以使读者了解历经沧桑的西夏文化，以及神秘的西夏社会历史。

《金刚经》史话

全根先、林世田著　平装16开　38.00元
2016年6月出版　978-7-5013-5803-8

本书介绍了佛教经典《金刚经》传入中国的过程、翻译与注疏、版本、思想内涵、影响等内容。语言生动，叙事清晰，图文并茂，全彩印刷，是很好的传统文化普及读物。

《太平御览》史话

周生杰著　平装16开　45.00元
2016年10月出版　978-7-5013-5874-8

“中国珍贵典籍史话”丛书之一种。文前有彩色插图。介绍《太平御览》成书经过、内容概貌、流传情况等，具体包括编纂人员，编纂方法和体例，内容分类与目录编制情况，在日本、朝鲜的流传情况等。以及张元济、鲁迅、聂崇岐、钱亚新、王伯祥等与《太平御览》流传故事。

春秋左传史话

赵伯雄著　平装16开　45.00元
2016年11月出版　978-7-5013-5880-9

本书正文前有彩色插图，正文分十章分别介绍了《春秋》一书如何成为儒家经典、解说《春秋》一书的三传——公羊传、穀梁传、左传出现的过程、《左传》的作者、《左传》的思想倾向等内容，以浅显易懂的语言、深入浅出的叙述方式，讲清楚了与春秋左传等相关的问题。

《尔雅》史话

王世伟著　平装16开　38.00元
2016年12月出版　978-7-5013-5938-7

《尔雅》是中国古代重要的经书之一，也是中国古代语言文字的重要文献，还被誉为中国第一部百科全书。自战国至西汉时期《尔雅》逐渐成书，在之后发展的两千年间，其独特的文化价值受到历代学者的重视，得到了很高的评价。本书作者从《尔雅》的成书历史、主要内容到重要的几部注本及其流传，以及《尔雅》的研读方法，全面地为读者解读《尔雅》的深刻内涵与重要价值。

《广舆图》史话

成一农著　平装16开　48.00元
2017年1月出版　978-7-5013-5990-5

本书共有图版50幅，全部彩色印刷。《广舆图》是现在我们能够看到的最早、最完善的刻本地图，为中国地图史保存了直接而宝贵的资料。本书介绍了《广舆图》绘制的时代背景、动机，绘制方法和绘图数据，《广舆图》的内容、版本以及对后世地图绘制的影响。

《齐民要术》史话

缪启愉、缪桂龙著　平装16开　45.00元
2017年4月出版　978-7-5013-5978-3

《齐民要术》是中国现存最早最完整的古代农学名著，也是世界农学史上最早最有价值的名著之一。内容丰富多彩，规模宏伟，包括农、林、牧、副、渔各个方面，成为总结我国农业精耕细作和多种经营优良传统的代表作，也是继往开来的划时代的创新巨著。由于古今名物异称，古今和地方方言不一，技术性词语古今分歧，加上流传至今年代久远，在辗转传抄、翻刻、排印的过程中，衍生了不少错字、脱文、窜改等情况，因此世称“难读”。已故缪启愉教授一直有一个愿望，先校释《齐民要术》，再译注《齐民要术》，再导读《齐民要术》，再编写《齐民要术》史话，编写《齐民要术》选读。此书入选“中国珍贵典籍史话”丛书，圆了缪启愉先生一个梦。

《淳化阁帖》史话

何碧琪著　平装 16 开　55.00 元

2017 年 4 月出版　978-7-5013-6055-0

本书何碧琪先生曾于 2001 至 2004 年在香港中文大学文物馆从事“宋拓《淳化阁帖》综合研究”，具备深厚的专业知识。作者结合文化史、书法史、文学、帖学，以深入而全面的方式展现了《淳化阁帖》的背景、内容、版本等诸多方面内容，向读者介绍《淳化阁帖》“法帖之祖”的地位，及《淳化阁帖》对书法史的重大影响。本书的出版对一般读者了解《淳化阁帖》及中国书法史的相关知识具有很大帮助，可谓沟通专业知识和一般读者的桥梁。

《四库全书总目》：前世与今生

周积明、朱仁天著　平装 16 开　58.00 元

2017 年 5 月出版　978-7-5013-5926-4

本书详细介绍了《四库全书总目》的编纂经过、运行机制，从分纂官到乾隆帝的角色功能，以及《四库全书总目》版本的流传、研究状态、对乾嘉学风的影响、文化价值。本书内容丰富，史料翔实，阅读此书即可了解《四库全书总目》的“前世与今生”。

《孙子兵法》史话

熊剑平著　平装 16 开　50.00 元

2018 年 1 月出版　978-7-5013-6312-4

《孙子兵法》是中国现存最早的兵书，也是世界上最早的军事著作，被誉为“兵学圣典”，其内容博大精深，思想精髓，逻辑缜密，是古代军事思想精华的集中体现，作者为春秋时期的齐国将军孙武。熊教授通过此书向读者介绍了《孙子兵法》的内涵及影响，对一般读者了解《孙子兵法》及中国军事史的相关知识有很大帮助，是沟通专业知识与一般读者的桥梁。

《福建舆图》史话

白鸿叶、成二丽著　平装 16 开　40.00 元

2018 年 1 月出版　978-7-5013-5979-0

《福建舆图》给人的第一印象，是面积大得惊人，图幅纵 6.4 米，横 6.4 米，四周还各有 0.5 米的黄缎装饰，其总面积近 50 平方米，可以说是中国现存古地图中最大的一幅地图。其绘制方法，采用了中国传统的形象画法和青绿山水画法，所绘内容非常形象生动。《福建舆图》是康熙年间绘制的，距今已有三百年的历史，描绘了当时福建所辖的各个府、州、县、山川等地理要素。本书讲述《福建舆图》这一珍宝背后鲜为人知的故事。《福建舆图》在什么样的背景下绘制的、具体什么时间由什么人绘制的、都绘制有哪些内容、绘制特点是什么、三百年来它又经历了怎样的风雨劫难等等疑问将一一揭晓。

《夷坚志》史话

许逸民著　平装 16 开　24.00 元

2019 年 4 月出版　978-7-5013-6687-3

《夷坚志》是一部文言志怪集，作者是南宋的洪迈。此书是洪迈所经历的宋代社会生活、宗教文化、伦理道德、民俗风情的一面镜子，为后世社会提供了宋代社会丰富的历史资料。从文学发展史上说，此书又是宋代志怪小说发展到顶峰的产物，对后世产生极大影响。许逸民通过此书向读者介绍了《夷坚志》的内涵及影响，对广大读者了解《夷坚志》提供了帮助，是沟通典籍与读者的桥梁。

《兰亭序》史话

毛万宝著　平装 16 开　52.00 元

2019 年 4 月出版　978-7-5013-6666-8

全书共分五章，介绍《兰亭序》产生背景，作者王羲之情况，《兰亭序》流传故事，围绕《兰亭序》真伪的种种论争等等。第一章，因雅集而生：关于《兰亭序》创作；第二章，因入宫而神：关于《兰亭序》传藏；第三章，因复制而广：关于《兰亭序》版本；第四章，因论争而显：关于《兰亭序》学术；第五章，因独到而远：关于《兰亭序》价值。书后附主要参考文献。

《唐女郎鱼玄机诗》史话

张波著　平装 16 开　62.00 元

2019 年 4 月出版　978-7-5013-6663-7

本书介绍鱼玄机生平、诗歌创作、与文人交游、身负命案、死后其诗歌流传及被后人整理收藏鉴赏情况。第一章，小字流芳说幼微：故事；第二章，才调情思五十篇：诗话；第三章，故纸数番存宋椠：版本；第四章，解得有请胜无价：鉴藏；第五章，传到千秋尚爱渠：影响；结语，从私人之藏到无尽之藏。书后附参考文献。

《诗经》史话

马银琴、胡霖著　平装 16 开　50.00 元

2019 年 4 月出版　978-7-5013-6691-0

读《诗经》，如果不了解《诗经》的性质，不明白其中 305 首作品的创作情境，不知道《诗经》一书的编辑目的以及传承历史，就不可能真正读懂《诗经》、理解诗义，更不可能真正明白《诗经》在中华民族文化精神建构过程中曾经发挥的重要意义与作用，自然也就不可能做到真正的“传承”与“弘扬”。那么，《诗经》究竟是一部什么样的书？本书将揭开这个问题的答案。

《吕氏春秋》史话

张双棣著　平装 16 开　40.00 元

2019 年 5 月出版　978-7-5013-6685-9

本书从《吕氏春秋》的作者谈起，分七章讲述吕不韦其人和《吕氏春秋》的成书、《吕氏春秋》的结构体系、《吕氏春秋》哲学思想和政治思想、版本流传以及对后世的贡献。本书语言通俗、简练，对《吕氏春秋》一书的介绍系统、完整。

《三国志演义》史话

陈翔华著　平装 16 开　55.00 元

2019 年 6 月出版　978-7-5013-6736-8

《三国志演义》是一部屹立于世界文学之林的中国古代小说巨构。这部小说叙述后汉末年至司马氏统一全国近百年间的政治矛盾与军事冲突，展现曹魏、刘蜀、孙吴三家集团之波澜壮阔的争夺场景。故事内容丰富、情节错综复杂，所写的人物性格栩栩如生，作品显示出强大的艺术魅力。本书粗略地勾画三国故事演变发展的全过程，企图以了解和认识我们这部珍贵的民族遗产，能够从中窥探中国古代小说史发展的规律，正确评价《三国志演义》，汲取其成功的艺术经验，作为今天历史题材艺术创作的借鉴。

《竹书纪年》《营造法式》《乐善堂帖》史话

晁岳佩、王金凤、傅熹年、吴元真著　平装 16 开　24.00 元

2019 年 6 月出版　978-7-5013-6773-3

《竹书纪年》是春秋时期晋国史官和战国时期魏国史官所作的一部编年体通史。《竹书纪年》史话是对此书的来历、出土时间、体例、流传背景、后人研究等方面做了一系列研究。《营造法式》是我国现存最早的官方编定的建筑技术专书，全面反映了宋代的建筑设计、结构、构造、施工和工料定额等多方面的特点和水平，是最重要的古代建筑典籍之一。《营造法式》史话对此书的内容和意义、刊刻经过、历代传钞经过、现代刊传研究情况做了具体的阐述。国家图书馆藏丛帖中的珍稀拓本《乐善堂帖》为明张寰旧藏，观复斋重装，吴永续藏，后又归张伯英。首有张寰、吴永题笺，尾有张寰、张伯英题跋 12 款。传世元代刻帖极少，现存此帖孤本，弥足珍贵。《乐善堂帖》史话研究了此帖及书者的背景，所附《明贤法帖》的内容及它们的文献史料价值。

亲历中国丛书

我的北京花园

（英）阿奇博尔德·立德夫人著，李国庆、陆谨译

平装 32 开　25.00 元

2004 年 6 月出版　7-5013-2437-9

《我的北京花园》是一部以北京游历为主要题材的回忆录。作者阿奇博尔德·立德夫人以其西方知识女性的独特视角，生动细致地描绘了北京及周围地区的许多名胜古迹、自然风光和风俗民情，同时还以传神的笔触再现了 20 世纪初发生在北京的许多社会生活场景和历史事件，是一部不可多得的情景交融、文采飞扬的长篇游记作品。

窥视紫禁城

（俄）科瓦列夫斯基著，阎国栋等译　平装 32 开　25.00 元

2004 年 7 月出版　7-5013-2448-4

本书是科瓦列夫斯基作为监护官于 1849—1850 年间伴送以巴拉第为首的俄国东正教第 13 届驻北京传教士团来华时所写的游记。作者用一半的篇幅记述了驼队在蒙古大漠上旅行的情景。在描述沿途自然风光的同时，对蒙古地区的历史、社会、风俗也多有介绍和思考。而本书的另一半则描写了传教士团在北京的生活和见闻。作者以一个外国人的视角对第一次鸦片战争后的中国社会进行了深入细致的观察，对道光末年的京城生活百态进行了惟妙惟肖的描绘。

帝国丽影

（英）托马斯·霍奇森·利德尔著，（美）陆谨、欧阳少春译，李国庆校订　平装 32 开　18.00 元

2005 年 12 月出版　7-5013-3000-X

作者 1907 年来华。本书记录了他在中国从香港到山海关旅行写生的经历，画面和文字里都洋溢着他对中华山水的热爱和对中国文明的尊重。

穿过鸦片的硝烟

（哥伦比亚）唐可·阿尔梅洛著，郑柯军译

平装 32 开　26.00 元

2006 年 4 月出版　7-5013-2800-5

19 世纪中叶，唐可·阿尔梅洛为逃避哥伦比亚政府的迫害而远走他乡，先后到古巴、美国、法国以及埃及、印度，最后到中国。在中国期间适逢第二次鸦片战争爆发。他在书中详尽地描述了战争过程中的各种细节，尤其是对战争对峙阶段外国人自觉朝不保夕的惶恐更是描绘的让人如身临其境。

港督话神州（外一种）

（英）亨利·阿瑟·布莱克著，余静娴译，罗汉校译

平装 32 开　22.00 元

2006 年 6 月出版　7-5013-3148-0

布莱克于 1898 至 1903 年间，受英国政府委派，出任香港总督。期间,他走访了中国大陆许多地区,尤其对北京、上海、广州等大城市,长江、珠江等大河流域,以及中国南方诸省份进行了比较周密的考察,并把所见所闻、所思所想如实地记录在书中。他以一个西方人特有的猎奇眼光及注重事实的思维定式,对中国的地理历史、政治结构、社会治理、农业劳动、民族宗教、名胜古迹、风土人情,进行了细腻的描述、使读者仿佛亲历其境,如闻其声,如见其人。

我看乾隆盛世

(英)约翰·巴罗著,李国庆、欧阳少春译
平装 32 开　38.00 元
2007 年 7 月出版　978-7-5013-3485-8

本书作者是 18 世纪末马嘎尔尼访华使团的成员。本书内容涉及中国的政治、法律、财政税收、农业、外贸、科学技术、民俗风情、妇女、家庭、宗教信仰、绘画、建筑、语言文学、天文、医疗等诸多方面。此书当时在欧洲大受欢迎,被看作一部"中国百科全书",很快被译成德文、法文出版,成为当时欧洲人有关中国的重要参考书之一。此书为我们了解历史上第一个英国访华使团之行的深远影响、了解当年西方人眼中的中国,提供了一个不同凡响的文本。

五口通商城市游记

(英)施美夫著,温时幸译　平装 32 开　36.00 元
2007 年 7 月出版　978-7-5013-3486-5

本书记述了作者 1844 年来华后,在广州、上海、宁波、福州、厦门等地的考察。作者的目的是勘察地形、收集统计资料,为英国教会其他传教士铺平道路。因而此书客观上记录下了五口通商城市暨香港、舟山等地当年的实际面貌。

北京与北京人(1861)

(英)芮尼著,李绍明译　平装 32 开　39.00 元
2008 年 12 月出版　978-7-5013-3963-1

本书作者是英国人,中文名芮尼,1860 年随英军进北京。1861 年北京英国公使馆建立,任使馆医师。这是中外交往史上第一次有外国使团常驻北京。他们怎样看中国人,北京人又怎样看这些外国人,读来颇有趣味。就在这一年里中国政局还发生了一件有深远影响的大事,即祺祥政变,从此慈禧垂帘听政,专权中国达 40 年之久。政变前的蛛丝马迹在书中也有反映。

玄华夏——英人游历中国记

(英)夏金著,严向东译,李国庆校　平装 32 开　26.00 元
2009 年 4 月出版　978-7-5013-3976-1

本书是讲述了作者 19 世纪末在中国生活、工作的经历。但其亲身经历中也糅入了传说和想象,可以说这本书的写作和出版主要还是为了满足大众的好奇心。尽管此书不是一本严肃的学术作品,但是当年在影响英国普通大众对中国的看法上,所起的作用恐怕比前者更大,因此有助于我们了解此后的一系列历史事件之所以发生的背景。

清末驻京英使信札(1865—1866)

(英)福密特著,温时幸、陆瑾译,李国庆校订
平装 32 开　29.00 元
2010 年 5 月出版　978-7-5013-4368-3

本书以书信体的形式记录了在中国的所见所闻,是了解当时中国历史、民风及西方人对华态度的重要资料。同时,通俗的文笔和写作形式也为大众阅读历史增加了趣味。

文明的交锋:一个"洋鬼子"的八国联军侵华实录

(英)乔治·林奇著,王铮、李国庆译　平装 32 开　35.00 元
2011 年 7 月出版　978-7-5013-4592-2

作为随军记者的作者于 1900 年随英军来到中国,本书是他此行的记录,全书分为 25 章,从他踏上中国上海写起,直到事件结束,记录了八国联军侵略中国的经过,和他在中国的见闻;同时,对西方的野蛮行为进行了道德批评和反省,提出了有关种族差别和文明进程的关系等重要问题。本书是研究中国近代史的重要资料,也为当今世界解决文明冲突提供借鉴。

西山落日:一名美国工程师在晚清帝国勘测铁路见闻录

(美)柏生士著,余静娴译　平装 32 开　33.00 元
2011 年 7 月出版　978-7-5013-4591-5

本书是清朝末年(1889—1899)一名美国工程师在中国勘测粤汉铁路时的见闻记录。作者考察了鄂、湘、粤三省的地形、地质、铁路、房舍及社会经济、风土人情,对当时中国的商业贸易、财政状况、建筑、交通等都有所观察和描述,特别是对当时中国最封闭的省份湖南有着重论述,并驳斥了黄祸论,预言 20 世纪的中国有光明的前途,一定能够再一次在世界大国之列占有一席之地。

一个传教士眼中的晚清社会

(美)怀礼著,王丽、戴如梅译　平装 32 开　28.00 元
2012 年 12 月出版　978-7-5013-4900-5

本书作者怀礼是美国美以美会的传教士,曾在中国福州传教。多年以后，作者再次来到中国，视察本会在中国的所有差会。本书主要是基于他之前在中国居住以及此次访问所做的观察写成的。虽然本书是从一个传教士的角度写的，它同时也包含了很多关于中国的礼仪、风俗、制度、宗教以及对外关系等方面的资料，具有较高的史料价值。

走向没落的"天朝"——德国人看大清

苏芙、龚荷花、苏惠民编译　平装 32 开　45.00 元

2013 年 1 月出版　978-7-5013-4920-3

本书系从 19 世纪以来德国殖民主义先行者、驻华外交官、侵华军人、记者、哲学家、旅行家、史学家、汉学家和传教士等各界人士发表的近百部有关中国的专著中摘译、整理而成。意在从西方人的视角，来考察中国那段历史。

汉人：中国人的生活和我们的传教故事

（英）余恩思著，邹秀英、徐鸿译，李国庆审校

平装 32 开　25.00 元

2013 年 4 月出版　978-7-5013-5018-6

本书作者是英国传教士，曾经在中国汉口传教，受英国伦敦总会之邀为英国青少年撰写此书，希望以此吸引他们加入或支持海外传教事业。本书以生动活泼的语言，描述了他们的传教活动，特别是兴学启蒙、行医救人，以及中国人的性格习惯、文化风俗、日常生活，特别是儿童和女子的状况。上述种种，加上所附的 74 张照片，十分难得地为我们保留了一些 110 多年前武汉地区的社会资料，具有较高的文献价值。

古老的农夫 不朽的智慧——中国、朝鲜和日本的可持续农业考察记

（美）弗兰克林·哈瑞姆·金著，李国庆、李超民译

平装 32 开　38.00 元

2013 年 4 月出版　978-7-5013-4931-9

本书是美国农业科学家弗兰克林·哈瑞姆·金在清代末年考察中国、日本、朝鲜等国的农作实践后写的一部纪行。本书完全从一位科学家的视野出发展开，不但为大众提供了一百年前我国在外国人眼中的客观形象，研究价值也很大。不失为一本详尽的农作实践与土壤物理学方面的参考书。

中国和八国联军

（美）阿诺德·兰道尔著，李国庆、邱葵、周珞译

平装 32 开　75.00 元

2014 年 5 月出版　978-7-5013-5345-3

本书分为上、下两卷，共计一百三十余章。本书初版于美国，是作者在北京亲历义和团运动的纪实性作品。附有插图多幅。语言生动，图文并茂，从一个侧面反映了八国联军侵华时期晚清社会的面貌。

清末商业及国情考察记

（德）恩司诺著，李国庆译　平装 32 开　45.00 元

2014 年 12 月出版　978-7-5013-5489-4

本书系 19 世纪德国殖民者、对华银行代表恩司诺，1886 年实地考察中国的记录。本书视角独特，内容丰富而翔实，分析思考和评论真实而中肯，具有相当可贵的参考价值，可为中国近代史的研究提供更广泛的资料。

黄色的神祇 黄色的人民

（匈）李盖提·拉约什著，刘思岳译　平装 32 开　45.00 元

2015 年 6 月出版　978-7-5013-5559-4

本书叙述作者自 1928 至 1931 年在内蒙古和北满洲度过的三年中的一年的经历。在这一年中，作者看到了一般考察之旅看不到的东西：人们的日常生活起居，见证了人们的喜怒哀乐，以及在平淡无奇、灰色单调的日常生活后面，一个宗教的衰亡和一个曾经横行天下的强悍民族的沉沦。

在华岁月

（美）海伦·倪维思著，温时幸、李国庆译

平装 32 开　45.00 元

2015 年 10 月出版　978-7-5013-5670-6

本书作者系 19 世纪著名的来华传教士之一、美国基督教北长老会牧师约翰·倪维思的夫人，时人称之为倪师母。作者以回忆录的形式，记载了其随夫从 1853 年自波士顿启程来华，到 1864 年因病返美这十年间在中国的生活和见闻。本书内容丰富，叙述生动，可为学界和读者重新审视中国近代史提供参考。

中国家庭中的儿童生活

（英）玛丽·伊莎贝拉·布莱森著，邹秀英译，李国庆校

平装 32 开　22.00 元

2015 年 10 月出版　978-7-5013-5655-3

本书可以为研究基督教，尤其是伦敦会早年在武汉传教、兴学、施医诸事提供许多宝贵的参考资料，特别是那一个个栩栩如生的早期中国年轻教徒的形象，是一般材料中所少见的。作者对武汉地区风土人情的细致观察和生动描述，也可以为一般读者怀想一个多世纪前的中国社会提供线索。

儒教资料类编丛书

儒教、孔教、圣教、三教称名说

李申选编、标点　平装 16 开　39.00 元
2009 年 5 月出版　978-7-5013-3990-7

本书为大型资料汇编丛书"儒教资料类编丛书"之第一辑。主要辑录文渊阁《四库全书》中有关儒教、孔教、圣教、三教的资料,来说明儒教的性质。并附录有关称宗教和论述神道设教的材料,以期说明宗教是我国固有的概念。

儒经"圣经"说

李申选编、标点　平装 16 开　45.00 元
2009 年 5 月出版　978-7-5013-3991-4

本书为大型资料汇编丛书"儒教资料类编丛书"之第二辑。主要通过文渊阁《四库全书》中的大量资料,告诉读者"圣经"这个概念并非只指《新旧约全书》,其实在我国古代,"圣经"这个概念已广泛地被人们使用,而其内容,指的是儒经。这些资料对于我们理解儒教是不是宗教,会有一定帮助。

儒教敬天说

李申选编、标点　平装 16 开　45.00 元
2009 年 5 月出版　978-7-5013-3992-1

本书为大型资料汇编丛书"儒教资料类编丛书"之第三辑。主要从文渊阁《四库全书》中辑录了大量有关"敬天法祖"的资料,告诉人们古代的儒者和帝王将相们是如何主张敬天的。

儒教报应论

李申选编、标点　平装 16 开　45.00 元
2009 年 5 月出版　978-7-5013-3993-8

本书为大型资料汇编丛书"儒教资料类编丛书"之第四辑。主要通过辑录《四库全书》及相关的为善阴骘书中的大量资料,向人们说明,善恶报应问题,并不仅仅只是佛教推崇与信仰的信条,早在《周易》《尚书》《诗经》等儒教经典中,就明确指出了善恶报应的必然性,并成为以后儒者们信仰的根据。尤以《周易·坤卦·文言传》中"积善之家必有余庆,积恶之家必有余殃"和《尚书·伊训》中"惟上帝不常。作善降之百祥,作不善降之百殃"最为重要。

为天地立心说

周赟选编、标点　平装 16 开　48.00 元
2010 年 2 月出版　978-7-5013-4230-3

本书为大型资料汇编丛书"儒教资料类编丛书"之第五辑。主要从文渊阁《四库全书》中辑录了大量相关资料,来阐述"为天地立心"这个中国古代哲学的重要命题。所谓天地之心就是天心,亦即天意。在当今学术界,对天地之心的理解尚有许多舛误,为说明舛误何在,编者不仅引用了大量资料加以论证,更进一步从古代儒者普遍持有的观点中,揭示了天地之心就是天心这个命题的真谛,能够帮助儒教爱好者们进一步认识此命题。

献给神祇的诗歌

林海极选编、标点　平装 16 开　48.00 元
2010 年 2 月出版　978-7-5013-4229-7

本书为大型资料汇编丛书"儒教资料类编丛书"之第六辑。本辑的目的,是试图通过古代诗歌的状况,说明儒教的宗教性质,以引起古代文学研究者们来关注和重视这部分长期被忽略的诗歌。长期以来,一提到古代诗歌,人们首先想到的是从《诗经》开始的四言、五言、七言,然后是宋词、元曲,然而即使在研究者中,也很少有人关注古代皇家的祭神诗歌。编者从《四库全书》中将这些长期被忽略的诗歌分类辑录出来编成一册,以期引起研究者们的重新关注与估价,并帮助人们理解儒教的宗教性质。

清代中后期儒者的儒教意识

胡朝阳选编、标点　平装 16 开　52.00 元
2010 年 6 月出版　978-7-5013-4378-2

本书为大型资料汇编丛书"儒教资料类编丛书"之第七辑。这一辑,将在前几辑的基础上继续展示清代中后期、主要是清末儒者的儒教意识。本辑所要回答的,还有所谓"儒学宗教化"问题。一些学者认为,儒教本来不是教,是康有为要把它宗教化。也有的学者认为,儒学宗教化的进程,从董仲舒就开始了,并且一直没有间断。本集所披露的文献也将说明,不是董仲舒或康有为要把儒学宗教化,而是儒教本来就是个教。

儒教与法律

鲁丹选编、标点　平装 16 开　58.00 元
2010 年 12 月出版　978-7-5013-4438-3

本书为大型资料汇编丛书"儒教资料类编丛书"之第八辑。宗教和法律的关系,是宗教史、也是法律史上的一个重要问题。然而在中国,因为很少人能够接受儒教是教说,自然在中国历史上也就没有什么宗教与法律的关系。不过本书所展示的材料及其研究成果要告诉人们的是,在中国早期的文献中,就明确认为法律是根据天意,也就是至上神的意志制定的。本书所希望于学界的,是这个问题能够引起有关人士的注意,把这个研究深入开展下去。对于正确认识中国古代的思想状况，进而正确认识中国的国情，都具有十分重要的意义。

儒教天道观

石磊选编、标点　平装16开　58.00元

2010年12月出版　978-7-5013-4437-6

本书为大型资料汇编丛书“儒教资料类编丛书”之第九辑。天道观是中国哲学的重要概念，也是儒教的一个重要问题，即，什么是天道？迄今为止，几乎所有的中国哲学著作，都认为天道就是自然规律。本辑将通过文献资料向当代的读者说明，中国古代的天道，就是天之道，上天之道。而天或上天，就是儒教的至上神。因此，天道，就是天或上天的处事方式。由于天是世界的主宰，所以天的处事方式就是人处事方式的榜样。人道本于天道，是中国古代的基本观念。天道的实际内容，就是那些自然现象。比如日月星辰的运行，自然界的各种变化等等。这些在现代人眼里不过仅仅是自然现象的事件，在中国古人那里，则是上天向人指示吉凶的行事方式。“人道本于天道”，是古代哲学的基本观念。而所谓“本于”，也就是要按照天的意志行事。本集的内容，包括从儒经开始，到明清时代有代表性的儒者的重要论述。由于资料众多，本集只能择要入集。

理学家鬼神观念说

周赟选编、标点　平装16开　65.00元

2011年12月出版　978-7-5013-4703-2

本书为大型资料汇编丛书“儒教资料类编丛书”之第十辑。主要收录了中国理学家们关于鬼神观念论述的大量资料。在一般学者看来，理学家们都是唯物主义者，是不会相信鬼神存在的。其实不然，张载说鬼神是二气之良能，程颐说鬼神是造化之迹，朱熹说造化之迹就是风雨雷电等等。他们是从义理和祭祀的角度探讨鬼神问题，这些探讨有利于制订祭祀礼仪。他们祭祀的鬼神，也就是经过他们认真理论探索之后的鬼神。只有认真理解了这些古代文献，才能真正理解古人的思想。

释奠孔子文献与图说

李申选编、标点　平装16开　56.00元

2012年10月出版　978-7-5013-4872-5

本书为大型资料汇编丛书“儒教资料类编丛书”之第十一辑。据宋代《政和五礼新仪》，儒教的祭祀活动有四类：天神称祀，地神称祭，祖宗称享，祭祀孔子和姜太公称释奠。如不严格区分，则通称祭祀，因此，释奠也是儒教祭祀神祇礼仪的一种。而孔子和姜太公，则是儒教国家祭祀的公共神祇之一。本书内容主要分两大部分，第一部分是将古代典籍中释奠孔子的相关文献分几大类辑出，又按朝代先后一一列出，引了名家的注、疏、正义等，并加了标点。第二部分是将历代释奠释菜的礼仪进行了通俗介绍，并配有生动形象的图片。不仅可以帮助读者理解所收文献的内容，还能使读者感受一下古代祭孔的气氛。不失为研究中国古代传统祭祀礼仪的一部难得的参考资料书。

天命人性论

张二远选编、标点　平装16开　60.00元

2013年10月出版　978-7-5013-5169-5

本书为大型资料汇编丛书“儒教资料类编丛书”之第十二辑。人性论是中国哲学的基本理论之一。先秦时期，人性论就被思想家们热烈讨论。其中特别是孟子和荀子，一个主张人性本善，一个主张人性本恶，几乎成为家喻户晓的中国文化传统。从宋代开始，人性理论更是受到思想家们的特别关注。近代以来所有关于中国哲学的著作，几乎都要涉及人性问题。本辑资料向人们展示的是，在古代儒者们的眼里，人性乃是上天赋予的，不论是主张性善还是性恶还是别的什么，在天赋人性这一问题上则没有分歧。既然人性问题对于中国哲学史的研究具有如此重要的意义，希望这本资料集能为人们认识中国古代人性理论的性质，进而认识中国古代文化的性质，提供一些帮助。

天人合一说

蒲创国选编、标点　平装16开　45.00元

2013年12月出版　978-7-5013-5224-1/01

本书为大型资料汇编丛书“儒教资料类编丛书”之第十三辑。“天人合一”是易学中的一个重要概念，也是传统文化中的一个重要概念。本辑将在《四库全书》中找到的几百条有关“天人合一”的文献材料分类辑录，以供学习参考。认清“天人合一”的真正内容和意义，对于认清传统文化的本来面貌，进而继承这份遗产，都将会有所帮助。

孔子天命思想

朱俊艺选编、标点　平装16开　45.00元

2015年5月出版　978-7-5013-5548-8

本书为大型资料汇编丛书“儒教资料类编丛书”之第十四辑。孔子的“天命思想”是中国传统文化中的一个重要问题，如何理解与认识这个问题对我们研究与继承儒家思想至关重要。本书从历代《论语》注疏与儒家学者们对天命思想的论述中辑录相关文献500余条，以供读者学习参考。

孔子鬼神思想

朱俊艺选编、标点　平装 16 开　45.00 元
2017 年 6 月出版　978-7-5013-6079-6

本书为大型资料汇编丛书“儒教资料类编丛书”之第十五辑，也是本套丛书的最后一种。孔子的“鬼神思想”是中国传统文化中的一个重要问题，历来争论颇多，如何理解与认识这个问题对我们研究与继承儒家思想至关重要。本书辑录了孔子关于鬼神问题的大部分论述，以及孔子之后儒者们对“敬鬼神而远之”等论述的基本注释和理解，以供读者学习参考。

中华传统文化百部经典

袁行霈主编

中华传统文化百部经典编纂项目是一项国家重点文化工程。在中宣部支持指导下，由文化部委托国家图书馆组织实施。该项目是中共中央办公厅、国务院办公厅印发的《关于实施中华优秀传统文化传承发展工程的意见》的重要组成部分。由著名学者、中央文史馆馆长袁行霈担任编纂委员会主任委员。本丛书立足于中华民族几千年积累的经史子集四部要籍和四部之外的其他典籍，从中慎重选择在哲学、文学、历史、科技等各个学术领域，具有重大思想价值、社会价值、历史价值和学术价值的一百部经典著述，经过精到的诠释，向全社会各界广大读者推荐。

中华传统文化百部经典·周易

余敦康解读　16 开　98.00 元(精)　70.00 元(平)
2017 年 9 月出版
978-7-5013-6245-5(精)　978-7-5013-6255-4(平)

《周易》是中国传统思想文化中自然哲学与人文实践的理论根源，是古代汉民族思想、智慧的结晶，被誉为“大道之源”。内容极其丰富，对中国几千年来的政治、经济、文化等各个领域都产生了极其深刻的影响。本书是“中华传统文化百部经典项目”之一，全书主要分为导读部分和六十四卦经传解读。以易传的解经原则为法，取象、取义、爻位三者结合，发挥义理，全书通俗易读，将学术性和普及性很好地结合。

中华传统文化百部经典·尚书

钱宗武解读　16 开　90.00 元(精)　60.00 元(平)
2017 年 9 月出版
978-7-5013-6243-1(精)　978-7-5013-6224-0(平)

《尚书》又称《书》《书经》，为一部多体裁文献汇编，是中国现存最早的史书。分为《虞书》《夏书》《商书》《周书》。战国时期总称《书》，汉代改称《尚书》，即“上古之书”。因是儒家五经之一，又称《书经》。现存版本中真伪参半。一般认为《今文尚书》中《周书》的《牧誓》到《吕刑》十六篇是西周真实史料，《文侯之命》、《费誓》和《秦誓》为春秋史料，所述内容较早的《尧典》《皋陶谟》《禹贡》反而是战国编写的古史资料。今本《古文尚书》总体认为是晋代梅赜伪造，但也存在争议。

中华传统文化百部经典·诗经

李山解读　16 开　68.00 元(精)　46.00 元(平)
2017 年 9 月出版
978-7-5013-6221-9(精)　978-7-5013-6194-6(平)

作者的导言从诗经定义、诗经是精神文明进步的结晶、诗经六义、三百篇的四重精神和谐、诗经的艺术、历代诗经研究六个方面全面介绍了《诗经》的内容、价值和影响，又兼顾风雅颂各体，精选 200 多篇，进行文字注释和诗篇点评，通俗易懂，有不失对最新科研成果的吸收。其特色之处，是精彩之处，辑录或添加自己的眉评，有助于对诗经语言文学艺术的把握。

中华传统文化百部经典·论语

钱逊解读　16 开　72.00 元(精)　50.00 元(平)
2017 年 9 月出版
978-7-5013-6226-4(精)　978-7-5013-6244-8(平)

《论语》是儒家经典，对于中华民族性格的塑造具有重要作用，影响深远。本书的解读人清华大学钱逊教授，长期从事儒学及《论语》相关研究。

中华传统文化百部经典·孟子

梁涛解读　16 开　78.00 元(精)　52.00 元(平)
2017 年 9 月出版
978-7-5013-6254-7(精)　978-7-5013-6229-5(平)

中国人民大学国学院梁涛教授解读《孟子》。包括导读、原典、注释、点评四个部分。梁涛教授对孟子其人、其书介绍、注释正确、清楚，能够反映当前《孟子》研究新成果。善于提炼孟子思想中最重要、最有价值的部分。引经据典，旁搜博采，又通俗易懂。把握精华，提炼得当，解说精到。

中华传统文化百部经典·老子

王中江解读　16 开　49.00 元(精)　36.00 元(平)
2017 年 9 月出版
978-7-5013-6227-1(精)　978-7-5013-6228-8(平)

《老子》是道家经典，对于中华文化的影响深远。本书的解读人北京大学王中江教授，长期从事中国哲学和道家哲学研究，解读兼顾文义和哲理，易读晓畅，予人启发。

中华传统文化百部经典·庄子

陈鼓应解读　16 开　86.00 元（精）　56.00 元（平）
2017 年 9 月出版
978-7-5013-6220-2（精）　978-7-5013-6219-6（平）

陈鼓应先生解读《庄子》，包括导读、原典、注释、点评等部分。陈鼓应先生对庄子其人、其书介绍、注释正确、清楚，能够反映当前《庄子》研究新成果。善于提炼庄子思想中最重要、最有价值的部分。引经据典，旁搜博采，又通俗易懂。把握精华，提炼得当，解说精到。

中华传统文化百部经典·管子

孙中原解读　16 开　72.00 元（精）　50.00 元（平）
2017 年 9 月出版
978-7-5013-6239-4（精）　978-7-5013-6216-5（平）

《管子》是管仲学派的集体创作，托名管仲。汉刘向编《管子》86 篇，今存 76 篇。本书精选 29 篇，加注释点评，作为大众普及的通俗读物。全书前有导读，主要介绍管子生平、成书过程、主要内容及思想价值等；书中将原典与注释、点评相结合，概括相关文献，汲取最新研究成果，文字通俗，可读性强，有裨于经典的传承普及。本书解读人孙中原先生，中国人民大学哲学院教授，博士生导师。

中华传统文化百部经典·孙子兵法

黄朴民解读　16 开　59.00 元（精）　40.00 元（平）
2017 年 9 月出版
978-7-5013-6223-3（精）　978-7-5013-6121-2（平）

《孙子兵法》一书，是我国古代兵学的杰出代表，中国优秀传统文化的重要组成部分，其内容精博深邃。问世以来，对中国古代军事文化的形成和发展影响极其深远，被奉为“百世兵家之师”。本书系我国当今古代军事史与《孙子兵法》研究专家黄朴民先生所著。包括导读、《孙子兵法》十三篇原文、注释（含必要的文字歧义说明）、点评以及三个附录。本书从总体上正确把握了《孙子兵法》的军事思想、学术价值、历史地位及其现实意义。各篇逻辑严密，文从字顺，生动流畅，有利于经典文化的普及与弘扬。

中华传统文化百部经典·史记

张大可解读　16 开　60.00 元（精）　40.00 元（平）
2017 年 9 月出版
978-7-5013-6222-6（精）　978-7-5013-6232-5（平）

本书是一部普及型的选编本，以中华书局点校本修订本为底本。全书分为两大部分，第一部分为导读，介绍司马迁的生平和《史记》产生的历史条件、《史记》在史学及文学方面的成就、史记的撰述宗旨及流传等内容。第二部分从《史记》中精选二十八篇（均为节选），五体皆备，展现《史记》体大思精的内容和结构，并加以注释、点评。

中华传统文化百部经典·传习录

吴震解读　16 开　102.00 元（精）　68.00 元（平）
2018 年 11 月出版
978-7-5013-6618-7（精）　978-7-5013-6614-9（平）

作者系明代王阳明。《传习录》是王阳明的问答语录和论学书信集，是一部儒家简明而有代表性的哲学著作。包含了王阳明的主要哲学思想，是研究王阳明思想及心学发展的重要资料。“传习”一词源出自《论语》中的“传不习乎”一语。

中华传统文化百部经典·韩非子

张觉解读　16 开　62.00 元（精）　42.00 元（平）
2018 年 12 月出版
978-7-5013-6616-3（精）　978-7-5013-6620-0（平）

《韩非子》是先秦法家集大成之作，是我国古代政治学方面的名著，在古代哲学、文学史上也享有盛誉。习近平同志在《在同中央办公厅各个单位班子成员和干部职工代表座谈会时的讲话》等文中多次引用。

中华传统文化百部经典·吕氏春秋

张双棣解读　16 开　66.00 元（精）　45.00 元（平）
2018 年 12 月出版
978-7-5013-6622-4（精）　978-7-5013-6621-7（平）

《吕氏春秋》是在秦国丞相吕不韦主持下，集合门客们编撰的一部黄老道家名著。成书于秦始皇统一中国前夕。此书以儒家学说为主干，以道家理论为基础，以名、法、墨、农、兵、阴阳家思想学说为素材，熔诸子百家学说为一炉，闪烁着博大精深的智慧之光。《吕氏春秋》体现了秦统一六国前的哲学和政治思想趋势，保存了大量先秦史料和科学文化方面的珍贵资料。习近平同志在《在党的群众路线教育实践活动第一批总结暨第二批部署会议上的讲话》等文中多次引用。

中华传统文化百部经典·墨子

姜宝昌解读　16 开　86.00 元（精）　66.00 元（平）
2018 年 12 月出版
978-7-5013-6619-4（精）　978-7-5013-6615-6（平）

现存《墨子》五十三篇，由墨子和各代门徒逐渐增补而成，是研究墨子和墨家学说的基本材料。姜宝昌先生解读《墨子》。本书注释详略，因文制宜，注释次序，先校后注。以通俗的语言阐释了墨子及其后学给我们留下的宝贵文化遗产，充分揭示了经典文化的当代价值。

中华传统文化百部经典·左传

郭丹解读　16 开　72.00 元（精）　50.00 元（平）
2018 年 12 月出版
978-7-5013-6633-0（精）　978-7-5013-6632-3（平）

在中国编年体史书中，《左传》是重要的一部；在中华传统文化经典中，《左传》也是重要的一部。《左传》对中华传统文化的影响是巨大且深远的。了解、熟悉《左传》这部经典著作，对于弘扬中华优秀传统文化有很大的帮助。本书以中华书局影印《十三经注疏》中的《春秋左传正义》为底本，参照杨伯峻《春秋左传注》等著作。本书的选编，主要选取《左传》中所记载的重大历史事件和具有很强文学性的名篇，以窥见《左传》的历史意义、文章的特点和文化内涵。

中华传统文化百部经典·荀子

廖名春解读　16 开　75.00 元（精）　50.00 元（平）
2019 年 6 月出版
978-7-5013-6695-8（精）　978-7-5013-6692-7（平）

荀子思想综合了战国道家、墨家、名家、法家诸家的成分，对儒学做了创造性的发展，其中特别重要的是他关于人性、礼法、人的地位、名实关系的学说。

中华传统文化百部经典·楚辞

赵逵夫解读　16 开　68.00 元（精）　50.00 元（平）
2019 年 6 月出版
978-7-5013-6757-3（精）　978-7-5013-6756-6（平）

“楚辞”是战国时代伟大诗人屈原创造的一种诗体。作品运用楚地（今两湖一带）的文学样式、方言声韵，叙写楚地的山川人物、历史风情，具有浓厚的地方特色。汉时刘向把屈原的作品及宋玉等人“承袭屈赋”的作品编辑成集，名为《楚辞》，是继《诗经》以后对我国文学产生深远影响的一部诗歌总集。

中华传统文化百部经典·论衡

邵毅平解读　16 开　80.00 元（精）　54.00 元（平）
2019 年 6 月出版
978-7-5013-6747-4（精）　978-7-5013-6748-1（平）

作者系东汉王充。《论衡》对中国哲学与中国文化的发展产生了深远影响，堪称中国学术文化宝库中的一部奇书。《论衡》细说微论，解释世俗之疑，辨照是非之理，即以“实”为根据，疾虚妄之言。“衡”字本义是天平，《论衡》就是评定当时言论的价值的天平。它的目的是“冀悟迷惑之心，使知虚实之分”（《论衡·对作》篇），是古代一部不朽的唯物主义的哲学文献。

中华传统文化百部经典·贞观政要

谢保成解读　16 开　82.00 元（精）　54.00 元（平）
2019 年 6 月出版
978-7-5013-6788-7（精）　978-7-5013-6761-0（平）

作者系唐代吴兢。《贞观政要》是一部政论性的史书，它以记言为主，记录了贞观年间唐太宗李世民与臣下魏征、王珪、房玄龄、杜如晦等人关于施政问题的对话以及一些大臣的谏议和劝谏奏疏等。此外也记载了一些当时实行的政治、经济上的重大措施。

中华传统文化百部经典·史通

王嘉川解读　16 开　105.00 元（精）　70.00 元（平）
2019 年 6 月出版
978-7-5013-6786-3（精）　978-7-5013-6787-0（平）

作者系唐代刘知几。《史通》是我国首部系统史学理论专著。分为《内篇》《外篇》，原为五十二篇，今存四十九篇。内篇为全书主题，主要论述史书的体裁体例、史料采集、表述要点和作史原则。外篇论述史官制度、史籍源流并评价史家得失。

中国京剧百部经典外译系列

孙萍主编

《中国京剧百部经典外译系列》计划选取收录一百个左右经历了多年推敲检验、至今仍有较大影响力和代表性的京剧剧目，全面、系统、立体地记录戏曲艺术兼顾文学剧本、音乐乃至表演动作、舞台调度、舞台美术的“综合路线”传统，吸收近年来京剧艺术研究和跨文化交流沟通中的最新成果，全部做到英汉对照。编写具体可分为导赏写作与文化阐释、翻译两方面。前者是在前辈艺术家、理论家的研究基础上，进一步全面地、深入浅出地阐述每个剧目的舞台艺术。分为剧情梗概、剧本文学、演出情况、主要艺术特点赏析、音乐伴奏、主要人物造型及道具六大块，涉及剧目历史背景（故事出处、人物介绍）、文化（典故注释、表演精讲、戏曲美学）解读、名段（以五线谱、简谱对照方式）品鉴、舞台（含布景、装置、脸谱、服饰、道具等）透视，力求成为一部戏透析人情世态的中国文化读本。配合导赏，辅以大量精美剧照、舞台穿戴道具图例、曲谱，充分做到文字与视觉形象互为补充，相得益彰，便于读者在得到生动细致的解读说明同时，又可以直观地领略与把握。翻译方面，本项目成果完全英汉对照，包括了剧本、中文导赏、京剧艺术概述、表演术语词条和图例注释等。

中国京剧百部经典外译系列第三辑·打龙袍

孙萍主编　精装 16 开　200.00 元

2016 年 12 月出版　978-7-5013-5870-0

《打龙袍》故事发生在北宋仁宗年间，主要讲述的是包拯在陈州放粮赈灾时，遇见了当今皇帝的生母——遭遇陷害流落民间的李后，他获悉李后冤情之后决定奏明皇帝赵祯。借由观灯《清风亭雷打张继保》奏明李后之事。仁宗最初并不相信，后老太监陈琳告知二十年前"狸猫换太子"之事，而此时后宫忽报刘太后自尽，赵祯才相信此事，并命包拯代驾迎接李后还宫，母子团聚。李后恼怒赵祯不孝，二十年来竟不知生母流落民间，将紫金棍赐予包拯，要他责罚皇帝。包拯因臣无打君之理，便想出了打龙袍来替代的方法，解决了这个矛盾。

中国京剧百部经典外译系列第三辑·大·探·二

孙萍主编　精装 16 开　380.00 元

2016 年 12 月出版　978-7-5013-5886-1

《大·探·二》是京剧名段《大保国·探皇陵·二进宫》的简称。讲述了明初皇帝驾崩，太子年幼，太子之母李艳妃暂理国事。李艳妃之父李良起意篡位，定下一计：约定暂代皇帝，等太子长大成人再还政。李艳妃欲从之，李良又命文武百官签字画押。老臣徐彦昭识破奸计，出面阻止，并号召其他官员拒签，但只有兵部侍郎杨波支持徐彦昭。朝堂上，徐杨二人力谏不可让位，李艳妃不从，将二人赶出朝堂，声明永不录用。不久李良原形毕露，将李艳妃打入冷宫。徐彦昭夜探皇陵，在先王灵位前感慨万分。杨波领兵勤王，徐杨到冷宫救出李艳妃。

中国京剧百部经典外译系列第三辑·武家坡

孙萍主编　精装 16 开　280.00 元

2016 年 12 月出版　978-7-5013-5869-4

《武家坡》是京剧《红鬃烈马》中的一出折子戏，讲的是：出身高贵门第的妻子王宝钏独居破瓦寒窑 18 年，在困顿中写下血书，托鸿雁寄往西凉。薛平贵得信，告别代战公主，急返长安，在武家坡前遇见王宝钏。夫妻分离多年，容颜难辨，不敢贸然相认。薛平贵借问路试探宝钏，王清贫艰苦，坚守贞节，逃回寒窑。薛平贵赶至窑前，细说缘由，赔诉前情，夫妻才得相认。

中国京剧百部经典外译系列第三辑·赤桑镇

孙萍主编　精装 16 开　160.00 元

2016 年 12 月出版　978-7-5013-5873-1

《赤桑镇》剧情为：包拯铡死包勉，其嫂吴妙贞闻知，恨包拯负义，赶到赤桑镇，哭闹不休。包拯婉言相劝，并晓以大义。吴省悟，叔嫂和睦如初。

中国京剧百部经典外译系列第三辑·文昭关

孙萍主编　精装 16 开　200.00 元

2016 年 12 月出版　978-7-5013-5881-6

《文昭关》一剧取材于小说《东周列国志》。楚平王斩伍员之父伍奢，又追捕其兄伍尚。伍员逃出樊城，投奔吴国。楚平王在各处悬挂图像，缉拿伍员。伍员被阻于昭关，幸遇隐士东皋公，将其藏在家中，一连数日，计无所出。伍员辗转反侧，不能成眠，一夜之间，须发皆白。东皋公有友人皇甫讷，与容貌与伍子胥相像，乃邀其过府，嘱与伍员互易衣服。皇甫讷先至关，果被关吏拿住，大声剖白，关吏不信。正扰攘间，伍员已混出昭关。东皋公乃见关吏，说明被捕者并非伍员，确系挚友皇甫讷，关吏释之。

中国京剧百部经典外译系列第四辑·定军山

孙萍主编　精装 16 开　230.00 元

2016 年 12 月出版　978-7-5013-5871-7

《定军山》，也称《一战成功》，是京剧传统剧目，依据《三国演义》第 70 回改编。讲述三国时魏蜀交战，曹操派大将张合攻打葭萌关，被蜀汉老将军黄忠、严颜打败。张合逃到定军山，投奔夏侯渊，准备共同对抗蜀军。诸葛亮为增加黄忠取胜的信心，假意说黄忠年纪太大，打不过夏侯渊，准备换人出战。黄忠听了很是生气，称自己年龄虽大但力气不减当年，并立下军令状，发誓十日内攻下定军山。诸葛亮见激将法成功，便欣然同意黄忠出战。两军交战中，夏侯渊把黄忠的部将陈式擒去，而黄忠也生擒了夏侯渊的侄子夏侯尚。于是双方商定，在两军阵前互换人质。可当夏侯渊放回陈式后，黄忠却将夏侯尚射死，激得夏侯渊出阵较量。黄忠又施展拖刀计，斩杀夏侯渊，夺取了定军山。

中国京剧百部经典外译系列第四辑·将相和

孙萍主编　精装 16 开　220.00 元

2016 年 12 月出版　978-7-5013-5865-6

《将相和》的故事内容出自《史记》中的《廉颇蔺相如列传》一节。现在京剧舞台上演出的版本，是 1950 年翁偶虹、王颉竹二人在京剧旧本《完璧归赵》《渑池会》《负荆请罪》的基础上改编而成的。该剧原为北京新中国实验京剧团李少春、袁世海演出所写，但同时太平京剧社谭富英、裘盛戎也请翁偶虹编写排演该剧。两个剧团在场次安排、唱词内容上略有差异，但总体剧情出入不大。现在的经常看到的演出版本是从渑池会开始，包括“封相挡道”与“负荆请罪”两部分。这出戏主要讲述了：战国时，赵国人蔺相如不惧秦国的威胁，先是出使秦国成功地保住了赵国的宝玉——和氏璧，而后又在渑池会上使赵王免遭秦国的侮辱。因此，蔺相如被赵王封为赵国丞相。赵国上将军廉颇居功自傲，认为蔺相如出身卑贱，只会逞口舌之能，便屡次向蔺相如寻衅。蔺相如以国事为重，始终忍让。后经上大夫虞卿劝解，廉颇愧悔，至相府负荆请罪，将相和好，同心辅国。

中国京剧百部经典外译系列第四辑·三堂会审

孙萍主编　精装16开　260.00元
2016年12月出版　978-7-5013-5864-9

《三堂会审》节选自越剧传统剧《玉堂春》。越剧《玉堂春》是戚派代表剧之一，《三堂会审》亦是戚派花旦选段中的名家名段。《玉堂春》是中国戏曲中流传最广的剧目之一。由红枫、孙旭、傅骏、金风、李卓云等集体编导，刘如曾编曲，合作越剧团出演。开始演出时受当时思潮影响，认为王金龙是做了官的统治阶级，苏三是苦难妓女，阶级不能调和，戏演到《三堂会审》结束，不让两人团圆。后来才到“监会团圆”结束。讲述的是南京官家子弟王金龙与名妓苏三誓偕白首，因金尽被偷，潦倒关王庙。苏三得悉，赴庙赠金资助，使王金龙得回南京。后王八鸨儿和山西富商沈延林以假信哄骗苏三“王公子得中皇榜第一名”，私下将苏三卖给沈延林为妾。沈延林妻皮氏“大娘”与赵监生私通，用药面毒死沈延林，反诬告苏三。洪洞县官受贿一千两，将苏三问成死罪，解至太原三堂会审，主审官恰为巡按王金龙，遂使冤案平反，王金龙、苏三团圆。

中国京剧百部经典外译系列第四辑·四郎探母

孙萍主编　精装16开　420.00元
2016年12月出版　978-7-5013-5884-7

《四郎探母》取材于历史小说《杨家将演义》第四十一回，相传为19世纪中叶京剧艺术的开拓者——同光十三绝中的张二奎所编，则此剧从诞生至今已有一个半世纪。作为京剧传统剧目，一名《四盘山》，又名《北天门》，是生、旦唱腔成就较高的传统戏之一。故事发生在北宋（960—1127），金沙滩一战杨家将伤亡惨重，四郎延辉被擒，后召为驸马。十五年后辽邦大将萧天佐摆下天门阵，杨延辉的母亲佘太君押送粮草来到北番，四郎延辉为思念母亲欲前往看望，被铁镜公主看破，遂以实告之。铁镜公主为帮助四郎过关探母设计盗得令箭。四郎私回宋营母子兄弟相会，因放心不下铁镜与其孩儿连夜回宫，不想被萧后得知此事，欲斩，铁镜公主设计相救，最后被赦免。

中国京剧百部经典外译系列第四辑·击鼓骂曹

孙萍主编　精装16开　260.00元
2016年12月出版　978-7-5013-5872-4

《击鼓骂曹》是京剧老生传统剧目，取材于《三国演义》第23回“弥正平裸衣骂贼”。故事叙述名士祢衡被孔融推荐给曹操，曹对其轻慢，用鼓吏来羞辱他。祢衡当着满朝文武大骂曹操，并借击鼓发泄。后经百官相劝，勉为曹下书去顺说刘表。

中国京剧百部经典外译系列第五辑·别窑

孙萍主编　精装16开　175.00元
2017年12月出版　978-7-5013-6405-3

《别窑》是京剧《红鬃烈马》中的一段，也可以单独演义。剧情为薛平贵婚后，因降服红鬃烈马，受封为后军督护；王允参奏，降为“先行”，使隶于次婿魏虎麾下，且遣其远征西凉。平贵归家，忍痛与王宝钏分别。

中国京剧百部经典外译系列第五辑·彩楼配

孙萍主编　精装16开　175.00元
2017年12月出版　978-7-5013-6413-8

《彩楼配》是《红鬃烈马》中的一折。《红鬃烈马》包括十三个折子戏，分别为《花园赠金》《彩楼配》《三击掌》《闹窑降马》《投军别窑》《误卯三打》《母女会》《鸿雁传书》《赶三关》《武家坡》《算军粮》《银空山》《大登殿》。《彩楼配》戏接《花园赠金》，作为整个故事的发端，剧情有趣，唱、做优美，常与《赠金》《三击掌》接连上演。《彩楼配》一折即讲述了宝钏花园赠金、与平贵定情之后，登上彩楼抛球招赘的情节。

中国京剧百部经典外译系列第五辑·红娘（全二册）

孙萍主编　精装16开　420.00元
2017年12月出版　978-7-5013-6412-1

《红娘》取材于中国古典戏曲名著、元代王实甫的《西厢记》。故事发生在唐朝贞元年间，书生张珙进京应试途经普救寺，与崔相国的女儿崔莺莺一见倾心。叛将孙飞虎听闻莺莺貌美，于是兵围普救寺，想要掳莺莺为妻。老夫人许诺有人能够退去贼兵，就把女儿许配给他为妻。张生请故交白马将军前来解围，剿灭了叛将孙飞虎。此时崔夫人悔却前言，借词推脱，莺莺怒不敢言，张生相思成疾。崔府丫鬟红娘侠肝义胆，看不惯老夫人的所作所为，于是在张生、莺莺之间牵线搭桥、传书递柬，又在崔夫人面前据理力争，最终促成了这桩美满的姻缘。

中国京剧百部经典外译系列第五辑·三击掌

孙萍主编　精装 16 开　200.00 元

2017 年 12 月出版　978-7-5013-6402-2

《三击掌》为中国京剧《红鬃烈马》中比较重要的一折。故事讲述了唐丞相王允在长安城内高搭彩楼，为三女儿宝钏招婿。宝钏奉旨登楼选婿，撇开众多公子王孙，却将彩球抛赠薛平贵。王允愤怒，与宝钏“三击掌”断绝关系。

中国京剧百部经典外译系列第六辑·刺王僚

孙萍主编　精装 16 开　168.00 元

2017 年 12 月出版　978-7-5013-6407-7

《刺王僚》是京剧传统剧目。主要内容是：吴王姬僚之弟姬光假意请吴王姬僚赴宴，专诸扮成厨夫，在鱼中藏剑，借献鱼之机刺死姬僚。姬光夺得王位。即为吴王阖闾。

中国京剧百部经典外译系列第六辑·罗成叫关

孙萍主编　精装 16 开　172.00 元

2017 年 12 月出版　978-7-5013-6406-0

《罗成叫关》是叶派小生的代表剧目，故事取材于《说唐全传》第六十回“紫金关二王设计，淤泥河罗成捐躯”。叙唐初，齐王李元吉争夺王位，将秦王李世民诬陷入狱。李元吉为剪除李世民的心腹，借征讨苏定方之机，荐罗成为先锋。罗成得胜归来。李元吉为加害于罗成，逼令罗成再战。罗忍饥苦战后返城，李元吉紧闭城门不准进关。罗成无奈，咬破手指作血书，嘱城上守关义子罗春转奏朝廷，复只身力战敌兵，终因马陷淤泥河，被乱箭射死。

中国京剧百部经典外译系列第六辑·赵氏孤儿（全三册）

孙萍主编　精装 16 开　540.00 元

2017 年 12 月出版　978-7-5013-6408-4

《赵氏孤儿》的故事最早见于《左传·宣公二年》。京剧剧情为：春秋时期，奸臣屠岸贾素与忠臣赵盾不睦，遂进谗言蛊惑昏君晋灵公斩杀赵盾满门。赵盾儿媳庄姬公主为晋灵公之胞姐，故而特赦。但此时公主已有身孕，即将临盆。为保忠臣血脉，医匠程婴待公主生产之后，冒险进宫将婴儿救出，是为赵氏孤儿。得知孤儿被救后，为斩草除根，屠岸贾下令：三日之内若无人献出孤儿，便杀尽全国初生婴孩。程婴与老臣公孙杵臼定计，以程婴之子金哥充替赵氏孤儿，交予公孙杵臼。程婴向屠岸贾告发公孙杵臼藏匿孤儿，遂大获屠岸贾信任，而公孙杵臼与金哥则惨遭杀害。从此，程婴忍辱负重、甘受骂名，带孤儿寄居屠岸贾门下。十五年后，孤儿长大成人，已是文武双全。恰逢大将军魏绛戍边回朝，闻听此事十分气愤，邀程婴过府，执鞭痛打。程婴认清魏绛忠心，说出隐情。魏绛得知以往情由，乃商定计策杀死屠岸贾，为赵氏报仇。程婴回府后，画影图形将真情告知孤儿。孤儿在魏绛等人的帮助下，亲手杀死屠岸贾，与母亲庄姬公主团圆。

中国京剧百部经典外译系列第六辑·祭塔

孙萍主编　精装 16 开　190.00 元

2017 年 12 月出版　978-7-5013-6401-5

《祭塔》取材于中国四大传说之一的《白蛇传》。故事讲述了白素贞诞下孩儿之后，被法海压在雷峰塔下受尽折磨。许仕林长大成人之后，得中状元。因为挂念母亲，他特地请旨回乡祭祖，来到雷峰塔前祭奠自己的母亲。面对长大成人、前来祭奠的许仕林，白素贞百感交集，痛诉了自己的身世以及对多载未能谋面的儿子的百般思念。

中国京剧百部经典外译系列·第三辑（典藏版）（全六册）

孙萍主编　精装 16 开　2000.00 元

2017 年 1 月出版　978-7-5013-6014-7

本书是教育部哲学社会科学研究重大课题攻关项目“京剧百部经典外译系列”工程第三辑。本书包括六册，分别为赤桑镇、打龙袍、武家坡、大探二、文昭关、京剧艺术概述。本系列丛书深入浅出地介绍了京剧艺术的发展历史、艺术特点、行当与流派、音乐和声腔、声韵和念白、服装、化妆、道具舞台、表演技巧等方面的基本常识。全面、系统、立体的延续记录戏曲艺术的意义和价值，吸收近年来京剧艺术研究和跨文化交流沟通中的最新成果。同时书中辅以大量精美剧照、舞台穿戴道具图例、曲谱，充分做到文字与视觉形象互为补充，相得益彰；翻译方面，本项目全部内容均采取双语（中、外文）对照的形式，便于希望了解中国传统戏曲文化的外国读者在得到生动细致的解读说明同时，又可以有直观地领略与把握。

中国京剧百部经典外译系列·第四辑（典藏版）（全六册）

孙萍主编　精装 16 开　2200.00 元

2017 年 1 月出版　978-7-5013-6013-0

本书是教育部哲学社会科学研究重大课题攻关项

目《京剧百部经典外译系列》工程第四辑。本辑包含五种剧目，分别为定军山、将相和、四郎探母、三堂会审、击鼓骂曹以及一册《京剧艺术概述》。

中国京剧百部经典外译系列·第五辑（典藏版）（全六册）

孙萍主编　精装 16 开　1250.00 元

2017 年 12 月出版　978-7-5013-6415-2

本书是教育部哲学社会科学研究重大课题攻关项目《京剧百部经典外译系列》工程第五辑。本辑包含红娘（上下）、三击掌、别窑、彩楼配以及一册《京剧艺术概述》。

中国京剧百部经典外译系列·第六辑（典藏版）（全七册）

孙萍主编　精装 16 开　1350.00 元

2017 年 12 月出版　978-7-5013-6414-5

本书是教育部哲学社会科学研究重大课题攻关项目《京剧百部经典外译系列》工程第六辑。本辑包含刺王僚、罗成叫关、赵氏孤儿（上中下）、祭塔以及一册《京剧艺术概述》。

中国京剧百部经典外译系列·京剧艺术概述

孙萍主编　精装 16 开　280.00 元

2016 年 12 月出版　2018 年 06 月再版

978-7-5013-5904-2

本书是教育部哲学社会科学研究重大课题攻关项目《京剧百部经典外译系列》工程中的一部。深入浅出地介绍了京剧艺术的发展历史、艺术特点、行当与流派、音乐和声腔、声韵和念白、服装、化妆、道具舞台、表演技巧等方面的基本常识。全面、系统、立体的延续记录戏曲艺术的意义和价值，吸收近年来京剧艺术研究和跨文化交流沟通中的最新成果。同时书中辅以大量精美剧照、舞台穿戴道具图例、曲谱，充分做到文字与视觉形象互为补充，相得益彰；翻译方面，本项目全部内容均采取双语（中、外文）对照的形式，便于希望了解中国传统戏曲文化的外国读者在得到生动细致的解读说明同时，又可以有直观地领略与把握。

红学系列

《红楼梦》刘履芬批语辑录

王卫民著　平装 32 开　1.25 元

1980 年 1 月出版　7-5013-0333-9

石头记鉴真

周祜昌、周汝昌著

32 开　2.70 元（精）　1.60 元（平）

1985 年 5 月出版

正文分 9 章：1. 书头篇；2. 楔子篇；3. 批语篇；4. 纪年篇；5. 文笔篇；6. 脂墨篇；7. 壬午篇；8. 笔迹篇；9. 离合篇。卷前有小引。卷末附录：1. 款式比较；2. 脂砚题红（曲词体）。孙秉山、张云祥作封面画，徐虾龄书名篆刻。

论石头记己卯本和庚辰本

王毓林著　平装 32 开　1.40 元

1987 年 2 月出版

关于《红楼梦》版本源流和成书过程的研究专著。

《红楼梦》的艺术世界

周书文著　平装 32 开　7.45 元

1990 年 1 月出版　7-5013-0809-8

红楼真本——蒙府·戚序·南图三本《石头记》之特色

周祜昌、周汝昌、刘宣编　平装 32 开　9.00 元

1998 年 10 月出版　7-5013-1514-0

本书所研讨的真本，是指《蒙府》《戚序》《南图》三个姊妹古抄本。她们构成了《红楼梦》古抄本的一个重要系统，在《红楼梦》版本史上有重要意义。本书的主题就是反映周汝昌先生等对“蒙戚”系统古抄本独特价值的研究和探索，他首次提出了清代望族后人整编传抄说和曹雪芹创作的新的源头说。介绍并辑录《蒙府本》独有的重要“脂批”多达 600 余条，加校读整订。

红楼梦的版本及其校勘

郑庆山著　平装 32 开　45.00 元

2002 年 5 月出版　7-5013-1871-9

本书是作者费半生心血研究《红楼梦》版本的成果结集。共收论文 35 篇，分上、下两编。

红楼梦的版本及其校勘续篇

郑庆山著　平装 32 开　22.00 元

2006 年 9 月出版　7-5013-3162-8

本书是 2002 年出版的《红楼梦的版本及其校勘》一书的续篇，以研讨《红楼梦》版本及其校勘为主，涉及“脂批”。

红楼梦烟标精华

杜春耕编　平装16开　280.00元

2002年6月出版　7-5013-1925-1

本书汇集民国年间流传于上海等地的有关《红楼梦》人物故事的烟标及香烟广告共10余套300余幅，极富收藏及艺术鉴赏价值，更是研究民国时期社会经济、商业文化、民俗时尚，特别是"红楼文化"在当时发展情况的珍贵史料。

金玉缘图画集

李菊侪、李翰园等绘，觉僧评　线装12开　280.00元

2002年7月出版　7-5013-1924-3

本书是较早的《红楼梦》连环画集，根据民国二至三年华国书局石印之北京《黄钟日报》附刊本影印，版本稀见。全书共388幅，图文并茂，笔触传神，是研究"红学"史及民国艺术史的重要资料，更是广大《红楼梦》爱好者欣赏、收藏的首选之书。

红学:1954

孙玉明著　平装16开　35.00元

2003年10月出版　7-5013-2183-3

本书作者历时数年，以令人信服的翔实史料、较为科学的写作手法，客观而全面地介绍了1954年秋"《红楼梦》研究批判运动"发生的前因后果。本书立意积极进取，叙事客观公允，在唤取良知和责任的同时，为我们研究建国初期学术思想史，特别是"红学"发展史提供了珍贵的资料。

读红随考录

季稚跃著　平装32开　28.00元

2003年10月出版　7-5013-2175-2

本书作者季稚跃是《红楼梦》研究中着重研究《红楼梦》初期抄本的，他对《红楼梦》抄本研究的一大特色是着重文本的相互比勘，他用这种笃实的工作方法，认真比勘了甲戌、己卯、庚辰等重要抄本，对蒙古王府本、列宁格勒藏本、甲辰本、郑藏本等也都作了同样的研究，所以才写出了收在本书里的各篇文章。季稚跃对《红楼梦》的成书过程，对《红楼梦》思想的现代性及超前性，对《红楼梦》里的方言，对曹雪芹的生卒年，对曹雪芹为何未写完《红楼梦》等长期悬而未决的问题，都有认真的研究和新的见解。

红楼梦东观阁本研究

曹立波著　平装32开　38.00元

2004年1月出版　7-5013-2406-9

本书考察了《红楼梦》东观阁本的刊印、翻刻及流传状况，探讨了东观阁本在《红楼梦》传播史上的特殊地位和历史价值。同时厘清了东观阁本的基本形态、文论价值、批语渊源及影响。

红楼梦概论

冯其庸、李广柏著　平装32开　25.00元

2004年4月出版　7-5013-1945-6

本书网罗宏富，论议透析，所涉几近囊括红学开展以来从宏观大旨到微观辨析在内的所有重要议题，诸如曹雪芹祖籍家世、个人际遇及其艰难创作《红楼梦》的历程，《红楼梦》一书的思想内涵与艺术成就，早期抄本版本情况，红学研究发展的历史现状及研读《红楼梦》的方式方法等诸多方面均有论述考证。其出版对红学研究的深入开展意义深远。怎样读红楼梦一章是红学大家专为青年学生研读《红楼梦》而作。

《红楼梦》的超前意识与现代阐释

饶道庆著　平装32开　32.00元

2004年10月出版　7-5013-2597-9

本书力图立足于中国文化和文学本身，在继承传统的基础上，采用现代新的观点和方法（包括西方的学术思想）来阐释《红楼梦》。

《红楼梦》是怎样写成的

蔡义江著　平装32开　28.00元

2004年10月出版　7-5013-2596-0

该书为著名红学家蔡义江先生之新作。作者从曹雪芹生卒年，曹家及曹雪芹个人际遇，《红楼梦》的虚与实，《红楼梦》的批评人，《红楼梦》后四十回续作者诸问题入手，全面、深入地辨析考证了《红楼梦》的成书问题。全书语言机趣自然，论辩角度新颖独到，是研究《红楼梦》成书问题的创新之作。

红楼长短论

胡文彬著　平装32开　28.00元

2004年10月出版　7-5013-2598-7

本书汇集著名红学家胡文彬先生近年研究新作72篇，分七个部分阐述了作者对于《红楼梦》文本内容、版本考订、人物形象的研治心得。发掘披露了不少与红学有关的新材料，更涉及与红学有关的艺术门类以及阅读相关红学著述的偶感随笔。全书内容广博，篇章短小精悍，文风亲切平易，具可读性。

评书红楼梦(全二册)

庞立仁、刘兰芳、王印权、庞立胜改编
平装 32 开 66.00 元
2005 年 4 月出版 7-5013-2731-9

本书是以评书形式改编的我国古典文学名著《红楼梦》。该书以曹雪芹先生所著八十回本为底本,综合编者多年研红心得及红学界研究探佚成果,复以评书固有的表现手法及布局结构要求进行调整,集思广益,编写而成。本书编者文史功力深厚,改编之作基本体现了曹雪芹先生原作的精神风貌,讲述故事,引人入胜;边说边评,发人深省。思想深刻,韵味十足,雅俗共赏,老少咸宜。通过本书,广大读者听众不但能享受到些许茶余饭后的乐趣,还将得到方方面面的中国古代文化史知识及诸多有益的启示。本书于 2003 年在中央人民广播电台文艺之声栏目播出后,受到广泛欢迎。应听众要求,电台正在回放,中央电视台也即将播映。本书为普及《红楼梦》所作的有益尝试,无疑是一件功德无量之事,必将载入"红学"史册,为"红学史"增添一段崭新的篇章。周汝昌作序。

胡适红学研究资料全编

宋广波编校注释 平装 32 开 40.00 元
2005 年 10 月出版 7-5013-2749-1

本书是胡适红学研究资料迄今最完备、最翔实的资料汇编。举凡胡适论红楼梦的文集、书信、日记、讲演、谈话、题记等都在搜求之列。编者竭力搜罗,共得相关文件 124 篇,较之此前收录胡适论红资料最全的《胡适红楼梦研究论述全编》一书多出 50 余件。此书是当代红学研究尤其是胡适"新红学"研究的必备资料集和工具书。

红楼梦脂评辑校

郑红枫、郑庆山编 平装 32 开 30.00 元
2006 年 3 月出版 7-5013-2997-4

本书为《红楼梦》清代各抄本的脂砚斋和畸勿叟等批语的辑录和校勘。

读红随笔——《红楼梦》与颐和园及其他

道夫著 平装 32 开 12.00 元
2006 年 5 月出版 7-5013-3135-9

作者在一次游颐和园的过程中,偶然发现《红楼梦》中的大观园的风貌与颐和园颇为相似,便顺此思路深入研究,终于有所发现。于是写了这本小书来与大家分享其研究成果。书中对大观园的位置、《红楼梦》的著书时间、曹雪芹的出生年月日及生平经历、读懂《红楼梦》一书的方法等等问题都做了引经据典的研究,发表了作者独到的见解。

《红楼梦》欣赏与探索

胡文炜著 平装 32 开 23.00 元
2006 年 6 月出版 7-5013-3136-7

本书是作者十多年来研究《红楼梦》的论文结集,分为"欣赏篇""评议篇""人物篇""版本篇"等四篇。作者在书中对《红楼梦》中的相关问题均发表了自己的看法。因为作者是业余研红,所以本书不是用来评职称、评学位的著作,用作者自己的话说:"只是为了说清见解。"因此,本书应该较少空话、套话和功利色彩。

红楼梦评点研究

刘继保著 平装 32 开 28.00 元
2007 年 1 月出版 978-7-5013-3356-1

红楼梦评点规模庞大,自红楼梦面世到民国初年的 130 多年间就有数十家之多,著名者有王希廉、张新之、姚燮、云罗山人、话石主人等。历来的评点在人物评品和小说鉴赏方面很有价值,但一直无人系统研究、整理。本书作者不避艰辛,对 130 年间红学史上的评点著作进行搜罗和整理,并结合红学研究史,以现代批评的眼光,审视红楼梦评点在红楼学术史和小说理论史上的特有地位和价值。

红楼梦版本辨源

杨传镛、于鹏整理 平装 32 开 22.00 元
2007 年 1 月出版 978-7-5013-3184-0

本书系杨传镛先生多年研究《红楼梦》版本问题的论著汇集。作者厚积薄发,对《红楼梦》流传过程中形成的各种版本的渊源进行了深入的考证和精辟的论述,提出并论述了诸如"甲戌本成书在先""甲戌本退变成了己卯·庚辰本""除甲戌本外,其他诸本均源出己卯·庚辰本,并形成不同支系不同层次后裔"等重要观点。

大旨谈情——《红楼梦》的情恋世界

徐乃为著 平装 16 开 28.00 元
2007 年 4 月出版 978-7-5013-3461-2

该书分悲情篇、苦情篇、怨情篇、杂情篇、论情篇等几部分,具体入微地分析探讨宝玉与诸钗、诸鬟的情恋,以及贾府四春、红楼众生的情恋,可读性与学术性有机结合。

日本红学史稿

孙玉明著 平装 32 开 25.00 元
2007 年 5 月出版 978-7-5013-3180-2

该书的作者孙玉明利用长期在《红楼梦》研究所工作的得天独厚的学术条件，凭借多年的“研红”积累与四年专业日语训练的语言优势，在尽可能充分地占有相关材料、消纳前人已有成果的基础上，第一次系统而又全面地梳理、介绍、评价、记述了自1793年《红楼梦》传入日本，至2000年，200余年间，日本历代学人对《红楼梦》的翻译、注解、评论和研究的历史。较为准确地勾勒出了红学在日本的产生与发展情况，为红学史及中外文化交流与相互影响等领域的研究打开了一扇全新的窗口。

红楼梦与诠释方法论

洪涛著　平装16开　35.00元

2008年1月出版　978-7-5013-3566-4

本书以诠释学理论为架构，追溯《红楼梦》由产生到被接受的过程，考察作者、文本、读者三大关键与诠释活动的关系。可称为一部专题性的红学批判史。全书理论稳固、条理清晰、资料全面、论证充分，思考和讨论的都是有关红学的关键问题，持论也较为客观公允。

《红楼梦》研究资料分类索引：1630—2009（上、下）

刘晓安、刘雪梅编纂　平装16开　880.00元

2012年8月出版　978-7-5013-4845-9

该书编者历时三十余年，收集了1630至2009年间，海内外有关红学研究的专著、论文及其他资料，核查排比，以类相从，成就此书。它有几个突出的优点：一、时间跨度较长；二、收录范围较广，其篇目来源于海内外的红学专著、专刊、论文集等；三、编排合理，将全书20000余条篇目分为八编，各编下再设若干子目，按类排列、兼顾时序；四、信息准确；五、检索方便。该索引是一部有较多创建、较高价值的专题性工具书，是数百年红学发展轨迹的规律性总结和展示。

海角红楼——梅节红学文存

梅节著　平装16开　39.80元

2013年8月出版　978-7-5013-4898-5

《海角红楼》为著名红学家、《金瓶梅》研究专家梅节的红学研究论文集。全书整体体现了梅节自成系统的红学思想，其中一些论文也有对红学界的一些不良风气的批判，是学术底蕴深厚的著作。全书的字里行间也体现了老一辈学者扎实的国学功底与凛然的学术风骨。

红楼外梦（6种）

红楼悲歌

朱浩文著　平装32开　20.00元

2005年6月出版　7-5013-2793-9

本书为系列长篇小说《红楼外梦》之一。作者采用长篇章回体写作方法，以《红楼梦》原著前八十回中原有的故事线索为脉络，在吸收近现代红学研究成果的基础上，融入了自己的研究心得。共分三十回，二十万字。本书从甄英莲幼时被拐写起，到被夏金桂毒死为止，描写了善良聪慧的英莲一生的悲惨生活历程。

红楼之花

朱浩文著　平装32开　20.00元

2005年6月出版　7-5013-2794-7

本书是《红楼外梦》之一，主要描写贾宝玉身边的四大丫头。着重描写了袭人对宝玉的一片痴情。详细描写了袭人为了成为宝姨娘与身边的丫头钩心斗角，处心积虑找机会拆散宝黛二人，在宝玉离家出走后，出门去找他，历尽千辛万苦，最后淹死在池塘里的故事。作者描写生动、详细，值得文学爱好者一读。

红楼烈女

朱浩文著　平装32开　20.00元

2005年6月出版　7-5013-2784-X

本书着力塑造鸳鸯的反抗性格，从鸳鸯入贾府写起，到鸳鸯最终逃离贾府，返回金陵老家隐居为止。

红楼情侣

朱浩文著　平装32开　20.00元

2005年6月出版　7-5013-2785-8

本书着重描写的是迎春、探春、惜春身边的丫头们。主角为司棋。重要配角入画、绣桔等。故事从司棋的身世写起，着重描写司棋与表弟潘又安相恋，后因事情败露，被逐出贾府，为圆夫妻梦，又遭生母力阻，最终不得已逃往京西谋生。

红楼义女

朱浩文著　平装32开　20.00元

2005年7月出版　7-5013-2787-4

本书主要描写王熙凤身边的丫头，主角为小红。突出描写了小红与贾芸相恋到结为夫妻，以及贾府被抄家，贾宝玉和王熙凤入狱后，小红夫妇入狱探监和竭尽全力设法将宝玉、凤姐先后营救出狱的故事。

红楼忠仆

朱浩文著　平装32开　20.00元

2005年7月出版　7-5013-2798-X

本书描写的是紫鹃、雪雁、湘云等人。故事从黛玉进京写起。着重描写紫鹃对黛玉忠诚不变的主仆之情，特别是黛玉死后，贾府败落，紫鹃为黛玉守灵、守墓吃尽苦头，几乎送命。后为宝玉等搭救。故事的结局为紫鹃与宝玉在西山结为夫妇，并生有一子一女，宝玉写书未竟而逝，紫鹃独自抚养儿女成人，活到八十高龄，儿子中举人，女儿长大后成为才女，并将其父之书稿刊行。

红楼怨梦（3种）

红楼二尤

朱浩文著　平装16开　38.00元

2008年7月出版　978-7-5013-3637-1

本书是系列小说《红楼怨梦》之第一部。采用章回体形式，以三十六回的篇幅，着力刻画了《红楼梦》原著中短暂出场的姐妹二尤的悲苦命运。作者以细腻流畅的笔触，给我们讲述了二尤一生忧伤而美丽的故事，及其幕后那个花柳繁华、有着温柔富贵乡美誉的大观园，在那个金玉满堂、有着显赫权势的荣国府，温情脉脉的面纱后面，却是乌眼鸡似的恨不得你吃了我，我吃了你的钩心斗角。

红楼女尼

朱浩文著　平装16开　38.00元

2008年7月出版　978-7-5013-3636-4

本书为《红楼怨梦》系列小说之第二部，是文学名著《红楼梦》中杨白玉（法名妙玉）姑娘故事的展开与延续。小说采用章回体形式，通过层层递进的故事情节，在向我们展示曾经红极当时京城的荣、宁二府如何由盛转衰，直至家道破落的同时，把曾为名门之后的弱女子杨白玉一生东躲西藏，直至最终沦为风尘之女的悲苦命运描述得淋漓尽致，使读者阅后无不扼腕悲叹。

红楼优伶

朱浩文著　平装16开　38.00元

2008年7月出版　978-7-5013-3627-2

本书是系列丛书《红楼怨梦》之第三部。采用章回体小说的形式，共计三十六回。着重描写了红楼女戏子龄官和芳官的身世、遭遇和结局，也给予药官、蕊官、藕官等一定的篇幅。本书以刻画人物复杂多变的心路历程见长，使得故事情节委婉细腻。书中的亮点之一，就是对京昆戏曲有较为深入的研究，不失为一部较好的作品。

北京文献系列

北京地名志

（日）多田贞一著，张紫晨译，陈秋帆校

平装32开　1.10元

1986年4月出版

根据新民印书馆东方民俗丛书（1）《北京地名志》（1944年9月版）译出。

旧都文物略

汤用彬等著　平装32开　1.60元

1986年7月出版

原书以旧北平市政府名义编印，出版于1935年，辅以400余幅照片。

房山石经题记汇编

北京图书馆金石组、中国佛教图书文物馆石经组编

精装16开　50.00元

1987年8月出版

“房山石经”是北京市房山县石经山石刻佛教经典的简称。根据北京图书馆藏房山石经拓本著录。

故都三百六十行

齐如山著，鲍瞰埠编　平装32开　4.80元

1993年10月出版　7-5013-1054-8

共108篇文章，原散见于1946—1947年的天津《益世报》中，此次首次汇辑成书。

北京的佛教寺庙

田奇著　平装32开　3.60元

1993年11月出版　7-5013-1097-1

本书介绍了北京地区佛教寺庙的历史简况、格局及各种庄严供具、寺庙中的塑像、僧伽制度与僧人生活、佛事仪式和佛教节日及17个寺庙的简况。

北京图书馆藏北京石刻拓片目录

徐自强著　精装16开　53.70元

1994年1月出版　7-5013-1086-6

在我国浩如烟海的文字资料中，除保存在龟甲、兽骨、金属器物、竹简木牍以外的，尚有镌刻在石头上的文字约18万石，而集中在北京的即有3万石以上。本书著录2,1000余石，共6336种，较详尽地反映了北京石刻拓片的全貌，具有很高的学术价值。本书有如下特点：1. 内容丰富、题材广泛，是研究我国政治、经济、文学、艺术、历史、地理、科技、建筑、宗教、民俗等学科不可多得的珍贵文献。2. 种类齐全，时限长久。书中所著石刻拓片以朝代计，包括先秦、两汉、魏晋南北朝、隋、唐、宋、辽、金、元、明、清、民国及新中国建立以后。

京都叫卖图

(英)萨莫尔·维克多·康斯坦著,陶立译,陶尚义绘图
平装24开 9.90元
1997年1月出版 7-5013-1014-9

本书文笔通俗流畅,幽默风趣,中英文对照,大量典故考证翔实;书中插图系参考原图和有关资料,并附有部分珍贵的历史资料;此外,各种叫卖声均有具体声调。图、文、声并茂,再现了清末民初北京街头的风土人情。

陋巷人物志

邓海帆绘图、撰文 精装16开 280.00元
1998年1月出版 7-5013-1271-0

本书收工笔人物画109幅,随画赋诗填词200多首。

京城琐谈·第一辑(全四册)

降巩民、张彦博主编 平装32开 32.00元(套)
1998年6月出版 7-5013-1475-0

本丛书由北京人民广播电台、北京图书馆出版社联合编辑出版,共4册。分别为:1.北京小吃;2.街巷·戏园;3.陵墓·园林;4.岁时节令·传说。吕浩才封面题字。

京畿丛书(全十一册)

张彦博、余春生主编 平装32开 8.30元/册
1999年11月出版 7-5013-1490-X

本丛书是一套反映北京各郊区县历史文化的丛书,由国家图书馆出版社与北京人民广播电台文艺台联合编辑出版。每个区县独立成册,内容涵盖历史文化的各个方面。现已出版11种:朝阳、石景山、延庆、门头沟、顺义、平谷、密云、丰台、通州、海淀、昌平。

北京民间生活百图

(清)佚名绘 6开 980.00元(精) 750.00元(平)
2003年2月出版
7-5013-1852-2(精) 7-5013-1852-2(平)

本书收清末北京民间生活彩图近百幅,左图右文,再现了清末北京街头的风土人情。

北京民间风俗百图

(清)佚名绘,王克友、王宏印、许海燕译
20开 48.00元(精) 35.00元(平)
2003年10月出版 7-5013-2086-1

《北京民间风俗百图》是国家图书馆珍藏的清代民间艺人绘画稿本。本书收录图画均出自民间艺人之笔,描写精细、刻画逼真。图画所表现的事物,包括中医诊脉、高跷、耍飞叉、背包送报人、做蜡烛者,等等。生动传神地反映出晚清时代北京民间风俗生活的现实,不仅具有历史价值,而且具有艺术价值。释画文字生动别致,画文相得益彰,对今人研究当时社会习俗、文艺说唱、杂技表演以及人物服饰等都很有帮助。除了保留原书特色以外,还增加了英文译文,使本书成为一本图文并茂、中英对照的风俗类图书,不但可以传承传统文化,还可以对外宣传中华民族文化。

北京的胡同(图文珍藏版)

翁立著 平装16开 28.00元
2003年4月出版 7-5013-2117-9

本书是1992年版《北京的胡同》一书的图文珍藏版。书中全面详细地介绍了北京胡同的历史、布局、建筑、命名、佚闻趣事,及其与之其关的北京城的城市规划、建设与北京人的生活,被誉为一部"北京胡同的百科全书"。

北京云居寺与石经山旧影

国家图书馆善本特藏部编 精装8开 60.00元
2004年11月出版 7-5013-2468-9

本书汇辑邓之诚和法国人普意雅所藏北京云居寺与石经山旧影80幅。反映了云居寺和石经山在20世纪初至二三十年代的旧貌,为考证其原有建筑布局和建筑形式提供了直观可信的证据。

流年 No.1 古城,不能忘却的纪念

邱阳主编 平装16开 25.00元
2005年3月出版 7-5013-2780-7

本期《流年》为第一辑,意在纪念城市变化的历史性时刻,回顾和记录北京这座古城的变迁,阐述建筑和人文层面上的思考,把行将消失的记忆最大限度传递下去。无论是胡同、四合院,还是古城的风情、民俗,抑或是早已不再清晰的地理坐标,都是本期关注的话题。在这一专辑中,我们集聚了保护古城和亲历时代变迁的名人大家的文章和图片,以图文本的形式述说北京这座古城的岁月沧桑和如烟往事。

流年 No.2 帝都,行将消失的古韵

邱阳主编 平装16开 25.00元
2006年6月出版 7-5013-3145-6

本书是《流年》丛刊第二辑,延续第一辑的主题,继续关注北京旧城的拆迁与改造。所收文章既有肖复兴、沈继光、李玉祥、谢其章等名家之作,又收入了许多平民

的回忆与描述，为本书又增添了许多京城百姓的生活气息。

流年影像 No.1 绝版古城记忆

邱阳主编　平装 16 开　28.00 元

2005 年 11 月出版　7-5013-2769-6

本书选取了著名摄影家沈继光和钱瑜等拍摄的有关古城北京的 150 幅珍贵的图片，以洗练平易的文字，记录下了已经逝去的古城记忆的片段。它们既有现今百姓已不常用的种种老物件，有现已拆除的老胡同、老建筑，也有 20 世纪七八十年代百姓生活的种种场景，无不激发着我们对古城北京的缅怀和忧思。

手艺北京——民间艺术的知性之旅

吴惟文摄影　平装 12 开　68.00 元

2006 年 1 月出版　7-5013-2748-3

本书以大量的图片和生动的文字介绍了 16 位北京民间手工艺大师。阅读本书，了解他们的丰富人生和精美绝伦的手工艺作品，如同参加了一次北京民间手工艺精华的知性之旅。

手艺北京②——民间艺术的知性之旅

吴惟文摄影　平装 12 开　68.00 元

2009 年 1 月出版　978-7-5013-3967-9

本书是《手艺北京》一书的续编，仍沿《手艺北京》一书的体例，以丰富的图片和简洁的文字，介绍了牙雕、空竹、景泰蓝、内画壶、雕漆等 16 项享誉海内外的北京传统手工艺，及时金兰、张国良、张同禄等工艺美术大师的艺术人生经历和代表作。

旧京歌谣

赵晓阳编　平装 24 开　20.00 元

2006 年 10 月出版　7-5013-3172-3

本书对 19 世纪末 20 世纪初出版的三本中英文对照的民间歌谣加以编辑和加工，整理出 308 首，删掉了原书中部分重复的和个别内容过于粗俗的歌谣。编者将这些歌谣仍以中英文对照的形式奉献给大家，并适当配以图片。

北京地区图书馆大事记：1949—2006

倪晓建主编　平装 32 开　25.00 元

2007 年 5 月出版　978-7-5013-3431-5

本书以编年为主，纪事本末为辅，记载了北京地区不同类型图书馆发生的大事，包括重要会议、主要活动、主要人事任免、机构的建立合并或撤销、主要出版物等，较全面地反映了新中国成立以来北京地区图书馆事业的概况。

北京古桥

梁欣立著　平装 16 开　39.80 元

2007 年 1 月出版　978-7-5013-3359-2

本书收录了北京地区现存的古桥 230 座，已消失的古桥 500 座，所有图片资料均为作者多年来走访古桥时亲自拍摄，文字资料是作者多方查证、整理而成。

北京古狮

梁欣立著　平装 16 开　35.80 元

2007 年 4 月出版　978-7-5013-3433-9

本书根据古狮的摆放地，按皇宫、王府、园林、寺观、墓地、桥望柱等分类，对北京地区现存的古狮进行介绍。每一尊古狮作者都亲自考察过，因此，书中有对古狮各种特征的细致描写，还有不同角度拍摄的图片与文字相互印证。本书既可供专家学者研究参考，也适合普通读者阅读。

北京古墙

梁欣立著　平装 16 开　42.00 元

2009 年 5 月出版　978-7-5013-3977-8

古墙，是古都北京的标志性景观之一。一段段残留的古墙构成了北京城一道道亮丽的风景线。本书将历代残留的北京古墙汇为一编，以地域为单位，采取图文并茂的方式，具有很强的可读性及保存价值。

北京古戏楼

梁欣立、任震著　平装 16 开　28.00 元

2015 年 8 月出版　978-7-5013-5621-8

本书收录了北京历史上的 62 个古戏楼，介绍了北京地区现存清朝中期到民国初年的古戏楼的历史、建筑形制并配有百余幅图片。北京的古戏楼是上至皇帝，下至百姓祭祀、看戏娱乐的地方，其间包含着许多中国历史文化元素，值得我们去细细地品味。

北京清真寺调查记

梁欣立著　平装 16 开　39.80 元

2014 年 4 月出版　978-7-5013-5235-7

本书作者梁欣立为北京市民俗学会会员，通过两年多的实地调查，将北京地区全部清真寺做了梳理，是一项重要的宗教文化考察成果。全书配有大量实景拍摄的照片，图文并茂，全景式展示了北京市清真寺的情况，是一部较为系统的北京清真寺工具书。

北京内城寺庙碑刻志(全二册)

董晓萍、(法)吕敏主编　精装16开　680.00元
2011年9月出版　978-7-5013-4482-6

本书是法国远东学院和北京师范大学合作项目“北京内城寺庙碑刻与社会史”的初期成果。在实地调研的基础上,以清乾隆《京城全图》为依据,收录图中北京内城一、二排范围内的寺庙,每排段首列《京城全图》本排段部分,标示寺庙所在方位,再顺次撰写庙志,图影庙中原有碑刻、原文格式、著录和释文。书末附寺庙补遗表,庙名、碑文撰书人、香会、胡同索引。全书共撰写庙志193篇,著录碑刻100多种,资料非常丰富,是研究北京社会、宗教、民俗、文物等经济文化的重要资料。

北京内城寺庙碑刻志·第三卷

(法)吕敏主编　精装16开　350.00元
2013年10月出版　978-7-5013-5144-2

本书是法国远东学院和北京师范大学合作研究项目“北京内城寺庙碑刻与社会史”的延续成果,接续前两卷,以乾隆《京城全图》为坐标和基本线索,调查研究北京内城的寺庙,实地访谈、拍摄照片、撰写庙志、释录碑文,并附有碑图和寺庙插图。第三卷所研究的是《京城全图》第三排范围内的寺庙,共139座,辑录碑记、塔铭等39通,并有本书未撰写庙志的寺庙名单及庙名、碑名、碑文撰写人、香会、胡同五个索引,资料翔实,叙述简洁明了,对研究北京历史及宗教文化具有重要价值。

北京内城寺庙碑刻志·第四卷(全二册)

(法)吕敏主编　精装16开　680.00元
2017年7月出版　978-7-5013-6126-7

本书是法国远东学院和北京师范大学合作研究项目“北京内城寺庙碑刻与社会史”的延续成果,接续前三卷,以乾隆《京城全图》为坐标和基本线索,调查研究北京内城的寺庙,实地访谈、拍摄照片、撰写庙志、释录碑文,并附有碑图和寺庙插图。第四卷所研究的是《京城全图》第四排范围内的寺庙,共145座,辑录碑记、塔铭等147通,并有本书未撰写庙志的寺庙名单及庙名、碑名、碑文撰写人、香会、胡同五个索引,资料翔实,叙述简洁明了,对研究北京历史及宗教文化具有重要价值。

北京商业契书集(清代—民国)(全二册)

刘小萌主编　精装16开　1280.00元
2011年7月出版　978-7-5013-4449-9

本书收录中国社会科学院近代史研究所藏清代、民国时期契约文书400件。清代、民国分编两册,各200件,均按时间顺序编排。每册后附录《北京商业契书集简表》,书后附《名词索引》。每件契约文书图像在前,以存其真;录文于后,俾便阅读。录文加以标点、规范文字,行字基本依照原文格式排列。书前有刘小萌《北京商业契书的类型与研究价值》一文,详及本书内容及重要价值。

日下旧闻(二函十二册)

(清)朱彝尊辑,(清)朱昆田补遗　线装16开　2600.00元
2017年9月出版　978-7-5013-6131-1

北京市文物局资料中心藏《日下旧闻》,清康熙六峰阁刻本。二函十二册。清朱彝尊辑,朱昆田补遗。是系统性整理关于北京历史地理的文献。全书分为18门,依次为:星土、世纪、形胜、国朝宫室、宫室、京城总记、皇城、城市、官署、国朝苑囿、郊坰、京畿(京畿附编)、户版、风俗、物产、边障、存疑及杂缀。详细记录了清前期北京城的风土人情、土地沿革、名胜文物等情况。本书的再版影印对研究北京史有重要的文献价值:1. 北京市文物局资料中心藏此版本较早,为清乾隆以前的版本。2. 现存此版本较少。仅有首都图书馆、北京教育学院图书馆等几家馆藏。3. 文献资料价值高。

洛阳文献系列

龙门石窟研究

阎文儒、常青著,龙门石窟研究所编　平装16开　20.00元
1995年8月出版　7-5013-1163-3

中国传统文化丛书之一。本书是以阎文儒先生20世纪60年代在龙门石窟潜心研究的成果为基础而编写成的。

洛阳出土墓志卒葬地资料汇编

余扶危、张剑主编　平装16开　88.00元
2003年3月出版　7-5013-1939-1

本书收录见于1998年以前著录的洛阳出土的有卒葬地的墓志,按朝代先后分东汉、西晋、北魏、隋、唐、五代、金、元、明各个部分编排。同时代按墓主卒葬地的地域归类。共收录资料4000余条。每条资料内容包括志石题首、墓主讳字、籍贯、卒葬时间和地点、志石出土时间地点及著录书籍等。书后并附有墓主人名索引。本《汇编》的出版,旨在为历史和人物研究提供方便,特别是它对于研究古代洛阳都城里坊制度、京畿行政区划、地理山川形势。帝王陵墓的位置及贵族墓葬分布等,以及有关人物的研究具有重要史料价值。

洛阳新出土墓志释录

杨作龙、赵水森等编　平装16开　158.00元

2004 年 10 月出版 7-5013-2589-8

本书为洛阳师范学院图书馆藏洛阳新出土墓志的研究与考释专集。全书分三编：墓志研究与考释；洛阳新出土墓志释录；馆藏墓志目录。冯其庸封面题字。

洛阳陶俑

俞凉亘、周立主编 精装 16 开 360.00 元
2005 年 5 月出版 7-5013-2777-7

本书收录洛阳市区及所辖区县出土的陶制人物俑 400 余件，按时代先后编排为 3 部分：两汉、魏晋南北朝、隋唐，每部分下按素陶、彩陶、釉陶、三彩分类，并于每幅图下文字说明其基本情况。

洛阳考古集成 · 原始社会卷

洛阳师范学院河洛文化国际研究中心编
平装 16 开 35.00 元
2006 年 12 月出版 7-5013-3199-5

本书是洛阳地区近 50 年原始社会时期考古发掘资料的汇编，共收录《考古》《考古学报》《文物》《中原文物》等刊物发表过的考古调查与发掘报告等 33 篇。后附未录的有关论著和发掘报告目录。

洛阳考古集成 · 夏商周卷

洛阳师范学院河洛文化国际研究中心编，杨作龙、韩石萍主编 平装 16 开 68.00 元
2005 年 10 月出版 7-5013-2993-1

本书是洛阳地区 50 多年（1950—2002）来夏商周时期考古发掘资料的汇编，共收录 20 世纪 50 年代以来的考古发掘报告 72 篇，涉及夏、商、西周、东周时期的城址、遗址、仓窖、窑址、墓葬、祭祀坑、车马坑等，不仅是洛阳历史研究不可缺少的第一手资料，而且对于中国“三代”历史的重建，对于中国古代历史的研究有着十分重要的意义。这些资料汇辑一书，图文并茂，方便读者利用。后附有关考古专著、论文等，供查阅参考。

洛阳考古集成 · 秦汉魏晋南北朝卷

洛阳师范学院河洛文化国际研究中心编 平装 16 开 150.00 元
2007 年 3 月出版 978-7-5013-3430-8

本书是中华人民共和国成立以来洛阳地区秦汉魏晋南北朝时期考古发掘资料的汇编。共收录发掘报告等文章 128 篇，按照城址、遗址、墓葬、其他（窖址、窖藏等）顺序编排，每一类中又按照朝代先后，同朝代按文章发表时间排序。后附未收录的有关论著目录。图文并茂，内容丰富，较全面系统地展示了新中国建立以来洛阳地区秦汉魏晋南北朝时期考古的丰硕成果，为读者提供集中的资料便于使用，对于历史研究及进一步促进考古工作开展具有重要意义。

洛阳考古集成 · 隋唐五代宋卷

洛阳师范学院河洛文化国际研究中心编，杨作龙、韩石萍主编 平装 16 开 75.00 元
2005 年 12 月出版 7-5013-2994-X

本书是洛阳地区隋唐五代宋时期考古发掘资料的汇编，共收录 20 世纪 50 年代以来的考古发掘报告 87 篇，内容涉及隋至宋代的遗址、城门、粮窖、窑址、墓葬等，这既是隋唐五代宋洛阳考古的学术成果集中展示，又为中国历史研究提供了方便。这些第一手资料汇辑一书，便于查检，必将促进这一历史阶段这一地区以及全国的考古发现与研究的进一步发展，以及历史研究的更大突破。

洛阳考古集成 · 补编

洛阳师范学院河洛文化国际研究中心编 平装 16 开 60.00 元
2007 年 6 月出版 978-7-5013-3475-9

本书是《洛阳考古集成 · 夏商周卷》和《洛阳考古集成 · 隋唐五代宋卷》的补充。收录以上两卷的遗漏及新近发表的有关考古发掘报告。分为“夏商周卷”和“隋唐五代卷”两部分。

洛阳考古集成 · 补编（二）

洛阳市文物钻探管理办编 平装 16 开 88.00 元
2010 年 5 月出版 978-7-5013-4365-2

本书是洛阳考古集成系列之一。随着新的考古成果的不断出现，前几卷的内容需要得到补充。本书继《补编》后，又收录洛阳地区考古发掘报告等资料 50 余篇，分为原始社会卷、夏商周卷、秦汉魏晋南北朝卷、隋唐五代宋元金明卷四个部分。为河洛文化研究，进而为中国历史研究提供了翔实的资料。

河洛墓刻拾零（全二册）

赵君平、赵文成编 精装 8 开 1200.00 元
2007 年 7 月出版 978-7-5013-3364-6

本书所收为洛阳地区出土的墓刻拓片（包括砖刻和石刻），共计 500 余幅。其中多为新出土和世所未刊者，具有较高的文物、文献和书法价值，应为各研究者、收藏者所重视和收藏。

偃师文物精粹

周剑曙、郭宏涛主编 平装 16 开 240.00 元

2007 年 9 月出版　978-7-5013-3527-5

偃师是全国闻名的文物重镇，本书从偃师博物馆所藏 18000 余件文物中精选出 240 余件汇编而成，其中有许多堪称稀世珍品。全书图片精美，释文详尽，适合文物研究、收藏、鉴赏者购买收藏。

河洛文化论丛·第四辑

洛阳历史文物考古研究院编　平装 32 开　39.80 元

2008 年 5 月出版　978-7-5013-3639-5

本书是一部汇集有关河洛文化研究最新成果的论文集。全书收录论文近 30 篇，文章内容丰富、涉及广博、材料新、论证充分，具有较高的学术价值，是历史文博研究人员重要的参考资料。

河洛文化论丛·第五辑

洛阳历史文物考古研究院编　平装 32 开　38.00 元

2010 年 6 月出版　978-7-5013-4370-6

本书收录河洛地区文化研究论文 28 篇。作者以考古资料和文献为依据，论述古代洛阳地区的历史文化。

洛阳东汉黄肠石题铭研究

赵振华著　平装 16 开　48.00 元

2008 年 7 月出版　978-7-5013-3640-1

本书以图录为主，对 150 种东汉黄肠石题铭进行形象揭示，并著录其出处及题铭内容。图录前《洛阳东汉黄肠石题铭综述》一文系统地论述了黄肠石墓的形制源流与题铭变化，详细介绍了洛阳地区出土及各地收藏的黄肠石及黄肠石题铭的著录情况，在对各种资料全面汇总辨析的基础上，对黄肠石题铭中涉及的古代考工制度、陵寝建造制度、石工性质、东汉帝陵分布石材的来源与使用等问题作了深入研究，颇有见地。

巩县石窟北朝造像全拓

河南省巩义市文物局编，周国卿主编

平装 16 开　120.00 元

2008 年 11 月出版　978-7-5013-3647-0

本书分索引、实测图、照片、拓片及释文五部分，收录巩县石窟北朝造像约 50 品。

洛阳与丝绸之路

张乃翥、张成渝著　平装 16 开　88.00 元

2009 年 8 月出版　978-7-5013-4073-6

本书是系统、深入研究洛阳与丝绸之路关系的学术研究成果。近年来很多出土文物不断为洛阳成为丝绸之路的东起点提供佐证。除了文字论述外，还有大量插图，使人对洛阳与丝绸之路的文明纽带关系有一种更为直观的认识。

洛阳古墓图说

洛阳师范学院等编　平装 16 开　90.00 元

2009 年 9 月出版　978-7-5013-4067-5

系统介绍洛阳地区原始社会至明代的墓葬分布、类型、形制、葬式及随葬品，并相关历史知识和风俗。本书配以大量墓葬图和器物图。

河洛民谣

周国卿搜集整理　平装 20 开　30.00 元

2009 年 11 月出版　978-7-5013-4175-7

本书作者长期在民间收集民谣，并从中筛选出 300 余首编成这本《河洛民谣》。河洛民谣是河洛地区劳动人民的集体口头创作，是各个不同历史时期的产物，通过人们的口耳相传，一代代流传下来。这些民谣主要以河洛地区方言吟诵，具有浓厚的地域色彩，内容丰富，语言通俗流畅。内容主要有生活歌、历史传说歌、劳动歌、民俗歌、仪式歌、情歌、儿歌，等等。

洛阳地区家谱提要

谢琳惠编　平装 32 开　36.00 元

2010 年 7 月出版　978-7-5013-3534-3

本书收录洛阳大学图书馆藏洛阳地区（洛阳、孟津、洛宁、宜阳、新安、伊川、偃师、嵩县、栾川、汝阳）现存家谱与固始、巩县家谱。本书可作为研究河洛文化及谱牒文化的参考资料。

洛阳石刻撷英

洛阳市文物局编　平装 16 开　138.00 元

2011 年 5 月出版　978-7-5013-4440-6

本书收录洛阳地区的地上石刻及部分出土文物 270 余件，按照石刻的性质分为宗教石刻、陵墓石刻、建筑石刻、民俗石刻四类编排。以图为主，有简明文字说明。所收石刻类型多样，时代跨度从东汉到明清，零散文物收集不易，其中许多为首次发表，为历史研究、文物考古及美术研究提供了重要资料，并有一定的欣赏价值。

东汉刑徒砖捃存

王木铎、王沛编著　精装 8 开　780.00 元

2011 年 10 月出版　978-7-5013-4385-0

本书收入汉魏洛阳故城东汉刑徒砖墓地出土或其附近采集的东汉刑徒砖拓片共计 221 幅，每幅拓片均以文字著录。著录内容依次为刑徒砖名、刊刻时间、形状

描述、出土或采集时地、存藏地和砖文释录。该书的出版,将有助于汉代历史的研究。

龙门区系石刻文萃

张乃翥辑　精装 8 开　980.00 元

2011 年 11 月出版　978-7-5013-4670-7

本书以作者 20 年来田野考古所获 350 余品石刻资料为主体,结合相关历史文献与金石著录的记载,对龙门石窟及其周围地带中古时期的人文情态作了全景式复原。

洛阳出土鸳鸯志辑录

郭茂育、赵水森等编　精装 8 开　980.00 元

2012 年 10 月出版　978-7-5013-4857-2

本书将洛阳出土鸳鸯志作为研究对象,运用多学科相结合的研究方法,对鸳鸯志进行搜集、点校、编目、辑录。共分为三个部分:第一部分为辑录篇,共选取了洛阳新出土的 80 对鸳鸯志,配以图版说明,并依照原志文进行了文字录、点校和句读。第二部分为备要篇,在查阅相关历史文献的基础上,对鸳鸯志中的人物或重大事件的文献线索进行整理、归纳,力图把文献学、校勘学运用到墓志研究中。第三部分是附录篇,主要是对辑录篇中没有展示的 187 对鸳鸯志以题录的形式列举,并注明了出处,方便研究者的查阅和研究。书后配有完备的检索系统,为读者提供了极大的便利。

洛阳出土墓志目录续编

洛阳市文物考古研究院编　平装 16 开　88.00 元

2012 年 10 月出版　978-7-5013-4836-7

本书收录见于近几年著录的洛阳出土墓志 1785 方,按照墓主葬年时间先后编排,涉及东汉至民国 18 个历史时期,其中以唐代墓志居多。每方墓志著录首题、墓主卒葬时间、志石尺寸、志文行字、书丹者、墓志出土地点及收藏处所、资料出处等信息。书后编制墓主姓名索引,附录几种相关墓志书目录。

龙门地区佛教寺院史料辑绎

张乃翥辑　平装 16 开　42.00 元

2013 年 12 月出版　978-7-5013-5075-9

本书收入洛阳龙门地区佛教寺院史料,主要有石刻文献与古籍两类,其内容涉及佛经流布、宗派演革、寺院经济、邑社结构、政教贯通、佛道融合等方面。所收入史料以时间先后为序编排,清晰地折射出中古时期龙门地区佛教崇拜的人文事态。

洛阳流散唐代墓志汇编(全二册)

毛阳光、余扶危主编　精装 8 开　1280.00 元

2013 年 12 月出版　978-7-5013-5179-4

本书收录 2000 年来在洛阳及其周边地区出土的唐代墓志 300 余方,每方墓志编者都加以释文和标点,著录其尺寸、书体、行款等相关信息,并配以拓片图版。书后附有人名索引,便于学者查询。本书的出版为学界提供了大量研究文史的新资料,对推动唐代历史和洛阳墓志研究有重要意义。

洛阳流散唐代墓志汇编续集(全三册)

毛阳光主编　精装 8 开　1800.00 元

2018 年 11 月出版　978-7-5013-6507-4

本编为《洛阳流散唐代墓志汇编(全二册)》续集,所收录的都是 2010 年来在洛阳及其周边地区出土的唐代墓志的拓片资料,400 余方。目前这些墓志都流散在民间,或被洛阳本地收藏家及民营博物馆收藏,或被外地收藏家及公私博物馆收藏。在编录过程中,每方墓志编者都加以释文和标点,著录其尺寸、书体、行款等相关信息,并配以拓片图版。书后附有人名索引,便于学者查询。本书的出版为学界提供了大量研究文史的新资料,对推动唐代历史和洛阳墓志研究有重要意义。

丝路纪影——洛汭草堂藏拓撷英

张乃翥、张成渝编　精装 8 开　1980.00 元

2017 年 10 月出版　978-7-5013-5810-6

本书收入张乃翥先生在龙门石窟工作过程中,为了研究当地"区系文化"形态而收集的文物资料。主要包括三个方面的内容:一近年来民间出土且流散于洛阳古旧市场的石刻文物或拓本;二龙门石窟魏唐时期佛教窟龛的石刻浮雕和题记的拓本;三具有中国传统文化特质的汉字书法艺术作品及传达着西方装饰美术"密体风范"的线刻石雕。这类文物资料,尤其是新近出土的石刻文献向人们展示了中古时代的龙门地区,曾以"信仰本位"为基点,形成了一个信士群体的动态文化积聚过程。这些丰富的石刻文献在揭示龙门地区古代文化生态方面具有无可替代的作用。

洛阳陶文

王沛、余凉亘、王木铎编著　精装 16 开　580.00 元

2019 年 5 月出版　978-7-5013-5972-1

本书收录多年来洛阳地区出土的 400 余条陶砖瓦文字。本书中所说洛阳为古代洛阳京畿范围之内及其相近周边,大致包括洛阳市城乡以及河南省郑州市、焦作市、济源市和平顶山市这些与洛阳相邻的地区。所收陶文资料来自文物考古发掘、文博单位和高等院校收藏及个人收藏。这些陶文均为陶器之上棰拓文字,包括阴刻、阳刻、模印、戳印文字,并原拓付印。著者对书中所收陶文都作了较为详细的记述,包括名称、时代、质地、尺寸、释文、出土时地、收藏所在等信息。

敦煌研究系列

敦煌社会经济文献真迹释录(第一辑)

唐耕耦、陆宏基编　精装 16 开　45.00 元

1986 年 11 月出版

敦煌吐鲁番文献研究丛书之一。从国家图书馆、大英博物馆、巴黎图书馆及有关单位所藏的敦煌文书的缩微胶卷中选出,加以分类影印,兼附对照释文,以书写年代先后顺序排列。

敦煌吐鲁番学研究论集

北京图书馆敦煌吐鲁番学资料中心、台北《南海》杂志社合编　平装 32 开　22.00 元

1996 年 6 月出版　7-5013-1209-5

汇集相关论文 41 篇。范围涉及国际敦煌吐鲁番学各个方面,作者有中国、日本、俄罗斯以及港台地区的学者。

敦煌吐鲁番学论著目录初编(日文部分)

李德范、方久忠编　精装 16 开　198.00 元

1999 年 6 月出版　7-5013-1606-9

19 世纪末 20 世纪初,随着我国敦煌、吐鲁番地区大批文献文物被陆续发现和出土,敦煌吐鲁番学也逐渐成为一门国际显学。其中,日本学者在这一领域的研究成果十分突出。本书收集了 1886—1992 年期间日本发表的有关敦煌吐鲁番学以及西域学、中亚学、藏学等相邻学科的论文和专著题录 8685 条,是我国学者了解日本研究敦煌吐鲁番学情况、寻求有关资料的检索工具。

敦煌资料丛编三种(全五册)

本社编　精装 16 开　420.00 元

2000 年 7 月出版　7-5013-1720-8

本书将《敦煌零拾》《流沙访古记》《敦煌石室遗书》等 3 种记述敦煌遗址发现、研究以及文献资料整理的丛书汇编成册。3 种丛书共收有关文献或论述 30 余种,对敦煌研究工作的概况作了较为系统的介绍。

国家图书馆藏敦煌遗书研究论著目录索引

申国美编　精装 16 开　260.00 元

2001 年 9 月出版　7-5013-1833-6

本书共收录国内外发表的有关国家图书馆藏敦煌遗书研究论著 8511 条,涵盖政治、经济、军事、历史、哲学、宗教、民族、语言、文学、艺术、科技、中西文化交流等方面。全书按国家图书馆藏敦煌遗书编号且已为海内外敦煌学界所熟用的千字文顺序统一编排,逐条著录敦煌遗书研究论著之责任者、篇名、出处、出版者、出版日期和页码。最后附《著者索引》,依著者姓氏汉语拼音排列,极易检索。

敦煌与丝路文化学术讲座(第一辑)

国家图书馆善本特藏部、敦煌吐鲁番学资料研究中心编　平装 32 开　30.00 元

2003 年 9 月出版　7-5013-2160-4

“敦煌与丝路文化讲座”是由全国古籍整理出版规划领导小组等单位主办,国家图书馆敦煌吐鲁番学资料研究中心承办的旨在弘扬我国传统文化遗产的系列讲座,本书即为这些讲稿的结集。这些讲座的主讲人均为享誉海内外的著名专家学者,讲座内容涉及中国文化的诸多方面,具有很强的知识性和学术性,是读者了解敦煌学和丝路文化知识的窗口,也是广大学者进行研究工作的必备资料。

敦煌与丝路文化学术讲座(第二辑)

国家图书馆善本特藏部、敦煌吐鲁番学资料研究中心编　平装 32 开　24.00 元

2005 年 1 月出版　7-5013-2626-6

本书是于 2002 年 8 月至 2003 年 7 月由全国古籍整理出版规划领导小组等单位主办,国家图书馆敦煌吐鲁番学资料研究中心承办的“敦煌与丝路文化学术讲座”讲稿的结集。

敦煌学国际研讨会论文集

国家图书馆善本特藏部、敦煌吐鲁番学资料研究中心编　16 开　48.00 元

2005 年 3 月出版　7-5013-2627-4

本书是 2003 年 9 月在北京召开的“敦煌写本研究、遗书修复和数字化国际学术研讨会”的会议论文结集,共收论文 46 篇,内容涉及敦煌文献研究、修复技术和数字化等方面,反映了当前敦煌学学术发展的最新面貌。

融摄与创新:国际敦煌项目第六次会议论文集

林世田、蒙安泰主编　平装 16 开　50.00 元

2007 年 5 月出版　978-7-5013-3460-5

国际敦煌项目是促进敦煌文献保护、研究以及数字化的国际合作组织。自成立以来,曾先后在英国萨塞克斯、法国巴黎、德国柏林、俄罗斯圣彼得堡、瑞典斯德哥尔摩分别举办过五次国际会议，在敦煌遗书的修复、保护以及数字化方面产生了积极的影响。2005 年 4 月 22 至 25 日在中国国家图书馆举办第六次会议，会议以敦煌遗书的保护与修复、敦煌纸张分析、敦煌文献数字化以及古籍修复等四个方面为主题，必将推动敦煌文献的整理和研究向更深入的层次迈进，并结出硕果。

敦煌西域文献旧照片合校

李德范校录　精装 16 开　300.00 元

2007 年 9 月出版　978-7-5013-3505-3

本书将国家图书馆善本部敦煌吐鲁番学资料中心所藏西域出土文献照片与《英藏敦煌文献》《法藏敦煌文献》《甘肃藏敦煌文献》等已出版的资料进行对比，校勘文字 5 万多字，图 500 多幅，涉及 140 多号卷子，从中发现了极宝贵的不为人知的重要资料，让人更加了解这些敦煌西域文献旧照片的珍贵之处。

中国散藏敦煌文献分类目录

申国美编　平装 16 开　90.00 元

2007 年 10 月出版　978-7-5013-3508-4

本书收录国内 32 个单位收藏的敦煌文献 2414 种，按佛经内容及道教、四部古籍、社会文书、杂写印张、民族文字等分为 28 类排列。著录内容为：卷名、藏家简称、文献序号、馆藏编号、文献出处、页码、备注等。书后附有《经籍名称首字汉语拼音索引》和《散藏敦煌文献研究论著目录》等。本书为敦煌学研究者提供了一个较为完整的国内散藏敦煌文献联合目录。

英藏法藏敦煌遗书研究按号索引（全三册）

申国美、李德范编　精装 16 开　1500.00 元

2009 年 1 月出版　978-7-5013-3577-0

本书汇集研究英藏和法藏敦煌遗书的有关数据 10 万余条，按遗书的编号进行排列，即在每一编号下汇集了该号文献的研究信息，可以使人们按号了解敦煌遗书个案数据的研究和利用情况。

国家图书馆与敦煌学

刘波著　平装 16 开　78.00 元

2018 年 4 月出版　978-7-5013-6024-6

国家图书馆是中国收藏敦煌遗书最丰富的机构，也是中国敦煌学研究与敦煌学学术服务中心之一。全书十章，分多个专题阐述百余年来国家图书馆在敦煌遗书保护、敦煌学研究等方面的作为与贡献，内容涵盖收藏史、保护史、编目史、研究史、服务史等多个方面，并综论国家图书馆对敦煌学的贡献。书后附《国家图书馆敦煌学编年事辑》《国家图书馆敦煌学论著目录》，具体展现国图对中国敦煌学发展的贡献与影响。

文津文库系列

六十四卦经解

（清）朱骏声著，胡双宝点校　平装 16 开　38.00 元

2008 年 11 月出版　978-7-5013-3763-7

《易经》中“六十四卦”所蕴含的深义，千百年来不断吸引着大批研究者们探究、解析其中的奥妙，但因绝大多数的研究著作都比较艰深难懂，使很多没有基础的普通《易经》爱好者望而却步。这本朱氏《六十四卦经解》，是从小学即文字训诂的角度解说易卦，疏通卦辞、爻辞以及彖辞、象辞中的关键性字眼，给读者提供每一卦卦意的朴素而基本的含义。

国学要籍研读法四种

梁启超著　平装 16 开　29.00 元

2008 年 11 月出版　978-7-5013-3572-5

梁启超（1873—1929），字卓如，号任公，别署饮冰室主人、哀时客、中国之新民等，广东新会人。近代中国著名学者、思想家、政治活动家。一生著述宏富，所遗《饮冰室合集》计一百四十八卷，一千余万字。本书所收之《古书真伪及其年代》《读书分月课程》《国学入门书要目及其读法》《要籍解题及其读法》，原著或为梁先生的授课笔记，或为讲义，或应《清华周刊》之邀而作，对中国文化要籍的研读分别教以方法、授以门径，字里行间充溢着对祖国文化典籍的深深眷顾及对莘莘学子的殷切期望。本书据 1936 年中华书局版《饮冰室专集》之卷六十九、七十一、七十二、一百四改横排简体、校正文字重新出版。虽有当代学者著文指出其中对个别年代及事件的表述有不够精审之处，并据后世考古发现对其中个别结论予以更正，但从方法论的角度而言，本书对于中国文化要籍的研读，至今仍具有重要的指导意义。

商周史料考证

丁山著，沈西峰点校　平装 16 开　22.00 元

2008 年 12 月出版　978-7-5013-3761-3

作者根据甲骨文、金文的记载，以古代典籍为依据，参以诸家解说，论证了商周两代史料中的部分问题，在资料的搜集、考订方面，具有一定的参考价值。

书林清话

（清）叶德辉著，耿素丽点校　平装 16 开　26.00 元

2009 年 2 月出版　978-7-5013-3762-0

本书阐述有关古代雕版书籍的各项专门知识，用笔记体裁说明书籍和版片的各种名称，历代刻书规格、材料以及价值的比较，印刷、装订、鉴别、保存等方法，并叙述了古代活字印刷、彩色套印的创始和传播。横排繁体。

余嘉锡古籍论丛

余嘉锡著　平装16开　33.00元

2010年10月出版　978-7-5013-4421-5

本书收入余嘉锡先生所著《古籍校读法》《书册制度补考》等论著及有关古籍的序跋论述30余篇。内容关涉古籍校读的方法、古籍的流传、古代书册的制度沿革等。考证缜密，论述详博。

古代小说丛考

余嘉锡著　平装16开　33.00元

2010年10月出版　978-7-5013-4420-8

本书收录余嘉锡先生有关中国古代小说的考证宏论四篇:《小说家出于稗官说》《殷芸小说辑证》《杨家将故事考信录》《宋江三十六人考实》。余先生精通古籍文献，对古代小说家的源流，《殷芸小说》、杨家将故事的传说和《水浒》人物等问题，广征博引，考证翔实，见解独到，是研究古代文学史尤其是古代小说发展史不可多得的参考文献。

汉魏两晋南北朝史丛考

余嘉锡著　平装16开　43.00元

2010年11月出版　978-7-5013-4419-2

本书收录余嘉锡先生所撰研究两汉魏两晋南北朝时期历史问题的论文计九篇。涉及《史记》亡篇的考证、汉武帝时代的马政、晋代的辟雍制度、魏晋南北朝乃至隋唐士人的服药问题等。余先生精于古籍目录，长于史料运用，文中考证缜密，论述详博，见解独到。为两汉魏晋南北朝历史研究提供了不可或缺的参考文献。

西域考古记举要·中国西部考古记

(法)郭鲁柏、格鲁塞、色迦兰撰，冯承钧译

平装16开　25.00元

2011年1月出版　978-7-5013-4474-1

本书为我社"文津文库"之一种，收入民国时期著名学者冯承钧先生考古学方面的译著两种，即《西域考古记举要》(附译格鲁塞《极东史》中《中亚佛教艺术》一章)与《中国西部考古记》，具有较高的文献价值。

(增订本)晏子春秋集释(全二册)

吴则虞编著，吴受琚、俞震校补　平装16开　105.00元

2011年10月出版　978-7-5013-4663-9

《晏子春秋集释》由文献学家吴则虞先生(1913—1977)经多年搜集研究整理编著而成，初版于1962年，是了解研究晏子及《晏子春秋》一书的集成之作。《(增订本)晏子春秋集释》在对原书进行了认真细致的校订的基础上，新增入徐仁甫(1902—1988，曾任四川省社科院文学研究所特约研究员，四川省语言学会理事)的校释百余条。徐先生国学功底深厚，校释多有独到见地，其案语的补入，使《晏子春秋集释》一书更臻完善。

校雠学(外二种)

向宗鲁著，陈晓莉点校　平装16开　27.00元

2012年6月出版　978-7-5013-4587-8

向宗鲁(1895—1941)，名承周，字宗鲁，四川巴县人，是民国时期著名的校雠学家。曾任四川大学教授、中文系主任。本书收录向宗鲁先生所著《校雠学》及《周易疏校后记》《月令章句疏证叙录》二种。该书考证翔实，论断精当，实为学习及研究版本、目录、文献、校勘诸学之必备。

芷兰斋书跋系列

芷兰斋书跋初集

韦力著

16开　168.00元(精)　128.00元(平)

2012年5月出版　978-7-5013-4783-4

本书收录作者所收藏的重要明清精椠名抄40余部，在向读者展示善本秘籍的同时，在版本著录与鉴定上，承继书志学的优良传统，从版式、行款、字体、刀刻、纸张、墨色、装帧、序跋、印章等方面确定雕版年代，审定版本之优劣，包含着作者多年的研究心得，除此之外，还讲述了每种图书背后所隐含的逸闻趣事，几乎每一部书都有新知创见，足以增广见闻。作者还为每部书精选若干幅具有代表性的书影，图文并茂，可谓内容极其丰富的书志学佳作。

芷兰斋书跋续集

韦力著　16开　168.00元(精)　128.00元(平)

2013年9月出版

978-7-5013-5140-4(精)　978-7-5013-5141-1(平)

本书是《芷兰斋书跋初集》的姊妹篇，收录作者所藏30余部珍贵名家稿抄批校本珍善图书，除揭示版本信息外，更着力介绍名家批校文字及背后的人与事，其版本研究出自实践，理论水平亦可与旧之藏家比肩。

芷兰斋书跋三集

韦力著　16 开　168.00 元(精)　128.00 元(平)
2014 年 6 月出版
978-7-5013-5384-2(精)　978-7-5013-5363-7(平)

本书为“芷兰斋书跋”系列图书的第三种，主要收录作者所收藏的重要明清精椠名抄 40 余部。

芷兰斋书跋四集

韦力著　16 开　168.00 元(精)　128.00 元(平)
2015 年 10 月出版
978-7-5013-5651-5(精)　978-7-5013-5652-2(平)

本书是“芷兰斋书跋”系列书籍的第四种。本书主要收录作者所收藏的重要名家稿抄校本 30 余部，像丁祖荫题记、鲍份过录吴蔚光批《绝妙好词》七卷，夏承焘题记、佚名批校《纳兰词》五卷《补遗》一卷等，都极为珍罕。

芷兰斋书跋五集

韦力著　16 开　168.00 元(精)　128.00 元(平)
2018 年 7 月出版
978-7-5013-6426-8(精)　978-7-5013-6380-3(平)

本书是“芷兰斋书跋”系列书籍的第五种。本书主要收录作者所收藏的重要名家稿抄校本 30 部，像鲍廷博批校《宋林和靖先生诗集》三卷，周大烈题记、高燮过录方苞点评《柳河东集》四十三卷《别集》二卷《外集》二卷《附录》一卷，郑文焯题记《白石道人诗集》六卷等，都极为珍罕。

书魂寻踪——寻访藏书家之墓

韦力著　精装 16 开　68.00 元
2016 年 7 月出版　978-7-5013-5857-1

本书为作者中国文化寻踪之旅的一部分，可以作为作者《书楼寻踪》一书的姊妹篇。作者跋山涉水，历尽艰辛，在三年之内，完成了对分布在大江南北的 40 位古代著名藏书家之墓及古代遗址的寻访，包括了从刘向、班固，到范钦、黄丕烈、曾国藩、罗振玉、傅增湘，行程数千公里。是对中国古代藏书文化的一次巡礼，亦是对于传承了中国文化书香余脉的众多先贤的拜祭和纪念。

旧墨记系列

旧墨记——世纪学人的墨迹与往事

方继孝著　平装 20 开　39.8 元
2005 年 5 月出版　7-5013-2755-6

前辈学者的墨迹手泽历来为人们所珍视，本书作者收藏近代人物的手稿、信札、字画既久，以他对前贤的熟悉，在书中讲述了清末民国时期数十位著名学者不平凡的人生经历，以及学界文坛的掌故逸闻。作者还配合叙述精选出百余件翰墨珍藏，包括严复、梁启超、王国维、黄侃等人的手迹，展读此书仿佛与这些名人对坐，纸墨如旧，神采烂然。

旧墨二记——世纪学人的墨迹与往事

方继孝著　平装 20 开　44.8 元
2006 年 7 月出版　7-5013-3147-5

本书是《旧墨记——世纪学人的墨迹与往事》一书的姊妹篇。作者以他对前贤的熟悉，娓娓讲述了许多文化名人精彩纷呈的人生经历，并且穿插着学界文坛众多的掌故逸闻，文简意丰，晓畅可读。书中配合叙述，仿真影印了作者所购藏的清末民初数十位著名学者的墨迹近百件，展读此书仿佛与这些名人对坐，纸墨如旧，神采烂然。

旧墨三记——世纪学人的墨迹与往事

方继孝著　平装 20 开　48.00 元
2007 年 9 月出版　7-5013-3354-8

本书是“旧墨记”书系的第三册，介绍了陈三立、章伯钧、吴晗、邓拓等 68 位著名学者的生平及逸事，并展示了他们的墨宝，可供人赏玩。本书具有很高的可读性也具有一定的学术价值，既可供普通读者阅读也可供专家学者研究。

旧墨四记——文学家卷(上编)

方继孝著　平装 20 开　48.00 元
2009 年 4 月出版　978-7-5013-3789-7

本书是“旧墨记”书系的第四本。作者以他对前贤的熟悉，娓娓讲述了鲁迅、周作人、徐志摩、老舍等数十位文学家的精彩纷呈的人生经历，并且穿插着文坛的许多掌故逸闻，文简义丰，晓畅可读。书中配合叙述，仿真影印了作者所珍藏的众多文学家的墨迹近百件，展读此书仿佛与他们对坐，纸墨如旧，神采烂然。

旧墨五记——文学家卷(下编)

方继孝著　平装 20 开　48.00 元
2009 年 4 月出版　978-7-5013-3790-3

本书是“旧墨记”书系的第五本。作者以他对前贤的熟悉，娓娓讲述了沈从文、梁实秋、巴金、钱钟书等数十位文学家的精彩纷呈的人生经历，并且穿插着文坛的许多掌故逸闻，文简义丰，晓畅可读。书中配合叙述，仿真影印了作者所珍藏的众多文学家的墨迹近百件，展读此书仿佛与他们对坐，纸墨如旧，神采烂然。

旧墨六记——梨园旧迹

方继孝著 平装 20 开 59.80 元
2012 年 4 月出版 978-7-5013-4739-1

本书是“旧墨记”书系之第六本。作者以丰富的素材和轻松的笔调，描述了民国时梨园行中四大名旦、四小名旦、四大须生、四大琴师等诸人物的绚丽多彩的演艺人生和鲜为人知的逸闻趣事，配以珍贵的信札、档案和剧照，将民国梨园行中的种种场景，生动而立体地呈献给读者。

中国地方志民俗资料汇编系列

丁世良、赵放主编

中国地方志中载有丰富的民俗资料，对许多学科研究都是很重要的参考文献。由于方志数量巨大，有些属于善本古籍，分别收藏于各个不同类型的图书馆、博物馆等机构之中，查阅颇为费时费力。为了给民俗学及许多相关学科研究提供帮助，特出版《中国地方志民俗资料汇编》。本书由几千种地方志中有关民俗记载的材料选编而成，分为华北、东北、西北、西南、中南、华东六卷，共十册。

中国地方志民俗资料汇编——华北卷

丁世良、赵放主编 平装 32 开 9.50 元 28.00 元
1980 年 1 月出版 1997 年 1 月再版
7-5013-0442-4

本书由几千种地方志中有关民俗资料汇编而成。本卷收录北京市、天津市、河北省、山西省、内蒙古自治区部分。

中国地方志民俗资料汇编——东北卷

丁世良、赵放主编 平装 32 开 5.85 元 19.80 元
1980 年 1 月出版 1997 年 1 月再版
7-5013-0446-7

本书由几千种地方志中有关民俗资料汇编而成。本卷收录辽宁省、吉林省、黑龙江省部分。

中国地方志民俗资料汇编——西北卷

丁世良、赵放主编 平装 32 开 5.25 元 12.80 元
1980 年 1 月出版 1997 年 1 月再版
7-5013-0447-5

本书由几千种地方志中有关民俗资料汇编而成。本卷收录陕西省、甘肃省、宁夏回族自治区、青海省、新疆维吾尔自治区部分。

中国地方志民俗资料汇编——西南卷

丁世良、赵放主编 平装 32 开 15.00 元 34.80 元
1991 年 1 月出版 1997 年 1 月再版
7-5013-0691-5

本书由几千种地方志中有关民俗资料汇编而成。本卷收录四川省、贵州省、云南省、西藏自治区部分。

中国地方志民俗资料汇编——中南卷

丁世良、赵放主编 平装 32 开 18.50 元 39.80 元
1991 年 1 月出版 1997 年 1 月再版
7-5013-0843-8

本书由几千种地方志中有关民俗资料汇编而成。本卷收录河南省、湖北省、湖南省、广东省、广西壮族自治区、海南省部分。

中国地方志民俗资料汇编——华东卷

丁世良、赵放主编 平装 32 开 80.00 元
1995 年 1 月出版 7-5013-0997-3

本书由几千种地方志中有关民俗资料汇编而成。本卷收录上海市、山东省、江苏省、浙江省、安徽省、江西省、福建省、台湾部分。

中国地方志民俗资料汇编(全十册)

丁世良 赵放 精装 32 开 3000.00 元
2014 年 4 月出版 978-7-5013-5206-7

本书为我社之前出版的《中国地方志民俗资料汇编》各分卷的汇编本，重新排版印刷。

二十世纪中国著名学者传记丛书

钱穆学术思想评传

汪学群著 平装 32 开 20.00 元
1998 年 10 月出版 7-5013-1497-0

钱穆，我国现代著名的史学家、思想家、教育家。本书共分 9 章：1. 学术交往与思想渊源及著作；2. 先秦诸子学研究；3. 两汉经学与经学研究；4. 魏晋隋唐玄学佛学研究；5. 宋明理学研究；6. 清代学术史研究(上)；7. 清代学术史研究(下)；8. 历史研究；9. 文化与文化比较研究。

牟宗三学术思想评传

颜炳罡著 平装 32 开 20.00 元
1998 年 12 月出版 7-5013-1503-1

牟宗三是中国著名哲学家、当代新儒家。本书除引言、附录外，通过求学读书研易、困顿的生活与架构的思辨、“人文友会”的创设与“新外王”的理论探索、儒释道三教义理之疏释、港台讲学与中国哲学的重建、一代大哲的历史定位等六个章节的撰写，充分展示了牟宗三的学术交往与思想渊源及其著作在哲学史的重要地位和深远影响。

金岳霖学术思想评传

王中江、安继民著　平装 32 开　20.00 元

1998 年 12 月出版　7-5013-1524-8

金岳霖（1895—1984）是我国著名哲学家、逻辑学家。本书通过学思历程及其渊源、形而上学体系、知识论体系、逻辑思想、罗素哲学分析批判、研究与评价等六个章节的撰述，展示了金岳霖在 20 世纪中国哲学发展历史舞台上，如何以他的刻苦探索和创新精神将中国哲学引向了一个新的高度。

李达学术思想评传

丁晓强、李立志著　平装 32 开　16.00 元

1999 年 1 月出版　7-5013-1610-1

全书除导言、附录、后记外共分六章。书中通过对李达学术生涯、学术著作、学术思想、学术渊源、学术交友、学术地位等方面的研究探讨，展示了李达在经济学、史学、法学等学科中的成绩，特别是在中国马克思主义哲学发展史中的重要贡献。书后附有《李达著述编年》《李达研究参考文献目录》。

梁漱溟学术思想评传

郑大华著　平装 24 开　20.00 元

1999 年 4 月出版　7-5013-1611-2

全书共分五章，通过对梁漱溟（1893—1988）思想历程、文化思想、哲学思想、乡村建设思想及其思想的历史地位等方面的研究与探讨，揭示了梁漱溟作为新儒学的开启者所拥有的“为往圣继绝学，为万世开太平”的学术思想、实践过程、发展路径及其在哲学史中的重要地位。书后附有《梁漱溟学术行年简表》《梁漱溟研究主要论著索引》。

陈垣学术思想评传

牛润珍著　平装 32 开　22.00 元

1999 年 5 月出版　7-5013-1627-9/K.288

本书从陈垣先生学术、教学的经历入手，介绍了陈垣先生在文献学、宗教学、史讳学、史源学等方面的开创性研究成果，充分阐述了先生的治学、为人方面的严谨精神。同时集诸多陈门弟子之高见，使本书完整地表现了他在教育、研究、个人修养方面所达到的崇高境界和他在中国现代学术上的重大贡献。

梁启超学术思想评传

陈鹏鸣著　平装 32 开　20.00 元

1999 年 6 月出版　7-5013-1622-1

本书通过对梁启超先生的学术生涯、学术著作、学术思想、学术渊源、学术交友、学术地位等多方面的研究探讨，展示了梁启超在哲学、历史、文学等学科中的成就，以及对改革、中国革命的巨大贡献。本书还附有梁启超重要著述年表和有关梁启超研究的重要论著目录。

张君劢学术思想评传

郑大华著　平装 32 开　22.00 元

1999 年 6 月出版　7-5013-1627-1

本书分五章，系统阐述了张君劢的思想渊源、发展轨迹、主要著作、学术贡献及历史地位。并附有传主的学术行年简表、研究论著索引。

熊十力学术思想评传

丁为祥著　平装 32 开　20.00 元

1999 年 7 月出版　7-5013-1626-2

熊十力是我国著名哲学家。全书通过时代与生平、本体宇宙论的创立、衡论中西文化、玄解六经、分歧中的学术路向、仁心善性的现代扩充等六个章节的撰写，展示了熊十力的学术交往、思想渊源及其著作在哲学史中的重要地位和深远影响。

冯友兰学术思想评传

宋志明、梅良勇著　平装 32 开　18.00 元

1999 年 7 月出版　7-5013-1625-2

冯友兰（1895—1990）是中国著名哲学家。全书通过好学深思之士、扣开哲学之门、梳理中国哲学史、新理学的形上学、正的方法和负的方法、了解和觉解、人生境界、《新事论》和《新原道》、批判与回应、重写中国哲学史、巨擘重镇哲人等 11 个章节的撰写，展示了冯友兰的哲学思想渊源、学术传承及学术交往，及其不断求索，转变哲学立场，接受马克思主义哲学的过程。

郭沫若学术思想评传

谢保成著　平装 32 开　22.00 元

1999 年 7 月出版　7-5013-1598-1

全书分为三个部分：综合部分记述了郭沫若的生平，考察了他成长过程中逐渐形成的个性特征和思想转变；学术部分论述郭沫若在文学、史学、古文字学等各个学术领域的研究情况和卓越贡献，并考察了其学术研究心路的思想渊源；交往部分写对郭沫若学术研究有重要影响和帮助的著名人物与郭沫若的交往及他们的友谊和论争。

赵元任学术思想评传

苏金智著　平装 32 开　20.00 元
1999 年 8 月出版　7－5013－1628－7

赵元任是我国著名的语言学大师。全书通过丰富多彩的人生，中国现代语言学的先驱，中国现代音乐的先驱，学术思想的来源、形成与发展等四个章节的撰写，展示了赵元任的学术交往、思想渊源及其著作在中国语言学史及中国音乐史中的重要地位和在国内外的深远影响。

朱光潜学术思想评传

王攸欣著　平装 32 开　18.00 元
1999 年 9 月出版　7－5013－1629－5

本书分三大部分论述了朱光潜的学术道路、学术渊源和学术成就。作为一部传记，作者没有平铺直叙地写传主的一生，而是紧扣学术思想这一主题，着重论述了传主的学术生涯，探讨了中国传统文化与西方学术思想对传主的学术思想的影响，并观点鲜明地对传主的学术观点进行并非全是褒扬的评价。

张东荪学术思想评传

左玉河著　平装 32 开　20.00 元
1999 年 9 月出版　7－5013－1648－2

张东荪是活跃于 20 世纪 20—40 年代中国思想领域的著名哲学家。本书通过对张东荪哲学思想形成、发展和演变过程及学术交往的全面考察，详尽阐述了张东荪前后两个时期哲学思想转变的原因、特点及其不同思想渊源，并着重分析了其前期“多元认识论”和后期的“文化主义认识论”，评价了他对中国现代哲学的贡献及地位。

顾颉刚学术思想评传

刘俐娜著　平装 32 开　22.00 元
1999 年 11 月出版　7－5013－1647－3

本书从近代学术发展史的角度，对顾颉刚所处的时代背景以及他的思想来源和主要学术思想进行了简单梳理，深入浅出地介绍了顾颉刚孜孜求学的一生，阐述了他在疑辨古史、古籍研究、历史地理研究、民俗研究等多方面的治学成果，评价了他对中国学术发展的巨大贡献和学术地位。并附有顾颉刚主要著述及研究顾颉刚的重要论著索引。

傅斯年学术思想评传

李泉著　平装 32 开　22.00 元
2000 年 1 月出版　7－5013－1635－X

傅斯年 1896 年生于山东聊城县，1950 年病逝于台湾，享年 54 岁。他是我国著名的史学家和社会活动家。书中除序言、导言、附录外，通过学海泛舟、创办史语所、史料学派的主帅、学林霸才、教育思想、学术交往等八个章节的撰写，展现了傅斯年一生中别具特色的学术活动及巨大成就。特别在 21 世纪前半叶，他提出了“史学便是史料学”“建设科学的东方学”的口号，在中国学术界引起震撼；他在中国古代民族史、古代思想史研究方面的论著“最有创造性、突破性”。

瞿秋白学术思想评传

余玉花著　平装 32 开　22.00 元
2000 年 1 月出版　7－5013－1653－8

瞿秋白是我国现代史中著名的革命家、理论家、文学家。1899 年生于江苏常州，1935 年为革命壮烈就义，享年 36 岁。全书通过瞿秋白的一生、瞿秋白学术思想大观、瞿秋白学术思想探源、瞿秋白学术交往等四个章节的撰写，展现了瞿秋白才华横溢、丰富多彩而又短暂的革命人生，及其五百余万字的著述在革命史、学术史中的重要地位与深远影响。

吕振羽学术思想评传

朱政惠著　平装 32 开　22.00 元
2000 年 1 月出版　7－5013－1630－9

吕振羽(1900—1980)是我国马克思主义史学重要开创者之一。全书除序言、导言、附录外，通过吕振羽史学研究的一生、吕振羽主要史学著述、吕振羽史学成就、简短的结语、人际和学术交往等五个章节的撰写，展示了马克思主义史学家吕振羽对中国革命的杰出贡献、丰硕的学术成果及在史学致用理论和实践相统一的可贵经验，及其著作在国内外史学界的深远影响。书前有著名史学家戴逸写的序言。

闻一多学术思想评传

张巨才、刘殿祥著　平装 32 开　22.00 元
2000 年 1 月出版　7－5013－1656－2

闻一多是我国现代著名诗人、学者。1899 年生于湖北浠水县巴河镇闻家铺，1946 年被国民党特务暗杀于昆明，享年 48 岁。全书除序言、导言、附录外，通过文化基础和思想渊源、留学美国和《红烛》出版、新格律诗运动的领袖、丰厚独特的学术世界、现代诗人的古诗研究、文化史家的思想深度等八个章节的撰写，展示了闻一多少年的书生意气、青春的诗歌激情、中年的学术钻研以及在《周易》《诗经》《庄子》《楚辞》等研究中所取得的丰硕成果及其在学术史中的深远影响。

翦伯赞学术思想评传

王学典著　平装 32 开　24.00 元

2000 年 3 月出版　7-5013-1669-4

翦伯赞是我国著名史学家。他 1898 年生于湖南桃园县，1968 年去世，享年 70 岁。全书除序言、导言、附录外，通过生平·性格·著述、学术交往、唯物史观派学术史上的丰碑《历史哲学教程》、农民本身仍然是一个封建阶级、征服与同化是既定历史条件下民族交往的基本形式等十一章的撰写，展现了翦伯赞一生的学术活动、思想渊源、学术著作及其在学术界的重要地位和深远影响。

范文澜学术思想评传

陈其泰著　平装 32 开　26.00 元

2000 年 12 月出版　7-5013-1754-2

本书较为系统而详尽地介绍和评述了当代著名历史学家范文澜的生平、学术思想轨迹及学术成就和贡献，全书共分 9 章并结语。分别论述范文澜的成长历程、个性特色、学术交往、理论建树及其在通史、近代史、史学理论、经学史等领域的成就，并给其以历史的定位，亦试图揭示造就范文澜的社会背景和历史因素。

严复学术思想评传

马勇著　平装 32 开　22.00 元

2001 年 4 月出版　7-5013-1743-7

全书分为十二章，较为全面系统地考察和论述了严复思想的形成和发展脉络，及其在中国历史上的地位和影响。主要论及严复启蒙思想的形成、政治变革的主张、实业救国和兴办教育的理论与实践，对中西文化的继承与批判以及其作为中国第一译手在翻译理论与实践上的贡献。尤其是对严复早、晚期思想的变化及演变过程和原因有自己独到的见解。本书资料较为丰富，所引材料有些至今尚未发表过。后附有《严复年谱简编》和《严复研究主要参考文献》。

徐复观学术思想评传

李维武著　平装 32 开　20.00 元

2001 年 4 月出版　7-5013-1035-1

本书分为生命之路、血肉之作、文化之思、心性之论、政治之道、师友之谊六章，介绍和评述了哲学家徐复观的生平及学术渊源、学术贡献，生动地描述了徐复观多姿多彩的人生、敢说敢当的个性、博学多才的学问和自成一家的思想及其作为当代新儒学代表的思想成就。

国图日历（3 种，附台历 2 种）

国图日历·2017·本草养年

纪嘉馥江、若楣、寄畲编　精装　78.00 元

2016 年 10 月出版　978-7-5013-5932-5

国图日历（2017）以“本草养年”为主题，主要内容取自国家图书馆所珍藏之明彩绘本《食物本草》。每日设一对手页，右页为公历与农历之年、月、周、日及每日相关节日、节气等内容，并附有月、周之英文示意，并留有空白空间，以供查阅和记事，左页自《食物本草》内选取应季之一种动植物，图文对照，既有取自原书的介绍文字，加以美食达人纪嘉馥江女士的食用妙方，使读者可以按照日历内容安排一年的饮食，为每日生活增添无限情趣，并可起到“养年”之功效。国图日历以馆藏文献为基础，寓生活情趣于养生知识之内，设计精美，并附有一袋野菜种子，读者可以种植并食用，成为“本草养年”的点睛之笔。

国图日历·2018·修身养德

国家图书馆出版社编　精装　78.00 元

2017 年 9 月出版　978-7-5013-6160-1

国图日历（2018）从整体上将延续“国图日历”之品牌风格，2018 年将以“修身养德”为主题。根据日历顺序，右页展示公历与农历之年、月、周、日及每日相关节日、节气等内容，并留有空白空间，以供查阅和记事。左页主要内容取自国家图书馆所珍藏《菜根谭》《小窗幽记》《围炉夜话》，各甄选出约 120 条修身养德之警世格言，使读者通过日历的形式了解古人的人生哲学，寓智慧于生活情趣之中。全书的结尾，附有此三种书的内容、版本、馆藏等相关介绍。本书设计精美，予传统而不失现代，并附有一张极具传统岁时风俗的“九九消寒图”，读者可在冬日腊月九九八十一天中按照笔画顺序填字，感受古人熬冬盼春的心境变化。

国图台历·2018·修身养德

国家图书馆出版社编　精装　19.80 元

2017 年 12 月出版　978-7-5013-6334-6

本历以 2018 年 12 个月为每页主要内容，每月重要节日及节气在月历中标明，背面有留言处，以供读者查阅和记事。全册以“修身养德”为主题，每页甄选《菜根谭》《小窗幽记》《围炉夜话》警示箴言，并配以《十竹斋笺谱》小画，使读者通过台历的形式了解古人的人生哲学，寓智慧于生活情趣之中。本书设计精美，予传统而不失现代，本历的面世必将受到各类人士之追捧，成为新年送礼和个人珍藏的重要选择。

国图日历·2019·版画千年

国家图书馆出版社编 精装 78.00 元
2018 年 11 月出版 978-7-5013-6592-0

国图日历 2019 的主题是“版画千年”。中国古代木刻版画大多是黑白线描画，在我们通常所见到的版画书籍中 多以年代顺序对版画进行整理排序。而此次我们以故事题材为主导思路，分为古代戏曲小说、山水、人物版画四个专题，以对应于四季。又以二十四张年画对应二十四节气，目的是将中国古代版画丰富的文化内涵与学术价值带入到人们的日常生活当中。

国图台历·2019·版画千年

国家图书馆出版社编 精装 19.80 元
2018 年 11 月出版 85013·11

本历以 2019 年 12 个月为每页主要内容，每月重要节日及节气在月历中标明，背面有留言处，以供读者查阅和记事。全册以“版画千年”为主题，每页甄选古代精美版画，并加以介绍。本书设计精美，予传统而不失现代，本历的面世必将受到各类人士之追捧，成为新年送礼和个人珍藏的重要选择。

佳联赏析(5 种)

国家图书馆、中国楹联协会编

本套书以通俗的语言和丰富的实例，介绍了在中国有着悠久历史的楹联文化和民间的春联习俗，列举了不同场合、节令所使用的佳联范例，并请相关专家做了精彩的点评和解说，对于普通读者了解楹联文化、学习楹联的使用及写作大有裨益。本书还配有大量精美图片，装帧美观，实为广大读者馈赠请朋好友之佳品。

佳联赏析——二零一五

国家图书馆、中国楹联协会编 平装 16 开 32.00 元
2015 年 2 月出版 978-7-5013-5542-6

本书介绍了关于羊年的大量佳联。

佳联赏析——申猴献福

国家图书馆、中国楹联协会编 平装 16 开 32.00 元
2016 年 1 月出版 978-7-5013-5770-3

本书介绍了关于猴年的大量佳联。

佳联赏析——酉鸡报福

国家图书馆、中国楹联协会编 平装 16 开 32.00 元
2016 年 12 月出版 978-7-5013-6002-4

本书介绍了关于鸡年的大量佳联。

佳联赏析——戊狗旺福

国家图书馆、中国楹联协会编 平装 16 开 32.00 元
2018 年 1 月出版 978-7-5013-6258-5

本书介绍了关于狗年的大量佳联。

佳联赏析——亥猪拱福

国家图书馆、中国楹联协会编 平装 16 开 32.00 元
2019 年 2 月出版 978-7-5013-6653-8

本书介绍了许多关于猪年的佳联，并配有大量图片，内容翔实有趣。

十竹斋藏书纪事笺(4 种)

此为一款创意笔记本。图版选自《十竹斋笺谱》。文字选自宣统二年叶昌炽自刻七卷本《藏书纪事诗》。文字部分由书法家寄畬先生抄录。尤为珍贵的是，每本中加一页手工宣纸彩色印刷，并按照古法拱花工艺制作的精美信笺，十分值得鉴赏与珍藏。由国家图书馆出版社与北京姝合文化发展有限公司共同创意制作。

十竹斋藏书纪事笺(菊之卷)

国家图书馆出版社编 线装 16 开 96.00 元
2015 年 12 月出版 978-7-5013-5726-0

十竹斋藏书纪事笺(兰之卷)

国家图书馆出版社编 线装 16 开 96.00 元
2015 年 12 月出版 978-7-5013-5728-4

十竹斋藏书纪事笺(梅之卷)

国家图书馆出版社编 线装 16 开 96.00 元
2015 年 12 月出版 978-7-5013-5724-6

十竹斋藏书纪事笺(竹之卷)

国家图书馆出版社编 线装 16 开 96.00 元
2015 年 12 月出版 978-7-5013-5727-7

野食主题笔记本(2 种)

野食·春夏

(明)朱橚撰，周腾、纪嘉馥江编 精装 16 开 116.00 元
2016 年 3 月出版 978-7-5013-5780-2

本册自《救荒本草》中辑出苋菜、碁莛菜、马齿苋、荠菜、蚕豆、香菜、薄荷、苜蓿八种食材，配以明彩绘本

《食物本草》的图案。文字为《救荒本草》中的基本介绍,加以正安医馆周腾医生的药用分析,美食料理家纪嘉馥江女士的食用妙方介绍。书法篆刻家寄盦先生就八种食材的名称治印八方,用于版面设计。

野食·秋冬

(明)朱橚撰,周腾、纪嘉馥江编　精装16开　116.00元

2016年3月出版　978-7-5013-5781-9

本册自《救荒本草》中辑出枸杞、枣、葛根、赤小豆、胡桃、无花果、山楂、山药八种食材,配以明彩绘本《食物本草》的图案。文字为《救荒本草》中的基本介绍,加以正安医馆周腾医生的药用分析,美食料理家纪嘉馥江女士的食用妙方介绍。书法篆刻家寄盦先生就八种食材的名称治印八方,用于版面设计。

其　他

外国时装图册(5 种)

《现代生活文献丛书》编辑部编

内容包括各式时装、童装、编织服装,以及服装剪裁图样等。款式选择美观大方,新颖多彩;同时注意摒弃粗俗妖艳、颓废无章、奇装异服的糟粕。在编选方面以女装为主,男装、童装为辅;以款式为主,剪裁制作为辅。

外国秋冬装图选

平装 16 开　2.95 元

1985 年 8 月出版

本书选收巴黎以及日本、意大利、荷兰、德国、苏联的最新秋装、童服、男装 100 多种样式。

外国秋夏装图选

平装 16 开　2.95 元

1985 年 8 月出版

本书选收法国、意大利、德国、日本的夏装、秋装、童装、针织时装 100 多种样式。

外国冬季服装图选

平装 16 开　2.95 元

1986 年 3 月出版

本书选收国外冬季女大衣、短外衣、呢绒服装、裘皮大衣,男皮革服、运动服,羽绒滑雪服,儿童冬装、皮靴等 100 多种样式。

外国编织服装图选

平装 16 开　2.95 元

1986 年 3 月出版

本书选收国外编织类服装 100 多种样式。

外国童装图选

平装 16 开　2.95 元

1986 年 3 月出版

本书选收国外童装类服装 100 多种样式。

了解性格的十二把钥匙

(法)克雷芒·布兰著,张宏编译　平装 32 开　3.05 元

1988 年 9 月出版

本书作者是法国著名心理学家、性格学家,曾应聘为联合国教科文组织工作。本书共分 8 章。

《你我他》丛书(6 种)

李国庆主编

跳出敌意的陷阱

(美)米尔登·雷登编著,何建新译

平装 32 开　1.95 元

1988 年 11 月出版

本书分 5 篇:1. 敌意与反抗;2. 你我之间;3. 两代之间;4. 身心之间;5. 明暗之间。

成熟的魅力

(美)乔治·奥尼尔、尼纳·奥尼尔编著,杨江译

平装 32 开　2.40 元

1988 年 11 月出版

本书分 11 章:1. 变动与选择;2. 文化的危机;3. 成熟的魅力;4. 生命之谜;5. 化危机为动力;6. 转机;7. 中心和集中;8. 价值与选择;9. 挑战;10. 走向人群;11. 创造性的成熟。

长不大的人

(美)丹·基利编著,李继生、杨义译
平装 32 开 1.85 元
1988 年 11 月出版

本书分 3 篇:1. 彼得潘式综合症概论;2. 彼得潘式综合症的形成;3. 改变的蓝图。

保持 OK 状态

(美)A. B. 哈里斯著,刘钦、朱杰译
平装 32 开 2.55 元
1988 年 11 月出版

本书共 15 章:1. 节约时间就是延长生命;2. 你的内心世界;3. 人们的内心交谈;4. 追踪:一种有效的方式;5. 消灭内心世界混淆;6. 明确你的目标;7. 一种迷人的人际沟通方式;8. "成人"的保护方式;9. 如何排除"父母"的控制;10. 使"父母"退缩的方法;11. 如何令他人满意;12. 从自己做起;13. 无条件的爱;14. 如何培育你的子女;15. 开创新生活。

失落的心

(美)凯泽·斯特恩斯编著,李杰、张顺译
平装 32 开 1.65 元
1988 年 12 月出版

本书共 13 章:1. 做一个人;2. 戈壁与绿洲;3. 宽恕——力量之源;4. 身体的启示;5. 愤怒——激荡的情感;6. 难言的悲伤;7. 找寻一片牧场;8. 误解的苦衷;9. 逝去的、远离的;10. 外界与内部的调整;11. 打开你的心灵之窗;12. 复原过程;13. 新篇章。

幽默定律

(美)彼得著,张延群译 平装 32 开 1.95 元
1988 年 12 月出版

与生活有约——幸福人生的完美指南

(比)莫里斯·梅特林克著,吴群芳译
平装 32 开 5.20 元
1989 年 1 月出版 7-5013-1876-X

本书作者是一位极富生活智慧的诺贝尔文学奖获得者。本书详细阐述了一系列有关如何在一个物质富裕、精神贫乏的社会中,过一种和谐、安宁、精神充实、具有良好人际关系并取得成功的人生模式。

男人的不幸

(美)H. 戈德堡著,历辛、犁华译 平装 32 开 2.35 元
1989 年 3 月出版 7-5013-0670-2

本书是关于男性心理学方面研究的译著。

社交心理

(美)阿诺德·巴斯著,董耀鹏、刘耀辉等译
平装 32 开 3.15 元
1989 年 4 月出版 7-5013-0959-0

本书原名《自我意识和社交焦虑》,共 13 章:1. 认识自我;2. 自我的内在心理;3. 自我的外在心理;4. 个性气质;5. 暂时心理状态;6. 自我面面观;7. 回顾和展望;8. 窘迫;9. 羞耻;10. 观众—焦虑;11. 羞怯;12. 社交焦虑;13. 上述各种心理的发展。

假如爱情是游戏这就是规则

(美)切丽·斯考特著,孙利平、郑步芸译,李国庆审校
平装 32 开 6.80 元
1989 年 9 月出版 7-5013-1926-X

本书为我们提供了寻求真爱、建立真挚而长久的感情关系的十条规则,正如书中规则所述,建立并保持真挚的爱情是一个微妙的过程,这一过程离不开协商与沟通。同时,由于爱情常常面临重重挑战,它也为我们提供了种种机会,作者在书中阐述了她本人的见解,内容从建立亲密关系并做出承诺,到重燃爱火,风格独特,引人入胜,富有启发意义。

瓦伦蒂诺·罗西自传

(意)瓦伦蒂诺·罗西、恩里科·波基著,刘灿灿等译
精装 48 开 2.90 元
1992 年 9 月出版 978-7-5013-3369-1

本书是意大利著名摩托车手瓦伦蒂诺·罗西的自传,国内首次引进。

伟人的母亲

(英)阿彻尔·华莱士著,吴群芳、孙继成译
平装 32 开 4.80 元
1993 年 2 月出版 7-5013-1875-1

本书分为两部分:第一部分作者为赞颂世界各地具有无私奉献精神的母亲,选择了世界上一些伟人回忆自己的母亲是怎样教育自己、培养自己的经历。第二部分选择了一些伟人如拿破仑等成名成家后,为表达自己对母亲的深厚情感,以书信的方式写给母亲的信。

塞缪尔·斯迈尔斯励志经典(6 种)

人生的真谛

(英)塞缪尔·斯迈尔斯著,刘曙光选译
平装 32 开 5.60 元
1993 年 3 月出版 7-5013-1831-X

本书内容涉及为人处世、人生道路和生活方式的选择,婚姻、家庭、金钱在人生活中的地位和作用,面对逆境和失败时的态度等社会生活的方方面面。

命运之门

(英)塞缪尔·斯迈尔斯著,李柏光、余星译
平装32开　7.50元
1993年10月出版　7-5013-1749-6

本书通过对古往今来的实业界(商业领域)、文化艺术界和天才人物的性格特征的分析,揭示了人类社会生活中杰出人物的命运特征。

人生的职责

(英)塞缪尔·斯迈尔斯著,李柏光译
平装32开　16.80元
1998年3月出版　7-5013-1672-4

本书阐述了尽职尽责对于个人和社会的伟大作用,剖析了职责感的来源,详细列举了在人类历史进程中那些最优秀而勇敢的男女为世人做出的杰出贡献。

品格的力量

(英)塞缪尔·斯迈尔斯著,宋景堂译
平装32开　26.80元
1998年2月出版　7-5013-1737-0

塞缪尔·斯迈尔斯是19世纪英国维多利亚时代一位伟大的道德家。该书从品格在个人及国家命运中的影响,在家庭、劳动、生活、自律、职责、交友、求知、婚姻等方面的作用入手生动地阐述了品格在人生及其在一个民族命运中所扮演的伟大作用。

金钱与人生

(英)塞缪尔·斯迈尔斯著,李柏光、包刚升、杨子立译
平装32开　20.00元
1999年7月出版　7-5013-1671-6

本书赞美了勤俭的崇高,阐述了劳动在人生历程中对人们独立的人格尊严和幸福的重大作用,建议人们勤俭节约以获得经济上的独立,提倡人们过一种清白、有节制、坚毅果敢的生活,切勿奢侈无度。

信仰的力量

(英)塞缪尔·斯迈尔斯著,余星译　平装32开　20.00元
2000年7月出版　7-5013-1737-2

塞缪尔·斯迈尔斯(1814—1902),英国19世纪的"良心与人道大师"回顾欧洲历史上的一段宗教案例。16世纪的胡格诺教派,不愿按照罗马教廷所规定的方式去信仰上帝,被信奉罗马天主教的法国皇帝剥夺了各种权利。在长达近1个世纪的残酷迫害期间,胡格诺教徒以自己的高贵品行塑造了欧洲乃至世界史上一座信仰自由的丰碑。

诺贝尔传

H. Schück、R. Sohlman著,闵任译,凌永乐校
平装32开　7.50元
1999年9月出版　7-5013-1834-4

爱弗雷·诺贝尔是瑞典的一位大化学家,生平发明极多,以猛炸药(Dynamit)一物对于现代文明的影响最大。在死的时候,将生平所有的积蓄都捐出来作为一种基金,指定把此基金的利息,每年分给世界各国对于物理、化学、生理学、医学、文艺及世界和平最有成绩和贡献的人。本书根据英译本译成。全书重点介绍了诺贝尔成长的过程、所受的磨难。共11章,前有引言,后有11篇附录文章。书前有蒋梦麟的序、汤元吉的序、译者译、德国外交部部长师特列司芒博士的原序一、英国外交省大臣张伯伦爵士的原序二。

效率手册(1993年)

本社编　平装32开　20.00元
1999年9月出版

手册前有个人备忘录、《书目文献出版社简介》、《本社部分图书目录》、《北图书店简介》、1993年日历。主要部分是记事空页。

法苑留声——中央人民广播电台法制园地节目组广播稿辑录

法制园地节目组编　平装32开　20.00元
1999年10月出版　7-5013-1048-3

本书辑录的是中央人民广播电台《法制园地》节目播出的部分广播文稿,共16篇。

中国网络梦之队

关山著　平装32开　12.00元
2000年9月出版　7-5013-1755-0

本书是作者以采访的形式写成的中国网络精英的传记,资料翔实地记录了中国网络先驱和启蒙者的智慧、创业和成功。

戒毒知识手册

郭伯君编　平装32开　20.00元
2000年10月出版　7-5013-1745-3

全书涉及毒品知识的介绍及如何识别毒品、怎样预防毒品的侵害、戒毒与治疗及禁毒法律、法规的有关规定等。

社会心理学学习与应用

李乐琳、郑培湘编著　平装 32 开　20.00 元
2000 年 10 月出版

本书共分 16 章,从理论上阐述了社会心理学的定义、社会化和人格、社会认知、态度等问题,同时结合实际,论述了社会交往、人际关系等社会实践中的心理学问题。

常胜不败的心理战术——在宦海、商界、情场中成为强者的 172 条妙计

林国灿、滕征辉等编译　平装 32 开　20.00 元
2000 年 10 月出版

根据日本千叶大学多湖辉教授的心理学著作《一分钟心理战》《谈判心理战》《反欺骗心理战》编译,共 8 篇。

名人牛皮书

欧文・伊登著,秦传安译　平装 32 开　24.00 元
2000 年 10 月出版　7-5013-2471-9

本书以诙谐、幽默的口吻,从不同角度勾勒出了 500 余名古今中外的名人,角度独特,引人入胜,具有较强的娱乐性和可读性。书中还配有大量精美的彩色插图,更增强了该书的吸引力。此外,一些涉及历史、政治、宗教等背景知识的词条后还增加了相应的注释,以方便读者阅读,促进他们对该书内容的了解。

家庭关系学

史仲文、何长华编著　平装 24 开　38.00 元
2001 年 3 月出版

人际关系学

史仲文、徐慕坚编著　平装 32 开　20.00 元
2001 年 9 月出版

本书共 5 章:1. 绪论;2. 人之说——人际关系学研究的逻辑前提;3. 存在与结构——人际关系内容解析;4. 技术与形象——人际关系技术与形象设计;5. 机制研究——人际关系发展的社会机制和未来展望。

警坛联韵

王宪成主编　平装 32 开　20.00 元
2002 年 1 月出版

本书是警坛文化和对联文化的一次有益结合,是新中国成立以来公安战线第一次运用征联形式集中反映公安工作的尝试。收录全国金盾杯获奖对联佳作 2000 幅。马萧萧封面题字。

中国蝈蝈谱

吴继传著　平装 32 开　20.00 元
2002 年 1 月出版　7-5013-1772-O

本书作者吴继传,是我国著名昆虫学家,在蟋蟀研究方面颇具权威,国内外享有很高声誉,被我国虫界养虫高手尊为"虫圣"。蝈蝈是中国三大鸣虫之一,但有关这方面的专著尚属空白。本书的出版实属"前无古人",乃昆虫研究方面的一个创举。书中详尽论述了蝈蝈的历史、属性、品种、分类、命名、形态、生物学特性、分布、名产地、选择、怡养与繁育。书中的 100 多幅精美彩图几乎囊括了蝈蝈中所有的名优奇特的良种异虫,极为难能可贵。该书图文并茂,印刷精美;讲知识深入浅出,易懂会学;看照片赏心悦目,陶冶性情;实乃集知识性与观赏性为一。

地象资料・征兆地质学・地震预报

徐好民编著　平装 32 开　18.00 元
2002 年 9 月出版　7-5013-1474-8

本书汇集 44 篇论文,阐述了地象资料的内容与意义,尤其论述了地象资料在建立征兆地质学、解决地震等一系列灾害预测预防上的重要作用。

地象概论——自然之谜新解

徐好民编著　平装 32 开　16.00 元
2003 年 10 月出版　7-5013-1466-7

本书阐述了 40 余类自然灾异与地壳运动的可能联系。

老年三字经

杨开金书　平装 16 开　25.00 元
2004 年 9 月出版

本书以三字经的形式,向中老年朋友介绍了有关修养、学习、保健、乐寿、奉献等方面的内容。

协调学

赵文明、程堂建编著　平装 16 开　38.00 元
2007 年 5 月出版　7-5013-1750-X

本书全面涵盖了各行各业、社会各阶层所涉及的人际协调问题,以自我、人与人、人与社会为主脉,列举了大量优秀经典案例,对处理现代人际关系有一定的参考

实用价值。

健康

超功能气功宝典:神通术(一)

俸怀邦、黄明山编著　平装32开　4.20元
1989年06月出版

中国传统养生学二种

王红、王燕点校　平装32开　5.60元
1993年02月出版　7-5013-0940-X

《老老恒言》,清曹庭栋撰,共5卷,前二卷详述晨昏动定之宜,次二卷罗列居处备用之要,末附粥谱1卷,介绍100种粥食。引用书达307种。《中国养生说辑览》,民国沈宗元辑,共18编,分录我国古代各家有关养生延年的论述,从理论到具体方法。唐棣华封面题字。

意气功详解·五养秘诀

徐蜀点校　平装32开　1.20元
1993年03月出版　7-5013-0996-5

《意气功详解》,王贤宾著,书前有王贤宾的自序;《五养秘决》,清吴淑度著,书前有张奎龄的序,书后有吴文义的跋。

家庭常用食补食疗妙方

刘春浦、刘一平主编　平装32开　10.60元
1994年1月出版　7-5013-1058-0

编者在上千种食用、药用资源中,筛选近500种常用常见的编入本书,同时收集了这些以食、药用资源为主、辅料的食补、食疗方剂1000余种。

神秘之术——气功异能纵横谈

降大任著　平装32开　10.40元
1995年12月出版　7-5013-1157-9

本书共6辑20章。第一辑确立研究的前提,即考察其是否存在,揭示去伪存真的原则,消除神秘主义倾向。第二辑追溯古老的起源与早期发展,重在先秦,即从神话和先秦巫术的有关材料加以考证。第三辑论述气功异能效应,重在历史材料的印证。第四辑论张良这一典型人物,借此阐述气功异能文化在传统文化中的重要地位和历史作用。第五辑探讨气功异能与世界性宗教的关系。第六辑探讨气功异能的理论性、科学性问题,即方法论原则、哲学思想及其与现代科学理论的关系。

现代导医保健手册(全三册)

张勇主编　精装16开　680.00元
2000年7月出版　7-5013-1741-0

本书包括两方面的内容:第一方面是全国各地特色门诊和名医指南,其宗旨是向读者介绍全国各地医术精湛、水平高超的名医和特色门诊信息。第二方面是养生保健要略,其宗旨是向读者介绍家庭常见病的自我诊治与用药及健康长寿的养生秘要。

素食主义

史幼波著　平装32开　22.00元
2004年3月出版　7-5013-1254-0

本书树起"素食主义"的大旗,讲述了人类素食的历史,著名的素食主义者,素食对保护环境、保护动物的作用,素食对人类身体健康与塑身减肥的良好功效,京、沪、穗等大城市的著名素食餐馆及一些素食名菜、名点。

中华养生经典

张永芳著　平装16开　19.80元
2005年2月出版　7-5013-2753-X

本书选取中国历史上52位历代养生名家,包括黄帝、彭祖、老子、孔子、李白、白居易、苏轼、刘伯温等,详细而精要地介绍了他们的真知灼见,并附有养生精论类编19大类、数百条原文。

药膳本草养生大全

郭桂明、张雪松著　平装16开　32.00元
2006年9月出版　7-5013-3163-4

本书由著名中医专家、北京中医医院中药剂部主任郭桂明先生编著,从养生、食疗、食补的角度,尽可能全面系统地收集了祖国传统医学中食疗、食补的偏方,并重点介绍了部分有代表性的食物的营养价值、食疗功效及饮食宜忌。

野食

(明)朱橚撰,程工校注　平装16开　35.00元
2006年11月出版　7-5013-3198-7

本书选取400余种各地野生植物,对其名称、产地、形态、性味及其可食部分和食法作了详细介绍,并附上近200种植物的简便菜谱,可以称得上是一部现代人的绿色饮食生活宝典。

身体·心理·社会——对乙肝患者的社会心理研究

廖菲著　平装 32 开　28.00 元

2006 年 12 月出版　7-5013-3151-0

作者通过深入到医院的门诊和病房直接与乙肝病人面对面接触的方式，收集了大量的第一手资料，并应用社会学的视角和方法对这些资料进行了研究与分析。本书虽然是学术著作，但字里行间却处处流露出作者对“乙肝患者”这一社会群体的同情与关怀。因此本书不仅值得专业人士参考，也适合广大关心这一群体的人士阅读。

人体疾病信号自查手册

李娟、徐咸著　平装 16 开　28.00 元

2008 年 2 月出版　978-7-5013-3562-6

疾病在发生之初，会向人体发出警示信号，若忽视这些信号，往往会酿成沉疴，让人后悔不及。本书分门别类地对这些信号进行了详细的分析，指出其症状原因和潜在隐患，并提出了具体可行的应对措施。阅读本书，可以方便地通过信号来查找疾病，并对各种疾病的早期信号保持足够的警觉，做到早发现，早治疗，防患于未然。

中医药浴养生大全

姚海扬主编　平装 16 开　35.00 元

2008 年 3 月出版　978-7-5013-3556-5

药浴是中国中医的外治和保健手法之一，有悠久的历史传统。本书由中医世家传人联手打造，介绍了沐浴的优良传统和风俗、源远流长的药浴、药浴的种类、药浴的宜忌、药浴的用具、药浴常用药物、疾病治疗药浴、保健和美容药浴、足部药浴的方法和浴方，全面具体、通俗易懂，使用方便，是自我保健的良师益友。

新编实用本草纲目

张英、张全编著　平装 16 开　48.00 元

2008 年 6 月出版　978-7-5013-3630-2

《本草纲目》新编实用版，以诸版本中最完整的“金陵本”为蓝本，严格选择目前生活中最常见、最实用的药物加以介绍，以实用的角度讲解，并增加了“本草今用”这一版块，为读者以及广大医学工作者提供了翔实的实用资料。

二十四节气养生与食疗

张雪松著　平装 16 开　32.00 元

2010 年 4 月出版　978-7-5013-3164-2

二十四节气与人体养生的关系是中华传统养生的基本理论之一，对于人的食疗养生有着重要的意义。本书从这一角度出发，重点介绍了各节气的特点，并具体分析了如何顺应节气进行养生和食疗，指出其中的宜忌，是居家、养生、食疗的必备书。

视觉康复指南

张悦歆、李庆忠著　平装 16 开　48.00 元

2010 年 5 月出版　978-7-5013-3985-3

本书是中德合作“视觉康复”项目的研究成果，得到德国米苏尔基金会的资助，介绍了视觉的基本知识、视觉的评估和测量、视觉康复训练方面的知识。

中国历史文献总库

中国历史人物传记资源数据库

中国古籍影印丛书查询数据库

专题数据库

数字出版

一、中国历史文献总库

“中国历史文献总库”由国家图书馆出版社完成开发，包含古籍、民国图书、近代报纸、近代期刊、历史档案、历史图片等各类型的文献，将各类历史文献整合到一个平台之中，以最权威和全面的书目数据、全文图像，为使用者提供高效的文献发现系统，便捷的一站式检索、阅读服务；兼顾各学科教学和科研的需求，切实补充图书馆的馆藏，提供历史文献需求的整体解决方案。

“中国历史文献总库”按照民国图书、古籍、期刊、报纸、档案、图片六种文献类型进行建设，每种文献类型为一个子库。各个子库既可以单独使用，也可以通过总库平台进行整合检索。

在建设权威的书目数据、全面的文献品种的子库的同时，还与知名学者或机构合作，按照专题对文献进行深度标引、加工和数据挖掘，体现出较高的学术性和专业性，服务特定的研究群体。各子库、专题库可以单独销售，且能实现跨库拆分、组合为新的地方历史文献库或专业学科数据库。

子库名称	完成年	内容数量	更新计划
古籍	2018	8 万种,2523 万页,3TB	2019 年完成二期 15 万种的建设
民国图书	2019	20 万种,3500 万页,3.85TB	2021 年完成六期建设
近代报纸	2019	2019 年增加到 208 种报纸,90 万版	2022 年增加到 500 种报纸、500 万版
近代期刊	2018	4449 种	逐步更新完善
历史档案(建设中)	2020	中外文档案 1000 余种,500 万页	逐步更新完善
历史图片	2017	57042 张,530GB	古籍图典 2018 年底增加到 8 万张;近代图片 2018 年新增 5 万张

专题库名称	完成年	内容数量
中华再造善本数据库	2017	1312 种,14571 册,71 万叶
民国图书馆学文献数据库	2016	图书 235 种,期刊论文 13187 篇
百年中国新闻史史料数据库(建设中)	2019	图书 1000 余种,学位论文 160 篇,专题文章 5000 余篇
近代中国经济指数数据库(建设中)	2019	图书 300 余种,期刊 50 余种,数据 1 万余条

中国历史文献总库具有如下特点：

1. 图书馆历史文献需求的整体解决方案

“总库”包含古籍、民国图书、期刊、报纸、档案、图片等各类型的文献，全面反映“中华古籍保护计划”“民国时期文献保护计划”的成果，兼顾各学科教学和科研的需求，切实补充图书馆的馆藏，提供历史文献需求的整体解决方案。

2. 统一平台，整合检索，高效的文献发现系统

“总库”将各类历史文献整合到一个平台之中，以最权威和全面的书目数据、全文图像，为使用者提供高效的文献发现系统，便捷的一站式检索、阅读服务。

3. 子库+专题库模式，服务各类用户

子库求“全”，专题求“精”。在建设权威的书目数据、全面的文献品种的子库的同时，还与知名学者或机构合作，按照专题对文献进行深度标引、加工和数据挖掘，体现出较高的学术性和专业性，服务特定的研究群体。

4. 可灵活拆分、组合为地方历史文献库或专业学科数据库

各子库、专题库可以单独销售，且能实现跨库拆分、组合为新的地方历史文献库或专业学科数据库。

（一）民国图书数据库

“民国图书数据库”是“中国历史文献总库”的子库，由国家图书馆出版社开发。本数据库已完成五期 20 万种图书的建设，总计 3500 万页，3.85TB，全部图书实现全文检索，可检索的字数超过 100 亿字。

该库具有如下特点：

1.“民国时期文献保护计划”重要成果

本数据库的文献来源以国家图书馆的馆藏为主，以其他图书馆、档案馆、纪念馆的馆藏为补充，得到民国时期文献保护中心的指导，全面反映了“民国时期文献保护计划”的普查成果。基本覆盖了国内外重要图书馆的馆藏，以及各具体学科分类，包含大量的名家著作初版本、官方文书、机构文件、内部资料等稀见文献；收录了民国时期国外机构出版的有关中国的外文图书，为研究民国史提供了多个维度。

2. 完备的图书目录

“民国时期文献保护计划”从60余家省级公共馆、重点高校馆普查汇总后的民国图书约30万种，这些书目数据将纳入本数据库中。本数据库暂无镜像阅览的部分，可提供书目信息，大大提高文献的检索和利用效率。

3. 全面的图书品种

本数据库2019年完成五期20万种民国图书的建设，超过《民国时期总书目》著录的12万种，基本覆盖了国内外所有重要图书馆的馆藏，成为世界范围内数量众多、品种齐全、包含大量珍惜版本的民国图书数据库。

4. 可全文检索

本数据库所有图书都可实现全文检索，总计可检索的字数超过100亿字。全文检索采用检索结果预览，点击后精确定位的方式，大大提高文献的利用效率。此外，还提供任意词、书名、作者、出版者、出版年、出版地、关键词等检索；可通过图书分类进行导航，浏览该类别全部图书；检索结果可自动按图书分类，作者、出版社、出版年进行聚合；检索结果可按书名、作者、出版年进行排序；提供同义词整合，可选择精确匹配和模糊匹配两种方式，可选择是否显示存目图书。

5. 可持续更新

本数据库仍将持续进行更新，2019年完成五期20万种的建设。普查中发现的新文献，都将持续发布，逐步完善，这是其他同类数据库所无法做到的。以国家图书馆、民国时期文献保护计划为依托，通过不断地更新、完善，本库将凸显平台优势，成为世界范围内数量众多、品种全面、版本珍稀的民国图书数据库。

6. 一站式发现

由于本数据库拥有最权威的书目信息和最全面的图书品种，因此可以实现民国图书的一站式检索服务，不用再反复检索、搜集民国图书资料。

访问方式：本数据库采用IP控制方式，提供在线访问及本地数据安装服务，无须安装客户端，可直接通过浏览器进行访问。浏览器支持IE9及以上版本、Firefox、Chrome等主流浏览器，无须安装其他插件。

试用网址：mg. nlcpress. com

（二）近代报纸数据库

报纸是近代出现的新兴载体，是近代社会表达政治意向、传播思想文化和社会信息的重要工具，其内容包罗万象，反映了近代中国政治、经济、军事、科学、文化、生活等各个方面。随着时间的推移，其文献价值和史料价值日益突显，被喻为中国近现代史研究的史料宝库，尤其是在近代社会、文化史研究中，报刊史料的重要性几乎无可代替。然而因年代久远，近代报纸缺漏严重，又散藏于各馆，求全较难，虽然几种全国性大报有影印版或数字产品问世，但各地方性报纸较少整理，大大限制了这一宝库利用的效率。

“中国历史文献总库·近代报纸数据库”由国家图书馆出版社开发，以国家图书馆的馆藏为主，其他图书馆所藏的报纸为辅，优先选取具有全国影响或在某一地域影响较大的报纸，进行数据加工，提供全文检索、篇目定位、热区显示、特色导航等功能，方便使用者进行查阅。本数据2019年已完成一至三辑建设，上线报纸208种，总计90万版。

“中国历史文献总库·近代报纸数据库”（一至三辑）既包括全国性的大报如《北京益世报》《大刚报》等，又包括地方大报如《华北日报》、《冀热察导报》、《绥远西北日报》、《黑龙江日报》、《汉口市民日报》、《山东民国日报》、《东南日报》、《福建日报》、《西康国民日报》、《贵州商报》、《西京日报》、《青海民国日报》、《宁夏民国日报》、《琼崖民国日报》、《新疆日报》、《新晨报》（北京）、《东亚晨报》（天津）、《皖报》（安庆）、《大楚报》（汉口）、《西安日报》（西安）、《大同报》（长春）、《求是报》（福州）等。这些权威报纸基本覆盖了全国各地区，全面反映了民国时期各地的风土人情、社会万象。

该数据库具有如下特点：

1. 跨报通检，极速定位

本数据库通过报纸图像数据和出版日期、版次、标题文本、篇目坐标等信息的有效关联，提供基于标题的篇目检索，并能够准确定位到单篇内容位置；可选择单独检索一种或数种报纸，以及跨报通检，适应各种研究需要。

2. 全文检索，功能强大

相较于篇目检索，全文检索因能检索出大量有价值的信息，为研究者所重视。本库已上线的一、二辑全部100种报纸都可以实现全文检索。全文检索以篇目为单位，可实现检索结果的预览，和命中词的高亮显示。

3. 热区显示，浏览便捷

可按报纸名称、出版日期、版次等进行普通浏览，篇目热区显示，自动弹出标题，省却了辨识篇目区域的难题。

4. 报纸导航，快速查找

可按拼音、区域进行导航；每一种报纸都撰写了提要，详述报纸的创办经过、内容特点等重要信息；可以运用时间轴，来阅读同一日期各报的不同报道，如选择 1937 年 7 月 8 日，即可阅读“七七事变”在各报的不同报道。

5. 持续更新，不断完善

本数据库因为有国家图书馆海量馆藏的支撑，具备强大的更新能力和平台优势，计划每年至少新增报纸 100 种，2022 年将建设到 500 种报纸，基本涵盖民国时期所有重要的报纸，成为覆盖全面的近代报纸数据库。

访问方式：本数据库采用 IP 控制方式，提供在线访问及本地数据安装服务，无须安装客户端，可直接通过浏览器进行访问和下载。浏览器支持 IE9 及以上版本、Firefox、Chrome 等主流浏览器，无须安装其他插件。

本地安装需求配置：windows server 2008 R2 及以上版本，E5－2640 级别以上处理器 2 个，32GB 以上内存空间，8TB 以上基础存储空间，为保证后期数据扩展性，推荐 10TB 数据空间。

篇目自动显示

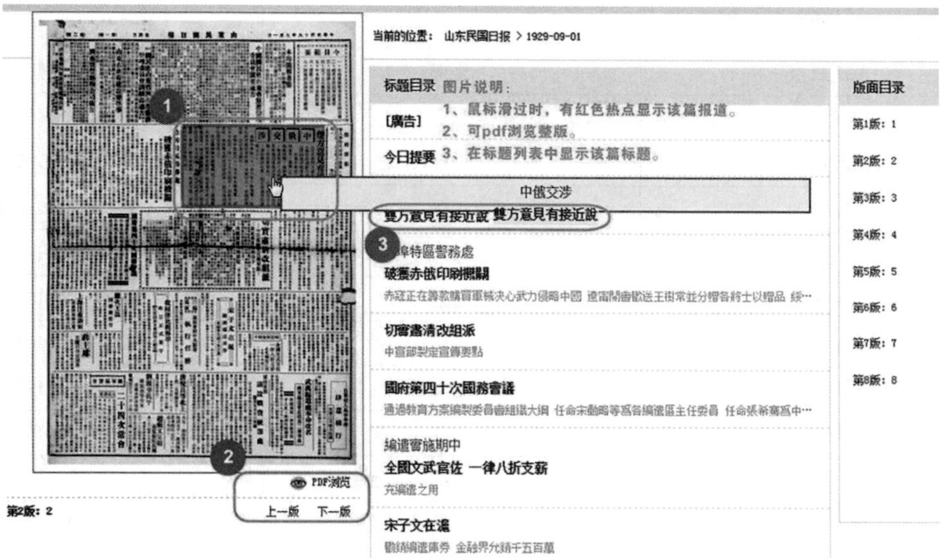

篇名、作者或复合检索可直接定位到版面上篇目所在的位置，并将篇目区域框出，自动弹出标题，方便读者清晰阅读

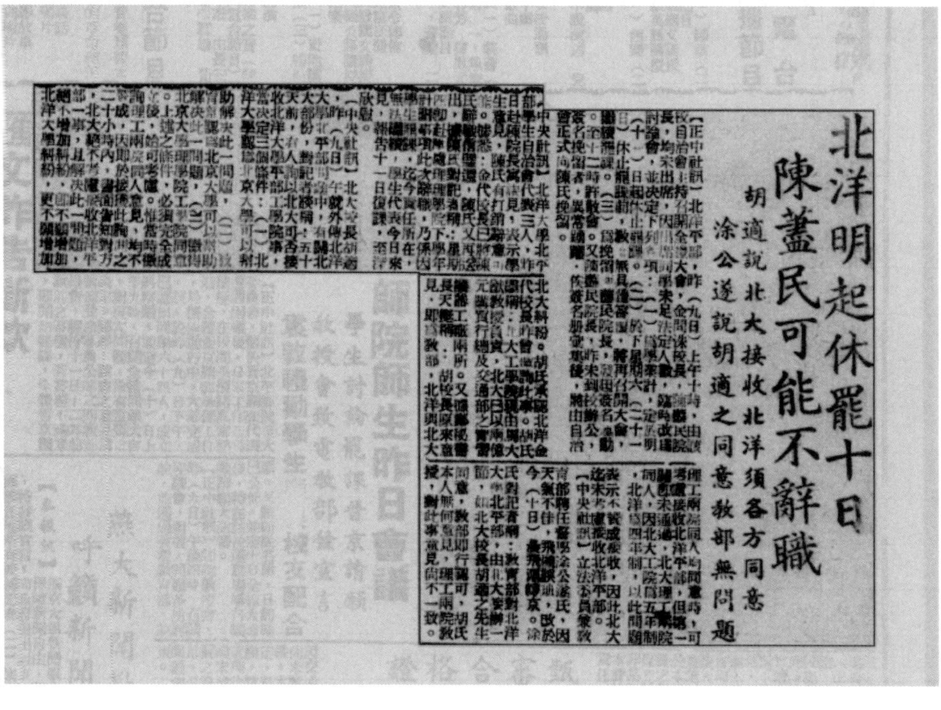

收录报纸一览表

报纸名称	出版地	出版日期起止号
北京益世报	北京	19170128—19481225
晨报	北京	19181201—19381031
戏剧报	北京	19390801—19431229
民言报	北京	19370405—19451230
民意日报	北京	19191025—19201231
社会日报	北京	19220501—19260731
亚细亚日报	北京	19120601—19130930
新中国报	北京	19130501—19130930
民主报	北京	19120901—19130531
新中华报	北京	19281124—19291129
东南日报	北京	19211016—19220531
平西报	北京	19320121—19340530
新社会报	北京	19210401—19220127
警察日刊	北京	19380113—19380228
游艺报	北京	19461231—19470117
北平小报	北京	19480702—19480831
华北医报	北京	19290901—19310811
新华日报	北京	19200701—19210831
燕京大学校刊	北京	19280914—19290628
燕京报	北京	19320922—19330526
政治官报	北京	19110720—19110823
电影报	北京	19391117—19430228
华北日报	北京	19290101—19490131
京华新报	北京	19130601—19140510
京报	北京	19190206—19310630
燕京新闻	北京	19340925—19481206
北平午报	北京	19320101—19320615
新天津画报	天津	19330827—19431231
新天津	天津	19241224—19440430
天津工商日报	天津	19461128—19480831
中美日报	天津	19200801—19210620
妇女新都会	天津	19390726—19430324
警察三日刊	天津	19381022—19420130
冀热察导报	河北	19470602—19490104
冀晋日报	河北	19470401—19471109
冀中导报	任丘(河北)	19460812—19481231
石门日报	石门(河北)	19460709—19461231

续表

报纸名称	出版地	出版日期起止号
蒙疆新报	张家口(河北)	19381122—19450109
蒙古新报	张家口(河北)	19450114—19450727
商业日报	张家口(河北)	19470627—19481027
阵中日报	太原(山西)	19390121—19490414
绥远西北日报	归绥(内蒙古)	19351015—19370729
戏曲新报	沈阳(辽宁)	19490326—19511225
前进报	长春(吉林)	19460617—19470502
黑龙江日报	北安(黑龙江)	19460711—19470228
太平洋报	上海	19120401—19121018
中外新报	上海	19200101—19200418
南报	上海	19370303—19370902
民权报	上海	19120501—19130430
醒狮	上海	19241010—19260829
社会日报	南京(江苏)	19461125—19481130
清乡新报	苏州(江苏)	19420513—19421225
清乡日报	苏州(江苏)	19410711—19411231
浙民公报	余姚(浙江)	19400121—19400906
徽州日报	屯溪(安徽)	19330919—19490406
福州商情	福州(福建)	19470525—19490419
福建日报	泉州(福建)	19390401—19481201
南侨日报	厦门(福建)	19480106—19481220
中央日报	永安(福建)	19410428—19490816
南潮报	漳浦(福建)	19460707—19470830
民国日报	赣州(江西)	19400708—19480725
山东民国日报	济南(山东)	19290901—19460630
青岛时报	青岛(山东)	19320501—19480625
河南民声日报	陕县(河南)	19460513—19470823
大刚报	汉口(湖北)	19451109—19511231
新华日报	汉口(湖北)	19380111—19470228
汉口市民日报	汉口(湖北)	19340701—19470731
湖南妇女报	长沙(湖南)	19350218—19371229
南风报	都城(广东)	19471010—19490226
阵中日报	曲江(广东)	19390813—19400716
阵中日报	桂林(广西)	19410524—19411126
扫荡报	桂林(广西)	19381220—19440907
南宁民国日报	南宁(广西)	19310701—19441027
琼崖民国日报	海口(海南)	19350101—19470806

续表

报纸名称	出版地	出版日期起止号
民众小报	重庆	19401010—19411210
儿童日报	成都(四川)	19470317—19491031
西康国民日报	康定(四川)	19391010—19450930
贵州商报	贵阳(贵州)	19410430—19491108
中央日报	贵阳(贵州)	19381201—19481229
革命日报	贵阳(贵州)	19380426—19491110
民铎日报	遵义(贵州)	19451201—19461231
中央日报	昆明(云南)	19390515—19491209
扫荡报	昆明(云南)	19431101—19451111
平民日报	昆明(云南)	19471201—19481031
工商日报	西安(陕西)	19370201—19430131
西京日报	西安(陕西)	19330321—19490415
西北文化日报	西安(陕西)	19310521—19490221
国风日报	西安(陕西)	19371010—19481031
解放日报	延安(陕西)	19410516—19470327
通俗日报	宝鸡(陕西)	19420426—19490101
西北新闻日报	兰州(甘肃)	19311225—19321210
甘肃民国日报	兰州(甘肃)	19330609—19490812
宁夏民国日报	宁夏	19350302—19481120
青海民国日报	西宁(青海)	19311110—19490328
新疆日报	迪化(新疆)	19351203—19490924
工商日报	香港	19320421—19470131
自强报	基隆(台湾)	19460806—19470111

(三)国家古籍资源库

“国家古籍资源库”是“中国历史文献总库”的一个子库，由国家古籍保护中心提供业务指导，国家图书馆出版社开发建设，目标是建设成为世界范围内品种齐备、覆盖全面、版本珍稀的古籍数据库。

“国家古籍资源库”一期工程收录了约10万个版本的古籍文献，总计2500余万页，容量3TB。“国家古籍资源库”几乎囊括了中国各类型图书馆、博物馆及其他组织和个人所藏的各种古籍文献，同时更着重海外机构收藏的汉籍。该库具有如下特点：

1. 珍本、善本的集中展示

本库的建设得到国家古籍保护中心的指导，集中展示了海内外收藏机构所藏的珍本、善本，尤其是能参考全国古籍普查登记平台的最新成果，不断搜罗各种珍稀版本。

2. 品种众多、门类齐全

本库一期收录10万个版本的古籍，既包括自古代至民国初人著写并经写抄、刻印、影印的历代古籍，也收录了甲骨、铭文、碑刻、简帛、舆图、契约、文告等文献，和各种形式的稿本、抄本、印本、拓本，其中方志10000余种，家谱2000余种，涵盖古籍文献门类齐全，基本反映了中国现存古籍的全貌。

3. 书目信息权威、准确

本库中的每一条书目数据，包括作品分类、版本著录等，都与《中国古籍总目》《中国古籍善本书目》进行了挂接和比对，充分吸收国家古籍保护中心在古籍搜集、分类、版本著录等方面已有的成果，信息权威、准确。

（四）图片数据库

“图片数据库”是“中国历史文献总库”的一个子库，包括古籍图典和近代图片两个板块，目前建设完成的是古籍图典部分。

中国古籍中有大量的图画，以插图等形式出现，是传统文化的形象呈现和现代设计作品的重要创意来源，长期未得到有效整理和开发。本数据库在对历代图画典籍资源进行搜集、整合、分类、核实、精细加工与精确标引的基础上，进行古籍图典的数字化标准建设，将这些图画资源制作成可供电子阅览、检索的数据库。

古籍图典资源来自从先秦时期到 1911 年的 7 万种古籍，首批标引出 57042 张图片。2019 年底将增加到 8 万张图片。

古籍图典资源按照内容分为十二类，具体包括：人物形象、故事情节、天文地理、景观建筑、风俗世情、制度礼仪、哲学宗教、生产军备、日用生活、金石刻拓、艺术人文、动植神异，著录、标引清晰，便于检索与查阅，并能通过“中国历史文献总库”进行通检。后期将陆续增加近代图片资源。

二、中国历史人物传记资源数据库

中国人物史料非常丰富,除总传、别传(含年谱)、杂传等正体传记外,举凡正史、别史、方志、谱牒、表册、金石、目录及集部文献中,都有大量人物史料。鉴于历史人物的传记资源分散于各种资源之中,搜检不易,国家图书馆出版社联合北京大学数据分析研究中心,结合双方的优势,推出了"中国历史人物传记资源数据库",并被列为首批财政部、国家新闻出版广电总局数字出版转型升级项目重要成果。

中国历史人物传记资源数据库内容以人物为节点,以时间、地域为坐标,以人物传记原始文献为主要内容,以人物小传为补充,辅以时代转换、诗文反查、康熙字典等工具,具备对人物、时代、地域、诗文、小传、文献的检索,以及繁简体输入、古今地名对照和个人数据管理等其他功能。

该库具有如下特点:

1. 吸收历代整理成果,整合传记核心资源

人物库的文献来源以国家图书馆的馆藏为主,整合了我社几十年来对历代人物传记资源的持续整理形成的核心资源,吸收近现代以来历代人物传记资料的索引整理和数字化成果(哈佛燕京引得编纂处的人物传记引得、北京大学数据分析中心人物传记知识服务系统)。

2. 历代人物传记资料全面,人物数量众多

本库是目前世界范围内收录中国历代人物传记史料全面、人物数量众多的专题数据库,截至 2018 年,人物数量为 881,413 人,文献数量为 7,799 种,图片数量为 3,743,565 张,图片大小为 2.79TB。资源内容涵盖正史、别史、地方志、总传、别传、文集、年谱、家谱、日记、手札、表册、名录、金石碑传等各个方面。

3. 以历史人物为坐标,整合多维度传记资源

以人物为坐标,整合正史、别史、总传、杂传、年谱、家谱、表册、谱牒、方志、金石等中有关该人物的传记资源。下图为检索王安石后人物传记资源整合页面:

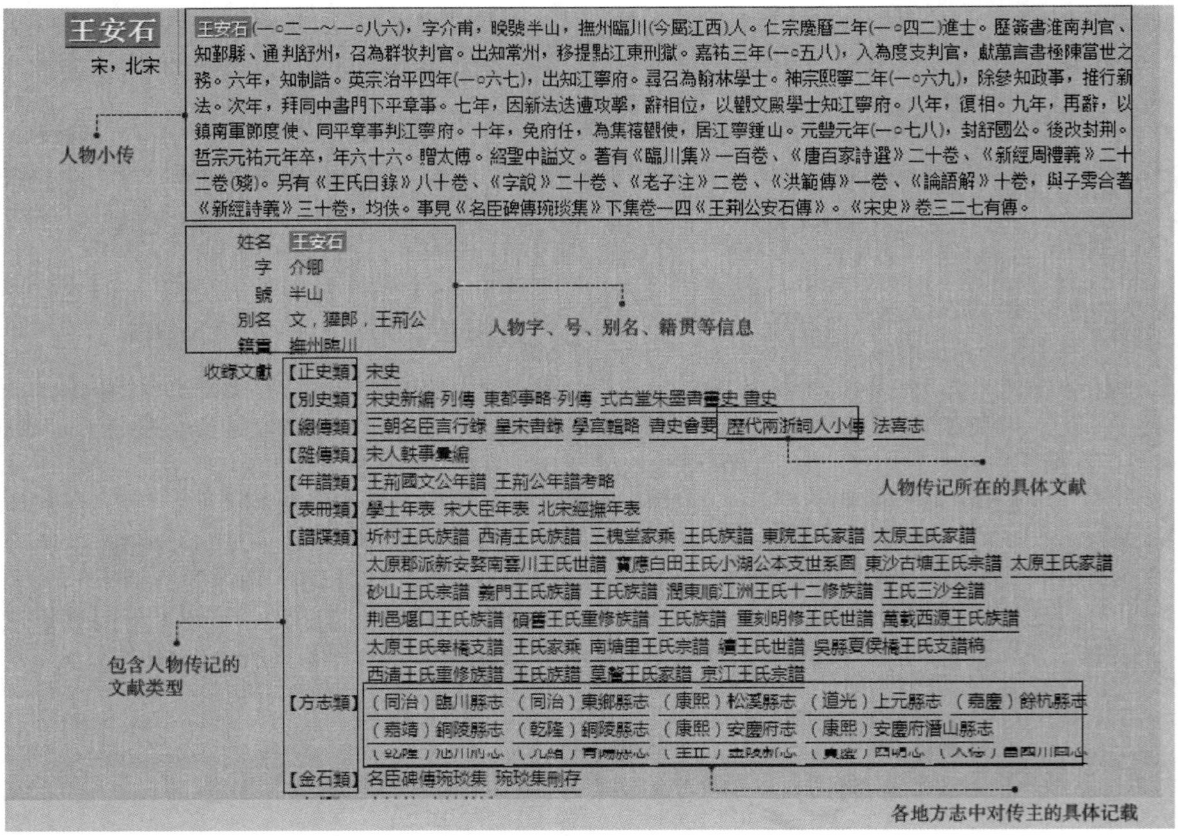

4. 检索后精准定位，方便快捷

点击后可以直接进入文献中的相关页进行阅读，人物名高亮显示，方便快捷。下图为点击王安石传记所在文献《历代两浙词人小传》后精准定位的页面：

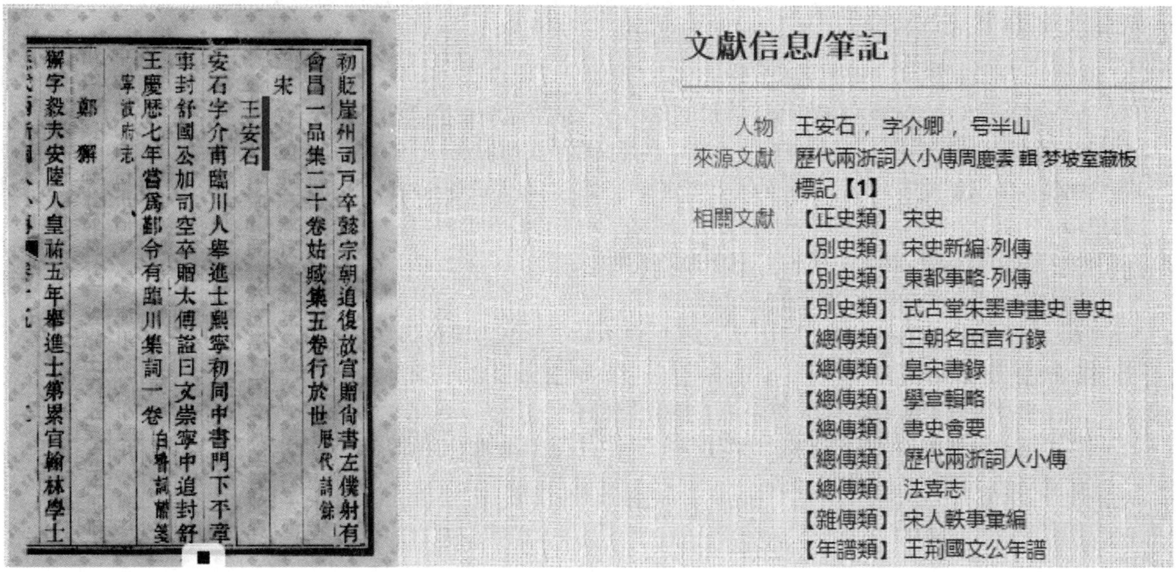

5. 功能强大，界面友好

可按姓氏、时代、地域进行人物检索与浏览，辅以时代转换、诗文反查、康熙字典、古今地名对照等功能。

6. 持续升级，不断完善

以一年不少于 5 万人或 2000 种文献的速度递增资源，部分文献全文化开发，对人物类别、人物关系进行深度关联。

访问方式：采用 IP 控制方式，无须安装客户端，可直接通过浏览器进行访问。浏览器支持 IE9 及以上版本、Firefox、Chrome 等主流浏览器，无须安装其他插件。

本地安装需求配置：windows server 2008 R2 及以上版本，E5 – 2620 级别以上处理器，16GB 以上内存空间，4TB 以上存储空间。

试用网址：http://p.nlcpress.com/

三、中国古籍影印丛书查询数据库

“中国古籍影印丛书查询数据库”一期收录1949—2015年间中国大陆及港澳台地区出版的新编影印古籍丛书527种，涉及古籍7万余种，并逐步更新数据。该数据库分类体例统一、检索手段完备、文字校勘精准，反映了影印古籍丛书领域的出版成果。较之传统的书目可更加准确高效地揭示各丛书内容，提供浏览与检索，方便学者及图书馆界使用。

“中国古籍影印丛书查询数据库”的主要功能有：

1. 与馆藏系统建立联系，揭示馆藏文献覆盖率

系统可与图书馆OPAC实现链接，对馆藏信息中缺少的丛书子目信息进行标注，读者可深度了解馆藏丛书信息，充分发挥图书的价值。

2. 提供批量查重的功能，为文献采访工作提供便利

系统可与图书馆采访系统连接，快捷查询子目，方便进行查重，避免图书的重复购置。

试用网址：http://c.nlcpress.com

四、专题数据库

（一）中华再造善本数据库

“中华再造善本工程”是一项重要的文化建设工程。它是文化部、财政部等政府部门，经过长期深入的调查研究，总结历史上典籍散佚的经验教训，针对善本古籍当今保管的现状，为防不虞，确保珍贵典籍的传承安全；同时为学术界提供更方便的利用善本机会，从而弘扬优秀传统文化，建设有中国特色社会主义先进文化而提出来的重要举措。

此项工程由李致忠、方广锠、史金波、白化文、冯其庸等古籍版本专家主持选目，从国家图书馆、上海图书馆、北京大学图书馆、大英图书馆等50余家收藏单位所藏的孤本、善本中，遴选出1300余种品相最佳、版本最精者，依原书版式，拍摄制版，仿真印制。全书分为五编，自唐迄清为“唐宋编”“金元编”“明代编”“清代编”“少数民族文字古籍编”。

《中华再造善本》数据库是一个专题库，将“中华再造善本工程”中影印出版的珍贵古籍善本进行图像数字化。数字化形态的古籍，类目清晰，检索便捷，有利于研究者使用；同时又能更好地展示古籍的原貌，在版本鉴定、比勘方面具有特殊的价值，是古籍收藏、保护机构及个人，特别是文献专业师生进行教学、研究的重要工具。

《中华再造善本》数据库于2012年开始建设，2015年一期建设完成，收录从唐至元的古籍善本758种，共计44万余叶。2017年8月底建成二期数据库，收录了包含明清及少数民族相关古籍善本554种，共计26万余叶。该库具有如下特点：

1. 顶级善本的集中展示

从国家图书馆、上海图书馆、北京大学图书馆、大英图书馆在内的50余家国内外收藏单位所藏唐、宋、元、明、清孤本善本中，由古籍版本专家遴选出最具代表性的顶级善本、经典文献1300余种。

2. 图像的高清显示

所有版本都高清展示，最大限度地保留版本细节信息，为研究者提供最接近原件的研究对象。

3. 版本信息的权威发布

所收每一种书均配有权威版本专家撰写的提要。提要可全文检索，方便用户了解作者生平、考辨版本源流、评述其学术价值。

4. 便捷的检索方式

各编按传统的经、史、子、集、丛编次类归，方便用户快速查找所需书籍。提供对书名、版本、作者及全部提要在内的信息进行综合检索的功能，能够对不同版本的同一种书进行快速筛选。

5. 版本对照，印章识别

可以将不同版本并排显示，便于进行版本对比，展示古籍版本源流；具备印章识别等拓展功能，使用者可以通过印章检索藏书印等信息。

访问方式：本数据库采用IP控制方式，提供在线访问或本地数据安装服务，无须安装客户端，可直接通过浏览器进行访问。浏览器支持IE9及以上版本、Firefox、Chrome等主流浏览器，无须安装其他插件。

主要技术要求及技术支持服务为：

1. 系统采用可扩展的构架平台，使用JSP、MYSQL、Solr、Redis、Tomcat等技术搭建。

2. 服务器环境要求：windows server2012及以上版本，Intel Xeon E5－2600级别以上处理器，8GB以上内存空间，3TB以上基础存储空间，为保证后期数据扩展性，推荐5TB数据空间。

试用网址：http://z.nlcpress.com/

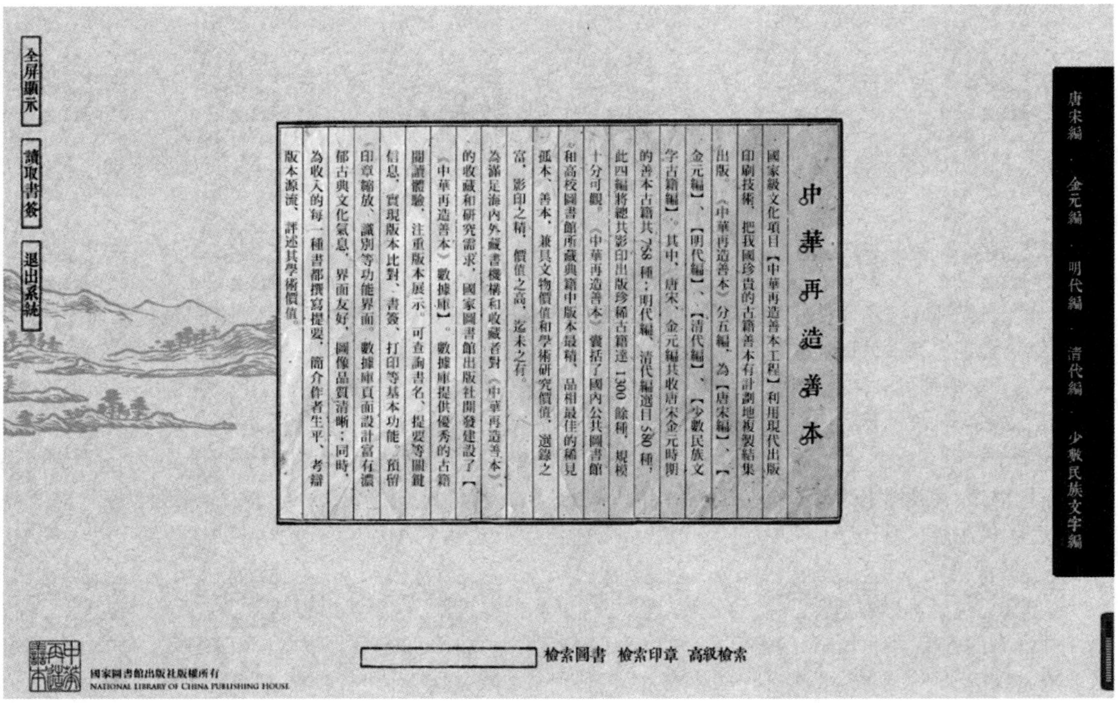

（二）民国图书馆学文献数据库

民国时期是我国图书馆事业发展壮大的时期，东西方图书馆学思想、图书馆学教育、图书馆经营理念和技术大量涌入国内，随后纷纷打上了中国烙印，产生了为数众多的中国自己的图书馆学著作，促进了图书馆事业的发展。

“民国图书馆学文献数据库”内容涉及近代图书馆发展史、图书流通史，以及校勘、训诂、音韵等文献学方面的内容，有助于研究民国时期图书馆学的发展历程，总结其在学术史上的独特地位，是图书馆学研究的重要参考资料。

数据库收录了民国时期图书馆学相关图书共计234种，民国时期图书馆学期刊刊载文章13180篇，并从中著录图片1636张、附表1727张。民国时期重要的图书馆学刊物，如《中华图书馆协会会报》《图书馆学季刊》《国立中央图书馆年刊》《燕京大学图书馆报》等都收录在内。

数据库查询功能快捷全面，支持高级检索功能，并可按照字段和时期筛选查询结果。数据库可通过Web远程使用，同时支持镜像版安装，可以在局域网内使用。数据库采用B－S结构，无须专门软件，通过浏览器即可使用。

试用网址：http://mld.nlcpress.com/

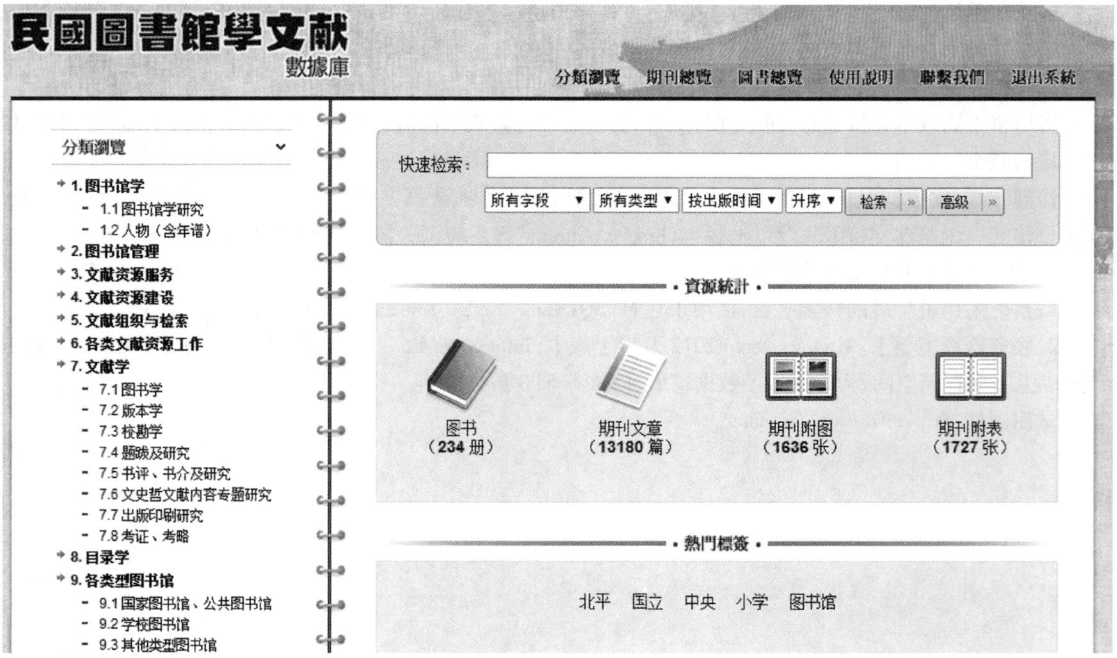

书名笔画索引

一画

二画

三画

四画

五画

六画

七画

八画

九画

十画

十一画

十二画

十三画

十四画

十五画

十六画

十七画

十八画

十九画

二十画

二十一画

二十二画

二十三画

二十四画

二十五画

编辑整理

魏　崇　殷梦霞　葛艳聪　代　坤
边　靖　许海燕　赵　媛　王　雷
景　晶　张珂卿　黄　鑫

特约审稿

孙　彦　耿素丽　金丽萍

校对

乔　爽　霍　玮

装帧设计

一瓢文化·邱特聪

图书在版编目（CIP）数据

国家图书馆出版社四十年图书总目（一九七九—二〇一九）/ 国家图书馆出版社编 —北京：国家图书馆出版社，2019.12

ISBN 978-7-5013-6915-7

Ⅰ. ①国… Ⅱ. ①国… Ⅲ. ①国家图书馆出版社—出版发行目录—1979—2019 Ⅳ. ①Z852.7

中国版本图书馆 CIP 数据核字（2019）第 277219 号

书　　名　国家图书馆出版社四十年图书总目（一九七九—二〇一九）
著　　者　国家图书馆出版社　编
责任编辑　许海燕　赵　嫄　王　雷　景　晶　张珂卿　黄　鑫
装帧设计　一瓢文化·邱特聪

出版发行　国家图书馆出版社（北京市西城区文津街7号　100034）
（原书目文献出版社　北京图书馆出版社）
010-66114536　63802249　nlcpress@nlc. cn（邮购）
网　　址　http://www. nlcpress. com
排　　版　京荷（北京）科技有限公司
印　　装　北京武英文博科技有限公司
版次印次　2019年12月第1版　2019年12月第1次印刷

开　　本　787×1092（毫米）　1/16
印　　张　44
字　　数　1000千字
书　　号　ISBN 978-7-5013-6915-7
定　　价　360.00元
